Thomus Secundus

Sancti Prosperi Aquitani

Thomus Secundus

Sancti Prosperi Aquitani

ISBN/EAN: 9783742832405

Manufactured in Europe, USA, Canada, Australia, Japa

Cover: Foto ©Thomas Meinert / pixelio.de

Manufactured and distributed by brebook publishing software
(www.brebook.com)

Thomus Secundus

Sancti Prosperi Aquitani

SANCTI
PROSPERI AQUITANI
S. AUGUSTINI DISCIPULI,
S. LEONIS PAPÆ PRIMI NOTARII,
OPERA OMNIA

AD MANUSCRIPTOS CODICES,

NECNON

AD EDITIONES ANTIQUIORES ET CASTIGATIORES EMENDATA,

Nunc primum secundum ordinem temporum disposita,

Et Chronico integro ejusdem, ab ortu rerum, usque ad obitum Valentiniani tertii, & Romam a Vandalis captam pertinente locupletata.

Quibus præfigitur ejusdem S. PROSPERI AQUITANI VITA ex Operibus ipsius, & Scriptorum Ecclesiasticorum libris concinnata.

EDITIO SECUNDA VENETA

JUXTA PARISIENSEM ACCURATISSIMAM ANNI MDCCXI.

TOMUS SECUNDUS

CONTINENS

APPENDICEM OPERUM EJUSDEM S. PROSPERI.

BASSANI, MDCCLXXXII.

SED PROSTANT

VENETIIS APUD REMONDINI.

SUPERIORUM PERMISSU, AC PRIVILEGIO.

ELENCHUS

EORUM QUÆ IN HOC SECUNDO TOMO, SEU APPENDICE CONTINENTUR.

IN PRIMA PARTE:

JULIANI Pomerii de Vita contemplativa Libri III. Pag. vii.

De Promissionibus & Prædictionibus Dei Liber. 63

Chronicon Prosperi Tironis. 146

IN SECUNDA PARTE:

VARIA scripta & monumenta, quorum lectio Operibus sancti Prosperi, ac Historiæ Semipelagianæ lucem affert: ac inter illa primo loco S. Augustini de Correptione & Gratia ad Valentinum Liber I. 152

Sancti Asterii Episcopi Amaseæ Homilia. 281

APPENDIX
OPERUM SANCTI PROSPERI AQUITANI.

ADMONITIO
IN LIBROS DE VITA CONTEMPLATIVA.

In appendicem rejicimus primo loco libros duos de Vita Contemplativa, opus licet elegans & pene omnium laudibus celebratissimum; atque ab annis octingentis ad nostram usque aetatem sancto Prospero assertum. Ab octavo namque saeculo medio scriptores inventi sunt, qui sub auctoris nostri nomine opus istud laudavere. Chrodegangus enim Metensis Episcopus, qui illo saeculo florebat, & studio regularis disciplinae, cui Canonicos Ecclesiae suae subdi voluit, admodum commendabilis exstitit, in regula Canonicorum, Prosperum librorum de Vita Contemplativa auctorem agnovit. Idem praestat Jonas Aurelianensis Episcopus, qui floruit sub Pontificatu Eugenii II. & Gregorii III. Imperantibus Ludovico Pio & Carolo Calvo, id est, saeculo sequenti, in libro de Laicali institutione, qui primum editus est in lucem a doctissimo viro D. Luca Acherio Monacho Sangermanensi Ordinis S. Benedicti Congregationis S. Mauri in tomo 1. sui scriptorum veterum Spicilegii. Tum Concilium Aquisgranense sub eodem Ludovico Pio in caussa ejusdem Canonicorum institutionis celebratum anno 818. huic opinioni favere videtur, cum hosce Tractatus ut Prosperianos usurpat, non secus ac Concilium Parisiense sextum sub eodem Imperatore post annos tredecim coactum. Quin etiam huic operi inscriptum legitur Prosperi nomen in manuscriptis Codicibus ejusdem aetatis, & in editis antiquioribus habetur insertum. Ita denique creditum, nullo refragante, ab omnibus posterioris aevi scriptoribus. Nihilominus tamen hodie constat inter eruditos non esse Prosperi hocce opus de Vita Contemplativa, nec iis religio fuit tam antiquis tamque idoneis testibus fidem derogare, & libros proxime subjiciendos potius alteri ascribere: Juliano scilicet cui cognomen erat Pomerio, natione Mauro, qui Arelate Rhetoricam cum magna famae laude docuit, auditoremque habuit Caesarium Magnum ejusdem urbis postea Episcopum, ut testatur ejusdem sancti Pontificis vitae liber.

Hujus porro sententiae probationes suppetunt non paucae. Nam 1. ut ex ipsiusmet auctoris testimonio argumentum primum ducamus, auctor iste, (quod solerter ante omnes observavit Jac. Sirmondus in notis ad Aquisgranense Concilium), Hilarii Arelatensis, qui obiit anno 449. Laudes contexit, lib. 2. cap. 9. quasi ejus quem longe ante diem supremum obiisse supponit: quod certe aequalis Hilario Prosper asserere nequivisset. Addes etiam, si libuerit, eam rationem quam urget H. Norisius, quod nempe Prosper non ita liberaliter eum laudasset, quem ipse in litteris ad Augustinum testatur in sancti Doctoris gratia doctrinam minus propensum; & si alias meritis clarum, praecipuae auctoritatis, & spiritualium studiorum virum fuisse profitetur.

Aliae insuper suppetunt rationes, quae dum opus vero auctori restituunt, necessario illud deinceps a Prosperi operibus omnino secernunt. Ac primum S. Isi-

dorus

dorus libro de Scriptoribus Ecclesiasticis c. 12. explicate libros illos Juliano Pomerio ascribit, his verbis: Alios quoque tres libros edidit de futuræ vitæ contemplatione, vel actuali conversatione, nec non etiam de vitiis & virtutibus: quæ certe recensione omnis operæ distributio & totius tractatus istius argumentum describitur, ut ex libri tertii præfatione clarius perspicietur. 2. Laudatus jam Sirmondus Codicem Ms. vidisse se testatur qui fuerat olim S. Salvatoris Vicecomitis, postea vero fuit illustrissimi doctissimique Archiepiscopi Tolosani Caroli de Montchal, in quo libri illi, Juliani Pomerii nomine prætitulantur. Et eodem fide dignissimo assertore, in collectione Canonum Codicis Andegavensis, sancto Pomerio, sic enim vocat, rursus ascribuntur tractatus illi nostri. Alterum subinde nullum se testatur P. Quesnellus in Bibliotheca Abbatiæ Beatæ Mariæ de Trappa, quæ ex obscuro Monasteriolo in numerosissimum sanctissimumque Asceterium de repente evadens Religiosissimi Abbatis studio ac pietate, suum ætate nostra Gallicanæ Ecclesiæ Bernardum, suum Bernardo reddidit Claram vallem. Duobus hisce oculatis testibus addere liceat tertium non minoris auctoritatis testem, scilicet doctissimum & clarissimi nominis auctorem Bibliothecæ novæ Auctorum Ecclesiasticorum, qui tomi sui tertii parte secunda monet, audisse se (a fide dignis proculdubio) asservari etiamnum in Bibliotheca Capituli insignis Ecclesiæ Bellovacensis, pervetustum Ms. in quo tres libri de Vita Contemplativa Juliani Pomerii ut certi auctoris nomine insigniuntur.

Nec forte alterius operis Pomerii meminisse censendus est Gennadius in Catalogo de viris illustribus, seu de Ecclesiasticis Scriptoribus, cum recensito opere, in quo auctor ille interrogantibus & rogantibus Juliano Episcopo & Vero Presbytero, dialogorum more respondens; arte dialectica & sermone ingenio apto composuit de natura animæ & qualitate ejus &c. libros Octo; subdit Gennadius: Memini legisse me olim ejus dictatum ad quemdam nomine Principium, &c. & alium, De vitiis & virtutibus prætitulatum.

Nec inutile erit hic aliquid etiam de Juliani Pomerii fama fortunisque breviter præferri. Fuit porro hic Julianus Pomerius, dum hæc scripsit, ex Rhetoricis disciplinis ad Ecclesiasticos gradus provectus: neque enim credere par est Julianum Episcopum, cujus jussu stylum arripuit, auctorem illi fuisse, ut de Clericorum officiis tractaret antequam eo gradu auctus esset, cui Ecclesiæ magisterium, & aliorum institutionem permittit. Sed & Gennadius hunc presbyterum ordinatum tradit. Hunc Ennodius Ticinensis Episcopus eximie laudat lib. 2. epist. 6. quam ipsi inscribit, ubi hæc sub finem: Nunc vale, mi Domine, & circa me ecclesiasticæ disciplinæ magis exerce fautorem, &c. Ad eundem etiam duas epistolas transmisisse legitur Ruricius Lemovicensis. Nam & ipse Æonium Arelatensem rogat. lib. 2. cap. 8. ut Pomerium ad se venire jubeat. Hunc autem cum inter Abbates appellet, argumento est eum ab Æonio monasterii regimini, post adeptum sacerdotalem ordinem fuisse præpositum, quemadmodum ipsemet Pontifex Cæsarium jam factum Presbyterum Monasterii Abbatem pariter constituerat. Dum vero dicitur Cæsarium religiosæ sodalitati defuncti Abbatis loco suffectum, non inani forte conjectura inferemus, illum Juliano magistro quondam suo hoc in munere successorem electum: quem quidem hoc tempore jam ætate graviorem existimare consequens erit. Quod etiam ipse innuit Gennadius in Catalogo, c. 98. quem concinnans aut amplificans circa annum 494. ait: Scripsisse & alia dicitur, & adhuc scribere .... vivit usque hodie conversatione Deo digna, apta professioni & gradui. Quibus verbis postremis, & monachatum illius & sacerdotium designasse jure creditur.

Inscripti sunt autem libri illi Juliano Episcopo, sed incertum, cujus sedis fuerit Episcopus. Observatur sane hujus nominis Pontifex Carpentoratensis in Epaonensi Concilio anni 517. subscriptus, cui ut hoc opus dicatum judicetur non videtur obstare tum ratio temporis, tum regionum distantia: sed ut erat hoc nomen his sæculis commune, alii etiam esse potuere Juliani, quorum alteri lucu-

bratio-

brationes suas nuncupasset Pomerius. Nam, si fides auctori vitæ S. Honorati quæ circumfertur, sedit inter Forojulienses hujus nominis Pontifex: quem cum iste ejusdem Honorati & Caprasii ex Italia reducum hospitem narret; auctor Dissert. de initiis Forojuliens. Ecclesiæ, eundem cum Quillinio, ad quem datæ extant Leporii retractationis litteræ, fuisse conjecerat: at quia consarcinatoribus solemne est remotiores temporum epochas conjungere, vel conjunctas distrahere, potuit ille Julianum Episcopum inter hæc tempora deprehendisse; post Victorinum utique, qui anno 506. Agathensi Concilio interfuit: cujusque extat epistola ad Ruricium Lemovicensem, & istius ad Victorinum. Isto autem Forojulii sedente, Julianum Provinciæ regiones collustrasse, & cum Provincialibus necessitudines contraxisse singulares probatur in Secretis Lirinensibus. Ex hac autem ejus in his partibus consuetudine, haud dubie afflatam illi opinationem suspicari promptum est, qua ex citati Isidori testimonio discimus, eum in octo libris de Natura animæ quos conscripsit, secundum Tertulliani erroribus labefactasse, dum eam corpoream fallacibus etiam argumentis astruere contendit. Nam tum magna famæ laude celebrabatur Faustus Monasterii Lirinensis, in Forojuliensi territorio post Maximum Reiensem tum Episcopum, Abbas; qui quidem sententiæ pene consepultæ cineres suscitare non detrectans, eam etiam scriptis libris acriter defendisse perhibetur: contra quem ex adverso stetit Claudianus Viennensis Ecclesiæ Presbyter, litisque arbitrum se legit Præfectorium Patricium, doctissimum virum, & op. C. Sollium Sidonium: his enim nominibus, in epistola libris suis præfixa illum convenit. Arbitrum illum autem statuit Fausto licet amicissimum, sed qui amiciorem sibi veritatem satis cumulate testatus esse videtur, dum libros illos, tot exquisitis præconiis celebravit in sua ad Claudianum epist. lib. 4. 3.

Ceterum suos de anima libros Pomerius, ad ejusdem Juliani Episcopi, cui libros de Vita Contemplativa inscripsit, petitionem digessit, eodem asserente Gennadio, qui alium Presbyterum nomine Verum memorat hujus operis edendi cum Juliano promotorem. Atque de hoc Vero cum huc usque vix quidquam deprehendatur animadversum, non forte infeliciter conjectum ab auctore Dissertationis VII. de suppositis S. Prospero scriptis & tractatibus. Verum istum ab eo non diversum esse, quem tam exquisitis præconiis commendat Salvianus in epistola sua septima, eidem & Apro inscripta: quæ quidem tanto majorem viri celebritatem arguunt, quanto major ipse Salvianus, & in his etiam laudibus parcior fuisse videtur. Sed hæc rursus, seu Julianum, seu Verum extra Provinciam, vel ejus viciniam quærendos non esse satis arguerent. At pro Vero illud etiam majus occurrit, quod inter hæc tempora in Arausicanorum Præsulum serie, nominis hujus observetur Præsul, quem ab isto nostro diversum esse vix credibile; non illo quidem, cujus nomen inscriptum legimus epistolæ Provincialium Episcoporum ad Leonem pro instauratione jurium Arelatensis Episcopi; (cum constet Eutropium Arausicanum Episcopum Veri decessorem sæculi quinti mediam partem prætergressum, ut qui ab Hilaro Pontifice maximo, nec non a Sidonio jam Episcopo litteras susceperit): sed illo Vero, qui post Eutropium sedit, hoc exeunte sæculo, cujus & vitam scripsit, teste Sigeberto. Istius enim optime concurrit temporis epocha cum Juliani ac Salviani, a quibus laudatur, gestis. Et hæc quidem in librum proxime subjiciendum ex doctissimorum Criticorum scriptis inserta sufficiant.

JULIANI POMERII

IN LIBROS DE VITA CONTEMPLATIVA, AD JULIANUM PONTIFICEM.

PROLOGUS.

DIU multumque renisus sum voluntati tuae, mi Domine studiosissime Pontificum Juliane; non velut pertinaciter durus, sed propriae impossibilitatis admonitus. Videbatur enim mihi, & vere fortasse videbatur, quod etiam ipsi praesumptionem meam potuissem improvidae temeritatis arguere, si tantam rem, quae utique esset operose tractanda, facile ac sine ulla deliberatione (a) suscepissem: cum me oporteret prius ipsius rei pondus, unde dicendum foret, * expendere; & sic, adjuvante Domino, si vires facultas explorata promitteret, ad hoc arripiendum, quod juberetis accedere. His & talibus sollicita consideratione perspectis, necessarium duxi, ut me aliquandiu a scribendi praesumptione suspenderem. Sed quia cogitanda fuit injuncti operis difficultas, ita cogitari debuit injungentis auctoritas, nec volui, nec debui usquequaque resistere, certus quod vires meas multo amplius adjuvaret tua praecipientis oratio, quam gravaret ipsius materiae magnitudo. Deinde illa consideratio animum meum suis viribus diffidentem, in audaciam subeundae praeceptionis vestrae perduxit; quod jam non humilitatis esset perseveranter tenere silentium, sed superbiae ultra renuere, quamvis infirmis cervicibus (b) onus impositum: cui oneri sustinendo, etsi mea me rusticitas faciebat invalidum, vestra fieri credidi fide qui jubebatis, idoneum.

* Alias expendi.

2. Hoc quoque mihi audendi aliquid fiduciam dabat, quod magnarum rerum magnus ipse conatus esset, etiamsi nullus (c) disputantem sequeretur effectus. Siquidem necessariarum tractatio quaestionum, etsi non instruit (d) non invenientis quod quaerit animam; exercet saltem quaerentis ingenium: ut aut noverit se quaerendo, & nihil inveniendo nescire quod se forte nosse praesumpserat; & ignorantiae suae consequenter admonitus, quod sibi deesse viderit, quaerat; quod invenerit, teneat; & quod tenuerit, (e) perseveranter custodiat: aut si quod sibi de divinis litteris propositum fuerat, salubriter tractare, & sufficienter explicare (f) potuerit: non de inventione (g) veritatis inflatur, sed in Domino qui eum intus illuminavit, ut (h) illuminanda cognosceret, glorietur. Quandoquidem scientia sicut sine dono Dei, quod est charitas, inflat; ita si ei charitas admisceatur, aedificat. Ac per hoc, qui de Deo loqui voluerit, aut nihil dicit, & nulla eum (i) praecipitat inflatio; aut si aliquid dixerit, & se crediderit a Deo accepisse, quod (k) dixit, habet unde Deo gratias agat; non habet quod ingenii sui viribus elatus adscribat.

1. Cor. 8.

3. Sed jam ipsa capitula, quae utcumque solvenda proposuistis, adtexam. Itaque (l) jubetis ut paucis edisseram, quae sit vitae Contemplativae proprietas; & quid inter ipsam & Activam vitam intersit, quanta possum brevitate distinguam. Utrum is cui Ecclesiae regendae cura commissa est, contemplativae (m) virtutis fieri particeps possit. Utrum aequanimiter sustinendi sint divina praecepta calcantes, an pro modo peccati debeant Ecclesiastica severitate coargui. Utrum (n) congregandis fratribus aut alendis, expediat facultates Ecclesiae possideri, an perfectionis amore contemni. Quae sit abstinentiae credenda perfectio: & utrum (o) tantum corpori an & animae necessaria debeat judicari. Quantum a virtutibus veris virtutum similitudines distent. Quibus praecedentibus causis & subsequentibus incrementis nasci soleant vitia, vel augeri: & quibus possint, adjuvante Domino, remediis, velut quibusdam medicamentis imminui, vel sanari. Quot modis vel gradibus unaquaeque virtus possit impleri. Et an vera sit illa Philosophorum sententia, quae virtutum omnium velut fontes quosdam quatuor virtutes, vitia quoque quatuor, velut quasdam origines malorum (p) omnium definit. Haec sunt omnimodum decem, quae a me voluistis enodari capitula, non ut absolutio eorum vobis aliquid cognitionis afferret: sed ut (q) vestra magis cura, si regulariter imperatum munus implevero, nonnihil aedificationis talium studiosis, horum & his similium capitulorum explicatione conferret. Ceterum si tu ea nescires, nunquam tanto ordine dilucidanda proponeres. Ideo autem voluistis cognita vobis disputationibus illustrari, ut aut me, si aliquid (r) secus quam ratio habet exponerem, faceretis emendari vel corrigi; aut certe per sollicitudinem vestram, meumque sermonem ad aliorum notitiam (s) possent Catholice disputata perduci. (t) Nunc igitur quae sit vitae Contemplativae proprietas, Domino vestris orationibus adjuvante tractemus.

CA-

(a) MSS. duo, Regius unus, & Camber. suscepissem.
(b) Sic MSS. quinque cum Edit. Lugd. 1530. MSS. duo & Edd. Duac. & Colon. quamvis infirmis cervicibus onus impositum grave sit.
(c) MS. Colbertinus unus, disputationem.
(d) MSS. quinque cum Ed. Lugd. non instruit invenientis: sed, ut videtur, mendose.
(e) Ita MSS. quinque. MS. unus & Edd. diligenter.
(f) MS. Camberonensis, potest.
(g) Abest vox veritatis a MS. Camb.
(h) MSS. duo, illuminanda. MS. unus, invenienda.
(i) MS. Camb. praecipitabit.
(k) Edd. cum MS. uno quod dicit.
(l) MSS. plerique, jubes.
(m) MS. unus, Contemplativae vitae.
(n) MS. unus, pro congregandis.
(o) Sic MSS. duo cum Ed. Lugd. & Duac. In aliis deest, tantum.
(p) MS. unus, origines malorum definiunt omnium.
(q) Sic MSS. sex cum Edit. Lugd. Alii fidem cum MS. uno. Sed ut vestra magis cura fecisset, si regulariter ... capitulorum explicatione conferri. Colbert. MS. ut vestra magistra cura.
(r) MSS. duo, secus ut.
(s) MSS. quinque, possint.
(t) MSS. quinque, Nunc igitur sive.

CAPITA LIBRI PRIMI

DE VITA CONTEMPLATIVA.

CAP. I. *QUOD ea sit vitæ Contemplativæ proprietas, ubi (a) Dominus mundo corde videbitur.*

II. *De qualitate vitæ futuræ.*

III. *Quod in judicio Dei (b) ab iniquis hominibus separandi sunt Sancti, (c) quo ante sunt beati Angeli ab immundis spiritibus separati.*

IV. *De resurrectione, vel vita Sanctorum.*

V. *Quod præsentium contemptores etiam hic contemplativæ vitæ beatitudo delectet.*

VI. *Quod perfectio contemplativæ vitæ quæ hic haberi potest, (d) perfectioni futuræ comparari non possit.*

VII. *Quod Dominum Sancti perfecte videre non possint, nisi cum ad beatitudinem futuræ vitæ pervenerint.*

VIII. *Quæ & quanta sit in hac etiam vita Contemplativæ perfectio, vel qualiter ei perfruendo mundi contemptores inhæreant.*

IX. *Quod tantum intersit inter perfectionem vitæ istius & futuræ, quantum interest inter perfectos qui peccare nolunt, & eos qui jam peccare non possunt.*

X. *Quod hic Sancti (e) Deum in assumpta creatura viderint.*

XI. *De qualitate glorificatorum corporum, quæ in resurrectione futura sunt.*

XII. *Quantum inter Contemplativam & activam vitam intersit.*

XIII. *Quod Sacerdotes sancti contemplativæ vitæ fieri participes possint.*

XIV. *Ubi se lector excusat, quod Ecclesiæ magistros docere non audeat.*

XV. *De negligentia Sacerdotis, qui doctrinæ suæ agendo contraria, personam non potest implere Doctoris.*

XVI. *Quale periculum maneat eos, qui Ecclesiam sibi creditam vel (f) relinquunt, vel strenue gubernare contemnunt.*

XVII. *Ubi asserit quod Ecclesiam nec relinquere, nec regere possit, provocat, suggerendo quod eam melius regat exemplo.*

XVIII. *Quod parum valeat (g) exemplo agenda monstrare, nisi etiam quæ sunt credenda, docendo Sacerdos ostenderit.*

XIX. *De virtute fidei, quod ad eam non solum credere, vel intelligere, sed etiam bene operari pertineat.*

XX. *Quod nihil prosit (h) Sacerdoti, etiamsi bene vivat, si male viventem tacendo non corrigat.*

XXI. *Luctuosa descriptio (i) Sacerdotis carnaliter viventis.*

XXII. *Quod secundum sermonem (k) Prophetæ culpa sua pereant, qui Sacerdotum increpationes, vel admonitiones perversa voluntate contemnunt.*

XXIII. *Quod Sacerdotes etiam (l) qui aliter possunt, tam simpliciter docere debeant, ut omnes eos docentes intelligant.*

XXIV. *Quid intersit inter Doctores, qui Ecclesiam simpliciter docentes ædificant, & eos qui eloquentiam suam luculentis declamationibus (m) jactant.*

XXV. *Quales esse debeant Sacerdotes, qui volunt fieri vitæ Contemplativæ participes.*

(a) MS. Cambr. *Deus.*
(b) MS. unus *ab omnibus.*
(c) MS. Cambr. *ante jam.*
(d) Sic MS. duo Reg. & Cambr. Edit. addunt *illic.*
(e) MS. Cambr. *Dominum.*
(f) MS. 1. Reg. Cambr. *relinquere volunt.*
(g) MS. Reg. unus *exemplo agenda.*
(h) MS. Reg. 2. & Cambron. *Nihil prodest Sacerdotibus si bene vivant, si male viventes tacendo non corrigant.*
(i) MS. Reg. 2. & Cambron. *Carnaliter viventium Sacerdotum.*
(k) MS. duo *prophetiæ.*
(l) Sic MS. duo. Edit. *qualiter possunt.*
(m) MS. duo, *dejectant.* MS. unus *dejectent.*

JULIANI POMERII

DE

VITA CONTEMPLATIVA

LIBER PRIMUS.

CAPUT PRIMUM.

Quod ea sit Vita Contemplativa proprietas, ubi Deus mundo corde videbitur.

1. CONTEMPLATIVA Vita, in qua Creatorem suum creatura intellectualis ab omni peccato purgata, atque ex omni parte sanata visura est, a contemplando, id est, videndo, nomen accepit. Quod si ita est, illa vita ubi Deus videri poterit, ipsa (a) Contemplativa credenda est. In praesenti (b) autem vita miseriis, erroribusque plenissima, Deum, sicuti est, videri non posse, dubium non est. In futura igitur (c) vita, quae ob hoc appellatur Contemplativa, videndus est: nec immerito. Si enim videre Deum, summum, solidumque est gaudium; summum (d) vero gaudium praemium bene credentium beatorum; & praemium (e) non adhuc pugnantibus, sed (f) jam vincentibus dabitur post triumphum; quis non videat quod omnes Sancti Deum in illa vita aeterna videbunt, ubi sine fine gaudebunt? Ibi gaudebunt, ubi praemium reportabunt: ibi recepturi sunt praemium, ubi non solum devictis, sed etiam victis hostibus, triumphabunt: ibi triumphabunt, ubi ulterius adversarium non (g) habebunt.

2. Certum in hac vita, quamvis fortiter dimicemus, & adjuvante Domino, carnales hostes, quibus circumfundimur, prosternamus; tamen si ab eis nolumus vinci, nunquam pugnare (h) desinimus. Nec vincentes securos faciunt viriliter definita jam praelia; sed magis sollicitant adversariorum rediviva certamina. Ac sic, quia secundum Scripturam (i) sacrae sermonem, *tota humana vita tentatio est super terram*, tunc est tentatio finienda, quando finitur & pugna: & tunc est finienda pugna, quando post hanc vitam successerit pugnae secura victoria: ut omnes milites Christi, qui usque in finem vitae praesentis dimicando certavi, sola hostibus infatigabiliter restiterunt, laboriosa jam peregrinatione transacta, regnent feliciter in patria. In qua humana natura ita reparanda est, & ab omni prorsus infirmitate sananda, ut nec peccata ei ulla (k) remaneant, nec peccare jam (l) valeat. Cujus hoc erit magnum praemium, ut vitae contemplativae semel compos effecta, insatiabi- Job. 7. 1.

(a) Sic MSS. duo. Reg. Edit. vero *ipsa est contempl. credenda*.
(b) MSS. Reg. [illegible].
(c) Abest haec vox, *vita*, a MS. [illegible] Colbert.
(d) MS. Cardin. *summum & verum gaudium*. MS. Reg. [illegible]. *summumque verum gaudium*.
(e) MS. Colb. [illegible]. *quod non [illegible]*.
(f) Editio Lugd. *etiam*.
(g) MS. [illegible].
(h) MSS. [illegible], Reg. duo, Colbert. quatuor & Cardinal. *[illegible]* Edit. *[illegible]*.
(i) Edit. *Scriptura sacra*, MS. *[illegible]*.
(k) MS. Colb. [illegible], *ulla [illegible]*.
(l) Edit. Lugd. *valeret*.

ficut auctorem beatitudinis suæ (a) conspiciat, de illo gaudeat (b), de illo quod speravit obtineat, & in eo ad (c) quod sancte vivendo pervenit, sine fine permaneat.

CAPUT II.

De qualitate vitæ futuræ.

1. JAM vero de qualitate ipsius vitæ futuræ quid dicam, quæ potius debet credi, quam dici? Nec ideo tamen debeo inde tacere (d) quod valeo, quia dicere quantum volo non valeo. Neque enim quia Deum ineffabilem credimus, jam de illo quod possumus non debemus. Ita sane, ut plus credatur de illa vita, quam (e) sentiatur: quia nec potest inde tantum proferri sermone, quantum potest mente complecti; & minus concipit mentis humanæ quamlibet profunda complexio, quam (f) se habet ex ipsius magnitudo. Ergo futura vita creditur beate sempiterna, & sempiterne beata, ubi est certa securitas, (g) secura tranquillitas, tranquilla jucunditas, felix æternitas, æterna felicitas; ubi est amor perfectus, timor nullus, dies æternus, alacer motus, & unus omnium spiritus de contemplatione Dei sui, ac de sua cum illo permansione securus: ubi ipsa civitas, quæ est Angelorum sanctorum (h) & hominum congregatio beata, meritis fulgentibus (i) micat, & æterna salus exuberat; veritas regnat; ubi nec fallit quisque, nec fallitur; unde (k) nullus ejicitur beatus; & quo nullus miser admittitur.

CAPUT III.

Quod ex judicio Dei ab iniquis hominibus separandi sunt sancti quo (l) ante sunt beati Angeli ab immundis spiritibus separati.

1. SED (m) & hoc futurum credimus per justum Dei judicium, in quo non solum merito, sed etiam loco sic ab iniquis justi (n) separandi sunt in æternum, ut jam nec (o) remuneratis præmium sinatur, nec damnati supplicium; quandoquidem propterea incorruptio & immortalitas dabitur etiam corporibus miserorum, ut nec ipsi (p) æternam pœnam finiant, nec ipsos consumat immortalis pœna, sed puniat. Ideo autem beata incorruptione & immortalitate justorum corpora donabuntur, (q) ut & ipsi in gloria, & in ipsa gloria æterna permaneant.

2. Hoc judicium, quod inter justos homines injustosque futurum dicimus, inter sanctos Angelos & immundos credimus (r) factum. Nam cum essent utrique sine peccato creati, & ad serviendum Deo suo (s) feliciter instituti, eorum quidam voluntate propria depravati noluerunt permanere (t) quod facti sunt; & cum se contra Creatorem suum (u) typho superbiæ letalis hostiliter extulissent, de superna cœli regione projecti sunt. Quos divina sententia (x) eo supplicio condemnavit, ut quia noluerunt perseverare, cum possent, nec (y) velint reparari, nec possint. Siquidem prævaricationis eorum hoc, quod (z) irrevocabilis judicii animadversione percussi sunt: & ad damnationem justissimam profecto pertinuit, quod voluntatem redeundi ac facultatem perdidere amiserunt: sicut e contrario voluntati sanctorum Angelorum fuit, quod aliis sponte cadentibus, ipsi in sua dignitate manserunt, & divino justoque judicio actum est, ut (aa) quæ fuit cum Deo suo manendi voluntas, fieret permanendi voluntaria felixque necessitas. Et ideo, quia nec peccaverunt umquam, nec peccare jam possunt; illius Contemplativæ vitæ sancti facti participes, (bb) inexplebiliter authorem beatitudinis suæ conspiciunt, & merito suæ stabilitatis in æternum feliciter effecti, de sua permansione securi sunt. Qui summum solidumque gaudium, quo infatiabiliter perfruuntur, de divina contemplatione percipiunt, ac Deo suo infatigabiliter & amanter inhærentes; ita perfecte beati, ut nec copiosius beatiores fieri alteri, nec valeant. Isa. 14. 14.

CAPUT IV.

De refurrectione, vel vita Sanctorum.

1. HÆC est (cc) Contemplativa vita, vita beata, ad quam qui bonorum operum consummatione pervenerint, beatis Angelis similes erunt, & simul (dd) cum Deo suo sine fine regna-

---

(a) MS. Reg. unus & Camberon. conspiciat fine.

(b) MSS. septem non habent, de illo.

(c) MSS. sex. habe. vero ad quod sancte vivendo pervenerit.

(d) MS. Colb. unus, quantum valeo.

(e) MSS. quinque, sentitur.

(f) MS. Colb. unus, se habeat.

(g) Edit. & secura tranquillitas & tranquilla jucunditas, desunt & utrobique in MSS. omnibus.

(h) MS. omnes. Angelorum, sanctorumque omnium.

(i) MSS. tres, micat: æterna salus.

(k) MSS. omnes, beatus ejicitur.

(l) MSS. duo, jam ante. MSS. alii duo, qua jam fuerat.

(m) MSS. quinque, Sed hoc.

(n) MS. Reg. unus, defervandi sunt.

(o) Editio Lugd. sola nec remuneratis præmium finiatur, nec damnatis supplicium.

(p) MS. Colb. unus, nec ipsi æternæ pœnæ finiantur.

(q) MS. Colb. unus, ut ipsi (MS. alter & ipsi) in gloria æterna permaneant, cætera omissa.

(r) MS. unus esse factum.

(s) MS. unus, fideliter.

(t) MS. Reg. unus, in eo quod facti sunt.

(u) MS. Camberon. typo.

(x) MSS. tres, eo suo judicio. MS. alter, eo judicio condemnavit.

(y) Ita MSS. omnes. Editi vero, nec vellent reparari, nec possent.

(z) Sic MSS. quinque. MS. alter, inevitabilis, Editi vero, irrevocabiliter. MS. Colb. prævaricationis eorum quod fuit, irrevocabilis judicii.

(aa) MS. Colb. unus, ut sicuti fuit.

(bb) MSS. duo Colb. inexplicabiliter.

(cc) Sic MSS. omnes Colb. Gemet. cum Editis, Hæc est Contemplativa vita beata.

(dd) MS. Reg. unus & Edd. Lug. & Duac. cum Deo suo.

repetebant. Quod hic (a) crediderunt, ibi videbunt: sui Creatoris substantiam mundis cordibus contemplantes, aeterna exultatione gaudebunt: (b) divina ac mutua dilectione possessi, Deo suo in aeternum & invicem sibi feliciter adhaerebunt: receptis cum incorruptione atque immortalitate corporibus, municipatum patriae caelestis accipient; atque ejus in aeternum cives effecti, promissa praemia reportabunt. Ibi eis exuberabit mera laetitia, tanta caelestium gratia gaudiorum, ut & remuneratori suo pro tantis muneribus gratias agant, & nullum fastidium ex ipsa affluentium bonorum perceptione sustineant. Ibi ita patebunt singulorum singulis mentes, sicut corporalibus oculis subjacent facies corporales: quia humanorum pectorum tanta ibi erit & tam perfecta munditia, ut habeant unde mundatori suo Deo gratias agant, non unde offensi aliquibus peccatorum sordibus erubescant: quia ibi nec illa peccata, nec peccatores erunt, & qui ibi fuerint, jam peccare non poterunt. Nec latebit jam perfecte beatos aliquid secretorum, qui, quod est longe praestantius, ipsum videbunt mundis cordibus Deum: quandoquidem humana creatura ita perfecta erit, ut in melius aut (c) deterius ultra mutari non possit.

2. Cum humanae substantiae ad Conditoris sui similitudinem sublimatae, omnia bona quae naturaliter accepta (d) peccato corruperat, reparabuntur in melius; id est intellectus sine errore, memoria sine oblivione, cogitatio sine (e) pervagatione, charitas sine simulatione, sensus sine offensione; incolumitas sine debilitate, salus sine dolore, vita sine morte, facilitas sine impedimento, saturitas sine fastidio, & tota sanitas sine morbo: quoniam quidem quidquid hic corporibus (f) humanis vitiandis aut [illegible] morbus (g) ademerint; aut ingeniosi casus abstulerint, aut malarum valetudinum genera diversis (h) decerpserint, aut humana crudelitas amputaverit, aut si ignis, vel quaelibet alia res aliquid debilitatis intulerit, aut ipsa senectus etiam [illegible] corruperit, haec atque his similia corporum damna una ibi resurrectio reparabit, atque ex corporis membris omnibus integritatis, incorruptibilis facies obtinebit.

3. Propterea quicunque ibi erunt, etsi differentibus meritis ab invicem distabunt, omnes tamen una perfectione beati erunt: quia singulis praemia sua sufficientia erunt, & capere amplius praemiis suis jam perfecti non poterunt. Sicut enim corporalis saturitas omnes saturos aequaliter habet, quamvis singuli cibum non aequaliter, sed pro possibilitate perceperint: ita omnes Sancti etsi fuerint aliqua graduum suorum diversitate distincti, una (i) beatitudine perfecti erunt, quia & una perfectione beati (k) futuri sunt. Ceterum in illa tanta beatitudinis regione (l) nec majoris meriti sibi aliquid quisque arrogabit, quia arrogantia ibi nulla erit; (m) nec superiori inferior invidebit, (n) quia ibi invidia esse non poterit. Et ideo etsi erit ibi distantia claritatum, summa tamen in illis erit unius perfectionis aequalitas, quibus erit regni caelestis una felicitas.

CAPUT V.

Quod contemptores possessionum etiam hic Contemplativae vitae beatitudo delectet.

1. CUI felicitati promerendae ille suspirat, qui praeteritis omnibus futurorum contemplatione renuntiat, atque a domesticis occupationibus, quae nonnunquam perfecte vivere cupientium processus impediunt, in illam divinae sublimitatem contemplationis evectus, ipsos etiam suae carnis affectus exuperat: (o) & infra se universa despiciens, quae plerumque animas de perpetuae vitae stabilitate securas in terrena dejiciunt, (p) ipsis etiam caelestibus appropinquat, (q) tanto divinis vicinior factus, quanto supra humana omnia studio perfectionis ascendit; certus quod si Contemplativam vitam hic inanibus honoribus, divitiis anxiis, & caducis delectationibus plena voluntate praetulerit; veros honores, securas divitias, & delectationem aeternam (r) inveniet, cum ad perfectionem contemplativae virtutis, in illa beata vita, ubi futura est, Deo remunerante, pervenerit. Et re vera quid erit honoratius eo, quem divina clementia angelicae dignitatis aequalitate beaverit? Quid ditius eo, quem regni caelestis ineffabilium affluens beatitudo ditaverit? Aut quid etiam hic delectabilius contemplatione divina, quae sibi veraciter inhaerentibus incorruptibilem suavitatem futurae remunerationis infundit? Quoniam quidem Contemplativa vita hic quoque amatores suos futurorum bonorum consideratione delectat, ac sibi tota mentis intentione vacantes, quantum in hac vita fieri potest, dono sapientiae spiritualis illuminat; & ad illam divinae plenitudinem visionis, cujus spem studiis

(a) Sic MSS. tres. Edd., *crediderant*. MS. unus *crediderunt*.

(b) Ita Edd. Duac. & Colon. MSS. tres *divina dilectione ac mutua dilectione*. Edd. vero Lugd. cum MS. uno *divina dilectione ac mutua delectatione*. MS. alius, *divina delectatione ac mutua dilectione*. Alius, *divina visione ac mutua delectatione possessi*. Alius vero, *divinae dilectionis ac mutuae caritatis possessione*.

(c) MS. Camb. *aut in deterius*. Alii cum Edd. *aut deterius*.

(d) MS. unus *peccando*.

(e) MS. unus *[illegible]*.

(f) MS. unus, *humanis hic corporis vitiatis*.

(g) MS. Camb. & Ed. Lugd. *ademerit*.

(h) Sic MSS. tres cum Edd. *decerpserint*: quod membrum abest ab editione Lugd.

(i) MS. unus, *una tamen beatitudine*. MS. alter, *qua & una*.

(k) MS. unus, *facti sunt*.

(l) MS. Camb. *nec major meriti sibi aliquid arrogabit*. MS. alter, *arrogabunt*.

(m) MS. Camb. unus, *nec superioribus inferiores invidebunt*.

(n) Sic MSS. quinque. MSS. alii duo. *invidia esse non poterit* Edd. *quia ibi invidus nullus esse poterit*.

(o) Sic MSS. septem cum Edd. Lugd. Aliae Edd. *Qui & infra se*.

(p) MS. Reg. unus, *ipse jam*. MS. Reg. alter *[illegible]*.

(q) MSS. tres *[illegible] divinis .... quanto [illegible]*.

(r) MSS. duo, *[illegible]*.

latenti cœlestibus gerens, incentivo quodam ipsius consequendæ perfectionis inflammat; ut quod nunc in ænigmate cernunt, nec perfecte discernunt, tunc in illa revelatione conspiciant.

CAPUT VI.

Quod perfectio Contemplativæ vitæ quæ hic haberi potest, perfectioni futuræ comparari non possit.

1. QUapropter non sic contemplativæ vitæ sublimitatem in futuro, ubi perfectio perficienda est, prædicavi, ut in præsenti eam negarem posse ab omnibus mundi contemptoribus apprehendi; si modo se ad eam tota devotione convertant; si desiderio ejus accensi, præsentia blandimenta fastidiant, & longe fortiores effecti, quam ut eos terrenæ occupationes illaqueent, divinis rebus ac futuris promissionibus considerandis inhæreant. Sed si (a) consideremus Apostoli Pauli sermonem, quo inter eam scientiam quæ hic est, & eam quæ ibi futura est, discriminans ait: *Ex parte scimus & ex parte prophetamus*: Contemplationem divinam quæ in hac vita est, illi futuræ conferre nec possumus, nec debemus: quando idem Apostolus adjungat & dicat: *Cum autem venerit quod perfectum est*, (b) in illa vita significans, *tunc evacuabitur quod ex parte est*: (c) ac sic quod modo ex parte sentimus, tunc ad illam plenitudinem contemplationis divinæ perducti jam perfecte (d) videbimus.

1. Cor. 13. 9.

Ibid. 10.

2. Nec tamen quia ibi rerum omnium notitia non per partes, sed simul & tota videbitur, ideo saltem qualiscumque in hoc fragili corpore (e) desperatur. *Etsi enim corpus quod corrumpitur, aggravat animam, & deprimit terrena inhabitatio sensum multa cogitantem*; tamen (f) in quantum potest humana mens, quam suus Creator ad suam fecit imaginem, studeat etiam hic intelligibiliter Deum videre per fidem, ut eum plenius videat, cum pervenerit munere ipsius Conditoris sui ad speciem. Attende quam (g) divine sanctus Apostolus speciem fidemque distinxit, ut diceret: *Per fidem ambulamus, non per speciem*. (h) Fides ergo est per quam ambulatur, & species quæ videtur: quia in hac vita ubi per fidem bene vivendo proficimus, bonorum operum quodammodo passibus ambulamus; in (i) futura autem pervenientes ad speciem, jam non erit quo velut proficiendo ulterius ambulemus, sed ipsam speciem ad quam per fidem spiritaliter ambulando pervenimus, insatiabili delectatione videbimus.

Sap. 9. 15.

2. Cor. 5. 7.

CAPUT VII.

Quod Deum perfecte Sancti videre non possint, nisi cum ad beatitudinem futuræ vitæ pervenerint.

1. QUoniam sic hortandi sunt ad Contemplativam vitam, quicumque plene voluerint, & Deo (k) auxiliante potuerint, ut meminerint sibi ipsius Contemplationis divinæ perfectionem, in illa beata vita, quæ futura est, reservari; ut ibi Deum sicuti est, perfecte videant, ubi & ipsi erunt vitæ æternæ ac regni cœlestis consummatione perfecti. Ceterum si hic perfecte potuisset substantiam Dei humana fragilitas contemplari, numquam sanctus Evangelista dixisset, *Deum nemo vidit umquam*. Non dixit, Nemo videbit. Denique ut evidenter ostenderet visionem Dei non negatam esse sanctis hominibus, sed dilatam: (l) quod in præsenti tempore negavit, in futuro promisit dicens: *Beati mundo corde, quoniam ipsi Deum videbunt*. Neque hic dixit, Quoniam ipsi Deum vident. Igitur si Deus, qui in hac vita sine alicujus elementi assumptione, non potuit videri, nec potest, in futura vita videndus est: ibi est contemplationis divinæ speranda perfectio, ubi erit bonorum omnium plenitudo.

1. Joan. 4.

Matth. 5. 8.

CAPUT VIII.

Quæ & quanta sit in hac etiam vita contemplativæ perfectio, vel qualiter ei perfruenda mundi contemptores inhæreant.

PRoinde vitæ contemplativæ sectator (m) ad conditorem suum corde illuminandus accedat, ipsi contemplando atque (n) infatigabiliter perfruendo vigilanter inserviat, ipsum jugiter concupiscat, pro amore ejus omnia, quibus inde potest averti, (o) refugiat, omnem cogitationem suam, ac totam spem in illius * delectatione suspendat, litterarum divinarum sacris meditationibus vacet, in his se divinitus illuminatus oblectet, ibi se totum velut in speculo quodam (p) relucentem consideret: quod in se pravum deprehenderit corrigat, (q) quod rectum est, teneat; quod deforme, componat: (r) quod pulchrum, excolat: quod sanum, servet; quod infirmum, assiduis lectionibus corroboret: Domini sui præcepta infatigabiliter legat,

* al. Meditatione.

(a) MSS. septem, consideremus.
(b) MS. Colb. unus, illam vitam.
(c) MSS. duo & Ed. Colon. ac si [illegible].
(d) MS. unus, sentiemus.
(e) Sic MSS. omnes. At Edd. desperetur.
(f) MS. Reg. unus, in quantum valet.
(g) In MS. uno alia manu, digne.
(h) MS. unus, per quam videtur. Editio Lugd. Fides ergo per quam ambulamus, & species quæ videtur tenenda est.
(i) MS. unus, in futuro autem. Edit. Lugd. cum MS. Reg. uno, jam non erit quod.
(k) MS. unus, & adjuvante Domino. Ed. Lugd. [illegible] poterint.
(l) MS. Reg. unus, quod in præsenti negavit, in futurum tempus promisit.
(m) MS. Colb. duo, ut ad conditorem.
(n) MS. unus, infatigabiliter perfruendo. MS. alter, infatigabiliter confruendo, vel utendo perfruendo, vigilanter inserviat.
(o) MSS. quinque, fugiat.
(p) MS. unus, refulgentem.
(q) MS. Camb. quod rectum est.
(r) MSS. duo Reg. & Camberon. quod pulchrum fuerit, quod sanum excolat.

gat, (a) incorruptibiliter diligat, efficaciter impleat, & quid sibi cavendum quidve sectandum sit, ex eis sufficienter instructus agnoscat, mysteriis earumdem divinarum Scripturarum perscrutandis inhiat, Christum (b) ibi promissum Joan. [illegible] legit, repraesentatum videt, prophetatam perditionem populi contumacis intelligit, (c) impleri legem, de salute gentium gaudet, (d) ex praeteritis quae praedicta sunt & impleta tenens, futuris promissionibus credit, ab strepitu negotiorum saecularium (e) remotissimus, ea (f) ferventer excogitet, quibus animum suum in desiderium futurae remunerationis inflammet, studiis spiritualibus, quibus in dies singulos melior ac melior fiat, invigilet, amet etiam sanctum, in quo exerceat animae suae ingenium, mortuum sibi deputet mundum, ac se mundi (g) blandimentis illecebris exhibeat crucifixum; delectationi spectaculorum praesentium incomparabiliter anteponat sui creatoris intuitum, semper se (h) proficiente successu in fastigium divinae contemplationis attollat: nunquam se ad momentum quidem a promissionibus futuris considerandis aversus, ad terrena respiciat; eo aciem mentis indesinenter intendat, quo pervenire desiderat: beatitudinem vitae futurae ante oculos (i) animi sui proponat & diligat: nec mentem aliquid temporale, nec capiat; ne sua mentem acquirenda res temporalis, aut cupiditas acquirendae incitationem rei ejus evellat; non eum blanda corrumpant, nec adversa concutiant: non inflet opinio secunda, nec similis dejiciat, nec falsa vituperatio sive laudatio expugnet (k) gaudia ejus, aut minuat: non gaudeat de temporalibus omnino, nec lugeat. Inter laeta tristitia, ut tristia; non lucem (l) animi constantia obtineat, nec (m) pectori instabilem securitatem, quidquid promittit mundus aut minatur, excutiat: sed idem semper ac sibi similis perseverans, omnia hujus damna (n) semel & lucra non sentiat. Et cum haec & his similia contemplativae vitae desiderio affectus impleverit, non se hic jam ex omni parte perfectum, sed perficiendum in illa beata vita, quae futura est, immobiliter credat: atque (o) ad eam se, ubi Dei substantiam revelata facie videre possit, extendat.

CAPUT IX.

Quod tantum intersit perfectionem vitae istius & futurae, quantum interest inter perfectos qui peccare nolunt, & eos qui jam peccare non possunt.

1. NAm sicut hic (p) comparatione juste viventium dicitur quisque perfectus, quia justus praecepta facit, perfectus autem praecepta transcendit: ita idem ipse illis absolute perfectis, qui in vita beata futuri sunt, non est, ut ita dicam, perfecte perfectus; cui etsi dimissa est omnis iniquitas, non est adhuc sanata, sed (q) sanatur ejus infirmitas: & ideo etsi (r) non peccat, ut sit vere perfectus, peccare tamen potest: quia non est conformata omni infirmitate sanata: ac per hoc, ubi ab omni peccato emundatus peccare non poterit, ibi erit perfecte sanus & summe perfectus.

2. Hic autem quamlibet quis excellentia sanctitatis emineat, quantalibet eminentia perfectionis excellat, potest quidem fieri pro modulo hujus vitae perfectus: sed non est sic de sua perfectione securus, ut non debeat esse de casu sollicitus: & utique ubi est sollicitudo, non est absoluta beatitudo. Quae nequaquam perfecta credenda est, si secura non fuerit; nec secura erit, nisi omnem sollicitudinem securitas aeterna consumpserit. Quapropter, qui dicuntur in hac vita beati, spe beatitudinis futurae beati sunt; (s) ipsi autem re non hic, sed in illa vita beati futuri sunt: quia ibi omnium beatorum beatitudo perfecta erit, ubi humana natura sui gloriam conditoris, & suam perfecte beatificata videre est, atque ei sine ullo defectu suae beatitudinis adhaerebit.

CAPUT X.

Quod hic Sancti Deum in assumpta creatura viderint.

NEc moveat quod hic quoque a justis antiquis visum legimus Deum: quia non est in hac humiliatione nostra sic visus, sicut in illa clarificatione videndus est: quandoquidem (t) sine forma visibilis creaturae, in qua pro dispensatione temporum, ubi voluit, & quibus voluit justis apparuit, nec potuit, nec potest videri, sed poterit cum ad supernam patriam peregrinatio nostra pervenerit, & mortale no-

(a) MS. unus *implebiliter*. MS. unus *inexplicabiliter*.
(b) Edit. *Christum promissum*.
(c) MS. Colb. unus, *impleri eam*.
(d) MS. Colb. unus, *quae de Christi morte prophetata sunt & impleta plangat, futuris promissionibus*.
(e) MS. Colb. unus, *remotissimus existat*. Alter, *sed ea ferventer*.
(f) MS. Colb. unus, *frequenter*.
(g) MS. Colb. unus, *blandimentis & illecebris*. MS. Camber. *blandimentis illecebrisque*.
(h) Sic MS. duo cum Edit. Lugd. Alii codices, *proficientem*.
(i) MS. unus, *animae suae*. MS. alter, *mentis suae*.
(k) MS. unus *gaudium ejus*.
(l) Sic MSS. hic. Editi, *animi constantiam*.
(m) Sic MS. quatuor. Caeteri cum editis, *pectoris*.
(n) MSS. septem, *semel ac lucra*.
(o) Ita MSS. omnes, Editi vero, *ad eumdem*.
(p) MS. unus, *in comparatione*. MS. alter, *ad comparationem*.
(q) MS. duo, *sanabitur*.
(r) MS. duo, *si non peccat*.
(s) MS. Colb. unus, *ipsi autem sancti non hic, sed in illa vita beati sunt*.
(t) MSS. Reg. duo & Edit. Lugd. *in forma*; sed male, ut videtur.

le nostrum immortalitas beata vestierit; atque ad contemplationem divinam (a), perceptionemque caelestium praemiorum omnes vere fideles fides ipsa, qua hic futura credebantur, impleta perduxerit.

CAPUT XI.

De qualitate glorificatorum corporum, quae in resurrectione futura sunt.

IBi diversi quidem sexus corpora, sed sine ulla concupiscentia corporali futura sunt. Aug. de Civit. Dei l. 22. c. 29. Ibi erit omnium perfecta charitas, & nulla cupiditas. Ibi etiam corporales oculos nihil visibilis creaturae latebit, quia incorruptibilium corporum visus quoque incorruptibilis erit; & ita sine comparatione vivacior quam hic fuit, ut ei aliquid visibilium clausum esse non possit. Corporibus quippe immortalitate donatis auferenda est tarditas, non agilitas; necessitas, non voluntas, ut sine * temporis mora sine impedimento ponderis sint, ubi esse voluerint; atque ita sequatur sine ulla difficultate spiritale jam corpus, quocumque ire voluerit spiritus, angelicae beatitudinis aequalitate perfectum. (* alias tempore, mora.) Tunc filiorum, parentum, conjugum miseria, qui ibi non fuerint, beatos contristare non poterit: quia amorem omnium necessitudinum corporalium, quae hic nostra fragilitas habuit, caritas illius beatitudinis non admittit: ubi omnes quicumque fuerint, unum corpus erunt, & singuli de sua & de singulorum felicitate gaudebunt. Haec de Contemplativa vita dicta sufficiant. (Aug. lib. 5. (?) c. 12. & 20.)

CAPUT XII.

Quantum inter Contemplativam & activam vitam intersit.

1. JAM nunc quid inter ipsam contemplativam & activam vitam intersit, breviter disseramus. Quod ut evidenter eluceat, ipsas sibi invicem vitas, contemplativam scilicet & activam, prolatis earum virtutibus conferamus. Ad activam vitam pertinet inter humana proficere, & rebelles corporis motus rationis imperio temperare; ad contemplativam supra humana (b) desiderio perfectionis ascendere, & (c) indeficienter augendis virtutibus incubare. Habet activa profectum, contemplativa fastigium. Haec facit hominem sanctum, illa perfectum. Hujus vitae est, nulli prorsus injurias irrogare: illius, irrogatas aequanimiter sustinere. Immo, ut proprius dicam, executor activae studet in se peccanti dimittere; contemplativae sectator offensus, quibus pulsatur, nec omnino concutitur, ignorare magis paratus est quam donare. Ille iram patientiae virtute compescit, immoderatis cupiditatibus parsimoniae (d) frenum imponit; tangitur desideriis carnalibus, nec consentit; pulsatur mundi hujus curiositate, nec rapitur; quatitur diabolica impugnatione, nec vincitur; & Deo suo devota mente subjectus, non atteritur diversis tentationibus, sed probatur. Ille omnes affectiones, quibus vita mortalium variatur, sanctis virtutibus vincit, cupiditatum ac perturbationum omnium liber beata quiete perfruitur, & illecebris ac voluptatibus factus expedita mente superior, ineffabili gaudio divinae contemplationis (e) erigitur. Ille suscipiendo peregrinum, vestiendo nudum, gubernando subjectum, redimendo captivum, tuendo violenter oppressum, jugiter se ab omnibus iniquitatibus suis emaculat, & vitam suam (f) bonorum operum fructibus ditat: ille facultatibus suis in usus pauperum distributis (g), simul se expoliavit mundo, & admovit se totis viribus caelo; res mundi mundo projecit, & se ipsum devota mente Christo restituit, a quo immortales divitias sibi dari orat, ut pauper; protegi se quotidie postulat, ut infirmus; immortalitate in summo vestiri cupit, ut nudus; defendi se ab impugnatione invisibilium hostium supplicat, ut fragilitate carnis oppressus, & caelestem sibi donari patriam desiderat, ut peregrinus.

2. Activa vita habet sollicitum cursum, contemplativa gaudium sempiternum. In hac acquiritur regnum, in illa percipitur. Haec facit pulsare bonorum operum, velut quibusdam manibus januam: illa vocat consummatos in patriam. In hac contemnitur mundus, in illa videbitur Deus. Et ut multa praeteream, quae commemorare non valeo, in hac vita activa qui immundis spiritibus exstiterint fortiores, in illa contemplativa, quae summe beata est, remunerante (h) Deo sicut Angelis sanctis aequales, atque in aeternum cum illo regnabunt in illa civitate superna felices. Itaque, quoniam de contemplativa vita in superioribus multa jam dicta sunt, & secundus liber ea, quae de activa dicenda sunt, continebit; sufficiant illa quae diximus ut consideremus, & reliqua, quae de tertio capitulo usque ad finem libri hujus sequenti disputatione tractabimus. Videamus nunc, utrum is, cui Ecclesiae regendae cura commissa est, contemplativae vitae fieri particeps possit.

CAPUT XIII.

Quod Sacerdotes sancti contemplativae vitae fieri participes possint.

1. QUI diligenter ea, quae superius de vita contemplativa dicta sunt, consideravit, & sufficienter instructus intelligit, quando & ubi possit ejus perfectio comprehendi; non dubitabit, Ecclesiasticum principem vitae contemplativae posse, & debere fieri sectatorem: quia sive secundum opinionem quorundam nihil aliud

(a) Sic MS. Cod. unus. Reliqui tres MSS. quam nihil, vel perceperint.
(b) MS. Cod. unus, in desiderio.
(c) MSS. duo & Lugd. perpetuo.
(d) Ita MSS. Reg. duo, & duo Codd. Alii cum Editis, frenum.
(e) MS. Cambr. plenius afficitur. MS. Reg. afficitur: alia manu, afficiter.
(f) MS. unus, bonorum fructibus. MS. alter, bonorum suorum fructibus.
(g) MSS. duo, simul se.
(h) MS. unus, Domino sicut.

aliud sit vita contemplativa, quam rerum latentium futurarumque notitia, sive (a) vacatio ab omnibus occupationibus mundi, sive divinarum studium litterarum, sive, quod his (b) probatur esse perfectius, ipsa visio (c) Dei; non video quid impedimenti sanctis sacerdotibus possit afferri, quominus ad haec quatuor quae commemoravi, perveniant. Duo enim, primum & ultimum, id est, rerum latentium futurarumque notitia, & ipsa visio Dei, incomparabiliter praestantiora erunt in illa vita beata, quam in ista diversis erroribus implicata: quandoquidem tunc rerum omnium notitia, quum ipsa Dei substantia plene ac perfecte videbitur. Duo autem media, vacationem videlicet ab omnibus occupationibus mundi, & divinarum studium litterarum, etiam hic possunt habere Pontifices; sed illi qui se ab omnibus implicamentis negotiorum saecularium removerint, non torpent otio, sed instituunt perfectionis suae negotio, & ab stultitia sapientiae saecularis aversi, verbo Dei indefatigabiliter vacant, sapientes veraciter fiunt, caelestia sapiunt, terrena despiciunt, contradicentes sanae doctrinae redarguunt, obedientes (d) instruunt, sanctis virtutibus, quibus in dies singulos fiunt Deo propinquiores, incumbunt (e), & tam suis quam omnium, qui (f) per eos erudiuntur, profectibus clari, hic quidem velut gustum quemdam contemplativae vitae, quo ad eam ferventius provocentur, accipiunt; sed ibi jam in aeternum felices effecti, de ejus perfectione gaudebunt. Proinde (g) non inflantur, quia hic omnium fidelium catholicorum honorantur ut capita; sed laetantur potius, quia ibi Christi, qui est sacerdotum ac fidelium omnium caput, clariora membra futuri sunt.

2. (h) At si (quod absit) saecularibus negotiis implicati, sanctorum reverentiam sine termino cupiditatis extendant, ac se passim exquisitis deliciis (i) dedant, quae (k) animum corpusque debilitant: si gloriam non Christi, sed suam, decepti vulgi adulatio honoribus quaerant: plusque de se aliorum linguae, quam suae conscientiae credant: si omne gaudium suum non in bonorum remuneratione, nec in sanctitate vitae, sed in sua tantum dignitate constituant, (l) & dum tales esse quales creduntur, amant, nunquam sibi displicent, ac placentes sibi nec sint de sua (m) correctione solliciti: qui non intelligat, tales, si in talibus perseverant, nec se ante finem vitae praesentis emendant, Contemplativae vitae participes esse non posse? ad quam non perveniunt, nisi qui studuerint esse quod dicti sunt: nec affectant (n) videri, sed esse quod sunt; non alienis laudibus, sed moribus suis eximii; nec solum de sua dignitate, sed potius de sacerdotalis vitae (o) nobilitate conspicui: qui sunt non appellatione tenus, sed virtute pontifices, vitae contemplativae capaces, & gaudiorum caelestium cohaeredes.

CAPUT XIV.

Ubi loquitur se excusat, quod Ecclesiae magistros docere non audeat.

AC ne (p) cuiquam meus sermo praesumptuosus appareat, si quales esse vel esse debeant omnes sacerdotes (q) ostendi: non generaliter, sed de uno mihi video esse dicendum, & de te potissimum qui hoc mihi (r) (pace tua dixerim) temere delegasti praesumpti sermonis officium. Nec incognita vobis, sed usitata debeo comprehendere, quae solemus inter nos mutua confabulatione conferre. Quibus breviter declaratis, non puto quod relationem meam, (s) magis quam disputationem quisquam possit alicujus temeritatis arguere; quasi patres meos audeam docere, a quibus normam vivendi accipere sum paratus & discere.

CAPUT XV.

De negligentia sacerdotis, qui doctrinae suae agendo contraria, personam non possit implere Doctoris.

REcolite ergo quanta & qualia, me audiente (t) atque probante, dicere solebatis de administratione pontificis, qui populi sibi commissi cura posthabita, ardentius bona praesentia desiderat, quam futura: & oblitus quod non solum de se, sed etiam de grege sibi credito rationem pastori pastorum omnium (u) reddat, sua lucrorumque detrimenta non cogitat: quem non delinquentium peccata contristant, nec proficientium bona laetificant; sed de se tantum, plerumque autem nec de se omnino sollicitus, quid a suis boni malive geratur, ignorat: qui non

(a) Edd. Duac. & Colon. *Vocatio*.
(b) MS. Colb. unus, *quod his est*.
(c) MSS. tres, *Domini*, & sic paulo infra.
(d) MSS. duo, *instruunt*.
(e) Sic MSS. omnes cum Lugd. at Editi, *illi qui* [illegible] *sunt*.
(f) Edit. Colon. *item ex*. MS. unus paulo post *provocabuntur*.
(g) Editi, *proinde non*.
(h) Edit. Lugd. *Et si*. Et paulo post MSS. *implicati*, *implicans*. Editi, *implicitis*.
(i) MS. unus, *sedere*. Alter, *dent*. Alius, *edent*, Alius vero, *dedat*.
(k) MSS. duo Colb. *animum*.
(l) Sic MSS. quatuor, Reg. duo, & Colb. duo, cum Edit. Lugdun. quae addit, *se*. MSS. duo alii, *tales se*, *quales*, &c. Editio vero Duac. & Colon. *un-dum tales esse se, quales creduntur amant*.
(m) Ita MSS. omnes cum Lugd. Duac. & Colon. *de sua salute & correctione*.
(n) Sic MSS. omnes cum Lugd. Duac. & Colon. *videri esse, quod non sunt*.
(o) Sic MSS. Colb. quatuor cum Lugdun. & Duac. Colon. *nobilitare*.
(p) MSS. duo Colb. & Colon. *cuipiam*.
(q) MS. Colb. unus, *ostendere*.
(r) MS. unus, *ut tua pace dixerim*.
(s) In MS. Colb. uno & Regii duobus desunt haec, *magis quam disputationem*. Edit. vero Lugd. cum duobus Colbert. MSS. *relationem magis, quam disputationem meam*, & paulo infra, Editi, *possit*.
(t) Edd. Duac. & Colon. *que probante*. Tum MSS. duo, *dicebatis*.
(u) MS. Reg. unus, *reddat*.

non praedicat perseverantiam justis, poenitentiam (a) pravis, contemptum mundi conversis, futuram poenam aversis: qui non potest dicere contemporibus admonitionis suae, Futurum cogitate (b) judicium, quod ipse forte non cogitat; amatoribus mundi; Nolite diligere mundum, si eum mundi amor obstrictum detinet: Ambitiosi (c) fomes [illegible], si eum ambitio nimium praecipitat; ebriosis; (d) Ebrietatem cavete, si se ipse usque ad alienationem mentis ingurgitat. Sumptuosis dapibus (e) credo, non potest sibi abstinentiam suadere, quam calcat: vino cupiditatis addictus, cupidis amorem non potest dissuadere pecuniae: iracundiarum [illegible], non subdebit animos dissidentium sacerdotali tranquillitate componere: justitiam praedicare judicibus erubescit, quam ipse personae potentis favore corrumpit; nec defendit oppressos, si personas aut honorat, aut despicit; & quicquid boni non facit aut mali committit, nec (f) jubebit fieri, nec vetabit: quia necessariam (g) docendi auctoritatem continentiae suae actionis aut amisit, aut minuit.

CAPUT XVI.

Quale periculum maneat eos, qui Ecclesiam sibi creditam vel relinquere volunt, vel strenue gubernare contemnunt.

HÆC atque his similia commemorans (h), Episcopatum non accepisse poenituit: qui, sicut administratorem suum, si (i) probe administretur, illustrat; ita contemptorem suum condemnat. Denique volentem Ecclesiam vobis creditam, velut imparem ei regendo deserere, atque in aliquam solitudinem (k) non tam studio quietis, quam ipsius officii vestri desperatione secedere: nulla res alia vobis eruxit [illegible] consilium, nisi quod vereri esset periculum (l) magis incurrere: quoniam si periculosum est navem inter fluctus curare non regere, quanto periculosius est eam undis intumescentibus fluctuantem in tempestate relinquere? Ad quam sicut (m) satius est non accedere, ita semel susceptam convenit fluctuantis pelagi projecta formidine, ac spe perveniendi concepta, usque in portum sine ulla mercium jactura perducere. Quae cum vobis comparatio placuisset, adjeci: Et idcirco Ecclesia, quae velut navis magna per mare mundi hujus enavigat, quae diversis tentationum fluctibus in hac vita concutitur, quae diversis immundorum spirituum persecutionibus velut quibusdam procellosis flatibus in diversa jactatur, quae scandalorum cautibus vadosis illiditur, quae (n) velut aggere arenae gravanti cingitur, non relinquenda est, sed regenda; quae sicut caeteris quos vehit, praestat incolumem gubernatorem (o) vigilanter gubernata, ita non solum caeteros quos habet, sed etiam ipsum gubernatorem perdit subversa fluctibus aut soluta.

CAPUT XVII.

Ubi ostendit quod Ecclesiam nec relinquere, nec regere possit, prosequitur, suggerendo quid tam melius reget exemplo.

HÆC atque (p) hujusmodi me prosequente, permoti graviter ingemuistis, vos in eam necessitatem fuisse productos, quam nec implere aliquo studio, nec sine peccato relinquere valeretis: ac deinde, cum jam gemitibus vestris, ex quo (q) vobis obstrictus sum cordis affectione compulsus, orando vos (r) dixi posse perficere, quod non possitis docendo suggerere; plusque fideles catholicos bono exemplo, quam luculentis verbis solere proficere; eamque esse sententiam perfectamque doctrinam, quam conversatio spiritualis (s) affirmavit, non quam magis sermo jactitavit, nec (t) a nobis in die judicii verba quaerenda, sed opera, nec facile (u) persuaderi, esse possibile quod docet lingua, si a lingua vita dissentiat; illud autem (x) probari possibile, quod sive praedicans, sive non praedicans, sacerdos confirmat, & imitari volentibus cum quadam delectatione ipsius possibilitatis (y) insinuat: vos non suggestione propositi delectari, hoc promisi, si me non haberet oblivio, multiplex.

CAPUT XVIII.

Quod parum valeat exemplo agenda monstrare, nisi etiam quae sint credenda docendo sacerdos ostenderit.

ET jam si tota perfectio in opere tantum, non etiam in fide consisteret, nec quid homo credidisset, sed quid egisset in die judicii quaereretur, quis erit tantae arrogantiae, qui Ecclesiasticae doctrinae (z) auctoritate neglecta, de sua sibi justitia blandiatur? (aa) Cum non solum

(a) MS. Colb. unus, injustis.
(b) Ed. Colon. praejudicium.
(c) MS. quinque, ambitioni jam fomes ponite.
(d) MS. Corb. ebriositatem.
(e) MS. Colb. unus, gravidas.
(f) MS. Colb. unus, nec jubet fieri, nec vetat.
(g) MS. Colb. unus, docendi.
(h) MS. Colb. duo, Episcopatum non accepisse.
(i) MS. unus, provide. MS. alter, si probe administrare.
(k) MS. septem omittunt, non.
(l) MS. unus, magis. MS. tres, magis incumbere.
(m) MS. unus, facilius est. MS. septem, non accedere.
(n) MS. omnes, quae agere.
(o) MS. Colb. duo addunt, sui.

(p) MS. tres, atque his similia.
(q) MS. unus, a vobis astrictus sum.
(r) Sic edd. At MS. quinque omittunt vocem, dixi. MS. alter, orando vos posse perficere quod non possitis docendo suggerere. Aliqui, dicunt. Alius, non possitis.
(s) Ita Edd. At MS. tres affirmaverit, non quam jactitaverit. MS. duo, jactaret. MS. unus, jactaverit.
(t) Sic Edit. Lug. cum MS. tres. Alia Edd. a vobis.
(u) MS. quatuor, persuadere.
(x) MS. quatuor, probare.
(y) MS. unus, indulgeat.
(z) MS. tres Colb. ecclesiae.
(aa) MS. quinque, de eum. MS. alter, non eam.

2. Tim. 2. Ib. 2. Petr. 2. solam secundum Apostolum, non oporteat formam praebere fidelibus; sed etiam eos ipsos fideles, qui nobis divinitus (a) instituendi commissi sunt, astruere debemus, de Patre, quomodo solus accipiatur ingenitus; de Filio, quomodo ex ipso sit genitus, de Spiritu sancto, quomodo ex Patre & Filio (b) procedens, nec ingenitus possit dici, nec genitus: qualiter illa tria unum sint; & haec unum non dividatur, sed distinguantur in tria: quemadmodum nec Pater, nec Spiritus sanctus, sed solus Filius de solo Patre ineffabiliter natus, hominem totum sine ulla mutatione substantiae suae susceperit; ac se Deum & hominem verum per virtutes, passionesque probaverit, comprehendi permiserit, occidi voluerit, tertia die resurrexerit, (c) in coelos hominem de nobis assumptum sua virtute levaverit, suae resurrectionis exemplo nobis regeneratis in se spem feliciter resurgendi praestiterit; credulos suos non seorsum; non credentibus sibi, vel a se recedentibus supplicium comminatus sit, & adhaerentibus sibi regnum coeleste promiserit.

CAPUT XIX.

De virtute fidei, quod ad eam non solum credere, intelligere, sed etiam bene operari pertineat.

HÆC (d) & alia, & sacerdos nosse debet, ut doceat, & populus credere, ut (e) quae docetur, intelligat; (f) dicente Apostolo, *Nisi credideritis, non intelligetis.* Unde

Is. 7. 9. secund. LXX. datur intelligi, quod non fides ex intellectu, sed ex fide intellectus existat: (g) nec qui intelligit, credat; sed qui credit, intelligat, & qui intellexerit, bene agat: sicut alibi scriptum

Psal. 35. 4. est, *Noluit intelligere, ut bene ageret.* Non dicit, Non potuit, sed *noluit intelligere*; ut nihil aliud nolle intelligere dictum, quam nolle credere noveritis; ac per hoc ut bene agat quis, intelligere studeat, & ut intelligat, cre-

Rom. 10. 17. dat. Sed quia idem Apostolus dicit; *Fides ex auditu; auditus autem (h) per verbum Dei*; debet doctor Ecclesiae praedicare, quod audiat credens: quia sine praedicatione nullus erit auditus; eodem Apostolo (i) attestante atque

Ibid. v. 14. dicente; *Quomodo audient sine praedicante?* Si ergo quilibet sine praedicante non audit, sine auditu non credit, sine fide non intelligit, sine intellectu bene non agit; verbum (k) fidei praedicandum est (l), ut audiens credat, credens intelligat, & intelligens bonum opus perseveranter exerceat: quoniam (m) eum qui potest uti libero voluntatis arbitrio, nec opera sine fide, nec sine operibus fides sola justificat. Et ideo si corde creditur ad justitiam, ore autem confessio fit ad salutem; (n) qui non crediderit, non habendo fidem, nec justitiam cordis habere poterit, nec salutem.

CAPUT XX.

Quod nihil prosit sacerdoti, etiam si bene vivat, si male viventem tacendo (o) non corrigat.

1. QUod vero dicit Apostolus, ut nos for- 1. Pet. 5. 3.
mam debeamus exhibere fidelibus, quid
valebit, si is cui vel exhortandi bonos,
vel castigandi malos cura commissa est, bene vivendo se imitandum bonis exhibeat, & malos tacendo non corrigat? Ad hoc enim, nisi me fallit opinio, sancte vivendum est sacerdoti, ne dicta sua repugnantibus factis evacuet; si quod praedicat fieri debere, non faciat; aut si quod non facit, praedicare praesumpserit. (p) Si tamen alium operit, nihil apud eum, qui eum vitam novere, proficit: quia ad hoc est Ecclesiae Dei praepositus, ut non solum bene vivendo, alios exemplo suae conversationis instruat, sed etiam fiducialiter praedicando, (q) singulis ante oculos peccata sua constituat: quae poena maneat duros, quae gloria obedientes, ostendat: (r) nullius salutem desperando convertat: & aliorum emendari nolentium plangat, imitatus Apostolum; qui ait: *Ut lugeam multos ex his* 2. Cor. 12. 21.
qui ante peccaverunt, & non egerunt poenitentiam: & iterum: *Quis infirmatur, & ego* 2. Cor. 11. 29.
non infirmor? Quis scandalizatur, & ego non uror?

2. Quapropter sciens quod si quibuslibet divitibus ac potentibus (s) parcat, male viventibus autem faveat, non perdat simul & (t) pereat; & sancte vivere debet propter exemplum, & (u) docere propter suae administrationis officium: certus quod ei nihil sua justitia sufficia-

---

(a) MSS. duo, *tenendi*. MS. unum, *instruendi*. MS. alter, *castrandi*. MS. alius, *divinus instituere commissi sunt*.

(b) MS. unum, *sit procedens, nec*.

(c) Sic MSS. tres Colb. Edit. *in coelo*. MS. alter, *in caelis*.

(d) Ita MSS. quinque. Editi, *& alia*.

(e) MSS. tres, *ut ea quae docetur*.

(f) MS. unus, *dicente de (hoc in loco) Propheta*, vel *propheticis*.

(g) MS. Reg. unum, *nec quia intelligit credat, sed quia*.

(h) MS. Colb. unum, *per verbum Christi*. MSS. duo, *per verbum*. Alii cum Editis, *per Verbum Dei*, juxta Graec. textum Apostoli.

(i) Editi, *contestante*. MS. unum, *testante*.

(k) MSS. tres, *verbum Dei*.

(l) MS. unum, *ut audiat & credat*.

(m) Haec verba, *eum qui potest uti libero voluntatis arbitrio*, desiderantur in Edit. Lugd. MSS. duo, *potentes uti*. MS. alter, *potentis uti*.

(n) MS. Colb. quoniam qui.

(o) MS. Colb. unum, *non arguat*. MSS. duo Reg. *Sacerdotibus etiamsi bene vivant .... corrigant*.

(p) MSS. septem, & Edit. Lugd. non habent haec, *Si tamen alium operit: in his desinit loquitur*. *proficiat*, non *proficit*. MS. unum, *proficiet*.

(q) MS. Colb. duo. *singulis inculcans si praedicat, atque ante oculos*.

(r) MS. Reg. unum, *nullius salutem desperando, convertat omnium emendari nolentium, sed plangat*.

(s) MSS. Reg. duo, & Colb. cum Edit. Lugd. *quibuslibet divitibus ac potentibus male viventibus parcat aut faveat*. MS. Colb. unum. *ac potentibus parcat aut faveat*.

(t) MS. unum, *pereat*.

(u) MS. unum, *& per docere*.

suffragetur, de cujus manu anima pereuntis exigitur. Quando quicumque alius perierit, quem nulla docendi necessitas manet, solus poenas (a) sceleris sui dabit: ille autem, cui dispensatio verbi commissa est, etiamsi sancte vivat, & tamen perdite viventes arguere aut erubescat, aut metuat, cum omnibus, qui eo tacente perierint, perit. Et quid ei proderit non puniri suo, qui puniendus est alieno peccato? Mentior, (b) nisi hoc Dominus per Ezechielem Prophetam sub cujusdam terroris denuntiatione loquitur, dicens

Ezech. 33. 7. ad eum: *Et tu, fili hominis, speculatorem dedi te domui Israel.* Nec hoc transeunter debemus audire, quod sacerdotem speculatorem appellat: ut sicut speculatoris est, de loco editiori prospicere, & plus omnibus contemplari; ita sacerdos debet esse (c) propositi sublimitate celsior cunctis, & majoris scientiae habere gratiam, qua possit sub se viventes instruere.

3. Videamus jam quid divinus sermo (d)

Ibidem. contineat. *Audiens, inquit, ex ore meo sermonem, annuntiabis eis ex me*: ut hoc dicat sacerdos, quod ex divina lectione didicerit, quod illi Deus inspiraverit, non quod (e) praesumptione humani sensus invenerit. *Annuntiabis eis*, inquit, *ex me. Ex me*; (f) non ex te mea verba loqueris. Non est (g) quod ex eis, tamquam de tuis infleris. Ex me, inquit, eis annuntia. Sed jam quid annuntiet, audiamus: *Si me dicente ad impium, Impie, morte morieris; (h) non fueris locutus, ut custodiat se impius a via sua, ipse impius in iniquitate sua morietur, sanguinem vero ejus de manu*

Ibid. v. 8. *tua requiram.* Quid potuit expressius, (i) quid apertius potest dici? Si impio, inquit, locutus non fueris, ut ab impietate sua se custodiat, (k) & ille perierit, sanguinem ejus de manu tua requiram. Hoc est dicere; Si ei peccata sua non annuntiaveris, si eum non argueris, ut ab impietate sua convertatur, & vivat: & te, qui non increpasti, & ipsum, qui te tacente, peccavit, flammis perennibus perdam. Quis, rogo, tam saxei pectoris, quis tam ferreus erit, quem sententia ista non terreat? quis tam alienus a fide, qui sententiae illi non credat?

CAPUT XXI.

Luctuosa descriptio (l) sacerdotis carnaliter viventis.

1. SED nos praesentibus delectati, dum in hac vita commoda nostra, & honores requirimus, non ut meliores, sed ut ditiores; nec ut sanctiores, sed ut honoratiores simus (m) ceteris festinamus: nec gregem Domini, qui nobis pascendus, tuendusque commissus est; sed nostras (n) voluptates, dominationem, divitias, & cetera blandimenta (o) carnaliter cogitamus, pastores dici volumus, nec tamen esse contendimus; officii nostri vitamus laborem, appetimus dignitatem. Immundorum spirituum feras a grege dilacerando non pellimus, (p) & quod eis remanserit, ipsi consumimus; quando peccantes divites, vel potentes, (q) non solum non arguimus, sed etiam veneramur; ne nobis aut munera solita offensi non dirigant, aut obsequia desiderata subducant: ac sic muneribus eorum, & obsequiis capti, imo per haec illis addicti, loqui illis de peccato suo aut de futuro judicio formidamus. Et ideo minaciter superbiam nostram divinus sermo contundit; sed noster auditus nihil unde proficiamus admittit: quia praesentis vitae capti dulcedine, quae poena (r) negligentiam nostram maneat in aeternum, nolumus cogitare.

2. In pastores ergo ista dicuntur, de quorum nobis inani appellatione blandimur: *Haec dicit* Ezech. 34. 2. & seqq.
Dominus: Vae pastoribus Israel, qui pascebant semetipsos. Nonne greges pascuntur a pastoribus? Lac comedebatis, & lanis operiebamini: quod crassum erat, occidebatis, gregem autem meum non pascebatis. Quod infirmum fuit, non consolidastis; & quod aegrotum, non sanastis: quod (s) fractum erat, non alligastis; & quod abjectum, non reduxistis. Quod perierat, non quaesistis, sed cum austeritate imperabatis eis, & cum potentia: & dispersae sunt oves meae, eo quod non esset pastor, & factae sunt in devorationem omnium bestiarum agri. Et paulo post: *Propterea pastores, audite verbum Domi-* Ibid. v. 7. & seqq.
ni: Vivo ego, dicit Dominus Deus (t): quia pro eo quod facti sunt greges mei in rapinam, & oves meae in devorationem omnium bestiarum agri; eo quod non esset pastor; neque enim quaesierunt pastores gregem meum: sed pascebant pastores semetipsos, & gregem (u) meum non pascebant: Propterea, pastores, audite verbum Domini. Haec dicit Dominus; Ecce ego ipse super pastores: requiram gregem meum de manu eorum, & cessare eos faciam, ut ultra non pascant gregem meum, nec pastores amplius pascant semetipsos.

3. Quis ad haec non contremiscat? Quis ista sine intolerabili metu futurae examinationis accipiat, nisi qui aut non intelligit, aut futura non credit? Sed (x) quia omnia, quae Deus observari voluit, tam aperte posuit, & ita nominis sui

(a) MS. Reg. duo *suis sceleribus*.
(b) Ita MSS. septem. cum Edit. Lugd. Duac. & Colon. *Si non*.
(c) Ita MSS. omnes. Editi autem, *propositae*.
(d) MS. Colb. unus, *obtineat*. Alter, *contineat*.
(e) MSS. duo Colb. *praesumptio*.
(f) MSS. duo, *non ex te verba loqueris*. MS. alter, *loqueris eis*.
(g) Editi, *quae in eis*. MSS. quinque, *quod ex eis*.
(h) Editi, *Si non fueris*.
(i) MSS. quatuor, *quid apertius dici?* Editi, *quid apertius potest dici?*
(k) MS. unus, *ille quidem perit, sanguinem autem ejus*.
(l) MSS. tres, *carnaliter viventium sacerdotum*.
(m) MS. unus, *ceteris praesse festinamus*.
(n) MS. quatuor cum Edit. Lugd. *voluntates*.
(o) Abest vox *carnaliter* a MS. uno.
(p) MS. unus, *sed quod*.
(q) MS. unus addit, *conspicimus*.
(r) MS. ex Colb. unus, & Cantabr. *negligentiae nostrae remaneat*.
(s) MSS. tres Colb. *fractum est*. Edit. Lugd. *quod fractum non alligastis*.
(t) MSS. duo non habent hic, *quia*.
(u) Abest vox, *meum*, a MS. uno.
(x) MS. quatuor caret hac particula, *quia*.

sui auctoritate firmavit, ut ea (a) facilius (quod dictu quoque nefas est) contemnamus, (b) quam non intelligere vel non credere tam aperta, & divina fingamus: quando audimus; *Hæc dicit Dominus*; quis futurum esse non credat, quod dicit (c) Dominus, nisi qui (d) Deo non credit? Quod autem dicit: *Væ pastoribus*, illud væ, pro maledicto (e) poni, & pastorum nomine nos significari quis non intelligat, nisi qui (f) futurum non cogitat? (g) Greges Domini pascendos pastores facti suscipimus; & nos ipsos pascimus, quando non gregem utiliter prospicimus, sed quid levat & augeat nostras (h) voluptates, attendimus. Lac & lanas ovium Christi (i), oblationibus quotidianis ac decimis fidelium gaudemus accipere, & curam pascendorum gregum ac reficiendorum, a quibus perverso ordine volumus pasci, deponimus. Non lassatos spirituali consilio peccatis infirmatos, non sacerdotali ope consolidamus (k), nec afflictos diversis tribulationibus fractos, non ad viam salutis revocamus (l) errantes, non requirimus sollicitudine pastorali, velut desperatione jam perditos: sed hoc tantum pastores effecti, ut nobis in subjectos dominationem tyrannicam vindicemus; non ut afflictos contra violentiam potentium, qui in eos servorum more sæviunt, defendamus.

4. Inde est quod (m) tam a potentibus hujus mundi, quam a nobis, quod pejus est, nonnulli graviter fatigati depereunt, quos se de manu nostra Dominus requisiturum terribiliter
Ezech. 34. 10. comminatur, dicens: *Requiram oves meas de manu pastorum, & cessare eos faciam, ut ultra non pascant*. Quod quid est aliud, quam, pastores qui semetipsos, non gregem eorum pascunt, sublimitate suæ dignitatis expoliare; & inter reprobos, quia honorem suum noluerunt custodire, projiciam? Horum & his similium
Ps. 54. 6.7. consideratione (n) perterritus; *Timor & tremor venerunt super me, & contexerunt me tenebræ, & dixi: Quis dabit mihi pennas sicut columbæ, & volabo, & requiescam?* Et hoc est totum propter quod imperitiæ meæ ac status mei recordatus ingemui, & volui sarcinam episcopatus mei deponere, elongare fugiens, & manere in solitudine, & ibi expectare Dominum, qui me salvum faceret a pusillanimitate mea, & ab ipsa intolerabilium mihi sollicitudinum tempestate.

CAPUT XXII.

Quod secundum sermonem Prophetæ, culpa sua pereunt, qui sacerdotum increpationem vel admonitionem perversa voluntate contemnunt.

1. AD hæc ego (o) tunc: Sic, inquam, illa terribilia quæ tibus jactas, & in sugillationem Pontificum, vel certe ipsius pontificatus exaggeras: quasi (p) non ubi illa legisti, quibus rationabiliter permoveris, ibi & illa sint, quæ a vobis prætermissa, breviter in consolationem officii sacerdotalis adjungam. Post illa verba, quibus negligentiam sacerdotum sic non ostenditur, de pontifice officium suum curante Propheta sic loquitur: *Si autem annuntiaveris tu ad impium, ut a viis suis convertatur,* Ezech. 33. 9. *nec fuerit conversus a via sua; ipse impius in iniquitate sua morietur, & tu animam tuam liberasti.* Hic certe satis evidenter ostenditur quod sive proficiant, sive non proficiant auditores, tacere eis non debeant sacerdotes: nec ideo rei sint, si forte eorum verba populi non (q) audiant, vel audita contemnant; sed si ab eis corripienda abscondant: quia si nec exemplo vitæ præpositorum suorum, nec verbo doctrinæ populi contumaces emendari proficiunt, ipsi sibi causa suæ perditionis existunt, & Doctores suos quorum exempla simul ac verba despiciunt, involvere criminibus suis omnino non poterunt.

2. Quod idem Propheta evidentius alio loco prosequitur dicens: *Speculator (r) si viderit* Ezech. 33. 2. & seq.
gladium venientem super terram, & cecinerit buccina, & annuntiaverit populo: audiens autem, quisquis ille est, sonum buccinæ, non se observaverit, veneritque gladius, & tulerit eum, sanguis ipsius super caput ejus erit: Sonum buccinæ audivit, & se non observavit, sanguis ejus in ipso erit. Si autem se custodierit, animam suam salvabit. Hic autem quid agere debeat qui fungitur speculatoris officio, divinus sermo satis ostendit, scilicet ut quando viderit venientem gladium super terram (s), iram Dei scilicet super peccatores (t) operibus terrenis addictos, eamque non tacere, atque eis quamdiu inhæserint iniquitatibus suis, (u) impendentis divinæ indignationis interitum denuntiare non desinat; sed clare & publice arguat (quia hoc buccinæ nomen insinuat:) ut sic se a suis criminibus emendantes, supplicium futuræ damnationis effugiant. Quod si contempserint, si itaque locu-

---

(a) MS. Camb. ea tam.
(b) MS. Camb. & nequaquam ea non intelligere tam aperta.
(c) Ita MSS. quatuor. Editi *quis non futurum esse credat?*
(d) MSS. duo, Deus.
(e) MSS. duo, *poni*: MS. unum, *ponitur*.
(f) MSS. quatuor, *futurum*.
(g) Ita MSS. omnes; at Editi, *Gregem Domini pascendum pastores facti suscipimus*.
(h) MSS. quatuor, *voluntates*.
(i) MS. Camb. *videlicet oblationes quotidianas et decimas*.
(k) Sic MSS. quinque. Editi, *atque reficimus*.
(l) MSS. tres, *errantem*.
(m) MS. Camb. *non tam*.
(n) Sic Edit. Lugd. cum MSS. quinque. Alii vero, Duac. & Colon. *perterritus Propheta, Timor & tremor, inquit, venerunt super me, & contexerunt me persecutores meorum tenebræ*. MSS. duo ex his, *venerunt super me*.
(o) MS. Reg. unus, *tunc*.
(p) MS. Reg. unus, *non ubi illa quæ hic legisti, quibus, &c.* MS. Colb. unus, *irrationabiliter*: subjungit hoc.
(q) MSS. tres, *audiunt, contemnunt ... abscondunt*.
(r) MSS. tres, *cum viderit*.
(s) Ita Ed. Lugd. & MSS. quinque. Ed. Duac. & Colon. *hoc est iram Dei*.
(t) MS. unum, *terrenis actibus addictos*.
(u) MS. unus, *imminentis*.

[illegible], quæ commentoribus (a) jam [illegible], [illegible] hominum terreni despiciunt, singulis eorum in ipsis erit: & sacerdotes qui ea peccata sua non curant, peritæ, quæ eos expectat, participes esse non poterit.

CAPUT XXIII.

Quod sacerdotes etiam qui aliter possunt, tam simpliciter docere debeant, ut omnes eos docentes intelligant.

NEC vero se per imperitiam Pontifex excusabit, quasi propterea docere non valeat, quod ei sufficiens & luculentus sermo non suppetat: quando nulla alia sacerdotis doctrina debet esse quam vita; satisque auditores possint proficere, si a doctoribus suis quod vident spiritualiter fieri, hoc sibi etiam simpliciter audiant prædicari, dicente Apostolo: *Et si imperitus sermone, sed non scientia*. Unde datur intelligi, quod non se debeat Ecclesiæ doctor de accurati sermonis ostentatione jactare, ne videatur (b) Ecclesiam Dei non velle ædificare, sed magis se quantæ sit eruditionis ostendere. Non igitur in verborum splendore, sed in operum virtute totam prædicandi fiduciam ponat: non vocibus delectetur populi acclamantis sibi, sed fletibus; nec plausum a populo studeat exspectare, sed gemitum. Hoc specialiter Doctor Ecclesiasticus elaboret, quo fiant qui audiunt eum, sanis disputationibus meliores, non (c) vana affectatione fautores. Lacrymas quas vult a suis auditoribus fundi, ipse primitus fundat, & sic eos compunctione sui cordis accendat. Tam simplex & apertus, etiamsi minus Latinus, disciplinatus tamen, & gravis sermo debet esse pontificis: ut ab intelligentia sui (d) nullos, quamvis imperitos, excludat: sed in omnium audientium (e) pectus cum quadam delectatione descendat.

CAPUT XXIV.

Quid intersit inter doctores, qui Ecclesiam simpliciter docentes ædificant, & eos qui eloquentiam suam luculentis declamationibus jactant.

DEnique alia est ratio declamatorum, & alia debet esse doctorum. Illi elucubratæ declamationis pompam totis facundiæ suæ viribus concupiscunt: isti sobrio usitatoque sermone Christi gloriam quærunt. Illi rebus inanibus pretiosa verborum induunt ornamenta: isti veracibus sententiis ornant, & (f) commendant verba simplicia. Illi affectant suorum sensuum deformitatem tamquam velamine quodam phalerati sermonis abscondere: isti eloquiorum suorum rusticitatem student pretiosis sensibus venustare. Illi totam laudem suam in favore vulgi, isti in virtute Dei constituunt. Illi plausibiliter dicunt, & nihil auditoribus suis declamando (g) proficiunt: isti usitatis sermonibus docent, & imitatores suos instituunt: quia * rationem suam nulla fucatæ compositionis (h) affectatione corrumpunt. * *f. mentem*.

CAPUT XXV.

Quales esse debeant sacerdotes, qui volunt fieri vitæ contemplativæ participes.

1. QUocirca, si sacerdotes sancti (non quales illi sunt, quos, judicandos atque damnandos, comminatio divina pronuntiat; sed quales Apostolica doctrina commendat;) multos (i) ad Deum sancte vivendo & prædicando convertant: si nihil (k) ex imperio, sed omnia humiliter agant, ac se communes eis quibus sunt præpositi, studio sanctæ dilectionis exhibeant; si infirmitates carnaliter viventium fratrum modo verborum salubrium medicaminibus curent, modo quos incurabiles judicant, patientiæ virtute sustineant: si moribus ac prædicationibus suis non suam, sed Christi gloriam quærant: nec verba ac facta sua in (l) pretium favoris conciliandi miserabiliter perdant; sed quidquid sibi sacerdotaliter viventibus atque docentibus honoris impenditur, Deo semper adscribant: si non inflentur officiosis occurrentium salutationibus, sed graventur; nec honorari se, sed onerari faventium sibi laudibus credant: si consolentur afflictos, pascant egenos, vestiant nudos, redimant captivos, suscipiant peregrinos: si errantibus viam salutis ostendant, (m) desperatis spem veniæ consequendæ promittant; currentes (n) impellant, morantes accendant, & quidquid ad officium suum pertinet, constanter exerceant: quis sic erit alienus a fide, ut dubitet tales contemplativæ (o) virtutis esse participes, quorum exemplo simul ac verbo plures fiunt regnorum cælestium cohæredes?

2. Illi sunt ministri verbi, (p) adjutores Dei, oracula Spiritus-sancti. Per tales Deus placatur populo, populus (q) instruitur Deo. Illi sunt Apostolorum Domini successores, qui Ecclesias, quas illi (r) editis mirabilibus fundaverunt, mirabiliter apostolicis præditi virtutibus regunt: qui fidem catholicam aut disputationibus, aut si ita necessitas poscat, membrorum suorum laceratione defendunt, pro qua totis (s) viribus retinenda, amissis facultatibus suis, etiam mori parati sunt. Fidelium catholicorum

(a) Desit jam in MS. [illegible].
(b) MS. duo, non ædificare Ecclesiam velle.
(c) MS. Colb. unus, vanæ affectationis.
(d) MS. Colb. unus, nullos quamvis imperitos excludat.
(e) MS. unus, pectore.
(f) Edit. Lugd. sola, commendant.
(g) MS. duo, & Edit. Lugd. proficiunt.
(h) MS. tres, affectionem.
(i) MS. tres, ad Dominum.
(k) MS. tres carnis partic. ex.
(l) MS. Camb. premio.
(m) MS. unus, desperantibus.
(n) MS. unus, impediant.
(o) MS. duo, vitæ.
(p) Ita MS. cum Edit. Lug. & Duac. Colbertino, adjutores Dei.
(q) MS. Colb. unus, populi instituuntur.
(r) MS. Camb. [illegible].
(s) MS. tres, & Edit. Lug. viribus.

Jiciorum virtutibus crescant, qui per eos Deo auctore, proficiunt; & Deo suo inseparabiliter adhaerentes, in quo sibi credunt solida ac permansura bona reposita, mundi hujus gaudia fugitiva fastidiunt. Hactenus super tribus capitulis sermonem (a) laboriosae disputationis prolixitate produximus: in quo, quae esset vitae contemplativae proprietas, quae differentia ipsius & activae, & qualiter contemplativae (b) vitae sanctorum (c) fieri participes possimus, sufficienter, ut opinor, ostendimus. Ideoque huic tandem libro terminum damus, in secundo volumine alia tria capitula, Deo conatum nostrum vestris orationibus adjuvante, tractabimus; ut in tertio libro de reliquis quatuor, quibus vitiorum atque virtutum dignoscenda continetur ratio, disseramus.

(a) MS. Camb. laboriosae.
(b) In MS. [illegible] [illegible] [illegible]. In aliis habetur, Contemplativae vitae.
(c) MS. [illegible], participes esse possimus.

PRÆFATIO
LIBRI SECUNDI.

1. SUperiori libro rationem Contemplativæ vitæ (a) complexus, pro viribus quas Dominus donare dignatus est, de actuali vita, sicut promisi, disputare constitui. Quapropter (b) sicut in præfatione primi voluminis feci, hic quoque officii mei (c) necessitatem paucis aperio: quia si potuissem sine obedientiæ nota quod jubebatis abnuere, numquam me propriæ voluntatis instinctu committerem obtrectatorum, malevolo (d) dente carpendum; qui nolentes advertere quam invitus hæc scribenda susceperim, totum quod est vestræ jussionis, applicaturi sunt (e) forte vitio vanitatis: maxime si de rebus talibus locuturus, quibus Ecclesiasticorum pene omnium conversatio tenenda describitur, aliquid tale posuero, quod sæculariter viventium mentes offendat: & (f) dum in descriptione Ecclesiasticæ vitæ morem suum (quem (g) nesciri magis, quam emendari volunt) viderint publicari, in me tamquam suorum actuum proditorem, carnaliter commoti desæviant, atque ea quæ, donante Deo, prolata, etsi rationabiliter dicta dijudicent, a me tamen dici non debuisse contendant; sicque aut materiam disputationis, aut personam disputantis irrideant. Sed quoniam fama mea incomparabiliter amplius obedientiæ fructum debet appetere, quam vitare malitiæ obtrectationis opprobrium; (h) levius credidi me gravari reprehendentium dictis meo judicio, quam pertinacis inobedientiæ subjacere periculo. Proinde fretus, (i) quod vos mihi perficiendi facultatem precibus impetretis a Domino, qui jussistis ut loquerer, & præsumptionem meam apud eos qui me judicaturi sunt, excusetis; opus susceptum (k) vobis orantibus adjuvandus expediam.

2. Sed priusquam membratim singula quæ proposui absolvam, universaliter de ipsa re, quæ in hoc libello tractanda est, pauca mihi video esse dicenda: quibus evidenter appareat, qua ratione mihi succenseri posse præfatus sim, ab eis qui magis quis dicat, quam quid dicat attendunt; nec rationem dictorum, sed dignitatem dicentium (l) gravi examinatione discutiunt; & quod facere non fieri volunt, dici quoque (m) sibi fastidiunt; parantes aliquid doctrinæ, etiam quod scire cupiunt, ignorare, quam a persona inferiore cognoscere: cum veritas undecumque claruerit, non sit ingenio humano deputanda, sed Deo; nec aliquorum debeat credi, sed omnium, quæ per se (n) tanta & talis est, ut non tunc sit magna, si eam magni docuerint; sed potius ipsa magnos faciat eos, a quibus doceri, vel (o) disci potuerit. Voluistis itaque vobis proprietatem vitæ actualis exponi, ut vos eam vestris subditis ipsam vivendo semper, & vivere probaretis; non qualiter vobis esset vivendum, (p) meis disputationibus disceretis. Siquidem conversatio religiosa actualis est vita, quæ docet, quomodo præpositi sub se regant viventes, & diligant; ac non minus de eorum, quam de sua salute solliciti, quod eis expedire sciunt, paterna cura provideant: & qualiter præpositis suis subditi, tamquam capiti membra deserviant, ac præcepta eius velut imperium Dei summo amore custodiant; hoc esse sanctum, hoc sibi salubre & necessarium judicantes, quod rectori suo placuerit; non quod eis in perniciem sui arrogantia mentis vitiosa dictaverit. Itaque obedientiæ ac patientiæ virtute fundati majorum suorum non discutiunt consilia, sed faciunt; & quando rigor ecclesiasticæ disciplinæ, ut (q) severius arguantur, acceptam correptionem magnanimiter ferunt; nec moribus eorum a quibus acrius objurgati, sed suis negligentiis, quod castigantur, adscribunt. Circa quoque suos plebeios & nobiles, divites ac pauperes, qualiter tractare & regere debeant sacerdotes, hujus libelli series continebit. Quæ ego, sicut sæpe jam dixi, scribere non auderem, si vobis negare aliquid (r) possem. Sed jam capitula ipsa disserenda ponamus. Quærendum igitur utrum æquanimiter sustinendi sint divina præcepta calcantes, an pro modo peccati debeant ecclesiastica severitate coargui.

(a) MS. Camb. complexus sum, omisso pro viribus.
(b) MS. tres, quod ex.
(c) MS. tres, necessitatem.
(d) MS. Colb. unus, malevolo dente.
(e) MS. Colb. unus omittit, forte.
(f) MS. quinque, Et cum.
(g) MS. quatuor, nesciri magis quam emendari.
(h) Sic MS. Reg. unus. Lugd. vero cum MS. uno Reg. levius me credidi gravari reprehendentium dictis, meo judicio. Duac. & Colon. cum 4. Colb. MS. levius me credidi gravari reprehendentium dictis meo judicio. Camb. etiam, gravari reprehendentium dictis meo judicio.
(i) MS. Camb. fretus sum .... et opus suscipiam.
(k) MS. unus, vestris orationibus adjuvandus.
(l) MS. et Colb. unus, parva examine.
(m) MS. unus cum Lugd., sibi.
(n) MS. quinque, talis ac tanta est.
(o) Sic MS. tres, Edd. dici.
(p) Edit. Lugd. in vir.
(q) Ita MS. Colb. tres, Edd. familiar. MS. tres, [illegible].
(r) MS. unus, possem.

CAPITA LIBRI SECUNDI.

CAPUT PRIMUM.

Quod pro diversitate peccantium, alii portandi sunt, alii castigandi.

CAPUT II.

De laude sanctorum sacerdotum.

CAPUT III.

De testimoniis apostolicis, vel de expositione eorum.

CAPUT IV.

Objectio, quare sacerdotes sancti, quorum cura est peccantes severius arguere, simulatores religionis aequanimiter ferant.

CAPUT V.

Responsio, ubi ostenditur, quibus exigentibus causis quorumdam infirmitas blande tractetur.

CAPUT VI.

Quod illi peccata aliena impatienter accusent, qui sua non cogitant.

CAPUT VII.

Quantum remedii habeat confessio peccatorum, & quale servetur occultatio dolosa supplicium.

CAPUT VIII.

Quod iniqui, & non simpliciter arguendi, verum sint, ac divino judicio condemnandi.

CAPUT IX.

Quod sacerdotes nihil proprii habere debeant, & Ecclesiae facultates quasi communes, atque Deo rationem reddituri, suscipiant.

CAPUT X.

Cum quo damno animae suae ab Ecclesia, quae pauperes pascit, accipiant illi qui sibi de suo sufficiunt.

CAPUT XI.

Qui sint, qui etiam cum profectu animae suae opibus sustententur Ecclesiae.

CAPUT XII.

Quid facere debeant clerici, quorum infirmitas non possit sua contemnere.

CAPUT XIII.

Quae sint gaudia vera, vel verae divitiae, & (a) quid impedimenti afferant bona praesentia amatoribus futurorum.

CAPUT XIV.

Qualiter intelligatur, quod dicit Apostolus, Qui in sacrario operantur, quae de sacrario sunt edunt.

CAPUT XV.

De cupiditate, qualiter eis quos semel imposuerit dominetur.

CAPUT XVI.

Quod Deum perfectius illi possideant, qui terrenis possessionibus ex corde renuntiant.

CAPUT XVII.

Quod nihil proficiant, qui abstinentes a cibis, vitiis serviunt; nec prosint illis facultates abjicere, qui suas faciunt voluntates.

CAPUT XVIII.

Quanta bona primus homo, abstinentiae bonum negligendo perdiderit.

CAPUT XIX.

De peccato primi hominis, & de malis quae illum peccantem, Deo judicante, secuta sunt.

CAPUT XX.

Quod omnia bona, quae in Adam corrupti perdidimus, in Christo reparati (b) recipiamus.

CAPUT XXI.

Qualiter vivere debeant, qui Christum imitari desiderant.

CAPUT XXII.

(c) *Quae temperantia uti debeant, qui a voluptate delectabilium, vel ab immoderata perceptione ciborum communium, atque a vini immoderato usu cupiunt abstinere.*

CAPUT XXIII.

Quod vescentes carnibus concupiscentia carnium polluat, non natura.

CAPUT XXIV.

Quam utile sit jejunio vel abstinentiae, administrationem charitatis plerumque (d) praeferre.

(a) MS. vet. *quod impedimentum.*
(b) MS. Cant. *recipimus.*
(c) Editi. *Quali.*
(d) MS. Cant. *praeferri.*

JULIANI POMERII DE VITA CONTEMPLATIVA LIBER SECUNDUS.

CAPUT I.

Quod pro diversitate peccantium alii portandi sunt, alii castigandi.

1. SI uno omnes aegritudine mentium laborarent, ac paribus animorum morbis affecti, nihil ab invicem discreparent, aut (a) fallenti omnes oneris esset, aut argui. Nunc vero, propterea alii portandi sunt, alii castigandi, quia pro diversitate peccantium, modus quoque diversus est (b) praeceptorum. Et utique (c) his peccatis dissimilia sunt adhibenda remedia, sicut ex dissimilibus causis veniunt ipsa peccata. Plerosque enim peccandi consuetudo delectat, alios ad peccandum occasio alicujus loci temporalis invitat, fragilitas nonnullos inclinat, quosdam ignorantia boni facit nescire quod peccant, & impedit (d) mali dulcedo, ne corrupti aliquando sapiant, quod ignorant. Taceo de illis, quos aliena delicta, quibus consentiunt, decolorant. Illos etiam praetermitto, qui cupiunt adipisci quod diligunt, vel refugientes pati quod metuunt, aut fidem catholicam produnt (e), aut mendacio praestantiam veritatis addicunt. (f) Illud vero dico: Quis nesciat (g), aliter hominem cogitatione furtiva, aliter delectatione delinquere, aliter sermone, aliter opere, aliter necessitate, aliter (h) voluntate peccare?

2. Cum igitur tam multiplicibus, ac multum ab invicem (i) distantibus modis homines peccent, quis non intelligat uno modo eis non posse ubique mederi quorum tam diversi sunt morbi? Et ideo dupliciter quidem fragilitas humana Dei praecepta contemnit, aut faciendo quod (k) vetuit, aut non faciendo quod jussit: sed (l) quomodo non solum ex illis causis quas commemoravi, sed etiam ex aliis quas non commemoravi, in praeceptis suis eum contemnunt, qui ejus praecepta non faciunt; sic debent omnes modo docendo, modo exhortando, modo sustinendo, modo increpando (m) curari, ut sub spe Christi (n) nullius salus in hac vita debeat desperari. Jam nunc si satis apparuit quod divina praecepta calcantes non solum portandi sunt, sed etiam castigandi; a quibus id fiat, qui, vel quo ordine, & quamdiu curandi sint qui curantur, adjuvantibus me (o) meritis & orationibus vestris, debeo declarare.

CAPUT II.

De laude sanctorum sacerdotum.

1. AC ne fidem meus sermo velut humana conjectura non habeat, effectumque, dum ei parum creditur, perdat; ea quae, adjuvante Domino, demonstrare constitui, vera esse divinis testimoniis conabor ostendere: si prius pauca de laude verorum sacerdotum, qui sunt Ecclesiarum magistri, promisero. Ipsis enim proprie animarum custodiendarum sollicitudo Eccl. 30. 24.
commissa est; qui pondera populi sibi commissi
(p) utiliter sustinentes, pro peccatis omnium Lev. 16. 6.
velut pro suis indefatigabiliter supplicant Deo,
ac velut quidam Aaron incensum contriti cor- Num. 16. 47.
dis, & humiliati spiritus offerentes, (q) quo placatur Deus, avertunt iram futurae animadversionis a populo; qui per Dei gratiam fiunt divinae voluntatis indices, Ecclesiarum Christi post Apostolos fundatores, (r) fidelis populi duces, veritatis assertores, pravae doctrinae hostes, omnibus bonis amabiles, & male sibi consciis etiam ipso visu terribiles, vindices oppressorum, patres in fide catholica regeneratorum, praedicatores caelestium, * primi (s) phalanges Al. primae.

invisi-

(a) MS. Colb. unus, fallenti omnes oneris esset aut arguere.
(b) MSS. Colb. tres, & Reg. unus, praelatorum. MS. alter Reg. praeceptorum.
(c) MS. Colb. unus, his peccatis dissimilibus dissimilia adhibenda sunt remedia.
(d) MS. unus mala dulcedo.
(e) Editi praeter Lugd. ac mendacio. MS. Colb. unus, aut mendacium praeferunt veritati.
(f) Editi Lugd. cum MSS. quinque, illud dico. MS. unus, illud quidem. MS. alter, adhuc illud dico.
(g) MS. Colb. unus, aliter hominem cogitatione fugitiva, aliter, &c.
(h) MS. Colb. unus, voluptate.
(i) MS. unus discrepantibus.
(k) MS. unus, quod vetat, aut non faciendo quod jubet.
(l) MS. unus, quoniam, & paulo post. MS. non Dominum contemnunt.
(m) MSS. duo Regii cum Editis, curari. MSS. Colb. quatuor & Camb. curent.
(n) MS. Colb. unus, nullus aeger in hac vita, &c. MS. Reg. unus, nullius salus debeat desperari.
(o) Haec, meritis &, absunt a MSS. omnibus.
(p) MSS. tres, utiliter sustinentes.
(q) MS. Camb. quo placatur Deus, avertit. MS. Reg. unus, quo placatur Deus, avertit iram futurae animadversionis. MS. Reg. alter, qui placatur avertunt iram futurae animadversionis.
(r) MS. Reg. unus, fideles veritatis assertores, omissis vocibus intermediis.
(s) MSS. tres juxta veterum codicum lectionem, primae praelantes, seu praelatores. MS. Colb. unus, primi pastores.

lucidissima speculorum, exempla bonorum operum, documenta virtutum, & (a) forma fidelium. Ipsi sunt (b) Ecclesiæ decus, in quibus amplius fulget Ecclesia: ipsi columnæ firmissimæ, quibus in Christo fundatis, totius credentium multitudo innititur: ipsi januæ civitatis æternæ, per quas omnes qui credunt (c) in Christum, ingrediuntur ad Christum: ipsi janitores, quibus claves datæ sunt regni cælorum: ipsi etiam dispensatores regiæ domus, quorum arbitrio in aula regis æterni dividuntur gradus, & officia singulorum.

2. Hi sunt qui non ambiendo, sed spiritualiter vivendo sacerdotium meruerunt: quique non favore humani suffragio, sed divino munere sublimari, nihil sibi de (d) præstantia sui principatus applaudunt: quos non (e) inflat honor acceptus, sed exercet labor impositus: (f) qui non exultantium (g) suum cupiunt provehi, sed sanctam; nec gloriantur de officii dignitate, sed student potius conservari sub onere. Tales divina Scriptura speculatores appellat, qui speculantes actus omnium, & qualiter unusquisque eum sua in domo, qualiter in civitate cum civibus vivat, intentione religiosæ curiositatis explorant: quos bonos probaverint, honorando confirmant, quos deprehenderint vitiosos, arguentes emendant, ut si emendari noluerint, æqualiter perdant, habituri æternorum fructum, aut de sua defensione, si correpti profecerint; aut de sua patientia, etiam si illi quos salvare, emendari noluerint.

Ezech. 3. 17.

CAPUT III.

De testimoniis apostolicis, & expositione eorum.

1. SED jam divina testimonia, sicut promisimus, proferamus. In Actibus Apostolorum Paulus Apostolus sacerdotibus dicit: *Ecce ego scio, quod amplius non videbitis faciem meam vos omnes, inter quos ambulavi prædicans (h) regnum Jesu Christi. Idcirco contestor vos hodierna die, quia mundus sum ab omnium sanguine. Non enim subterfugi, quominus annunciarem vobis omne consilium Dei. Attendite vobis & universo gregi, in quo vos Spiritus sanctus posuit Episcopos, regere Ecclesiam Dei, quam (i) acquisivit sanguine suo.* Regnum Dei, inquit, inter vos ambulans prædicavi, ut me alienum ab omnium perditione servarem, qui verbo doctrinæ salutaris audito, nihil (k) promoventur ad salutem. Regnum Dei prædicat, qui de vita futura quæ non habet finem; de contemplatione divina, quæ non habet fastidiosam satietatem; de sanctorum beatitudine, quæ non habet defectionem; de angelorum similitudine consequenda prædicare non cessat: ita ut (l) si ad hæc ineffabilia bona qui audiunt, provocari noluerint, absolutus sit ille qui eis prædicando non tacuit.

Act. 20. 25. & seq.

2. Quod autem sequens adjungit: *Non enim subterfugi quominus annunciarem vobis omne consilium Dei:* quid aliud facit intelligi, nisi ut Ecclesiasticus doctor dispositionem Dei (quod consilium Dei vocat Apostolus) eis quos docet aperiat? Aperit ergo dispositionis divinæ consilium quando docet ut patres pietatem filiis suis impendendo, eum mereantur a Domino, qui est omnium Pater, (m) ut filii honorem debitum (n) patribus suis exhibeant, non exhæredationis metu deterriti, sed futuræ remunerationis desiderio provocati: quia præceptum (o) Domini tam patres filios diligendo, quam filii honorificentiam suis exhibendo patribus complent, qui utrumque juste ut fieret; (p) docet ut mariti fidem conjugalis thori suis uxoribus servent; (q) ut uxores maritos suos non studio formæ lenocinantis adhibito, aut mutatione vestium diversarum, sed gravitate morum delectent, & operum sanctitate; ut domini servos velut eorum in Christo conservi misericorditer tractent, & servi dominis ita ex corde deserviant, ut voluntatem non solum dominorum suorum, sed etiam Dei hoc ipsum jubentis, efficiant; ut inter se cives cum civibus, cum amicis amici, cum parentibus parentes veram concordiam teneant; ut in nullo negotio alter alterum callida fraude decipiat, (r) aut ne in communi contractu fidem, quam sibi servari aliquis cœpit, ipse corrumpat.

Ibid. 27.

3. Hic (s) & talibus & sacerdos annuntiat prædicando, & obediendo populus accipit Dei consilium, sine quo non pervenitur ad regnum; in quo (t) soli executores divini consilii, participes, Deo auctore, futuri sunt cælestium præmiorum. Deinde quod dicit Apostolus: *Attendite vobis & universo gregi, in quo vos Spiritus sanctus posuit Episcopos regere Ecclesiam Dei, quam (u) acquisivit sanguine suo;* quis non videat quod tunc sibi sacerdotes attendunt, quando sancte vivendo, ac voluntatem (x) Domini fiducialiter prædicando, Ecclesiæ Dei prospiciunt; ut eis jam grave non sit, infirmos Ecclesiæ

Ibid. 28.

(a) MSS. duo Colb. *forma vitæ*.
(b) MS. Camb. *decor Ecclesiæ*.
(c) MSS. sex cum Lugd. non habent, *in Christum*.
(d) MSS. Colb. duo, *de præsentia*.
(e) Ita MSS. Reg. duo. Alii vero cum Editis, *inflammet*.
(f) MSS. Colb. tres, *quia non*.
(g) MS. Colb. unus, *sui cupiunt provectus*
(h) MS. Colb. unus, *Jesum Christum*.
(i) MSS. sex, *acquisivit sibi*.
(k) MSS. duo, *promoventur*.
(l) MS. unus, *si hæc ineffabilia*, tum paucis interjectis, MSS. quatuor, *prædicando non tacuit*.
(m) Ita MSS. septem cum Edit. Lugd. In aliis vero hic inferuntur illa, *Aperit divinæ consilium pietatis, cum docet*.
(n) MS. Colb. unus, *parentibus*.
(o) MSS. septem, *Dei*, quorum unus post pauca habet, *suis exhibendo parentibus*.
(p) Editio Lovaniensis anni 1565. Duac. & Colon. hic & post quæque locat addunt, *Docet*; quam vocem omittunt. MSS. omnes cum Lugd.
(q) MSS. duo, *& uxores*.
(r) MSS. quatuor; *ut ne*.
(s) MS. unus, *Hæc & talia sacerdos*.
(t) MSS. duo, *soli executores*.
(u) MSS. quatuor, *acquisivit sibi sanguine suo*.
(x) MSS. septem, *Dei*.

cleſiæ ſuſtinere, pro quibus redimendis ſe dignatus eſt morti vitæ auctor offerre? Sed & ipſi qui docentur, ut ſapiant; qui increpantur, ut ſaltem objurgati proficiant; qui ſuſtinentur, ut de ſuis aliquando criminibus erubeſcant, & gaudium ſuis doctoribus, quorum patientia blande tractantur, (a) de utilitate ſuæ correctionis exhibeant; & ipſi, inquam, libenter audiant, quid eis apoſtolico ore (b) divinus ſermo præcipiat:
Hebr. 13. 17. *Obedite*, inquit, *præpoſitis veſtris & ſubjecti eſtote eis. Ipſi enim pervigilant, quaſi rationem pro animabus veſtris reddituri: ut cum gaudio hoc faciant & non gementes; hoc enim* (c) *expedit vobis.*

4. Ergo doctoribus ſuis debent obedire qui audiunt, atque eis cum reverentia eſſe ſubjecti. Quod faciunt illi, qui caſtigari libenter accipiunt, nec increpantibus contradicunt. Quod
Ibidem. vero ait: *Ipſi enim pervigilant, quaſi rationem reddituri pro animabus veſtris*; ſacerdotalem curam pro populo ſibi commiſſo ſatis oſtendit, qui tam in ſuis actibus, quam in prædicationibus vigilantes, ſollicite hoſtis antiqui timentur inſidias, ne quem, velut dormiente paſtore, lupus (d) diabolus aſtuta fraude ſubripiat, & in damnum paſtoris abreptum, ſecum uſque ad ſupplicia ſempiterna perducat. Verum quia ex his qui arguuntur, aliqui ſe obedientes emendant, aliqui in ſua perverſitate
Ibidem. perdurant, ideo de ſacerdotibus ait: *Ut cum gaudio hoc faciant, & non gementes.* Cum gaudio ſacerdotes (e) arguunt, quando correpti proficiunt; & triſtes hoc faciunt, quando ſe nihil proficere in ſuis contemptoribus ingemiſcunt: ac ſic hoc dicit illis expedire, ut cum gaudio, non gementes eos increpent ſacerdotes, qui doctores ſuos ſua correctione lætificant, & eorum gaudia incremento ſui profectus accumulant.

CAPUT IV.

OBJECTIO: *Quare ſacerdotes ſancti, quorum cura eſt perditos generaliter arguere, ſimulatores religionis æquanimiter ferant.*

1. NOndum ſermonem de ſacerdotibus ſanctis, unde plura dicere conabar, impleveram, cum ecce ad me quidam de noſtris ingreſſus, quid dictarem (f) curioſus interrogat. Cui cum recitari feciſſem: Omnes, inquit, Epiſcopos tales eſſe debere, quales tuus ſermo deſcripſit, & nunc eſſe plures apud nos plenos ſacerdotalibus bonis, qualia veraciter prædicaſti, dubium non eſt; ſed cum ad eorum probetur officium pertinere, ut inquietos ſacerdotali auctoritate corripiant, rudes doceant, contradicentes ſanæ doctrinæ redarguant; (g) quid eſt quod non in omnes hæc eorum cura porrigitur; cur non & alios ſimili auctoritate caſtigant? Illos dico, qui velut converſi, ex priſtinis moribus nihil abjiciunt, non mente mutati, ſed veſte, nec actu, ſed habitu.

2. Hi ſunt, qui ſermone tantum, non opere, ſæculo renuntiaſſe contenti ſæculariter vivunt, & vitia ſua inani profeſſione vitæ melioris abſcondunt, ac religionis imaginariæ nomine palliati, opinionem virtutis pro virtute ſuſcipiunt: prædicant magna, nec faciunt: accuſant vitia, nec deponunt: publice ſibi diſplicere ſimulant, quod occulte committunt: magis ſtudent videri, non fieri: (h) laudant eos, quorum cupiunt prædicatione laudari: jejunant, ut vultus ſui pallorem pernicioſis laudibus vendant. *Ad reprehendendos alios prompti, ſe non patiuntur a quibuslibet vel* (i) *leviter reprehendi.* Ad faciem publicam patientiam fingunt, & in animo iracundiæ virus abſcondunt, ad nocendum parati, cum nocendi tempus invenerint: ſuorum actuum negligentes, ſunt alienorum procaci libertate cenſores. Impudenter ſe aſſciunt virginibus ſacris ac viduis, quibus tanto (k) inglutinantur affectu, ut facilius ab Eccleſia (quod dictu quoque nefas eſt) quam ab earum communione diſcedant. Qui etſi cum illis forte non (l) peccant, tamen malæ ſuſpicionis de ſe præbendo materiam, vitam ſuam maculis ſiniſtræ opinionis infamant.

3. Taceo de illis, qui undanter (m) lapſabundi corporis motu, deſluentibus in talos veſtimentis incedunt, & vagis laterum flexibus quodammodo fluctuantes, animorum diſſolutionem veſtigiis ſinuoſa mobilitate nutantibus produnt. Illos quis ferat, qui (n) adumbratæ prætendentes honeſtatis imaginem, ad hoc pupillorum, ac viduarum cauſas, velut tuendas ſimulata pietate ſuſcipiunt, ut earum facultates ſuis adjiciant, & divites ex pauperibus facti, vel ex divitibus ditiores, tamen cenſum (o) per nefas accumulent: ut cum fuerint exundante patrimonio ſumptuoſiores effecti, nunquam (p) materia voluptatis gulæ ſuæ deficiat? Hos igitur tales quare non arguunt, qui arguendi poteſtatem divinitus acceperunt? (q) Non verentur, ne forte cum tam flagitioſe viventibus parcunt, videantur probare quæ faciunt? Quid quod nos etiam ad officium clericatus admittunt, & (proh nefas) quaſi parum ſit quod tales diſſimulata ſeveritate non increpant, inſuper & honorant?

CA-

(a) Ita MS. omnes. Editi vero, *de utilitate ſua profectûs.*
(b) MS. unus, *Spiritus-ſanctus, id eſt, divinus ſermo.*
(c) In MS. uno, corrigitur *non expedit*, juxta textum Apoſtoli.
(d) MS. Colb. unum, *lupus, id eſt, diabolus.*
(e) MS. unus addit, *ſancti.*
(f) MS. Colb. duo, *curioſius.*
(g) MS. Colb. unus, *quare non ad omnes hæc eorum correctio porrigitur.*
(h) MS. unus, *laudantes.*
(i) Edit. Lugd. *leniter.*
(k) MSS. quatuor, *adglutinantur.*
(l) MSS. tres, *non peccant.*
(m) MSS. quatuor, *laſſabundi.*
(n) Hæ quatuor voces, *adumbratæ prætendentes honeſtatis imaginem*, abſunt a MS. Camberonenſi.
(o) MSS. quatuor, *proh nefas!*
(p) MS. Colb. unus, *materia voluptatis gulæ ſuæ deficient.* Colb. alter, *materia voluptati ac gulæ ſuæ deficiet.*
(q) MS. Colb. unus, *nec verentur ... approbare quæ faciunt?*

CAPUT V.

Responsio: ubi ostenditur, quibus exigentibus causis, quorumdam infirmitas blande tractetur.

1. EGO vero: Si recolis, inquam, quid de sanctis sacerdotibus fuerit disputatum, sufficienter accepisti responsum. Ecclesiae quippe doctoribus, sicut supra jam diximus, & castigare ipsos debet, ut arguant; & patientia, ut emendari volentes leniter ferant, apostolico sanctissimi imperio, qui Timotheo (a) praecepit, dicens: *Argue, obsecra, increpa in omni patientia & doctrina.* Quasi diceret: Argue coaequales, obsecra seniores, increpa juniores. Sed propterea addidit, *In omni patientia & doctrina*: quia leniter castigatus exhibet reverentiam castiganti; asperitate autem nimiae increpationis offensus nec increpationem recipit, nec salutem. Item alio loco idem Apostolus dicit: *Vos qui firmiores estis, imbecillitates* (b) *infirmorum sustinete.* Sustinent ergo aequanimiter ut infirmos, quos emendare non possunt castigantes. Proinde quia nec (c) objurgari omnes expedit, nec omnes blande tractari; sciunt sancti sacerdotes atque discernunt, quos debeant temperata severitate corripere, & quos sacerdotali magnanimitate portare: & uno omnium quos per Dei gratiam curant, non voluntati, sed utilitati prospiciunt. * Denique illos honorari deformiter ambientes, quibus non expedire noverunt, non vitio alicujus invidiae, sed aliae prudentiae consilio praetermittunt, & illos latere cupientes honorant, ut eis aditum ad majores profectus aperiant. (d) Eos quos probant increpationem posse pati castigant, & impatientes objurgationis ut languidos palpant; non eis adulando, quod tales sint, sed infirmitatibus talium compatiendo, si forte aliter sanari non possint.

2. Certum si Ecclesiae communione priventur infirmi, qui correptionem adhibita increpatione non possunt; aut intolerabilis male tristitiae supra modum gravati succumbunt, & sanctorum omnium vultus, per quos poterant restitui Deo, refugiunt; aut certe ad omnem peccandi impudentiam, si fuerint excommunicati, prosiliunt, & quidquid mali occulte faciebant, publice perpetrabunt, in quorum etiamsi reparandae salutis desperatione prolapsi (e) ut seria verba correptionum in jocos exhibitiles impudenti urbanitate convertunt, (f) ac male decoras in se ex ipsa jactatione turpitudinis suae, turpium viventium malevolas laetitias pascunt (g). Propter hoc ergo, blande ... portandi sunt, qui increpari pro sua infirmitate non possunt. Et re vera, si peccanti salubrem pudorem, dum pro eo erubescis, incutias, ac verecundiam quam pro peccatis ejus assumis, in eum per sanctam compassionem transfundas; incipiet in illo (h) deprimi omnem peccandi licentiam, atque ei totam impudentiam decor luculosae turpitudinis ... Tunc autem ejus verecundia castam integritatis ornabit, ut ei placeat quod antea sordebat, quando (i) sordidus erat; (k) & sordeat quod ante placebat, quando ipse bonis moribus displicebat. Sanctam vitam amando sectabitur, & sectando in eorum similitudinem paulatim vitae prioris consuetudine formabitur, ut ei quam laboriosum fuit in sublimitatem virtutis evadere, tam deforme sit in vitia carnis quibus se gaudet caruisse, descendere. Quia sicut virtus onerosa est vitioso, ita virtutis amico (l) vitiosa voluptas amara est. Ecce quomodo peccatores omnes blande tractat aut increpat, qui nihil aliud, nisi eorum salutem, quibus vult prodesse, considerat.

2. Tim. 4. 2.

Rom. 15. 1.

* al. Dilig.

CAPUT VI.

Quod illi peccata aliena impatienter accusant, qui sua non cogitant.

TAmdiu (m) enim quis peccata sua, quae posset, aut deflere debet, ignorat; quamdiu curiose aliena considerat. (n) Quod si mentis suae ad seipsum conversus aspiciat, non requiret quod in aliis specialiter reprehendat, sed in se ipso quod lugeat. Proinde fratrum nostrorum vitia non facile debemus accusare, sed portare: ut invicem onera nostra portantes, legem Christi possimus implere; qui utique non accusavit peccata nostra, sed tulit, Evangelista dicente: *Ecce agnus Dei, ecce qui tollit peccata mundi.* Itaque si ille qui sine ullo peccato fuit, nos peccatores ineffabili pietate sustinuit, & sustinere non desinit, non interitum nostrum desiderans, sed profectum, nec mortem peccantium, sed salutem; quare nos exemplo nostri Salvatoris & Domini non sustineamus infirmos: cum & ipsi aut infirmi fuerimus, & voluerimus a Deo portari; aut si sani simus, possumus adhuc ut fragiles infirmari.

Gal. 6. 2.

Joan. 1. 29.

(a) MS. omn. Lugd. & Lov. *praecipit.*
(b) MS. sex, *infirmorum.*
(c) MS. duo, *objurgari ... tractari.*
(d) MS. omn. *Et quos probant.*
(e) MS. Colb. unum, *seriem*, aliter, *servas.* Alii codices, *salutaria.*
(f) MS. Camb. *male decori in se.* MS. Colb. unus, *male decoras in se, &c.* MS. Colb. alter, & Reg. duo, *male decora in se, &c.* Sic & Edit. Lugd.
(g) MS. omn. *propterea ergo.*
(h) MS. omn. *reprimi ... decor.*
(i) Sic MS. omnes, & Edit. Lugd. Lovan. veter. Duac. & Colon. *quando in sordibus erat, & sordidus erat.*
(k) Edit. *ut sordeat.*
(l) Alias sic legebatur. *Ita est amara vitiosa voluptas virtutis amico.* MS. duo Colb. *vitiosa voluptas amara est.* Reg. *virtutem voluntas*; & ... *vitiosa voluptas.* Colb. alter, *vitiosa est amara voluptas.*
(m) MS. Colb. unus. *Quamdiu enim quis ... tamdiu curiose.*
(n) MS. Reg. unus, *ad seipsum conversus aspiciat.* MS. Reg. alter. *Quod si ad seipsum conversus aspiciat.*

CAPUT VII.

Quantum remedii habeat confessio peccatorum: & quale mereatur occultatio delicti supplicium.

1. HUC accedit quod & ipsa peccata si habeantur occulta, vel aliena actio, vel alia nostra, ut plerumque & sanctus inter peccatores lateat, & famam sancti obtineat peccator. Innocentem vero si se tueri non poterit, suspicio judicii (a) incerta condemnat, & reum calliditas negantis vitare excusat. Verumtamen non dicimus, sed humanum fallunt illa judicium. Et quid mirum, si animae aliorum quales sint, nisi ipsorum confessione nescimus, cum nos ipsos ita lateat conscientia, ut quales futuri simus (b) crastino nesciamus? Cum vero nobis fratres quilibet nostri peccata sua, tamquam cordis vulnera quibus urgentur, aperiunt; operam dare debemus (c) ut quantocius ad sanitatem, Deo auctore, perveniant; ne in pejus difficultate curationis proficiant. Ea vero crimina quaecumque si ipsis criminosis tacentibus undecumque claruerint; quaecumque non fuerint patientiae levi medicamento sanata, velut igni quodam piae increpationis urenda sunt, & curanda.

2. Quod si nec se quidem argumentatione sollicitudinis, ac piae increpationis molestia (d) profecerint in eis, qui ita putrent, & salubriter objurgati, corrigi noluerunt; tamquam (e) putres corporis partes debent ferro excommunicationis abscidi: ut sicut caro morbis emortua, si abscissa non fuerit, salutem reliquae carnis perniciosi sui contagione corrumpit; ita isti, qui emendari despiciunt, & in suo morbo persistunt, si moribus depravatis in sanctorum societate permanserint, suo exemplo (f) perditione inficiant. Porro illi, quorum peccata humanam notitiam latent, nec ab ipsis confessa, nec ab aliis publicata; si ea confiteri, aut (g) emendare noluerint, Deum quem habent testem, ipsum habituri sunt & ultorem. Et quid eis prodest humanum vitare judicium, cum, si in malo suo permanserint, ituri sint in aeternum, Deo retribuente, supplicium? Quod si ipsi (h) sibi judices fiant, & veluti suae iniquitatis ultores hic in se voluntariam poenam severissimae animadversionis exerceant; temporalibus poenis mutabunt aeterna supplicia, & lacrymis ex vera cordis compunctione fluentibus restinguent aeterni ignis incendia. At hi, qui in aliquo gradu ecclesiastico constituti aliquod occulte crimen admiserint, ipsi se vana persuasione decipiunt, si eis videtur propterea communicare, & officium suum implere debere, quod homines occultatione sui criminis fallunt.

3. Exceptis enim peccatis, quae tam parva sunt, ut caveri non possint, pro quibus expiandis quotidie Deo clamamus, & dicimus, *Dimitte nobis debita nostra, sicut & nos dimittimus debitoribus nostris*; illa crimina caveantur, quae publicata suos auctores humano faciunt damnari judicio. Qui autem ea commiserint, & idcirco prodere metuunt, ne sententiam justae excommunicationis accipiant; sine causa communicant; immo vero dupliciter contra se iram divinae indignationis accumulant, quod & hominibus innocentiam fingunt, & contempto Dei judicio, abstinere se ab altari propter homines erubescunt. Quapropter Deum sibi facillime placabunt illi, qui non humano convicti judicio, sed ultro crimen (i) agnoscunt: (k) qui aut propriis illud confessionibus produnt, aut nescientibus aliis quales occulti sunt, ipsi in se voluntariae excommunicationis sententiam ferunt, & ab altari cui ministrabant, non animo, sed officio separati, vitam suam tamquam mortuam plangunt, certi quod reconciliato sibi efficacis poenitentiae fructibus Deo, non solum amissa (l) recipiant, sed etiam cives supernae civitatis effecti, ad gaudia sempiterna perveniant. Matt. 6, 12.

CAPUT VIII.

Quod iniqui, & non simpliciter arguentes tanti sunt, ut divino judicio condemnandi.

JAM (m) de illis, qui levi suspicione promoti, simpliciter viventes objurgant, ut & illos inemendabiles corripiendo confundant atque dejiciant, & sibi per hoc nescio cujus districtionis gloriam quaerant; non est novum aliquid dicere, super quibus tam perspicue divinus sermo pronuntiat, ut (n) expositore non egeat. Ait enim in Ecclesiastico Spiritus-Sanctus: *Est increpatio mendax in (o) ira contumeliosi: & est judicium quod non est bonum.* Utique contumeliosi hominis & superbi correptio, quae dicitur mendax, (p) superbiae est, non alicujus humilitatis (q) judicium, & ideo non est bonum. Quid potuit evidentius, quid apertius dici, quam (r) ut contumeliosum diceret mendaciter arguentem. Quia & contumeliosus est qui mendaciter arguit, (s) & mendaciter ar-

(a) MS. unus, incerte.
(b) MS. unus, in crastino.
(c) MS. unus, quantocius.
(d) MSS. tres, proficiunt.
(e) MSS. duo, putrida, unus, putrescentes, MSS. quatuor cum editis, abscidi.
(f) MSS. tres, vel [illegible].
(g) MS. unus, perseverare.
(h) Desunt sibi, in edd. Lov. Duac. & Colon. habetur in MSS. omnibus & edit. Lugd. MS. unus, Qui si ipsi, &c.
(i) Editi, cognoscunt. MSS. tres, agnoscunt.
(k) MSS. tres, quia aut: & infra, MSS. quatuor, occulti sunt.
(l) MS. unus, recipiunt, sed etiam .... pervenient.
(m) MSS. duo Colb. Tamen.
(n) MSS. duo, expositione.
(o) MSS. septem, in ira contumeliosi ... & paulo post MSS. tres, & est judicium.
(p) MSS. duo, superbiae est.
(q) MSS. tres, cum edit. Lugd. indicium.
(r) Edit. Lugd. quam contumeliosum diceret.
(s) In MSS. deinde Reg. desunt haec, & mendaciter arguit. In Colb. MS. uno, quia & contumeliosus est, qui mendaciter arguit nisi qui contumeliosus fuerit.

arguit, qui contumeliam facit. Item in Proverbiis: *Testis falsus non erit impunitus, & qui arguit inique, non effugiet.* Quis est falsus testis, nisi qui hominem qualibet de criminibus accusasse obiurgat? Quem propterea inique increpantem dicit non impunitum futurum: quia innocentem nullis provocantibus meritis arguendo, (a) videri vult reum. (b) Quod autem dicit de eo qui inique arguit, non effugiet; quid aliud debet intelligi, nisi quia iram Dei non effugiet, quia iniquum non se corripit, ut emendet, sed ut se procacter jactet. Sed de contemptoribus praeceptorum Dei, & de correptionis ac patientiae virtute sufficiunt ista quae diximus: ne in uno capitulo justo amplius immorati, aut cetera brevius quam oportet transcurramus, aut intentionem vestram longitudine nimium prolixi voluminis oneremus. Videamus itaque quid nos etiam (c) consequenti capitulo sequentes edoceat. Utrum, (d) inquit, congregandis fratribus, aut aliendis expediat facultatem Ecclesiae possideri, an perfectionis amore contemni. Prov. 19. 5.

CAPUT IX.

Quod sacerdotes (e) nihil proprii habere debeant, & Ecclesiae facultatem quasi communem, pro quibus Deo rationem reddituri sunt, suscipiant.

1. EXpedit facultatem Ecclesiae possideri, & proprias perfectionis amore contemni. Non enim propriae sunt, sed communes Ecclesiae facultates; & ideo quisquis omnibus quae habuit, dimissis aut venditis, fit rei suae contemptor, cum praepositus fuerit factus Ecclesiae, omnium quae habet Ecclesia, efficitur dispensator. (f) Denique sanctus Paulinus (ut ipsi melius nostis) ingentia praedia, (g) quae fuerunt sua, vendita pauperibus erogavit; sed cum postea factus esset Episcopus, non contempsit Ecclesiae facultates, sed fidelissime dispensavit. Quo facto, satis ostendit, & propria debere propter perfectionem contemni, & sine impedimento perfectionis posse (h) quae sunt communia Ecclesiae possideri. Quid sanctus Hilarius? nonne & ipse omnia (i) bona sua aut (k) parentibus reliquit, aut vendita pauperibus, erogavit? Is tamen cum merito perfectionis suae fieret Ecclesiae Arelatensis Episcopus, quod illa tunc habebat Ecclesia non solum possedit, sed etiam acceptis fidelium numerosis hereditatibus, ampliavit. Ubi ergo tam sancti, & tam perfecti pontifices factis evidentibus clamant, posse, & debere fieri quod fecerunt. Qui utique homines tam saecularium, quam divinarum litterarum sine ambiguitate doctissimi, si scirent res Ecclesiae debere contemni, nunquam eas (l) debuerunt, qui omnia sua reliquerant, retinere.

2. Unde datur intelligi quod tanti ac tales viri (qui volentes (m) esse Christi discipuli, renuntiaverunt omnibus quae habebant;) non ut possessores, sed ut procuratores facultates Ecclesiae possidebant. Et ideirco scientes nihil aliud esse res Ecclesiae, nisi vota fidelium, pretia peccatorum, & (n) patrimonia pauperum; non eas vindicaverunt in usus suos, ut proprias, sed ut commendatas pauperibus diviserunt. Hoc est enim possidendo contemnere, non sibi, sed aliis possidere; nec habendi cupiditate Ecclesiae facultates ambire, sed pia pietate subveniendi suscipere. Quod habet Ecclesia, cum omnibus nihil habentibus habet commune, nec aliquid inde eis qui sibi de suo sufficiunt, debet erogare; quando nihil aliud sit habentibus dare, quam perdere.

CAPUT X.

Cum quo damno animae suae ab Ecclesia, quae pauperes pascit, accipiant illi, qui sibi de suo sufficiunt.

NEC illi qui sua possidentes dari sibi aliquid volunt, sine grandi peccato suo, (o) unde pauper victurus erat, accipiunt. De clericis quidem dicit (p) Spiritus-sanctus: *Peccata populi mei (q) comedent.* Ose. 4. 8. Sed sicut nihil habentes proprium, non peccata, sed alimenta quibus indigere videntur, accipiunt; ita possessores, non alimenta quibus abundant, sed aliena peccata suscipiunt. Ipsi quoque pauperes, si se possunt suis artificiis aut laboribus expedire, non praesumant, quod debet debilis aut infirmus, accipere: ne forte Ecclesia, quae potest omni solatio destitutis necessaria ministrare, si omnes etiam nihil indigentes accipiant, gravata, illis quibus debet, subvenire non valeat.

2. Qui autem Ecclesiae serviunt, & labori suo vilius debita reddi oportere credentes, ea quibus opus non habent, aut accipiant libenter, aut exigunt; nimis carnaliter sapiunt, si putant, quod Ecclesiae fideliter servientes stipendia terrena, ac non potius praemia aeterna percipiant. Secularis quippe militia quia caelestia non habet, terrena stipendia militantibus praestat. Unde satis indignum est, si fidelis, & operosa de-

(a) Ita MSS. omnes. Editi vero, *vult esse reum.*
(b) MS. unus, *Qui autem.* MS. alter, *dicit de eo ... nisi quia iram.*
(c) MS. unus, *capitulo sequenti mollientia edoceat.*
(d) Legendum foret, *inquam.*
(e) MSS. duo Reg. *nihil proprium habere deberent, sed Ecclesiae facultatem tanquam communem, utpote Deo rationem reddituri suscipiant.*
(f) MSS. tres. *Denique,* cum edit. Lugd.
(g) Edit. Lugd. *quia.*
(h) MS. quoque cum edit. Lugd. *post Ecclesiae, quae sine profectu communia possidere.* Ex Colb. unus, *post Ecclesiae facultatem, quae sunt communes possideri.*
(i) MSS. tres, *omnia sua.*
(k) MSS. unus, *pauperibus.*
(l) MSS. Colb. duo & Reg. unus, *nunquam eas habuissent.* Alii duo cum Corb. *haberent.* Regium alterum, *suscipere debuerant;* & in fine addunt verum, *retinere.*
(m) MSS. duo, *fieri.*
(n) MSS. quatuor, *patrimonium pauperum;* quorum unus, *& omnium defensabile patrimonium pauperum.*
(o) MS. Corb. *ea unde.*
(p) MSS. tres, *dicit Propheta.*
(q) MSS. tres Colb. *comedere.*

devotio clericorum, propter stipendium temporale praemia sempiterna contemnat. Quod si quilibet minister Ecclesiae non habeat unde vivat? (a) non ei praemium reddit hic; sed necessaria praestat Ecclesia: ut in futuro praemium laboris sui recipiat, quod in hac vita jam ipse dominicae promissionis (b) certus exspectat. Illi quoque, qui (c) velut homines nihil quidem sibi dari velut debitum poscunt, sed tamen Ecclesiae sumptibus vivunt; non est meum dicere, quanto peccato cibos pauperum praesumendo suscipiant, qui Ecclesiam quam juvare de propriis facultatibus debuerant, suis expensis insuper gravant; propter hoc fortassis in congregatione viventes, ut aliquos pauperes pascant, ut advenientes (d) suscipiant, aut de suorum consumptis expensis quotidianis immineant. (e) Quod si aliquid de facultatibus suis Ecclesiae, velut pro ipsis expensis suis contulerint; non se praeferant in sua jactantia illis, qui nihil habentes pascuntur de rebus Ecclesiae: quia perfectior est ille, qui se mundi rebus expoliat, aut qui cum nihil haberet, nec habere desiderat; quam ille qui ex multis quae possidet, Ecclesiae aliquid praestat, ac se de eo quod praestiterit, hominum jactat.

2. Dura sunt quae dico, nec ego diffiteor. Dura sunt, sed obdurare volentibus. Ceterum (f) si fiant illa, quae difficilia non facientibus sunt, statim facilia facientibus fiunt. Non ergo ea quae nolumus observare, impossibilitas nobis facit dura, sed voluntas. In usum veniant, & molestiam frequentata consumant. Nam quaero, quid sit eorum quae dixi difficile? ut homo id quod opus non habet, ab Ecclesia non accipiat, aut id quod habet sine causa consumat? Si propter hoc non vult sua relinquere ut habeat unde vivat; et quid accipit unde rationem reddat? et quid (g) peccatis alienis sua multiplicat?

CAPUT XI.

Qui sunt, qui etiam cum professis animae suae opibus sustentantur Ecclesiae.

ITaque sacerdos cui dispensationis cura commissa est, non solum sine cupiditate, sed etiam cum laude pietatis accipit a populo dispensanda, & fideliter dispensat accepta, qui omnia sua (h) aut parentibus reliquit, aut pauperibus distribuit, aut Ecclesiae rebus adjunxit, & se in numero pauperum paupertatis amore constituit: ita ut unde pauperibus subministrat, inde & ipse (i) tanquam pauper voluntarius vivat. Clerici quoque, quos paupertas aut voluntas, aut nativitas fecit, cum perfectione virtutis vitae necessaria, sive in domibus suis, sive in congregatione viventes accipiant: quia ad ea accipienda non eos habendi cupiditas ducit, sed cogit vivendi necessitas.

CAPUT XII.

Quid facere debeant clerici, quorum infirmitas non patitur sua contemnere.

ILLI autem, qui tam infirmi sunt, ut possessionibus suis renuntiare non possint, si ea quae acceperunt etiam, dispensatori relinquant, nihil habentibus conferenda, sine peccato possidebunt sua: quia & ipsi quodammodo sua relinquunt, quando propriis contenti rebus, nihil eorum quae labori, vel ordini suo deberi arbitrantur, accipiunt. Quod si putant ideo (k) accipi debere eorum quae conferuntur Ecclesiae, portionem, ne eam videantur abjicere, se vero non posse sua relinquere, quod eis deforme sit inter suos, pauperes reddi; noverint esse deformius, possessores de eleemosyna pauperum pasci.

CAPUT XIII.

Quae sint gaudia vera, vel verae divitiae: & quid impedimenti afferant bonae professionis amatoribus facultates.

1. HEU quam subtiliter nos ille decipiendi artifex fallit, quorum caecitate oculos nostrae mentis obducit, ne discernamus gaudendi modum, unde justius gaudeamus, aut ne cupiamus augeri divitiis, noverimus, quas quibus incomparabiliter praeferamus. Nam gaudere quidem bonum est; sed qui gaudet, si non inde gaudeat unde debet, non potest bonum esse quod gaudet. Siquidem gaudet & raptor, cum desiderata rapuerit; gaudet & ebriosus, cum (l) exoptatam occasionem potationis invenerit; gaudet & adulter, cum ad delectationem immundi corporis concupiti pervenerit: sed cum sit gaudere bonum, de his atque hujusmodi gaudere grande est malum. Haec & his similia sunt, unde gaudere nos vult mundus, cum sint amatoribus (m) peritura. Haec sunt quae repudiare debemus, ut de bona conscientia, de sanctitate morum, de acquisitione virtutum, de dono Dei, & de promissione futuri regni ineffabiliter gaudeamus.

2. Ditari quoque divitiis grande est bonum; (n) sed inde ditari unde non debeas, non est ha-

(a) Edit. Lugd. & Lovan. non ei praemium hic, sed necessaria praestat Ecclesia. MS. duo, non ei reddidit hic, sed necessaria praestat Ecclesia. MS. tres, non ei reddat hic, sed necessaria praestat Ecclesia. Omnes hinc, praestat.

(b) MS. hic non habent, certus.

(c) Edit. qui vel homines. MS. quique, velut.

(d) MS. hic, suscipiunt.

(e) MS. omnes, Quae si.

(f) Sic MS. fere. Alii cum editis, si faciant.

(g) Ita MS. omnes, & Lugd. At editi alii, de peccatis.

(h) Lugd. Edit. cum MS. Camb. hac notatum habent, aut reliquit, aut Ecclesiae rebus adjungit, & se. MS. Reg. duo, & quatuor Corb. aut reliquit, aut Ecclesiae rebus adjunxit, & se, &c.

(i) MS. unus, & ipse sum tanquam.

(k) MS. Reg. ut ea. MS. Corb. ideo partes accipi debere earum quae conferuntur Ecclesiae portionem, ne eas videantur abjicere.

(l) MS. unus, exoptatam.

(m) MS. unus, peritura.

(n) MS. Corb. duo, sed non inde ditari unde debeamus. MS. alter, sed non ditari unde debeas.

habenda facultas, sed deflenda calamitas. Nihil est enim calamitosius, nihilque miserius eo qui iniquis acquisitionibus crescit, quem locupletem fraudes faciunt ac rapinae. Illae nobis sunt ambiendae divitiae, quae nos ornant (a) possint pariter & munire, quas nec acquirere possumus inviti, nec perdere; quae nos contra hostiles impetus armant, a mundo discriminant, Deo commendant, ditant (b) animos nostros atque nobilitant, nobiscum sunt, intra nos sunt. Divitiae nostrae credendae sunt pudicitia, quae nos pudicos, justitia, quae justos, pietas, quae pios, humilitas, quae humiles, mansuetudo, quae mansuetos, innocentia, quae innocentes, puritas, quae puros, prudentia, quae prudentes, temperantia, quae temperantes, & charitas, quae nos facit Deo & hominibus caros (c), virtutum genitrix, saeculi contemptrix, et bonorum omnium sectatrix. Hae sunt non avarorum, sed sanctorum sanctae virtutes; non divitum superborum, sed humilium pauperum facultates; patrimonium cordium, divitiae incorruptibiles mentium, quibus non abundant (d), nisi qui illis carnalibus ex corde renuntiant. Quae quamvis & ipsa sint bona, utpote a bono Deo creata; tamen quia sunt bonis malisque communia, studeat ea spiritualis vir contemnere, quo possit ad illa incomparabiliter meliora, quae sunt bonorum omnium propria, pervenire: quoniam non est tale bonum quod habent & mali, quale illud est, quod non habent (e) nisi boni.

3. Corporale bonum quando habent iniqui, ipsorum est praemium (f), quando habent justi, non est eorum praemium, sed temporale solatium. Item boni temporalis amissio est exercitium justi, & injusti supplicium: quia & justus desiderio caelestium captus, omnia temporalia sive habeat, sive amittat, omnino non sentit; & iniquus quod cum delectatione (g) habet, sine dolore non perdit. Propter hoc igitur eis, qui militant Deo, fugiendae sunt ex toto corde divitiae, quas qui habere volunt, sine labore non quaerunt, sine difficultate non inveniunt, sine cura non servant, sine anxia delectatione non possident, sine dolore non perdunt. Apostolus autem Christi militibus (h) dicit:
1. Cor. 7. 32. *Volo vos sine sollicitudine esse*; &, *Radix omnium malorum est avaritia: quam quidam appetentes erraverunt a fide, & inseruerunt se do-*
1. Tim. 6. 10. *loribus multis*. Ac sic census (i) ille terrenus eis, a quibus nimis diligitur, non est voluptatum materia, sed dolorum. Quapropter expedit facultates Ecclesiae (k) possideri, ut inde vivant, qui non saeculo, cujus gaudia fugitiva repudiant, sed Deo (l) serviunt, cujus ineffabilia bona desiderant.

CAPUT XIV.

Qualiter intelligatur, quod dicit Apostolus, Qui in sacrario operantur, quae de sacrario sunt edunt.

De talibus dicere videtur Apostolus: *Qui* 1. Cor. 9. 13.
in sacrario operantur, quae de sacrario sunt edunt: & qui altario deserviunt, (m) cum altario participant. Quod nisi hoc de contemptoribus facultatum suarum vellet intelligi, nunquam sequenter adjungeret: *Ita & Deus or-* Ibid. 14.
dinavit his, qui Evangelium annuntiant, de Evangelio vivere. De Evangelio vivunt, qui nihil proprium habere volunt, qui nec habent, nec habere aliquid concupiscunt; non suorum, sed communium possessores. Quid est aliud de Evangelio vivere, nisi laborantem inde ubi laborat necessaria vitae percipere? Apostolus tamen qui sic Evangelium praedicavit, ut nec de Evangelio viveret, sed necessaria sibi suis manibus ministraret, de se confidenter (n) eloquitur: *Ego autem nullo horum usus sum*. Et Ibid. 15.
quare hoc dixerit, sequens aperuit dicens: *Expedit mihi magis mori, quam ut gloriam meam quis evacuet*. (o) Evacuari dicit gloriam suam, si ab eis, quibus praedicabat, voluisset accipere vitae (p) corporalis expensam: nolebat quippe in praesenti laboris sui fructum, sed in futuro accipere. Si ergo ille, qui nihil habebat, noluit de Evangelio ubi laborabat, sed suis manibus vivere, (q) ne gloriam suae mercedis amitteret; quid nos, qui & propria nolumus amittere possessa, non vivendi necessitate, relinquere, & accipere insuper volumus, non unde vivamus, sed unde censum nostrum incrementis damnabilibus augeamus!

CAPUT XV.

De cupiditate, qualiter eis, quos semel invaserit, dominetur.

1. Illud (r) cum nobis imperiosa cupiditas, ut (s) divinas parvipendentes possessionum terrenarum damnosa compendia cogitemus, (t) ut in eis totam sollicitudinem curamque ponamus, (u) ut inde nos morbida vanitate jactemus, ut amplitudine patrimonii diffusioris

(a) MS. alter, possimus.
(b) MSS. tres Colb. animas nostras.
(c) MSS. tres, virtutum inventrix, saeculi contemptrix. MS. alter, virtutum impetratrix saeculi contemptrix.
(d) Editi, nisi illi qui illis. MSS. quatuor omittunt, illis. MS. Colb. unus, quae non alii ditantur, nisi qui.
(e) MSS. duo, iniqui. MS. alter, quod habent boni.
(f) MS. unus, quando mali; tum MS. alter cum hac voce, eorum.
(g) MSS. duo, habuit.
(h) MS. unus, dicit.
(i) MS. unus, census affluentior, ille terrenus.
(k) MSS. quatuor, possidere.
(l) MSS. quatuor, deserviunt.
(m) MSS. tres, cum altari participant. MS. duo, cum altari participantur.
(n) MSS. duo Reg. loquitur.
(o) Sic MSS. duo Reg. Alii cum editis, evacuaret.
(p) MSS. quinque, temporalis.
(q) MSS. Colb. omnes, ne gloriae suae mercedem. Alii, mercedis suae gloriam.
(r) MSS. quatuor, Illud enim jubet nobis.
(s) MS. Reg. unus, divina praecepta parvipendentes.
(t) MS. unus, ut in eis.
(u) MS. Colb. unde nos.

ejus, fieri pauperem spiritu negligimus. (a) O stultitiam mundanam! Suavi jugo Christi contempto, ferreum cupiditatis imperium voluntaria mentium inclinatione suscipimus; & Domini nostri (b) levi onere, quod subjectos non onerat, sed sublevat, posthabito, plumbeum pondus nostris cervicibus (c) aggravamus, quod citius potest deponi, quam ferri: quia & ipsa cupiditas, quæ nobis subjici ultro volentibus hoc pondus imponit, contemni potest facilius quam expleri: & ideo qui se illi volentes dederint expugnandi, voluntatem resistendi eluctantes non habebunt tyrannicæ dominanti. Et hoc fit justo Dei judicio, ut qui cupiditati resistere (d) noluimus ingressuræ, jam resistere nequeamus ingressæ.

2. O plangendum miserabiliter mentis expugnatæ (e) servitium! O intolerandum (f) dominantis cupiditatis imperium! ut ex hostibus suis quos potest (g) vincere, victores faciat suos: promittit ingratis, & bonorum temporalium pollicitatione deceptos, impellit jam miseros ac miserandos in turpia. (h) Tenet nos lucrorum perpetualiter dulcium catenis addictos, & in sua ditione captivos; nec trahit invitos, sed, quod est deterius, (i) quocumque voluerit, volentes ducit. Vastat (k) in nobis quidquid verecundiæ ac pudoris invenerit: & quos jam suis triumphis addixit, adhuc tamquam (l) respirandi suspectos omnibus viribus hostilibus exarmat: ne quando contra eam qui bellare noluimus, rebellemus. Rapit nos, ac passim per omnia acquirendorum genera cupidos acquirendi dispergit. Non permittit animum liberum, non stabile corpus (m), vagatur animo mobiliter, aut quærens: & velut quædam cadavera in pastum feris avibus belluisque projecta, captivos suos immundis spiritibus (n) tradit, non laceranda, sed avidissimis morsibus eorum [illegible] faucibus devoranda: nec tamen ut esse jam desinant, sed ut perpetualiter vivant. Denique in vivis adhuc portant funera sua corporibus, (o) id est, vivi simul & mortui. Hinc est, quod proximo viventes quantum nos corporalium operum (p) oblectat auctio, ipsa fruendi carnalibus delectatione sentimus: & quantam virtutum sustinemus inopiam, velut mortui virtutibus ignoramus.

CAPUT XVI.

Quod Deum perfectius illi possideant, qui terrenis possessionibus ex corde renunciant.

1. HÆC sunt (q) propter quæ, non explendis voluptatibus ac fovendis, sed comprehendis fratribus, aut alendis egenis facultates Ecclesiæ possidentur: ut eo sollicitudinem omnium in sua societate viventium suscipiente, omnes, qui sub eo sunt, fructuosa vacatione perfruantur spiritaliter & quiete. Ideo interponit illud adverbium: quoniam qui otiosa quiete perfruitur, nisi spiritaliter vivat, mortem pro vita vivit. Et ideo is, quem nulla corporeæ necessitatis cura sollicitat, nulla corporalis domesticæ sollicitudinis inquietat, nulla litigationis molestia, nulla calumniosa exagitat; quid aliud curare debet, harum molestiarum & his similium liber, nisi unde ad meliora proficiat, unde vitia sua profectibus quotidianis imminuat, virtutes augeat, & pro temporalibus, quæ contempsit, spiritalia bona possideat; in his se divinitus adjutus exerceat, ea semper amplectatur ac diligat; & non solum omnibus aliis delectationibus suis, sed etiam ipsius suæ carnis cruciatibus anteponat: ut qui nihil sibi reliquit, quod formidaret amittere; ea, pro quibus omnia quæ habebat, abjecit, tanta fidei firmitate retineat, ut si necesse fuerit, pro eis libenter suum corpus impendat.

2. Proinde quem possidendi (r) delectat ambitio; Deum qui possidet omnia quæ creavit, expedita mente possideat, & in eo habebit quæcumque habere sancte desiderat. Sed quoniam nemo possidet Deum, nisi qui possidetur a Deo, sit ipse primitus Dei possessio, & (s) efficitur ei Deus possessor & portio. Et quid potest esse felicius, cui efficitur suus conditor census, & hæreditas (t) ejus dignatur esse ipsa divinitas: si modo eum sanctis operibus colat, omnes fructus ex illo percipiat, in illo, & de illo jugiter vivat, & nihil terrenum cum illo possideat? Quia omnium conditor, cui nihil eorum quæ fecit valet æquari, (u) non dignatur cum his

(a) MS. quinque, *O o stultitiam*; quorum duo, *O hoc stultitiam*.
(b) MS. Camb. *levi oneri* (*quod subjectos non onerat, sed honorat, nec deprimit onerosos, sed sublevat*) *subjici contemnimus, hoc ergo levi onere posthabito*, &c. ad hunc accedunt MS. quatuor Colb. & Regius unus, excepto quod unus ex Colb. habet, *sed sublevat*. Regius alius sic habet: *O Domini nostri levi onere subjicimus, quod subjectos non onerat, sed honorat; nec deprimit onerosos, sed sublevat, hoc ergo*. Alii codices habent: *levi onere superbe subjicimus*: cætera ut alii quæ mox citantur.
(c) MS. duo, *aggravamus*.
(d) MS. quatuor, *voluntas*.
(e) MS. omnes, *vitium*.
(f) MS. quatuor, *o comparatione*. MS. item quatuor, *dominus cupiditatis*.
(g) MS. omnes non habent, *vincere victores*; sed legunt, *quos potest facere suos*.
(h) MS. unus, *tenet nos perpetualiter lucrorum dulcium*.
(i) Edit. Lugd. *quocumque*.
(k) alias, *vorat*.
(l) MS. Reg. unus, *respirandi sive suscipimus*? MS. Camb. & alii, *jam respirandos suscipimus*.
(m) Alias, *vacantem*.
(n) MS. quatuor, *tradens*.
(o) MS. tres, *id est, vivis simul & mortuis*. MS. unus, *idemque satis*, *iidem*. MS. duo, *sed iidem*, cum Lugd.
(p) MS. tres, *pendentes*, MS. unus, *justus*. Alias, *pendent*.
(q) MS. Reg. unus, addit hic, *præcepta* .... Et ab illo omnia, *possidere*.
(r) MS. omnes, *non delectat*.
(s) MS. septem, *efficitur*.
(t) Alias, *ejus*, à MS. abest. Unus vero, *ipse esse dignus*, nec esse divinitas.
(u) Ita edit. Lugd. cum MS. Colb. tribus & Regio uno. Regius alter, *dedignatur*, hac particula negante. Aliæ editiones, *non dedignantur*, mal omnes mendis, ut videtur.

his quae condidit, possideri. (a) Denique quid ultra quaerit, cui omnia sua conditor est? aut (b) quid ei sufficit, cui ipse non sufficit? Hunc possidebat, ab illo possidebatur ille, qui dicebat in spiritu: *Pars mea* (c) *Domine, dixi custodire legem tuam.* Et: *Dominus pars hereditatis meae, & calicis mei.* Sed & ipse cum dicit: (d) *Filiis Levi non dabitis partem inter fratres suos: ego Dominus pars eorum.* Satis ostendit, quod hi, qui terrenae hereditatis contemplatione postposita, Deum spiritualiter meruerunt possidere; cum ditati muneribus, omnia quae praeclara habentur in hoc mundo, fastidiunt; & ipsum possidere vel ab ipso possideri, eo solo perfrui, atque illi adhaerere inseparabiliter concupiscunt.

Psal. cxviii. 57. Psal. xv. 5. Num. 18. 20. Deut. 18. 1. ibidem.

3. Unde datur intelligi quod qui temporalia bona, quae saeculi gaudia peritura sectatur ac diligit, quae & quanta sit (e) divinae dulcedinis multitudo non didicit. Quis enim cui Deus dignatur esse possessio, aliquid aliud quaerit? aut quis non (f) pro amore illius omnia quae putantur magna, contemnit? Ergo qui vult Deum possidere, renuntiet mundo, ut sit illi Deus beata possessio. Nec renuntiat mundo, in quem terrenae possessionis adhuc delectat ambitio: quia quamdiu sua non (g) relinquit, mundo, cujus bona retinet, servit; & utique non potest mundo servire simul, & Deo: ac sic propterea voluit Deus cultores suos omnibus renuntiare, propter quae diligitur mundus; ut exclusa cupiditate mundi, divina in eis caritas posset augeri, vel perfici. Et ideo decimas atque primitias frugum, primogenita & sacrificia pro peccato, (h) vel vota quae sibi Deus jussit offerri, sacerdotibus ac ministris distribui debere constituit; ut devotissimo populo vitae necessaria ministrante, ipsi creatori ac pastori suo liberis mentibus ministrarent, atque in (i) ejus cultu sine ulla sollicitudine corporali proficerent: ne terrenis occupationibus implicati, officio suo dignas excubias servare non possent.

4. Nunc autem, quod Christiani temporis sacerdotes magis suscipere quam contemnere possessiones Ecclesiae, etiam in hoc Deo (k) serviunt: quia si Dei sunt ea quae conferuntur Ecclesiae, Dei opus agit, qui res Deo consecratas non alicujus cupiditatis, sed fidelissimae dispensationis intentione non deserit. Quapropter possessiones, quas oblatas a populo suscipiunt sacerdotes, (l) non sunt inter res mundi deputandae, sed Dei. Quoniam si vasa, & cetera, quae in (m) sacris usui ministrantibus erant, sancta vocabantur, nec in usus humanos revocari jam poterant, divinis semel ministeriis consecrata; quomodo non ea quae conferuntur Ecclesiae, sacra credenda sunt? quibus non ut saecularibus rebus luxuriose, sed sancte, ut Deo consecratis, utuntur ad necessaria sacerdotes: ut illis omnibus, qui se perfectionis amore sub una constituunt, & sua sibi non vindicant, Ecclesiae (n) facultates ad hoc ipsum collecta sufficiant; & quicquid omnibus occupationibus absoluti proficiunt, fructus illius, qui omnes pro multis occupatus est, fiat; atque ita ille, qui sollicitudinem omnium sub se (o) viventium portat, in congregatione sua proficientes proficiat: et sicut illius occupatio omnium suorum facta est fructuosa vacatio, ita omnium discipulorum perfectio gloriosa magistri honor habeatur & gloria.

CAPUT XVII.

Quod nihil proficiant, qui abstinent a cibis, vitiis serviunt: nec prosit illis facultates abjicere, qui suas faciunt voluntates.

1. Iam quaerendum quae sit abstinentiae credenda perfectio: & utrum tantum corpori, an & animae debeat necessaria judicari. Si hominem totum virtus haec quae abstinentia nominatur, perfecta sanctificat, non solum corpori, sed & animae necessaria est; quia omnis homo ex corpore constat & anima. Sed in eis, qui diversis vitiis subjacentes, aliquid sibi eorum quae usui nostro (p) concessa sunt, interdicunt, abstinentia quidem, (q) sed carnalis & imperfecta esse debet intelligi: ea autem spiritualis atque perfecta credenda est, quae abstinentem tam ab illecebris carnalium voluptatum, quam a peccatis omnibus facit alienum, cujus nec animam deficientium morbi corrumpunt, nec imperio suae dominantis quaerere delitiae vires corporis frangunt. Proinde ille abstinens vere credendus est qui vitiorum omnium liber (r) effectus est; ac recisis (s) corporalibus voluptatibus elaborat, non ut concupiscentiam suae carnis (t) exsatiet, sed ut mortalem vitam necessariorum perceptione sustentet. Quoniam quidem quidquid sine quo possit vivi percipitur, non sustentandae vitae, sed (u) fovendae luxuriae carnis impenditur.

2. Haec (x) itaque virtus, quae abstinentia non solum delicatorum ciborum, sed etiam malorum omnium nuncupatur, cum omnibus omnino ne-

(a) Alias, Deinde.
(b) MS. Colb. duo, quid ei sufficit. Alius, quid sufficit cui, &c. Alter vero, cui quid ei deficit, sed male.
(c) MS. duo Colb. Domine.
(d) MS. Colb. unus, ut filiis Levi: Non dabitis.
(e) Sic MS. omnes, edit. vero, multitudo saporem dulcedinis.
(f) MS. Reg. duo, pro amore.
(g) MS. Camb. relinquit.
(h) MS. Reg. unus, vel vota.
(i) MS. Colb. unus, in ea cultu.
(k) MS. quinque, deserviunt.
(l) MS. omnes, non sunt inter res mundi credendae, sed Dei.
(m) MS. tres, in sacro usu ministrantibus. MS. unus, ministrantibus.
(n) MS. quinque, facultas Ecclesiae ad hoc ipsum collecta sufficiat.
(o) Sic MS. omnes. At edit. [illegible].
(p) Ita omnes MS. At vero edit., concessa fuerint.
(q) MS. Camb. quidem est, sed, &c.
(r) MS. tres, effectus, recisis.
(s) MS. Sen. corporeis. Eodem modo lectum fuit in aliis in ora Editionis observatur. Edit., corporalibus.
(t) MS. unus, exsatiet.
(u) MS. Camb. [illegible].
(x) MS. quinque, namque.

no necessaria sit, tum maxime illis familiarior, atque conjunctior esse credenda est, quibus juxta illud quod in Actibus Apostolorum legitur factum, unum cor, & anima una, divinæ charitatis igne conflata, & quibus sub unius ordinatione viventibus omnia omnium communia fiunt: si tamen ita eis (a) una sit vita, sicut sit una substantia; & nulla sit in eis diversitas animorum, quibus est communio facultatum: quia ut fieret & esset animorum sancta conjunctio, necessaria est (b) facultatum judicata communio. Ceterum quid eis prodest, quod facultates suas abjiciunt, (c) qui voluntates proprias non relinquunt, cum sit longe perfectius voluntatibus propriis abrenuntiare, quam rebus? Res suas etiam mundi (d) hujus Philosophi abjicere potuerunt, & nunc quilibet hæretici possunt: sed nec illi, cum suæ (e) voluntatis fierent amatores, secundum voluntatem Dei vixerunt; & isti dominicæ voluntati suæ voluntatis studio contradicunt. Non ergo ea res nos Deo commendat quam & inimici Dei faciunt; sed (f) illud, quod non nisi vere Christiani, & per hoc amatores Dei perficiunt. Hi sunt, qui (g) voluntatibus suis rebusque projectis, suo se creatori ex toto corde subjiciunt, ac suum velle ex ejus voluntate suspendunt: & ideo quidquid eis sensus carnis sequendum faciendumque (h) suggesserit, justitiæ capti delectatione contemnunt. Act. 4. 32.

CAPUT XVIII.

Quanta bona primus homo, abstinentiæ bonum negligendo perdiderit.

1. QUod si primus homo voluisset (i) se in illa paradisi beatitudine custodire, ut a fructu unius interdictæ arboris jejunasset; nec statum illum tantæ felicitatis amitteret, nec eum voluntaria saluberrimi præcepti transgressio necessitati corruptionis ac mortalitatis addiceret: ut tanta beneficia Dei sui, quæ in natura suæ conditionis acceperat, aut corrumperet peccato corruptus, aut perderet. Quis enim sufficienter enumeret, quæ & quanta bona (k) illa abstinentiæ contemptus amiserit? (l) quod intellectualis mentis dignitate donatus, imaginem sui creatoris accepit: quod soli Deo suo subjectus, omnia visibilia sibi subjecta conspexit: quod ei ad videndi usum afflatim lignorum omnium, quæ erant in Paradiso, fructus divina jussione servivit: quod arbor vitæ mysticum cibum non unde viveret, sed unde vitam corporis non finiret, sui Creatoris munere ministravit: qui cibum quamdiu perciperetur, ita percipientem se in uno statu, sacramenti cujusdam latenter secreta significatione, servaret; ut eum nec ulla infirmitate corrumpi, nec ætate mutari & senescere, nec dissolui morte permitteret. Non inquietabat molesta sollicitudo quærum, non frangebat labor anxius ... non formido opprimebat incertum, non eminendæ viræ timor ... (m) de immortalitate securum. Habebat facilem victum corpus ex (n) omni parte sanum, tranquillum morum, cor mundum, ignarus pœnalis mali, habitator paradisi, expers peccati, capax Dei. Genes. 2.

2. Postremo quid eo felicius fuit, cui erat orbis subjectus, nullus infestus, liber animus, & visibilis Deus? (o) Quandoquidem nisi ante peccatum Deum videre in assumptione visibilis creaturæ soleret, quomodo se jam peccator effectus, a facie (p) Domini, quem numquam viderat, abscondere? Poterat ergo ita videre Deum, priusquam peccaret Adam, sicut eum (q) Patriarchæ viderunt: sed quando ait: *Vocem tuam audivi, & timui;* et illi jam (r) videndi Deum facilitate ceciderat, jam se indignum videndi Deum reddiderat. *Vocem tuam*, inquit, *audivi, & timui; eo quod nudus essem, & abscondi me.* O quantum securitatis habent, qui sibi bene sunt conscii: & quantum perturbationis humiliat preparatio pudenda peccati, sicut illi qui se absconderunt a facie Domini de sua turpitudine (s), non de nuditate confusi: qui non ideo erubescebant, quia vestimenta extrinsecus non ... di, sed quia (t) intrinsecus protectione divina nudati. Denique & ante peccatum nudi erant, & non erubescebant: quia nihil contra voluntatem Dei, unde confunderentur, admiserant. Gen. 3. 10. Ibidem.

CAPUT XIX.

De peccato primi hominis, & de malis quæ illum peccantem, Deo judicante, secuta sunt.

1. SED jam videamus, si placet, qualiter illi homines primi commiserint tam grande peccatum, quod & ipsos de Paradiso projecit in hoc vitæ pœnalis exilium, & in eis originaliter totum damnavit genus humanum. Et mihi quidem videtur quod non ederent de ligno prohibito, nisi tentati; nec tentarentur, nisi deserti; nec desererentur a Deo, nisi ipsi prius deserentes Deum; nec dese-

Bonorum quæ Adam peccando [illegible].

(a) MSS. quatuor, *una sit vita*. MS. unus, *sicut est una substantia*.
(b) MS. Colb. unus, *unitas communium facultatum*.
(c) MSS. duo Reg. *Si voluntates*.
(d) Editi, *quarum*.
(e) Ita MSS. Reg. duo. Colb. unus & alii MS. Editi vero, *suæ voluntatis famuli*.
(f) MS. Reg. unus, *sed illa means*.
(g) MSS. duo Colb. *voluntatibus*.
(h) Editi, *suggerit*.
(i) MSS. quatuor non habent, *se*. MS. Colb. unus, *voluisset illam paradisi beatitudinem custodire, ut*, &c.
(k) MS. Reg. unus, *illius abstinentiæ*.
(l) MS. Reg. unus, *qui*.
(m) MS. unus Reg. *timor angebat. De immortalitate securus habebat* &c.
(n) MSS. omnes, *ex omnibus partibus*.
(o) Ita MSS. duo Reg. & Colb. Editi, *Quoniam quidem*.
(p) MSS. duo Reg. *a facie Dei quem numquam viderat*.
(q) MSS. tres Colb. *Patriarchæ sancti*.
(r) Hæc verba, *videndi Deum*, desunt a MS. Colb. uno: & sic recte.
(s) MS. Reg. unus, *non de timiditate*.
(t) MSS. quatuor Colb. cum Lovan. *intrinsecus*. Alii cum Lov. Duac. & Colon. *extrinsecus*.

ferrent Deum, nisi superbirent, & similitudinem Dei (a) damnabiliter appetissent: ad quam perventuri essent, sine corporis morte, si (b) sub Deo suo viverent, praeceptum quod acceperant, custodissent: ut qui posse non mori acceperant in natura, non posse mori consequerentur in gloria: & illa accepturi essent praemium non posse peccare, si hoc eorum devotio fuisset, peccare noluisse. Nun igitur a Creatore suo in creaturarum divinitatis (c) affectatione collapsos moveret aperta concupiscentia, nisi eos ante corrupisset occulta superbia; nec eis per serpentem diabolus propinaret tam letale consilium, nisi prius eorum deprehendisset appetitum.
Gen. 3. 5. Si, inquit, gustaveritis de ligno scientiae boni & mali, aperientur oculi vestri, & eritis sicut dii, scientes bonum & malum. Haec sunt illa tria, quae in mundo esse, & diligi non debere a dilectoribus Dei, contestatur sanctus Joannes
1. Joan. 2. 15. 16. apostolus dicens: Nolite diligere mundum, neque ea quae in mundo sunt: quia omne quod in mundo est, concupiscentia carnis est, & concupiscentia oculorum, & ambitio saeculi, quae non est (d) ex Patre, sed ex mundo est. Quae nisi illi, qui a dilectione Dei jam defecerant, diligere (e) coepissent, nunquam (f) male suasi serpentis consilio credidissent.

2. Itaque concupiscentia carnis ab eis impleta est, quod de ligno vetito gustaverunt; concupiscentia oculorum, (g) quod sibi aperiri oculos cupierunt; & ambitio saeculi, quod se fieri posse quod Deus est, crediderunt. Proinde delectatione carnis, & oculorum curiositate, ac saeculi ambitione corrupti; a ligno vitae, ex quo eis accedere morte, ac salutem continuandae (h) gratia praelibetur, abscissi sunt; & morbidam qualitatem eorum corpora contraxerunt, ut juxta sententiam Dei, eo die crederentur mortui,
Gen. 2. 17. quo in eis mortaliter facta est necessitas moriendi, & per lignum illud, quod (i) scientiae boni & mali ex causa nomen accepit, a quo se abstinere cum possent, noluerunt: experimento, quid interesset inter bonum quod amiserant, & malum quod incurrerant, ipsa poena sua (k) discernerent: qui si amisso tanto bono, nullum malum incurrerent, quale perdidissent bonum, forte nescirent. Dulcior enim fit salus, cum dolor excruciat; & sanitatis amissae dulcedinem languoris amaritudo commendat: ac sic, ad hoc illi malum non discendo, sed experiendo scire coeperunt, quod melius ignorare; ut ex ipsa miseria sua sentirent, quantum beatitudinem perdidissent; atque ita quos non moveret feracissima boni naturalis amissio, moveret saltem mali poenalis jugis perpessio. Haec per excessum conciliarium (l) dicta sunt nobis de primis hominibus; ut qui nolunt damnationis eorum subire supplicium, caveant prolapsionis exemplum.

CAPUT XX.

Quod omnia bona quae in Adam corrupti perdidimus, in Christo reparati (m) recipimus.

Quamvis enim ex Adam simus carnaliter nati, non ipsum tamen debemus imitari, sed Christum, in quo renati sumus, & vivimus, quando veterem conversationem salubriter innovari deponimus. Quid est imitari Adam, nisi pro carnalibus (n) desideriis ac concupiscentiis morte mulctari? Et quid est imitari Christum, nisi carnalibus concupiscentiis ac desideriis crucifigi? Sicut aliud non est veterem conversationem deponere, quam non secundum carnem, quae veterascit & moritur, sed secundum Deum vivere, qui solus potest perseverantes in se innovare perenniter, & (o) beare. Quapropter, sicut quando in Adam sumus omnes, ipso cadente (p) cecidimus: ita (q) quia in Christo jam esse coepimus, qui pro nobis omnibus dignatus est mori, & nos peccatis nostris illi commortui, cum illo spiritualiter resurgamus. In illo omnia bona quae poteramus habere, perdidimus, in hoc etiam majora, & sine fine habenda recepturi sumus, si perseveranter ejus vestigia teneamus. Adam nos (r) obnoxiavit malis omnibus per propriam culpam, a quibus nos liberavit adveniens Christus per gratiam. Ille in nos culpam suam transfudit, & poenam: hic, (s) qui culpam nostram suscipere, utpote conceptus & natus sine peccato non potuit, de susceptione poenae nostrae culpam nostram simul (t) abolevit, & poenam: & ut totum dicam, Adam nobis eripuit paradisum, Christus (u) donavit caelum.

CA-

(a) In MS. Colb. quatuor cum aliis. Editi, miserabiliter.
(b) MSS. duo Reg. si sub Deo viverent.
(c) MSS. quinque, affectione.
(d) MS. Colb. unus, de Patre, sed de mundo est. Alius, ex Patre, sed ex mundo.
(e) MSS. tres, concupiscere. Alii, concupiscerent.
(f) MS. Colb. unus, male suadentis. Camb. male suasi.
(g) MS. Colb. unus, dum sibi, Camb. aperire oculos.
(h) MS. Colb. unus, grandis praemissione prodebat.
(i) MSS. tres, scientiae, post pauca. MS. unus similiter, nesciret.
(k) Legit. discernerent.
(l) MS. Camb. conciliariis dicta sunt. Reg. unus, dicta sunt conciliariis. MS. unus, a nobis.
(m) Editi, recipimus. MS. Reg. duo & Camb. recipiamus.
(n) MSS. Colb. tres & Camb. concupiscentiis ac desideriis.
(o) MSS. tres, habere. MS. alius, beatificare.
(p) Editi, cecidimus. MSS. omnes, occidimus.
(q) MSS. quatuor Colb. qui ita.
(r) Ita MSS. tres Colb. Editi, sed unus habet. Alius legebatur, subjugavit, vel subjugaverit, vel etiam, obnoxiavit.
(s) MSS. tres, quia suscipere.
(t) Sola editio Lugd. abolere potuit.
(u) MSS. duo Colb. donavit & caelum.

CAPUT XXI.

Qualiter vivere debeant, qui Christum imitari desiderant.

1. ET nos ergo si in (a) illo esse volumus, quod esse debemus, sicut sanctus Joannes apostolus dicit, quomodo ille ambulavit, & nos spiritualiter ambulemus. Quid est ambulare sicut ille ambulavit, nisi contemnere omnia prospera quae contempsit, non timere adversa quae pertulit, libenter facere quae fecit, fieri doctrinae quae (b) mandavit, sperare quae promisit, & sequi quo ipse praecessit? (c) Quid est enim sequi, nisi praestare beneficia etiam ingratis, non retribuere secundum merita sua malevolis, & orare pro inimicis, amare bonos, corripere perversos, lenire (d) aversos, suscipere in charitate (e) conversos, & aequanimiter pati subdolos ac superbos? Ad hoc etiam pertinet quod ait sanctus Paulus apostolus: *Si consurrexistis cum Christo, quae sursum sunt quaerite, ubi Christus est in dextera Dei sedens.* Illi resurgunt cum Christo, qui moriuntur sicut ille peccato: ea tamen distinctione servata, quod ille mortuus est peccato, non suo, sed nostro; unusquisque autem nostrum, (f) non alieno moritur peccato, sed suo.

Coloss. 3. 1.

2. Quid (g) est peccato mori, nisi damnandis operibus omnino non vivere, nihil concupiscere carnaliter, nihil ambire? Ut (h) sicut qui mortuus est carne, nulli jam detrahit (i), nullum adversatur aut despicit, nullius pudicitiam callida circumventione corrumpit, nemini violentus caedit, neminem calumniatur aut opprimit; non invidet bonis, aut insultat afflictis, non luxuriae carnis inservit, non vinolentiae deditus, ut se bibendi sitim bibendo magis ac magis accendat; non odiorum facibus marcescit, non compendia injusta sectatur, non potentibus (k) aut divitibus adulatur, non loquaci curiositate capitur; non domesticae sollicitudinis cura distenditur, non officiosis occurrentium salutationibus delectatur, nec superbiarum injuriis fatigatur; non cum superbis inflatur, non ambitio ventosa praecipitat, non vana gloria turpiter inflat, non desiderium (l) gloriosae opinionis inflammat, non (m) detrahendo alieni actus illaqueat, non ad societatem turpium turpitudinis amor invitat; non rabies insani furoris exagitat, (n) non sempiternarum deliciarum studium reddit, non erigit animosa contentionum exasperatio; non facit impudentem audacia, iniquum injustitia, levem inclementia, varium levitas inconstantia, pertinacem contumacia, elatum vesania, deliciosum gula, rebellem inobedientia, vanum jactantia, infidelem perfidia, levem facilitas (p), saevum crudelitas, (o) manducatorem turpis edacitas, impatientem mollities, (q) mobilem instabilitas, vagum spiritualis infirmitas, iracundum animositas, suspiciosum perversitas, verbosum vanitas, (r) impetuosum malignitas: qui remotus est prorsus a saecularibus illecebris, remotus ab (s) immunditiis & inimicitiis, remotus ab insidiis alienis, remotus a rapinis vel occultioribus vel apertis, remotus a mendaciis sive perjuriis, postremo remotus ab omni genere flagitiorum (t) atque facinorum, quibus carnaliter viventes Deum offendunt, & mortui (u) peccato non serviunt. Sicut, inquam, carne mortuus nec facere potest ista quae dixi, nec pati: ita & hi, & talibus vitiis omnino non vivunt, qui (x) viventes Deo carnem suam cum vitiis & concupiscentiis crucifigunt.

CAPUT XXII.

Quali temperantia uti debeant, qui a voluptate delectabilium, vel ab immoderata perceptione ciborum communium, atque a vini immoderato usu cupiunt abstinere.

1. MEmbra sua, quae sunt super terram, mortificant, quando insolens corpus jejuniorum continuatione castigant; quando (y) intra necessitatem modum sumendi temperant appetitum; quando non solum se a delicatioribus cibis modesta districtione suspendunt, sed etiam in ipsis communibus nihil carni suae pro delectatione, sed pro sustentandae vitae necessitate percipiunt: certi quod nec delicatae quaelibet, si absque desiderio percipiantur, officiunt, & viles cibi plerumque abstinentiae professum, si appetenter accipiantur, impediunt. Hinc est, quod sanctus David aquae in se concupiscentiam castigavit, atque eam sibi a suis oblatam, ne desiderio suo ea satisfacere videretur, effudit; & sancto Heliae perceptio carnium (z) non concupita non nocuit. Unde datur intelligi quod vera-

2. Reg. 23. 1. Paral. 11. 18. & 3. Reg. 17. 6.

({a}) Edit. in illo. MSS. omnes, in Deo.
(b) Edit. quae docuit: MS. Camb. docere quae mandavit fieri; sic & MS. Colb. unum, Colb. duo, facere quae fecit, facere quae mandavit. Colb. unum, docere quae fieri mandavit.
(c) Haec verba, Quid est enim sequi, nisi, non leguntur in MSS. Colb. quatuor, & MS. Camb. nec in editione Lugd.
(d) Edit. Lugd. adversos.
(e) MS. Reg. unum, perversos.
(f) MS. Reg. unum, non alieno.
(g) MS. unum, Quid est peccato mori? Damnandis, &c.
(h) MS. Camb. ut quomodo. MS. Reg. ut sicut mortuus carne, nulli jam, &c.
(i) MS. Reg. unum, nullum adversatur. MS. unum Colb. nulli adversatur.
(k) MS. unum, et divitibus.
(l) MS. unum, gloriosam.
(m) MSS. quinque, distrahendo.
(n) MS. Colb. unum, non sempiternarum deliciarum. Alter, sempiternarum deliciarum.
(o) MS. Colb. unum, saevum.
(p) MSS. omnes, manducatorem turpem. Unus ex his, manducatorem turpis edacitas.
(q) MS. Colb. unum, immobilem stabilitas.
(r) MSS. tres, iracundum.
(s) Haec verba, ab immunditiis &, desunt a MSS. septem, & editione Lugd.
(t) MSS. duo, sive facinorum. MS. alter, vel facinorum.
(u) MS. unum, peccando inserviunt.
(x) MSS. omnes, qui ut viventes Deo.
(y) MS. unum, quando intra necessarium.
(z) MS. unum, non ab eo concupita.

-ventibus abstinentiam escarum non tenent, sed concupiscentias ducunt, ac (a) voluptates suae desideranti cibi, vel potus (b) abscisione mortificant. Qui autem non solum a qualitate, sed etiam a quantitate ciborum copiosa abstinent, nihil aliud studentes nisi ut quantum stomachum reficiendo, ac sacra exsolvendo satis esse videtur, indulgeant; nec expleant suae appetitus aviditate percipiendo, sed comprimant, atque eis non satietas edendi finem faciat, sed voluntas: qui tam a cupiditate pretiosorum ciborum (c), quam a nimia perceptione vilium (d) continebunt; qui nec lautioribus volunt (e) carnis luxuriae dissolvi, nec dimissione ventris (f) vilibus onerari: quando abstinentes viri nec deliciosi solent esse, nec avidi.

1. Jam de vino abstinendo, vel percipiendo quid dicam, unde sanctus Apostolus etiam fecit regulam,
Ephes. 5. 18. dicens: *Nolite inebriari vino, in quo est luxuria!* Quasi diceret: Luxuriam facit, & nutrit vini perceptio nimia, non natura; & propterea non uti vos vino, sed inebriari prohibeo: quandoquidem infirmum stomachum moderatus usus vini (g) confortat, ebrietas animum corpusque debilitat. Denique Timotheo suo discipulo, qui se longa abstinentiae districtione jam fregerat, & stomachum suum aquae perceptione corruperat, modico vino (h) uti debere praecipit, dicens: *Noli adhuc aquam*
1. Tim. 5. 23. *bibere, sed modico vino utere propter stomachum tuum, & frequentes tuas infirmitates.* Ac per hoc, nihil contra abstinentiam faciunt, qui vinum non pro ebrietate, sed tantum pro corporis salute percipiunt, nec hoc eis (i) offert voluntas, sed persuadet infirmitas: quae si defuerit, a vino est abstinendum, ne vini perceptio quae infirmum sustentat, sanum corpus incendat. Quandoquidem vino uti, & usui habere ciborum, nullos docent esse peccatum; sed hoc ideo non debemus carni desideranti praestare, ne eum illi licita concedere coeperimus, poscat illicita, & sibi obsequentem in omnibus, in flagitia poscenda compellat, ac naturali ordine perturbato, non spiritui corpus, sed spiritus corpori dominanti deserviat. Huc accedit quod & ipsam mentem abstinentiae fructus alacrem facit; carnem quoque non usque ad lassitudinem fatigatam, sed spiritui (k) ordinanti subjectam mobilem reddit. Sensus etiam qui dicuntur crassos efficere, vel gravare congestae deliciae, consuetudo parcitatis emaceret, & velut (l) quadam politura religiosae exercitationis attenuat.

CAPUT XXIII.

Quod utentes carnibus carnium concupiscentias pellant non utentes.

4. CEterum si a quadrupedibus abstinentes (m), phasianis altilibus, vel aliis avibus pretiosis, aut piscibus perfruuntur; non mihi videntur resecare (n) delectationes sui corporis, sed mutare; nec pro abstinentia, sed velut pro escis quas (o) commendat, vel certe, quod est verius, (p) pro stomachi causantis teneritudine delicias illas communes ac viles abjicere, quo possint alias non solum carnibus, sed etiam delicatioribus, ac pretiosioribus carnibus suas voluptates explere: cum, sicut jam supra posui, non aliquarum carnium, quae usui humano concessae sunt, nobis natura damnanda sint, quas Deus instituit; sed carnalis concupiscentiae fugiendae, quam sensui carnis diabolus introduxit. Illi autem qui (q) perfectam videri volunt, & plurium sibi velut de abstinentia districtione conquirunt; sic ab omnibus animalibus judicant temperandum, ut pretiosa poma, & herbas, legumina delicata, ceteraque alia (r) cibaria operosa sui corporis impleant appetitum: cum spiritalis abstinentia non aliquarum ciborum usum, sed desiderium sanitatis comprimendum, & illi magis perfectionem servire (s) credendi sint, qui sibi non aliquarum ciborum perceptionem, sed delectationem corporis interdicunt.

5. Illi quoque, qui (t) negata sibi vini perceptione, diversorum potionum potionibus inundantur; nequaquam mihi abstinentiam videntur implere (u): quia ad hoc forsitan a vino se suspendunt ut inveniatur ab hominibus (x) laudem; & interdicti sibi vini perceptionem compensant suavioribus poculis voluptatum. In vini enim usu non a vino tantum, sed ab omnibus quae accipientes inebriant, vel ab aliis quae etsi non ebrietatem, suavitatem tamen perceptori conciliant, abstinebit, ut in veritate absti-

(a) MSS. quinque, *voluntatis suae.*
(b) MS. unum, *abscissione.*
(c) Editi addunt hic, *animo*, quod vox abest a MSS. omnibus.
(d) MSS. duo Colb. *conterant.*
(e) MS. Colb. unum, *carnem luxuriantem.*
(f) Haec vox, *vilibus*, abest ab editis: legitur in MSS. omnibus.
(g) MS. unum et Colb. *fovet.*
(h) MS. unum, *uti debere.*
(i) MS. unum, *prodere.*
(k) MSS. omnes, *ordinans.*
(l) MSS. tres, *quadam politura.*
(m) MS. Colb. unum. *phasianis, vel aliis avibus pretiosis aut piscibus.* MS. aliud, *phasianis altilibus, cappis, pavonibus, & aliis*, &c.
(n) MSS. quatuor, *delectationem, sed mutare.* Unum ex his, *sed versare.*
(o) MS. unum, *mandatis.*
(p) MSS. duo, *propter stomachi causantis teneritudinem.* MS. unum *pro stomachi causantis teneritudine ac delicata, illas communes ac viles carnes abjicere.* MSS. quatuor, *delicatas illas et viles carnes abjiciunt*, cum editione Lugd.
(q) MS. unum, *perfectam.*
(r) MSS. duo, *ceteraque juxta modum, sui corporis.* MS. unum. *ceteraque aliis* ... MS. Reg. duo, *ceteraque aliis animi sui & corporis*, &c. Ita & editio Lugd.
(s) MSS. duo, *credendi sint.* Alii cum editis, *credendi sunt*: sed conjectura videtur priorum lectio.
(t) MS. Reg. duo, *qui negant sibi vini perceptionem*, &c.
(u) Haec verba, *ab hominibus*, supponuntur in MS. Reg: & eaedem MS. habent, *qui & ad hoc*, &c.
(x) MSS. Colb. duo, *& interdictis sibi vini compensant poculis suavioribus voluptatum.* Alius, *& interdictis sibi vini compensant poculis suavioribus voluptatum.* Alius, *& interdicti sibi vini perceptionem compensant poculi suavioris voluptate.*

abstinentiæ (a) perfecte consummatur; non ejus imagine foris splendidus, intus cavus, hominibus velut purus, & Deo sordidus vitiorum sordibus plenus. Nec enim a cupiditate possidendi superflua, quam a voluptate percipiendi nobis est abstinendum. Quoniam cum omnia quæ habemus, pro nostris usibus habeamus (b), ex quibus uti nolis, ardenter habere velle, vel etiam lucris hinc inde quæsitis augere, nihil est aliud, quam non tolerandæ avaritiæ, sed intolerandæ cupiditati servire. Nec possum dicere: Ut sit unde quotidie pauperibus erogetur, mea possideo; quando omnia perfectius erogaveris eo, qui nihil sibi perfectionis intentione (c) reliquerit ex proprio.

CAPUT XXIV.

(d) Quam utile sit, jejunia, vel abstinentias, advenientium caritatem plerumque præferre.

1. VEruntamen sic abstinere, vel jejunare debemus, ut non nos jejunandi vel abstinendi necessitati subdamus: ne jam non devoti, sed inviti rem voluntariam faciamus. Si enim quolibet adveniente jejunio intermisso, reficio, non (e) solvo jejunium, sed impleo caritatis officium. Certum si propter abstinentiam spiritalem fratrem, quem novi meis refectionibus delectari, contristo; abstinentia mea non est virtus dicenda, sed vitium: quoniam quidem ipsa abstinentia ac jejuniorum continuatio, nisi fuerit, quando res exigit, prætermissa, & me inflat, & fratrem meum, cui caritas jubet servire, contristat; vel certe mihi nihil inesse caritatis fraternæ demonstrant; cum sine abstinentia quemlibet hominem catholicum caritas sola perficiat; & (f) omnem abstinentiam aut perdat sine adjunctione caritatis aut perimat.

2. Quia ergo abstinere aut jejunare etiam Manichæi, vel quilibet alii hæretici possunt; utpote qui omnem carnem non pro abstinentia, sed pro immunditia devitantes, corpora sua panis & aquæ perceptione (g) conficiunt: non pro magno ducamus, quando ab his, quæ illi quoque rejiciunt, abstinemus; sed (h) quando abstinentiam nostram fides commendat, caritasque consummat, quas virtutes illi non habentes occidere se possunt (i), ædificari autem, aut perfici taliter abstinendo non possunt. (k) Ipsi vero catholici christiani, qui sive non valendo abstinere, sive nolendo, omnia usui nostro concessa, cum gratiarum actione percipiunt, non nos propter abstinentiam præferimus: ne forte plus humilitatis, aliarumque virtutum habeant illi, unde (l) jure nobis abstinentibus præferuntur. Quocirca si volumus nobis (m) abstinentiam nostram jejuniaque nostra prodesse, a superbia incipiamus, quæ sui expulsis omnes virtutes, aut minuit, & justitiæ cunctis inimica virtutibus, atque ab omnibus omnino vitiis discedamus: ne prosit nobis quod a cibis (n) delectabilibus abstinemus. Quia tunc nobis proderit, quod corpora nostra, vel certe corporum insolentiam rigore districtioris abstinentiæ castigamus; si carnalibus desideriis absoluti, sanctis virtutibus floruerimus. Sed jam finem liber (o) accipiat; ut de virtutibus ac vitiis, unde hæc pauca perstrinximus, latius ac plenius (p) in tertio volumine, donante (q) Deo, disputemus.

(a) MS. quatuor cum vero, perfecte. MS. unus, vere abstinentia perfecte consummatur.
(b) Edit. Lugd. ex quibus uti nobis contendimus. MSS. Colb. duo, ex quibus utimur. MS. alter, ex quibus uti nobis non licet. MS. Camb. uti nobis liber.
(c) MSS. quinque, relinquit.
(d) MS. unus. Quod utile sit.
(e) MS. unus, non solum jejunium, sed, &c.
(f) MSS. duo, omnis abstinentia.
(g) Ita MSS. tres. Edit. vero, afficiunt.
(h) MSS. sex, quod.
(i) MSS. quatuor, ædificare.
(k) MSS. unus. Ipsi vero.
(l) MS. Colb. unus, jure abstinentia.
(m) MS. Colb. unus, dum abstinemus, nostra jejunia proderunt. In uno habetur vero, abstinentia, ubique hac voce, nostram. In duobus legitur jejunia, sine hac voce, nostra.
(n) Ita MSS. Edit. vero, a cibis delectationibus abstineamus.
(o) Alias, perfectus.
(p) MS. unus, in alterius volumine.
(q) MSS. quinque, Domino.

PRÆFATIO LIBRI TERTII.

De vita contemplativa, & quantum ab ea differat actualis; vel qualiter possit ipsius contemplativæ virtutis fieri, (a) adjuvante Deo, particeps (b), in primo volumine absolvi. De actuali quoque vita, ubi quæ esset religiosæ increpationis utilitas, ac pariter quæ virtus (c) ostensum est, & qualiter tractandæ essent Ecclesiæ facultates, vel de modo (d) spiritualis abstinentiæ, quæ docenda visa sunt, Deo donante, in secundo libro digessi. Nunc superest, ut disputationem de vitiis atque virtutibus, non ingratus fervor, atque mihi conscius non sum, sed (e) orationibus vobis adjuvantibus impleam.

(a) MS. Colb. unus, participes, Deo adjuvante, in primo, &c.
(b) MS. duo, primum volumen absolvi.
(c) Ita MS. Colb. unus. Alii cum Edd. ostensa est.
(d) Ita MS. quatuor. MS. alter, donante. Editi de dono.
(e) MS. Colb. unus, orationibus vestris.

CAPITA LIBRI TERTII.

DE VITA CONTEMPLATIVA.

CAPUT PRIMUM.

Quantum a veris virtutibus virtutum similitudo differat.

CAPUT II.

Quod superbia sit malorum omnium causa.

CAPUT III.

Quod superbia, ex qua procedunt omnia mala, humilitatis virtute vincatur, & omnia vitia tunc fugata depereant, si virtutibus cedant.

CAPUT IV.

De cupiditate (a), quæ ita est mixta superbiæ, ut nihil peccati fiat, quod non ex utraque procedat.

CAPUT V.

Quo animi tormento invidum affligat invidia.

CAPUT VI.

In quæ & quanta mala concupiscentia carnis erumpat, si (b) ei virtus corrupta consentiat.

CAPUT VII.

Quod etiam hi, quos ab (c) impudicitiis quælibet necessitas tenet, si animo pudicitiam conservaverint, ad numerum castitatis ascribantur.

CAPUT VIII.

Quibus indiciis possit ostendi superbia, quæ vel in prodigiis aperta est, vel in factis occulta.

CAPUT IX.

Quibus signis invidorum declaretur invidia.

CAPUT X.

Quantis malis vanitas vanos involvat.

CAPUT XI.

De utilitate timoris, & quid afferatur paratis obsistat.

CAPUT XII.

De futuro judicio, vel æternitate supplicii, ac de qualitate gehennæ.

CAPUT XIII.

De laude caritatis.

CA-

(a) MS. Regii duo, quod ita sit mixta.
(b) MS. Cantuariensis, si ei.
(c) MS. Colb. ab impudicitia.

CAPUT XIV.

Qualiter possint ea quæ de caritate sanctus Apostolus dixit, intelligi.

CAPUT XV.

Quantum perfectionis caritas in se fundatis exhibeat.

CAPUT XVI.

De qualitate virtutis; & qualiter sibi consectaneas informet.

CAPUT XVII.

Quibus gradibus conversi in culmen perfectionis ascendant.

CAPUT XVIII.

Quæ sit quaternarii numeri credenda perfectio; & quod quatuor virtutes, quæ dictæ sunt principales, ex fide viventes a Deo collatæ justificent.

CAPUT XIX.

De temperantiæ qualitate, vel opere.

CAPUT XX.

Quales esse debeant, quos animi fortitudo nobilitat.

CAPUT XXI.

De justitia, vel fide, quæ ex ipsa procedit.

CAPUT XXII.

De æqualitate, quod ad eamdem pertineat humanæ societatis utilitas.

CAPUT XXIII.

Quod duo sint injustitiæ genera.

CAPUT XXIV.

De liberalitate, & qualiter beneficentiæ opus debeat exerceri.

CAPUT XXV.

De differentia amorum, & quantum ab eis differat perfecta dilectio.

CAPUT XXVI.

Quid sit, sua cuique tribuere.

CAPUT XXVII.

Quod illustrem vitam tres virtutes, idest, temperantia, fortitudo, justitiaque consummant, & prudentia, quæ est quarta virtus, omnis cognitionem rerum latentium præstet.

CAPUT XXVIII.

De sociali virtute: & quod non recte faciunt; qui cum possint, nihil humanæ societati proficiunt.

CAPUT XXIX.

Quod de prudentiæ ac sapientiæ fonte cognitionem omnium rerum habeant, qui perspicuæ scientiæ sanctitati invigilant.

CAPUT XXX.

Quod prudentes nec aliis noceant, nec sibi noceri permittant, & quod eis ibi sit sine admixtione alicujus erroris consummata prudentia, ubi erit sine ullo peccato vita perfecta.

CAPUT XXXI.

De affectionibus quatuor: quod inter vitia numerari non debeant; si earum usus ex bona voluntate procedat.

CAPUT XXXII.

Quod hi affectus, sine quibus in hac vita recte non vivitur, in illa futura beatitudine non sint, quia nec timorem habitura est, nec dolorem.

CAPUT XXXIII.

Qualiter virtutes quatuor, quæ dictæ sunt principales, aut in præsenti nos a peccato defendant, aut in æternum sublimes sine ullo peccato permaneant.

CAPUT XXXIV.

Ubi se lector de suo opere excusat.

JULIANI POMERII DE VITA CONTEMPLATIVA LIBER TERTIUS.

CAPUT PRIMUM.

Quantum a veris virtutibus virtutum similitudines distent.

QUAERITIS (a) quantum a veris virtutibus virtutum similitudines distent. Non dico, quantum a medicamento venenum: quia medicamentum ita corpus aliquoties sanat, ut id defendere a mortis necessitate non valeat, & venenum non auferri facit vitam corpori, quasi auferenda non esset, nisi fuisset acceptum, sed accelerat corporis mortem, quod erat aliquanto diutius forte victurum. Sed plane dico, a veris virtutibus tantum similitudines distare virtutum, quantum distat a veritate mendacium: quia & similitudo virtutis, quae videtur virtus esse, (b) cum virtus non sit, nihil est (c) aliud quam mendacium; & ideo non est virtus dicenda, sed vitium. Et vera virtus est veritas, cui qui amanter adhaeserit, a peccati morte resuscitatus, mori ultra non poterit; nisi cum ab ea depravata voluntate recesserit. Sicut e contrario virtutis simulatio, quae est, ut dixi, mendacium veritati contrarium, animam separat a Deo vita sua, non interituram, sed (d) in supplicio, quae est illius mors, poenaliter sine fine victuram: Scriptura dicente: Sap. 1. 11. *Os quod mentitur, occidit animam.* Ac per hoc sicut virtus animam (e) sibi veraciter inhaerentem, si fuerit vera, justificat; ita simulata condemnat. Et quid (f) justificatio animae, nisi ejus est vita perpetue beata, ac beate perpetua? Sicut condemnatio animae poena ejus est sentienda, quae mors probatur, & ipsa perpetua.

2. Itaque dupliciter rea est anima, si & bonum non faciat unde spiritualiter vivat; & appetat similitudinem boni, sub qua male vivat & lateat. Superbus vult (g) se credi constantem, prodigus liberalem (h), avarus diligentem, temerarius fortem, inhumanus parcum, gulosus humanum, ignavus quietum, timidus cautum. (i) Impudentia fiduciae sibi nomen adscribit, procacitas appellationem libertatis (k) obtendit, eloquentiam fingit verbositas, & curiositatis malum sub studii spiritualis colore delitescit. Haec etsi possunt ingenio humano discerni; tamen sine dono Dei, quantum mihi videtur, nec virtutes possunt appeti, (l) vel haberi; nec earum similitudines, quae sunt vitia virtutes imitantia, declinari: in tantum, ut infidelibus nihil profuisse credamus, etiamsi sunt aliquas per corpus operati virtutes, quod (m) eas nec a Deo suo se accepisse crediderunt, nec ad eum, qui est finis bonorum omnium referre voluerunt. Et quid dico, nihil eis profuerunt? immo etiam nocuerunt, dicente (n) Apostolo: *Omne quod non est ex fide, peccatum est.* Non dixit, Rom. 14. 23. Omne quod non est ex fide, nihil est: sed dicendo, Omne quod non est ex fide, peccatum est, declaravit quod omnia bona aut ex fide gesta virtutes sunt, quae profecto justificant; aut si fuerint sine fide, non sunt aliqua bona credenda, sed vitia; quae non juvant suos operarios, sed condemnant, inferisque praecipitant, atque a finibus aeternae salutis eliminant.

3. Sed quid ego (o) haec de infidelibus, unde nullus ambigere videtur, exaggero? cum sanctus Apostolus etiam fideles quosdam, qui credentes in Deum, non secundum Deum, sed secundum hominem vivunt, carnales nominet, dicens: *Et ego, fratres, cum venissem ad vos,* 1. Cor. 3. 1. & 2. *non vobis potui loqui, quasi spiritualibus, sed quasi carnalibus: nondum enim poteratis, sed nec adhuc quidem potestis, adhuc enim estis carnales.* Et tamquam quaereremus, quid carnales velit intelligi, secutus adjunxit: *Cum enim sit* Ibid. 3. *inter vos zelus & contentio, nonne carnales estis, & secundum hominem ambulatis?* Quid potest his duabus animi pestibus inveniri deterius, zelo & contentione; quibus carnales, qui secundum hominem vivunt, etiam in hac vita torquentur: cum & contentio haereticos reddat, & zelus imitatores diaboli, Paradisum primis hominibus invidentis efficiat? Ac sic, quando fideles justitia, pietate, misericordia, mansuetudine, humilitate, innocentia, ceterisque virtutibus gaudent; aut secundum Deum vivunt, (p) & virtutes veras habere credendi sunt, quae spiritualiter viventes adeptae sanctificant, &

Deo

(a) Ita MSS. omnes, cum Lugd. Lovan. *Quaeritis*, Duac. & Colon. *Quaeritis*.
(b) MSS. quinque, *cum non sit*. MSS. [illegible], *& non est*.
(c) MSS. duo, *aliud nisi*.
(d) Alias, *in* & MSS. quinque. MSS. duo Colb. *a Deo, vitam suam non interituram, sed in supplicium*, &c.
(e) MS. Colb. unus, *animam veritati inhaerentem*.
(f) MS. Colb. unus, *Et quid est justificatio animae nisi ejus vita*.
(g) MS. unus Colb. *se videri*.
(h) MS. Colb. unus, *largum dispersor*.
(i) Edit. Colon. cum MSS. Colb. quatuor, *Imprudentia*.
(k) Editi, *ostendit*. MSS. omnes, *obtendit*.
(l) MSS. duo Colb. *nec haberi*.
(m) MSS. duo Colb. *qui eas*.
(n) MSS. sex, *sancto Apostolo*.
(o) MS. Reg. unus, *quid ego hoc*.
(p) MS. unus, *& sunt virtutes quae*, &c.

Deo commendant; sed secundum hominem vivunt, & non sunt verae virtutes, sed virtutum similitudines, quae nihil carnaliter viventibus prosunt.

4. Quapropter qui religiose, qui continenter, qui sobrie, qui misericorditer vivit; si Deo, cujus munere ut bene vivat, adjuvatur, adscribit, secundum Deum spiritualiter vivit: si vero omnia quae bene facit, viribus suis adscribat, quasi etiam sine adjutorio Dei ad bene agendum sibi sufficit; secundum hominem carnaliter vivit: & ideo aut bene non vivit, aut nihil ei proderit, quidquid boni propter hominem facit: quia humanis laudibus delectatus, hic jam temporalem mercedem recipit suorum operum, quae temporaliter fecit. Igitur ille secundum hominem vivit, (a) qui secundum seipsum vivit; quia & ipse homo est, & secundum seipsum vivit; qui si potuerit, esse cum quibus vult, pergit quo vult, dormit quando & quamdiu vult, loquitur quae vult, & ubi vult, manducat, & bibit quando, & quod vult, & quantum vult; ridet, (b) ac jocatur inter quos vult: postremo quidquid auribus suave est, quidquid gulae blandum, quidquid oculis delectabile, quidquid omnibus sensibus carnis suae jucundum, captat, ac sequitur qualiter vult, qui omnia licita vel (c) illicita carnaliter vult. Qui autem secundum Deum vivit, non quod eum carnaliter delectat, sed quod spiritualiter aedificat facit, & omnia desideria carnis spiritualis desiderii delectatione compescit, futura praesentibus anteponit, carnem spiritui subdit, & quidquid capit aut agit, non vult ex sua, sed (d) ex Dei sui voluntate procedere, sed placere totis viribus concupiscit.

5. Itaque, si utrumque jam claruit, quod virtutes veras non videantur habere qui simulant; & illi simulant, qui aut ex fide, aut non propter Deum, sed propter homines tantum boni aliquid operantur, eleemosynis ac jejuniis, vel abstinentiae ceterisque bonis operibus serviendo, non ut boni fiant, sed ut se bonos hominibus fingant, nec ad recipiendam sempiternam mercedem, sed ad comparandam gloriam (e) popularem: videamus nunc quibus praecedentibus causis & subsequentibus incrementis, nasci soleant vitia, vel augeri; & quibus, adjuvante (f) Deo, (g) remediis possint velut quibusdam medicamentis languidi, vel sanari.

CAPUT II.

Quod superbia sit malorum omnium causa.

EST quidem hoc (h) caput valde perplexum, sed si oretis illum qui dixit: *Non vos estis qui loquimini, sed Spiritus Patris vestri (i) qui loquitur in vobis*; & alibi, *Dilata os tuum, & ego adimplebo illud*: ea quae mihi ut homini impossibilia sunt, illuminante Domino, vel docente, possibilia fiunt. Consideremus ergo quae causae praecedant, (k) quae vitia subsequantur. Quod (l) ut credibilius videatur, (m) non hoc a me prudentia vestra perquirat; sed vobis, & mihi, vel omnibus Scriptura divina consulta respondeat: quae velut si jam quaereremus ab ea immobilem sententiam protulit, dicens: *Initium omnis peccati superbia*. Quid potest apertius, quid probabilius dici? *Initium*, inquit, non alicujus, *sed omnis peccati superbia*: ut evidenter ostenderet quod ipsa sit peccatorum omnium causa: quoniam non solum peccatum est ipsa, sed etiam nullum peccatum fieri potuit, potest, aut poterit sine ipsa. Siquidem (n) nihil aliud omne peccatum, nisi Dei contemptus est, quo ejus praecepta calcantur. Quem contemptum Dei nulla res alia persuadet hominibus, nisi superbia: quae etiam in ipso diabolo, ut diabolus ex angelo fieret, aeternae perditionis extitit causa. Denique & ipse sciens se per superbiam de caelestibus corruisse, & in hunc caliginosi aeris carcerem trusum; homini subvertendo quem Deus fecerat sine ullo peccato, vitium persuasit serpentina calliditate (o) superbiae, certus quod recepta superbia, quae est malorum omnium causa, facile jam peccata omnia, quae non nisi superbo concipiuntur animo, perpetraret.

2. Hinc est, quod idem primus homo superbi spiritus elatione corruptus, omnem posteritatem suam quae in illo radicaliter fuit, necessitati corruptionis ac mortalitatis addixit: ut corruptibilis & mortalis effectus, corruptibiles mortalesque generaret; atque ita quod in illo erat punienda superbia, in omnibus ex illo natis pec-

Matt. 10. 20.
Ps. 80. 11.
Eccli. 10.
Ibid. 14. 15.
Eccli. 10. 15.
Gen. 3. 14.

(a) Haec desunt ab Edit. Colon. & MS. Regiis duobus: leguntur autem in MS. Colb. tribus, & Editionibus Lugd. Lovan. & Duac. MS. Colb. unus, *quia & ipse homo, & secundum seipsum vivit, qui secundum seipsum vivit*. Item legendum; *quia & ipse homo est, qui secundum seipsum vivit*.

(b) MS. Reg. duo, Colb. quatuor, & Cantabr. *jocatur*. Editi, *lusitat*. Tota hic locus diversimode legitur in MS. Colbert. In uno sic. *Qui si potuerit esse cum quibus vult, pergit, quando vult dormit, quando & quamdiu vult loquitur, quae vult & ubi vult manducat ac bibit; quando & quod vult, & quantum vult ridet ac jocatur inter quos vult*. In secundo. *Qui si potuerit, est cum quibus vult, pergit quo vult, dormit quando & quamdiu vult, & ubi vult; manducat & bibit quando & quod vult; ridet & jocatur inter quos vult*. In tertio: *qui si potuerit, est cum quibus vult, pergit quo vult; dormit quando & quamdiu vult: loquitur quae vult & ubi vult, manducat & bibit quando & quod vult; & quantumcumque vult ridet ac jocatur*, &c. In quarto: *qui si potuerit, est cum quibus vult, dormit quando & quamdiu vult, loquitur quae vult & ubi vult, manducat & bibit quando & quod vult, & quantum vult; ridet ac jocatur inter quos vult*.

(c) MS. Carnotensis, & *illicita*.

(d) MS. tres Colb. *ex Dei voluntate*.

(e) MS. duo, *saecularem*.

(f) MS. tres, *Domino*.

(g) MS. Colb. unus, *remediis possint languidi vel sanari*. MS. alter Colb. *remediis possint languidi, & quibus medicamentis sanari*.

(h) MS. unum, *hoc capitulum*.

(i) MS. duo Reg. addunt, *caelestis*.

(k) MS. tres, *quae vitia*: in quorum uno ab alia manu correctum est: *quae causas vitia*.

(l) MS. Colb. tres, *audiatur*; alteri, *laudetur*.

(m) MS. unus, *non hoc a me*.

(n) MS. Reg. unus, *omne peccatum nihil aliud*.

(o) MS. nova, vitium ... *superbiae ingessit*.

peccati fieret (a) porta. Et propterea (b) non eo modo jam possumus peccato resistere, sicut ille potuit, (c) cui nihil aliud fuit non peccare, quam nolle. Nobis autem irreprehensibiliter vivere velle non sufficit, nisi ipsam voluntatem nostram, quam languida possibilitas deficit, divina virtus adjuverit. Quia illum ad non peccandum etiam juvare poterat adhuc sana natura, (d) nos jam impedit vitiata: & illum peccare fecit sola peccandi (e) voluntas: nos etiam cogit plerumque (f) peccati jam facta necessitas. Propter quod Deo clamamus & dicimus:
Ps. 24. 17. *De necessitatibus meis* (g) *libera me*. Ac sic
Eccli. 10. 15. ideo fortassis dicit Scriptura divina, *Initium omnis peccati superbia*; quod ipsa praecessit in diabolo, & (h) per ipsum subversus est homo,
Rom. 5. 12. de quo dicit Apostolus: *Per unum hominem peccatum intravit in mundum, & per peccatum mors, & ita in omnes homines pertransiit, in quo omnes peccaverunt.*

3. Communiter nos qui primo homine peccante, peccavimus, non in nostra separata jam vita, sed in ejus natura, (i) in qua fuimus, (k) & corruptionem velut de radice superbiae morbo (l) corruptae contraximus, (m) & in ipsa corruptione nostra omnes peccatorum causas habemus: qui non corruptibiles efficimur, quia (n) peccamus; sed quia corruptibiles sumus, omne peccatum ex ipsa corruptione nostra committimus. Primus autem homo non ideo peccavit, quia corruptibilis fuit, sed cum incorruptus esset, seipsum peccando corrupit, & corruptionem suam in nos propagatione transjecit: & idcirco ibi (o) nobis subtrahenda est tota mortalitas, omnisque corruptio, quae facta est ex peccato, ubi erimus sine ullo peccato: hic vero ubi non jam sanata est, sed adhuc sanatur (p) per gratiam nostra natura, quae infirmata est per culpam; pro viribus nostris resistit ipsa concupiscentia vitiosa, non naturalis, sed naturae nostrae indita poenaliter & inserta: quae peccato facta est, & peccatum, si vicerit, facit. Quam licet quamdiu mortaliter vivimus, habeamus, non eam tamen studio nostrae voluntatis adjuvemus, (q) & vincimus: quam non male in nobis sentiendo, sed ei consentiendo, peccamus: nec ipsa statim ut nos pulsaverit vincit: sed si mentem nostram (quod absit) de sublimitate propositi sui in consensum peccati dejecerit.

CAPUT III.

Quod superbia ex qua procedunt omnia mala, humilitatis virtute vincatur; & omnia vitia tunc fugata depereant, si virtutibus cedant.

1. PRoinde si superbia est initium omnis peccati, & concupiscentia poena peccati, non potest aliter vinci concupiscentia vitiosa, nisi prius caveatur humilitatis virtute superbia, quae ejus est inimica. (r) Superba voluntas facit Dei praecepta contemni, (s) humilitas custodiri. Superbia ex angelis daemones (t) fecit, humilitas homines sanctis angelis similes (u) reddit. Illa rebelles (x) diabolo subditos facit, haec humiles Christo conjungit. Superbi cupiunt (y) in se, quod non faciunt, praedicari; humiles refugiunt, quidquid boni operantur, agnosci. (z) Illi vitia sua a se alienando, perversitatem suae voluntatis excusant; & bona sua suis viribus deputando, semetipsos turpiter jactant: isti si qua peccata commiserint, voluntarie confitendo semetipsos accusant; & omnia bona sua divino muneri deputando, Deum jugiter laudant. Quapropter si virtus non habitat in animo vitioso, superbia humilitatis (aa) cedat imperio; quia non potest mens regnum (bb) habere virtutum, nisi prius jugum excusserit vitiorum. Tunc enim vitia (cc) fideliter expulsa discedunt, (dd) si virtutibus cedant. Alioquin vel (ee) subsidunt ad tempus ejecta, vel redeunt; nisi virtutes in locis vitiorum, quae fuerint depulsa, successerint.

2. Quapropter pietas in nobis crudelitati resistat, iram patientia fundata contineat, pudicitia libidinem vincat; animositatem tranquillitas tollat, verbositatem taciturnitas moderata compescat, delectatio spiritualis desideria carnalia imminuat, abstinentiae rigor aculeos carnis obtundat, (ff) curiositati studium spirituale succedat, sobrietati cedat ebrietas, mansuetudini suc-

(a) MS. Camb. [illegible].
(b) MS. Reg. unus, non quomodo jam volumus, possumus peccato resistere, sicut ille potuit. MS. Reg. alius, non quodammodo jam possumus, &c.
(c) MS. Colb. unus, cui non peccare, si nollet.
(d) MS. Colb. unus, quae nos jam corrupit vitiata. MS. Regius unus, impedivit. Alii, compulit. In uno ab alia manu, jam nos pariter vitiata.
(e) Ita MSS. tres. Editi, voluptas: in MS. uno, superbia.
(f) MS. Reg. peccati jam facti. MSS. Colb. duo, peccandi jam facta.
(g) MS. unus, eripe me.
(h) MSS. duo Colbert. per ipsum.
(i) MSS. quatuor, in qua fuimus illo uno. MS. alter, in quo fuimus illi omnes. MS. alius, in quo fuimus in ipso omnes.
(k) MS. unus omittit &, quod habetur in aliis omnibus. MS. Camb. illius corrupti corruptionem.
(l) Sic MSS. tres, unus vero, corrupti. Editi omnes, corruptam.
(m) Deest & in MSS. duobus.
(n) MS. unus, peccavimus: reliqui alii, peccamus.
(o) MS. unicus, a nobis.
(p) Haec verba, per gratiam, absunt hic a MSS. tres, MS. vero Cambr. & Colb. quarum sic habent: sed sanatur nostra natura, quae est infirmata per culpam, sanaturque per gratiam, pro viribus.
(q) MS. Reg. unus, sed vincimus. MS. Cambr. adjuvamus, sed vincimus.
(r) MS. Colb. unus, superbia facit.
(s) MSS. duo, humilis.
(t) MSS. omnes, facit.
(u) MS. Camb. reddidit.
(x) MS. Camb. addit, Deo.
(y) MS. unus, ex se.
(z) MS. Reg. unus, illi vitiam suam, alienando a se perversitatem suae voluntatis, excusant.
(aa) MS. Camb. cum imperio.
(bb) Ita MSS. quatuor, Editi, recte.
(cc) MS. Reg. unus, regnum habere.
(dd) MSS. quinque, fideliter expellentes. MS. Camb. duo, fideliter ex pulsae discedunt.
(ee) MS. unus, si virtutes succedant.
(ff) MS. unus, subsiliunt.

fuccumbat immanitas, dominetur levitati maturitas, Dei & proximi caritate crescente, consumatur tota mundi cupiditas; excludat parcitas vera luxuriam, caliget indulta virtus iracundiam, reprimat humilitas (a) profunda jactantiam, pellat simplicitas pura vecordiam, non impediat varietas (b) fugata constantiam, emendatis moribus augeat disciplinam, frangat clementia religiosa sævitiam, & fundittus eradicet bonitas adquisita malitiam, ut expulsione vitiorum celebretur introductio gloriosa virtutum. Sed de virtutibus in (c) capite sequenti videbimus, nunc de vitiis, ut cœpimus, prosequamur.

CAPUT IV.

De cupiditate, (d) quæ ita mixta est superbiæ, ut nihil peccati fiat, quod non ex utraque procedat.

1. SI (e) utcumque jam patuit, qualiter intelligatur, quod Scriptura dicit, *Initium omnis peccati superbia*: hoc etiam videamus quod sanctus Apostolus dicit; *Radix omnium malorum est cupiditas*: cum Spiritus-Sanctus, qui locutus est per Prophetam, per Apostolum quoque ipse locutus sit, nec sibi (f) possit esse diversus. Sollicite considerare debemus, quare ille initium omnis peccati superbiam, hic radicem omnium malorum cupiditatem (g) nominari voluerit. An forte sermonem propheticum Paulus apostolus, ut solet exposuit? quandoquidem sive initium omnis peccati, sive radicem omnium malorum dicas, unum idemque (h) significas. Porro cupiditas atque superbia in tantum est unum malum, ut nec superbus sine cupiditate, nec sine superbia possit cupidus inveniri. Siquidem & diabolus, in quo enter superbia principatum, propriæ (i) potestatis, ac perditionis humanæ cupidus fuit; & ipse homo per appetitum arboris interdictæ, ac divinæ similitudinis affectationem, (k) morbosæ affectum cupiditatis ostendit. De superbia namque nascuntur hæreses, schismata, detractiones, invidia, verbositas, jactantia, contentiones, animositates, ambitio, elatio, præsumptio, vanitas, inquietudo, mendacium, perjurium, & cætera ejusmodi. Sed hæc quis dubitet ex cupiditate quoque procedere: cum omnes qui fuerint illis omnibus morbis, quos nominavi, (l) corrupti, habeantur & cupidi?

2. Item cum gulosos, intemperantes, ebriosos, avidos, rapaces, fornicatores, adulteros, flagitiosos, incestos flagitiosos cupiditas reddat; quando possunt sine superbia tales fieri, sine qua omnino non possunt Dei præcepta contemni, quibus prohibentur illa omnia mala, quæ superius comprehendi? Ideoque si volumus consummare nostri certaminis cursum, caveamus imperiosa cupiditatem atque superbiam; non duo mala, sed unum, a quo trahunt (m) omnes mali actus initium. Nam sine superbia quæ possunt fieri inchoari peccata, cum dicatur: *Initium omnis peccati superbia?* Aut sine cupiditate, quæ est *malorum omnium radix*, quæ possunt fieri mala; cum sine radice omnia, aut nulla depereant, aut moriantur? Deinde si quodlibet peccatum perpetrare non possum, nisi (n) malæ delectationi consentiam, quod cupiditatis est proprium; & Dei præcepta contemnam, quod est superbiæ malum; quomodo non ex cupiditate, quæ est radix malorum omnium, & ex superbia, quæ initium omnis peccati dicitur, procedit omne peccatum?

CAPUT V.

Quo animi tormento invidos affligat invidia.

INvidus autem, qui alienum bonum, suum facit invidendo supplicium, nulla videtur ad invidendum concupiscentia provocari, sed tantum superbiæ morbo vexari. Sed si animi ejus (o) pestem, quæ præcipitatur (p) incendere, subtiliter aliquis rimetur; inveniet eum & prælationis ejus (q) cupidine, cujus cupit interitum, & (r) superbiæ malo teneri, quo sibi jugiter ingemiscit meliorem esse invidus, anxietur. Quis facile possit, (s) quale sit hoc malum, verbis exprimere, (t) quo invidus odio hominis persequitur divinum munus in homine: cum potius amari homo debeat, etiam pro sui merito sanctitate? Tantam invidus habet (u) justa pœna tortorem, quantam invidiosus habuerit laudatorem. Si quidem invidiosum facit excellentia meriti, invidum pœna peccati: nec ei ab homine potest adhiberi remedium, cujus est vulnus occultum.

CA-

(a) MS. Colb. unus, *conflictatione stadium spiritale succedat*.
(b) Ita MS. Reg. unus: in alterutra hæc clausula desideratur. Alii codices habent, *varietas fugata*.
(c) MSS. quatuor, *in superiori capitulo*.
(d) MSS. duo, *quod ita mixta sit*.
(e) MS. Colb. unus, *Si tot cuique*.
(f) MS. Camb. *possint esse diversi*. Edit. Lugd. *possit esse diversus loquendi modus*.
(g) MSS. quatuor Colb. *nominare*.
(h) Editi, *significent*.
(i) Ita MSS. omnes. Editi vero, *voluntatis*.
(k) MSS. bis, *morbo se affectum*.
(l) MS. Colb. unus, *corrupti habeantur a cupiditate*.
(m) MS. Reg. unus, *omnia mala actus initium*. In nostro ab alia manu, *omnia mala actus initium*.
(n) MSS. omnes, *meæ delectationi*.
(o) MS. unus, *perniciem*.
(p) MS. unus, *inflammatur*.
(q) MSS. quinque, *cupidum*.
(r) MS. Camb. *& superbiæ malo*.
(s) In uno MS. deest, *quale sit*.
(t) MS. unus, *quod invidus*.
(u) MS. unus, *ipsa pœna*.

CAPUT VI.

In quo & quanta mala concupiscentia carnis irrumpit, si ei animus corruptus consentiat.

1. QUID (a) concupiscentiae carnis addictus: numquid non videtur nihil habere superbiae; cum praesertim passio ipsa eum videatur humiliare luxuriae? Et tamen nisi prius Deo rebellis existeret, cujus salubre praeceptum de pudicitia conservanda, superbi spiritus praesumptione (b) contemnit, nulla eum lasciviae cupiditas provocaret. In animo ejus diu discepiant Dei contemptus & timor: sed aut contemptus Dei praeponderat, & superbus animus, corruptus cupiditate, pudicitiam perdit; aut obtinet timor, & animus Deo subjectus cupiditati simul ac superbiae contradicit. Plerosque enim gula & abundantia vini turpiter in luxuriam solvunt, alios in injuriam pudicitiae sordidae cogitationes inducunt, nonnullos de proposito castitatis occasione oblata dejiciunt, quosdam sub impudicitiae jugum exempla perdite viventium mittunt.

2. Sunt alii, quorum vitam lingua turpis inflammat, (c) aut turpem conscientiam manifestat: qui prius inverecundos sermones aut proferunt libenter, aut audiunt; ac deinde paulatim morbo crescente, ab honestate (d) deficiunt, admissoque pudore viles effecti, dum indecenter elegantes videri (e) volunt, palam jam turpibus verbis impudenter insaniunt. Hoc enim loquuntur quique, quod diligunt; & delectabiliter audiunt, quod assiduis cogitationibus volvunt. Cogitatio quippe est, quae mentem, sicut turpis inquinat; ita si fuerit honesta, purificat. Aut si non ex cogitatione facies mentis existit, sed qualitas cogitationis ex mente; non sordidae cogitationes mentem sordidam reddunt, sed ex mente sordida sordidae cogitationes (f) existunt. Quod si ita est, pulchrorum corporum forma per oculos irruentes, animum non movet incorruptum; & quando corruptibiliter movent, non corrumpunt sanum, sed offendunt propria voluntate corruptum.

3. Turpia quoque verba per aures ingressa, quid praevalent, si non fuerint arbitrio mentis admissa? Quando autem praevalent, non (g) ipsam corrumpunt mentem, sed jam corruptam sponte reperiunt. Auribus enim castis obscoeni sermones cum freno deficiant, nec secretum pudici cordis irrumpere. Quia quippe tam (h) tractatum, quod (i) mentem jam vitiose blanditur, numquid potest ad animum admitti per tactum, si animus incorruptum servet professionis suae propositum? Ac sic, prius integritatem sui animum sponte violatam admittit, & sic delectationem tactus admittit. De cibi vel potus carendi delectatione, jam dixi sufficienter, ut arbitror, in secundo volumine, ubi quanta potui brevitate, perfectionem spiritualis abstinentiae commendari.

4. Sed & hic hoc breviter dico, quod per os carnis non irrumpit delectatio gustus ad mentem, nec erumpit sermo turpis ex mente, nisi se (k) voluntate mens ante corrumpat, quam incipiat aliquid unde corrumpatur, aut proferat. Caeterum si animus sub Deo suo firmus ipsius Dei sui munere perseverent, nec quibuslibet deliciis lenocinantibus cedit (l), nec profert aliquid turpe, nec recipit. Jam de odoribus pauca perstringam, ut totam tractationem quinque partiti sensus verbis includam. Quos odores per aditum narium aut affectus mentis aspernatur, aut divinitus adjuta repudiat: (m) quae si se suo creatori subjiciat, atque ei, qui est dignitas ejus & salus, amanter inhaereat, non solum nulla eam vitiorum sordibus decolorat, sed nec delectatio ulla (n) carnalis effeminat. (o) Quod si a charitate sui conditoris & illuminatoris inclusa resilit, ac se, relicto interiore solidoque bono, foras in exteriora bona projiciat: quidquid in ea nervorum potest esse, resolvitur; quidquid virium, debilitatur & frangitur (p): namque ei actio spiritualis efficitur onerosa, & ipsa in carnalibus fit inquieta: ita ut omnia quae per sensum corporis sensit, non videnda, sed jam visa turpiter concupiscat: & quando corpus nihil sensibilium sentit, ipsa sibi delectabiliter recordando, sensuum eorum imagines repraesentat. Apud se igitur audit sine voce, quidquid (q) carminum suavis ac jocationis obscoenae per strepitus aurium meatus insonuit. Ibi ei odor (r) male suavis corruptibiliter fragrat, qui per patulas narium cavernas irrepsit. Ibi cum sapor oblectat, quem ad se per illecebrosam voluptatem gulae admisit. Ibi persentit nescio quid molliter blandum, quod ei exterior tactus impressit. Ibi colores varios & illicitas formas concupiscibiliter videt, quas ei oculorum curiositas nunciavit.

5. Quae cum ita, absentibus plerumque (s) corporibus, imaginibus corporum delectatur affecta carnaliter; ut nimia sordidae cogitationis lo-

(a) Edit. Colon. cum MS. duobus, *Qui concupiscentiae carnis addictus est, numquid, &c.*
(b) MS. duo, *contemnens*. MS. Colb. unum, totum hunc locum sic exhibet: *Tamen nisi prius Deo rebellis existeret, cujus salubre praeceptum est de pudicitia conservanda, & superbus spiritu praesumptionis contemnens, nulla eum, &c.*
(c) MS. duo, *& turpem*.
(d) MS. omni, *decidunt*.
(e) Editio Colon. *falsum*.
(f) MS. Cambr. *oriuntur*.
(g) MS. quatuor Colbert. *non corrumpunt*.
(h) MS. Cambr. *contractum*.
(i) MS. Reg. unus, *quod mentem jam cupide vitiose blanditur*.
(k) MS. tres, *voluntate sua mens*.
(l) MS. tres addunt, *subintrantibus*. Omnes, *cedet* pro *cedit*.
(m) MS. unus, *quia si se*.
(n) MS. Reg. duo, *carnis*.
(o) MS. tres. *Quae si a caritate*.
(p) MS. omnes, *tunc ei*.
(q) MS. Colb. unus, *carminum suavis aut jocationis obscoenae*.
(r) MS. Camb. *odor suavis*.
(s) In MS. Colb. tres. In aliis deest haec vox, *corporibus*.

intentione defixa, non sibi imagines corporum videatur amplexari, sed corpora. Hinc est quod ille corporis fluxus, qui fit in dormientibus sine culpa, interdum vigilantibus contingat (a) ex culpa. Aliud est enim quod (b) in dormiente fit, aliud quod vigilans facit. Ibi naturaliter plenitudo humoris expellitur; hic turpiter concupiscentia publicatur. Sed hæc concupiscentia illis vigilantibus hunc elicit fluxum, quibus per fœda colloquia sordidum commoverit appetitum. Hi sunt, quibus usus est feminarum describere: illa rudis est, illa (c) dicacula; illa deformis, illa formosa; alterius placet ornatus, gestus alterius; illius laudatur etiam sine forma festivitas, illius sola formositas. (d) Inde transitur ad mores, & aliam talibus commendat taciturnitas moderata, aliam turpem videri facit libertas incondita. Hæc & his similia colloquentes, suggerunt concupiscentiæ suæ materiam. (e) Nec tamen ideo concupiscunt, quia aut loquuntur libenter, aut audiunt; qui nisi concupiscentiæ morbo corrupti essent, nunquam vel loquerentur talia, vel audirent: quia non eos illa corrumpunt, sed corruptos ostendunt.

Lege Moysi ... in principio Genesis ... Canticum ... Ezechielis ... [illegible]

6. Ac ne me illa veraciter argumentum quisquam judicet arguendum; noverit propter hoc forte ab antiquis fuisse decretum, ne qui adolescentium legerent Geneseos librum, (f) ac partem pariter Ezechielis Prophetæ, vel Canticum canticorum, & cætera talia, in quibus generationes, & actus, & nomina quarumdam scripta sunt mulierum. Quas licet secundum historiam fuisse credamus, earum tamen nominibus virtutes figuratas accipimus. Quoniam sicut illæ non solum viris suis per sanctos mores, sed etiam extraneis, sine dispendio sui pudoris, ob nimiam pulchritudinem placuerunt; ita sanctæ virtutes & suos mirabiles omnibus reddunt, & extraneos quadam admiratione sui perstringunt. Hic est quod & ipsi qui vitiose vivunt, virtutes vitiis anteponunt: quia aliud est quod faciunt morbo, aliud quod coguntur, (g) probare judicio. Sed ne forte hæc spiritualia secundum carnem adhuc carnales acciperent; nec virtutes cogitarent, quas mulieres illæ significant, sed ipsas (h) cogitando carnaliter deperirent; consulto juniores legere sunt illa prohibiti, quæ sicut spiritualiter accepta vivificant, ita carnaliter intelligentibus, ipsa carnalis intelligentia, occasionem carnalis concupiscentiæ subministrat. Earum quisque nomina frequenter habet in ore, quarum desideria vulneratio gestat in corde, (i) ac turpitudinem quam exercere verecundatur in facto, tenet in animo, reus non humano judicio, sed divino.

CAPUT VII.

Quod etiam hi, quos ab (k) impudicitia qualibet necessitas vetat, si vivere pudice consuescant, ad amorem castitatis assurgant.

TAles pudicos aut temperatio corporum facit, aut timor supplicii temporalis ab impudicitiæ actione suspendit, aut occasio negata detinuit. Sed licet voluntate sit impudicus, qui necessitate pudicus est; tamen si & ille temperatis corporis, de beneficio naturæ suæ, Deo auctori omnium naturarum gratias agat; & ille quem timor in bono pudicitiæ tenet; atque ii quos facultatem mœchandi negat occasio, vivere pudice consuescant: in virtutem (l) plerumque de necessitate proficiunt; & paulatim ipsa pudicitiæ delectatione crescente, pudici veraciter fiunt: & ita proficiunt, ut jam non timore, sed virtute fortes impudicitiæ desiderium, non timore pœnæ carnalibus incentivis obsistant, quod est incipientium proprium: sed exercitatione peccati refrænent inquietos carnis affectus, quod est castitatis consummatæ fastigium. Non quod animum unquam desinat in hac carne cum vitiis habere conflictum; sed quod eum alas ac provehat, & quantum fieri potest in præsenti vita, perficiat ipsa numerositas triumphorum: si modo non se in corpus sensibilium capiens delectatione dejiciat; sed exsecratione delectationum sublimiter roboratus, supra corpus se corporalium victor attollat; ac Deo suo, sub quo (m) tum viventem desideria sepulta non vincunt, in æternum glorificandus adhæreat.

CAPUT VIII.

Quibus indiciis possit agnosci superbia, quæ vel in perditis aperta est, vel in fictis occulta.

1. JAM nunc videamus, quibus indiciis possit superbia deprehendi: ut sicut in superioribus claruit nullum peccatum sine illa posse committi; ita hic signa ejus eluceant, quibus cavenda possit ostendi. Omitto illos, quos etiam ipse habitus, & incessus superbos (n) ostendunt; quorum erecta cervix, facies torva, (o) truces oculi, & sermo terribilis nudam superbiam clamant: qui libidine (p) dominandi possessis, quos possunt, violenter sibi subjiciunt, humana jura divinaque confundunt, honoribus intumescunt, passim consilia despiciunt, suis criminibus gaudent, & seipsos, superbiæ morbo corrupti, non capiunt. Hos ergo prætereo, in quibus

(a) MS. Colb. unus, *cum culpa*.
(b) MS. Colb. unus, *in dormientibus fit, aliud quod vigilans facit*. Alter, *in dormientibus fit, aliud quod in vigilantibus fit*.
(c) MSS. quinque, *dicacula*.
(d) MS. unus, *Ita transitur*.
(e) Ita MSS. sex. Edit. Lugd. & Lov. *Nec tamen ideo concupiscunt, quia*. Duac. & Colon. *Nec tamen ideo concupiscunt, qui aut, &c.* quibus concinit unus ex Colb. manuscriptis.
(f) Editi, Lugd. *et pariter Ezechielis Prophetæ*.
(g) Editi, *placere*. MSS. omnes, *probare*.
(h) MS. unus, *carnaliter cogitando*.
(i) Sic MSS. tres Colb. Alii cum Editis, *aut turpitudinem*.
(k) MS. Camb. *ab impudicitia*.
(l) MSS. quatuor non habent, *plerumque*: cujus loco duo ex Colb. habent, *tales de necessitate proficiunt*.
(m) Editi Lov. & Lugd. *cum viventem*.
(n) MSS. tres, *ostendunt*. Alii cum Editis, *ostendit*.
(o) MS. Colb. unus, *atroces*.
(p) MS. Reg. unus, & Camb. *dominatur*.

hos superbia tam aperte regnat, ut nec dignetur se occultare, nec valeat. Illos tantum dolendos ostendo, atque eorum exemplis cavenda demonstro, quos jam conversos & aliquantulum proficientes superbia (a) occulte captivat, quos in profundum malorum fraudulenta (b) dominatione praecipitat, & ne inde unquam possint emergere, pugnat ac calcat. Ipsa in coelestibus coelum locum diabolo facit: ipsa ei adversum immortalium pectus familiarem parat: ipsa incarnationem suscipit: ipsa captos per perversitatem vivendi constituit: ipsa (c) omnes virtutibus exarmat, quas forsan invenerit: ipsa quidquid in eis remanserit, quod vitiis (d) possit obsidi, ne contra se forte convalescat, interimit.

2. Inde est quod hi quos (e) superbae mentis tabes purulenta corruperit, seniorum suorum non observant imperata, sed (f) judicant; de suis negligentiis objurgati, aut rebellant (g) insolenter, aut murmurant; & de loco superiori disceptant, praeferri se etiam melioribus impudenter affectant; simplicitatem spiritualium fratrum irridentes (h) exagitant, suas sententias procaciter jactant, obliquis delata fallaciis, negata pervicaciter quaerunt, natalem moribus anteponunt, minores suos (i) etiam despiciunt, aequales sibi aliquos esse non credunt, majoribus (k) indignantur, super eos se solo animi tumore constituunt: non servant in obsequio reverentiam, in sermone modestiam, in moribus disciplinam: habent in intentione pertinaciam, in corde duritiam, in sermocinatione jactantiam; in humilitate fallaces, in odio pertinaces, subjectionis impatientes, potentiae sectatores, omnibus bonis odibiles; ad opus bonum pigri, ad contentionem (l) feri, ad obtrectandum duri, ad loquendum quod nesciunt prompti, ad supplantandum parati, ad omnia quibus subsistit fraterna societas labefactandam [illegible] in ridendo, clamosi in loquendo, fallaces in (m) audiendo, praesumptuosi in docendo, (n) effrenati deformiter in cachinno, onerosi amicis, infesti quietis, ingrati (o) beneficiis, sublati obsequiis, & imperiosi subjectis.

3. Haec sunt superbiae gravissima indicia, quibus Deus offenditur, & mundus, ac superba corda delectat. His (p) enim diabolus pastus evolat, invitatur, ut veniat, superbam mentem intrat, ut teneat; erigit, ut allidat; fovet, ut perdat: qui (q) inexplicabiliter de ipsa perditorum captivitate tripudiat; ut captivos suos, quos superbiae viribus sibi subjecit, jure possideat, & omnia illa mala, quae superius comprehendi, per illos exerceat. Merito igitur per justum Dei judicium diffinitur hujusmodi occultos (r) damnari supplicio; quoniam non violenter addicti, sed sponte ceduntur superbiae deceptoris imperio; cui utique possunt, (s) si voluerint, repugnare libero voluntatis arbitrio; liberati per donum Spiritus-sancti, & muniti. Veruntamen etiam tales, si ad recipiendam salutem divinitus animati, spem resipiscendi concipiant, nec se in peccatis suis desperando contemnant, poterunt fructuosae satisfactionis medicamento sanari, & superbiam, quae eos a Deo sua transgressione exueverat, sanctae humilitatis assumptione damnantes, vinculis aeternae damnationis absolvi. Quae qualiter fieri possit, supra jam diximus, cum de ipsa superbia, unde processerit, quo pervenerit, & quid egerit, tractaremus. (t) Namque a diabolo processit, ad hominem primum pervenit, & in ipso totum genus humanum, velut in radice fructum, naturae sponte (u) peccantis vitiatione corrupit.

CAPUT IX.

Quibus signis invidorum declaretur invidia.

1. ORdo ipse exigere videtur, ut de invidia quoque pauca dicamus, quae in tantum de superbiae fonte manaverit, ut diabolum qui per superbiam periit, hominem primum stantem, fecerit invidus ille, perdiderit; (x) namque a diabolo processit. Proinde, quia idem diabolus superbiendo invidus, non invidendo superbus apparuit; non superbia fructus invidiae fuit, sed invidia ex superbiae radice processit. Cap. 1.
Unde, quoniam quantum invidos affligat invidia, (y) sermo superior jam prodidit, non hic (z) de illius supplicio dicendum videtur, quo suos animos invidi laniando confuderint, sed hoc tantum, donante Domino, debemus ostendere, qualiter invidi sanctis virtutum meritis, sua faciant invidendo peccata; & quantum in eis (aa) bonum corrumpat invidia, qui quidquid boni fieri, vel dici a sanctis audierint, aut omnino (bb) non credant, aut etiam bene gesta in malum male interpretando convertunt. Omne malum, quod

(a) MSS. duo, occulte.
(b) MS. unum, dominatione.
(c) MSS. septem, ipsa omnibus bonis exarmat.
(d) MSS. quinque, possit obsidi. MS. unum, quod vetiari ejus possit.
(e) MSS. duo cum Duac. & Colon. superbiae mentis.
(f) MS. unum, dijudicant.
(g) MS. unum, rebellant.
(h) MS. unum, exaggerant.
(i) MS. unum, etiam.
(k) MS. unum, derogant.
(l) Edit. Colon. & MSS. quatuor, ad contentionem feri.
(m) Edit. in videndo. MSS. omnes, in audiendo.
(n) Ita MSS. duo Colb. & melior quidem quam effrenati; quod legitur in aliis codicibus.
(o) Edit. Duac. & Colon. cum MS. uno, beneficiis, alii, beneficiis.
(p) MS. Colb. unum. His signis.
(q) MS. Colb. unus, inexplicabiliter.
(r) MSS. tres, praedamnari.
(s) Haec, si voluerint, absunt a MSS. Reg. duobus & Camb.
(t) MSS. quinque, Namque. Edit. Nam quia.
(u) Sic MS. Colb. unum, cum aliis. Edit. cum quibusdam MSS. peccati. MS. Reg. unum, peccantis: alia etiam, peccati, forte pro, peccantis.
(x) MSS. tres, nam quia. Edit. Lugd. non quia, sed nam.
(y) MS. unum, superior sermo jam.
(z) MS. Colb. unum, de illorum ... quo. MSS. tres, de illius ... quod.
(aa) MS. Cambergen. bonorum. MSS. Reg. duo, quantum in eis bonum corrumpat invidia. Quidquid, &c.
(bb) MS. unus, non credunt ... convertunt.

quod de illis quandoque fama jactaverit, fideliter, tamquam (a) si ipsi viderint, credunt. Fideliter ea quae illud verum non esse probare voluerint, contradicunt. Omnia sua aemulis fingunt, eorum profectu deficiunt, odia intra se abscondunt, & in suos cruciatus moriuntur, proficientibus invident, peccantibus favent. De bonorum malis gaudent, de profectibus lugent, (b) inimicitiis gratuitis ardent, deprehendi (c) pectoris sui malitiam timent, semper amari, numquam amant: amici diaboli, inimici etiam sui, omnibus odiosi: ad gaudenda tristes, ad plangenda laeti, utrobique (d) perversi. Inter amicos (e) discordias seminant, (f) discordantes ad tempus, si possunt, in dissensione confirmant. (g) Opinionem bonorum mendaciis decolorant: in spiritualibus carnalia laudant, ut spiritualia bona eis dentur perfundere(?). Amicitias simulant, ut eos qui se locaverint sibi (h) commiserint, quam possunt arte, decipiant. Odiorum sibi ... praviis suspicionibus concervant: daemones, quorum sectantur lasla, laetificant. Sanctos viros quibus sunt noti, contristant, velut amici in obsequio, hostes in animo. (i) Comiorum in verbo, turpes in facto. Proditi secretorum, (k) tenaces malorum, prompti suspicionum malarum, inanes bonorum. Procul sordium, prodiri fraudibus. Adversarii eadem virtutibus, pravi moribus, & insidiosi cunctis (l) eorum in simplicitate viventibus.

2. Haec (m) & his similia sunt, quae omnes invidos (n) bonis vero, sive animo ... cilasdunt. In haec mala decidunt, qui infectando (o) sectandos, (p) & diligendos abominando, semetipsos a communione (q) bonorum omnium seipsos excludunt: ut illud bonum jure non sit in eis, quod persequuntur in bonis. Considerate, obsecro, qualiter invidos punitura sint mala sua, quae etiam bona puniunt aliena. Ubi illi fieri poterunt boni, qui fiunt in bono mali? aut quando bene malis usi sunt, qui male bonis uti non desinunt? Bene malis usi sunt Martyres sancti, in testimonio Salvatoris nostri veraces, & in castris spiritualibus strenui bellatores; qui tribulationibus & damnis, ac variis cruciatibus affecti, pariter & probati, terrenis caelestia mutaverunt; & (r) de bono usu malorum profecti ad gaudia bonorum perennium pervenerunt. Ipso bonis utitur invidus male, quia omnibus bonis quae miser excruciatur, abundantia, animi sui supplicio (s) relinquatur affligendus. Et quis ei poterit subvenire, qui se sibi exhibet invidendo carnificem? Aut unde sibi (t) parabit salutem, (u) qui de salutis materia contrahit (bonis male utendo) perniciem? Verumtamen si invidi quoque sicut alii peccatores divinitus inspirati, in spem recuperandae salutis assurgant, ac sibi quales sunt, Deo placitam displiceant; si non imitentur Cain, qui postquam dominantis invidiae furore caecatus, germano suo vitam per scelus eripuit, & animam suam fraterni corporis morte percussam supplicio aeternae mortis addixit, consequenter veniae desperatione depressus, ait (x) ad Dominum, *Major est iniquitas mea, quam ut veniam merear*: hoc est dicere Deo; Indulgeri mihi non peto; quia peccatorum meorum magnitudine, indulgentiae tuae vincitur magnitudo. Denique nusquam legitur aut poenituisse de suo scelere, aut veniam meruisse. Si ergo (y) hujus abhorrentes exemplum se sibi asserant, & se Deo suo restituant, nec se in profundum malorum salutem desperando projiciant: quis dubitet, immo quis non firmiter credat, eos prioris malitiae veniam posse mereri, si modo invidiae vulnere sanato correcti, amicitiarum sui pectoris dulcedine fraternae dilectionis expellant, eos (z) simpliciter amando quos oderant, ut ad bonum fraternae communionis ac pacis, bonorum omnium, quorum (aa) gravabantur meritis, adjuventur exemplis? Gen. 4. 13.

CAPUT X.

Quantis malis vanitas vanos involvat.

1. HIs (bb) itaque super invidia disputatis, quam gravi malo etiam vanitas vanos involvat, consequenter expediam. Quae ut facilius vitari possit, quid in se corruptionis habeat, breviter declaremus. Est enim vanitas, inflata quaedam circa delectationes varias animi languentis affectio, potiendi honoris avida, simul & nescia, morbo (cc) excellentiae inanis (dd) afflata, cava, morbida, turbulenta, animorum levium domina, male fundatis omnibus blan-

(a) MS. unus, *si & ipsi*.
(b) Editi, *de inimicitiis*. MS. non habent *de*.
(c) MS. duo, *pectoris*.
(d) Editi, *ubique perversi*. MS. tres, *ubique perversi*.
(e) MS. duo, *discordiam*.
(f) MS. Colb. unus, *discordantes, si possunt, ad tempus in dissensione confirmant*.
(g) MS. duo, *Opinionem*.
(h) Editi, *commiserint*.
(i) MS. unus, *cavendorum*. Alter, *comici*.
(k) MS. quatuor Colb. totam hanc lacunam ita exhibent, *tenaces malorum suspicionum, inanes bonorum, pleni sordium*, &c.
(l) MS. unus non habet hanc vocem, *eorum*.
(m) MS. tres; *Haec & alia sunt*. Alii tres, *& talia sunt*.
(n) MS. Colb. unus, *bonis non sui animi*. Alter, *bonis non sibi carentes*.
(o) MS. Camb. non *sectandos*.
(p) MS. quatuor, *diligendo abominando*.
(q) MS. unus, *bonorum bonitatem*.
(r) MS. Camb. *& de bono usu, in bono usu malorum profectu, ad gaudia*, &c. MS. Colb. *& de bono usu in bono usu malorum profectu, ad gaudia*, &c.
(s) MS. duo, *relinquitur*.
(t) MS. Reg. & Camb. *parabit*.
(u) Ita MS. septem. Editi Lugd. *qui de salute male utendo facit perniciem?* Editi alii, *qui de salutis materia, bonis male utendo facit perniciem*.
(x) MS. quatuor, *ad Deum*.
(y) MS. quatuor, *ab hujus abhorrentes exemplo*. MS. unus, *ab hujus abhorrendi*. Alter, *abhorrentis exemplo*. Alter, *hujus abhorrendi*. Sine *ab*.
(z) Abest vox: *simpliciter* a MS. duobus Colb.
(aa) MS. unus, *gravantur*. Alter male, *gravabantur*.
(bb) MS. Colb. tres. *His ita*.
(cc) MS. unus, *sovere*.
(dd) MS. Reg. unus, *inflata*.

blanda, repugnantibus fomes, capiendis seductora, capiis invicta, simulatio quardam virtutum, (a) anima vitiorum, fomes carnalium delectationum, labes morum, appetitio dignitatum, dulcis miseria, amara perfectio, periculosa dubiis, imperiosa subjectis, (b) inferna fundatis: (c) facile captivat, captivatos oblectat, ambitiosos versat, angustos inflat, inflatos humiliat; cui serviunt tumidi, sub qua jacent elati, quam inveniunt perditi, ad quam currunt lapsuri, in qua sibi videntur stare, jam lapsi.

2. Hæc est vanitas, quæ non aliquas virtutes, ut putatur, (d) exantlat, sed licentiam vitiorum, cum fuerit a vitiosis recepta corroborat: cæterum mentes virtutum plenas omnino non penetrat. Vacuos ergo, ac nullis fultos virtutibus tentat, & ipsos lassu ruinosæ ambitionis inflatos, in occulta dedecora quædam publicefurendi delectatione præcipitat, (e) sicut vacuam navem tempestas in diversa tumidis fluctibus jactat, & in area, frumentis sua gravitate manentibus, (f) leves ex ea ventus paleas rapeat. Quod si ita est, non vitiosos facit vanitas, sed ostendit: (g) quæ illos sua afflatos vento circumfert, ac lubricis circumactos affectibus rotat: qui se ad omnes ejus impulsus studio propriæ voluntatis accommodant: qui se de operibus, quorum sibi conscii non sunt, turpiter jactant: qui se ab omnibus prædicari per nefas affectant: qui sanctos viros sui comparatione (h) deprimunt: qui vitio suræ popularis elati, nihil sibi perfectionis deesse existimant. Occurrentium salutationibus gaudent, suis adulatoribus favent, (i) voluptatibus parent, omnibus turpibus placent. Gestiunt docere quod nesciunt, credi de se sublimia volunt, delectabilia gravibus anteponunt: enarrantur verbo, quod animo concupiscunt: appellationes virtutum vitiis suis (k) imponunt. Se ipsos fallunt, faventes sibi (l) decipiunt. In promissione honesta veloces, in exhibitione mendaces. A bono mutabiles, mali tenaces. In verbo graves, in animo turpes, ubique fallaces. Læti ad prospera, fragiles ad adversa. Inflati ad obsequia, nihil ad (m) opprobria. Immoderati ad gaudia, faciles ad humana, difficiles semper ad honesta.

3. His (n) ergo & similibus deliniens vanitas permisit, nec eos aut suum morbum sentire, aut ad medicum venire permittit. Et quid est ad medicum venire, nisi infirmum suas infirmitates agnoscere, nec placere sibi, sed de factis quæ illi videbantur esse gloriosa, confundi? Quod certe illi non faciunt, qui desiderio comparandæ opinionis inescati, eis tantum operibus, quibus emitur favor humanus, inserviunt, & (o) morum bona contemnunt; tantumque eos ardor humanæ laudis inflammat, ut laboriosa operosa, quæ populus admiretur, & quibus fama diffunditur, sine labore suscipiant, & libenter exerceant. Inde est, quod jejunare, abstinere, vigilare, Ecclesiam frequentare, vel psallere, cum hæc omnia sine labore non fiant, etiam cum delectatione illi faciunt, qui ex his hominibus placere concupiscunt: non quod illa & homines Dei non faciant; sed quod illi probentur ex Deo magis, quam hominibus exhibere, qui ferventius student etiam moribus sanctis excellere.

4. Cæterum si quisquam foris, ubi potest magnus esse, (p) resplendeat, & intus ubi Deus solus videt, squalleat; quis non intelligat, (q) quod illi omnes abstinentiæ, ac jejuniorum, vigiliarumque continui labores, quos (r) nobis Dei amor, eis amor humanæ laudis, & inflammata vanitas facit tolerabiles, non sint ornamenta morum, sed velamina vitiorum? Quapropter (s) vera jejunia, abstinentiæ, vigiliæ, eleemosynæ, & cætera hujusmodi, augere debent bonum nostrum, non velare peccatum; nec pro justitia, sed cum justitia Deo sunt exhibenda: quoniam quidem multo attentius debent præcepta perficere, qui ea parati sunt perfectionis (t) amore transcendere. Alioquin si invidi, si superbi, si elati, si cupidi, hæc & his similia mala pectoris sui non reprimant, & tamen suum corpus jejuniis, ac labore abstinentiæ, quamvis continuatæ, conficiant; nec illa eos opera impensa vanitati justificant, & hæc vitia, quæ negligunt emendare, condemnant. Itaque licet (u) ubique libri hujus singulis quibusque vitiis absolutis, remedia quoque quibus (x) possint caveri vel emendari, subjecerim: hic tamen compendii gratia generalis quædam regula, (y) Domino illuminante, monstranda est, cui regulæ (z) veraciter innitentes, omnibus peccatis obsistant. (aa) Nulla res sic nos ab omni peccato servavit immunes, sicut timor supplicii, & amor Dei.

(a) Ms. Camb. amica vitiorum. Ms. unus, amor vitiorum.

(b) Hæc verba, inferna fundatis, absunt a Ms. uno Colb.

(c) Mss. duo Camb. & Colb. unus, erudiunt incautos. Mss. alii tres Colb. facile capiuntur.

(d) Mss. duo Reg. & Camb. strangulat. Colb. unus, triangulat.

(e) Ms. Camb. sic.

(f) Mss. quinque, leves.

(g) Edit. Lugd. Quod illos. Mss. duo Colb. quia illos: item Mss. Camb. & Colb. unus, sui afflatos vento. Colb. alter, sui afflatu venti. Alius, sui afflatos ventos.

(h) Ms. Camb. deprimunt.

(i) Mss. tres, voluntatibus.

(k) Mss. Reg. duo, opponunt. Ms. Camb. anteponunt.

(l) Ms. Colb. unus, despiciunt, aut decipiunt.

(m) Ms. Colb. unus, ad propria.

(n) In Mss. quinque deest, ergo.

(o) Ms. Reg. unus, & majora bona.

(p) Mss. duo, splendeat.

(q) Editi, omnes illæ abstinentiæ.

(r) Mss. tres Colb. & Lugd. edit. quod nobis tolerabiles vanitas facit: omissis intermediis. Mss. Reg. duo, & Colb. unus, quos nobis tolerabiles ex ardore humanæ laudis inflammata vanitas facit. Edit. Duac. Lovan. & Colon. ut in textu.

(s) In Mss. tribus Colb. non habetur, vera.

(t) Ita Mss. quatuor Colb. Reliqui, amore.

(u) Hæc, ubique libri hujus, absunt a Ms. uno Colb.

(x) Mss. tres, possunt caveri. Mss. duo, subjecimus.

(y) Mss. duo, Deo illuminante.

(z) Alias, velociter.

(aa) Ms. Reg. unus, nec alleviet. Aliqui, nisi sic.

Dei. Sed de charitate, (a) quod Dominus, cujus donum charius ipsa est, dederit postea disseremus.

CAPUT XI.

De utilitate timoris, & quod efficaciter peccatis obsistat.

NUnc (b) de timore supplicii pauca dicamus. Ad peccatum, quæ (c) peccatis debetur, etiam ante quam peccet, aspiciat: cruciatus, ac dolores, qui solent sequi peccantem, carnalibus incentivis (d) opponat; & nihil eum peccati (e) oblectat, nec ad peccandum illa delectatio (f) corporalis inclinat. Denique non ideo credimus illecebris, ac (g) voluptatibus nostris, quia repugnare non possumus; sed quia securitatem nobis (h) occultandi criminis ipsi promittimus: & dum credimus celari, vel puniri posse quod facimus; (i) spe præsumptæ impunitatis illecti, dominationem in nos nostræ (k) voluptati permittimus. Ceterum, si eo tempore quo quis peccare deliberat, sana mente consideret, quæ pœna expellet in suis latrocinationibus ac flagitiis deprehensos, quod supplicium convictos excruciet, qui tremor membra quatiat, pallor ora perfundat, quorum denique humiles & execrabiles omnibus reddat: etiam ipsum sordidæ opinionis opprobrium adeo ne possit quibuslibet vitiis accommodare consensum. Quid enim mali operis fieri potest unde nec erubescant etiam illi, quos ipsa flagitia sua delectant! Hinc est quod hi qui bona sua vane ac deformiter jactant, dedecora, quibus notantur, & humiliantur, occultant. (l) Quid quod in peccantem etiam sine humano judicio conscientiæ judicantis tormenta desæviunt, & male sibi consciam mentem ipsæ etiam cogitationes secreti reatus, (m) cruciatoria recordatione conficiunt.

CAPUT XII.

De futuro judicio, vel æternitate supplicii, ac de qualitate gehennæ.

1. AGE jam cum ad illud ultimum judicium venerimus, ab eo judice judicandi, qui nec falli occultatione criminum potest, nec (n) ad impunitatem promerendam ingerenti aliquam oblatione corrumpi: cum coram omnium secreta revelari, & non solum actus ac verba, sed etiam ipsæ cogitationes ostendi: quid faciemus (o) sub tanti judicis majestate? Quid excusationis obtendere poterimus? Quæ non defensoris ora purgaturi? Quæ nobis subventura est pœnitentia, (p) quam in hac carne contempsimus? Quæ non defensura sunt opera (q) bona, quæ in hac vita non fecimus? (r) Ad quos Apostolos, aut ad quos alios sanctos confugituri sumus, quorum exempla simul ac verba despeximus? An forte (s) aliquos ibi fragilitas corporis excusabit? Sed excusationi eorum reclamabunt omnium exempla sanctorum, qui (t) cum fragilitate carnis in carne viventes, fragilitatem carnis in carne vincentes, quod fecerunt, utique fieri posse docuerunt: maxime, quia non ipsi peccato sua virtute, sed (u) Domini miserantis auxilio, restiterunt: qui se & non quærentibus, ut quæratur, atque in eum credatur, ostendit; & credentes in se, ne a peccato vincantur, invicta protectione defendit.

2. Quid ergo responsuri sunt; si eis Dominus dicat: Si potuistis, quare non restitistis desideriis peccatorum? si non potuistis, quare contra peccata non quæsistis auxilium? aut voluntati, quare (x) pœnitendo non adhibuistis vulneri vestro remedium? (y) Nonne ad hæc obmutescemus, & quid excusationis referamus non habentes, dicet: *Ligate eos manibus & pedibus, & mittite in tenebras exteriores; ibi erit fletus & stridor dentium; ubi vermis (z) eorum non moritur, & ignis eorum non extinguetur.* Matt. 22. 13. Isai. 66. 24. & Marc. 9. 43. Et quid est obmutescentes manibus & pedibus ligari; nisi in inferno, (aa) ubi Domino

---

(a) Sic MS. duo Colb. Editi vero, *quod Dominus ... donat*. MS. autem Colb. alius, *quod Dominus, qui caritas ipsa est donat*.

(b) MS. Colb. unus, *Hic deinceps*. In uno deest, *supplicii*.

(c) MSS. tres, *peccatis*. Unus, *peccato*. Alius, *pro peccatis*.

(d) MSS. duo, *supponat*.

(e) MS. Camb. *delectat*.

(f) MS. Colb. unus, *delectatio carnalis*.

(g) MS. alius, *voluntatibus*.

(h) MS. unus, Colb. *occultum dissimulandi*.

(i) MS. Colb. unus, *spe præsumptæ & impunitatis electi*, forte pro *illecti*.

(k) MSS. tres, *voluntati*.

(l) Edit. Lugd. *quidquid est unde in peccantem*.

(m) MS. Reg. unus, *& male sibi conscia mentem, ipsæ etiam cogitationes secreti reatus, cruciatoria ad recordationem conficiunt*. MS. Colb. unus, & Camb. *& male sibi consciam mentem ... cruciata ac recordatione conficiunt*. Alius, *cruciant ac recordatione conficiunt*.

(n) MS. unus, Colb. *ad impunitatem promerendam*.

(o) MS. unus Reg. *sub tanta*.

(p) MS. unus, *quam gessimus carne*.

(q) MS. unus caret hac voce, *bona*.

(r) MS. unus: *Ad quos Apostolos ibimus, aut ad quos alios, &c.*

(s) MS. Colb. unus, *aliquos se ibi*. Reg. unus, *aliquos sibi*. MS. Camb. *aliquos fragilitas*.

(t) Hæ voces, *cum fragilitate carnis in carne viventes*, absunt a MS. Colb. quatuor, & Regiis duobus. Reg. unus: *in carne viventes*, (forte vincentes) *fragilitatem: quod fecerunt, &c.* Alius, *vincentes tamen*.

(u) MSS. duo, *Dei*.

(x) MS. unus, *non pœnitendo*.

(y) MS. unus, *nescimus*. Totum locum sic præferunt alii codices. MS. Camb. *Numquid ad hæc obmutescemus, & qui excusationes habuerimus dicit, Ligatis manibus & pedibus mittite eos, &c.* MS. Colb. duo, *obmutescentibus, & quid excusationis referant (unus ex his referamus) non habentibus dicet, Ligatis eorum manibus, &c.* Alius: *Ligate eos. &c.* MS. ex Regiis unus habet quoque: *Ligatis manibus & pedibus, mittite, &c.*

(z) MS. Reg. unus, *vermis eorum non morietur*.

(aa) MS. Colb. unus, *ubi Deum nemo confitetur, hoc operis ad finem potuit*. MS. alius, *Deo confitebitur*.

uno conspectu, afflictione privari? sicut in exteriores tenebras mitti, nihil aliud erit nisi a Deo, qui est mentium lumen, expelli. Fletus autem & stridor dentium acerrimos eorum dolores ostendunt, qui supplicio (a) aeternae mortis addicti, non (b) videndi sensum habituri sunt, sed dolendi. Quorum continuos gemitus, cruciatum aeternum, dolor furorem, poenalis sensus, torquens animam, nec extorquens; puniens corpora damnata, nec finiens. Quos ideo sibi depositos ignis inextinguibilis (c) non exstinguit; ut permanente sentiendi (d) vita, poena permaneat, & ad ardendum magis, quam (e) ad vivendum aeternis corporibus comprehensos habeat, quos in flammis (f) vivacibus immortalitas secundae mortis occidat. Jam (g) vero quod dicit; *Vermis eorum non morietur, & ignis eorum non extinguetur*, ad totum referatur damnati hominis poenam; quem inefficacis poenitentiae ignis exurit, & consummatis conscientiae vermis immortaliter rodit. (h) Proinde oportet qui in gehenna dicuntur occidi, non ideo illis agitur, ut nimiis consumpti doloribus, aliquando deficiant; sed ut in illis perenniter vivant. Is. 66. 24.

2. Haec & his similia libenter audire vel legere, jugiter ante oculos mentis adducere, futura credere, sine ulla perturbatione metuere, cogitare quale malum sit ab illo gaudio divinae contemplationis excludi, beatissima sanctorum omnium societate privari, fieri patriae caelestis extraneum, mori vitae beatae, morti vivere sempiternae, in aeternum ignem cum diabolo & angelis ejus expelli, ubi se mors secunda damnatis exhibeat, vita suppliciorum, non sentire in illo igne quod illuminat, sentire quod cruciat, excruciatorum inexplicabiles cruciatus pati, ibi fumantis atram caligine oculos obscurari, profundo gehennae flumine submergi, edacissimis in aeternum dilaniari vermibus, nec finiri: haec & multa similia cogitare, nihil est aliud, quam vitiis omnibus repudium dare, & omnia blandimenta carnalis refrenare. Sed nos jam, si videtur, ab his terribilibus malis, quae fidelium mentes salubri terrore concutiunt, atque ab omnibus vitiosis delectationibus abducunt, & quae amatores voluptatum suarum jam sine damnationis experimento probabunt, quando jam, quod est omni infelicitate miserius, se emendare non poterunt: ab his, inquam, terrificis ac tristibus malis ascendamus ad illa sublimia, quibus proficientium mentes in spem promerendae beatitudinis assurgunt (i), abjuratisque terrenis, caelestia concupiscunt. Et quoniam proficere cupientes a salubri timore incipiunt, & ad charitatem proficiendo perveniunt; nos quoque sufficere judicantes quod de incipientium timore tractavimus, etiam de charitate; quod ipse, cujus munus est, donaverit, disputemus.

CAPUT XIII.

De laude Charitatis.

CHaritas est ut mihi videtur, recta voluntas ab omnibus terrenis, ac praesentibus prorsus aversa, juncta Deo inseparabiliter, & unita, igne quodam Sancti-Spiritus, a quo est, & ad quem refertur (k), incensa (l); inquinamenti omnis extranea, corrumpi nescia, nulli vitio mutabilitatis obnoxia, supra omnia quae carnaliter diliguntur excelsa, affectionum omnium potentissima, divinae contemplationis avida, in omnibus semper invicta: summa actionum bonarum, salus morum, finis caelestium praeceptorum, mors criminum, vita virtutum, virtus pugnantium, palma victorum (m), anima sanctarum mentium, causa meritorum bonorum, praemium perfectorum. In peccatis suis mortuos suscitat, languentes sanat, perditos instaurat (n), spem desperatis inspirat, pacificas mentes exhibet: studiosa in poenitentibus, laeta in proficientibus, gloriosa in perseverantibus, victoriosa in Martyribus, operosa in omnibus omnino fidelibus. Quam fides (o) concipit, ad quam spes currit, cui profectus omnium servit, ex qua quidquid est boni operis (p) vivit: sub qua obedientia crescit, per quam patientia vincit, propter quam carnalia blandimenta devotio religiosa contemnit: sine qua nullus Deo placuit, cum qua nec potuit aliquis peccare, nec poterit. Haec est charitas vera, germana, perfecta; quam *excellentiorem viam* nominat sanctus Apostolus. Et vere ipsa est via, quae ducit per se ambulantes ad patriam: quia sicut sine via pervenit nullus quo tendit, ita sine charitate, quae dicta est via, non ambulare possunt homines, sed errare. 1. Tim. 1. 5. 1. Cor. 12. 31.

CAPUT XIV.

Qualiter possint ea quae de charitate sanctus Apostolus dicit, intelligi.

1. ITaque jam qualis, & quanta sit haec charitas, non pedum via, sed morum, Apostolo (q) docente discamus. *Si linguis*, inquit, *hominum loquar & angelorum, charitatem autem non habeam; factus sum velut aeramentum sonans, aut cymbalum tinniens.* Homi- 1. Cor. 13. 1.

(a) MS. unum, sempiternae.
(b) MS. tres, non vivendi.
(c) MS. tres, non extinguat.
(d) MS. Rem. unum, sentiendi poena, vita. MS. Colb. unum, ad permanendi sentiendi, ut vita in poena permaneat.
(e) MS. duo, ad videndum.
(f) MS. unum, voracibus.
(g) Haec, inde quod dicit, non sunt in MS. nec in Lugd. quorum quisque: ad totum referuntur. Unus vero, jam quod vermis ... ad totum referatur. Lugd. referuntur.
(h) MS. unum, [illegible].
(i) MS. quatuor, abjurantque.
(k) MS. unum Colb. accensa.
(l) MS. unum, inquinamentis omnibus.
(m) MS. unum, anima. Alias, omnes.
(n) Editi Lov. Duac. & Colon. instruat, forte pro instaurat.
(o) MS. unum, concepit.
(p) MS. Colb. unum, vigent.
(q) MS. unum, nos docente. MS. quinque, dicamus.

Hominum vel Angelorum linguis, inanem facundiam quorumdam significatam debemus accipere (a), qui omnia quæcumque voluerint, accurate quidem, atque eloquenter enuntiant: sed quamvis ornate copioseque (b) disserant; tamen si docendi officium vanitate placendi magis, quam consulendi charitate suscipiant; non ut (c) aliquos doceant, sed ut se doctos ostendant; nec profectum, sed plausum a suis auditoribus quærant; si totam (d) conscientiæ diligentiam transferunt male dicaces ad linguam, & studiosius eloquentiam velint curare, quam vitam; si supercilio vanæ loquacitatis elati, dicta sua magis cupiunt laudari, quam fieri; nec sint de sanctitate operis, sed de sermonis (e) elucubrati venustate solliciti: numquid non tales merito æramento sonanti, aut tinnienti cymbalo comparantur? qui in modum tinnientis æramenti, vel cymbali, præclara quæque magis appetunt sonare, quam facere: nec erubescunt a seipsis aliter vivendo, quam prædicant discrepare: qui ut (f) quoquo modo (g) turpitudinem suæ conversationis obnubilent, honesta prædicare non cessant: non tamen ut auditores sui eorum prædicatione proficiant, sed ut ipsi videantur curare quæ prædicant.

Ibid. 2.

2. Sed videamus (h) quæ his annectat Apostolus. *Si habuero*, inquit, *Prophetiam*, & *noverim mysteria omnia*, & *omnem scientiam: & si habuero omnem fidem, ita ut montes transferam: charitatem autem non habuero, nihil sum*. Non ad hoc ista dicit, quasi aliquis bona sine charitate habere aliqui (i) non possint: sed quia nihil prosint habentibus ea, si a charitate defecerint. Ipsa autem & hic necessaria est, ut omnia bona, summum bonum (k) charitatis habentibus prosint, & ibi eis etiam (l) perfectior permanebit, cum omnes perseverantes in se ad visionem Dei perduxerit. Ceterum (m) prophetia, & mysteriorum omnium notitia, vel scientia, nec non & ipsa fides, vel cetera talia, quæ non perfectioni fidelium, sed fragilitati necessaria judicantur, in illa (n) perfectione sanctorum, quo in charitate radicati (o) pervenire contendunt, pervenientibus necessaria esse non poterunt; cum illis incomparabiliter meliora, ac perfectiora successerint. Quia nec prophetia ibi opus erit, cum ad illud quod futurum promittebat, impleta perduxerit: nec scientia, quæ velut lucerna quædam in hujus sæculi nocte fideles illuminat, cum in illius vitæ die perpetuo Sol vivus justis effulserit: nec mysteriorum notitia, aut ipsa fides necessaria erit, quando ad ea, quæ per mysterium significabantur & credebantur ex fide, perfectio Christiana pervenerit. Charitas vero hic quidem necessaria est, quæ nos separat a diabolo, purificat a peccato, reconciliat Deo: sed ibi perfecta erit, cum perfectos Deo, a quo est (p) donata, conjunxerit.

3. Adhuc Apostolus laudem divinæ charitatis amplificans, adjungit & dicit: *Si distribuero in cibos pauperum omnes facultates meas*, 1. Cor. 13. 3.
& si tradidero corpus meum (q), ita ut ardeam: charitatem autem non habuero, nihil mihi prodest. Nec immerito. Si enim non quid, sed propter quid faciamus, in illa ultima examinatione quærendum est; eleemosynæ, vel (r) traditio corporis in mortem, quid proderunt non habentibus charitatem? Ipsa ergo habenda est, ipsa sectanda, sine qua nec eleemosynæ, nec occisio corporis, nec illa omnia superius dicta, vel alia (s) quævis bona perducunt (t) aliquos ad salutem. Quia quælibet actio bona vel passio, nisi ex fide, quæ per dilectionem operatur (u), extiterit, nobis prodesse non poterit. Quapropter nihil eis peccati Gal. 5. 6.
damnabilis remanere poterit, nec deerit aliquid boni, quibus charitas, omnis inquinamenti mundatio, & bonorum omnium mater astiterit. Quoniam quidem si *charitas patiens est, benigna est*, si *non æmulatur, non agit perperam, non* 1. Cor. 13. 4. & seqq.
inflatur, non est ambitiosa, non quærit quæ sua sunt; non irritatur, non cogitat malum, non gaudet super iniquitate, congaudet autem veritati; si *omnia suffert, omnia credit, omnia sperat, omnia sustinet* (x); & eos in quibus fuerit, omnibus his bonis quæ habet impertit: quid illis esse potest in hac vita perfectius, qui tantis abundant, charitate in se regnante, virtutibus?

4. Proinde quando videmus aliquos patientiæ (y) mole fundatos inconcussum pectus sævientibus malis opponere; abundantia sanctæ benignitatis (z) affectos, bonum suum velle cum omnibus habere commune, non aliquibus ardentis invidiæ facibus (aa) coqui; non agere perperam,

(a) MSS. duo, *quia omnia*.
(b) MSS. tres, *disserant*.
(c) MS. unus, *alios*.
(d) Deest vox, *conscientiæ*, in uno MS. Reg.
(e) MS. unus, *elucubratione solliciti*.
(f) MS. unus, *quodammodo*.
(g) MS. unus, *turpitudinis suæ conversationem*.
(h) MSS. tres, *quæ his annectat*. MS. alter, *quid de his nitamque annectat Apostolus*.
(i) MSS. quinque, scilicet Colb. tres & Regii duo, omittunt negantem particulam, *non*. Colb. unus, *quasi non* [illegible] ... *aliqui possint*.
(k) MS. [illegible], *charitatem*.
(l) MS. unus, *perfectior*, MSS. tres, *perfecta*. Male in aliis [illegible], aut *profectior*.
(m) MSS. quatuor, *prophetiæ*.
(n) Editi addunt, *similis*; quæ vox non legitur in MSS.
(o) abest *pervenire*, a MSS. Colb. & Edit. Lugd. MS. unus, *intendunt*.
(p) MSS. duo, *a quo est ei donata*.
(q) Ita MSS. sex. Editi, *ut ardeat*: & infra, *non habeam*.
(r) Editi, *traditionem*. MSS. *traditio*.
(s) MSS. duo, *quælibet*.
(t) MS. unus, *hominem*. Alter, *homines*.
(u) MSS. sex, *extiterint* ... *poterunt*.
(x) MSS. Colb. quatuor omittunt particulam &; & infra tres ex his cum Reg. duobus, & *quod illis*.
(y) MS. Camb. *patientiæ bene fundatos*. Unus ex Colb. *patientia fundatos*.
(z) MS. unus, *affectuosos*. MSS. Camb. *affectum bonum suum*, &c.
(aa) MS. unus, *coinquinari*. Editi & MS. unus, *nec aliquibus ardentibus*.

perare, sed simpliciter cum omnibus (a) quibuslibet puritatem exhibere; nullo salutis periculo vanitatis inflari; nihil eorum quae sunt aliena, crimine cupiditatis ambire; quae sua sunt pro communicando bono non quaerere; nullis malorum quibuslibet (b) irritata injuriis, cogitare; non sapere (c) alicujus, aut sui operis iniquitate, sed de veritate gaudere; (d) omnem inquietum, vel inquietudinem, fundata animi tranquillitate, sufferre; post hanc vitam poenas divinitus comminatas credere (e) metuendo, praemia promissa sperare gaudendo, revelationem filiorum Dei desiderare fortiter sollicitando: quando ergo videmus haec, & (f) talia bona aliquem posse; noverimus, non ea magnitudine virtutis suae posse, quod volunt ardenter, & faciunt; sed de beneficio illius charitatis, quae non est ex nobis, sed diffusa est in cordibus nostris per Spiritum-sanctum, qui datus est nobis. Rom. 5. 5.

CAPUT XV.

Quantum perfectionis charitas in se fundatis exhibeat.

1. Ergo si charitatem Deo exhibeamus & proximo, *de corde puro, & conscientia bona, & fide non ficta*, facile peccato resistimus, bonis omnibus abundamus, saeculi blandimenta contemnimus, & omnia quae difficilia sunt humanae fragilitati, vel aspera, etiam cum (g) delectatione perficimus; si tamen Deum charitate perfecta, quae nobis (h) ab illo est, ex toto corde, ex tota anima, & ex totis viribus diligamus. Ex ea enim parte qua peccat, ex qua minus diligit Deum: quem si ex toto corde diligamus, nihil erit in nobis unde peccati desideriis serviamus. Et quid est diligere Deum, nisi (i) illi occupari animo, concipere fruendae visionis ejus affectum, peccati odium, mundi fastidium; diligere etiam proximum, quem ipse in se voluit diligendum (k): in ipso amore servare legitimum modum, nec perversum dilectionis ordinem constituere? Ordinem dilectionis illi pervertunt, nec modum diligendi custodiunt, qui aut mundum qui contemnendus est, diligunt, aut corpora sua minus diligenda, plus diligunt; aut proximos non sicut seipsos, aut Deum plus quam seipsos forte non diligunt.

2. Sed de mundo, quod diligi omnino non debeat, ipsius Dei nostri per sanctum Joannem apostolum vox est, dicentis: *Nolite diligere mundum.* Corpus autem nostrum, quia pars nostri est, ad hoc nobis est diligendum, ut saluti ejus, ac fragilitati naturaliter consulamus, & agamus qualiter spiritui (l) ordinate subjectum, ad aeternam salutem, accepta immortalitate, & incorruptione perveniat: non suis voluptatibus diffluendo, animae rigorem sibi credentis emolliat, puritatem polluat, & totam dignitatem suae (m) delectationis morbo corrumpat. Proximum autem tunc diligimus sicut nos, si non propter aliquam utilitatem nostram, non propter sperata beneficia vel accepta, non propter affinitatem vel consanguinitatem; sed propter hoc tantum, quod sunt naturae nostrae participes, diligamus: quia non eos sicut nos ipsos amamus, quando propter illa superius dicta diligimus. Neque enim (n) ideo proximum tamquam seipsum diligit quisque, quia sibi frater, aut soror, pater aut filius, mater aut filia, nepos aut neptis est. Carnaliter quippe amat, qui taliter amat; quoniam non illi tantum proximi nostri credendi sunt, quos nobis gradus sanguinis jungit; sed proximi nostri credendi sunt omnes homines naturae nostrae, sicut dixi, participes. Nam si propinquos nostros, quamvis incompositos, turpes, ac male moratos plus quam quoslibet sanctos, quos a nobis secundum sanguinem vocamus extraneos, diligamus; non solum carnaliter diligimus, sed etiam graviter in tali eorum dilectione peccamus.

3. Proinde secundum nos proximos nostros diligimus, quando ad mores bonos, & ad aeternam vitam consequendam, sicut nobis, saluti eorum consulimus: quando nos in eorum peccatis ac periculis cogitamus; & sicut nobis subveniri (o) optamus, ita eis (p) pro viribus subvenimus; aut si facultas defuerit, voluntatem subveniendi tenemus. Quapropter haec est proximi tota dilectio, ut bonum quod tibi conferri vis, velis & proximo; (q) & malum, quod tibi nolis accidere, nolis & proximo. Illi vero plus quam se diligunt Deum, qui pro ejus amore suae ad tempus saluti non parcunt; seipsos tribulationibus ac periculis tradunt, nudari facultatibus propriis, patriae suae extorres fieri, parentibus & uxoribus ac filiis suis renunciare parati sunt; & ut totum dicam, ipsam corporis mortem non solum non refugiunt, sed etiam libenter excipiunt, cupientes a corporis sui vita magis quam a Deo, (r) vita vitae suae, dividere.

4. Ista

Margin notes: 1. Tim. 1. 5. — Deut. 6. 5. Matt. 22. 37. Luc. 10. 27. — Matth. 22. 39. — Videatur August. [illegible] de doctr. Christ. [illegible] — 1. Joan. 2. 15.

(a) MSS. Colb. tres & Camb. qualibet debet puritas exhiberi. MS. Reg. unus, sed simpliciterque cum omnibus quibuslibet puritatis exhibere.
(b) MS. unus, castigatus. MS. alter, irrogatis.
(c) MS. unus, aut suae. Alius, alicujus adversis operis.
(d) MS. unus, omnem inquietudinem vel inquietam fundata, &c. MS. alter, omnem inquietudinem fortiter animi, &c.
(e) MS. quatuor, non metuendo.
(f) MS. unus, & alia bona posse aliquem.
(g) MS. tres, cum delectatione.
(h) Inest cum quibusdam MS. ex illo est.
(i) Editi, illo occupari animum. MS. tres, illo (cum illi) occupari animo. Alius, illi copulari animo.
(k) MS. Colb. unus, in ipso servare amore legitimum modum, aut perversum ordinem dilectionis. Constituere ordinem dilectionis illi pervertunt, &c.
(l) MS. unus, ordinatum.
(m) MSS. tres, suae dilectionis.
(n) MSS. sex, tam se diligit quisque, quia sibi frater aut soror, &c.
(o) MSS. tres, optaremus.
(p) In uno MS. pro viribus nostris. In alio desunt haec omnino.
(q) Haec verba: Et malum quod tibi nolis accidere, nolis & proximo, desunt in tribus manuscriptis.
(r) MS. duo, a Deo vita sua.

4. Ille igitur nobis dilectionis ordo servandus est, juxta illud quod dicit Spiritus-sanctus; (a) Cant. 2. 4. *Ordinavit in me charitatem*; ut sicut ordinata charitas poscit, Deum principaliter diligamus; & propter ipsum, in ipso ea quae diligenda sunt, tantum, quantum ipse praecipit, diligamus. Ipse enim (b) praecipit ut corpora nostra propter nos, proximos (c) sicut nos, & ipsum plus quam nos diligere debeamus: ita sane, ut eis quos nobis conjunctiores familiaritas facit, si eos fama non reprobat, & vita commendat, non amplius impendamus, omnium profectus nostros esse credamus, & de aliorum peccatis tamquam de nostris misericorditer lugeamus. Sic ergo possunt in hac vita illi esse perfecti, qui perfecte diligunt Deum: & illi perfecte Deum diligunt, qui volendo quod vult Deus, & nolendo quod non vult, nec illis peccatis quibus offenditur, acquiescunt; & semper se ad virtutes, quas ipse dignatur donare, diligendas & habendas, extendunt. Hi sunt, qui omnia bona quae implere potuerint, ab illo se adjutos ut possent veraciter credunt; quidquid (d) mali commiserint, vitio suae voluntatis adscribunt; quidquid boni non potuerint implere, ab illo ut possint jugiter petunt; cum potuerint, illi gratias agunt. Bona etiam quae habent concessa, etiam aliis (e) conferri socialiter volunt, & usque in suos inimicos dilectionis suae latitudinem porrigentes, hoc omnes cupiunt esse quod ipsi sunt. Satis de vitiis, eorumque remediis est disputatum: nunc jam qualiter unaquaeque virtus possit acquiri breviter disseramus.

Levit. 19. 18.

Matth. 22.

CAPUT XVI.

De qualitate virtutis, & qualiter sibi consentientes inserant.

1. OMnis sancta virtus res est divina, incorrupta penitus atque mundissima: quam contraria loquentes non inquinant; sed ipsa inquinatos emaculat: cujus participatione (f) formantur informia, suscitantur mortua, (g) sanantur infirma, corriguntur prava, reconciliantur (h) aversa. Hanc non habet nisi Deus, & is cui dederit Deus. Quae in animo habitat, sed (i) animum corpusque sanctificat: ad quam nullus accedit invitus, quam nullus amittit, nisi propria voluntate deceptus. Nemo eam sibi conferre potest, cum possit auferre; alteri autem (k) nec conferre praevalet, nec auferre.

2. Itaque cum talis ac tanta virtus cuilibet inter voluptates suas adhuc conversanti restiterit, atque (l) ei ad se concupiscendam desiderium salubre commoverit: protinus in animo ejus duarum delectationum contrariarum rixa consurgit; & mentem voluntas adversum se ancipiti delectatione (m) divisam in diversa ducit, ac reducit; modo reprehendendo quod elegerat, modo quod reprehenderat eligendo: atque ita in alterutrum latus (n) se cogitationum varietate versantem, ipsa velut virtutis ac vitii (o) tepida medietas, vexat ac laniat. Quoniam quidem quemlibet hominem, donec se in eo quod (p) elegerit certa definitione confirmet; quamdiu modo non vult quod volebat, modo velle incipit quod nolebat; velut in quodam deliberationis (q) incertae bivio constitutum, distorquet ipsa diversitas (r) voluntatum. Hinc eum virtus advocat suae saluti, & (s) vocat; inde conservando vitiosa dilectio a se volentem (t) removeri, & revocat, & paulisper a se aversum, nec ad virtutem plene conversum, assidue voluptatis admonitione blanditur, & amores illecebres, quibus olim perdite fruebatur, ostendit. Turpia quoque desideria quibus (u) vinciatur, insinuat, ac jam pene fastidienti blandum delicio quod molliter resolvamur: & supplicat, ut proponat mollibus dura, laetis tristia, certis dubia, (x) praesenti voluptati futura: cogitet quam poenale sit atque difficile, dulcibus carere (y) deliciis, illecebris renunciare carnalibus, abstinentiae jugis gravari laboribus, jejuniorum ac vigiliarum continuatione torqueri, certa carnis afflictione promissae dubiae remunerationis ambire, contra diabolum decipiendi peritum (z) resistendo arma corripere, insidias ejus ac fraudes vigilantis animi cautione vitare: quem (aa) denique miserum sui enormitate tantae asperitatis evictum, ac diabolica fraude deceptum, ad repudiata redire, voluptatibus quas abjecerat frui, & omnibus, quae incaute laboriosum suscipiendo propositum contempserat, delectari.

3. His & talibus vitiosa consuetudo, dubium (bb) sanctae definitionis affligit. Virtus contra, quae continentia nominatur, (cc) renunciantem considerans obsecrat, ad delectationes puras, castasque delicias, quibus fruuntur amore sui amatores, invitat: offert nudo judiciis relinquentibus, illo-

(a) MSS. sex, *Ordinate in me.*
(b) MSS. quinque, *praecepit*. Sic & post pauca.
(c) MS. unus, *proximos sicut & ipsum plusquam nos*, minus bene.
(d) MSS. duo, *mali commiserint.*
(e) MSS. quinque, *conferre.*
(f) MSS. tres, *formantur informia.*
(g) MS. unus, *sanantur aegrota.*
(h) MSS. quatuor, *adversa*: unus, *eversa.*
(i) MSS. quatuor, *animum.*
(k) MS. Colb. unus, *nec conferre praevalet, nec auferre.*
(l) MSS. tres, *atque eum ad se concupiscendam desiderio salubri commoverit.*
(m) MSS. sex, *divisa*. Editi paulo post non habent *ita*.
(n) MS. Colb. unus, *mutua se.*
(o) MS. unus ab alia manu, *trepida*. MS. alter, *velut inter virtutes et vitia tepida medietas.*
(p) MS. unus, *elegerat.*
(q) MS. unus, *incerte bivio.*
(r) MSS. duo, *voluptatum*. Colon. *voluntatem.*
(s) MS. unus, *& advocat.*
(t) MSS. duo, *removeri.*
(u) MS. Colb. unus, *vincatur*. Alter, *vincebatur.*
(x) MSS. sex, *praesentem voluptati, futura.*
(y) MSS. duo, *divitiis.*
(z) MSS. tres Colb. *resistendi*. & post pauca. MSS. Camb. *arripere.*
(aa) Edit. Lugd. cum MSS. tribus, *deinde.*
(bb) MS. Colb. unus, *sanctae conversationis.*
(cc) MS. unus, *renunciantem.*

illuminato sui apparatus demonstrat ornatum; diffidens de se, providentiae suae promeretur auxilium: hortatur & provocat, ut delectationem ambitiose deposita, propositum spirituale suscipiat perseveraturum se in suscepto labore propositi sui, non sua possibilitate, sed Domini misericordiae confidat, nec suis viribus, sed gratiae omnipotentis fretus auxilio, contra diabolicas impugnationes victricia arma (a) corripiat; cogitet quanti, & quantae potuerunt, & possunt, quod se posse desperat: unde illi, vel illae potuerunt, inde se posse similiter credat certa spe spiritualia carnalibus, & terrenis caelestia, & futura praesentibus anteponat.

CAPUT XVII.

Quibus gradibus conversi in culmen perfectionis ascendant.

1. CUM (b) vero quis perfectione (c) ac plenitudine virtutis illectus, aliquantulum a priore conversatione recesserit, statim ei alia (d) tentatio, contra quam luctetur, occurrit. Nam quem carnalis voluptas superata dimiserit, mundi vanitas occupabit: sunt enim illi exempla sui qui (e) delectationem sibi suae libidinis interdixerunt, & vanitatis (f) lucrum suae * voluptati permittunt. Turpitudini (g) concubinae contradicunt, & (h) ambitioni succumbunt: ornantur deliciis ac vestibus accuratis ad luxuriam, comatulis (i) pueris, ac praemittitis equis ad pompam, accipitribus ac sagacibus canibus ad venationem, venatoribus crebris ad lucrum, (k) ambitiosi apparatus jactantiam accuratum cumulantes ornatum.

* forte voluntati.

2. Jam ridere (l) effuse, vocem procacibus cachinnis attollere, turpia joca libenter audire, aliorum pompam suam facere fastigando lenitatem, urbana quaeque quamvis turpia, explere deliciis, (m) servos ancellasque indigenarum alienare, domos amplissimas & ornatas extruere, facultates (n) suas indifferenter augere, aliena pervadenda, si possibilitas patiatur, inhiare; non tam cupiditatis, sed nescio cujus nobilitatis existimant: ut illa, quae dixi, vel alia multa faciendo, non solum libenter committant, sed etiam hinc sua objurgantes irrideant, (o) turpitudine credentes illos, qui licita & usitata nobilitatis crimina ambierint infamant. Sed (p) qui hoc quoque malum divinitus adjutus evicerit, & spiritalis continentiae viribus fultus, omnia quibus possit a perfectione retardari, calcaverit; animum suum sanctae virtuti, studio bonae voluntatis (q) inclinat: tunc delectabiliter, ac devote notat omnes regulas virtutis in se regnantis observat: ac se cum Deo suo jam spiritus factus, nihil aliud agit semper aut cogitat, nisi unde clarior (r) ac nobilior fiat, & oblectationes vitiorum omnium, puris delectationibus vincat.

CAPUT XVIII.

Quae sit quaternarii numeri continenda perfectio: & quod quatuor virtutes, quae dictae sunt principales, ex fide viventes a Deo collatae justificent.

VIdeamus nunc, an vera sit Philosophorum illa sententia, qua quatuor virtutes, velut quosdam virtutum omnium fontes; vitia quoque quatuor, velut quasdam origines malorum omnium definiunt. Principales quatuor esse virtutes non solum Philosophi sentiunt, sed etiam nostri confirmant. Sed quare quatuor, vel quae sint opera singularum, hoc Domino illuminante, debemus breviter demonstrare. Quaternarium (s) numerum perfectioni sacratum [illegible]. Siquidem totus orbis Oriente & (t) Occidente, Aquilone & Meridie, quatuor (u) determinatis partibus sive angulis invenitur: & ipse Adam qui est humani generis pater, vel generale nomen, quod dicitur homo, quatuor literis explicatur. Corpus quoque quatuor elementis (x) contractum, quaternarii numeri in se continet sacramentum. Ipsius etiam animae quatuor esse affectiones, quibus vel ad bona nitimur, vel ad mala, & antiqui subtiliter invenerunt, & eorum inventa posteriores posteri susceperunt.

2. Sed & quatuor flumina, quae de paradisi fonte procedunt, vel quatuor Evangelia, divini currus rotae quatuor, & animalia, alae eorum quatuor ac facies, dignitatem numeri hujus abunde commendant: & ideo (y) virtutes illae quae totam continent perfectionis in numero,

Gen. 2. 10. Ezech. 1. 5. & seq.

(a) MSS. duo, arma arripiat.
(b) MSS. tres, Qui si perfectionis. Unus, Qui perfectionem.
(c) MS. unus, a pulcritudine.
(d) MS. unus, luctatio.
(e) MS. Colb. unus, delectationi sibi suae libidinis.
(f) MS. Colb. unus, delectationem anteponunt.
(g) MS. Colb. concupitae.
(h) MS. Colb. unus, & desiderio cupiditatis & ambitionis succumbunt.
(i) MSS. duo; parvulis. Unus, pueris. Alter, cum maculis, forte, comatulis puerilibus.
(k) Ita MSS. quatuor. Editi vero, & ad ambitiosi apparatus jactantiam. MS. Colb. unus, & ambitiosi apparatus jactantia.
(l) MS. Colb. unus. Jam ridere, effusam vocem procacibus cachinnis attollere.
(m) Ita MSS. tres. Editi, servos. Sed melius jam vis prior lectio his qui opposita vox, forte in margine subjunxerunt, ut legi in Colb. MS. qui forte unicus illis occurrerat.
(n) MS. unus, proprias.
(o) MS. Colb. unus, turpius conversantes illos, qui licita, & usu consuetudinis data nobilitas. Et paulo post, MSS. quinque & Longd. infamant.
(p) Alias, si quis.
(q) Ita MSS. quatuor. MS. alter, inclinat. Editi, inclinaverit.
(r) MSS. tres, aut nobilior.
(s) MS. unus, perfectione. Alter, Quaternarium numerum perfectionis sacratum.
(t) MSS. duo hoc omittunt &, quod legitur in aliis codicibus.
(u) MSS. duo, terminatis.
(x) MS. unus, constructum.
(y) MS. unus, virtutis istae.

animo, solicite considerare debemus, quantam sanctitatem contineat animo Christiano, & quam nihil perfectionis (a) aliquam sit, quod in illis virtutibus non sit. Nam si facit temperantia temperantem, prudentia prudentem, justitia justum, fortitudo fortem; eo qui temperanter, juste, & prudenter agit, ac fortiter, nescio quid possit esse perfectius. Itaque difficile quidem est nobis omnia virtutum, quae ex illis quatuor, quas principales dicimus, oriuntur, ostendere: sed cum proprietates, & effectus earum coeperimus aperire, ex ipsis (b) affectionibus singularum, quae virtutes ex quibus existant, forsitan apparebit.

3. Veruntamen hoc imprimis nosse, & retinere debemus, quod istae quatuor virtutes, vel omnes quae ex illis existunt, dona sunt Dei: & quod nullus eas habet, habuit, aut habebit, nisi cui Deus, qui est omnium virtutum proprietas & origo, contulerit. Quicumque, quocumque tempore, in quacumque gente in Deum credentes ex fide vixerunt, illius dono temperantes ac prudentes, justi, (c) ac fortes fieri utique potuerunt. Qui autem nescientes Deum, vel etiam blasphemantes, sine fide vixerunt, nihil earum virtutum a Deo accipere, vel habere potuisse credendi sunt.

CAPUT XIX.

De temperantiae qualitate, vel opere.

1. SED jam videamus, quae sit proprietas singularum. Temperantia temperantem facit, abstinentem, parcum, sobrium, moderatum, pudicum, tacitum, (d) serium, verecundum. Haec virtus (e) si in animo habitat, libidines frenat, affectus temperat, desideria sancta multiplicat, vitiosa castigat, omnia intra nos confusa ordinat, (f) ordinata corroborat, cogitationes pravas removet, infundit sanctas, ignem libidinosae voluptatis extinguit, animi tepentem desiderio futurae remunerationis accendit, mentem placida tranquillitate componit, & (g) totam semper ab omni vitiorum tempestate defendit. Temperantia intemperantiam nostram ad (h) honestum modum redigit in cibo ipso vel potu, ut contenti simus appositis; ne quaeramus impudenter, quod aut ille qui pascit nos forte (i) non habeat; aut aliud quod desiderio nostro placere offendat, aut gulae nostrae intemperans appetitus appareat: nec judicemus eos qui volunt (k) cibis, quos ipsi percipimus, abstinere; nec eis verecundiam faciamus, qui ea quibus ipsi abstinemus, forte percipiunt, & Deo gratias agunt: certi quod satis miserum sit, aliquem de cibi vel potus perceptione damnare, aut nobis arrogare per abstinentiam sanctitatem.

2. Temperantiae est quod reverentiam senioribus exhibemus, aequales germanitatis honoramus, junioribus gratiam (l) paternae dilectionis impendimus: quod praesumere loqui senioris silentium, quod ipsi ad loquendum permissionem impetramus, quod non sinimus immoderatum in collocutionibus sonum, quod (m) risui prorumpere non permittimus in cachinnum, quod nulli detrahimus, nec (n) detrahentes aequanimiter sustinemus: scientes quod tam illi qui detrahunt, quam illi qui detrahentibus acquiescunt, venenato morbo corrupti sunt: (o) qui ad hoc alios vitia videri volunt, ut se commendent eorum comparatione quos carpunt, & videantur ea vitia non habere, quae malitiose in aliis reprehendunt: quod malum temperantia tollit; cui qui servire voluerit, non quod reprehendat in fratribus, sed unde Deum laudet attendit. Ac per hoc ipsius temperantiae est, quod non solum temperantes in omnium membrorum officiis sumus: sed etiam quod omnia libenter, quae nos moderatos ac sobrios faciunt, observamus. Sed de temperantia haec dicta sufficiant, (p) ut & de fortitudine disseramus.

CAPUT XX.

Quales esse debeant, quos animi fortitudo nobilitat.

1. ANimi fortitudo ea debet intelligi, quae non solum diversis pulsata molestiis inconcussa permaneat, sed etiam nullis voluptatum illecebris resoluta succumbat. Alioquin si impetus quidem malorum saevientium frangat, si calamitatibus quibuslibet impulsis (q) obsistat, si inter injuriarum saeva, inter procellas angustiarum pressurarum, inter inimicitias ac damna praesentia atque multimodas persecutiones infatigata persistat; & tamen de ipsa se adversariorum superatione jactet, nec de dono Dei (r), quo illustratur, exultet, sed carnaliter se de vulgi favore, quo praedicatur, oblectet; plusque gaudeat ex eo, quod laudatur, quam ex eo quod habet unde laudetur; & per hoc humanam laudem divinis (s) muneribus anteponat: quis dubitet hanc animi intentionem virtutem dici non posse? Quae si virtus esset, fortem etiam blandimen-

(a) MS. quatuor, amplius.
(b) MS. Reg. unus, affectibus. Alter & Colb. unus cum Camb. effectibus.
(c) MSS. duo, vel fortes.
(d) In MSS. duobus Colb. deest vox, serium.
(e) MS. Colb. unus, in animo ubi habitat, ubique sit.
(f) MS. unus Colb. informia corroborat.
(g) MS. Colb. unus, & totam semper ab omni vitiorum tempestate defendit.
(h) MS. unus, ad normam honestum.
(i) MS. unus, non habeat. MS. unus, aut ne aliud, &c. desunt haec in MS. uno Reg.
(k) MS. duo, a cibis.
(l) MS. unus, pura dilectionis.
(m) MSS. tres Colb. quod risum prorumpere non permittimus. Alius, risum prorumpere non permittimus. MS. Colb. unus, & Camb. risu prorumpere nos refrenamus.
(n) MS. Reg. unus, nec detrahentem. MS. Colb. unus, & detrahentes. MS. alter ex Regiis, nec detrahentes, aequanimiter, nec aequanimiter sustinemus.
(o) MS. tres, quia ad hoc.
(p) MS. unus, nunc de fortitudine.
(q) MS. unus, subsistat.
(r) MS. unus, qui illustratur.
(s) MSS. Reg. duo & Camb. operibus.

dimensis talibus repugnaret; nec acquiesceret mollibus quae, adversante Domino, dura quoque vel aspera superassi. Quosdam namque insuperabiles asperis passionibus facit mundi cupiditas: in quibus non patientia laudanda est, sed (a) corrigenda duritia.

2. Eos vero quos ad tolerantiam passionum fortes Dei charitas reddit, nulla delectatio carnis (b), nulla voluptas mala blanda corrumpit. Quoniam (c) si non quid, sed propter quid patiamur, plurimum refert: non in eo est patientia, qui aequanimiter patiuntur adversa, sed in eo tantum, quem fortiter facit sustinere justitia. Denique Dominus non ait, (d) *Beati qui persecutionem patiuntur*, & tacuit; sed adjecit: *propter justitiam*: ut evidenter ostenderet quod patientiam veram non facit poena, sed causa: & ideo beatitudinem non persecutionem patientibus, sed propter justitiam patientibus repromisit. Quod si ita est, superandorum (e) malorum sustinentia, tunc est vera patientia, si fuerit justa: & in eo justa est patientia quem nec doloribus, nec voluptatibus (f) cedit mentis invictae constantia. Sed haec animi fortitudo ab illo est nobis, cui cum Propheta (g) cantamus: *Fortitudo mea*, & (h) *laus mea Dominus*, & *factus est mihi in salutem*. Fortitudo nostra est (i), quia ita nos contra omnia vitia invictae protectionis corroborat, ut animum nostrum (k) nec blanda dissolvant, nec adversa dejiciant: & tunc laus nostra Dominus fit, si non nos de muneribus Dei, sed divina in nobis cupiamus munera praedicari. Nec illi fiunt possunt jactatores virtutum, quibus Dominus factus est in salutem.

Matth. 5. 10.

Psal. 117. 14.

3. Is ergo (l) cui Dominus est animi fortitudo, nullis carnalibus desideriis cedat, nullis voluptatibus acquiescat, ambitionem ac popularem gloriam vincat. Non eum proinde amor addicat (m), non acerbitas (n) passionum damnorumque subjiciat. Sit illi Deus laus tota, perfecta gloria (o), delectatio pura, spes certa, securitas firma, possibilitas sana, sanitas incorrupta: ut ei quidquid carnalibus placet, in hoc mundo displiceat; quidquid pretiosum videtur esse, vilescat; quidquid nitidum, futurorum (p) contemplatione sordescat: nec ab his quae jam (q) per gratiam Dei elisit, se patiatur elidi; quia & turpius videtur (r) animum ab his vitiis vinci, quae vicerat; & nihil ei (s) prodest aliqua superasse, si alicui, quod neglexerit superare (t), subjaceat: quando non ille fortis haberi solet, qui in adeundis laboribus periculisque claruerit, aut (u) fruendis voluptatibus ac domandis infirmis; sed ille magnus & sublimis, ille potens atque dignus fortitudinis appellatione ostenditur, qui nihil sibi vitii rebellare, aut dominari permiserit: (x) modo absit (y) ignavia, ne nos id desperemus posse, quod possumus; absit praesumptio vitiosa, ne nobis hoc, quod per Dei gratiam possumus, adscribamus. Quia sive de munere Dei, quo fortes efficimur, desperemus; sive nos de nostra possibilitate jactemus, idonei ad resistendum vitiis esse non possumus. Et utique animi fortitudo tam desperandi ignaviam debet excutere, quam jactantiam coercere.

CAPUT XXI.

De justitia, vel fide, qua ex ipsa procedit.

HActenus de virtute, cui nomen est fortitudo, (z) disputavimus. Videamus jam quid (aa) etiam justitia nobis afferat in hac vita praesidii, & qualiter ipsa quoque in eorum pectoribus, qui se illi (bb) tradiderint, nulli vitiorum valeat expugnationibus superari. Fides enim, quae est justitiae fundamentum, quam nulla bona opera praecedunt (cc), & ex qua omnia bona procedunt; ipsa nos a peccatis omnibus purgat, mentes nostras illuminat, Deo (dd) conciliat, & cunctis participibus naturae nostrae consociat; spem nobis futurae remunerationis inspirat, auget in nobis virtutes sanctas, ac nos in eorum possessione confirmat.

CAPUT XXII.

De aequitate: quod ad eamdem pertineat humanae societatis utilitas.

EX justitia manat & aequitas, quae nos facit ut cunctorum necessitates hominum nostras esse ducamus, nec nobis tantum, sed etiam generi humano (ee) nos natos esse credamus; & quid-

(a) MS. unus, [illegible].
(b) MSS. tres addunt, mala. Unus, non voluptas.
(c) MS. unus, Quoniam enim non quid.
(d) Haec vox Beati, aberat ab Editis; restituitur ex MSS. quinque.
(e) MSS. unum hic addunt, vel superandorum. Editi omittunt.
(f) MS. Camb. cedit.
(g) MS. Camb. canimus.
(h) MSS. quatuor, & laudatio mea.
(i) MSS. tres, quia ita. MSS. duo, qui ita.
(k) MSS. duo, nec blandimenta.
(l) MSS. duo Colb. cui factus est Dominus fortitudo.
(m) MSS. unus addit, divitiae.
(n) MS. unus, passionum damnorumque subjiciat.
(o) MSS. quinque, dilectio pura.
(p) MS. unus, comparatione.
(q) MS. unus, gratia Dei.
(r) MSS. quatuor, animum.
(s) MS. Colb. unus, prodest: caeteri, prosit.
(t) MS. unus, subjiciatur.
(u) MS. unus, refrenandis.
(x) Haec vox, modo, inducta est in MS. Camb. in quo sic, Absit igitur.
(y) MS. ex Colb. unus, pigritia misera, inertia, ignavia, ne nos.
(z) Haec vox, disputavimus, abest a MSS. quinque: in altero habetur, tractavimus.
(aa) MSS. duobus deest, etiam. MS. Camb. post pauca, afferat.
(bb) Editi, tradiderunt. MSS. quinque, tradiderint.
(cc) Sic MSS. Reg. duo, & Colb. unus. Camb. vero, sed ex qua omnia bona procedunt. Editi, & ex qua omnia procedunt. Quae omnia desunt a duobus MSS. Colb.
(dd) MSS. Colb. tres, reconciliat.
(ee) MS. Colb. natos nobis esse.

Terent. in Heaut. quidquid cuilibet homini nocere possit (a), tamquam si nobis noceat, evitemus: quia (b) qui homines sumus, nihil humani a nobis alienum putare debemus. Siquidem humanum est (c) sibi vivere, nec suas utilitates in commune conferre. A quibus non solum omnis permutativa, sed etiam servata justa (d) aequalitate distamus, si non in (e) omnium commodis vel incommodis cogitantes, sicut nostris utilitatibus ita omnium [illegible] (f) naturae nostrae [illegible]mus. (g) Deinde si [illegible] [illegible] qui, [illegible]re, vel perdere, [illegible] [illegible] proprium; quid debitae [illegible] humanae congruere, ut se alterutrum juvent, instruant, aedificent, & utilitatem communem tamquam propriam curent? Unde datur intelligi, quod qui opprimendis, (h) ac decipiendis hominibus (i), homines nati prosiliunt, in mores ferinos, (k) non naturae, sed vitae mutatione degenerent.

CAPUT XXIII.

Quod duo sint injustitiae genera.

1. DUO sunt injustitiae genera; unum (l) quo injurias irrogamus, alterum quo (m) ab aliis irrogatas, cum possumus, propulsare negligimus. Quodam modo enim nos opprimimus quando oppressos cum defendere (n) possemus, ab oppressione, contemnimus. Nec mihi aliquid prodest, quod non circumvenio aliquem, neque decipio, si (o) decipi, aut circumveniri permitto. Hoc idem de peccato (p) licet intelligi: quia si peccantem video, & non solum non arguo, sed etiam (q) ei peccanti consentio, participem me damnationis ejus efficio; & in omnibus peccantibus pecco, quando eos quos scio peccasse sive peccare, quadam crudelis animi malignitate non increpo.

2. Nec vero audiendi sunt illi, qui se dicunt propterea delinquentes (r) objurgare non posse, ne eos qui (s) se emendare noluerint, sibi faciant inimicos. Qui dum parcunt eorum voluntati, saluti non parcunt. (t) At si non ex jactantia; sed ex misericordia, & cum quadam pietate compatientis animi castigemus (u), & illi non sentiant non minus peccata sua metueri, quam ostendi: aut in bonum statum reformati, nobiscum Deo (x) gratias agant; aut si eos in peccato erunt adhoc peccandi durando, & (y) salutem suam nobis curae esse [illegible], malum reddere pro bono voluerint (z); malle debemus eorum inimicitias, qui noluerint emendari, sustinere; quam Dei offensam, dum peccantes palpamus, incurrere. Sed de his quoniam in libro secundo plura jam diximus, reliquas justitiae partes, ut coepimus, exsequamur. Cap. 1. & 2.

CAPUT XXIV.

De liberalitate: & qualiter beneficentia opus debeat exerceri.

1. DE justitiae (aa) adhuc fonte procedunt liberalitas, beneficentia, charitas & cetera ejusmodi, quibus multipliciter juvari homines possunt. Liberalitas (bb) est quae etiam in eos qui nihil indigere videntur, exsuberat; in qua liberalitate rei familiaris ponitur amplitudo. Beneficentiae multa sunt opera, quibus necessitati laborantium misericorditer subvenitur, & de terreno censu regni caelestis hereditas comparatur: si modo absque ulla ostentatione opus beneficentiae fiat, nec nos ad misericordiam faciendam turpis amor gloriae popularis impellat. Inventi sunt quidam, qui diversis quidem diversorum necessitatibus subvenirent; sed aut appetitu comparandae opinionis impulsi, aut carnali pietate commoti, aut spe recipiendi quod darent, aut reddendi quod accepissent necessitate (cc) constricti.

2. Sunt alii quos ad largiendum aliquid in pauperes sola movet ventura cupiditas: qui (dd) ad hoc aliqua erogant, ut hic majora recipiant; & quidquid eis velut pauperum (ee) pastoribus datum fuerit (ff) erogandum, esurientibus illis pro quibus sustentandis accipiunt, totum, aut prope

(a) MS. unus, *ita quasi.*
(b) MS. unus ex Colb. *quia homines sumus, unde & humanitas dicta, quae [illegible] tenemur, sicut [illegible]; nihil humani a nobis*, &c.
(c) Deest vox, *sibi*, in MS. uno.
(d) MS. Colb. unus, *a quibus non solum mobilis, gratia promissa, vel propria dignitatis praerogativa, sed etiam ... aequalitate distabimus.* MS. tres & Lugd. *aequitate distamus.*
(e) MS. unus, *in omnium lucris, commodis*, &c.
(f) In Editis inseritur vox, *utilitate*, quae deest a manuscriptis omnibus; quae omissio sensu lucem loci hujus praebuit.
(g) MS. unus, *Denique.*
(h) MS. tres, *aut.*
(i) In Lugd. deest vox, *homines.* Legitur in aliis omnibus.
(k) MS. unus, *non natura, sed vitio.* MS. alter, *non natura, sed vita.*
(l) MS. duo, *unum quod ... alterum quod.*
(m) MS. unus, *aliis irrogatas.*
(n) MS. unus, *possimus.*
(o) MS. tres, *si decipienti circumvenire permitto.* MS. alter, *quod non circumvenio neque decipio, sed decipi*, &c.
(p) MS. quatuor, *debet.*
(q) MS. unus, *ejus peccatis.*
(r) MS. Colb. unus, *increpare, vel objurgare.*
(s) MS. duo, *emendari noluerint.*
(t) MS. Colb. unus, *At si.* Alter, *Si non.* Alius, *Aut si.*
(u) MS. duo, *ut illi.*
(x) MS. duo, *gratias agant.* MS. Colb. unus, *aut in suum meliorem statum.* Alter, *aut in bonum statum Deo gratias agant.*
(y) MS. unus, *salutis suae nobis curam esse.*
(z) Sic editio Lugd. Alia, *magis malle.* In Colb. MS. unus, *magis debemus eorum inimicitias, qui noluerint emendari sustinere.*
(aa) MS. unus, *De justitia autem adhuc.*
(bb) Additur, *est*, ex MS. quatuor, aberat ab Editis.
(cc) MS. duo, *constricti sunt. Aliquos*, &c. Ita & Lugd. Alter, *constricti sunt. Alii quos.* MS. alius, *constricti sunt. Alii sunt quos.*
(dd) MS. Rem. unus, *propter hoc ... ut hic majora.* Alius, & Colb. unus, *ad hoc ... ut majora.* Duo Colb. *ad hoc ... ut hic majora.*
(ee) MS. Colb. *patribus.*
(ff) MS. unus, *ad erogandum.*

propter totum quod acceperint, in suas voluptates expendunt: &, quod est deterius, inter munificos ac misericordes haberi, vel etiam pro illis praedicari turpiter concupiscunt. Ab his omnibus, & horum similibus, longe diversi sunt (a) illi, qui non se in operibus suis, sed Deum cupiunt praedicari: quos ad opus bonum spes futurae remunerationis adducit; & ipsum solum volunt habere sui operis testem, a quo se recepturos credunt tota fidei firmitate mercedem.

CAPUT XXV.

De differentia amorum, & quantum ab eis differat perfecta dilectio.

ITaque jam de charitate, unde plura in hoc libro supra disserui, quia locus exigit, ut hic quoque pauca perstringam. Taceo de carnali amore, qui incipiens a conjugio, manat in filios: quia talem amorem cum pecoribus habemus, bestiisque communem. Propinquorum (b) etiam praetereo: quia & ipse adhuc ad carnem pertinere videtur, & sanguinem. Nec de illo aliquid dico, quo nos invicem amamus, tamen etiam (c) ipse refertur ad aliquod commodum temporale. Non quod hi amores honesti non sint, cum sint omnibus naturales; sed quod his omnibus (d) sit ille incomparabili diversitate praestantior, quo Deum gratis diligimus, & amicum. Certum qui amicum propter commodum quodlibet amat, non amicum convincitur amare, sed commodum. Et utique qui aliquem propter rem temporalem quam libet amaverit, cum res ipsa (e) ut pote temporalis desierit esse, amare cessabit. Qui autem diligit propter Deum, sicut Deus aeternus (f) est, ita in aeternum ipsa amici dilectio permanebit. Et ideo Deus, (g) quo nihil est majus aut melius propter quod diligatur, propter seipsum perfecte diligitur. Si vero aliorum propter (h) illa quae praestat, amatur; non utique gratis amatur: quia jam illud propter quod diligitur, ei, quod dixi quoque melius est, anteferetur. Ipse quippe est omnibus amatoribus suis vita beata, ac salus aeterna, & requies, gaudiumque perpetuum. Hunc accipient qui Deum diligunt: quia solus erit illis omnia, quando ipse fuerit in omnibus omnia.

CAPUT XXVI.

Quid sit sua cuique tribuere.

QUapropter si in hac vita justitiam conamur implere, cujus justitiae opus est proprium sua cuique tribuere, Deo nos, a quo sumus facti, reddamus: nec dominari nobis ea, quibus sumus naturaliter praepositi, permittamus. Dominetur vitiis ratio, subjiciatur corpus animo, animus Deo, & impleta est (i) hominis tota perfectio. Ac per hoc, & nos justitiae facti participes, sua cuique tribuimus, si inferiora melioribus, & virtutibus carnalia oblectamenta subdamus: (k) & sicut viventia vita carentibus, sensibilia insensibilibus, intellectualia sensibilibus, immortalia mortalibus, ratiocinando praeponimus: ita bene vivendo voluptatibus utilia, utilibus honesta, honestis sancta (l), sanctis perfecta omnia praeferamus. Veruntamen nec corpori spiritus, nec appetitus obtemperare poterit rationi; nisi Deum qui ipsum spiritum creavit & corpus, delectatus cogitationibus nostris, requiescat in nobis: ac tamquam verus agricola in agro suo, (m) corde nostro proficiat: (n) ut quidquid in eo ipse plantat, devotio rigat, ipse ad incrementum [illegible] charitatis educat: atque ita nobis voluntarie sibi subjectis desideriis mala subducat, ut et ipsa affectibus nostris, qui sit habitator noster, & cujus in nobis (o) sit voluntas, appareat.

CAPUT XXVII.

Quod actualem vitam tres virtutes, id est, temperantia, fortitudo, justitiaque consummant; & prudentia, quae est quarta virtus, [illegible] agnitionem rerum latentium praestet.

HIC est ordo naturae atque justitiae, quem (p) qui tenere voluerit & observare, perfectionem vitae actualis implebit. Cui actuali vitae tres illae virtutes (de quibus quae dicenda (q) visa sunt, Deo donante, dixi) sufficiunt. Siquidem temperantia, & animi fortitudo, atque justitia spiritalis est actio sine qua nihil omnino valet illa quae ad prudentiam videtur pertinere cognitio. Quia nihil nobis proderit implenda didicisse, nisi ea quae didicimus, studeamus implere. Ergo vis (r) animi, quae in appetitum rationemque dividitur, ad perfe-

(a) MS. unus, illi qui.
(b) MS. septem, quoque.
(c) MS. unus, *etiam ipse refertur*.
(d) MS. Colb. duo, *incomparabili veritate*. Quorum unus, *dum gratis diligimus & amamus, & amicum*.
(e) MS. sex, *utpote temporalis*. Unus ex his, *ut pote*. Edit. hic tantum, *utpote*.
(f) MS. unus tamen habitualiter, *est*.
(g) MS. Colb. unus, *quo nihil est ... major aut melius, propter quod diligatur*. Colb. alter, & Lugd. cum Lovan. *quo nihil est ... major aut melius, propter quod diligatur*. MS. duo Reg. *propter quod diligitur, propter seipsum perfecte diligitur*. Edit. *propter quod diligitur; alias, diligatur? Propter seipsum perfecte diligatur*.

(h) MS. unus, *propter ipsa*.
(i) MS. Colbert. unus, *omnis perfectio*. Alter, *& impleta erit in nobis tota perfectio*.
(k) MS. quatuor Colb. *et sicut*.
(l) MS. Colb. unus, *sanctis & perfectis perfectiora praeferamus*.
(m) MS. septem, *in agro suo corde nostro*. Edit. *sic in corde nostro*.
(n) MS. tres, *& quidquid*.
(o) MS. tres, *sit voluntas*.
(p) MS. unus, *si quis*.
(q) MS. omnes, *visa sunt*. Unus ex his titulum sic exhibet. *Quomodo actualem vitam tres illae virtutes perficiunt*.
(r) MS. duo, *vis animae*.

ctionem bonae actionis implendam, cognitionemque rerum latentium consequendam, his quatuor virtutibus, unde (a) etiam jam duo disseruimus, adjuvatur. (b) Quarum tribus, temperantia scilicet, & animi fortitudine, atque justitia informatur ipse appetitus, ut actio fiat: prudentia vero ratio, quae est mentis acies, illuminatur: ut & ratio appetitum (c) gubernet, & rationi appetitus obtemperet. Nam virtus omnis (sicut veteribus placet) tribus in rebus (d) fere versatur: quarum una est in perspiciendo, quid in (e) quaque re verum, sincerumque sit, quod prudentiae munus est proprium, (f) de quo loco suo videbimus: altera, quae animi perturbatos affectus, quos Graeci dicunt πάθη, (g) coercet ac temperat, ut omnes appetitiones, quas illi (h) ὁρμὰς vocant, rationi obedientes efficiat: tertia ut his quibus (i) congregamur, cui velimus (k) ad eorum salutis & nostrae plenitudinem capiendam. Quae omnia ad reliquarum trium virtutum pertinere videntur officium: quibus temperantia & fortitudo plurimum valent in coercendis animi perturbationibus, ac frenandis, (l) quas perturbationes nonnulli passiones, alii aegritudines vocant. Quibus modificatis, & quadam temperantiae ac fortitudinis lege compositis, omnes virtutes in homine suo creatori subjecto, sine ullis vitiorum contradictionibus regnant.

CAPUT XXVIII.

De sociali virtute: & quod non recte faciant, qui cum possint, nihil humanae societati proficiunt.

1. JUstitia vero qua fiunt justi, qui eam sectantur operari, socialis quaedam virtus accipitur eo quod ipsa beneficio, (m) quae aliis praestat, augetur. Quis enim non eo ipso proficit, quo proficere alium cupit? Quis non misericordem sibi Deum facit, qui misericors erga laborantes vel errantes exstiterit? Aut quomodo non augebit in se omnia bona sua, (n) qui ea non solum non invidet habentibus, sed etiam non habentibus, in quantum potest divinitus inspiratus impertit? Ex quo videndum est utrum juste faciant (o) illi, qui se removentes ab occupationibus cunctis, ac studiis spiritalibus offerentes, nihil humanae societati proficiunt; & desiderantes sua commoda (p) omnium praeferentes, utilitatem communem desidiosae vacationis electione contemnunt. Cum profecto laborantibus opem ferre nolle, cum (q) possis, & communi bono postposito, otiosi quiete frui (r) velle, nihil habeat aequitatis. Cui aequitati qui serviunt, omnes omnium bono vivunt, (s) ac velut sibi invicem nati, salutem mutuam tuentur ac diligunt. Ac per hoc, contra justitiam faciunt hi, qui merito suae conversationis vel eruditionis electi, otiosum studium fructuosae utilitati regendae multitudinis anteponunt; & cum (t) possint laboranti Ecclesiae subvenire, operosae administrationis laborem, fruendae quietis contemplatione refugiunt.

2. Sed quoniam sunt multi, qui se impares tantae sarcinae esse, tales judicent, etiam quaesiti, non offerunt: ne videantur non Ecclesiasticum laborem velle suscipere, sed honorem (u) ambire: cum dignitas Ecclesiastica nec ambienda sit, nec vitanda. Qui vero praeesse & prodesse populis possunt, si quaesiti non fuerint, juste seipsos percipiendae sapientiae studiis tradunt. Verumtamen si & illi qui curis per se proficientium creduntur, & illi qui in se ipsis sub Deo suo sapientiae spiritalis perceptione proficiunt, in proposito suo permanent; itineribus quidem diversis incedunt, sed ad unam patriam tendunt, & ad unum regnum dispartibus (x) militantes officiis, Christo Rege omnium vocante, perveniunt. Quis enim nescit, quod sicut (y) otium studiosum ineffabilem suavitatem sapientiae caelestis infundit a tumultibus otioso; ita spiritalis occupatio laborum sanctorum multiplices (z) afferat fructus humanae societati vacantibus occupato? In ipsis quoque studiis spiritalibus quantum possint Ecclesiastici viri proficere, quis sufficienter enumeret: cum & imperitiores docendo, seipsos exerceant, & conferendo cum aequalibus eruditis, cautiores in pluribus fiant; & ab eruditioribus audiendo, male sibi persuasa deponant, recta firmius teneant, occulta cognoscant; & confirmentur in eis, quorum (aa) dubiis fluctuabant? Sed quoniam disputationis ordo deposcit ut etiam de prudentia, quae principalis virtus quarta ponitur, pauca dicamus, de justitia sufficiant illa quae diximus.

CA-

(a) MS. omnes, unde nos jam diu.
(b) MS. tres. Quibus tribus.
(c) MS. unus, jurum. Haec verba, ut & ratio, &c. desunt in MS. uno.
(d) Editi vero. MS. tres, fere.
(e) MS. tres, in quaque re. Unus, in unaquaque re. Editi, in qua re.
(f) MS. unus, & Lugd. cum Lovan. de quo.
(g) MS. unus: vocant πάθη. Alius, dicunt pathe.
(h) MS. tres, ὁρμὰς dicunt.
(i) MS. unus, congregamur.
(k) MS. unus, ad eorum salutem nostrae plenitudinem. Alius, ad eorum salutem, & nostram plenitudinem.
(l) MS. Colb. unus, quas nonnulli passiones, omissa voce hac, perturbationes, quae legitur in aliis.
(m) MS. unus, augetur. MS. duo, quae multis aliis praestat adjungitur.
(n) MS. unus, qui non solum.
(o) MS. duo, aliqui se removentes.
(p) MS. unus, commodis omnibus.
(q) MS. unus, possis. Alius, possit.
(r) Deest vox, velle, a Lugd.
(s) MS. unus, in hac velut.
(t) MS. unus, cum possint.
(u) MS. unus, sed ad honorem.
(x) MS. unus, militantium.
(y) Ita MS. omnes, ut Editi, otiosum studium.
(z) MS. duo, afferet. Quatuor, afferens.
(aa) MS. quatuor, dubiis.

CAPUT XXIX.

Quod de prudentiæ et sapientiæ fonte cognitionem omnium rerum bibant, qui participandæ scientiæ ferventer invigilant.

1. PRudentiam & sapientiam plerique in indagatione veri, & inventione constituunt. Credo propterea quod nec sapiens (a) vere dici possit, cui (b) prudentia; nec prudens, cui sapientia desit. Quapropter si nihil aliud prudentiæ ac sapientiæ nomen accipiunt, nisi inquisitio & comprehensio veritatis; qui veritatem prudenter quærere, & sapienter invenire (c) potuerit, is prudens, is sapiens jure vocabitur. Hoc idcirco præmiserim, ut quidquid de prudentia fuerit disputatum, id totum etiam de sapientia dictum possit intelligi. Quia ita sibi hæ duæ virtutes implicitæ sunt & unitæ, (d) & ita qualibet earum sine altera non potest esse; ut nec imprudens (e) sapiens, nec insipiens possit dici prudens. Si ergo tota humanæ vitæ perfectio in actione & cognitione consistit; sicut (f) impleri actionem temperantiæ, ac fortitudinis, justitiæ consummatione probavimus; ita cognitionem rerum provenire consummatione prudentiæ comprobemus.

2. Cognitio rerum, quæ de prudentiæ (g) ac sapientiæ procedit fonte, (h) spiritales omnes a carnalibus vitiis defæcatos illustrat; & ab omni delectatione noxiæ curiositatis aversos, desiderio contemplandæ (i) veritatis inflammat: ut humanarum rerum, divinarumque scientia consummati, prudentes ac sapientes veraciter fiant, prospiciant momentanea mala simul & caveant, nec putent illa esse mala, nisi ea quæ malos (k) efficiunt: nec ea ulla perturbatione, velut ignaris eorum, moderatio aliquid, aut tranquillitatis excutiunt: intra fallentia & solida bona discernant: nihil in hoc mundo casu aut temere, sed omnia, Deo volente, (l) ac permittente, fieri prudenter accipiant; aliter intelligentes aut docent sapienter, aut arguunt: dolores varios ac diversas infirmitates quæ mortaliter viventes affligunt, non semper peccati præcedentibus sequi; sed plerumque ex ipsa conditione mortalitatis (m) accidere competenter intelligant: & (n) scientes se non damnari adversis (o) perferentibus, sed probari; ex ipsa tolerantia passionum occasionem comparandæ sibi patientiæ viriliter agentes arripiant; nec ipsi alios noceant, nec sibi (p) noceri permittant.

3. Tales Dominus in Evangelio fieri (q) præcepit, dicens: *Estote prudentes, sicut serpentes, & simplices sicut columbæ*: quia nec simplices circumvenire aliquem possunt, nec prudentes se circumveniri permittunt. Ceterum si in contractu qualibet, sive in colloquio, vel in alia quaque re, se decipi quisque non sinat, & alium tamen ipse decipiat; iste non habet prudentiam, quæ salutis magis quam perditionis est causa, sed simulat. Quantum quidem (r) hoc virtus a vitio distat, quod illud corrumpit sana, hæc sanat vitii accessione corrupta: ac sic, hæc omnibus (s) quibus potest, prodesse festinat veraciter prudens, ut ejus meritis omnium, qui per eum Deo acquiruntur, fructus accrescat: aut si cogitat de perditione cujusquam, vel de casu pereuntis exultat; necesse est ut prius pereat ipse quam alium perdat, & ab ipso ei perditio, qua perire alium cupit, incipiat. Matth. 10.

CAPUT XXX.

Quod prudentes nec aliis noceant, nec sibi noceri permittant: & quod vix illi sit sine admixtione alicujus erroris consummata prudentia, ubi erit sine ullo peccato vita perfecta.

1. HI (t) ergo qui prudentiæ (u) participatione prudentes effecti, Deo suo non pedibus, sed sanctis moribus appropinquant; ex ea parte, qua sunt Dei dono prudentes, (x) nec suo proprio pereunt, nec alieno peccato: in eo autem quod nondum ita est eorum perfecta prudentia, sicut in illa vita erit, ubi perfectis virtutibus nullus error obrepet (y) omnino non pote-

(a) MSS. tres, esse.
(b) MSS. quatuor, desit; nec prudens cui sapientia desit.
(c) MSS. quatuor, poterit. Editi cum aliis MSS. potuerit.
(d) MSS. tres, ut ita qualibet ... non possit. Editi, ut una qualibet earum sine altera non possit esse.
(e) MSS. tres, sapiens, nec insipiens possit dici prudens.
(f) Ita MSS. Corb. Reg. duo, & Colb. unus. Colb. alter, sicut impleri actionem temperantiæ, fortitudinis atque justitiæ consummatione. MS. alter ex Colb. sicut in plerisque actionem temperantiæ ac fortitudinis, atque justitiæ consummationem probavimus. Editi, sicut in plerisque actionem temperantiæ ac fortitudinis, atque justitiæ consummatione probavimus.
(g) Sic MSS. septem, in quorum uno tamen legitur hæc vox, procedit: in aliis tantum, quæ de prudentiæ fonte confertur.
(h) MS. Colb. unus, spiritales a carnalibus, &c. Editi, spiritales mentibus carnalibus vitiis, &c. Colb. alter & Corb. Carnales omnes a carnalibus vitiis defæcatos illustrat, & spiritales omnes ab omni delectatione noxiæ curiositatis. Unus ex Colbert. noxiæ curiositatis. Alius, aversos, ut mox citavi.
(i) MSS. tres, veritatis.
(k) Editi Chiss. & Colon. efficiunt.
(l) MSS. duo, vel permittente.
(m) MSS. duo, accidere.
(n) MS. Corb. sciunt.
(o) Deest vox, perferentibus, in MS. uno Colb.
(p) MSS. duo, noceri.
(q) MS. unus, præcepit.
(r) MS. Reg. unus, hac virtute.
(s) MS. Colb. unus, quibus potest prodesse, festinat ut veraciter prudens, ut ei ex meritis omnium, quos per eum Deo acquirentur, fructus accrescat. MS. alter Colb. festinat ut veraciter prudens.
(t) MS. Reg. unus, si ergo qui.
(u) Editi, participes.
(x) MS. unus Colb. hic addit, nec suo proprio possunt, nec alieno peccato.
(y) MS. quidam Colb. omnino jam non potest.

poterit; etiam prudentes aliquoties peccatis fallentibus acquiescunt; non voluntate depravati, sed humano errore, ut homines, lapsi; nec adhuc tota prudentiæ ac sapientiæ (a) perceptione perfecti; sicut ibi erunt, ubi nec ignorare aliquid, nec peccare jam poterunt.

2. Hic vero, si potuisset a peccato recte factum perfecte discerni, (b) nunquam ab occultis suis oraret ille mundari qui ait: Psal. 18. 13. *Ab occultis meis munda me, Domine, & ab alienis parce servo tuo.* Quibus verbis satis ostendit quod illi quoque, qui sancte per (c) donum Sancti Spiritus vivunt, tamen propter (d) aliquas infirmitates (e) humanas quas (f) trahunt, sive scientes, sive nescientes, (g) aliquoties aut suo peccato cedunt, aut alieno consentiunt. In hac (h) igitur vita, ubi aut voluntate, aut errore, aut infirmitate peccatur; quicumque divinitus adjuti voluntate non peccant, utique irreprehensibiliter vivunt. Sed quia potest eos error, aut infirmitas peccatis involvere, ab illo se illuminari fideliter (i) postulent & sanari, cui exultans ille clamabat in Psal. 26. 1. spiritu, dicens; *Dominus illuminatio mea, & salus mea, quem* (k) *timebo?* ut cum illuminatio, per donum (l) prudentiæ ac sapientiæ collata detraxerit cæcitatem, & sanaverit per gratiam Dei salus (m) refusa languorem; mens illuminata divinitus & sanata, nec in eis quæ cavenda vel appetenda sunt, humano decipiatur errore, ut aut pro veris falsa defendat, aut pro falsis vera (n) rejiciat; & sine ullo infirmitatis obstaculo bonum quod elegerit, implere prævaleat.

3. Sed alia est salus hujus vitæ qua mortaliter vivitur, alia illius ubi mortale nostrum immortalitate donabitur; & aliter salvi facti sumus in spe, aliter salvi erimus in re. Hic ita salvi facti sumus, ut adhuc perire possimus; ibi quicumque salvus (o) fuerit, perire ultra non poterit: ac per hoc, scientia quæ cognitionem rerum nobis in hujus sæculi nocte viventibus præstat, plenitudini futuræ collata, pars scientiæ est credenda, non tota. Propter quod 1. Cor. 13. 9. & 10. dicit sanctus (p) Apostolus: *Ex parte enim scimus, & ex parte prophetamus: cum autem venerit quod perfectum est, evacuabitur quod ex parte est.* (q) Hic evacuari asserit, consummari: quoniam quidem pars scientiæ (r) quæ est perficienda, perfectis non evacuanda est, sed implenda. Proinde ubi erit omnium fidelium catholicorum salus plena, corruptibilitas nulla, & immortalitas beata; ibi erit prudentiæ (s) ac sapientiæ perfectio vera, & rerum omnium cognitio tota, quando scientia ad perfectum suum partis evacuatione perducta.

CAPUT XXXI.

De affectionibus quatuor; quod inter vitia numerari non debeant, si earum usus ex bona voluntate procedat.

1. VIdeamus nunc, quid diligentia disputationis inveniat etiam de quatuor affectionibus, quas vitia esse stultitia sapientium mundi hujus existimat. (t) Nam si timere, ac dolere, cupere, vel lætari omnino non possent nisi peccatores aut perditi; recte non affectus aliqui possent dici, sed morbi. At cum (u) tales animorum motus inveniantur in sanctis Apostolis & Prophetis; quis ita desipiat (x), ut eos vitia credat, ex quibus Deo placuerunt illi qui vitiis plus quam cæteri homines restiterunt? Itaque Paulus apostolus de timore sic loquitur: *Timeo autem ne sicut serpens seduxit* 2. Cor. 11. 3. *Evam sua astutia, sic & vestri sensus corrumpantur a castitate, quæ est in Christo* (y). Item de cupiditate fiducialiter dicit: *Cupio dissolvi, & esse cum Christo.* Philip. 1. 23. Sed & de tristitia, quam alii dolorem appellant, idem vas electionis & doctor gentium ait: *Quia tristitia magna mihi est, & continuus dolor cordi meo pro fratribus meis, qui sunt cognati mei secundum carnem.* Rom. 9. 2. (z) Sed & de lætitia ad Romanos scribens, cum dixisset, *Vestra* (aa) *obedientia* (bb) *in omnem locum divulgata est. Gaudeo,* Rom. 16. 19. inquit, (cc) *de vobis, sed volo vos sapientes esse in bono, & simplices in malo.* Hunc timorem vel dolorem, hanc cupiditatem, hoc gaudium qui reprehendere voluerit, ipsum (dd) reprehendit Apostolum, qui per tales affectiones non solum Deo placuit, sed etiam quosdam inter criminosos, quod essent (ee) sine affectu, culpavit. Sed & Propheta, dicendo; *Lætatus sum in his quæ dicta sunt mihi;* Psal. 121. 1. & ex persona

Do-

(a) Ms. Camb. perfectione.
(b) Mss. tres, nunquam se ab occultis.
(c) Editi, secundum donum. Mss. sex, per donum.
(d) Mss. Reg. sex, reliquiat.
(e) Ms. unus, humanæ vitæ.
(f) Ms. unus, trahunt.
(g) Alias, aliquatenus.
(h) Ms. unus, autem.
(i) Ms. unus, postulant.
(k) Editi, trepidabo, Mss. sex, timebo.
(l) Mss. duo, scientiæ ac sapientiæ.
(m) Edit. Duac. & Colon. refusa languorem. Ms. Colb. unus, repulsa languore.
(n) Ms. unus, rejiciunt.
(o) Editi, fuerit ... poterit.
(p) Ms. unus, sanctus Paulus apostolus.
(q) Ita Mss. sex. Ms. alter, Hic evacuari asserit, id est consummari. Unus ex prædictis, Hinc evacuari. Editi, Hic evacuari asserit, illic consummari, ubi vox, illic, superflua videtur ex prævia sequentium.
(r) Editio Lugd. sola, pars scientiæ est perficienda, perfectaque non evacuanda est, sed implenda.
(s) Editi, ac scientiæ. Mss. quatuor, ac sapientiæ. Mss. alii duo, sapientiæ ac prudentiæ.
(t) Mss. duo, si enim ... non possent. Unus, possunt.
(u) Ms. unus, tales animorum motus inveniuntur.
(x) Ms. unus, aut vitia credat.
(y) Mss. tres, Item.
(z) Mss. quatuor, Nam & ad Romanos scribens, cum dixisset.
(aa) Mss. duo addunt hic, autem.
(bb) Mss. duo, in omni loco.
(cc) Mss. tres, in vobis. Unus, sed tamen volo vos sapientes esse.
(dd) Ms. unus, reprehendat.
(ee) Ms. Reg. unus, sine affectione. Edit. Lugd. quod essent sine culpa, culpavit.

Psal. 68. 21. Domini, *Sustinui qui* (a) *simul mecum contristaretur, & non fuit*: talem Laetitiam, tristitiamque commendat. Cum vero alius dicit, Eccli. 1. 27. Sap. 6. 21. *Timor Domini expellit peccatum*; &, *Concupiscentia sapientiae perducit ad regnum*: non solum non reprehendit, sed etiam laudat spiritalis concupiscentiae, (b) & divini timoris affectum.

2. Non ergo has affectiones habendo, sed eis male utendo delinquimus. Quia humanorum affectuum proprietas hominis indicat (c) Creatorem; qualitas, (d) bonam vel malam significat voluntatem: ac sic, motus illi qui in (e) hominibus affectiones sunt, iidem ipsi in bene viventibus virtutes, & in male viventibus passiones, sive perturbationes, aut, ut quidam volunt, aegritudines fiunt. Nec audiendi sunt Stoici, qui eas penitus (f) eradicari posse, & debere contendunt: quoniam omnino nullus est sensus, ubi timendi, vel dolendi, cupiendi, sive gaudendi nullus invenitur affectus. Denique quasi & ipsos poeniteret suae sententiae, excepta tristitia, quam cadere in sapientem animum negant, (g) reliquos affectus (h), nominibus immutatis, inesse sapientibus dicunt: cautionem pro timore, pro laetitia gaudium, & voluntatem pro cupiditate ponentes. Quasi sapiens non timeat, sed caveat; & velit, non cupiat; nec laetetur in hac vita, sed gaudeat. Non autem videbant eum contristari oportere, quod tristitia, quae accidere solet ex (i) commisso peccato, sapientem, quem putant nullum habere peccatum, stimulare non possit aliqua recordatione peccati. Quod esse vanissimum Dominus noster Matth. 26. 37. Luc. 19. 41. Joan. 11. 35. secundum carnem nobis ostendit, qui & tristis fuit, & flevit: nec tamen ex tristitia qua tristis fuit, ei ex (k) peccato suo accessit, qui sine peccato conceptus & natus, non solum non peccavit, sed etiam peccare non potuit.

3. Ut autem de suis quoque Litteris illorum revincantur ingenia, qui putant sapientem contristari, vel dolere non posse, legant illud quod Cicer. lib. 3. Tuscul. quaest. de tollend. aegritud. eorum doctissimus ait: „ Nam omnino non dolere, non sine magna mercede contingit immanitatis in animo, stuporis in corpore." De timore autem quem illi ponunt in malo, Psal. 18. 10. Scriptura nostra loquitur, dicens: Timor *Domini sanctus*, (l) *permanens in saeculum saeculi*. Sed quod vere sciendum est, ab illo alio timore poenali distinguitur, de quo dicit Apostolus: 1. Joan. 4. 18. *Timor non est in charitate, sed perfecta charitas foras mittit timorem*. Quia ille peccare volentem deterret a malo, & invitos trahit in bonum: iste autem de quo dicit Propheta, *Qui sine timore* Eccli. 1. 28. *est, non poterit justificari*, magis incremento (m) charitatis augetur; & aliter quis timet, ne malum quo puniatur, incurrat; aliter, ne bonum quo delectatur, amittat. Non igitur omnis timor haberi debet in vitio, sed ille tantum, de quo scriptum est, *Quia timor poenam* 1. Joan. 4. 18. *habet*. Ceterum ille, de quo dicitur, *Timor Domini expellit peccatum*; &, *Qui sine timore est, non poterit justificari*; &, *Timor Domini sanctus, permanens in saeculum saeculi*: non est inter vitia numerandus, sed potius intelligendus est vitiis inimicus. (n)

4. Jam illud quod dicunt, Boni volunt, mali cupiunt; vel, Boni gaudent, mali, laetantur: quis sanae mentis (o) admittat? immo quis sana mente non redarguat? Cum & Scriptura nostra hominem malae voluntatis increpet Eccli. 7. 14. dicens; *Noli velle mentiri omne mendacium*: & Tull. lib. 1. Invect. in Catil. Tullius orator amplissimus cupiditatem ponat (p) in bono, ubi dicit; Cupio, patres conscripti, me esse clementem: & apud illos Virgil. lib. 6. Aen. 733. Virgilius gaudium vituperet, dicens:

> *Hinc metuunt, cupiuntque, dolent, gaudentque.*

Item cum in malum malae (q) mentis gaudia, & apud nos laetitia ponatur (r) in bonum, Propheta dicente: *Laetamini in Domino*, Psal. 31. 11. *& exultate justi?*

5. Proinde omnes justi & tota morum sanctitate perfecti, sine aliqua Stoicorum distinctione superflua, timent & cavent, volunt & cupiunt, laetantur & gaudent, contristantur & dolent: sed interest (s) multum, quid timeant aut caveant, velint aut cupiant, unde laetentur aut gaudeant, contristentur aut doleant. Metuunt haereditatem regni caelestis amittere; cupiunt ad caelestem patriam pervenire; dolent tentati, gaudent de (t) tentationibus liberati: ac per hoc, recta mens (u) rectos habet affectus, perversa, perversos.

6. Sanctus Augustinus Episcopus, acer ingenio, suavis eloquio, saecularis litteraturae peritus, in Ecclesiasticis laboribus operosus, in quotidianis disputationibus clarus, in omni sua a-

(a) MS. quat., *qui simul contristaretur*. Alias, *qui mecum contristaretur*.
(b) MS. duo vel *divini*.
(c) Alias, *creatorem*: similiter, *auctorem*.
(d) MS. quatuor, *bona vel mala*.
(e) MS. unus, *in omnibus*; nec male.
(f) MS. tres, *eradicari posse & debere*.
(g) MS. duo, *reliquos tres affectus*.
(h) MS. unus, *nominibus rursus separatis*.
(i) MS. Colb. unus, *ex admisso peccato* ... *possit aliqua recordatio peccati*. Alius, *non posse aliquam recordationem peccati*.
(k) MS. unus, *ex peccato suo*.
(l) MS. unus, *permanens*.
(m) Edit. *incremento*. MS. quidam, *charitatis*.
(n) MS. unus. *Nam illud*. Alius, *Jam aliud*.
(o) Edit. Lugd. *admittit animus, quis*, &c.
(p) MS. tres, *in bonum*.
(q) Edit. Lovan. *malae gaudia*. Lugd. *Item cum in malum malae mentis gaudia apud nos & bonae laetitia ponatur in bonum*. In MS. Regio desunt haec, *cum in malum*. MS. Colb. unus, *Item malae mentis gaudia*. Alter Colb. *Item sunt & malae mentis gaudia, & apud nos*, &c.
(r) MS. duo, *in bono*. Unus ex his, *ponitur in bono*.
(s) MS. unus, *malum quod timeant, bonum quod velint*.
(t) MS. unus, *de tentatione*.
(u) MS. quatuor, & Lugd. *rectus hic habet affectus*.

flictione (a) compositus, in expositione (b) fidei nostrae catholicae, in quaestionibus absolvendis acutus, in revincendis haereticis circumspectus, & (c) in explicandis Scripturis canonicis cautus; ipse ergo, quem in hoc libello pro possibilitate secutus sum, hanc quaestionem, de qua agitur, hoc modo determinat, dicens: „Hi „motus, hi affectus de amore (d) boni, & „de sancta charitate venientes, si vitia vocan„da sunt, sinamus ut ea quae (e) vere vitia „sunt, virtutes vocentur. Sed cum rectam ra„tionem (f) sequantur isti affectiones, quan„do ubi oportet, adhibentur; quis ea tunc (g) „morbos, & vitiosas passiones audeat dicere? Quas affectiones ut ex mortalitatis conditione nobis inesse monstraret, & huic vitae necessarias, non futurae, post aliquanto idem Doctor adjungit, & dicit: „Etiam cum rectas & se„cundum Deum (h) habemus has affectio„nes, hujus vitae sunt, non illius quam futu„ram speramus."

Aug. lib. 14. de Civ. Dei cap. 9.

Ibidem.

CAPUT XXXII.

Quod hi affectus, sine quibus in hac vita recte non vivitur, in illa futura beatitudine non sint, quia nec timorem habitura est, nec dolorem.

AC sic nisi ex conditione nostrae infirmitatis nobis inessent affectus isti, nunquam plerumque dolendo, vel flendo eis (i) uteremur levis. Sed idcirco eos huic necessarios vitae sentimus, quia in hac mortalitate sine eis omnino recte non vivimus. Quando si non timeat quisque vel caveat, ne aut ipse quamdiu mortaliter (k) vivit, aut alius quem in Christo diligit, (l) a fide sua deficiat; si nec de suo, nec de proximi sui peccato contristetur, nec doleat, de profectu laetetur aut gaudeat, si nihil boni velit aut cupiat; non solum recte non vivit, sed etiam sensum ipsius humanitatis amisit. In illa autem vita beata, ad quam, consumpta omni corruptibilitate (m) ac mortalitate, (n) pervenient, quicumque ibi futuri sunt, (o) ubi nec fletus ullus poterit esse, nec gemitus: habebunt omnes sancti amorem perfectum, timorem nullum, & gaudium sempiternum. Ibi (p) eis erit voluntas recta, cupiditas nulla: quoniam fruendo cunctis bonis, ad quae pervenire cupiebant, nihil eis deerit quod ulterius concupiscant. Et in illa regione perpetuae securitatis ac pacis perfecte beati, nec timoris stimulos passuri sunt, (q) nec doloris. Sed timor ille, non quem charitas foras mittit, sed quem charitas nutrit, ideo sanctus in saeculum saeculi permanebit, quia in saeculum saeculi permanebunt illa, ad quae timor ipse perduxerit.

CAPUT XXXIII.

Qualiter virtutes quatuor, quae dictae sunt principales, aut in praesenti nos a peccato defendant, aut in aeternum mutabiliter sine ullo peccato permaneant.

1. POrro illae virtutes quatuor, de quibus pauca perstrinxi, (r) nisi ibi erunt, longe tamen alio modo quam in hac vita sunt, ubi contra vitia sine intermissione confligunt, & pro ipso exitu dubiae (s) conversationis eventu, modo negligentes, qui sibi nolunt obedire, destituunt; modo ad alios, quibus displicent sua peccata, vel accedunt (t) Deo miserante, vel redeunt. Nam ibi erit temperantia, non ut desideria mala vel vitia refrenet, (u) aut vincat; sed ut eos, quos hic ab (x) intemperantiae impugnatione defendit, ibi perficiat: ut ex omni parte perfectis praemii sui beata (y) perceptio perfecte sufficiat.

2. Ibi (z) erit & animi fortitudo; non ut aliqua mala propulset, aut aequanimiter ferat, sed ut sine ullis malis beatos fortiter in aeterno bono contineat. Ibi in omnibus perfectis erit perfecta justitia, non ut inter virtutes discernat & vitia, ubi nec ipsa erunt (aa) jam corpora vitiosa; sed ut perfectis praemia tribuat sempiterna. Quod tunc fiet, quando omni concupiscentia carnali consumpta, nec adversus carnem spiritus, nec caro adversus spiritum concupiscet; sed spiritus Deo subjectus, cum carne sibi subjecta in pace sempiterna regnabit, & Creatori suo in aeternum feliciter adhaerebit. Jam prudentia, quae hic quoque habetur clara, ubi in aenigmate quadam prudentes illuminat, qualis ibi

Gal. 5. 17.

(a) MS. unus, contemperatus. Duo, compositus. Unus, correctus.

(b) Editi, in expositione sua. Deest sua, in MS. quatuor, in quorum duobus habet. fidei sanctae.

(c) MS. tres, in explanandis. Unus, in explanandis.

(d) MS. unus, de amore boni.

(e) Editi, vere vitia. MS. Reg. unus, vere vitia sunt.

(f) MS. quatuor & Lugd. sequuntur: itaque, ubi oportet adhibentur.

(g) Sic MS. unus, Colb. & Lugd. editio: atque nova editio operum S. Augustini, tom. 10. At in codicibus nostris, morbidas sed vitiosas. Ex Colb. unus, quis eas morbo tunc sint vitiosas.

(h) MS. tres, habemus.

(i) Sic MS. quinque. Unus, reverteremur. Editi, crederemus. Deest, vel flendo, in MS. Colb. utero.

(k) MS. duo, non vivitur.

(l) Particula, a, aberat ab Editis: habetur ex MS. quinque.

(m) Illud, ac mortalitate, abest a MS. quinque.

(n) MS. unus, pervenient. Alii omnes, pervenient.

(o) MS. unus, ibi nec.

(p) MS. quatuor carent hac voce, eis.

(q) MS. unus, nec doloris.

(r) MS. duo, & ibi erunt.

(s) Edit. Lugd. conversationis.

(t) MS. duo, Domino miserante.

(u) MS. unus, ut vincat. Alter, ut vincat.

(x) MS. Camb. ab intemperantiae morbo impugnante. MS. Colb. unus, ab intemperantiae morbo impugnatione defendit.

(y) MS. duo, perceptione.

(z) Editi, ibi enim. MS. quinque, ibi erit. Unus, ibi &.

(aa) MS. duo, nec ipsa erunt corpora.

ibi erit, ubi (a) veritatem perfectam, quam hic cum inquisitio delectabat, sine ullis figuris sublimioribus demonstrabit: ut prudentiae ac sapientiae plenitudo (b) percepturo divinitus illustrata, omnia illa, quae hic perfecte cognoscere nosse, nec poterat, sine ullo impedimento corruptionis ac mortalitatis agnoscat: & non solum creaturarum omnium (c) rationes, sed etiam ipsum sui Creatoris essentiam facie revelata conspiciat!

CAPUT XXXIV.

Ubi se de toto opere leniter excusat.

1. ITaque, si placet, hujus quoque libelli jam terminus sit: ne amplius justo productus, non solum de (d) sui squalore, sed etiam de nimia prolixitate displiceat. Hoc sane (e) omnes, qui haec (f) forte lecturi sunt, contestor, & obsecro, ut quidquid in rebus ipsis, quae utcumque digestae sunt, (g) reprehensione dignum invenerint, stilo meae rusticitatis ascribant, & mihi dignanter indulgeant: qui dum (h) studeo praeceptum jubentis implere, etiam majora viribus meis praesumpsi suscipere. Ea vero, quae secundum fidem catholicam dicta probaverint, deputent Deo, qui dat omnibus affluenter, & non improperat: & pro his omnibus, (i) illi mecum gratias agant. Jacob. 1. 5.

2. Ceterum de accuratione dictionis elucubratae non laboro; nec mihi (k) pudori est, si dispositio mea, quae forte probatur in rebus, aliquos verborum lautiorum sectatores horrore incomptae orationis offendat: quia quod ab homine doctore studendo non didici, id exhibere loquendo non potui. Et tamen cum fecundissimorum vivacitatem sensuum ex industria coloratae enervet (l) & totam vim dictorum splendor elaboratus evacuet; quis non judicet me (m) affectationem compositionis debuisse contemnere, etiam si eam potuissem, velut doctus peritus, implere? Quapropter ea mihi visa est compositio satis ornata, quae conceptionem animi cum necessaria quadam perspicuitate proferret, non quae illecebris aurium deserviret. Ea est enim, me judice, judicata latinitas, quae breviter & aperte, observata duntaxat usitatorum verborum proprietate, res intelligendas enuntiat; non quae (n) verbositatis eloquii venustate atque urbanitate lenocinat: & prudentibus viris non placent phalerata, sed fortia: quando non res pro verbis, sed pro rebus enuntiandis verba sunt instituta.

(a) MS. Camb. veritate perfecta.
(b) MS. Camb. perfectione.
(c) Edit. rationem. MS. omnes, rationes.
(d) MS. omn. de suo squalore.
(e) MS. tres, omnibus.
(f) In uno MS. deest, forte.
(g) In MS. Colb. uno. alii omnes codices, reprehensione inveneritis.
(h) MS. omn. dum studui.
(i) Deest, illi, in editis. Habetur in omnibus MS.
(k) Sic MS. Regius unus. Alias, pudor est. Editi, pudoris est, minus latine.
(l) Absunt haec ab Edit. Colon. & MS. Colb. quatuor.
(m) MS. quinque, affectionem.
(n) MS. Camb. verbositate, MS. Reg. unus, verbositas. Alter, verbosus eloquii, &c.

AD-

ADMONITIO
IN LIBRUM DE PROMISSIONIBUS
ET PRÆDICTIONIBUS DEI.

CASSIODORUS *in libro Institut. divin. litter. capite primo, hortatur ut assidue & attente legantur libri tres, in quibus sanctus Prosper omnes verbi divini auctoritates in centum quinquaginta tribus capitulis, ad instar centum quinquaginta trium piscium, quos Evangelica retia de hujus sæculi tempestuosa profunditate traxerunt, complexus est. Quæ via est nullus dubitandi locus ab eo dici de hocce opere, cui titulus est*, de Promissionibus & Prædictionibus Dei. *Hanc enim illius fuisse mentem, inde conjicitur, quod ipsemet, libri ejusdem cap. 17. de Historicis Christianis sermonem persequens, de Prospero ita loquatur:* Sanctus quoque Prosper Chronica ab Adam ad Genserici tempora, & urbis Romæ deprædationem usque perduxit. *Quibus verbis hunc Prosperum qui Chronica scripsit, eumdem se existimare satis innuit, quem tres libros totius divinæ auctoritatis elucubrasse antea testatus erat: uterque enim sanctus illi reputatur. At Chronica illa Cassiodorum Prosperi nostri opus intellexisse ex eo quisque intelliget, quod Gennadius* Chronica ejusdem nomine prætitulata *vidisse se testetur in Catalogo, ex quo sua haud dubie mutuatus est Senator, qui jam citato capite, hujus operis lectionem impense commendat.*

Hoc vero opus hodie in quinque partes, ut ab auctore exierat, distributum habetur. Ille autem ad centum quinquaginta tres illos pisces, quos Apostoli post Christi Resurrectionem, uno retis jactu cepisse referuntur in Evangelio, alludens; sub centum quinquaginta tribus titulis (ut notavit Cassiodorus) omnes Christi Domini promissiones, per totum Scripturæ sacræ campum diffusas, voluit continere: quas ideo ille in unum collegit, ut eas vere a Christo fuisse impletas, aut imposterum certo certius implendas fore demonstraret. Cum autem Promissiones illæ partim ante legem, partim sub lege factæ, tandem tempore manifestatæ hominibus gratiæ, impletæ inveniantur; non defuere qui hocce opus nomine libri ante legem, sub lege, & sub gratia *designarent. Cassiodorus vero locum ex parte tertia petitum tamquam sancti Prosperi dictum producit.*

Doctissimus quoque Annalium Ecclesiasticorum conditor ad annum æræ Christianæ 444. auctorem operis de Promissionibus & Prædictionibus Dei Prosperum esse scribit: atque ita illum longis itineribus per Italiam Africamque circumducit: tum illi nova bella contra Pelagianos attribuit, quæ omnia ex eodem fonte manant. In utriusque supra memorati auctoris sententiam multi, re maturius non examinata, iere descenderunt. Nec tamen facile definiam, an ex sola utriusque auctoritate recte concludi possit hujus operis auctori Prosperi nomen fuisse. Quæ conjectura a quibusdam non improbata, ab aliis omnino refutatur. Hos inter Eminentissimus Cardinalis Norisius, Historiæ Pelagianæ libro secundo, capite decimo-quarto, rem pro vero simili supponens, libri auctorem putat agnosci posse sanctum Prosperum Regiensem Episcopum, alium a Prospero Aquitano, quem umquam Episcopali dignitate auctum fuisse non credit vir doctissimus.

At vero de hac conjectura quidquid fuerit, ex ea illud saltem in res nostras accederet, quod & ejus etiam auctoritate confirmari posset, Prosperum nostrum librorum de quibus hic agitur, auctorem dici nullatenus posse, sed alterum iis esse necessario assignandum. Quæ res tam ex eruditorum criticorum judicio, quam ex librorum horum lectione & styli eorum gustu non difficile evincitur. Nam, ut optime notarunt jam Philippus Labbeus in libro de Scriptoribus Ecclesiasticis, in Prospero; ac etiam accuratius supra dictus Henricus Norisius, Historiæ Pelagianæ libro secundo cap. 14. vel ipsomet textu auctore, non Aquitanus, sed Africa-

fricanus fuit: quippe qui præterquam quod inter multos hæreticos, de Donatistis præcipue, Maximianistisque loquitur, Ticoniumque hominem inter Donatistas celebrem citat; eventus quoque quosdam singulares, qui in Africa contigerunt, ut testis eorum oculatus in medium adducit. Nam Carthagine degebat adolescens adhuc, cum ea in urbe sanctus Pontifex Aurelius templum illud Deæ Cælestis longe lateque diffamatum Christo vero cælesti Regi dedicavit: quod satis indicat rem narrans, Parte tertia, Promissione 38. *subjungensque statim,* Ipse tunc aderam cum sociis & amicis. *Atque dum sese, ut adolescentium ætas solet, impatiens circumquaque verteret, & dum singula curiose cum amicis aspiceret, mirum quoddam & incredibile se ingessit aspectui, titulus videlicet æneis grandioribusque litteris in fronte templi conscriptus:* AURELIUS PONTIFEX DEDICAVIT. *Cum igitur templum Cælestis eodem ipso assertore Africano, paucis post lineis, Deo consecratum fuerit occasione legis ab Honorio Theodosii junioris filio latæ, qua templa omnia cum sibi adjacentibus spatiis Ecclesiis contulit, simulque idolorum simulacra confringi indulsit; superest ut hoc facinus contigerit post annum* 399. *quo datum hoc cum aliis ejusmodi Edictum, vel talis facultas concessa, idque, ut observat, Paschali solemnitate recurrente.*

Eodem etiam Carthagini constituto, Aspare VI. Consule (si recta codicum censeri possit lectio,) contigit signum, ut ait, monstruosum diabolicumque, quod, *inquit,* quis illius patriæ civis ignorat? *Hoc deinde fusius narrat, de juvencula quadam Aroba natione, quæ in pœnam aspectus impudici, a dæmone arrepta, nihil cibi vel poculi per septuaginta ferme dies trajicere valens, in monasterio puellarum a Sacerdote collocata est, ubi per duas hebdomadas nihil cibi aut potus sumens cum mansisset, die tandem quinto-decimo:* ascendente nobiscum *(ait ille)* Sacerdote, ut matutinum sacrificium illic offeretur, puellam Præpositus ad altare perduxit, *&c. Quibus verbis insignis facti testem oculatum se prædicat, qui in Africæ metropoli tunc temporis degeret, & aliquo forte apud Clerum illum dignitate vel officio aliquo cohonestatus esset; quod innuere videntur illa narrationis verba:* Ascendente nobiscum Sacerdote, *&c. Ibi ergo degebat Aspare VI. Consule, hoc est ad annum* 434. *quo contra Gensericum invasorem acriter armis decertabatur. Prosper vero hoc eodem anno adversus Massilienses pertinacius in sancti Augustini doctrinam tumultuantes calamum resumens, Cassiani illorum antesignani scripta nervosa responsione percellere tandem coactus fuerat.*

Refert quoque se novisse cum Carthaginem advenit quidam sub specie Monachi, qui quædam signa curationum se operari jactabat circa ægros, quos oleo, nescio cujus mortui esse infuso, liniebat: qui tamen cum fraudem suam proditam cognovit, statim ex illa urbe aufugit.

Si autem scriptor iste anno circiter 400. *in adolescentia constitutus Carthaginem incoluit, & ibi sedem adhuc fixam retinebat anno* 434. *difficile eum alium quam Carthaginensem, vel saltem Africanum dixeris: multoque minus in tanto temporis intervallo eumdem, non mediocris nominis virum, Augustino tum in hac metropoli, tum ex Provinciæ Synodorum occasione in his regionibus sæpius diversanti, de facie notum fuisse negaveris. At Prosper noster & Aquitanus fuisse omnium hucusque consensione perhibetur, & Hipponensi Antistiti de facie ignotus suomet testimonio proditur. Nam ad eumdem scribens, sic habet:* Ignotus quidem tibi facie, sed jam aliquatenus, si reminiscaris, animo ac sermone compertus, &c. *Hinc patet eum qui hos libros,* de Promissionibus & Prædictionibus Dei *elucubravit, esse omnino diversum a sancto Prospero Aquitano. Ne dicamus Gennadium in catalogo Scriptorum Ecclesiasticorum, aliosve qui post ipsum Ecclesiasticos Scriptores recensuerunt, nusquam eos tractatus Prospero tribuisse.*

His omnibus testimoniis adde etiam non dubium in stilo dicendique charactere diversitatem inter auctorem istorum librorum, & Prosperum Aquitanum; de qua quivis æquus rerum æstimator facile judicabit. Auctoris quippe oratio humilis,

jeju-

jejuna, & simplex; Prosperi loquendi genus abundans, dives viribus, & nervis valens, locuplesque sententiis. Frustra vero quis dixerit exaratum hoc opus a Prospero juniore: cum sit hominis ætate provecti, ut ipse auctor de se testatur, & ex multis locis constat. Scribebat autem regnante Valentiniano III. at, ut videtur, defuncta jam Placidia: & sic post annum 450. & ante 455. In multis Augustinum sequitur, & identidem ipsum citat. Denique Lovanienses Doctores, qui sancti Prosperi opera typis mandari curarunt, fatentur hoc opus stilo & eruditioni sancti Prosperi sibi videri imparem, utcumque in multis locis depravatum & mutilum. Cui nos vitio, in quantum licuit, ope manuscripti Remigiano-Remensis annorum 800. & veterum editionum mederi conati sumus.

Id autem nunc cum aliqua cura expendere non pigebit, unde tandem factum sit, ut hic Prospero fœtus adscriptus, & inter ejus opera fuerit recensitus. Nam etsi ex stili similitudine non potuerit error prodire, cum tanta sit inter utrumque auctorem diversitas stili; ne quid etiam dicatur de loquendi formulis plane disparibus: non sic tamen lapsus occasio nasci nequivit ex affectuum studiorumque satis magna inter utrosque affinitate. Nam præterquam quod hic scriptor in Augustini lectione satis se versatum prodit, cujus adeoque verba & auctoritatem assumit in hoc opusculo, non secus ac Prosper in suis; id etiam ingenue fatendum est, Africanum istum in aliis multis Prosperi genium quasi sibi proposuisse sequendum & imitandum. Patet id primo ex prima operis linea, ubi toties laudatam a Prospero Pauli 1. Corinth. 3. V. 7. sententiam, Neque qui plantat est aliquid, neque qui rigat, &c. adducit & ipse præfationis initio: tumque de agricoltura cælestis & regalis patrimonii, quam excoluerunt Apostoli, loquitur ad mentem omnino Prosperi, quem in istis frequentem fuisse facile animadvertitur. Sed & alia suppetunt hujus imitationis argumenta. Nam 2. tum in præfatione totius operis, tum in sequenti prologo, distributionis præscripta methodus Prosperianum genium aliquatenus spirat, quod vel ex hac loquendi formula satis elucescit: Sub gratia manifesta, quæ occultis semper interfuit: ubi occultum manifesto opponitur, ad eum modum quo sæpe sæpius in Prospero hæ voces sibi invicem correspondentes leguntur. Et paulo post sententia Augustiniana citatur ab illo, quam Prosper antea deflorasse, & suis ex Augustino excerptis inseruisse reperitur. 3. In multis operæ titulis quædam assumuntur argumenta pertractanda, quæ Prosper occupaverat, immo & interdum illius verba depromuntur. Namque Prosperiana penitus est hæc phrasis parte 1. Præd. 3. ubi diaboli sententiam eos manere dicit, qui ejus faciunt voluntatem. Quæ frequenter in Prosperi nostri responsis adversus calumniatores Gallos usurpatur. Sed & alii consequenter tituli.

Ex his igitur aliisque similibus, quæ facile in his libris reperientur, pronum est credere, scriolos quosdam hac argumentorum consonantia delusos, viri Augustinianæ doctrinæ studiosi, sed anonymi, fœtum non contemnendum, Aquitano ejusdem fideli discipulo & acerrimo vindici tribuere primum cœpisse, unde & in illius operum collectionem titulus ille, cum aliis similiter adulterinis tractatuum inscriptionibus irrepsit. Id certe proclivius est credere, quam alium Prosperum, eumque sanctitatis fama decoratum admittere, cujus nulla superest memoria, nullus in horum temporum monumentis apex reperiri perhibetur.

IN LIBRUM PROMISSIONUM ET PRÆDICTIONUM DEI.

INCERTI AUCTORIS.

PRÆFATIO.

1 Cor. 3. 7. PAULUS Apostolus dicit: *Neque qui plantat, est aliquid, neque qui rigat; sed qui incrementum dat Deus.* In hoc igitur agricultura cælestis & regalis patrimonii, quam excoluerunt Apostoli, Patriarchæ, & Prophetæ, inter ceteros dominicos canes, ipse catellus duos limites circumeo, ex divinis Scripturis, Dei gratia, centum quinquaginta tria capitula recensendo collegi: in quibus sunt promissiones Dei centum & tres: prædicta quinquaginta, distributa hoc modo. Populus ante legem promissiones quas credendo vidit, & videndo credidit, habuit, XIX. Quas credidit, & populo post se (a) videndas reliquit, VI. Prædicta quæ vidit, XII. Quæ credidit, III. Populus sub lege promissiones quas credendo vidit, & credidit, XVIII. Quam credens post se videndam reliquit, XXXIII. Prædicta quæ vidit, XII. Quæ credidit II. Populus sub gratia Promissiones (b) habebat, XL. Quas adhuc non vidit, XXXIII. Nos quas vidimus, & videmus impleri, VII. Et unam, finis mundi, quam omnes credimus. Dimidium temporis, Prædicta quæ in fide sunt, III. Quæ videmus, II. Promissiones quæ in fide & in fine venturæ sunt, VI. Tredecim (c) etiam gloriæ Sanctorum in fide sunt: quia soli Sancti ea percipient (d) facta. Promissiones impletæ, LXXXIV. Implendæ XIX. Prædicta impleta, XXXV. Implenda XV. Quis igitur durus (e) adeo & (f) lenti hærens sensus est qui dubitet impleri pauca, cum tot jam cernat impleta.

(a) Editiones Lugd. & Lovan. videndas. MS. Remigianum, videnda.
(b) MS. Remigianus, habet, non modo. Editi omnes, habebat.
(c) MS. Remigianum, autem.
(d) MS. Remig. Facere promissiones implere.
(e) MS. Remig. adhuc.
(f) Edit. Lugd. non habet hanc vocem, sequi- tur in MS. Remigianum.

CAPITA PRIMÆ PARTIS.

1. PROMISSIO. Ex libris Geneseos creatura, est in Adam, & in Evam: Christum, est Ecclesiam. (a)
2. PRÆDICTIO: In mandato contempto docet sequi mortem.
3. PRÆD. Diaboli sententiam (b) eos meruere, qui ejus fecerunt (c) voluntates.
4. PRÆD. In maledicto mulieris sequi originale peccatum.
5. PRÆD. In Adam omnibus posteris labor, sudor, & dolor.
6. PRÆD. In Cain & Abel duorum populorum, Christianorum & Judæorum.
7. PRÆD. (d) In diluvio, arca, quæ significavit Ecclesiam.
8. PRÆD. In tribus filiis Noe, gentes quas Christus Dominus sparsas invenit, collegit.
9. PRÆD. In Heber, gens Hebræa, quæ primatum Christiano populo tradidit.
10. PROM. In Abrahæ vocatione, terræ viventium Christianorum populo futuræ.
11. PROM. In Abrahæ semine multiplicari ut stellas populum Christianum.
12. PROM. In sacerdotio Abrahæ, regale Ecclesiæ sacerdotium.
13. PROM. In nominis perfectione, quod in fide pater gentium est Abraham.
14. PRÆD. In circumcisione, qua corde circumciditur Christianus.
15. PROM. In Isaac nato, qui risus dicitur, quid (e) ostendat in Christo.
16. PRÆD. In Sodoma & Gomorrha, futuri judicii (f) diem.
17. PRÆD. In Isaac immolando, Christi Passio.
18. PROM. In juratione Dei, quod semen ejus in Christo supra numerum extenditur.
19. PRÆD. Ex femore Abrahæ Christum hominem suscepturum.
20. PROM. In geminis Rebeccæ, populos duos, Christianos & Judæos.
21. PROM. In eosdem, quæ gesserint per figuram.
22. PROM. In Esau, ex cujus semine Job, & Christus in gentibus per fidem.
23. PROM. In Jacob, cui per visum Christus lapis angularis ostensus est.
24. PROM. In ipsius Jacob claudicatione, non credituros omnes Judæos.
25. PROM. In filiis Jacob, & in Joseph, qui gessit figuram Christi.
26. PROM. In eodem, qui ut Christus Dominus, missus est ad visitandas oves.
27. PROM. In eodem, in quo castitas patiendo (g) monstratur.
28. PROM. In eodem Joseph: quia Christi passio figuratur.
29. PROM. In eodem, Christus resurrectio est figurata.
30. PROM. In eodem, qui ut Christus Dominus fame dilexit inimicos.
31. PROM. In eodem figurata gratia.
32. PROM. Descensionis Jacob in Ægyptum, & Christi Domini in mundum.
33. PROM. In Moyse, qui personam habuit mediatoris Christi Domini.
34. PRÆD. In (h) eodem, qui ut Christus pacem intulit jurgantibus.
35. PRÆD. In eodem, qui ut Christus Dominus diabolum interfecit.
36. PRÆD. In eodem, cum flagris, ut Pharao, cæditur diabolus.
37. PROM. Pascha figurata, transitus Christi ad Patrem.
38. PROM. (i) In baptismo, in mari Rubro.
39. PROM. Panis cœlestis in manna, quod est Christus.
40. PROM. In signo crucis expugnare inimicos.

(a) MS. Remigiano-Remensis totum sic habet: *Promissio creaturæ, quæ & in Adam & Evam, Christum & Ecclesiam significat.*
(b) MS. Remigianus, *in eos*.
(c) MS. Remig. *voluntatem*.
(d) Editi. *In diluvium*. MS. *& arcam*. Edit. Lugd. Lovan. & Duac. *Arca*.
(e) MS. Remig. *ostenditur*.
(f) MS. Remig. *diei*.
(g) Edit. Colon. *numeratur*.
(h) Edit. Lugd. & Lov. *In eo*.
(i) MS. Remig. *Figurata in baptismo, ut in mari rubro*.

DE

DE PROMISSIONIBUS ET PRÆDICTIONIBUS DEI

INCERTI AUCTORIS LIBER

PARS PRIMA.

PROLOGUS.

1. OMnis fidei ratio spe dilectioneque concluditur. Etenim diligendo quisque promissum quod credit, (a) fidem commendat, donec potiatur omni quod sperat. Consistentiam rerum, quæ non videntur esse fidem, Paulus Apostolus definivit: cujus dispensatione Creator omnium Deus, omnia ex nihilo formare dignatus est (ut Scriptura sancta (b) loquitur) ex materia invisa, summa media, & cuncta unius libratione perpendens. Nam quædam invisibilia visibilibus præferens, rationalia irrationabilibus, & sensata insensibilibus, & viventia vitæ expertibus, in mensura, numero, & pondere cuncta disposuit. Quibus pro modo subsistentibus rebus, rationale animal hominem rerum præferens creaturis; & soli ad imaginem & similitudinem suæ divinitatis condito (c) tribuit liberam voluntatem. Huic & legem dedit semper vivendi, si mandata servaret; (d) moriendi, si sui Creatoris præcepta contemneret. Verum superatus fraude (e) diaboli, superbia qua ipse cum sociis ceciderat, homine decepto, dum se cum tota stirpe humani generis Adam per inobedientiam præcipitaret in mortem, Creatori præjudicium, hæc condita natura, inferre non potuit. Mortem licet causa prævaricationis invenerit, vitæ tamen effectum, in quantum est, nec in morte dimisit. Immortalis quippe anima creata, in hoc stadio mundi labe (f) vitiata, corporis subversa ruinæ, flagitiorum gravata ponderibus, nisi sanatione redempta fuerit Salvatoris, ablutaque spiritali unda, contagio infidelitatis exuerit carnem, accepta collatæ gratiæ (g) inviolata fide servaverit, tam in æternam pœnam cum carne visibilem Evangelica fides adnuntiat. Quæ bonis æternam vitam, malis æternam pœnam, ex auctoritate firmavit, qua omnia, quæ a principio mundi prædixit, implevit.

2. Verum ne longum proœmium hujus libri humanos illecebris sensus extendat, quem in tres partes & dimidiam distributum, jam ante illo cujus numere loquimur, divina testimonia collecta undique, conjunctaque supplebunt; ex omnibus divinis Scripturis, quæ Prædicta, quæve sint Promissiones Dei, ut occurrunt, per capitula decerpenda subscripsimus; signantes insignia tempora ab exordio mundi usque in finem, in diversis populis constituta, ante legem, sub lege, sub gratia manifesta, quæ occultis signis semper latenter. Quorum tripartita divisio hæc est. A prima conditione primi hominis usque ad Moysen, ante legem est. A Moyse, cui lex data est in monte Sina, usque in adventum Salvatoris Domini nostri Jesu Christi, sub lege est. Manifestato autem eo in carne, crucifixo, resurgente, atque ascendente in cœlum, usque nunc, & in finem mundi, cum illo ipso brevi spatio (h) Antichristi, tempus agitur gratiæ. Quibus tribus temporibus moderatione sui Creator justissimus Deus ita jam prævidisque sua ordinavit; ut non omnia fidei tantum credenda committeret, sed pleraque intuenda oculis commendaret: e quibus illa, quæ futura sperabantur, ex his quæ videbantur, crederentur implenda. Singulis igitur prædictis temporibus singulas partes hujus libri, ut promissiones (i) consignabimus, quæ promissa sunt, quæve Christo & Ecclesiæ figurate exhibita: quæ credita relicta sint, venturisque futuris, capitula per ordinem posita demonstrabunt.

CAPUT PRIMUM.

PROMISSIO: (k) *Ex libro Genesis creatura, est in Adam, & in Eva: Christum, & Ecclesiam.*

IN principio (l) fecit Deus cœlum & terram, mare, omniaque eorum; in cœlo fulgentia, gradientia in terris, in aere volantia, natantia in aquis. Quibus perfectis, dixit Deus: Fa-

(a) MS. Remig. *fide commendat.*
(b) Edit. præcipitur. MS. Remig. *eloquitur.*
(c) MS. Remig. *attribuit.*
(d) MS. Remig. *moriturum.*
(e) Sic Lugd. & MS. Remig. Aliæ editiones, *diabolo.*
(f) MS. Remig. *vitium.*
(g) MS. Remig. *inviolata fide.*
(h) MS. Remig. *ante spatium.*

(i) MS. Remigianum. *Promissiones rerum legum sic prædicit. consignavimus, quæ promissa sint venturis futuris, quæve Christo & Ecclesiæ figurate exhibita, quæ credita relicta sint, capitula per ordinem posita demonstrabunt.*
(k) In MS. Remigiano titulus talis est: *Promissio ex libro Genesis, creatio & rerum.*
(l) Edit. Colon. *creavit.*

Ibid. v. 26. *Faciamus hominem ad imaginem & similitudinem nostram.* (a) Eoque formato ex limo
Gen. 2. 7. terræ, *insufflavit in faciem ejus spiritum vi-*
1 Cor. 15. 45. *tæ, & factus est homo in animam viventem.*
Et dixit Deus: Non est bonum solum hominem esse: Faciamus ei adjutorium (b) *simile illi,*
v. 21. *consiliarium.* Et paulo post: *Immisit Deus soporem in Adam, & obdormivit. Et sumpsit unam de costis ejus, & formavit eam in mulierem; & adduxit eam ad Adam,* (c) ut videre quid eam vocaret. *Dixitque Adam: Hoc*
v. 22.
v. 23. *nunc os ex ossibus meis, & caro de carne mea;*
v. 24. *hæc vocabitur,* (d) *Virago, quoniam de viro suo sumpta est. Propter hoc,* inquit, *relinquet homo patrem & matrem, & adhærebit uxori suæ, & erunt duo in carne una.* Hoc (e) itaque factum esse, ut rem gereret & figuram, Apostolus Paulus testis est. Exponens quippe hunc locum in epistola ad Ephesios, ait: *Sa-*
Ephes. 5. 32. *cramentum hoc magnum est; ego autem dico in Christo & in Ecclesia.* Sacramentum igitur magnum quod promissum speravit Adam, sibi conjunctum vidit, quam credidit conjugem: nobis per fidem (f) vivorum figuravit futuram Ecclesiam: matrem appellavit omnium viventium ea
Gen. 3. 20. scilicet causa, quia ex latere Adæ dormientis formata Eva, ex latere Christi in cruce pendentis formandam, ut factum est, prævidit Ecclesiam, quæ vere est mater omnium vivorum. Hæc est enim illa *mulier, quæ custoditur per tempus & tempora,* (g) *& dimidium temporis*
Apoc. 12. 14. *a conspectu serpentis,* ut in Apocalypsi de Ecclesia dicitur.

CAPUT II.

PRÆDICTIO: (h) *In mandato contemto duas sequi mortes.*

PRædixit Deus Adæ & mulieri ejus mortem
Gen. 2. 16. secuturam, si vetita contigissent, dicens: *Ex omni ligno Paradisi comede, de ligno autem digenoscentiæ boni & mali non edetis ex eo. Qua die autem ederitis, morte moriemini.* Præceptum autem, fallente diabolo, contemnentes,
Gen. 3. 6. vetitum tetigerunt. Quod peccatum dum vir excusat per mulierem, mulier per serpentem,
Rom. 5. 12. mortem prædictam non tantum sibi, quantum suis etiam posteris propinaverunt. Hanc enim exprodit omne simul genus humanum, aliam si-
Joan. 8. 51. gnificans perpetuam mortem, cujus expers erit omnis qui mandata Christi servaverit: nam vero qui monita salutaria Domini nostri Jesu Christi (i) contemnenda duxerit, sine ulla dubitatione su-
Apoc. 20. 6. scipiet. *Beatus enim & sanctus* (ait Joannes apostolus) *qui habet partem in hac prima resurrectione,* (k) *in qua secunda mors non habet potestatem.* Et Dominus: *Qui audit,* (l)
Joan. 5. 24. inquit, *verba mea, & credit ei qui me misit, habet vitam æternam; & in judicium non venit, sed transiliet a morte ad vitam.*

CAPUT III.

PRÆDICTIO: *Diaboli sententiam eos manere, qui fecerint ejus voluntatem.*

In Genesi credita & visa.

SEquitur in serpentem diabolum prolata prædictaque sententia, in qua metuendum quiddam reperitur, quod ei inter cetera dictum est:
Terram manducabis omnibus diebus vitæ tuæ. Gen. 3. 14.
Terrenis enim cupiditatibus inhiantes animæ, terræ similes comparantur, easque impias Propheta David in primo Psalmo designat, dicens;
Erunt tamquam pulvis, quem projicit ventus a Psal. 1. 4.
facie terræ. Et Jeremias Propheta: *Recedentes* Jerem. 17. 13.
a te, ait, *in terra scribentur.* Job etiam dicit: Job 9. 24.
Terra tradita est in manus impii. Item David: Ps. 102. 14.
Memento Domine, quoniam terra sumus. Se vero erui a terra, quam peccati merito serpens
comedendam accepit, in alio Psalmo dicit: *Sal-* Ps. 68. 15.
va me de luto, ut non inhæream. Item alibi: Ps. 43. 25.
Hæsit in terra venter noster: exsurge, Domine, auxiliare nobis, & redime nos propter nomen
tuum. Item alibi: *Ne tradas me, Domine, a* Ps. 139. 9.
desiderio meo peccatori. Propter quod, quotidie monendos nos per sacerdotes censuit divina clementia, cor sursum erigere; nosque profitemur habere ad Dominum: si tamen sponsio nostra firma sit, ut quod verbis proferimus, (m) jugi gratia factis etiam compleamus.

CAPUT IV.

PRÆDICTIO: *In maledicto mulieris sequi originale peccatum.*

Prædictum peccatum originale. In Genesi credita & visa.

MUlieri autem dixit Deus: *Multiplicans* Gen. 3. 16.
multiplicabo (n) *gemitus & dolores tuos: in tristitia paries filios.* Sic nasci transgressorum filios David Propheta confirmat: *In iniquitati-* Ps. 50. 7.
bus inquit, *conceptus sum,* (o) *& in peccatis in utero me aluit mater mea.* Salomon quoque
paria testatur: *Grave,* ait, *jugum super filios* Eccli. 40. 1.
Adam, a die exitus de ventre matris eorum,
usque

(a) Ms. Remig. *eumque formatum . . . insufflavit,* dictum est, *in faciem.*

(b) Ms. Remig. *similem illi consiliarium.*

(c) Hæc non sunt pars textus sacri, in Vulgata, nec in Hebræo.

(d) Ms. Remig. *mulier.*

(e) Ms. Remig. *hoc ita.*

(f) Ms. Remig. *virorum figuravit futuram Ecclesiam matrem, propter quod eamdem mulierem, seorsum Adam matrem appellatur omnium virorum. Hoc est enim,* &c. Omissa quæ interiecta leguntur in editis codicibus.

(g) Ms. Remig. *& dimidium tempus a conspectu serpentis.* Reliqua desunt.

(h) In Ms. Remig. titulus. *Prædixit Deus Adæ & mulieri ejus mortem futuram, si vetita attigissent: a Iovis; in Genesi credita & visa.* Deinde caput II. incipit: *Ex omni ligno,* &c.

(i) Ms. Remig. *esse tuenda.*

(k) Sic Ms. Remig. Editi vero, *in qua mors.*

(l) Hæc vox, *inquit,* legitur in Ms. Remigiano, non vero in editis.

(m) Ms. Remig. *adjuti gratia.*

(n) Ms. Remig. *gemitus tuos.*

(o) Sic Ms. Remig. Editi, *cum peccatis.*

usque in diem sepulturæ in matrem omnium. Item ipse: *Et ego natus accepi*, dicit, *communem aërem, & in similiter factam decidi terram, primam vocem similem omnibus emisi plorans, in involumentis nutritus sum & curis magnis. Nemo enim ex Regibus aliud habuit nativitatis initium. Unus est enim omnibus introitus ad vitam, & similis exitus.* Et paulo post: *Semen enim erat maledictum ab initio.* Et Isaias: *Semen nequam*, ait, *filii scelesti, dereliquistis Dominum.* Job etiam dicit: *Nullus est mundus a sorde, nec infans, cujus est unius diei vita super terram.* Item ipse: *Quis potest facere mundum de immundo conceptum semine, nisi tu qui solus mundus es?* Pro cujus expiatione maledicti seminis, immunditia parientis mulieris & infantis, sacrificia sunt legalia instituta, usque ad Christum reparatorem: qui sui corporis oblato sacrificio, salvos facit pusillos cum magnis. *Ipse enim salvum faciet populum suum*, dictum est, *a peccatis eorum.* Hæc tamen quæ prædicta sunt, ita cernuntur impleta, ut usque in finem mundi supplenda doceantur.

CAPUT V.

PRÆDICTIO: *In Adam omnibus posteris labor, sudor, & dolor.*

Prædicta propaginique sententia. In Genesi credita & visa.

ADæ autem dixit Deus: *Quoniam audisti vocem mulieris tuæ*, (a) *plus quam me, & comedisti de arbore, de qua sola præceperam tibi ne manducares ex ea, & manducasti: maledicta terra in operibus tuis, spinas & tribulos pariet tibi: in tristitia & gemitu edes pabulum agri tui, in sudore vultus tui manducabis panem tuum, donec revertaris in terram, de qua sumptus es: quoniam terra es & in terram ibis.* Hanc prædictam pœnam peccati, quam radix humani generis Adam pro sententia excepit, ac suis posteris tanquam carnis (b) tradux transfudit, *per unum hominem*, dicit Apostolus, *peccatum intrasse in mundum, & ita in omnes homines pertransisse, in quo omnes peccaverunt.* Humus enim, quæ Creatoris imperio (c) semina, salubresque ex se herbas, sine ulla cultura homini ante produxit, post spinis tribulisque referta est; ut in sudore ac labore ei ex ea omnem hominem edere panem oporteret, donec reverteretur in mortem. Non tantum prædicta audire illi meruerunt, quam etiam probata expendere. Unde & David dicit: *Exibit homo ad opus suum, & ad operationem suam usque ad vesperum.* Et iterum: *Labores manuum tuarum manducabis.* Apostolus quoque dicit: *Qui*

non vult operari, nec manducet. Et Dominus usque in undecimam horam operarios mittit ad vineam.

CAPUT VI.

PRÆDICTIO: *In Cain & Abel, duorum populorum, Christianorum & Judæorum.*

Prædictio figurata, duorum populorum scilicet. In Genesi credita & visa.

EX primis igitur hominibus mortalibus jam effectis, duo filii procreati sunt, ambo mortales, Cain major, minor Abel: pastor ovium unus, alius agricola. Hi dum terram incolunt laboribus jam obnoxiam judicio divinæ sententiæ, seque a propriis paternisque delictis expiare contendunt, ex primitiis frugum suarum sacrificia obtulerunt. Minoris Abel ex ovibus oblatum, acceptabile suscipitur sacrificium, repudiatur Cain, non recte divisa terræ particula. Invidia hinc nascitur: præsciusque divinitus futurorum, indicit pœnitentiam futuri, dicitque ad Cain: *Peccasti, quiesce, ad te conversio ejus, & tu dominaberis ejus*; id est, ut peccato suo ipse dominaretur, nec fieret servus peccati, si præcipienti humilis obediret. Verum Cain contumax, suique impatiens, insiliit super Abel in campum, & occidit eum. Proh nefas! hæccine sunt, Cain, germanitatis fœdera? hæccine principia bonæ naturæ? hæccine bonæ indolis spes est, ut ante te noceat potius homicidam quam filium? Sed his auditis, sicut suum Cain mulcit (d) etiam vinculis commodavit. Effectus contemptor divini mandati, superbiæ caput, auctor invidiæ, princeps illatæ mortis, & primus in hominibus parricida.

2. Hic initia bellandi instituit, ut ecce innocentium sanguinem (e) diffundat, litoris plenum gloriam (f) imperii alimam. Nam præclara hinc fulsere martyria, dum justi occiduntur ab impiis. Sed ut omne nobis quod actum est, proferret demonstraret divina providentia, fratrem a fratre requirit, (g) quem jam occisum noverat; negantem, terra (h) teste, convicit: *Vox*, inquit, *sanguinis fratris tui clamat ad me de terra.* Cain figurasse Judaicum populum nemo nisi desidentia infirmum, Abel Christum pastorem ovium, ab eo populo occisum, nullus jam ambigit Christianus, cujus sacrum sanguinem omnis nunc terra suscipiens, (i) clamat: Amen (quod est, Verum:) ut arguat Judæo quod occiderit Christum, recte dicatur a Deo: *Vox sanguinis fratris tui clamat ad me de terra.* Pro Abel quem occidit Cain, natus est Seth, ex quo per ordinem successionis venit Enoch: qui Deo dum placeret, translatus est ne gustaret mor-

E

(a) Hæc verba, *plusquam me*, adduntur ex MS. Remig.
(b) MS. Remig. *infudit*.
(c) MS. Edit. *fertiles*. MS. Remig. *fertilis*.
(d) MS. Remig. *mulcit ex vinculis*.
(e) MS. Remig. *fundat*.
(f) MS. Remig. *imperavit*: nec male, si referas ad mox sequentia: *præclara hinc fulsere martyria, dum* &c.
(g) MS. Remig. *qui jam occisum noverit*.
(h) MS. Remig. *teste*.
(i) MS. Remig. *clamat tamen quod verum, ut arguat Judæos quod occiderit Christum*.

mentem, Heliæ facilandæ, ut duo testes latori secundo Christi adventui præparentur, (a) in confutationem Antichristi, & in gloriam judicantis Filii Dei: de quibus suo loco testimonia proferemus.

CAPUT VII.

PRÆDICTIO: *In diluvium arcæ, quæ significavit Ecclesiam.*

In Græcis credita & visa. Prædictum diluvium.

1. DUM filii Dei a proposito (b) deficerent sanctitatis, Deus Noe justum sic admonuit: *Finis, inquit, universæ carnis venit coram me: repleta est enim terra iniquitate eorum, & ego disperdam eos cum terra. Fac tibi arcam de lignis quadratis, tricameratam facies arcam, & bituminabis intrinsecus & extrinsecus; & sic facies eam. Trecentorum cubitorum erit longitudo arcæ, quinquaginta cubitorum latitudo, & triginta cubitorum altitudo ipsius. Fenestram facies in arca, & in cubito consummabis eam. Ostium autem arcæ pones ex latere. Ecce adducam diluvium aquæ super terram, & interficiam omnem carnem, in qua est spiritus vitæ, sub cælo.* Dum igitur Deus commodat ac præparat mentem, credensque futurum quod sperat implendum, mysticæ jussioni & fabricæ obediens Noe, arcam, qua se cum mundis immundisque animalibus, ut præceptum fuerat, conderet, fabricavit; geometrica quippe mensura, quæ ut fertur fratres tantum quam (c) nostra se extendit.

2. De his (d) autem adscriptis numeris, quantum divinis afflatus sacro, colligens pauca, architecti illius nostri Pauli apostoli sententiam introducam: qui illius arcæ figuratam fabricam, omnemque ejus spiritalem constructionem ad Ecclesiam sanctam referens, instar in ea crucis expressit. Ait enim in epistola ad Ephesios: *Flecto genua mea ad Patrem Domini nostri Jesu Christi, ut det vobis, secundum divitias gratiæ suæ, virtutem, habitare Christum per fidem in cordibus vestris, in charitate radicati atque fundati, ut valeatis comprehendere cum omnibus sanctis, quæ sit altitudo, latitudo, longitudo & profundum; scire etiam supereminentem scientiæ charitatem Christi.* Quinque sententias (e) in quinque articulis dixit, ut pote is qui dixerat: *Volo quinque (f) verba mente mea in Ecclesia loqui.* Quinque ergo istæ sententiæ ad prædictæ arcæ mensuras pertinere hac ratione monstrantur. Quinarius enim numerus ex pari & impari constitutus, habet duo, & tria. Tria a trinitate; duo a duobus præceptis, quæ conjuncta quinarium formant. Huic additur unus, propter unitatem individuæ Trinitatis, & efficitur senarius perfectus, omni ex parte fibimet respondens, in primum, tertium ac dimidium. De quo numero multi jam dixere majores. Hi igitur quinarius & senarius conjuncti numeri, ac multiplicati in invicem, extenduntur ad prædictæ arcæ mensuras quinarias. Propter quod quinta die, excepto homine, universa quæ creata sunt (g) fecerit Deus: atque in quinque libris Mosis universa legis mandata conscripta sunt: & quod perficiendæ legis causa, quinta feria ad patibulum traditus fuerit ipse Salvator & Dominus. Senarius vero numerus hoc continet, quod sexta die formatus est homo: & sexta ætate sæculi ad redemptionem mundi hominem susceperit Verbum Dei: & sexta feria suspensus in cruce, nostrum omne pretium ex suo latere, tanquam per ostium arcæ, pretiosum sanguinem fuderit: ex quo columba Ecclesia tanto sanguine dotata processit. (h) Propter quod & corvus hæreticum exiens, humani cadaveris cupiditate naufragus, ad arcam Ecclesiam redire noluit. De quo locus posita mundo sententia clamat: *Ex nobis exiit, sed non erat ex nobis: nam si ex nobis esset, mansisset utique nobiscum.* Hi igitur duo, ut dixi, numeri, quinarius & senarius, dum multiplicantur in invicem, supplent tricenarium. Quinquies enim seni, & sexies quini ducti numerum tricenarium (i) formant. Et ipsi sunt triginta cubiti, qui in altitudine arcæ præcepti sunt construi, ad sublimem partem pertinentes spei: in qua caput mirum confixum est Crucifixi. Omnis enim spes in capite. Propter quod & ipsum caput nostrum triginta annorum dignatus est crucifigi. Rursum quinarius numerus in decalogo multiplicatur, propter decem præcepta legis. Decies enim quini, & quinquies deni numerus ducti, quinquaginta efficiunt. Et hi in latitudine arcæ ponuntur, qui ad charitatis spatia in cruce figurantur, in qua manus infixæ sunt Crucifixi. Decem enim præcepta digito Dei (k) dicuntur esse conscripta, usque ipsi manus nostras levare in sancta jubemur. Item quinarius & senarius numeri in quinquagenario multiplicati, arcæ longitudinem supplent. Quinquagies enim seni, & sexagies quini trecentos efficiunt, qui nostræ arcæ (l) longitudini patientiæ adscribuntur, in qua corpus extensum est Crucifixi: ut dicitur, *Christus pro nobis passus est, relinquens vobis exemplum, ut sequamini vestigia ejus. Quoniam vetus homo noster simul cum illo affixus est cruci:* patientiaque esse jubemur usque in (m) adventum Domini. Profundum vero crucis, diluvii magnitudinem significat, quo & ille & nostra arca portatur. Quoniam sunt judicia Dei (ut scriptum est) sicut abyssus multa.

3. Quod

(a) MS. Remig. *in confutatione Antichristi & in gloria.*
(b) MS. Remig. *defecerunt.*
(c) Edit. Lugd. *quam nostra.* MS. Remig. *geometricam quippe mensuram, quæ, ut fertur, fratres tantum quam nostra est extenditur.*
(d) MS. Remig. *numero.*
(e) MS. Remig. *in quinque articulis dixit: ut paulo inferius.*

(f) MS. Remig. *verba mea in Ecclesiam loqui.*
(g) MS. Remig. *fecerat: & paulo infra, fuerat: tum alteri, fuerit.*
(h) MS. Remig. *Per quod.*
(i) MS. Remig. *forat.*
(k) MS. Remig. *dicuntur.*
(l) MS. Remig. *longitudinis.*
(m) Hæc vox, *Domini*, habetur ex MS. Remig.

Gen. 6. 16. 3. Quod vero dictum est: *Tricameratam facies eam*: hanc fabricam prædictus architectus
1. Cor. 13. 13. noster Paulus expressit: *Manent*, inquit, *fides*, *spes*, *charitas*, *tria hæc*. Nam cum in prima ac secunda habitatione, bestiæ, pecora, serpentes, avesque in fide & spe manserint: in tertia
Ibidem. Noe cum suis in charitate manens (quia *major horum omnium charitas*) diluvium formidare non
1. Jo. 4. 16. potuit. *Qui enim manet in charitate, in Deo manet, & Deus in illo* (a) *permanet*: *quia Deus charitas est*. Fenestram vero arcæ melius (b) accipimus respectam in salutem animarum,
Ephes. 4. 3. quæ sunt bitumine intrinsecus & extrinsecus sociatæ & colligatæ servare in unitate Spiritus (c) sancti, & in vinculo pacis. In cubito dictum est consummari eam: sic enim decuit
Rom. 10. 4. (d) significare Ecclesiæ unitatem. Quoniam *finis legis Christus ad justitiam omni credenti*. Unde & ille dives in Evangelio, dilectum (e) hujus vitæ formidans, ait ipsi Domino nostro:
Luc. 18. 18. *Magister bone, quid faciens vitam æternam consequar?* Et Dominus, prædictæ arcæ illi mensuras ostendens: *Præcepta*, inquit, *nosti?* Cumque ei plurima dixisset ex numero, ille (f)
v. 21. velut quadratus arcæ cupiens sociari; *Omnia hæc* (g) *mandata*, inquit, *feci*: *quid adhuc mihi superest?* Et Dominus perfectionem arcæ
Matt. 19. 21. nostræ designans in uno cubito consistere: *Si vis*, inquit, *perfectus esse*, *vade*, *vende omnia quæ habes*, *da pauperibus*, *& veni sequere me*. Quod cum ille facere neglexisset, quia omni ex parte quadratus non fuit, ad cubitum perfectionis (h) arcæ non meruit pertingere.
v. 22. *Abiit enim*, ut dictum est, *contristatus*.
Gen. 7. 12. 4. Quod vero quadraginta diebus & quadraginta noctibus diluvium factum est super terram, non tantum præteriti in hoc numero, quantum etiam præsentis temporis animarum diluvium ostendit; quæ in fluctibus sæculi, atque in gurgite flagitiorum, diversarumque (i) voluptatum naufragii fluctibus submerguntur.
Exod. 24. 18. (k) Propter quæ evadenda quadraginta diebus
3. Reg. 19. 8. Moyses, quadraginta diebus Helias, quadraginta diebus & ipse Salvator jejunia consecrasse, hac tripartita ratione monstrantur: tanquam prædictis tribus temporibus necessaria,
Matt. 4. 2. ante legem, sub lege, sub gratia. Finis igitur
Gen. 8. 13. diluvii, sexcentesimo primo anno Noe terminatus, finem mundi significat post sex, ut dictum, ætates sæculi, & breve Antichristi spatium. Tot enim ætatibus etiam hominis longævi vita protenditur, donec ab infantia revertatur in senium. Nunc vero Ecclesia, * aut arca, velut
* Arca ... munda & immunda animalia, bonos malosque portare cognoscitur, usque in prædictum finem:

de quo Dominus, & Salvator noster in Evan- Matt. 24.
gelio testatus est, dicens; *Sic & erunt adventum* 37.
suum quemadmodum fuit in diebus Noe, subito manducantibus ac bibentibus, emeritibus & vendentibus. Credidit igitur Noe quæ prædicta vidit in arca. Credidit quæ (l) futura erat nobis præstanda Ecclesia: nobiscum sperat, quæ erit ultimo judicio declaranda.

CAPUT VIII.

PRÆDICTIO: *In tribus filiis Noe*, *gentes quas Christus Dominus sparsas invenit*, *collegit*.

Prædictæ gentes: (m) ex tribus filiis Noe. In Genesi creditum & visum.

EX tribus igitur filiis Noe, Sem, Cham, Japhet, totidemque auribus ejus, mortalium fecunditas dum crevisset; radix procul superbia, mundo pereunte diluvio, ipsa perire non potuit. Turris superba a superbis extruitur, cujus caput cœlum hæsitens occuparet.
Horum cœpta a vero artifice Deo per confusio- Gen. 11. 4.
nem linguarum in irritum deducuntur: sic enim
scriptum est; *Ecce labium unum est omni ter-* Ibid. v. 6.
ræ, *& hoc cœperunt facere*, (n) *& nunc non deficient ab eis omnia quæcumque aggressi sunt
facere*. Et dixit Deus, *Venite descendamus*, *&* v. 7.
confundamus ibi linguas eorum. Deus trinitas loquitur. Descendere vero Deum, est humanos actus inspicere, vel eorum sensibus propinquare. Quæ (o) ut prædicta sunt, modo impleta
sunt. Coolidæ quippe linguæ non tantum di- Ibid. v. 8.
spersa supplere nequiverunt, quantum etiam dispersæ per orbem gentes quasque suo (p) distinxere eloquio. Attamen Cœnovis & judicis impleta oratura; per humilem Christi gratiam, charitas uno sub dogmate congregavit, quæ superba impietas (q) male disperserat. *Omnis*
ergo nunc in totum lingua confitetur, *quod* Philipp. 2. 11.
Dominus Jesus Christus, qui est turris fortitudi- Gen. 9. 20.
nis, *in gloria est Dei Patris*. Quem inebriatum, ut Noe ex vinea, nudatumque in Passione, Cham filius irridens, in Canaan filio maledictum excipiens, gentibus propinavit. Quod
abstulit Jesus Dominus qui pro nobis factus est Galat. 3. 13.
maledictum.

(a) Ms. Remig. *manet*.
(b) Ms. Remig. *accipimus*.
(c) In Ms. Remig. deest *Sancti*, juxta textum Apostoli, ad quem alludere videtur auctor.
(d) Ms. Remig. *significari Ecclesiæ in unitatem*: forte melius, *significari Ecclesiæ unitatem*.
(e) Ms. Remig. *hujus vitæ*. Editi, *hujusmodi*.
(f) Ms. Remig. *ille vero velut quadratus*.
(g) Ms. Remig. caret hac voce, *mandata*.
(h) Ms. Remig. addit, *nostræ*.
(i) Editio Lugd. *voluntatum*.
(k) Editi, *propter quod*. Reliqua supplentur ex Ms. Remig.
(l) Ms. Remig. *futura erant ... nobiscum*. *Speratque ad ultimum judicium declaranda*.
(m) Hæc addimus ex Ms. Remig. in quo caput VIII. sic incipit: *In tribus filiis Sem*, *Cham & Japhet*, *&c*. *lorir*, *hic inveniuntur*.
(n) Sequentia absunt a Ms. Remig. & Edit. Lugd. usque ad: *Et dixit Deus*.
(o) In Ms. Remig. *Quæ prædicta sunt*, *nunc & completa sunt*.
(p) Ms. Remig. *eorum*.
(q) Additur, *male*, ex Ms. Remig.

CAPUT IX.

PRÆDICTIO: *In Heber gens Hebræa, quem primatum Christiano populo tradidit.*

Prædicta gens Hebræa, a qua exorta sit, primatum habens in omnibus linguis. (a) In Genesi creditum & visum.

INter ceteros quos linguarum confusio per gentes divisit, (b) unus Heber dictus est, in quo, ut fertur, Hebræa prima lingua resedit, unde etiam Hebræa gens nomen accepit. Primam vero Hebræam esse linguam, mysticus ille titulus a Pilato conscriptus ostendit. Erat enim (c) in tribus linguis assignatus, Hebræa, Græca, & Latina: quæ linguæ primatum fere in omnibus retinentes literis, eodem Cæsaris (d) in titulo consignatæ sunt, eo ordine scriptæ, quo prædicta ante quam fierent, Propheta David testatus est, dicens: *Tituli inscriptionem ne corrumpas.* Regem enim Judæorum crucifixum ille scripserat Judex. Hunc sua lingua (e) Hebræi dum legerent, quæ primo in loco posita erat, postulantes mutandum, (f) divinitus affatus Pilatus, *Quod scripsi*, inquit, *scripsi*: ut & tituli inviolata, sicut promissum est, maneret integritas, & lingua Hebræa sub testimonio in principalem locum, quem post amisit, merito signaretur. Ex illo igitur Heber currit progenies usque ad Abraham, a quo, ut quidam dicunt, *Abræi, sicut ab Heber Hebræi appellati sunt. Primitivum vero esse hunc populum, licet ipse Dominus attestetur, dicens, *Primitivus meus Israel*; in Deuteronomio libro planius ostenditur. *Cum dispertiretur Altissimus* (dictum est) *nationes, statuit terminos gentium secundum numerum angelorum Dei. Et facta est pars ejus Jacob, funis hæreditatis ejus Israel.* Sed hic Jacob, qui appellatus est Israel, ex quo tramite veniat per ordinem recurramus, ut Abrahæ, cujus hic nepos est, promissa suppleamus.

CAPUT X.

PROMISSIO: *In Abraha vocatione, terra viventium Christiano populo futura.*

Promissio facta & figurata. (g) In Genesi credita & visa.

EX semine igitur Sem filii Noe, natus est Heber, cujus fuit filius Phaleg, sub quo divisæ sunt linguæ. Phaleg genuit Rau: Rau genuit Seruch: Seruch genuit Nachor: Nachor genuit Thare: Thare genuit Abram, qui postea dictus est (h) Abraham: cujus nepos fuit Jacob. Hunc (i) Abraham apud Chaldæos genitum Scriptura testatur. Ex qua patre vocatur, dum primus (k) credens, pater fidei, gratia vocantis, meruit appellari. Chaldæi astronomiæ dediti, dum callide positiones siderum perscrutantur, multum errantes, circa cultum religionemque divinum, Creatorem (l) omnium rerum minime perquirentes, evanuerunt, ut Paulus dicit, *in cogitationibus suis, & obscuratum est insipiens cor eorum.* E quibus Abraham non (m) callidæ creaturæ, sed salutare divini cultus secutus, ab stultis & insipientibus Domini munere segregatus est. *Exi*, inquit ei Deus, *de terra tua & de cognatione tua, & veni in terram quamcumque tibi ostendero.* Ad præceptum vocantis, prima fide cognationeque relicta, per fidem credit quæ non vidit, donec videre mereatur omne quod credit. Exiens igitur de terra Chaldæorum habitavit Charræ, in qua omnibus (n) repletus est divitiis. Terræ quoque ipsius, in spe sui seminis futuram suscepit hæreditatem. Cum etiam ex ano (o) & senili conjuge, vergens quoque ipse in senium, (p) per promissionem expectat heredem, hic nobis pater fidei ostendit, nec incolatus nostri longum exilium formidandum, & in Christo Domino semper sperandum: cujus per gratiam (q) terra viventium, sempiterna potiemur hereditate: de qua David Propheta dicit; *Credo videre bona Domini in terra viventium.*

CAPUT XI.

PROMISSIO: *In Abraha semine multiplicari, ut stellas, populum Christianum.*

Promissio multiplicandi seminis Abrahæ: In Genesi credita & visa.

F*Actus est sermo Domini ad Abraham per visum dicens: Noli timere Abraham, ego te protego, merces tua multa erit valde. Dixitque Abraham; Domine, quid dabis mihi? ego enim sum absque liberis, & filius procuratoris* (r) *domus meæ, hic Damascus Eliezer. Dixitque Abraham. Quia non dedisti mihi semen, vernaculus meus mihi heres erit. Statimque sermo Domini ad eum; Non erit hic heres tuus; sed qui egredietur de utero tuo, ipsum habebis heredem. Eduxitque eum foras, & ait illi; Suspice in cælum, & numera stellas, si potes numerare eas. Et dixit: Sic erit semen tuum.* Cre-

(a) Hæc addidimus ex fide MS. Remig.
(b) Abest vox, *unus*, a MS. Remig. & edit. Lugd. & Lov.
(c) MS. Remig. *his tribus.*
(d) MS. Remig. *in titulum.*
(e) Edit. *Hebraici.*
(f) MS. Remig. *divinitus afflatus, Pilatus.*
(g) Supplemus hæc ope MS. Remig. cui deest prior titulus.
(h) Ita legimus in MS. Remig. Aberant vero hæc ab editis, *Abraham, qui postea dictus est.*
(i) MS. Remig. *Abram.*
(k) MS. Remig. *credidit.*
(l) MS. Remig. *rerum omnium minime.*
(m) MS. Remig. *callidæ creaturæ*; sola editio Lugd. *non callide creaturæ.*
(n) MS. Remig. *repletus divitiis, terræ quoque.*
(o) MS. Remig. *&* ex *senili.*
(p) MS. Remig. *promissionis.*
(q) MS. Remig. *terram viventium, sempiternam potiemur hereditatem.*
(r) MS. Remig. *domus meæ.*

Credidit autem Abraham Deo, & deputatum est ei ad justitiam. Hanc Paulus (a) firmat Apostolus dicens: *Igitur fides*, ait, *ex auditu; auditus autem per verbum Christi*. Et Isaias ait: *Nisi credideritis, non intelligetis*. Fundamentum omnis rei futuræ, fides est: cujus culmen ædificii totius cubumque obtinuit in Christo Jesu, qui est ex semine Abrahæ.

Rom. 10. 17.
Isai. 7. 9. sec. LXX.

CAPUT XII.

PROMISSIO: *In sacrificio Abrahæ, regale Ecclesiæ sacerdotium.*

Promissio qua Abraham, poscente Deo sacrificium, sacerdos ostenditur. (b) In Genesi credita, & visa.

1. SEcundo oraculo dicit Dominus ad Abraham: *Ego sum qui eduxi te de terra Chaldæorum, ut darem tibi terram istam, & possideres eam. At ille ait: Domine, unde scire possum quod possessurus sim eam. Et Dominus: Sume*, inquit, *vaccam triennem, & capram trimam, & arietem trimum, turturem quoque & columbam. (c) Qui tollens universa hæc, divisit ea per medium, & utrasque partes contra invicem posuit: aves autem non divisit. Descenderuntque volucres super cadavera divisa, & abigebat eas Abraham. Cumque sol occumberet; sopor irruit super Abraham, & horror magnus & tenebrosus invasit eum. Dictumque est ad eum: Scito prænoscens, quod peregrinum erit semen tuum in terra non sua, & subjicient eos servituti, & affligent annis quadringentis. Gentem autem cui servierint, judicabo ego; dicit Dominus. Post hæc egredientur cum magna substantia. Tu autem ibis ad patres tuos nutritus in senectute bona. Quarta autem generatione revertentur huc: necdum enim impletæ sunt iniquitates Amorrhæorum*. In hac promissione, & in hoc sacrificio tripartito, (quod in præsenti ita actum est, ut tamen alia futura signaret;) tria tempora quæ superius dicta sunt, in tribus his animalibus, spiritalis lector, agnosce: vaccam trimam, ante legem lascivientem plebem sine jugo legis: capram trimam, sub lege quam immolare debet plebs legem transgrediens, pro peccato: arietem trimum, sub gratia perfectum sacrificium, quod figurate pro filio idem offerens Abraham, arietem nostrum Christum trimum, tribus temporibus prædicatum, pro peccato populi ara crucis excepit. Quoniam *pro iniquitate populi*, ait Isaias, *ductus est ad mortem, & sicut ovis ante tondentem se*.

Gen. 15. 7. & seqq.
Vide Aug. lib. 16. de civit. Dei, cap. 24.
Isai. 53. 8. & 7.

2. Quod vero hæc animalia contra invicem divisa posita sunt, divisiones & schismata, quæ sese invicem impugnarent, futura apostolus Paulus ostendit, dicens: *Oportet & hæreses esse, ut probati manifesti fiant in vobis*. Nam & ante legem, ut hæreticorum, Cain repudiatum est sacrificium: & in lege, Chore, Dathan, & Abiron, dum hæresum schismatumque auctores, vivos terra voravit. Et sub gratia, multarum hæresum dogmata, & aves circa divisa cadavera mortuorum residentes, abiguntur a Paulo, cum dicit; *Divisus est Christus? (d) Numquid Paulus pro vobis crucifixus est? aut in nomine Pauli baptizati estis?* Præceptum est autem Abrahæ in illo sacrificio; ut turturem castum, & simplicem columbam non divideret. Quoniam spiritales filii casti, & simplices virgines, dum in charitate sacrificium illibatæ fidei offerunt, dividi omnino non possunt. Peregrinum vero esse in hac vita semen (e) eorum, qui Domino suo canunt, testatur David dicens: *Inquilinus sum & peregrinus, sicut omnes patres mei*. (f) Et vexari in Ægypto annis quadringentis, dum gemunt & dicunt: *Heu me, quia peregrinatio mea elongata est*, satis in promptu est. Quarta vero generatione ad libertatem reverti ex hac Ægyptia servitute, nostra a peccato erepta libertas ostenditur, quæ tribus supradictis expletis temporibus, (g) in quartam, quam regenerationem Dominus appellat, declarata per resurrectionem veram, omnis nostra libertas exurgat: impletis (h) peccatis Amorrhæorum, eorum scilicet qui non credunt Dei Evangelio. Quoniam *qui non credit*, ut Dominus dicit, *jam judicatus est*.

1. Cor. 11. 19.
Gen. 4. 5. Num. 16.
1. Cor. 1. 13.
Psal. 38. 13.
Psal. 119. 5.
Matth. 19. 28.
Joan. 3. 18.

CAPUT XIII.

PROMISSIO: *In omnium perfectione, quæ in fide, pater gentium est Abraham.*

In Genesi credita & visa. Promissio figurata.

TErtio oraculo promissio divina, etiam in ejus nomine firmatur. (i) Abram ante vocatus, Abraham eum creator Dominus nuncupat, cujus nominis proprietas designatur: *Patrem*, inquit, *multarum gentium posui te*: ut hæc promissio, non ad solam progeniem carnis Abrahæ, ex qua populus Judæorum veniebat, crederetur pertinere. De qua gloriari in Evangelio (k) dixerunt: *Nos patrem habemus Abraham*: responsumque est ab eo, qui & vocabulum tale dederat & fidem: *Nolite*, inquit, *in hoc gloriari; potens est enim Deus de lapidibus istis suscitare filios Abrahæ*: ut esset Abraham in Christo pater multarum gentium per fidem: cum unius tantum gratis fuerit per generationem.

Genes. 17. 5.
Matt. 3. 9. & Luc. 3. 8.
Rom. 4. 18.

(a) Editi Lovan. Duac. & Colon. affirmat.
(b) Hæc additis ex MS. Remig. in quo omittitur prior versio.
(c) In MS. Remig. Tollensque.
(d) MS. Remig. addit, in vobis.
(e) MS. Remig. Leviticorum.
(f) Ita MS. Editi vero, Ut vexati.
(g) MS. Remig. in quarta.
(h) MS. Remig. subinde.
(i) MS. Remig. Abram ante vocitatus Abraham, creator Dominus voluit nuncupari: infra.
(k) MS. Remig. dixerunt.

CAPUT XIV.

PRÆDICTIO: *In Circumcisione, qua corde circumciduntur Christiani.*

Prædictio figurata.

Gen. 17. 10. & seq. HUic Abrahæ jam vocato per fidem, pactum quoddam circumcisionis indicitur, in signo veteris testamenti, quod ipse, suique posteri servare præcipiuntur: v. 14. omnemque animam perituram de populo, quæ circumcisionem minime celebrasset. Quæritur fortasse, cur (a) placuerit Deo circumcidi omne dumtaxat masculinum, eorum qui se ad obediendum Deo verterent. Grandi autem sacramento res hæc acta est, quæ media & præterita tempora respiceret, ac futura. Nam primæ prævaricationis causa, (b) ea parte corporis serpentis veneno homo pulsatus, ardore libidinis æstuare potuit ex his, quæ pudenda erubescenda non erant; atque (c) operienda verecundia statuit, quæ fuerant inverecunde nudata. Idcirco creator & judex Deus, in ea parte corporis signum circumcisionis indixit, temporans morbum male conceptæ libidinis ex copula (d) debita: ut per continentiæ bonum atque integritatis decus id repararet, quod fuerat violatum. Circumcisio quippe cordis, quæ in novo fulget testamento, Matt. 19. 12. in illo signo figurata est: *quia sunt spadones, qui se ipsos castraverunt propter regnum Dei.* Jerem. 4. 4. Et filios Israel, incircumcisos corde, Deus increpat, & objurgat.

CAPUT XV.

PROMISSIO: *In Isaac nato, qui risus dicitur, quid ostendat in Christo.*

Promissio figurata. (e) In Genesi credita & visa.

Gen. 18. 1. & seq. RUrsum eidem Abrahæ ad ilicem Mambræ in tribus viris divina majestas apparuit, proximæ de filio suscipiendo sirmans promissionem, ac supra dicta confirmans; a quo etiam Sara uxor ejus inquiritur. Dixit enim Deus Abraham: *Ubi est Sara uxor tua? Qui dixit; In tabernaculo est. Dixitque illi Dominus: Revertar ad te hoc tempore opportune, & habebit Sara filium; Audiens vero hæc Sara, cum esset in ostio tabernaculi post eum, risit intra seipsam dicens: Nondum factum mihi est usque in hoc tempus, & dominus meus senior est. Ait Dominus ad Abraham: Quare risit Sara intra seipsam dicens; Ergo ego vere pariam quæ senui? numquid nihil possibile verbum Dei? Rursumque confirmat; Revertar igitur ad te opportune; & habebit Sara filium.* Timendo negat Sara risisse, quod riserit convincitur veritate. Quæ concipiens & pariens, appellatum est nomen ejus Isaac, quod interpretatur risus. Ob quam rem & ipsa Sara, cum jam parvulum portaret in manibus: *Risum*, inquit, *mihi fecit* (f) *Deus. Omnis enim qui audierit senem & sterilem peperisse, congratulabitur mihi in risu.* Gen. 21. 6. (g) Proles risus excipitur, (h) in qua benedictionem promissam omnium gentium suscepit Abraham. Gentes enim quæ Christo (i) per illum semen in carne veniens nunc credunt, (k) in risum a Judæis suum Salvatorem confitentur, eumque glorificantes, agnoscunt illius contumeliosam Passionem suam esse veram libertatem.

CAPUT XVI.

PRÆDICTIO: *In Sodoma & Gomorrha futuri judicii diem.*

In Genesi credita & visa. Prædictio facta & figurata.

IMpiarum civitatum subversionem prædictam Sodomorum & Gomorrhæorum, eidem fideli famulo Abrahæ Dominus demonstravit dicens; *Clamor Sodomorum & Gomorrhæorum multiplicatus est, & peccata eorum valde* (l) *nimia.* Gen. 18. 20. & seq. *Descendens, inquit, videbo si clamorem, qui venit ad me,* (m) *consummaverint: sin autem, ut sciam.* Descendit, ut hic dictum est, Deus: quia famulo gratissimo non celavit suum justum judicium, ac per quamdam pactionem, quam supplex humilisque intercessor acceperat, Deum cognoscens jure prædictas velle perdere civitates, ut irascentem mitigaret, hoc modo: *Ne perdas*, inquit, (n) *pariter justum cum impio. Et erit justus quomodo & injustus? Si fuerint quinquaginta justi in civitate, perdes illos? Non remittes* (o) *omnem locum causa illorum quinquaginta justorum?* Ibid. v. 23. & 24. (p) Cumque promisisset Deus non se perditurum, si quinquaginta justos in illis reperisset locis; ex eo loquendi sumpsit audaciam, plus precantis adhibens voces, limum pulveremque sese confitens, Ibid. v. 26. & 27. & seq. Dei sententiam, (q) a quinquaginta usque ad decem, mira lenitate suspendit. Quorum exiguum numerum minime reperisse dicitur. Eruensque Loth cum uxore & duabus filiabus ejus, de populis & civitatibus quas cælesti igne consumpturus erat; eos, quos liberavit, admonuit

---

(a) MS. Remig. placuerat.
(b) Sic MS. Remig. Edit. omnes, a parte.
(c) Locum emendavimus ex MS. Remig. alias, pareret verecundia [illegible].
(d) Ita MS. Remig. Edit. debitum.
(e) Suppletur ex MS. Remig. quæ priori titulo [illegible].
(f) MS. Remig. Dominus.
(g) MS. Remig. Proles risus.
(h) Edit. in quo.
(i) MS. Remig. per illum semen in carne venturum.
(k) Forte non recte, invisum, pro irrisum.
(l) Sic MS. Remig. Edit. [illegible].
(m) MS. Remig. consummaverunt.
(n) MS. Remig. addit nomen, Domine.
(o) MS. Remig. omnem locum civitatis illorum.
(p) MS. Remig. Cumque promisisset Dei [illegible] sumpsit audaciam, eos se.
(q) Ita omnino in MS. Remigiano. In editis vero; per quinquaginta justis, addens quadraginta quinque, mira lenitate suspendit.

nuit non stare in tota regione illa, neve retro respicerent. Quæ uxor Loth præcepta contemnens retroque respiciens, statua salis effecta, suo exemplo fatuos condivit, in proposito sancto quo credunt proficientes, nosia curiositate retro non debere respicere, nec posse evadere tales statuta supplicia, hæc femina demonstravit, quæ quod evaserat, perdidit. Tales Dominus in Evangelio increpat dicens: *Remissius erit terræ Sodomorum in die judicii, quam vobis*. Quos vero Christi gratia liberat, admonet per Apostolum: *Exite de medio eorum, & separamini, dicit Dominus*. Item ipse: *Quæ retro oblitus, in ea quæ ante sunt extentus*. *Nemo enim in retro attendens, & ponens manum suam super aratrum, aptus est regno Dei*. Cum Dominus diceret: *Mementote, ait, uxoris Loth*. Securi igitur diem judicii expectant, (a) quibus in cruce Domini gloriantibus, mundus eis crucifixus est, & ipsi mundo. Terruit enim Dominus corda fidelium, dicens, *Ut factum est in diebus Loth, ita futurum adventum filii hominis*; ne gravatos in crapulis & ebrietatibus eos subitaneus inveniat dies. De quo dicit Apostolus: *Quia dies Domini, (b) sicut fur in nocte, ita veniet*.

CAPUT XVII.

PRÆDICTIO: *In Isaac immolando, Christi Passio.*

(c) Prædictio figurata. In Genesi credita & visa.

Tentavit *Deus Abraham dicens. Abraham, Abraham. Et dixit: Ecce ego. Et Dominus: Accipe filium tuum unigenitum, quem diligis, Isaac, & vade in terram excelsam, & offer ibi eum holocaustum super unum montium, quem tibi dixero*. Eum sibi jubet offerri holocaustum in quo semen Abrahæ ut stellas cæli multiplicari, & in eo gentes benedici, tot jam oraculis (d) divinitas ipse promiserat. Non tamen cunctatus pater in filio implere quæ jussa sunt, *sciens*, ut Paulus dicit, *quod etiam ex mortuis possit eum Dominus excitare*. (e) Sed eum qui tentatur in filio, non tantum collatæ fidei virtus demonstratur, quantum etiam nobis imitanda proponitur: (f) & ut præcepti novi ex Evangelio maneret auctoritas; *Qui amat patrem aut matrem super me, non est me dignus, aut qui amat filium aut filiam plus quam me, non est me dignus*. Nam cum eum nec dum proli sibi renatum, Deo tamen (g) jubenti ex intentione paruit Abraham, qui sciebat

Deum nec immemorem promissionum suarum, & mysticum quoddam futuræ Passionis dominicæ geri sacramentum: illum scilicet respiciens diem nostræ redemptionis, de quo Dominus in Evangelio increpans Judæos dicit: *Abraham pater vester (h) concupivit videre diem meum; & vidit, & gavisus est*. Diem scilicet Passionis Filii Dei in suo filio figuratum vidit Abraham: quod unico filio non pepercit: quod velut ad aram crucis triduo cum jejuno victima convolavit; quod patiens, ac sine voce, (i) similis agno coram tondente se, filius patri, ut percuteret, pia colla præbuit; quod se ligno quod portaverat ipse, suspendi Isaac non reluctatus est; quod aries cornibus in vepre detentus, spinis coronatum Christum ostendens, pro Isaac immolandus apparuit; quod ideo Isaac immolatus non est, quia resurrectio Filio Dei servata est. Hæc omnia credens Abraham videre meruit per figuram, quæ nos per gratiam impleta esse cognoscimus.

CAPUT XVIII.

PRÆDICTIO: *In juratione Dei, quæ semen ejus in Christo supra numerum extenditur.*

Promissio figurata Abrahæ. (k) In Genesi credita & visa.

Per (l) *memetipsum juravi, dicit Dominus, (m) propter quod non pepercisti filio tuo dilectissimo propter me, benedicam tibi, & multiplicabo semen tuum sicut stellas cæli, & velut arenam quæ est in littore maris. Et possidebit semen tuum civitates inimicorum suorum, & benedicentur in semine tuo omnes gentes terræ, quia obedisti voci meæ*. Multiplicatum quidem semen Abrahæ, atque ad grandem numerum pervenisse, liber Numerorum ostendit: non tamen scimus esse innumerum. Promissio vero Dei ut stellas cæli, & ut arenam maris, quæ numerari nequeunt, continet: quam in Christo per fidem gentium, quarum pater est Abraham, benedictionem esse suppletam, & ipse rerum ordo demonstrat, simul & oracula Prophetarum, quæ filios Abrahæ, non tantum ex semine carnis, sed fide vocari ad infinitum numerum, per David, ceterosque testantur. *Benedicentur*, inquit, *in eo omnes tribus terræ. Omnes gentes beatum dicent eum*. Item; *Adorabunt eum omnes Reges terræ: omnes gentes servient illi*. Et Isaias. *Erit radix Jesse, & qui exurget (n) regnare in gentibus, in eo gentes sperabunt*. Apostolus quoque Paulus, tractos

rianos,

(a) MS. Remig. qui in cruce Domini gloriantur, mundus eis, &c.

(b) MS. Remig. sicut fur, ita in nocte veniet.

(c) MS. Remig. Promissio, idemque addit hæc: In Genesi, &c.

(d) MS. Remig. divinitas ipsa.

(e) MS. Remig. sed ei qui tentatur in filio, non tantum ...

(f) MS. Remig. quibus præcepti novi ex Evangelio maneret auctoritas.

(g) MS. Remig. jubente.

(h) MS. Remig. cupivit.

(i) MS. Remig. similis agni, tondenti se Filius Patri, &c.

(k) Additio hæc habetur in MS. Remig. in quo desiderantur sequentes tituli.

(l) Editi, Per me juravi.

(m) Editi, propterea.

(n) MS. Remig. regere ... in eum.

Rom. 11. 17. & seq. (best reading) ramos, Judæos dicit per incredulitatem, atque (a) in fide radicis Abrahæ gentes, ut oleastro, fuisse insertas. Item ipse: *Gentes autem super misericordiam glorificare Deum*: misericordia qua ablato, ut promisit, corde lapideo, daret eis cor carneum. Lapides enim appellat, lapideos deos colentes, cum dicit: (b) *Dico vobis, si hi tacuerint, lapides clamabunt.* Mirum in modum qui erant lapides, per gratiam facti filii clamant: *Pater noster qui es in cœlis*: & qui erant filii, effecti lapides dicunt, *Fac nobis deos, qui nos præcedant*, quia derelinquentes Deum vivum, servierunt Baal, & idolis gentium. Gentes e contrario, spretis idolis, secuti sunt Deum vivum. Quæ nos videmus impleri. (c) Illa scilicet (d) quæ promissa sunt in semine suo futuro per Christum, quæ & credidit Abraham.

CAPUT XIX.

PRÆDICTIO: *Ex femore Abrahæ Christum hominem suscepturum.*

Prædictam carnem Christi ex femore Abrahæ venturam, sequens mystica actio ostendit. In Genesi credita & visa.

Gen. 24. 2. (best reading) **V**Ocat (e) Abraham præpositum domus suæ, & ait illi: *Pone manum tuam* (f) *sub femore meo, & jura per Deum cœli, quia non accipies uxorem filio meo, ex filiabus terræ hujus, cum quibus ego habito; sed ex tribu mea accipies illi uxorem.* In femore Abrahæ Deum cœli fuisse, hic ordo ostendit, quod Abraham genuit Isaac; Isaac Jacob; Jacob, duodecim Patriarchas; in quibus Judas, ex cujus tribu Joan. 1. 3. (best reading) David: de quo per seriem generationum, virgo Maria quæ peperit Christum, qui est Deus cœli, quia per ipsum facta sunt omnia.

CAPUT XX.

PROMISSIO: *In geminis Rebeccæ populos duos, Christianos & Judæos.*

In Genesi credita & visa. Promissio facta & figurata.

Gen. 25. 21. (best reading) **C**UM (g) idem Isaac Rebeccam propinquam sibi accepisset uxorem, eam cernens sterilem, pro gignenda prole, Deum, qui multiplicare promiserat, deprecatus est: statimque ut (h) poposcit, accepit. Cum autem concepisset Rebecca; gemini gestiebant in utero ejus. At illa (i) ægre ferens, *Si sic mihi futurum erat*, ait, *ut quid mihi hoc?* Abiit autem Isaac Ibid. v. 22. (best reading) cum ea interrogare Dominum, atque hujusmodi responsum accepit: *Duo*, inquit, *populi in* Ibid. v. 23. (best reading) *utero tuo sunt, & duæ plebes de ventre tuo* (k) *prodibunt: & populus populum superabit, & major serviet minori.* Suscepit duos promissos filios Isaac, duosque populos fide tantum futuros agnoscens, quos illa mystica actio nobis revelatos exhibuit. Esau quippe, dum prior pilosus prodiret ex utero, minoris Jacob manus emissa Ibid. v. 25. (best reading) post eum, plantam ejus apprehendit: quod factum mirum magnumque visum præbuit. Idem Ibid. v. 30. (best reading) igitur Jacob (l) minor lenis, in ipsa jam & seq. pueritia per cocturam rubram lenticulæ majorem fratrem supplantans, abstulit ejus primatus; nec vacuum esse potuit tanti mysterii sacramentum. Lenis ille minor Jacob, lenem mitemque (m) signabat populum Christianum, ea lenitate prædicatum, qua innocuum gentilis furor crediderat (n) absumendum. Hic igitur lenis populus per cocturam (o) rubram, Passionem scilicet Christi sanguine rubratam, elaci & sævienti Judaico populo, cujus figuram gestabat Esau, qui etiam Edom dictus est, petenti voluntate obtulit: ac primatus quos habuit ille vendidit, iste suscepit. Judæus quod nascendo habuit, per concupiscentiam perdidit: Christianus per gratiam, (p) quod in natura non habuit, acquisivit.

CAPUT XXI.

PROMISSIO: *In rebus, quæ gesserint per figuram.*

In Genesi credita & visa. Promissio facta & figurata.

1. **E**A vero quæ in duobus istis geminis acta sunt, quam mira, quam grandia, quam justa promissionem Dei (q) sacramentis omnia plena sint, breviter, ut justum fuerit, explicare contendam. Cæcatur Isaac pater eo- Gen. 27. 1. (best reading)
rum exterioribus oculis, lumine vero interiore & seq. fulgente, promittit Esau primitivo filio benedictionem, si desideratas escas ex sua venatione filius præparasset patri. Pergit ille implere quæ jussa sunt. Mater, quæ audierat benedictionem Ibid. v. 5. (best reading) majori promissam, divinitus acta, ut minori Ja- & seq. cob proveniat, prophetica arte compositis mysticam (r) escam parat. Vestem accepit primogeniti sui, quæ erat apud illam in domo, hac

(a) Ms. Remig. *in fidem radicis.*
(b) Ms. Remig. *cum dicit Judæis: Si hi tacuerint, lapides clamabunt.*
(c) Hæc duo verba: *Illa scilicet*, absunt a Ms. Remig.
(d) Ms. Remig. *quæ promissa in semine suo futuro per Christum credidit Abraham.*
(e) Ms. Remig. *vocavit.*
(f) Ms. Remig. *super.*
(g) Ms. Remig. *Et idem ... eamque sterilem ... Dominum, qui multiplicare, &c.*
(h) Ms. Remig. *postul. Concepitque namque Rebecca.*
(i) Ita Ms. Remig. Editi vero, *hæc referens.* Tum Ms. *Si sic mihi incipiat fieri, ut quid.*
(k) Ms. Remig. *prodient.*
(l) Editi hic & infra, *junior*, ubi Ms. Remig. habet *minor.*
(m) Ms. Remig. *designavit.*
(n) Editi, *ab Esau*, nullo recto sensu, ut videtur: at Ms. Remig. *ad fumendum*, forte pro *absumendum*, ut notat vox, *furor*, prævia.
(o) Vox, *rubram*, est ex Ms. Remig.
(p) Ms. Remig. *quam.*
(q) Ms. Remig. addit, *Dei*, deest in editis.
(r) Ms. Remig. *fraudem.*

juniorem induit: ac super brachia ejus, & nudam cervicem pelles hædorum imposuit: (a) asperitasque eum qui erat, ut posset intueri quod non erat; nunquam jam nobis illum figuratum ostenderet Christum, qui accepit non carnem peccati, sed *similitudinem carnis peccati*. Legem quoque veteris testamenti, tanquam vestem primogeniti suscipiens, non eam se solvere Dominum venisse dixerit, sed implere. Sic compositus minor filius ille Jacob, qui fratri jam primatus abstulerat, usurpat insuper (b) & benedictionem, offerens patri parata a matre escas, & dicit: *Pater. At ille: Quis es tu fili? Ego sum, inquit, primogenitus tuus Esau. Fac sicut locutus es mihi.* Cumque pater vocem filii minoris agnosceret, palpandum æstimans, (c) hispida membra majoris invenit. Turbatusque in filiis, lassus est (ut ait quidam) gratus error parentibus. (d) Acceptis igitur epulis quas paraverat mater, filius offerebat: pater quas libenter accepit, hujusmodi benedictionem minori filio dedit. *Ecce*, inquit, *odor filii mei, sicut odor agri pleni, quem benedixit Dominus. Det tibi*, inquit, *Deus a rore cœli & a fertilitate terræ multitudinem frumenti, vini, & olei: & serviant tibi gentes, & adorabunt te principes & eris dominus fratris tui*, (e) *& adorabunt te filii patris tui: & qui te benedixerit, erit benedictus; & qui te maledixerit, erit maledictus.* Hæc omnia Christo Domino conveniunt, post ejus odorem benedictæ concurrunt omnes gentes.

2. Venit, peractis illis, & filius primogenitus Esau ex minoris gratia jam reprobus. Offert & ipse escas patri, & dicit: *Surgat pater meus, & manducet de venatione filii sui, ut benedicat me anima tua.* Ad hæc perculsus pater: *Et quis est*, inquit, *qui venatus est mihi, & comedi prius quam tu introires; & benedixi illum, & benedictus est!* Benedictus posterior populus Christianus, tum patri (f) dicit: *Dedisti lætitiam in corde meo: (g) a fructu frumenti, vini, & olei sui multiplicati sunt.* Majori autem populo Judæo pater dicit: *Non accipiam de domo tua vitulos, neque de gregibus tuis hircos. Sacrificium enim laudis glorificabit me. Venit enim frater tuus cum dolo, & accepit benedictionem tuam.* Quia igitur Jacob Deus dilexit, Esau autem odio habuit: propterea suppleto tempore, sacrificiis Judæorum explosis, sacrificium mundum, ut prædictum est, offerri nomini ejus omnis nunc populus Christianus agnoscit, qui per gratiam Judæo & primatum & benedictionem abstulit. (h) De illo enim dictum est: *Erit dominus fratris tui.* Cæterum (i) in illis gratiis non provenit. Minor enim & servire majori obtulit, & famulum (k) se esse professus, cum munera adoravit; ut res, quæ tunc figurata est per literam, nobis nunc (l) manifestaretur in gratia.

CAPUT XXII.

PROMISSIO, *In Esau, ex cujus semine Job, & Christus in gentibus per fidem.*

In Genesi credita & visa. Promissa præmia virtuti, & patientiæ.

EX semine Esau Idumæa gens, in qua inter cæteros duces, Job ille fortissimus athleta Dei exstitit, in exemplum omnis patientiæ productus, ut agonistico certamine principem totius militiæ diabolum superaret fultus auxilio Dei. Vir namque cum esset justus, ac sine querela Deo, eumque in confusione diaboli qualis esset, Deus ostendere dignaretur; *Animadvertisti*, inquit Deus diabolo, (m) *ad puerum meum Job? non enim est similis illi* (n) *quisquam in terris. Et diabolus: Numquid Job, ait, gratis colit Deum? Nonne tu benedixisti domum ejus, & pecora ejus multiplicasti? Sed mitte manum tuam, & tange* (o) *omnia quæ habet, & scies an in facie benedicat tibi. Ecce*, inquit Deus, (p) *omnia quæ habet in tuas manus do, sed ipsum cave ne tangas.* Fit grande certamen. Perditis spoliatisque angelus, sublatos Dei famulum infestatur, atque, ut illi est plena a seipso procreata malitia, vastat, fugat, disperditque omnia necessaria (q) bona; & cum omni hæreditate, comperit semel (r) contemptis hæredem. Tot tamen jaculis emissis, illæsus manet Job; cujus, ut militis Dei, una ista percutitur diabolus. *Nudus exivi*, inquit, *de utero matris meæ, nudus revertar in terram. Dominus dedit, & Dominus abstulit: sicut Domino placuit, ita factum est. Sit nomen Domini benedictum.* Hoc superatus certamine, aliud majus inimicus instituit. *Mitte*, inquit Deo, *manum tuam, & tange carnem illius, & ossa, & scies an* (s) *in facie benedicat tibi.* Mitte manum tuam, nihil est aliud quam, Da potestatem. Hanc enim nec in porcis habuit diabolus, nisi ille dedisset, qui sub hac auctoritate & Job ei tradidit, ut praecepit non extenderet manum. *Ecce*, inquit Deus, *trado tibi illum; tamen animam illius custodi.* Quem percussum gravi vulnere, putrefacta totius corporis compagine, omnibus artubus solutis, sanie profluente, ebullientibus vermibus, dum in corrupto corpore integer animus consisteret, sensitque diabolus in-

(a) MS. Remig. *asperitasque eum ... ut posset in*tueri *sancta pro contrariis*.
(b) Editi carent hoc particula, &.
(c) MS. Remig. *hispidum majoris invenit*.
(d) MS. Remig. *Sumptam igitur epulas, quas paraverat mater, filium offerens (forte offerebat), pater libenter accepit, hujusmodi benedictionem*.
(e) MS. Remig. *serviant tibi*.
(f) MS. Remig. *dicit*.
(g) MS. Remig. *A tempore*.
(h) MS. Remig. *Ad ipsum*.
(i) MS. Remig. *illis, hoc in*.
(k) MS. Remig. *se se professus*.
(l) MS. Remig. *manifestatur gratia*.
(m) MS. Remig. *in puero meo*.
(n) MS. Remig. *non habet, quisquam*.
(o) MS. Remig. *cuncta quæ habet*.
(p) MS. Remig. *omnia quæcumque*.
(q) In Edit. antiquis deest hæc vox, *bona*.
(r) MS. Remig. *contulit*.
(s) MS. Remig. *in faciem*.

intrinsecus fortem, quem forinsecus debilem æstimabat; mulierem viro suo, illo articulo quam sibi necessariam dimiserat, armat, atque per uxorem fortissimum virum suo pulsat ex latere.

2. Cum & mulier venenata jacula, quæ ab inimico sumpserat, infunderet, ait inter cætera: *Dic aliquod verbum* (a) *in Dominum, & morere*. Statimque ille ruinam primi hominis recordatus, Evam novam, atque in illa illum inimicum qui prælibabatur expugnans, ait: *Tamquam una ex insipientibus mulieribus locuta es. Si bona accepimus de manu Domini, mala quare non toleremus?* His divinis jaculis (b) prostratus inimicus, superatusque per gratiam, pio homini perversus angelus cessit, & humilis patientiæ pietas omnem molestiam superbiæ debilavit. Jam enim (c) per justum virum potentem transitura Christi vestigia in gentes figurabantur: de quibus David ex persona ejus dicit: *In Idumæa extendam calceamentum meum*. Jacobus quoque Apostolus ad exemplum patientiæ credentium corda confirmans ait: *Patientiam Job audistis, & finem Domini vidistis, quia misericors Dominus & miserator est*. Dupla enim præmia Job victor accepit. Pugnantibus vero suis, & sua gratia juvante vincentibus, (d) centupla hic se daturum Dominus pollicetur, & vitam æternam in futuro sæculo largiturum. Quod in (e) Valentiano Valentis fratre videmus impletum: qui dum pro Christo militiam tribunatus sprevit, hujus mundi regnum adeptus est, & verus Christi confessor vitam adquisivit æternam.

CAPUT XXIII.

PROMISSIO, *In Jacob; cui per visum Christus, lapis angularis, ostensus est.*

Promissio figurata. In Genesi credita & visa.

JAcob quoque filius Isaac, nepos Abrahæ, per quamdam rem secum mirabiliter gestam accepit promissionem. Fugiens enim fratris insidias, locum ei mansionis præbuit solis vergentis excursus. (f) Illic lapidem capiti suppositum, mira sibi revelata in somnio narrat. Scalam miræ granditatis, cujus caput cœlum hujus excepisset, ostensam: per quam Angeli Dei ascendentes & descendentes erant, Dominum quoque incumbere in ipsum, sibique dixisse: *Terram in qua dormis, tibi dabo eam & semini tuo post te*. Qui evigilans, in sacramento lapidem quem ad caput habuit, erexit erigens, eumque liniens oleo, Christum nobis lapidem angularem consecravit: de quo Propheta dicit: *Lapidem quem reprobaverunt ædificantes, hic factus est in caput anguli*. Et Isaias, *Ecce*, inquit, *pono in Sion lapidem angularem, electum, pretiosum; & qui crediderit in illum, non confundetur*. Hic lapis angularis Christus Nathanaeli veniens ad se, somnium quod Jacob viderat, exposuit; *Videbitis*, inquit, *cælos apertos, & angelos Dei ascendentes & descendentes ad filium hominis. Qui enim descendit, Christus ipse est, & qui ascendit super omnes cælos, ut adimpleret omnia*. Scalam vero angustam viam posuerat, quæ ducit ad vitam.

CAPUT XXIV.

PROMISSIO: *In ipsius Jacob claudicatione, non credituros omnes Judæos.*

Promissio facta & figurata. In Genesi credita & visa.

IPSI quoque Jacob revertenti de Mesopotamia cum uxoribus, filiis, famulisque suis, angelus in via occurrit; qui cum eo sacratum luctam gerens, (g) & angelus ab homine superari se passus est, victorque a victo exegit benedictionem. *Non te*, inquit, *dimittam nisi benedixeris me*. *Dixitque ei angelus; Quod tibi nomen est? At ille ait, Jacob. Jam*, (h) inquit, *non vocaberis Jacob, sed erit Israel nomen tuum; quia prævaluisti cum Deo, & cum hominibus potens eris. Tetigitque angelus latitudinem femoris ejus, claudusque effectus est Jacob per omnes dies*. Claudicatio illa, quæ ex femore ejus facta est, populum ipsum (i) Hebræorum significat claudicantem: quibus (k) ait Helias Propheta; *Quid claudicatis ambabus inguinibus? Si Deus est, ite post illum*. Et David dicit; *Filii alieni, inveteraverunt, & claudicaverunt a semitis suis*: (l) quod recto itinere ex illo populo, viam Christum sequi non voluit, claudicans per errorem variis semitis aberravit; quem Videntem Deum (quod Israel appellatur) per gratiam Christianus populus apprehendit.

CAPUT XXV.

PROMISSIO: *In filiis Jacob, & in Joseph, qui gessit figuram Christi.*

Promissio facta & figurata. In Genesi credita & visa.

1. DUodecim filios, quos duodecim Patriarchas Scriptura testatur, ex suis famulis suscepit Jacob. Non quod (m) liberos sanctos

(a) Editiones veteres, *in Deum*.
(b) Sic MS. Remig. At Editi: *prostratus est inimicus, superatusque per gratiam, per hominem, perversus angelus, & humilis*, &c.
(c) Editio Lugd. & MS. Remig. *per istum*.
(d) MS. Remig. *centuplicia*.
(e) Forte *Valentiniano*: mox MS. Remig. *vidimus impletum*.
(f) MS. Remig. *sua illic ... appositum*.
(g) MS. Remig. non habet particulam, &.
(h) MS. Remig. addit hic, *ultra quidem*.
(i) MS. Remig. *Hebræorum*.
(k) MS. Remig. non habet vocem, *ait*.
(l) Sic MS. Remig. Editi, *Quod*. Tum MS. *noluit*, Editi, *non voluit*.
(m) MS. Remig. *non quod liber & famulus sit: sed forte, liberos famulos vero plurimos habere*, &c. *sed quod multiplicanda proli dant Deus licentiam*.

ſtra viros plurimas habere mulieres, concupiſcentiæ ſcilicet causa, ſed quod gratia multiplicandæ prolis dare Deus licentiam, (a) qui & unam permiſit, & poſtea aliquando prohibuit. Nam cum in lege dicerent: *Maledictus homo qui non ſuſcitaverit ſemen in Iſrael*; per Salomonem autem prophetam hujus licentiæ terminum dedit. *Tempus*, ait, *mittendi lapides*, & *tempus colligendi lapides*. *Tempus amplectendi*, & *tempus continendi ab amplexu*. (b) In his igitur duodecim Patriarchis Judas dictus eſt, ex quo Judæi, Joſeph, & Benjamin gemini, ex patre Jacob & ex matre Rachel: quorum actio (c) omnis Christum ſonat, & Eccleſiam. Dictum eſt enim: *Jacob diligebat Joſeph*. Dicit & Deus de Filio; *Hic eſt Filius meus dilectus, in quo bene complacui*. *Fecit*, inquit, *Jacob Joſeph tunicam variam*. (d) Dicitur & huic noſtro Joſeph Christo: *Adſtitit regina a dextris tuis in veſtitu deaurato, circumamicta varietate*. Somniavit Joſeph ſomnium, narravitque fratribus ſuis. *Putabam me*, ait, *ligare geminis in campo. Surrexit gremium meum & erectum eſt. Converſa autem gremia veſtra adorabant gremium meum.*

2. Hæc in Christo facta, idem (e) Jacob oſtendit in benedictione, quam a patre acceperat Judas, dicens: *Adorabunt te filii patris tui*. Hi enim dicunt; *Venite, adoremus & procidamus ei*, qui jam dicunt: *Pater noſter qui es in cælis*. Et ipſe in Evangelio; *Cum exaltatus fuero a terra, traham omnia*, ait, *ad me ipſum*. Rurſum alia ſecunda vidit in ſomnio, & hæc ſuis fratribus indicavit. *Quaſi ſol*, inquit, & *luna & undecim ſtellæ adorabant me*. Dicitur & de noſtro Joſeph Christo Domino per prophetam: *Laudate eum ſol & luna, laudate eum omnes ſtellæ & lumen*: &; *Cæli enarrant gloriam Dei*. Et Habacuc: *Elevatus eſt*, inquit, *ſol*, & *luna ſtetit in ordine ſuo*. Luna ex decrementis mortalibus conſtans Eccleſia, poſtea quam ſol Christus exaltatus eſt, reſurgens ordine integro; hæc ſtetit in fide, fulgentibus ſtellis ei qui aderant eis, Diſcipulis enim ſuis, quorum (f) certus eſt numerus, ait, *Luceant opera veſtra, ſicut luminaria in mundo*.

CAPUT XXVI.

PROMISSIO: *In tributo, qui ut Christus Dominus miſſus eſt ad viſitandos eos.*

In Geneſi credita & viſa. (g) Præfigurata promiſſio.

1. Mittitur Joſeph a patre ad viſitandos fratres ſuos, & oves. Dicit & noſter Joſeph Christus Dominus, *Non ſum miſſus niſi ad oves quæ perierunt domus Iſrael*. Dictum eſt: *Oderunt Joſeph fratres ejus, propter ſomnia ejus*. Clamat & hic noſter Joſeph Christus de Judæis fratribus: *Odio habuerunt me gratis*. (h) Viſo Joſeph, fratres ejus dixere: *Ecce ſomniator ille venit: venite, occidamus illum, & videamus quid erunt ſomnia ipſius*. Et apud Salomonem de noſtro Joſeph impios dixiſſe refertur: *Venite, occidamus juſtum, quoniam inſuavis eſt nobis*. Et ſequitur: *Promittit ſcientiam Dei ſe habere, & filium Dei ſe nominat. Videamus ſi ſermones illius veri ſunt, & tentemus* (i) *an ſuccedant quæ ventura ſunt illi*. Hæc quoque in Evangelio ipſe confirmat de filio qui ad cultores vineæ miſſus eſt, quemadmodum dixerint: *Hic eſt hæres: venite, occidamus illum, & noſtra erit hæreditas*. Accipientes Joſeph fratres ejus expoliaverunt (k) illum tunicam illam variam, & miſere illum in lacum. Hoc & noſter Joſeph de ſua Paſſione per Prophetam dicit: (l) *Poſuerunt me*, inquit, *in lacum inferiorem, in tenebris & in umbra mortis*.

2. Tunicam vero (m) expoliatam de ſuper contextam Evangelica hiſtoria narrat: quam etiam milites dividere noluerunt, unicam Eccleſiæ ſignantem, a cujus ſorte excluduntur hæretici: quoniam ſorte provenit, ut eam unus, id eſt, unitas poſſideret. *Accipientes*, inquit, *hœdum de capris fratres Joſeph, inquinaverunt tunicam ejus ſanguine*, quam patri ſub falſa aſſertione (n) protulerunt, quod beſtia nequam comedit illum. Tria illa genera ſacrificiorum, quæ Abraham obtulit mactata ordine, omni ſuum tempus obſervat. Pro Iſaac, aries: pro Joſeph, hœdus ex capris: pro filio prodigo redeunte ad patrem, (o) ex juvenco vitulus ſaginatus occiditur. *Venite*, inquit unus ex fratribus, *venundemus Joſeph, & non occidamus illum*. Hoc & Judæi de Christo, quem venditum tradiderant Pilato ad necem, dixerunt: *Nobis non licet interficere quemquam*. Et vendide-

---

(a) Mſ. Remig. *qui & unam permiſit, & poſtea prohibuit*.

(b) Mſ. Remig. *His igitur inter duodecim Patriarchas*.

(c) Mſ. Remig. *omnis Christi ſonat Eccleſiam*.

(d) Mſ. Remig. *Dicitur*.

(e) Mſ. Remig. *idem Jacob in benedictione accepturi, dicens: Adorabunt*.

(f) Mſ. Remig. *certus eſt numerus*. Editi, *nullus eſt*, & infra, *in mundum*.

(g) Primus titulus non legitur in Mſ. Remig. Secundus autem ſic habet. *Per figuram promiſſionis mittitur Joſeph a patre, ad viſitandos fratres & oves: in Geneſi credita & viſa*. Titulus vero caput ab. incipit ab his verbis: *Dixit*, &c.

(h) Mſ. Remig. *Videntes fratres ejus, de Joſeph dixerunt: Ecce*.

(i) Hæ duæ voces, *an ſuccedant*, non leguntur in Mſ. Remig.

(k) Vox, *illum*, haberet ex editi. Legit Mſ. Remigiano, *expoliaverunt eum tunica illa varia, & miſerunt illum*.

(l) Mſ. Remig. *poſuerunt*.

(m) Mſ. Remig. *expoliatam de ſuper textam*.

(n) Mſ. Remig. *protulerunt*.

(o) Verba hæc, *ex juvenco*, abſunt a Mſ. Remig.

diderunt Joseph fratres ejus Ismaelitis negotiatoribus euntibus in Ægyptum (a) viginti aureis. Venditum autem nostrum Joseph Christum, Zacharias & Jeremias Prophetæ testantur. *Dederunt*, inquit, *pretium* (b) *adpretiati triginta aureos*. Quod etiam Judam a Judæis accepisse Evangelia narrant: ea ratione, qua distractus Christus a Judæis transiret ad gentes. Judas enim simul cum pretio & vitam perdidit: Judæi & pretium & Christum quem (c) comparaverant, amiserunt: gentes vero lucrum gratiæ possidendo possessæ sunt.

CAPUT XXVII.

PRÆDICTIO: *In eadem, quæ castitas patiendo monstratur.*

In Genesi credita & visa. Promissio facta & figurata, quæ afflictio non deseruisset (d) Joseph.

1. ISmaelitæ vendiderunt Joseph in Ægypto eidem præposito (e) coquorum Pharaonis. Nec hoc quidem vacat, quod dictum est, Præposito coquorum. (f) Coco enim illa rubra vestis Passionem Christi signatur, quæ posteriore populus Christianus, ut sæpe dictum est, primatum aufertur populo qui semper vendere, non novit Christum gratis comparare. Fuit dictum: *Dominus est Joseph*: & noster dicit: *Non sum solus, quia mecum est qui misit me Pater. Immisit autem Dominus oculos in Joseph; & ait illi: Dormi mecum*. Cumque ille rejiceret, gratiam quam apud suum dominum invenerat custodiens, (g) & sancto timore Dei, quo plenus erat, motus offendere, aliud opportunum tempus mulier aucupata, attraxit illum a vestimentis, dicens: *Veni, dormi mecum*. At ille relinquens vestimenta sua in manibus ejus, fugit & exiit foras. Cumque ejus dominum, suos maritos, advertisset: (h) (notum quid furens femina posset:) mentita est iniquitas sibi, falsa pro veris affirmat, violentiam se dicit perpessam fuisse quam struxerat. O impudica mulier! Ardet amans, (i) vulnus alit venis, & cæco carpitur igni: amat, & perfrigitur: concupiscit, & lenis. Et quia ei ad stuprum non consensit, trucidandum eum statuit, quem ipse perire quem (k) diligit. Hanc impudicam mulierem Ægyptiam impiæ idolatriæ merito comparaverim. Tumidis enim & hæc oculos in Josephum nostrum; videt speciosum forma præ filiis hominum, eumque ad illicitum conscensum a vestimentis suis adtraxit.

2. Quæ sunt vestimenta nostri Joseph Christi, nisi sancti Martyres? de quibus per Isaiam prophetam suo corpori Ecclesiæ dicit: *Vivo ego, dicit dominus, quia omnibus illis vestieris*. Et in Canticis canticorum: *Quam rubicunda sunt tibi vestimenta?* Et Jacob benedictione prophetica: *Lavabit*, inquit, *in vino stolam suam, & vestem suam in sanguine uvæ*. Cum igitur adtrahuntur Christiani, ut sacrificantes idolis in anima fornicentur, quid aliud quam in suis vestimentis Christus adtrahitur? Tenentur Christiani, dicit impia, impudicaque doctrina; aut consentiant, aut eis carceres, exilia, gladii, ignes, bestiæ, cæteraque supplicia præparentur. In his noster Joseph Christus a vestimentis adtrahitur. Cum vero suis dicit, *Nolite timere eos qui corpus occidunt*; eique respondent, *Propter te morte afficimur tota die*; reliquit vestimenta sua in manibus ejus. Quod vero dictum est, *Fugit & exiit foras, relinquens vestimenta sua*; animam liberatam ostendit, quæ clamat per David: *Anima nostra sicut passer erepta est de laqueo venantium*.

CAPUT XXVIII.

PROMISSIO: *In eadem Joseph*, (l) *quo Christi Passio figuratur*.

In Genesi credita & visa. Promissa Christi Passio per figuras.

TRaditur Joseph in carcerem. Noster Joseph Christus, ut Isaias dicit, *inter iniquos deputatus est*. Inter sontes insontem Dei sapientia dum gubernat, quæ *descendit cum illo*, ut scriptum est, *in foveam, in vinculis non dereliquit illum*. Exclamat hic noster Joseph Christus: *Factus sum sicut homo adjutorio, inter mortuos liber*. Quod vero sequitur; gratiam, qua plenus erat, invenisse apud præpositum carceris, universasque claves, totamque custodiam traditam fuisse manibus Joseph: illud (m) intelligendum fuit, ut cui cælum in sole, stellis, ac luna, & in manipulis terra, inferna quoque carceris subderentur: ut nostro Joseph Christo *omne genuflectatur, cælestium, terrestrium, & infernorum*. Neque illud a sacramento Dominicæ Passionis esse æstimo alienum, quod duo Pharaonis spadones, cum eo in illa passione detrusi sunt: ut trium crucifixorum quodam modo

do

(a) MS. Remig. *viginti aureis*.
(b) MS. Remig. *appretiatum triginta argenteos*.
(c) MS. Remig. *comparaverant*.
(d) MS. Remig. *roller*.
(e) MS. Remig. & Laud. hic & paulo post, *coquorum*. Qui edit. Lovan. Duac. & posteriores curarunt, hic notant in margine, quod in hoc opere Prosper (quem illi hujus libri auctorem crediderunt) Septuaginta LXX. Interpretum utatur. Quod observandum non solum de hocce loco, sed etiam de pluribus aliis, in quibus auctor Scripturas aliter citat quam in Vulgata nostra legi consuevit.
(f) Edit. Lovan. Duac. & Colon. *Coco enim*. Laud. *Coco enim*. MS. Remig. *cocinea illa rubra*, *& hic Passionem Christi figurat*.
(g) MS. Remig. *& spiritum timoris Dei*.
(h) Alludere videtur auctor ad hunc versum initia libri quinti Æneidos Virgilianæ:

Notumque furens quid femina possit.

(i) Hic quoque versus integer inseritur ex primis libri quarti ejusdem Æneidos.
(k) MS. Remig. *dilexit*.
(l) In MS. Remig. *Promissa Christi Passio, per figuras, in Genesi credita & visa*.
(m) MS. Remig. *supplendum*.

do numerus suppleretur. E quibus noster Joseph Christus revelando mysteria, unum punivit per debitum supplicium, alterum per indebitam gratiam liberavit. Hæc sicut e actione tunc in rebus istis sunt figurata, ut nobis revelanda omnia servarentur.

CAPUT XXIX.

PROMISSIO: *In eodem Joseph Christi Resurrectio est figurata.*

In Genesi credita & visa. (a) Promissa Resurrectio figurata.

POST duos annos dierum, tertio incipiente, de carcere educitur Joseph. Et noster Joseph Christus Dominus die tertio a *mortuis* resurrexit. Præsentatur Pharaoni: mundo resurrectio declaratur. Exponit Joseph Pharaoni somnia, ac futuræ famis evitandæ gratia, ex abundantia annorum septem, per sapientem virum condi debere frumenta, & implere horrea salubri consilio instruit. Et noster Joseph Christus Dominus mundo per septenarium suorum correcti in futuro tale consilium dedit. *Nisi enim*, ait, *granum tritici cadens in terram mortuum fuerit, ipsum solum manet: si autem mortuum fuerit*, (b) *multum fructum affert. Quia qui seminant in lacrymis, in gaudio metent.* Data est Joseph a Pharaone (c) in tota Ægypto potestas. Et noster Joseph Christus Dominus post Resurrectionem dicit: *Data est mihi omnis potestas in cælo & in terra.* Misit Joseph suos per totam Ægyptum, & collegit frumentum multum quasi arenam maris. Et noster Joseph Christus Dominus misit suos per mundum, dicens: *Ite, baptizate gentes in nomine Patris, & Filii, & Spiritus sancti.* Et collectus est credentium numerus sine numero, quasi arena maris. Constituit Joseph horrea per universam Ægyptum: & per totum mundum Christus Dominus constituens ecclesias, de quo Joannes dicit: *Frumenta recondit in horreo.* Aperuit Joseph horrea tempore famis, & ministrabat populis. Hoc & de nostro dictum est: *Oculi Domini super justos.* Et sequitur: *Ut eruat a morte animas eorum, & pascat eos in fame.* Famem vero animæ Amos Propheta ostendit: *Dabo eis, ait Dominus, famem, non panis & aquæ, sed famem audiendi verbum Dei.* Et in Evangelio ipse Dominus: *Quia abundavit iniquitas, refrigescet charitas multorum.* In hac fame positis, noster Joseph Christus Dominus ex horreis suis nobis divinam sui corporis (d) annonam administrat, quam gustantes, videmus quam suavis est Dominus. Dictum est, quod adquisierit Joseph Pharaoni totam Ægyptum. Et de nostro dicitur: *Deus erat in Christo mundum reconcilians sibi.*

CAPUT XXX.

PROMISSIO: *In eodem, quod et Christus Dominus fuit diligens inimicos.*

In Genesi credita & visa. Promissa (e) sublimitas eis qui benefecerunt inimicis.

VEnerunt in Ægyptum fame compulsi fratres Joseph, ab eo quem vendiderant, sub pretio comparare frumenta. Venerunt ad nostrum Joseph Christum Dominum, qui eum crucifixerunt, ut ejus refecti cibario, famem, qua eorum animæ tenebantur, auferrent. Adorant illi; adorant illi. Videns Joseph fratres suos, agnovit eos, ipsi vero non cognoverunt illum. Hoc & in nostro impletum est, quod sui, fratres non cognoverunt illum; *si enim* (f) *eum cognovissent, numquam Dominum gloriæ crucifixissent.* Alienatus est Joseph a fratribus suis, eisque per interpretem dicit: *Exploratores estis, considerare* (g) *vestigia hujus terræ venistis.* Hoc & noster Joseph Christus Dominus per interpretem Petrum ait persecutoribus: *Vos sanctum & justum negastis, & principem vitæ æternæ interfecistis.* Pœnitent fratres Joseph ex his quæ gesserunt. Dicitur his: *Pœnitemini.* Dicunt illi, *In peccato sumus de fratre nostro:* & Ruben illis: *Numquid non dixi vobis, nolite nocere puero? & non me audistis. Ecce sanguis ejus requiritur.* Et Judæi qui Pilato dixerunt, *Sanguis ejus super nos, & super filios nostros*; dicunt Apostolis: *Quid faciemus, viri fratres, monstrate nobis.* Ut exploratores non esse crederentur fratres Joseph, duodecim (h) se filios unius patris esse testantur; unum non esse, cum ipse esset cui ista narrabant, alium minorem apud patrem esse confirmant. Audiens Joseph germani sui factam mentionem, ejus desiderio inardescens: In hoc, inquit, probabo exploratores vos non esse, si frater vester junior venerit vobiscum. Accipiensque Simeonem ab eis, vinxit coram ipsis, tradiditque in custodiam. Si nostrum Benjamin juniorem fratrem, quem requirit Joseph noster Christus, advertas: ipse est ille Paulus ex Saulo, ex tribu, ut ipse dicit, Benjamin, qui se asserit minimum Apostolorum. Simeonem ligatum, tribus vinculis negationis quem timor ligavit, & amor solvit, possumus accipere Petrum. Sed melius per ipsum ligari & solvi peccata cognoscimus, cui dictum est: *Quæcumque ligaveris super terram, ligata erunt & in cælo; & quæ solveris super terram soluta erunt & in cælo.*

CA-

(a) MS. Remig. *Promissa resurrectionis figurata: In Genesi &c.*
(b) MS. Remig. *multum fructum.*
(c) MS. Remig. *in tota terra Ægypti.*
(d) MS. Remig. *præter annonam.*
(e) MS. Remig. *sublimitatis eis qui benefaciunt. In Genesi, &c.*
(f) In MS. Remig. deest, *enim*.
(g) Hæc lectio est LXX. Interpretum.
(h) [illegible]

CAPUT XXXI.

PROMISSIO: *In eodem Joseph figurata gratia.*

In Genesi credita & visa. (a) Promissio facta & figurata.

[Gen. 42. 25. Rom. 11. 6. Gen. 43. 15. Act. 2. 41. 1. Cor. 15. 8. Gen. 45. 14. 30.] JUssit Joseph fratrum suorum saccos impleri frumento, & reddi unicuique pretium quod attulerant, ut gratia (b) nostri Christi non esset ex operibus, alioqui gratia jam non esset gratia. Secundo fratres Joseph cum Beniamin veniunt, ut promiserant: secundo ex Judæis (c) tria millia veniunt ad Christum, subsequente minimo Apostolorum Paulo. Vidit Joseph Beniamin fratrem suum ex una matre & lacrymatus est: vidit (d) Jesus Paulum sævientem in [1. Cor. 15. 8.] Ecclesiam matrem, & miseratus est. Idem enim Paulus tamquam abortivo sibi dicit apparuisse Jesum. Beniamin autem (e) eo exitio natus est, ut matrem præcipitaret in mortem: unde [Gen. 35. 18.] *filius doloris* dictus est. Dicit & Beniamin Pau- [1. Cor. 15. 9.] lus noster: *Non sum dignus vocari Apostolus, quia persecutus sum Ecclesiam Dei.* Dixit Joseph (f) præposito domus suæ de fratribus suis: [Gen. 43. 16.] *Introduc istos in domum: mecum enim manducabunt panem:* dicit & noster per Prophetam [Prov. 9. 5. Ps. 21. 23.] fratribus suis: *Venite, edite de meis panibus, & bibite vinum quod miscui vobis.* Munera dedit Joseph fratribus suis: & noster Joseph Christus dedit dona hominibus, cum Sanctum [Gen. 45. 22.] Spiritum dedit (g) discipulis suis. Beniamin autem minori fratri ampliora Joseph dedit, quam fratribus munera. Hoc prædicat & Beniamin [1. Cor. 15. 10.] Paulus noster; *Plus*, inquit, *omnibus (h) illis laboravi: non ego autem, sed gratia Dei* [Gen. 44. 1.] *mecum.* Rursum jubet Joseph saccos fratrum suorum impleri frumentis, & reddi pretia. Hoc & fratres nostri Joseph clamant, accepisse (i) [Joan. 1. 16. Gen. 44. 2.] *se gratiam pro gratia.* Poculum suum Joseph in sacco Beniamin clam jussit immitti; quod requisitum, cum fratres perturbaret suos, inventum est poculum in sacco Beniamin. Calix Passionis Christi datus occulte per gratiam in corpore Pauli cognoscitur, quem prædicans, cum omnem synagogam perturbaret in dictis, inventum etiam in suo sacco ipse fatetur, cum [Gal. 6. 17.] dicit: *Ego enim stigmata Domini nostri Jesu Christi in corpore meo porto.* Cum autem jam vellet cognosci Joseph a fratribus suis, emisit vo- [Gen. 45. 3.] cem, dicens: *Ego sum Joseph frater vester. Adhuc pater meus vivit?* Et noster Joseph Christus, ut se ostenderet fratribus suis, dicit in Psalmis: *Adnuntiabo nomen tuum fratribus meis:* [Ps. 21. 23.] quos docuit dicere; *Pater noster qui es in cælis.* Dixit Joseph fratribus suis: *Nolite (k)* [Matth. 6. 9. Gen. 45. 5.] *metuere, nec vos hoc me misistis, sed Deus:* Dicit (l) & de nostro Joannes Apostolus; *Ad* [1. Joan. 4. 9.] *hoc enim misit Deus Filium suum in mundum, ut vivamus per eum.* Et ipse in Evangelio: *Sic scriptum est*, ait, *& sic oportebat pati Chri-* [Luc. 24. 46.] *stum, & intrare in gloriam suam.*

CAPUT XXXII.

PROMISSIO: *Descendentis Jacob in Ægyptum & Christi domini in mundum.*

In Genesi credita & visa. Promissio facta & figurata.

JUbetur Jacob visitatus in Luza descendere in [Gen. 46. 1. & seq.] Ægyptum: apparuit (m) enim illi Deus, dicens; *Ne timeas descendere in Ægyptum: in gentem enim magnam constituam te illic, & filius tuus Joseph ponet digitos suos super oculos tuos. Descendit autem Jacob in Ægyptum cum animabus (n) septuaginta quinque, occurritque illi Joseph filius suus, quem cum vidisset: Video te, fili, modo libenter morior.* Quiddam consimile in nostro Joseph reperitur. Cum enim venerabilis ille senex Simeon, pater ætate, non generatione, vidisset Christum, cujus ex causa in hac luce, velut in Ægypto, decrepitus morabatur; *Nunc*, inquit, (o) *dimittis servum* [Luc. 2. 29.] *tuum Domine, secundum verbum tuum in pace, Quia viderunt oculi mei salutare tuum.* In animarum numero septuaginta quinque descendit. Davidicus etiam Psalmus exclamat: *Notus in* [Psal. 75. 1.] *Judæa Deus, in Israel magnum nomen ejus.* Quia igitur Israel, videns Deum interpretatur, (p) omnis illuminatur gratia, Judæus & Græcus, necesse est ut ex hac Ægyptia servitute liberetur, tametsi duro jugo diaboli deprimitur Pharaonis. Crevit, dicit liber Exodi, plebs, [Exod. 1. 7.] & multiplicata est in Ægypto. Hoc est per fidem seminis Abrahæ, ut in Christo multiplicetur, sicut promissum est, tamquam arena maris: licet Pharao diabolus sæviens pœnas exqui- [Gen. 22. 17. Exod. 1. 22.] rat, quibus interficiat innocentes, mergendos in flumio, (q) quod multiplicari videt, minuendos arbitrans, ne populus augeatur. Augetur Dei jussu moriendo populus, frustrata potentia sævientis: quod etiam nostris provenit Martyribus,

(a) In MS. Remig. *Promissio gratiæ sub figurata*, forte pro *sub figura. In Genesi*, &c.

(b) MS. Remig. *nostro Joseph Christo*.

(c) MS. Remig. *quinque millia*.

(d) MS. Remig. *vidit Deus*.

(e) Editi Lovan. & Duac. *ex eo exitio*, minus bene.

(f) MS. Remig. *ad præpositum*.

(g) Sic MS. Remig. Editi vero, *hominibus suis*.

(h) MS. Remig. caret voce, *illis*.

(i) Hoc pronomen, *se*, abest ab editis, legitur in MS. Remig.

(k) MS. Remig. *timere*.

(l) Particulam & addit MS. Remig. cum edit. Lugd.

(m) MS. Remig. addit, *enim*, *saltem*.

(n) Auctor sequitur versionem LXX. Interpretum, & Stephanum Actuum cap. septimo versu decimo quarto. Atque de re invenies gravem disputationem apud Augustinum de Civitate Dei, libro decimo sexto, capite quadragesimo.

(o) MS. Remig. *domine*.

(p) MS. Remig. *omnes illuminantur gratia, Judæus & Græcus, necesse est ut ex hac Ægyptia servitute liberentur.*

(q) Melius forte legeretur, *quos multiplicari*. MS. Remig. habet, *videt*.

bus, & maxime parvulis; qui pro Christo ab Herode occisi, pretiosa grana dum sata sunt, felici segete multa surrexit Ecclesiae.

CAPUT XXXIII.

PROMISSIO: *In Moyse, qui personam habuit Mediatoris Christi Domini.*

In Exodo credita & visa. Promissio facta & figurata Mediatoris.

IN illo tempore natus est Moyses, & erat acceptus Deo, qui nutritus est tribus mensibus in domo patris sui. Et hi tres menses tribus forte illis temporibus respondent. Cumque eum amplius celare non posset, accepit mater ejus capsam, linivitque a foris bitumine, & misit infantem in eam, projecitque in amnem. Figurae fuerunt figurae, dum tamen omnes actiones Christum Ecclesiamque significent. Tria quaedam etiam in illo Moyse acta, nostro mediatori comparanda (a) reperimus, scirpeam scilicet in carne fiscellam, aquam fluminis in baptismo, lignum etiam quo pependit in cruce. Descendens filia Pharaonis (b) lavari in flumine, cujus noster Moyses per lignum consecraverat aquas, (c) agnovit quod de infantibus Hebraeorum esset, eumque suscipiens educavit ut filium. Dum descenderet ad Christum doctrina hujus mundi, ablata spiritali unda deposuit superbiam, suscipiensque quasi grandis parvum per humilem gratiam, Ecclesiae socians perfecte, quae filia Christi, efficitur mater. Propter quod scriptum est: *Pro patribus tuis nati sunt tibi filii*: Sic dum erudiendum suscepit, eruditur. *Stultam enim mundi elegit Deus, per quae sapientiam mundi enervet.* Omnis etenim philosophia Christianae crucis doctrinae, quam nititur expugnare, inimicorum jaculis delinivit inimicos. Sicut Moyses ab Aegyptiis eruditus, illico expugnavit Aegyptios, ut in rubro mari tamquam in baptismo, omnis superbia comprimeretur. Per Moysen filii Israel ab Aegyptiis, & per Christum a spiritibus immundis animae liberantur. Adultus factus Moyses vidit quemdam Aegyptium iniuriam facientem cuidam ex gente sua; quem vindicavit, ac defensionem dedit, mactando Aegyptium, eumque obruit in arena. Hoc agit & Moyses noster Mediator Christus, eruens animas de potestate tenebrarum, in illa multitudine (d) spiritalis seminis Abrahae, quae crevit ut arena maris. Obruit Aegyptum, dum clamant daemonia expulsa: *Quid nobis & tibi, Jesu fili David? venisti ante tempus perdere nos?*

CAPUT XXXIV.

PRAEDICTIO: *In eodem Moyse, qui ut Christus pacem iurgiis surgentibus.*

Praedictio facta & figurata, quia cum his qui oderunt pacem, jubentur esse pacifici. (e) In Graeco credita & visa.

1. VIdit Moyses alia die fratres Hebraeos altercantes, cupiebatque eos componere ad pacem, dicens: *Viri fratres, ut quid alterutrum nocetis? Dixitque ille qui alteri injuriam faciebat: Quis te statuit judicem, vel principem nobis? Numquid & me vis occidere, quemadmodum occidisti hesterna die Aegyptium?* Et noster Moyses Mediator Christus clamat per David: *Cum his qui* (f) *oderunt pacem, eram pacificus: cum loquebar illis, impugnabant me gratis.* Et alibi: *Retribuebant mihi mala pro bonis.* Fugit Moyses in illo sermone, & factus est inquilinus in terra Madian. Dicit & noster: *Ecce elongavi fugiens, & mansi in eremo.* Accepit Moyses uxorem filiam Jethro sacerdotis Madian; ut nostrum Mediatorem ex alienigenis suscepisse conjugem figuraret Ecclesiam. *Pascebat*, dictum est, *Moyses oves Jethro soceri sui in eremo.* Et noster Mediator Christus pastorem dicit: *Pastor bonus animam suam ponit pro ovibus suis.* Terribili visione motus Moysen pergit videre, cur ignis in rubum descendens, rubum minime concremaret. (g) Noster Moyses testatur ignem se venisse mittere in terram, quem utiliter vult amplius inflammari. Ipse enim dicit: Ego sum ignis, vitia, non homines consumens. Vocatus Moyses dum pergit (h) in rubum considerare, dicitur ei: *Solve calceamenta de pedibus tuis*: ut sint liberi & speciosi pedes Mediatoris (i) annuntiantes bona.

2. Jubetur Moyses pergere ad filios Israel, & ad Pharaonem Regem Aegypti, ut populum Dei (quorum clamor durae servitutis ascenderat) dimitteret ex terra sua, (k) ut sacrificium quoque ipsorum susciperet. Per Matthaeum dicit noster Mediator: *Non sum missus, nisi ad oves quae perierunt domus Israel.* Excusat Moyses, quod sit (l) impeditae linguae & gracili voce. Dicit & noster Judaeis: *Sermo meus non capit in vobis.* Rursum instanti Deo ut pergeret, omni ex parte excusat Moysen dicens: *Domine, provide alium quem mittas*: ut vox Mediatoris nostri, infirmitatis humanae suscepta figuratur dicentis: *Pater, si fieri potest, transfer a me calix iste.* Dicitur Moysi, ut sibi faciat Aaron fratrem suum, ipseque ad Deum atten-da

(a) MS. Remig. *reperiuntur*. Ibidem, *reperiuntur*; ... comparandae enim leguntur ... in MS. deest *scilicet*.
(b) MS. Remig. *Lavare*.
(c) MS. Remig. *cognovit*.
(d) MS. Remig. *spiritali*.
(e) Haec supplementur ex MS. Remig.
(f) MS. Remig. *oderunt .... debellabant me gratis.*
(g) In MS. Remig. haec phrasis longe aliter habetur: scilicet, rubi vatem, concremaret. *Ignem se venisse mittere in terram noster Mediator affirmat, quem utiliter vult amplius inflammari.*
(h) MS. Remig. *rubum considerare*.
(i) Sic legitur in MS. Remig. Ibidem vero: *Ut sint liberi & speciosi pedes Mediatoris annuntiantis bona.*
(k) MS. Remig. *Mediatoris susciperet personam; dicit, &c.*
(l) MS. Remig. *tardae linguae, & gracilis vocis.*

de subsidio, ille ad populum: (a) eique signa & prodigia in manu & in virga traduntur. Dicitur & nostro Mediatori: *Dabo tibi gentes hereditatem, & possessionem tuam fines terræ: reges eos in virga ferrea.* Paulum vero dictum qui loqueretur ad populum, (b) per Aaron significatum possumus intelligere, de quo Mediator noster ad Deum, ipse ostendit Ananiæ dicens: *Vas est mihi electionis homo iste, ut ferat nomen meum coram gentibus, & Regibus, & filiis Israel.* Sic enim Moyses & Aaron (c) Hebræo populo prædicantes, missos se a Deo, ut eos ex Ægypto eruerent, firmaverunt: quos audiens populus (d) ingeniculans adoravit; quibus & signa facientibus credidit. Prædicante vero Paulo gentibus, ac Judæis salutem æternam per Christum fideliter (e) promittente; signa dum faceret, ad agnitionem Dei populum mira celeritate convertit, ipsosque Reges ex futuro Dei judicio (f) eruit.

CAPUT XXXV.

PROMISSIO: *In virga Moysi, qui ut Christus Dominus, diabolum interficit.*

In Exodo credita & visa. Prædictio facta & figurata, quæ diabolus a Dei ministris expugnatur.

INgressi itaque Moyses & Aaron ad Pharaonem, non tantum jussione divina verba quæ audierant narraverunt, quantum signa quæ data fuerant exhibuerunt. Virga quam manu Moyses portabat, coram Pharaone projecta, effecta est serpens. Magi quoque Pharaonis, ut (g) divina potentia superarentur, talia signa facere permissi, projicientes virgas suas (h) etiam ipsi serpentum speciem ostenderunt, voravitque serpens Moysi Magorum serpentes: ut nostri ducis Christi (i) virga doctrinæ omnium paganorum hæreticorumque dogmata, divina virtute consumpsit. Nec tamen (k) ex hac adjicitur figurata figuraret, quoniam etiam propheta David prænuntiavit dicens: *Virgam virtutis tuæ emittet Dominus ex Sion, dominare in medio inimicorum tuorum.* Aliud signum Moyses coram populo ostendit, in sinum suum manum mittens, (l) eamque producens, leprosa sicut nix effecta est; rursum reducta productaque, restituta est in colore suo. In sinu significatur oratio pro peccato, dicente David: *Oratio mea in sinum meum convertebatur.* Quod vero manus de sinu producta nivem demonstravit, significavit Mediatoris Christi Domini sola oratione pro nobis, nostra etiam peccata purgari. Sic per Isaiam ipse ostendit: *Si fuerint peccata vestra (m) ut coccinum, ut nivem dealbabo.* (n) Ei, quæ cantat Ecclesia: *Lavabis me, & super nivem dealbabor.* *Advocatum enim habemus apud Patrem, Jesum Christum Dominum, & ipse est exoratio pro delictis nostris.*

CAPUT XXXVI.

PRÆDICTIO: *In virga, cum flagris, ut Pharao, caditur diabolus.*

(o) Jam prædictæ plagæ induranto Pharaoni, ejusque populo præfrontur, quibus judicatus. In Exodo credita & visa.

1. SIcut promissum est Abrahæ, filios Israel, quos captivos diu tenuerant, invitis tandem aliquando dimiserunt: eum quoque ipse Pharao digno exitio cum suis suppliciisque periturus dimisit. Decem sane plagas illatas Ægypto, comparatas decem præceptis quæ accepit populus in deserto, hac ratione, Domino adjuvante, suscepimus demonstrare, qua sibimet respondentia (p) comprobantur. PRIMA PLAGA ÆGYPTIORUM, per Moysen aquas fuisse in sanguinem conversas: & primum præceptum (q) continet: *Audi Israel, Ego sum Dominus Deus tuus, qui te eduxi de terra Ægypti. Non erunt tibi (r) dii præter me. Non facies tibi ullam similitudinem.* Qui igitur relicto uno vero Deo, diis falsis serviunt, in carne & sanguine volutantur. *Et caro & sanguis, regnum Dei non hereditabunt.* Corrupti enim eorum elementum aquæ corruptum habere merurtur. Ideo aquæ in sanguinem mutantur, quia sacrificantes filios & filias suas (s) dæmoniis, effuderunt sanguinem innocentem, post liquerunt fontem verum Deum Christum repudiantes: cujus gratia in fluxu sanguinis mulier sanata, animam ab idololatriæ fluxu eruisse demonstravit. (t) SECUNDA PLAGA ÆGYPTIO-

(a) Emendamus ex MS. Remig. In editis habetur, Et quæ signa, sensu minus cohærente.
(b) MS. Remig. habet post illa, ad populum, non noster Mediator, &c.
(c) MS. Remig. Hebræorum populum.
(d) MS. Remig. in genicula.
(e) MS. Remig. promittentes.
(f) MS. Remig. terruit, nec male: nam videtur auctor ad id forte alludere, quod legitur Act. c. 24. v. 25. Disputante illo (Paulo) de justitia & castitate, & de judicio futuro tremefactus Felix respondit, &c.
(g) MS. Remig. ut divina potentia superarentur, talia signa facere permissi sunt, projicientes.
(h) MS. Remig. etiam ipse, referendo ad virgas.
(i) MS. Remig. virga doctrinæque.
(k) Hæc particula, ut, abest ab editis veteribus & MS. Remigiano, ubi loci hujus sensus minus videbatur. Idem vero MS. Nec tamen hoc ullo figurata figurari, quoniam etiam Propheta David prænuntia infimum dicens.
(l) MS. Remig. eamque productam nix effecta est. Tum reductam productamque.
(m) MS. Remig. phæniceum.
(n) MS. Remig. Eique. Edit. Et quæ.
(o) Abest hic titulus a MS. Remig. in quo titulus prior sic legitur: Prædictio facta & figurata, in eo cum flagris, ut Pharao, caditur diabolus. In Exodo credita & visa; quæ postrema verba alteri ab editis.
(p) Edit. Duac. comprobamus.
(q) MS. Remig. continetur.
(r) MS. Remig. dii alii.
(s) MS. Remig. dæmonibus.
(t) In MS. Remig. hic interferuntur hæc verba: In Exodo credita & visa.

PTIORUM EST, ranarum multitudo, horrido squalore omnem contaminans Ægyptum. Secundum quoque mandatum in lege est: *Non accipies nomen Domini Dei tui in vanum.* (a) *Non enim mundabit Dominus talem.*

2. Omnis itaque hæreticus, perjurus, sacrilegusque, dum aliud foris linguæ, (b) quam nomen Domini, [illegible] suæ, ranarum in similitudinem clamitat contra Deum. *Labia dolosa in corde & corde loquuntur mala.* Nec immerito his animantibus comparantur, qui in lacunis [illegible] conclusa [illegible] non [illegible], sed [illegible]. TERTIA PLAGA ÆGYPTIORUM EST, cyniphes tenui aere volitantes, omnia quoque pulvere [illegible] (c) infestantes Ægyptum: in qua plaga omnis magorum doctrina defecit; professique sunt digitum Dei esse in illis; (d) ipsa quoque vitalia, velut [illegible] omnia. Et tertium præceptum in lege est: Vacatio sabbati nisi fuerit observata, peribit anima de populo suo. Quam vacationem Propheta David, ex persona Domini (e) admonuit dicens: *Vacate, & videte quoniam ego sum Deus.* Hi igitur qui vocem voventes sibi offerunt Deo, eique verbo vacantes, spiritale sabbatum observant: ut Maria quæ meliorem partem elegit. A qua declinantes in strangulationem, dum mundanis curis implicantur, morsu pestifero prædictæ plagæ læduntur (f) in anima redimenda per dominum Jesum, qui Dominus est sabbati.

3. QUARTA PLAGA ÆGYPTIORUM EST, cynomyia, canina scilicet musca, serviens etiam membris [illegible] morsibus infligentes. Et quartum mandatum in lege est: honorandos esse parentes. Quod primum ad homines refertur mandatum, quoniam (g) superiora divinitati videntur adscripta. Hi vero qui non ea honestate venerantur parentes, qua mandatum est, canibus similes, [illegible] suæ [illegible] curantes, (h) longævi in terra esse non possunt. Neque talibus succurrere dandum Dominus in Evangelio dicit: a quorum consortio Chananæa fide mundata, humili precque latrans, & sibi gratiam & filiæ salutem, [illegible] canis, impetravit. QUINTA PLAGA ÆGYPTIORUM EST, omnium pecorum jumentorumque repentinus interitus. Et quintum mandatum legis est: *Non occides.* Non igitur qui gladio tantum, verum etiam qui odio sæviunt, homicidæ sunt. Dicit enim Joannes Apostolus: *Qui odit fratrem suum, homicida est.* Tales velut Ægyptia animalia repentino languore carebunt. Quia *omnis homicida non habet in se vitam* (i) *manentem.* SEXTA PLAGA ÆGYPTIORUM EST, vesicæ ebullientes, ulceraque [illegible]. Et sextum mandatum legis est: *Non mœchaberis.* Quod enim mœchi in animo patiuntur, compassa plaga demonstrat. Nisi enim vesica (k) turpissimi amoris ebullientisque libido [illegible] animi perturbaverit, adulter utique non esset: neque, ut scriptum est, per corpus suum [illegible] animæ suæ acquirerent. Et licet hujusmodi puniantur etiam hic legibus humanis; *fornicatores* (l) *etiam & adulteros*, ut Paulus Apostolus dicit, *judicabit Deus.* SEPTIMA PLAGA ÆGYPTIORUM EST, grando cum igne permixta, non tantum omne animal, quantum etiam arbusta ipsa virgultaque subvertens. Septimumque mandatum est: *Non furaberis.* (m) Comparatio hæc est. Fur parietibus domibusque infert alienis quod facit grando intus in campis: observatoque est legi generali, qua dictum est: *Quod tibi fieri non vis, alii ne feceris.*

4. OCTAVA PLAGA ÆGYPTIORUM EST, locustarum maledictio virentia omnia, radicitusque exterminans. Et mandatum octavum in lege est: *Falsum testimonium* (n) *non dices adversus proximum tuum.* Falsarius enim multa variaque confingens, [illegible] vitam, [illegible], donec totum adversus quem falsi [illegible], radicitus exterminet. Sed *falsus testis non erit impunitus.* NONA PLAGA ÆGYPTIORUM EST, tenebræ densissimæ, plenæ imaginibus terroribusque [illegible]. Et nonum mandatum legis est: *Non concupisces uxorem proximi tui.* Quod dictum (o) est concupiscentiis malis, quæ [illegible] mentem, et non timentes timorem Dei, quinimo etiam ipsas partes [illegible] oblivioni dans, nihil in mœcho remaneat luminis, (p) quem totum similiter occupant tenebræ? Quos vero ex his gratia liberat, admonet & per Apostolum dicens: *Fuistis enim aliquando tenebræ, nunc autem lux in Domino; sicut filii lucis ambulate.* DECIMA PLAGA ÆGYPTIORUM EST: omnium primogenitorum mors. Et decimum mandatum est in lege, *Non concupisces ullam rem proximi tui.* Primitivam vero esse concupiscentiam malam, Pharaoni diabolo (q) ostendit illud, quod & ipse concupierit esse quod non erat; & Adam,

(a) In MS. Remig. *Non enim mundabit Dominus Deus talem.*
(b) MS. Remig. *quam est nomen Domini Dei.*
(c) MS. Remig. *infestantes.*
(d) MS. Remig. *ipsa quoque vitalia.*
(e) MS. Remig. *dicentem.*
(f) Sic MS. Remig. pro quo editi, *in animam redimendam.*
(g) MS. Remig. addit hic, *tria superiora.*
(h) Emendamus ex MS. Remig. Editi habebant, *longe.*
(i) MS. Remig. addit hic vocem, *æternam.*
(k) Editi habebant, *pessimi.* MS. Remig. *turpissimi.*
(l) MS. Remig. *vero ... judicat.*
(m) Longe aliter in MS. Remig. *Comparatur enim fur grandini: hæc enim & ille, alium effractis parietibus, domibus infert ... [illegible] fur.*
(n) Sic MS. Remig. Editi, *non dices.* Recentiores omittunt, *non dicere.*
(o) MS. Remig. omittit verbum *dictum*, est.
(p) Sic brevius in MS. Remig. In editis vero, *quod non totum occupant similes tenebræ.*
(q) Ita MS. Remig. At vero editi cadem, *Pharaonis diabolus per illius affectus;* [illegible] Lugd. in quo [illegible], *per*, non habetur. In aliis vero quæ additu diverso caractere, uncis [illegible] designantur.

(a) qui per cupiditatem praecipitavit se in mortem. Vitia vero angelorum ejus per quem mors introivit in orbem terrarum, (b) ut primitiva Ægyptiorum in hoc mundo tamquam in Ægypto, dux noster interficit; dum nos docet renuntiare diabolo, pompis, (c) & angelis e-
Rom. 5. 20. jus: ut ubi abundavit peccatum, superabundet gratia.

CAPUT XXXVII.

PROMISSIO: *Pascha figurata, & transitus Christi ad Patrem.*

In Exodo credita & visa. (d) Promissio facta & figurata.

Exod. 12. 11. 1. PAscha, quod est transitus, in quo omnis actio fidei nostrae, Passionisque dominicae agitur sacramentum, jubet Deus Moysi sic fieri, ut ab Ægyptiis Hebraei vasa aurea, & argentea, & vestem poscerent: quibus scilicet expoliarent Ægyptios, commodantes urgente necessitate pristinae amissae sobolis. Si quoque dum metuunt, ocyus Hebraeos cum universis quae de-
Exod. 12. 35. & seq. tinebant, pepulerunt: ut redderentur justis, ait Propheta, *merces laborum illorum*. Dum enim Ægyptiis construxerant civitates, pro quibus spolia illa non sunt furto ablata, sed merces est reddita. Transitus vero ipse mysticus hic fuit: agnum sine macula, anniculum jubente divina per tabernacula occidendum, ut de ejus sanguine postes domus liniendos, non comminuendo os ex illo, cum picridibus & azymis, succinctis lumbis in omni festinatione comedendum, nihil ex eo relinquendum in mane. Quae omnia figurata dum fuerint, quomodo sint impleta, Evangelica auctoritas narrat, quae nobis carnem Agni usque in mane quod vesperum non habebit, id est, usque in resurrectionem, comedendam praecipit, *non in fermento veteri, sed in a-*
1. Cor. 5. 8. *zymis sinceritatis*: (e) signatis sane frontibus postibus, quorum in frontibus (f) Crux ejus elucet. Cum picridibus dictum est, amaram vitam lugendo agentibus. Sed beati, quia ipsi
Matth. 5. 5. consolabuntur.

2. Sane expoliatos Ægyptios a nostris, hac ratione colligimus, quod omnis mundialis scientia, qua inflati super ea superbiebant, mortalisque sapientia transit ad Christum, ut ea humilis (g) recta fide possideat, populusque jure superbos arceat. Expulsi Hebraei per eremum
Exod. 14. 1. ducebantur: quia omni Christiano transeunti mundo, arcta illi angustaque necessaria est via, quae ducit ad vitam. Matth. 7. 14. Huic populo columna nubis in die, & columna ignis per noctem iter ostendit: quoniam (h) Christiani hominis gressus a Domino diriguntur, & viam ejus volet. Exod. 13. 21. Ps. 36. 23. Ubi vero populum eremus ac rubri maris litus excepit, induratus Pharao, ut totus cum suis viribus, curribus equitibusque conjunctis, secutus est fugientes. Exod. 14. 8. Hoc agit semper diabolus cum vitiis angelisque suis, dum credentes a se fugientes insequitur. Omnis etiam qui his renunciat, ad baptismum tamquam ad Rubrum mare festinans hostem fugit, (i) ut Salvatorem inveniat.

CAPUT XXXVIII.

PROMISSIO: *In baptismo, ut in mari Rubro.*

In Exodo credita & visa. Promissio (k) facta & figurata in baptismo.

DIxit *Dominus ad Moysen: Quid clamas ad me? Dic filiis Israel, & pergant se, & tu leva virgam tuam super mare, & divide illud, & intrent filii Israel per medium mare, per siccum. Ego enim indurabo cor Pharaonis & Ægyptiorum omnium, ut insequantur, & magnificabor in Pharaone, & in omni exercitu ejus.* Exod. 14. 15. & seq. Cumque id fieret, mare exsequendo judicium sui Creatoris & Regis, (l) sententiae divinae jussa complevit. Dein puniendo rebelles, innocentibus viam, rescissa unda, suspensoque gurgite, sicco pulvere gradientibus praebuit: refluxaque in sese unda hostes in imo demersit. Ibid. v. 26. & seq. (m) Et vindex aqua sacrata verbo, rubicata sanguine, ligno Crucis in mysterio virgae percussa, salutem ad Salvatorem (n) venientibus ministravit, peccata vero cum auctore diabolo, ut Ægyptios cum suo rege, in profundo demersa. Hic est Deus noster de quo Michaeas (o) dicit Propheta: *Ipse convertetur, & miserebitur nostri, & demerget in profundum maris omnia peccata nostra.* Mich. 7. 19. Exod. 15. 22. Post dura (p) exilia, post labores eremi, ac Rubri maris transitum, Dei populum victrix palma suscepit: quamvis Marath aqua amara fatigaverit sitientem: quae ligno in eam misso, dulcis effecta ostendit, sitientem Christianum statim et amarum Passionis poculum bibere, ligni (q) Crucis dulcedine, omni amaritudine liberandum. Ibid. v. 25. Gal. 6. 14. Unde & Paulus dicit: *Mihi absit gloriari*, nisi in

---

(a) Sic MS. Remig. At vero Lugd. *qui cupiditate praecipitavit se in mortem*, Duac. & Colon. *qui cupiditate praecipitatus*, omisso *se*. Lugd. vero, *qui cupiditatem praecipitavit in mortem*.
(b) Ita MS. Remig. Aliae edit. *in primitiva*.
(c) MS. Remig. caret his vocibus, *& angelis*, legitque, *diabolo & pompis ejus*.
(d) Sic MS. Remig. & Lugd. edit. Alii codices, *Praedictio*.
(e) MS. Remig. addit, *& veritatis*.
(f) MS. Remig. omittit pronomen, *ejus*.
(g) MS. Remig. *recte*.
(h) MS. Remig. diverso ordine legit sic, *Christiani a Domino gressus hominis ..... & viam ejus volet*.
(i) MS. Remig. *ut Salvatorem inveniat*.
(k) Hae voces, *facta &*, desunt in MS. Remig.
(l) MS. Remig. *sententia divina*, forte legendum, *sententiae divinae jussa*.
(m) Editio Lugd. *Et vindex aqua*.
(n) MS. Remig. *venientibus*.
(o) MS. Remig. *dicit*.
(p) MS. Remig. *exilia*.
(q) MS. Remig. omittit particulam, *&*, quae legitur in editis.

in Cruce Domini (a) *nostri Jesu Christi: per quem mihi mundus crucifixus est, & ego mundo*. Idem enim locus, qui illi populo requiem præbuit in duodecim fontibus aquarum, et septuaginta palmarum arboribus, nobis in mysteriis factus fuit. Namque post baptismum, duodecim Apostolorum fontium fluenta pectus doctrinæ exuberans satiandis (b) pectoribus, quibus sacer psalmus insonat: *In Ecclesiis benedicite Dominum Deum de fontibus Israel*. In septuaginta vero arboribus palmarum, omnis numerus sanctorum Martyrum in millibus consignatur, qui pro veritate usque ad mortem certantes, palmam *supernæ vocationis* accipiunt. Hos etiam Apocalypsis Joannis apostoli designat dicens: *Vidi turbam multam, quam dinumerare nullus hominum poterat, ex omni tribu, populo, & lingua. Et induti erant albis vestibus, & palmæ fuerunt in manibus eorum*, quia vincentibus illa palma (c) Sapientia datur, quæ exaltata est in Cades.

CAPUT XXXIX.

PROMISSIO: *Panis cœlestis in manna, quod est Christus.*

(d) Promissum manna de cœlo.

CONsumptis panibus quos secum attulerat ex Ægypto, panem a Moyse murmurando poposcit, carnes etiam desiderans Ægypti. Verum mediator ille Moyses panem et & carnem (e) ocyus a Domino impetravit. Jubetur populus (f) mane panem, in vesperum carnes accipere. Sed hæc figuræ nostræ fuerunt. Panem enim illum sanctum qui de cælo descendit, suscepit primo populus manducandum, postea carnem Christi in Passione confectam: de qua ipse Dominus dicit: *Nisi manducaveritis carnem filii hominis, non habebitis vitam in vobis*. Sane sub certa diurna mensura, manna sanctus populus vescebatur: quam si quis (g) excederet, vermibus corruptam putrefactamque projiciebat; avaritiæ atque intemperantiæ suæ cupiditate frustratus. Tales doctor gentium Paulus exprobrat dicens: *Victum & tegumentum habentes, his contenti simus. Nam qui volunt divites fieri, incidunt in desideria multa stulta & noxia; quæ mergunt hominem in interitum & perditionem*. (h) *Radix enim omnium malorum est cupiditas*. Hæc est putredo & hi vermes eorum, qui pereunte mundo cupiunt suas augeri divitias, nec sunt diurno pane contenti. Sed idem populus in deserto potandæ aquæ causa, adversus Moysem rursus murmuravit. Permoti Moysi a Domino dictum est: *Præcedam te*, inquit, *in Coreb: & stabo super petram, & tu virgam percuties petram*, (i) *& exibit aqua, & bibet populus meus*. Hoc factum est. Et David testatur. *Disrupit in deserto petram, & potavit eos, sicut in abysso multa*. Quæ sit vero hæc petra, Paulus exponit apostolus, omne quod tunc actum est in mysterio, Christo Domino adsignans: *Patres*, inquit, *nostri omnes sub nube fuerunt, & omnes per mare transierunt, & omnes in Moysem baptizati in nube & in mari. Et omnes escam spiritalem manducaverunt, & omnes eumdem potum spiritalem biberunt*. (k) *Bibebant enim de spiritali sequenti petra: petra autem erat Christus*. Hæc petra etiam nos satians dicit: *Qui biberit ex aqua quam* (l) *ego dedero, non sitiet umquam: sed fiet in eo fons aquæ salientis in vitam æternam*. Hæc petra percussa in Cruce, sanguinem produxit & aquam, (m) quibus sobrie inebriamur.

CAPUT XL.

PROMISSIO: *In signo Crucis expugnare inimicos.*

In Exodo credita & visa. Promissio figurata, qua omnes nostros adversarios signo Crucis expugnare præcipimur.

1. HUIC populo, in quo omnis nostra figurata actio (n) est, Amalech & omnis cum suo duce gens adversa occurrit, bellum rudi plebi indicens, (o) quam a se credebat facile superandam. Conserta pugna, adversarii dum plurimum prævalerent, extendens Moyses manus ad Deum, Crucifixi instar expressit. Quo signo cadentes hostes, (p) dum manus Moysi inclinarentur, adversarios fortior vincebat. Ut autem manus Moysis stabiles forent, Aaron & Ur sustentantibus manus ejus, & quadam stabilitate firmantibus, cædem fugamque Amalec omnis expertus est. Si nostri Mediatoris hic respiciamus signum, cum per David canentem recordemur, *Elevatio manuum mearum sacrificium vespertinum*, cujus in Passione, sol & luna habitum cursumque mutavit; quis spiritus adversarius, quæve inimica potestas huic signo poterit obviare, ac non potius (q) omnis aufugiat? Si tamen spes pugnantis ex manibus Crucifixi pendeat, per quam quotidie (r) eruimur de potestate tenebrarum.

2. Nunc jam recurrentes omnes figuratas actiones temporis ante legem, cum omnia quæ gesta

sunt

(a) Ms. Remig. *Domini mei*.
(b) Sic Ms. Remig. Editi, *peccatoribus*.
(c) Ms. Remig. *sapientiæ*.
(d) Ita Editiones antiquæ omnes, licet neutrius generis modo censeatur hæc vox, *manna*, si pro cœlesti pane usurpetur.
(e) Ms. Remig. *totius*.
(f) Ms. Remig. *in mane*.
(g) Ms. Remig. *transisset*.
(h) Hæc reliqua loci Apostolici verba desumta ex Ms. Remig. omissa sunt in editis.
(i) Ms. Remig. *& exiet*.
(k) Ms. Remig. *Bibebant de spiritali petra*.
(l) Vox *ego*, abest a Ms. Remig.
(m) Ms. Remig. *quibus Sacramentis quotidie sobrie inebriamur*.
(n) Ms. Remig. *versabatur*.
(o) Ms. Remig. *quam se credebat facile superare*.
(p) Ms. Remig. *dum manus Moysi stabiles forent, Aaron & Ur sustentantibus manus ejus, & quadam stabilitate firmantibus, cadunt*, &c.
(q) Ms. Remig. *vadis notum, omnis*.
(r) Ms. Remig. *eruimur*.

sunt, ita ille populus promissa suscepturus: et ipse quoque fide multo (a) longius prospiciens sibi credenda, posteris videnda reliquerit. Quia igitur ad montem Sion per certas praedictiones promissionesque productus est populus, in quo Moyses legem (b) a Domino percipiens, regendis tribubus jura caelestia (c) panderet (unde [illegible] quod idem concupiscitur, Judaei, nunquam permansere vel sequentur jus Dei:) hac usque tempus ante legem conclusum, lector, agnosce, tamquam unum diem quaerens ex candidioribus mundi surgentem, Patriarcharum scilicet procerum, Abraham, Isaac, & Jacob, Orientis radio fulgente (d) Melchisedech rege & sacerdote, in duodenario hominum numero. Qui ex illis progressi, nobis quoque Patriarchae nuncupantur: ut in vesperum conclusum aliud tempus sub lege, velut alius dies per ceteros [illegible] incubantes exurgat.

(a) Deest vox, longius: ab antiquariis adscita, & Ms. Remigiano, in quo pro voce, multo, legitur, multa.
(b) Ms. Remig. legem Domini.
(c) Ms. Remig. panderetur.
(d) Ms. Remig. Melchisedech Regem & Sacerdotem.

FINIS PRIMÆ PARTIS.

(a) IN-

(a) INCIPIT PARS SECUNDA legis tempore, quo per Moysem Legislatorem annis XL. gubernatus in eremo est populus Dei, & deinceps usque in adventum Domini & Salvatoris nostri Jesu Christi. Quæ pars promissa prædictaque continens, connexis capitulis subsequitur.

CAPITA SECUNDÆ PARTIS.

1. PRÆDICTIO: *In monte legem datam, & Christi Domini mandata in monte.*

2. PROMISSIO: *Festa & figurata domus Dei in Ecclesia sancta.*

3. PROM. *In Aaron sacerdotium figuratum in Christo.*

4. PRÆD. *In populis vindicta, qui prævaricati, & qui mandata Christi non servaverunt.*

5. PROM. *In sacrificiis omnibus Christum Dominum figuratum.*

6. PRÆD. *In lepra inspectione hæreticos varios simulasse.*

7. PRÆD. *In esu mundis & immundis, circumcisione munda omnia fieri.*

8. PRÆD. *In escis desideratis Ægypti, Christum mannam remisisse.*

9. PRÆD. *In Moyse, Christo Domino & Ecclesiæ fratres detraxisse.*

10. PRÆD. *In virga Aaron germinante, confirmatio sacerdotii Christi Domini.*

11. PRÆD. *In æneo serpente, Christum Dominum a morsu diaboli liberantem.*

12. PROM. *In via, quæ per Christum perventura contemplatur, verbis beatissimorum.*

13. PRÆD. *In Moyse transeunte, Jesum figurasse Dominum restaurare.*

14. PROM. *In Jesu Nave, Jesu Domini figuram ostendit, terrenam expugnantem civitatem.*

15. PROM. *Per Jesum Dominum animæ a prostitutione idolorum liberantur.*

16. PROM. *Per Jesum Dominum omnia vitia expugnanda.*

17. PRÆD. *In figura Ecclesiæ Delbora hostem superavit.*

18. PROM. *In figura Gedeon Crucem Domini Christi commendat.*

19. PRÆD. *In Abimelech concubinæ filium, hæreticos signat.*

20. PROM. *In Jephte, figurata carnis Christi, immolatio virginis.*

21. PROM. *In Samson, Nazaræus Dominus Christus, fortis in capite.*

22. PRÆD. *In eodem, quod ligatus Christus Dominus a Judæis, vincula omnia disrupit.*

23. PRÆD. *In Ruth, Ecclesia ex gentibus Judæis illudens.*

24. PROM. *In Samuele, Christus Dominus dux, sacerdos & Propheta sacerdotes expugnans.*

25. PROM. *In David, Christum pastorem eucharisticum.*

26. PROM. *In eodem, inimicos diligentem, lapsos reparantem.*

27. PRÆD. *In Abisac, animas Christi gratia calore servantes.*

28. PRÆD. *In Roboam, scissuram hæresum, a quibus Christus suas colligit oves.*

29. PROM. *In Helia Christum, & in vidua misericordiæ principatum.*

30. PROM. *In Helisæo, discipulos Christi duplum accepisse spiritum.*

31. PROM. *In eodem, cum mortuum figuratum Christus Dominus gratia suscitavit.*

32. PRÆD. *In Ezechia, quam sine Christo durare in bono non debere offerri.*

33. PRÆD. *In regibus peccantibus, qui secum populum in captivitatem ducunt.*

34. PRÆD. *In Daniele, qui Christum Dominum suis visionibus enarravit.*

35. PRÆD. *In eodem, dum eum de lacu leonum eruit, ut Christum Dominum a Judæis.*

36. PROM. *In Ezechiele, manifesta resurrectio per Christum Dominum.*

37. PRÆD. *In Esdra, domus Dei, id est, per Christum Dominum restauratio.*

38. PRÆD. *In eodem, cum in figura Ecclesiæ parabolam prodit.*

39. PRÆD. *In Tobia, ex pisce Christo & dæmonia fugari, & illuminari cæcos.*

40. PRÆD. *In Machabæis, qui & martyria, & ipsum Christum Regem æternum susceperunt.*

(a) MS. Regig. *Præfatio partis secundæ. Legis tempora populi Dei, quibus per Moysen legislatorem annis XL. gubernatus in eremo est, & deinceps usque ad adventum Domini & Salvatoris nostri Jesu Christi pars secunda: ipsius legis promissa prædictaque continens, connexis capitulis subsequatur.*

INCERTI AUCTORIS, DE PROMISSIONIBUS ET PRÆDICTIONIBUS DEI.

PARS SECUNDA.

CAPUT PRIMUM.

PRÆDICTIO: *In monte legem data: & Christi Domini mandata in monte.*

Prædictio facta & figurata. In Exodo credita & visa.

Exod. 24. 12. & 31. 18. 1. VOcans Deus Moysen in monte Sina, legem in tabulis lapideis conscriptam, ut populo traderet, dedit, quam rite servans terram promissionis acciperet. Noster vero Mediator Jesus Dominus (cujus figuram gerebat etiam Moyses) ascendens montem cum discipulis suis, quibus modis beati homines fierent, legem non in tabulis lapideis, sed in tabulis cordis carnalibus Dei spiritu scripsit; qua (a) non terra, sed cælo atque vita potiantur æterna qui ejus mandata servaverint. Sed eidem cetero populo, prælatis decem præceptis, per Moysen cætera jura traduntur: de successione heredum: de ordinare herede: fidelem amicum & domesticum (b) loco heredis debere succedere: de furto in quadruplum restituendo: de deposito seu commendatis, casu vel vi absque fraude: de puniendo adultero: de virgine vitiata in agro, vel in civitate: de muliere prægnante percussa: oculum pro oculo; dentem pro dente, & cetera quæ (c) in his juris divini textum sustinuerunt. Populus sub lege in sanctificatione suscepit a Moyse, qua suspendit omnia esse factorum. Missum itaque Moyses in sacrificio vitulum, sanguinem ipsius in testimonium accipiens cum hyssopo & lana coccinea, populum ipsumque librum aspersit, dicens: *Hic sanguis testamenti quod vobis mandavit Deus.* Ad hæc (d) Mediator noster Christus Dominus, legem non veniens solvere, sed adimplere, non tantum liberis & parentibus, quantum etiam inimicis suis ... servat sua præcepta sua; Testamentum suum suo sanguine consecravit, non foris hostiæ, quod (e) mixtum aqua in Passione fudit: in quo Testamento, discretio nulla est personarum. Ait enim Apostolus Paulus: *Non est Judæus, neque Græcus, non est servus, neque liber, non est masculus, neque femina.*

Matth. 5. 3.

2. Cor. 3. 3.

Exod. 21. & 22.

Exod. 24. 8. Hebr. 9. 19.

Hebr. 9. 20.

Gal. 3. 28.

Omnes enim vos estis unum in Christo Jesu: qui est fidelium indivisa semperque hereditas. Fidem servandam proximo (f) commendati, vel depositi, per eundem Apostolum mandat. *Bonum*, inquit, *o Timothee, depositum custodi.* Et iterum: *Non quæ sua sunt quisque attendentes, (g) sed & quæ aliorum.* Et per Prophetam Salomonem: *Fideli homini totus mundus divitiarum est; infideli autem, nec obolus.* Item Paulus: *Qui furabatur, jam non furetur.* Ipse quoque virginei castitatem serpentinum diaboli corruptionem, cum se, pio affectu concipiens, spiritu prægnantem esse confirmat, dicens: *Filioli mei, quos iterum parturio, donec Christus formetur in vobis.* Hos omni ex parte illæsos edere cupit, cum dicit: *In Christo enim Jesu per Evangelium ego vos genui.*

Gal. 3. 28.

2. Tim. 1. 14.

1. Cor. 10. 24. Philip. 2. 4.

Prov. 17. 6.

Ephes. 4. 28.

Gal. 4. 19.

1. Cor. 4. 15.

2. (h) Addidit quoque noster Mediator novæ legis mandata, veteris (i) Testamenti temperans vindictam. Nam cum (k) illic adulteros puniendos statuit, hic adulteram ex parte liberat, quæ legem non deliquit, dicens: *Vade, & noli amplius peccare.* Non solum non mœchandum; sed nec oculis concupiscendam ad concupiscentiam. Homicidium non tantum perpetrandum non esse, quantum qui odit fratrem, homicidam esse. Oculum pro oculo nullatenus capiendum, verum insuper malum pro malo reddendum non esse. Qui abstulerit tunicam, dimittendum illi & pallium. Qui percusserit in maxillam, præbendam illi & alteram. Qui angariaverit, duplum cum illo eundem. Benefaciendum inimicis. (l) Orandum pro persequentibus, & cetera quæ ab ipso cælesti rerum conditore mandantur in Evangelio; non esse contraria legi hinc ostenditur, quod ibi mandatum fuerit, animal in via si conderit inimici, erigendum esse, nec prætereundum: dolo non loquendum cum proximo: neque pignus pauperis retinendum usque in vesperum: septimo anno sata frumenta non metenda, fructusque omnes ejusdem anni, prædiviis, viduis & orphanis relinquenda: eodemque anno dandam Hebræis servis libertatem. Decimas omnium fructuum primitiasque in domum Domini inferendas: debitum, septimo supplemento anno, non repetendum; relaxatis etiam pignoribus. Quinquagesimo vero anno

Levit. 20. 10.

Joan. 8. 11.

Matth. 5. 21.

1. Joan. 3. 15.

Matth. 5. 39. & seq.

Exod. 23. 4. & seq.

(a) MS. Remig. non terram, sed cælum atque vitam ... æternam, qui ... servaverint.
(b) ... Remig. locum non ... succedere.
(c) ... Remig. in ea lege.
(d) ... Remig. Mediator Dei Christus.
(e) ... Remig. mixto aqua.

(f) MS. Remig. commendati.
(g) MS. Remig. sed & ea quæ.
(h) MS. Remig. & Lov. 1. Addit quoque.
(i) Abest vox hæc testamenti, a MS. Remig.
(k) MS. Remig. illic ... non deserat.
(l) MS. Remig. mandat.

anno reddenda omnia prædia, quæ civitatum pretio obstrinxerunt, pretio non recepto. Et omnia, quæ, ut dixi, novi et veteris mandata continent, discussa, nulla ex parte sibimet repugnantia inveniuntur. Cum & in novo Testamento non parva terribiliaque exempla vindictæ processerint: dum Spiritu immundo superbus traditur ut discat non blasphemare. Dum adulteri traduntur Sathanæ (a) in interitum carnis, ut spiritus salvus sit in die Domini nostri Jesu. Dum fraudatores mendacesque Ananias & Saphira subita morte plectuntur. Dum manibus pedibusque ligatis in tenebras exteriores mittitur, qui vestem non habuerit nuptialem: quæ est charitas de corde puro, conscientia bona, & fide non ficta. Et quæcumque alia ex veteribus signis in novo supplicia noscuntur, sacro, ut dictum est, sanguine Mediatoris, semel cum ipso populo consecrata sunt.

CAPUT II.

PROMISSIO: *Domus Dei in Ecclesiam facta.*

Promissio facta & figurata. (b) In Evangelio credita & visa.

1. Eidem Moysi dicitur: *Vide ut facias tabernaculum, quemadmodum tibi monstratum est in sancto monte.* Et ex quibus rebus oblatis illud tabernaculum surgat, indicitur. *Dabunt*, inquit Deus, (c) *in oblationem filii Israel lanam hyacinthinam, byssum tortam, purpuram, coccum bis tinctum.* E quibus opere vario texturis tabernaculi, sanctique & velis sanctorum contectis, mystica omnia in tempore futuræ Ecclesiæ revelarentur. In operimentis sane tabernaculi pelles hyacinthinas, aliasque rubricatas, & undecim vela ex pilis caprarum contexenda, divina auctoritas mandat. Quæ omnia signa fuisse, ipsius legis vocibus testimonia. In hyacinthino colore pallor quidam est cum splendore concurrens, gemmis chrysolithisque convenire. Unde & sanctus Raphael archangelus ad Tobiam: *Bona est*, inquit, *oratio, cum jejunio, & eleemosyna.* In jejuniis pallor, in eleemosynis splendor refulget, qui hyacinthi figuram (d) ostendunt. *Byssum* vero, quemadmodum Apocalypsis dicit, *justitiæ sanctorum sunt.* Quod dictum est, tantum: *per multas tribulationes oportet justos intrare in regnum Dei.* Purpura vestis est regia, qua ipse Rex noster Christus Dominus in sua Passione indutus est. In cocco bis tincto martyria sancta resultant: quæ semel baptismo Christi in sanguine tinguntur, atque suo effusionis cruore (e) denuo sunt renati. Sic enim & ipse tinctus est Dominus semel in Jordane, iterum in Passione, de qua dicit discipulis suis: *Baptismo habeo baptizari quod vos ignoratis.* Hæc pelles rubratæ, hyacinthinæque testantur. Centum per centum cubitos duo latera tabernaculi protenduntur: aliaque duo frontalia, quinquaginta per quinquaginta: quoniam misericordia & veritas occurrentes sibi, justitia & pax osculantes invicem; quatuor ex partibus conjunctis angulis dignum tabernaculum (f) demonstrarent; summum templum Dei Ecclesiam, quæ in centenario & quinquagenario numero Psalmorum misericordiam & judicium suo Domino cantat.

2. Neque (g) sine mysterio undecim velis cilicinis tabernaculum desuper operitur; quorum esse ostendit totum mundum Deo, ut sub (h) pœnitentiam degere. Ipsius enim numerus Psalmi habet principium: *Salvum me fac, Deus, quoniam defecit sanctus.* Et cur (i) defecerit narrat: *Quoniam diminutæ sunt*, ait, *veritates a filiis hominum:* pro quibus salvandis Veritas ipsa (k) de cœlo descendit, quæ dignata est habitare cum hominibus in terra. Interiora vero tabernaculi, his ex rebus ornantur. Bis dena in parte columnæ ex lignis imputribilibus, non tam sanctos apostolos, quam doctores quoque Ecclesiarum præfigurant, quos etiam Paulus ostendit, dicens: *Petrus & Joannes, qui videbantur columnæ esse, dextras dederunt mihi & Barnabæ societatis.* Barnabas enim in apostolatum est susceptus in ordine, Domino præcipiente & dicente: *Segregate mihi Barnabam & Paulum in opus, in quod præparavi eos.* In quo opere ipsa Sapientia fabricans sibi domum, subdidit columnas septem: quas, terra cum dissolvitur, precaria incursionibus, columnas ejus ipse confirmavit. Harum igitur columnarum numerus in duabus partibus tabernaculi (l) quadraginta sunt, quadragesimum diem Ascensionis Domini demonstrantes, in qua suis ait discipulis: *Vos sedete in civitate, donec induamini* (m) *virtute ex alto.* (n) Ternis item connectuntur columnæ: quoniam fidei, spei, & charitatis trinitatis vinculo doctores Ecclesiarum salubriter adstringuntur: ex (o) basis argenteis, capitibusque aureis, tamquam ex operibus (p) misericordiæ: et sanctitate virginali columnarum omne decus exurgat. Sancta Sanctorum in interioribus sunt tabernaculi, habentia arcam Testamenti interiorem mysteriis. In quam (q) ingreditur sacerdos in anno semel cum sanguine alieno: ex qua

(a) MS. Remig. in interitu.
(b) MS. Remig. omisso primo titulo, hic addit, domus Dei, cetera habet ut editi.
(c) MS. Remig. in oblationem.
(d) Sic MS. Remig. Editi quidem, ostendit.
(e) MS. Remig. denuo tincti.
(f) MS. Remig. demonstrant.
(g) MS. Remig. sine hoc mysterio.
(h) MS. Remig. pœnitentiæ.
(i) MS. Remig. defecerit.
(k) MS. Remig. descendit de cœlo.
(l) Consentientem cum MS. Remigiano [illegible] & quidem ad fidem textus Exodi cap. 27. num. 10. & 11. Editi habebant, undecim: cui lectioni repugnat applicatio quadragesimi diei Ascensionis, quæ ab auctore statim infertur.
(m) MS. Remig. virtutem.
(n) MS. Remig. Exterius.
(o) Sic MS. Remig. Editi, vasis, mutando, ut videtur ex Exodo.
(p) MS. Remig. non habet vocem, misericordiæ, sed legit, ex operibus & ex sanctitate.
(q) MS. Remig. ingrediebatur sacerdos. Editi, ingrediantur sacerdotes. Vide Hebr. c. 9. v. 7.

accipiens responsum divinum, illud verbum resonat: Quod Verbum carnem suscipiens, nostram ob redemptionem, consecravit arcam non veteris, sed novi Testamenti: *In qua sunt omnes thesauri sapientiæ* (a) *& scientiæ absconditi*. Ad quam cum suo sanguine verus ipse Princeps sacerdotum introiit semel in sancta: quoniam semel Christus oblatus est, ut multorum peccata portaret. Cui dicit Propheta: *Exurge, Domine, in requiem tuam, tu & arca sanctificationis tuæ*. Mensam quoque positam (b) & aram, quæ carnem sacram & sacrificandam exciperet; quid aliud in hic quam Crucem intelligimus, in qua noster Agnus immolatus est? ipse Sacerdos & victima pendens sanctificavit, suum sacratum corpus, in sua morte confirmans. Cui lucerna septiformi Spiritu accensa toti lucet tabernaculo. Quoniam fulget illius, ut lumen (c) est: atria vero hujus spiritalis tabernaculi, corda piorum sunt confitentium & laudantium Deum. De quibus Propheta dicit David: *Atria ejus in hymnis, confitemini ei*.

CAPUT III.

PROMISSIO: *In Aaron, sacerdotium figuratum in Christo*.

Promissio facta & figurata. In Exodo credita & visa.

PRæcepit Dominus Moysi, ut Aaron fratrem suum ex oleo sanctificato unctum, sacerdotio consecraret: ut unctum, nostrum præ participibus suis (d) Christum Dominum, nomen ipsum unctionis ostenderet. Ipsius quoque Aaron vestis, mystica taxatione describitur. *Indues*, inquit, *eum tunicam talarem ex lana hyacinthina, scapulisque ejus superhumerale impones. Duos lapides* (e) *smaragdos, sculptos singulos singulis* (f) *nominibus filiorum Israel, e quibus catenulæ ex auro purissimo, percurrentes umbones ultimos humeralis apportent*. Quadratum quoque ex diversis coloribus pretiosisque duodecim lapidibus, fibulam rationalem sacerdotis in pectore collocandam, quæ duas principales partes superhumeralis astringat. Cingulum quoque lumbis ejus dandum, atque in ora talaris tunicæ quinquagiena tintinnabula aurea, totidemque mala granata in medio tintinnabulorum poni jubentur: ut omnis vestis ex supradictis (g) speciebus vario opere confecta fulgeret. Capiti quoque ipsius hæc imponenda præcepta sunt. Cidarim ex bysso mundo, mitram quoque ex qua lamina conscripta in titulum pendens, caput frontemque sacerdotis consecraret. Quæ singula nostro Christo Domino sacerdoti conveniunt. Nam cidaris ex bysso in capite ejus, justitiæ, ut diximus, sanctorum sunt. Quoniam *omnis viri caput Christus est*, a quo est omnis justitia. Quod mitram regalem, indicat sacerdotium spiritaleque connubium. Quod titulus conscriptus, in Passione sacerdoti nostro Pilatus imposuit. Tunica talaris, viscera sunt misericordiæ Dei nostri: de quibus Apostolus dicit; *Induite vos, sicut electi Dei, viscera misericordiæ*. Superhumerale vero, principatum ejus ostendit de quo dicit Isaias: *Datus est nobis filius, & factus est principatus super humeros ejus*. Duo lapides in humeris, duo præcepta sunt dilectionis Dei & proximi, quibus duodecim tribuum sculpta nomina continentur, duodecim discipulos in hoc numero jam designantes, quos noster Sacerdos in humeris perfecta dilectione portavit. Cum enim *dilexisset*, ait evangelista Joannes, discipulos *suos, usque in finem dilexit eos*. (h) Ex his catenulæ portantes umbones: *fructus sunt spiritus: charitas, gaudium, pax, longanimitas, benignitas, bonitas, fides, mansuetudo, continentia*. Rationalis in pectore, ex pretiosis moribus omnis est doctrina pontificis: ut sit, sicut Apostolus dicit, habens rationale obsequium. Præcinctum fune nostrum Sacerdotem nonagesimus secundus Psalmus ostendit; *Induit*, inquit, *Dominus fortitudinem & præcinctus est*. In quinquaginta vero tintinnabulis, totidemque malis granatis, linguæ sunt Ecclesiarum, quæ per Sanctum spiritum die Pentecostes in specie ignis divisæ discipulis insederunt. Ut etiam numerus ipse ostendit: ex quo mala granata omnis Ecclesia per mundum, connexos, ut grana interiecerit, continens populos in vinculo pacis, & gratiæ, unum eos (i) tegmen operiat charitatis. Resonantibus enim in tintinnabulis Apostolis, mala granata statim mota sunt, in Actibus Apostolorum dicentia: *Nonne hi qui loquuntur, natione sunt Galilæi? Et quomodo agnoscimus in illis sermonem in quo nati sumus? Et sequitur: Variis enim linguis magnificabant Deum*. Sed hæc (k) omnia gressibus liberi sacerdotis moventur, dum ingreditur in Sancta Sanctorum, quo pro nobis noster jam Mediator ascendit, apparere ante faciem Dei.

CAPUT IV.

PRÆDICTIO: *In populis vindictæ, qui prævaricati, & qui mandata Christi non servarunt*.

Prædictio facta & figurata. In Exodo credita & visa.

1. DUM hæc quæ supra diximus, in monte Sina Moysi facienda monstrantur, populus prævaricatus a Deo, idololatriæ crimen in-

(a) MS. Remig. addit, *& scientiæ*.
(b) Ita MS. Remig. Editi, *& arcam*.
(c) MS. Remig. addit, *est*: cum idem MS. *corda piorum sunt*: ubi Editi, *piorum fideliter*.
(d) MS. Remig. addit, *principem sacerdotum*, hoc est, *sacerdotum*.
(e) Vulg. *Onychinos*. Q. LXX Interpretes, *smaragdos*.
(f) MS. Remig. *singulis humeris*, *e quibus*.
(g) MS. Remig. *colore*.
(h) MS. Remig. *Et his*.
(i) MS. Remig. *tegumen*.
(k) MS. Remig. *omnibus*.

incurrit. Fingit (a) per Aaron vitulum ex auro, eique in contumeliam Dei veri victimas futilitatisque obtulit, dicens: *Hi dii tui, Israel, qui te eduxerunt de terra Ægypti*. Et addidit: *Suum Deum qui liberavit eos, qui fecit magnalia in Ægypto, mirabilia in terra Cham, & terribilia in mari rubro*. Per multum quoque Sacerdotem hujusmodi apostaticæ animæ in Evangelio increpantur. Sic enim ait: *Nisi fecissem in eis signa quæ nemo alius fecit, peccatum non haberent: nunc autem excusationem non habent de peccato suo*. Sequiturque et gravi culpa vindicta. *Dixit autem Dominus ad Moysem; Descende celeriter: prævaricatus est enim populus tuus, quem eduxisti ex Ægypto. Fecerunt sibi deos aureos, dixeruntque: Hi dii tui, Israel, qui te eduxerunt de terra Ægypti. Et nunc sine me, deleam eos, & faciam te in gentem magnam, ampliorem quam hæc est*. Piu Dominus (b) dat intercedendi tempus, cum dicit: *Sine me*. Non enim Deus (c) ex homine, sed homo ex Dei voluntate pendebat. Cumque multis modis precaretur Dominum Moyses, seipsum pro peccato populi offerens, ostendit Mediatorem sub figura expressum, qui animam suam pro impiis posuit. *Christus* enim, ut Apostolus dicit, *pro impiis mortuus est*.

2. Nec tamen illud tam grande peccatum caruit vindicta: quoniam peccatum impunitum esse non potuit. Descendens enim de monte Moyses, dissolutum populum dum videret, stans in medio castrorum, ait: *Si quis est (d) Domini, veniat ad me*. Cumque una tantum ex duodecim tribubus ad eum transiret, præceptum ei tale dedit: *Hæc dicit Dominus: Accipiat unusquisque vestrum gladium in manu sua, & pertransiet a castris usque in castra, & percutiet unusquisque patrem, fratrem, filium*. Quod cum incunctanter fecissent: *Implevistis*, ait Moyses, *manus vestras hodie Domino unusquisque in filio & in fratre, (e) ut detur super vos benedictio*. Tales in his discipulos nobis Mediatoris ostendit, quibus ait (f) Dominus Jesus: *Si quis venit ad me, & non odio habet patrem, matrem, (g) fratres, filios, insuper & animam suam, non potest meus discipulus esse*. Et iterum scriptum est: (h) *Qui dicit patri suo & matri suæ; Nescio vos, & fratribus suis; Ignoro illos: & filios suos abnuunt; ii custodierunt testamentum tuum*. Quod sancti seu Martyres vocati per gratiam, felicitate perpetua muneravit.

CAPUT V.

PROMISSIO: *In sacrificiis omnibus Christum Dominum figuratum*.

Promissio facta & figurata. In Exodo credita & visa.

1. RUrsum Moyses secundo montem jubetur ascendere. Eique (i) mandatur, quæ in sacrificiis ex animalibus avibusque populus offerat, sub certa mensura similaginis conspersæ ex oleo, pro peccato, pro solemnibus, pro votivis, vel certis Neomeniis, diebusque festivis. Vitulum, dictum est, sine macula, referens ad Christum veritatem, quæ signa sunt rerum. *Placebit*, dictum est, *Deo super vitulum novellum cornua producentem & ungulas*. Agnum anniculum sine macula: ipse est *Agnus Dei, qui tollit (k) peccata mundi*. Ovem ex grege, (l) idem ipse de quo Isaias dicit: *Sicut ovis ad immolandum ductus est*. Arietem ex grege, (m) idem ipse est Christus Dominus, qui dicit per Prophetam: *Exaltabitur sicut unicornis cornu meum*. Et Habacuc; *Cornua*, inquit, *in manibus ipsius sunt*. Hœdum ex grege: ipse est Christus Dominus, qui non propria, sed aliena peccata portans, (n) pelles, e quibus cilicia collatæ pœnitentiæ texuntur, suo intulit tabernaculo: qui & per David dicit; *Omnia cornua peccatorum confringam, & exaltabuntur cornua justi*. In turture vero & columba Ecclesiam agnoscimus. *Quoniam turtur invenit sibi nidum ubi ponat pullos suos*. Unamquoque dicit ille columbam, sponsam, electam suam. Cujus pullos in sacrificium offerri jubet dum dicit Dominus Jesus: *Sinite parvulos venire ad me: (o) talium est enim regnum cælorum*. Quoniam & parvuli dum ejus baptismo consecrantur, simul cum illo sepeliuntur in morte, ut etiam in eis evacuetur corpus peccati.

2. Illa vero distinctio peccatorum ignorantiæ & scientiæ, pro quibus sacrificium contriti cordis, ut similago frixa ex oleo, offertur; etiam in nostro sejungitur sacrificio, cum dicit anima: *Delicta juventutis & ignorantiæ meæ ne memineris*. Quæ beatus Petrus minus cautus incurrit, dum prædicenti Domino passionem suam, ignotam eam per Legem atque Prophetas promissam fuisse: *Absit a te*, ait, *Domine, propitius tibi esto, non fiet istud*. (p) Et Dominus, *Vade retro Sathana; non enim sapis (q) quæ Dei sunt, sed quæ sunt hominum*. Quod peccatum ignorantiæ, & scientiæ negationis, simul & juventutis (de qua præsumens dixerat Domino: Ani-

(a) Sic Ms. Remig. At editi, *Fingitur per Aaron vitulus*: sed concinnior videtur lectio Ms. codicis.
(b) Ms. Remig. *dat locum intercedendum*: forte *intercedendi sibi*, cum dicit.
(c) Ms. Remig. *ex homine*.
(d) Ms. Remig. *ad Dominum*.
(e) Ms. Remig. *dari vobis benedictionem*.
(f) Ms. Remig. addit vocem, *Dominus*.
(g) Editi, *fratrem*. Ms. Remig. *fratres*.
(h) Ms. Remig. *Qui dixit patri & matri, Nescio vos; insuper & filios suos abnuunt*.
(i) Ms. Remig. *mandantur*.
(k) Sic Ms. Remig. Editi, *peccatum*.
(l) Ms. Remig. *ipse est*.
(m) Ms. Remig. *in manu*.
(n) Ms. Remig. *pilos ... texuerunt*.
(o) Hæc adduntur ex Ms. Remigiano.
(p) Ms. Remig. *Et Christus; Redi*.
(q) Ms. Remig. addit; *ea*, *ait*.

Animam pro te ponam) respectus atque compendio omnia sendo (a) deservit. Docuitque in his peccatorem præsumptoremque dicere; *Averte faciem tuam, & fallas suas conturbaret. Sana animam meam, quia peccavi tibi.* Pro votivis vero (b) & solemnibus quæ (c) Christo Domini offerat populum, Paulus apostolus ostendit. (d) *Offeramus* inquit, *sacrificium laudis semper Deo, id est, fructum labiorum confitentium nomini ejus, beneficentiæ autem & communionis nolite oblivisci: talibus enim sacrificiis placatur Deus.*

CAPUT VI.

PRÆDICTIO: *In lepræ inspectione, hæreticos varios similasse.*

Prædictio facta & figurata. In Levitico credita & visa.

1. JUbet Deus Moysi, ut lepræ inspectio atque purgatio, hujusmodi sacrificiis expietur. Par gallinarum offerendum sacerdoti, ex quibus unam offerat, (e) aliamque relinquat. Similiter quæ ex hircis ceterisque pecudibus. Sed hæc mysteria noster Sacerdos Jesus (f) Dominus evidenter ostendit in Evangelio dicens; *Duo erunt in agro, unus assumetur, alius relinquetur: & duæ in molendino, una assumetur, alia relinquetur.* Quantum autem (g) intersit inter assumi & relinqui, columba corvusque dimissi ex arca ostendunt. Columbam enim Noe ad se recipiens in arcam, servandam sacrificio custodivit; corvum vagantem errantemque relinquens. Sic agnos ab hœdis discerni, sic virgines sapientes a stultis voluit segregari: animas scilicet per gratiam; quas digna oblatione purificans, sacrificio contriti cordis (quod similago trita ex oleo signavit) secum in æternam Jerusalem, cujus spiritalis sponsus est, (h) introducit in patriam, repulsis hæreticis: quia leprosi foras extra castra mittuntur. Nec prætereundum existimo, ipsam distinctionem lepræ, ut datum fuerit, aliqua ex parte discutere. Nam lepra in capite Manichæos, Priscillianos, compliciesque eorum demonstrat. Etenim cum viri *caput Christus sit, caput vero Christi Deus:* Deo ipsi capiti dum adversarium nescio quem principem tenebrarum disputantes opponunt; ipsi in capite sui erroris adspersi lepra, foris extra castra pelli meruerunt. Lepra in barba, Arrianos, Photinianos, Nestorianosque designat: qui nostrum Pontificem Christum, dum minorem in divinitate, aut solum hominem, non Deum & hominem prædicant, aliterque de Christo sentiunt, quam tenet, (i) tradiditque fides Catholica; leprosi in barba eum lacessunt, quem in similitudinem Aaron, David Propheta introducit; verum Principem sacerdotum Christum Dominum dicens: *Ecce quam bonum, & quam jucundum habitare fratres in unum. Sicut unguentum in capite, quod descendit (k) in barba, in barba Aaron.* Hi igitur qui unitatem Catholicam relinquentes, unguentum quod in nostri Pontificis barbam descendit, erroris sui dogmate fœdandum existimarunt; ut leprosi in barba inventi, etiam ipsi extra castra pulsi sunt. Lepra in corpore, Donatistæ, Maximianistæ, Luciferiani, ceterique similibus erroribus obvoluti, dum per totum mundum Christi corpus, Domini Ecclesiam, humanis calumniis infestantur, (l) in lepra corporis sui ejecti, nisi a vero Sacerdote (m) Christo charitate mundati fuerint, castra eos populi Dei non suscipiunt.

2. Pelagiani vero omni ex parte lepræ macula turpantur, dum capiti & corpori nebulas (n) suas perversæ doctrinæ infundere contendunt. Capiti: quod Deum ante peccatum, mortalem hominem fecerit: qui *mortem non fecit, nec lætatur in perditione vivorum: creavit enim, ut essent, omnia.* Corpori: quod gratia Dei necessaria (o) homini non sit, quod Christus gratis mortuus sit, quod unum baptisma in minoribus majoribusque divisum sit: cum unum consecratum sit in remissionem omnium peccatorum. Sic in toto lepræ macula vitiati, e castris dominicis etiam ipsi pulsi sunt. Cum vero hæc noster Sacerdos inspicit, variasque dirimit plagas, utrum sit nigra in Manichæis, an rubra in Arrianis, an in Pelagianis alba, vel varia; *Oportet enim*, ait Paulus, *& hæreses esse, ut probati manifesti fiant in vobis.* Quamdiu in his variis erroribus, velut in lepræ maculis animæ detinentur, castra eos, ut dictum est, dominica non admittunt. Ex quibus omnibus hæresibus, compuncti Dei gratia, dum mundandi redeunt, in illis quodammodo decem leprosis nostro se offerunt Sacerdoti. Eosque juxta Legis præceptum dum ad sacerdotem Judæorum mittit, euntes in via, id est, in hac vita, potentia Verbi mundavit. Pro quorum mundatione sacrificium ipsum obtulit gallina illa pretiosa, quæ dicit: *Quoties volui, Jerusalem, colligere filios tuos, sicut gallina colligit pullos suos sub alas, & noluisti?* Colligit sane etiam (p) illa nolentes, quos ad unitatis suæ membra pertinere cognoscit; quoniam *novit Dominus qui sunt ejus.* Unus enim ex decem mundatis reversus gratias egit nostro Pontifici: quia unitas cognoscit, non in se, sed in Domino gloriandum, quæ spem noluit habere in homine, quæ intellexit (q) bonam voluntatem a Domino

(a) Ms. Remig. *abluit.*
(b) Ms. Remig. *vel solemnibus.*
(c) Ms. Remig. *Christo Domino.*
(d) Ms. Remig. *Offeramus.* Et paulo post: *Bene autem facere, & communicantes esse, nolite oblivisci.*
(e) Ms. Remig. *alteramque.*
(f) Ms. Remig. *Jesus Christus.*
(g) Ms. Remig. *intersit.*
(h) Ms. Remig. *introducat.*
(i) Ms. Remig. *traditque.*
(k) Ms. Remig. *in barbam barbam.*
(l) Ms. Remig. *ex lepra.*
(m) Ms. Remig. *Christi charitate.*
(n) Ms. Remig. *suæ.*
(o) Ms. Remig. addit, *homini.*
(p) Ms. Remig. *illa nolente*, scilicet Jerusalem.
(q) Ms. Remig. *bona voluntate ad Dominum præparari.*

rio præparari, quæ vere libera esse voluit, quoniam cognovit (a) quod eam Filius liberavit. Hi vero qui (b) mundari ingrati, vel in erroris sui lepra maculis persistunt, in castra domunicis suscipi omnino non possunt. (c) Contra quos ecclesiæ claustra celsum districtus est noster Pontifex; Nam ecce: ut a longe illi dimissi foris remaneant, carnales, malefici, & omnes homines qui operantur & faciunt mendacium. Multa (d) hic dicere non oportuit, cum * Origenes singula discutiens, quæ recta fide fessa Domino consignaverit Christo.

CAPUT VII.

PRÆDICTIO: *In escis mundis, & immundis, eleemosynis munda omnia fieri.*

(e) Prædictio facta & figurata. In Levitico credita & visa.

1. IN ter omnia mandata quæ ad erudiendum Dei populum, Moysi in monte Sina a Deo tradebantur, expleto ordine sacrificiorum, animalia munda ab immundis quæ populus in escam sumeret, illa sunt (f) distinctione signata. Ruminantia, quæque fissa ungula, habenda munda esse, & in escam sumenda. Quæ animus signat ruminantem verbum Dei, et fissa ungula, duorum scilicet præceptorum. De avibus quoque vel piscibus continentur mandata sunt, quæ contingere, quæve abstinere populus debuisset. Quam legem in tabulis lapideis, juxta duritiam cordis Judæorum, datam, Dominus in Evangelio testatus est. Verum cum de (g) his singulis priores nostri patres, quibus revelatum est, allegoricas earum disputationes longo volumine splendidoque stylo conscripserint, quid opus hic conscripsisse? cum de compendio noster Mediator Jesus Dominus, in quo ista omnia pertinebant, vacantes Judæos, qui Legem littera, non spiritu sequebantur, increpavit, dicens: *Væ vobis Scribæ & Pharisæi hypocritæ: quia decimatis mentam, cyminum, & anetum alias, mundantes calicem & calicem, cum intus pleni sitis rapina & iniquitate.* Eisque singularis ipse medicum, singulare sacrificium ostendit, dicens: *Veruntamen dico vobis, date eleemosynam, & ecce vobis munda sunt omnia.*

2. O quam breve compendiosumque sacrificium, quod interiorem atque exteriorem totamque hominem mundat! *Eleemosyna a morte liberat, & ipsa purgat peccata.* (h) *Eleemosyna non patitur ire in tenebris.* Eleemosyna munus bonum est omnibus facientibus eam, coram summo Deo. Hæc est quæ perpetuam ignem extinguit: hæc est quæ resolvit peccata: hæc est quæ Christum pascit esurientem in paupere: hæc vestit nudum: hæc visitat infirmum: hæc peregrinum hospitio (i) recipit: hæc quæ omnem angustiam (k) carentis tollit: hæc omnem inopiam fovit: hæc divitibus confert remedia: hæc vitam æternam comparat: hæc feneratur Deum: hæc continet regnum cælorum: hæc est quæ discernit agnos ab hædis: hæc est quæ ad dextram collocat Justos: hæc angelis sociat: hæc ex servis filios Dei fieri præstat. Concurrite omnes ex genere peccatorum, concurrite omnes ex vitiis criminibusque leprosi: concurrite omnes quolibet flagitio maculati atque immundi, pœnitentes, revertentesque: concurrite ad tam magnum, compendiosum, utilique sacrificium, cum omni lætitia offerentes. *Hilarem enim datorem diligit Deus.* Prout quisque (l) quod offerat habuerit, hoc offerat munus. (m) Quod ita noster Princeps sacerdotum instituit, atque omnibus pro omnibus esse mandavit, ut usque ad duo minuta calicemque aquæ frigidæ mensuram bonæ perduxerit sacrificii: pacem promittens, etsi hæc desunt, hominibus bonæ voluntatis. Ista sunt posteriora Dei, quæ faciem ejus dum videre non posset Moyses, spiritu sanctæ revelata prophetico, in Christo Jesu Domino & homine, qui est æternus Princeps omnium sacerdotum. (n) Hæc in Levitico suppleta noscuntur.

CAPUT VIII.

PRÆDICTIO: *In escis desiderantis Ægypti, Christum manna remisisse.*

Prædictio facta & figurata. In libro Numerorum credita & visa.

IN Numerorum libro populus, principibus scilicet a Moyse constitutis, tanta sub descriptione quærens sit designatus. Interea quoque factus liberatus & (o) gratiæ Ægyptiæ, idem escas desiderans, adversum Deum & Moysen murmurasse compertus est. *Quis nos, inquiunt, cibabit (p) carne? Recordamur enim sumus piscium quæ manducabamus in Ægypto gratis, cucumeres, pepones, allium, & cepas. Nunc autem, ajunt, arida facta est anima nostra, nihilque aliud nisi manna in oculis nostris.* Repudiantur dulcia, desiderantur amara. Hoc periculosa gravisque animæ ægritudo, ut nociva sumere (q) velit, & quæ utilia sunt ac saluti proficiunt, spernat ac renuat. Sic repudiaverunt manna Christum, dicentes: *Nos fremat* quia

---

(a) Sic MS. Remig. At editi, etiam.
(b) Editi, mundi re. MS. Remig. mundari.
(c) MS. Remig. Contra quos claudens districtus est.
(d) MS. Remig. hoc dicere.
(e) MS. Remig. Promissio. Idem vero caret priori titulo.
(f) MS. Remig. caret hac voce, distinctione.
(g) MS. Remig. habet hanc vocem, his. Editi non habent.
(h) Hæc pars additur in MS. Remigiano.
(i) Editi, accipit. MS. Remig. recipit.
(k) MS. Remig. etiam carentis.
(l) MS. Remig. omnibus hoc verum, quod offerat.
(m) MS. Remig. Quod dicit noster princeps sacerdotum constituit.
(n) Hæc ultima verba capitis non leguntur in MS. Remig. sed adduntur secundo titulo capitis subsequentis.
(o) MS. Remig. & gratias Ægyptias. Forte pro, & gratias, Ægyptias scilicet escas desiderans.
(p) MS. Remig. carnibus.
(q) MS. Remig. vellet.

quia cum Moyse locutus est Deus, hic vero nescimus unde sit. Eosque increpans dicit: *Si crederetis Moysi, crederetis* (a) *utique & mihi; de me enim ille scripsit. Ego enim sum panis vivus, qui de cælo descendi.* Nonne manna sanctum repudiaverunt, quando Pilato volenti Jesum dimittere, dixerunt: *Noli ipsum dimittere, sed Barrabam.* Barrabas autem fuit insignis latro, quem sibi dimitti poscentes, velut porros, cepas, allium, (b) asperas lacrymosasque Ægyptias escas, ex latronis fœtoribus se desiderasse professi sunt. Sane murmurantibus, carnes divina majestas exhibuit, non quæ reficerent, sed quæ vexarent potius comedentes. Quoniam igitur *animalis homo non percipit quæ sunt spiritus Dei*, &c. *in concupiscentiis est omnis fegni*, rectèque spiritalis petit auferri a se *ventris concupiscentias*; ostensum est, impium esse (c) ea desiderare vel peti a Deo quæ sunt animæ perniciosa; & maxime quod cum murmure postulatur. (d) Fugiat anima tali desiderio Deum offendere, si terram promissionis cupit intrare.

CAPUT IX.

PRÆDICTIO: *In Moyse, Christo Domino & Ecclesia fratres detraxisse.*

Prædictio facta (e) & figurata. In libro Numeri credita & visa.

1. ERAT, dicit Scriptura, *Moyses mitis præ omnibus hominibus* (f) *qui erant super terram.* In hac mansuetudine noster resonat Mediator, cui dicit David: *Tu, Domine, suavis ac mitis es.* Et ipse in Evangelio: *Tollite jugum meum super vos, & discite a me quia mitis sum & humilis corde.* Detraxerunt Aaron & Maria Moysi germano suo, quod Æthiopissam accepisset uxorem. Detraxerunt & nostro Domino sui fratres, quod cum publicanis & peccatoribus vesceretur. Quibus cum dixisset, *Non est opus sanis medicus, sed male habentibus; Non veni vocare justos, sed peccatores in pœnitentiam*; ostendit illam Æthiopissam se accepisse ex gentibus, quæ dicit: *Fusca sum, & decora, filia Jerusalem.* Maria quæ detraxerat, illico ex candidissima perfusam lepræ suscepit, quam incurrere animæ debent, quæ Christo detrahunt & Ecclesiæ. Dicit enim de talibus per prophetam: *Pro eo ut diligerent me, detrahebant mihi, ego autem orabam.* Oratione enim Moysis, Maria mundata indulgentiam meruit, ut talis anima tanto exorante Pontifice, omni ex culpa furetur. Jussu tamen divino Moyses, duodecim electos de plebe viros explorandam Chananæorum terram misit, quibus in mandatis dedit, non tantum civitates hominesque prospicere, quantum etiam secum ex terræ fructibus asportare. Pergentes dum aiunt quæ jussa sunt, vallis eos quædam excepit; ex qua botrum abscindentes pro magnitudine phalangæ impositum, simul cum malis granatis ficubusque portantes ad castra redeunt, fructus ostendunt, ea narrantes quæ viderant. In tribus his fructibus, mysteria Christi Domini tenentur Ecclesiæ, Botrus in Christo, vox Ecclesiæ in Canticis Canticorum: *Botrus cypri, fratruelis meus.* Quod ligno portatur, (g) crucifixum agnosce. Quod in medio duorum exploratorum; Habacuc Propheta: *In medio*, inquit, *duorum animalium cognosceris.* (h) Item Ecclesia de seipsa in eodem Cantico: *Floruit*, inquit, *vitis, floruerunt mala granata.* Ficus vero, cujus ex foliis transgressoris primi homines sibi succinctoria fecerunt, ostendunt originale peccatum quod per mala granata Ecclesiæ, botrique sanguinem absolvitur, qui fusus est in remissionem omnium peccatorum.

2. Hi autem qui cum exploratoribus adscenderant, his dictis populum terruerunt: Terræ illius promissæ audaces esse homines, magnosque viros, civitatesque munitas. Gigantes se quoque illic vidisse confirmant, quorum in conspectu ipsi ut locustæ fuerint super terram. Horum metu perculsus populus, rursum adversus Moysem murmuravit, sibique statuit eligere ducem, qui eos reduceret in Ægyptum. Hoc malum eorum est, qui liberati per baptismum metu dæmonum, non ante, sed retro respiciunt, Dei beneficia ejusque mira facta obliti: (i) desperantes erga se impleri promissa Dei, eligunt ad eum reverti, cui jam renuntiaverant; illum cui crediderant spernentes, ejusque potentiam abnegantes. Hos increpans dicit: (k) *Verterunt ad me dorsum suum, & non faciem suam.* Et Petrus apostolus: *Melius illis erat non cognoscere viam salutis, quam cognoscentes retro respicere a tradito sibi sancto mandato. Contingit illis res veri Proverbii: Canis reversus ad vomitum, & sus lota in* (l) *volutabro luti.* Jesus vero filius Nave, & Caleph (m) Jephonæ qui terram inspexerant, simul cum Moyse & Aaron sacerdotibus prostrati, agunt pietatis officia, ab intentione desperatæ voluntatis populum revocant, dicentes: *Nolite metuere populum terræ; quoniam devoratio* (n) *nobis sunt. Discessit enim * tempus ab illis, Dominus autem in nobis est; nolite timere eos.* Quæ omnis subversione idolorum etiam (o) populo resonant Christiano, ne sint homines apostatæ a Deo, qui

(a) Hæc particula, *utique*, additur ex MS. Remig.

(b) Sic MS. Remig. Editi vero, *asperas lacrymas, aliaque Ægyptiis escas . . . desiderasse*, sine particula, *se*.

(c) MS. Remig. *ea desideria*.

(d) MS. Remig. *Fugiat anima tale desiderium . . . cupit intrare*.

(e) Hæc supplentur ex MS. Remig.

(f) Sic MS. Remig. Editi vero, *qui sunt*.

(g) Sic MS. Remig. Editi, *crucifixum significat. Agnosce quod*, &c.

(h) MS. Remig. *Inter hæc*.

(i) Sic MS. Remig. At vero Editi, *desperantes*.

(k) MS. Remig. *Posuerunt*.

(l) MS. Remig. *in volutabris cœni*.

(m) MS. Remig. *Jephone*.

(n) MS. Remig. *nobis est*.

(o) MS. Remig. *populum resonant Christianum*.

qui (a) dæmones metuunt, a quibus jam per Dei gratiam liberati sunt. Quorum pompam inanem describens Jeremias, ait: *Inter cætera ingressi in Babyloniam, videbitis ibi deos aureos & argenteos portari in humeris.* Ipsi autem sunt manufacta & inania; sed neque præstare, neque nocere possunt, ideo quod nihil sint: *ne ergo timueritis eos. Dominum autem sanctificate in cordibus vestris, & ipse erit vobis timor,* (b) sicut Isaias ait. De dæmonum autem cultoribus Jeremias scribens ait: *Ibi fuerunt gigantes illi nominati scientes prælium. Non hos elegit Dominus, nec viam scientiæ dedit eis. Et perierunt, propter quod consilium non habuerunt.* Et Salomon: *Ab initio,* ait, *cum perirent superbi gigantes.* Contra quorum superbiam humilis Christi populus victor (c) exurgit.

3. Sed cur Hebræus populus, indignatus vellet lapidare peccantes (d) se, honor Domini apparuit in tabernaculo. Sic enim semper audacia malorum comprimitur præsentia divinæ virtutis. Cumque exacerbantem se Dominus perdere voluisset, mitis ille præ omnibus Moyses, gratiæ intercessionis verba quæ proferret, invenit: *Audient,* inquit, *Ægyptii, cum contriveris hunc populum, & dicent: Quoniam non potuit illos introducere in terram quam juravit illis, prostravit illos in deserto. Et nunc exaltetur manus tua, Domine, sicut dixisti: Ego sum Deus patiens, & multum misericors, & verax.* Quibus precibus propitiatus Deus, ita temperavit iram suam, ut tamen peccantes sequeretur digna vindicta. Non ipsos intraturos in requiem promissæ terræ, testificando prædixit: excepto Jesu Filio Nave, & Caleph filio (e) Jephonæ. Omnesque defuncti in eremo, filii eorum obedientes susceperunt hereditatem, quam illi amiserant contumaces. Sic noster Mediator Jesus Dominus, rebelli adversum se eodem populo, & cum Herode de sua nece conlocante; spretis atque (f) in hujus vitæ eremo mortuis, etiam in anima, Judæis, filiis eorum sempiternam hereditatem dedit, quos pro eo impius Herodes occidit.

CAPUT X.

PRÆDICTIO: *In virga Aaron germinante, expressum sacerdotii Christi Domini.*

Prædictio facta & figurata. In libro Numerorum credita & visa.

1. Contemptores præceptorum suorum, officiumque sacerdotale usurpare volentes Chore, Dathan & Abiron, præsens Dei judicium dum puniret, (g) condemnans in illis omnes hæreticos (ut jam supra * posuimus) signum quoddam (h) indicit Moysi, quod a se electum confirmet principium Sacerdotum. *Dixit Dominus Moysi: (i) Sic dices filiis Israel, ut dent omnes principes illorum singuli (k) in tribubus virgas suas.* Duodecim igitur virgas accipiens Moyses, & virgam Aaron inter virgas illorum, posuit eas coram Domino, introitque in tabernaculum testimonii. Et factum est, in crastinum introivit Moyses & Aaron in tabernaculum. Et ecce germinavit virga Aaron ex domo Levi, & produxit gemmam, florem, germinavit & nuces. Quo prolato signo quietum populum esse jubet, dicens: (l) *Desinat murmuratio eorum a me, & non moriantur sic omnes.* Hæretici pereunt contra Domini Sacerdotem legitimum murmurantes. Quod vero florescens virga Aaron produxit nuces, nostrum hæc Christum Dominum indicant Sacerdotem: de quo dicit Isaias: *Exiet virga de radice Jesse, & flos de radice ejus ascendet.* In nuce vero mundum, Ecclesiamque in mundo ostendi, qui pie quærit, intelligit. Ex duabus quippe partibus conjunctis, tamquam intra cameram cœli, & spatia terræ, velut quatuor partes orbis, (m) intrinsecus cum populis continetur: tenue quoddam corium habens in medio sui, ut maria diffusa per partes.

2. Ecclesiæ quoque mysteria hæc in ea sunt, duorum veteris & novi Testamentorum operta secretis, quatuor cornua Crucis, quibus orbis redimitur: & aquam baptismi in medio sui habens, qua virens semper fructificansque florescit. Hujus pomi arbor celsa petens, opacis ramis, adspersa per tenues mollesque surculos, aut singulas in unitate, aut (n) binas in duobus præceptis, aut ternas in trinitatis numero, quaternasve connexas in quatuor Evangeliis, gemmarum in modum producens, sui artificis pulcritudinem, operaque mira declarat. Harum aspersus succus (o) ex tegmine, quædam in se tincta albo colore, ac medendi gratia exasperatis faucibus adhibetur. Hæc virentium nemorum fronde vestita tegmina fovent æstuantes, in requiem suorum scilicet (p) foliorum, temperantque flatu suo ægrotantis incendia. Nec immerito Jeremiæ Prophetæ jubet Dominus (q) baculum sibi nucinum factum debere, in quo omnis Ecclesia in mundo, (r) & mundus in ea Christi sustentetur auxilio, ejusque gratia fulferatur, quæ canit in Psalmis, & dicit: *Virga tua & baculus tuus ipsa me consolata sunt.*

CA-

(a) Ms. Remig. *dæmones*; Editi, *homines*.
(b) Ms. Remig. *Isaias autem dæmonum cultores describens, ait*.
(c) Ms. Remig. *exurgeret*.
(d) Sic Ms. Remig. At editi, *pro se*.
(e) Ms. Remig. *Jephone*.
(f) Ms. Remig. *in hujus vitæ eremo*. Editi, *in hac vitæ*.
(g) Ms. Remig. *condemnans*.
(h) Ms. Remig. *praedicit*.
(i) Ms. Remig. *Dic*.
(k) Editi, *in tribus*.
(l) Ms. Remig. *desinat*.
(m) Ms. Remig. *intrinsecus continetur, cum populus trinus*, &c.
(n) Ms. Remig. *geminas*.
(o) Ms. Remig. post hæc verba, *ex tegmine*, *fauces æstuantes subjicit*, ceteris prætermissis.
(p) Ms. Remig. *florum*.
(q) Alludit Auctor ad Jerem. 1. 11. *Virgam vigilantem, seu baculum amygdalinum, ego video*.
(r) Hæc verba, *& mundus in ea*, omittuntur in Ms. Remig.

CAPUT XI.

PRÆDICTIO: *In æneo serpente, Christum Dominum a morsu diaboli liberantem.*

Prædictio facta & figurata. In Numerorum libro credita & visa.

1. Sitiens rursum in alia eremi parte populus, adversus Moysen & adversus Dominum murmuravit. (a) E petra qua, ut prius aderat, Moyses produci posse aquam diffidit, is qui talia vel ampliora signa jam fecerat, ex hoc offensam incurrens, quod non (b) clarificaverit Deum coram filiis Israel, non ipsum introductorum populum in terram promissionis, vindex sententia divina confirmat. Ibi Aaron in Or monte defunctus, Eleazarum filium sacerdotemque dimisit. Moyses paululum reservatur, cujus in locum (c) Jesus Nave filius transiit, qui populum in terram promissionis induxit. Recte huic nomini etiam terrena hereditas distribuenda servata est: quoniam non *esse aliud nomen sub cælo datum hominibus, in quo nos oporteat salvari*. Apostolica est sententia præfinitum, quæ nostrum dominum Christum Jesum Dominum ostendit, suis hæreditatem perpetuam seipsum distribuentem, & qui (d) eum percipientes, dicunt: *Hereditas mea præclara est mihi*.

2. Dum vero idem populus pergit per certas gentes, quas ei Dominus mandaverat extirpandas, quarum scilicet ex culpa idololatriæ, suppletis peccatis jam finis advenerat, fatigatus itinere adversum Dominum murmurans serpentum morsibus vexatus in eremo est, pœnitensque Moysen supplicem pro se Domino fieri precibus exorat. Verum ille semper pius & misericors Deus, qui partibus judicans dat locum pœnitentiæ, remedium exaltari serpentis in ligno, contra mortiferos serpentum morsus dedit. Jubetur enim Moyses æneum fabricare serpentem, eumque alto ligno confixum, populo præcipere, ut si quis se vulneratum cujuslibet serpentis morsu sentiret, statim æneum respiciens serpentem, cujus aspectu continuo (e) sanaretur. Hic etiam sic ille illuditur serpens diabolus, de quo per David dicitur: *Draconem quem finxisti, ad illudendum ei*. Cum enim in hujus vitæ eremo diversis ex vitiis, jam consecratis in baptismo tamquam in mari rubro, pestiferos morsus infixerit diabolus, statim exaltatum in ligno Crucis Jesum Dominum respicias, id est, a cælesti medico non recedas, ut *omnis qui viderit & crediderit in eum* (sicut ipse in Evangelio dicit) *non pereat, sed habeat vitam æternam*.

CAPUT XII.

PROMISSIO: *In eis, qui pro Christo parentes contempserint, vitæ benedictionem.*

Promissio facta & figurata. In Numeris credita & visa.

1. Benedictum a Deo populum, Balaac Rex Moab conducens Balaam prophetam ex gentibus (licet unius veri Dei vatem) ut malediceret invitavit: quem maledictum existimabat se facile superaturum. Sed propheta a Domino requirit, utrum pergat an maneat. (f) Prohibetur que a Domino ne veniat, ac Regi mandat, sibimet interdictum. Aliis nuntiis Rex, ampliora munera promittens, prophetam hortatur ut veniat. Rursum ille ab eo qui jam prohibuerat, corde perverso quærit tentans, utrum locus detur eundi. Huic recte resonat Scriptura: *Non tentabis Dominum Deum tuum*. Datur igitur jam mente saucio pergendi potestas, ita ut (g) si quid Dominus in os ejus dedisset, hoc ipse proferret. Dum vadit (h), avaritiæ suæ jam corde captivus, obvius ei angelus, jumento ipsius quo (i) vehebatur se potius manifestare voluit, quam illi: quia *homo cum in honore esset, non intellexit, comparatus est jumentis insipientibus, & non similis*, sed pejor *factus est illis*. *Subjugale enim* (ut Petrus apostolus dicit in epistola sua) *humana voce respondens, vetuit prophetæ dementiam*.

2. Tunc coram Rege conductus ille propheta, dum cogeret maledicere, benedixit: illorum deputatus ex numero, quos propheta David designat, dicens: (k) *Maledicent illi, & tu benedices*: & alibi: *Ore suo benedicebant*. (l) Hoc exitus posterior docuit. Suppleram enim benedictionem propheticam, (m) qua etiam per talem, Adventum unici Filii sui ex illo populo Deus gentibus promittebat. Quo vaticinio alibus dixit inter cetera: *Orietur stella ex Jacob, & exsurget homo ex Israel, & confringet omnia regna terræ*. Quæ de Christo Domino dicta, Evangelia divina attestantur. Is igitur qui maledicere voluit, (n) nec valuit, consilium nequissimi serpentis exquisitum Regi dedit. Speciosas quasque feminas, quarum forma ornatuque ferrum virtutemque (o) molliret, electas e suo populo ad concitandam libidinem (p) Hebræico populo dimitteret. Harum ex concupiscentia persuasi, sacrificantes idolis ac sacrificata veseen-

(a) Editio recentior: E petraque.
(b) Edit. Colon. glorificaverit.
(c) MS. Remigianus, Jesus Nave transiit ... repromissionis.
(d) MS. Remig. qui ei.
(e) MS. Remig. sanabatur.
(f) MS. Remig. prohibetur que regi mandat, ut veniret ad eum sibimet interdictum.
(g) MS. Remig. sicut.
(h) MS. Remig. addit vocem, iter.
(i) MS. Remig. vehebatur.
(k) MS. Remig. Maledicent illi, & tu benedicis.
(l) MS. Remig. addit, & corde suo benedicebant: forte, maledicebant, sive enim.
(m) MS. Remig. & Edit. Lugd. quam etiam.
(n) Hæc verba, nec valuit, supplentur ex MS. Remig. Aberant ab editionibus antiquioribus dempta Lugd. in qua habentur, nec potuit.
(o) MS. Remig. mollissima.
(p) MS. Remig. Hebræo.

scentes, offenso Deo, totum pene Israel in mortem ducere cœperunt. Divina quippe manu percussi, dum plurima multitudo caderet in deserto, tota pene synagoga periisset, nisi Phinees sacerdos, adulteros mente & corpore ferro transfodiens, iram Dei (a) hoc facto placasset. Admonuit Joannes apostolus in Apocalypsi, scribens angelo, id est, rectori Ecclesiæ Pergami, quod in plebe ejus essent *tenentes doctrinam Balaam, qui docebat Balac mittere scandalum* (b) *sub oculis filiorum Israel, edere de sacrificiis, & fornicari*: esse etiam nunc tales ostendens, quos nos videmus ita (c) consumi, nisi obsurgantes sub pœnitentia, indulta gratia liberet Sacerdotis.

CAPUT XIII.

PRÆDICTIO: *In Moyse transeunte, Jesum signasse Dominum resurrecturum.*

Prædictio facta & figurata. In Deuteronomio credita & visa.

MOyses vicinum se dum cognosceret sepulturæ, populo omnem recapitulans legem, benedictionibus maledictionibusque, atque terribili illo Deuteronomii cantico, totam synagogam astrinxit, testes inducens cœlum & terram, nihil se ex mandatis Domini celasse, omnique vigili cura egisse, ne quid cuilibet, quod læderet populum: monetque a præceptis Domini non discedendum, neque ab eo in aliquo declinandum; nemoriderunque esse (d) prospicit, ne sequantur adversa. Addit quoque prophetico spiritu eis futura desertura, post suum obitum relicto vero Deo, post gentium eos vana & nova concursuros (e) simulacra: quorum ex culta peccatorum ponderibus gravati, in ima (f) mergantur: eosque dimitti a Deo, si ipsi dimiserint Deum. Quibus dictis, omnes tribus mystica benedictione consignans, Jesu filio Nave tradita gubernanda plebe, ipse jam provectus ætate, ad Dominum ex hac vita migravit. Commendavit quoque noster Mediator Jesus Dominus fidem ac pacem suam discipulis suis transiens de hoc mundo ad Patrem, eosque, ut Joannes evangelista dicit, usque in finem diligens erudit. Illud quoque propheticum futurorum discrimen per suum Paulum apostolum mandans, quod post eius obitum intrarent graves lupi non parcentes gregi, & ex ipsis discipulis exurgerent pseudoprophetæ loquentes perversa. De quibus in epistola sua dicit: *Videte canes, videte malos operarios, videte concisionem*. Commendavitque (g) omnes Deo & verbo gratiæ ejus, electis non visuros faciem suam Paulum affirmans, eosque Domino Jesu tradidit gubernandos, qui est cum suis usque in consummationem sæculi.

CAPUT XIV.

PROMISSIO: *In Jesu Nave, Jesu Domini figuram ostendit, terram expugnaturum eruditum.*

Promissio facta & figurata. In Jesu Nave credita & visa.

1. JEsus Nave filius, jubente Deo, manu Moysi consecratus, dux effectus est populi. Neque enim, quod sæpe dicendum, & decebat Dei populum in terram promissionis alium introducere, nisi illum qui & nominis & rei (h) sacramenta salutemque portaret. Hic exploratores duos in Jericho mittit, quæ prima in civitatibus promissæ terræ esse videbatur. Misit & noster Jesus Dominus exploratores duos, qui sui primi adventus terram (i) prædicando concuterent, Zachariam scilicet sacerdotem, ejusque filium Joannem: de quo idem pater sacerdosque eidem suo filio dicit: *Tu puer Propheta Altissimi vocaberis: præibis enim ante faciem Domini, præparare vias ejus*. Item de ipso Joanne angelus: *Præcedet*, inquit, *ante eum in spiritu & virtute Heliæ*. Exploratores terræ illius excepit Rahab meretrix, quæ eos abscondens, a suis persequentibus liberavit. Et quos (k) Dominus Jesus misit, suscepit anima fornicaria, quæ nominis Jesu expectans salutem, a prostitutione idololatriæ, per coccinum, signum ejus (l) sacri sanguinis, liberata est.

2. Has animas ex hac fornicatione (m) venientes, etiam Thamar illa nurus Judæ in suis (n) geminis signat, dum minor ejus filius manum prior ex utero (o) cœpit mittere, & accepto signo coccino, posterior natus est: gentium in se populum ostendens, qui vagus, dum prior manum misisset in sacris idolorum, posterior ad Christum per signum ejus sanguinis baptismo renatus advenit. Sub lino illa Rahab exploratores abscondit. Sub lino (p) & nostri Jesu Domini exploratores fuisse absconsos Isaias Propheta testatur, dicens: *Arundinem quassatam non conteret, & linum fumigans non extinguet*; gentem ipsam Judæam signans, quæ ut linum, fumigans in sacrificiis, omnem usque ad Christum (q) tectam celavit prophetiam: ipsosque præcursores nostri Christi Jesu: a quo non extincta nunc usque servatur; ut quæ in ea adhuc tecta latent, (r) futuro in tempore re-

ve-

(a) Ms. Remig. cum mente. edit. hoc modo.
(b) Ms. Remig. in oculis.
(c) Ms. Remig. consumere.
(d) Ms. Remig. prospera.
(e) Ms. Remig. addit vocem hanc, simulacra.
(f) Edit. mergantur.
(g) Ms. Remig. supplet vocem, omnes.
(h) Ms. Remig. addit, futura.
(i) Ms. Remig. prædicandum.
(k) Ms. Remig. noster Jesus Dominus.
(l) Ms. Remig. sacri sanguinis.
(m) Emendatum ope Ms. Remigiani. Alias edit. venientes.
(n) Ms. Remig. criminibus. Sed hoc, videtur, mendum.
(o) Ms. Remig. mittere.
(p) Ms. Remig. & nostri.
(q) Ms. Remig. texit & celavit.
(r) Sic Ms. Remig. Edit. latent futuro, in tempore revelanda.

velentur. Metu (a) enim Jesu ducis suos territos cives mulier illa explorantibus prodidit, ut etiam illud impleretur, quod de nostro Jesu Domino dictum est: *A facie tua gentes turbabuntur, cum feceris mirabilia.* (Psal. 64. 6.; Josue 3. 6.) Reversi exploratores ad Jesum, cum omnia quæ egerant, retulissent; jussu divino duodecim tribuum Israel jubet castra moveri, simulque omnes transire Jordanem, arca præeunte: quæ (b) jam in figura, ut dictum est, nostri Jesu ducis (c) sacramenta portaret.

(Ibid. v. 16.) 2. Hæc dum in medio fluminis moraretur, divisas in partes inferior unda dum iret, superiorque immota subsisteret, solum siccum ipse alveus præbuit transeuntibus. (Josue 4. 2.) Statimque præcepto Domini duodecim lapides a singulis tribubus de medio fluminis Jesus jussit auferri: quibus, in sacrato numero duodecim Apostoli nostri Jesu figurarentur. Transeunte autem populo; (Ibid. v. 18.) famulatu, quem unda Dei jussa præbuerat, suppleto; rursum recurrens in se se fluvius lætos per se reddidit transituros. (Josue 5. 2.) Baptismi & hic instar expressum, ut hi qui in eremo naci rubri maris Sacramenta non noverant, Jordanis in transitu abluti, circumcisionem ex cultellis (d) susciperent petrinis. Omnis enim sub nostro Jesu consecratus in baptismo, ex petra corde circumciditur: quia omnis virtus ejus in petra firmatur. (1. Cor. 10. 4.) Quam petram Christum esse jam supra (e) ostenditur.

CAPUT XV.

PROMISSIO: ***Per Jesum Dominum animæ a prostitutione idolorum liberantur.***

Prædictio facta & figurata. In Jesu Nave credita & visa.

(Josue 6. 1. & seqq.) 1. JEricuntem Dei populus cum Jesu duce veniens, eamque munitam omni ambitu prospiciens civitatem, obsidione vallavit. Mirabilis autem in divinis præceptis illic videtur (f) initus esse conflictus: actumque est quodammodo certamen spiritale, septem tubarum clangoribus septies in die septimana tota recurrente, die ultimo (g) tubis concrepantibus, jubilantibus cunctis, omnis illa superba murorum constructio, non humana, sed divina manu concussa intercidit. (Ibid. v. 20.) Subversa civitas, concremataque cum populis incendio, sola (h) ex eo Rahab cum suis per signum sanguinis potuit liberari. (Ibid. v. 25.) His tubis, hoc fremitu jubilantium, præcepto Jesu Domini etiam noster pugnat exercitus. (Isai. 11. 2.) Nam septiformis spiritus, sapientiæ & intellectus, consilii & fortitudinis, scientiæ & pietatis, ac timoris Dei, (Ps. 97. 6.) dum resonant qui canunt in tubis ductilibus, & voce tubæ corneæ, jubilatque populus in conspectu Regis Domini, (Psal. 118. 164.) septies in die dum laudes dicunt super judicia justitiæ ejus; omnis Jericho civitatis (i) terrenæ superbia debilitatur. Concrematur incendio ab eo de quo dicitur: *Ignis ante eum (k) præcedet, & inflammabit in circuitu inimicos ejus.* (Psal. 96. 3.) In qua spes salutis datur fornicariæ animæ pœnitenti, dum signo sanguinis Jesu Domini liberata, dicitur clarâ & tumidis: *Meretrices & publicani præcedent vos in regnum Dei.* (Matth. 21. 31.) Tales quippe animas invenit Jesus Dominus noster, sive in Judæis, sive in gentibus. Quarum exemplo una sua prostitutione transirent ad legitimum virum, jubetur Osee Prophetæ mulierem accipere fornicariam, (Osee 1. 2.) atque ex ea procreare filios, ut sit jam uxor, quæ paulo ante fuerat meretrix, habeatque filios, quæ studebat filios non habere, nec jam libidini, sed suscipiendæ serviat proli.

2. Evidentius hoc per Jeremiam prophetam exponitur, cum tota arguitur Judæa: *Si contaminata fuerit mulier, ait Dominus, numquid revertetur ad eam vir suus? Et tu fornicata es in pastoribus multis, & sic revertere ad me, dicit Dominus.* (Jerem. 3. 1.) Et per Oseam: *Vocabo non plebem meam, plebem meam; & non dilectam, dilectam.* (Osee 2. 24.; Rom. 9. 25.) Apostolus quoque Paulus, hujusmodi animas salubriter objurgat, dicens: *Auditur in vobis fornicatio, & talis fornicatio, qualis nec (l) inter gentes.* (1. Cor. 5. 1.) Sed tales etiam sua gratia Jesus noster Dominus dum suscipit ad salutem, divinitate illa potentiæ suæ fornicariam, virginem facit. Quam pronubus in se Paulus casto spiritualique connubio componit, dicens: *Aptavi enim vos uni viro virginem castam exhibere Christo.* (2. Cor. 11. 2.) De qua filios non carne, sed spiritu excipiens, facit Ecclesiam virginem, matrem filiorum fecunditate (m) lactantem. (Ps. 112. 9.) Quos secum admonet Joannes apostolus dicens: *Carissimi, filii Dei sumus, & necdum apparuit (n) quid erimus.* (1. Joan. 3. 2.) Conjungit & Paulus: *Si autem filii, & heredes; heredes quidem Dei, coheredes autem Christi.* (Rom. 8. 17.)

CAPUT XVI.

PROMISSIO: ***Per Jesum Dominum omnia vitia expugnanda.***

(o) Promissio facta & figurata. In Jesu Nave credita & visa.

EXpugnat Jesus Nave filius Chananæorum, Cethæorum, Pherezæorum, ceterasque gentes, (Josue 11. 1. & seqq.) quarum terras populo suo Dominus in hereditatem promiserat. Expugnat & noster Jesus Domi-

(a) Ms. Remig. *Metu tamen Jesu duce.*
(b) Ms. Remig. habet, *in figura.* Editi carent particula, *in.*
(c) Ms. Remig. *omnia sacramenta.*
(d) Ms. Remig. *susciperent.*
(e) Ms. Remig. *ostenditur.*
(f) Corrigimus ex fide Ms. Remig. In editis legebatur, *illic videtur initus fuisse. Conflictus, actumque,* &c.
(g) Ms. Remig. addit vocem, *tubis.*
(h) Ms. Remig. *ex ea.*
(i) Ms. Remig. *terrena.*
(k) Ms. Remig. *ardebit.*
(l) Ms. Remig. *in gentibus.*
(m) Editiones antiquiores, *lactantem,* recentiores vero, *lætantem:* prioribus favet Ms. Remig.
(n) Editiones veteres, *quod erimus.*
(o) Sic Ms. Remig. cum Edit. Colon. & posterioribus: Antiquiores vero, *prædictio.*

Dominus idololatriam, superbiam, invidiam, luxuriam, ceteraque vitia, ut suis sanctis praeparet aeternam hereditatem. In sanctis Jesus Nave filius, victori populo terram divisit. Dicit & noster triumphans in Christo Jesu populus: *Funes ceciderunt mihi in praeclaris. Nam & hereditas mea praeclara est mihi.* Jubet Dominus filias Salphaad, quia virum heredem non reliquit, paternam suscipere hereditatem: ut in his animae auxilio (a) humano destitutae significentur, quas dum recipit Deus, dicunt: *Dominus pars hereditatis meae & calicis mei; tu es, qui restitues mihi hereditatem meam.* Terminos positos quoque tribus inviolata fide custodit. Dicitur & nostro populo: *Non transgredieris terminos aeternos quos posuerunt patres tui.* E mundo migraturus Jesus, ultima consolationis suae verba, sicut Moyses, hoc populo tradidit: A mandatis Domini non discedendum, si vellent semper esse liberi, & ab inimicorum insidiis alieni: nihilque se ab eis accepisse, vel eos in aliquo laesisse confirmat. Et Jesus noster Dominus transiturus, hac pollicens (b) contingit: *Si feceritis*, inquit, *quae mando vobis, vere mei discipuli eritis, & cognoscetis veritatem, & veritas liberabit vos.* Quibus cum dedisset exercendorum miraculorum potestatem, ne quid ab aliquo sperarent, quod ipsi non dederint, (c) dixit, *Gratis date.* Post obitum Jesu populus ille non Ducem, sed Judices regendos accepit. Et cum noster Jesus Dominus transiret de hoc mundo ad Patrem, rectores Ecclesiae suae per universum instituit mundum.

CAPUT XVII.

PRAEDICTIO: *In figura Ecclesiae Debbora hostem superavit.*

(d) Praedictio facta & figurata. In Judicum (e) credita & visa.

PRimus Judas inter ceteros Judices fuit qui judicaturus Israel. De cujus tribu, ut saepe diximus, Dominus Christus hunc mundum in carne, Judex omnium animarum, perlustraturus est. Relicto vero Deo, populus Israel oblitus mandatorum Moysi & Jesu famulorum Dei, servivit idolis gentium, (f) eoque sequens vindicta, per confines inimicos vexavit. Hoc & nunc agitur, dum renati per baptismum filii Dei, vanis superstitionibus curisque hujus saeculi implicantur, vinculisque peccatorum suorum unusquisque constringitur. *Clamaverunt filii Israel ad Dominum, cum pressuram paterentur: & de necessitatibus eorum liberavit eos.* Dicit etiam noster Dominus per Prophetam: *Erit cum* (g) *clamaveritis ad me & dixeritis, Pater! exaudiam vos ut populum sanctum.* Cujus in manifestatione, clamantem ad patrem filium perditum, cum magna miseratione pius pater in Evangelio (h) poenitentem suscipit redeuntem. (i) Subsequenti in judicibus (k) Debbora prophetes, mater surrexit in Israel, quae judicavit populum annis quadraginta. Hujus in tempore Sisaram Regem Jabin adversus plebem Domini rebellantem, divina virtus in manu feminae conclusit (l): illum scilicet terribilem curribus, equitibus, populisque munitum. Nec tamen (m) ferro, sed femina virum ligno confixit, palo ac malleo tempora illius transfodiens: quae nostrae matris Ecclesiae similitudinem gerens, (n) voce resonaret in Psalmis: *Hi in curribus & hi in equis, nos autem in nomine Dei nostri magnificabimur. Ipsi obligati sunt pedes, & ceciderunt, nos vero surreximus & erecti sumus.* Haec & alia contra sancta Ecclesia expugnans idola, idolorumque cultores, nec non & vicinos hostes suos haereticos. Qui dum adversum eam castra constituunt, non timere cor suum dicit; &, *si exurgat*, ait, *in me bellum, in illud ego sperabo.* Et in alio Psalmo: *Saepe expugnaverunt me a juventute mea, etenim non potuerunt mihi.* Quia *Dominus justus*, (o) per Crucis lignum *concidit cervices peccatorum.*

CAPUT XVIII.

PROMISSIO: *In figura Gedeon gratiam Domini Christi commendat.*

Promissio facta & figurata. In Judicum credita & visa.

6. RUrsum pro peccato idololatriae affligitur populus, eum deprimente Madian. Missus angelus Domini ob redemptionem eorum, Gedeon filium Joas unum ex Hebraeis ad judicandum praeliandumque pro eo mittens, hoc dicto instruit: *Dominus tecum, potens in virtute.* Et Gedeon, *Si Dominus nobiscum est*, ait, *quare nos invenerunt mala haec!* Et angelus, *Vade*, (p) ait: *in manu enim tua liberabitur Israel de manu Madian.* Cumque Gedeon (q) ex minima tribu se esse in Israel coram Domino fateretur, ab eo qui exaltat humilem, eumque foedere facit cum principibus populi sui, roboratus, statim aram Baal, quam filii Israel con-

(a) MS. Remig. addit vocem hanc, humano.
(b) MS. Remig. constringens.
(c) MS. Remig. *Gratis, dixit, date.*
(d) In Editione Colon. & recentioribus, Promissio.
(e) MS. Remig. & recentiores editiones hic, & in sequentibus capitulorum titulis addunt vocem, libro, quae licet omissa, subintelligitur in antiquioribus editionibus.
(f) MS. Remig. *eosque.*
(g) MS. Remig. *Cum clamaveritis ad me dixeritis.*
(h) Desunt vox illa, poenitentem in MS. Remig.
(i) In MS. Remig. praesens caput dividitur ante hoc verbum: *Subsequenti*: cui praefigitur titulus, *Praedictio facta & figurata: in Judicum credita & visa.*
(k) MS. Remig. legit, *Debbora.*
(l) Editi addebant hoc vocem, *illum*; quae in MS. Remig. judicatur superflua.
(m) MS. Remig. *ferrum ... figens.*
(n) MS. Remig. *vocem.*
(o) MS. Remig. *Crucis signo.*
(p) MS. Remig. *inquit.*
(q) Editi, *se minimum.*

cruciaretur, subverit. Hinc populus pro hoc facto infestatus, (a) in domum patris sui fugientem obsedit. Cumque imperium populi deduxisset, pater ejus Joas furentem plebem his mitigavit verbis: Ibid. v. 31. *Numquid vos, ait, judicatis Baal, aut salvum facitis eum? Qui* (b) *in eum injurias irrogasset, moriatur* (c) *in mane.* Ibid. v. 31. *Si Deus est, ipse se vindicabit.* Verum cum populus placatus abscederet, spiritus Domini induit Gedeon, eumque virtute stabilitum ad praeliandum mittit, signum victoriae voluntati ejus assignans. Quod tamen ipse poposcit, quae in magno mysterio usque in tempus velata tenerentur. *Volo,* inquit, *Domine, ut vellus quod est in area, impleatur aqua, & area sicca sit.* Factum est. Sicca area, ros (d) omnis descendit in vellus: quod expressum pelvim replevit aqua. Vellus repletum in area sicca, (e) agnoscimus synagogam, Ecclesia tunc sicca in fide gentium: quae cum nullo imbre supernae doctrinae rigaretur, synagoga, ut vellus, repleta Ja. ... erat divinis oraculis sacrisque mysteriis. Quod vero virtus Jesus Dominus eo usque expressit in pelvim, ut propinquante Passione, pedes in ea lavaret suis discipulis, omnem synagogae gloriam vacuans, eumque vellus expressum inanem relinqueret: gentibus gratiam novi Testamenti ministrans, quam in secundo signo evidenter o- Judic. 6. 39. stendit. *Volo, Domine,* inquit Gedeon, *ut vellus siccum sit, & area omnis compluatur.*

2. Utrumque factum, futurumque in Christo & per Christum, David Propheta (f) confir- Ps. 71. 6. mat dicens in Psalmo septuagesimo primo: *Descendet sicut pluvia in vellus;* (quod pertinet ad synagogam:) *& sicut gutta distillantes super terram;* (quod pertinet ad Ecclesiam.) Et Deut. 32. 2. in Deuteronomio: *Exspectetur,* inquit, *sicut pluvia eloquium meum, & descendant, velut ros, verba mea.* In vellere ros, tunc relictam synagogam; & pluvia in area, nunc repletam Ecclesiam gratia ostendit. Dicit & Isaias prophe- Is. 55. 10. 11. ta: *Sicut ros aut pluvia* (g) *descendens non descendit, quousque inebriet terram & germinet, & det panem ad edendum his qui eum colunt: ita* (h) *& verbum quodcumque exierit ex ore meo, non revertetur, quousque perficiet quae volui.* Perfectis igitur universis sacramentis, quae olim (i) condita tegebantur in vellere; Judaeorum scilicet synagogam inanem remansisse, omnis jam mundus (k) agnoscit: aream vero, Ecclesiam per omnem gentes gratia repletam, fecunditate credentium populorum. Sed eidem Gedeoni praeceptum est, congregato agmine (l) egredi ad praeliandum contra inimicos populi Dei. Verumtamen quia sacramentis omnia tegebantur, idem qui ductabatur exercitus, ad aquam probandus accessit. *Dixit enim Dominus* Judic. 7. 4. *ad Gedeon:* (m) *Deduc populum ad aquam; adhuc enim multi sunt tecum: eritque, qui lambent lingua,* (n) *ut canis biberit, statues eos seorsum, ceteros dimittes* (o) *e castris.* Repertique sunt trecenti viri. *Hos,* inquit Domi- Ib. v. 7. nus, (p) *adducas tecum: ne dicat Israel, Quoniam manus mea salvum me fecerunt.* Sic enim (q) agit divina providentia gratiam commendans, ut non in se quisquam, sed in Domino glorietur. *Quoniam non in multitudine exer-* 1. Cor. 1. 31. 1. Reg. 14. 6. *citus potentia est belli, sed de caelo est fortitudo Dei.*

3. Praeliantur autem milites Domini hoc mo- Judic. 7. 16. do, succincti lumbis, hydriasque portantes in manibus, faces quoque (r) succensas, igniti mente & corpore, in hoc victoriae (s) signo: *Gladius Domini & Gedeon.* Explorans igitur Ib. v. 18. Gedeon per noctem castra partis adversae, sentiensque quibus somniis Dominus eorum terruerit adversarios, diluculo suos ad milites (t) redit, eisque ut certa victoria potitos, alloquitur: jubetque Dei milites hydrias (u) e suis manibus in terram projicere, ac protinus in adversarios omni cum fiducia prosilire. Ita etiam sub nostro Judice Jesu Domino, noster vicit & vincit exercitus. Cui praecipitur: *Sint lumbi* Luc. 12. 35. Apoc. 1. 16. *vestri accincti & lucernae ardentes portantes, gladium bis acutum, verbum Dei.* Quorum fortium corpora martyrum (x) in terra illisa, velut hydriae, dum concrepant, eorum scilicet qui pro veritate certant usque ad mortem, suo grandi sonitu omnes fugavere inimicos. Horum triumphus suavi cantu resonat dicentium: *Habe-* 2. Cor. 4. 7. 1. Cor. 15. 57. *mus thesaurum istum* (y) *in vasis fictilibus, ut eminentia virtutis sit Dei, & non ex nobis. Gratias agentes Deo, qui dedit eis victoriam: per Dominum nostrum Jesum Christum.* Tran- Ps. 65. 12. sierunt enim & nostri probandi per ignem & aquam, lambentes lingua ut canes Domini: quos David memorat, dicens: *Lingua ca-* Ps. 67. 24. *num tuorum ex inimicis ab ipso.* Hi enim pro eo nunc latrant, qui eum aliquando (z) oderant, quorum latratu omnis Christi fugatur adversarius.

CA-

(a) Ms. Remig. caret particula, *in*.
(b) Ms. Remig. *qui ei*.
(c) Ms. Remig. *usque mane*.
(d) Ms. Remig. addit, *omnis*: item pro voce, *pelvim*, habet, *labrum*.
(e) Ms. Remig. *agnoscimus Ecclesiam tunc siccam in fide gentium*.
(f) Ms. Remig. *confirmans dicit*.
(g) Ms. Remig. addit, *Propheta*: deinde locum Isaiae sic habet: *sicut ros aut pluvia descendit quousque ... & dat*.
(h) Ms. Remig. *ita et verbum quodcumque ... non revertitur quousque quod volui*.
(i) Ms. Remig. *abscondita tegebantur*.
(k) Ms. Remig. *agnoscit*.
(l) Ms. Remig. *egrediatur praeliandi*.
(m) Ms. Remig. *Adduc*.
(n) Sic Edit. Ms. Remig. vero, *ut canes biberint*.
(o) Ms. Remig. *in castris*.
(p) Ms. Remig. *addue*.
(q) Ms. Remig. *ait*.
(r) Ms. Remig. addit hic: *portantes*.
(s) Ms. Remig. *signum*.
(t) Ms. Remig. & Lugd. editio, *redit*, eisque ut certam jam victoriam *potitos*.
(u) Ms. Remig. *e suis*. Editi, *ejus*.
(x) Ms. Remig. *in terram relisa*, forte, *illisa*.
(y) Ms. Remig. addit hic, *absconditum*.
(z) Editi, *aderant*.

CAPUT XIX.

PRAEDICTIO: *In Abimelech concubinae filium, haereticos figurat.*

Praedictio facta & figurata. (a) In Judicum creditur & visa.

Judic. 9. & seqq. — ABimelech filius ex concubina, post obitum patris sui Gedeon, interfectis a se septuaginta legitimis ejus filiis, sollicitato populo, Judex effectus est in Israel. Unus e septuaginta dum evasisset absconditus, manifestans, sub quadam parabola, tocum increpat Israel: quod infructuosis ligna silvestris, vitem & ficum dum sibi peterent regem, respondisse fructuosis infructuosum, non se posse relinquere fructus plangendo suos, & (b) ire regnare in lignis. Haec figura (c) praesumptam audaciam haereticorum ostendit: qui cum sint non filii liberae, sed ancillae; ut silvestria silvestribus, id est, infructuosa sociantur, ex intentione, deductorum spinis obtecti, portantur, ut filios veri Regis & Judicis in animo (d) trucidando interficiant. Ibid. v. 7. Gal. 4. 22. Hunc tamen Abimelech quaedam principem mulier (e), e muro misso fragmento molae, quassato capite occidit. Sic (f) etiam decet perire haereticos, qui caput nostrum Christum Dominum, contumeliosa disputatione expugnare (g) dum nituntur; quoniam heredes esse non poterunt ancillae filii, sed liberae: Ecclesia ut mulier ex gentibus, molam asinariam eorum collo alligans, eos mergit in profundum. Judic. 9. 53. Cant. 4. 1. Gal. 4. 30. Matth. 18. 6.

CAPUT XX.

PROMISSIO: *In Jephthe immolata carnis Christi immolatio virginis.*

Promissio facta & figurata. In Judicum credita & visa.

Judic. 11. 6. 1. JEphthe (h) quoque ordine subsequente, Dei populum per annos sex judicavit. Hic dum bellum gerit adversus filios Ammon, viditque sibi adversarios praevalere, temeraria praesumptione votum vovit, quod si inimicos victor contrivisset, quidquid ei primitus ex domo sua obviam fieret, offerret in sacrificium. Ibid. v. 30. Cujus audacia hoc modo correpta est, ut non animal cujusque pecoris (i) existimatum, sed unica filia virgo, triumphanti suo occurrens alligeret graviter de promissione victorem. Quam respiciens: *Heu mihi, ait, filia! Offensa facta es in oculis meis. Vovi enim super te verbum Deo, & non potero avertere. Dixitque ei filia: Si ita me aperuisti os tuum, pater, ad Dominum, fac mihi ut promisisti: propter quod fecit* (k) *Dominus vindictam de inimicis tuis.* Inducilisque petit a patre, quibus in monte cum sodalibus suis fleret virginitatem suam. Quae consummato tempore reversa, (l) sui sacrificii ex eo Jephthe vota complevit. *Et hoc, ut dictum est, non erravit votum.* Quaeritur forsitan, cur non ei praeceperit Deus parcere debere unicae filiae, sicut Abrahae unico jussit (m) ut parceret filio? Nascitur que famosa illa & ad solvendum difficilis quaestio, quam revelante Domino, hoc modo persolvam. Primo quod Deus non poposcerat a Jephthe, tentando eum, (n) sicut ab Abraham: sed hic sponte vovit, non, ut dixi, tentatus a Deo, sed ipse quodammodo tentans Deum. Secundo, * dignum fuit ut non tantum victima, canem, vel subjugale, aut quodlibet aliud (o) indignum prius sibi primitus occurrere, ut praedixerat, immolaret. Quia ergo non temerare tentare voluit Deum, hoc ei occurrit quod (p) probaret virtutem, votum, & animum promittentis. Ibid. v. 35. Ibid. v. 40. Genes. 22. 2. * forte, ut dignum.

Hebr. 11. 32. 2. Sed hunc Jephthe Paulus Apostolus in epistola ad Hebraeos, inter ceteros fide plenos, ex hoc ipso operatum dicit fuisse justitiam: commemorans Barach, Samson, Samuelem, ceterosque heroas nostros; et sola terrena civitas plausu vanitatis suae extolleret cives, si pro ea filium Torquatus occidit, si Mutius dexteram posuit in flammas, si Curtius se praecipitem dedit voragini, pro ejus (q) servitia vita privavit: cum longe (r) ordinem nostri, & multi ac multiplicia [illegible] cives Jerusalem caelestis civitatis [illegible]. Hujus tamen Jephthe operatio justitiae [illegible] non inquirere mysteria affectio Dominica, velut (s) datam hanc tantae rei explicare sententiam. Haec itaque figurata mysteria ad Judicem Dominumque nostrum Jesum-Dominum ita (t) referunt, ut cognoscamus eum pro nostra redemptione de inimicis nostris vindictam volentem suscipere, unicam virginem carnem suam, (u) tamquam filiam immolasse. Et a seipso quippe formatus in utero dicitur per David prophetam: *Mater Sion dicet; Homo & homo factus est in ea, & ipse fundavit eam Altissimus.* Haec occurrit in hora Ps. 86. 5.

G 2 Pas-

(a) Haec addantur ex MS. Remigiano.
(b) MS. Remig. addit, ire.
(c) MS. Remig. praesumpta.
(d) Ita MS. Remigiano, cum edit. Lugd. Castri, *trucidando*.
(e) MS. Remig. *muro misso fragmento molae*: Editi carebant voce hac: *molae*.
(f) Editi, etiam MS. Remig. *etiam*.
(g) MS. Remig. addit, *dum*: & post pauca, *alligans*: ubi aliae editiones habebant, *adligans*, in hoc ultimo MS. concinit editio Lugd. sola.
(h) MS. Remig. *Ipse quoque ordine subsequente Jephthe Dei populum*.
(i) MS. Remig. *aestimatum*.
(k) MS. Remig. *fecerit ... de inimicis tuis*.
(l) MS. Remig. *sua sacrificia et ex Jephthe votum complevit*.
(m) MS. Remig. *parcere*.
(n) MS. Remig. *sicut Abraham*.
(o) Ita MS. Remig. & quidem melius, ut videtur, quam quod legebatur in editis, *dignum* quod MS. [illegible].
(p) MS. Remig. *probaretur*.
(q) Editiones antiquiores, & MS. Remig. *fervitia*, *recentiores*, *fervore*.
(r) MS. Remig. *ordinem*.
(s) MS. Remig. *dictum ... explanare*.
(t) MS. Remig. *ita ferunt*, *haec*, *referunt*.
(u) Editi, *tamquam*: emendatur ex MS. Remig.

Coloss. 2. 15. Passionis, cum Creator ejus, *principatus & potestates aeris hujus* (a) *exemplaret, fiducialiter triumphans eas in semetipso.* Occurrit, inquam, in hora de qua (b) in Evangelio dicit: *Pater, quid dicam? Transfeat hæc hora. Sed propterea veni in hanc horam*, (c) ut is, qui eum creaverat, immolaretur.

2. Quod vero illa petit inducias, ut fleret in monte virginitatem suam cum sodalibus suis: ascendit in montem Jesus cum (d) sodalibus propinquante Passione, illic orans, ut Evangelista testatur, sudans: pro lacrymis, guttæ sanguinis stillare videbantur in terram. Admonuitque sodales suos vigilare, & orare, ne intrarent in tentationem: adjiciens, tristem esse animam suam usque ad mortem. Descendens vero de monte, hanc quam pro nobis susceperat carnem, sine corruptione virginem, quæ non noverat virum, obtulit sacrificium Deo Patri. Quoniam & hic aperuit os suum super carnem suam, dicens per Prophetam: *Quæ* (e) *procedunt de labiis meis, non reprobabo.* Et ipse in Evangelio: *In hoc me*, ait, *diligit Pater meus, quoniam animam meam pono pro ovibus meis.* Et iterum: *Majorem hac charitatem nemo habet, quam ut animam suam ponat quis pro amicis suis.* Neque enim vel in morte, caro illa corrupta est: de qua dicit in Psalmo: *Caro mea* (f) *requiescet in spe. Quoniam non derelinques animam meam apud inferos, neque dabis Sanctum tuum videre corruptionem.* Vivit itaque Deo, qui vitam illam finit propter Deum. *Mihi enim vivere*, ait Apostolus, *Christus est, & mori lucrum.*

CAPUT XXI.

PROMISSIO: *In Samson, Nazaræus Dominus Christus, fortis in capite.*

Promissio facta & figurata. (g) In Judicum credita & visa.

1. MAnue dictus est in tempore illo, quo Judices Dei populum gubernabant, cujus uxor sterilis fuit. Huic angelus Domini astitit promittens filium talem futurum. *Ferrum*, inquit, *non ascendet super caput ejus, & vinum & siceram non bibet: quoniam Nazaræus erit puer a die nativitatis, usque in diem mortis.* Jam Nazaræus, virtus sonat in capite: quoniam viri caput Christus. Natus est igitur Samson ille fortissimus, plenus, ut dictum est, virtute ex coma capitis sui, qui judicavit Israel annos viginti. Hujus omnis actio in figura Christum Dominum resonat. Cujus gestorum ordinem adjutus Dei gratia (h) ita percurram. *Descendit*, dicit Scriptura, *Samson in* (i) *Tamnatha, & didicit illic mulierem alienigenam*, suisque parentibus petiit ut eam sortiretur uxorem. Descendit & noster de cælo fortissimus, de quo dicit angelus ad Mariam: *Quoniam Nazaræus vocabitur*: ut sibi dilectas ex gentibus animas sociaret, & fide conjungeret. Dum pergit Samson videre desponsatam sibi, catulus leonis ei obviam factus est, quem repletus spiritu (k) discerpsit, eumque misit per partes. Rursum rediens declinansque viam, dum cadaver inspicit animantis, favum mellis in ore leonis suspiciens abstulit: idque comedens suis ex eo parentibus dedit, neque illis factum sui operis intimavit. Hoc & noster Nazaræus Jesus Dominus egit. Discerpsit populum Judæorum, (l) ut catulum leonis, misitque per partes: de quo Balaam propheta gentilis ait: *Catulus leonis* (m) *in via fortissimus Israel.* Hujus particulas per orbem sparsas propheta David testatur: dicens ipsi forti nostro Domino: *Disperge illos in virtute tua.* (n) Quod factum non credimus, sed videmus.

2. Favum vero mellis, quod in ore leonis hujus invenit, legem spiritalem populi ejus, auditor, intellige, quod apes Patriarchæ atque Prophetæ construentes, in eum mella infuderint divini eloquii. Hoc ex ore leonis mortui abstulit, qui repulsis Judæis, legem ipsam etiam gentibus ministravit. Idque (o) comedens corpus fortissimi nostri Judicis Christi Domini, dicit: *Quam dulcia* (p) *faucibus verba tua, super mella & favum ori meo.* Et Salomon ait: *Favi mellis, sermones boni.* Dedit ex eo, dictum ut est, parentibus suis, sive discipulis, cum *aperuit sensum eorum, ut intelligerent scripturas*; sive his qui ex Judæis transierunt ad fidem Christi, ut etiam ipsi gustantes viderent, *quam suavis est Dominus.* Hujus actionis ænigma Samson in convivio nuptiarum proposuit, sub certa sponsione triginta sindonum, totidemque stolarum viris qui aderant, si proposita narravissent. *Ex devorante*, inquit, *exiit esca, & ex forti* (q) *dulce.* Quam propinquante solutionis die cum intelligere nequivissent, ejus mulierem (r) minis terroribusque coactam explorare faciunt sensus viri, ac per ipsam propositionis

---

(a) Id est, palam traducerent, ac ostensui ludibrioque haberent: id enim significat, παραδειγματίσαι.

(b) MS. Remig. Evangelium dicit.

(c) MS. Remig. ut eum qui creaverat immolaret.

(d) MS. Remig. cum discipulis suis ..... illic orans.

(e) MS. Remig. procedunt ... non faciam irrita, non reprobabo.

(f) In MS. Remig. requiescit ... derelinquis.

(g) Editi, In Judæ. Emendavimus ope MS. Remig.

(h) Abest vero, ita, a MS. Remig.

(i) MS. Remig. in Tamna.

(k) Editio Lugd. disrupsit. Aliæ omnes, suffragante MS. Remig. dispersit. At patet ex textu Scripturæ & sequentibus, ubi dicitur: Discerpsit populum, priorem lectionem anteponendam.

(l) Editi, & catulum.

(m) Sic MS. Remig. Editi vero, Juda.

(n) MS. Remig. Quod factum non credimus dum videmus.

(o) Ita MS. Remig. At editi, Idque comedit ... ut dicit.

(p) Sic legitur in editionibus veteribus & MS. Remig. licet recentiores addant vocem, mois: in quo MS. habetur: eloquia tua super mel & favum.

(q) MS. Remig. dulcis.

(r) Sic MS. Remig. cui accedere videntur Lugd. & Lovan. ubi legitur, minis terroribus. Alii codices, nimis terroribus.

tionis solutione comperta, parabolam pandant, dicentes: *Quid dulcius melle, & fortius leone?* Quibus ille ait: *Si non (a) domuissetis vitulam meam, nunquam intelligeretis parabolam meam.* Magnum igitur illud pietatis dominicæ sacramentum, quod in Lege fuit velatum, huicque, absconditum a sæculis in Deo; revelatum per Christum, manifestatum est in gentibus. Sane a se prostratos eorum spoliis, promissa Samson omni celeritate persolvit: ut de nostro quod dictum fuerat etiam sequeretur, *Fortium dividet spolia.* Salubriter enim noster suos occidit inimicos, dum peccato peccatum occidit in carne, reddens sponsorum promissionem, non merita merentis, sed pro malis bona conferens miseris.

5. Pergens vero Samson ad diem festum Hebræi populi, ut cum suis agere posset, mulierem ejus viro alii parentes tradiderant. Hoc faciunt leves vilesque animæ, quæ consortium unici sponsi Christi casto fidelique corde minime retinentes, cuilibet se hæretico tradunt socii atque doctrinæ. Admonetque Apostolus animas unius sponsi Christi, pudico amore cubile servantes: *Videte ne quis vos seducat illo modo.* Reversus igitur Samson, cum cognovisset uxorem suam alteri viro fuisse conjunctam, infidem illam gentem pro dolore combussit. Trecentis itaque vulpibus apprehensis, earum in invicem caudis innexis, faces his ardentes posuit, (b) easque per segetes Allophilorum dimisit, omnesque eorum fruges miro compendio succendit. Dicit quidem & noster fortis Dominus, hæreticos signans: *Capite nobis vulpes pusillas exterminantes vineas:* quibus facit suum ingredii pœnæ errorem, quem dicimi amaris. Nec fuus in capite, sed in cauda. Ardent enim studiis perversisque doctrinis, quibus imperitos vel potens (c) pestinus vaporis sui aspersione afflantes, omnes eos, quasi ignis (d) segetes ferentes, consumunt. Quoniam in conspectu nostri Judicis Christi Domini ignis ardebit, e rursusque, ut dicit Propheta, *omnes alienigenæ, stipula: & succendet eos adveniens dies, dicit Dominus.* Illa vero mulier, quæ relicto justo viro, alii se credidit sociandam, incendio cum suis parentibus a suis civibus digna esse consumpta: ut omnis anima hæretica cum suis parentibus, id est, doctoribus, igni (e) inextinguibili, peccatis tradentibus, cremetur. Quoniam *tradentur illæ ex adverso iniquitates illorum*, cum eis dicetur Dominus: *Discedite a me in ignem æternum, qui paratus est diabolo & angelis ejus.*

CAPUT XXII.

PRÆDICTIO: *In eodem Samson, quod signatus Christus Dominus a Judæis, vinculis omnia disrupit.*

Prædictio facta & figurata. (f) In Judicum credita & visa.

1. Idem Samson in illo populo aliam dilexit mulierem, quam dum pergeret accipere, sibi transeunti viam inimicorum insidiæ imminent. Cui virtus divina statim adfuit. Apprehensa etenim asini maxilla, mille viros ex eis prostravit, ceterosque vertit in fugam. Qui cum sibi præliando deficeret, invocato Deo, ex ipsa ejus maxillæ aqua profluens pristinæ virtuti reddidit sanatum, eumque adversariis superatis fecit esse victorem. Si nostrum fortem Dominum respicias hoc animali vectatum, renuendem, atque ampliorem numerum ab eo prostratum invenies inimicorum: cum ei dicit David propheta: *Cadent a latere tuo mille, & decem millia a dextris tuis: tibi autem non appropinquabunt.* Quoniam saucianti corpori ejus, ex latere, tamquam ex rivo, sanguis & aqua manavit, qua satiata omnis anima Christiana dicat: *Super aquas refectionis educavit me, animam meam convertit.* Post illud mirabile prælium, Samson sociavit sibi aliam quam dilexit mulierem, nomine Dalila. Duas illas mulieres (ut ipsa actio mystica multipliciter dilucide revelat) duas illas cum illimo civitates, quas Ezechiel propheta his vocabulis configuravit, Oolla & Ooliba, Samariam scilicet & Hierusalem: Samariam, quæ scissuram regni in auctoris particulis suscepit, tamquam illa prima mulier, quæ relicto legitimo viro, se hæreticis tradidit; Hierusalem vero, ut hæc Dalila, quæ mysteria Passionis Christi Domini, ordinata omni actione conclusit.

2. Quæ res gestæ ita sequuntur. Dixerunt Allophyli ad Dalilam: Seduc virum tuum, & indicet tibi in quo sit virtus ejus, & dabimus tibi singuli mille centum argenteos. Ecce est illa triplex venditio. Venditur Christus in Joseph ante Legem, venditur in Samson sub Lege, venditur a Juda Judæis sub gratia. Seducit Dalila eudem virum illis suadentibus, & dicit: *Indica mihi in quo infirmari possit virtus tua.* Aperuit quodam modo ei suam Samson in parabolis, & dixit: *Si ligatus fuero nervis humidis*, id est, recentibus, *infirmabor, & ero sicut omnes homines.* Sciit se fortem his vinculis colligari: insidiantibusque adversariis (g) ut diceret illi nuore, *Philisthiim (h) super te, Samson*; ita illa vincula virtute dissolvit, tamquam stupa cum tetigerit ignem; adversariisque omnes ver-

(a) MS. Remig. *domuissetis vitulam meam, numquam intellexissetis.*

(b) Hæc verba, *easque per segetes Allophilorum dimisit, omnesque eorum fruges miro*: quæ habentur in MS. Remig. & editione Lugdunensi, ab editionibus illi posterioribus exciderunt, non sine sensus loci illius detrimento.

(c) MS. Remig. *pestiferum.*

(d) MS. Remig. *ut agrestis feruntur.*

(e) MS. Remig. *inextinguibilis.*

(f) Hæc supplentur ex MS. Remig. cui desunt prioribus.

(g) MS. Remig. *ut diceretur.*

(h) MS. Remig. *ad te.*

venit in fugam. Noster etiam Dominus (a) fortitudinis, apud Jerusalem velut his vinculis se ligari permisit. Adducunt enim ad eum (b) Pharisæi mulierem in adulterio deprehensam, &

Jo. 8. 4. dicunt tentantes: *Magister, modo hanc deprehendimus. Moyses jussit hujusmodi lapidari: tu vero quid de ea statuis?* Nervorum velut ex Lege vinculis se crediderant ligasse Jesum, & maxime recentium cum dixerunt, *modo*. (c)

Ibid. v. 7. Quæ noster fortis hoc responso disrupit: *Qui*, inquit, *vestrum sine peccato est, prior in illam lapidem mittat*. Quo audito, unus post alterum discesserunt, ut illud vinculum, quo ligaverant, ita solveretur; quemadmodum dicit

Ps. 67. 3. Propheta: *Sicut fluit cera a facie ignis, sic pereant peccatores a facie Dei*.

3. Rursum Allophyli per mulierem insidias

Judic. 16. 6. tendunt; dicitque mulier ad Samson: *Indica jam mihi, in quo infirmatur virtus tua*. Et Samson: *Si ligatus fuero*, ait, *funibus novis, infirmabor, & ero sicut omnes homines*. Cumque id fieret, *Adversarii ad te*, (d) inquit, *Samson*. At ille repletus spiritu (e) disrupit funes a brachiis suis, tamquam filum, sparsit, omnesque fugavit adversarios. Ligari se sinit & noster Dominus, fortis, (f) dum secundo veniunt ad eum Pharisæi & dicunt: *Magister,*

Matt. 22. 16. *scimus quia in veritate doces, & nullius personam accipis. Licet tributum dare Cæsari, an non?* In hac tentatione fortem nostrum bicipiti quasi laqueo ligaverunt. Sed spiritu virtutis, fortis noster nodos omnes illa voce disrupit:

Ib. v. 18. *Quid me*, inquit, *tentatis, hypocritæ? afferte mihi numisma census. At illi attulerunt ei denarium. Et Dominus: Cujus est imago & superscriptio? Dixerunt, Cæsaris. Reddite*, ait Dominus, *Cæsari quæ sunt Cæsaris, & Deo quæ Dei sunt*: His dictis mira celeritate vincula illa disrupit ille susceptus homo, qui Deo suo canit in Psalmis: *Dirupisti vincula mea, tibi sa-*

Ps. 115. 16. *crificabo sacrificium laudis*.

Judic. 16. 13. 4. Tertio sollicitat mulier virum. (g) *Quousque*, inquit, *illudis me? Indica jam mihi in quo infirmatur virtus tua*. Pene eadem verba &

Jo. 10. 24. Judæi dixerunt nostro Jesu Christo. *Quousque*, inquiunt, *animas nostras* (h) *tollis? Si tu es Christus, dic nobis palam*. Sed Samson tertio se ligari hoc modo permisit: *Si alligati fuerint*, ait, *capilli capitis mei in palo ansario, infirmabor, & ero, sicut omnes homines*. Quod cum fecerit mulier: *Iidem insidiantes ad te*, (i) inquit, *Samson*. At ille exurgens, disrupit omnibus, fugatos plagatosque inimicos prostravit. Fit & nostro forti Jesu Domino hujusmodi colligatio, velut in ansario palo connexio capillorum. Dicunt Scribæ & Pharisæi ad Je-

sum: *Scripsit nobis Moyses, quod si quis mortuus* Matt. 22. 24. & seq.
fuerit non habens filios, accipiat uxorem ejus frater ipsius, & suscitet semen fratri suo. Septem autem fratres erant: (k) *accepit uxorem fratris secundus & tertius, & mortui sunt non relictis filiis; postea vero omnes eam acceperunt; sine liberis mortua est & mulier: in resurrectione*, aiunt, *cujus erit uxor?* Quanto vehementius se ligasse nostrum fortem crediderant, tanto velocius solvit quam intulerant quæstionem. Et vere sicut potestatem habens; quia Matt. 9. 6.
nec ligari his tentationibus posset, nisi ipse permitteret. *Filii*, inquit, *sæculi hujus generant* Luc. 20. 34.
& generantur: qui autem digni fuerint sæculum illud contingere, neque nubent neque nubentur. Non enim jam mori poterunt, quoniam sunt similes angelis & filiis Dei. Quibus dictis, o- Ib. v. 36.
mni confusione prostrati, sunt fugati sunt inimici. Et venit hora mortis Samson. Dicit & noster: *Venit hora ut clarificetur filius hominis.* Jo. 12. 23. & v. 24.
Nisi enim granum tritici cadens in terram, mortuum fuerit, ipsum solum manet: si autem mortuum fuerit, multum fructum affert.

5. Instante, & fixente mendaciter coram se muliere, *pusillanimis factus est*, ait Scriptura, *Samson usque ad mortem*: ut (l) nostri figurata actio impleretur, dicentis: *Tristis est anima* Matt. 26. 38.
mea usque ad mortem. Si rasi, inquit Samson, *fuerint capitis mei capilli, infirmabor, & ero sicut omnes homines*. Ante quam hæc fierent, mittit mulier ad viros dicens *Afferte argentum*, Judic. 16. 18.
jam enim mihi omnia veraciter indicavit. Fit certa traditio, quam supplevit Judas percepto argento: impleturque in Samson per figuram, quod (m) in nostro Christo Domino actum est etiam manifeste. Nam quod eum accipiens mulier dormire fecit in sinu suo, hoc est, quod noster fortis Dominus dicit: *Non capitur mori* Luc. 13. 33.
Prophetam extra Jerusalem. Quod eum inebriavit poculo mortifero, hoc est quod & Dominus noster dixit: *Dederunt in escam meam fel, &* Ps. 68. 22.
in siti mea potaverunt me aceto. Quod vero novacula adhibita rasit caput ejus, hoc est quod eum in loco Calvariæ crucifixit. Raso capite Samson, discessit & virtus: & noster pendens in ligno clamavit: *Deus, Deus meus, respice* Ps. 21. 2. & 68. 5.
me, quare me dereliquisti? Et iterum: *Multiplicati sunt super capillos capitis mei qui me oderunt gratis*. Effoderunt inimici Samson duos oculos ejus. Duæ partes, velut (n) lumina, discipulorum effossæ sunt ad tempus, (o) alii negando, alii fugiendo: pro quibus clamat noster fortis; *Oculi mei defecerunt sperando in* Ps. 68. 4. & 12. 4.
Deum meum; & iterum: *Illumina oculos meos, ne umquam obdormiam in mortem*. Quod factum in discipulis novimus, quando ille resurgen-

(a) Ms. Remig. *forti manu*.
(b) Ms. Remig. Fidis, *fortis*.
(c) Ms. Remig. *Quod ... & paulo post, Is quis, inquit*.
(d) Ms. Remig. *inquiunt*.
(e) Sic Ms. Remig. habet, *disrumperet ... sparsit*.
(f) Ms. Remig. *hoc secundo; veniunt ad eum tentare*.
(g) Ms. Remig. *vel quo usque ... indica jam mihi*. Libri; *reddita, inquit, mihi*.
(h) Ms. Remig. *suspendis*.
(i) Ms. Remig. *inquiunt*.
(k) Ms. Remig. *accepit unus ex eis uxorem, & secundus & tertius, & omnes mortui sunt*.
(l) Ita Ms. Remig. cum edit. antiquis: recentioribus addita fuerat hic vox, *Domini*.
(m) Ms. Remig. hæc habet in actu loco: *in nostrum Christum Dominum*.
(n) Ms. Remig. *luminum*.
(o) Hæ voces, *alii negando*: supplentur ex Ms. Remig.

gente, aperti sunt oculi eorum, cumque cognoverunt in fractione panis. Acceperunt inimici Samson, ligaverunt eum ferro. Hoc clavi indicant Crucifixi.

6. Quae vero illudentes fecerunt, dando palmas in facie, sputis linire, flagellis caedere: haec omnia Isaias propheta praedixit, & impleta in Christo Domino sancta Evangelia testantur, ubi velut caecatum illudunt Judaei, dum calamo percutientes caput ejus, dicunt: *Prophetiza nobis, Christe, quis te percussit!* Unum vero extremum in morte sua miraculum fecit Samson, quod etiam noster Dominus & fortis implevit. Crescente coma capitis, cum ei crevisset & virtus, ad templum ductus ab inimicis, quo omnis populus ille convenerat dare laudes & victimas diis suis, quod eis acerrimum hostem tradiderant habere; illic positus, puero qui sibi ducatum praebebat, ut ejus manibus columnas super quas totum illud aedificium ferebatur, traderet imperavit. Quas (a) singulis manibus adprehendens, invocato Deo, Israel se adhuc conservari petit: atque impetu spiritus columnas evellens, omne illud aedificium cum populis cadens, plures Samson occidit in morte sua, quam occiderat in vita sua. Noster etiam Dominus manifestius quod ille mystice fecerat exhibuit: duos populos mundi, circumcisionem scilicet ac praeputium, velut duas columnas, in sua morte convertit, eorum cultum idololatriae subvertit: *solvens inimicitias in carne sua, ut duos condiret in se, in unum novum hominem; faciens pacem,* (b) *ut reconciliet utrosque in uno corpore Deo, per Crucem, interficiens inimicitias in semetipso.* Hucusque (c) in Judicum figurata, quae facta sunt, occurrimus.

CAPUT XXIII.

PRAEDICTIO: *In Ruth, Ecclesia ex Gentibus Judaeis illudens.*

Praedictio facta & figurata. In Ruth credita & visa.

Ruth in illo populo dicta est, quae cum esset alienigena, id est, ex Moabitis veniens, sub lege Dei & populo posita, ex qua, quae figuram gestabat Ecclesiae venientis ex gentibus. Eundem enim ex populo Hebraeo sibi in conjugio matrimonii obtulit. At ille servans mandata legis, non speciei tractus juvenculae, non adolescentiae suae captus ardore, sese ingredientem ad eum misit, cui propinquiori ex lege debebatur. Recusat eam is qui jure divino pulsatus est. Excalceandum lex censuit qui propinquam accipere noluisset: qua causa ille vituperatus, illa illi sociata est, qui eam (d) in propinquiori servaverat. Sic Ecclesia (e) gentium etiam populo Israelitico in fide Christi Domini, in propinquiori serie obtulit: quam suscipere nolens sive excalciatus est gloria collatae legis, & infamiae nota insultat: quoniam *salus longe a peccatoribus, & longe fiat ab eo.* Sicut Apostolus eidem populo dicit: *Vobis primo oportuit* (f) *adnuntiari verbum Dei: sed quoniam repulistis illud, nec vos dignos vitae aeternae judicastis, ecce convertimur nos ad gentes.* Domus enim excalciati in illo populo, hoc crimine insultatur. Qui vero eam publice accepit, populus est, *calciatus pedes habens in praeparatione Evangelii pacis.* Quod Evangelista adnuntiat, Booz & Ruth Obed genuisse, cujus per successionem semen, usque ad Joseph & Mariam, ipsiusque Christi Domini nativitatem perventum est.

CAPUT XXIV.

PROMISSIO: *In Samuele Christus Dominus, Dux, Sacerdos, & Propheta, sacerdotes arguens.*

Promissio facta & figurata. In Regum (g) credita & visa.

1. Anna uxor Elchanae, quae sterilis fuit, votum vovit Deo, si ei daret filium, eum ab infantia usque ad senium futurum in domo (h) Domini. Datus, atque ex ea natus est Samuel, quem ablactatum, ut promiserat, reddidit Domino. Ejusque gratiae fuit, dum parvulus versaretur in templo, ut & dormiens responsa acciperet, & ei secreta Dominus revelaret. Sed is non tantum in figura mutantis ordinem sacerdotii, quantum in illo tria quaedam inveniuntur, quae Christo sunt Domino consignanda. Dux enim & sacerdos atque propheta effectus est populi. Ducem si quaeris Christum, Daniel Propheta de ipso: *Dux, ait, militiae caelestis.* Sacerdotem si quaeris Christum, David dicit: *Tu es sacerdos in aeternum secundum ordinem Melchisedech.* Prophetam si quaeris Christum, ipse de seipso in Evangelio dicit: *Non est propheta sine honore nisi in patria sua.* Dum igitur filii Heli sacerdotis maligne agerent, indebite praesumentes partes alias velut ex carnibus immolandis, quas illis non mandaverat Deus: ac primitias illas, postea Deo debere offerri: insuper etiam mulieres venientes ad templum, cum eis flagitia perpetrabant. Quibus sceleribus offensus iratus Deus, praelium eis adversus gentes inmisit. In quo non tantum caesus populus, quantum etiam illi ipsi sacerdotes interfecti. Ipsa quoque arca Dei ab hostibus capta est. Sic enim Deus Israel insecutus peccantibus sacerdotibus, ut etiam sacratis locis suis vestigium non parcat. Dicit enim David: *Repulit Deus tabernaculum suum, in quo habi-*

(a) MS. Remig. *singulas singulis.*
(b) MS. Remig. *& commutaret utrosque homo . . . in semetipsum.*
(c) Sic MS. Remig. [illegible], *libris*: Edd. vero, *in Judicis.*
(d) MS. Remig. *propinquo asservaverat.*
(e) MS. Remig. *ex gentibus.*
(f) MS. Remig. *annuntiari . . . convertimur ad gentes.*
(g) Recentiores addiderant hic vocem, *libris*; & in sequentibus quibusdam capitum titulis, quam uno consensu omittunt antiquiores codices, cum MS. Remig. esse subaudienda non dubitetur.
(h) MS. Remig. *Domini.*

tabat in hominibus; & tradidit eos in manus gentium & dominati sunt eorum, qui oderunt eos. Et iterum: *Repulit eos Deus sanctificationem suam*. Item alibi: *Si peccaverit populus, exorabit pro eo sacerdos; si autem sacerdos (a) peccaverit, quis exorabit pro illo?*

2. (b) Hei mihi! Cum magno gemitu & inexplebili fletu dicam: dicam praecurrentibus peccatis, impieque agentibus nobis, nostris quoque haec mala provenire temporibus. Arcam vero Dei quam ceperant hostes, ea veneratione colendam esse crediderunt, ut in templo Dei sui Dagon, collocandam arbitrarentur. Sub cujus potentia, sequenti die idolum suum elisum prostratumque viderunt. Sed hoc casui dantes, eum rursum uncis fortioribus, validioribusque defigunt. Quem postera die contractum comminutumque coram arca invenientes, quidnam illud esset minime repererunt: ipsique gens graviori atrociique plaga percussa est, quam David Propheta sub quodam pudore testatur, dicens: *Percussit inimicos suos retrorsum, opprobrium sempiternum dedit illis*. Nec valuerunt hujus turpitudinis evadere ultimam poenam, nisi arcam Dei quam ceperant, (c) donis appositis, reddidissent. Videant, metuantque reges & gentes, quae penes se sacrata omnipotentis Dei vasa nunc usque captiva retinent, eaque reddere detrectant. Quae enim mala ventura confidimus eis, qui nomen illud quod est super omne nomen, in vasis ejus sacratis honorare noluerunt: cum sic punitos arcam Dei honorantes divina refertur historia, ob quam visam & hic coepenit vindictam facere Deus de inimicis suis?

3. Idem vero ille contumax Hebraeus populus, spreto Samuelis ducatu, sibi Regem fieri petiit. Iratusque Dominus ait Samueli: *Non te sibi, sed me spreverunt*: ut illud tunc figuraretur quod post dixerunt Pilato, spernentes Dominum Jesum Regem: *Nos non habemus regem nisi solum Caesarem*. Dedit tamen eis Dominus regem Saul, filium Cis de tribu Benjamin, qui eos regia potentia afflixit annis quadraginta. Omnis itaque anima quae (d) legem Christi Domini & jugum repudiat, sic meretur affligi, quibus dum dominantur mali duces, principes, sacerdotes, audiunt: *Dedi vobis regem secundum cor vestrum*. Ipsi quoque caveant qui has accipiunt potestates, si cupiditate dominantis, nec consulentis affectu suscipiunt: si ministrari eligunt, ac non potius ministrare. Quod Dominus per semetipsum, & per Prophetam Osee increpat, dicens: *Chanaan in manu ejus statera (e) injustitiae, dominationem (f) enim elegit*. Et in Evangelio ipse: *Qui voluerit major esse in vobis, erit vester servus: sicut Filius hominis non venit ministrari, sed ministrare*.

CAPUT XXV.

PROMISSIO: *In David, Christum pastorem cytharizantem*.

Promissio facta & figurata. (g) In Regum credita & visa.

1. CUM idem ipse rex Saul superbia captus, Dei praecepta contemneret, spretus a Deo, David ille (quod dicitur manu fortis) parvus licet in fratribus, (h) unctionis regiae sacramenta suscepit: pastor sane ovium, ut nostrum figuraret pastorem unctum Christum Dominum, qui dicit: *Ego sum Pastor bonus*. Eripuisse se praedam ex ore leonis David fatetur. Et noster manu fortis de ore leonis diaboli, & Petrum negantem, & latronem eripuit confitentem. Suavi sono cytharizans David, non tantum animalium mulcebat auditus, quantum etiam in ipso Saule vexationem (i) mali spiritus temperabat. Si nostri manu fortis Christi Domini cytharam respicias personantem; (k) quam ligno Crucis, carnis membrorumque suorum chordis aptatam, plectro dum tangit sancti Spiritus, omne animal replens benedictione, ipsum quoque diabolum fugavit de cordibus inimicorum, pro quibus orans in Cruce suavem illum sonum protulit, dicens: *Pater, remitte illis, quia nesciunt quid faciunt*. Idem tamen David dum Sauli regi gratus esset ex cythara, eumque turbatum nuntiis Goliae cognosceret, qui sub conditione servitutis provocaret singularia certamina, contra potentem illum virum hic se David parvus opponit. *Non*, inquit, *turbetur cor domini mei: ego ibo*, (l) *& pugnabo hunc Allophylum*. Cui Saul: *Non potes*, ait: *quia tu puer es, & ille vir bellator est a juventute sua*. *Et leonem*, ait David, *& ursum occidit servus tuus. Sic erit iste unus ex illis*: et sermone suo, ut promissum ferat, signans illum esse venturum, qui conculcavit leonem & draconem.

3. Susceptio itaque praelio, renuit David Saulis arma, quibus erat indutus. Quinque enim sibi lapides leves eligens de torrente, (m) fundibula manu capta, non in specie regis regem, sed magnum hostem parvus pastor expugnat. Ita noster Pastor Christus Dominus, sapientiam hujus mundi, tamquam illa arma rejiciens, in quinque lapidibus *stulta mundi elegit quibus confunderet fortia*. Omnis etenim ille terribilis ambitus superbi, uno ictu lapidis fronte percussus prostratus est, suoque gladio dignoscitur esse truncatus. Ex quinque enim libris Legis unus lapis praedictus, fundibula carnis locutus, manu forti expressus, totam superbiam diaboli elisit, suoque peremit gladio, dum mortem morte oc-ci-

(a) MS. Remig. addit vocem, *peccaverit*.
(b) Edit. Colon. & MS. Remig. *Heu mihi*.
(c) MS. Remig. *eeis appositis*.
(d) MS. Remig. *quae lege Christi Domini jugum*.
(e) MS. Remig. cum Lugd. edit. *justitiae*.
(f) MS. Remig. *munerum elegit*.
(g) Haec adjunximus unde hoc, & aliquot alia ope MS. Remigiano-Remensis.
(h) MS. Remig. *unctionem regiam sacramento*.
(i) MS. Remig. *maligni*.
(k) MS. Remig. *quam lignum Crucis ... aptat plectro, dum tangit sanctus Spiritus*.
(l) MS. Remig. *expugnabo hunc Allophylum*.
(m) MS. Remig. *fundibulo manu capto*.

cidit. *Invidia enim diaboli mors introiit in orbem terrarum.* Hanc suscepit innocens Pastor ille bonus, qui pro suis animam posuit, ut sua morte diabolum debellaret. Extincto, prostratoque hoste, adversus David Saul inique invidiam concepit ex victoria: retribuensque mala pro bonis, fugat, odit, persequitur innocentem. Dicit & noster Dominus de talibus: *Retribuebant mihi mala pro bonis, & odium pro dilectione mea.* (a) Quod vero David per latebras montium, per speluncas & per deserta, Saule persequente, discurrit: corporis sui noster Dominus, id est, sanctorum membrorum suorum, Martyrum videlicet in hac figura persecutiones expressit: de quibus apostolus Paulus dicit: *Cum his dignus non esset orbis terrarum, per deserta errabant, & per speluncas, & per cavernas terrae.*

4. Quod vero persecutorem suum Saulem non occidit David, cum ei traderetur in manibus, abscindensque pinnam chlamydis ejus, se odienti pepercit: hoc quotidie agit noster Pastor (b) & Rex Christus Dominus, circa osores persecutoresque suos: a quibus dum abscindit vitium magnum superbiae, parcit etiam regibus saevientibus: quia non vult mortem impiorum, (c) sed ut revertantur, & vivant. Quod in omnibus suis fecit, & facit inimicis ille, ille (d) qui non ex meritis, sed gratis justificat impium. Eumdem David declinantem rursum insidias Saulis, gentes excipiunt. Sic se noster Christus Dominus saevientibus subtrahens Judaeis, gentibus dedit. Prodiderunt Allophyli Sauli regi, quod David esset penes eos absconditus in Geth. Proditum & nostrum Regem idem propheta, dicens: *Adversum me*, inquit, *susurrabant omnes inimici mei, adversum me cogitabant mihi mala.* Et iterum: *Astiterunt reges terrae, & principes convenerunt in unum, adversus Dominum, & adversus Christum ejus.* Sed David proditum se se cognoscens, agit quaedam, immo per eum aguntur futura mysteria, arreptitium simulans; salivae ejus in barbam (e) defluebant, ferturque, ut dicit Scriptura, *ferebatur in manibus suis.* Talem gentis illius rex adspiciens, a se projiciendo dimisit, dicens: *Quid mihi introduxistis istum fanaticum?* Nihil enim in Lege dictum gestumve est, quod vacuum esse possit, aut a figurata actione sit aliquatenus alienum. Dicunt enim & nostro Domino Judaei inimici: *Samaritanus es, & daemonium habes.* Quem conspuentes etiam de quibusdam civitatibus miserunt foras. Portatus est quippe & Jesus Dominus in manibus suis, dum suum corpus in sanctificato pane gestans manibus suis, dixit: *Hoc est corpus meum quod pro vobis tradetur.* De quibus mysteriis, qui etiam illud nosse desiderat, quomodo sit David saltans ante arcam nudatus coram servis & ancillis suis, ut Christum crucifixum praesentibus viris & feminis demonstraret *, venerandae memoriae Augustini Episcopi dicta inspiciat, quibus latius in his pervagatus pene omnia comprehendit.

CAPUT XXVI.

PROMISSIO: *In eodem David, inimicos diligendos, lapsos reparandos.*

Promissio facta & figurata. In Regum credita & visa.

UT promissionis ordo poscebat, noster David (f) in totum Israel, non partem, ut prius, excepit gubernandum, extincto Saule in praelio. Quem graviter occisum doluit, eumque insuper vindicavit, omnisque ad eum congregatus est Israel. Hoc etiam nunc agitur, dum noster Rex Christus Dominus suos plurimum diligit inimicos, & vindicat: totus ad eum, ut promissum est, colligitur mundus: cui dictum est: *Dabo tibi gentes hereditatem tuam, & possessionem tuam terminos terrae.* Et licet jam pene omnes occupaverit gentes, superest tamen, ut plenitudo gentium cum intraverit, totus praedestinatus Israel salvus fiat; ut per eum omnis mundus reconcilietur Deo. Ea vero quae David sublimatus gessit in regno, eos respiciunt qui praesumptione quadam superbiae lapsi, per poenitentiam emendati Christi corpori sociantur Ecclesiae * secundae. Quippe res, ut ait quidam, sapientum animos fatigant. Quibus hic David elatus, duo principalia quae Lex prohibet, adulterium, homicidiumque (g) commisit. Monitusque per Nathan prophetam, dum magna compunctione cordis (h) actus ageret poenitentiam (quoniam peccata impunita esse non possunt) mortem licet repentinam evaserit, in his tamen quae gessit, constat graviter vindicatum. Jam enim ex ore prophetae audierat: *Fecisti in absconditu, patieris in sole.* Qua sententia omnis status domus ejus isto ordine perturbatus est. Unus e filiis ipsius, sororis suae, ex alia licet matre, turpi concupiscentia captus, clam oppressit, vitiavitque virginem. Germanus puellae Absalon, stupratorem interfecit fratrem. Quo facto perculsus Absalon, a facie sui patris aufugiens, totum sollicitat Israel, rebellisque effectus fugat; atque insequitur patrem, thorum quoque ejus in concubinis scelerate contaminans. Quae patienter David ferens, ea in se puniri justitia vindicante cognovit, quae sibi ut videbatur, (i) abscondite commiserat. Quorum gesta lex divina dum resonat, speculum se esse ostendit, non celans ipsorum quoque facta majorum, ac splendoris sui serenitate, ut pulcritudines, ita (k) etiam foeditates quorumcumque demonstrans: ex veritate pollens, quae

(a) Ms. Remig. *Quod vero.*
(b) Ita Ms. Remig. Editi, *& verum*, [illegible].
(c) Ms. Remig. [illegible].
(d) In Ms. Remig. legitur [illegible].
(e) Ms. Remig. [illegible].
(f) Ms. Remig. omittit particulam, *in*, nec [illegible].
(g) Ms. Remig. addit, *simul*.
(h) Ms. Remig. *tactus*.
(i) Editiones antiquiores, *absconse*, [illegible] in Ms. Remig. sed in editionibus recentioribus emendatur.
(k) Particula, *etiam*, additur ex edit. Lugd.

Quæ vincit etiam suorum & probat, & vindicat, non tamen sine misericordia, quæ totum (a) regit totumque ostendit; & lapsum sancti viri, & severitatem justi Judicis, & indulgentiam clementissimi Patris. Positus (b) est hic vero exemplum sobriis animabus: ut discant amplius metuere prospera, quam formidare adversa. In tribulatione quippe, ut propheta dicit, memores sumus Dei. Periculosum est autem animæ dimitti in voluptatibus suis, cum ipse dicat Dominus: *Ego quos amo redarguo, & castigo.*

CAPUT XXVII.

PROMISSIO: *In Abisac, animas Christi gratia calorem servantes.*

Prædictio facta & figurata. In Regum credita & visa.

1. HUIC ipsi David jam senili ætate confecto Abisac Sunamitis virgo, quæ regem calefaceret, applicatur, nullam ob causam (c) concubina: quæ etiam post obitum ejus virgo reperta est. Hæc (d) similitudo animam signat Dei gratia castitatis calore succensam, quæ frigidus in fide animus, ut membra Regis magni suo accendit affectu. Canit enim de se ipsa in Psalmis: *Igne me examinasti, & non est inventa in me iniquitas.* Aliosque suo flatu calefaciens, dicit: *Venite, & audite, & narrabo vobis omnibus, qui timetis Dominum, quanta fecit animæ meæ.* (e) Defuncto itaque rege, Salomon patri David successit in regnum. In cujus nomine multa divina promissa dum resonant, ne quis ipsi personæ deputaret quæ fuerant figurata, dum (f) a præceptis Domini declinaret, & vitam in senectute & sapientiam simul amisit: ut pacifico Christo Domino (quod Salomon interpretatur) omnia illa quæ (g) figurata fuerant, servarentur. Quæ tamen, ut propheta ex persona Christi Domini gesserit, ut donatum fuerit, parumper excurram.

2. In principio regni ejus visus est ei Dominus per somnium dicens: *Pete tibi aliquam petitionem.* Nihilque aliud (h) expetit quam sapientiam. Christum ergo petit, quia *Christus est Dei virtus, & Dei sapientia. Dabis,* inquit, *Domine, servo tuo cor sapiens ad judicandum gubernandumque populum tuum.* Quæ petitio dum placeret, (ut donum collatæ sapientiæ omni populo panderetur,) duæ mulieres astiterunt regi, quæ simul in conclavi commanentes, uno in tempore filios procrearant. E quibus una dormiens cum suum parvulum præfocasset, sociæ dormienti supposuit, (i) ejusque vivum filium usurpavit. Expletis igitur (k) nocturni somni officiis, dum clarus solis ortus redderet aspectibus diem, torpore omni discusso, mulier quæ vivum perdiderat, dum suis uberibus crederet applicandum, respiciens mortuum, non agnovit suum. A furante igitur dum vivum repetit, atque illa pro invaso fortiter contradicit, in hac controversia concertantes regi se pariter obtulerunt. Cumque cujus esset vivus parvulus demonstrari non posset; sapientia illa Christus quæ regi fuerat tributa, gladium afferri jussit, non quo parvulum feriret, sed quo demum parturientis matris viscera demonstraret. *Dividite,* ait rex suis, *parvulum vivum in duas partes, & date dimidium huic, & dimidium huic.* Vera mater, ut tantum vivat, adversariæ totum cedit filii, ne vera possideat, dimidium petit. Sic hæreticorum nostra sub Rege Christo animæ judicantur: quibus dum vera mater Catholica nomen suum vivum jurgantibus offert totum, illi volentes dividere petunt dimidium. Sed Rex noster qui venit gladium mittere in terram, hæreticorum fraudes removens, veræ matri petenti vitam, vivum reddidit statum. Quoniam *vitam petiit,* ait Propheta, *& dedisti ei.* Idem vero ipse parvulus non divisus, veræ Catholicæ matris filius, judicium pacifici summi Regis Christi Domini laudat, & dicit: *Vivet anima mea, & laudabit te, & judicia tua adjuvabunt me.*

3. Templum idem Salomon Domino suo fabricavit illud amplum, mirabili ambitu constructum, omni cum regia potentia dedicatum. Quod pater ejus dum voveret, implere permissus non est. Multas enim bellando prostraverat gentes, eique dictum est; quod (l) plurimum sanguinis effudisset in terra, non ipsum, sed ejus filium pacificum debere construere (m) domum Deo. Sed quoniam (n) illud, spiritale hoc ædificium signat, scriptum est: Altissimum (o) non habitare in ædificiis manu hominum factis. Propter quod Rex noster vera pax Christus Dominus, ex lapidibus vivis domum construens spiritalem, fidelium corda suorum, non tantum singula templa in singulis, sed unum ex omnibus templum fecit. Quibus dicit Apostolus: *Nescitis quia templum Dei estis, & Spiritus sanctus habitat in vobis?* In quo spiritales hostias, per ipsum Principem sacerdotum offerunt Deo. *Ipse enim est pax nostra qui fecit utraque unum.* Pacificus (p) Salomon omne tempus cum gentibus habuit quietum, potens Do-

(a) Veteres editiones, totum regit, nec repugnant, [illegible].

(b) Sic MS. Remig. Editiones veteres, positus [illegible]; recentiores; positus vero in exemplum.

(c) MS. Remig. concupiscentiæ.

(d) Editi, in similitudinem; recentiores, in similitudine.

(e) MS. Remig. Defuncto. Editi [illegible], Defuncto.

(f) MS. Remig. a viis.

(g) MS. Remig. figurata.

(h) MS. Remig. expetiit.

(i) Hæc verba: ejusque vivum filium usurpavit, addimus ope MS. Remig. faventibus sequentibus verbis, quæ vivum perdiderat, scilicet a contubernali subreptum.

(k) MS. Remig. nocturnis officiis.

(l) MS. Remig. plurimum sanguinem fudisset.

(m) MS. Remig. domum Dei.

(n) MS. Remig. caret hac voce, illud.

(o) MS. Remig. non habere ædificiis manu factum hominum.

(p) MS. Remig. Salomon pacificum omne tempus cum gentibus habuit: potens.

Domino Liberatur. Qui cum se totum sapientiae dedisset, sententias quasque (a) & ethicas, id est immortales partes adscribens, aenigmata etiam mystica suo condens, (b) praeclara regni ipsius fama ejus sparsa est per orbem. (c)
3. Reg. 10. 1. Ad videndum igitur talem, Regina Austri venit a finibus terrae audire sapientiam Salomonis. Cujus cum miraretur doctrinam, muneribus oblatis, laudibus praeferens praesentiam, ejus a conspectu discessit.

4. Hoc ex facto Rex noster Christus Dominus Judaeos increpat, quod regina Austri contemnens regnaque neglexerit abrumpens, atque
Matt. 12. 42. Luc. 11. 31. praeclaritate itinere praepedita, occurrit cum festinatione veniens videre atque audire sapientem: ipsi vero ultro ad se venientem Sapientiam ipsius contempserunt. Merito dicit exurgere hanc in judicio cum illa generatione, & condemnare eam. Sed haec regina nostram sanctam ostendit
Ps. 44. 10. Ecclesiam, de qua dicitur ipsi Regi nostro. Adstitit Regina a dextris tuis, quae ab ortu solis usque ad occasum nunc (d) accurrit, Christum Dominum audire Sapientiam: laudem pariter Domini muneraque offerens, quoniam sublimia fecit universa. Itaque quae de Salomone dicta, vel ab eo prophetice gesta sunt, recte Christo Domino complementur. Ceterum ipse, ut supra dictum est, elatus, in fonte fornicationis mente & corpore, Domino ipsum deserente, male obiit; metuendum exemplum posteris relinquens, ne felicitate hujus vitae turbati Christum deserant, qui est summa aeterna felicitas.

CAPUT XXVIII.

PRAEDICTIO: *in Roboam, scissuram hanc, e quibus Christus suas colligit oves.*

Praedictio facta & figurata. In Regno credita & visa.

1. REgnante Roboam filio Salomonis, & tam
3. Reg. 12. 14. 2. Par. suo quam etiam peccato paterno conscissum, cum prope totum post Holoam caliginum perverterent Israel, regnum e manibus ejus scissum est. Jeroboam (e) quippe servus Salomonis, judicio divino in (f) undecim tribubus ampliorem regni partem suscepit. Per quam divisionem Samaria & Jerusalem regnum Juda & Israel suorum principum per successionem ordinem firmaverunt. Sed haec haereticorum schismaticorumque, sicut saepe dictum est, ostentat figuram, donec ille qui unitatem facit, & diligit, alias oves quas habet extra suum ovile, sua gratia illustratione addatur, ut, sicut promittere dignatus est, sit unus grex & unus pastor. Jo. 10. 16.
Non omnes nunc in ordine exequimur reges; sed eos tantum quorum temporibus aliqua vel gesta vel dicta sunt, quae Redemptoris nostri nunciaverunt adventum, brevitati intenti, & lectori fastidium minime inferentes.

2. Achab igitur pessimo rege regnante in Judaea, Elias propheta ad arguendum regem & populum mittitur, quod relicto Deo sculptili servirent
3. Reg. 16. 29. Baal. Cumque Jezabel uxor Achab regis, incomprehensibili judicio illo Dei quo datur potestas malis, prophetas Domini occidisset, Elias orando (g) in sterilitate a facie se regis abscondit. Supplicioque triennio & sex mensibus, cum totam Judaeam fame sacra fames affligeret, Elias jubetur seipsum praesentare regi. Cumque Dominum, interfectis omnibus prophetis, solum se relictum esse dixisset, ait ei responsum divinum:
3. Reg. 19. 18. Rom. 11. 4. Reliqui mihi septem millia virorum, qui non curvaverunt genua ante Baal. Hinc (h) etiam Gentilium comprimitur elatio, ne quis se in quolibet bono opere arbitretur necessarium Deo; cum omne (i) opus suum per quem vult, impleat Deus, quoniam omnia serviunt illi. Homo enim Deo, non Deus homine indigere monstratur. Unde ait ille sanctus propheta: Dixi
Ps. 15. 2. Domino, Deus meus es tu: quoniam bonorum meorum non eges. Elias vero quae fuerant divinitus imperata, coram rege & populo, per magnificum illud sacrificium vituli, ignem caelitus impetrando perfecit. Quo nostri per figuram vitulus immolatum, sacerdotes omnes idolatriae, sicut Elias, cum ipso errore Baal simul extinxit, replens terram (k) gratiae pluvia, qua sugges fideles animas repellaret.

3. Quod vero in tremore cataclysmo eidem Eliae, jussu divino corvi mane panem & carnem vespere ministrarent, totius corporis Domini figura monstrata est, (l) quando prius in praecepis panem, postea carnem dominicae Passionis Judaei, ut corvi, gentibus ministrarunt, teniti colore, voce (m) raucisona, odore foetidi, horrendi aspectu. Quibus avibus similes Judaei, carnem Crucis in ligno devotam gentibus praeparantes, ut corvi, uno & raucisona voce Pilato clamaverunt: Crucifige, Crucifige. Hanc
Jo. 19. 6. Jo. 6. 54. comedunt, qui audiunt dicentem: Nisi manducaveritis carnem filii hominis, & biberitis sanguinem (n) ejus, non habebitis vitam in vobis. Tria tamen etiam hic tempora & dimidium temporis in tribus annis & sex mensibus (sicut & superius commoravimus) caelestis pluvia, Dei alio

(a) Ita editiones omnes, & MS. Remig. qui pro, *sententias*, habet, *mortales*, forte pro, *moralia*; unde subjacimus legendum esse, *sententias quasque ethicas, id est, morales scribens*.
(b) MS. Remig. *praeclara ... fama nominis sparsit per orbem*. Verum neutris, aut nomina, legendum esse subjacimur: & forte legendum: *praeclara regni ipsius fama sparsa est per orbem*.
(c) MS. Remig. *ad visitandum ... videre*.
(d) MS. Remig. *nunc accurrit Christo Domino*, forte, *Domino audire Sapientiam*.
(e) MS. Remig. *quoque*.
(f) MS. Remig. *in duodecim tribus*, forte, *in decem tribus*.
(g) MS. Remig. *in siccitatem sterilitatis*; id est, cum prophetasset futuram esse sterilitatem.
(h) MS. Remig. *enim*.
(i) Sic MS. Remig. cum edit. Lugd. & Lovan. Duac. vero & Colon. *omne tempus*.
(k) MS. Remig. *gratia & pluviae*.
(l) MS. Remig. *quia*; forte, *quo*.
(m) MS. Remig. *raucisonae*.
(n) Edit. *bona*.

alto judicio, negatur eis qui carnem ejus non comederent, atque ejus sanguinem bibendo redempti, ab ejus corpore inveniuntur alieni.

CAPUT XXIX.

PROMISSIO: *In Elia Christum, & in vidua misericordiæ principatum.*

Prædictio facta & figurata. In Regum credita & visa.

3 Reg. 17. 9. & seqq. DIXIT Dominus Eliæ: *Vade in Sarepta Sidoniæ: ecce enim mandavi mulieri viduæ, ut pascat te illic.* Et hic mysticas actiones spiritalis lector (a) agnoscit. Neque enim defecerat omnipotens, quando vellet tempore per easdem aves suum pascere prophetam. Quem tamen necessarium viduæ sciebat, cui ex fame copiam, potentia verbi, per suum ministrum voluit præparari. Hanc viduam in agro duo minuta, ut duo præcepta, colligentem divino nutu prospiciens Elias, actus etiam spiritalis sitis ardore, aquam a muliere poposcit. Quæ dum pergit afferre, & pusillum panis petit ab ea propheta. Illa vero testando dicit modicum se farris habere in hydria, & (b) parum olei in olecario, unius scilicet & cum liberis (c) diei victum, (d) quo absumpto, esset moritura cum liberis. Ex hoc ipso sibi propheta prius offerri jubet, tum etiam sibi suisque filiis præparandum: (e) ut misericordia primum occupet lo-
Psal. 88. 15. cum: quam præire ante faciem Dni Scriptura testatur. (f) Ex ipso enim omnis copia. *Quo-*
3 Reg. 17. 14. *niam hæc dicit Dominus*, ait Elias, *Hydria farinæ non deficiet, & capsaces olei non minuetur, usque in diem quo dabit Dominus pluviam super terram.* Sic anima misericors feneratur Deum, sic dum dat in necessitate, sibi consulit ad salutem. Sic repletur anima, quæ corpore, absentente Domino, (g) castigatum diligens, unius thori fidem pudico amore custodit, sacramento farris, & olei unctione munita; secura expectans (h) gratam pluviam, cum ei dixerit
Matt. 25. 21. Dominus: *Euge, bone serve & fidelis, quoniam in modico fidelis fuisti, supra multa te constituam, intra in gaudium Domini tui.* Cujus in
Luc. 21. 1. & seqq. similitudinem & illa laudatur a Domino, quæ duo minuta vidua dum mitteret in gazophylacium, plus omnibus eam misisse dixit ille (i) qui vidit, quia sibi nihil dimisit.

CAPUT XXX.

PROMISSIO: *In Eliseo, discipulus Christi duplum accipientes spiritum.*

Promissio facta & figurata. In Regum credita & visa.

1. ELias discipulum Eliseum reliquit, (k) quia tempus assumptionis suæ, Domino revelante, cognoscens ait discipulo: *Pete tibi* 4 Reg. 2. 9. & seq.
aliquam petitionem, prius quam tollar a te. At ille ait: Volo ut spiritus qui in te est, (l) duplex in me fiat. Dixitque ei Elias: Durem petisti: verumtamen si me respexeris euntem, fiet tibi. Hac promissione factus certior Eliseus (m) ut optato petitionis suæ omni ex parte poteretur, ita inhæsit magistro, ut nulla eum ab illo necessitas sequestraret. Cumque prophetæ studium vellet exercere discipuli, necessario se per devia sequi illum sustinentem imperat.
At ille ait: *Vivit Dominus, & vivit anima tua, si dimisero te quocumque ieris.* Hoc actum Ibid. v. 2. 4. & 6.
est; donec ad eum perventum est locum, ubi curru igneo susceptus, quasi absque in cælum pervectus est. Atque ita intentio discipuli vigilavit, ut raptum sibi magistrum fletu ac voce magna sequeretur dicens: *Pater mi Elias, Pater* Ibid. v. 12.
mi, auriga Israel! His vocibus perculsus Elias, spiritale illi viaticum ac pignoris donum, suum
(n) palliolum dimisit. Quo percepto, rescisso Ibid. v. 14.
ex eo, & percusso ex eo Jordane fluvio, quem per seipsum non valuerat, pallii adjutorio pertransiit. Unde & prophetarum filii dicunt:
(o) *Requievit spiritus Eliæ super Eliseum.* Ibid. v. 15.
2. Et in hac mystica actione, similitudo Domini & magistri nostri Jesu Christi. Cum enim
dixisset discipulis suis: *Qui credit in me, opera* Jo. 14. 12.
quæ ego facio, & ipse faciet: ut dupla se dona Christus dedisse ostenderet, adjecit: *Et majora horum faciet.* Sed hoc inhærentibus (p) sibi, nec in aliquam partem a se declinantibus; quos edocuit dicens: *Si quis mihi ministraverit me sequatur, & ubi ego sum, illic erit & minister meus.* His, & duplum spiritum hoc modo infudit: semel post Resurrectionem, quando insufflavit in faciem eorum, dicens: *Accipite*
Spiritum-sanctum. Si cui dimiseritis peccata, Jo. 20. 22. & 23.
dimissa erunt: si cui detinueritis, detenta erunt in cælis: secundo vero cum nube susceptus, vectantibus angelis, ipsis quoque discipulis oculis
(q) deducentibus, ait: *Vos sedete in civitate,* Luc. 24. 49. Act. 1. 4.
donec induamini virtute ex alto. Ipsoque die Pentecostes in linguis igneis donum Sanctum-

spi-

(a) Ms. Remig. *agnosce.*
(b) Ms. Remig. *& perparvum*, forte, *perparum.*
(c) Ms. Remig. *in die.*
(d) Ms. Remig. *quo sumpto esse morituram.*
(e) Ms. Remig. addit, *postea.*
(f) Ms. Remig. *Ex ipsa enim omnis domus replebatur.*
(g) Ms. Remig. *castitatem.*
(h) Ms. Remig. *gratiæ pluviam.*
(i) Ms. Remig. *qui dedit.*
(k) Ms. Remig. *qui tempus ... agnoscens ait ad discipulum.*
(l) Veteres editiones, *duplum*, ut Ms. Remig. Recentiores, *duplex.*
(m) Ms. Remig. *in aviditatem petitionis.*
(n) Ms. Remig. *pallium.*
(o) Ms. Remig. *Spiritus Domini resedit in Eliseo.*
(p) Hæc verba: *sibi nec in aliquam partem ... usque ad illa; illic erit & minister meus*, supplevimus ex fide Ms. Remigiano Remensis.
(q) Ms. Remig. *oculis elevantibus*, forte, *oculos elevantibus*, cum infra, post 11. lin. idem Ms. *Eisque.*

spiritum tuum. Non hic duos Spiritus intelligere debemus, cum unus sit Spiritus-sanctus; sed ipse idem Spiritus est, ostendens dona dispensatione multipliciter prærogata ab ipsa individua Trinitate, ut in eo non duo, sed unus sit Spiritus. Quoniam, ut Paulus apostolus
Ephes. 4. 5. dicit: *Unus Deus, una fides, unum baptisma, unus Spiritus*. Unde & ipse Elisæus non ait magistro; (a) *Spiritus qui in te est duo fiant, sed, duplex fiat in me*. Hunc duplum exposuit Dominus cum dixit: *Donec induamini virtute ex alto*: ut ampliora per eos faceret, quam fecerat per seipsum. (b) *Tactu suæ fimbriæ* a fluxu sanguinis mulierem sanavit: discipulorum vero umbra infirmitates curavit. Ipse resurgens, (c) palpantes videntesque vix crediderunt, etiam ipsi discipuli: ascendenti in cælum, illis prædicantibus, in eum, quem non videmus, totus credidit mundus. Postremo, amplius est impium justificare, quam resuscitare mortuum. Quæ omnia per suos discipulos idem ipse fecit,
Joan. 15. 5. qui eis hanc tribuit potestatem, dicens: *Sine me nihil potestis facere*.

CAPUT XXXI.

PRÆDICTIO: *In eodem Elisæo, dum mortuum figuratum Christus Dominus gratia suscitavit*.

(d) Prædictio facta & figurata. In Regum credita & visa.

4. Reg. 4. 8. 1. IDem ipse Elisæus dum transiret per diversa, annuntians verbum Domini, quædam eum mulier Sunamitis hospitio suscepit. Cui pro munere sterilitate soluta, filium ei impetravit a Domino. Quæ suscipiens parvulum enutrivit. Adultus vero (e) ad patrem in agrum dum pergeret, solis ardore percussus rediens domum, ejusdem in sinu matris spiritum emisit. Statim mulier ad hominem Dei recurrit, in Carmelo pedibus ejus provoluta, filium, quem ejus gratia susceperat, (f) nuntiat fuisse defunctum. Celatum sibi hoc a Domino propheta miratur: ut nostri Domini Jesu totam figuram impleat (g) propheta, qui cum omnia (h) novit, aliqua se nescire simulat. Ut illud de Lazaro: *Ubi posuistis illum?* Et: *De die & hora nemo scit, neque Angeli, neque Filius*: cum eo die & ea hora ipse venturus sit Filius. Et illud, narrantibus duobus discipulis de Paschæ: cum & dicentibus ei: *Nescis quæ facta sunt in Jerusalem ante tertiam diem?* & ipse in quo facta sunt, nescienti similis dicit, *Quæ?* Sed hæc quæ celantur, aut in magno aguntur mysterio, aut internis cordis extenduntur in Deum, ut quanto non capit, avidius nosse quærat; & cum quæsita non intellexerit, amplius miretur, sciens divinum esse atque profundum, quidquid mortalibus nosse fecerit denegatum.

2. Agit vero Elisæus quæ sunt dominicæ actionis sacramenta. Misit per servum suum baculum, quod super exanime corpus positum, erectum vitæ restituat. Misit & Dominus per Moysen servum suum Legem, quæ mortuum mundum, sicut illud baculum, vivificare non potuit: quia *si data esset lex, quæ posset vivificare*, ut Apostolus dicit, *omnino ex Lege esset justitia*: quia *littera occidit, spiritus autem vivificat*. Postea ipse Elisæus descendit (i) magnus ad parvum, salvator ad salvandum, vivus ad mortuum. Descendit & noster Dominus. *Qui descendit, ipse est & qui ascendit super omnes cælos, ut adimpleret omnia*. (k) Quæ omnia! Quæ mystice gessit Elisæus. Ut enim mortuum parvulum suscitaret, juvenilia membra (l) contraxit. Et Dominus Jesus *seipsum exinanivit formam servi accipiens*: parvum se illi parvo coaptavit; ut efficeret (m) illud *corpus humilitatis nostræ conforme corpori gloriæ suæ*. Jacentem subter se frigidum, suo calore fomentavit. Similiter & noster (n) Salvator Dominus mundum, a cujus calore non est qui se abscondat, insufflavit (o) die tertia jacenti, ut trina confessio inflaretur credendi. Sic suscitatus est mortuus, dum a morte perpetua justificatus est impius.

3. Multa & varia signa Spiritus Domini fecit per Elisæum, sicut eadem Regum narrat historia. Quæ omnia prosequi longum est. Pauca tamen exequar, cum sint (p) cuncta signa futurorum Christo Domino congruenda, qui per Isaiam dicit, *Spiritus Domini super me: propter quod unxit me, bene evangelizare pauperibus misit me, dimittere quassatos in requiem, prædicare captivis libertatem, & cæcis visum*. Jordanem Elisæus eo Spiritu operante, transiit, quo noster Dominus Jesus eumdem fluvium suo in baptismo consecravit. Insultantes sibi propheta bestiis tradidit pueros. Et noster Jesus Dominus (q) de parvulis in Paulo dicit: *Nolite pueri effici mentibus*. E quibus quosdam bestiis, (r) id est, immundis spiritibus tradidit,

(a) Restituimus lectionem hanc ex MS. Remig. ubi ita legebatur: *Fiant in me duo spiritus, sed duplex fiat*. *Quem expositor*. In edit. Lugd. est *magistro spiritu*. Cætera per parenthesim quamdam, ut dubia addiderunt Lovan. Duac. & Colon. & his notationibus adjunctum.
(b) Sic MS. Remig. At Editi, *Tactu namque*.
(c) MS. Remig. *palpantibus videntibusque*.
(d) In MS. Remig. *Promissio*.
(e) Editi, *cum patre*. MS. Remig. *ad patrem*. moritur.
(f) MS. Remig. *nuntians*.
(g) Editi, *prophetia*.
(h) MS. Remig. *novit, aliquid*.
(i) Hunc ipse legas apud Augustinum sermone 16. de verbis Psalmi 94. & Apostoli Galat. 5. pag. 141. novæ editionis: & eumdem sensum reperies in sermone 136. de verbis Evangelistæ Joannis 9. pag. 663. item novæ editionis.
(k) Hæc verba, *Quæ omnia*, addit MS. Remig.
(l) MS. Remig. *contraxit*.
(m) MS. Remig. *ille*, scilicet, Christus.
(n) Vox hæc, *Salvator*, abest a MS. Remig.
(o) MS. Remig. *illi* . . . *ut trina confessione*.
(p) MS. Remig. *esse*.
(q) MS. Remig. *per Paulum dicit*, nec habet, *de parvulis*.
(r) Hæc verba, *id est, immundis spiritibus*, addit MS. Remig.

dis, *ut discant non blasphemare*. Rex Israel ad perimendum Eliam quinquagenos viros tribus vicibus cum tribunis misit, quos caelesti incendio propheta consumpsit. Dicitur etiam de nostro propheta & Domino, quod *ignis ante eum ardebit, & inflammabit in circuitu inimicos ejus*. Ipsum postea regem cum omni exercitu se obsidione vallantem, quadam caecitate percussos hostes, captivos in Samariam induxit. Quibus reddito visu, simul & indulgentiam impetravit. Haec licet in multis signentur, evidentius tamen in Paulo, & qui cum eo Ecclesiam (a) persequebantur, Dominus ostendit. Caecatus quippe prostratusque in via, captivus Dei dum fieret, reddito lumine, qui fuerat persecutor, factus est praedicator: atque in ipso ostendit *Deus omnem longanimitatem ad informationem eorum, qui credituri sunt illi in vitam aeternam*.

4. Item Naaman Syrus amicus regis ad regem Israel directus est, ut ab Elisaeo leprae macula mundaretur. Quem respiciens homo Dei jussit eum (b) septies in Jordane tingi; si vellet corporis sui maculas auferri. Quod cum faceret, mundatus est. Munera homini Dei offerenda credidit: quae jure divino renuens, gratiam gratis datam nostri praesignavit Christi Domini, quam in Evangelio suis discipulis commendavit, dicens: *Gratis accepistis, gratis date*. Septiformi Spiritu mundari animam a vitiis, quibus interior exteriorque homo polluitur, aqua etiam ipsa demonstrat, qua tinguntur consecrati *in nomine Patris, & Filii, & Spiritus-sancti*. Giezi vero puer Prophetae, qui secutus Naaman Syrum, composito mendacio, vendere voluit quod propheta gratis dederat, ea leprae percussus macula, qua ille mundatus fuerat, haereticorum figuram ostendit: qui suae rapacitatis caecitate compulsi, dum vendiant suis velut expiationes videlicet peccatorum, ipsi quoque maculis quibus illi fuerant aspersi, insigniuntur. Ut merito audiant a Domino: *Non novi vos. Discedite a me omnes qui operati estis iniquitatem*.

CAPUT XXXII.

PRÆDICTIO: *In Ezechia, qui fecit Christus docet in bono non debere efferri*.

Praedictio facta & figurata. In Regum credita & visa.

DUM (c) alternanter reges Israel, alii a viis Domini declinantes erroribus implicantur, alii fideliter viam Domini graduntur, ad Ezechiam regum ordo perductus est. Hic exterminans omnia simulacra, omnemque idolorum culturam subvertens, paene totum Israel errantem convertit ad Dominum. Huic divinitus datum est responsum, ut ordinare ac disponere deberet domum suam, quod ipse jam lecto decumberet. Qui cum fletu oraslet dicens: *Memento Domine, quomodo ambulaverim in via tua*: quindecim anni sub hoc signo ei adjiciuntur ad vitam. (d) Duodecim enim gradus sol, caelo quo ascenderat, descendit. Quod mire evenisse Assyrii dum adverterent reges, nuntios ad Ezechiam miserunt; quaerentes quidnam illud esse ostenti. Elatusque in bono, non tantum pro se factum narrat, quantum & jactantiae gratia universa regalia eis domus suae & vasa ostendit. Indignatusque Dominus per prophetam Isaiam regem increpat, testans venire dies, quibus illa omnia quae monstraverit, captiva in Babyloniam cum populo ducerentur. Nec immerito noster Rex per apostolum Joannem in Apocalypsi nos admonet, dicens: *Tene quod habes, ne quis alius accipiat coronam tuam*. Item alibi: *Beatus qui vigilat, & servat vestimenta sua, ne nudus ambulet*. Et in Evangelio: *Non sciat sinistra tua quid faciat dextera tua*: admonens in bonis operibus, quae Dei dona sunt, non esse in homine, sed in Domino gloriandum: ne quod humilis (e) accipit, superbus amittat.

CAPUT XXXIII.

PRÆDICTIO: *In Regibus peccantibus, qui suum populum in captivitatem ducunt*.

Praedictio facta & figurata. In Regum credita & visa.

REgnante Josia, atque Sedechia filio ejus, populus omnis Israel utilia vincla legis, quibus regebatur, abrumpens, multis ac gravibus (f) culpis totius pietatis auctorem Deum ad magnam iracundiam provocavit. Jeremiam Prophetam ad objurgandum, corrigendumque regem & populum Dominus misit, praedicens, si conversi legis mandata servarent, suo in loco semper manere illaesos: si vero monentem se contemnerent, in Babyloniam ire captivos. Spretis igitur & mandatis & praedicantis verbis, dum malis auctibus rex & populus suis peccatis urgentibus premerentur, sententiam divinam Jeremias plebi jam captae, & regibus per epistolam exposuit dicens: *Propter peccata quae peccastis ante Deum, ducemini in Babyloniam: & eritis illic per tempus longum, usque ad generationes septem*. Rex igitur Nabuchodonosor, comprehensis regibus Juda, totum Israel captivum transmigravit in Babyloniam, effossis oculis in itinere regi Sedechiae: ut duorum prophetarum de eodem Rege praedicta implerentur. Jeremias (g) dixit, visurum regem Babyloniae: Ezechiel, non visurum. Qui dum sibi quasi contrariare visi essent, hoc modo utrumque vide-

(a) Edit., insequebantur. MS. Remig. omissa, persequebantur.
(b) MS. Remig. addit, septies, quod abesse ab editis.
(c) Ita antiquiores editiones, cum MS. Remig. Recentiores vero, alternatim.
(d) MS. Remig. quindecim. In Vulgata legentes decem, decem.
(e) MS. Remig. accepit.
(f) MS. Remig. culpis. Edit., ansis.
(g) Edit., dicit.

deretur impletum: cum exemptis oculis adductus Sedechias Babyloniam, & vidit, quia praesens fuit, & non vidit, quia in via oculos perdidit. Admonet noster Dominus suos hujus exemplo,
Joan. 12. 35. & dicit: *Ambulate dum lucem habetis, ne vos tenebrae comprehendant*. Contemptores vero mandatorum suorum, etiam reges, caecos esse idem
Matt. 15. 14. Dominus in Evangelio dicit; *Caeci sunt duces & caecorum. Caecus autem dum (a) caecum ducit, simul in foveam cadunt*, quae est dura captivitas animae impoenitentis: de qua dicitur; *Dedi*
Apoc. 2. 21. *illi tempus, ut poenitentiam ageret, & poenitere non vult*. Sic donec suppleretur mensura per annos septuaginta, in Babylonia populus ille captivus fuit.

4. Reg. 25. 13. 14. 15. 2. Vasa sane omnia templi Dei idem rex Nabuchodonosor per suos abripuit. Vae peccatis hominum, dum pro his sacrificia ipsa conculcantur ab exteris, quae semper pro remediis fuerunt in salutem. Quo gemitu, quibus amarissimis fletibus, qua animi angustia haec descripserit Jeremias, Threni ejus indicant: tabernaculum Domini fuisse pollutum, diem festum ductum in oblivionem, sabbata omniaque solemnia exterminata; sacerdotes & principes, parvulos, senes, juvenes, virginesque suas (b) partem gladium comedisse, partem remansisse captivam. En dolorum nostrorum ulcera; en lectus nostri opprobrii, en peccata grandia, quorum ex causis etiam nos haec videre meruimus, ampliorque poenarum plaga quasi vulnerati curari nolumus. Elisi stare nos credimus, expulsi exsilatique, ut oportuit, non dolemus: satisfactio (c) nulla, moestitia nulla, manet ira,
Ibid. 5. 2. nec veniam postulamus. *Hereditas nostra conversa est alienis: domus nostra peregrinis*. Sic castigati non plangimus, sic emendari nolumus suscipere disciplinam. Recedamus a malis quibus Dominum offendimus, poeniteamus in his quae sacratis ejus contaminata ingessimus. Superbia nostra humilitate curetur. Collatum tempus (d) remedio non spernamus: (e) ne is cujus placidam mitemque sentimus misericordiam, non poenitentibus aeternam constituat, poenalemque sententiam. Paratus est enim ignoscere ille Dominus qui dicit: *Convertimini ad me, & convertar ad vos*: si modo vocem filii cum poenitentia
Zach. 1. 3. Luc. 15. 18. revertentis pius Pater agnoscat.

3. (f) In eadem captivitate, Danielem & Ezechielem narrat historia prophetasse. Daniel
Ezech. 14. 14. vir desideriorum, (qui Balthasar a rege nuncupatus est) tres viros gentis suae amicos habuit Ananiam, Azariam, Misaelem. Omnis vero
Dan. 1. 6. ejus prophetia mysteriis licet plena sit, quaedam tamen pars ejus ita elucet claritate sui fulgoris, ut etiam tempus signaverit quo venturus esset ipse Salvator & Dominus. Duodecim sane cum sint propheticae visiones ejus, in Hebraeo decem reperiuntur. Quas duodecim, Domino donante, certa cum comparatione percurram. In prima, contra impudicos senjores castitatem Susannae defendit. Hoc agit Jesus Dominus, dum ad-
Dan. 13. 1. versus scelestos haereticos Ecclesiae suae sanctimoniam tuetur, quam perversis suis disputationibus violare contendunt. Quos etiam per apostolum Paulum notat, dicens: *Ex his sunt qui*
2. Tim. 3. 6. *penetrant domos, & captivas ducunt mulierculas oneratas peccatis, quae ducuntur variis desideriis*. In secunda ipse Daniel, suique amici
Dan. 1. 8. sanctorum legis suae mandata servantes, ex cibis mensae regis, quibus ceteri eorum sodales vescebantur, non contaminari. Desideriis haeres mundi non solum contaminatus non est noster Magister & Dominus, verum etiam suos amicos prohibuit, dicens: *Nolite diligere mundum, ne-*
1. Joan. 2. 15. & 16. *que ea quae in mundo sunt. Omne enim quod in mundo est, concupiscentia carnis est, & concupiscentia oculorum, & ambitio saeculi*. Quae omnia, velut escas illas regias, repudianda ostendit. Et per apostolum Paulum evidentius mandans: *Esca ventri*, ait, *& venter escis. Deus*
1. Cor. 6. 13. *autem & hunc, & has evacuabit*: ut sit unicus noster cibus ipse Salvator, qui ei varios diversosque sapores exhibeat.

4. In tertia, sacramentorum divinae dispositionis, quod regi ostensum fuerat, itaque erat (g) oblitus; non humana doctrina Danieli quae in-
Dan. 2. 1. &c. structus erat, sed Domino revelante, & somnium & interpretationem somnii regi narravit. Qua-
Ibid. 2. 31. &c. tuor regna in quatuor metallis, e quibus statua formata ante faciem ejus (h) adstat, mundo exsurgere. Caput aureum, ipsum esse Babylonicum Orientis: Pectus & brachia ejus argentea, Macedonicum Septentrionis: Venter & femora aerea, Punicum Meridiani: Crura ferrea & digiti pedum partim ferrei, partim fictiles, ultimum Romanum, videlicet Occidentis: sicut & vir eruditissimus Orosius historiographus posuit. Quod regnum tanquam ferrum comminuit omnia, & domuit. Christi quoque regnum sub-
Ibid. 2. 34. & 45. jungit Daniel in lapide abscisso de monte sine manibus concidentium; tanquam sine manibus complexionum, Deum hominem ex Virgine naturum. Qui cum illam statuam percussisset, omnes ejus partes redegit in pulverem, eaque auferens spiritus venti, locus ejus inventus non est: ipsum autem lapidem, qui percusserit statuam, factum esse montem magnum & implesse omnem faciem terrae. (i) Vacuatis enim omni-
Ibid. 2. 35. bus regnis, regnum Christi Domini exsurget, quod nulli alteri populo relinquetur: quoniam permanebit in aeternum. Hoc nunc orando omnis ejus petit Ecclesia, cum dicit: *Adveniat*
Luc. 11. 2. Dan. 3. 1. &c. *regnum tuum*. In quarta, statuam, imaginemque suam Nabuchodonosor quam statuerat adorandam, cum tres praedicti amici Danielis adorare noluissent, camino demersi, illud mirum divinitus praebuit, quod fugato incendio, ipsos potius

(a) MS. Remig. *caecum ducens*.
(b) MS. Remig. addit hanc vocem, *partem*.
(c) MS. Remig. *nulla moestitia manet iram, nec veniam*.
(d) MS. Remig. *remedii*.
(e) Ita MS. Remig. Editi vero, *ne is quem placidum mitemque sentimus, iracundiam non poenitentibus aeternam constituat, poenalemque sententiam*.
(f) Emendatur locus hic ad MS. Remig. Editi, *in eamdem captivitatem*.
(g) Editi, *oblatus*; sed melius MS. Remig. *oblitus*.
(h) Editi, *adstat*, MS. Remig. *stat*.
(i) MS. Remig. *Vacuatisque*.

potius ministros regiæ jussionis vorax flamma consumpsit. Tres vero viri illæsi, hymnum Regi vero Deo canentes in medio camini, secum Filium Dei habere meruerunt. Quem revelante gratia rex ipse cognovit, qui suos veros adoratores flammea vanissima contemnentes, a flammis præsentis sæculi, ad cælestem gloriam perduxit triumphantes.

CAPUT XXXIV.

PRÆDICTIO: *In Daniele, qui Christum Dominum suis visionibus enarravit.*

Prædictio facta & figurata. In Daniele credita & visa.

1. QUinta vero visio continet somnium ejusdem regis, quod Daniel ita interpretatus est. Arborem magnificam quam viderat, sub cujus ramis omnes bestiæ, pecora, avesque habitarent, ipsum esse regem. Præcidendam vero cum Dominus jussisset, servata duntaxat radice: regnum ejus auferendum ab eo, ipsumque cum bestiis mansurum. Capillos ejus ut mulieris, & ungues ejus ut aquilæ crescere, fœnum ut bos edere, donec septem divinitus tempora justa compleantur: dans consilium regi eleemosynis sua peccata redimere debere. Quod cum facere neglexisset, prædicta omnia regi advenerunt, suppletaque mensura temporum, regnum quod amiserat, recuperavit. Sic præsumptores cæduntur, & castigantur superbi ab eo *qui potens est humiliare, & miserator:* quia sunt judicia ejus suavia. Sic Petrum apostolum negantem, dum respectum flentem videret, in eum locum restituit, quem præsumptor amiserat. Sic in suis interfectoribus sacrum ejus sanguinem (a) fundentibus, pro quibus oravit, eumdem sanguinem propinavit bibendum, quo regiam susciperent dignitatem. Sic quotidie Rex noster lapsos reparat, quibus collatæ gratiæ cælestis regni donum servat in posterum. In sexta ex quatuor sibi apparentibus bestiis (b) illius supradictæ, quatuor partium orbis regna confirmat. Quibus quartam bestiam grandiorem fuisse atque terribilem, idem propheta testatur, habentem cornua decem, ac de medio eorum cornu aliud parvum ascendere, tria ex illis ante faciem ejus excussa sunt cornua, donec vetustus dierum sedit in judicio. Sed hæc eo modo (c) sunt exposita, quo regna illa quatuor sibimet succedentia. Bestia quarta, quæ omnibus regnis eminens domavit omnem terram, subjecitque eam. Post ipsam uno tempore decem reges exurgent: & post eos, ille qui nomen perditionis fert, id est, Antichristi, portaturus est. De quo suo loco, ut jam promissum est, divina testimonia proferentur. In septima ex ariete & hirco, Persarum atque Græcorum sibi prælia revelata describit. Sub persona quoque Antichristi, qui corde suo dum magnificabitur, dolo corrumpet multos, donec veniat qui venturus est Jesus Dominus, & non tardabit.

3. In octava, idem vir desideriorum Daniel, providam justitiam Dei judicantem reges superbos ea ratione insinuat, qua Baltasar Rex cœnam faciens principibus suis, vasa templi Dei quæ Nabuchodonosor pater ejus abstulerat * pollata, biberit in eis concubinis, principibusque suis, laudans deos suos aureos & argenteos, ligneos & lapideos: statimque in conspectu ejus exierunt articuli manus hominis, & scripserunt in pariete regis domus: qua visione turbatus rex, cum omnes quos habuit curiosos, scripturam legere nequivissent, Daniel accitus, causa vasorum domus Dei id factum fuisse, regem constanter objurgans, scripturam etiam recitavit: *Mane, Thecel, Phares:* eamque interpretatus est, *Mane; Numeravit Deus regnum tuum, & implevit illud. Thecel:* (d) *Ponderatus es, & inventus es minus habens. Phares; Divisum est regnum tuum, & datum est Medis & Persis.* Promissa itaque munera quæ Daniel abnuerat, eum rex consulisset propheta, supplicio vitæ cursu, ut prædictum fuerat, regnum reliquit Medis & Persis. Videant, videant superbi reges, qui ausu mentis suæ vasa domus Dei diripientes, quæ juste ille ministris peccantibus tradidit, sine ulla reverentia contrectantes, Deo, cujus nomine consecrata sunt, videntur contumelias irrogasse. Quorum finis utique mors est, quæ non habet finem.

CAPUT XXXV.

PRÆDICTIO: *In eadem, dum esset de lacu leonum eruit, ut Christum Dominum e Judæis.*

(e) Prædictio facta & figurata. In Daniele credita & visa.

1. IN nona: Darius Medus successit in regnum: qui cum satrapas centum viginti statueret in regno suo, tres et præpositos constituit. Daniel unus erat ex tribus, gratiam habens in oculis regis. Exquirunt (f) invidi adversum Dei servum consilium, ut regi persuadent diebus triginta petitionem a nullo deo vel homine, nisi a solo rege esse poscendam: in eo pœna interposita, quæ si quis præceptum regis contemneret, in vivarium missus leonibus in escam daretur. Quod præceptum propositum reperiens propheta, Dominum suum tribus temporibus diei solita oratione precatus est. Deinceps ut contumacem regi offerunt, quem cum eripere invidi non valeret, Deo suo prophetam sub hac conditione dimisit, quo eum de mortis periculo solus posset eruere. Quod & factum est. Ex hac tamen meditatione incitatus rex dum neque cibum neque somnum caperet, diluculo ad videndum Danielem ipse perrexit. Quem vivum illæ-

(a) Hæc verba, *fundentibus, pro quibus oravit, eumdem sanguinem*, in Ms. Remig. reperta huic loco restituimus. In illo tamen paulo post legitur, *susciperet*, non *susciperent*, ut in editis.
(b) Ms. Remig. *illi supradictæ*.
(c) Ms. Remig. *sunt exposita*.
(d) Ms. Remig. *Ponderatum est in statera, & inventum est*.
(e) Ms. Remig. *Promissio*.
(f) Ms. Remig. *invidia ... consilia*.

illasumque respiciens, Deo vero dans gloriam, educi de lacu praecepit, eosque qui Danielem criminati erant, in lacum misit, & devorati sunt continuo in conspectu ejus. In his etiam impleta est prophetia, dicens: *Qui foveam fodit proximo, (a) incidet in eam. Et qui statuit laqueum proximo, peribit in illo.* Et ipse noster Jesus Dominus, in quo omnia illa figurata fiebant, per prophetam dicit: *Foderunt ante faciem meam foveam, & inciderunt in eam.* Et iterum: *Misit Dominus misericordiam suam & veritatem suam, & liberavit animam meam de medio catulorum leonum.*

2. In Decima: Propinquante fine temporis septuaginta annorum desolationis Jerusalem, quam per Jeremiam prophetam Dominus praedixerat: Daniel cum omni fletu & jejunio orationem fudit pro se ac pro delictis populi sui miserationem Domini implorans. Oranti Gabriel assistit archangelus, eique futura mysteria revelavit, septuaginta hebdomadas breviatas esse in populo ejus, & (b) in civitate sancta, ut consummentur peccata, & signentur delicta, & ut finiatur iniquitas, & adducatur justitia sempiterna. Impleri quoque visio prophetarum, & ungi Sanctum sanctorum ab exitu sermonis in respondendo. Et iterum aedificabitur Jerusalem, usque ad Christum ducem hebdomadae septem, & hebdomadae (c) sexaginta duae. Et rursum aedificabitur platea & muri in angustia temporum. Et post hebdomadas septuaginta duas, interibit chrisma; & judicium non erit in eo: vel sicut Hebraeus habet interpres: *Occidetur Christus, & non erit ejus populus, qui eum negaturus est. Et civitatem & sanctuarium dissipabit populus cum duce venturo, & finis ejus vastitas, & post finem belli statuta desolatio. Confirmabit autem pactum (d) multis hebdomada una, & in medio hebdomadae deficiet hostia & sacrificium, & in templo erit abominatio desolationis, & usque ad consummationem & finem perseverabit desolatio.* Ad confutandum errorem Judaeorum haec sibi revelata scripsit Daniel. Qui ergo expectant adhuc venturum Christum, credituri sunt Antichristo. Sic enim eos Dominus Jesus in Evangelio increpat, dicens: *Ego veni in nomine Patris mei, & non credidistis mihi: alius veniet in nomine suo, & ipsi credetis.*

3. Labore longoloque magno beatae memoriae Hieronymus, (e) per supputationes annorum regum Babyloniae septuaginta hebdomadas, usque ad nostri Redemptoris nativitatem Christi Domini annos quadringentos nonaginta perduxit: (f) sexaginta septem in aedificatione templi hebdomadas, sexaginta & duas usque ad Domini nativitatem, & usque ad Passionem ipsius, & usque vastationis quae facta est a Vespasiano duce, vel Tito filio ejus. Inimici igitur Domini Judaei fallentes semetipsos, cum multiplicia prophetarum de Christo, ad quosque fuerunt regum personas retorte contendunt; huic prophetae Danieli volentes nolentesque colla submittunt: qui non tantum signa omnia supra scripta conscripsit, quantum etiam tempora ipsa adventus Domini designavit. Quae omnia luce clarius impleta omnis jam mundus (g) agnoscit. Gloriam igitur Christi Domini diffusam in gentibus, eumque, ut scriptum est, omnem terram adorantem, Judaei adhuc credere nolunt, nobiscum intuentes impleri omnia, quae praedicta sunt oracula prophetarum.

4. In undecima, eidem Prophetae revelata sunt sub persona bellantium regum, ipsius facta Antichristi, singulaque ultimi temporis, resurrectio etiam mortuorum, qualiter impii, qualiter vel sancti resurgunt. Haec & Isaiae, & Ezechieli ita ostensa sunt, quemadmodum eorum dicta Evangelica firmat auctoritas.

5. In duodecima, spectaculum quoddam insignem, non tantum regi, quantum etiam spiritalibus mentibus exhibuit Daniel. Bel quippe idolum, quod omnes Babylonii simul cum rege cultui habebant, magnos regios apparatus velut quotidie comedere, quos sacerdotes cum suis per occultum intrantes ostium consumebant. Daniel eorum fraudes subtili arte demonstrans, (h) fieri in pavimento templi cinerem fuit praecepit. Signatis igitur foribus annulo regis, in posterum diem venientibus, non illa ab illo signaculo confracta, virorum ac mulierum impressa vestigia demonstrarunt. Confessione etiam sacerdotum cognitum est illud ostium proditum, per quod intrantes omnia devorabant. Confracto itaque regia jussione figmento; draconem, quem simul ut divinum suspiciebant, sine gladio & fuste ita peremit Daniel, quemadmodum sciebat corruptibilem posse corrumpi: docens & ostendens, unum & solum verum Deum esse colendum, evictis vanis superstitionibus, quibus non tantum Babylonios, quantum etiam totum mundum sub potestate daemonum captivum teneri propheta cernebat. (i) A quorum dominatu Christi Domini gratia liberandum, praeconio etiam suo (k) futuro tempore designavit. Sed quoniam, ut ait quidam, Veritas odium parit (unde & Paulus noster dicit: *Inimicus factus sum vobis verum praedicans*); pro munere verae religionis ostensae, in lacum leonum Babylonii devorandum prophetam miserunt. Nec defuit divina potentia, quae & custodiam (l) famem suo, & prandium per ejus famulum ministraret incluso. Cujus ob meritum gratiae, leonibus tantum impetus in ovium mansuetudinem commutavit.

(a) MS. Remig. *incidit ... statuit ... deperiit.*
(b) Edit. *in civitatem sanctam, ut consummentur peccata, & signentur.*
(c) MS. Remig. *hebdomadae VI. & hebdomadae LXXII.* Lugd. *hebdomadae septem, & hebdomadae sexaginta duae.*
(d) MS. Remig. *multum ... & in medio hebdomadae.*
(e) Lege hanc septuaginta duarum hebdomadarum expositionem apud Hieronymum, libro in Danielem prophetam, capite nono.
(f) MS. Remig. *sed purgatus ... septuaginta duas.*
(g) MS. Remig. *agnoscerent.*
(h) MS. Remig. *fieret.*
(i) MS. Remig. *A quorum: intellige, superstitionum.*
(k) MS. Remig. *futuro tempore.*
(l) MS. Remig. *foedam.*

tarit. Educto itaque Davide, cum res miraretur illusum, inimici ejus in eisdem locum dati sunt ut perirent. Non sine signo ejus Domini hæc acta sunt qui pro sua orat, dicens: *Ne tradideris bestiis animam confitentem tibi*. *Regnat enim ille sive diabolus qui circuit quærens quem devoret*, (a) inimicos nostri Prophetæ Christi Domini quam reperit, accepta potestate consumit.

CAPUT XXXVI.

PROMISSIO: *In Ezechiele, manifesta resurrectio per Christum Dominum.*

Prædictio facta & figurata. In Ezechiel credita & visa.

1. EZechiel quoque propheta inter cætera quæ arcanis recondita scripsit, resurrectionem sibi ostensam, quæ futura est mortuorum, hoc modo (b) intimavit. In campum se quemdam adductum, qui erat plenus ossibus mortuorum, illic potentia verbi Dei unumquodque ex suis partibus conjungi, carnes, nervos, cutemque adscendere, eisque vitales auras infundi ab Spiritu ipse vidit, quo nos futuram speramus & credimus resurrectionem. Multa quoque sub figura regis Tyri de Antichristo narrans, describit etiam civitatem, quæ congregatur (c) ex gentibus ex lapidibus vivis, Jerusalem cælestem: cujus portam Orientalem clausam semper ostendit, dicens: *Hæc porta clausa erit, solus princeps sacerdotum* (d) *transibit per eam, & ipsa clausa erit penitus*; Mariæ virginalem uterum figurans, quæ semper virgo integra peperit Salvatorem. Solus enim Christus Dominus, ut ait beatæ memoriæ Augustinus Episcopus, (e) per inviolata matris virginea viscera, membra infantis eduxit, qui post Resurrectionem per clausa ostia membra juvenis introduxit: solus peccatum non habens infantilis ætatis exortu, qui peccatum non habuit grandioris ætatis accessu, ipso dicente: *Ecce venit princeps hujus mundi, & in me nihil invenit*.

2. In hac captivitate Babylonica etiam Esdra sacerdos & propheta fuit, qui gratus in conspectu regis dum esset, & cum sermonem ejus aspiceret, quæ ex causa tristis esset ab eo perquirens, solemnia (f) religionis ac populi sui agi solere eo tempore firmat, a quibus se alienum esse (g) doleat. Dat rex mundi licentiam, jubetque (h) restaurari templum Dei. Veniens quoque Esdras ad Jerusalem, zelo legis accensus, purgandam a vitiis primitus plebem statuit. Quoniam *Rex sapiens*, ut propheta dicit, *populi stabilimentum est*. Reperto itaque libro Moysi ostendit inter cætera, etiam hinc iram Dei fuisse succensam, quod contra Dei mandatum ex alienigenis sibi populus accepisset uxores: persuasitque censura qua valuit, suas quisque cum filiis projicere mulieres. Nulla itaque (i) eremi carnali dulcedine, cum sibi vellent Deum esse propitium, incunctanter quæ fuerant imperata, fecere: ut populi Christiani figuram ostenderent, quem admonet & Princeps omnium sacerdotum dicens: *Si quis dimiserit domum, aut agrum, aut uxorem, aut filios causa nominis mei, & hic multiplicia accipiet, & vitam æternam consequetur*.

CAPUT XXXVII.

PRÆDICTIO: *In Esdra, domus Dei, id est, per Christum Dominum restauratio.*

Prædictio facta & figurata. In Esdra credita & visa.

1. TEmplum quoque Dei dum restauraret Esdras, invidia quorumdam malorum, qui socii fabricæ, nec tamen socii religione esse voluerant, cum eos incircumcisos non susciperet Esdras, malitiose regi insinuantes, ab opere templi cessatum est usque ad Cyrum regnantem. Qui divino actus imperio, suppletis annis septuaginta, quos Jeremias ex ore Domini prædixerat, omnem populum, simulque & vasa domus Dei ex Babylonica captivitate ad Jerusalem dimisit, adjiciens munera sua, e quibus præcepit ut fabrica surgeret templi. Quod sub Dario cœptum, usque ad perfectionem ejus quam Cyrus fieri & jussit & juvit, anni evoluti sunt quadraginta sex. De quibus Judæi, Domino resuscitationem sui corporis (k) promittenti, ac dicenti, *Solvite templum hoc, & in triduo suscitabo illud*, non intelligentes illius dicti sacramentum, dixerunt: *Quadraginta & sex annis ædificatum est*, Et quomodo hic dicit: *Triduo suscitabo illud!* (l) A Salomone enim ea celeritate constructum est, qua omnia præparata David pater reliquerat. Non ergo Salomonis fabricæ (m) ea annorum tempora Judæi dixerunt, sed Esdræ, cui, ne perficeret, fuerat interdictum.

2. Reparato itaque templo ac muro Jerusalem, juxta Danielis tempora constituta (quo remanente simul cum Zacharia populus mansit in Jerusalem) septuaginta hebdomadarum usque ad Christi Domini nativitatem, ut supra * diximus, tempora (n) concurrunt. Cujus [illegible], etiam nunc animæ de captivitate sæculi (o) in compunctione cordis supplices (p) mensura,

(a) MS. Remig. *inimicus ... sumit*.
(b) Sic MS. Remig. At vero editi, *initiavit*.
(c) Editi, *ex gentibus & lapidibus*.
(d) MS. Remig. *transibit*.
(e) Hæc leguntur apud Augustinum epist. ad Volusianum, olim 3. nunc 137. c. 2. pag. 405. novæ editionis. Et lib. 5. contra Julianum cap. 15. pag. 656. n. 57. item nov. edit.
(f) Editi, *segnenia*.
(g) Recentiores edit. *dicebat*.
(h) MS. Remig. *restaurari*.
(i) Editi, *eremi*.
(k) MS. Remig. *promittenti ac dicenti*. Editi, *promitteret ac diceret*.
(l) Editi, *A Salomone autem ... qui*.
(m) Editi, *priora*. MS. Remig. [illegible].
(n) Editi, *concurrunt*. MS. Remig. *concurrerunt*.
(o) MS. Remig. *in compunctionem*.
(p) MS. Remig. *mensura gratia liberantur*.

fuos, gratia & misericordia liberantur. Jucundatur enim pro illis diebus, quibus fuit humiliati, (a) annis quibus viderunt mala, donec aspiciat Dominus super servos suos, & in opera sua. Serviamus igitur Domino in timore, & exultemus ei cum tremore, quousque reducamur ad civitatem, quam Rex & Sacerdos noster restituat Jerusalem cælestem: ut in templo corporis ejus, quod triduo suscitavit, sacrificium laudis ei jugiter offeramus.

CAPUT XXXVIII.

PRÆDICTIO: *In mulieres, cum in figura Ecclesiæ parabolam pandit.*

(b) Prædictio facta & figurata. In Esdra credita & visa.

1. REX Babyloniæ Artaxerxes dum suos vellet vincere captivos, tres elegit prudentes Judæos, quorum sententias Esdras sacerdos scripsit. Unus vinum omni rei prætulit: alius regem: tertius Zorobabel mulieres, ac super omnia veritatem. Qui cum suas sententias protulissent, sapientior omnibus judicatus est Zorobabel, qui mulieres, ac supra omne veritatem allegaverat. Et re vera quid muliere fortius, quæ primum Adam ita illexit virum, ut Dei præcepta contemneret? Quid fortius muliere, cujus speciem omni se (c) cupiditati extollit? Quid fortius muliere, quæ & regiam fortitudinem emollit, & virum? Quid etiam in bono, fortius muliere; quæ credidit integram se Christum parere veritatem? Quid fortius muliere, quæ fugientibus discipulis, mysteria ipsius Crucis intrepida ac plena fiducia (d) aspexit? Quid fortius muliere, quæ prima præ omnibus viris occurrens, videre meruit Dominum resurgentem? Quæ cum in typo Ecclesiæ hæc Esdra (e) scripserit, subsecuta est etiam actio figurata. Esther enim quæ a Mardochæo fuerat in filiam educata, dum aulam regiam Mardochæus curaret, a Deo qui exaltat humiles ad regiam Esther perducta est dignitatem. Hæc cum populum suum, agente amico regis Aman causa Mardochæi, (f) durationi intelligeret morti, gladiisque eorum cervicibus imminere, animam suam Esther pro suo populo ponens, invocato divino auxilio penetralia regis ingressa est, quo mulieri non vocatæ accedere non licebat. Quam cum rex indignanter aspiceret, illa quoque (g) pudore tabuisset: Convertit, ut dictum est, cor ejus Deus in lenitatem: eique rex multa bona promisisset, dum ejus salutem reparare contenderet, ad convivium cum Aman veniturum se, et regina posceret, non negavit. Illic narrans quæ secum & cum suo populo acta erant, Aman eo ligno erexit rex suspendi, quo Mardochæum idem Aman suspendere statuerat innocentem: (h) ut concurrat æquissima, sicut ait propheta, super ipsum volveretur.

2. Sic Ecclesia sancta ligno Crucis peremit inimicum. Sic se pro suis, periculis (i) hujus mundi opposuit. Sic datis in morte, suis laborantibus virtute confortando ministrat ut post regnum, quæ a suo Rege sponso & Domino admonetur, eique dicitur: *Libera eos, qui ducuntur ad mortem, & redime eos qui occiduntur.* Capite beneficiorum refugia, ipsi quoque eius apparuit inimici. Nec impari etiam loco Judith sancta, ordine subsequente ponitur, quæ etiam ipsa figuram sanctæ Ecclesiæ personamque (k) suscipiat. Nam cum dux militiæ regis Babyloniæ Bethuliam Holofernes obsidione cinxisset, sublatisque aquis sibi totam obligans civitatem, primores ejus in deditionem statuerunt tradere Holoferni.

3. Hæc dispensatione Judith obstitit, paucorum dierum induciis positis. Quibus jejuniis orationibusque supplex Regem regum & Dominum dominorum exoravit. Exuta igitur veste viduali, sese omni ex parte, mente, corpore, moribusque componens, mirabilem cunctis exhibuit: eo usa consilio, quo, custode Deo, credebat pulchritudine captum hostem posse perimere, suum pudicitiam illo servante, qui dator & custos est castitatis. Quæ cum illorum caput hostis afferret, quem viri non valuerant, femina patriæ reddidit libertatem. Nostram, ut dicimus, cujus hæc figuram gestabat, si (l) agnoscas Ecclesiam, vides quemadmodum postea quam ejus vir Christus Dominus passus resurgensque ascendit in cœlum, omni mortalitatis veste viduali deposita, in æterna pulcritudine ab eo, de quo in Isaia Propheta dicit: *Induit me vestimento (m) salutari, & stola jucunditatis circumdedit me, sicut sponsam ornatam monilibus suis.* Multa est enim & hæc in vulnere capitis inimicorum; quoniam corpus illius est qui confregit caput draconis magni. Non præterit & hæc animæ suæ sicut illa, quoniam ipsa est quæ dicit per Joannem apostolum: *Sicut Christus pro nobis animam suam posuit, ita & nos debemus pro fratribus (n) animas ponere.* Quod liquide in sanctis martyribus claruit, quæ est benedicta apud omnipotentem Deum.

H 2 CA-

(a) Ms. Remig. addit verum, *annis*; & paulo post, *reflamus*, ut edit. recentiores.
(b) Ms. Remig. *Promissio.*
(c) Ms. Remig. Duac. & Colon. *cupiditatem.*
(d) Ms. Remig. addit, *conspexerit.*
(e) Ms. Remig. *scripserat.*
(f) Ms. Remig. *durationi*; Edit. *damnatum.*
(g) Edit. *tabuisset.* Ms. Remig. *pavore tabuisset.*
(h) Ita Ms. Remig. ut edit. ut qui cogitans in eos æquissima, sicut ait Propheta, super ipsum volveretur.
(i) Sic Ms. Remig. At vero in editis, *hujus mundi.*
(k) Ms. Remig. *figuram sanctam Ecclesiam, personamque susciperet.* Colon. & recentiores, *figuram sanctæ Ecclesiæ, personamque significat.*
(l) Ms. Remig. *si agnoscas.*
(m) Ms. Remig. *salutaris, & stolam.*
(n) Ms. Remig. *animam.*

CAPUT XXXIX.

PRÆDICTIO: *In Tobia, ut pisce Christo, & dæmonia fugari, & illuminari cæcos.*

(a) Prædictio facta & figurata.

1. TObias quoque captivus apud Ninivem fuit, (b) ea religionis suæ patientia præditus, quia sciebat iram Domini æquo animo sustinendam. Dignis operibus confessionibusque satisfaciens Deo, moribus quoque sanctis filium erudit. Cui in mandatis dedit neque penuriam paupertatis, neque labores diuturni exilii formidandos, si modo in mandatis Domini perseverans discederet ab omni iniquitate, & bene ageret. Et hæc, fulgente justitia interioris luminis, itinera dum cæcus corpore, filio recta monstraret; Raphael archangelus missus a Deo, non tantum captivis solatia, quantum etiam beneficia cælestia orantibus ministravit: filio pro recipienda pecunia ducatum præstans, filiam Raguelis ei uxorem dedit, a qua Asmodeum dæmonium nequissimum expulit, qui illi jam septem occiderat viros. (c) Reductus locuples cum uxore filius, ipsi quoque Tobiæ ex jecinoribus piscis quibus & dæmonium fugaverat, oculorum maculas auferens, pristinum reddidit visum. Eosque monuit semper glorificare Deum, & in bonis operibus permanere. Hic Tobias Christum Dominum inter cetera præconia suæ laudis prophetavit, dicens: *Nationes multæ de longinquo venient, habitatores a novissimis partibus terræ ad nomen Domini Dei, & munera sua in manibus habentes Regi cælorum offerent cum lætitia*: quod nos nunc videmus impleri. Mysticum vero actionis hujus hoc est, quod ex interioribus piscis & dæmon fugatus est & Tobias illuminatus.

2. Hoc (d) egit piscis magnus ex Passione sua Christus purgans Mariam, a qua expulit septem dæmonia: animæ sic caput desperationem tollens, quam septem spiritus nequiores dum vexaverint, purgari, sanarique etiam talem possibile est per jecinora nostri piscis, si pœnitens reversa intelligat, quia ex illa spiritus maligni fugantur, cuique caveat inimicos. Nam spiritus malus, est spiritus superbiæ: nequior illo simulatio humilitatis. Spiritus malus, spiritus invidiæ: nequior illo simulatio caritatis. Spiritus malus, spiritus mendacii: nequior illo simulatio veritatis. Spiritus malus, spiritus luxuriæ: nequior illo simulatio castitatis. Spiritus malus, spiritus avaritiæ: nequior illo simulatio misericordiæ. Spiritus malus, spiritus intemperantiæ: nequior illo simulatio parcitatis. Spiritus malus, spiritus erroris: nequior illo simulatio religionis. His igitur possessa, cum sint posteriora ejus deteriora prioribus, piscis nostri liberatur medicina: quia *ubi abundavit delictum, superabundavit & gratia*. Qui tributum pro se & pro Petro, & cæcato lumen reddidit Paulo, faciens ex se ipso in littore discipulos, & totum se offerens mundo ichthys. Namque Latine piscem sacris litteris, majores nostri hoc interpretati sunt, ex Sibyllinis versibus colligentes, quod est, *Jesus Christus Filius Dei Salvator*, piscis in sua Passione decoctus, cujus ex interioribus remediis, quotidie illuminamur, & pascimur.

CAPUT XL.

PRÆDICTIO: *In Machabæis, qui & martyrio, & ipsum Christum Regem natum susceperunt.*

Prædictio facta & figurata. In Machabæis credita & visa.

1. POst redditum libertatem ex captivitate Babyloniæ, Machabæi ducatum Hebræo populo præbuerunt. Quorum virtus ita emicuit, ut non tantum Macedones & * Ptolomæus rex Ægypti, quantum rex ipsi Romani in amicitiarum fœdera convocarent. Illic apud Judæos in quadam parte quam Romani jam ceperant, Antiocho regnante, præclara illa femina Machabæorum mater, pro spe æternæ vitæ, legitimisque suis, ne vetitas carnes fuillas filii sui tangerent, uno die septem martyres edidit Deo, quos terra contempta, non huic mundo, sed (f) ipsi peperit cælo: suo exemplo nos admonens permansuria contemnere, appetere sempiterna, velocius finienda finire, quo possimus æternam atque vincentem illud apprehendere, quod non habet finem. Sic ipsa illacim secutura, filios præmisit ad vitam, quam veram sciens, utrinque morte carnalem, sibi suisque filiis fideli testimonio acquisivit. Propter quam & alios in bello mortuos Judas Machabæus duodecim millia talentorum Jerosolimam misit offerre sacrificium pro mortuis, bene & optime de resurrectione cogitans. Hac exoratione sancta Ecclesia suos agit filios, quibus contemptum mortis inculcans, ad veram vitam Christum transire compellit, ut sit ipsa in regno Dei perfecta cum filiis qui ei dicunt: *Quis nos separabit a caritate Christi? Tribulatio? an angustia? an persecutio? an fames? an nuditas? an periculum? an gladius?*

2. Sane apud Machabæos ultimus dux & Pontifex fuit Hircanus. Nam fratrem ejus Aristobulum Pompejus magistratus populi Romani dum Jerosolymam expugnaret, vinctum cum liberis Romam misit, sicut Josephi narrat historia (g). Impleta tamen Jacob patriarchæ prophetia dicentis: *Non deficiet princeps ex Juda, neque dux de femoribus ejus, donec veniat cui repositia sunt omnia, & ipse erit expectatio gentium.* (h) Intuemur quocumque ordine rerum Juda

(a) MS. Remig. *Promissa.*
(b) MS. Remig. *ea religionis suæ patientia.* Colon. & recens. *ea religione sua patientiæ.*
(c) MS. Remig. *Reductum locupletem . . . filium.*
(d) Edd. *egit.*
(e) MS. Remig. *Promissa.*
(f) MS. Remig. *ipso.*
(g) Rem hanc narrat Josephus libro 14. Antiquitatum, cap. octavo
(h) MS. Remig. *Intuemur quocumque ordine regum.*

Juda & Israel, vel Levitico sacerdotio, cum Herodes rex alienigena Hebræo populo imperavit, ostensus etiam conficitur, quem Daniel propheta prædixerat cessaturum: ne unctos reges vel sacerdotes sequeretur ille populus, (a) præsente jam æterno Rege & Sacerdote Christo, qui est *expectatio gentium*. Herodes igitur (cujus patrem ex Idumæa, matrem vero ex Arabia fuisse idem Josephus (b) dicit) a Cæsare Augusto annitentem sibi illius gratia, eo tempore
Luc. 2. 1. sumpsit imperium, quo Cæsar pacati orbis totius sub edicto descriptionem fieri præcepit. Itaque eo anno professionis illius quæ facta est præside Syriæ Cirino, natus est Christus Dominus, in qua descriptione venit & Paulus. Sic
Act. 22. 28. enim intelligendum est, quod Tribuno Lysiæ dixit: *Ego autem natus sum Romanus*. Ceteri enim pretio comparabant hujus nominis dignitatem: hic vero Judæus cum dixit natum se esse Romanum, clarius ostendit in illa se descriptione venisse, nato jam (c) Johanne præcursore & præcone (d) veri Regis & Judicis, a quo tempus gratiæ sumpsit initium.

3. Hoc usque, juvante Domino, sub Lege figuratas promissiones prædictaque ut datum est colligere valui. Secundum & hic tempus, velut secundum diem ex quatuor partibus mundi surgentem prophetarum (e) patrum, orientali plaga migrante, Isaia, Jeremia, Ezechiele, ac Daniele tribus in partibus constitutis: duodenario & hic Prophetarum minorum, tamquam horarum numero diem secundum velut in vesperum concludens: ut tempus tertium manifestatæ gratiæ simul cum ipso æterno die, ascriptis capitulis, tertia pars libri sumat initium. Amen.

(a) Ita MS. Remig. Editi vero, *præsente vero æterno Rege*, &c.

(b) Libro Antiquitatum 14. capite duodecimo, in fine.

(c) MS. Remig. addit hanc vocem, *Johanne*.

(d) Editi, *Domini regis*.

(e) MS. Remig. *partium*.

FINIS SECUNDÆ PARTIS.

INCERTI AUCTORIS,

DE

PROMISSIONIBUS ET PRÆDICTIONIBUS DEI.

PARS TERTIA.

DE TEMPORE GRATIÆ.

PRÆFATIO.

QUoniam Christi Domini gratia nascente, illustrans jam mundum eluxit; non necdum adhuc, ut supra dictum est, figuratam promissionum, seu praedicta discutiens, huic tertiae parti praelatis capitulis consignare. Praesertim quia Lex omnis & prophetia Christum Dominum sonuit & Ecclesiam. Cujus caelestis Regis & Judicis adventum, praeconia omnium spirituum eo ordine nuntiarunt, quo per linguas etiam inimicorum futura veritas clamitaret. Quia & daemones credunt & contremiscunt: (a) confitentque sunt praesentis: *Scimus qui sis, quod venisti ante tempus torquere nos!* Matth. 8. 29. Luc. 4. 34. Quam, jubente Domino, placuit huic operi non tantum eorum vaticinia inserere, qui Dei Spiritu acti sunt, quorum & eorum, qui errantium spirituum seductione decepti, *cognoscentes Deum, non sicut Deum glorificaverunt.* Rom. 1. 21. Prima itaque de multis expendens, & quaedam Sibyllae, vel quorumcumque congrua de Christo Domino dicta futurorum, primo in loco Joannem praeconem praecursoremque ipsius singularis Regis & veri Judicis introducam. Cui testimonium ipsa Veritas praebuit, quod *in natis mulierum non surrexit major Joanne Baptista*; Matt. 11. 11. in quo Lex omnis & Prophetia cessavit. ibid. v. 13.

(a) Editi, *scimusque ... qui advenisti.*

PARTIS TERTIÆ ARGUMENTA.

1. PROMISSIO: *DE Joanne Baptista Praecursore Christi.*
2. PROMISSIO: *De caelo venturi Regis & Judicis Christi.*
3. PROM. *De Verbo Deo & homine.*
4. PROM. *De nato Christo ex Virgine.*
5. PROM. *De Christo posito in praesepio.*
6. PROM. *De stellae signo.*
7. PROM. *De pace & salute Nativitatis ejus.*
8. PROM. *De fuga in Ægyptum.*
9. PROM. *De parvulis pro Christo occisis.*
10. PROM. *De Christo, quod in templo ex Lege Judaeos convicit.*
11. PROM. *De unctio Christo per columbam.*
12. PROM. *De electione Discipulorum.*
13. PROM. *De miraculis Christi.*
14. PROM. *De Christo, quod mare pedibus ambulavit.*
15. PROM. *De Christo, quod populos mirabiliter pavit in eremo.*
16. PROM. *De Christo, quod portatus asello est.*
17. PROM. *De Christo, quod expulit de templo mercatores.*
18. PROM. *De traditore Christi ostenso.*
19. PROM. *De injuriam Jesu.*
20. PROM. *De Christo spinis coronato.*
21. PROM. *De Christi Cruce & vulneribus.*
22. PROM. *De eo, quod inter latrones crucifixus est.*
23. PROM. *De vestimentis forte divisis.*
24. PROM. *De felle & aceto.*
25. PROM. *De Christo lancea in latere percusso.*
26. PROM. *De obscurato Sole in Passione.*
27. PROM. *De sepultura Christi Domini.*
28. PROM. *De Sanctorum corporibus in morte Domini suscitatis.*
29. PROM. *De diei tertia Resurrectione.*
30. PROM. *De incredulis Discipulis increpatis.*
31. PROM. *De Ascensione Christi in caelum, & dono Spiritus-sancti.*
32. PROM. *De sancta Ecclesia.*
33. PROM. *De testamento, cantico, & homine novo.*
34. PROM. *De Martyribus.*
35. PROM. *De vocatione Gentium.*
36. PROM. *De fide regum.*
37. PROM. *De jugo legis Christi, quod reges, gentesque acceperunt.*
38. PROM. *De subversione idolorum, atque templorum.*
39. PROM. *De mensa Christi generali Regibus & pauperibus.*
40. PROM. *De Evangelio omnibus gentibus praedicato, & fine.*

TEM-

TEMPUS GRATIÆ.

PROMISSIO PRIMA IMPLETA.

De Joanne Baptista praecursore Christi.

(a) Credita & visa.

ISaias Propheta: *Vox, ait, clamantis in eremo; Parate viam Domini, rectas facite semitas Dei nostri. Omnis vallis implebitur, & omnis mons & collis humiliabitur. Et erunt tortuosa in directum, & aspera in vias planas. Et videbit omnis caro salutare Dei.* Firmat hoc Joannes Evangelista, dicens: *Hoc testimonium est Joannis de* Christo, *quando ad eum miserunt* Principes sacerdotum interrogantes, utrum ipse esset Christus. *Et confessus est, & non negavit, dicens: Quia non sum. Qui et dixerunt; Elias es tu? & dixit, Non. Quis ergo es? aiunt: dic, ut habeamus responsum his qui nos miserunt: quid de teipso dicis? Qui dixit; Ego sum vox clamantis in eremo, parate viam Domini, sicut dixit Isaias Propheta.* Testatur & Petrus in Actibus Apostolorum, dicens; *Cum impleretur cursus,* (b) *Joannes dicebat; Quem me suspicamini esse, non sum ego, sed ecce venit post me de cujus pedibus non sum dignus solvere corrigiam calceamentorum ejus.* Fatetur & (c) Sibylla Erythraea, dicens:

Judicii signum: tellus sudore madescet.
Jam aequantur campis montes, & caerula ponti.

Seque ipsam expresse adjungit.

Nec erit in rebus hominum sublime, vel altum.

Quod impletum per Christum Dominum ipsi cognoscimus & videmus.

PROMISSIO II. IMPLETA.

(d) *De caelo venturi Regis, & Judicis Christi.*

Credita & visa.

DAvid Propheta: *A summo caelo, ait, egressio ejus.* Et iterum: *Regnum tuum, regnum omnium saeculorum.* Item ipse: *Regnavit Dominus super omnes gentes.* Et Isaias: *Regem cum claritate videbitis.* Item: *Ecce Rex tuus, ait, venit sedens super nubem levem:* carnem scilicet nullum pondus habentem peccati. Firmat hoc Evangelium Matthaei, dicens: *Magi ab Oriente venerunt dicentes: Ubi est qui natus est Rex Judaeorum?* Testatur & Paulus: *Regi, ait, saeculorum.* Et iterum: *Ostendet beatus & solus potens Rex regum, & Dominus dominantium.* Fateturque Sibylla.

E caelo Rex adveniet per saecla futurus.

PROMISSIO III. IMPLETA.

(e) *De Verbo Dei & homine.*

Credita & visa.

DAvid Propheta; *Misit, ait, Verbum suum, & sanavit eos.* Et Jeremias; *Hic Deus noster, & non est alius absque eo, qui invenit omnem viam prudentiae, & dedit eam Jacob* (f) *dilecto filio: post in terris visus est & cum hominibus conversatus est.* Et Habacuc Propheta: *Ambulavit, ait, Verbum & exiit in campos.* (g) Firmat hoc Joannes Evangelista, dicens; *Verbum caro factum est; & habitavit in nobis.* Testatur & Paulus; *Cum in forma Dei esset, non rapinam arbitratus est* (h) *esse aequalis Deo; sed semetipsum exinanivit formam servi accipiens, in similitudinem hominum factus, & habitu inventus ut homo.* Fateturque Sibylla:

Scilicet (i) in carne praesens ut judicet orbem.

PROMISSIO IV. IMPLETA.

(k) *De nato Christo ex Virgine.*

Credita & visa.

ISaias Propheta: *Ecce, ait, Virgo in utero accipiet, & pariet filium, & vocabitis nomen ejus, Emmanuel:* quod (l) interpretatur, Nobiscum Deus. Firmat hoc Lucas Evangelista, dicens: *Missus est Gabriel Angelus ad Virginem desponsatam, cui nomen erat Maria: qui & ingressus sic eam salutavit: Ave,* inquit, *gratia plena,*

H 4

(a) Haec verba adduntur huic titulo & sequentibus ex Ms. Remigiano-Rhemensi. Absunt vero ab editis.

(b) Ms. Remig. *Johannis.*

(c) De Sibyllarum dictis citatis hic, & in capitulis sequentibus legi potest Augustinus, capite 23. libri decimi octavi de Civitate Dei.

(d) Ms. Remig. *E caelo venturi judicis Regis Christi. Credita & visa.*

(e) Ms. Remig. *Verbum Dei hominem suscepisse.* Lugd. & Lovan. *De Verbo Dei & homine.*

(f) Ms. Remig. *dilecto suo.*

(g) Ms. Remig. hic inserit illa. *Iterum etiam propheta dicit. Quoniam est pro nobis; & homo est, & quis cognoscet illum?* Quae cum non legantur in Isaia, forte allusit ad Jeremiae cap. 17. vers. 9. *Pravum est cor omnium & inscrutabile, quis cognoscet illud?*

(h) Ms. Remig. cum recentioribus addit, *esse se aequalem.*

(i) Ita legitur apud Augustinum loco supra citato. Lugdun. *scilicet et carne praesens, & judicet orbem.* Lov. Duac. Colon. cum recentioribus, *Scilicet in carnem praesens, & judicet orbem.*

(k) Ms. Remig. habet tantum illa. *Ex Virgine natus.*

(l) Edid. *interpretatur;* forte, *est interpretatum,* ut Matth. 1. v. 23.

Ibid. v. 35. *plena, Dominus tecum.* Et paulo post: *Spiritus sanctus, ait, superveniet in te, & virtus Altissimi obumbrabit tibi: propterea quod nascetur ex te sanctum, vocabitur Filius Dei.* Testatur & Paulus, dicens: *Cum autem venit plenitudo temporis, misit Deus Filium suum factum ex muliere:* Hebræam locutionem sequens,
Gal. 4. 4. quæ omnes feminas mulieres nominat. Fatetur & Sibylla:

> *Dum cernens, inquit, incredulus, atque fidelis.*

> Dicit Maro: *Jam nova progenies cælo demittitur alto,*
> *Jam redit & virgo.*

Redit, dixit, quia virgo adhuc Eva mortem intulit mundo, redemit virgo Maria (a) protulit Salvatorem.

PROMISSIO V. IMPLETA.

(b) *De Christo in præsepi posito.*

Credita & visa.

Is. 1. 3. ISaias Propheta: *Agnovit, ait, bos possessorem suum, & asinus præsepe domini sui.* Et
Habac. 3. 2. Abacuc: *In medio*, inquit, (c) *duorum animalium cognosceris.* Firmat hæc Lucas Evangelista dicens: *Cum autem impleti sunt dies Mariæ, peperit filium, & pannis eum involvit, & posuit in præsepio, quoniam non erat locus in diversorio.* Et Angelus ad pastores: *Natus est (d) vobis, ait, Christus Dominus in civitate David: & hoc vobis signum. Invenietis infantem pannis obvolutum & positum in præsepio.* Testatur & Paulus dicens: *Pauper factus est, cum dives esset, ut ejus paupertate nos ditaremur.* Fatetur & Sibylla:

> *Cum jacet involitus deustis (e) in vepribus Orbis.*

PROMISSIO VI. IMPLETA.

(f) *De stellæ signo.*

Credita & visa.

Num. 24. 17. BAlaam Propheta ex gentibus, *Orietur*, inquit, *stella ex Jacob, & exsurget homo ex Israel, & confringet omnia regna terræ.* Et I-
Isa. 9. 2. saias Propheta: *Gentium populus, ait, sedens in tenebris vidit (g) lucem magnam.* Et David
Ps. 71. 10. dixit: *Reges Tharsis & insulæ munera offerent, reges Arabum & Saba dona adducent.* Item I-
Isa. 60. 6. saias: *Omnes de Saba venient, ferentes aurum, thus & lapidem pretiosum, salutare Domino benedicent.* Firmat hæc Matthæus Evangelista dicens: *Ecce stella quam viderant Magi in Oriente, præibat eos, donec veniens staret supra*
Matth. 2. 9. *locum, ubi erat puer. Videntes autem stellam, gavisi sunt gaudio magno. Ingressi itaque invenerunt puerum & matrem ejus. Apertisque thesauris obtulerunt ei munera: aurum,* ut Regi: *thus,* ut Sacerdoti: *& myrrham,* (h) ut
2. Cor. 4. 6. morituro pro nobis. Testatur & Paulus: *Deus, inquit, qui dixit de tenebris lumen clarescere, claruit in cordibus nostris: ad illuminationem gloriæ scientiæ ejus (i) in faciem Christi Jesu:* Fateturque Sibylla, dicens:

> *Exuret terras ignis, (k) pontumque, polumque.*

Dicit & Maro quædam congrua:

> Æneid. 2. v. 694. *Stella facem ducens multa cum luce cucurrit:*
> Ib. v. 700. (l) *Muneribus cumulant, & sanctam sidus adorant.*

PROMISSIO VII. IMPLETA.

(m) *De pace & salute Nativitatis ejus.*

Credita & visa.

Isa. 9. 6. PER Isaiam Prophetam: *Datus est, ait, (n)*
Ibid. v. 7. *nobis filius.* Et paulo post: *Addetur pacem super principatum ejus, pax & salus illi magna est, potestatis & pacis ejus non erit terminus.*
Luc. 2. 13. Firmat hæc Lucas Evangelista dicens: *Continuo facta est cum Angelo multitudo exercitus cælestis, laudantium & dicentium: Gloria in excelsis Deo, & in terra pax hominibus bonæ voluntatis.* Et ipse: *Pacem meam, ait, do vobis,*
Jo. 14. 27. (o) *pacem meam relinquo vobis.* Testatur & Paulus apostolus, dicens: *Ipse est enim pax no-*
Ephes. 2. 14. *stra, qui fecit utraque unum.* Fatetur & Maro:

> *Pacatumque reget patriis virtutibus orbem.* Eclog. 4. v. 17.

PRO-

(a) Ms. Remig. *vitam protulit*.
(b) Ms. Remig. *In præsepe positum*.
(c) Sic editiones veteres omnes. Ms. Remig. & posteriores, *animarum*.
(d) Ms. Remig. *nobis*.
(e) Ita Ms. Remig. & August. liber de Civitate Dei. At editi, *cum veprilus*.
(f) Ms. Remig. *per stellam declarata, &c.*
(g) Ms. Remig. *lumen magnum*.
(h) Sic Ms. Remig. At editi, *pro dominica sepultura*.
(i) Hæc duo, *in faciem*, addidimus ex Ms. Remig.
(k) Correximus ex libro Augustini de Civitate Dei, & ejusdem veteres lectiones, infra Promiss. 14. In Ms. Remig. [illegible] omnes nostro prælaudant, pontumque polumque.
(l) Prima pars hujus versus non reperitur in Virgilio.
(m) Ms. Remig. sic habet titulum hunc: *Promissio regalis [illegible] in nobis salutis & pacis, &c.*
(n) Ms. Remig. *vobis*.
(o) Ms. Remig. *pacem relinquo*.

PROMISSIO VIII. IMPLETA.

(a) *De fuga in Ægyptum.*

Credita & visa.

PER Oseam Prophetam: *Ex Ægypto*, ait, *vocavi Filium meum*. Hoc firmat Evangelista Matthæus: *Angelus Domini*, ait, *apparuit Joseph in somnis, dicens: Surge, et accipe puerum & matrem ejus, & fuge in Ægyptum. Futurum est enim Herodes puerum, ut eum perdat*. Ad hoc enim in Ægyptum Christus introductus est, ut, sicut apostolus Paulus dicit: *Ubi abundavit delictum, superabundaret gratia.*

PROMISSIO IX. IMPLETA.

De parvulis pro Christo occisis.

IN Jeremia Propheta: *Vox*, inquit, *in Rama audita est, fletus & ululatus, Rachel plorans filios suos, & noluit consolari, quia non sunt*. Et per David dicens: *Innocentes & recti adhæserunt mihi*. Item (b) alibi: *Ex ore infantium & lactentium perfecisti laudem*. Firmat hæc Evangelista Matthæus. *Herodes vero*, (c) ait, *ut vidit quia illusus esset a Magis, iratus est valde, & misit, & occidit omnes pueros qui erant in Bethleem & in omnibus finibus ejus, a bimatu & infra, secundum tempus quod exquisierat a Magis*. Testatur & Joannes in Apocalypsi: *Hi sunt*, dictum est, *qui venerunt ex magna tribulatione, & laverunt stolas suas, & candidas eas fecerunt in sanguine Agni*. Numerusque eorum ex omni tribu Israel ostensus est *centum quadraginta quatuor millia signati*: quos etiam a celeste Jerusalem Christus suo numero sociavit: quia, sicut Paulus dicit: *Quos prædestinavit, illos & vocavit*. Ad hæc Maro:

> *Infantumque animæ* (d) *flentes in limine primo.*
>
> Item: *Ipsa tibi blandos fundent cunabula flores.*

PROMISSIO X. IMPLETA.

(e) *De puero Jesu, qui in templo senibus Judæorum ex Isaia prophetia complevit.*

ISaias Propheta ex persona Christi Domini: *Spiritus Domini*, ait, *super me. Propter quod unxit me, bene evangelizare pauperibus misit me, curare contribulatos corde, prædicare captivis remissionem, & cæcis visum*. Firmat hæc Evangelium Lucæ, dicens: *Venit Jesus in templum, & accepit librum Isaiæ*. Qui cum legisset ea quæ supra posita sunt, ait illis: *Amen dico vobis, quia hodie impleta est Scriptura ista in auribus vestris. Et mirabantur omnes qui erant in templo, dicentes: Quomodo hic legit, qui litteras non didicit?* Testatur apostolus Petrus. *Non enim*, ait, *voluntate humana allata est aliquando prophetia, sed Spiritu sancto allati locuti sunt homines Dei*. Dicit & Paulus: *Superædificati super fundamentum apostolorum & prophetarum, ipso summo angulari lapide existente Christo Jesu.*

PROMISSIO XI. IMPLETA.

(f) *De Christo uncto per columbam, postquam eum Joannes in Jordane baptizavit.*

ISaias propheta: (g) *Exultabuntur*, ait, *deserta Jordanis*. Et sequitur: *Plebs mea videbit altitudinem Dei, & claritatem Domini*. Dicit & David: *Fluminis impetus lætificat civitatem Dei*. Item ipse: *Unxit te Deus, Deus tuus oleo lætitiæ præ participibus tuis*. Firmat hæc Evangelium Matthæi, dicens: *Venit Jesus a Galilæa in Jordanem, ut baptizaretur a Joanne. Et prohibebat eum Joannes dicens: Ego a te debeo baptizari, & tu venis ad me. Respondit ei Jesus: Sine modo, sic enim decet implere nos omnem justitiam. Tunc dimisit eum: & baptizato Jesu*, (h) *statim ascendit de aqua, & aperti sunt ei cæli, & vidit Spiritum sanctum descendentem de cælo sicut columbam, & manentem super eum. Et vox facta est de cælo, dicens, Hic est Filius meus dilectus, in quo bene complacui*. Testatur in hæc Petrus apostolus, dicens: *Et hanc vocem audivimus de cælo delatam, cum essemus cum illo in sancto monte*. Tertio enim hæc de cælo facta vox, sicut norunt qui Evangelia (i) intente legunt, vel audiunt. Per columbam vero quid innotescit intelligit, qui novit post diluvium ramum olivæ columbam ad arcam portasse.

PROMISSIO XII. IMPLETA.

(k) *De electione discipulorum.*

PER Jeremiam prophetam: *Mittam*, inquit, *ad eos piscatores, & piscabuntur eos, & venatores, & venabuntur eos*. Firmat hoc Evangelium Marci: *Secundum Jesus*, ait, *Simonem Petrum, & Andream fratrem ejus, juxta mare Galilææ componentes retia, & ait illis: Venite post me, & faciam vos piscatores hominum.*

(a) Ve-

(a) MS. Remig. quæ in Ægypto deductus est puerulus.

(b) MS. Remig. ibi.

(c) MS. Remig. & Lugd. edidit, ait.

(d) Sic MS. Remig. consentientibus notis Virgilianis. Editi vulgo, flentes.

(e) MS. Remig. quæ sunt in templo.

(f) MS. Remig. In Christum unctum, &c.

(g) Alludere videtur auctor ad locum Isaiæ 44. 16. secundum LXX. ubi tamen sermo est de deserto Libanum, non Jordanis. Vide Græca.

(h) MS. Remig. statim ut ascendit de aqua, aperti sunt.

(i) MS. Remig. intente legunt. Editi, intelligunt.

(k) MS. Remig. Quo discipulos Christus piscatores elegit.

Ps. 103. 18. (a) Venatoribus dedit montes altissimos cervis, petram refugium erinaciis, & leporibus; piscatoribus vero, Volucres cæli, & pisces maris, qui perambulant semitas maris. Quod breviter exponit David dicens: Principes populorum convenerunt cum Deo Abraham. Fatetur & Sibylla:

Celsum cum sanctis; erit jam terminus in ipso.

PROMISSIO XIII. IMPLETA.

(b) *De Miraculis Christi.*

Credita & visa.

Isa. 35. 4. ISaias propheta: *Exhortamini, ait, qui estis pusillanimes, confortamini, & jam nolite timere. Ecce enim Deus noster retribuet judicium, ipse veniet, & salvos nos faciet. Tunc aperientur oculi cæcorum, & aures surdorum audient. Tunc (c) saliet claudus sicut cervus, & plana erit lingua mutorum.* Firmat hoc Evangelium (d) Marci dicens: *Venerunt discipuli Joannis missi ab eo ad Jesum, & dixerunt ei: Hæc dicit magister; Tu es qui venisti, an alium expectamus? Respondit eis Jesus: Ite, dicite Joanni quæ vidistis & audistis. Cæci vident, claudi ambulant, surdi audiunt, leprosi mundantur, pauperes evangelizantur: & beatus qui non fuerit scandalizatus in me.* Testatur & Petrus in Actibus apostolorum: *Jesus, ait, qui venit benefaciens & curans in plebe omnem infirmitatem, quia Deus erat in eo.* Dicit ad hæc & Maro:

Ipse Deum vitam accipiet.

PROMISSIO XIV. IMPLETA.

(e) *De Christo, quod mare pedibus ambulavit.*

Credita & visa.

DAvid propheta: *In mari est via tua, & semitæ tuæ in aquis multis.* Dicit & Habacuc: *Dispergens aquas (f) itineris, dedit abyssus vocem suam.* Firmat hoc Evangelium Matthæi, dicens: *Quarta autem noctis vigilia venit Jesus ad discipulos suos, ambulans supra mare. Videntes eum discipuli timuerunt, dicentes, Quia phantasma est. Accedens autem ad eos Jesus dixit eis: Ego sum, nolite timere.* Salomon etiam dicit: *Dedisti in mari viam, & inter fluctus semitam firmissimam: ostendens quoniam potes etiam sine rate transeuntes mare facere.* Quod etiam in Petro Jesus fecisse cognoscitur. Testatur & Paulus in naufragio astitisse sibi Jesum dicentem: *Ne timeas, Paule: ecce enim donavit tibi Deus omnes qui tecum navigant.* Ex quibus nullus hominum periit nisi navis tantum. Sibylla vero (g) supra dicta ad utrumque respondit:

Excutet terras ignis, pontumque (h) polumque.

PROMISSIO XV. IMPLETA.

(i) *De Jesu, quod mirabiliter populos pavit in deserto.*

Credita & visa.

DAvid propheta: *Satiavit, ait, animam inanem, & animam esurientem bonis replevit.* Et Isaias dicit: (k) *Cibabo te in hereditate patris tui Jacob.* (l) Firmant hoc Evangelistæ: quod Jesus jussit discipulis suis, quinquagenos in fœno discumbere; & ex quinque panibus & duobus piscibus, hominum quinque millia pavit in eremo, & ex reliquiis duodecim cophini repleti sunt. Testatur & Paulus: *Omnes, ait, enim de uno pane participamus.* Et iterum: *Sanctificantur omnia per verbum Dei & orationem.* Et ad hoc signum supra dicta Sibylla resonat.

PROMISSIO XVI. IMPLETA.

(m) *De Jesu, quod portatus asello est.*

Credita & visa.

ZAcharias propheta: *Dicite, ait, filiæ Sion: Ecce Rex tuus venit tibi justus & (n) salvans ipse mansuetus, sedens super subjugalem asinam & pullum novellum.* Hæc omnes Evangelistæ confirmant, quod Jesus sederit in pullo asinæ, ejusque indumenta sua populus straverit. In hoc facto Jesu Cornelium ostendit ex gentibus venientem ad fidem, ut quo sedit gratia vocantis. Quoniam in discio illo pecora mundata Petro Dominus ostendit, credente Cornelio.

PRO-

(a) Ms. Remig. Venatoribus, qui respondet eos, piscatoribus vero: Edit. Venatoribus.
(b) Ms. Remig. Miraculum quæ fecit Jesus, &c.
(c) Ms. Remig. [illegible].
(d) Forsitan legendum, Evangelium Matthæi. Hæc enim non leguntur in Marco, sed in Matthæo cap. 11. v. 2. & sequentibus. Quum tamen, nullo codice Ms. aut Edito variante, emendare non tentavimus.
(e) Ms. Remig. quo Christus mare, &c.
(f) Ms. Remig. [illegible].
(g) Edit. Lugdun. supradictum.
(h) Ms. Remig. pontumque polumque: Edit. pontum polumque. Vide supra notam in hunc eundem versum Promiss. 6.
(i) Ms. Remig. Quo Jesus mirabiliter, &c.
(k) Lugd. Cibavit te. Ms. Remig. in hereditatem.
(l) Ms. Remig. Firmat hoc Evangelista.
(m) Ms. Remig. Quo Jesus portatus asello est, &c.
(n) Ms. Remig. Salvator.

PROMISSIO XVII. IMPLETA.

(a) *De Jesu, quod de templo Dei ejecerit * mercatores.*

Credita & visa.

PER David prophetam ipse dicit: *Comedit me zelus domus tuae: quoniam abscidi sunt verborum tuorum inimici mei.* Item ibidem: *Opinionem tuam cognovi* (b) *negotiationem, introibo in potentiam Domini.* Et haec Evangelistae confirmant: Jesum Dominum ex flagello resticulae pepulisse de templo ementes & vendentes columbas; & mensas nummulariorum evertit dicens: *Domus mea domus orationis vocabitur, vos autem fecistis eam speluncam latronum.* Testatur & Paulus: *Si quis,* inquit, *templum Dei violaverit, violabit illum Deus.* Et iterum: *Scripta autem sunt haec ad correptionem nostram, in quos fines saeculorum obvenit.* In quo etiam amatores pecuniae notat inter caeteros; & proditores, qui, ut columbas, innocentes prodendo distrahunt. Hinc est etiam illud Maronis:

— Paulatim ut decolor aetas,
Et belli rabies & amor successit habendi.

PROMISSIO XVIII. IMPLETA.

(c) *De Christo Domino, qui sui traditorem ostendit.*

Credita & visa.

PER David prophetam ipse dicit: *Qui edebat panes meos,* (d) *amplificavit super me calcaneum.* Item ibi: *Egrediebatur, ait, foras, & loquebatur in unum: adversum me susurrabant omnes inimici mei, adversum me cogitabant mihi mala.* Et iterum: *Si inimicus maledixisset mihi, sustinuissem utique: & si is qui oderat me, super me magnum verbum dixisset, abscondissem me utique ab eo. Tu autem homo unanimis, dux meus & notus meus, qui simul mecum dulces capiebas cibos.* Et apertius: *Traditus sum, ait, & non egrediebar.* Dicit & per Zachariam: *Dederunt mercedem meam triginta argenteos.* Haec omnes Evangelistae confirmant: quod Jesus Dominus discumbentibus discipulis dixerit: *Scitis quia unus ex vobis* (e) *tradet me?* Cumque singuli dicerent: *Numquid ego sum Rabbi? ait: Cui intinctam buccellam dedero, ipse est.* Dicente vero Juda: *Numquid ego sum, magister? ait illi Jesus: Tu dixisti. Et continuo cum accepisset buccellam, introivit in eum satanas. Et abiit, & exiit foras, ut eum traderet Judaeis. Et iterum abiit Judas, & retulit argenteum principibus sacerdotum, dicens: Peccavi tradendo sanguinem justum.* Testatur & Paulus: *Dominus Jesus, ait, ea nocte qua tradebatur, accepit panem:* & caetera quae usque ad traditionem ejus sunt. Fatturque Sibylla:

Traditur, fiunt (f) *aeternum flumina cremabit.*

(g) PROMISSIO XIX. IMPLETA.

De contumeliis in Jesum.

PER Isaiam prophetam: *Ipse dorsum meum, ait, posui ad flagella, maxillas vero meas ad palmas, faciem vero meam non averti a foeditate sputorum.* Et Jeremias dicit: *Dabit percutienti se maxillam,* (h) *saturabitur opprobriis.* Et haec omnes Evangelistae confirmant; quod flagellatum Jesum eis Pilatus tradidit crucifigendum, eique palmas & colaphos dabant, dicentes: *Prophetiza nobis, Christe, quis te percussit?* Testatur in his & Petrus apostolus dicens: *Christus pro* (i) *nobis passus est, vobis relinquens exemplum ut sequamini vestigia ejus. Qui cum malediceretur, non remaledicebat; cum pateretur, non comminabatur; commendabat autem* (k) *judicanti se juste.* Fatetur Sibylla aliis; „(l) In manus, inquit, impiorum postea veniet, dabunt Deo alapas manibus incestis, & impurato ore exspuent venenatos sputus. Dabit vero ipse ad verbera sanctum dorsum, & colaphos accipiens tacebit, ne quis agnoscat quod Verbum, vel unde veniat. Quae omnia implens in Christo Domino, omnis jam mundus agnoscit".

PROMISSIO XX. IMPLETA.

(m) *De Christo spinis coronato.*

PER David (n) ipse: *Conversus sum, ait, in aerumna, dum infigeretur spina.* Et haec Evan-

---

(a) Ms. Remig. *Quae Jesus de templo.*
(b) Ms. Remig. *negotiationem.* Editi, *litteraturam.*
(c) Ms. Remig. *Quod Christus Dominus suum proditorem ostendit.*
(d) Ms. Remig. *ampliavit.*
(e) Ms. Remig. *tradet.*
(f) Emendavimus ex libro Augustini de Civ. Dei 18. c. 23. Codices nostri Prosperiani habebant, *aeterna,* contra legem carminis.
(g) Ms. Remig. *Promissio facta & signata, & impleta contumeliarum Jesu.*
(h) Ms. Remig. *satiabitur.*
(i) Ms. Remig. *pro nobis.*
(k) Ms. Remig. *judicanti juste,* quod melius respondet voci *commendabat:* & consonat est Graeco textui: nihil vero antiquatur: *commendabat autem judicanti se injuste,* pro quo recentior quaedam editio, *commendabat autem judicanti se injuste.*
(l) Haec autem Sibyllae verba solum refert S. Augustinus etiam libro 18. de Civitate Dei cap. 23. num. 2. tamquam a se decerpta ex libro Lactantii quarto c. 18. *Inserit etiam Lactantius* (ait sanctus Doctor) *operi suo quaedam de Christo vaticinia Sibyllae, quamvis non exprimat cujus: sed quae ipse singillatim posuit, ego arbitratus sum conjuncta esse ponenda, tamquam unum sit prolixum, quae ille plura commemoravit & brevia.*
(m) Ms. Remig. *Quia spinis coronatus est Christus.*
(n) Editi, *ipsum.* Melius Ms. Remig. *ipse:* scilicet Christus dicit: *cum configeretur.*

Matt. 27. 29. Marc. 15. 17. Evangelistæ confirmant, quod spinarum coronam (a) imposuerunt capiti ejus, & Crucem suam
Jo. 19. 17. portans exiit. Hoc etiam aries ille figuravit,
Gen. 22. 13. qui in spinis cornibus detentus immolatus est pro Isaac. Fatetur & Sibylla: * Ut infertis loquitur, & coronas spinas corroborat.

PROMISSIO XXI. IMPLETA.

(b) *De Christi Cruce & vulneribus.*

Isa. 53. 7. ISaias propheta: *Sicut ovis*, ait, *ad victimam ductus est, & sicut agnus coram tondente (c) se, non aperuit os suum*. Et iterum: *Pro iniquitate populi mei ductus est ad mortem*. Dicit
Ps. 21. 17. & per David: *Foderunt manus meas & pedes; dinumeraverunt omnia ossa mea*. Jeremias etiam
Thren. 4. 20. dicit: *Ante faciem nostram Christus Dominus comprehensus est in corruptionem eorum*. Item
Jer. 11. 19. ipse: *Venite*, ait, *mittamus lignum in panem ejus*. Firmant hæc omnes Evangelistæ, quod
Matt. 27. 33. venerunt *ad locum (d) qui dicitur Golgotha, quod est Calvariæ locus, ubi eum crucifixerunt*.
1. Petr. 2. 24. Testatur in hæc Petrus apostolus dicens: *Peccata nostra portavit in corpore suo super lignum*.
2. Cor. 13. 4. Dicit & Paulus: *Et si crucifixus est ex infirmitate; sed vivit in virtute Dei*.

PROMISSIO XXII. IMPLETA.

Quod Christus in medio latronum sit crucifixus.

Isa. 53. 12. ISaias propheta: *Inter scelestos*, inquit, *deputatus est, qui peccatum non fecit, cujus livore sanati sumus omnes*. Firmat hoc Evan-
Jo. 19. 18. gelium Joannis dicens: *Cum eo alios duos hinc & inde latrones crucifixerunt, in medio autem*
1. Petr. 4. 15. & 16. *Jesum*. Dicit ad hæc Petrus apostolus: *Nemo autem vestrum patiatur quasi homicida, aut fur, aut maledicus: si vero quasi Christianus, non erubescat, glorificet autem Dominum in hoc nomine*.

PROMISSIO XXIII. IMPLETA.

Quod vestimenta ejus divisa, & sortem super tunicam ejus miserunt.

Ps. 21. 19. PER David prophetam: *Ipsi diviserunt sibi*, ait, *vestimenta mea, & super vestem meam miserunt sortem*. Firmat hæc Joannes Evange-
Jo. 19. 23. & 24. lista: *Milites vero*, ait, *cum crucifixissent Jesum, acceperunt vestimenta ejus, & fecerunt quatuor partes. Similiter & tunicam, quæ erat de super contexta per totum, dixerunt: Non scindamus eam, sed sortiamur de illa cujus sit*. Hanc tunicam (e) unam esse Ecclesiam Catholicam,
Ephes. 5. 25. & c. apostolus Paulus ostendit, dicens: *Christus dilexit Ecclesiam, & seipsum tradidit pro ea, ut eam sanctificaret, mundans eam lavacro aquæ in verbo: ut exhiberet sibi ipse gloriosam Ecclesiam, non habentem maculam aut rugam, aut aliquid hujusmodi, sed ut sit sancta & immaculata*.

PROMISSIO XXIV. IMPLETA.

De Christo, (f) qui felle & aceto potatus est.

Ps. 68. 22. PER David prophetam ipse: *Dederunt*, ait, *in escam meam fel, & in siti mea potaverunt me aceto*. Et hæc omnes Evangelistæ con-
Jo. 19. 28. & c. firmant. *Sciens Jesus*, ait Joannes, *quia omnia consummata sunt, ut impleretur Scriptura, ait, Sitio. Vas positum erat aceto plenum, & (g) spongiam plenam aceto: hyssopo circumponentes, obtulerunt ori ejus. Cum ergo accepisset Jesus acetum plenum felle, ait: Consummatum est, & inclinato capite, tradidit spiritum*. Et per Da-
Ps. 50. 9. vid hanc herbam non tacuit dicens: *Asperges me hyssopo, & mundabor*. Fatetur & Sibylla:
„ Ad cibum autem, ait, fel, & ad sitim ace-
„ tum dederunt, (h) inhospitalitatis hanc
„ monstrabunt mensam. (i) Ad hæc quoque Virgilianum illud respondet:

Occidit & serpens, & fallax herba veneni.
Eclog. 4. v. 24. Occidit: tunc enim diabolus victus est.

PROMISSIO XXV. IMPLETA.

(k) *De Christo, quod lancea perculsus, & ex latere ejus, sanguis & aqua manavit.*

Zach. 12. 10. ZAcharias propheta: *Videbunt in quem pupugerunt*. Et iterum in lege dictum est:
Exod. 12. 46. *Ut non comminuetis os ex eo*. Jeremias vero dicit:
Thren. 1. 20. *Dolor in fissura ad fauces*. Firmant hæc (l)
Jo. 19. 33. & c. Evangelista, dicente Joanne: *Ad Jesum autem cum venissent milites, cumque vidissent mortuum, non fregerunt ejus crura, ut latronum; sed unus e militibus lancea latus ejus aperuit, & continuo exiit sanguis & aqua*. Testatur in
1. Petr. 1. 18. his Petrus apostolus: *Scientes*, ait, *quia non auro vel argento redempti estis a vana vestra conversatione paterna (m) traditionis, sed pretioso sanguine Agni immaculati*. Dicit & Joannes apostolus: (n) *Tria sunt quæ testimonium*
1. Jo. 5. 8. *dicunt, spiritus, sanguis & aqua*. Et sequi-
Ibid. v. 9. tur: *Si testimonium hominum (o) accepimus, testi*

(a) Hæc verba, *imposuerunt capiti ejus*, desunt in Ms. Remigiano, nec male.
(b) Ms. Remig. *Crucis & vulnerum*.
(c) Ms. Remig. *coram tondente, sic non*.
(d) Ms. Remig. non habet, *qui dicitur*, nec hanc vocem, *locus*.
(e) Ms. Remig. *unicam esse*.
(f) Ms. Remig. *quod fel & acetum accepit*.
(g) Ita legimus in Ms. Remig. In editis vero, *aceto plenum: spongiam plenam aceto, hyssopum circumponentes*.
(h) Ms. Remig. *inhospitalitatem hanc monstrabunt*.
(i) Ms. Remig. *Ad denique .... Occidit .... Occidit*.
(k) Ms. Remig. *De perussione lanceæ ejus latere*.
(l) Editi addunt vocem, *omnes*. Ms. Remig. omittit. Solus Joannes e quatuor, latus Christi lancea apertum fuisse narrat.
(m) Ms. Remig. *traditionis vestræ*.
(n) Ms. Remig. *Tres sunt qui testimonium dant*.
(o) Ms. Remig. *accipimus*.

testimonium Dei majus est. Fatetur & * Sibylla barbarum Judaeorum genus: „ Ipse enim insipiens, ait, tuum Deum non intellexisti, ludentem mortalium (a) sensibus, & spinis coronasti, & horridum fel miscuisti.

PROMISSIO XXVI. IMPLETA.

(b) *Quod in Christi Passione sol lunaque obscurati sunt.*

(c) JOel propheta: *Ante faciem ejus, ait, contremuit terra & movebitur caelum, sol & luna contenebrati sunt, & sidera abscondent lumen suum.* Et haec Evangelistae dicentes confirmant: *Postquam crucifixus est Jesus, tenebrae factae sunt per universam terram a sexta hora usque in nonam.* Et iterum: *Postquam emisit spiritum Jesus, velum templi scissum est in duas partes a summo usque ad deorsum.* Dicit & Paulus apostolus: (d) *Cum conversi fuerint ad Christum, auferetur velamen.* „ Fatetur & Sibylla: Templi vero velum, ait, scindetur, & medio die nox erit tenebrosa nimis in tribus horis.

PROMISSIO XXVII. IMPLETA.

De sepultura Christi Domini.

PER David prophetam ipse: *Factus sum, ait, sicut homo sine adjutorio (e) inter mortuos liber, & sicut vulnerati dormientes projecti (f) in monumentis.* Item (g) in eodem: *Non derelinques, ait, animam meam apud inferos, neque dabis Sanctum tuum videre corruptionem.* Hic etiam Matthaeus & ceteri Evangelistae testantur, quod Joseph ab Arimathia, permittente Pilato, acceperit corpus Jesu, & linteaminibus (h) obvolutum posuerit in monumento novo. Testatur & Paulus dicens Corinthiis: *Tradidi enim vobis in primis quod & accepi, quia Christus mortuus est pro peccatis nostris secundum Scripturas, & quia sepultus est, & quia resurrexit tertia die secundum Scripturas.* Fatetur & * Sibylla. „ Et morte morietur, ait, tribus diebus, somno suscepto.

PROMISSIO XXVIII. IMPLETA.

(i) *Quod in morte Christi sanctorum corpora surrexerunt.*

ISaias propheta dicit: *Exurgent mortui, & (k) suscitabuntur qui in monumentis sunt, & (l) exultabunt omnes qui sunt in terra. Ros enim qui a te est, medicina illis est.* Haec firmat Matthaeus Evangelista, dicens: *Terra mota est, & petrae scissae sunt, & monumenta aperta sunt, & multa corpora sanctorum dormientium surrexerunt. Et exeuntes de monumentis post Resurrectionem ipsius, venerunt in sanctam civitatem, & apparuerunt multis.* Dicit & Paulus: *Si consurrexistis cum Christo, quae sursum sunt quaerite, ubi Christus est in dextera Dei sedens.* Testatur & Petrus apostolus dicens: *Ideo & mortuis evangelizatum est.* Fatetur & Sibylla:

Tartareumque chaos monstrabit terra dehiscens.
Inquirens tetri portas (m) infringet averni:
Sanctorum sed enim cuncta lux libera carni.

PROMISSIO XXIX. IMPLETA.

(n) *Quod tertia die a mortuis resurrexit.*

OSee Propheta dicit: *Post biduum (o) sanabit nos. Die tertia surgemus, & ante faciem paratam eum inveniemus.* Dicit (p) & per David. *Ipse exurgam ante lucem.* Item ibi: *Exsurrexit tamquam dormiens Dominus, quasi (q) potens crapulatus a vino.* Haec Matthaeus & ceteri Evangelistae confirmant quod venientes *principes sacerdotum dixerunt Pilato: Domine recordati sumus, quod seductor ille (r) dixit adhuc vivens: Post tertium diem resurgam: Jube ergo custodiri sepulcrum.* Dixerat enim eis. *Generatio haec generatio nequam est, signum quaerit, (s) & signum non dabitur illi, nisi Jonae Prophetae. Sicut enim Jonas fuit in ventre ceti tribus diebus & tribus noctibus; ita oportet & Filium hominis in corde terrae esse (t) tribus diebus & tribus noctibus. Vespere autem sabbati, quae lucescit in prima sabbati venit Maria Magdalene & alia Maria videre sepulcrum. Et ecce terrae motus factus est magnus. Angelus enim Domini descendit de caelo, &* (u) ac-

---

(a) In Augustino, mortalium, *sed & spinis*. Ms. Remig. *sed spinis*. Editi, *mortalium sensibus, & spinis*.
(b) Ms. Remig. *De obscuratione solis in Passione*.
(c) Sic Ms. Remig. & quidem melius quam editi, qui habent, *Isaias*. Haec enim haud reperiuntur & melius habentur in Joele, quam in Isaia.
(d) Ms. Remig. *Cum transierit*.
(e) Ms. Remig. *inter mortuos*.
(f) Ms. Remig. *in monumentis*. Editi, *in monumento*.
(g) Ms. Remig. addit hoc, *in eodem*.
(h) Ms. Remig. *linteaminibus novis*.
(i) Ms. Remig. *De corporibus sanctorum resurgentibus*.
(k) Ms. Remig. *suscitabuntur*.
(l) Ms. Remig. *& laetabuntur qui super terram sunt*.
(m) Ms. Remig. *& frigida*.
(n) Ms. Remig. *De die Resurrectionis ejus*.
(o) Ms. Remig. *sanavit ..., resurgemus*.
(p) Ms. Remig. *per prophetam David*.
(q) Ms. Remig. cum [illegible] add. *potens*. [illegible] edit. *potens*.
(r) Editi, *dixerat*.
(s) Ms. Remig. *& non dabitur illi, nisi signum Jonae*.
(t) Haec verba, *tribus diebus & tribus noctibus*, addimus a Ms. Remigiano.

(a) *accedens revolvit lapidem & sedebat super eum. Erat autem aspectus ejus* (b) *sicut fulgur, & vestimenta ejus velut nix: prae timore autem ejus exterriti sunt custodes & facti sunt velut mortui. Dixit autem angelus mulieribus: Nolite timere vos, scio enim quod Jesum, qui crucifixus est, quaeritis: non est hic; surrexit enim, sicut dixit.* Testatur & Paulus Timotheo: *Memor esto*, ait, *Christum Jesum resurrexisse a mortuis secundum Evangelium meum*. Et Corinthiis: *Christus*, ait, *resurrexit a mortuis primitiae dormientium*. Quaeritur hic quomodo primitiae dicatur, cum & ipse suscitaverit mortuos, & Elias atque Elisaeus a mortuis (c) excitaverint? Respondetur quod hi qui suscitati sunt, iterum mortui, cum ceteris dormientibus hodieque requiescunt: Christum autem Paulus apostolus dicit ideo primitias dormientium, quia *surgens ex mortuis, jam non moritur, & mors ei ultra non dominabitur*. Fatetur & Sibylla: * Tunc ab inferis regressus, ad lucem veniet primus, resurrectionis principio revocatis ostenso.

2. Tim. 2. 8.
1. Cor. 15. 20.
Rom. 6. 9.
* Apud Aug.

PROMISSIO XXX. IMPLETA.

(d) *De Incredulis discipulis increpatis.*

Osee 11. 10. OSee Propheta dicit: *Sicut leo rugiet Dominus, quia ipse rugiet & obstupescent filii aquilarum*. Juxta illud dictum Jacob:
Gen. 49. 9. *Accubuisti recumbens, dormisti ut leo.* Firmat
Marc. 16. 14. hoc Evangelium Marci: *Discumbentibus illis* (e) *undecim*, ait, *apparuit illis Jesus, & increpavit incredulitatem eorum & duritiam cordis, quia iis qui viderant eum* (f) *resurrexisse, non crediderunt*. Et Thomae in Joanne di-
Jo. 20. 27. xit: *Infer huc digitum tuum, & vide manus meas: & manum tuam mitte in latus meum, & noli esse incredulus, sed fidelis*. Testatur &
1. Joan. 1. 1. Joannes in Epistola sua, dicens: *Quod audivimus, quod vidimus oculis nostris, & manus nostrae contrectaverunt de verbo vitae, & vita pa-*
1. Cor. 15. 5. & seq. *lam facta est nobis*. Et Paulus dicit: *Apparuit Cephae, postea undecim. Deinde apparuit plus quam quingentis fratribus simul, ex quibus plu-*
Ibid. v. 12. *res manent usque adhuc*. Item: *Si Christus praedicatur quia resurrexit a mortuis, quomodo dicunt quidam in vobis, quia resurrectio mortuorum non est?* Dicit & Maro:

Virg. Ecl. 4. 13. & 14.
Te duce, si qua manent sceleris vestigia nostri,
Irrita perpetua solvent formidine terras.

PROMISSIO XXXI. IMPLETA.

(g) *De Ascensione Christi in caelum, & donis Spiritus-sancti.*

DAvid propheta dicit: *Ascendit in altum*, Ps. 67. 19.
captivam duxit captivitatem, dedit dona hominibus. (h) Item ipse: *Ascendit super Che-* Ps. 17. 11.
rubim & volavit, volavit super pennas ventorum. Et iterum: *Domini est* (i) *assumptio &* Ps. 88. 19.
Sancti Israel regis nostri. Item dicit: *Emitte* Ps. 103. 30.
Spiritum tuum, & creabuntur, & renovabis faciem terrae. Firmant haec Evangelistae, dicente ipso in Marco: *Signa autem credentes haec* Marc. 16. 17.
subsequentur; in nomine meo daemonia ejicient, linguis loquentur novis. Et alibi: *Ego*, inquit, Luc. 24. 49.
(k) *promissum Patris mei mittam vobis, vos autem sedete in civitate, donec induamini virtute ex alto. Et postquam haec locutus est, as-* Marc. 16. 19.
cendit in caelum, & sedet ad dexteram Dei. Testantur & Actus Apostolorum. *Nubes*, ait, Act. 1. 9.
suscepit eum, & (l) *sublatus est a discipulis: Et quomodo contemplantes erant, cum iret in* Ibid. v. 10. & 11.
caelum, duo viri astiterant eis in albis, qui & dixerunt: Viri Galilaei, quid statis intuentes in caelum? Hic Jesus, qui assumptus est a vobis, sic veniet quemadmodum eum vidistis euntem in caelum. Et iterum: *Die autem Pentecostes fue-* Act. 2. 1. & seq.
runt omnes discipuli eadem (m) *animatione simul in unum. Et factus est de caelo subito sonus, quasi ferretur flatus vehemens, & implevit totum illum locum, in quo erant* (n) *sedentes. Et visae sunt illis linguae divisae quasi ignis, & insedit in unumquemque eorum, & loquebantur variis linguis, prout Spiritus dabat eis pronuntiare*. Et iterum: *Spiritu sancto*, ait, *misso de* 1. Pet. 1. 12. Tit. 3. 6.
caelo, quem divisione effudit super nos, & super omnes credentes.

PROMISSIO XXXII. IMPLETA.

De coetu Ecclesiae.

DAvid propheta dicit: *Qui habitare facit* Ps. 112. 9.
sterilem in domo matrem filiorum laetantem. Et Isaias: *Laetare*, ait, *sterilis, quae non* Isa. 54. 1. Gal. 4. 27.
paris, erumpe & exclama quae non parturis; quia multi filii desertae magis quam ejus quae habet virum. Et quomodo haec pariat, in E- Marc. 16. 15.
vangelio (o) Marci ipse Dominus ostendit: *Ite*, ait discipulis, (p) *baptizate omnes gentes in nomine Patris, & Filii, & Spiritus sancti*.

(a) Item

(a) Ms. Remig. *& accessit ... & sedit*.
(b) Ms. Remig. [illegible].
(c) Ms. Remig. *resuscitaverint*. Editi, *excitaverunt*, forte, *excitaverint*.
(d) Ms. Remig. *Quo incredulos discipulos increpat*.
(e) Ms. Remig. addit hic: *undecim*.
(f) Ms. Remig. *resurrexisse a mortuis non crediderunt*.
(g) Ms. Remig. hoc habet duntaxat, *Ascensio Domini*.
(h) Ms. Remig. *Item: ipse ascendit:* ut [illegible].
(i) Ms. Remig. *Assumptio nostra, & Sancti Israel Regis nostri*.
(k) Ms. Remig. *promissionem ... virtutem ... & sedete*.
(l) Ms. Remig. *sublevatus est a discipulis*.
(m) Ms. Remig. *admiratione*: tum editi, *in uno*.
(n) Sic Ms. Remig. At editi, *credentes*.
(o) Haec verba Christi, baptismi formam discipulis praescribentis leguntur in Matthaeo, non vero in Marco: unde vero acciderit hic error, an ex amanuensium vitio, an ex eo quod auctor ipse de memoria sit lapsus, plurium Manuscriptorum defectu judicare nobis non licuit.
(p) Ms. Remig. *baptizate omnes gentes*. Editi, *baptizantes in nomine*, &c.

Joan. 3. 5. (a) Item ait: *Si quis non renatus fuerit ex aqua & Spiritu, non introibit in regnum Dei.* Act. 1. 8. Et in Actibus apostolorum: *Eritis*, inquit, *mihi testes (b) in totam Judaeam & Samariam, & usque in fines terrae.* 1. Petr. 2. 2. Dicit & Petrus: *Sicut modo geniti infantes (c) rationale & sine dolo lac (d) concupiscite, ut in eo crescatis in salutem.* 1. Cor. 4. 15. Testatur & Paulus: *Si decem millia paedagogorum habeatis in Christo, sed non multos patres. In Christo enim Jesu per Evangelium vos genui.*

PROMISSIO XXXIII. IMPLETA.

(e) De Testamento novo, cantico novo, homine novo.

Jer. 31. 31. Hebr. 8. 8. JEremias propheta: *Ecce dies veniunt, dicit Dominus, & consummabo super domum Israel, & super domum Juda Testamentum novum, (f) non secundum Testamentum quod dedi patribus eorum.* Jer. 31. 33. & 34. (g) Et paulo post: *Hoc est Testamentum quod disponam ad eos, dans leges meas in mentibus eorum, & in cordibus eorum (h) superscribam eas: & non docebit unusquisque fratrem suum dicens: Cognosce Dominum. Quia omnes cognoscent me a majore, usque ad minorem eorum.* Isa. 65. 15. Et per Isaiam: *Ecce ego nova facio, quae nunc orientur.* Isa. 65. 15. Et iterum: *His vero qui mihi serviunt, nomen novum imponetur.* Intelligitur utique Christianum, quod nomen terram obtinuit. Psal. 95. 1. Dicit & David: *Cantate Domino canticum novum: cantate Domino omnis terra.* Quis haec nisi caecus corde, impleta non videat? Firmat (i) haec Dominus in Evangelio Matthaei. Matt. 13. 52. *Omnis, ait, scriba, eruditus in regno Dei, similis est viro patrifamilias, qui profert de (k) thesauro suo nova & vetera.* Joan. 3. 6. Et iterum: *Quod nascitur (l) de Spiritu, spiritus est.* 1. Cor. 15. 47. & 49. Testatur & Paulus: *Primus, ait, homo de terra terrenus, secundus homo de caelo, (m) caelestis. Quomodo portavimus imaginem terreni; induamus & imaginem ejus qui de caelo est.* Ephes. 4. 23. Et iterum: *Renovamini, ait, spiritu mentis vestrae, & induite novum hominem, (n) eum qui secundum Deum creatus est.* 2. Cor. 5. 17. Item: *Si qua, ait in Christo nova creatura, vetera transierunt, & ecce facta sunt nova.* Dicit & Maro:

Eclog. 4. 5. & 9.

Quo ferrea primum;
Desinet, ac toto surget gens aurea mundo.

PROMISSIO XXXIV. IMPLETA.

(o) De Martyribus.

Psal. 43. 22. PER David prophetam dicunt: *Propter te morte afficimur tota die, deputati sumus ut oves occisionis.* Ibid. 8. 12. Et iterum: *Dedisti nos tamquam oves ad escam.* Psal. 115. 6. Item ibi: *Pretiosa in conspectu Domini, mors sanctorum ejus.* Matt. 10. 16. Firmat haec ipse in Evangelio, dicens: *Ecce ego mitto vos sicut oves in medio luporum.* Et iterum: *Qui perdiderit animam suam, propter me, in vitam aeternam conservabit illam.* Luc. 21. 16. Item: *Trademini autem a fratribus, parentibus & amicis, & morte afficient ex vobis: & eritis odio omnibus propter nomen meum. Qui autem sustinuerit usque in finem, hic salvus erit.* Joan. 12. 24. Et in Joanne: *Nisi ait, granum frumenti cadens in terram mortuum fuerit, ipsum solum manet: si autem mortuum fuerit, multum fructum affert.* 1. Joan. 3. 16. Testatur & Joannes apostolus, dicens: *Sicut Christus pro nobis animam posuit, sic & nos debemus pro fratribus animas ponere.* Rom. 8. 38. & 39. Dicit & Paulus: *Certus sum enim, quia neque mors, neque vita, neque (p) angeli, neque principatus, neque praesentia, neque futura (& concludit) neque creatura alia poterit nos separare a charitate Dei, quae est in Christo Jesu Domino nostro.*

Ad haec illud Maronis:

Eclog. 4. 15. 16.

(q) Permixtosque, ait, Divis videbit.
Heroas divis, & ipse videbitur illis.

Decem sane persecutiones a Nerone usque ad Diocletianum & Maximianum insisse Orosius Historiographus, velut decem plagas Aegyptias, scripsit. Alias sane quamplures, beatae memoriae Augustinus (r) scriptis suis inferens. (s) Quas haud procul a nobis & sensit & vidit, nobisque memoriis sui martyrii consecratas tradidit venerandas, credens & ipse supremam Ecclesiae, quae non videmus impleri. Sane nostris temporibus apud Persas persecutionem factam novimus, imperante Arcadio (t) religioso & Christianissimo principe: qui ne traderet ad se confugientes Armenios, bellum cum Persis conflixit. Eo signo, ante quam potitus victoria, jam eruntibus in praelium militibus, vestis cruces in vestibus paruere. Unde etiam victor eorum monetam eodem cum signo Crucis fieri praecepit,

(a) MS. Remig. Ex illud.
(b) MS. Remig. in tota Judaea.
(c) MS. Remig. [illegible]
(d) Edit. Duac. Colon. & recentiores, concupiscentes, MS. Remig. cum Lugd. & Lovan. concupiscite.
(e) MS. Remig. De testamento, &c. ut in editis.
(f) Haec verba, non secundum testamentum, supplet MS. Remigianum.
(g) MS. Remig. Et Paulus apostolus. Hunc Prophetae locum ex parte recitat Apostolus Hebr. 10. 16.
(h) MS. Remig. scribam.
(i) MS. Remigianum, autem & Dominus.
(k) MS. Remig. de thesauro suo.
(l) MS. Remigianum hic interserit, [illegible] est quod nascitur: quae ab editis omnibus omittuntur.
(m) Haec vox legitur in MS. Remig. & recentioribus editis, non vero in antiquioribus, Lugd. Lovan. Duac. & Colon.
(n) MS. Remigianum caret hac voce, eum.
(o) MS. Remig. de Martyrio.
(p) Biblia, angeli.
(q) Apud Virgilium —— divisque videbit Permixtos heroas, & ipse videbitur illis.
(r) Legatur cap. 52. libri decimi octavi de Civitate Dei ubi ex professo disserit sanctus Augustinus: an impletis decem persecutionibus, quae praecesserunt, nulla superit, praeter eam quae in ipso antichristi tempore est futura.
(s) MS. Remig. quas ut procul aliis populis senserit, nobisque memoriis sunt.
(t) MS. Remig. glorioso.

pit, (a) quæ in usu totius orbis & maxime Asiæ hodieque persistit.

PROMISSIO XXXV. IMPLETA.

(b) *De vocatione Gentium.*

DAvid propheta dicit: *Deus Deorum Dominus locutus est, & vocavit terram. A solis ortu usque ad occasum.* Et Isaias: *Abrabuntur gentes multæ super eum, & continebunt os suum reges. Quibus non est annuntiatum* (c) *de eo, videbunt; & qui non audierunt, intelligent.* Item: *Vocabunt ejus in insulis permanebunt.* Item (d) Isaias dicit: *Gentes quæ non noverant te, invocabunt te, & populi qui ignorabant te, ad te confugient.* Item ipse de apostolis: *Qui sunt hi, qui ut nubes volabunt, adducentes filios tuos de terra longinqua?* Et iterum: *Ecce hi de longinquo venient: hi autem ab Aquilone & mari: hi autem de terra Persarum.* Et per David dicitur: *Populus quem non cognovi, servivit mihi, in auditu auris obaudivit mihi.* Firmat hæc Dominus in Evangelio: *Multi*, ait, *ab Oriente, & Occidente venient, & recumbent cum Abraham & Isaac & Jacob in regno Patris* (e) *sui.* Testatur & Petrus: *Qui aliquando*, ait, *non populus, nunc autem populus Dei.* Dicit & Paulus: *Vobis dico gentibus: Quamdiu quidem ego sum gentium apostolus, ministerium meum* (f) *glorificabo, si quo modo ad æmulationem provocare possim carnem meam, ut salvos faciam aliquos ex illis.* Et iterum: *Cæcitas, ait, ex parte contigit in Israel .... & sic omnis Israel salvus* (g) *fieret. Omnis*, dicit, *qui scriptus est in libro vitæ Agni, qui occisus est ab origine mundi.*

PROMISSIO XXXVI. IMPLETA.

(h) *Quod reges Christum in Ecclesia persequentes, ad eam humiles adducentur.*

IN David propheta: *Adorabunt eum omnes reges terræ, omnes gentes servient illi.* Et Isaias propheta: *Gentes*, ait, *& reges qui tibi non servierint, peribunt.* Et iterum: *Ecce*, ait Dominus, *tollo in gentes manum meam, & in insulas tollam signum meum: & adducent filios tuos in gremio, filias autem tuas super humeros* (i) *tollent. Et erunt reges nutritores tui, & principes feminæ eorum pastrices tuæ. Et super faciem terræ adorabunt te, & pulverem pedum tuorum lingent.* Firmat hæc Dominus in Evangelio, dicens: *Regina Austri exurget* (k) *in judicio cum generatione hac, & condemnabit eam. Venit enim a finibus terræ audire sapientiam Salomonis. Et ecce plus quam Salomon hic.* Ideo, *plus hic*, quia ad illum una, ad istum omnia regna venerunt. Sicut nunc nos, (l) qui tanta credidimus & credimus, hæc impleri & cernimus & vidimus. Fatetur & Sibylla, dicens:

> * *Et coram hoc Domino reges sistentur ad unum.*

PROMISSIO XXXVII. IMPLETA.

Jugum legis Christi etiam reges suscepisse.

DAvid propheta dicit: *Nunc reges intelligite, (m) erudimini omnes qui judicatis terram. Servite Domino in timore, & exultate ei cum tremore. Continete* (n) *disciplinam, ne quando irascatur Dominus, & pereatis de via justa.* Et iterum: *In conveniendo populos in unum,* (o) *& reges ut serviant Domino.* (p) Dicit & Salomon: *Diligite justitiam, qui judicatis terram.* Firmat hæc Dominus in Evangelio, dicens: *Tollite jugum meum super vos, & discite a me, quia mitis sum & humilis corde.* Et iterum: *In qua mensura mensi fueritis, in ea remetietur vobis.* Testatur in hæc Jacobus apostolus: *Judicium*, (q) inquit, *sine misericordia illis qui non fecerit misericordiam. Superexaltat enim misericordia judicium.* Paulus etiam orandum pro regibus (r) censet, *& pro his qui in sublimitatibus sunt, ut quietam & tranquillam vitam agamus.* Ad hæc Maro, ait:

> *Discite justitiam moniti, & non temnere divos.*

PROMISSIO XXXVIII. IMPLETA.

(s) *De subversione idolorum, atque templorum.*

1. IN lege sua Dominus per Moysem dicit: *Aras eorum subvertetis, & lucos eorum* (t) *succidetis, & sculptilia eorum igni concremabitis.* Et Isaias propheta: *Fugient omnia manufacta Ægypti.* Item ipse: *Abscondent deos suos in speluncis & cavernis petrarum,* (u) *neque ibi celabunt eos.* Jeremias etiam dicit: *Dii qui cælum & terram non fecerunt, pereant* (x) *de sub*

(a) Ms. Remig. *qui usus.*
(b) Ms. Remig. *Advocationis gentium.*
(c) Editi, *a Deo.*
(d) Ms. Remig. *ipse.*
(e) Ms. Remig. *Patris mei.*
(f) Ms. Remig. *honorificabo, si quando.*
(g) Editi, *fiet.*
(h) Ms. Remig. *Quod Reges .... adducuntur.*
(i) Ms. Remig. *portabunt.*
(k) Ms. Remig. addit, *in judicio.*
(l) Ms. Remig. *qui tanta credimus impleri, & cernimus & videmus.*
(m) Ms. Remig. supplet verbum, *erudimini.*
(n) Ms. Remig. *& doctrinam.*
(o) Editi *conjugationem, & regna.* Ms. Remig. *cum conveniunt, & reges.*
(p) Ms. Remig. *Item & Salomon.*
(q) Ms. Remig. *facit .... judicium.*
(r) Ms. Remig. *censuit.*
(s) Ms. Remig. *De subversione.*
(t) Ms. Remig. *succendetis.*
(u) Hic locus Isaiæ secundum versionem 70. Interpretum ita refertur, ut paraphrastice, neque ibi, &c. eamdem versionis sensum magis quam verba exprimat.
(x) Ms. Remig. *de cælo.*

Zach. 13. 2. *sub caelo & terra*. Et per Zachariam Dominus dicit: *Perdam nomina idolorum de terra*. David quoque dicit: *Omnes dii (a) gentium daemonia*. Hoc Dominus in Evangelio Lucae Luc. 11. 17. 18. 19. firmat, dicens: *Omne regnum divisum in semetipsum desolabitur*. (b) *Quod si & satanas in semetipsum divisus est, quomodo stabit regnum ejus? quia dicitis in Beelzebub ejicere me daemonia. Quod si ego in Beelzebub ejicio daemonia, filii vestri in quo expellunt? Propterea ipsi judices erunt vestri*. Testatur & Paulus 1. Cor. 8. 4. dicens: *Scimus quia nihil est idolum (c) in hoc mundo, & quia nullus Deus, nisi unus*. Fatetur & * Sibylla. * Sibyl. fug.

Rejiciuntur fraudulenta virû, convulsam quoque gentem.

2. Multa igitur haec, quae de Christo dicta, (d) & in Christo acta sunt, non credimus, quae ante nos populus videns illa credidit, quae nos vidimus impleri. Namque, ut de nostris temporibus aliquid dicamus: Constantino Christiano Imperatore regnante, & schisma Donatianum confutatum est (e) eius judicio, & Arrius est divina animadversione punitus. Theodosii vero religiosi principis imperio, per Jovium & Gaudentium comites (f) templa omnia clausa, expoliataque vana figmenta, quis nostrum permittitur ignorare? Cui Symmachus ille, mirabili eloquio & scientia praeditus, tamen paganus, (g) praeconio laudum in consistorio recitato, subtili arte qua valuit, aram Victoriae in Senatu relatam, Christiano, ut moveret, principi insinuavit. Quam statim a suis aspectibus pulsam, in cretensimo lapide, sibi [illegible] impositam ex die, manere praecepit. Eutropius quoque, praepotens (h) patricius, & anno ac nomini praeditus, cum in contumeliam Ecclesiae edictum conscriptum ab Arcadio Christiano Imperatore excolperet; ut si quis ad eam confugeret, etiam ab altari sublatus poenas lueret ampliores; divino judicio suae insaniae prior ipse propinatus est. Offensam quippe perfidi regis incurrens, ad ejus refugium quam edixerat convolavit. Quem sancta mater pietatis gremio suum excepit inimicum. Cui per venerabilem sacerdotem Joannem impetrans veniam, (i) cessi & superbo vitam contulit & silentio? ejus Act. v. 1. exemplo cunctos admonens inimicos, *timere eos esse tantae filii salutem salutarem*? Honorius etiam Theodosii minor filius Christiana religione ac devotione praeditus, templa omnia cum suis adjacentibus spatiis, Ecclesiis contulit, simulque simulacra constringenda in potestatem dedit.

3. Quae (k) vero eodem Imperante in hac Dei promissione acta sint, quamvis memoriam gratia divina juverit, duo vel tria loca (l) commemorem ac breviter excurram. Apud Alexandriam in templo Serapis hoc argumentum daemonis fuit. Quadriga ferrea nulla basi subnixa, nullis tamen ictibus parietibus colligata, in aere pendens cunctis stuporem, ac velut divinum subsidium oculis mortalium exhibebat. Quam tamen lapis magnes, qui ferrum sibi rapit (m) attrahitumque suspendit, eo loco camerae affixus, totam illam machinam sustentabat. Itaque cum quidam Dei servus inspiratus intellexisset; magnetem lapidem statim ut camerae subtraxit, omne illud [illegible] cadens confractum comminuitque, ostendit divinum non esse, quod mortalis homo (n) simulaverat.

4. Apud urbem Romam specus quidam fuit, in quo draco mirae magnitudinis mechanica arte formatus, gladium ore gestans, oculis rutilantibus, gemmis metuendus, ac terribilis apparebat. Huc annuae devotae virgines floribus exornatae, eo modo (o) in sacrificio dabantur, quatenus inscias munera deferentes gradum scalae, (p) quo certe ille arte diaboli draco pendebat, contingentes, impetus venientis gladii perimeret, ut sanguinem funderet innocentem. Et hunc quidam monachus bene ob meritum cognitus Stiliconi tunc patricio, eo modo subvertit. Baculo, manu singulos gradus palpando, inspiciens; statim ut illum tangens habentem diabolicam (q) reperit; eo transgresso descendens, draconem scidit, misitque in partes; ostendens & hic deos non esse qui manu fiunt.

5. Apud Africam Carthagini Caelestis inesse ferebant templum nimis amplum, omnium deorum suorum aedibus vallatum. Cujus platea (r) lithostrata, pavimento ac pretiosis columnis & moenibus decorata, prope in duobus fere millibus passuum porrigebatur. Cum diutius clausum maneret, spinis virgulta circumsepta obruerent, vellitque populus Christianus usui verae religionis vindicare, (s) dracones, aspidesque illic esse ob custodiam templi, gentilis populus clamitabat. Quo magis (t) Christiani fervore ferventes, ea facilitate omnia amoverunt illaesi, quo templum suo vero caelesti Regi & Domino consecrarent. Nam cum sancta Paschae solemnis ageretur festivitas, collecta illic, & undique etiam curiositate adveniens multitudo Sacerdotum multorum, pater & dignae memoriae nominandus antistes Aure-

(a) MS. Remig. addit, gentium. Abest ab editis.

(b) Ita MS. Remig. At editi, cum distinctione. Ecce Lekius.

(c) MS. Remig. in mundo.

(d) Sic MS. Remig. Editi vero, & de Christo.

(e) Sic MS. Remig. At editi, ex judicio.

(f) Restituimus ex MS. Remig. Antea editi, omnia templa expoliata, quae vana figmenta.

(g) MS. Remig. praeconio ... recitans.

(h) Sic MS. Remig. Editi, plurimum, animo & nomini.

(i) MS. Remig. illaesum.

(k) MS. Remig. vero modo.

(l) MS. Remig. memoravi.

(m) Editiones praecedentes, attrahitum.

(n) MS. Remig. formaverat.

(o) Colon. & recentiores edit. in sacrificium.

(p) Sic MS. Remig. Editi, quo vero ille diabolo arte pendebat.

(q) Editi, reperit.

(r) MS. Remig. lithostrata pavimentum.

(s) MS. Remig. dracones ... ad custodiam.

(t) MS. Remig. Christiani ... templum [illegible].

liam, caelestis jam patriae civis, cathedram illic loco Caelestis & habuit, & sedit. Ipse tunc aderam cum sociis & amicis: atque (ut se adolescentium aetas impatiens circumquaque vertebat), dum curiosi singula quaeque pro magnitudine inspicimus, mirum quiddam & incredibile animo se nostro aspectui: titulus aeneis grandioribusque litteris in frontispicio templi conscriptus: AURELIUS PONTIFEX DEDICAVIT. Hunc legentes populi mirabantur. Praesago tunc spiritu acta, quae praescius Dei ordo certo illo fine concluserat. Cumque a quodam pagano falsum vaticinium, velut ejusdem Caelestis, proferretur, quod rursus & via, & templa prisco caerimoniarum ritui redderentur: Ille, ille, inquam, verus Deus, cujus prophetica vaticinia nesciunt omnino noverint non fallere, sub Constantio & Augusta Placidia, quorum nunc filius (a) Valentinianus pius & Christianus imperat, Ursio instante tribuno, omnia illa templa ad solum usque perducta, agrum reliquit in sepulcrorum usum mortuorum, ipsamque viam sine memoria sui nunc Vandalica manus evertit.

6. Novi quoque ipse in quadam parte Mauritaniae provinciae de speluncis & cavernis in antiquo producta simulacra, quae fuerant abscondita, ut omnis illa cum clericis in sacrilegio perjurii civitas teneretur. Quid vero per ceteras provincias in re hac actum sit, & omnibus notum est, & citius ipsi demonstrarent. Doluit haec futura Hermes ille Trismegistus, & mortem ante omnia scripsit, dicens: „Tunc terra illa, „sanctissimas sedes delubrorum atque templorum, mortuorum erit cadaverumque plenissima futura". At Spiritus Dei ante praedixit: spiritus etiam daemonum confitendo tacere nequiverunt, & maxime qui ipsi dixerunt Domino: *Quid venisti ante tempus* (b) *perdere nos*? Hic tunc deorum illa turba errorum atque incertorum quos Varro prodit: Illi etiam proceres & electi dii cum ipso rege suo Jove fulmina vibrante consilio pariterque (ut eorum cultores ferunt) ceterandi, armisque terribiles, hic hic aliquid, si non pro mundo, saltem pro se (c) aliquid agere, ne scilicet eorum templa perderet Christus. Periit vero & non apparuit, & David propheta confirmat dicens: *Periit memoria eorum cum strepitu, & Dominus in aeternum manet*.

PROMISSIO XXXIX. IMPLETA.

Reges, mediocres, (d) & pauperes ad unam Christi mensam pariter convenientes.

Isai. 11. 6. ISaias propheta: *Tunc*, ait, *erit pascentur simul lupus cum agno, & pardus cum haedo, & bos & leo & agnus simul manducabunt paleas, & puer pusillus pascet eos*. Et David dicit: *Quoniam ecce reges terrae collecti sunt & convenerunt in unum, ipsi videntes ita admirati sunt*. Item ipse: *Quis est*, ait, *sicut Dominus Deus noster, qui in altis habitat, & humilia respicit? Qui erigit a terra inopem, & de stercore exaltat pauperem. Ut collocet eum cum principibus, cum principibus populi sui?* Dicit & Salomon: *Pusillum & magnum ipse fecit, & aequaliter cura est illi pro omnibus*. Et iterum: *Sapientia*, ait, *fabricavit sibi domum & subdidit columnas septem, mactavit* (e) *suas hostias, miscuit in cratere vinum suum, & paravit suam mensam, misit servos suos convocans & dicens: Venite, edite de meis panibus, & bibite vinum quod miscui vobis*. Firmat haec Dominus in Evangelio, in coena illa quam dives ipse magnus paravit Filio suo. *Misit*, ait, *servos, ut omnes vocaret, & excusaverunt se simul. Unus dixit: Villam emi, et* (f) *videre illam, habe me excusatum. Alter dixit: Juga boum emi. Alius dixit: Uxorem duxi*. In his tribus excusationibus concupiscentia carnis est, & concupiscentia oculorum, & ambitio saeculi: quibus detenti Judaei, vocati ad coenam Christi venire noluerunt. *Ite*, ait pater familias, *circa plateas & vicos, & quos inveneritis adducite*. Ex his adductae sunt gentes. *Adhuc*, inquit, *locus vacuus est. Ite*, ait, *circa sepes ac vias, & quos inveneritis, cogite intrare*. Et ex his divites, reges, & quosdam haereticos (quos habet extra ovile suum) coactos (g) adducit ille qui dicit: *Nemo venit ad me nisi Pater qui misit me, traxerit eum*. Etiam venientibus dicit: *Qui manducat carnem meam & bibit sanguinem meum, habet vitam aeternam, & ego suscitabo illum in novissimo die*. Qui vero illi sunt, Paulus apostolus ostendit: *Non est*, inquit, *Judaeus neque Graecus, non est servus, neque liber, non est masculus & femina. Omnes enim vos unum estis in Christo Jesu*. Huic etiam capitulo, quae supra posuimus, verba Sibyllae conveniunt dicentis:

(h) Dejiciet colles, valles extollet ab imo, Non erit in rebus hominum sublime, vel altum.
Cui consonans Maro dicit:
Nec magnos metuent armenta leones.

PROMISSIO XL. IMPLETA.

Quod eum omnes credituri gentes, venturi sunt.

(i) ISaias Propheta: *Adorabunt*, inquit, *eum de locis suis omnes insulae gentium*. Et per Malachiam prophetam: *A solis ortu usque*

(a) Emendamus ex MS. Remig. Antea legebatur, *Valentinus* in omnibus editis.
(b) MS. Remig. *perdere nos*.
(c) MS. Remig. *agerent*.
(d) MS. Remig. addit, *& pauperes*.
(e) MS. Remig. *suas hostias*.
(f) MS. Remig. *& video non possum venire, & alias*.
(g) MS. Remig. *adducere*.
(h) Apud Augustinum, & in MS. Remig. *dejicit*. In editis vero, *dejiciet*.
(i) Si auctor ipse exigeret libitum, lapsus memoriae est. Ipsa verba sunt Sophoniae c. 2. 11. secundum LXX.

quæ ad occasum, clarum erit nomen meum in gentibus, dicit Dominus. (a) Et sacrificium mundum offeretur nomini meo in omni loco. Item Isaias: Quia repleta est terra ut cognosceret Deum, quasi aqua multa tegens maria. Firmat hæc Dominus in Evangelio Matthæi, dicens: Et prædicabitur Evangelium hoc in testimonium omnibus gentibus, & tunc veniet finis. De fine mundi per Aggæum Prophetam hæc signa data sunt: (b) Ecce ego, dicit Dominus, semel adhuc commovebo cælum et terram, & ponam orbem terræ desertum, & civitates ita ut non habitentur. Et Habacuc dicit: Consummatio in impios veniet. Et iterum: Ficus, ait, (c) non dabunt fructum suum, & non erunt nascentia in vineis. Mentietur opus olivæ & campi non afferent escas. Deficient ab esca oves, non erunt in præsepibus boves. Ego autem, ait, exultabo in Domino. Ipsi quoque sapientes mundi in hæc attestati sunt, ut est illud Sallustii: „Necesse est ut omnia orta „occidant, & aucta senescant. Academici etiam „novi, omnia temporalia (d) in interitum „mittenda esse putaverunt. Et Plato: Si initium mundo dedit, dedit & finem. Unde „(e) & alius dicit: (f) Quid est hic? aliud „in quo est aliquid extremum". Quæ Dominus ipse etiam ostendens dans signa, ait: Cum videritis, (g) ait, hæc omnia fieri, scitote quoniam in proximo est finis. Dicit et Joannes apostolus; Mundus transibit & concupiscentia ejus. Extremus autem finis, duodecimum temporis quod subsequitur, (h) adventus ejus demonstrabit: ut hoc tertium tempus, tanquam tertium diem, ex quatuor Evangelistis, velut cardinibus mundi, surgentem, orientali radio emergente Joanne Evangelista, Matthæo, Marco, Luca, mixtis in partibus constitutis, & in duodenario (i) discipulorum [illegible] numero, vespertino quo passus est Dominus, concludamus. Ut ipse dies qui a [illegible] oriri [illegible], cum venerit in majestate, æternos nos faciat secum (k) vivere, semperque Deum [illegible] laudare.

(a) Ms. Remig. & David sacrificium.
(b) Ms. Remig. Zachariam. At vero prima pars, Ecce ego ... terram, verba continet Aggæi 2. 7. juxta LXX. Secunda pars, & ponam, &c. est Isaiæ 13. 9.
(c) Sic Ms. Remig. Editi, non dabit ... nascentia in eis.
(d) Forte Ciceronem loquitur, qui lib. de Senectute n. 69. ait, Quid est in hominis vita diu? ... sed mihi ne diuturnum quidem quidquam videtur, in quo est aliquid extremum?
(e) Hæc duo verba, in interitum, absunt ab editionibus antiquis, nec leguntur in Ms. Remig. habentur autem in recentioribus, [illegible]; [illegible] tamen ut alicujus codicis antiquioris auctoritate fulciantur.
(f) Ms. Remig. & Tullius.
(g) Ita legitur in Ms. Remig. In editis omittuntur hæc duo, ait ... fieri.
(h) Editi, conversis.
(i) Ms. Remig. addit hic, etiam.
(k) Ms. Remig. secum, sive, [illegible].

FINIS TERTIÆ PARTIS, DE TEMPORE SUB GRATIA.

(a) DIMIDIUM TEMPORIS,

AD CUJUS FINEM IMPLENDÆ SUNT VISIONES IN SCRIPTURIS SANCTIS FACTÆ DE ANTICHRISTO.

PROLOGUS.

IN hoc dimidium temporis, finem mundi, & signa quæ (b) futura sunt, ipsiusque Antichristi facta, superbiam ejus, brevisque temporis potestatem, Domino donante, & operante ejus gratia, adscriptis capitulis ex divinis testimoniis probanda suscepimus, ostendentes sane prius ac demonstrantes quid fuerit qui nunc diabolus dicitur, qualisve ab auctore bonorum omnium formatus sit, tum etiam lapsum ejus ruinam & finem, ex omni prophetiæ vel novi Testamenti auctoritate breviter (c) intimabo: ne sine fastidio, si cuncta scribam huic operi adscripta.

(a) In MS. Remig. sequens opus sic inscribitur. *Incipit sub gratia dimidium temporis, in signis Antichristi.*

(b) MS. Remig. *ventura sunt.*

(c) MS. Remig. *intimando.*

DIMIDII TEMPORIS CAPITA.

1. PRÆD. *De angelo per superbiam effecto diabolo.*
2. PRÆD. *De elatione ejus.*
3. PRÆD. *De præcipitio ejus, & atrio carcere.*
4. PRÆD. *De diabolo ligato, & misso in abyssum.*
5. PRÆD. *De mysterio iniquitatis, quod diabolus agit per suos.*
6. PRÆD. *De signis Antichristi.*
7. PRÆD. *De malitia, & bestia qua portatur.*
8. PRÆD. *De decem regibus.*
9. PRÆD. *De moribus Antichristi.*
10. PRÆD. *De persecutionibus ejus.*
11. PRÆD. *De superbia Antichristi.*
12. PRÆD. *De Antichristo contradicente, quod Christus non sit.*
13. PRÆD. *De missione Eliæ & Enoch.*
14. PRÆD. *De vestimento Christi.*
15. PRÆD. *De passione Eliæ & Enoch.*
16. PROM. *De eorum resurrectione.*
17. PRÆD. *De adventu Filii Dei & hominis.*
18. PROM. *De resurrectione carnis.*
19. PROM. *De judicio Christi Domini.*
20. PROM. *De igne purificatorio.*

DIMIDIUM TEMPORIS.

CAPUT PRIMUM.

Quomodo eversus est angelus, qui per superbiam diabolus factus est.

(a) Prædictio impleta.

PER Ezechielem dicit de eo Dominus: *Tu signaculum similitudinis, plenus sapientia & perfectus decore, in paradiso Dei tui fuisti. Omnis lapis pretiosus operimentum tuum, in medio lapidum ignitorum ambulasti, perfectus in viis tuis a die conditionis tuæ, donec inventa est iniquitas tua.* Et Isaias: *Quomodo*, ait, *cecidit Lucifer, qui mane oriebatur!* Firmat hæc Dominus in Evangelio: *Vos*, ait Judæis, *a patre diabolo estis. Ille enim homicida fuit ab initio, & in veritate non stetit.* In veritate (b) stetit in qua non stetit: quia subditus Creatori esse noluit, contra potentiam ascendere.

CAPUT II.

Qua elatione ceciderit diabolus.

Prædictio impleta.

ISaias propheta de eo: (c) *Dixisti*, ait, *in corde tuo: In cœlum ascendam super astra Dei, exaltabo solium meum, sedebo in monte testamenti in lateribus aquilonis. Ascendam super altitudinem nubium, & ero similis Altissimo.* Et (d) in Ezechiele: *Elevatum est*, ait, *cor tuum in decore tuo, perdidisti (e) tuam sapientiam.* (f) Firmat hæc Dominus in Evangelio: *Nunc*, ait, *judicium est mundi, nunc princeps hujus mundi missus est deorsum.* Testatur & Petrus apostolus in epistola sua ad gentes: *Deus enim*, ait, *angelis peccantibus non pepercit.* Pepercit autem peccantibus hominibus: quia homo diabolo seducente peccavit, ille vero seipsum peccando seduxit.

CAPUT III.

Quo fuerit præcipitatus diabolus.

Prædictio impleta. (g)

ISaias propheta: *Veruntamen*, ait, *in infernum detraheris, in profundum laci.* Et

paulo post: *Tu autem projectus es de sepulcro tuo, quasi stirps inutilis.* (h) Et per Ezechielem Dominus de eo: *In terram projeci te, ante faciem regum dedi te, ut cernerent te, & multitudinem iniquitatum tuarum. Et iniquitate negotiationis tuæ pollutisti sanctificationem tuam.* Firmat hæc Dominus in Evangelio dicens: *Videbam sathanam sicut fulgur de cælo cadentem.* Tunc enim amplius cecidit, quando se ab eo Jesus (i) tentari permisit, ostendens nequitiam seductionis ejus, & docens suos quemadmodum deberent resistere tentatori. Dicit & Petrus apostolus: *Cerberibus caliginis inferi retrudens, tradidit in judicio puniendos servari.* Et in Apocalypsi Joannis dicitur: *Missus est draco ille magnus, ille serpens antiquus qui vocatur diabolus & sathanas, qui seducit totum orbem terræ: & præcipitatus est in terram, & angeli ejus cum eo missi sunt*, videlicet ejus superbiam sequentes. *Væ* dictum est *terræ & mari: quoniam descendit diabolus ad vos, iram magnam habens, sciens quia breve tempus habet in (k) negotiatione fallacissimis suæ.* Quæ operis decipiendo (l) electos & cupidos, superiores partes hujus libri continent. Nunc vero in brevi, id est in fine temporis, quæ futura sint ejus fallaciæ, signis, ut dictum est, præcurrentibus exsequamur.

CAPUT IV.

De diabolo ligato, & misso in abyssum.

Prædictio impleta. (m)

DAvid propheta dicit: *Draconem quem finxisti ad illudendum ei.* Et iterum: *Tu contrivisti capita draconum super aquas, tu confregisti caput draconis magni, & dedisti eum in escam populis Æthiopibus.* Et in libro Job dicitur: *Hoc est initium figmenti Domini, quod fecit ut illuderetur ab angelis ejus.* Firmat hæc (n) Evangelista dicens: *Rogabant Jesum dæmonia, ut eos mitteret in abyssum.* Et alibi dixit Jesus discipulis suis: *Ecce dedi vobis potestatem calcandi serpentes & scorpiones, &* (o) *non vobis nocebunt.* Item Dominus: *Nemo*, ait, *intrat in domum fortis, ut vasa domus ejus diripiat, nisi prius alligaverit fortem.* Super hæc relatum Apocalypsis Joannis: *Vidi*, ait, *angelum descendentem de cælo habentem (p) catenam magnam in manu sua: & apprehendit*

dra-

(a) In MS. Remig. *Prædictio impleta, quomodo eversus est*, & ut in editis: & ita in cæteris capitibus tribus dignoscimus.

(b) MS. Remig. addit hic, *a veritate*.

(c) Ita MS. Remig. At editi, *Dixisti ... sua*.

(d) MS. Remig. *& Ezechiel*.

(e) MS. Remig. *sapientiam tuam*.

(f) Hæc verba: *Firmat hæc Dominus in Evangelio*, quæ exciderant ab editis, restituimus ope MS. Remig.

(g) MS. Remig. subjungit hic, *eversio tamen*.

(h) MS. Remig. addit hæc, *pollutus & obvolutus*, nec plura loci prophetici.

(i) Editi omnes, *tentare*: at errorem manifestum cui emendando non fecerunt MS. Remig.

(k) MS. Remig. *in negotiatione sua*.

(l) MS. Remig. *elatos & cupidos*.

(m) MS. Remig. addit hic, *prædicta tantum*: & multumque hæc: *& misso in abyssum*.

(n) MS. Remig. addit hæc, *Joannes*. At quæ hic aliunde, leguntur in Luca, nullibi in Joanne.

(o) MS. Remig. non vos.

(p) Emendavimus ex MS. Remig. Editi, *catenam*.

draconem illum magnum, illum serpentem antiquum, qui vocatur diabolus & satanas, & alligavit eum mille annis, & misit in abyssum. Et clausit, & signavit super eum, ne ultra seduceret nationes, donec finiantur mille anni: post hæc oportet eum solvi in brevi tempore. Hic exposuit quod in eodem libro (a) dictum est Gog, & Magog, verba Hebræa, (quæ Latine Tectum & Detectum dicuntur:) ut hic accipiamus Tectum, quod in abyssum missus sit diabolus clausam signatamque super eum: Detectum vero, *quia oportet eum solvi* & produci *in brevi tempore*.

2. Mille vero anni, aut a parte totum accipiendi sunt, (ut Petrus dicit apostolus: *Unus dies enim Domino, sicut mille anni, & mille anni, sicut dies unus*;) aut ab exitu sermonis, quando a Daniele *septuaginta hebdomadæ* taxatæ sunt futuræ *usque ad Christum ducem*. Nam tunc esse bellum factum, ut Michael & angeli ejus pugnarent cum dracone, & Danieli angelus ostendit dicens, missum se esse ut pugnaret cum principe regni Persarum: *Et non est, ait, qui me adjuvet, nisi Michael princeps vester.* In quo bello diabolus victus, (b) præcipitatus & vinctus est, (c) sicut eidem prophetæ in initio, ita Joanni in fine temporis ostensum est. Ut illi quadringenti nonaginta anni, & illi qui excurrunt ab adventu Salvatoris, usque in (d) solutionem ejusdem diaboli, (e) concludant mille annos, in quibus ligatus est diabolus, ne ultra seduceret nationes, quas antea possidebat in idololatriis. „Quanta autem virtute, ut ait „beatæ memoriæ Augustinus, pollebunt tunc „sancti, qui luctaturi sunt cum diabolo solu„to, cum quo ligato tantis periculis dimica„tur?" *Jam enim*, ut Paulus dicit, *mysterium iniquitatis operatur*. Sed quæ sint ejus mysteria, juvante Domino, subter adnexis capitulis continebitur.

CAPUT V.

(f) *Quomodo per omnes fere diabolus mysteria iniquitatis operatur.*

Prædictio impleta.

APocalypsis Joannis dicit: *Apprehensa est bestia, cum illo pseudopropheta qui fecerat signa, quibus seduxit eos, qui acceperunt scripturam bestiæ in fronte & in manu sua.* Inscriptio in fronte & in manu hæc est, non tantum diaboli facta imitari, quantum & gloriari in ejus malis operibus, ut sub figura Christi, Antichristi facta exerceant. Quos etiam Dominus Jesus in Evangelio ostendit, dicens: *Multi venient in nomine meo dicentes: Ego sum Christus, & multos seducent: nolite ire post eos.* Et apostolus Joannes: *Audistis*, ait, *quia Antichristus venit: nunc multi Antichristi facti sunt.* Et qui sint hos ostendit. *Ex nobis*, inquit, *exierunt, sed non erant ex nobis. Si enim fuissent ex nobis, mansissent utique nobiscum.* Hæreticos omnes ostendit, & maxime Arianos, quos nunc videmus multos seducere, aut potentia temporali, aut industria (g) mali ingenii, aut certe abstinentia parcitatis, vel quarumlibet figurarum deceptione, dicente Apostolo: *Ipse enim satanas transfigurat se velut angelum lucis. Non ergo magnum, si ministri ejus transfigurantur, sicut ministri justitiæ: quorum finis secundum operationem ipsorum*: cum eis dicturus Dominus sit faciendo & in miraculis: *Non novi vos. Discedite a me omnes qui operati estis iniquitatem.* (h) Iniquitas enim est scindere unitatem, tamquam (i) vestem Christi, tamquam retia piscantium apostolorum lacerantes. A quorum consortio aliena inveniuntur omnes hæreses, qui relicta pace communionis & panis eorum (k) Dei & apostolorum, in suis non Ecclesias, sed plateis prædicant, & eorum memoriis non communicant, separati a toto Catholicorum se munere adiciunt: cum in ipsa Jerusalem Jacobus & Stephanus primus martyr, Joannes apud Ephesum, Andreas & ceteri per totam Asiam, Petrus & Paulus apostoli in urbe Roma gentium Ecclesiam (in qua Christi Domini doctrinam erudierunt) pacatam unamque pastoris tradentes, sanguine, memoriisque suis ex dominica Passione sacrarunt. Huic generali Ecclesiæ communicantes Christiani, est (l) Catholicum. Ab hac segregatus hæreticus est, & Antichristus: qui cum palam manifestatus fuerit, ampliora signa eum esse facturum, sequentia demonstrabunt.

CAPUT VI.

De signis Antichristi.

Prædictio impleta. (m)

1. IN libro Job de Antichristo dicitur: *Virtus ejus in lumbis est, & potestas ejus super umbilicum ventris.* Et iterum: *Non est, ait,*

(a) MS. Remig. *scriptum est.*

(b) Sic legimus in MS. Remig. quæ lectio textui facto lumen afferre [illegible], quam quod libri habebant, victus est & præcipitatus ejus.

(c) MS. Remig. *Sicut prophetæ initio.*

(d) Libri antiquiores uno consensu, *absolutionem*, MS. Remig. & recentiores, *solutionem*. Et quidem melius: cum hoc referatur ad id quod legitur supra ex Apocalypsi, cap. 20. 3. *Post hæc oportet eum solvi in brevi tempore.*

(e) MS. Remig. *concludantur mille anni* ... *ultra duceret.*

(f) MS. Remig. *Promissio impleta, quæ per omnes fere diabolus mysteria operatur: a nobis credita & visa.*

(g) Recentiores, *mala*. Veteres, *mali*. MS. Remig. *mali ingenii*.

(h) Hæc verba, *Iniquitas enim est scindere unitatem*, supplevimus ex MS. Remig. Aberant ab editis omnibus.

(i) In editione Lugdunensi hoc in margine notatum legitur: *Vestem jugiter pascat per Ecclesiam*, ut hæc: retia vero hic intelliguntur, pro quibus Evangelica ponit, quæ homines veluti piscantur apostoli.

(k) MS. Remig. *doctis apostolorum.*

(l) MS. Remig. *& Catholicum.*

(m) MS. Remigianus *Signorum Antichristi, nobis credita & visa.*

super terram populos quae comparetur ei qui factus est ut nullum timeret. Omne sublime videt, ipse est rex super universos filios superbiae. Dicit & Paulus apostolus: *Secundum operationem satanae in omni virtute, signis & prodigiis mendacii, & in omni seductione iniquitatis his qui pereunt.* Et Dominus in Evangelio. *Exurgent*, inquit, *pseudochristi*, & *pseudoprophetae*, & *dabunt signa magna*, & *prodigia, in quibus fallantur, si fieri potest, etiam ipsi electi. Ecce*, ait, *praedixi vobis.* Quamquam apostolus Paulus aliquos tacite memorat *cauteriatam habentes conscientiam* alios aperte, ut Hymenaeum & Philetum, Demam, Hermogenem, & Alexandrum aerarium, quorum errores, doctrinasque varias & multa mala commemorat. Nec [illegible] post suam absconsionem [illegible], ipsumque qui *etiam nunc operatur in filiis diffidentiae*, ipse celarat.

2. Thess. 2. 9. & 10. — Matth. 24. 24. & 25. — 1. Tim. 4. 2. 2. Tim. 2. 17. [illegible] — Ephes. 2. 2.

2. Nostris quoque temporibus (a) Aspare VI. Cos. Carthagini constituto, hoc signum diabolicum monstruosumque, quod illic accidit, quis illius patriae civis ignorat? Quaedam juvencula Amba nomine, ancillae Dei habitum gerens, (b) cum in balneo lavans simulacrum quoddam Veneris impudice respiceret & seipsam, eique se consimilem, desideraret se diabolo praebuit. Statim ille leo qui rugiens circuit, quem quaereret, invenit. Mentem igitur puellae ipsius occupans, nullum cibum, nullumque potum suscipere per septuaginta ferme dies continuosque noctes, ipsumque sibi diabolus ex (c) captivo possessoque vase exhibebat. Hoc monstrum parentes puellae per tot dierum spatia salvari posse sperantes, dum nec malum illorum tolerare non possent, semel cum filia sese injecerunt sacerdoti, quae acta erant fideliter intimantes. Hoc tantum puella fatebatur, avem quamdam noctis medio apparere, quae sibi ore nescio quid infunderet. Stupor tunc omnes continuo videre puellam nullis indiciis (d) dierum jejunii fessatam, nullo pallore seu tabe, vel debilitate confectam: quin potius robustam specie viscerum, more membrorum. Cumque incredibilia viderentur quae dicebantur, habito consilio, in monasterio puellarum, in quo reliquiae sancti Stephani sitae sunt, sacerdos puellam (e) semel & praeposito commendavit. Illic prima tantum die apparuisse illam avem adserunt, sibique incompatile quod neque fame neque siti compulsa illum appeteret locum, quo sibi accedere non liceret. Per duas fere hebdomadas nihil cibi vel poculi sumens in monasterio mansit.

2. Petri 5. 8. [illegible]

3. Accidit autem ut quinta decima dominicum illucesceret dies. Adsciscebatur nobiscum sacerdote, ut matutinum illic sacrificium solito offerretur; puellam propositus ad altare perduxit, [illegible]. Sed ut se illa prostravit altari, clamare flensque sui confestim adsistentibus gemitu lacrymisque (f) induxit, quibus tantum malum auferendum praesens plebs Dominum exorabat. Erat enim jam [illegible] in populo. Peracto itaque sacrificio, cum eadem inter ceteras brevem particulam Corporis Domini tinctam a sacerdote perciperet, [illegible] non valuit, morsum illo ligato, de quo dicit apostolus: *Quae conventio Christi ad Belial?* Et iterum: *Non potestis calicem Domini bibere, & calicem daemoniorum. Non potestis mensae Domini participare, & mensae daemoniorum.* Manu igitur faciem ejus sustentante sacerdote, ne sanctum projiceret, a quodam diacono suggestum est, ut calicem salutarem gutturi ejus pontifex applicaret. Quod ut factum est, statim ut locum illum quem diabolus obsederat, Salvatoris imperio reliquit, Sacramentum quod ore gestabat cum laude Redemptoris transglutisse puella clamavit. Hinc laetitia, hinc vocis in gloriam Dei, quod post (g) octoginta & quinque dies, diabolo expulso, puella de potestate fuerit erepta inimici. Oblatio itaque rursum gratiarum actione pro ea fit, Sacrificioque participans cibum potumque, prisco est reddita usui. Tunc etiam dum haec aguntur, Spiritu divino actus diaconus ejusdem loci statuam illam [illegible] contrivit in pulverem, omnemque infidelium astutiam superavit divina Majestas.

2. Cor. 6. 15. 1. Cor. 10. 21. [illegible]

4. Novimus etiam advenisse illuc quemdam sub specie monachi, qui quaedam signa curationum se operari fatebatur. Cumque circa caecos & claudos phantasticum quoddam agere [illegible], eosque oleo, nescio cujus mortui (h) esse adserens, linit; ut sibi visus gressusque redditos adstruebant, (i) discedentes in illis quibus antea terebantur infirmitatibus permanebant. Sed in his prodigiis sese cognoscens seductor ille, aufugit.

5. In Asia vero sive ipsum, sive alium talia fecisse, quidam Christianus religiosus (k) & nobilis enarravit. In Italia quoque, nobis apud Campaniam constitutis, dum venerabilis, & Apostolico honore nominandus Papa Leo Manichaeos subverteret, & contereret Pelagianos, & maxime Julianum: ambiens tunc quidam Flo-

(a) Ex hoc textu, quo designatur factum Aspare VI. Consule Carthagini constituto accidisse, praesumendum est eundem Asparem sexies Consulatum obtinuisse: quod tamen fastis Consularibus repugnare contendit vir doctissimus. Unde merito suspicatur legendum potius V. C. *Viro Clarissimo*, seu V. I. Cons. *Viro Illustri Consule*, quod in annum cadit 434. Quamquam aegre concedi posse putat tunc temporis fuisse Asparem Carthagini.

(b) MS. Remig. *quae cum in balneo lavaret, simulacrum quoddam Veneris in parte respiciens .... ad daemonium se ordinando praebuit, statim ille*, &c.

(c) Edit. Lugd. Lovan. Duac. & Colon. *ex capto possessoque vase.* Remensem, *ex captivo.* MS. Remig. *ex aperto possessione.*

(d) MS. Remig. *dierum jejunio.*

(e) Supplendum hoc credimus vocem, *scilicet*, aut aliquam similem desiderari.

(f) MS. Remig. *induxit.*

(g) Hunc numerum designat MS. Remig. qui ex septuaginta & quindecim diebus [illegible] exsurgit: [illegible] omnes, *Octoginta & duos*, nec difficile fuit LXXXII. ex LXXXV. fieri a Librariis.

(h) Sic MS. Remig. Edit. *esse dicens.*

(i) MS. Remig. *discedentibus illic.*

(k) Sic MS. Remig. Edit. *& nobilis.*

rum nomine, spiritu subreptionis arreptus, virginem & martyrem sibi sancti Sosii martyris assignans, cum haud procul a Neapolitana civitate in subversionem animarum quemdam promittere lacrymasque illiceret, a germanis venerabilis Nostriani episcopo, & Herio presbytero, simul cum clericis praedictae Ecclesiae detectus & convictus, (a) sic a praefatae provinciae (b) finibus pulsus est. Multa sunt per diversas terras acta ille, qui suae perditionis socios quaerit. Ideoque pauca ipsius in hoc opere inserenda credidi, ut qui post nos futuri sunt, legendo cognoscant, qua cautela, Deo juvante, superare valeant malitiam.

CAPUT VII.

De muliere, & bestia a qua portatur.

Praedictio implenda.

IN Apocalypsi Joannes apostolus dicit: *Venit unus ex septem angelis sextis, & locutus est mecum, dicens: Veni, ostendam tibi judicium meretricis magnae sedentis super aquas multas. Et duxit me in spiritu, & vidi mulierem sedentem super bestiam habentem capita septem & cornua decem, habentem poculum in manu sua, plenum exsecrationibus immunditiae & fornicationis totius terrae.* Et paulo post: *Vidi mulierem illam ebriam sanctorum sanguine, & sanguine Martyrum Christi Jesu.* Haec est (c) Babylon illa cunctis per mundum expolianda trophaeis; ejusque filia est nostra, quaecumque bella ejus & superbiam imitatur. Nec enim uno in loco existimes civitatem, quae tota est sparsa in orbe. De qua dicit & propheta David: *Filia Babylonis misera, beatus, ait, qui retribuet tibi retributionem tuam, quam retribuisti nobis.* Et in Apocalypsi Joannis dicitur: *Reddite ei sicut & ipsa reddidit vobis: in poculo, quo miscuit vobis, miscete ei duplum. Et in quantum se clarificavit & (d) potestatis habuit, in tantum date ei cruciatus, & luctus. Quia dicit: Sedeo regina, & vidua non sum, nec luctus visura sum. Ideoque una hora plagae ejus advenient, mors, fames, & luctus. (e) Et ipsa igni cremabitur, quoniam fortis est Dominus qui eam judicabit.*

2. Quis enim non intelligat, quam dicat hic tenentem poculum plenum exsecrationibus immunditiae, & (f) fornicationis totius terrae? Fornicatio enim (g) dicitur quae temporalis est, utique nomen est blasphemiae: cum mortales licet reges, (h) ut ei dicantur Divi, eisque supplicantes dicunt, Numini vestro, altaribus vestris, perennitati vestrae, & cetera: quae vanitas, non veritas (i) tradit, atque execrabilis facit. Haec enim aeterno Deo debentur. Sane in sacris lascivis, & mollibus nunc sacerdotibus, ad fornicationem idololatriae omnes gentes invitans, seipsam in labiis concumulavit. De quibus satis informat Psalmus: *Perdidisti omnes qui fornicantur abs te.* Verumtamen quis sunt in ea cives supernae patriae Jerusalem, qui dicunt: *Mihi autem adhaerere Deo bonum est:* dicitur eis: *Exi de ea populus meus, ut ne particeps sis delictorum ejus, & ne perstringaris plagis ejus.* Exeunt enim hi qui non (k) fastum ejus, sed humilem viam Christum sequuntur: qui non rapinam, sed misericordiam diligunt, qui puritatem & sanctificationem custodiunt, *sine qua nemo poterit videre Deum*, qui gemunt, & dolent ob iniquitates quae fiunt in medio eorum, nec sunt jugum ducentes cum infidelibus. Quos etiam Dominus in Evangelio, suo exhortatur alloquio, dicens inter cetera: *Beati mites, quia ipsi possidebunt terram. Beati misericordes, quia ipsi misericordiam consequentur. Beati pacifici, quia ipsi filii Dei vocabuntur. Beati lugentes, quia ipsi consolabuntur. Beati qui persecutionem patiuntur propter justitiam, quoniam ipsorum est regnum caelorum.* Testatur & Paulus, dicens: *Tantum qui modo tenet, teneat, donec de medio fiat: & tunc revelabitur iniquus, quem Dominus Jesus interficiet spiritu oris sui, & evacuabit illuminatione praesentiae suae.*

CAPUT VIII.

De decem regibus, quos Antichristus inveniet.

Promissio (l) implenda.

1. IN Apocalypsi Joannis, *Dixit*, ait, *mihi Angelus: Propter quid admiraris? Ego dicam tibi sacramentum hujus mulieris, & bestiae quae portatur. Bestia quam vidisti, fuit, & non est; sed ascensura est de abysso & ibit in interitum. Illa septem capita ejus, septem montes sunt, super quos mulier sedet; & reges septem sunt: unde quinque ceciderunt, unus superest, alius nondum venit. Et cum venerit, oportet (m) breve tempore illum manere. Bestia quae fuit & non est, & ipsa octava haec est, cum sit ex septem, & in perditionem ibit. Et decem cornua quae vidisti, decem reges sunt: hi regnum nondum acceperunt, sed potestatem regum una hora accipient post bestiam.* Hoc a Daniele ostensum est, bestia quarta, quae grandior omnibus bestiis fuit, tot cornua habens.

2. Sed quod ibi dicit, cornu minus surrexisse, (n) & tria cornua exclusisse ante se, hic septem reges nominat, illis tribus expulsis: ipsum autem

(a) MS. Remig. convictus digne.
(b) MS. Remig. hominibus.
(c) Editi antiquiores, & MS. Remig. Babylonia: recentiores, Babylon.
(d) MS. Remig. potestatis ... luctum.
(e) MS. Remig. *Et ipsam igni cremabunt ... qui eam judicavit.*
(f) MS. Remig. fornicationem.
(g) MS. Remig. dicuntur.
(h) MS. Remig. ut hi dicantur.
(i) Editio Lugd. tradidit, atque. MS. Remig. tradidit, atque. Ceteri codices, tradit.
(k) MS. Remig. fastus eo.
(l) MS. Remig. implenda. Editi, impleta.
(m) MS. Remig. breve tempus.
(n) Haec verba, & tria cornua exclusisse, desumpta ex MS. Remig.

tem ostarum Antichristum esse, cum sit ex septem. Ergo, in quantum datur existimatio, aut priores reges memorat, qui truculentiam furunt (a) in religionem Christianam; aut ex decem, tribus evulsis, septem futuros, qui & ipsi saeviant in Ecclesiam. Omnem sane haereticum
Ibid. v. 14. Arianum vult intelligi, cum dicit; *Hi adversus Agnum pugnabunt, & Agnus vincet eos.* Pugnant enim infestando & relaceriando membra Agni, quae jam Christus suo sanguine salvaverit,
Joan. 17. 12. rit, *sed nemo periit*, ait Dominus, *nisi filius perditionis*. Octavum igitur (b) regem, quem dicit Antichristum, quidam Neronem intelligi volunt: ut ipse sit bestia, *quae fuit & non est, & iterum venturus est*. Sed sive ipsius formam & speciem corporis sumat, & in ea appareat
Tob. 5. 8. (sicut e contrario angelus sanctus in Tobiae libro, speciem & similitudinem Azariae, Ananiae magni suscepit,) sive in alterius speciem appareat Antichristus; ipsius tamen Neronis ignaviam & spurcitiam saevitiamque morum habiturum, Daniel propheta testatur, quae in sequenti capitulo demonstranda sunt.

CAPUT IX.

De moribus Antichristi.

Praedictio impleta.

Dan. 8. 23. DAniel propheta dicit angelum dixisse sibi: *Filii quoque praevaricatorum populi tui extollentur, ut impleant visionem*. Et paulo post:
Ibid. v. 20. &c. *Stabit*, ait, *in loco regis vilissimus & indignus decore regio, & in paucis diebus conteretur, non in furore, nec in praelio. Et faciet juxta voluntatem suam rex, & elevabitur, & magnificabitur adversus omnem Deum, & adversus Deum deorum loquetur magnifica, & diriget, donec compleatur iracundia: perpetrata est quippe definitio. Et Deum patrum suorum non reputabit, & erit in concupiscentiis feminarum, & Deum quem ignoraverunt patres ejus colet, & Deum Maozim in loco suo venerabitur*. Hic ostenditur quod ex Judaeis de tribu Dan, quae hucusque in perfidia est, veniet Antichristus, juxta propheticam
Genes. 49. 16. & 17. benedictionem Jacob patriarchae dicentis: *Dan judicabit populum, sicut alia tribus. Fiat Dan coluber in via, cerastes in semita, mordens ungulas equi, ut cadat ascensor ejus retro*. Statimque verum Christum Dominum venturum o-
Ibid. v. 18. stendit, dicens: *Salutare tuum expectabo, Domine*. Hoc etiam in Evangelio quod supra posui-
Joan. 5. 43. mus, relatum est Dominum Judaeis dicente: *Ego veni in nomine Patris mei, & non recepistis me; alius (c) veniet in nomine suo, & ipsi credetis*. Quos praevaricatores legis Paulus redarguens, ostendit Antichristo credituros. *Pro eo*
2. Thess. 2. 10. & 11. *quod dilectionem veritatis non receperunt ut salvi fierent, ideo mittet illis Deus operationem erroris, ut credant mendacio, & judicentur omnes, qui non (d) crediderunt veritati, sed consenserunt iniquitati*. Notandum sane, post bellum haec omnia esse ventura: id est, sublato regno in quo mulier (e) sedet ebria sanctorum sanguine, quae non credentes, posteris videnda relinquimus.

CAPUT X.

(f) *De persecutionibus Antichristi.*

Praedictio impleta.

IN visione Danielis angelus de Antichristo: Dan. 11. 30.
Cor ejus, ait, adversus testamentum sanctum.
Item ibi: *Brachia ex eo consurgent, & polluent* Ibid. v. 31. &c.
sanctuarium fortitudinis, & auferent juge sacrificium; & dabunt abominationem in desolationem, & impii in testamentum simulabunt fraudulenter. Et hic Arianos sepse praecursores Antichristi. *Populus autem, ait, sciens Deum suum obtinebit, (g) & docti in populo plurimi. Et ruent in gladio, & in flamma, & in captivitate, & in rapina dierum. Cumque corruerint, sublevabuntur auxilio modico, & applicabuntur eis plurimi fraudulenter. Et de eruditis ruent, ut conflentur & eligantur & dealbentur usque ad tempus praefinitum*. Item ibi: *In tem-* Dan. 12. 1. &c.
pore illo, dictum est, *consurget Michael princeps magnus, qui stat pro filiis populi tui: & veniet tempus, quale non fuit ab initio ex quo gentes esse coeperunt, usque ad tempus illud. Et in tempore illo salvabitur populus tuus omnis, qui inventus fuerit scriptus in libro vitae*. Firmat haec (h) Dominus in Evangelio: *Cum vi-* Matth. 24. 15.
deritis, ait, abominationem desolationis, quae dicta est in Daniele propheta, qui legit intelligat. Et iterum: *In diebus autem illis erit tribulatio &* Dan. 12. 1. Matth. 24. 21. & 22.
angustia, qualis non fuit ab initio. Et nisi breviasset Deus dies illos, non remansisset omnis caro; sed propter electos breviabuntur dies illi.
Testatur & Joannes in Apocalypsi. *Data est*, Apoc. 13. 5. &c.
ait, *potestas bestiae loquendi magna, & aperuit os suum in blasphemias adversus Deum, blasphemare nomen ejus & tabernaculum ejus. Et data est ei potestas faciendi bellum cum sanctis, & vincere, & occidere eos. Et data est ei potestas in omni tribu, & lingua, & gente, & adorabunt eum omnes, qui non sunt scripti in libro vitae Agni (i), qui occisus est ab origine saeculi*. Hic etiam martyria Christi Domini replebuntur, ut sicut primus ejus adventus millia infantium, ita secundus electorum suppleat (k) numerum.

R

CA-

(a) Edd. antiq. *in religionem Christianam*, nec emendatur a Ms. Remig. Sed recentiores editores emendandi poterunt.
(b) Ms. Remig. *regem*, Lugdun. & Colon. *regem*. Lovan. & Duac. *regem*.
(c) Ms. Remig. *veniet* ... *& ipsi credetis*.
(d) Ms. Remig. *crediderunt*.
(e) Ms. Remig. *sedit*.
(f) Ms. Remig. *De persecutionibus*.
(g) Ms. Remig. *& docebunt plurimos*.
(h) Ms. Remig. addit, *Dominus*.
(i) Ms. Remig. *qui est ab origine*.
(k) Idem, *numerum*. Ms. Remig. *millium*, numerum.

CAPUT XI.

De superbia Antichristi.

(a) Prædictio implenda.

Ezech. 28. 2. EZechiel propheta: *Elevatum est*, ait, *cor tuum, & dixisti, Deus ego sum, & in cathedra Dei sedeo in corde maris: cum sis homo & non Deus. Et dedisti cor tuum quasi cor Dei*. Dicit & Paulus apostolus: *Cum venerit refuga primum, & revelatus fuerit homo peccati filius perditionis, qui superextollitur supra omne quod dicitur Deus, aut quod colitur, ita ut in templo Dei sedeat, ostentans se tamquam sit Deus*. Et Dominus in Evangelio: *Cum vobis dixerint, Ecce hic est Christus, ecce illic*, (b) *nolite credere*. Et in Apocalypsi Joannis: *Vidi*, ait, *bestiam ascendentem de terra, & habebat cornua duo Agni similia, & loquebatur sicut draco*. Et paulo post: *Et facit signa magna, ita ut ignem faceret de cælo descendere in terram sub oculis hominum, & seducit eos, qui habitant terram, propter signa quæ data sunt ei facere*. Hic decipiunt curiosi, & maxime Judæi. Qui *Judæi signa petunt*, ut Apostolus dicit, *& Græci sapientiam quærunt*. Unde quidam conjiciunt in templum Salomonis Antichristum esse sessurum, vel se offerre signis, quibus Christus esse credatur. Nam & præconis mendacii sui habiturum ostensum est, cum dictum sit duo cornua habiturum Agni similia. Dicit enim Joannes in Apocalypsi: *Vidi*, inquit, *ex ore draconis & ex ore bestiæ, & ex ore pseudoprophetæ spiritus tres immundos exeuntes velut ranas: sunt enim spiritus dæmoniorum, facientes signa. Exibunt ad reges totius orbis terræ congregare illos in pugnam, ad diem illum magnum Omnipotentis*. Quod etiam in Daniele dictum est; (c) *Examina ex eo exsurgent*; hic aperte dictum est, exire velut præcones ejus spiritus tres immundos, tamquam in tres partes orbis, id est, Asiæ, Europæ, & Africæ: qui & fictis persuadeant Antichristum ipsum esse Christum. Sed eum non esse, sequentia demonstrabunt.

CAPUT XII.

De Antichristo considerando, quod Christus non sit.

Prædictio implenda.

ANtichristus in qua superbia sit venturus, superius dicta declarant. Non ergo erit humilis ejus adventus, sicut de Christo omnis resonat prophetia, Isaia dicente: *In humilitate judicium ejus sublatum est*, (d) *generationem autem ejus quis enarrabit? quia tolletur a terra vita ejus*. Non ducetur sicut ovis ad victimam, id est, ad Passionem, ut Christum ductum Evangelia testantur & prophetiæ. Non dabit percutienti se maxillam, nec sputa & colaphos accipiens tacebit: quæ in Christo facta ita credimus, ut ea omnis prædicat prophetia. Non ponet dorsum suum ad flagella, nec satiabitur opprobriis: quod Christum implesse, omne Evangelium prædicat & prophetia. Non dividentur vestimenta ejus, & in tunicam sortem nemo missurus est: quod in Christo esse factum (e) Evangelia testantur & prophetiæ. Non crucifigetur, nec fel (f) & acetum accipiet: quod Christum percepisse & Evangelia dicunt & prophetiæ. Non suscipiet latus ejus lanceam, & vulnera clavorum in eo non erunt: quæ in Christo etiam post Resurrectionem fuisse, & Evangelia testantur & prophetiæ. Sanguine suo non redimet mundum: quod in Christo omnis prædicat prophetia. Non morietur, & tertia die resurget: quod Christum fecisse & Evangelia testantur, apostolicæ quoque litteræ & prophetiæ. Non ascendet in cælum, nec Spiritum-sanctum in linguis igneis super discipulos effundet: quod Christum implesse, omne Evangelium sonat & prophetia. Super hæc mundus ipse jam testis est totus.

2. Quare his examinatis atque perspectis, (g) intelligant qui post nos futuri sunt, Antichristum non esse Christum. Cujus finem Apocalypsis ipsa demonstrat. *Venit*, ait, *angelus & apprehendit draconem, & bestiam, & pseudoprophetas. Illi vivi simul missi sunt in stagnum ardens igne & sulphure, & cruciabuntur illic in sæcula sæculorum*. Hic finis erit diaboli & angelorum ejus, & eorum hominum, qui sub nota & signo, (h) ad ejus societatem transierunt. Sicut etiam Daniel & Ezechiel prophetæ de ejus fine testantur. In his autem quæ dicta sunt, bene faciunt qui tunc fuerint intendere prophetiæ, *sicut lucernæ in obscuro loco, donec ipse dies qui venturus est, clarescat in cordibus credentium*. Alia vero signa ultima, quæ futura sunt, sequentia demonstrabunt.

CAPUT XIII.

(i) *De missione Eliæ & Enoch.*

Promissio implenda.

IN Malachia propheta: *Ecce*, ait, *dicit Dominus; mittam vobis Eliam Thesbitem, prius quam veniat dies Domini magnus & manifestus, qui restituet cor patris ad filium, & cor hominis ad proximum suum, ne veniens percutiam terram funditus*. Sic enim illi propheta con-

(a) Editi, *Promissio*. Ms. Remig. *Prædictio*.
(b) Ms. Remigianus, *nolite credere*. Editi, *nolite ire post eos*.
(c) Sic Editi cum Ms. Remig. At vero in textu Græco LXX. quem sequitur author noster, legitur *examina*, ἐκρῖζωθη; quæ vox facile ab amanuensi critica mutari potuit in aliam vocem, *examina*.

(d) Ms. Remig. *nativitatem ... quis enarravit? quia tollitur*, &c.
(e) Ms. Remig. *& Evangelium testatur*.
(f) Ms. Remig. *vel acetum*.
(g) Editi, *intelligunt*. Ms. Remig. *intelligant*.
(h) Ms. Remig. *ejus societatem*.
(i) Ms. Remig. *De missione*.

converterent corda patrum ad filios, ut ostenderent, quæ patriarchæ vel prophetæ dixerunt de Christo in humilitate venturo, convincentes Antichristum non esse Christum. Hoc (a) evidentius Apocalypsis Joannis ostendit. *Dabo*, ait Dominus, *duobus martyribus meis, & prophetabunt diebus mille ducentis sexaginta, amicti saccis. Hi sunt duæ olivæ, & duo candelabra consistentia in conspectu Domini terræ.* Et paulo post: *Hi (b) habent potestatem claudendi cælum, ut imbrem pluat per dies prophetiæ eorum. Et potestatem habent omnium aquarum convertendi eas in sanguinem, percutere terram in omni plaga, quotiescumque voluerint.* Ecce & hic tripartita etiam testium divisio. Contra Pharaonem duo testes Dei missi sunt, Moyses & Aaron: & duo Magi Pharaonis, Jamnes & Mambres resistentes Moysi, qui simul cum suo rege perierunt: & contra Neronem duo, Petrus & Paulus apostoli; et e contrario, Simon magus, qui & se perdidit, & Neronem decepit: & contra Antichristum duo, Enoch & Elias prophetæ, adversus quos tres pseudoprophetæ Antichristi consurgent. Ideo hic plus unus, quia supra unus minus: ut senarius numerus ex utrisque partibus suppleatur, propter sex dies creaturæ in principio dispositos, & sex angelos canentes tubis, totidemque plagas mundo inferentes; ut septimus finem laborum, requiemque sanctorum significet, tamquam septimus dies, qui mane tantum, (c) & vesperum non habebit. Quam requiem sabbati omni præcepto divinitas ipsa servandam commendavit, ut vacantes ab omni opere malo mane adlectum: ut contemplemur eum, *qui coronat in miseratione & misericordia nostra*, juste judicans, & iniquos puniendo damnans. Sed de his Tyconius multa conscripsit. Consummationem vero perfectionemque temporum trium annorum & sex mensium, qui dicti sunt dies mille ducenti sexaginta, & menses faciunt quadraginta & duos, non tantum Apocalypsis Joannis, quantum & Danielis prophetæ commendant: quibus civitatem sanctam calcari (d) ut existimatur ab hæreticis, & maxime Arianis, qui tunc plurimum poterunt: Gog & Magog, ut quidam dixerunt, Gothos & Mauros, Getas & Massagetas, (e) per quorum sævitiam ipse jam diabolus Ecclesiam vastat, & tunc amplius (f) persequentur. Cessaturam facient juge sacrificium, perpetrata adveniet Dominus, dicens: *Venio cito. Beatus qui vigilat, & servat vestimenta sua, ne nudus ambulet.* Quæ autem sint vestimenta servanda, sequens capitulum demonstrabit.

CAPUT XIV.

De veste servanda Christianis.

(g) Prædictio implenda.

PAulus apostolus dicit: *Quicumque in Christo baptizati estis, Christum induistis.* Et Dominus in Evangelio: *Qui semel*, ait, *lotus est, non opus habet lavare nisi pedes tantum, quia est mundus totus.* Omnis itaque ab hæreticis rebaptizatus, aut voluntarie vestem suam Christum amisit, aut in persecutione deficiens indumentum quod habuit, (h) perdit. Dum igitur tempus est, revertat expoliatus & nudus pœnitendo ad pium Patrem, qui redeunti perdito filio, & primam stolam reddi jubet, simul & annulum dignitatis. Qui adhuc (i) torrentis hæreticorum dispensationem, velut siliquis porcorum pasci desiderat, patri reconcilietur & patriis, fugiat latrones expoliatores suos, (k) pudeat Dei filium Antichristi factum esse mancipium. Sponte vel compendio redeat, ut vestiatur, ne nudus exhibitus judicetur. (l) Hæc illi cum perditis filiis adhuc sunt Dei testes. In his Elias & Enoch suum martyrium consummabunt, sicut capituli sequentis narrat auctoritas.

CAPUT XV.

(m) De passione Eliæ & Enoch.

Prædictio implenda.

IN Apocalypsi Joannis dicitur: *Cum finierint martyrium suum, bestia quæ (n) ascendit de abysso, faciet cum his bellum, & vincet eos, & occidet eos, & corpora eorum jacebunt in platea civitatis illius magnæ, quæ vocatur spiritualiter Sodoma, & Ægyptus, ubi & Dominus eorum crucifixus est.* Hæc platea conscientia est omnium impiorum, in mundo plaudentium in morte sanctorum, quod sustinuit quasi carnerint inimicis. Propter quod *corpora eorum non sinent poni (o) in sepulcris, quia hi cruciabant duo prophetæ commorantes eos, qui habitant terram*: quibus occisis, *Cum dixerint, Pax & securitas, tunc illis adveniet repentinus interitus, sicut dolor partus (p) habenti in utero, & non effugient. Quia dies Domini* (ut Paulus dicit apostolus) *sicut fur, ita in nocte veniet.*

CA-

(a) Ms. Remig. *evidenter.*
(b) Editi, *habebunt*; & paulo post Ms. Remig. *claudere.*
(c) Ms. Remig. *vero vesperum.*
(d) Sic Lugdun. & Lovan. qui tamen habent, *poterunt*, non *poterunt*. Ms. Remig. *ut æstimatur.... poterunt*. Colon. & recentiores, *ut* [illegible] .... *qui plurimum poterunt.* Intelligendum videtur, quo tempore de his Tyconius scribebat.
(e) Videri potest hac de re S. Augustinus, libro 20. de Civitate Dei cap. 11.
(f) Ms. Remig. *persequitur*, forte, *persequetur.*

(g) Ms. Remig. *Promissio impleta in veste servanda.*
(h) Editi, *perdidit*. Ms. Remig. *perdit.*
(i) Ms. Remig. *torrentis*, quod nomen si latine dicitur, a torquendo dictum crediderim.
(k) Ms. Remig. addit hic: *pudeat Christum* (forte, Christianum) *mutatum.*
(l) Ms. Remig. *Hæc illis.*
(m) Ms. Remig. *De passione.*
(n) Ms. Remig. *ascendit.*
(o) Ms. Remig. *in sepulcris*. Editi, *in sepulcro*.
(p) Editi, *habenti*.

CAPUT XVI.

De resurrectione Eliae & Enoch.

(a) Promissio implenda.

Apoc. 11. 11. APocalipsis Joannis dicit: *Post tres & dimidium diem spiritus vitae a Deo intravit in illos, & steterunt super pedes suos.* De his arbitror apostolum dixisse Paulum: *Et mortui*
1. Thess. 4. 15. *in Christo resurgent primi.* Tres igitur & dimidium dies, tribus annis & sex mensibus respondent, quibus potestas erit Antichristo: cujus
Apoc. 11. 12. superbia, coram oculis inimicorum Elias & E-
2. Thess. 2. 8. noch adscendentes in caelum, ibunt in occursum
Luc. 1. 33. Christo vero Regi & judici venienti: Qui Antichristum omnesque ejus *interficiet spiritu oris*
Ibid. *sui, ut regnet in domo Jacob ipse,* de quo dictum est, *Regni ejus non erit finis.*

CAPUT XVII.

(b) *De adventu aeternalis Filii Dei & hominis.*

Promissio implenda.

Psal. 49. 3. 1. DAvid propheta dicit: *Deus manifestus veniet, Deus noster, & non silebit. Ignis ante eum ardebit, & in circuitu ejus tem-*
Malach. 3. 1. 2. *pestas valida.* Dicit & propheta Malachias: *Vae desiderantibus diem Domini, & ut quid vobis illum?* Item: *Ipse subito veniet in templum suum Dominus, quem vos ignoratis, & Angelus testamenti, quem vos vultis. Ecce venit, dicit Dominus. Et quis sustinebit introitum ejus? aut quis (c) resistet in aspectu ejus? quia ipse veniet sicut ignis conflatoris.* Dicit & I-
Isai. 66. 15. saias: *Ecce dies Domini sicut ignis veniet, & sicut procella currus ejus, reddere in ira vindictam, & retributionem in flamma ignis.* Dicit
Matth. 24. 27. & Dominus in Evangelio: *Sicut enim fulgur exiet ab Oriente & paret in Occidentem, sic erit*
Ibid. v. 29. *& adventus filii hominis.* Et iterum: *Sol tenebrabitur, & luna non dabit lumen suum, & stellae de caelo erunt decidentes, & virtutes caelorum movebuntur: & tunc videbunt Filium hominis venientem in nubibus cum virtute magna & gloria.*

2. Testatur & Apocalypsis Joannis dicens:
Apoc. 6. 12. *Sol factus est niger ut saccus cilicinus, & luna sanguinea facta est, & stellae ceciderunt, ut ficus quae sicut vento magno agitata amittit acerbos fructus suos. Et caelum recessit, ut liber cum evolvitur, & omnis mons & insula (d) de locis suis mota sunt, & reges terrae magnatesque tribuni, & divites, & nobiles, & servi absconderunt se in speluncis & petris montium, dicentes montibus & petris: Cadite super nos, & abscondite nos a conspectu Patris sedentis super thronum, & ab ira Agni, quoniam venit dies magnus irae illorum. Et quis poterit stare?* Dicit & Paulus apostolus: *Ipse Dominus in jussu, in voce Archangeli, & in tuba Dei descen-* 1. Thess. 4. 16.
det de caelo. Fatetur & Sibylla inter cetera dicens: Aug. de Civ. Dei lib. 18. c. 23.

Eripitur solis jubar, & chorus interit astris;
Volvetur caelum; (e) lunaris splendor obibit.
Sed tuba tum sonitum tristem (f) demittet ab alto
Orbe, gemens facinus miserum variosque labores,
Tartareumque chaos monstrabit terra dehiscens.

3. Multa per singula capita etiam necessaria testimonia praetermisi, suscepti operis modum cogitans. Quare adventus Filii Dei, sicut bonis laetitiam infert, ita malis exitium. Nunc enim cum vivimus, & tempus est corrigendi, adsumendique remedium. Sequitur autem resurrectio mortuorum.

CAPUT XVIII.

(g) *De resurrectione carnis.*

Promissio implenda.

EZechiel propheta: *Dixit mihi Dominus: Fi-* Ezech. 37. 4. & seqq.
li hominis, prophetiza super ossa haec, & dic: Haec dicit Dominus: Ecce ego immitto in vos spiritum, & (h) inducam super vos nervos, & imponam carnes, & extendam cutem. Et dabo spiritum meum in vos, & vivetis, & scietis quia ego sum Dominus. Et I-
saias: *Resurgent mortui, & resurgent qui in* Isai. 26. 19.
monumentis sunt. Et ipse in Evangelio: *Veniet,* Joan. 5. 28.
inquit, *hora quando omnes qui in monumentis sunt, audient vocem Filii Dei, & procedent qui bona egerunt, in resurrectionem vitae, qui mala egerunt, in resurrectionem judicii.* Testatur & Paulus haec in ictu oculi fieri, *in novissima tuba: (i) Canet enim,* ait, *tuba, & mor-* 1. Cor. 15. 52.
tui resurgent incorrupti, & nos immutabimur. Apoc. 20. 13.
Et Apocalypsis, *Exhibuit,* ait, *mare quos penes se habebat mortuos, similiter & mors, & infernus.* Hic illa absolvenda sese ingerit quaestio, quae infidelium gentiliumque ore profertur. Quomodo resurgent ii, quorum cadavera bellis seditque consederunt, ipsique ab aliis belluis, avibus, canibusque consumti sunt. Ignorantes omnia quae ex terra creata sunt, (k) in eamdem materiam resoluta reddere: ac facile esse

---

(a) Ms. Remig. Promissio, in eorum resurrectione Eliae & Enoch.
(b) Ms. Remig. de adventu, &c.
(c) Ms. Remig. resistet.
(d) Ms. Remig. de locis suis.
(e) Editiones nostrae, luminaris, contra legem versuum. Correximus ex Augustini lib. 18. de Civit. Dei cap. 23.

(f) Editi Prosperiani, dimittit; & infra, monstrat. Emendavimus ex libro Augustini unde sumtum.
(g) Ms. Remig. Resurrectionis.
(h) Ms. Remig. inducam.
(i) Ms. Remig. Canet ... & mortui resurgent.
(k) Ms. Remig. in eadem materia resoluta reddere.

esse potentiæ Creatoris, ut ea rursum reparare quæ fuerant, qui potuit istam rerum primum ex illa hominum formare qui non erat. Si quem vero movet, (a) quod scriptum est in primo Psalmo quod non resurgent *impii in judicio:* intelligat non eos ad judicium, sed ad pœnam resurgere, juxta illam Domini sententiam: *qui non credit*, ait, *jam judicatus est*. Fatetur & Sibylla:

> *Sic anima cum carne adtrunt, quas (b) judicat ipse.*

Resurgentibus cunctis, judicium sequitur.

CAPUT XIX.

(c) *De judicio Christi Domini.*

Promissio implenda.

1. DAvid propheta dicit: *Annuntiabunt cæli justitiam ejus, quoniam Deus judex est.* Item: *Advocavit cælum sursum, & terram; ut discerneret populum suum.* Item: *Ipse judicabit orbem terræ in æquitate.* Firmat hæc Dominus in Evangelio. *Cum venerit*, ait, *Filius hominis in claritate sua, congregabuntur ante eum omnes gentes, & separabit eos ab invicem, sicut separat pastor oves ab hædis. Oves ponet a dextris, hædos autem a sinistris. Tunc dicet his qui a dextris sunt; Venite benedicti Patris mei, percipite regnum quod vobis paratum est ab origine mundi. Esurivi enim & dedistis mihi manducare*, & cetera quæ pertinent opera misericordiæ, in quibus est sacrificium magnum purgans omne peccatum, ipso dicente Domino: *Misericordiam volo (d) magis quam sacrificium.* Similiter autem dictum est: *Ite in ignem æternum quem præparavit Pater meus diabolo & angelis ejus. Esurivi enim*, ait, *& non dedistis mihi manducare:* & cetera similiter quæ ad crudelitatis culpam pertinent, quæ mergunt hominem in interitum & perditionem, dum avari non pascunt Christum esurientem in paupere, qui dicit: *Quamdiu uni ex minimis meis non fecistis, neque mihi fecistis.* Sequiturque inter partes lata sententia judicantis. Ibunt, dictum est, impii, *in combustionem æternam.*

2. Testatur & in hæc Paulus apostolus. *Omnes*, ait, *astabimus ante tribunal Christi, ut referat unusquisque secundum ea quæ per corpus gessit, sive bonum, sive malum.* Et Apocalypsis Joannis dicit: *Vidi mortuos tam magnos quam minimos, stantes in conspectu throni Dei. Dehinc aperti sunt libri, & alius liber apertus est, qui est vitæ uniuscujusque hominum: & judicati sunt mortui ex ipsis scripturis librorum, secundum facta sua.* Libri aperti, conscientiæ singulorum. Alius liber qui omnium continet actiones, judicia Dei est cuncta producens in lucem: (e) de quo dicit Paulus: *Donec veniat Dominus, & illuminet abscondita tenebrarum, & manifestabit cogitationes cordis, & tunc laus erit unicuique a Deo.* Concludit Joannis Apocalypsis: *Mors & infernus missi sunt in stagnum ignis, & qui non sunt inventi in libris vitæ, missi sunt in stagnum ignis, in quo cruciabuntur in sæcula sæculorum.* Sicut dicit & Isaias: (f) *Vermis eorum non morietur, & ignis eorum non extinguitur, & erunt usque (g) ad satietatem visionis universæ carni.* (h) Fatetur & Sibylla:

> *Detrahet ullus tenebras tunc quisque loquetur*
> *Secreta, atque Deus reserabit pectora luci;*
> *Tunc erit & luctus, stridebunt dentibus omnes.*

Et paulo post:

> *Et coram hic Domino reges sistentur ad unum.*
> *Decidet e cælo ignisque & sulphuris amnis.*

Post hæc sequitur, per ignem purificatorium, quosdam felices homines ipsaque elementa purgari.

CAPUT XX.

*De igne * purificatorio.*

Promissio implenda.

DAvid propheta: *Omnis sicut (i) vestimentum veterascent; & sicut opertorium mutabis ea, & mutabuntur, tu autem ipse idem es.* Item ipse: (k) *Igne me examinasti, sicut examinatur argentum.* Et iterum: *Transivimus per ignem & aquam, & induxisti nos in refrigerium.* Et Malachias propheta: *Ipse (l) intrat*, ait, *sicut ignis conflatoris, & sicut herba fullonum,*

(a) MS. Remig. *Ex quo quem movet*, Hæc vero quæ sequuntur, *quod scriptum est in primo Psalmo*, ex eodem MS. codice suppleta. In editis hoc loco legebatur: *Si quem vero movet quod impii in judicio non resurgent*, intelligat, &c.

(b) MS. Remig. *animæ a carne*. Apud Augustinum perhibet, *quas judicet ipse*.

(c) MS. Remig. *De judicio*.

(d) [illegible] *plusquam*.

(e) Edit. *De quo*.

(f) MS. Remig. *Vermes eorum non morientur, &* [illegible] *non extinguitur*.

(g) MS. Remig. *& erunt ad visionem universæ* [illegible].

(h) Hunc locum restituimus ex libro Augustini [illegible]. In editis antea legebatur: *Fatetur & Sibylla, occultas ullus tunc detegetur. Quis loquitur secreta?*

> *Atque Deus reseravit pectora luci;*
> *Tunc erit & luctus, stridebunt omnibus omnes.*

Et paulo post:

> *Et coram hoc Domino reges sistentur ad unum.*
> *Decidet e cælo ignis & sulphuris amnis.*

Ubi auctori libri hujus tribuebatur quod est Sibyllæ [illegible], & hujus mutila [illegible].

(i) MS. Remig. *sicut vestimentum ... & sicut opertorium*.

(k) MS. Remig. *Igne me, sicut igniter argentum*.

(l) Recentiores editiones, *intrabit*.

* MS. Rem. *purgatorio*.

flant, & purgans ficut argentum & aurum, (a) *& purgavit filios Levi.* Et in Evangelio Matthæus hæc de Domino confirmat dicens: *Hic est qui baptizat in Spiritu-sancto & igni,* Matt. 3. 11. & 12.
ferens ventilabrum in manu sua, & purgabit aream suam. Frumenta recondet (b) *in horreo, paleas comburet igni inextinguibili.* Et iterum ipse Dominus dicit: *Prius quam cælum & terra transeat, jota unum, aut unus apex non cadet de lege,* (c) *qui non impleatur.* Et Petrus apostolus: *Qui autem nunc sunt cæli, eodem verbo repositi sunt, igni reservandi in diem judicii.* Et paulo post: *Properantes,* ait, *ad præsentiam Domini, per quam cæli ardentes solventur, & elementa ignis ardore decoquentur.* Dicit & Paulus: *Quia & ipsa creatura liberabitur a servitute* (d) *corruptionis in libertatem gloriæ filiorum Dei.* Fatetur & Sibylla dicens:

Matt. 5. 18. · 2. Pet. 3. 7. · Ib. ℣. 12. · Rom. 8. 21.

Omnia cessabant, tellus confracta peribit: Dit. Sagr.
Sic pariter fontes torrentur, fluminaque igni.

His igitur peractis, cum respicientes impii justos dixerint: *Hi sunt quos habuimus aliquando* (e) *in derisum, & in similitudinem improperii. Nos insensati vitam illorum æstimabamus insaniam, & finem illorum sine honore: quomodo computati sunt inter filios Dei, & inter sanctos sors illorum est!* introductisque tunc agentes pœnitentiam, cum scriptum sit: *In inferno autem quis confitebitur tibi?* redactisque multis in tenebris exterioribus, in quibus nulla lux, nullaque dies erit, ac vox illa terribilis & metuenda sonuerit: *Auferatur impius, & non videat claritatem Domini sanctorum:* tunc (f) sequetur eminens illustrisque gloria, quæ aliis est intimanda capitulis.

Sap. 5. 3. & seqq. · Ps. 6. 6. · Is. 26. 10.

(a) Edd. *purgabit*, Ms. Remig. *purgavit*.
(b) Ms. Remig. *in horreo*.
(c) Ms. Remig. *donec omnia impleantur*.
(d) Ms. Remig. *corruptas in libertate*.
(e) Ms. Remig. *in risu & in similitudine*.
(f) Ms. Remig. *sequitur ..... quæ aliis est intimanda capitalis*. Edd., *alio est intimanda capitulo*.

FINIS DIMIDII TEMPORIS.

GLORIÆ REGNIQUE SANCTORUM CAPITA.

1. PROM. *De cælo novo, & de terra nova.*
2. PROM. *De commutatione sanctorum.*
3. PROM. *De nova Jerusalem.*
4. PROM. *De eo quod sancti fulgebunt ut sol.*
5. PROM. *De sanctorum, sicut stellarum, in gloria differentia.*
6. PROM. *De virginitate sanctorum.*
7. PROM. *De inexplicabili dono sanctorum.*
8. PROM. *De facie ad faciem videndo Deum.*
9. PROM. *De revelata facie sanctorum.*
10. PROM. *De eo quod tradet Filius regnum Deo & Patri.*
11. PROM. *De jugi cantico Alleluja.*
12. PROM. *De renovatione omnium.*
13. PROM. *De eo quod Deus sit omnia in omnibus.*

DE GLORIA REGNOQUE SANCTORUM.

CAPUT PRIMUM.

De cælo novo & de terra nova.

(a) Promissio implenda, credendaque.

Apoc. 21. 1. 2. Petr. 3. 13. APOCALYPSIS Joannis dicit: *Vidi cælum novum & terram novam.* Tollitur & Petrus: *Novos vero cælos & novam terram, secundum ipsius promissa, exspectamus, in quibus justitia inhabitat.* Et David dicit:
Psal. 26. 13. *Credo videre bona Domini in terra viventium.* Hæc impii non videbunt.

CAPUT II.

De commutatione sanctorum.

Promissio implenda, atque primo credenda.

Ephes. 4. 13. PAulus dicit apostolus: *Donec occurramus omnes in virum perfectum, in mensuram ætatis plenitudinis Christi.* In quam senes, omnis ætas, & utroque sexu, cum hac gloria ad tricenariam juventutem (in qua Christus Dominus passus) transibunt cum ipso Rege suo, quam impii non videbunt.

CAPUT III.

De nova Jerusalem.

Promissio implenda, & credenda prius.

Apoc. 21. 2. APocalypsis dicit: *Jerusalem novam vidi a Deo descendentem, aptatam & ornatam,*
Gal. 4. 26. (b) *ut sponsam marito.* Dicit & Paulus: *Quæ sursum est Jerusalem, libera est, quæ est mater*
Apoc. 21. 23. & 4. *nostra.* In hac civitate *nox non erit, nec lumen lucernæ opus erit, non luctus, neque mors, neque clamor, sed nec dolor* (c) *ullus, quia priora abierunt.* Et hujus patriæ gloriam impii non videbunt.

CAPUT IV.

De eo quod sancti fulgebunt ut sol.

Promissio implenda, & credenda.

DOminus in Evangelio: *Tunc, ait, justi fulgebunt sicut sol in conspectu Patris sui:* Matt. 13. 43.
quoniam erunt æquales Angelis Domini. Et Luc. 20. 36.
hanc gloriam impii non videbunt.

CAPUT V.

De sanctorum, sicut stellarum, in gloria differentia.

Promissio implenda, & credenda.

PAulus apostolus dicit: *Stella a stella differt* 1. Cor. 15.
in gloria, sic & resurrectio mortuorum. 41. & 42.
Quomodo alii pro (d) confessione martyrii, alii pro integritate virginali, alii pro continentia viduali, alii pro pudicitia conjugali, diversis honoribus sine invidia fulgeant, impii non videbunt.

CAPUT VI.

De virginitate sanctorum.

Promissio implenda, & credenda.

APocalypsis Joannis dicit: *Hi sunt qui cum* Apoc. 14. 4.
mulieribus se non coinquinaverunt, virgines enim permanserunt. Hi sunt qui sequuntur Agnum quocumque ierit. Quo sequuntur virgines,

---

(a) Omnes tituli 13. capitum sequentium in Ms. Remig. his duobus vocibus connectuntur, *Promissio implenda.*
(b) Edit. posteriores *ut sponsam.*
(c) Edit. priores, *dolor.*
(d) Sic Ms. Remig. At vero editi, *pro confessione.*

nem, quo eum sequi nequeunt non virgines, impii non videbunt.

CAPUT VII.

De inexplicabili dono sanctorum.

Promissio implenda, & credenda.

1. Cor. 2. 9. PAulus dicit apostolus: *Quod oculus non vidit, & auris non audivit, nec in cor hominis ascendit, quæ præparavit Deus diligentibus se.* Sancti cum hæc acceperint, impii non videbunt.

CAPUT VIII.

De facie ad faciem videndo Deum.

Promissio implenda.

1. Cor. 13. 12. PAulus dicit Apostolus: *Videmus nunc per speculum in ænigmate, tunc autem facie ad faciem.* Quemadmodum sancti videant Deum Trinitatem, Patrem in Filio, Filium in Patre, Spiritum-sanctum & in Patre & in Filio, impii non videbunt.

CAPUT IX.

De revelata facie sanctorum.

Promissio implenda.

2. Cor. 3. 18. PAulus dicit apostolus: *Nos, ait, revelata facie gloriam Domini speculantes, in eamdem imaginem transformamur a gloria in gloriam tamquam a Domini spiritu.* Et hæc impii non videbunt.

CAPUT X.

De eo quod tradat Filius regnum Deo & Patri.

Promissio implenda.

1. Cor. 15. 24. QUomodo (a) tradat Filius regnum Deo & Patri, sicut Paulus dicit apostolus, impii non videbunt.

CAPUT XI.

De jugi cantico Alleluja.

Promissio implenda.

Apoc. 19. 1. 3. 4. 6. QUomodo jugi cantico, ut Apocalypsis dicit, sancti cantent *Alleluja* sine defectu, sine fine; impii nec audient, nec videbunt.

CAPUT XII.

De innovatione omnium.

Promissio implenda.

QUomodo innoventur omnia (ut Isaias Propheta & Apocalypsis dicunt) permansuraque in æternum; & quomodo ex ligno vitæ sine corruptione cibum sancti capiant, & de fonte Christo, non necessitate, sed potestate bibant, impii non videbunt. Isa. 65. 17. Apoc. 21. 5. & 22. 2.

CAPUT XIII.

Quod Deus sit omnia in omnibus.

Promissio implenda.

QUomodo erit *Deus omnia in omnibus*, ut Paulus dicit apostolus, impii non videbunt: quia soli sancti & redempti his voluptatibus & deliciis cælestibus perfruentur. Hæc est civitas, virtus & salvatio nostra. Hæc est Jerusalem cælestis perpetua. Hic in ea possessio sanctis verus Deus Rex. 1. Cor. 15. 28.

Nec metas rerum, nec tempora ponit,
Imperium sine fine dedit. Aeneid. 1.

Hi sunt qui regnant cum Rege Christo: de quo dicit Daniel: *Regnum ejus alteri populo non derelinquetur, quoniam regnabit in infinita secula, & regni ejus non erit finis.* Dan. 2. 44. & 7. 14. Luc. 1. 33.

Peroratio (b) sancti Prosperi, & conclusio hujus fidelissimi utilissimique libri sui.

1. JUvante (c) gratia Dei, hunc conclusi librum, tribus ejus primis partibus quadraginta capitula adnotando, velut quadraginta dies, quibus in hujus vitæ curriculis Moyses, Elias & Dominus Jesus jejunia celebrarunt. Ter enim quadragies ducta centum viginti faciunt. Accedunt alia viginti, in Dimidia parte finis mundi, & fiunt centum quadraginta. Tredecim quoque in gloria sanctorum superadduntur, & perficiunt centum quinquaginta tria. In quo numero sacrati illi pisces retis veritatis incorrupto, post Resurrectionem Domini jussione capti sunt, millia sanctorum significantem, quos Dominus ex omni gente, tribu, & lingua, per omne tempus congregatum, nobis infinitum sibi cognitum numerum consecravit. Habes primam piscandi voluptatem, si hujus rei amator es, Lector spiritalis; præsertim quia in hoc libro, ut existimo omnes (d) voluptates, omnesque affectiones invenies. Ingredere ergo huc, *delectaberis, & hæc avertere, sic* Joan. 21. 11. Cant.

(a) Edit. *tradidit*. MS. Remig. *tradat*.
(b) Hic Prospero nomen hoc mentio in codice MS. Remigiano Remensi, sed in editis tantum. An vero eidem huic operi omnino tribui possit, aut Prospero Aquitano omnino non debeat tribui hoc opus, vide in Admonitione prævia huic libro.
(c) MS. Remig. *Juvante gratia Dei ex CL. capitulis conclusi.*
(d) MS. Remig. *voluntates.*

hic lauda, & age remuneratoris tuas. Nam si te fortassis tabulæ lusus invitat, (a) in asse uno duo & tria, quina & sena habes quibus numeris mensuræ arcæ consurgunt, trinæ unitatis tesseras volvens; calculos (b) moveas etiam in bonis operibus candidos, in passione purpureos, (c) spectante illo qui dicit: *Vincenti dabo calculum, & per calculum nomen novum, quod nemo scit, nisi qui accipit.* In calculis eburneis nomina Proconsulum conscripta Carthagini in foro coram populo a præsenti judice sub certis vocabulis citabantur, & erat solemnis dies illa citatio. Illi qui avaritiam superantes rempublicam fideliter egerant absque flagitiis (d) favoribusque, etiam absentes honorabantur. Eos vero quos rapacitas vicerat, populus convitiis sibilisque notabat.

2. Habes igitur quid vincas, qui rempublicam gubernando judex in sæculo. Avaritiam vince, quæ radix est omnium malorum; nec jam terrenæ, quæ quocumque modo labuntur, sed cælestes æternæque (e) alliciant potestates. Si venandi est affectio, habes montem altissimum, cervos velociter apostolorum prophetarumque dicta percurrentes. Habes & in campis *petram, refugium erinaciis & leporibus*, quam in simplicitate cordis Christus Dominus per suos canes venatur, ut spinis careant delictorum. Si spectandi voluptas est, habes hic aurigam spiritalem Christum Eliam, qui curru igneo usque ad metas pervectus est cæli, currusque pharaonis demersos in profundo. In monte habes Danielem sanctum, leones non ferro, sed oratione vincentem; utrosque venantes eos, qui Elisæum prophetam communiter lacessierant. Habes quoque in sancto spectaculo non mimicas turpitudines, sed Christo sacratas virgines. Habes (f) Caballistarum loco, Rebeccæ geminos mystice ludentes. Habes David coram arca saltantem, & nudatum in Passione Christum, coram servis & ancillis suis, illa ipsa sua historia exhibentem. Habes postremo fletus, planctusque Jeremiæ decantatos, non arte magica, sed prophetica.

3. Ædificandi si est (g) affectus, habes fabricam mundi, mensuras arcæ, ambitum tabernaculi, fastigium templi Salomonis, (h) ipsius per mundum membra Ecclesiæ, quam illa omnia figurabant. Epulandi si est delectatio; habes hic Sapientiæ paratam mensam, in qua est Panis Angelicus, & vitulus saginatus, sobrieque inebrians poculum salutare. Neque flores sancti desunt huic convivio, lilia virginum, (i) continentium violæ, & rosea coronæ martyrum. Restat, ut arbitror, musicorum voluptas; habes organum ex diversis fistulis sanctorum apostolorum, doctorumque omnium Ecclesiarum, aptatum quibusdam accentibus, gravi, acuto, & circumflexo, (k) quod musicus ille Dei Spiritus, per Verbum tangit, implet, & resonat; habens *clavem David, qui claudit, & nemo aperit; aperit & nemo claudit*: chrismatis oleo & aqua baptismi cuncta confœderans, ac decorans. Ad hujus organi suavissimas & dulcissimas voces pervenerunt *Principes conjuncti psallentibus, in medio adolescentularum tympanistriarum.* Et quæ sint hæc sequitur: *In Ecclesiis benedicite Dominum.* Hæ adolescentulæ Ecclesiæ dum tympanum tangunt, id est, pellem mortui animantis extensam in ligno, scilicet Christum prædicant crucifixum. Hujus tympani tam magnus sonus totius mundi jam auribus auditus.

4. Nec decem chordarum Psalterium huic deest convivio, dum (l) in conclusione centum quinquaginta Psalmorum laudant sancti Dominum *in sono tubæ, in psalterio & cithara, in tympano & choro, in chordis & organo, in cymbalis bene sonantibus, in cymbalis jubilationis, quoniam omnis spiritus laudat Dominum.* Hæc in templo Dei mei prospiciens in quo omni quisque dicit, Gloria: quoniam adhuc passiones, quæ per legem sunt, operantur in membris nostris, ut fructum ferant morti, multisque vitiis implicati teneamur in hac vita quæ tota tentatio est, sacrificium ex adipibus vitulorum patriarcharum & prophetarum, caprarum pinguium, & arietum, apostolorum ducum gregis, pro peccato animæ meæ, ac mundatione totius hominis mei in hoc libro & confessionem vovi, & in ara contriti cordis immolavi holocausta, non sine incenso orationum omnium sanctorum, quibus me ab omni peccato expiari posse confido. Quiescat invidus lector, ne sicut Cain ferro, ille dente, vel lingua percutiat. *Filii enim hominum dentes eorum arma & sagittæ, & lingua eorum gladius acutus.* Si quid autem displicet, si pius est, emendet in misericordia, & arguat in lenitate, oretque pro nobis, ut simul in arca inter munda animalia reperti, in cubito perfectionis ejus pariter adnexi, charitatem Domini, trinæ majestatis unitatem (m) supereminentem viam, duce gratia, sequamur omnes; eodem manente in nobis, & nobis in illo: *A quo omnia, per quem omnia, qui est Deus benedictus in sæcula,* (n) *Amen.*

(a) Ita Lugd. & Lovan. cum Ms. Remig. Duac. & Colon. *in asse uno*: sed mutavi hunc, ut videtur.
(b) Ms. Remig. addit hoc nomen, *moveas*.
(c) Ms. Remig. *expectante*, melius Ms. Remig. *spectante*.
(d) Ms. Remig. *absque suffragiis*.
(e) Ms. Remig. *alliciant*.
(f) Lugd. & Lovan. *Caballistarum*; sed melius legitur, *Caballistarum* ex Ms. Remig. & Duac. Coloniensique editionibus. *Caballistarum* vero nomine intelligi credimus ab auctore eos qui equorum agitatione & cursu in agone contendebant.
(g) Ms. Remig. *affectio*.
(h) Ms. Remig. *ipsiusque*.
(i) Editi, *continentia*. Ms. Remig. *continentium*.
(k) Editi, *quem*; melius Ms. Remig. *quod*, scilicet organum.
(l) Sic Ms. Remig. At editi, *in conclusione*.
(m) Emendamus ex Ms. Remig. Editi, *per eminentem*.
(n) Ms. Remig. *in sæcula sæculorum. Amen.*

PROMISSIONUM ET PRÆDICTIONUM DEI, FINIS.

ADMONITIO
IN CHRONICON ALTERUM
SUB TIRONIS PROSPERI NOMINE VULGATUM, QUOD A QUIBUSDAM VOCATUR
PSEUDOCHRONICON.

PRÆTER *Chronicon* illud *sancti Prosperi, quod ad calcem genuinorum ejus operum exhibuimus, quodque Prospero Aquitano sancti Augustini discipulo omnes, si perpaucos exceperis, libenter tribuunt; prodiit etiam Chronicon aliud, sub nomine Tironis Prosperi a viro eruditissimo Petro Pithœo e Manuscripto codice Bibliothecæ sancti Victoris Parisiensis primo in lucem editum. Quod quidem, sicut ordinarium sancti Prosperi Chronicon, ab anno 379. incipiens, ad annum usque 455. protenditur. Auctori operis istius nomen Prosperi indidit Pithœus, motus auctoritate Manuscriptorum Sigeberti & Mariani: sed de suo addit; illud ipsum esse verum Prosperi Chronicon, cujus ita ingenium referre contendit, ut non immerito sibi videatur membrum esse amplioris ejus, quod ipsius nomine ab orbe condito, ad captam a VVandalis Romam Gennadius Massiliensis Presbyter se legisse testatur; miraturque unde factum sit, ut aliud Chronicon (scilicet antea vulgatum) per Consules digestum, hactenus in omnibus Hieronymiani Chronici editionibus Prosperi titulo subjungeretur: quod etsi cum isto non pauca habet communia, ut pote ad ejusdem ætatis historiam pertinentia, alterius tamen genii esse facile intelliges, qui utrumque attentius legerit.*

Equidem non ægre fatebimur Pithœo, utrumque hoc Chronicon unius ejusdemque auctoris fœtum dici non posse. Alias, ut ait Bucherius, concedendum esset, ab uno *eodemque ore calidum frigidumque (ut ajunt) flamen simul posse prodire.* Sed *mirum omnino talem virum eam in opinionem venisse, quod istud Chronicon, etsi valde confusum perturbatumque (quod ipse lubens agnoscit;) licet mendis in rectam Chronologiæ rationem refertum; in quo vix aliquid delibatur de Pelagianis in quo id unum de Augustino observatur, quod plurima libris innumeris disseruerit; in* quo *demum ex Augustino orta dicitur Prædestinatorum hæresis, sancto Prospero certo certius ignota, cum talem nullibi impugnasse aut retulisse legatur: mirum (inquam) quod tale opus Prospero dignius haberi debeat, ejusque ingenium magis referre, quam alterum illud Chronicon, quod profecto & clarius est, & majori ordine digestum; ex quo lux maxima aspergitur in omnem sancti Augustini & Pelagianæ hæreseos historiam: & in quo denique cum maxima venerationis testificatione laudantur sanctus Augustinus, sanctusque Leo, qui ambo sancti Prosperi magistri jure merito possunt appellari. Unde in hoc a Pithœi opinione dissensit omnino Jacobus Sirmondus; novumque hoc Chronicon Magni Prosperi libris accenseri non patitur.*

Pithœus vero, cui contrarium pro persuaso erat, Chronici sui auctorem Tironis Prosperi nomine designaverat; etsi solum Prosperi nomen præferrent illi codices manu exarati, unde opusculum istud hauserat. Quod quidem immerito ab illo factum agnovit Sirmondus. Hinc est quod hoc Tironis nomen sortitum fuisse non legatur in editionibus a Du-Chesnio, vel Scaligero procuratis. Cum autem hoc Prosperi nomen sine alio addito, videatur sanctissimo gratiæ Christi defensori designando consecratum; vulgo auctor Chronici Pithœani sub hoc nomine Tironis Prosperi solet notari; ne cum altero Prospero confundi putetur.

At vero in hoc maxime lapsus est Pithœus, quod præstitit, cum de Prædestinationis actum est. Etsi enim eo loci legebatur in duobus, quos in manibus habuit,

buit,

buit, Manuscriptis; Prædestinatorum hæresis, quæ AB AUGUSTINO accepisse dicitur initium, his temporibus serpere exorsa: (a) *& in altera tantum horum pro diversa lectione appositum fuerat*, AB AUGUSTINI LIBRIS MALE INTELLECTIS; *eademque in Chronico Sigeberti habebantur: quo unico argumento satis evincebatur, auctorem operis non Prosperum agnosci debere, sed quemdam sancti Augustini adversarium; & omni fide indignum esse, qui hæresim aliquam ab Augustino ortum habuisse dixerit: Pithœus tamen, neglectis Manuscriptis, lectionem Sigeberti substituit: quæ licet minus odii scriptori conciliet, tamen nec ipsa a sancto Prospero prodire ullatenus potuit. Unde etiam Sirmondus, cujus interierat Pithœi patrocinium suscipere, ut ejus quem Hæresis Prædestinatianæ testem primarium assumpserat, fidem sartamtectam tueretur, Pithœum hac in re culpare coactus, confessusque est, ab illo in Chronico suo scribi debuisse*, Ab Augustino: *ut postea a Philippo Labbeo editum habetur, in Bibliotheca nova Manuscriptorum: etsi ille (quod non facile credat, nisi qui legerit) dubitet adhuc numquid tale Chronicon pro Prosperiano non sit agnoscendum.*

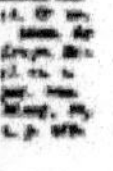

Nec desunt qui hoc operis Prosperiano nomini suppositum putent, ut inde tum ipse, tum sanctus Augustinus in contemptum & invidiam venirent. Quæ conjectura nec solidis fundamentis, nec probationibus debitis inniti videtur. Hincmarus enim, quem observans de hoc Chronico tacuisse, aut illud fortasse non noverat, aut certe eo uti aliis de causis noluit. Igitur magis pronum est credere, aut illud a Prospero quodam sancti Prosperi gratiæ vindicis æmulo continuatum; aut, cum in primis exemplaribus cujusvis auctoris nomine careret, impositum ei postea fuisse nomen sancti Prosperi, qui Chronicon ejusdem ætatis scripsisse palam noscebatur; aut denique a Semipelagiano quodam e Provincia, penes quem erat germanum sancti Prosperi Chronicon, illud pro libito mutatum, diminutum, aut interpolatum fuisse: licet forte is homo de illo unquam in lucem emittendo non cogitaret. In hanc ultimam sententiam descendescunt tum Jos. Antelmius Dissertatione octava, de veris operibus sanctorum Patrum Leonis & Prosperi, tum doctissimus auctor Bibliothecæ Auctorum Ecclesiasticorum tom. 4. in Prospero: Quorum judicio adhærendum nos quoque facile credimus.

(a) Sic legitur etiam in Manuscripto codice annorum forte 500. qui fuerat V. C. Claudii Joli Præcentoris, & Canonici Ecclesiæ Metropolitanæ Parisiensis; postea vero ex ejus dono factus est Venerabilis Capituli ejusdem Ecclesiæ. In hoc enim a prima manu habetur, *ab Augustino*; a posteriori vero, & caractere recentiori substitutum est, *ab Augustini libris male intellectis*. [illegible] quoque quod pro correctione [illegible] in margine [illegible] per nos [illegible]; & [illegible] a manu recentiori substitutum in Codice Ogilbaeo notat Ph. Labbeus, in Bibl. nov. MS.

CHRONICON PROSPERI
TIRONIS AQUITANI.

A morte Valentis Imperatoris, ad captam a Genserico Urbem, longe aliud ab eo quod Isidorus B. Hieronymi Chronico subjunctum est: ex edit. Pithœi.

Gratianus I. I. IGITUR (a) Valente a Gothis in Thracia concremato, Gratianus cum fratre Valentiniano regnat annos sex. Hic parvulum fratrem habens, regni consortem, probatæ ætatis virum Theodosium in societatem regni adscivit. Hic Gratianus valde religioni favens & Ecclesiis per omnia promptus fuit.

Martinus Turonensium Episcopus apostolicis virtutibus insignis habetur.

Theodosius. II. Theodosius in Orientis partibus lassam Rempublicam reparavit.

III. Maximus Tyrannus in Britannia a militibus Imperator constituitur.

IV. Incursantes Pictos & Scotos Maximus strenue superavit.

Priamus quidam regnat in Francia, quantum altius colligere potuimus.

V. Ambrosius libros contra Arianorum perfidiam luculentissimos ad Gratianum Augustum scribit.

VI. Maximus in Gallias transfretavit & conflictu contra Gratianum habito, eumdem fugientem Lugduni interfecit.

Theodosius. Theodosius annis XI.

I. Maximus timens Orientalis Imperii Principem Theodosium cum Valentiniano fœdus iniit.

Apud Treveros Manichæi deprehensi, summo Maximi studio exterminati.

II. Justina mater Valentiniani Arianis favens, in Ambrosium & omnem Mediolanensem Ecclesiam diversa injuriarum genera congerit.

Reliquiæ Gervasii & Protasii (b) Martyrum, ab Ambrosio primum Mediolani repertæ.

Hymni Ambrosii compositi, qui numquam ante in Ecclesiis Latinis modulis canebantur.

III. Maximus indignum ducens contra Ecclesiæ statum agi, locum irrumpendi quod cum Valentiniano junxerat fœdus, invenit. Valentinianus verius imminentem jam cervicibus suis Tyrannum, ad Theodosium confugit.

Honorius & Arcadius XXXIII. cos.

Theodosius & Joannes XXV. & XXII.

Valentinianus & Martianus III. cos. XXV.

Augustinus Mediolani rethoricam adprime docens, omissis scholis, ad fidem rectam convertitur, cum ante Manichæus fuisset.

IV. Theodosius cum exercitu ad Italiam transgrediens, Maximum interficit, & Valentinianum proprio regno reddidit.

Justina, quæ Ecclesias vexaverat, ne regnum cum filio reciperet, morte præventa est.

Immane Thessalonicæ gestum facinus extincti populi, egregio pœnitentiæ exemplo Imperator religiosus eluit.

V. Hæresis Apollinaristarum ab Apollinare cœpta.

Arriani, qui totum pene Orientem (c) atque Occidentem commaculaverunt, Edicto gloriosi Principis Ecclesiis spoliantur, quæ Catholicis deputatæ sunt.

VI. Joannes Ægyptius Monachus, qui ob vitæ puritatem prophetiæ gratiam a Domino meruit, insignis habetur.

Post Damasum Romanæ Ecclesiæ regimen XXXVI. Syricius (d) suscepit.

VII. Apud Alexandriam defuncto Petro Timotheus, & post hunc Theophilus Episcopi constituuntur.

Jerosolymis post Cyrillum Joannes Ecclesiam recepit.

Apud Antiochiam defuncto Miletio substituitur Flavianus.

Ingens inter nostros contentio oborta, quod scilicet Episcopi, qui ab hæreticis depulsi fuerant, nollent hii ab Imperatore dejectis, alios quam se substitui Sacerdotes.

Terribile in cælo signum columnæ per omnia simile apparuit.

VIII. Apud Alexandriam templa destructa, in quibus Serapis antiquissimum & nobilissimum templum, quod quasi quædam columna nutantem fulciebat idololatriam.

IX. X. Valentinianus Viennæ ab Arbogaste Comite suo extinguitur, in cujus locum tyrannidem Eugenius invadit.

XI. Ad vindicandum Valentiniani interitum, & opprimendam Eugenii tyrannidem, Theodosius in Italiam transgreditur, aperto Dei favore conspirantibus in idipsum elementis.

Eugenio superato Theodosius XI. regni sui anno (e) diem obiit.

Arcadius & Honorius XXVII. annis. *Arcadius & Honorius.*

I. Constantinopolis eminentem iram Dei, igne super nubem terribiliter fulgente formidans, tota ad pœnitentiam animo conversa subterfugit.

Rufinus Bosphoritanus cum ad summum militiæ pervenisset, præferri sibi Stiliconem non ferens, ab eodem interficitur, Honorium, quo subdebatur, præsidio (f) superato.

II. Clau-

(a) In MS. Pithœi, hæc præfatio legantur. *Hucusque Hieronymus Presbyter ordinem præcedentium digessit annorum. Quæ sequuntur Prosper digessit.*

(b) Absunt verba hæc, martyrum, ab edit. Pithœana.

(c) Desunt in MS. Victor. hæc verba, *atque occidentem*.

(d) Uterque MS. Victor. & Jol. *suscepit*.

(e) MS. Victor. *diem obiit*.

(f) Sic restituimus ex MS. Victor. & Jol. antea legebatur apud Pithœum, *[illegible]*.

II. Claudianus Poeta admiratione dignus habetur.

(a) Gildo Africanus in rebellione commotus consortia Romanis stipendia subtraxit.

Prudentius Lyricus poeta noster, Hispanum (b) genere illustri, ingenii sui robur exercet.

III. Stilico magister militiæ Gildonem Mauritaniæ interfecit, Africa ad pristinum jus redacta.

Romanæ Ecclesiæ Cathedram XXXVII. Innocentius tenet.

IV. Toto orbe Romano antiquæ superstitionis templa destructa.

Paulinus, Nolanus postmodum Episcopus, admirabili exemplo, vendidit omnibus, cum esset dominus innumerabilium prædiorum, religionem expeditus elegit.

V. Joannes Constantinopolitanus Episcopus dictis factisque clarescit.

Martinus post egregie actam vitam, corpore exuitur.

VI. Pelagius infames doctrinas execrabili Ecclesias contaminare conatur.

VII. Contentio ex doctrina Origenis Synodum apud Alexandriam movit, cujus exitus sententia, ut contra Ecclesiam fieret, quæcumque supradicti viri opera probavisset.

VIII. Solis facta defectio.

Augustinus plurimos libros (c) innumeris disseruit.

IX. Severus ex disciplina S. Martini ejus vitam tribus explicat libris.

X. Sæva Italiæ Barbarici motus tempestas incubuit. Si quidem Radagaisus rex Gothorum Italiæ fines vastaturus transgreditur. Ex hoc Anagi, qui Romano procul (d) fuerant orbe fugati, barbararum nationum, ad quas se contulere præsidio, cœpit occupere.

XI. Multis ante vastatis urbibus Radagaisus occubuit: cujus in tres partes per diversos principes divisus exercitus aliquam repugnandi Romanis aperuit facultatem. Insigni triumpho exercitum tertiæ partis hostium, circumactis Hunnorum auxiliaribus, Stilico usque ad internecionem delevit.

XII. Arcadius Orientis Imperium gubernans vitam explet, parvum admodum Theodosium filium Imperii successorem relinquens.

Calestinus XXXVIII. Romanam Ecclesiam gubernavit.

XIII. Diversarum gentium rabies Gallias dilacerare exorsa, immisso quam maxime Stiliconis, Indigne ferentis filio suo regnum negatum.

XIV. Uticæ in foro Trajani terra diebus septem magnum dedit.

Inter alia multarum Reipublicæ Stiliconis morte consultum est, qui saluti Imperatoris tendebat insidias.

Nestorius Constantinopolitanus Episcopus ad hæresim, quæ in Christo Deum ab homine separat, vertitur.

Joannes Comes Africæ occisus est a populo.

XV. Proculus Massiliensis Episcopus clarus habetur, quo annuente magna de suspecto adulterio Remedii Episcopi quæstio agitatur.

Hac tempestate præ * valetudine Romanorum, vires funditus attenuatæ Britanniæ.

XVI. Saxonum incursione devastatæ Galliarum parte, partem Wandali atque Alani vastavere: quod reliquum fuerat Constantinus tyrannus obsidebat.

Hispaniarum partem maximam Suevi occupavere.

Ipsa denique orbis caput Roma deprædationi Gothorum fœdissime objicitur.

XVII. Constantinus tyrannus patuit.

XVIII. Rursum alia prædatio Galliarum, Gothis, qui Alarico duce Romam ceperant, Alpes transgredientibus.

XIX. Jovinus tyrannidem post Constantinum invadit, (e) industria viri strenui, qui solus tyranno non cessit, * Dardani.

Ataulfus, qui post Alaricum Gothis imperitabat, a societate Jovini avertitur.

Salustius quoque & Sebastianus occisi.

Valentia nobilissima Galliarum civitas a Gothis effringitur, ad quam se fugiens Jovinus contulerat.

XX. Ingens in Galliis fames.

Aquitania Gothis tradita.

Patroclus Arelatensis Episcopus infami mercatu Sacerdotia venditare ausus.

Heraclianus Comes Africæ, qui in Romanæ urbis reparationem strenuum exhibuerat ministerium, nova quædam molitus interimitur.

XXI. Placidia soror Imperatoris diu captiva, postea etiam Regis uxor, Rege fraude sublato, (f) Constantii connubio copulatur.

XXII. Gothi cum se iterum Ataulfo perempto movissent, Constantii repelluntur occursu.

XXIII. Prædestinatorum hæresis, quæ (g) ab Augustino accepisse dicitur initium, his temporibus serpere exorsa.

XXIV. Tricesimus nonus Xistus Romanam Ecclesiam regit.

XXV. Solis hoc anno facta defectio.

XXVI. Faramundus regnat in Francia.

XXVII. Signum in cælo mirabile apparuit.

Maximus tyrannus Hispaniarum dominatum vi obtinet.

XXVIII. Honoratus, Minervius, Castor, Jovianus singulorum monasteriorum Patres in Galliis florent.

XXIX. Constantio dignitas Imperii ab Honorio sponte delata, qua vix octo mensibus usus interiit Valentiniano * octo annorum filio derelicto.

* Labb. in marg. octo.

(a) In Biblioth. MSS. Phil. Labbei non legitur, Gildo Africanus, sed Africa.

(b) In MS. Jol. Hispanum genere, illustre ingenii sui, &c. Sic & Bibl. Labbei.

(c) Duo MSS. Victor. Jol. innumerabilibus.

(d) In editione Pithœana aberat hæc vox, fuerant.

(e) In Biblioth. MSS. Labbei textus a lineis habetur, Industria viri strenui, qui solus tyranno non cessit, Dardani, Ataulfus, qui post, &c.

(f) Biblioth. MSS. Labbei hic & in sequentibus, Constantii.

(g) Pro his verbis, ab Augustino, Pithœana scripserat, ab Augustini libris male intellectis: qua de re vide Admonitionem præviam huic opusculo.

XXX. Maximus tyrannus de regno dejicitur, ac Ravennam perductus fublimem fpectaculorum pompam tricennalibus Honorii præbuit.

XXXI. Placidia cum infidias fratri tenderet, deprehenfa eft, & (a) Romam exilio relegata.

XXXII. Honorius Ravennæ defunctus.

Nullo jure debitum Joannes ex Primicerio Notariorum regnum fumit, qui vulneratum multis cladibus reliquit Imperium.

Theodofius annos XXVII. [Theodofiani.]

I. Placidia ad Theodofium auxilium precatum mittit.

Sigifvuldeus ad Africam contra Bonifacium properavit.

II. In Gallis Exuperantius Præfectus a militibus interficitur.

Muro Carthago circumdata, quæ ex tempore, quo vetus illa deftructa eft, fanctione Romanorum, ne rebellioni effet, munimento murorum non eft permiffa vallari.

Joanne ab exercitu Orientis victo & perempto, Ravenna deprædatione vaftata eft.

Aetius, Gaudentii Comitis a militibus in Gallis occifi filius, cum Chunnis Joanni opem laturus Italiam ingreditur.

III. Valentinianus Romæ Imperator factus.

IV. Arelas a Gothis per Aetium liberatur.

V. Placidia tandem illata optato regno.

Clodius regnat in Francia.

VI. Caffianus compertas in Ægypto (b) vitas Patrum, doctrinafque & regulas, libris ad plurimos datis exprimit.

VII. Aetius Ihutungorum gentem (c) delere intendit.

VIII. Viginti ferme millia militum in Hifpaniis contra Wandalos pugnantium cæfa: Wandali in Africam transfretantes ingentem, lacerata omni provincia, Romanis cladem dedere.

IX. Confulatu Aetius edito, (d) Bonifacium, qui ab Regina accitus ex Africa fuerat declinans, ad munitiora afcendit.

Afperitas nimii frigoris etiam faluti plurimorum perniciem exiftit.

Bonifacius contra Aetium certamine habito (e) perculfus, victor quidem, fed moriturus abfcedit.

X. Cum ad Chunnorum gentem, cui tunc Rugila præerat, poft prælium fe Aetius contuliffet, impetrato auxilio ad Romanum folum (f) regreditur.

Gothi ad ferendum auxilium a Romanis exciti.

Germanus Epifcopus (g) Antiffiodori virtutibus & vitæ diftrictione clarefcit.

XI. Aetius in gratiam receptus.

Rugila Rex Chunnorum, cum quo pax firmata, moritur, cui Bleda fuccedit.

XII. Gallia ulterior Tibatonem principem rebellionis fecuta, a Romana focietate difcedit, a quo tracto initio, omnia pene Galliarum fervitia in Bagaudam confpiravere.

XIII. Bellum contra Burgundionum gentem memorabile exarfit, quo univerfa pene gens cum Rege * Peretio deleta.

[* forte per Attilam, licet legere Gundicario. Labbei.]

XIV. Capto Tibatone, & cæteris feditionis partim principibus vinctis, partim necatis, Bagaudarum commotio conquiefcit.

XV. Theodofianus liber, omnium legum legitimorum Principum in unum collatarum, hoc primum anno editus.

Silvius turbatæ admodum mentis, poft militiæ in Palatio (h) exacta munera, aliqua de religione confcribit.

XVI. Ecclefiæ Romanæ xl. Leo fufcepit principatum.

XVII. Pacatis motibus Galliarum, Aetius ad Italiam regreditur.

Deferta Valentinæ urbis rura Alanis, quibus Sambida præerat, partienda traduntur.

XVIII. Britanniæ ufque ad hoc tempus variis cladibus, eventibufque laceratæ, in ditionem Saxonum rediguntur.

XIX. Alani, quibus terræ Galliæ ulterioris cum incolis dividendæ a Patritio Aetio traditæ fuerant, refiftentes armis fubigunt, & expulfis dominis terræ, poffeffionem vi adipifcuntur.

XX. Sabaudia Burgundionum reliquiis datur, cum indigenis dividenda.

XXI. Carthago a Wandalis capta cum omni fimul Africa lacrymabili clade & damno Imperii Romani potentiam dejecit. Ex hoc quippe a Wandalis poffidetur.

XXII. Thracia Hunnorum incurfione concutitur.

XXIII. Bleda Chunnorum rex Attilæ fratris fraude percutitur, cui ipfe fuccedit.

XXIV. Nova iterum Orienti confurgit ruina, qua feptuaginta non minus civitates Chunnorum deprædatione vaftatæ, cum nulla ab Occidentalibus ferrentur auxilia.

XXV. Meroveus regnat in Francia.

Eudoxius arte Medicus, pravi fed exercitati ingenii, in Bagauda id temporis mota delatus, ad Chunnos confugit.

XXVI. Eucherius Lugdunenfis Epifcopus, & (i) Hilarius Arelatenfis egregiam vitam morte confummant.

XXVII. Hærefis nefaria a quodam Archimandrita commenta, cui favorem præbens Theodofius obiit, feptem fuper viginti annis in Imperio exactis. Cui Martianus fubftituitur.

Placidia quoque poft irreprehenfibilem (k) converfationem hoc anno vitam explevit, filio vicefimum quintum annum (l) in imperio confummante.

Va-

(a) Bibl. vet. MS. Labb. Rav. in exilium.
(b) Ita MS. Vosfian. Editio Pithœana vero, vitas Patrum ... exponit.
(c) MS. Vossian. delere intendit.
(d) MS. V. Bov. & Jol. hoc & aliis in locis, Bonifatium, fubinque poftea, confcendit.
(e) MS. Jol. & Bibl. Labb. percuffus.
(f) Ita MS. Voff. & Jol. Editi, revertitur.
(g) MS. Jol. Antiffiodori.
(h) MS. Jol. exacta emerita. Sic & Labb. in Bibl. MS.
(i) Vox hæc, Hilarius, defiderabatur in edit. Pithœana.
(k) MS. Jol. converfationem.
(l) Edit. Pith. in ipfo.

Valentinianus & Martianus.

Valentinianus & Martianus.

I. Hac tempestate valde miserabilis Reipublicae status apparuit, cum ne una quidem sit absque barbaro cultore provincia: & infanda Arianorum haeresis, quae se nationibus barbaris miscuit, Catholicae nomen fidei, (a) toto orbe diffusa, praesumat.

Attila Gallias ingressus, quasi jure debitam posceret uxorem; ubi gravi clade inflicta & accepta, ad propria recedit.

II. Plurima hoc anno signa apparuerunt.

(b) Infeliciter in Galliis clade accepta, furiosus Attila Italiam petit, quam incolae mero solo tantum praesidio audiverant.

III. Synodus Chalcedonensis, ubi Eutyche Dioscoroque damnatis, omnes qui se ab eis removerant, in communionem recepti, confirmata universalem fide, quae de Incarnatione Verbi, secundum Evangelicam & Apostolicam doctrinam per Sanctum Papam Leonem praedicabatur.

Attila in sedibus suis mortuo, magna primum inter filios ipsius certamina de obtinendo regno exorta, deinde aliquot gentium, quae Hunnis parebant, defectus secuti, causas & occasiones bellis dederunt, quibus ferocissimi populi mutuis incursibus contererentur.

IV. Inter Valentinianum Augustum & Aetium patricium, post promissa invicem fidei sacramenta, post pactum de conjunctione filiorum, dirae inimicitiae convaluerunt; & unde fuit gratia charitatis augenda, inde exarsit fomes odiorum; incentore, ut creditum est, Heraclio Spadone, qui ita sibi Imperatoris animum insinuato famulatu adstrinxerat, ut eum facile in quae vellet impelleret. Cum ergo Aetius placita instantius repetit, & causam filii (c) commotius agit, Imperatoris manu & circumstantium gladiis crudeliter confectus est, Boetio Praefecto Praetorii simul peremto, qui ei multa amicitia (d) copulatus erat.

V. Mortem Aetii mors Valentiniani non longo post tempore consecuta est, tam imprudenter non declinata, ut interfecti Aetii amicos armigerosque ejus sibimet sociaret. Qui concepti facinoris opportunitatem dissimulanter aucupantes, egressum extra urbem Principem, & ludo gestationis intentum inopinatis ictibus confoderunt, Heraclio simul, ut erat proximus, interempto, & nullo ex multitudine regia ad ultionem tanti facinoris accenso.

Ut autem hoc parricidium perpetratum est, Maximus vir gemini Consulatus & Patriciae dignitatis sumpsit Imperium. Qui cum periclitanti Reipublicae profuturus per omnia crederetur, non sero documento quid animi haberet probavit: sic quidem, ut interfectores Valentiniani non solum (e) non plecteret, sed etiam ad amicitiam reciperet, uxoremque ejus Augustam amissionem viri lugere prohibitam, intra paucissimos dies in conjugium suum transire cogeret. Sed hac incontinentia non diu potitus est. Nam post alterum mensem, nunciato ex Africa Genserici Regis adventu, multisque nobilibus ac popularibus ex urbe fugientibus, cum ipse quoque, data cunctis abeundi licentia, trepide vellet abscedere, a famulis Regiis dilaniatus & membratim dejectus in Tyberim, sepultura quoque caruit.

Post hunc Maximi exitum, confestim secuta est multis digna lacrymis (f) Romana captivitas, & Urbem omni praesidio vacuam Gensericus obtinuit, occurrente sibi extra portas sancto Leone Episcopo: cujus supplicatio ita eum, Deo agente, lenivit; ut cum omnia in potestate ipsius essent, tradita sibi civitate, ab igne tamen & caede atque suppliciis abstineret. Per quatuordecim igitur dies secura & libera scrutatione omnibus opibus suis Roma vacuata est: multaque millia captivorum, (g) prout quique aut aetate, aut arte, placuerunt, cum Regina & filiabus ejus Carthaginem (h) abducta sunt. (i).

(a) MS. Jol. toto orbe diffusa. Idem notatur a Labb. in margine Bibl. MS.

(b) Editio Pithoeana, Infestante Galliis.

(c) MS. Jol. tamen agit. Labbeus in marg. Bibl. MS. commotius, alias, contumacius.

(d) MS. Vict. infulsisset factus.

(e) Abest ab edit. Pithoeana particula, non, sed errore manifesto.

(f) MS. Victor. & edit. Pith. Romana captivitas. Jol. MS. Roma captivitas.

(g) Haec Verba, prout quique aut aetate, aut arte placuerunt, non leguntur in MS. Victorino.

(h) MS. Victor. abducti sunt.

(i) In MS. Joliensi in fine hujus operis subjungitur, sive ab ipso auctore, sive a scriba innominato, rubro caractere: *Huiusque Prosperi Chronographia, in qua Dominicae Incarnationis annos non adnumeravimus; quos in subsequenti Chronographia, eadem prius, & eo amplius, quae a Prospero, a supradicto Marcello fol... Domini recitantur a CCC. LXXXI. Dominicae Incarnationis incipere, quo primum Praesulum Christianorum famam fuisse ferunt.* In utroque vero Manuscripto, Joliensi & Victorino, sequitur Chronicon Sigeberti Monachi Gemblacensis.

FINIS PRIMAE PARTIS APPENDICIS.

APPENDICIS
PARS SECUNDA.
CONTINENS
VARIA SCRIPTA ET MONUMENTA:
QUORUM LECTIO OPERIBUS SANCTI PROSPERI, AC HISTORIÆ SEMIPELAGIANÆ LUCEM AFFERT.

ADMONITIO
IN SECUNDAM PARTEM APPENDICIS
OPERUM SANCTI PROSPERI.

APPENDICIS operum sancti Prosperi secundam partem compegimus ex multis scriptis & monumentis, quorum pars maxima ex sancti Augustini operibus desumitur: quibus quidem Opera ipsa sancti Prosperi, totaque Semipelagianorum Historia lucem accipient (nisi nos fallit opinio) lectoribus profuturam.

Id vero consilii tunc maxime cepimus, dum attendimus sanctum Prosperum, cujus nova instauratur Editio, in omnibus libris suis se sancti Augustini exhibuisse discipulum, vindicem, immo & in plerisque, ut ita loquamur, abbreviatorem. Ex his vero quæ exhibituri sumus Augustini excerptis: 1. non infidelis discipulus agnoscetur; si Prosperi scripta cum his Augustini locis, quæ de eadem materia tractant, attente conferantur. 2. vindex æquus laudabitur; cum animadvertetur, ea tantum Augustinianæ doctrinæ capita, quæ ab æmulis carpebantur, ex ipsis sanctissimi Magistri sui principiis, immo sæpius & verbis, ab ipso clare & solide fuisse defensa. 3. denique, abbreviatæ Augustini sententiæ explicationesque plures, quæ apud Prosperum aliquid obscuritatis ex brevitate contraxisse possent forte videri, lectis ipsissimis, unde haustæ sunt, Augustini locis, plenæ luci, in gratiam tardioris etiam ingenii hominum, sine dubio restituentur.

Hoc ipsum quoque a nobis præstandum ferme exigit sanctus Prosper ipse, cum libro contra Collatorem, capite alias quadragesimo tertio, nunc vigesimo primo respondet illis qui, ut pondus omne quod conciliabatur ab Augustini discipulis doctrinæ ab ipso defensæ, ex insigni illo præconio, quo sanctus Cælestinus Pontifex Augustinum, ejusque libros ornaverat, in sua ad Episcopos Galliarum epistola, uno verbo elevarent: Contra istam (*ut ait sanctus Prosper, loco mox citato*) clarissimæ laudationis tubam, contra istam sacratissimi testimonii dignitatem audebant malignæ interpretationis murmur emittere, & perspicuæ sincerissimæque sententiæ, nubem obliquæ ambiguitatis obtendere: ut scilicet quia in Epistola Papæ librorum, pro quibus actum est, non est expressus titulus, hinc eos appareret non probatos, & istam in sanctum Augustinum laudationem pro anteriorum scriptorum meritis fuisse collatam. *Loquebatur autem ibi sanctus Prosper de libris de Prædestinatione Sanctorum, & de dono Perseverantiæ, ad se & ad Hilarium a sancto Pontifice directis: nec non de libris de Baptismo parvulorum, sive de peccatorum meritis & remissione.*

Ut ergo sancti Doctoris consonum in omnibus libris sensum evincat, tamquam

de

de causa sua securus, subjicit : Maneat plane, maneat ista conditio, ut horum librorum novitas repudiata videatur, si in eadem causa ejusdem viri dissensit antiquitas; & ut inutile aut incongruum judicetur, quod ab his quæ contra Pelagianos condidit dissonans invenitur. *Tum statim subdit* : Ut itaque omittamus ea volumina, in quibus ab exordio Episcopatus sui, multo prius quam impugnatores gratiæ exurgerent, pro gratia disputavit : LEGANTUR tres ad Marcellinum ipsius libri: Ad sanctum Paulinum Nolanum Episcopum epistola retractetur: Ad beatissimum quoque Apostolicæ Sedis tunc Presbyterum Xistum, nunc vero Pontificem, emissæ paginæ recurrantur. Ad sanctum Pinianum, ad Valerium comitem, ad servos Christi Timasium & Jacobum distinctim edita volumina revolvantur. Sex libri priores contra Julianum: unus ad Aurelium Carthaginis Episcopum, de gestis Palæstinis: alius ad Paulum & Eutropium Sacerdotes; contra Pelagii & Cælestii quæstiones: & ad beatæ memoriæ Papam Bonifacium quatuor volumina recenseantur. Et si in his omnibus operibus, multisque aliis, quæ enumerare longum est, idem doctrinæ spiritus, eadem prædicationis forma præcessit; agnoscant Calumniatores superfluo se objicere, quod his libris non speciale, neque discretum testimonium sit perhibitum, quorum in cunctis voluminibus norma laudatur. Apostolica enim Sedes, quod a præcognitis sibi non discrepat, cum præcognitis probat, & quod judicio jungit, laude non dividit. Qui ergo hos proxime editos libros refutant, anterioribus acquiescant, & iis quæ pro gratia Christiana sunt scripta consentiant.

Quo sancti Prosperi loco moti lectores studiosi, desiderabunt forte ipsos causæ hujus titulos sibi statim exhiberi. Quod ut facilius præstetur, visum est ea supradictorum librorum loca, cum quibusdam affinibus, quæ disputata Prosperum inter & Semipelagianos capita spectarent, fusius hic exhibere, annexis quibusdam ejusdem sancti Doctoris locis, quibus Semipelagianorum tela, etiam antequam ipsi exorirentur, elisa deprehenduntur. Quo fiet ut a nemine vana tanti doctrinæ Augustinianæ vindicis defensio judicetur.

Eadem de causa librum de Correptione & Gratia totum in ipso hujus partis Appendicis nostræ principio damus. Quia cum ab Augustino scriptus esset, ad sedandos Adrumetinorum tumultus, & a discipulis ejus in Gallias allatus fuisset ad comprimenda Massiliensium murmura; illis quidem satisfecit, his vero novorum tumultuum occasio extitit, & totius concertationis, quæ maximam Prosperianorum operum partem occupat caput & initium effectus est.

Cetera fere omnia quæ infra eduntur, in hunc usum destinantur, ut Sententiæ plures ex Augustino per Prosperum nostrum excerptæ; illæ maxime, quæ magis sensum quam verba ipsa sancti Augustini referrent, omni obscuritate discussa, indubitato intellectui redderentur. Quod ipsum de excerptis Expositionum quarumdam in Psalmos a centesimo ad centesimum quinquagesimum dici omnino desideramus.

Quod quidem pene necessarium onus imposuisse nobis videntur eruditissimi sancti Augustini operum Editores Monachi Ordinis sancti Benedicti e Congregatione sancti Mauri (quorum doctis vigiliis tot nominibus devinctos se agnoscunt litterarum Sacrarum & Ecclesiasticarum studiosi) cum illi in margine eorum operum S. Prosperi, ex quibus tertiam partem Appendicis tomo decimo Editionis novæ sancti Augustini suffixæ confici voluerunt, pluribus in locis in margine apposuere hanc vocem VIDE: *cum alia Augustini loca citarent absque tali monito. Quæ quidem agendi ratione satis indicarunt hujuscemodi locis aliquid difficultatis obscuritatisve superesse, unde fusiori Augustini locorum lectione indigerent. Tam doctorum Virorum judicio adhærere, & eorumque vestigiis (quoad licuit) insistere utile summeque nobis fore visum est. Lectorum denique commodo prospicientes, singula ex infra secuturis Excerptis in ipso opere Prosperiano ad oram libri adnotare curavimus.*

S. AU-

S. AURELII AUGUSTINI
HIPPONENSIS EPISCOPI,
DE CORREPTIONE ET GRATIA,
AD VALENTINUM ET CUM ILLO MONACHOS ADRUMETINOS,
LIBER * UNUS.

PRINCIPIO dicit quaenam sit catholicae fides de lege, de libero arbitrio & de gratia. Gratiam Dei per Jesum Christum eam esse docet, qua sola homines liberantur a malo, & sine qua nullum prorsus faciunt bonum, non solum monstrante ipsa quid faciendum sit, sed etiam praestante ipsa ut id cum dilectione faciant, cum iis Deus inspirationem bonae voluntatis atque operis largitur. Correptionem hominum malorum, qui hanc gratiam non acceperunt, nec injustam esse, cum sua voluntate mali sint; nec inutilem, tametsi fatendum est nonnisi per Deum fieri ut prosit. Perseverantiam in bono magnum re vera esse Dei munus: nec tamen ideo ejus qui non perseveraverit, negligendam esse correptionem: & qui non accepto hoc dono fuerit sua voluntate relapsus in peccatum, eum non correptione tantum, sed si usque ad mortem in malo permanserit, etiam aeterna damnatione dignum esse. Cur hoc donum ille accipiat, ille non accipiat, esse inscrutabile. Ex praedestinatis nullum perire posse: ac subinde perseverantiam, quam non omnes accipiunt qui hic filii Dei appellantur, iis omnibus dari qui vere filii sunt praescientia & praedestinatione Dei. Respondet ad quaestionem quae de Adamo se offert, quomodo ipse non perseverando peccavit, qui perseverantiam non accepit. Ostendit tale primum ipsi datum esse adjutorium, sine quo non posset permanere si vellet, non quo fieret ut vellet: nunc vero per Christum dari, non solum sine quo permanere non possumus, etiam si velimus, verum etiam tantum ac tale, quo fiat ut velimus. Praedestinatorum, quibus proprium est hujusmodi donum, probat certum esse numerum, neque augendum, neque minuendum: & cum ignotum sit quis ad eum numerum pertineat, qui non pertineat, medicinalem correptionem adhibendam esse omnibus peccantibus, ne vel ipsi pereant vel alios perdant. Concludit demum, nec gratia prohiberi correptionem, nec correptione negari gratiam.

I. LECTIS litteris vestris, Valentine frater dilectissime, & qui simul servitis Deo, quas per fratrem Florum, & eos qui cum illo ad nos venerunt, misit caritas vestra, egi Deo gratias, quod vestram in Domino pacem, & in veritate consensionem, & in caritate flagrantiam vestro nobis relatu sermone cognovi. Quod autem ad subversionem quorumdam apud vos molitus est inimicus, Deo misericorditer & ejus insidias in suorum servorum provectum mirabili bonitate vertente, ad hoc potius valuit, ut nulli vestrum detruderentur in pejus, sed nonnulli instruerentur in melius. Non itaque opus est omnia denuo retractare, quae sufficienter vobis pleno Libro * disputata transmisimus: quem quomodo susceperitis, rescripta indicant vestra. Verumtamen semel lectum nullo modo arbitremini satis vobis innotescere potuisse. Si ergo eum fructuosissimum habere vultis, non vos pigeat relegendo habere notissimum, ut diligentissime sciatis quibus & qualibus quaestionibus solvendis atque sanandis, non ibi humana, sed divina occurrat auctoritas, a qua recedere non debemus, si volumus pervenire quo tendimus.

* Lib. de gratia & libero arbitrio.

2. Dominus autem ipse non solum ostendit nobis a quo malo declinemus, & quod bonum faciamus, quod solum potest legis littera: verum etiam adjuvat nos, ut declinemus a malo, & faciamus bonum, quod nullus potest sine spiritu gratiae: quae si desit, ad hoc lex adest, ut reos faciat & occidat. Propter quod dicit Apostolus, *Littera occidit, spiritus autem vivificat.* Qui ergo legitime lege utitur, discit in ea malum & bonum, & non confidens in virtute sua, confugit ad gratiam, qua potens declinet a malo, & faciat bonum. Quis autem confugit ad gratiam, nisi cum a Domino gressus hominis diriguntur, & viam ejus volet? Ac per hoc & desiderare auxilium gratiae, initium gratiae est: de quo ait ille, *Et dixi, nunc coepi; haec est immutatio dexterae excelsi.* Liberum itaque arbi-

Ps. 36. 27.

2 Cor. 3. 6. Legitimus legis usus. Ps. 36. 23. Desiderare gratiam initium gratiae est.

Ps. 76. 11.

Liber in bono nullus, nisi per Christum a peccato liberatus.

arbitrium & ad malum & ad bonum faciendum confitendum est nos habere: sed in malo faciendo liber est quisque justitiæ servusque peccati; in bono autem liber esse nullus potest, nisi fuerit liberatus ab eo qui dixit, *Si vos Filius liberaverit, tunc vere liberi eritis*. Nec ita ut, cum quisque fuerit a peccati dominatione liberatus, jam non indigeat sui liberatoris auxilio: sed ita potius, ut ab illo audiens, *Sine me nihil potestis facere*; dicat ei & ipse, *Adjutor meus esto, ne derelinquas me*. Hanc fidem, quæ sine dubio VERA & PROPHETICA & APOSTOLICA & CATHOLICA FIDES est, etiam in fratre nostro Floro invenisse me gaudeo: unde hi potius corrigendi sunt, quos quidem propitio Deo correctos esse jam existimo, qui eum non intelligebant.

Jo. 8. 36.
Jo. 15. 5.
Ps. 26. 9.

CAPUT II. Gratia Dei per Jesum Christum necessaria.

3. INTELLIGENDA est enim gratia Dei per Jesum Christum Dominum nostrum, qua sola homines liberantur a malo, & sine qua nullum prorsus sive cogitando, sive volendo & amando, sive agendo faciunt bonum: non solum ut monstrante ipsa quid faciendum sit sciant, verum etiam ut præstante ipsa faciant cum dilectione quod sciunt. Hanc quippe inspirationem bonæ voluntatis atque operis poscebat Apostolus eis, quibus dicebat, *Oramus autem ad Deum, ne quid faciatis mali, non ut nos probati appareamus, sed ut vos quod bonum est faciatis*. Quis audiat, & non evigilet, atque fateatur a Domino Deo nobis esse, ut declinemus a malo, & faciamus bonum? Quando quidem non ait Apostolus, monemus, docemus, hortamur, increpamus: sed ait, *Oramus ad Deum, ne quid faciatis mali, sed quod bonum est faciatis*. Et tamen etiam loquebatur eis, & faciebat illa omnia quæ commemoravi; monebat, docebat, hortabatur, increpabat: sed sciebat hæc omnia non valere, quæ plantando & rigando faciebat in aperto, nisi eum pro illis exaudiret orantem, qui dat incrementum in occulto. Quoniam sicut idem doctor gentium dicit, *Neque qui plantat est aliquid, neque qui rigat, sed qui incrementum dat Deus*.

2. Cor. 13. 7.
1. Cor. 3. 7.

4. Non se itaque fallant, qui dicunt, *Ut quid nobis prædicatur atque præcipitur, ut declinemus a malo & faciamus bonum, si hoc nos non agimus, sed id velle & operari Deus operatur in nobis*. Sed potius intelligant, si filii Dei sunt, spiritu Dei se agi, ut quod agendum est agant; & cum egerint, illi a quo aguntur gratias agant. Aguntur enim ut agant, non ut ipsi nihil agant; & ad hoc eis ostenditur quid agere debeant, ut quando id agunt sicut agendum est, id est, cum dilectione & delectatione justitiæ, suavitatem quam dedit Dominus, ut terra eorum daret fructum suum, accepisse se gaudeant. Quando autem non agunt, sive omnino non faciendo, sive non ex caritate faciendo; orent, ut quod nondum habent accipiant. Quid enim habebunt, quod non accepturi sunt? aut quid habent, quod non acceperunt?

Phil. 2. 13.
Rom. 8. 14.
Ps. 84. 13.
1. Cor. 4. 7.

CAPUT III. Correptio non negligenda.

5. *Ergo*, inquiunt, *præcipiant tantummodo nobis quid facere debeamus qui nobis præsunt, & ut faciamus orent pro nobis: non autem nos corripiant & arguant, si non fecerimus*. Immo omnia fiant: quoniam doctores Ecclesiarum Apostoli omnia faciebant, & præcipiebant quæ fierent, & corripiebant si non fierent, & orabant ut fierent. Præcipit Apostolus dicens, *Omnia vestra cum caritate fiant*. Corripit dicens, *Jam quidem omnino delictum est in vobis, quia judicia habetis vobiscum. Quare enim non magis iniquitatem patimini? quare non potius fraudamini? Sed vos iniquitatem facitis, & fraudatis, & hoc fratres. An nescitis, quia injusti regnum Dei non possidebunt?* Audiamus & orantem: *Vos autem*, inquit, *Dominus multiplicet, & abundare faciat in caritate in invicem & in omnes*. Præcipit, ut habeatur caritas: corripit, quia non habetur caritas: orat, ut abundet caritas. O homo, in præceptione cognosce quid debeas habere, in correptione cognosce tuo te vitio non habere, in oratione cognosce unde accipias quod vis habere.

1. Cor. 16. 14.
1. Cor. 6. 7. &c.
1. Thess. 3. 12.

Usus præcepti, correptionis, & orationis.

CAPUT IV.

6. *Quomodo*, inquit, *meo vitio non habetur, quod non accepi ab illo, a quo nisi detur, non est omnino aliud unde tale ac tantum munus habeatur?* Patimini me paululum, fratres mei, non adversum vos, quorum rectum est cor cum Deo, sed adversus eos qui terrena sapiunt, vel adversus ipsas humanas cogitationes, pro cælestis & divinæ gratiæ veritate certare. Hoc enim dicunt, qui in suis malignis operibus ab hujus gratiæ prædicatoribus corripi nolunt: *Præcipe mihi quid faciam: & si fecero, age pro me gratias Deo, qui mihi ut facerem dedit: si autem non fecero, non ego corripiendus sum, sed ille orandus est, ut det quod non dedit, id est, ipsam qua præcepta ejus fiunt, fidelem Dei & proximi caritatem. Ora ergo pro me ut hanc accipiam, & per hanc ex animo cum bona voluntate quæ præcipit faciam. Recte autem corriperer, si eam mea culpa non haberem, hoc est, si eam possem mihi dare vel sumere ipse, nec facerem, vel si dante illo ego accipere noluissem. Cum vero & ipsa voluntas a Domino præparetur, cur me corripis, quia vides me ejus præcepta facere nolle; & non potius ipsum rogas, ut in me operetur & velle?*

Prov. 8. sec. LXX.

CAPUT V. Correptionis necessitas & utilitas.

7. Ad hæc respondemus: Quicumque Dei præcepta jam tibi nota non facis, & corripi non vis, etiam propterea corripiendus es, quia corripi non vis. Non vis enim tibi tua vitia demonstrari; non vis ut feriantur, fiatque tibi utilis dolor, quo medicum quæras: non vis tibi tu ipse ostendi, ut cum deformem te vides, reformatorem desideres, eique supplices, ne in illa remaneas fœditate. Tuum quippe vitium est quod malus es, & majus vitium corripi nolle, quia malus es: quasi laudanda vel indifferenter habenda sint vitia, ut neque laudentur neque vituperentur; aut vero nihil agat timor correpti hominis, vel pudor, vel dolor; aut aliud agat, cum salubriter stimulat, nisi ut rogetur bonus, & ex malis qui corripiuntur, bonos faciat, qui laudentur. Quod enim vult pro se fieri qui corripi non vult, & dicit, Ora potius pro me; ideo corripiendus est, ut faciat etiam ipse pro se. Dolor quippe ille, quo sibi displicet, quando sentit correptionis aculeum, excitat eum in * majoris orationis affectum; ut Deo miserante, incremento caritatis adjutus desinat agere pudenda & dolenda, & agat laudanda atque gratanda. Hæc est correptionis utilitas, quæ nunc major, nunc minor pro peccatorum diversi-

sita-

* f. majorem.

Correptio salubriter utenda & pro peccatorum diversitate.

stante salubriter adhibetur; & tunc est salubris, quando supernus medicus respicit. Non enim aliquid proficit, nisi cum facit ut peccati sui quemque pœniteat. Et quis hoc dat, nisi qui respexit apostolum Petrum negantem, & fecit flentem? Unde & apostolus Paulus postea quam dixit, cum modestia corripiendos esse diversa sentientes, protinus addidit, *Ne quando det eis Deus pœnitentiam ad cognoscendam veritatem, & resipiscant de diaboli laqueis.*

2. Tim. 2. 25.

8. Cur autem illi qui corripi nolunt, dicunt, *Tantum præcipe mihi, & ora pro me, ut quod præcipis faciam?* Cur non potius secundum suum pravum sensum & illa duo respuunt, & dicunt, Nec ut præcipias mihi, nec ut ores pro me volo? Quis enim hominum ostenditur orasse pro Petro, ut daret ei Deus pœnitentiam; qua se negasse Dominum flevit? Quis hominum Paulum divinis præceptis ad fidem Christianam pertinentibus erudivit? Cum ergo audiretur prædicans Evangelium, & dicens, *Notum enim vobis facio, fratres, Evangelium quod evangelizatum est a me, quia non est secundum hominem; neque enim ego ab homine accepi illud, neque didici, sed per revelationem Christi Jesu:* responderetur ei, Quid nobis molestus es, ut abs te accipiamus atque discamus, quod tu non ab homine accepisti neque didicisti? Potens est ille qui tibi dedit, sic & nobis dare quomodo tibi. Porro si hoc non audent dicere; sed patiuntur sibi Evangelium ab homine prædicari; quamvis etiam possit non per hominem homini dari: concedant etiam corripi se debere a præpositis suis, a quibus Christiana gratia prædicatur; quamvis non negetur Deus posse, quem velit etiam nullo homine corripiente corrigere, & ad dolorem salubrem pœnitentiæ occultissima & potentissima medicinæ suæ potestate perducere. Et sicut non est ab oratione cessandum pro eis quos corrigi volumus, etiam si nullo hominum orante pro Petro, Dominus respexit eum, & fecit eum suum peccatum flere: ita non est negligenda correptio, quamvis Deus quos voluerit, etiam non correptos, faciat esse correptos. Tunc autem correptione proficit homo, cum miseretur atque adjuvat, qui facit quos voluerit etiam sine correptione proficere. Sed quare illi sic, illi aliter, atque alii aliter, diversis & innumerabilibus modis vocentur ut reformentur, absit ut dicamus judicium luti esse debere, sed figuli.

Gal. 1. 11.

Caput VI. 1. Cor. 4. 7.

9. *Apostolus*, inquiunt, *ait*, *Quis enim te discernit? Quid autem habes quod non accepisti? Si autem & accepisti, quid gloriaris quasi non acceperis? Cur ergo corripimur, arguimur, reprehendimur, accusamur? Quid facimus, qui non accepimus?* Qui hæc dicunt, extra culpam se videri volunt, in hoc quod non obediunt Deo: quia utique ipsa obedientia munus ejus est; quæ necesse est ut sit in eo cui caritas inest, quæ sine dubio ex Deo est, & dat eam Pater filiis suis. *Hanc*, inquiunt, *non accepimus, quid itaque corripimur, quasi nos eam nobis dare possimus, & nostro arbitrio dare nolimus?* Nec attendunt, si nondum regenerati sunt, primam esse causam, cur objurgari quod sint inobedientes Deo, sibi debeant displicere, quia fecit Deus hominem rectum ab initio humanæ creaturæ, & non est iniquitas apud Deum. Ac per hoc prima pravitas qua Deo non obeditur, ab homine est; quia ex rectitudine, in qua eum Deus primitus fecit, sua mala voluntate decidens, pravus effectus est. An vero ideo pravitas illa corripienda non est in homine, quia non ejus propria qui corripitur, sed communis est omnibus? Immo vero corripiatur & in singulis, quod est omnium. Non enim propterea cujusquam non est, quod ab eo nullus immunis est. Peccata quidem illa originalia ideo dicuntur aliena, quod ea singuli de parentibus trahunt: sed non sine causa dicuntur & nostra, quia in illo uno omnes, sicut dicit Apostolus, peccaverunt. Corripiatur ergo origo damnabilis, ut ex dolore correptionis voluntas regenerationis oriatur: si tamen qui corripitur filius est promissionis, ut strepitu correptionis forinsecus insonante ac flagellante, Deus in illo intrinsecus occulta inspiratione operetur & velle. Si autem jam regeneratus & justificatus in malam vitam sua voluntate relabitur, certe iste non potest dicere, Non accepi: quia acceptam gratiam Dei sua in malum libero amisit arbitrio. Qui si correptione compunctus salubriter ingemit, & ad similia bona opera vel etiam meliora revertitur: nempe hic apertissime utilitas correptionis apparet. Sed per hominem correptio sive ex caritate sit, sive non sit, tamen ut correpto prosit, non nisi per Deum fit.

1. Jo. 4. 7. Cur ipsi corripiantur qui non obediunt Deo tamen, & gratiam obediendi nondum acceperunt. Eccl. 7. 30. Rom. 5. 12.

Originale peccatum quomodo alienum & proprium. Rom. 5. 12.

Ibidem.

10. An adhuc & iste nolens corripi, potest dicere, *Quid ego feci, qui non accepi?* quem constat accepisse, & sua culpa quod acceperat amisisse? *Possum*, inquit, *possum omnino, quando me arguis, quod ex bona vita in malam mea voluntate relapsus sum, dicere adhuc, Quid ego feci, qui accepi? Accepi enim fidem, quæ per dilectionem operatur: sed in illa usque in finem perseverantiam non accepi.* An quisquam dicere audebit istam perseverantiam non esse donum Dei, & hoc tam magnum bonum ita esse nostrum, ut quisquis id habuerit, non ei possit Apostolus dicere, *Quid enim habes quod non accepisti*; quoniam hoc sic habet ut non acceperit? Ad hæc nos negare quidem non possumus, etiam perseverantiam in bono proficientem usque in finem, magnum esse Dei munus; nec esse nisi ab illo, de quo scriptum est, *Omne datum optimum & omne donum perfectum de sursum est, descendens a Patre luminum.* Sed non ideo est ejus qui non perseveravit, negligenda correptio, ne forte det illi Deus pœnitentiam, & resipiscat de diaboli laqueis. Correptionis quippe utilitati hanc sententiam subjunxit Apostolus, dicens, sicut supra commemoravi: *Cum modestia corripientem diversa sentientes, ne quando det illis Deus pœnitentiam.* Nam si diceremus illam perseverantiam tam laudabilem tamque felicem sic esse hominis, ut ei non sit ex Deo; illud primitus evacuamus, quod ait Dominus Petro, *Ego rogavi pro te, ne deficiat fides tua.* Quid enim ei rogavit, nisi perseverantiam usque in finem? Quæ profecto si ab homine homini esset, a Deo poscenda non esset. Deinde cum dicit Apostolus, *Oramus autem ad Deum, ne quid faciatis mali*; procul dubio perseverantiam eis orat ad Deum. Neque enim nihil mali facit, qui bonum deserit,

1. Cor. 4. 7. Perseverantia munus donum est Dei. Jacob. 1. 17.

2. Tim. 2. 25.

Ibidem.

Luc. 22. 32.

2. Cor. 13. 7.

& a

& a quo declinare debet, inclinatur in malum, non perseverant in bono. Illo etiam loco ubi [Philipp. 1. 3. & seqq.] dicit, *Gratias ago Deo meo in omni memoria vestri semper in omni prece mea pro omnibus vobis cum gaudio deprecationem faciens, super communicatione vestra in Evangelio a prima die usque nunc, confidens hoc ipsum, quoniam qui cœpit in vobis opus bonum, perficiet usque in diem Christi Jesu*: quid aliud ei quam perseverantiam in bono usque in finem, de Dei miseratione promittit? Itemque ubi dicit, [Coloss. 4. 12.] *Salutat vos Epaphras, qui ex vobis est servus Christi Jesu, semper certans pro vobis in orationibus, ut stetis perfecti & pleni in omni voluntate Dei*: quid est, *ut stetis*, nisi ut perseveretis? Unde dictum est de diabolo, [Jo. 8. 44.] *In veritate non stetit*: quia fuit ibi, sed non permansit. Nam utique illi in fide jam stabant. Nec aliud [Diabolus in veritate fuit, sed non permansit.] oramus, cum oramus, ut qui stat, stet, nisi ut perseveret. Item Judas apostolus, cum dicit, [Judæ 24.] *Ei autem qui potens est conservare vos sine offensione, & constituere ante conspectum gloriæ suæ immaculatos in lætitia*: nonne apertissime ostendit donum Dei esse, in bono perseverare usque in finem? Quid enim aliud donat, qui conservat sine offensione, ut constituat ante conspectum gloriæ suæ immaculatos in lætitia, nisi perseverantiam bonam? Quid est etiam quod in [Act. 13. 48.] Apostolorum Actibus legimus, *Audientes autem gentes gavisæ sunt, & exceperunt verbum Domini, & crediderunt quotquot erant ordinati in vitam æternam*? Quis in æternam vitam potuit ordinari, nisi perseverantiæ dono? Quandoquidem *qui perseveraverit usque in finem, hic* [Matt. 10. 22.] *salvus erit*. Qua salute, nisi æterna? Cum vero in Oratione dominica Deo Patri dicimus, [Matt. 6. 9.] *Sanctificetur nomen tuum*: quid aliud dicimus, quam ut nomen ejus sanctificetur in nobis? Quod cum jam per lavacrum regenerationis effectum sit, quare quotidie a fidelibus poscitur, nisi ut in eo quod factum est in nobis, perseveretur a nobis? Nam & beatus Cyprianus hoc sic intelligit: exponens quippe eamdem orationem, *Dicimus*, inquit, *Sanctificetur nomen tuum: non quod optemus Deo, ut sanctificetur orationibus nostris; sed quod petamus a Deo, ut nomen ejus sanctificetur in nobis. Cæterum a quo Deus sanctificatur, qui ipse sanctificat? Sed* [Lev. 19. 2.] *quia ipse dixit, Sancti estote, quoniam & ego sanctus sum; id petimus & rogamus, ut qui in baptismo sanctificati sumus, in eo quod esse cœpimus, perseveremus*. Ecce gloriosissimus martyr hoc sentit, quod in his verbis quotidie fideles Christi petunt, ut perseverent in eo quod esse cœperunt. Nulli autem dubitante, quisquis a Domino ut in bono perseveret precatur, donum ejus esse talem perseverantiam confitetur.

[Caput VII. Qui non perseverant ... non discreti a massa perditionis.] 11. QUÆ cum ita sint, corripimus tamen eos juste corripimus, qui cum bene viverent, non in eo perseverarunt. Ex bono quippe in malum vitam sua voluntate mutati sunt; & ideo correptione, & si nihil eis correptio profuerit, sed in vita perdita usque ad mortem perseveraverint, etiam divina in æternum damnatione sunt digni. Nec se excusabunt dicentes, sicut modo dicunt, *Quare corripimur?* ita tunc, Quare damnamur, quandoquidem ut ex bono reverteremur ad malum, perseverantiam non accepimus qua permaneremus in bono? nullo modo hac excusatione a justa damnatione se liberabunt. Si enim, sicut veritas loquitur, nemo liberatur a damnatione quæ facta est per Adam, nisi per fidem Jesu Christi; & tamen ab hac damnatione non se liberabunt qui poterunt dicere, non se audisse Evangelium Christi, [Rom. 10. 17.] cum fides ex auditu sit: quanto minus se liberabunt qui dicturi sunt, perseverantiam non accepimus. Justior enim videtur excusatio dicentium, Non accepimus audientiam, quam dicentium, Non accepimus perseverantiam: quoniam potest dici, Homo, in eo quod audieras & tenueras, in eo perseverares si velles; nullo modo autem dici potest, Id quod non audieras, crederes si velles.

12. At per hoc & qui Evangelium non audierunt, & qui eo audito in melius commutati perseverantiam non acceperunt, & qui Evangelio audito venire ad Christum, hoc est, in eum credere noluerunt, quoniam ipse dixit, *Nemo venit ad me, nisi ei datum fuerit a Patre meo*, [Qui perseverantiam non acceperunt, non sunt discreti a massa perditionis. Jo. 6. 66.] & qui per ætatem parvulam nec credere potuerunt, sed ab originali noxa solo possent lavacro regenerationis absolvi, quo tamen non accepto mortui perierunt; non sunt ab illa conspersione discreti, quam constat esse damnatam, euntibus omnibus ex uno in condemnationem. Discernuntur autem non meritis suis, sed per gratiam Mediatoris, hoc est, in sanguine secundi Adam justificati gratis. Itaque cum audimus, *Quis enim te discernit? quid autem habes quod non* [1 Cor. 4. 7.] *accepisti? si autem & accepisti, quid gloriaris quasi non acceperis?* ab illa perditionis massa quæ facta est per primum Adam, debemus intelligere neminem posse discerni, nisi qui hoc donum habet, quisquis habet, quod gratia Salvatoris accepit. Hoc autem apostolicum testimonium tam magnum est, ut beatus Cyprianus ad Quirinum scribens, ipsum subjecerit illi titulo, in quo ait, In nullo esse gloriandum, quando nostrum nihil sit. [Lib. 3. ad Quirinum, Cyprianus, cap. 4.]

13. Quicumque ergo ab illa originali damnatione ista divinæ gratiæ largitate discreti sunt, non est dubium quod & procuratur eis audiendum Evangelium; & cum audiunt, credunt; & in fide quæ per dilectionem operatur, us- [Gal. 5. 6.] que in finem perseverant; & si quando exorbitant, correpti emendantur, & quidam eorum etsi ab hominibus non corripiantur, in viam quam reliquerant redeunt; & nonnulli accepta gratia, in qualibet ætate, periculis hujus vitæ mortis celeritate subtrahuntur. Hæc enim omnia operatur in eis, qui vasa misericordiæ operatus est eos, qui & elegit eos in Filio suo, ante constitutionem mundi per electionem gratiæ. [Rom. 11. 6.] *Si autem gratia, jam non ex operibus, alioquin gratia jam non est gratia*. Non enim sic sunt vocati, ut non essent electi; propter quod dictum est, *Multi enim vocati, pauci vero electi*: sed quoniam secundum propositum vocati [Matt. 20. 16. Electio gratiæ, non meritorum. Electi & prædestinati sunt ad vitam.] sunt, profecto & electi sunt per electionem, ut dictum est, gratiæ, non præcedentium meritorum suorum; quia gratia illis est omne meritum.

14. De talibus dicit Apostolus, *Scimus quoniam diligentibus Deum omnia cooperantur in bo-* [Rom. 8. 28.]

num,

num, his qui secundum propositum vocati sunt: quoniam quos ante præscivit, & prædestinavit, conformes imaginis Filii sui, ut sit ipse primogenitus in multis fratribus: quos autem prædestinavit, illos & vocavit; quos autem vocavit, ipsos & justificavit; quos autem justificavit, ipsos & glorificavit. Ex istis nullus perit, quia omnes electi sunt. Electi autem sunt, quia secundum propositum vocati sunt: propositum autem, non suum, sed Dei; de quo alibi dicit, *Ut secundum electionem propositum Dei maneret, non ex operibus, sed ex vocante dictum est ei, quia major serviet minori*: & alibi, *Non secundum opera nostra*, inquit, *sed secundum suum propositum & gratiam*. Cum ergo audimus, *Quos autem prædestinavit, illos & vocavit*; secundum propositum vocatos debemus agnoscere: quoniam inde cœpit, dicens, *Omnia cooperantur in bonum, his qui secundum propositum vocati sunt*; ac deinde subjunxit, *Quoniam quos ante præscivit, & prædestinavit conformes imaginis Filii sui, ut sit ipse primogenitus in multis fratribus*; atque his præmissis subdidit, *Quos autem prædestinavit, illos & vocavit*. Eos itaque vult intelligi, quos secundum propositum vocavit; ne putentur in eis esse aliqui vocati & non electi, propter illam Dominicam sententiam, *Multi vocati, pauci electi*. Quicumque enim electi, sine dubio etiam vocati: non autem quicumque vocati, consequenter electi. Illi ergo electi, ut sæpe dictum est, qui secundum propositum vocati, qui etiam prædestinati atque præsciti. Horum si quisquam perit, fallitur Deus: sed nemo eorum perit, quia non fallitur Deus. Horum si quisquam perit, vitio humano vincitur Deus: sed nemo eorum perit, quia nulla re vincitur Deus. Electi autem sunt ad regnandum cum Christo; non quomodo electus est Judas ad opus cui congruebat. Ab illo quippe electus est, qui novit bene uti etiam malis, ut & per ejus opus damnabile illud propter quod ipse venerat, opus venerabile compleretur. Cum itaque audimus, *Nonne ego vos duodecim elegi, & unus ex vobis diabolus est?* illos debemus intelligere electos per misericordiam, illum per judicium; illos ad obtinendum regnum suum, illum ad fundendum sanguinem suum.

15. Merito sequitur vox ad regnum electorum, *Si Deus pro nobis, quis contra nos? Qui Filio proprio non pepercit, sed pro nobis omnibus tradidit eum, quomodo non & cum illo nobis omnia donavit? Quis accusabit adversus electos Dei? Deus qui justificat? Quis condemnat? Christus qui mortuus est, magis autem qui & resurrexit, qui est in dextera Dei, qui & interpellat pro nobis?* Quam fortis autem perseverantiæ usque in finem munus acceperint, sequentia dicant: *Quis nos separabit a charitate Christi? tribulatio, an angustia, an persecutio, an fames, an nuditas, an periculum, an gladius? Sicut scriptum est, Quia propter te mortificamur tota die, æstimati sumus ut oves occisionis. Sed in his omnibus superevincimus per eum qui dilexit nos. Certus sum enim, quia neque mors, neque vita, neque angelus, neque principatus, neque præsentia, neque futura, neque virtus, neque altitudo, neque profundum, neque creatura alia poterit nos separare a charitate Dei, quæ est in Christo Jesu Domino nostro.*

16. Isti significati sunt ad Timotheum, ubi cum dictum fuisset, Hymenæum & Philetum fidem quorumdam subvertere; mox additum est, *Firmum autem fundamentum Dei stat, habens signaculum hoc, Scivit Dominus qui sunt ejus.* (2. Tim. 2. 19.) Horum fides, quæ per dilectionem operatur, profecto aut omnino non deficit, aut si qui sunt quorum deficit, reparatur antequam vita ista finiatur, & deleta quæ intercurrerat iniquitate, usque in finem perseverantia deputatur. Qui vero perseveraturi non sunt, ac sic a fide Christiana & conversatione lapsuri sunt, ut tales eos vitæ hujus finis inveniat; procul dubio nec illo tempore, quo bene pieque vivunt, in istorum numero computandi sunt. Non enim sunt a massa illa perditionis præscientia Dei & prædestinatione discreti; & ideo nec secundum propositum vocati; ac per hoc nec electi: sed in eis vocati, de quibus dictum est, *Multi vocati*; non in eis de quibus dictum est, *pauci vero electi*. (Matt. 20. 16.) Et tamen quis neget eos electos, cum credunt, & baptizantur, & secundum Deum vivunt? Plane dicuntur electi a nescientibus quid futuri sint, non ab illo qui eos novit non habere perseverantiam, quæ ad beatam vitam perducit electos, scitque illos ita stare, ut præscierit esse casuros.

17. HIC si a me quæratur, cur eis Deus perseverantiam non dederit, quibus eam qua Christiane viverent, dilectionem dedit; me ignorare respondeo. (Caput VIII.) Non enim arroganter, sed agnoscens modulum meum, audio dicentem Apostolum, *O homo, tu quis es qui respondeas Deo?* &, *O altitudo divitiarum sapientiæ & scientiæ Dei, quam inscrutabilia sunt judicia ejus, & investigabiles viæ ejus!* Quantum itaque nobis judicia sua manifestare dignatur, gratias agamus: quantum vero abscondere, non adversus ejus consilium murmuremus, sed hoc quoque nobis saluberrimum esse credamus. Tu autem quisquis inimicus ejus gratiæ sic interrogas, ipse quid dicis? Bene, quod te non negas esse Christianum, & catholicum jactas. Si ergo confiteris, donum Dei esse perseverare in bono usque in finem; cur hoc donum ille accipiat, ille non accipiat, puto quod mecum pariter nescis, & ambo hic inscrutabilia judicia Dei penetrare non possumus. Aut si ad liberum arbitrium hominis, quod non secundum Dei gratiam, sed contra eam defendis, pertinere dicis ut perseveret in bono quisquam, vel non perseveret, non Deo donante si perseverat, sed humana voluntate faciente; quid moliturus es contra verba dicentis, *Rogavi pro te, Petre, ne deficiat fides tua?* An audebis dicere etiam rogante Christo ne deficeret fides Petri, defecturam fuisse si Petrus eam deficere voluisset, hoc est, si eam usque in finem perseverare noluisset? quasi aliud Petrus ullo modo vellet, quam pro illo Christus rogasset ut vellet. Nam quis ignorat, tunc fuisse perituram fidem Petri, si ea qua fidelis erat, voluntas ipsa deficeret; & permansuram, si eadem voluntas maneret? Sed quia *præparatur voluntas a Domino*; ideo pro illo Christi non posset esse inanis oratio. Quando rogavit, nisi

ut

ut haberet in fide liberrimam, fortissimam, invictissimam, perseverantissimam voluntatem? Ecce quemadmodum secundum gratiam Dei, non contra eam, libertas defenditur voluntatis. Voluntas quippe humana non libertate consequitur gratiam, sed gratia potius libertatem, & ut perseveret delectabilem perpetuitatem, & insuperabilem fortitudinem.

18. Mirandum est quidem, multumque mirandum, quod filiis suis quibusdam Deus quos regeneravit in Christo, quibus fidem, spem, dilectionem dedit, non dat perseverantiam; cum filiis alienis scelera tanta dimittat, atque impertita gratia faciat filios suos. Quis hoc non miretur? quis hoc non vehementissime stupeat? Sed etiam illud non minus mirum est, & tamen verum, atque ita manifestum, ut nec ipsi inimici gratiae Dei quomodo id negent valeant invenire, quod filios quosdam amicorum suorum, hoc est, regeneratorum bonorumque fidelium, sine baptismo hinc parvulos exeuntes, quibus utique si vellet hujus lavacri gratiam procuraret, in cujus potestate sunt omnia, alienat a regno suo, quo parentes mittit illorum, & quosdam filios inimicorum suorum facit in manus Christianorum venire, & per hoc lavacrum introducit in regnum, a quo eorum parentes alieni sunt; cum & illis malum, & istis bonum meritum nullum sit parvulis, ex eorum propria voluntate. Certe hic judicia Dei, quoniam justa & alta sunt, nec vituperari possunt, nec penetrari. In his est & illud de perseverantia, de qua nunc disputamus. De utrisque ergo exclamemus, *O altitudo divitiarum sapientiae & scientiae Dei, quam inscrutabilia sunt judicia ejus.* Rom. 11. 33.

19. Nec miremur nos vestigare non posse investigabiles vias ejus. Ut enim alia innumerabilia taceam, quae aliis dantur, aliis non dantur hominibus a Domino Deo, apud quem non est acceptio personarum, nec tribuuntur ista meritis voluntatum, sicut sunt celeritates, vires, bona valetudo, & pulchritudines corporum, ingenia mirabilia, & multarum artium capaces naturae mentium; vel quae accedunt extrinsecus, ut est opulentia, nobilitas, honores, & cetera hujusmodi, quae ut quisque habeat, non nisi in Dei est potestate: ut non immorer etiam in baptismate parvulorum (quod nullus istorum potest dicere, sicut illa, ad regnum Dei non pertinere), cur illi parvulo detur, illi non detur; cum sit utrumque in potestate Dei, & sine illo sacramento nemo intret in regnum Dei: ut ergo haec taceam vel relinquam, illos ipsos intueamur de quibus agitur. De his enim disserimus, qui perseverantiam bonitatis non habent, sed ex bono in malum deficiente bona voluntate moriuntur. Respondeant, si possunt, cur illos Deus, cum fideliter & pie viverent, non tunc de vitae hujus periculis rapuit, ne malitia mutaret intellectum eorum, & ne fictio deciperet animas eorum. Sap. 4. 11. Utrum hoc in potestate non habuit, an eorum mala futura nescivit? Nempe nihil horum nisi perversissime atque insanissime dicitur. Cur ergo non fecit? Respondeant qui nos irrident, quando in rebus talibus exclamamus, *Quam inscrutabilia sunt judicia ejus, & investigabiles viae ejus!* Rom. 11. 33. Neque enim hoc non donat Deus quibus voluerit, aut vero Scriptura illa mentitur, quae de morte velut immatura hominis justi ait, *Raptus est, ne malitia mutaret intellectum ejus, aut ne fictio deciperet animam ejus.* Sap. 4. 11. Cur igitur hoc tam magnum beneficium aliis dat, aliis non dat Deus, apud quem non est iniquitas, nec acceptio personarum, & in cujus potestate est quamdiu quisque in hac vita maneat, quae tentatio dicta est super terram? Rom. 2. 11. Eph. 6. 9. Job 7. 1. Sicut ergo coguntur fateri, donum Dei esse ut finiat homo vitam istam, antequam ex bono mutetur in malum; cur autem aliis donetur, aliis non donetur, ignorant: ita donum Dei esse in bono perseverantiam secundum Scripturas, de quibus testimonia multa jam posui, fateantur nobiscum; & cur aliis detur, aliis non detur, sine murmure adversus Deum dignentur ignorare nobiscum.

Caput IX.

20. Nec nos moveat, quod filiis suis quibusdam Deus non dat illam perseverantiam. Absit enim ut ita esset, si de illis praedestinatis essent & secundum propositum vocatis, qui vere sunt filii promissionis. Nam isti cum pie vivunt, dicuntur filii Dei: sed quoniam victuri sunt impie, & in eadem impietate morituri, non eos dicit filios Dei praescientia Dei. Sunt enim filii Dei, qui nondum sunt nobis, & sunt jam Deo; de quibus ait evangelista Joannes, *quia Jesus moriturus erat pro gente, nec tantum pro gente, sed etiam ut filios Dei dispersos congregaret in unum*: Jo. 11. 52. quod utique credendo futuri erant per Evangelii praedicationem; & tamen antequam esset factum, jam filii Dei erant in memoriali Patris sui inconcussa stabilitate conscripti. Et sunt rursus quidam, qui filii Dei propter susceptam vel temporaliter gratiam dicuntur a nobis, nec sunt tamen Deo: de quibus ait idem Joannes, *Ex nobis exierunt, sed non erant ex nobis; quod si fuissent ex nobis, permansissent utique nobiscum.* 1 Jo. 2. 19. Non ait, Ex nobis exierunt, sed quia non manserunt nobiscum, jam non sunt ex nobis: verum ait, *Ex nobis exierunt, sed non erant ex nobis*; hoc est, & quando videbantur in nobis, non erant ex nobis. Et tamquam ei diceretur, unde id ostendis? *Quod si fuissent*, inquit, *ex nobis, permansissent utique nobiscum.* Filiorum Dei vox est: Joannes loquitur, in filiis Dei loco praecipuo constitutus. Cum ergo filii Dei dicunt de his qui perseverantiam non habuerunt, *Ex nobis exierunt, sed non erant ex nobis*; & addunt, *Quod si fuissent ex nobis, permansissent utique nobiscum*: quid aliud dicunt, nisi non erant filii, etiam quando erant in professione & nomine filiorum? non quia justitiam simulaverunt; sed quia in ea non permanserunt. Neque enim ait, Nam si fuissent ex nobis, veram, non fictam justitiam tenuissent utique nobiscum: sed, *si fuissent*, inquit, *ex nobis, permansissent utique nobiscum.* In bono illos volebat procul dubio permanere. Erant itaque in bono, sed quia in eo non permanserunt, id est, non usque in finem perseveraverunt, non erant, inquit, ex nobis, & quando erant nobiscum; hoc est, non erant ex numero filiorum, & quando erant in fide filiorum: quoniam qui vere filii sunt, praesciti & praedestinati

stinati sunt conformes imaginis Filii ejus, & secundum propositum vocati sunt ut electi essent. Non enim perit filius promissionis, sed filius perditionis.

21. Fuerunt ergo illi ex multitudine vocatorum: ex electorum autem paucitate non fuerunt. Non igitur filiis suis prædestinatis Deus perseverantiam non dedit: haberent enim eam si in eo filiorum numero essent: & quid haberent, quod non accepissent, secundum apostolicam veramque sententiam? Ac per hoc tales sibi Filio Christo dati essent, quemadmodum ipse dicit ad Patrem, *ut omne quod dedisti mihi, non pereat, sed habeat vitam æternam*. Hi ergo Christo intelliguntur dari, qui ordinati sunt in vitam æternam. Ipsi sunt illi prædestinati & secundum propositum vocati, quorum nullus perit. Ac per hoc nullus eorum ex bono in malum mutatus finit hanc vitam; quoniam sic est ordinatus, & ideo Christo datus, ut non pereat, sed habeat vitam æternam. Et rursus quos dicimus inimicos ejus, vel parvulos filios inimicorum ejus, quoscumque eorum sic regeneraturus est, ut in ea fide quæ per dilectionem operatur, hanc vitam finiant; jam & antequam hoc fiat, in illa prædestinatione sunt filii ejus, & dati sunt Christo Filio ejus, ut non pereant, sed habeant vitam æternam.

22. Denique ipse Salvator, *Si manseritis*, inquit, *in verbo meo, vere discipuli mei estis*. Numquid in his computandus est Judas, qui non mansit in verbo ejus? Numquid in his computandi sunt illi, de quibus Evangelium sic loquitur, ubi Dominus, cum commendasset manducandam carnem suam & bibendum sanguinem suum, ait Evangelista, *Hæc dixit in synagoga docens in Capharnaum. Multi ergo audientes ex discipulis ejus dixerunt, Durus est hic sermo, quis potest eum audire? Sciens autem Jesus apud semetipsum, quia murmurarent de hoc discipuli ejus, dixit eis, Hoc vos scandalizat? Si ergo videritis filium hominis ascendentem ubi erat prius? Spiritus est qui vivificat, caro autem non prodest quidquam. Verba quæ ego locutus sum vobis, spiritus & vita sunt. Sed sunt quidam ex vobis qui non credunt. Sciebat enim ab initio Jesus, qui essent credentes, & quis traditurus esset eum; & dicebat, Propterea dixi vobis, quia nemo venit ad me, nisi fuerit ei datum a Patre meo. Ex hoc multi discipulorum ejus abierunt retro, & jam non cum illo ambulabant*. Numquid non & illi discipuli appellati sunt, loquente Evangelio? Et tamen non erant vere discipuli, quia non manserunt in verbo ejus, secundum id quod ait, *Si manseritis in verbo meo, vere discipuli mei estis*. Quia ergo non habuerunt perseverantiam, sicut non vere discipuli Christi, ita nec vere filii Dei fuerunt, etiam quando esse videbantur & ita vocabantur. Appellamus ergo nos & electos, & Christi discipulos, & Dei filios, quia sic appellandi sunt, quos regeneratos pie vivere cernimus: sed tunc vere sunt quod appellantur, si manserint in eo propter quod sic appellantur. Si autem perseverantiam non habent, id est, in eo quod cœperunt esse non manent, non vere appellantur quod appellantur & non sunt: apud eum enim hoc non sunt, cui notum est quod futuri sunt, id est, ex bonis mali.

23. Propter hoc Apostolus, cum dixisset, *Scimus quoniam diligentibus Deum omnia cooperantur in bonum*: sciens nonnullos diligere Deum, & in eo bono usque in finem non permanere, mox addidit, *his qui secundum propositum vocati sunt*. Hi enim in eo quod diligunt Deum, permanent usque in finem; & qui ad tempus inde deviant, revertuntur, ut usque in finem perducant, quod in bono esse cœperunt. Ostendens autem quid sit secundum propositum vocari, mox addidit ea quæ jam supra posui, *Quoniam quos ante præscivit, & prædestinavit conformes imaginis Filii ejus, ut sit ipse primogenitus in multis fratribus. Quos autem prædestinavit, illos & vocavit*, scilicet secundum propositum; *quos autem vocavit, ipsos & justificavit; quos autem justificavit, ipsos & glorificavit*. Illa omnia jam facta sunt, *præscivit, prædestinavit, vocavit, justificavit*; quoniam & omnes jam præsciti ac prædestinati sunt, & multi jam vocati atque justificati: quod autem posuit in fine, *illos & glorificavit*, (si quidem illa gloria est hic intelligenda, de qua idem dicit, *Cum Christus apparuerit vita vestra, tunc & vos cum illo apparebitis in gloria*:) nondum factum est. Quamvis & illa duo, id est, *vocavit & justificavit*, non in omnibus facta sint, de quibus dicta sunt: adhuc enim usque in finem sæculi multi vocandi & justificandi sunt: & tamen verbo præteriti temporis posuit de rebus etiam futuris, tamquam jam fecerit Deus, quæ jam ut fierent ex æternitate disposuit. Ideo de illo dicit & propheta Isaias, *Qui fecit quæ futura sunt*. Quicumque ergo in Dei providentissima dispositione præsciti, prædestinati, vocati, justificati, glorificati sunt, non dico etiam nondum renati, sed etiam nondum nati, jam filii Dei sunt, & omnino perire non possunt. Hi vere veniunt ad Christum; quia ita veniunt, quomodo ipse dicit, *Omne quod dat mihi Pater, ad me veniet; & eum qui venit ad me, non ejiciam foras*. Et paulo post, *Hæc est*, inquit, *voluntas ejus qui misit me Patris, ut omne quod dedit mihi non perdam ex eo*. Ab illo ergo datur etiam perseverantia in bono usque in finem; neque enim datur, nisi eis qui non peribunt; quoniam qui non perseverant peribunt.

24. Talibus Deus diligentibus eum omnia cooperatur in bonum; usque adeo prorsus omnia, ut etiam si qui eorum deviant & exorbitant, etiam hoc ipsum eis faciat proficere in bonum, quia humiliores redeunt atque doctiores. Discunt enim in ipsa via justa cum tremore se exsultare debere, non sibi arrogando tamquam de sua virtute fiduciam permanendi, nec dicendo in abundantia sua, Non movebimur in æternum. Propter quod eis dicitur, *Servite Domino in timore, & exsultate ei cum tremore, ne quando irascatur Dominus, & pereatis de via justa*. Neque enim ait, & non veniatis ad viam justam; sed, *ne pereatis*, inquit, *de via justa*: quid ostendens, nisi eos esse commonitos, qui jam ambulant in via justa, ut in timore Deo serviant, id est, *non altum sapiant, sed timeant*? quod significat non superbiant, sed humiles sint:

fiat: unde & alibi dicit, *Non alta sapientes, sed humilibus consentientes*: gratiam Dei, sed cum tremore; in * nullo gloriantes, quando nostrum nihil sit; ut qui gloriatur, in Domino glorietur: ne pereant de via justa, in qua jam ambulare coeperunt, dum sibi hoc ipsum assignant, quod in ea sunt. His verbis usus est & Apostolus, ubi ait, *Cum timore & tremore vestram ipsorum salutem operamini*. Et ostendens quare cum timore & tremore: *Deus est enim*, inquit, *qui operatur in vobis & velle & operari pro bona voluntate*. Non enim habebat hunc timorem & tremorem, qui dicebat in abundantia sua, *Non movebor in aeternum*. Sed quia filius erat promissionis, non perditionis, expertus Deo paululum deserente quid esset ipse: *Domine*, inquit, *in voluntate tua praestitisti decori meo virtutem; avertisti faciem tuam a me, & factus sum conturbatus*. Ecce doctior, & ob hoc etiam humilior, tenuit viam, jam videns & confitens, in voluntate sua Deum decori ejus praestitisse virtutem: quod sibi ipse tribuens & de se praesumens in tali abundantia quam praestiterat Deus, non de illo qui eam praestiterat dicebat, *Non movebor in aeternum*. Factus est ergo conturbatus, ut se inveniret, & humiliter sapiens, non solum aeternae vitae, verum etiam in hac vita piae conversationis & perseverantiae, in quo spes habenda esset, addisceret. Haec vox & apostoli Petri esse potuit: dixerat quippe & ipse in abundantia sua, *Animam meam pro te ponam*: sibi festinando tribuens, quod ei fuerat a Domino postea largiendum. Avertit autem ab illo faciem Dominus, & factus est conturbatus, ita ut eum mori pro illo metuens ter negaret. Sed rursus convertit ad eum faciem suam Dominus, & culpam lacrymis diluit. Quid est enim aliud, *Respexit eum*; nisi faciem, quam paululum ab illo averterat, revocavit ad eum? Factus ergo fuerat conturbatus: sed quia didicit non de se ipso fidere, etiam hoc ei profecit in bonum, faciente illo qui diligentibus eum omnia cooperatur in bonum; quia secundum propositum vocatus erat, ut nemo eum posset eripere de manu Christi, cui datus erat.

25. Nemo ergo dicat, non esse corripiendum qui exorbitat de via justa, sed ei reditum & perseverantiam a Domino tantum esse poscendum: nemo prudens & fidelis hoc dicat. Si enim secundum propositum vocatus est iste, procul dubio illi, etiam quod corripitur, Deus cooperatur in bonum. Utrum autem ita sit vocatus, quoniam qui corripit nescit; faciat ipse cum charitate quod scit esse faciendum: scit enim talem corripiendum; facturo Deo aut misericordiam, aut judicium: misericordiam quidem, si a massa perditionis ille qui corripitur, gratiae largitate discretus est, & non est inter vasa irae quae perfecta sunt in perditionem, sed inter vasa misericordiae quae praeparavit Deus in gloriam: judicium vero, si in illis est damnatus, in his non est praedestinatus.

26. HIC exoritur alia quaestio, non sane contemnenda, sed in adjutorio Domini, in cujus manu sunt & nos & sermones nostri, aggredienda atque solvenda. Quaeritur enim a nobis, quantum attinet ad hoc donum Dei, quod est in bono perseverare usque in finem, quid de ipso primo homine sentiamus, qui certe sine ullo vitio factus est rectus. Nec dico: Si perseverantiam non habuit, quomodo sine vitio fuit, cui tam necessarium Dei donum defuit? Huic namque interrogationi facile respondetur, eum perseverantiam non habuisse, quia in eo bono, quo sine vitio fuit, non perseveravit: coepit enim habere vitium ex quo cecidit; & si coepit, ante quam coepisset, utique sine vitio fuit. Aliud est enim non habere vitium; & aliud est in ea bonitate, in qua nullum vitium est, non manere. Eo quippe ipso quod non dicitur numquam sine vitio fuisse, sed dicitur sine vitio non permansisse, procul dubio demonstratur sine vitio fuisse, in quo bono non permansisse culpatur. Sed illud magis quaerendum operosiusque tractandum est, quomodo respondeamus eis, qui dicunt, *Si in illa rectitudine in qua sine vitio factus est, habuit perseverantiam, procul dubio perseveravit in ea: & si perseveravit, utique non peccavit, nec illam suam rectitudinem Deumque deseruit. Eum autem peccasse, & desertorem boni fuisse, veritas clamat. Non ergo habuit in illo bono perseverantiam; & si non habuit, non utique accepit. Quomodo enim & accepisset perseverantiam, & non perseverasset? Porro si propterea non habuit, quia non accepit; quid ipse non perseverando peccavit, qui perseverantiam non accepit? Neque enim dici potest, ideo non accepisse, quia non est discretus a massa perditionis gratiae largitate. Nondum quippe erat illa in genere humano perditionis massa ante quam peccasset, ex qua trahitur origo vitiata.*

27. Quapropter saluberrime confitemur, quod rectissime credimus, Deum Dominumque rerum omnium, qui creavit omnia bona valde, & mala ex bonis exortura esse praescivit, & scivit magis ad suam omnipotentissimam bonitatem pertinere, etiam de malis bene facere, quam mala esse non sinere, sic ordinasse angelorum & hominum vitam, ut in ea prius ostenderet, quid posset eorum liberum arbitrium, deinde quid posset suae gratiae beneficium, justitiaeque judicium. Denique angeli quidam, quorum princeps est qui dicitur diabolus, per liberum arbitrium a Domino Deo refugae facti sunt. Refugientes tamen ejus bonitatem, qua beati fuerant, non potuerunt ejus effugere judicium, per quod miserrimi effecti sunt. Ceteri autem per ipsum liberum arbitrium in veritate steterunt, eamque de suo casu numquam futuro certissimam scire meruerunt. Si enim nos de scripturis sanctis nosse potuimus sanctos Angelos jam nullos esse casuros; quanto magis hoc ipsi revelata sibi sublimius veritate noverunt! Nobis quippe beata sine fine vita promissa est, & aequalitas Angelorum: ex qua promissione certi sumus, cum ad illam vitam post judicium venerimus, non inde nos esse lapsuros: quod si de se ipsi Angeli nesciunt, non aequales, sed beatiores erimus. Veritas autem nobis eorum promisit aequalitatem. Certum est igitur hoc eos nosse per speciem, quod nos per fidem, nullam scilicet ruinam cujusquam sancti Angeli jam futuram. Diabolus vero & angeli ejus, etsi beati erant ante quam caderent, & se in mi-

Margin notes, left column:
* Forte, nullo ... (note largely illegible)
Phil. 2. 12. 13.
Psal. 29. 7.
Ibid. 8.
Jo. 13. 37.
Luc. 22. 61.
Rom. 9. 22. & 23.
Cap. X. An Adam acceperit perseverantiae donum.

Margin notes, right column:
Quomodo perseverantiam Adam non acceperit ... (rest illegible)
Responsio.
Angeli per liberum arbitrium lapsi.
De fine perseverantiae sunt securi. Matt. 22. 30.
Nunquam certe lapsuros ... (rest illegible)

miseriam casuros esse nesciebant, erat tamen adhuc quod eorum adderetur beatitudini, si per liberum arbitrium in veritate stetissent, donec illam summæ beatitudinis plenitudinem, tanquam præmium ipsius permansionis acciperent, id est, ut magna per Spiritum sanctum data abundantia charitatis Dei, cadere ulterius omnino non possent, & hoc de se certissime nossent. Hanc plenitudinem beatitudinis non habebant: sed quia nesciebant suam miseriam, minore quidem, sed tamen beatitudine futuram sine ullo vitio fruebantur. Nam si suum casum futurum nossent æternumque supplicium, beati utique esse non possent, quos hujus tanti mali metus jam tunc miseros esse compelleret.

[illegible]

28. Sic & hominem fecit cum libero arbitrio, & quamvis sui futuri casus ignarum, tamen ideo beatum, quia & non mori & miserum non fieri in sua potestate esse sentiebat. In quo statu recto ac sine vitio, si per ipsum liberum arbitrium manere voluisset, profecto sine ullo mortis & infelicitatis experimento, acciperet illam, merito hujus permansionis, beatitudinis plenitudinem, qua & sancti Angeli sunt beati, id est, ut cadere non posset ulterius, & hoc certissime sciret. Nam neque ipse posset etiam in paradiso beatus esse, immo ibi non esset, ubi esse miserum non deceret, si eum sui casus præscientia timore tanti mali miserum faceret. Quia vero per liberum arbitrium Deum deseruit, justum judicium Dei expertus est, ut cum tota sua stirpe, quæ in illo adhuc posita tota cum illo peccaverat, damnaretur. Quotquot enim ex hac stirpe gratia Dei liberantur, a damnatione utique liberantur, qua jam tenentur obstricti. Unde etiam si nullus liberaretur, justum Dei judicium nemo juste reprehenderet. Quod ergo pauci in comparatione pereuntium, in suo vero numero multi liberantur, gratia fit, gratis fit, gratiæ sunt agendæ quia fit, ne quis velut de suis meritis extollatur, sed omne os obstruatur, & qui gloriatur, in Domino glorietur.

[illegible] Rom. 3. 19. Jer. 9. 23.

Caput XI. [illegible]

29. QUID ergo? Adam non habuit Dei gratiam? Immo vero habuit magnam, sed disparem: ille in bonis erat, quæ de bonitate sui Conditoris acceperat: neque enim ea bona & ille suis meritis comparaverat, in quibus prorsus nullum patiebatur malum. Sancti vero in hac vita, ad quos pertinet liberationis hæc gratia, in malis sunt, ex quibus clamant ad Deum, *Libera nos a malo*. Ille in illis bonis Christi morte non eguit: istos a reatu & hereditario & proprio, illius Agni sanguis absolvit. Ille non opus habebat eo adjutorio, quod implorant isti cum dicunt: *Video aliam legem in membris meis repugnantem legi mentis meæ, & captivantem me in lege peccati, quæ est in membris meis. Infelix ego homo, quis me liberabit de corpore mortis hujus? Gratia Dei per Jesum Christum Dominum nostrum.* Quoniam in eis caro concupiscit adversus spiritum, & spiritus adversus carnem, atque in tali certamine laborantes ac periclitantes dari sibi pugnandi vincendique virtutem per Christi gratiam poscunt: ille vero nulla tali rixa de se ipso adversus se ipsum tentatus atque turbatus, in illo beatitudinis loco sua secum pace fruebatur.

Matt. 6. 13. [illegible]

Rom. 7. 23. Gal. 5. 17.

30. Proinde etsi non interim lætiore nunc, verumtamen potentiore gratia indigent isti: & quæ potentior quam Dei unigenitus Filius, æqualis Patri & coæternus, pro eis homo factus, & sine suo ullo vel originali vel proprio peccato ab hominibus peccatoribus crucifixus? Qui quamvis die tertio resurrexit, numquam moriturus ulterius; pertulit tamen pro mortalibus mortem, qui mortuis præstitit vitam, ut redempti ejus sanguine, tanto ac tali pignore accepto dicerent, *Si Deus pro nobis, quis contra nos? Qui Filio suo proprio non pepercit, sed pro nobis omnibus tradidit eum, quomodo non & cum illo omnia nobis donavit?* Deus ergo naturam nostram, id est, animam rationalem carnemque hominis Christi suscepit, susceptione singulariter mirabili vel mirabiliter singulari, ut nullis justitiæ suæ præcedentibus meritis Filius Dei sic esset ab initio quo esse homo cœpisset, ut ipse & Verbum quod sine initio est, una persona esset. Neque enim quisquam tanta rei hujus & fidei cæcus est ignorantia, ut audeat dicere, quamvis de Spiritu sancto & Virgine Maria filium hominis natum, per liberum tamen arbitrium bene vivendo, & sine peccato bona opera faciendo meruisse, ut esset Dei Filius, resistente Evangelio atque dicente, *Verbum caro factum est*. Nam ubi hoc factum est, nisi in utero virginali, unde fuit initium hominis Christi? Itemque virgine requirente, quomodo fieret quod ei per Angelum nuntiabatur, Angelus respondit, *Spiritus sanctus superveniet in te, & virtus Altissimi obumbrabit tibi: propterea, quod nascetur ex te sanctum, vocabitur Filius Dei. Propterea*, inquit: non propter opera, quæ nondum nati utique nulla sunt; sed *propterea* quia *Spiritus sanctus superveniet in te, & virtus Altissimi obumbrabit tibi, quod nascetur ex te sanctum, vocabitur Filius Dei*. Illa nativitas profecto gratuita conjunxit in unitate personæ hominem Deo, carnem Verbo. Illam nativitatem bona opera secuta sunt, non bona opera meruerunt. Neque enim metuendum erat, ne isto ineffabili modo in unitatem personæ a Verbo Deo natura humana suscepta, per liberum voluntatis peccaret arbitrium, cum ipsa susceptio talis esset, ut natura hominis a Deo ita suscepta, nullum in se motum malæ voluntatis admitteret. Per hunc Mediatorem Deus ostendit eos, quos ejus sanguine redemit facere se ex malis deinceps in æternum bonos, quem sic suscepit, ut numquam esset malus, nec ex malo factus semper esset bonus.

Rom. 8. 31.

Incarnatio Verbi.

[illegible]

Jo. 1. 14.

Luc. 1. 35.

31. Istam gratiam non habuit homo primus, qua numquam vellet esse malus: sed sane habuit, in qua si permanere vellet, numquam malus esset, & sine qua etiam cum libero arbitrio bonus esse non posset. Sed eam tamen per liberum arbitrium deserere posset. Nec ipsum ergo Deus esse voluit sine sua gratia, quam reliquit in ejus libero arbitrio. Quoniam liberum arbitrium ad malum sufficit, ad bonum autem parum est, nisi adjuvetur ab omnipotenti bono. Quod adjutorium si homo ille per liberum non deseruisset arbitrium, semper esset bonus: sed deseruit, & desertus est. Tale quippe

[illegible]

erat,

erat, adjutorium, quod desereret cum vellet, & in quo permaneret si vellet; non quo fieret ut vellet. Hæc prima est gratia quæ data est primo Adam: sed hac potentior est in secundo Adam. Prima est enim qua fit ut habeat homo justitiam si velit: secunda ergo plus potest, qua etiam fit ut velit, & tantum velit, tantoque ardore diligat, ut carnis voluntatem contraria concupiscentem voluntate spiritus vincat. Nec illa quidem parva erat, qua demonstrata est etiam potentia liberi arbitrii, quoniam sic adjuvabatur, ut sine hoc adjutorio in bono non maneret, sed hoc adjutorium si vellet desereret. Hæc autem tanto major est, ut parum sit homini per illam reparare perditam libertatem, parum sit denique non posse sine illa vel apprehendere bonum, vel permanere in bono si velit, nisi etiam efficiatur ut velit.

32. Tunc ergo dederat homini Deus bonam voluntatem, in illa quippe eum fecerat qui fecerat rectum: dederat adjutorium, sine quo in ea non posset permanere si vellet; ut autem vellet, in ejus libero reliquit arbitrio. Posset ergo permanere si vellet: quia non deerat adjutorium per quod posset, & sine quo non posset perseveranter bonum tenere quod vellet. Sed quia noluit permanere, profecto ejus culpa est, cujus meritum fuisset, si permanere voluisset: sicut fecerunt Angeli sancti, qui cadentibus aliis per liberum arbitrium, per idem liberum arbitrium steterunt ipsi, & hujus permansionis debitam mercedem recipere meruerunt, tantam scilicet beatitudinis plenitudinem, qua eis certissimum sit semper se in illa esse mansuros. Si autem hoc adjutorium vel angelo vel homini, cum primum facti sunt, defuisset; quoniam non talis natura facta erat, ut sine divino adjutorio posset manere si vellet, non utique sua culpa cecidissent: adjutorium quippe defuisset, sine quo manere non possent. Nunc autem quibus deest tale adjutorium, jam pœna peccati est: quibus autem datur, secundum gratiam datur, non secundum debitum; & tanto amplius datur per Jesum Christum Dominum nostrum, quibus id dare Deo placuit, ut non solum adsit sine quo permanere non possumus, etiam si velimus; verum etiam tantum ac tale sit, ut velimus. Fit quippe in nobis per hanc Dei gratiam in bono recipiendo & perseveranter tenendo, non solum posse quod volumus, verum etiam velle quod possumus. Quod non fuit in homine primo: unum enim horum in illo fuit, alterum non fuit. Namque ut reciperet bonum, gratia non egebat, quia nondum perdiderat: ut autem in eo permaneret, egebat adjutorio gratiæ, sine quo id omnino non posset: & acceperat posse si vellet, sed non habuit velle quod posset; nam si habuisset, perseverasset. Posset enim perseverare si vellet: quod ut nollet, de libero descendit arbitrio; quod tunc ita liberum erat, ut & bene velle posset & male. Quid erit autem liberius libero arbitrio, quando non poterit servire peccato, quæ futura erat & homini, sicut facta est Angelis sanctis, merces meriti? Nunc autem per peccatum perdito bono merito, in his qui liberantur factum est donum gratiæ, quæ merces meriti futura erat.

33. QUAPROPTER bina ista quid inter se differant, diligenter & vigilanter intuendum est, posse non peccare, & non posse peccare, posse non mori, & non posse mori, bonum posse non deserere, & bonum non posse deserere. Potuit enim non peccare primus homo, potuit non mori, potuit bonum non deserere. Numquid dicturi sumus, non potuit peccare, qui tale habebat liberum arbitrium? Aut non potuit mori, cui dictum est, *Si peccaveris, morte morieris*? Aut non potuit bonum deserere, cum hoc peccando deseruerit, & ideo mortuus sit? Prima ergo libertas voluntatis erat, posse non peccare; novissima erit multo major, non posse peccare: prima immortalitas erat, posse non mori; novissima erit multo major, non posse mori: prima erat perseverantiæ potestas, bonum posse non deserere; novissima erit felicitas perseverantiæ, bonum non posse deserere. Numquid quia erunt bona novissima potiora atque meliora, ideo fuerunt illa prima vel nulla vel parva?

34. Itemque ipsa adjutoria distinguenda sunt. Aliud est adjutorium sine quo aliquid non fit, & aliud est adjutorium quo aliquid fit. Nam sine alimentis non possumus vivere, nec tamen cum adfuerint alimenta, eis fit ut vivat qui mori voluerit. Ergo adjutorium alimentorum est sine quo non fit, non quo fit ut vivamus. At vero beatitudo quam non habet homo, cum data fuerit, continuo fit beatus. Adjutorium est enim non solum sine quo non fit, verum etiam quo fit propter quod datur. Quapropter hoc adjutorium & quo fit est, & sine quo non fit: quia & si data fuerit homini beatitudo, continuo fit beatus; & si data nunquam fuerit, nunquam erit. Alimenta vero non consequenter faciunt ut homo vivat: sed tamen sine illis non potest vivere. Primo itaque homini, qui in eo bono quo factus fuerat rectus acceperat posse non peccare, posse non mori, posse ipsum bonum non deserere, datum est adjutorium perseverantiæ, non quo fieret ut perseveraret, sed sine quo per liberum arbitrium perseverare non posset. Nunc vero sanctis in regnum Dei per gratiam Dei prædestinatis non tale adjutorium perseverantiæ datur, sed tale ut eis perseverantia ipsa donetur; non solum ut sine isto dono perseverantes esse non possint, verum etiam ut per hoc donum non nisi perseverantes sint. Non solum enim dixit, *Sine me nihil potestis facere*: verum etiam dixit, *Non vos me elegistis, sed ego elegi vos, & posui vos, ut eatis, & fructum afferatis, & fructus vester maneat*. Quibus verbis eis non solum justitiam, verum etiam in illa perseverantiam se dedisse monstravit. Christo enim sic eos ponente ut eant, & fructum afferant, & fructus eorum maneat, quis audeat dicere, non manebit? quis audeat dicere, Forsitan non manebit? *Sine pœnitentia sunt enim dona & vocatio Dei*: sed vocatio eorum qui secundum propositum vocati sunt. Pro his ergo interpellante Christo ne deficiat fides eorum, sine dubio non deficiet usque in finem: ac per hoc perseverabit usque in finem, nec eam nisi manentem vitæ hujus inveniet finis.

35. Major quippe libertas est necessaria adversus tot & tantas tentationes, quæ in paradiso non fuerunt, dono perseverantiæ munita atque

Caput XII. Gen. 2. 17. Jo. 15. 5. ibid. 16. Rom. 11. 29.

firmata, ut cum omnibus amoribus, terroribus, erroribus suis vincatur hic mundus: hoc sanctorum martyria docuerunt. Denique ille * & terrente nullo, & insuper contra Dei terrentis imperium libero usus arbitrio, non stetit in tanta felicitate, in tanta non peccandi facilitate: isti autem, non dico terrente mundo, sed saeviente ne starent, steterunt in fide; cum videret ille bona praesentia quae fuerat relicturus, isti futura quae accepturi fuerant non viderent. Unde hoc, nisi donante illo, a quo misericordiam consecuti sunt ut fideles essent, a quo acceperunt spiritum, non timoris, quo persequentibus cederent, sed virtutis & charitatis & continentiae, quo cuncta minantia, cuncta invitantia, cuncta cruciantia superarent? Illi ergo sine peccato ullo data est, cum qua conditus est, voluntas libera, & eam fecit servire peccato: horum vero cum fuisset voluntas serva peccati, liberata est per illum qui dixit, *Si vos Filius liberaverit, tunc vere liberi eritis*. Et accipiunt tantam per istam gratiam libertatem, ut quamvis, quamdiu hic vivunt, pugnent contra concupiscentias peccatorum, eisque nonnulla subrepant, propter quae dicant quotidie, *Dimitte nobis debita nostra*; non tamen ultra serviant peccato quod est ad mortem, de quo dicit Joannes apostolus, *Est peccatum ad mortem, non pro illo dico ut roget*. De quo peccato (quoniam non expressum est) possunt multa & diversa sentiri: ego autem dico id esse peccatum, fidem quae per dilectionem operatur, deserere usque ad mortem. Huic peccato ultra non serviunt, non prima conditione, sicut ille, liberi; sed per secundum Adam Dei gratia liberati, & ista liberatione habentes liberum arbitrium quo serviant Deo, non quo captiventur a diabolo. Liberati enim a peccato servi facti sunt justitiae, in qua stabunt usque in finem, donante sibi illo perseverantiam, qui eos praescivit, & praedestinavit, & secundum propositum vocavit, & justificavit, & glorificavit; quoniam illa quae de his promisit, etiam futura jam fecit: cui promittenti *credidit Abraham, & deputatum est illi ad justitiam. Dedit enim gloriam Deo, plenissime credens*, sicut scriptum est, *quia quae promisit, potens est & facere*.

36. Ipse ergo illos bonos facit, ut bona faciant. Neque enim propterea eos promisit Abrahae, quia praescivit a se ipsis bonos futuros. Nam si ita est, non suum, sed eorum est quod promisit. Non autem sic credidit Abraham, sed, *non est infirmatus in fide, dans gloriam Deo & plenissime credens, quia quae promisit, potens est & facere*. Non ait, quae praescivit, potens est promittere; aut, quae praedixit, potens est ostendere; aut, quae promisit, potens est praescire; sed, *quae promisit, potens est & facere*. Ipse igitur eos facit perseverare in bono, qui facit bonos. Qui autem cadunt & pereunt, in praedestinatorum numero non fuerunt. Quamvis ergo de omnibus regeneratis & pie viventibus loqueretur Apostolus, dicens, *Tu quis es qui judices alienum servum? Suo domino stat aut cadit*: continuo tamen respexit ad praedestinatos, & ait, *Stabit autem*: & ne hoc sibi arrogarent, *Potens est enim Deus*, inquit, *statuere eum*. Ipse itaque dat perseverantiam, qui stabilire potens est eos qui stant, ut perseverantissime stent; vel restituere qui ciderunt. *Dominus enim erigit elisos*.

37. Ut ergo non acciperet hoc donum Dei, id est, in bono perseverantiam primus homo, sed perseverare vel non perseverare in ejus relinqueretur arbitrio, tales vires habebat ejus voluntas, quae sine ullo fuerat instituta peccato, & nihil illi ex se ipso concupiscentialiter resistebat, ut digne tantae bonitati & tantae bene vivendi facilitati perseverandi committeretur arbitrium: Deo quidem praesciente quid esset facturus injuste; praesciente tamen, non ad hoc cogente: sed simul sciente quid de illo ipse faceret juste. Nunc vero postea quam est * illa magna peccati merito amissa libertas, etiam majoribus donis adjuvanda remansit infirmitas. Placuit enim Deo, quo maxime humanae superbiae praesumptionem extingueret, *ut non glorietur omnis caro coram ipso*, id est, omnis homo. Unde autem non glorietur caro coram ipso, nisi de meritis suis? quae quidem potuit habere, sed perdidit; & per quod habere potuit, per hoc perdidit, hoc est, per liberum arbitrium: propter quod non restat liberandis nisi gratia liberantis. Ita ergo non glorietur omnis caro coram ipso. Non enim gloriantur injusti, qui non habent unde; nec justi, quia ex ipso habent unde, nec habent gloriam suam nisi ipsum, cui dicunt, *Gloria mea & exaltans caput meum*. Ac per hoc ad omnem hominem pertinet quod scriptum est, *Ut non glorietur omnis caro coram ipso*. Ad justos autem illud, *Qui gloriatur, in Domino glorietur*. Hoc enim Apostolus apertissime ostendit, qui cum dixisset, *Ut non glorietur omnis caro coram ipso*: ne putarent sancti sine gloria se remansisse, mox addidit, *Ex ipso autem vos estis in Jesu Christo, qui factus est nobis sapientia a Deo, & justitia, & sanctificatio, & redemptio, ut quemadmodum scriptum est, Qui gloriatur, in Domino glorietur*. Hinc est quod in hoc loco miseriarum, ubi tentatio est vita humana super terram, *virtus in infirmitate perficitur*: quae virtus, nisi *ut qui gloriatur, in Domino glorietur?*

38. Ac per hoc nec de ipsa perseverantia boni voluit Deus sanctos suos in viribus suis, sed in ipso gloriari: qui eis non solum dat adjutorium quale primo homini dedit, sine quo non possint perseverare si velint; sed in eis etiam operatur & velle: ut quoniam non perseverabunt, nisi & possint & velint, perseverandi eis & possibilitas & voluntas divinae gratiae largitate donetur. Tantum quippe Spiritu-sancto accenditur voluntas eorum, ut ideo possint, quia sic volunt; ideo sic velint, quia Deus operatur ut velint. Nam si in tanta infirmitate vitae hujus (in qua tamen infirmitate propter elationem reprimendam perfici virtutem oportebat) ipsis relinqueretur voluntas sua, ut in adjutorio Dei sine quo perseverare non possent, manerent si vellent, nec Deus in eis operaretur ut vellent; inter tot & tantas tentationes infirmitate sua voluntas ipsa succumberet, & ideo perseverare non possent, quia deficientes infirmitate non vellent, aut non ita vellent infirmitate voluntatis ut possent. Subventum est igitur infirmitati voluntatis humanae, ut divina gratia inde-

declinabiliter & inseparabiliter ageretur; & ideo, quamvis infirma, non tamen deficeret, neque adversitate aliqua vinceretur. Ita factum est, ut voluntas hominis invalida & imbecilla in bono adhuc parvo perseveraret per virtutem Dei: cum voluntas primi hominis fortis & sana in bono ampliore non perseveraverit, habens virtutem liberi arbitrii; quamvis non defuturo adjutorio Dei sine quo non posset perseverare si vellet, non tamen tali quo in illo Deus operaretur ut vellet. Fortissimo quippe dimisit atque permisit facere quod vellet; infirmis servavit, ut ipso donante invictissime quod bonum est vellent, & hoc deserere invictissime nollent. Dicente ergo Christo, *Rogavi pro te ne deficiat fides tua*, intelligamus ei dictum, qui ædificatur super petram. Atque ita homo Dei non solum quia misericordiam consecutus est ut fidelis esset, verum etiam quia fides ipsa non deficit, *qui gloriatur, in Domino glorietur*.

Luc. 22. 32.

Caput XIII.

39. Hæc de his loquor, qui prædestinati sunt in regnum Dei, quorum ita certus est numerus, ut nec addatur eis quisquam, nec minuatur ex eis: non de his, qui, cum annuntiasset & locutus esset, multiplicati sunt super numerum. Ipsi enim vocati dici possunt, non autem electi, quia non secundum propositum vocati. Certum vero esse numerum electorum, neque augendum neque minuendum, quamvis & Joannes Baptista significet, ubi dicit, *Facite ergo fructum dignum pœnitentiæ; & nolite dicere apud vosmetipsos, Patrem habemus Abraham; potens est enim Deus de lapidibus istis suscitare filios Abrahæ*; ut ostendat sic illos esse amputandos si non fecerint fructum, ut non desit numerus qui promissus est Abrahæ: tamen apertius in Apocalypsi dicitur, *Tene quod habes, ne alius accipiat coronam tuam*. Si enim alius non est accepturus nisi ille perdiderit, certus est numerus.

Matth. 3. 8. & 9. — Apoc. 3. 11.

40. Quod autem etiam perseveraturis sanctis sic ista dicuntur, quasi eos perseveraturos habeatur incertum: non aliter hæc audire debent, quibus expedit non altum sapere, sed timere. Quis enim ex multitudine fidelium, quamdiu in hac mortalitate vivitur, in numero prædestinatorum se esse præsumat? Quia id occultari opus est in hoc loco, ubi sic cavenda est elatio, ut etiam per satanæ angelum, ne extolleretur, tantus colaphizaretur Apostolus. Hinc Apostolis dicebatur, *Si manseritis in me*: dicente illo qui eos utique sciebat esse mansuros. Et per Prophetam, *Si volueritis & audieritis me*: cum sciret ipse in quibus operaretur & velle. Et similia multa dicuntur. Nam propter hujus utilitatem secreti, ne forte quis extollatur, sed omnes etiam qui bene currunt timeant, dum occultum est qui perveniant: propter hujus ergo utilitatem secreti credendum est quosdam de filiis perditionis, non accepto dono perseverandi usque in finem, in fide quæ per dilectionem operatur incipere vivere, & aliquamdiu fideliter ac juste vivere, & postea cadere, neque de hac vita prius quam hoc eis contingat auferri. Quorum si nemini contigisset, tamdiu haberent homines illum saluberrimum timorem, quo vitium elationis opprimitur, donec ad Christi gratiam qua pie vivitur pervenirent, deinceps jam securi nunquam se ab illo casuros. Quæ præsumptio in isto tentationum loco non expedit, ubi tanta est infirmitas, ut superbiam possit generare securitas. Denique etiam hoc erit, sed tunc, quod jam est in angelis, etiam in hominibus erit, quando ulla superbia esse non poterit. Numerus ergo sanctorum per Dei gratiam Dei regno prædestinatus, donata sibi etiam usque in finem perseverantia, illuc integer perducetur, & illic integerrimus jam sine fine beatissimus servabitur, adhærente sibi misericordia Salvatoris sui, sive cum convertuntur, sive cum præliantur, sive cum coronantur.

Rom. 11. 20. — 2. Cor. 12. 7. — Jo. 15. 7. — Isa. 1. 19. — Phil. 2. 13.

41. Nam & tunc esse illis Dei misericordiam necessariam sancta Scriptura testatur, ubi sanctus de Domino Deo suo dicit animæ suæ, *Qui coronat te in miseratione & misericordia*. Dicit etiam Jacobus apostolus, *Judicium sine misericordia illi qui non fecit misericordiam*: ubi ostendit etiam in illo judicio, in quo justi coronantur, injustique damnantur, alios cum misericordia, alios sine misericordia judicandos. Propter quod etiam mater Machabæorum filio suo dicit, *Ut in illa miseratione cum fratribus te recipiam*. *Cum enim rex justus*, sicut scriptum est, *sederit in throno, non adversabitur ante eum omne malum. Quis gloriabitur castum se habere cor, aut quis gloriabitur mundum se esse a peccato?* Ac per hoc etiam ibi Dei misericordia necessaria est, qua fit beatus, cui non imputaverit Dominus peccatum. Sed tunc pro bonorum operum meritis justo judicio etiam ipsa misericordia tribuetur. Cum enim dicitur, *Judicium sine misericordia illi qui non fecit misericordiam*; manifestatur in his in quibus inveniuntur bona opera misericordiæ, judicium cum misericordia fieri; ac per hoc etiam ipsam misericordiam meritis bonorum operum reddi. Non sic est nunc, quando non solum nullis bonis, sed etiam multis malis operibus præcedentibus, misericordia ejus prævenit hominem, ut liberetur a malis, & quæ fecit, & quæ facturus fuerat nisi Dei gratia regeretur, & quæ passurus fuerat in æternum nisi erueretur a potestate tenebrarum, & transferretur in regnum Filii charitatis Dei. Verumtamen quia & ipsa vita æterna, quam certum est bonis operibus debitam reddi, a tanto Apostolo gratia Dei dicitur, cum gratia non operibus reddatur, sed gratis detur; sine ulla dubitatione confitendum est, ideo gratiam vitam æternam vocari, quia his meritis redditur, quæ gratia contulit homini. Recte quippe ipsa intelligitur quæ in Evangelio legitur, *Gratia pro gratia*, id est, pro his meritis quæ contulit gratia.

Psal. 102. 4. — Jacob. 2. 13. — 2. Mach. 7. 29. — Prov. 20. 8. 9. — Psal. 31. 2. — Col. 1. 13. — Rom. 6. 23. — Jo. 1. 16.

42. Hi vero qui non pertinent ad hunc prædestinatorum numerum, quos Dei gratia sive nondum habentes ullum liberum suæ voluntatis arbitrium, sive cum arbitrio voluntatis, ideo vere libero, quia per ipsam gratiam liberato, perducit ad regnum. Hi ergo qui non pertinent ad istum certissimum & felicissimum numerum, pro meritis justissime judicantur. Aut enim jacent sub peccato quod originaliter generatione traxerunt, & cum illo hæreditario debito hinc exeunt, quod non est regeneratione dimissum, aut per liberum arbitrium alia insuper adde-

dixerunt: arbitrium, inquam, liberum, sed non liberatum; liberum justitiæ, peccati autem servum, quo volvuntur per diversas noxias cupiditates, alii magis, alii minus, sed omnes mali, & pro ipsa diversitate diversis suppliciis judicandi. Aut Gratiam Dei suscipiunt, sed temporales sunt, nec perseverant, deserunt & deseruntur. Dimissi enim sunt libero arbitrio, non accepto perseverantiæ dono, judicio Dei justo & occulto.

Caput XIV.

43. Patiantur ergo homines se corripi, quando peccant, nec de ipsa correptione contra gratiam argumententur, nec de gratia contra correptionem: quia & peccatis justa pœna debetur, & ad ipsam pertinet justa correptio, quæ medicinaliter adhibetur, etiamsi salus ægrotantis incerta est: ut si is qui corripitur, ad prædestinatorum numerum pertinet, sit ei correptio salubre medicamentum; si autem non pertinet, sit ei correptio pœnale tormentum. Sub illo ergo incerto ex charitate adhibenda est, cujus exitus ignoratur; & pro illo cui adhibetur, orandum est ut sanetur. Cum autem homines per correptionem in viam justitiæ seu veniunt, seu revertuntur, quis operatur in cordibus eorum salutem, nisi ille qui quolibet plantante atque rigante, & quolibet in agris vel arbustis operante dat incrementum Deus, cui volenti salvum facere nullum hominum resistit arbitrium? Sic enim velle seu nolle in volentis aut nolentis est potestate, ut divinam voluntatem non impediat, nec superet potestatem. Etiam de his enim qui faciunt quæ non vult, facit ipse quæ vult.

1. Timot. 2.

44. Et quod scriptum est, quod *vult omnes homines salvos fieri*, nec tamen omnes salvi fiunt, multis quidem modis intelligi potest, ex quibus in aliis, * opusculis nostris aliquos commemoravimus: sed hic unum dicam. Ita dictum est, *Omnes homines vult salvos fieri*, ut intelligantur omnes prædestinati; quia omne genus hominum in eis est. Sicut dictum est Pharisæis, *Decimatis omne olus*: ubi non est intelligendum nisi omne quod habebant; neque enim omne olus quod erat in toto terrarum orbe decimabant. Secundum istum locutionis modum, dictum est, *Sicut & ego omnibus per omnia placeo*. Numquid enim qui hoc dixit, placebat etiam tam multis persecutoribus suis? Sed placebat omni generi hominum, quod Christi congregabat Ecclesia, sive jam intus positis, sive introducendis in eam.

45. Non est itaque dubitandum, voluntati Dei, qui *in cælo & in terra omnia quæcumque voluit fecit*, & qui etiam illa *quæ futura sunt fecit*, humanas voluntates non posse resistere, quominus faciat ipse quod vult: quandoquidem etiam de ipsis hominum voluntatibus, quod vult, cum vult, facit. Nisi forte (ut ex multis aliqua commemorem) quando Deus voluit Sauli regnum dare, sic erat in potestate Israelitarum subdere se memorato viro, sive non subdere, quod utique in eorum erat positum voluntate, ut etiam Deo valerent resistere. Qui tamen hoc non fecit, nisi per ipsorum hominum voluntates, sine dubio habens humanorum cordium quo placeret inclinandorum omnipotentissimam potestatem. Sic enim scriptum est: *Et dimisit Samuel populum, & abiit unusquisque in locum suum; & Saul abiit in domum suam in Gabaa; & abierunt potentes quorum tetigit Dominus corda cum Saule. Et filii pestilentes dixerunt, Quis salvabit nos? hic? Et inhonoraverunt eum, & non attulerunt ei munera*. Numquid aliquis dicturus est, non iturum fuisse cum Saul quemquam eorum, quorum tetigit corda Dominus ut irent cum illo; aut isse aliquem pestilentium, quorum ut hoc facerent corda non tetigit? Item de David, quem Dominus in regnum successu prosperiore constituit, ita legitur, *Et ambulabat David proficiens, & magnificabatur, & Dominus erat cum illo*. Hoc cum præmissum fuisset, paulo post dictum est, *Et Spiritus induit Amasai principem triginta, & dixit, Tui sumus, o David, & tecum futuri, fili Jesse. Pax, pax tibi, & pax adjutoribus tuis, quia auxiliatus est tibi Deus*. Numquid ille posset adversari voluntati Dei, & non potius ejus facere voluntatem, qui in ejus corde operatus est per Spiritum suum quo indutus est, ut hoc vellet, diceret, & faceret? Item paulo post ait eadem Scriptura, *Omnes hi viri bellatores, dirigentes aciem corde pacifico venerunt in Hebron, ut constituerent David super omnem Israel*. Sua voluntate utique illi constituerunt regem David. Quis non videat? quis hoc neget? Non enim hoc non ex animo, aut non ex bona voluntate fecerunt, quod fecerunt corde pacifico: & tamen hoc in eis egit, qui in cordibus hominum quod voluerit operatur. Propter quod præmisit Scriptura, *Et ambulabat David proficiens, & magnificabatur, & Dominus omnipotens erat cum illo*. Ac per hoc Dominus omnipotens qui erat cum illo, adduxit istos ut eum regem constituerent. Et quomodo adduxit? Numquid corporalibus ullis vinculis alligavit? Intus egit, corda tenuit, corda movit, eosque voluntatibus eorum, quas ipse in illis operatus est, traxit. Si ergo cum voluerit reges in terra Deus constituere, magis habet in potestate voluntates hominum, quam ipsi suas; quis alius facit ut salubris sit correptio, & fiat in correpti corde correctio, ut cælesti constituatur in regno?

Caput XV.

46. CORRIPIANTUR itaque a præpositis suis subditi fratres correptionibus de charitate venientibus, pro culparum diversitate diversis, vel minoribus vel amplioribus. Quia & ipsa quæ damnatio nominatur, quam facit episcopale judicium, qua pœna in Ecclesia nulla major est, potest, si Deus voluerit, in correptionem saluberrimam cedere atque proficere. Neque enim scimus quid contingat sequenti die; aut ante finem vitæ hujus de aliquo desperandum est; aut contradici Deo potest, ne respiciat & det pœnitentiam, & accepto sacrificio spiritus contribulati cordisque contriti, a reatu quamvis justæ damnationis absolvat, damnatumque ipse non damnet. Pastoralis tamen necessitas habet, ne per plures serpant dira contagia, separare ab ovibus sanis morbidam: ab illo, cui nihil est impossibile, ipsa forsitan separatione sanandam. Nescientes enim quis pertineat ad prædestinatorum numerum, quis non pertineat; sic affici debemus charitatis affectu, ut omnes velimus salvos fieri. Hoc quippe fit, cum singulos quos-

que,

que, ut eveniret, cum quibus id agere valeamus, ad hoc conamur adducere, ut justificati ex fide pacem habeant ad Deum: quam praedicabat etiam Apostolus, cum diceret, *Pro Christo ergo legatione fungimur, tanquam Deo exhortante per nos, obsecramus pro Christo, reconciliari Deo*. Quid est enim ei reconciliari, nisi pacem ad illum habere? Propter quam pacem etiam ipse Dominus Jesus dixit discipulis suis, *In quamcumque domum intraveritis, primum dicite, Pax huic domui: & si ibi fuerit filius pacis, requiescet super illum pax vestra; sin autem, ad vos revertetur*. Cum hanc evangelizant pacem, de quibus praedictum est, *Quam speciosi pedes eorum qui annuntiant pacem, qui annuntiant bona!* nobis quidem tunc incipit esse quisque filius pacis, cum obedierit & crediderit huic Evangelio, & ex fide justificatus pacem ad Deum habere coeperit: secundum autem praedestinationem Dei, jam filius pacis erat. Neque enim dictum est, Super quem requieverit pax vestra, fiet filius pacis: sed, *Si ibi fuerit*, inquit, *filius pacis, requiescet super illam domum pax vestra*. Jam ergo & ante quam illi annuntiaretur haec pax, filius pacis ibi erat, sicut eum noverat atque praescierat non Evangelista, sed Deus. Ad nos ergo qui nescimus quisnam sit filius pacis, aut non sit, pertinet nullum exceptum facere, nullumque discernere; sed velle omnes salvos fieri, quibus praedicamus hanc pacem. Neque enim metuendum est ne perdamus eam, si ille cui praedicamus, non est filius pacis, ignorantibus nobis: ad nos enim revertetur, id est, nobis proderit illa praedicatio, non & illi: si autem super eum pax praedicata requieverit, & nobis, & illi.

47. Quia ergo nos qui salvi futuri sint nescientes, omnes quibus praedicamus hanc pacem salvos fieri velle Deus jubet, & ipse in nobis hoc operatur, diffundendo illam charitatem in cordibus nostris per Spiritum sanctum qui datus est nobis: potest etiam sic intelligi, quod *omnes homines Deus vult salvos fieri*; quoniam nos facit velle: sicut *misit Spiritum filii sui clamantem, Abba, pater*, id est, nos clamare facientem. De ipso quippe Spiritu, alio loco dicit, *Accepimus Spiritum adoptionis filiorum, in quo clamamus, Abba, pater*. Nos ergo clamamus, sed ille clamare dictus est, qui efficit ut clamemus. Si ergo clamantem Spiritum recte dixit Scriptura, a quo efficitur ut clamemus; recte etiam volentem Deum, a quo efficitur ut velimus. Ac per hoc, quia & corripiendo nihil aliud debemus agere, nisi ut ab illa pace quae est ad Deum non recedatur, aut ad eam qui recesserat revertatur, nos agamus sine desperatione quod agimus. Si filius pacis est quem corripimus, requiescet super eum pax nostra; sin autem, ad nos revertetur.

48. Quamvis itaque etiam dum quorumdam fides subvertitur, firmum Dei fundamentum stet, quoniam scivit Dominus qui sunt ejus: non tamen ideo nos pigri & negligentes esse debemus in corripiendis, qui corripiendi sunt. Neque enim frustra dictum est, *Corrumpunt mores bonos colloquia mala*; &, *Peribit infirmus in tua scientia frater, propter quem Christus mortuus est*. Non argumentemur contra ista praecepta salubremque terrorem dicentes, Et corrumpant mores bonos colloquia mala, & pereat infirmus, quid ad nos? Firmum fundamentum Dei stat, & nemo perit nisi filius perditionis. * Absit ut ista garrientes, securos nos in hac negligentia esse debere credamus. Verum est enim, quia nemo perit, nisi filius perditionis: sed ait Deus per Ezechielem prophetam, *Ille quidem in peccato suo morietur, sanguinem vero ejus de manu speculatoris requiram*.

49. Proinde quantum ad nos pertinet, qui praedestinatos a non praedestinatis discernere non valemus, & ob hoc omnes salvos fieri velle debemus; omnibus, ne pereant, vel ne alios perdant, adhibenda est a nobis medicinaliter severa correptio: Dei est autem illis eam facere utilem, quos ipse praescivit & praedestinavit conformes imaginis filii sui. Si enim aliquando timore non corripimus, ne aliquis inde pereat; cur non etiam timore corripimus, ne aliquis inde plus pereat? Neque enim dilectionis viscera majora gestamus quam beatus Apostolus, qui dicit, *Corripite inquietos, consolamini pusillanimes, suscipite infirmos, patientes estote ad omnes, videte ne quis malum pro malo alicui reddat*. Ubi intelligendum est tunc potius malum pro malo reddi, si corripiendus non corripitur, sed prava dissimulatione negligitur. Dicit etiam, *Peccantes coram omnibus corripe, ut caeteri timorem habeant*. Quod de his peccatis accipiendum est quae non latent, ne contra Domini sententiam putetur locutus. Ille enim dicit, *Si peccaverit in te frater tuus, corripe eum inter te & ipsum*. Verumtamen & ipse severitatem correptionis eo usque perducit, ut dicat, *Si nec Ecclesiam audierit, sit tibi tanquam ethnicus & publicanus*. Et quis magis dilexit infirmos, quam ille qui pro omnibus est factus infirmus, & pro omnibus ex ipsa est infirmitate crucifixus? Quae cum ita sint, nec gratia prohibet correptionem, nec correptio negat gratiam: & ideo sic est praecipienda justitia, ut a Deo gratia, qua id quod praecipitur fiat, fideli oratione poscatur: & hoc utrumque ita faciendum est, ut neque justa correptio negligatur. Omnia vero haec cum charitate fiant: quoniam charitas nec facit peccatum, & cooperit multitudinem peccatorum.

EX LIBRO I.

S. AUGUSTINI EPISCOPI

Contra duas Epistolas Pelagianorum, cap. 3. & 4.

Caput III. Gratia non secundum merita datur. SED ne forte dicant (Pelagiani) ad hoc esse adjutos, ut haberent potestatem fieri filii Dei; ut autem hanc accipere mererentur, prius eum libero arbitrio, nulla adjuti gratia, recepisse: haec est quippe intentio qua gratiam destruere moliuntur, ut eam dari secundum merita nostra contendant: ne forte ergo hanc evangelicam sententiam sic dividant, ut meritum ponant in eo quod dictum est, Quotquot autem receperunt eum; ac deinde non gratis datam, sed huic merito redditam gratiam in eo quod sequitur, Dedit eis potestatem filios Dei fieri: numquid si quaeratur ab eis, quid sit, receperunt eum, dicturi sunt aliud, nisi crediderunt in eum? Ut igitur et hoc sciant ad gratiam pertinere, legant quod ait Apostolus: In nullo expavescatis ab adversariis, quae quidem est illis causa perditionis, vestrae autem salutis: et hoc a Deo; quia vobis donatum est pro Christo, non tantum ut credatis in eum, sed ut etiam patiamini pro eo. Nempe utrumque dixit esse donatum. Item quod ait, Pax fratribus et caritas cum fide a Deo Patre et Domino Jesu Christo. Legant etiam quod ipse Dominus ait, Nemo potest venire ad me, nisi Pater qui misit me, traxerit eum. Ubi ne quisquam putet aliud dictum esse, venire ad me, quam credere in me; paulo post cum de suo corpore et sanguine loqueretur, et scandalizati essent plurimi in sermone ejus, ait: Verba quae ego locutus sum vobis, spiritus et vita sunt; sed sunt quidam ex vobis qui non credunt. Deinde subjunxit Evangelista: Sciebat enim Jesus ab initio, qui essent credentes, et quis traditurus esset eum, et dicebat, Propterea dixi vobis, quia nemo potest venire ad me, nisi fuerit ei datum a Patre meo. Sententiam scilicet iteravit qua dixerat, Nemo potest venire ad me, nisi Pater qui misit me, traxerit eum. Et hoc propter credentes et non credentes se dixisse manifestavit, exponens quod dixerat, nisi Pater qui misit me, traxerit eum: idipsum aliis verbis repetendo in eo quod ait, Nisi fuerit ei datum a Patre meo. Ille quippe trahitur ad Christum, cui datur ut credat in Christum. Datur ergo potestas ut filii Dei fiant, qui credunt in eum, cum hoc ipsum datur ut credant in eum. Quae potestas, nisi detur a Deo, nulla esse potest ex libero arbitrio: quia nec liberum in bono erit, quod liberator non liberaverit; sed in malo liberum habet arbitrium, cui delectationem malitiae vel occultus vel manifestus deceptor inseruit, vel sibi ipse persuasit.

Non itaque, sicut dicunt nos quidam dicere, et * iste audet insuper scribere; omnes in peccatum, velut inviti, carnis suae necessitate coguntur: sed si jam in ea aetate sunt, ut propriae mentis utantur arbitrio, et in peccato sua voluntate retinentur, et a peccato in peccatum sua voluntate praecipitantur. Neque enim agit in eis etiam qui suadet et decipit, nisi ut peccatum voluntate committant, vel ignorantia veritatis, vel delectatione iniquitatis, vel utroque malo et caecitatis et infirmitatis. Sed haec voluntas quae libera est in malis, quia delectatur malis, ideo libera in bonis non est, quia liberata non est. Nec potest homo boni aliquid velle, nisi adjuvetur ab eo qui malum non potest velle, hoc est gratia Dei per Jesum Christum Dominum nostrum, Omne enim quod non est ex fide peccatum est. Ac per hoc bona voluntas quae se abstrahit a peccato, fidelis est, quia justus ex fide vivit. Ad fidem autem pertinet credere in Christum. Et nemo potest credere in eum, hoc est venire ad eum, nisi fuerit illi datum. Nemo igitur potest habere voluntatem justam, nisi nullis praecedentibus meritis acceperit veram, hoc est, gratuitam desuper gratiam.

Caput IV. 3. Hoc illi nolunt elati et superbi, nec purgando defensores, sed extollendo praecipitatores liberi arbitrii. Qui non ob aliud nobis haec dicentibus indignantur, nisi quia gloriari in Domino dedignantur. Timuit tamen Pelagius episcopale judicium Palaestinum; et cum ei fuisset objectum, quod diceret gratiam Dei secundum merita nostra dari; negavit se dicere, et eos qui hoc dicerent anathematizando damnavit. * Nec aliud tamen defendere invenitur in libris, quos postmodum scripsit; fraudem se putans hominibus judicantibus fecisse mentiendo, aut nescio quomodo suum sensum verbis ambiguis obtegendo.

Ex eodem Libro primo contra duas Epistolas Pelagianorum, cap. 19. & 20.

Caput XIX. VOS autem in bono opere sic putatis adjuvari hominem gratia Dei, ut in excitanda ejus ad ipsum bonum opus voluntate, nihil eam credatis operari. Quod satis ipsa tua verba declarant. Cur enim non dixisti, hominem Dei gratia in bonum opus excitari, sicut dixisti, *in malum diaboli suggestionibus incitari*; sed dixisti, *in bono opere a Dei gratia semper adjuvari*? tamquam sua voluntate, nulla Dei gratia bonum opus aggressus, in ipso jam opere divinitus adjuvetur, pro meritis videlicet voluntatis bonae, ut reddatur debita gratia, non donetur indebita: ac sic gratia jam non sit illud quod Pelagius in judicio Palaestino ficto corde damnavit, gratiam Dei secundum merita nostra dari. Dic mihi, obsecro, quid boni Paulus adhuc Sau-

Saulus, volebat, ac non potius magna mala, quando spirans cædem pergebat ad vastandos horrenda mentis cæcitate ac furore Christianos? Quibus meritis bonæ voluntatis Deus illum ab his malis ad bona, mirabili & repentina vocatione convertit? Quid ego dicam, quibus meritis, cum ipse clamet, Non ex operibus justitiæ quæ fecimus nos, sed secundum suam misericordiam salvos nos fecit? Quid illud quod jam commemoravi dixisse Dominum, Nemo potest venire ad me, quod intelligitur, credere in me; nisi ei datum fuerit a Patre meo? Utrum jam volenti credere pro meritis bonæ voluntatis hoc datur: an potius ut credat, ipsa voluntas, sicut Sauli, desuper excitatur, etiamsi tam sit aversus a fide, ut credentes etiam persequatur? Ut quid enim nobis Dominus præcepit, ut oremus pro eis qui nos persequuntur? Numquid hoc oramus, ut eis pro bona eorum voluntate gratia Dei retribuatur, ac non potius ut mala in bonum voluntas ipsa mutetur? Sicut credimus, tunc a sanctis quos persequebatur, non inaniter oratum esse pro Saulo, ut ad fidem quam vastabat, voluntas ejus converteretur. Et illius quidem conversio desuper facta, manifesto etiam miraculo apparuit: quam multi inimici Christi quotidie subito Dei occulta gratia trahuntur ad Christum. Quod verbum si non ex Evangelio posuissem, quanta de me propter hoc ille dixisset; cum etiam nunc obluctetur non mihi, sed illi qui clamat, Nemo potest venire ad me, nisi Pater qui misit me traxerit eum? Non enim ait, duxerit, ut illic aliquo modo intelligamus præcedere voluntatem. Quis trahitur, si jam volebat? Et tamen nemo venit, nisi velit. Trahitur ergo miris modis ut velit, ab illo qui novit intus in ipsis hominum cordibus operari, non ut homines, quod fieri non potest, nolentes credant, sed ut volentes ex nolentibus fiant.

Hoc verum esse non conjectura suspicamur humana, sed evidentissima divinarum Scripturarum auctoritate dignoscimus. Legitur in Paralipomenon libris: Et quidem in Juda facta est manus Dei; ut daret illis cor unum, ut facerent præceptum regis & principum in verbo Domini. Item per Ezechielem prophetam Dominus dicit: „ Dabo eis cor aliud, & spiritum novum „ dabo eis, & evellam cor eorum lapideum de „ carne eorum, & dabo eis cor carneum, ut „ in præceptis meis ambulent, & justificationes „ meas observent, & faciant eas. " Quid est autem quod Esther illa regina orat & dicit, Da sermonem concinnum in os meum, & verba mea clarifica in conspectu leonis, & converte cor ejus in odium impugnantis nos? Ut quid illa in oratione dicit Deo, si non operatur Deus in cordibus hominum voluntatem? Sed forte hoc mulier insipienter oravit. Videamus ergo utrum inaniter præmissus fuerit orantis affectus, & consecutus non fuerit exaudientis effectus. Ecce ingreditur ad regem. „ Ne multa dicamus: „ Et quia non ordine suo ingrediebatur, ma„ gna necessitate compulsa, intuitus est eam, „ sicut scriptum est, velut taurus in impetu in„ dignationis suæ. Et timuit regina, & con„ versus est color ejus per dissolutionem, & in„ clinavit se super caput delicatæ suæ quæ „ præcedebat eam. Et convertit Deus, & trans„ tulit indignationem ejus in lenitatem. " Jam sequentia commemorare quid opus est, ubi Deum complevisse quod illa rogaverat, divina scriptura testatur, operando in corde regis, quid aliud, quam voluntatem, qua jussit & factum est, quod ab eo regina poposcerat? Quam Deus jam, ut fieret, exaudierat, qui cor regis, ante quam mulieris sermonem poscentis audisset, occultissima & efficacissima potestate convertit, & transtulit ab indignatione ad lenitatem, a voluntate lædendi, ad voluntatem favendi: secundum illud Apostoli, Deus operatur in vobis & velle. Numquid homines Dei qui hæc scripserunt, immo ipse Spiritus Dei, quo auctore per eos illa conscripta sunt, oppugnavit liberum hominis arbitrium? Absit: sed omnipotentis in omnibus judicium æquissimum, & auxilium misericordissimum commendavit. Sufficit enim scire homini, quod non est iniquitas apud Deum. Jam quomodo illa dispenset, faciens alios secundum meritum vasa iræ, alios secundum gratiam vasa misericordiæ, quis cognovit sensum Domini, aut quis consiliarius ejus fuit? Si ergo ad honorem gratiæ pertinemus, non simus ingrati, tribuendo nobis quod accepimus. Quid enim habemus, quod non accepimus?

Ex Libro secundo ejusdem contra duas Epistolas Pelagianorum, cap. 5. 6. 7. 8. 9. 10.

UNDE autem hoc eis visum fuerit nobis objicere, quod fatum asseramus sub nomine gratiæ, cum aliquanto attentius cogitarem, prius eorum verba quæ consequuntur inspexi. Sic enim hoc nobis objiciendum putaverunt: *Sub nomine*, inquiunt, *gratiæ ita fatum asserunt, ut dicant, quia nisi Deus invito & reluctanti homini inspiraverit boni, & ipsius imperfecti, cupiditatem, nec a malo declinare, nec bonum possit arripere.* Deinde aliquanto post, ubi ipsi quæ defendunt, commemorant, quid de hac re ab eis diceretur, attendi. *Baptisma*, inquiunt, *omnibus necessarium esse ætatibus confitemur: gratiam quoque adjuvare uniuscujusque bonum propositum, non tamen reluctanti studium virtutis immittere, quia personarum acceptio non est apud Deum.* Ex his eorum verbis intellexi, ob hoc illos vel putare, vel putari velle, fatum nos asserere sub nomine gratiæ, quia gratiam Dei non secundum merita nostra dicimus dari, sed secundum ipsius misericordissimam voluntatem, qui dixit, Miserebor cui misertus ero, & misericordiam præstabo cui misericors fuero. Ubi consequenter adjunctum est, Igitur non volentis, neque currentis, sed miserentis est Dei. Posset etiam hinc quispiam similiter stultus fati assertorem Apostolum putare vel dicere. Verum hic se illi satis aperiunt. Cum enim propterea nobis calumniantur, dicentes nos fatum gratiæ nomine asserere, quia non secundum merita nostra dari dicimus Dei gratiam; procul dubio confitentur, quod ipsi eam secundum nostra merita dari dicunt: ita cæcitas eorum occultare ac dissimulare non potuit, hoc se sapere atque sentire, quod sibi objectum Pelagius in episcopali judicio Palæstino subdolo timore damnavit. Objectum quippe illi est ex verbis quidem discipuli sui Cælestii, quod etiam ipse diceret, *gratiam Dei secundum merita nostra dari*. Quod ille detestans, vel quasi detestans, ore duntaxat anathematizare non distulit: sed sicut ejus libri posteriores indicant, & librorum sectatorum ejus nudat assertio, fictè corde servavit, donec postea, quod tunc metu texerat negationis astutia, etiam in litteras proferret audacia. Et adhuc non reformidant, nec saltem verecundantur episcopi Pelagiani litteras suas catholicis Orientalibus episcopis mittere, quibus nos assertores fati esse criminantur, quia non dicimus gratiam Dei secundum merita nostra dari, quod Pelagius episcopos Orientales metuens, & dicere non ausus, & damnare compulsus est.

Itane vero, filii superbiæ, inimici gratiæ Dei, o novi hæretici Pelagiani, quisquis dicit, gratia Dei omnia hominis bona merita præveniri, nec gratiam Dei meritis dari, ne non sit gratia, si non gratis datur, sed debita meritis redditur; fatum vobis videtur asserere? Nonne etiam vos ipsi qualibet intentione necessarium baptismum omnibus ætatibus dicitis? Nonne in hac ipsa epistola vestra istam de baptismo sententiam, & de gratia juxta posuistis? Cur non vos baptismus, qui datur infantibus, ipsa vicinitate commonuit, quid sentire de gratia deberetis? Hæc enim verba sunt vestra: *Baptisma omnibus necessarium esse infantibus confitemur; gratiam quoque adjuvare uniuscujusque bonum propositum, nec tamen reluctanti studium virtutis immittere, quia personarum acceptio non est apud Deum*. In his omnibus verbis vestris de gratia quod dixistis, interim taceo: de baptismate reddite rationem, cur illud dicatis omnibus esse ætatibus necessarium, quare sit necessarium parvulis dicite: profecto quia eis boni aliquid confert, & idem aliquid nec parvum, nec mediocre, sed magnum est. Nam etsi eos negatis attrahere quod in baptismo remittatur originale peccatum: tamen illo regenerationis lavacro adoptari ex filiis hominum in Dei filios non negatis; immo etiam prædicatis. Dicite ergo nobis, quicumque baptizati in Christo parvuli de corpore exierunt, hoc tam sublime donum quibus præcedentibus meritis acceperunt? Si dixeritis hoc eos parentum pietate meruisse: respondebitur vobis, cur aliquando piorum filiis negatur hoc bonum, & filiis tribuitur impiorum? Nonnumquam enim de religiosis orta proles in tenera ætate atque ab utero recentissima præventa morte, ante quam lavacro regenerationis abluatur; & infans natus ex inimicis Christi misericordia Christianorum baptizatur in Christo: plangit baptizata mater non baptizatum proprium, & ab impudica expositum, baptizandum casta fœtum colligit alienum. Hic certe merita parentum vacant, vacant vobis fatentibus ipsorum etiam parvulorum. Scimus enim vos non hoc de anima humana credere, quod ante corpus terrenum alicubi vixerit, & aliquid operata sit vel boni vel mali, unde istam in carne differentiam mereretur. Quæ igitur caussa huic parvulo baptismum procuravit, illi negavit? An ipsi fatum habent, quia meritum non habent? aut in his est acceptio a Domino personarum? Nam utrumque dixistis, prius fatum, acceptionem postea personarum: ut quoniam utrumque refutandum est, remaneat quod vultis adversus gratiam introducere meritum. Respondete igitur de meritis parvulorum, cur alii baptizati, alii non baptizati de corporibus exeant, nec parentum meritis vel polleant vel careant tam excellenti bono, ut fiant filii Dei ex hominum filiis, nullis parentum, nullis meritis suis. Nempe reticetis; & vos ipsos potius in eo quod nobis objicitis, invenitis. Nam si ubi non est meritum, consequenter esse dicitis fatum, & ob hoc in gratia Dei meritum hominibus vultis intelligi, ne fatum cogamini confiteri; ecce vos potius asseritis fatum in baptismate parvulorum, quorum nullum esse fatemini meritum. Si autem in baptizandis parvulis, & nullum meritum omnino præcedere, & tamen fatum non esse conceditis; cur nos quando dicimus gratiam Dei propterea gratis dari, ne gratia non sit, & non tamquam debitam meritis præcedentibus reddi, fati assertores esse jactatis? non intelligentes, in justificandis impiis, sicut propterea merita non sunt, quia Dei gratia est; ita propterea non esse fatum, quia Dei gratia est; ita propterea non esse acceptionem personarum, quia Dei gratia est.

Fatum quippe qui affirmant, de siderum positione ad tempus quo concipitur quisque vel nascitur, quas constellationes vocant, non solum actus & eventa, verum etiam ipsas nostras voluntates pendere contendunt: Dei vero gratia non solum omnia sidera & omnes cælos, verum etiam omnes angelos supergreditur. Deinde fati assertores & bona & mala hominum fato tribuunt: Deus autem in malis hominum merita eorum debita retributione persequitur; bona vero per indebitam gratiam misericordi voluntate largitur; utrumque faciens, non per stellarum temporale consortium, sed per suæ severitatis & bonitatis æternum altumque consilium. Neutrum ergo pertinere videmus ad fatum. Hic si responderis, hanc ipsam Dei benevolentiam, qua non merita sequitur, sed bona indebita gratuita bonitate largitur, fatum potius esse dicendum: cum hanc Apostolus gratiam vocet, dicens, „Gratia salvi facti estis per fidem: & hoc non „ex vobis, sed Dei donum est, non ex operi„bus, ne forte quis extollatur: nonne attenditis, nonne perspicitis, non a nobis divinæ gratiæ nomine fatum asseri, sed a vobis potius divinam gratiam fati nomine nuncupari. Ephes. 2. 8.

Caput VII.

ITEMQUE acceptio personarum ibi recte dicitur, ubi ille qui judicat relinquens caussæ meritum de qua judicat, alteri contra alterum suffragatur, quia invenit aliquid in persona quod honore vel miseratione sit dignum. Si autem quispiam duos habeat debitores, & alteri velit dimittere debitum, alterum exigere; cui vult donat, sed neminem fraudat: nec acceptio personarum dicenda est, quando iniquitas nulla est. Alioquin eis qui parum intelligunt, potest acceptio personarum videri, ubi vineæ dominus operariis, qui una hora illic opus fecerunt, tantum dedit, quantum illis qui pertulerunt pondus diei & æstus, æquales faciens in mercede, quorum tam magna distantia fuerat in labore. Sed quid respondit de hac veluti acceptione personarum adversus patrem familias murmurantibus?

bent? Amice, inquit, non facio tibi injuriam. Nonne ex denario convenisti mecum? Tolle quod tuum est, & vade. Volo autem & huic novissimo dare sicut & tibi. An non licet mihi quod volo facere? An oculus tuus nequam est, quia ego bonus sum? Nempe hic tota justitia est: Hoc volo: Tibi, inquit, reddidi, huic donavi; neque ut huic donarem, tibi aliquid abstuli, aut quod debebam vel minui vel negavi. An non licet mihi facere quod volo? An oculus tuus nequam est, quia ego bonus sum? Sicut ergo hic nulla est acceptio personarum; quia sic alius gratis honoratur, ut alius debito non fraudetur; sic etiam cum secundum propositum Dei vocatur alius, alius non vocatur, vocato datur gratuitum bonum, cujus boni est vocatio ipsa principium; non vocato redditur malum, quia omnes rei sunt ex eo, quod per unum hominem peccatum intravit in mundum. Et in illa quidem operariorum similitudine, ubi unum denarium acceperunt, qui una hora, & qui duodecies tantum laboraverunt, qui utique secundum rationem humanam, sed vanam, pro quantitate laboris sui duodecim denarios accipere debuerunt, utrique in bono coæquati, non alii liberati, alii damnati sunt: quia & illi qui plus laboraverunt, & quod sic vocati sunt ut venirent, & quod sic pasti ut non deficerent, ab ipso patre familias habuerunt. Ubi autem dicitur, ergo cui vult miseretur, & quem vult obdurat, qui facit aliud vas in honorem aliud in contumeliam; bonum quidem immerito & gratis datur, quia ex eadem massa est cui non datur; malum vero merito & debitum redditur, quia in massa perditionis malum malo non male redditur; & ei cui redditur malum est, quia supplicium ejus est; ei vero a quo redditur, bonum est, quia recte factum ejus est. Nec ulla est acceptio personarum in duobus debitoribus æqualiter reis, si alteri dimittitur, alteri exigitur, quod pariter ab utroque debetur.

Sed ut id quod dicimus alicujus exempli manifestatione clarescat, constituamus aliquos ab aliqua meretrice geminos editos, atque ut ab aliis colligerentur expositos: horum sine baptismo expiravit unus, alius baptizatus. Quod hic fatum fortunamve fuisse dicamus, quæ omnino nulla sunt? Quam personarum acceptionem, cum apud Deum nulla esset, etiam si in illis ulla esse potuisset? qui utique nihil habebant, unde alter alteri præferretur, meritaque nulla propria, sive bona, quibus mereretur alius baptizari; sive mala, quibus alius sine baptismate mori? An aliqua parentum fuerunt, ubi fornicator pater, meretrix mater? Sed qualiacumque illa fuerint, non utique illis tam diversa morientibus ulla diversa, sed utrique communia. Si ergo nec fatum, quia nulla stellæ ista decernunt; nec fortuna, quia non fortuiti casus hæc agunt; nec personarum nec meritorum diversitas hoc fecerunt: quid restat, quantum ad baptizatum attinet, nisi gratia Dei quæ vasis factis in honorem gratis datur; quantum autem ad non baptizatum, ira Dei, quæ vasis factis in contumeliam pro ipsius massæ meritis redditur? Sed in illo qui baptizatus est, gratiam Dei vos confiteri cogimus, & meritum ejus nullum præcessisse convincimus: de illo autem sine baptismate mortuo, cur ei defuerit sacramentum, quod & vos fatemini omnibus ætatibus necessarium, & quid illo modo in eo fuerit vindicatum, vos videritis, qui non vultis esse originale delictum.

Nobis in duobus istis geminis unam procul dubio habentibus causam, difficultatem quæstionis cur alius sic, alius vero sic mortuus est, velut non solvendo solvit Apostolus: qui cum & ipse de duobus geminis tale aliquid proposuisset, propter quod non ex operibus, quia nondum operati fuerant aliquid boni vel mali, sed ex vocante dictum est, Major serviet minori: &, Jacob dilexi, Esau autem odio habui: & hujus profunditatis horrorem usque ad hoc perduxisset, ut diceret, Ergo cujus vult miseretur, & quem vult obdurat: sensit continuo quid moveret, & sibi verba contradicentis, quæ apostolica auctoritate coerceret, opposuit. Ait enim: Dicis itaque mihi, quid adhuc conqueritur? nam voluntati ejus quis resistit? Respondit quæ illa dicenti: „O homo, tu quis es qui respondeas „Deo? Numquid dicit figmentum ei qui se „finxit, quare sic me fecisti? An non habet „potestatem figulus luti ex eadem massa facere „aliud quidem vas in honorem, aliud in contumeliam? Deinde sequens, tam magnum abditumque secretum, quantum aperiendum esse hominibus judicavit, aperuit dicens: Si autem volens Deus ostendere iram, & demonstrare potentiam suam, attulit in multa patientia vasa iræ quæ perfecta sunt in perditionem, & ut notas faceret divitias gloriæ suæ in vasa misericordiæ quæ præparavit in gloriam.“ Hoc est gratiæ Dei, non solum adjutorium, verum etiam documentum: adjutorium scilicet in vasis misericordiæ; in vasis autem iræ documentum: in eis enim ostendit iram, & demonstrat potentiam suam, quia tam potens est bonitas ejus, ut bene utatur etiam malis; & in eis notas facit divitias gloriæ suæ in vasa misericordiæ, quoniam quod ab iræ vasis exigit justitia punientis, hoc vasis misericordiæ dimittit gratia liberantis: nec beneficium, quod quibusdam gratis tribuitur, appareret, nisi Deus aliis ex eadem massa pariter reis justo supplicio condemnatis, quid utrisque deberetur ostenderet. Quis enim te discernit? ait idem Apostolus, homini tamquam de seipso & de suo proprio bono glorianti: Quis enim te discernit? utique ab iræ vasis, a massa perditionis, quæ per unum omnes misit in damnationem. Quis te discernit? Et tamquam respondisset, Discernit me fides mea, propositum meum, meritum meum. „Quid enim habes, inquit, „quod non accepisti? Si autem & accepisti, „quid gloriaris quasi non acceperis?“ hoc est, quasi de tuo sit, unde discerneris. Ergo ille discernit, qui unde discerneris impertit, pœnam debitam removendo, indebitam gratiam largiendo: ille discernit, qui cum tenebræ essent super abyssum, dixit, Fiat lux, & facta est lux, & divisit, hoc est, discrevit inter lucem & tenebras. Non enim cum solæ essent tenebræ, quid discerneret invenit: sed lucem faciendo discrevit; ut justificatis impiis dicatur, Fuistis enim aliquando tenebræ, nunc autem lux in Domino: ac sic qui gloriatur, non in seipso, sed in Do-

mino

mino glorietur. Ille discrevit, qui de nondum natis neque qui aliquid egerant boni aut mali, ut secundum electionem propositum ejus maneret, non ex operibus, sed ex seipso vocante dixit, Major serviet minori: atque idipsum commendans postea per Prophetam, Jacob, inquit, dilexi, Esau autem odio habui. Electionem quippe dixit, ubi Deus non ab alio factum quod eligat invenit, sed quod inveniat ipse facit: sicut de reliquiis Israel scriptum est, „ Reliquiæ per electionem gratiæ salvæ factæ sunt. Si „ autem gratia, jam non ex operibus; alioquin gratia jam non est gratia. Propter quod profecto desipitis, qui dicente veritate, Non ex operibus, sed ex vocante dictum est; vos dicitis, Ex futuris operibus, quæ Deus illum facturum esse præsciebat, Jacob fuisse dilectum: atque ita contradicitis Apostolo dicenti, Non ex operibus: quasi non posset, dicere, Non ex præsentibus, sed futuris operibus. Sed ait, Non ex operibus, ut gratiam commendaret: „ Si autem „ gratia, jam non ex operibus; alioquin gratia „ jam non est gratia. „ Præcedit namque non debita, sed gratuita gratia, ut per illam fiant bona opera: ne si præcesserint bona opera, tamquam operibus reddatur gratia, ac sic gratia jam non sit gratia.

Sed ut vobis auferretur omnis vestræ caliginis latebra, propterea geminos tales proposui, qui neque parentum meritis juvarentur, & ambo infantiæ primordio unus baptizatus, alter sine baptismate morerentur; ne diceretis Deum sicut de Jacob & Esau contra Apostolum dicitis, opera eorum futura præscisse. Quomodo enim præscivit ea futura, quæ illis in infantia morituris, quia præscientia ejus falli non potest, præscivit potius non futura? Aut quid prodest eis qui rapiuntur ex hac vita, ne malitia mutet intellectum eorum, aut ne fictio decipiat animam eorum, si peccatum etiam quod non est factum, dictum, cogitatum, tamquam commissum fuerit, sic punitur? Quod si absurdissimum, insulsissimum, dementissimum est, quoslibet homines ex his peccatis, quorum nec reatum ex parentibus trahere, sicut dicitis, nec ea non solum committere, sed nec saltem cogitare potuerunt, esse damnandos; redit ad vos frater ille geminus baptizati non baptizatus, & tacitus quærit a vobis, unde fuerit a fraterna felicitate discretus, cur illa infelicitate punitus, ut illo in Dei filium adoptato, ipse non acciperet omnibus ætatibus necessarium, sicut fatemini, sacramentum; si quemadmodum nulla est fortuna vel fatum, vel apud Deum acceptio personarum, ita nullum est gratiæ sine meritis donum, nullum originale peccatum. Huic prorsus infanti linguam vestram vocemque submittitis, huic non loquenti quid loquamini non habetis.

Cap. VIII.

Jam nunc videamus, ut possumus, hoc ipsum quod volunt præcedere in homine, ut adjutorio gratiæ dignus habeatur, & cui merito ejus non tamquam indebita tribuatur, sed debita gratia retribuatur; ac sic gratia jam non sit gratia: videamus tamen quid illud sit. *Sub nomine*, inquiunt, *gratiæ ita fatum asserunt, & dicunt, quia nisi invito & reluctanti homini inspiraverit boni, & ipsius imperfecti, cupiditatem, nec a malo declinare, nec bonum possit arripere.* Jam de fato & gratia quam inania loquantur ostendimus: nunc illud est quod debemus advertere, utrum invito & reluctanti homini Deus inspiret boni cupiditatem, ut jam non sit reluctans, non sit invitus, sed consentiens homo, & volens bonum. Illi enim volunt, in homine ab ipso homine incipere cupiditatem boni, ut hujus cœpti meritum etiam perficiendi gratia consequatur: si tamen hoc saltem volunt. Pelagius enim facilius dicit impleri quod bonum est, si adjuvet gratia. Quo additamento, id est, addendo, facilius, utique significat hoc se sapere, quod etiam si gratiæ defuerit adjutorium, potest, quamvis difficilius, impleri bonum per liberum arbitrium. Sed isti, quid in hac re sentiant, non de illo auctore hujus hæresis præscribamus: permittamus eos cum suo libero arbitrio esse liberos & ab ipso Pelagio; atque illa verba eorum, quæ in hac cui respondemus epistola posuerunt, potius attendamus.

Hoc enim nobis objiciendum putant, quod *invito & reluctanti homini Deum dicamus inspirare*, non quantiecumque *boni*, sed *& ipsius imperfecti cupiditatem*. Fortassis ergo ipsi eo modo saltem servant locum gratiæ, ut sine illa putent hominem posse habere boni, sed imperfecti cupiditatem; perfecti autem non facilius per illam posse, sed nisi per illam omnino non posse. Verum & sic gratiam Dei dicunt secundum merita nostra dari; quod in Oriente Pelagius Ecclesiasticis gestis damnari timendo damnavit. Si enim sine Dei gratia per nos incipit cupiditas boni; ipsum cœptum erit meritum, cui tamquam ex debito gratiæ veniat adjutorium: ac sic gratia Dei non gratis donabitur, sed secundum meritum nostrum dabitur. Dominus autem ut responderet futuro Pelagio, non ait, Sine me difficile potestis aliquid facere: sed ait, Sine me nihil potestis facere. Et ut responderet futuris etiam istis in eadem ipsa Evangelica sententia, non ait, Sine me nihil potestis perficere: sed, facere. Nam si perficere dixisset, possent isti dicere, non ad incipiendum bonum; sed ad perficiendum, esse Dei adjutorium necessarium. Verum audiant & Apostolum. Dominus enim cum ait, Sine me nihil potestis facere; hoc uno verbo initium finemque comprehendit. Apostolus vero tamquam sententiæ Dominicæ expositor apertius utrumque distinxit, dicens, Quoniam qui in vobis opus bonum cœpit, perficiet usque in diem Christi Jesu. Sed in scripturis sanctis apud eumdem Apostolum, isto unde loquimur, amplius invenimus. Loquimur enim nunc de boni cupiditate, quam si volunt a nobis incipere, a Domino perfici, videant quid respondeant dicenti Apostolo: „ Non quia idonei sumus „ cogitare aliquid quasi ex nobismetipsis, sed „ sufficientia nostra ex Deo est. " Cogitare, ait, aliquid, utique bonum: minus est autem cogitare quam cupere. Cogitamus quippe omne quod cupimus, nec tamen cupimus omne quod cogitamus; quoniam nonnumquam & quod non cupimus cogitamus. Cum igitur minus sit cogitare quam cupere; potest enim homo cogitare bonum, quod nondum cupit, & proficiendo postea cupere, quod antea non cupiendo cogitavit: quomodo ad id quod minus est, id est, ad coad cogitandum aliquid boni non sumus idonei tamquam ex nobismetipsis, sed sufficientia nostra ex Deo est; & ad id quod est amplius, id est, ad cupiendum aliquid boni sine divino adjutorio idonei sumus ex libero arbitrio? Neque enim & hic Apostolus ait, Non quia idonei sumus cogitare quod perfectum est, tamquam ex nobismetipsis; sed cogitare, ait, aliquid, cui contrarium est nihil. Unde est illud Domini; Sine me nihil potestis facere.

Joan. 15. 5.

Caput IX. Prov. 16. 1.

Sed contra hoc quod scriptum est, *Hominis est praeparare cor, & a Domino responsio linguae*; non bene intelligendo falluntur, ut existiment cor praeparare, hoc est bonum inchoare, sine adjutorio gratiae Dei ad hominem pertinere. Absit ut sic intelligant filii promissionis, tamquam cum audierint Dominum dicentem, *Sine me nihil potestis facere*; quasi convincant eum dicentes; Ecce sine te possumus cor praeparare: aut cum audierint a Paulo apostolo, Non quia idonei sumus cogitare aliquid quasi ex nobismetipsis, sed sufficientia nostra ex Deo est; tamquam & ipsum convincant dicentes, Ecce idonei sumus ex nobismetipsis praeparare cor, ac per hoc & boni aliquid cogitare. Quis enim potest sine bona cogitatione ad bonum cor praeparare? Absit ut sic intelligant, nisi superbi sui arbitrii defensores & fidei catholicae desertores. Ideo quippe scriptum est, *Hominis est praeparare cor, & a Domino responsio linguae*: quia homo praeparat cor, non tamen sine adjutorio Dei, qui sic tangit cor, ut homo praeparet cor. In responsione autem linguae, id est, in eo quod praeparato cordi lingua divina respondet, nihil operis habet homo, sed totum est a Domino Deo.

Joan. 15. 5.

2. Cor. 3. 5.

Ps. 80. 11.

Nam sicut dictum est, *Hominis est praeparare cor, & a Domino responsio linguae*; ita etiam dictum est, Aperi os, & adimplebo illud. Quamvis enim nisi *adjuvante* illo, sine quo nihil possumus facere, os non possumus aperire; tamen nos aperimus illius adjumento & opere nostro; implet autem illud Dominus sine opere nostro. Nam quid est praeparare cor, & os aperire, nisi voluntatem parare? Et tamen in eisdem litteris legitur, Praeparatur voluntas a Domino: &, Labia mea aperies, *& os meum* annuntiabit laudem tuam. Ecce Deus admonet, ut praeparemus voluntatem in eo quod legimus, *Hominis est praeparare cor*: & tamen ut hoc faciat homo, adjuvat Deus; quia praeparatur voluntas a Domino. Et, Aperi os, ita dicit jubendo, ut aperire nemo possit nisi ipse id faciat adjuvando, cui dicitur, Labia mea aperies. Numquid horum aliqui ita desipiunt, ut aliud os, aliud labia esse contendant, & mirabili vanitate hominem dicant os aperire, labia hominis Deum? Quamquam Deus illos & ab hac absurditate compescit, ubi ad Moysen famulum suum dicit, Ego aperiam os tuum, & instruam te quae debeas loqui. In sententia ergo illa ubi dicitur, Aperi os, & adimplebo illud, quasi unum eorum videtur ad hominem pertinere, alterum ad Deum: in hac autem ubi dicitur, Ego aperiam os tuum, & instruam te, utrumque ad Deum. Quare hoc, nisi quia in uno istorum cooperatur homini facienti, alterum solus facit?

Prov. 8. sec. LXX. Ps. 50. 17.

Quapropter multa Deus facit in homine bona, quae non facit homo: nulla vero facit homo, quae non facit Deus ut faciat homo. Proinde cupiditas boni non homini a Domino esset, si bonum non esset: si autem bonum est, non nisi ab illo nobis est, qui summe atque incommutabiliter bonus est. Quid est enim boni cupiditas, nisi charitas, de qua Joannes apostolus sine ambiguitate loquitur, dicens, Charitas ex Deo est? Nec initium ejus ex nobis, & perfectio ejus ex Deo, sed si charitas ex Deo, tota nobis ex Deo est. Avertat enim Deus hanc amentiam, ut in donis ejus nos priores faciamus, posteriorem ipsum: quoniam misericordia ejus praeveniet me, & ipse est cui fideliter veraciterque cantatur, Quoniam praevenisti eum in benedictionibus dulcedinis. Et quid hic aptius intelligitur, quam ipsa de qua loquimur cupiditas boni? Tunc enim bonum concupisci incipit, quando dulcescere coeperit. Quando autem timore poenae, non amore justitiae fit bonum, nondum bene fit bonum; nec fit in corde quod fieri videtur in opere, quando mallet homo non facere, si posset impune. Ergo benedictio dulcedinis, est gratia Dei, qua fit in nobis ut nos delectet & cupiamus, hoc est amemus quod praecipit nobis, in qua si nos non praevenit Deus, non solum non perficitur, sed nec inchoatur ex nobis. Si enim sine illo nihil possumus facere, profecto nec incipere, nec perficere: quia ut incipiamus dictum est, Misericordia ejus praeveniet me; ut perficiamus, dictum est, Misericordia ejus subsequetur me.

Multa bona facit homo, quae non facit homo; nulla Deus ut faciat homo.

Ps. 58. 11.

Psal. 20. 4.

Timore poenae, non amore justitiae.

Benedictio dulcedinis gratia Dei. Joan. 15. 5.

Ps. 58. 11. Ps. 22. 6.

Quid est ergo, quod in consequentibus, ubi ea quae ipsi sentiunt commemorant, dicunt se confiteri, *gratiam quoque adjuvare uniuscujusque bonum propositum, non tamen reluctandi studium virtutis immittere*? Hoc quippe ita dicunt, velut homo a seipso sine adjutorio Dei habeat propositum bonum studiumque virtutis, quo merito praecedente dignus sit adjuvari Dei gratia subsequente. Putant enim fortasse ita dixisse Apostolum, Scimus quia diligentibus Deum omnia cooperantur in bonum, his qui secundum propositum vocati sunt sancti: ut propositum hominis vellet intelligi, quod propositum tamquam bonum meritum sequatur misericordia vocantis Dei: ignorantes ideo dictum esse, qui secundum propositum vocati sunt, ut Dei, non hominis propositum intelligatur, quo eos, quos praescivit & praedestinavit conformes imaginis Filii sui, elegit ante mundi constitutionem. Non enim omnes vocati, secundum propositum sunt vocati, quoniam multi vocati, pauci electi. Ipsi ergo secundum propositum vocati, qui electi ante mundi constitutionem. De hoc proposito Dei dictum est & illud, quod jam commemoravi de geminis Esau & Jacob, „ Ut „ secundum electionem propositum Dei maneret, non ex operibus, sed ex vocante dictum „ est, quia major serviet minori. Hoc propositum Dei & illo commemoratur loco, ubi „ ad Timotheum scribens, ait: Collabora Evangelio secundum virtutem Dei salvos nos „ facientis & vocantis vocatione sua sancta, „ non secundum opera nostra, sed secundum „ suum propositum & gratiam, quae data „ est nobis in Christo Jesu ante saecula aeterna, mani-

Caput X.

Rom. 8. 28.

Matth. 20. 16.

Rom. 9. 11.

2. Tim. 1. 8. 9.

„ manifestata autem nunc per adventum Salva-
„ toris nostri Jesu Christi „. Hoc est ergo pro-
Rom. 8. 28. positum Dei unde dicitur: Omnia cooperantur in bonum, iis qui secundum propositum vocati sunt. Hominis autem propositum bonum adjuvat quidem subsequens gratia, sed nec ipsum esset, nisi præcederet gratia. Studium quippe hominis, quod dicitur bonum, quamvis cum esse cœperit, adjuvetur gratia, non tamen incipit sine gratia: sed ab illo inspiratur, de quo dicit Apostolus, Gratias autem Deo qui dedit
2. Cor. 8. 16. idem studium pro vobis in corde Titi. Si studium quisque ut pro aliis habeat, Deus dat; ut pro ipso se habeat, quis alius est daturus.

Nihil homini jubetur quod a Deo non detur. Quæ cum ita sint, nihil in scripturis sanctis homini a Domino video juberi, propter probandum liberum arbitrium, quod non inveniatur vel dari ab ejus bonitate, vel posci propter adjutorium gratiæ demonstrandum: nec omnino incipit homo ex malo in bonum per initium fidei commutari, nisi hoc in illo agat indebita & gratuita misericordia Dei. De qua suam cogitationem recolens quidam, sicut legimus in
Ps. 76. 10. & 11. Psalmis: „ Numquid obliviscetur, inquit, mi-
„ sereri Deus, aut continebit in ira sua misera-
„ tiones suas? Et dixi, nunc cœpi, hæc muta-
„ tio dexteræ excelsi „. Sic itaque Dei gratia cogitetur, ut ab initio bonæ mutationis suæ usque in finem consummationis, qui gloriatur
1. Cor. 1. 31. in Domino glorietur. Quia sicut nemo potest, bonum perficere sine Domino, sic nemo incipere sine Domino.

Ex libro quarto ejusdem contra duas Epist. Pelagianorum, cap. 6. 9. & 11.

Caput VI. De laude liberi arbitrii. Isa. 1. 19. & 20. ITEM quod adversus Manichæos (*Pelagiani*) laudant liberum arbitrium, adhibentes propheticum testimonium, *Si volueritis & audieritis me, quæ bona sunt terræ comedetis; si autem nolueritis & non audieritis, gladius vos consumet*: quid eis hoc prodest? quandoquidem non tam contra Manichæos defendunt, quam contra catholicos extollunt liberum arbitrium. Sic enim volunt intelligi quod dictum est, Si volueritis & audieritis me; tamquam in ipsa præcedente voluntate sit consequentis meritum gratiæ; ac sic gratia jam non sit gratia, quæ non est gratuita, cum redditur debita. Si autem sic intelligerent quod dictum est, Si volueritis; ut etiam ipsam bonam voluntatem illum præparare confiterentur, de quo scriptum est,
Prov. 8. sec. LXX. Præparatur voluntas a Domino: tamquam catholici uterentur hoc testimonio, & non solum hæresim Manichæorum vincerent, sed novam Pelagianorum non conderent.

Quid eis prodest, quod in laude ipsius liberi arbitrii, *gratiam dicunt adjuvare uniuscujusque bonum propositum*? Hoc sine scrupulo acciperetur catholice dictum, si non in bono proposito meritum ponerent, cui merito jam merces secundum debitum, non secundum gratiam redderetur, sed intelligerent & confiterentur etiam ipsum bonum propositum, quod consequens adjuvat gratia, non esse potuisse in homine, si non præcederet gratia. Quomodo enim est hominis bonum propositum sine miserante prius Domino: cum ipsa sit bona voluntas, quæ præparatur a Domino? Quod autem cum dixissent, *gratiam quoque adjuvare uniuscujusque propositum bonum*, mox addiderunt, *non tamen reluctanti studium virtutis immittere*, posset bene intelligi, si non ab illis, quorum sensus notus est, diceretur. Reluctanti enim prius auditus divinæ vocationis ipsa Dei gratia procuratur, ac deinde in illo jam non reluctante studium virtutis accenditur. Veruntamen in omnibus quæ quisque agit secundum Deum, misericordia ejus prævenit eum. Quod illi nolunt, quia non esse catholici, sed Pelagiani volunt. Multum enim delectat impietatem superbam, ut etiam id quod cogitur confiteri a Domino datum, non sibi donatum videatur esse, sed redditum: ut scilicet filii perditionis, non promissionis, ipsi credantur se bonos fecisse, & Deus jam bonis a se ipsis effectis, pro illo eorum opere debitum præmium reddidisse.

Resistentem Dei gratia prævenit, et volentem facit. Ps. 58. 11.

Ita namque illis tumor ipse aures cordis obstruxit, ut non audiant, Quid enim habes, quod non accepisti? non audiant, Sine me nihil potestis facere: non audiant, Charitas ex Deo est: non audiant, Deus partitus est mensuram fidei: non audiant, Spiritus ubi vult spirat; &, Qui Spiritu Dei aguntur, hi filii sunt Dei: non audiant, Nemo potest venire ad me, nisi fuerit ei datum a Patre meo: non audiant quod Esdras scribit, Benedictus est Dominus Deus patrum nostrorum, qui dedit in cor regis, clarificare domum suam, quæ est in Jerusalem: non audiant quod per Jeremiam dicit Dominus, Et timorem meum dabo in cor eorum, ut a me non recedant; & visitabo eos, ut bonos eos faciam: maximeque illud per Ezechielem prophetam, ubi prorsus Deus ostendit, nullis se hominum bonis meritis provocari, ut eos bonos faciat, id est obedientes mandatis suis; sed potius hæc eis se retribuere bona pro malis, propter seipsum hoc faciendo, non propter illos. „ Ait enim, Hæc dicit
„ Dominus Deus, Ego facio, non propter
„ vos, domus Israel, sed propter nomen meum
„ sanctum; quod polluistis in gentibus, quo
„ intrastis illuc, & sanctificabo nomen meum
„ magnum quod profanatum est in gentibus,
„ & profanastis in medio eorum; & scient
„ gentes, quia ego sum Dominus, dicit Ado-
„ nai Dominus, cum sanctificatus fuero in vo-
„ bis ante oculos eorum, & accipiam vos de
„ gentibus, & congregabo vos ex omnibus ter-
„ ris, & inducam vos in terram vestram; &
„ aspergam super vos aquam mundam, &
„ mundabimini ab omnibus immunditiis ve-
„ stris, & mundabo vos, & dabo vobis cor
„ novum, & spiritum novum dabo in vobis;
„ & auferetur cor lapideum de carne vestra,
„ & dabo vobis cor carneum; & spiritum
„ meum dabo in vobis, & faciam ut in justi-
„ ficationibus meis ambuletis, & judicia mea
„ observetis & faciatis. Et post aliquanta per
„ eumdem ipsum prophetam: Non propter vos,
„ inquit, ego facio, dicit Dominus Deus,
„ notum erit vobis: confundimini & erubescite
„ de viis vestris, domus Israel. Hæc dicit Do-
„ minus Deus, In die qua mundabo vos ab
„ omnibus iniquitatibus vestris, & constituam
„ cul-

Testimonia scripturæ pro gratia. 1. Cor. 4. 7. Jo. 15. 5. 1. Jo. 4. 7. Rom. 12. 3. Jo. 3. 8. Rom. 8. 14. Jo. 6. 66. 1. Esdr. 7. 27. Jerem. 32. 40. & 41.

Ezechielis testimonium de gratia indebita.

Ezech. 36. 22. & seq.

Ibid. 32. & seq.

„ civitates, & ædificabuntur desertæ, & terra exterminata operabitur, pro eo quod exterminata est ante oculos omnis prætereuntis. Et dicent, Terra illa exterminata, facta est sicut hortus voluptatis, & civitates desertæ & exterminatæ & effossæ, munitæ sederunt. Et scient gentes quæcumque relictæ fuerint in circuitu vestro, quia ego Dominus ædificavi destructas, plantavi exterminatas. Ego Dominus locutus sum, & feci. Hæc dicit Dominus, Adhuc hoc inquiram domui Israel ut faciam eis: multiplicabo eos sicut oves homines, sicut oves sanctas, sicut oves Jerusalem in diebus festis ejus: sic erunt civitates illæ desolatæ, plenæ ovium hominum, & scient quia ego Dominus ".

Quid remansit pelli mortiferæ unde possit inflari, & designetur quando gloriatur, in Domino gloriari? Quid ei remansit, quando quidquid dixerit se fecisse, ut eo præcedente humano merito, ab homine exorto, Deus subsequenter faciat quo dignus est homo, respondebitur, reclamabitur, contradicetur, Ego facio, sed propter nomen meum sanctum, non propter vos ego facio, dicit Dominus Deus? Nihil sic evertit Pelagianos dicentes gratiam Dei secundum merita nostra dari. Quod quidem ipse Pelagius, etsi non corrigendo, tamen orientales judices timendo damnavit. Nihil sic evertit hominum præsumptionem dicentium, Nos facimus, ut mereamur cum quibus faciat Deus. Respondet vobis, non Pelagius, sed ipse Dominus, Ego facio, & non propter vos, sed propter nomen meum sanctum. Quid enim potestis facere boni de corde non bono? Ut autem habeatis cor bonum, Dabo, inquit, vobis cor novum, & spiritum novum dabo vobis. Numquid potestis dicere, Prius ambulavimus in justificationibus ejus, & judicium ejus observavimus, & fecimus ut digni essemus, ut quibus gratiam suam daret? Quid enim boni faceretis homines mali, & quomodo ista bona faceretis, nisi boni essetis? Ut autem homines sint boni quis facit, nisi ille, qui dixit, Et visitabo eos, ut eos bonos faciam? Et qui dixit, Spiritum meum dabo in vobis, & faciam ut in justificationibus meis ambuletis, & judicia mea observetis & faciatis? Itane nondum evigilatis? Nondum auditis, Faciam ut ambuletis, faciam ut observetis, postremo faciam ut faciatis? Quid adhuc vos inflatis? Nos quidem ambulamus, verum est; nos observamus, nos facimus: sed ille facit ut ambulemus, ut observemus, ut faciamus. Hæc est gratia Dei bonos faciens nos, hæc est misericordia ejus præveniens nos. Quid merentur deserta, & exterminata, & effossa: quæ tamen ædificabuntur, & operabuntur, & munientur? Numquid hæc pro meritis desertionis, exterminationis, effossionis suæ? Absit. Ista enim merita mala sunt, hæc munera bona. Redduntur itaque malis bona: gratuita ergo, non debita; & ideo gratia. Ego, inquit Dominus, Ego Dominus. Nonne te ista vox comprimit, o humana superbia, quæ dicis, Ego facio, ut merear a Domino ædificari atque plantari? Nonne audis, Non propter vos ego facio: Ego Dominus ædificavi destructas, plantavi exterminatas: Ego Dominus locutus sum, & feci: non tamen propter vos, sed propter nomen meum sanctum? Quis multiplicat sicut oves homines, sicut oves sanctas, sicut oves Jerusalem? Quis facit ut civitates illæ desolatæ plenæ fiant ovium hominum, nisi ille qui sequitur & dicit, Et scient quia ego Dominus? Sed quibus ovibus hominibus implet, sicuti est pollicitus, civitates, utrum quas invenit, an quas facit? Psalmum interrogemus; ecce respondet, audiamus: „ Venite adoremus & procidamus ei, & ploremus ante Dominum qui fecit nos, quia ipse est Deus noster, & nos populus pascuæ ejus, & oves manus ejus. Ipse igitur facit oves, quibus desolatas impleat civitates ". Quid mirum? Quando quidem illi unicæ ovi dicitur, hoc est Ecclesiæ, cujus membra sunt omnes oves homines; Quoniam ego sum Dominus qui facio te. Quid mihi obtendis liberum arbitrium, quod ad faciendam justitiam liberum non erit, nisi ovis fueris? Qui facit igitur oves homines, ipse ad obedientiam pietatis humanas liberat voluntates.

Sed quare illos homines oves facit, & illos non facit, apud quem non est acceptio personarum? Ipsa est quæstio quam beatus Apostolus curiosius quam capacius proponentibus, ait, O homo tu quis es ut respondeas Deo? Numquid dicit figmentum ei qui se finxit, Quare sic me fecisti? Ipsa est quæstio, quæ ad illam pertinet altitudinem quam perspicere volens idem Apostolus, quodam modo expavit, & exclamavit: „ O altitudo divitiarum sapientiæ & scientiæ Dei: quam inscrutabilia sunt judicia ejus, & investigabiles viæ ejus! Quis enim cognovit sensum Domini, aut quis consiliarius ejus fuit? Aut quis prior dedit illi, & retribuetur ei? Quoniam ex ipso, & per ipsum, & in ipso sunt omnia, ipsi gloria in sæcula sæculorum ". Non itaque illam scrutari audeant inscrutabilem quæstionem, qui meritum ante gratiam, & ideo jam contra gratiam defendentes, priores volunt dare Deo, ut retribuatur eis, priores utique dare quodlibet ex libero arbitrio, ut sit gratia retribuenda pro præmio: & sapienter intelligant, vel fideliter credant, etiam quod se putant priores dedisse, ab illo ex quo sunt omnia, percepisse. Cur autem ille accipiat, ille non accipiat, cum ambo non mereantur accipere, & quisquis eorum acceperit, indebite accipiat, vires suas metiantur, & fortiora se non scrutentur. Sufficiat eis scire, quod non sit iniquitas apud Deum. Cum enim nulla merita invenisset Apostolus, quibus Jacob geminum apud Deum præcederet fratrem: „ Quid ergo dicemus, inquit? Numquid est apud Deum iniquitas? Absit. Moysi enim dicit, Miserebor cui misertus fuero; & misericordiam præstabo, cui misericors fuero. Igitur non volentis, neque currentis, sed miserentis est Dei ". Grata sit ergo nobis ejus gratuita miseratio, etiam si hæc profunda insoluta sit quæstio. Quæ tamen eatenus solvitur, quatenus eam solvit idem Apostolus, dicens: „ Si autem Deus volens ostendere iram & demonstrare potentiam suam, attulit in multa patientia vasa iræ, quæ perfecta sunt in perditionem, &

„ ut

Marginal notes: V. lib. de gestis Pelagii, c. 14. supra. — Merita mala redduntur bona. — Ps. 94. 6. & 7. — Cur Deus illos oves facit, illos non facit. — Rom. 9. 20. — Rom. 11. 33. & seq. — Inscrutabilis quæstio. — Eccli. 3. 22. — Rom. 9. 14. & 15. — Misericordia gratuita. — Ib. 22. & seq.

ut notas faceret divitias gloriæ suæ in vasa misericordiæ, quæ præparavit in gloriam. Ira quippe non redditur, nisi debita, ne sit iniquitas apud Deum: misericordia vero etiam cum præbetur indebita, non est iniquitas apud Deum. Et hinc intelligunt vasa misericordiæ, quam gratuita illis misericordia præbeatur, quod iræ vasis cum quibus eis est perditionis causa & massa communis, ira debita & justa rependitur. Hæc jam satis sint adversus eos qui per arbitrii libertatem destruere volunt gratiæ largitatem.

Ex eodem libro quarto contra duas Epistolas Pelagianorum, cap. 9.

JAM vero gratiam Dei quemadmodum adversus istos prædicet Cyprianus, ubi de Oratione Dominica disputat, evidenter apparet. Ait enim: *Dicimus, Sanctificetur nomen tuum; non quod optemus Deo ut sanctificetur orationibus nostris, sed quod petamus ab eo ut nomen ejus sanctificetur in nobis. Cæterum a quo Deus sanctificatur, qui ipse sanctificat? Sed quia ipse dixit, Sancti estote, quoniam & ego sanctus sum: id petimus & rogamus, ut qui in baptismo sanctificati sumus, in eo quod esse cœpimus perseveremus.* Et alio loco in eadem epistola: *Addimus quoque*, inquit, *& dicimus, Fiat voluntas tua in cælo & in terra: non ut Deus faciat quod vult, sed ut nos facere possimus quod Deus vult. Nam Deo quis obsistit, quominus quod velit faciat? Sed quia nobis a diabolo obsistitur, quominus per omnia noster animus atque actus Deo obsequatur, oramus & petimus ut fiat in nobis voluntas Dei. Quæ ut fiat in nobis, opus est Dei voluntate, id est, ope ejus & protectione: quia nemo suis viribus fortis est, sed Dei indulgentia & misericordia tutus est.* Item alio: *Fieri autem petimus*, inquit, *voluntatem Dei in cælo & in terra, quod utrumque ad consummationem nostræ incolumitatis pertinet & salutis. Nam cum corpus e terra & spiritum possideamus e cælo, ipsi terra & cælum sumus, & in utroque, id est, in corpore & spiritu ut Dei voluntas fiat oramus. Est enim inter carnem & spiritum colluctatio, & discordantibus adversus se invicem quotidiana congressio, ut non quæ volumus, ipsa faciamus, dum spiritus cælestia & divina quærit, caro terrena & sæcularia concupiscit. Et ideo petimus inter duo ista ope & auxilio Dei concordiam fieri; ut dum in spiritu & carne voluntas Dei geritur, quæ per eum renata est anima servetur. Quod aperte atque manifeste apostolus Paulus sua voce declarat: Caro*, inquit, *concupiscit adversus spiritum, & spiritus adversus carnem: hæc enim invicem adversantur, ut non quæ vultis, ipsa faciatis.* Et paulo post: *Potest & sic intelligi*, inquit, *fratres dilectissimi, ut quoniam mandat & monet Dominus etiam inimicos diligere, & pro his quoque qui nos persequuntur orare, petamus & pro illis qui adhuc terra sunt, & nondum cælestes esse cœperunt, ut & circa illos voluntas Dei fiat, quam Christus hominem conservando & redintegrando perfecit.* Itemque alio: *Panem nostrum*, inquit, *dari nobis quotidie postulamus, ne qui in Christo sumus, & Eucharistiam quotidie ad cibum salutis accipimus, intercedente aliquo graviore delicto dum abstenti & non communicantes a cælesti pane prohibemur, a Christi corpore separemur.* Et aliquanto post in eadem: *Quando autem rogamus*, inquit, *ne in tentationem veniamus, admonemur infirmitatis & imbecillitatis nostræ, dum sic rogamus, ne quis se insolenter extollat, ne quis sibi superbe atque arroganter aliquid assumat, ne quis aut confessionis aut passionis gloriam suam ducat; cum Dominus ipse humilitatem docens dixerit; Vigilate, & orate, ne veniatis in tentationem; spiritus quidem promptus est, caro autem infirma: ut dum præcedit humilis & submissa confessio, & datur totum Deo, quidquid suppliciter cum timore & honore Dei petitur, ipsius pietate præstetur.* Item ad Quirinum, in quo opere se Pelagius vult ejus imitatorem videri, ait in libro tertio*: *In nullo gloriandum quando nostrum nihil sit.* Cui proposito testimonia divina subjungens, inter cætera posuit Apostolicum illud, quo istorum maxime ora claudenda sunt: *Quid enim habes quod non accepisti? Si autem accepisti, quid gloriaris, quasi non acceperis?* Item in epistola de patientia: *Est enim nobis*, inquit, *cum Deo virtus ista communis; inde patientia incipit, inde claritas ejus & dignitas caput sumit. Origo & magnitudo patientiæ Deo auctore procedit.*

* Cap. 4.

Numquid ille sanctus tam commendabilis Ecclesiarum in verbo veritatis instructor, liberum arbitrium negat esse in hominibus, quia Deo totum tribuit quod recte vivimus? Numquid legem Dei culpat, quia non ex ipsa justificari hominem significat, quando quidem quod illa jubet, a Domino Deo precibus impetrandum esse declarat? Numquid sub nomine gratiæ fatum asserit, quoniam dicit, in nullo gloriandum, quando nostrum nihil sit? Numquid, sicut isti, Spiritum sanctum adjutorem ita credit esse virtutis, tanquam ipsa virtus quæ ab hoc adjuvatur, oriatur ex nobis, quando nostrum nihil esse asserens, propter hoc Apostolum dixisse commemorat, Quid enim habes quod non accepisti? virtutemque excellentissimam, hoc est, patientiam, non a nobis dicit incipere, ut deinde adjuvetur Spiritu Dei; sed ab ipso capere, ab ipso originem sumere. Postremo nec propositum bonum, nec studium virtutis, nec motum bonum sine gratia Dei incipere esse in hominibus confitetur, cum dicit, in nullo gloriandum, quando nostrum nihil sit. Quid tam in libero arbitrio constitutum, quam quod lex dicit, non adorandum idolum, non mœchandum, non homicidium perpetrandum? Ista autem sunt atque hujusmodi crimina, quæ si quisquam commiserit, a corporis Christi communione removetur. Et tamen si beatissimus Cyprianus ista non committenda existimaret nostræ sufficere voluntati, non sic intelligeret quod in oratione Dominica dicimus, Panem nostrum quotidianum da nobis hodie; ut hoc nos petere affirmaret, ne intercedente aliquo graviore delicto, dum abstenti & non communicantes a cæle-

cælesti pace prohibentur, a Christi corpore separentur. Respondeant certe hæretici novi, quid bonorum meritorum præcedat in hominibus inimicis nominis Christiani? Non solum enim non habent bonum, sed habent etiam pessimum meritum. Et tamen etiam sic Cyprianus intelligit, quod in oratione dicimus, Fiat voluntas tua in cælo & in terra: ut & pro ipsis, qui propter hoc terra intelliguntur, oremus. Oramus ergo non solum pro nolentibus, verum etiam pro repugnantibus & oppugnantibus. Quid ergo petimus, nisi ut fiant ex nolentibus volentes, ex repugnantibus consentientes, ex oppugnantibus amantes? A quo, nisi ab illo de quo scriptum est, Præparatur voluntas a Domino? Discant ergo esse catholici, qui dedignantur, si quid mali non faciunt, & si quid boni faciunt, non in se ipsis, sed in Domino gloriari.

Prov. 8. sec. LXX.

Ex eodem libro quarto contra duas Epistolas Pelagianorum, Cap. 11.

CAPUT XI. Ambrosii contra Pelagianos testimonia de gratia Dei.

SED & jam gloriosissimo martyri Cypriano, ad illos cumulatius redarguendos beatissimum addamus Ambrosium: quoniam & ipsum Pelagius ita laudavit, ut ne ab inimicis quidem in ejus libris quod reprehenderetur, diceret inveniri, &c.

Pelagiani dicunt ab homine incipere meritum per liberum arbitrium, cui Deus subsequentis gratiæ tribuat adjumentum. Etiam hic eos refellit venerandus Ambrosius, dicens in expositione Isaiæ prophetæ: *Quia humana cura sine divina ope imbecilla est ad medendum, Deum auxiliatorem requirit.* Item in libro * qui inscribitur, De fuga sæculi: *Frequens nobis*, inquit, *de effugiendo sæculo iste est sermo; atque utinam quam facilis sermo, tam cautus & sollicitus affectus. Sed quod pejus est, frequenter irrepit terrenarum illecebra cupiditatum, & vanitatum effusio mentem occupat, ut quod studeas vitare, hoc cogites animoque volvas. Quod cavere difficile est homini, exuere autem impossibile. Denique voti magis eam esse rem, quam effectus, testatur Propheta dicendo, Declina cor meum in testimonia tua, & non in avaritiam. Non enim in potestate nostra sunt cor nostrum & nostræ cogitationes, quæ improviso effusæ mentem animumque confundunt, atque alio trahunt quam tu proposueris: ad sæcularia revocant, mundana inserunt, voluptuaria ingerunt, illecebrosa intexunt; ipsoque in tempore quo elevare mentem paramus, insertis inanibus cogitationibus ad terrena plerumque dejicimur. Quis autem tam beatus, qui in corde suo semper ascendat? Sed hoc sine auxilio divino qui fieri potest? Nullo profecto modo. Denique supra eadem Scriptura dicit: Beatus vir cujus est auxilium ejus abs te, Domine, adscensus in corde ejus.* Quid apertius & sufficientius dici potest? Sed ne Pelagiani forte respondeant, eo ipso quo divinum auxilium poscitur, præcedere hominis meritum, idipsum meritum esse dicentes, quia orando fit dignus cui gratia divina subveniat: attendant quid idem vir sanctus dicat in expositione Isaiæ. *Et orare Deum*, inquit, *gratiæ spiritalis est. Nemo enim dicit Dominum Jesum, nisi in Spiritu sancto.* Unde & exponens Evangelium secundum Lucam, *Vides utique*, inquit, *quia ubique Domini virtus studiis cooperatur humanis, ut nemo possit ædificare sine Domino, nemo custodire sine Domino, nemo quidquam incipere sine Domino.* Numquid quoniam hæc dicit vir tantus Ambrosius, & gratiam Dei, sicut filio promissionis congruit, grata pietate commendat, ideo destruit liberum arbitrium? aut eam vult intelligi gratiam, quam diversis locutionibus Pelagiani nolunt nisi legem videri, ut videlicet non ad faciendum quod cognoverimus, sed ad agnoscendum quid faciamus, nos Deus adjuvare credatur? Si hoc illum hominem Dei sapere existimant, quid de ipsa lege dixerit, audiant. In libro * de fuga sæculi: *Lex*, inquit, *os omnium potuit obstruere, non potuit mentem convertere.* Item alio loco, * in eodem libro: *Lex*, inquit, *factum damnat, non aufert malitiam.* Videant fidelem & catholicum virum Apostolo consentire dicenti, Scimus autem, quia quæcumque lex loquitur, his qui in lege sunt loquitur, ut omne os obstruatur, & reus fiat omnis mundus Deo; quia non justificabitur ex lege omnis caro coram illo. Ex eo enim Apostolico sensu illa sumsit & scripsit Ambrosius.

* Cap. 1. — Psal. 118. 36. — Psal. 83. 6. — * Cap. 2. — * Cap. 7. Rom. 3. 19. & 20.

Ex libro quarto ejusdem contra Julianum, Cap. 3.

CUM ergo divinitus adjuvatur homo, non tantum *ad capessendam perfectionem adjuvatur*, quod ipse posuisti, utique volens intelligi, eum per se incipere sine gratia, quod perficit gratia: sed potius quod Apostolus loquitur, ut qui in vobis opus bonum cœpit, perficiat usque in finem. In quo enim vis *hominem*, sicut loqueris, *ad aliquid laudabile generosi cordis stimulis incitari*, in hoc eum vis non in Domino; sed in libero arbitrio gloriari: ac sic priorem dare, ut retribuatur illi; eoque modo gratia jam non sit gratia, quia non est gratuita. *Bonam dicis hominum naturam, quæ talis gratiæ opitulationem mereatur.* Quod gratanter audirem, si hoc propterea quia rationalis natura est, diceres: neque enim gratia Dei per Jesum Christum Dominum nostrum lapidibus aut lignis pecoribusque præstatur: sed quia imago Dei est, meretur hanc gratiam; non tamen ut ejus bona voluntas possit præcedere gratiam, ne vel ipsum prior det, ut retribuatur illi, ac sic gratia jam non sit gratia, dum non datur gratuita, sed redditur debita. Quid est ergo, quod secundum modum vestrum, *effectum voluntatis humanæ dona cælestia me credideras nuncupasse*; tamquam voluntas hominis sine Dei gratia moveretur ad bonum, ut ei debitus a Deo retribueretur effectus? Itane oblitus fueras, nos cum scriptura dicere contra vos, Præparatur voluntas a Domino; vel quod in nobis Deus operatur & velle? O ingrati gratiæ Dei, o inimici gratiæ Christi, & solo vocabulo Christiani! Nonne pro inimicis suis orat Ecclesia?

Philip. 1. 6. — Rom. 11. 6. — Prov. 8. sec. LXX. Philip. 2. 13.

Quid erat, obsecro, si ut eis suæ voluntatis retribuatur pretium, quid eis erat, nisi grande supplicium? Quod jam contra eos est, non pro eis: orat autem pro eis: non ergo quia est illis voluntas bona, sed ut convertatur in bonam voluntas mala: quoniam præparatur voluntas a Domino; &, Deus est enim ut ait Apostolus qui operatur in vobis & velle.

Virtutes gentilium. Sed acerbissimi gratiæ hujus inimici *exempla nobis opponitis impiorum, quos dicitis alienos a fide abundare virtutibus, in quibus sine adjutorio gratiæ, solum est naturæ bonum, licet superstitionibus mancipatum, qui solis libertatis ingenitæ viribus, & misericordes crebro, & modesti, & casti inveniuntur, & sobrii.* Hæc dicens ecce jam & illud quod gratiæ Dei tribueras, abstulisti, ipsum scilicet voluntatis effectum. Non enim ausi, velle eos esse misericordes, modestos, & castos, & sobrios, & ideo non esse, quod nondum per gratiam fuerint consecuti bonæ hujus voluntatis effectum: sed si & esse voluerunt, & sunt, jam in eis voluntatem & effectum voluntatis invenimus; quid remansit quod gratiæ referremus in tam evidentibus, quibus dixisti eos abundare virtutibus. Quanto fatius, si te impios ita laudare delectat, ut non audiens dicentem Scripturam,

Prov. 24. 24. Qui dicit impium justum esse, maledictus erit in populo, & odibilis in gentibus, eisque virtutibus veris eos prædices abundare: quanto, inquam, satius hæc ipsa in eis dona Dei esse fatebere, sub cujus occulto judicio, nec injusto, alii fatui, alii tardissimi ingenii, & ad intelligendum quodam modo plumbei, alii obliviosi, alii aucti memoriæ nascuntur, alii utroque munere præditi, & acute intelligentes, & tenacissimæ memoriæ thesauro cuncta recondentes; alii natura lenes, alii levissimis de causis ira facillima ardentes, alii ad vindictæ cupiditatem inter utrosque mediocres... alii timidissimi alii audacissimi, alii severum; alii hilares, alii mites, alii ad nihil bonum proclives: nec eorum quæ commemoravi aliquid instituto ac proposito, sed natura; unde medici audent illa tribuere temperationibus corporum; Quod nisi probari, vel nulla existente, vel omni finita quæstione potuisset, numquid sibi quisque corpus condidit, & hoc ejus tribuendum est voluntati, quod mala illa naturalis magis minusve perpetitur? Nam profecto ea non perpeti cum hic vivitur, nullo modo, nulla ratione quisquam potest. Nec tamen sive maxima, sive minima urgeantur, fas est ut dicat ei qui se finxit, quamvis omnipotentissimo, malo, & bono, Quare sic me fecisti?

Eccli. 40. 1. Et de jugo gravi quod est super filios primi Adam, nemo liberat nisi secundus Adam. Quanto ergo tolerabilius illas quas dici in impiis esse virtutes, divino muneri potius, quam eorum tribueres tantummodo voluntati: licet ipsi hoc nesciant, donec si ex illo sunt prædestinatorum numero, accipiant Spiritum, qui ex Deo est, ut sciant quæ a Deo donata sunt eis.

1. Cor. 2. 12. Sed absit ut sit in aliquo vera virtus, nisi fuerit justus. Absit autem ut sit justus vere, nisi vivat ex fide. Justus enim ex fide vivit.

Rom. 1. 17. Quis porro eorum qui se Christianos haberi volunt, nisi soli Pelagiani, aut in ipsis etiam forte tu solus, justum dixerit infidelem, justum dixerit impium, justum dixerit diabolo mancipatum? sit licet ille Fabricius, sit licet Fabius, sit licet Scipio, sit licet Regulus, quorum me nominibus, tamquam in antiqua Romana curia loqueremur, putasti esse terrendum. Verum tu in hac caussa, & si ad scholam Pythagoræ provoces vel Platonis, ubi eruditissimi atque doctissimi viri multo excellentiore ceteris philosophia nobilitati veras virtutes non esse dicebant, nisi quæ menti quodam modo imprimuntur a forma illius æternæ immutabilisque substantiæ, quod est Deus; etiam illic adversus te quantum docet, qui nos vocavit, pietatis libertate clamabo: Nec in illis est vera justitia. Justus ex fide vivit. Fides ex auditu, auditus autem per verbum Christi: finis legis Christus ad justitiam omni credenti. Quomodo sunt vere justi quibus vilis est humilitas veri justi? Quo enim propinquaverunt intelligentia, inde superbia recesserunt: quia cognoscentes Deum, non sicut Deum glorificaverunt, aut gratias egerunt, sed evanuerunt in cogitationibus suis, & obscuratum est insipiens cor eorum. Dicentes enim se esse sapientes stulti facti sunt. Quomodo est in eis vera justitia, in quibus non est vera sapientia? Quam si eis tribuerimus, nihil erit caussæ cur non eos ad illud regnum pervenire dicamus, de quo scriptum est, Concupiscentia sapientiæ deducit ad regnum. Ac per hoc Christus gratis mortuus est, si homines sine fide Christi ad fidem veram, ad virtutem veram, ad justitiam veram, ad sapientiam veram, quæcumque re alia, quacumque ratione perveniunt. Prorsus sicut de lege verissime ait Apostolus, Si per legem justitia, ergo Christus gratis mortuus est: ita verissime dicitur, Si per naturam voluntatemque justitia, ergo Christus gratis mortuus est. Si per doctrinas hominum qualiscumque justitia, ergo Christus gratis mortuus est. Per quod enim est vera justitia, per hoc etiam regnum Dei. Deus namque ipse, quod absit, erit injustus, si ad ejus regnum verus non admittitur justus: cum & ipsum ejus regnum justitia sit, quemadmodum scriptum est, Non est regnum Dei esca & potus, sed justitia, & pax, & gaudium. Porro si veram justitiam non habent impii; profecto nec alias virtutes comites ejus & socias, si quas habent, veras habent: quia cum non ad suum referuntur auctorem dona Dei, hoc ipso mali his utentes efficiuntur injusti: ac per hoc nec continentia sive pudicitia vera virtus est impiorum.

Tu vero tam male accipis quod ait Apostolus, Nam qui in agone contendit, ab omnibus continens est: ut continentiam, tam magnam virtutem, de qua scriptum est, quod nemo esse potest continens, nisi Deus det, etiam choraulas & hujusmodi turpes infamesque personas habere contendas. Hi enim quando in agone decertant, ab omnibus continent, ut corruptibilem coronam accipiant: a quibus tamen vana cupiditate non continent. Hæc enim cupiditas vana ac per hoc prava, vincit

in

la eis, & frenat alias pravas cupiditates: propter quod dicti sunt continentes. Sed ut gravissimam faceres injuriam Scipionibus, continentiam quam in eis tanto eloquio praedicasti, dedisti & habitantibus; ignorans Apostolum, cum cohortaretur homines ad virtutem, sic exemplum de vitiosis hominibus assumpsisse, quemadmodum alio loco Scriptura, cum ad amorem sapientiae homines hortaretur, quaerendam dixit esse sicut pecuniam. Numquid propterea sancta Scriptura dicenda est laudasse avaritiam? Sed quia notum est, amatores pecuniae quantis patiantur laboribus doloribusque subdantur, a quantis se contineant voluptatibus, sive cupiditate augendi pecuniam, sive timore minuendi, quanta lucra sagacitate sectentur, & prudenter damna devitent, quam timeant plerumque aliena diripere, & aliquando sua sibi ablata contemnant, ne repetendo & litigando plus perdant: recte admoniti sumus sic amare sapientiam, ut eam nobis thesaurizare avidissime cupiamus, atque ut nobis magis magisque adquiratur, nec aliqua ex parte minuatur, & perferamus molestias, & libidines refrenemus, & prospiciamus in posterum, & innocentiam beneficentiamque servemus. Quod cum facimus, ideo veras virtutes habemus, quia verum est propter quod facimus, id est, hoc naturae nostrae consentaneum est ad salutem & veram felicitatem. Prov. 2. 4.

Non enim absurde virtus definita est, ab eis qui dixerunt, Virtus est animi habitus, naturae modo atque rationi consentaneus. Verum dixerunt, sed quid sit consentaneum liberandae atque beatificandae naturae mortalium nescierunt. Neque enim omnes homines naturali instinctu immortales & beati esse vellemus, nisi esse possemus. Sed hoc summum bonum praestari hominibus non potest, nisi per Christum & hunc crucifixum, cujus morte mors vincitur, cujus vulneribus natura nostra sanatur. Ideo justus ex fide Christi vivit. Ex hac enim fide prudenter, fortiter, temperanter, & juste, ac per hoc his omnibus veris virtutibus recte sapienterque vivit, quia fideliter vivit. Si ergo ad consequendam veram beatitudinem, quam nobis immortalem fides quae in Christo est vera promittit, nihil prosunt homini virtutes; nullo modo verae possunt esse virtutes. An placet tibi ut veras virtutes avarorum esse dicamus, cum lucrorum vias prudenter excogitant, cum pro adquirenda pecunia saeva atque aspera multa fortiter tolerant, cum varias cupiditates quibus sumptuose vivitur, temperanter sobrieque castigant, cum abstinent ab alieno, & de suo saepe amissa contemnunt, quod videtur ad justitiam pertinere, ne jurgiis & judiciis plura consumant? Cum enim agitur aliquid prudenter, fortiter, temperanter, & juste, omnibus quantum virtutibus agitur, quae secundum tuam disputationem verae virtutes sunt, si ad cognoscendum omnem verae sint, hoc tantummodo intuendum quod agitur, nec causa quaerenda est cur agatur: unde ne tibi videar calumniari, ipsa tua verba jam ponam. Continentia, inquis, origo virtutum in rationali animo sita est, & affectus omnes per quos aut fructuose aut steriliter boni sumus, in subjecto sunt mentis nostrae, prudentia, justitia, temperantia, fortitudo. Horum igitur affectuum vis cum sit in omnibus naturaliter, inquis, non tamen ad unum finem in omnibus properat; sed pro judicio voluntatis, cujus motui serviunt, aut ad aeterna, aut ad temporalia diriguntur. Quod cum fit, non in eo quod sunt, non in eo quod agunt, sed in eo solo variant quod merentur. Nec nominis sui igitur, inquis, possunt, nec generis sustinere dispendium, sed solius quod appetiverunt praemii aut amplitudine ditentur, aut exilitate frustrentur. Haec ubi didiceris nescio: jam tamen certo, ut arbitror, consequens esse, ut vera sit virtus, avarorum prudentia, qua excogitant genera lucellorum; & avarorum justitia, qua graviorum damnorum metu facilius sua nonnunquam contemnunt, quam usurpant aliquod alienum; & avarorum temperantia, qua luxuriae, quoniam sumptuosa est, cohibent appetitum, soloque necessario victu tegumentoque contenti sunt; & avarorum fortitudo, qua, ut ait Horatius, Per mare pauperiem fugiunt, per saxa, per ignes; qua denique cognovimus quosdam irruptione barbarica, ne ea proderent quae habebant, nullis hostium tormentis potuisse compelli. Ergo virtutes illae tali fine turpes atque deformes, & ideo nullo modo germanae veraeque virtutes, tibi tamen ita verae videntur & pulcrae, ut nec nominis sui possint, nec generis sustinere dispendium, sed solius quod appetiverunt praemii exilitate frustrentur, id est, terrenorum commodorum fructu, non caelestium praemiorum. Nec aliud erit quam vera justitia Catilinae, comprehendere multos amicitia, tueri obsequio, cum omnibus communicare quod habebat: & fortitudo vera erit ejus, quod frigus, famem, sitim ferre poterat: & vera patientia, quod patiens erat inediae, algoris, vigiliae, supra quam cuiquam credibile est. Quis haec sapiat, nisi desipiat? Horat. Ep. 1. ep. 1. Salust. in Catil.

Sed videlicet homo eruditus eorum vitiorum veri similitudine falleris, quae finitima videntur & propinqua virtutibus, cum absint ab eis quam longe absunt a virtutibus vitia. Nam sicut constantia est virtus, cui contraria est inconstantia: vitium est tamen ei quasi finitimum pertinacia, quae constantiam videtur imitari. Quo utique vitio careas, cum haec quae dico vera esse cognoveris; ne tibi in errore velut amando constantiam, manendum pertinaciter arbitreris. Ita omnibus virtutibus non solum sunt vitia manifesta discretione contraria, sicut prudentiae temeritas: verum etiam vicina quodam modo, nec veritate, sed quadam specie fallente, similia; sicut ipsi prudentiae non temeritas vel imprudentia, sed astutia: quod tamen vitium est, quamvis in Scripturis sanctis, & in bono accipiatur quod dictum est, Astuti ut serpentes; & in malo, quod in paradiso erat serpens prudentissimus omnium bestiarum. Nec illorum vitiorum, quae finitima virtutibus dicimus, possunt omnium facile nomina reperiri: verum etsi non inveniuntur quemadmodum nuncupentur, cavenda sunt. Vitia virtutum similia. Matt. 10. 16. Gen. 3. 1.

Noveris itaque, non officiis, sed finibus a vitiis discernendas esse virtutes. Officium est autem quod faciendum est; finis vero propter quod faciendum est. Cum itaque facit homo aliquid ubi peccare non videtur, si non propter hoc facit propter quod facere debet, peccare convincitur. Quæ tu non attendens, fines ab officiis separasti, & virtutes veras officia sine finibus appellandas dixisti. Ex quo te tanta absurditas sequitur, ut veram cogaris appellare justitiam, etiam cujus dominam reperis avaritiam. Si quidem manus abstinere ab alieno, si officium cogites, potest videri esse justitiæ: sed cum quæritur, quare fiat, & respondetur, ne plus pecuniæ litibus pereat; quomodo jam hoc factum veræ potest esse justitiæ, cum serviat avaritiæ? Quales virtutes Epicurus induxit voluptatis ancillas, quæ omnino quidquid facerent, propter illam vel adipiscendam facerent vel tenendam. Absit autem ut virtutes veræ cuiquam serviant, nisi illi vel propter illum cui dicimus, Deus virtutum, converte nos. Proinde virtutes quæ carnalibus delectationibus vel quibusque commodis & emolumentis temporalibus serviunt, veræ prorsus esse non possunt. Quæ autem nulli rei servire volunt, nec ipsæ veræ sunt. Veræ quippe virtutes Deo serviunt in hominibus, a quo donantur hominibus: Deo serviunt in Angelis, a quo donantur & angelis. Quidquid autem boni fit ab homine, & non propter hoc fit, propter quod fieri debere vera sapientia præcipit, etsi officio videatur bonum, ipso non recto fine peccatum est.

Possunt ergo aliqua bona fieri, non bene facientibus a quibus fiunt. Bonum est enim ut subveniatur homini periclitanti, præsertim innocenti: sed ille qui hoc facit, si amando gloriam hominum magis quam Dei facit, non bene bonum facit: quia non bonus facit, quod non bona voluntate facit. Absit enim ut sit vel dicatur voluntas bona, quæ in aliis vel in seipsa, non in Domino gloriatur. Ac per hoc nec ejus fructus ille dicendus est; Arbor enim mala bonos fructus non facit: sed potius bonum opus est illius, qui etiam per malos bene facit. Quapropter dici non potest quantum te illa fallat opinio qua dixisti, *amore virtutes affectus esse, per quæ aut fructuosi aut steriliter boni fiamus*. Fieri enim non potest ut steriliter boni simus: sed boni non sumus quidquid steriliter sumus. Arbor enim bona bonos fructus facit. Absit autem ut Deus bonus, a quo frequenter putantur arboribus non facientibus fructum bonum, excidat & in ignem mittat arbores bonas. Nullo modo igitur homines sunt steriliter boni: sed qui boni non sunt, possunt esse alii minus, alii magis mali.

Unde & illi quos commemorare voluisti, *de quibus ait Apostolus, Gentes legem non habentes ipsi sunt lex, qui habent opus legis scriptum in cordibus suis*: quid te adjuvent omnino non video. Per hos enim probare conaris, etiam alienos a fide Christi, veram posse habere justitiam, eo quod isti, teste Apostolo, naturaliter quæ legis sunt faciunt. Ubi quidem dogma vestrum, quo estis inimici gratiæ Dei, quæ datur per Jesum Christum Dominum nostrum, qui tollit peccatum mundi, evidentius expressisti: introducens hominum genus, quod Deo placere possit sine Christi fide, lege naturæ. Hoc est unde vos maxime Christiana detestatur Ecclesia. Sed quid vis esse istos? Utrum veras virtutes habere, & steriliter bonos esse, quia non propter Deum; an etiam Deo ex his placere, atque ab illo vita remunerari æterna? Si steriles dixeris; quid ergo eis prodest, quod secundum Apostolum defendent eos cogitationes suæ, In die qua judicabit Deus occulta hominum? Si autem qui defendentur cogitationibus suis, eo quod naturaliter opera fecerint legis, non sunt steriliter boni, & ob hoc invenient æternam mercedem apud Deum, procul dubio propterea justi sunt, quia ex fide vivunt.

Nam testimonium illud quod ex Apostolo posui, Omne quod non est ex fide, peccatum est: sicut tibi visum est accepisti, & exposuisti, non ut sapis, sed ut sapis. De cibis enim Apostolus loquebatur. Verum tamen dixisset: Qui autem discernit, si manducaverit, damnatus est, quia non ex fide: hanc peccati speciem de qua agebat, generali voluit probare sententia, mox inferens, Omne enim quod non est ex fide, peccatum est. Sed ut hoc tibi de cibis tantum intelligendum esse concedam: quid de alio dicturus es testimonio, quod identidem posui, & nec inde aliquid disputasti, quia non invenisti quomodo in tuum posses detorquere sententiam, quod ad Hebræos scriptum est, Sine fide impossibile est placere? Nempe ut hoc diceretur, de tota vita hominis agebatur, in qua justus ex fide vivit: & tamen cum sine fide impossibile sit placere Deo, tibi virtutes sine fide sic placent, ut eas veras prædices, eisque bonos esse homines; & rursus, quasi te pœnituerit laudis illarum, steriles pronuntiare non dubites.

Illi ergo qui naturali lege sunt justi, aut placent Deo: & ex fide placent; quia sine fide impossibile est placere: & ex qua fide placent, nisi ex fide Christi? quoniam sicut legitur in Actibus Apostolorum, In illo Deus definivit fidem omnibus, suscitans eum a mortuis. Ideoque dicuntur sine lege naturaliter quæ legis sunt facere, quia et gentibus venerunt ad Evangelium, non ex circumcisione, cui lex data est; & propterea naturaliter, quia ut crederent, ipsa in eis est per Dei gratiam correcta natura. Nec per eos potes probare quod vis, etiam infideles veras possidere virtutes: sunt quippe illi fideles. Aut si fidem non habent Christi, profecto nec justi sunt, nec Deo placent, cui sine fide placere impossibile est. Sed ad hoc eos in die judicii cogitationes suæ defendent, ut tolerabilius puniantur, quia naturaliter quæ legis sunt utcumque fecerunt, scriptum habentes in cordibus opus legis hactenus, ut aliis non facerent quod perpeti nollent: hoc tamen peccantes, quod homines sine fide, non ad eum finem ista opera retulerunt, ad quem referre debuerunt. Minus enim Fabricius quam Catilina punietur, non quia iste bonus, sed quia ille magis malus: & minus impius quam

quam Catilina Fabricium, non veras virtutes habendo, sed a veris virtutibus non plurimum deviando.

An forte & illis qui exhibuerunt terrenæ patriæ Babyloniæ dilectionem, & virtute civili, non vera, sed veri simili dæmonibus, vel humanæ gloriæ servierunt, Fabriciis videlicet, & Regulis, & Fabiis, & Scipionibus, & Camillis, ceterisque talibus, sicut infantibus, qui sine baptismo moriuntur, providuri estis aliquem locum inter damnationem regnumque cælorum; ubi non sint in miseria, sed in beatitudine sempiterna, qui Deo non placuerunt, cui sine fide placere impossibile est, quam nec in operibus, nec in cordibus habuerunt? Non opinor pertinaciam vestram usque ad istam posse impudentiam prosilire. *Erunt ergo*, inquis, *in damnatione sempiterna, in quibus erat vera justitia?* O vocem impudentia majore præcipitem! Non erat, inquam, in eis vera justitia: quia non actibus, sed finibus pensantur officia.

Sed facete ac lepide homo elegantissimus & urbanissimus, *Si dicatur*, inquis, *quia castitas infidelium castitas non est; eadem forma dicatur, quia corpus paganorum corpus non sit, & oculi paganorum sensum non habeant videndi, & frumenta quæ in paganorum nascuntur agris, frumenta non sint: & multa*, inquis, *alia quæ tanta absurditatis sunt, ut risum possint intelligentibus commovere*. Non plane risum, sed fletum potius intelligentibus ista commovent risus, sicut mentibus amicorum sanctum fletum commovent risus phreneticorum. Itane contra scripturas sanctas infidelis animam fornicari negas, aut esse in animo fornicante veram castitatem dicis; & rides, & sanus es? Unde, quomodo, qua ratione illud fieri potest? Prorsus nec illa est castitas vera, nec sanitas vestra. Prorsus, inquam, nec vera est castitas animi fornicantis, & vera est insania hominis dicentis hæc dolenda & ridentis. Non autem ideo ut dicamus, quod corpus paganorum corpus non sit, & cetera hujusmodi. Neque enim est consequens, ut si non est vera virtus qua gloriatur impius, non sit verum corpus quod operatur Deus. Sed plane possumus dicere, hæreticorum frumentum non esse frumentum, si non membrum quod facit Deus, significare intelligamus frumenti nomine, sed paleam. Quid si non in eo ipso libro meo*, cui respondisse te jactas, ante præstruxeram, ne in hac sententia, qua dicimus, Omne quod non est ex fide, peccatum est, etiam illa intelligantur infidelium, quæ dona sunt Dei, sive in animi, sive in corporis bonis. Ibi enim sunt & illa quæ inaniter paras, corpus, & oculi, & cetera talia. In eo genere sunt etiam quæ in agris paganorum frumenta nascuntur, quorum Deus creator est, non pagani. An non tu ipse inter cetera etiam illa verba mea posuisti, ubi dixi: *Anima enim & corpus & quæcumque bona animæ & corporis naturaliter insita, etiam in peccatoribus dona Dei sunt; quoniam Deus, non ipsi ista fecerunt: de his autem quæ faciunt dictum est, Omne quod non est ex fide, peccatum est*. Hanc brevem, sed utique apertam sententiam meam si mente co-

gnosceres, puto quod tam improbus non fuisses, ut nos posse dicere assereres, quia *corpus paganorum corpus non sit, & oculi paganorum sensum non habeant videndi, & frumenta quæ in paganorum nascuntur agris frumenta non sint*. Ut enim tibi tamquam de somno excitato eadem verba mea repetam, quæ tuæ memoriæ forsitan ut hæc diceres exciderunt; *Hæc etiam in peccatoribus dona Dei sunt, quoniam Deus, non ipsi ista fecerunt: de his autem quæ faciunt dictum est, Omne quod non est ex fide, peccatum est*. Sed cum ista dicis, & ridens, phrenetico es similis. Cum autem verba quæ dixi tibi te paulo ante commemorata, & hæc ipsi operi tuo quo mihi respondere videris inserta, sic non attendis, sic obliviscaris; non jam phrenetico, sed lethargico comparandus.

Si gentilis, inquis, *nudum operuerit, numquid quia non est ex fide, peccatum est?* Prorsus in quantum non est ex fide, peccatum est; non quia per se ipsum factum, quod est nudum operire, peccatum est, sed de tali opere non in Domino gloriari, solus impius negat esse peccatum. Quod ut intelligas, quamvis jam satis unde fuerit disputatum; tamen quia magna res est, adhuc paulisper ausculta. Ecce eadem commemoro quæ ipse posuisti: *Si gentilis, qui non vivit ex fide nudum operuerit, periclitantem liberaverit, ægri vulnera foverit, divitias honesta amicitia impenderit, ad testimonium falsum nec tormentis potuerit impelli*, quæro abs te, utrum hæc opera bona bene faciat, an male? Si enim quamvis bona, male tamen facit; negare non potes eum peccare, qui male quodlibet facit. Sed quia non non vis, eum facere illa, peccare; profecto dicturus es, & bona facit, & bene. Fructus ergo bonos facit arbor mala? quod fieri non posse Veritas dicit. Noli præcipitare sententiam, diligenter considera, quid te respondere conveniat. An dicis hominem infidelem arborem bonam? Placet ergo Deo: neque enim bona potest non placere quod bonum est. Et ubi erit quod scriptum est, Sine fide impossibile est Deo placere? An responsurus es, non in quantum infidelis est, sed in quantum homo est, arbor bona est? De quo ergo Dominus ait, Non potest arbor mala bonos fructus facere? Quando quidem quicumque erit, aut homo, aut angelus erit. Sed si homo in quantum homo est, arbor bona est; profecto & angelus, in quantum angelus, arbor bona est. Hæc enim Dei sunt opera, qui naturarum conditor est bonarum. An per hoc nulla erit arbor mala, de qua dictum est, quod non possit facere fructus bonos. Quis infidelis ita infideliter sapiat? Non itaque in quantum homo est, quod est opus Dei; sed in quantum malæ voluntatis est, quisque arbor mala est, & bonos fructus facere non potest. Vide itaque utrum infidelem voluntatem audeas bonam dicere voluntatem.

Sed forte dicturus es, Misericors voluntas bona est. Recte illud diceremus, si quemadmodum fides Christi, id est, fides quæ per dilectionem operatur, semper est bona, ita mi-

Misericordia non semper bona. Exod. 23. 3. 1 Reg. 15. 9. & 21.

misericordia semper esset bona. Si autem reperitur & misericordia mala, qua persona pauperis accipitur in judicio; propter quam postremo rex Saul meruit a Domino, & ipse misericorde, damnari, quia contra ejus præceptum captivo regi per humanum pepercit affectum: attentius cogita, ne forte misericordia bona non sit, nisi quæ hujus bonæ fidei fuerit. Immo responde, ut hoc sine dubitatione perspicias, utrum bonam misericordiam existimes infidelem. Porro si vitium est male misereri, procul dubio vitium est infideliter misereri. Quod si & ipsa per seipsam naturali compassione opus est bonum, etiam isto bono male utitur, qui infideliter utitur, & hoc bonum male facit, qui infideliter facit; qui autem male facit aliquid, profecto peccat.

Bona opera quæ faciunt infideles, non ipsorum, sed Dei Dona.

Ex quo colligitur, etiam ipsa bona opera quæ faciunt infideles, non ipsorum esse, sed illius qui bene utitur malis. Ipsorum autem esse peccata, quibus & bona male faciunt; quia ea non fideli, sed infideli, hoc est, stulta & noxia faciunt voluntate: qualis voluntas, nullo Christiano dubitante, arbor est mala, quæ facere non potest nisi fructus malos, id est, sola peccata. Omne enim, velis, nolis, quod non est ex fide, peccatum est. Et ideo Deus illas arbores non potest diligere, & si tales permanserint, disponit excidere: quia sine fide impossibile est placere. Sed ita hic immoror, quasi illas arbores non jam tu ipse steriles pronuntiaveris. Quomodo igitur, obsecro, aut non jocaris, in his disputationibus, aut deliras, qui sterilium fructus arborum laudas? Qui utique aut nulli sunt, aut si nulli sunt, laudandi non sunt: aut si fructus boni sunt, profecto steriles arbores non sunt, immo & bonæ sunt, quarum fructus boni sunt, & debent Deo placere, cui bonæ arbores non possunt nisi placere, falsumque erit quod scriptum est, Sine fide impossibile est placere.

Matth. 7. 18.

Hebr. 11. 6.

Cavillatio.

Sed responsurus es, quid, nisi vana? *Ego*, inquit, *steriles boni dixi homines qui non propter Deum faciendo bona quæ faciunt, non ab eo vitam consequuntur æternam.* Justus ergo Deus & bonos homines in mortem est missurus æternam? Piget jam dicere, quam multa et sequantur absurda, talia sentientem, talia dicentem, talia scribentem, in talibus me, quod similiter non despicias velut confusione reprehendentem. Sed breviter accipe, ne forte cum in rebus ipsis tantum erres quantum errari plurimum potest, videas totum currere de verbis. Aut ergo intellige quod ait Dominus, Si oculus tuus nequam est, totum corpus tuum tenebrosum erit; si autem oculus tuus simplex est, totum corpus tuum lucidum erit: & hunc oculum agnosce intentionem, qua facit quisque quod facit; & per hoc disce, eum qui non facit opera bona intentione fidei bonæ, hoc est, ejus quæ per dilectionem operatur, totum quasi corpus, quod illis velut membris, operibus constat, tenebrosum esse, hoc est plenum nigredine peccatorum. Aut certe quoniam saltem concedis opera infidelium, quæ tibi eorum videntur bona, non tamen eos ad salutem sempiternam regnumque perducere: scito nos illud bonum hominum dicere, illam voluntatem bonam, illud opus bonum, sine Dei gratia quæ datur per unum Mediatorem Dei & hominum nemini posse conferri; per quod solum homo potest ad æternum Dei donum regnumque perduci. Omnia proinde cætera quæ videntur inter homines habere aliquid laudis, videantur tibi virtutes esse, videantur opera bona, & sine ullo facta peccato. Quod ad me pertinet, hoc scio, quia non ea facit voluntas bona: voluntas quippe infidelis atque impia non est bona. Dicantur secundum te hujusmodi voluntates arbores bonæ, sufficit quod apud Deum steriles sunt, ac per hoc non bonæ; sint inter homines fructuosæ, inter quos sunt & bonæ, te auctore, te laudatore, si vis etiam plantatore: dum tamen illud, velis, nolis, obtineam, quod amor mundi, quo quisque amicus est hujus mundi, non est a Deo: amorque fruendi quibuscumque creaturis sine amore Creatoris, non est a Deo: amor autem Dei quo pervenitur ad Deum, non est nisi a Deo Patre per Jesum Christum cum Spiritu-sancto. Per hunc amorem Creatoris, bene quisque utitur creaturis. Sine hoc amore Creatoris, nullis quisquam bene utitur creaturis. Hoc ergo amore opus est, ut bonum beatificum sit & pudicitia conjugalis, ut sit ejus intentio quando utitur conjugis carne, non in voluptate libidinis, sed in voluntate propaginis; si autem vicerit, & propter seipsam, non propter filios propagandos fieri aliquid coëgerit & voluptas, veniale peccatum sit propter nuptias Christianas.

Matth. 6. 22. & 23. Oculus intentio est operantis.

Sine amore Creatoris nemo bene utitur creaturis. Bonum beatificum.

Ex eodem libro IV. contra Julianum, Cap. 8.

Caput VIII.

ALIA deinde mea verba proponis, & multum adversus ea nihil dicis, repetens quædam quæ superiore disputatione consumpta sunt: quæ si & ego repetere velim, quis erit finis? Inter quæ dicis etiam illud vestrum contra Christi gratiam, sæpe a vobis inaniter dictum; quod scilicet *appellatione gratiæ, bonos fieri homines fatali necessitate dicamus*: cum vobis ora obstruant, & linguam premant, qui loqui nondum valent. Cum enim loquacissime laboretis asserere ac persuadere, quod Pelagius in Palæstinorum episcoporum cognitione damnavit, *gratiam Dei secundum merita nostra dari*: nulla tamen merita potestis asserere parvulorum, per quæ discernantur qui eorum in Dei filios adoptentur, ab eis qui sine hujus gratiæ consortione moriuntur.

Matth. 7. 7.

Calumniaris me dicere, *Nihil studii exspectari ab humana voluntate debere, contra illud evangelium quo ait Dominus: Petite, & accipietis; quærite, & invenietis; pulsate, & aperietur vobis; omnis enim qui petit accipit, & qui quærit invenit, & pulsanti aperietur.* Ubi enim vos, ut video, ponere jam cupitis merita gratiam præcedentia, quod est petere, quærere, pulsare; ut his meritis debita illa reddatur, ac sic gratia inaniter nuncupetur: tanquam gratia nulla præcesserit, & contigerit, ut beatificum bonum peteretur a Deo, ut quæreretur Deus, et pulsaretur ad Deum;

Beatificum bonum.

Deum; frustraque sit scriptum, Misericordia ejus praeveniet me: frustra etiam nos pro inimicis nostris jubeat orare, si non est ejus aversa & adversa corda convertere.

Sed putas apostolicum testimonium, *Et ab eo deinde pulsantibus aperiri, qui omnes vult salvos fieri, & in agnitionem veritatis venire*: ut videlicet intelligamus, docentibus vobis, ideo non omnes salvos fieri, & in agnitionem veritatis venire, quia ipsi nolunt petere, cum Deus velit dare; nolunt quaerere, cum Deus velit ostendere; nolunt pulsare, cum Deus velit aperire. Sed hunc sensum vestrum infantes illi ipsa sua taciturnitate convincunt, qui nec petunt, nec quaerunt, nec pulsant; immo etiam cum baptizantur, reclamant, respuunt, reluctantur; & accipiunt tamen, & inveniunt, & aperitur eis, & intrant in regnum Dei, ubi sit eis aeternitatis salus, & agnitio veritatis; longe pluribus infantibus in illam gratiam non adoptatis ab eo qui vult omnes homines salvos fieri, & in agnitionem veritatis venire. Quibus dicere non poterit, Volui, & noluisti: quia si voluisset, quis eorum qui nondum habent voluntatis suae arbitrium, voluntati ejus omnipotentissimae restitisset? Cur ergo non sic accipimus quod dictum est, Qui omnes vult homines salvos fieri & in agnitionem veritatis venire, quomodo & illud accipimus, quod idem dicit Apostolus, Per unius justificationem in omnes homines ad justificationem vitae? (hos enim omnes Deus vult salvos fieri, & in agnitionem veritatis venire, in quos omnes per unius justificationem gratia pervenit ad justificationem vitae): ne dicatur nobis, Si Deus vult omnes homines salvos fieri, & in agnitionem veritatis venire, sed ideo non veniunt, quia ipsi nolunt; cur tot millia parvulorum, qui non percepto baptismate moriuntur, non veniunt in regnum Dei, ubi certa est agnitio veritatis? Numquid non homines non sunt, ut non pertineant ad id quod dictum est, omnes homines? Aut aliquis poterit dicere, Deus quidem vult, sed ipsi nolunt; qui omnino velle seu nolle ista noverunt; quando nec ii, qui parvuli baptizantur atque moriuntur, & per illam gratiam ad agnitionem veritatis quae in regno Dei est certissima veniunt, ideo veniunt, quia ipsi renovari Christi baptismate voluerunt? Cum ergo nec illi propterea non baptizantur quia nolunt; cur Deus qui vult omnes homines salvos fieri, & in agnitionem veritatis venire, tam multos in regnum suum, ubi est certa veritatis agnitio, qui nullo ei resistunt voluntatis arbitrio, patitur non venire?

Nisi forte dicturus es, ideo parvulos non in eorum numero deputandos, quos Deus omnes vult salvos fieri, quia ea salute, quae hic intelligenda est, salvi sunt ipsi, nihil trahentes omnino peccati. Atque ita te intolerabilius sequuntur absurda. Isto enim modo benevolentiorem facis Deum omnibus impiissimis & sceleratissimis hominibus, quam innocentissimis & purissimis ab omni labe peccati: quando quidem illos, quia vult eos omnes salvos fieri, vult etiam intrare in regnum suum: hoc est enim illis consequens, si salvi fuerint: sed qui nolunt, ipsi sibi obsunt. Innumerabilem vero numerum parvulorum, qui sine baptismate moriuntur, suo regno adjici non vult, quos neque ulla peccata, sicut putatis, impediunt; &, quod nullus ambigit, ejus resistere voluntati contraria voluntate non possunt. Sic fit, ut esse Christianos omnes velit, quorum multi nolunt; non omnes velit, quorum est nemo qui nolit: quod abhorret a vero. Novit Dominus qui sunt ejus; & in eorum salute atque in suum regnum introductione certa est voluntas ejus. Sic ergo debet intelligi quod dictum est, Omnes homines vult salvos fieri, & in agnitionem veritatis venire; quemadmodum intelligitur quod dictum est, Per unius justificationem in omnes homines ad justificationem vitae.

Quod apostolicum testimonium si eo modo intelligendum putas, ut dicas omnes positos esse pro multis, qui justificantur in Christo; (multi quippe alii non vivificantur in Christo:) respondebitur tibi, sic etiam illic ubi dictum est, Omnes homines vult salvos fieri, & in agnitionem veritatis venire; omnes positos esse pro multis, quos ad illam gratiam vult venire. Quod multo convenientius propter hoc intelligitur dictum, quia nemo venit, nisi quem venire ipse voluerit. Nemo potest venire ad me, inquit Filius, nisi Pater qui misit me, traxerit eum. Et, Nemo potest venire ad me, nisi fuerit ei datum a Patre meo. Omnes ergo qui salvi fiunt, & in agnitionem veniunt veritatis, eo volente salvi fiunt, eo volente veniunt. Quia & qui nondum sicut parvuli utuntur voluntatis arbitrio, eo volente regenerantur: & qui jam utuntur voluntatis arbitrio, nisi eo volente ac subveniente a quo praeparatur voluntas, velle non possunt.

Ubi si dixeris mihi, Cur ergo non convertit omnium nolentium voluntates? Respondebo, Cur non omnes morituros adoptat lavacro regenerationis infantes, quorum adhuc nulla, & ideo nec contraria invenitur voluntas? Si hoc profundius esse perspicis, quam ut abs te valeat inveniri: utrumque utrique nostrum profundum sit, cur & in majoribus & in minoribus Deus velit alteri & nolit alteri subvenire: dum tamen certum & immobile teneamus, non esse iniquitatem apud Deum, qua quemquam sine malis meritis damnet; & esse bonitatem apud Deum, qua multos sine bonis meritis liberet: demonstrans in eis quos damnat quid omnibus debeatur; ut hinc discant quos liberat, quae sibi poena debita relaxetur, & quae indebita gratia condonetur.

Haec ut Christianis cordibus convenit cogitare nescitis, & vos potius secundum veterum sententiam *fato ista* dicitis *fieri*. Vestra quippe, non nostra sententia est, *fato fieri quod meritis non fit*. Et ne secundum illam definitionem fato fiant hominibus, si meritis non fiunt, quaecumque fiunt, ideo merita vel bona vel mala, quorumcumque possitis, asseritis, ne fatum sit consequens, si merita negaveritis. Ac per hoc dicitur vobis, Si ea quae nullis meritis praebentur hominibus, fato fieri jam necesse est, & ideo merita asserenda sunt, ne fatum fit consequens, si merita non sunt: fato baptizantur, fato intrant in regnum Dei parvuli, quorum bona merita nulla sunt; & rursus fato non baptizantur, fato non intrant in regnum Dei parvuli, quorum mala merita nulla sunt. Ecce pusilli qui fati arguunt, vos potius assertores fati esse convincunt. Nos autem cum vitiatæ originis mala merita esse dicamus, gratia dicimus intrare parvulum in regnum Dei, quoniam bonus est Deus; & alium merito non intrare, quoniam justus est Deus, & in neutro esse fatum, quoniam quod vult facit Deus. Sed cum sciamus ab eo, cui misericordiam & judicium fideli voce cantamus, istum secundum judicium damnari, illum secundum misericordiam liberari; cur illum potius quam illum damnet aut liberet, nos qui sumus qui respondeamus Deo? Numquid dicit figmentum ei qui se finxit, Quare sic me fecisti? An non habet potestatem figulus luti ex eadem massa originis vitiatæ atque damnatæ facere aliud vas in honorem secundum misericordiam, & aliud in contumeliam secundum judicium; ideo non utrumque in honorem, ne hoc meruisse se existimet tamquam inculpata natura; ideo non utrumque in contumeliam, ut judicio superexaltet misericordia. Ac per hoc nec damnatus ex debito de supplicio juste queritur, nec liberatus gratis de merito superbe gloriatur; sed potius humiliter gratias agit, quando in illo a quo debitum exigitur, quid in eadem causa sibi donetur agnoscit.

Asseris me in alio libro meo dixisse, *Negari liberum arbitrium, si gratia commendatur; & rursus negari gratiam, si liberum commendatur arbitrium*. Calumniaris: non hoc a me dictum est, sed propter ipsius quæstionis difficultatem videri hoc posse dictum est pariter. Non est molestum ut ipsa verba mea ponam, unde videant qui hæc legunt, quemadmodum scriptis meis insidieris, & qua conscientia vel tardis vel ignavis cordibus abutaris, ut ideo te existiment respondere, quia non vis tacere. In novissimis enim partibus primi libri mei ad sanctum Pinianum, cujus est titulus, De gratia contra Pelagium: *Ista*, inquam, *quæstio ubi de arbitrio voluntatis & Dei gratia disputatur, ita est ad discernendum difficilis, ut quando defenditur liberum arbitrium, negari Dei gratia videatur; quando autem asseritur Dei gratia, liberum arbitrium putetur auferri, & cætera*. Tu autem vir honestus & verax, abstulisti verba quæ dixi, & dixisti quod ipse finxisti. Ego enim dixi, *istam quæstionem ad discernendum esse difficilem*: non autem dixi, non posse discerni. Multo minus ergo dicerem, quod me dixisse mentiris, *negari liberum arbitrium, si gratia commendatur; & negari gratiam, si liberum commendatur arbitrium*. Redde verba mea, & vanescet calumnia tua. Repone suis locis, ubi dixi, *videatur*; ubi dixi, *putetur*: ut appareat de re tanta quibus sibi te fraudibus disputetur. Non dixi, *negari gratiam*; sed, *ut negari gratia videatur*. Non dixi, *negari arbitrium liberum vel auferri*; sed dixi, *ut putetur auferri*. Et praemisisti, *cum libri ipsi veniant in manus*, quod

abs te illa fomentarum mentes & indoctius & confusius impietas. Quis non conspiciat sapientiam differentis, qui idem cognoverit impudentis?

Quid est autem quod loqueris, *Nihil pertinere ad laudem gratiæ, si id donet fieri, quod potuit implere impudicitia virginum?* Propter pudicitiam scilicet conjugalem, quam tibi habere videntur & impii. Hanc contemplatur, virtus docetur vera per gratiam, non quæ vocatur, & non est. Ut quid autem *pudicitiam & virginitatem* quasi ejusdem generis jungis? Pudicitia enim est animi, virginitas corporis. Denique & illa integra in animo permanente, potest illa de corpore violenter auferri; & cum illa integra manet corpori, potest illa in animo lasciva voluntate corrumpi. Propter quod ego non dixi, Verum conjugium, sive viduitas, sive virginitas; sed, *Vera pudicitia, sive conjugalis, sive vidualis, sive virginalis dicenda non est, nisi quæ veræ fidei mancipatur*. Conjuges enim & viduas & virgines possunt esse, & pudicæ non esse, si contaminata voluntate moechantur, si spiritu impuro stupra perpetranda decernunt: in quibus tamen veram pudicitiam dicis esse, etiamsi animo fornicentur; quod facere omnes impios eloquentia divina testatur.

Quis autem nostrum dicit, *conjugalem membrorum malum esse consortium*, in quo nuptiæ bene utuntur ad propagandos filios concupiscentiæ malo? Quæ concupiscentia malum non esset, si sola generandi causa ad licitum concubitum moveretur. Nunc vero cum ei resistit conjugalis pudicitia, lætum est mali; & ideo bonum est. Unde non *crimen ejus*, sicut calumniando loqueris, *imputetur fit per religionem*: quia nullius est criminis, quando per fidei bonum bene utitur libidinis malo. Neque hic dici potest, ut putas, *Faciamus mala, ut veniant bona*: quia ex nullo suo parte malum facit nuptiæ. Non enim earum malum est, quod in hominem quem parentes gignunt, non fecerunt, sed invenerunt. In primis autem conjugibus, qui ex nullis parentibus nati sunt, per peccatum accidit carnalis concupiscentiæ discordiosum malum, quo nuptiæ bene uterentur; non per ipsas nuptias, ut inde merito damnarentur. Quid ergo quæris, utrum in conjugibus *Christianis nominemus voluptatem, pudicitiam, an impudicitiam nominemus?* Ecce respondeo, non ipsa nominatur pudicitia, sed ejus mali bonus usus: quo usu bono fit, ut illud malum nec impudicitia dici possit. Impudicitia est enim ejusdem mali usus flagitiosus; sicut pudicitia virginalis, nullus. Salva igitur pudicitia conjugali, trahitur de malo nascendo trahitur, quod renascendo purgetur.

Sed propter hoc, inquis, *libidinis malum, etiam de conjugibus Christianis prolis criminosa proferatur, sequitur ut pudicitia virginalis sit felicitatis illecebra: & quia in impiis invenitur*, inquis, *antecellunt infideles pudicitiis virtute fideliores, Christianis libidinis tabe pollutis*. Non est ita ut dicis, malum fallens. Nec libidinis enim tabe polluuntur, qui libidine bene utuntur; quamvis generent libidinis tabe pollutos,

nus, & ideo recommendanda: nec in impiis invenitur pudicitia virginalis, quamvis inveniatur virginitas carnis; quia vera pudicitia non potest habitare in animo fornicante. Ac per hoc non anteponitur virginale bonum impiorum bono conjugali fidelium: sed conjugium bene utentium malo anteponimus virginibus male utentibus bono. Et ideo cum fideles conjugati bene utuntur libidinis malo, non apud nos (ut calumniaris) *propter fidem exercetur impunitas criminis*, sed in eis propter fidem vera non falsa virtus est castitatis.

Quid autem ad nos pertinet quia Manichaeos dicere affirmas, *Si quis dominicalium consilientia familiaritate commiscuerit, reus est, quia timuit; si autem aliquod facinus insultante perpetravit audacia, velut credens se ex fide facere quod male facit, caret culpa?* quod quidem nunquam audivi dicere Manichaeos. Sed quid ad nos, sive etiam ipsis calumnieris: cum hoc catholica fides non dicat, quam tenemus, & cujus te pondere urgemus. Nos enim ea quae videntur opera bona, dicimus non esse vere bona sine fide: quoniam opera vere bona necesse est Deo placere, cui sine fide quia impossibile est placere, profecto quod vere opus est bonum, sine fide non potest esse. Verumtamen illa opera quae apertissime mala sunt non facit fides quae per dilectionem operatur: quia dilectio proximi malum non operatur.

Hebr. 11. 6.

Gal. 5. 6. Rom. 13. 10.

Bona igitur concupiscentia naturalis, inquis, erubescis enim dicere carnalis, *quae cum intra modum suum tenetur*, inquis, *nulla mali adspersione carpitur.* Quomodo tenetur intra modum suum, quaeso te; quomodo tenetur, nisi cum ei resistitur? Cur autem resistitur, nisi ne impleat desideria mala? Quomodo est igitur bona?

Ex libro quinto ejusdem contra Julianum, cap. 4.

Contra Jul. Rom. 2. 4.

AIT, inquis, *Apostolus, Benignitas Dei ad poenitentiam te adducit.* Verum est, constat; sed quem praedestinavit adducit: quamvis ipse secundum duritiam suam & cor impoenitens, quantum ad ipsum attinet, thesaurizet sibi iram in die irae & revelationis justi judicii Dei, „qui reddet unicuique secundum opera „ejus." Quamlibet enim praebeat patientiam; „nisi ipse dederit, quis agit poenitentiam?" An oblitus es quod idem ipse doctor ait, Ne forte det illis Deus poenitentiam ad cognoscendam veritatem, & resipiscant a diaboli laqueis? Sed judicia ejus multa abyssus. Nos certe si eos, in quos nobis potestas est, ante oculos nostros perpetrare scelera permittimus, rei cum ipsis erimus: quam vero innumerabilia ille permittit fieri ante oculos suos, quae utique si nollet, nulla ratione permitteret: & tamen justus & bonus est. Et quod praebendo patientiam das locum poenitentiae nolens aliquem perire, novit Dominus qui sunt ejus, & omnia cooperantur in bonum, sed his qui secundum propositum vocati sunt. Non enim omnes qui vocati sunt, secundum propositum sunt vocati. Multi enim vocati, pauci vero electi. Qui ergo electi, hi secundum propositum vocati. Unde & alibi dicit, Secundum virtutem Dei salvos nos faciens, & vocans vocatione sua sancta, non secundum opera nostra, sed secundum suum propositum & gratiam, quae data est nobis in Christo Jesu ante saecula aeterna. Denique & hic cum dixisset, Omnia cooperantur in bonum his qui secundum propositum vocati sunt; continuo subdidit, „Quoniam quos ante praescivit, & praedestinavit conformes imaginis Filii ejus, ut sit primogenitus in multis fratribus: quos autem praedestinavit, illos & vocavit; & quos vocavit, ipsos & justificavit; quos autem justificavit, ipsos & glorificavit." Hi sunt secundum propositum vocati. Ipsi ergo electi, & hoc ante mundi constitutionem, ab eo qui vocat ea quae non sunt tanquam sint. Sed electi per electionem gratiae. Unde dicit idem doctor & de Israel: Reliquiae per electionem gratiae salvae factae sunt. Et ne forte ante constitutionem mundi ex operibus praecognitis putarentur electi, secutus est, & adjunxit; Si autem gratia, jam non ex operibus; alioquin gratia jam non est gratia. Ex illo numero electorum & praedestinatorum, etiam qui pessimam duxerunt vitam, per Dei benignitatem adducuntur ad poenitentiam, per cujus patientiam non sunt hac vita in ipsa scelerum perpetratione subtracti, ut ostenderetur & ipsis & aliis coheredibus eorum, de quanto profundo malo possit Dei gratia liberare. Ex his nemo perit, quacumque aetate moriatur. Absit enim ut praedestinatus ad vitam sine sacramento Mediatoris finire permittatur hanc vitam. Propter hos Dominus ait, Haec est autem voluntas ejus qui misit me Patris, ut omne quod dedit mihi, non perdam ex eo. Ceteri autem mortales qui ex isto numero non sunt, & ex eadem quidem massa ex qua & isti, sed vasa irae facti sunt, ad utilitatem nascuntur istorum. Non enim quemquam eorum Deus temere ac fortuito creat, aut quid de illis boni operetur ignorat: cum & hoc ipso bonum operetur, quod in eis humanam creat naturam, & ex eis ordinem saeculi praesentis exornat. Istorum neminem adducit ad poenitentiam salubrem & spiritalem, qua homo in Christo reconciliatur Deo, sive illis ampliorem patientiam, sive non imparem praebeat. Quamvis ergo omnes ex eadem massa perditionis & damnationis secundum duritiam cordis sui & cor impoenitens, quantum ad ipsos pertinet, thesaurizent sibi iram in die irae, quo redditur unicuique secundum opera sua: Deus tamen alios inde per misericordem bonitatem adducit ad poenitentiam, alios secundum justum judicium non adducit. Habet enim potestatem adducendi & trahendi, ipso Domino dicente, Nemo venit ad me, nisi Pater qui me misit, traxerit eum. Numquid autem Achab regem sacrilegum & impium adduxit ad poenitentiam, aut saltem per mendacem spiritum jam seductum atque deceptum, patientiam & longanimitatem praebuit? Nonne in eo statim, propter quod erat seductus, morte rapiente completum est? Quisnam dicat non peccasse, spiritui credendo mendaci?

Rom. 8. 28.

Joan. 6. 39. Reprobi ad utilitatem electorum nascuntur.

Joan. 6. 44. 3. Reg. 22.

dici? Quis dicat hoc peccatum poenam non fuisse peccati, venientem de judicio Dei, ad quem legit mendacem spiritum, sive missum, sive permissum? Quis horum aliquid dicit, nisi qui dicit quod vult, & quod verum est audire non vult?

Quis vero ita desipiat, ut cum audierit quod
Psal. 139. 9. in Psalmo canitur, Ne tradas me, Domine, a desiderio meo peccatori: hoc dicat orasse hominem, ne Deus sit patiens erga illum; si * *Deus non tradit ut male fiant, nisi patientem bonitatem praebendo cum fiunt?* Quid est autem quod quotidie dicimus, Ne nos inferas in tentationem; nisi ut non tradamur concupiscentiis nostris? Unusquisque enim tentatur a concu-
Jac. 1. 14. piscentia sua abstractus & illectus. An forte hoc a Deo petimus, ut non sit erga nos patiens bonitas ejus? Non ergo ejus invocamus misericordiam, sed potius iracundiam provocamus. Quis ista sapiat sanus; immo quis vel furiosus haec dicat? Tradit ergo Deus in passiones ignominiae, ut fiant quae non conveniunt; sed ipse convenienter tradit: & fiunt eadem peccata, & peccatorum supplicia praeteritorum, & suppliciorum merita futurorum; sicut tradidit Achab in pseudoprophetarum mendacium, sicut
3. Reg. 22. 3. Reg. 12. tradidit Roboam in falsum consilium. Facit haec miris & ineffabilibus modis, qui novit justa judicia sua, non solum in corporibus hominum, sed & in ipsis cordibus operari. Qui non facit voluntates malas; sed utitur eis ut voluerit, cum aliquid inique velle non possit. Exaudit propitius, non exaudit iratus: & rursus non exaudit propitius, exaudit iratus. Parcit propitius, non parcit iratus: & rursus non parcit propitius, parcit iratus: atque in his omnibus bonus perseverat & justus. Sed ad haec
2. Cor. 2. 16. quis idoneus? utique ad haec ejus perscrutanda & investiganda judicia, quis homo idoneus, quem corruptibile aggravat corpus, etiam si habeat jam sancti Spiritus pignus?

Ex libro sexto ejusdem contra Julianum, cap. 2.

NAscuntur (parvuli) per carnis concupiscentiam, renascuntur per spiritus gratiam. Illa de mundo est, haec venit in mundum, ut de mundo eligantur qui praedestinati
2. Cor. 5. 19. sunt ante mundum. Cum autem dixisset Apostolus; Deus erat in Christo, mundum reconcilians sibi; quomodo id faciat, mox adjunxit, atque ait, Non reputans illis delicta eorum. Totus ergo mundus ex Adam reus; Deo non negante reatum formationis operi suo, seminibus institutis quamvis paterna praevaricatione vitiatis: & totus per Christum reconciliatur mundus, de mundo liberatur; eo liberante qui venit in mundum, non de mundo eligendos, sed ele-
Rom. 11. 5. ctos, non meritorum electione, sed gratiae: quia reliquiae per electionem gratiae salvae factae sunt.

Ex eodem libro sexto contra Julianum, cap. 14.

SIc autem incredibile tibi videtur, *quod in utero baptizatae, cujus corpus est templum Dei, formetur homo futurus sub diabolo, nisi Deo renascatur ex Deo:* quasi non majoris admirationis sit, quod Deus & ubi non habitat operatur. Non enim habitat in corpore subdito peccatis; & tamen operatur hominem in utero meretricis. Attingit enim ubique propter suam munditiam, & nihil inquinatum in eum incurrit. Et quod multo est mirabilius, aliquando adoptat in filium, quem format in utero impudicissimae feminae, & aliquando non vult esse suum filium, quem format in utero suae filiae. Ille quippe ad baptismum nescio qua providentia pervenit; ille repentina morte non pervenit. Atque ita Deus, in cujus potestate sunt omnia, facit esse in Christi consortio, quem formavit in diaboli domicilio; & non vult esse in regno suo, quem formavit in templo suo. Aut si vult, cur non facit quod vult? Non enim quod solemus de majoribus dicere, Deus vult, & parvulus non vult. Certe hic ubi fati nulla est immobilitas, nulla fortunae temeritas, nulla personae dignitas, quid restat nisi misericordiae veritatisque profundum? Ut sciamus, & ex hoc incomprehensibili comprehendamus juxta duos homines, unum per quem peccatum intravit in mundum, alterum qui tollit peccatum mundi, omnes filios concupiscentiae carnalis undecumque nascuntur, ad jugum grave filiorum Adam merito pertinere; & ex his omnes filios gratiae spiritalis undecumque renascuntur, ad suavem favorem filiorum Dei sine merito pervenire. Proinde conditionem suam gerit, qui in alterius corpore, quod est templum Dei, ita continetur, ut non ideo sit & ipse templum Dei, quia aedificatur in templo Dei. Matris quippe corpus ut esset templum Dei, gratiae beneficium est, non naturae: quae gratia non conceptione, sed regeneratione confertur. Nam si ad matris corpus id quod in ea concipitur pertineret, ita ut ejus pars deputaretur, non baptizaretur infans, cujus mater baptizata est aliquo mortis urgente periculo, cum eum gestaret in utero. Nunc vero cum etiam ipse baptizatur, non utique bis baptizatus habebitur. Non itaque ad corpus maternum cum esset in utero pertinebat: & tamen crearetur in templo Dei non templum Dei. Ita in femina fideli creatus est infidelis, & in eum parentes infidelitatem trajecerunt, quam non habebant quando ex ipsis natus est, sed tunc habebant, quando & ipsi similiter nati sunt. Trajecerunt ergo, quod jam non erat in eis, propter semen spiritale quo regenerati sunt; sed erat in eorum carnali semine quo eum generaverunt.

Ex eodem libro sexto contra Julianum, cap. 24.

CUM vero multos, quod dixit postea; non vis intelligi omnes, quod prius dixerat, *ideo existimans dictum fuisse multos, ut omnes intelligerentur:* poteris hoc dicere & de semine Abrahae, cui promissae sunt omnes gentes, non omnes gentes ei fuisse promissas, quia dictum est alio loco; Patrem multarum gentium posui te. Est autem sanus intellectus, ideo sic locutam Scripturam, quia possunt esse aliqua omnia, quae non sunt multa: sicut omnia dicimus Evangelia, & tamen brevi numero, id est, quaternario continentur. Et rursus possunt ali-

quae

quæ esse multa, non tamen omnia: sicut multos dicimus credere in Christum, nec tamen omnes credunt. Non enim omnium est fides, ait
2 Thess. 3, 2. Apostolus. Quod autem dictum est, In semine
Gen. 22, 18. tuo benedicentur omnes gentes terræ: & Patrem multarum gentium posui te, easdem omnes, multas; & easdem multas, omnes esse manifestum est. Ita etiam cum dictum est, Per unum in omnes transiit peccatum; & postea, Per unius inobedientiam peccatores constituti sunt multi: ipsi sunt multi, qui & omnes. Similiter cum dictum est, Per unius justificationem in omnes homines ad justificationem vitæ; & rursus dictum est, Per unius obeditionem justi constituentur multi: non aliquibus exceptis, sed eosdem multos, omnes oportet intelligi: non quia omnes homines justificantur in Christo; sed quia omnes qui justificantur, non aliter possunt justificari quam in Christo. Sicut possumus dicere in aliquam domum per unam januam intrare omnes; non quia omnes homines intrant in eamdem domum, sed quia nemo intrat nisi per illam. Omnes ergo ad mortem per Adam, omnes ad vitam per Christum. Quia sicut in Adam omnes moriuntur, ita & in Christo omnes vivificabuntur: id est, ex prima origine generis humani nemo ad mortem, nisi per Adam, & nemo per Adam, nisi ad mortem: & nemo ad vitam, nisi per Christum, & nemo per Christum, nisi ad vitam.

Vos autem dum non omnes, sed multos, sive per Adam condemnatos esse, sive per Christum liberatos vultis intelligi, horrendo perversitate Christianæ religioni estis infesti. Si enim salvi erunt aliqui sine Christo, & justificantur aliqui sine Christo; ergo Christus gratis mortuus est. Erat enim & alius modus, sicut vultis, in natura, in libero arbitrio, in lege naturali, sive conscripta, quo possent salvi & justi esse qui vellent. Justas autem imagines Dei,
Comparatio. quis nisi injustus prohiberet a regno Dei? Hic forte dicis, Sed facilius per Christum. Numquid non posset etiam de lege dici: Est per legem justitia, sed facilius per Christum. Et tamen ait Apostolus, Si per legem justitia, ergo Christus gratis mortuus est. Non est itaque præter unum mediatorem Dei & hominum, hominem Christum Jesum, aliud nomen sub cælo, in quo oporteat salvos fieri nos. Et ideo dictum est, In Christo omnes vivificabuntur: quoniam in illo Deus definivit fidem omnibus, suscitans illum a mortuis. Vestrum autem dogma id persuadere conatur, velut inculpatæ prædicatione naturæ, & potestate liberi arbitrii, & lege sive naturali sive per Moysen data, ut & si opus sit, necesse tamen non sit ad Christum pro æterna salute transire: eo quod per sacramentum mortis & resurrectionis ejus (si tamen vel hoc putatis) commodior via sit, non quod alia via esse non possit. Unde quantum vos detestari debeant Christiani, considerantes, recognoscite vobis, etiam reticentibus nobis.

CONSTITUTIO VALENTINIANI III.

Ad Amatium PP. Galliarum, de conveniendo per Patroclum Arelatensem episcopis quibusdam Pelagianis.

Impp. THEODOSIUS & VALENTINIANUS Cæsar AMATIO V. inl. PP. Galliarum.

PRivilegia Ecclesiarum, vel clericorum omnium, quæ sæculo nostro tyrannus inviderat, prona devotione revocamus, &c.

Diversos vero, episcopos nefarium Pelagiani & Cælestiani dogmatis errorem sequentes; per Patroclum sacrosanctæ legis antistitem præcipimus conveniri: quos quia confidimus emendari, nisi intra viginti dies ex conventionis tempore, intra quos deliberandi tribuimus facultatem, errata correxerint, sisque catholicæ fidei reddiderint, Gallicanis regionibus expelli, atque in eorum loco sacerdotum fidelius subrogari: quatenus præsentis erroris macula de populorum animis tergatur, & futuræ bonum disciplinæ justioris instituatur.

Sane quia religiosos populos nullis decet superstitionibus depravari, Manichæos omnesque hæreticos vel schismaticos sive Mathematicos omnemque sectam Catholicis inimicam ab ipso aspectu urbium diversarum exterminari debere præcipimus; ut nec præsentiæ quidem criminosorum contagione fœdentur. Judæis quoque vel paganis caussas agendi, vel militandi licentiam denegamus, quibus Christianæ legis nolumus servire personas, ne occasione dominii sectam venerandæ religionis immutent. Omnes igitur personas erroris infausti jubemus excludi, nisi his emendatio matura subvenerit. Dat. * VII.
Id. Jul. Aquileiæ Coss. Theodosio Augusto XI. * Anno Christi 425. die 9. Julii.
& Valentiniano Cæsare.

CONCILII AFRICÆ UNIVERSALIS

Carthagine, habiti anno 418. contra hæresim Pelagii & Cælestii.

Canones IV. V. & VI.

GLoriosissimis Imperatoribus Honorio XII. & Theodosio VIII. Consulibus, Kalendis Maiis, Carthagine in secretario basilicæ Fausti, cum Aurelius episcopus in universali Concilio consedisset, adstantibus diaconis, placuit omnibus episcopis, quorum nomina, & subscriptiones indita sunt, in sancta synodo Carthaginensis Ecclesiæ constitutis, &c.

IV. Item placuit ut quicumque dixerit gratiam Dei, qua justificamur per Jesum Christum Dominum nostrum, ad solam remissionem peccatorum valere, quæ jam commissa sunt, non etiam ad adjutorium ut non committantur, anathema sit.

V. Item quisquis dixerit, eamdem gratiam Dei per Jesum Christum Dominum nostrum propter hoc tantum nos adjuvare ad non peccandum, quia per ipsam nobis revelatur & aperitur intelligentia mandatorum, ut sciamus

quid

quid appetere, & quid vitare debeamus, non autem per illam nobis præstari, ut quod faciendum cognoverimus etiam facere diligamus, et quæ valeamus, anathema sit. Cum enim dicat Apostolus, Scientia inflat, caritas vero ædificat; (1. Cor. 8. 1.) valde impium est, ut credamus ad eam quæ inflat, nos habere gratiam Christi, & ad eam quæ ædificat non habere; cum sit utrumque donum Dei, & scire quid facere debeamus, & diligere ut faciamus, (Ps. 93. 10.) ut ædificante caritate scientia non possit inflare. Sicut autem de Deo scriptum est, qui docet hominem scientiam, ita etiam scriptum est, Caritas ex Deo est. (1 Jo. 4. 7.)

VI. Item placuit, ut quicumque dixerit, ideo nobis gratiam justificationis dari, ut quod facere per liberum jubemur arbitrium, facilius possimus implere per gratiam, tamquam & si gratia non daretur, non quidem facile, sed tamen possimus etiam sine illa implere divina mandata; anathema sit. De fructibus enim mandatorum Dominus loquebatur, ubi non ait, Sine me difficilius potestis facere: sed ait, Sine me nihil potestis facere. (Joan. 15. 5.)

Ex libro S. Augustini, de Gestis Pelagii, cap. 14. 15. 16. 17. & 35.

Hinc jam objiciuntur Pelagio alia Cælestii capitula capitalia, & sine dubitatione damnanda, quæ nisi anathematizasset, cum his fuisset damnatus. In tertio capitulo scripsisse Cælestium, *Gratiam Dei & adjutorium non ad singulos actus dari, sed in libero arbitrio esse, vel in lege ac doctrina.* Et iterum: *Dei gratiam secundum merita nostra dari, quia si peccatoribus illam det, videtur esse iniquus:* & his verbis intulisse, *Propterea & ipsa gratia in mea voluntate posita est, sive dignus fuerim sive indignus. Si enim per gratiam omnia facimus; quando vincimur a peccato, non nos vincimur, sed Dei gratia, quæ voluit nos adjuvare omni modo, & non potuit.* Et iterum ait: *Si gratia Dei est, quando vincimus peccata; ergo ipse est in culpa quando a peccato vincimur, quia omnino custodire nos aut non potuit, aut noluit.* Ad ista Pelagius respondit: *Hæc utrum Cælestii sint, ipsi viderint qui dicunt ea Cælestii esse; ego vero numquam sic tenui, sed anathematizo qui sic tenet.* Synodus (Palæstina, seu Diospolitana) dixit, *Recipit te sancta Synodus, ita verba reproba condemnantem.* De his certe omnibus, & Pelagii eadem anathematizantis manifesta responsio est, & episcoporum illa damnantium absolutissima judicatio. Utrum ea Pelagius, an Cælestius, an uterque, an neuter illorum, an alii sive cum ipsis, sive sub nomine illorum senserint, sive adhuc sentiant, sit dubium vel occultum: satis tamen hoc judicio declaratum est, esse damnata, & Pelagium fuisse damnandum, nisi hæc etiam ipse damnaret. Nunc certe post hoc judicium, quando contra hujusmodi sententias disputamus, adversus damnatam hæresim disputamus.

Dicam etiam aliquid lætius. Superius movebar, cum diceret Pelagius, *adjuvante gratia Dei posse esse hominem sine peccato,* ne forte eamdem gratiam possibilitatem diceret esse naturæ a Deo conditæ cum libero arbitrio, sicut in libro illo est, quem tamquam ejus * accepi, cui respondi, & eo modo nescientes judices falleret: nunc vero cum anathematizat eos, qui *gratiam Dei & adjutorium non ad singulos actus dicunt dari, sed in libero arbitrio esse, vel in lege atque doctrina;* satis evidenter apparet, eam illum dicere gratiam, quæ in Christi Ecclesia prædicatur, quæ subministratione sancti Spiritus datur, ut ad nostros actus singulos adjuvemur: unde & oramus semper adjutorium opportunum, ne inferamur in tentationem. Nec illud jam metuo, ne forte ubi dixit, *Non posse esse sine peccato, nisi qui scientiam legis habuerit,* atque id ita exposuit, *ut ad non peccandum in legis scientia poneret adjutorium,* eamdem legis scientiam Dei gratiam velit intelligi. Ecce anathematizat qui hoc sentiunt: ecce nec naturam liberi arbitrii, nec legem atque doctrinam vult intelligi gratiam, qua per actus singulos adjuvamur. Quid ergo restat, nisi ut eam intelligat quam dicit Apostolus, subministratione „ Spiritus-sancti dari? de qua dixit Dominus, „ Nolite cogitare quomodo aut quid loquamini; dabitur enim vobis in illa hora „ quid loquamini: non enim vos estis qui loquimini, sed Spiritus Patris vestri qui loquitur in vobis. Nec illud metuendum est ne forte ubi ait, *Omnes voluntate propria regi; idque exposuit, ideo se dixisse, propter liberum arbitrium, cui Deus adjutor est eligenti bona,* etiam hoc per naturam liberi arbitrii & per doctrinam legis adjutorem dixerit. Cum enim recte anathematizaverit eos *qui dicunt gratiam Dei & adjutorium non ad singulos actus dari, sed in libero arbitrio esse, vel in lege ac doctrina:* profecto Dei gratia vel adjutorium ad singulos actus datur, excepto libero arbitrio, vel lege atque doctrina; ac per hoc per singulos actus a Deo regimur, quando recte agimus; nec frustra orantes dicimus; Itinera mea dirige secundum verbum tuum, ne dominetur mihi omnis iniquitas. (Psal. 118. 133.)

Sed quod ibi sequitur me rursum sollicitat. Cum enim de quinto capitulo libri Cælestii huic fuisset objectum, quod *efficeret unumquemque hominem omnes virtutes posse habere & gratias, & auferret diversitatem gratiarum, quam Apostolus docet:* Pelagius respondit, *Dictum est a nobis, sed maligne & imperite reprehenderunt. Non enim auferimus gratiarum diversitatem; sed dicimus donare Deum ei, qui dignus fuerit accipere, omnes gratias, sicut Paulo apostolo donavit.* Ad hoc Synodus dixit, *Consequenter & ecclesiastico sensu & ipse sensisti de dono gratiarum, quæ in sancti Apostoli continentur.* Hic dicet aliquis, Quid ergo sollicitat? An tu negabis omnes virtutes & gratias fuisse in Apostolo? Ego vero, si illæ accipiantur omnes, quas uno quodam ipse Apostolus commemoravit loco, quas & episcopos intellexisse arbitror, ut hoc approbarent, & pronuntiarent *sensu ecclesiastico dictum,* non eas debito habuisse apostolum Paulum. Ait enim, Et quosdam quidem posuit „ Deus in Ecclesia, primo apostolos, se„ cundo prophetas, tertio doctores, deinde vir„ tutes, deinde donationes sanitatum, adjuto„ ria, gubernationes, genera linguarum. (1. Cor. 12. 28.) Quid ergo, dicemus quod hæc omnia non habuerit

apo-

apostolus Paulus? Quis hoc audeat dicere? Nam eo ipso quod Apostolus erat, habebat utique apostolatum. Sed habebat & prophetiam. An non prophetia ejus est? „ Spiritus enim manifeste dicit, quia in novissimis temporibus recedent quidam a fide, intendentes spiritibus seductoribus, doctrinis dæmoniorum. " Ipse erat & doctor gentium in fide & veritate: & operabatur virtutes & sanitates; nam mordentem viperam manu excussit illæsa, & paralyticus ad verbum ejus restituta continuo salute surrexit. Adjutoria quæ dicat, obscurum est; quoniam vis hujus verbi late patet: quis tamen huic & illam gratiam defuisse dicat, per cujus laborem salutem hominum sic constat adjutam? Quid vero ejus gubernatione præclarius, quando & per eum Dominus tunc tot Ecclesias gubernavit, & per ejus epistolas nunc gubernat? Jam genera linguarum, quæ illi deesse potuerunt, cum ipse dicat, Gratias Deo, quod omnium vestrum linguis loquor? Quia ergo istorum omnium nihil apostolo Paulo defuisse credendum est, propterea responsionem Pelagii, *omnes gratias ei donatas esse dicentis*, judices approbaverunt. Sed sunt & aliæ gratiæ, quæ hic commemoratæ non sunt. Neque enim quamvis esset apostolus Paulus multum excellens membrum corporis Christi, nullas plures & ampliores gratias accepit ipsum totius corporis caput, sive in carne, sive in anima hominis, quam creaturam suam Verbum Dei in unitatem personæ suæ, ut nostrum caput esset, & corpus ejus essemus, assumsit. Et re vera si esse possent in singulis omnia, frustra de membris corporis nostri ad hanc rem data similitudo videretur. Sunt enim quædam communia omnibus membris, sicut sanitas, sicut vita: sunt autem alia etiam singulis propria, unde nec auris sentit colores, nec oculus voces; propter quod dicitur, Si totum corpus oculus, ubi auditus? Si totum auditus, ubi odoratus? Quod quidem non ita dicitur, tamquam impossibile Deo sit, & auribus præstare sensum videndi, & oculis audiendi. Quid tamen faciat in Christi corpore quod est Ecclesia, & quam diversitatem * Ecclesiarum velut per membra diversa, ut essent dona etiam singulis propria, significaverit Apostolus, certum est. Quapropter, & qua causa hi qui illud objecerunt, auferri noluerint distantiam gratiarum, & qua causa episcopi propter Paulum apostolum, in quo dona omnia, quæ loco uno commemoravit, agnoscimus, id quod respondit Pelagius potuerint approbare, jam clarum est.

1. Tim. 4. 1.
1. Tim. 2. 7.
Act. 28. 5.
Ibid. 14. 8.
1. Cor. 14. 18.
1. Cor. 12. 17.
* f. gratiarum.

Quid est ergo, unde me de hoc capitulo sollicitum factum esse prædixi? Hoc videlicet, quod ait Pelagius, *Donare Deum ei, qui fuerit dignus accipere, omnes gratias, sicut Paulo apostolo donavit*. Nihil essem de hac ejus responsione sollicitus, nisi quod adtinet ad hanc caussam, cujus maxime cura gerenda est, ne scilicet gratia Dei, nobis tacentibus, & tantum malum dissimulantibus, oppugnetur. Cum ergo non ait, Donare Deum cui voluerit; sed ait, *Donare Deum ei, qui fuerit dignus accipere, omnes gratias*; non potui, cum legerem, non esse suspiciosus. Ipsum quippe gratiæ nomen, & ejus nominis intellectus aufertur, si non gratis datur, sed eam qui dignus est accipit. An forte quis dicet, Apostolo me facere injuriam, quia eum gratia dignum fuisse non dico? Immo tunc facio, & illi injuriam, & mihi pœnam, si quod ipse dicit, non credo. An ille gratiam non ita definivit, ut eam sic, quod diceretur gratis, appellatam ostenderet? Nempe ipse dixit: Si autem gratia, jam non ex operibus; alioquin gratia jam non est gratia. Unde item dixit, Ei autem qui operatur, merces non imputatur secundum gratiam, sed secundum debitum. Quisquis ergo dignus est, debitum est ei; si autem debitum est, gratia non est: gratia quippe donatur indignis, ut reddatur debitum dignis: ipse autem facit ut habeant quæcumque redditurus est dignis, qui ea quæ non habebant donavit indignis.

Rom. 11. 6.
Rom. 4. 4.

Hoc forte dicet: Ego non ex operibus, sed ex fide dixi Apostolum dignum fuisse, cui tantæ illæ gratiæ donarentur; non enim opera, quæ bona ante non habuit, sed tamen fides ejus hoc meruit. Quid enim putamus quod fides non operetur? Immo ipsa veraciter operatur, quæ per dilectionem operatur. Quantumlibet autem opera infidelium prædicentur, ejusdem Apostoli sententiam veram novimus & invictam, Omne quod non est ex fide, peccatum est. Ideo vero sæpe dicit, non ex operibus, sed ex fide, nobis justitiam deputari, cum potius fides per dilectionem operetur, ne quisquam existimet ad ipsam fidem meritis operum perveniri, cum ipsa sit initium, unde bona opera incipiunt; quoniam, ut dictum est, quod ex ipsa non est, peccatum est. Hinc & Ecclesiæ dicitur in Cantico canticorum, Venies, & transies ab initio fidei. Quapropter quamvis bene operandi gratiam fides impetret: ipsam certe fidem ut haberemus, nulla fide meruimus; sed in ea nobis danda, in qua Dominum sequeremur, misericordia ejus prævenit nos. An ipsam nobis nos dedimus, & ipsi nos ipsos fideles fecimus? „ Prorsus etiam hic clamabo, Ipse fecit nos, & non ipsi nos. Nihil vero aliud apostolica doctrina commendat, ubi ait: Dico autem per gratiam Dei, quæ data est mihi, omnibus qui sunt in vobis, non plus sapere, quam oportet sapere, sed sapere ad temperantiam, sicut unicuique Deus partitus est mensuram fidei ". Hinc est quippe & illud: Quid enim habes, quod non accepisti? Quando & hoc accepimus, unde incipit quidquid in nostris actibus habemus boni.

Gal. 5. 6.
Opera infidelium.
Rom. 14. 23.
Fides fundamentum unde bona opera incipiunt.
Cant. 4. 8.
Fides donum gratiæ Dei.
Ps. 58. 11.
Ps. 99. 3.
Rom. 12. 3.
1. Cor. 4. 7.

Quid est ergo quod idem dicit Apostolus, „ Bonum certamen certavi, cursum consummavi, fidem servavi; de cetero superest mihi corona justitiæ, quam reddet mihi Dominus in illo die justus judex; " si hæc non redduntur dignis, sed donantur indignis? Hoc qui dicit, parum considerat coronam reddi non potuisse digno, nisi gratia data esset indigno. Ait enim, Bonum certamen certavi: sed idem ipse ait, Gratias Deo, qui dedit nobis victoriam per Dominum nostrum Jesum Christum. Ait, Cursum consummavi: sed ipse idem ait, Non volentis, neque currentis, sed miserentis est Dei. Ait, Fidem servavi: sed ipse idem ait, Scio cui credidi, & certus sum, quia potens est depositum meum servare in illum diem, id est, commendatum meum: nam codices nonnulli non habent

2. Tim. 4. 7.
1. Cor. 15. 57.
Rom. 9. 16.
2. Tim. 1. 12.

habent *depositum*; sed quod est planius, *commendatum*. Quid autem commendamus Deo, nisi quæ oramus ut servet, in quibus & ipsa est fides nostra? Nam quid aliud * apostolo Petro Dominus commendavit orando, unde illi ait: Ego rogavi pro te, Petre, ne deficiat fides tua; nisi ut ejus servaret fidem, ne tentationi cedendo deficeret? Quocirca, o beate Paule, magne gratiæ prædicator, dicam, nec timeam, (quis enim mihi minus succensebit illa dicenti, quam tu, qui ea dicenda dixisti & docenda docuisti?) dicam, inquam, nec timeam: redditur quidem meritis tuis corona sua, sed Dei dona sunt merita tua.

Redditur ergo debitum præmium Apostolo digno: sed ipsum apostolatum indebitum gratia donavit indigno? An hoc me dixisse pœnitebit? Absit: eum enim testimonio ab hac invidia defendabor, nec me quisquam vocabit audacem, nisi qui fuerit ausus ipsum vocare mendacem. Ipse clamat, ipse testatur, ipse ut in se Dei dona commendet, nec in se ipso, sed in Domino glorietur, non solum nulla se habuisse dicit merita bona, ut apostolus fieret, sed etiam mala merita sua dicit, ut Dei gratiam manifestet & prædicet. Non sum, inquit, idoneus vocari apostolus: quod quid est aliud, quam, non sum dignus? nam hoc plerique latini codices habent. Hoc est nempe quod quærimus: nempe illo munere apostolatus illæ omnes gratiæ continentur. Non enim decebat aut oportebat, apostolum non habere prophetiam, aut non esse doctorem, aut non clarescere virtutibus, donationibusque sanitatum, aut adjutoria non præbere, aut Ecclesias non gubernare, aut linguarum generibus non excellere. Omnia hæc unum nomen apostolatus complectitur. Ipsum igitur consulamus, ipsum potius audiamus: dicamus ei Sancte Paule apostole, Pelagius monachus dignum te dicit fuisse, qui acciperes omnes gratias apostolatus tui, tu ipse quid dicis? Non sum, inquit, dignus vocari apostolus. Ita ne ut deferam honorem Paulo, Pelagio magis de Paulo credere audebo, quam Paulo? Non faciam: me namque potius onerabo, quam illum honorabo, si fecero. Audiamus etiam, cur non sit dignus vocari apostolus: Quia persecutus sum, inquit, Ecclesiam Dei. Sequentem igitur tantum mali, unde meruisti tantum boni? Audiant respondentem omnes gentes: Sed gratia Dei sum id quod sum. Numquid aliter est gratia commendata, nisi quia est indigno data? Et gratia ejus, inquit, in me vacua non fuit. Hoc & aliis præcipit, ut etiam arbitrium voluntatis ostendat, ubi ait, Præcipientes autem & rogamus, ne in vacuum gratiam Dei suscipiatis. Unde autem probat quod gratia ejus in eo vacua non fuit, nisi ex eo quod sequitur, Sed plus omnibus illis laboravi? Proinde non laboravit ut gratiam acciperet, sed accepit ut laboraret: atque ita, unde ad accipienda debita præmia fieret dignus, gratiam gratis accepit indignus. Nec ipsum sane laborem sibi ausus est arrogare. Cum enim dixisset, Plus omnibus illis laboravi: continuo subjecit, Non ego, sed gratia Dei mecum. O magnum gratiæ præceptorem, confessorem, prædicatorem! Quid est hoc? Plus laboravi, non ego? Ubi sese extulit aliquantum voluntas, ibi continuo vigilavit pietas, & tremuit humilitas, quia se agnovit infirmitas.

Merito, quod gesta indicant, etiam hoc usus est testimonio sanctus Joannes Jerosolymitanæ antistes Ecclesiæ, sicut interrogatus quæ apud illum ante judicium gesta fuerint, coepiscopis nostris, qui simul in illo judicio præsidebant ipse narravit. Ait enim, tunc quibusdam susurrantibus, & dicentibus, quod *sine Dei gratia* diceret Pelagius *posse hominem perfici*, id est, quod superius dixerat, *esse posse hominem sine peccato*: *Culpavi*, inquit, *super hoc etiam locutus, quia & apostolus Paulus multum laborans, sed non secundum suam virtutem, sed secundum gratiam Dei dixit: Amplius omnibus illis laboravi; non ego autem, sed gratia Dei mecum: & iterum, Non est volentis, neque currentis, sed miserentis Dei: & illud; Nisi Dominus ædificaverit domum, in vanum laboraverunt, qui ædificant eam, & alia multa similia diximus*, inquit, *de scripturis sanctis. Illis autem non suscipientibus, quæ dicebantur a nobis de sanctis Scripturis, sed adhuc susurrantibus, dixit Pelagius, Et ego sic credo: anathema sit, qui dicit absque adjutorio Dei posse hominem ad profectum omnium venire virtutum.*

CAPUT XV.

Hæc narravit episcopus Joannes, audiente Pelagio, qui utique posset honorifice dicere, Fallitur sanctitas tua, non bene meministi, non dixi ad illa testimonia, quæ de Scripturis commemorasti, *Ego sic credo*: quoniam non ea sic intelligo, quod gratia Dei sic laboret cum homine, ut quod non peccat, non volentis, neque currentis, sed miserentis sit Dei.

CAPUT XVI.

Sunt enim quædam expositiones epistolæ Pauli, quæ scribitur ad Romanos, quæ * ipsius Pelagii esse dicuntur, ubi hoc quod Scriptum est, *Non volentis, neque currentis, sed miserentis est Dei*: non ex persona Pauli asserit dictum: *sed eum voce interrogantis & arguentis usum fuisse, cum hoc diceret: tanquam hoc dici utique non deberet.* Non ergo cum episcopus Joannes plane illam sententiam esse Apostoli agnovit, eamque ideo commemoravit, ne Pelagius sine Dei gratia non peccare quemquam putaret, & dixit respondisse Pelagium, *Et ego sic credo*; neque cum hoc præsens audiret, respondit, Non sic credo. Oportet ut illam expositionem perversam, ubi hoc non sensisse Apostolum, sed potius redarguisse intelligi voluit, aut suam neget, aut corrigere atque emendare non dubitet. Nam quidquid dixit episcopus Joannes de absentibus fratribus nostris sive coepiscopis Herote ac Lazaro, sive de Presbytero Orosio, sive de aliis quorum ibi non sunt nomina expressa, credo quod intelligas ad eorum præjudicium non valere. Si enim præsentes essent, possent eum fortasse, absit ut dicam, convincere de mendacio, sed forte commemorare, quid forte fuisset oblitus, aut in quo eum fefellerit Latinus interpres, etsi non studio mentiendi, certe alienæ linguæ minus intellectæ nonnulla difficultate: præsertim quia non in gestis agebatur, quæ, improbi ne mentiantur, boni autem ne aliquid obliviscantur, utiliter instituta sunt. Si quis autem memoratis fratribus nostris ex hoc aliquid quæstionis intulerit, eosque ad judicium episcopale vocaverit, sibi ut potuerint, tenent, adsunt: nobis hic laborare quid opus est; quando ne ipsi quidem judices, post coepiscopi nostri narrationem aliquid inde pronuntiare voluerunt?

Cap. XVII. Cum ergo Pelagius praesens, ad illa testimonia Scripturarum dixisse se ita credere tacitus agnoverit, quomodo illud Apostoli testimonium paulo superius recolens, & intuens eum dixisse, Non sum dignus vocari Apostolus, quia persecutus sum Ecclesiam Dei, sed gratia Dei sum id quod sum; non vidit, non se dicere debuisse, cum ageretur de abundantia gratiarum, quas idem accepit Apostolus, *dignum fuisse qui acciperet*; cum ipse se non solum dixerit, sed & aliam caussam reddens, probarit indignum, & eo ipso gratiam vere gratiam commendaverit? Sed si forte illud jam dudum a sancto Joanne narratum, cogitare vel meminisse non potuit, recentissimam suam responsionem respiceret, & quae paulo ante de Caelestio sibi objecta anathematizaverit adverteret. Nempe etiam inter illa est, quod objectum est dixisse Caelestium, *Dei gratiam secundum merita nostra dari*. Si ergo veraciter hoc Pelagius anathematizavit, quid est quod dicit, gratias omnes Apostolo secundum meritum datas? An aliud est dignum esse accipere; aliud, secundum meritum accipere? & potest aliqua subtilitate disputationis ostendere, dignum esse aliquem, sed non mereri? Veruntamen Caelestius, vel quis alius, cujus nomen superiorem anathematizavit sententiam, nec de hoc verbo eum nebulas obtendere atque in eis latere permittit. Urget enim, & dicit: *Et ipsa gratia in mea voluntate posita est, sive dignus fuerim sive indignus*. Si ergo recte hoc a Pelagio veraciterque damnatum est, ubi dicitur, *Dei gratiam secundum merita & dignis dari*: quo corde cogitavit, quoque ore protulit quod ait, *Dicimus donare Deum ei, qui fuerit dignus accipere, omnes gratias*? Quis non illa si diligenter advertit, fiat de illius responsione sollicitus?

1. Cor. 15. 9. — Supra c. 14. n. 30. — Ibid. n. 32.

Cur ergo, ait aliquis, hoc judices approbaverunt? Fateor, ideo jam ambigo: sed nimirum, aut breve dictum eorum audientiam & intentionem facile subterfugit, aut aliquo modo id recte posse accipi existimantes, cujus de hac re confessiones liquidas sibi habere videbantur, pene de uno verbo nihil ei controversiae movendum putarunt. Quod & nobis forsitan contigisset, si cum eis in illo judicio sedissemus. Si enim pro eo quod positum est dignus, positum esset praedestinatus, vel aliquid hujusmodi, nihil certe scrupuli tangeret atque angeret animum: & tamen si dicatur, eum qui per electionem gratiae justificatur, nullis quidem praecedentibus meritis bonis, sed destinatione dignum vocari, sicut electus vocatur, utrum vel certe, vel minima offensione intelligentiae dici possit, difficile judicatur. Nam quantum ad me attinet, ab hoc verbo facile transirem, nisi me liber ille, cui respondit, ubi omnino nullam dicit Dei gratiam, nisi naturam nostram cum libero arbitrio * gratiam creatam, de ipsius Pelagii sensu sollicitum redderet, ne forte hoc verbum non de negligentia locutionis, sed de diligentia dogmatis curarit inserere.

[illegible margin note] — * f. gratia creatam.

CAPUT XXXV. Haec est illius judicii postrema sententia. Synodus dixit: *Nunc quoniam satisfactum est nobis prosecutionibus praesentis Pelagii monachi, qui quidem piis doctrinis consentit, contraria vero Ecclesiae fidei reprobat & anathematizat; communionis ecclesiasticae eum esse & catholicae confitemur*. Duo quaedam satis perspicua de Pelagio monacho sancti episcopi judices suae sententiae brevitate complexi sunt: unum quidem, *piis eum consentire doctrinis*: alterum autem, *Ecclesiae fidei reprobare & anathematizare contraria*. Pelagius propter haec duo communionis ecclesiasticae & catholicae pronuntiatus est, &c.

Haec omnia, & si quae argumentationes ad ea confirmanda interpositae sunt, sua negantem, & anathematizantem Pelagium judices approbaverunt: & ideo pronuntiaverunt eum contraria ecclesiasticae fidei reprobando & anathematizando, damnasse. Ac per hoc quomodolibet ea Caelestius posuerit aut non posuerit, vel Pelagius senserit aut non senserit, tanta mala tam novae hujus haereseos illo ecclesiastico judicio damnata gaudeamus, & Deo gratias agamus, laudesque dicamus. V. Aug. in [illegible]

DE PELAGIANIS IN COMMUNIONEM,

Nisi facta ab iis erroris abjuratione, non recipiendis.

EPISTOLA * LEONIS PAPAE

Ad Aquilejensem episcopum.

* [illegible] CAPUT I.

RElatione sancti fratris & coepiscopi nostri Septimii, quae in subditis habetur, agnovimus quosdam presbyteros, diaconos, ac diversi ordinis clericos, quos Pelagiana sive Caelestiana haeresis habuit implicatos, ita in vestra provincia ad communionem catholicam pervenisse; ut nulla ab eis damnatio proprii exigeretur erroris; & pastoralibus excubiis dormitantibus, lupos ovium pellibus tectos in ovile dominicum, non depositis bestialibus animis intrasse: & quod per auctoritatem canonum decretorumque nostrorum ne insontibus quidem conceditur usurpasse, ut relictis Ecclesiis, in quibus clericatum aut acceperant, aut receperant, instabilitate sua per diversa circumferantur, amantes semper errare, & nunquam in fundamento apostolico permanere. Quoniam qui nullo discussi examine, nullo sunt praejudicio suae professionis obstricti, hanc maxime captant facultatem, ut sub velamento communionis plurimas domos adeant, & per falsi nominis scientiam, multorum corda corrumpant. Quod utique efficere non possent, si Ecclesiarum praesules necessariam diligentiam in talium receptione servassent, ne cuiquam eorum evagari in diversa licuisset. Matth. 7. 15.

CAPUT II. Ne ergo hoc ulterius audeatur, neve per quorumdam negligentiam introducta pernicies, ad eversionem multarum tendat animarum, hac nostri auctoritate praecepti, dilectioni tuae fraternitatis indicimus, ut congregata apud vos synodo provincialium sacerdotum, omnes sive presbyteri, sive diaconi, sive cujuscumque ordinis clerici, qui de Pelagianorum Caelestianorumque com-

Quomodo Pelagiani recipiendi.

consortio, in communionem catholicam ea imprudentia sunt recepti, ut non prius ad damnationem sui compellerentur errores, nunc saltem, postea quam hypocrisis eorum ex quadam parte detegitur, ad veram correctionem, quae & ipsis prodesse, & nullis possit nocere, cogantur. Damnent apertis professionibus sui superbi erroris auctores, & quidquid in doctrina eorum universalis Ecclesia exhorruit, detestentur: omniaque decreta synodalia, quae ad excisionem hujus haereseos Apostolicae sedis confirmavit auctoritas, amplecti se, & in omnibus approbare, plenis, & apertis, ac propria manu subscriptis protestationibus eloquantur. Nihil in verbis eorum obscurum, nihil inveniatur ambiguum. Quoniam novimus hanc illorum esse versutiam, ut in quacumque particula dogmatis exsecrandi, quam a damnatorum societate discreverint, nihil sibi sensuum suorum existiment esse non salvum.

Cumque omnes definitiones suas ad subrependi facultatem improbare se simulent atque deponere, hac sibi tota arte fallendi, nisi intelligantur, excipiunt, ut *gratia Dei secundum merita dari accipientium* sentiatur. Quae utique nisi gratis detur, non est gratia, sed merces, retributioque meritorum, dicente beato Apostolo: *Gratia salvi facti estis per fidem, & hoc non ex vobis, Dei enim donum est; non ex operibus, ne forte quis extollatur. Ipsius enim sumus figmentum creati in Christo Jesu, in operibus bonis, quae praeparavit Deus, ut in illis ambulemus.* Omnis itaque bonorum operum donatio, divina praeparatio est: * nec propria quisquam justificatur virtute, quoniam gratia unicuique principium justitiae, & bonorum fons, atque origo meritorum est. Sed ab illis ideo per naturalem industriam dicitur praeveniri, ut quae ante gratiam proprio clara sit studio, nullo videatur peccati originalis vulnere sauciata: falsumque sit quod Veritas ait, *Quoniam filius hominis venit quaerere & salvare quod perierat.*

Cavendum ergo dilectioni tuae est, magnaque diligentia providendum, ne per hujusmodi homines exstincta dudum scandala suscitentur: & de exciso olim dogmate aliquid in provincia tua ejusdem mali germen oriatur: quod non solum in radicibus suis crescat, sed etiam sanctae Ecclesiae sobolem veneno sui odoris inficiat. Qui correctos se videri volunt, ab omni suspicione se purgent, & obediendo nobis, probent se esse nostros. Quorum si quisquam salubribus praeceptis satisfacere detrectarit, sive ille clericus, sive sit laicus, ab Ecclesiae societate pellatur, ne perditor animae suae saluti insidietur alienae.

Illam quoque partem ecclesiasticae disciplinae, qua olim a sanctis patribus, & a nobis saepe decretum est, ut nec in presbyteratus gradu, nec in diaconatus ordine, nec in subsequenti officio clericorum ab Ecclesia ad Ecclesiam cuiquam transire sit liberum, ut in integrum revocari admonemus. Et unusquisque non ambitione illectus, non cupiditate seductus, non persuasione hominum depravatus, ubi ordinatus est, perseveret: ita ut si quis *sua quaerens non quae Jesu Christi*, ad plebem & Ecclesiam suam redire neglexerit; & ab honoris privilegio, & a communionis vinculo habeatur extraneus. Non autem dubitet dilectio tua, nos, si (quod non arbitramur) neglecta fuerint, quae pro custodia canonum, & pro fidei integritate decernimus, vehementius commovendos: quia inferiorum ordinum culpae ad nullos magis referenda sunt, quam ad desides negligentesque Rectores, qui multam saepe nutriunt pestilentiam, dum austeriorem dissimulant adhibere medicinam.

Ex libro primo S. Augustini Episcopi de peccatorum meritis, & remissione ad Marcellinum, cap. 11.

SED *regnavit*, inquit, *mors ab Adam usque ad Moysen*; id est, a primo homine usque ad ipsam etiam legem, quae divinitus promulgata est, quia nec ipsa potuit regnum mortis auferre. Regnum enim mortis vult intelligi, quando ita dominatur in hominibus reatus peccati, ut eos ad vitam aeternam, quae vera vita est, venire non sinat, sed ad secundam etiam, quae poenaliter aeterna est, mortem trahat. Hoc regnum mortis sola in quolibet homine gratia destruit Salvatoris, quae operata est etiam in antiquis sanctis, quicumque ante quam in carne Christus venisset, ad ejus tamen adjuvantem gratiam, non ad legis litteram, quae jubere tantum, non adjuvare poterat, pertinebant. Hoc namque occultabatur in vetere Testamento pro temporum dispensatione justissima, quod nunc revelatur in novo. Ergo in omnibus *regnavit mors ab Adam usque ad Moysen*, qui Christi gratia non adjuti sunt, ut in eis regnum mortis destrueretur: *etiam in eis, qui non peccaverunt in similitudinem praevaricationis Adae*, id est, qui nondum sua & propria voluntate sicut ille peccaverunt, sed ab illo peccatum originale traxerunt: *qui est forma futuri*; quia in illo constituta est forma condemnationis futuris posteris, qui ejus propagine crearentur, ut ex uno omnes in condemnationem nascerentur, ex qua non liberat nisi gratia Salvatoris. Scio * quidem plerosque Latinos codices sic habere: *Regnavit mors ab Adam usque ad Moysen in eos qui peccaverunt in similitudinem praevaricationis Adae*, quod etiam ipsum qui ita legunt, ad eumdem referunt intellectum; ut in similitudinem praevaricationis Adae peccasse accipiant, qui in illo peccaverunt, ut ei similes crearentur, sicut ex homine homines, ita ex peccatore peccatores; ex moriente morituri, damnatoque damnati. Graeci autem codices, unde in Latinam linguam interpretatio facta est, aut omnes, aut pene omnes, id quod a me primo positum est, habent.

Sed non, inquit, *sicut delictum, ita & donum. Si enim ob unius delictum multi mortui sunt, multo magis gratia Dei & donum in gratia unius hominis Jesu Christi, in multos abundavit*: non magis multos, id est, multo plures homines, neque enim plures justificantur, quam condemnantur; *sed multo magis abundavit*. Adam quippe ex uno delicto suos reos genuit: Christus autem etiam quae homines delicta propriae voluntatis ad originale in quo nati sunt

sunt addiderunt, gratia sua solvit atque donavit, quod evidentius in consequentibus dicit.

Itaque sicut per unius delictum in omnes homines ad condemnationem, ita & per unius justificationem in omnes homines ad justificationem vitæ.... Porro si propterea Christus unus est in quo omnes justificantur, quia non sola ejus imitatio justos facit, sed per Spiritum regenerans gratia: propterea & Adam unus est in quo omnes peccaverunt, quia non sola ejus imitatio peccatores facit, sed per carnem generans pœna. Ob hoc etiam dictum est, *omnes & omnes*. Neque enim qui generantur per Adam, iidem ipsi omnes per Christum regenerantur: sed hoc recte dictum est, quia sicut nullius carnalis generatio nisi per Adam, sic spiritalis nullius, nisi per Christum. Nam si aliqui possent carne generari, non per Adam, & aliqui generari spiritu non per Christum, non liquido omnes, sive hic, sive ibi dicerentur. Eosdem autem omnes postea multos dicit; possunt quippe in aliqua re omnes esse qui pauci sunt: sed multos habet generatio carnalis, multos & spiritalis; quamvis non tam multos hæc spiritalis, quam illa carnalis. Verumtamen quemadmodum illa omnes habet homines, sic ista omnes justos homines: quia sicut nemo præter illam homo, sic nemo præter istam justus homo: & in utraque multi: *Sicut enim per inobedientiam unius hominis peccatores constituti sunt multi, ita per obedientiam unius hominis justi constituentur multi.*

Ex eodem libro S. Augustini de peccatorum meritis & remissione, cap. 21.

Bene autem non ait: *Ira Dei veniet super eum*; sed *manet super eum*. Ab hac quippe ira, quo omnes sub peccato sunt, de qua dicit Apostolus, *Fuimus enim & nos aliquando naturaliter filii iræ, sicut & cæteri*, nulla res liberat, nisi gratia Dei per Jesum Christum Dominum nostrum. Hæc gratia cur ad illum veniat, ad illum non veniat, occulta esse causa potest, injusta non potest. *Numquid enim iniquitas apud Deum? absit*: Sed prius sanctarum Scripturarum auctoritatibus colla subdenda sunt, ut ad intellectum per fidem quisque perveniat. Neque enim frustra dictum est: *Judicia tua sicut abyssus multa.* Cujus abyssi altitudinem velut expavescens, exclamat Apostolus, *O altitudo divitiarum sapientiæ & scientiæ Dei!* Præmiserat quippe sententiam miræ profunditatis, dicens, *Conclusit enim Deus omnes in incredulitate, ut omnium misereatur.* Cujus profunditatis velut horrore perculsus, *O altitudo*, inquit, *divitiarum sapientiæ & scientiæ Dei! quam inscrutabilia judicia ejus, & investigabiles viæ ejus! Quis enim cognovit sensum Domini, aut quis consiliarius illius fuit, aut quis prior dedit illi, & retribuetur ei? Quoniam ex ipso, per ipsum, & in ipso sunt omnia, ipsi gloria in sæcula sæculorum, amen.* Valde ergo parvum sensum habemus ad discutiendam justitiam judiciorum Dei; ad discutiendam gratiam gratuitam, nullis meritis præcedentibus non iniquam, quæ non tam movet cum præstatur indignis, quam cum æque indignis aliis denegatur.

Nam & his quibus videtur injustum, ut parvuli sine gratia Christi de corpore exeuntes, non solum regno Dei, quo & ipsi fatentur eos nisi per baptismum renatos intrare non posse, verum etiam vita æterna & salute priventur; quærunt quomodo justum sit, ut alius ab originali impietate solvatur, alius non solvatur, cum eadem sit utriusque conditio: ipsi respondeant secundum suam sententiam, quomodo identidem justum sit, ut huic præstetur baptismus, quo intret in regnum Dei, illi non præstetur, cum sit utriusque par causa. Si enim movet, cur ex his duobus, cum ex æquo ambo sint originaliter peccatores, alius ab hoc vinculo solvitur, cui conceditur baptismus; alius non solvitur, cui talis gratia non conceditur: cur non pariter movet, quod ex duobus originaliter innocentibus, alius accipit baptismum, quo in regnum Dei possit intrare; alius non accipit, ne ad regnum Dei possit accedere? Nempe in utraque causa ad illam exclamationem reditur, *O altitudo divitiarum!* Ex ipsis deinde baptizatis parvulis, dicatur mihi, cur alius rapitur, ne malitia mutet intellectum ejus, & alius vivit, impius futurus? Nonne si ambo raperentur, ambo in regnum cælorum ingrederentur? Et tamen non est iniquitas apud Deum. Quid, illud quem non movet, quem non in tanta altitudine exclamare compellat, quod alii parvuli spiritu immundo vexantur, alii nihil tale patiuntur, alii etiam in ventre matrum, sicut Jeremias, sanctificantur, cum omnes, si est originale peccatum, pariter rei sint; si non est, pariter innocentes sint? Unde illa tanta diversitas, nisi quia inscrutabilia sunt judicia ejus, & investigabiles viæ ejus?

An forte illud jam explosum repudiatumque sententia est, quod animæ prius in cælesti habitatione peccantes, gradatim atque paulatim ad suorum meritorum corpora veniunt, ac pro ante gesta vita magis minusve corporeis pestibus affliguntur? Cui opinioni quamvis sancta Scriptura apertissime contradicat, quæ cum gratiam commendaret; *Nondum*, inquit, *natis, nec qui aliquid egerunt boni aut mali, ut secundum electionem propositum Dei maneret, non ex operibus, sed ex vocante dictum est, quod major serviet minori*: nec ipsi tamen qui hoc sentiunt, evadunt hujus quæstionis angustias, sed in eis coarctati & hærentes similiter, *O altitudo*, exclamare coguntur. Unde enim fit ut homo ab ineunte pueritia modestior, ingeniosior, temperantior, ex magna parte libidinum victor, qui oderit avaritiam, luxuriam detestetur, atque ad virtutes cæteras provectior aptiorque consurgat, & tamen eo loco sit, ubi ei prædicari gratia Christiana non possit? *Quomodo enim invocabunt in quem non crediderunt? aut quomodo credent ei quem non audierunt? Quomodo autem audient sine prædicante?* Alius autem tardus ingenio, libidinibus deditus, flagitiis & facinoribus coopertus, ita gubernetur, ut audiat, credat, baptizetur, rapiatur, aut si detentus hic fuerit, laudabiliter hic vivat? Ubi duo isti tam diversa merita contraxerunt, non dico, ut iste credat, ille non cre-

credat, quod est propriæ voluntatis; sed ut iste audiat quod credat, ille non audiat; hoc enim non est in hominis potestate: ubi, inquam, hæc tam diversa merita contraxerunt? Si in cælo egerunt aliquam vitam, ut pro suis actibus præcipitarentur vel laberentur in terras, congruaque sibi ante actæ vitæ corporis receptacula sortirentur: ille utique melius ante hoc mortale corpus vixisse credendus est, qui eo non multum meruit prægravari, ut & bonum haberet ingenium, & concupiscentiis ejus mitioribus urgeretur, quas posset facile superare; & tamen eum sibi gratiam non meruit prædicari, qua sola posset a secundæ mortis pernicie liberari. Ille autem pro meritis deterioribus, sicut putant, graviori corpori implicitus, & ob hoc cordis obtusi cum carnis illecebris ardentissima cupidine vinceretur, & per cupiditatem vitam peccatis pristina, quibus ad hoc venire meruerat, addere priora terrena; aut in cruce
Luc. 23. 43. tamen audivit, *Hodie mecum eris in paradiso*; aut alicui cohortis Apostolo, cujus prædicatione assumeret, & per lavacrum regenerationis salvus effectus est: ut ubi abundavit peccatum, superabundaret gratia. Quid huic respondeant, omnino non video, qui humanis conjecturis justitiam Dei defendere, & ignorantes altitudinem gratiæ, fabulas improbabiles texuerunt.

Cedamus igitur & consentiamus auctoritati sanctæ scripturæ quæ nescit falli nec fallere, & sicut nondum natos ad discernenda merita eorum aliquid boni vel mali egisse non credimus, ita omnes sub peccato esse, quod per unum hominem intravit in mundum, & per omnes homines pertransiit, a quo non liberat nisi gratia Dei per Dominum nostrum Jesum
* Caput XXIII. Christum, minime dubitemus. * Cujus medicinalis adventus non est opus sanis, sed ægrotantibus: quia non venit vocare justos, sed peccatores: in cujus regnum non intrabit nisi qui renatus fuerit ex aqua & Spiritu, nec præter regnum ejus salutem ac vitam possidebit æternam. Quoniam qui non manducaverit carnem ejus; & qui incredulus est Filio, non habebit vitam, sed ira Dei manet super eum. Ab hoc peccato, ab hac ægritudine, ab hac ira Dei, cujus naturaliter filii sunt, qui etiam si per ætatem non habent propriam, trahunt tamen originale peccatum, non liberat nisi Agnus Dei qui tollit peccata mundi, non nisi Medicus qui non venit propter sanos, sed propter ægrotos, non nisi Salvator, de quo di-
Luc. 2. 11. ctum est generi humano, *Natus est vobis hodie Salvator*: non nisi Redemptor, cujus sanguine delentur debita nostra. Nam quis audeat dicere, non esse Christum infantium salvatorem nec redemptorem? Unde autem salvos facit, si nulla in eis est originalis ægritudo peccati? Unde redimit, si non sunt per originem primi hominis venumdati sub peccato? Nulla igitur ex nostro arbitrio, præter baptismum Christi, salus æterna promittatur infantibus, quam non promittit scriptura divina, humanis omnibus ingeniis præferenda.

Ex eodem libro primo de peccatorum meritis & remissione. Cap. 25.

ITAQUE illud quod in Evangelio positum est, *Erat lumen verum, quod illuminat omnem hominem venientem in hunc mundum*, ideo dictum est, quia nullus hominum illuminatur nisi illo lumine veritatis, quod Deus est: ne quisquam putaret ab eo se illuminari, a quo audit ut discat, non dico, si quemquam magnum hominem, sed nec si angelum ei contingat habere doctorem. Adhibetur enim sermo veritatis extrinsecus vocis ministerio corporalis, verumtamen, *neque qui plantat est aliquid, neque qui rigat, sed qui incrementum dat Deus*. 1. Cor. 3. 7.
Audit quippe homo dicentem vel hominem vel angelum, sed ut sentiat & cognoscat verum esse quod dicitur, illo lumine intus mens ejus adspergitur, quod æternum manet, quod etiam in tenebris lucet. Sed sicut sol ille a cæcis, quamvis eos suis radiis quodam modo vestiat, sic ab stultitiæ tenebris non comprehenditur.

Cur autem cum dixisset, *quod illuminat omnem hominem*; addiderit, *venientem in hunc mundum*: unde hæc opinio nata est, quod in exortu corporali ab utero matris mentes illuminet parvulorum: quoniam in Græco ita se positum, ut possit etiam intelligi lumen ipsum veniens in hunc mundum: tamen si hominem venientem in hunc mundum, necesse est accipi, aut simpliciter dictum arbitror, sicut multa in Scripturis reperiuntur, quibus etiam detractis nihil sententiæ minuatur; aut si propter aliquam distinctionem additum esse credendum est, fortasse hoc dictum est, ad discernendam spiritalem illuminationem ab illa corporali, quæ sive per cæli luminaria, sive quibuslibet ignibus illuminat oculos carnis; ut hominem interiorem dixerit venientem in hunc mundum, quia exterior corporeus est, sicut hic mundus; tanquam diceret, Illuminat omnem hominem venientem in corpus, secundum illud quod scriptum est: *Sortitus sum animam bonam, & veni in corpus incoinquinatum*. Sap. 8. 19.
Aut ergo sic dictum est, si distinctionis alicujus gratia dictum est, *Illuminat omnem hominem venientem in hunc mundum*; tanquam dictum esset; Illuminat omnem interiorem hominem; quia homo interior cum veraciter fit sapiens, non nisi ab illo illuminatur qui est lumen verum: aut si rationem ipsam, qua humana anima rationalis appellatur, quæ ratio adhuc velut quieta & quasi sopita, tamen insita & quodam modo inseminata in parvulis latet, illuminationem voluit appellare, tanquam interioris oculi creationem; non resistendum est, tunc eam fieri, cum anima creatur, & non absurde hoc intelligi, cum homo venit in mundum. Verumtamen etiam ipse, quamvis jam creatus oculus, necesse est in tenebris maneat, si non credat in eum qui dixit,
Ego lux in sæculum veni, ut omnis qui credit in me non maneat in tenebris. Quod per sa- Jo. 12. 46.
cramentum baptismatis in parvulis fieri non dubitat mater Ecclesia, quæ cor & os maternum eis præbet, ut sacris mysteriis imbuantur, quia non-

rentium possunt corde proprio credere ad justitiam, nec ore proprio confiteri ad salutem. Nec ideo tamen eos quisquam fidelium fideles appellare cunctatur, quod a credendo utique nomen est: quamvis hoc non ipsi, sed alii pro eis inter sacramenta responderint.

Ex eodem libro primo de peccatorum meritis & remissione, cap. 28.

Caput XXVIII.

QUÆ cum ita sint, omnium omnino eorum, qui ad Christum accesserunt per baptismum, sana fides & sana doctrina parvulos excepisse a gratia remissionis peccatorum, nec esse posse aliam praeter regnum eius, æternam salutem. Hæc enim parata est revelari in tempore novissimo, hoc est in resurrectione mortuorum, pertinentium non ad mortem æternam, quæ secunda mors appellatur, sed ad vitam æternam, quam promittit non mendax Deus sanctis & fidelibus suis, cujus vitæ participes omnes non vivificabuntur nisi in Christo, sicut in Adam omnes moriuntur. Quemadmodum enim omnes omnino pertinentes ad generationem voluntatis carnis non moriuntur, nisi in Adam in quo omnes peccaverunt; sic ex his omnes omnino pertinentes ad regenerationem voluntatis spiritus, non vivificantur, nisi in Christo, in quo omnes justificantur. Quia sicut per unum omnes ad condemnationem, sic per unum omnes ad justificationem. Nec est ullus ulli medius locus, ut possit esse nisi cum diabolo, qui non est cum Christo. Hinc & ipse Dominus volens auferre de cordibus male credentium istam nescio quam medietatem, quam conantur quidam parvulis non baptizatis tribuere, ut quasi merito innocentiæ sint in vita æterna, sed quia non sunt baptizati non sint cum Christo in regno ejus, definitivam protulit ad hæc ora obstruenda sententiam, ubi ait: *Qui mecum non est, adversum me est.* Constitue igitur quemlibet parvulum: si jam cum Christo est, ut quid baptizatur? Si autem, quod habet veritas, ideo baptizatur, ut sit cum Christo, profecto non baptizatus non est cum Christo, & quia non est cum Christo, adversus Christum est, neque enim ejus tam manifestam debemus aut possumus infirmare vel immutare sententiam. Unde igitur adversus Christum, si non ex peccato, neque enim ex corpore & anima, quæ utraque Dei creatura est. Porro si ex peccato, quod in illa ætate, nisi originale & antiquum? Una est quippe caro peccati, in qua omnes ad damnationem nascuntur, & una est caro in similitudine carnis peccati, per quam omnes a damnatione liberantur. Nec ita dictum est omnes, velut quicumque nascuntur in carne peccati, iidem ipsi omnes mundari intelligantur per carnem similem carnis peccati, *non enim omnium est fides*, sed omnes pertinentes ad generationem connubii carnalis, non nascuntur nisi in carne peccati, & omnes pertinentes ad generationem connubii spiritalis non mundantur, nisi per carnem similem carnis peccati: hoc est, illi per Adam ad condemnationem, isti per Christum ad justificationem. Tanquam si dicamus, verbi gratia, una est obstetrix in hac civitate, quæ omnes excipit, & unus est hic litterarum magister, qui omnes docet: neque ibi intelligi possunt omnes, nisi qui nascuntur, neque hic omnes, nisi qui discunt: non tamen omnes qui nascuntur, litteras discunt. Sed cuivis claret, quod & illic recte dictum est, omnes excipit, præter cujus manus nemo nascitur; & hic recte dictum est, omnes docet, præter cujus magisterium nemo discit.

Ex libro secundo ejusdem de peccatorum meritis & remissione, cap. 17. 18. 19. & 19.

NULLIUS proinde culpæ humanæ in Deum referas causam. Vitiorum namque omnium humanorum causa superbia est. Ad hanc convincendam atque auferendam talis medicina cælitus venit: ad elatum hominem per superbiam, Deus humilis descendit & misericordiam, gratiam claram manifestamque commendans in ipso homine, quem tanta præ participibus suis charitate suscepit. Neque enim & ipse ita Verbo Dei conjunctus, ut ipsa conjunctione unus filius Dei & idem ipse unus filius hominis fieret, præcedentibus suæ voluntatis meritis fecit. Unum quippe illum esse oportebat: essent autem & duo, & tres, & plures, si hoc fieri posset, non per Dei proprium donum, sed per hominis liberum arbitrium. Hoc ergo præcipue commendatur, hoc in sapientiæ atque scientiæ thesauris in Christo absconditis, quantum existimare audeo, præcipue docetur & discitur. Ideo quisque nostrum bonum opus suscipere, agere, implere, nunc scit, nunc nescit, nunc delectatur, nunc non delectatur, ut noverit non suæ facultatis, sed divini muneris esse vel quod scit, vel quod delectatur: ac sic ab elationis vanitate sanetur, & sciat quam vere non de terra ista, sed spiritaliter dictum sit, *Dominus dabit suavitatem, & terra nostra dabit fructum suum.* Tanto autem magis delectat opus bonum, quanto magis diligitur Deus, summum atque incommutabile bonum, & auctor qualiumcumque bonorum omnium. Ut autem diligatur Deus, *charitas ejus diffusa est in cordibus nostris*, non per nos, sed *per Spiritum-sanctum qui datus est nobis.*

Caput XVIII.

SED laboramus homines invenire in nostra voluntate, quid boni sit nostrum quod nobis non sit ex Deo: & quomodo inveniri possit ignoro. Excepto enim quod Apostolus ait, cum de bonis hominum loqueretur, *Quid enim habes, quod non accepisti? Si autem & accepisti, quid gloriaris, quasi non acceperis?* Ipsa etiam ratio, quæ de his rebus a talibus quales sumus, iniri potest, quemlibet nostrum quærentem vehementer angustat, ne sic defendamus gratiam, ut liberum arbitrium auferre videamur; rursus ne liberum sic asseramus arbitrium, ut superba impietate ingrati Dei gratiæ judicemur.

Namque illud Apostoli quod commemoravi sic intelligere quidam voluerunt, ut dicerent, *ideo quidquid etiam bonæ voluntatis habet homo, Deo tribuendum esse, quia & hoc in illo esse non posset, si homo ipse non esset: cum vero ut sit aliquid atque homo sit, non habeat nisi a*

Dei, cur non auctori Deo tribuatur etiam quidquid in illo est bonæ voluntatis, quod non esset, nisi esset in quo esset? Sed hoc modo etiam illud dici potest, malam quoque voluntatem Deo auctori tribuendam: quia nec ipsa esse posset in homine, nisi homo esset in quo esset: ut autem homo sit, Deus auctor est: ita & ejus malæ voluntatis, quæ nisi hominem haberet ubi esset, esse omnino non posset, quod nefas est dicere.

Quapropter nisi obtineamus, non solum voluntatis arbitrium, quod huc atque illuc liberum flectitur, atque in eis naturalibus bonis est, quibus & male uti malus potest; sed etiam voluntatem bonam, quæ jam in eis bonis est quorum esse usus non potest malus, nisi ex Deo nobis esse non posse, nescio quemadmodum defendamus quod dictum est: *Quid enim habes quod non accepisti?* Nam si nobis libera quædam voluntas ex Deo est, quæ adhuc potest esse vel bona vel mala, bona vero voluntas ex nobis est; melius est id quod a nobis, quam quod ab illo est. Quod si absurdissime dicitur, oportet fateantur etiam bonam voluntatem nos divinitus adipisci. Quanquam voluntas mirum si potest in medio quodam ita consistere, ut nec bona nec mala sit. Aut enim justitiam diligimus, & bona est; & si magis diligimus, magis bona; si minus, minus bona est; aut si omnino non diligimus, non bona est. Quis vero dubitet dicere voluntatem nullo modo justitiam diligentem, non modo esse malam, sed etiam pessimam voluntatem? Si ergo voluntas aut bona est, aut mala, & utique malam non habemus ex Deo; restat ut bonam voluntatem habeamus ex Deo: alioquin nescio, cum ab eo justificamur, quo alio munere ipsius gaudere debeamus. Et hinc scriptum arbitror, *Paratur voluntas a Domino*. Et in Psalmis, *A Domino gressus hominis dirigentur, & viam ejus volet*. Et quod Apostolus ait, *Deus est enim qui operatur in vobis & velle & operari pro bona voluntate.*

Quocirca quoniam quod a Deo nos avertimus, nostrum est, & hæc est voluntas mala; quod vero ad Deum nos convertimus, nisi ipso excitante atque adjuvante non possumus, & hæc est voluntas bona; quid habemus quod non accepimus? Si autem accepimus, quid gloriamur, quasi non acceperimus? Ac per hoc, *ut qui gloriatur, in Domino glorietur*, quibus hoc Deus donare voluerit, ejus misericordiæ est, non meriti illorum: quibus autem noluerit, veritatis est. Justa namque peccatoribus pœna debetur, quoniam *misericordiam & veritatem diligit Dominus Deus*: & *misericordia & veritas occurrerunt sibi*: & *universæ viæ Domini misericordia & veritas*. Et quis explicet, quam crebro hæc duo conjuncta divina scriptura commemoret? Aliquando etiam mutatis nominibus, ut gratia pro misericordia ponatur: unde est, Et *vidimus gloriam ejus, gloriam quasi Unigeniti a Patre, plenum gratia & veritate*. Aliquando pro veritate judicium: sicut est, *Misericordiam & judicium cantabo tibi, Domine*.

Quare autem illos velit convertere, illos pro aversione punire: quamquam & in beneficio tribuendo nemo juste reprehendat misericordem, & in vindicta exercenda nemo juste reprehendat veracem; sicut in illis evangelicis operariis, aliis placitam mercedem reddentem, aliis etiam non placitam largientem, nullus juste culpaverit: consilium tamen occultioris justitiæ penes ipsum est. * Nos quantum concessum est sapiamus, & intelligamus, si possumus, Dominum Deum bonum ideo etiam sanctis suis alicujus operis justi aliquando non tribuere vel certam scientiam, vel victricem delectationem, ut cognoscant non a seipsis, sed ab illo sibi esse lucem, qua illuminentur tenebræ eorum, & suavitatem, qua det fructum suum terra eorum.

Cum autem ab illo illius adjutorium deprecamur, ad faciendam perficiendamque justitiam, quid aliud deprecamur, quam ut aperiat quod latebat, & suave faciat quod non delectabat? quia & hoc ab illo esse deprecandum, ejus gratia didicimus, dum antea lateret; ejus gratia dileximus, dum antea non delectaret: *ut qui gloriatur* non in se, sed *in Domino glorietur*. Extolli quippe in superbiam, propriæ voluntatis est hominum, non operis Dei: neque enim ad hoc eos compellit aut adjuvat Deus. Præcedit ergo in voluntate hominis appetitus quidam propriæ potestatis, ut fiat inobediens per superbiam. Hic autem appetitus, etiam si non esset, nihil molestum esset, & cum hoc voluit homo, sine difficultate noluisset: secutum est autem ex debita justa pœna tale vitium, ut jam molestum esset obedire justitiæ. Quod vitium nisi adjuvante gratia superetur, ad justitiam nemo convertitur, nisi operante gratia sanetur, justitiæ pace nemo perfruitur. Cujus autem gratia vincitur & sanatur, nisi illius cui dicitur, *Converte nos Deus sanitatum nostrarum, & averte iram tuam a nobis?* Quod & si facit, misericordia facit, ut dicatur, *Non secundum peccata nostra fecit nobis, neque secundum iniquitates nostras retribuit nobis*. Et quibus non facit, judicio non facit. Et quis dicet illi, Quid fecisti, cui misericordia & judicium pia sanctorum mente cantatur? Ideireo etiam sanctos & fideles suos in aliquibus vitiis tardius sanat, ut in his eos minus quam implendæ ex omni parte justitiæ sufficit delectet bonum, sive cum latet, sive cum etiam manifestum est: ut quantum pertinet ad integerrimam regulam veritatis ejus, non justificetur in conspectu ejus omnis vivens. Nec in eo ipso vult nos damnabiles esse, sed humiles, commendans nobis eamdem gratiam suam: ne facilitatem in omnibus adepti, nostrum putemus esse quod ejus est: qui error multum est religioni pietatique contrarius. Nec ideo tamen in eisdem vitiis nobis permanendum esse existimemus, sed adversus ipsam maxime superbiam, propter quam in eis humiliamur, & nos vigilanter conemur, & ipsum deprecemur ardenter, simul intelligentes, & quod sic conamur, & quod sic deprecamur, dono illius nos habere: ut in omnibus non ad nos respicientes, sed sursum cor habentes, Domino Deo nostro gratias agamus & cum gloriamur in illo gloriemur.

Ex eodem libro secundo de peccatorum meritis & remissione, cap. 29.

QUÆ cum ita sint, ex quo per unum hominem peccatum intravit in hunc mundum, & per peccatum mors, & ita in omnes homines pertransiit, usque in finem carnalis hujus generationis & corruptibilis sæculi, cujus filii generant & generantur, nullo extitisse homine de quo in hac vita constituto veraciter dici posset, quod nullum haberet omnino peccatum, excepto uno Mediatore, qui nos Creatori nostro per remissionem reconciliat peccatorum: idem ipse Dominus noster hanc suam medicinam nullis generis humani temporibus ante ultimum futurum adhuc judicium denegavit eis, quos per certissimam præscientiam, & futuram beneficentiam secum regnaturos in vitam prædestinavit æternam. Namque ante nativitatem carnis infirmitatemque passionis & virtutem resurrectionis suæ, etiam rerum futurarum fide eos qui tunc fuerant, informabat ad hæreditatem salutis æternæ, quarum rerum præsentium fide informavit eos, qui cum fierent adfuerunt, atque impleri prædicta cernebant, quarum etiam præteritarum fide qui postea fuerunt, & nos ipsos, & qui deinde futuri sunt, informare non cessat. Una ergo fides est quæ omnes salvos facit, qui ex carnali generatione spiritaliter renascuntur, terminata in eo, qui venit pro nobis judicari & mori judex vivorum & mortuorum. Sed hujus unius fidei pro significationis opportunitate per varia tempora sacramenta variata sunt.

Idem ipse itaque Salvator est parvulorum atque majorum, de quo dixerunt Angeli, *Natus est vobis hodie Salvator:* & de quo dictum est ad Virginem Mariam; *Vocabis nomen ejus Jesum, ipse enim salvum faciet populum suum a peccatis eorum:* ubi aperte demonstratum est, cum hoc nomine quo appellatus est Jesus, propter salutem quam nobis tribuit, nominari: Jesus quippe Latine Salvator est. Quis est igitur qui audeat dicere Dominum Christum tantum majoribus non etiam parvulis esse Jesum? qui venit in similitudine carnis peccati, ut evacuaret corpus peccati, in quo infirmissimo nulli usui congruis vel idoneis infantilibus membris, anima rationalis miserabili ignorantia prægravatur. Quam plane ignorantiam nullo modo crediderim fuisse in infante illo, in quo Verbum caro factum est, ut habitaret in nobis, nec illam ipsius animi infirmitatem in Christo parvulo fuerim suspicatus, quam videmus in parvulis. Per hanc enim etiam, cum motibus irrationabilibus perturbantur, nulla ratione, nullo imperio, sed dolore aliquando, vel doloris terrore cohibentur: ut omnino videas illius inobedientiæ filios quæ movetur in membris repugnans legi mentis, nec cum vult ratio, conquiescit: verum & ipsa sæpe vel dolore corporis, tanquam vapulando compescitur, vel pavefaciendo, vel tali aliquo animi motu, non tamen voluntate præcipiente comprimitur. Sed quia in eo erat similitudo carnis peccati, mutationes etiam ætatum perpeti voluit ab ipsa exorsus infantia, ut ad mortem videatur etiam senescendo illa caro pervenire potuisse, nisi juvenis fuisset occisus. Quæ tamen mors in carne peccati inobedientiæ debita redditur, in similitudine autem carnis peccati obedientiæ voluntate suscepta est. Ad eam quippe iturus eamque passurus hoc ait: *Ecce venit princeps mundi hujus, & in me nihil inveniet: sed ut sciant omnes quia voluntatem Patris mei facio, surgite, eamus hinc.* His dictis perrexit ad indebitam mortem, factus obediens usque ad mortem. Jo. 14. 30.

Ex fragmento sermonis contra Pelagianos, in Eugyppi Tomo 1. cap. 287. aut 288. num. 4. & 5.

ERGO, fratres, quando præcipitur, agnoscite voluntatis arbitrium, quando oratur quod præcipitur, agnoscite gratiæ beneficium. Utrumque enim in Scripturis habes & præcipitur & oratur; quod præcipitur, hoc oratur. Videte quod dico. Præcipitur ut intelligamus. Quomodo præcipitur ut intelligamus? *Nolite esse sicut equus & mulus non habentes intellectum.* Audisti quia jussum est: pete, ut possis implere quod jussum est. Quomodo, inquis, peto? Audi Scripturam. Quid tibi jussum est? *Nolite esse sicut equus & mulus, non habentes intellectum.* Quia jussum est, agnovisti voluntatem: audi quia oratur, ut agnoscas gratiam. *Da mihi intellectum, ut discam mandata tua.* Jussum est ut habeamus sapientiam: quia jussum est lege. Ubi lego, inquis? Audite: *Qui insipientes estis in populo & stulti, aliquando sapite.* Jam ille quid dicit? Vides quomodo nobis præcipit Deus ut sapiamus. Ergo sapientia in nostra est potestate? Jam dixi, præceptum audisti, voluntatem cognovisti: audi orationem, ut gratiam possis agnoscere. De sapientia agitur, quæ jussa est nobis, audiamus quid dicat apostolus Jacobus: *Si quis autem vestrum indiget sapientia, postulet a Deo, qui dat omnibus affluenter.* Jubetur nobis continentia. Ubi jubetur? Apostolus ad Timotheum, *Contine teipsum.* Jussio est, præceptum est; audiendum est, faciendum est: sed nisi Deus adjuvet, remanemus. Conamur quidem bona voluntate, & nitimur aliquid volentes: non prævalet potestas, nisi adjuvetur infirmitas. Certe enim jussum est: *Contine teipsum.* Audi alium locum Scripturæ: *Et cum scirem,* inquit, *quia nemo esse potest continens, nisi Deus det, & hoc ipsum erat sapientiæ, scire cujus esset hoc donum.* Et quid, inquit, feci? *Adii Dominum, & deprecatus sum.* Quid opus est multa requirere, Fratres mei? Quidquid nobis jubetur, orandum est ut impleatur: sed non sic, ut dimittamus nos, & quomodo ægri jaceamus supini, & dicamus, Pluat Deus escas super facies nostras; ut prorsus nos nihil agere velimus; & cum escæ completæ fuerint super ora nostra, dicamus etiam, Deus glutiat de nobis. Aliquid & nos agere debemus, studere debemus, conari debemus, & in eo gratias agere, in quo potuerimus, in eo quod non potuerimus, orare. Quando gratias agis, caves ne damneris ingratus: quando autem quod non-

Ps. 31. 9. — Ps. 118. 34. — Ps. 93. 8. — Jacob. 1. 5. — 1. Tim. 5. 22. — Sap. 8. 21. — Luc. 2. 11. Matth. 1. 21.

[illegible] habes petis, cave et venenum [illegible], quia impediris.

Cogitate ergo ista, Fratres mei, quisquis ad vos accesserit, & dixerit vobis, Quid ergo nos facimus, si nihil habemus in potestate, nisi Deus det omnia? Ergo non nos coronabit Deus, sed se coronabit. Jam videtis, quia de illa vena venit: vena est, sed venenum habet, percussa est enim a serpente, sana non est. Hoc enim agit hodie satanas, quomodo per venena haereticorum ejiciat ab Ecclesia, sicut tunc per venena serpentis ejecit de paradiso. Illum (*Pelagium*) nemo dicat absolutum esse ab episcopis; absoluta est, sed confessio, quasi correctio ipsa est absoluta. Quia ea quae dixit ante episcopos, catholica videbantur: quae autem scripsit in libris suis, episcopi qui absolverunt, nescierunt; & forsitan correctus est. Desperare enim de homine non debemus, qui forte fidei Catholicae adjungi se maluit, & ad ejus gratiam auxiliumque confugit, forte hoc factum sit: tamen non haeresis est absoluta, sed homo haeresim negans.

Ex libro ejusdem ad Marcellinum de Spiritu & Littera. Cap. 10. n. 17.

Rom. 3. 27. IDEO dicit, *Ubi est ergo gloriatio tua? Exclusa est. Per quam legem? factorum? Non, sed per legem fidei.* Sive gloriationem dixerit laudabilem, quae in Domino est, eamque exclusam, id est, non ut abscederet pulsam, sed ut emineret expressam. Unde & exclusores dicuntur quidam artifices argentarii. Hinc est illud in Psalmis: *Ut excludantur ii qui probati sunt argento*, hoc est, ut emineant qui probati sunt eloquio Domini. Nam & alibi dicitur: *Eloquia Domini eloquia casta, argentum igne examinatum.* Sive gloriationem vitiosam de superbia venientem commemorare voluerit, eorum scilicet, qui cum sibi juste videntur vivere, ita gloriantur, quasi non acceperint: eamque non per legem factorum, sed per legem fidei dicit exclusam, id est, ejectam & abjectam; quia per legem fidei quisque cognoscit, si quid bene vivit, Dei gratia se habere, & ut perficiatur in dilectione justitiae, non se aliud consecuturum.

Ex eodem libro, & cap. 26. & seq.

Caput XXVI. Rom. 2. 14. VIdendum est autem quomodo dicat Apostolus, *Cum enim gentes quae legem non habent, naturaliter quae legis sunt faciunt, hi legem non habentes, ipsi sibi sunt lex, qui ostendunt opus legis scriptum in cordibus suis:* ne videatur non esse certa distantia novi testamenti, quod leges suas Dominus in cordibus populi sui se scripturum esse promisit, quando quidem hoc gentes naturaliter habeant. Pertractanda igitur haec quaestio, quae non mediocris exorta est. Dicet enim aliquis, Si Deus hinc discernit a vetere testamento novum, quod in vetere legem suam scripsit in tabulis, in nova autem scripsit in cordibus: fideles novi testamenti unde discernuntur a gentibus quae habent opus legis scriptum in cordibus suis quo naturaliter quae legis sunt faciunt: quasi jam illo populo vetere potiores, qui legem accepit in tabulis, & novo populo priores, cui hoc praestatur per testamentum novum, quod his natura jam praestitit?

An forte eas gentes commemoravit Apostolus, scriptam in cordibus habere legem, quae ad novum pertinent testamentum? Ad hoc enim unde venerit, intuendum est. Primo Evangelium commendans, ait: *Virtus enim Dei est in salutem omni credenti, Judaeo primum & Graeco. Justitia enim Dei in eo revelatur ex fide in fidem, sicut scriptum est, Justus autem ex fide vivit.* Deinde loquitur de illis impiis, quibus propter superbiam nec cognitio Dei profuit, quia non sicut Deum glorificaverunt, aut gratias egerunt. Inde transit ad eos qui judicant, & agunt talia, qualia condemnant, nimirum propter Judaeos, qui de lege Dei gloriabantur; quamvis adhuc eos nominatim non exprimat, & ideo dicit, *Ira & indignatio, tribulatio & angustia in omnem animam hominis operantis malum, Judaei primum & Graeci: gloria autem & honor & pax omni operanti bonum, Judaeo primum & Graeco. Non est enim personarum acceptio apud Deum. Quicumque enim sine lege peccaverunt, sine lege & peribunt; & quicumque in lege peccaverunt, per legem judicabuntur. Non enim auditores legis justi sunt apud Deum, sed factores legis justificabuntur.* His verbis hoc unde agitur subjungit, & dicit, *Cum gentes quae legem non habent naturaliter ea quae legis sunt faciunt*: & cetera quae jam supra commemoravi. Proinde non videtur alios hic significasse sub nomine gentium, quam eos quos nomine Graeci supra significabat, cum diceret, *Judaeo primum & Graeco.* Porro si Evangelium virtus Dei est in salutem omni credenti, *Judaeo primum & Graeco*; & *ira & indignatio & tribulatio & angustia in omnem animam hominis operantis malum, Judaei primum & Graeci: gloria autem & honor & pax omni operanti bonum, Judaeo primum & Graeco*; ille autem Graecus nomine gentium significatus est naturaliter quae legis sunt facientium, & quae scriptum habent opus legis in cordibus suis, profecto ad Evangelium pertinent gentes, quibus lex in cordibus scripta est; eis quippe credentibus virtus Dei est in salutem. Quibus autem gentibus bene operantibus gloriam & honorem pacemque promitteret, extra Evangelii gratiam constitutis? Quia enim personarum acceptio non est apud Deum, & non auditores legis, sed factores justificabuntur; ideo sive Judaeus sive Graecus, hoc est, quilibet ex gentibus crediderit, salutem in Evangelio pariter habebit. *Non enim est distinctio* sicut postea dicit: *Omnes enim peccaverunt, & egent gloria Dei, justificati gratis per gratiam ipsius.* Unde autem factorem legis Graecum justificari diceret, sine gratia Salvatoris?

Neque enim contra seipsum diceret, quod ait *factores legis justificabuntur*: tamquam per opera, non per gratiam justificentur: cum dicat gratis justificari hominem per fidem sine operibus legis, nihil aliud volens intelligi in eo quod dicit *gratis*, nisi quia justificationem opera ra non præcedunt. Aperte quippe alibi dicit, *Si gratia, jam non operibus, alioquin gratia jam non est gratia*. Sed sic intelligendum est, *factores legis justificabuntur*, ut sciamus eos aliter non esse factores legis, nisi justificentur: ut non justificatio factoribus accedat, sed ut factores justificatio præcedat. Quid est enim aliud, justificati, quam justi facti, ab illo scilicet qui justificat impium, ut ex impio fiat justus? Si enim ita loqueremur, ut diceremus, homines liberabuntur; hoc itaque intelligeretur, eis qui jam homines essent accedere liberationem: si autem diceremus, homines creabuntur; non utique intelligeretur eos creari qui erant, sed ipsa creatione homines fieri. Ita si dictum esset, factores legis honorabuntur; non recte acciperemus nisi honorem illis qui essent factores legis accedere: cum vero dictum est, *factores legis justificabuntur*; quid aliud dictum est, quam, justi justificabuntur? factores enim legis utique justi sunt. Ac per hoc tantundem est ac si diceretur, factores legis creabuntur, non qui erant, sed ut sint: ut sic intelligerent etiam Judæi legis auditores, indigere se gratia justificatoris, ut possint esse factores. Aut certe ita dictum est, *justificabuntur*, ac si diceretur, justi habebuntur, justi deputabuntur; sicut dictum est de quodam, *Ille autem volens se justificare*, id est, ut justus haberetur, & deputaretur. Unde aliter dicimus, Deus sanctificat sanctos suos: aliter autem, *Sanctificetur nomen tuum*. Nam illud ideo, quia ipse illos facit esse sanctos, qui non erant sancti: hoc autem ideo, ut quod semper apud se sanctum est, sanctum etiam ab hominibus habeatur, id est, sancte timeatur.

Si ergo gentes commemorans, naturaliter quæ legis sunt facientes & scriptum habentes opus legis in cordibus, illos intelligi voluit qui credunt in Christum; quia non sicut Judæi præmissa sibi lege veniunt ad fidem: non est cur eos conemur discernere ab iis quibus Dominus per Prophetam promittens testamentum novum, dixit leges suas se scripturum in cordibus eorum; quia & ipsi per insertionem, quam oleastro præstitam dicit, ad eamdem oleam, hoc est ad eumdem Dei populum pertinent: potiusque concordat prophetico etiam hoc apostolicum testimonium, ut hoc sit pertinere ad testamentum novum, legem Dei habere non in tabulis, sed in cordibus scriptam, hoc est, in intimo affectu justitiam legis amplecti, ubi fides per dilectionem operatur. *Quia ex fide justificat gentes Deus*: Quod *scriptura prævidens, prænuntiavit Abrahæ, dicens, In semine tuo benedicentur omnes gentes*: ut per hanc promissionis gratiam oleaster insereretur oleæ, & fierent fideles gentes filii Abrahæ *in semine Abrahæ, quod est Christus*, sectantes ejus fidem, qui non accepta in tabulis lege, nondumque habens ipsam circumcisionem, *credidit Deo, & deputatum est illi ad justitiam*. Ac sic tale erit hoc quod de ejusmodi gentibus dixit Apostolus, quod *opus legis scriptum habeant in cordibus suis*; quale est illud ad Corinthios, *non in tabulis lapideis, sed in tabulis cordis carnalibus*. Ita enim fiunt de domo Israel, cum præputium eorum in circumcisionem deputatur, eo quod justitiam legis non præcisione carnis ostendunt, sed cordis charitate custodiunt: quoniam *si præputium justitias legis custodiat, nonne præputium ejus*, inquit, *in circumcisionem deputabitur?* Et propterea in domo veri Israel in quo dolus non est, participes sunt testamenti novi, quia dat Deus leges suas in mentem ipsorum, & in cordibus eorum scribit eas digito suo, Spiritu-sancto, quo ibi diffunditur caritas, quæ legis est plenitudo.

Nec moveat quod *naturaliter* eos dixit, *quæ legis sunt facere*, non spiritu Dei, non fide, non gratia. Hoc enim agit spiritus gratiæ, ut imaginem Dei, in qua naturaliter facti sumus, instauret in nobis. Vitium quippe contra naturam est, quod utique sanat gratia: propter quam Deo dicitur, *Miserere mei, sana animam meam, quoniam peccavi tibi*. Proinde naturaliter homines quæ legis sunt faciunt: qui enim hoc non faciunt, vitio suo non faciunt. Quo vitio lex Dei est deleta de cordibus: ac per hoc, vitio sanato, cum illic scribitur, fiunt quæ legis sunt naturaliter: non quod per naturam negata sit gratia, sed potius per gratiam reparata natura. *Per unum quippe hominem peccatum intravit in mundum, & per peccatum mors, & ita in omnes homines pertransiit, in quo omnes peccaverunt*: & ideo quia *non est distinctio, egent gloria Dei, justificati gratis per gratiam ipsius*. Qua gratia in interiore homine renovato justitia scribitur, quam culpa deleverat, & hæc misericordia super genus humanum per Jesum Christum Dominum nostrum. *Unus enim Deus, unus & mediator Dei & hominum homo Christus Jesus*.

Si autem hi qui naturaliter quæ legis sunt faciunt, nondum sunt habendi in numero eorum quos Christi justificat gratia, sed in eorum potius, quorum etiam impiorum, nec Deum verum veraciter justeque colentium, quædam tamen facta vel legimus, vel novimus vel audimus, quæ secundum justitiæ regulam non solum vituperare non possumus, verum etiam merito recteque laudamus: quanquam si discutiantur quo fine fiant, vix inveniuntur quæ justitiæ debitam laudem defensionemque mereantur: * veruntamen quia non usque adeo in anima humana imago Dei terrenorum affectuum labe detrita est, ut nulla in ea velut lineamenta extrema remanserint, unde merito dici possit etiam in ipsa impietate vitæ suæ facere aliqua legis vel sapere; si hoc est quod dictum est, quia gentes quæ legem non habent, hoc est, legem Dei, *naturaliter quæ legis sunt faciunt*, & quia hujusmodi homines ipsi sibi sunt lex, & scriptum opus legis habent in cordibus suis, id est, non omnino modo deletum est, quod ibi per imaginem Dei cum crearentur impressum est: etiam sic illa differentia non perturbabitur, qua distat a vetere testamentum novum, eo quod per novum scribitur lex Dei in corde fidelium, quæ per vetus in tabulis scripta est. Hoc enim illic scribitur per renovationem, quod non omni modo deletum est per vetustatem. Nam siut ipsa imago Dei renovetur in mente credentium per testamentum novum, quam non penitus impietas aboleverat; nam remanserat utique id quod anima hominis nisi rationalis esse non potest: ita etiam ibi lex Dei non ex omni parte deleta per injustitiam, profecto scribitur renovata per gratiam. Nec istam inscriptionem, quæ justificatio est, poterat efficere in Judæis lex in tabulis scripta, sed solam prævaricationem. Nam & ipsi homines erant, & vis illa naturæ inerat eis, qua legitimum aliquid anima rationalis & sentit & facit: sed pietas quæ in aliam vitam transfert beatam & æternam, legem habet immaculatam, convertentem animas, ut ex illo lumine renoventur, fiatque in eis, *Signatum est super nos lumen vultus tui, Domine*. Unde aversi obsolescere meruerunt: renovari autem nisi gratia Christiana, hoc est, nisi Mediatoris intercessione non possunt. *Unus enim Deus, unus & mediator Dei & hominum homo Christus Jesus, qui dedit semetipsum redemptionem pro omnibus*. A cujus gratia si alieni sunt illi, de quibus agimus, qui secundum illum modum, de quo superius satis diximus, *naturaliter quæ legis sunt faciunt*, quid eis proderunt *excusantes cogitationes, in die qua judicabit Deus occulta hominum*, nisi forte ut mitius puniantur? Sicut enim non impediunt a vita æterna justum quædam peccata venialia, sine quibus hæc vita non ducitur; sic ad salutem æternam nihil prosunt impio aliqua bona opera, sine quibus difficillime vita cujuslibet pessimi hominis invenitur. Verumtamen sicut in regno Dei velut stella ab stella in gloria differunt sancti; sic & in damnatione pœnæ sempiternæ tolerabilior erit Sodomæ quam alteri civitati, & erunt quidam duplo amplius quibusdam gehennæ filii: ita nec illud in judicio Dei vacabit, quod in ipsa impietate damnabili magis alius alio minusve peccaverit.

Quid ergo hinc Apostolus efficere voluit, quod jactantiam cohibens Judæorum, cum dixisset, *Non auditores legis justi sunt apud Deum, sed factores legis justificabuntur*; continuo subjecit de his qui *legem non habentes, naturaliter quæ legis sunt faciunt*: si non illi sunt intelligendi, qui pertinent ad gratiam Mediatoris, sed illi potius, qui cum Deum verum vera pietate non colant, habent tamen quædam opera bona in vita impia? An forte hoc ipso probandum credidit, quod supra dixerat, quia *non est personarum acceptio apud Deum*; & quod postea dixit, quia *non Judæorum est Deus tantum, sed & gentium*: quod quantulacumque legis opera naturaliter insita non invenirentur in eis, qui legem non acceperunt, nisi ex reliquiis imaginis Dei; quam non contemnit cum in eum credunt, apud quem non est acceptio personarum? Sed quodlibet horum accipiatur, constat gratiam Dei promissam esse testamento novo etiam per Prophetam; eamdemque gratiam in eo definitam, ut scribantur leges Dei in cordibus hominum, perveniantque ad eam cognitionem Dei, ubi non docebit unusquisque civem suum vel fratrem suum, dicens, Cognosce Deum, quia omnes cognoscent eum a minore usque ad majorem eorum. Hoc donum Spiritus-sancti est, quo diffunditur charitas in cordibus nostris: charitas non qualibet, sed charitas Dei de corde puro & conscientia bona, & fide non ficta, ex qua justus in hac peregrinatione vivens, ad speciem quoque perducitur post speculum & ænigma, & quidquid erat ex parte, ut facie ad faciem cognoscat, sicut & cognitus est. Unam enim petiit a Domino, & hanc requirit, ut inhabitet in domo Domini per omnes dies vitæ suæ, ad hoc ut contempletur delectationem Domini.

Caput XXIX.

Nemo itaque glorietur ex eo quod videtur habere, tamquam non acceperit, aut ideo se putet accepisse, quia littera extrinsecus, vel ut legeretur apparuit, vel ut audiretur insonuit. Nam *si per legem justitia, ergo Christus gratis mortuus est*. Porro autem si non gratis mortuus est, ascendit in altum, captivam duxit captivitatem, & dedit dona hominibus: inde habet, quicumque habet. Quisquis autem inde se habere negat, aut non habet, aut id quod habet auferetur ab eo. *Unus enim Deus qui justificat circumcisionem ex fide, & præputium per fidem*: quod non ad aliquam differentiam dictum est, tamquam aliud sit *ex fide*, & aliud *per fidem*, sed ad varietatem locutionis. Alio quippe loco cum de gentibus diceret, hoc est de præputio: *Prævidens*, inquit, *scriptura quia ex fide justificat gentes Deus*. Itemque cum de circumcisione loqueretur, unde erat ipse; *Nos*, inquit, *natura Judæi, & non ex gentibus peccatores, scientes quia non justificatur homo ex operibus legis, nisi per fidem Jesu Christi, & nos in Jesum Christum credimus*. Ecce & præputium dixit justificari ex fide, & circumcisionem per fidem, si tamen circumcisio justitiam fidei teneat. Sic enim *gentes quæ non sectabantur justitiam, apprehenderunt justitiam, justitiam autem quæ ex fide est*: impetrando eam ex Deo, non ex semetipsis præsumendo. *Israel vero persequens legem justitiæ, in legem justitiæ non pervenit. Quare? quia non ex fide, sed tamquam ex operibus*: id est, tamquam eam per semetipsos operantes, non in se credentes operari Deum. *Deus est enim qui operatur in nobis & velle & operari pro bona voluntate*. Ac per hoc *offenderunt in lapidem offensionis*. Nam quod dixerit, *quia non ex fide, sed tamquam ex operibus*; apertissime exposuit, dicens, *Ignorantes enim Dei justitiam, & suam volentes constituere, justitiæ Dei non sunt subjecti. Finis enim legis Christus ad justitiam omni credenti*. Et adhuc dubitamus quæ sint opera legis, quibus homo non justificatur, si ea tamquam sua crediderit sine adjutorio & dono Dei, quod est *ex fide Jesu Christi*? & circumcisionem ceteraque talia suspicamur, quia etiam de his sacramentis alia in locis talia quædam leguntur? Sed hic utique non circumcisionem tamquam suam justitiam volebant constituere: quia & ipsam Deus præcipiendo constituit. Nec de illis operibus hoc intelligi potest, de quibus Dominus eis dicit, *Rejicitis mandatum Dei, ut traditiones vestras statuatis*: *Quia persequens*, inquit, *legem justitiæ, in legem justitiæ non pervenit Israel*. Non dixit, persequens traditiones suas, idest,

con-

confessam. Hinc ergo sola distantia est, quia hoc ipsum, *Non concupisces*, & cetera mandata ejus sancta & bona illis tribuuntur: quae ut possit homo facere, Deus operatur in homine per fidem Jesu Christi, qui finis est ad justitiam omni credenti, id est, cui per Spiritum incorporatus, factusque membrum ejus, potest quisque illo incrementum intrinsecus dante, operari justitiam: de quibus operibus etiam ipse dicit, quia *Sine me nihil potestis facere*. [Exod. 20. 17.] [Joan. 15. 5.]

Ideo quippe proponitur justitia legis, quod qui fecerit eam, vivet in illa, ut cum quisque infirmitatem suam cognoverit, non per suas vires, neque per litteram ipsius legis, quod fieri non potest, sed per fidem concilians justificatorem perveniat, & faciat, & vivat in ea. Opus enim quod qui fecerit, vivet in eo, non fit nisi a justificato. Justificatio autem ex fide impetratur: de qua scriptum est, *Ne dixeris in corde tuo, quis adscendit in caelum? hoc est Christum deducere: aut quis descendit in abyssum? hoc est Christum a mortuis reducere. Sed quid dicit? Prope est verbum in ore tuo, & in corde tuo: hoc est*, inquit, *verbum fidei: quia si confitearis in ore tuo quia Dominus est Jesus, & credideris in corde tuo quia Deus illum suscitavit a mortuis, salvus eris*. In tantum justus in quantum salvus. Per hanc enim fidem credimus, quod etiam nos Deus a mortuis excitet: interim spiritu, ut in novitate ejus gratiae temperanter & juste & pie vivamus in hoc saeculo; post etiam carne nostra ad immortalitatem resurrectura, quod est meritum spiritus, qui eam in resurrectione sibi congrua, hoc est in justificatione praecedit. *Consepulti enim sumus Christo per baptismum in mortem, ut quemadmodum Christus resurrexit a mortuis per gloriam Patris, sic & nos in novitate vitae ambulemus*. Fide igitur Jesu Christi impetramus salutem, & quantum nobis inchoatur in re, & quantum perficienda exspectatur in spe. *Omnis enim qui invocaverit nomen Domini salvus erit*. *Quam multa multitudo*, ait Psalmista, *dulcedinis tuae, Domine, quam abscondisti timentibus te, perfecisti autem sperantibus in te!* Ex lege timemus Deum, ex fide speramus in Deum: sed timentibus poenam absconditur gratia. Sub quo timore anima laborans, quando concupiscentiam malam non vicerit, nec timor ille quasi custos severus abscesserit, per fidem confugiat ad misericordiam Dei, ut det quod jubet, atque inspirata gratiae suavitate per Spiritum-sanctum, faciat plus delectare quod praecipit, quam delectat quod impedit. Ita multa multitudo dulcedinis ejus, hoc est, lex fidei, caritas ejus conscripta in cordibus atque diffusa, perficitur sperantibus in eum, ut anima sanata non timore poenae, sed amore justitiae operetur bonum. [Levit. 18. 5.] [Rom. 10. 5.] [Ibid. 6.] [Tit. 2. 12.] [Rom. 6. 4.] [Joel. 2. 32. Rom. 10. 13. Ps. 30. 20.]

Liberum ergo arbitrium evacuamus per gratiam? Absit: sed magis liberum arbitrium statuimus. Sicut enim lex per fidem, sic liberum arbitrium per gratiam non evacuatur, sed statuitur. Neque enim lex impletur, nisi libero arbitrio: sed per legem cognitio peccati, per fidem impetratio gratiae contra peccatum, per gratiam sanatio animae a vitio peccati, per animae sanitatem libertas arbitrii, per liberum arbitrium justitiae dilectio, per justitiae dilectionem legis operatio. Ac per hoc, sicut lex non evacuatur, sed statuitur per fidem, quia fides impetrat gratiam, qua lex impleatur: ita liberum arbitrium non evacuatur per gratiam, sed statuitur, quia gratia sanat voluntatem, qua justitia libere diligatur. Omnia haec quae velut catenatim connexui, habent voces suas in Scripturis sanctis. Lex dicit, *Non concupisces*. Fides dicit, *Sana animam meam, quoniam peccavi tibi*. Gratia dicit, *Ecce sanus factus es, jam noli peccare, ne quid tibi deterius contingat*. Sanitas dicit, *Domine Deus meus clamavi ad te, & sanasti me*. Liberum arbitrium dicit, *Voluntarie sacrificabo tibi*. Dilectio justitiae dicit, *Narraverunt mihi injusti delectationes, sed non sicut lex tua, Domine*. Ut quid ergo miseri homines aut de libero arbitrio audent superbire ante quam liberentur, aut de suis viribus, si jam liberati sunt? Nec attendunt in ipso nomine liberi arbitrii utique libertatem sonare. *Ubi autem Spiritus Domini, ibi libertas*. Si ergo servi sunt peccati, quid se jactant de libero arbitrio? *A quo enim quis devictus est, huic & servus addictus est*. Si autem liberati sunt, quid se jactant velut de opere proprio, & gloriantur quasi non acceperint? An ita sunt liberi, ut nec illum velint habere Dominum, qui eis dicit, *Sine me nihil potestis facere*: &, *Si vos Filius liberaverit, tunc vere liberi eritis?* [Cap. XXX. [illegible]] [Exod. 20. 17. Ps. 40. 5. Joan. 5. 14. Ps. 29. 3. Ps. 53. 8. Ps. 118. 85.] [2 Cor. 3. 17.] [2 Petr. 2. 19.] [Joan. 15. 5. Joan. 8. 36.]

Quaeret aliquis, utrum fides ipsa, in qua salutis vel ad salutem connexionis hujus, quam commemoravi, esse videtur exordium, in nostra constituta sit potestate? quod facilius videbimus, si prius quid sit potestas aliquanto diligentius perscrutemur. Cum enim duo quaedam sint, velle & posse, unde nec qui vult continuo potest, nec qui potest continuo vult; quia sicut volumus aliquando quod non possumus, sic etiam aliquando possumus quod nolumus: satis evolutis ipsis etiam vocabulis resonat, quod ab eo quod est velle, voluntas; ab eo autem quod est posse, potestas nomen accepit. Quapropter sicut qui vult habet voluntatem, ita potestatem qui potest. Sed ut potestate aliquid fiat, voluntas aderit. Neque enim dici solet quispiam potestate fecisse, si quid fecit invitus. Quamquam si subtilius advertamus, etiam quod quisque invitus facere cogitur, si facit, voluntate facit: sed quia mallet aliud, ideo invitus, hoc est, nolens facere dicitur. Malo quippe aliquo facere compellitur, quod volens evitare vel a se removere, facit quod cogitur. Nam si tanta voluntas sit, ut malit hoc non facere, quam illud non pati; cogenti procul dubio resistit, nec facit. Ac per hoc si facit, non quidem plena & libera voluntate, sed tamen non facit nisi voluntate: quam voluntatem quia effectus consequitur, non possumus dicere potestatem defuisse facienti. Si enim cogenti cedens vellet facere, nec posset; ei voluntatem adfuisse licet extortam, sed potestatem defuisse diceremus. Cum vero ideo non faciebat, quia nolebat, erat utique potestas, sed voluntas deerat, quamdiu cogenti resistendo non fecit. Hinc est quod etiam illi qui cogunt, vel qui suadent, solent dicere, Quod habes in potestate quare non facis, ut hoc [Cap. XXXI. Fides an in nostra potestate.] [illegible] hoc malo careat? Et qui omnino facere non possunt, quæ ideo coguntur ut faciant, quia posse creduntur, solent excusando respondere & dicere, Facerem, si esset in potestate. Quid igitur ultra quærimus, quando quidem hanc dicimus potestatem, ubi voluntati adjacet facultas faciendi? Unde hoc quisque in potestate habere dicitur, quod si vult, facit; si non vult, non facit.

An fides in potestate sit.

Attende jam illud quod excutiendum posuimus, utrum fides in potestate sit? De hac enim fide nunc loquimur, quam adhibemus cum aliquid credimus, non quam damus cum aliquid pollicemur; nam & ipsa dicitur fides. Sed aliter dicimus, Non mihi habuit fidem: aliter, Non mihi servavit fidem. Nam illud est, Non credidit quod dixi: illud, Non fecit quod dixit. Secundum hanc fidem qua credimus, fideles sumus Deo: secundum illam vero qua fit quod promittitur, etiam Deus ipse fidelis est nobis. Hoc enim dicit Apostolus, *Fidelis Deus, qui non vos permittat tentari super id quod potestis.* De illa itaque fide quærimus, utrum in potestate sit, qua credimus Deo, vel credimus in Deum. Hinc enim scriptum est, *Credidit Abraham Deo, & deputatum est illi ad justitiam:* &, *Credenti in eum qui justificat impium, deputatur fides ejus ad justitiam.* Vide nunc utrum quisque credat, si noluerit; aut non credat si voluerit. Quod si absurdum est: quid est enim credere, nisi consentire verum esse quod dicitur? consensio autem utique volentis est: profecto fides in potestate est. Sed sicut Apostolus dicit, *Non est potestas, nisi a Deo.* Quid igitur causæ est, cur non & de ista nobis dicatur, *Quid enim habes quod non accepisti?* Nam & ut credamus Deus dedit. Nusquam autem legimus in Scripturis sanctis, Non est voluntas nisi a Deo. Et recte non scriptum est, quia verum non est: alioqui etiam peccatorum, quod absit, auctor est Deus, si non est voluntas nisi ab illo: quoniam mala voluntas jam sola peccatum est, etiam si desit effectus, id est, si non habeat potestatem. Porro cum voluntas mala potestatem accipit implere quod intendit, ex judicio Dei venit, apud quem non est iniquitas. Punit enim etiam isto modo; nec ideo injuste, quia occulte. Ceterum iniquus puniri se ignorat, nisi cum manifesto supplicio senserit nolens, quantum mali sit quod perpetravit volens. Hoc est quod de quibusdam Apostolus ait, *Tradidit illos Deus in concupiscentias cordis illorum, ut faciant quæ non conveniunt.* Hinc & Dominus Pilato, *Non haberes in me*, inquit, *potestatem, nisi data esset tibi desuper.* Sed cum potestas datur, non necessitas utique imponitur. Unde cum David Saulis occidendi potestatem accepisset, maluit parcere, quam ferire. Unde intelligimus malos accipere potestatem ad damnationem malæ voluntatis suæ, bonos autem ad probationem bonæ voluntatis suæ.

Caput XXXII. Quæ fides laudanda.

CUM ergo fides in potestate sit, quoniam cum vult quisque credit: & cum credit, volens credit; deinde quærendum est, imme recolendum, quam fidem tanta contestatione commendet Apostolus. Non enim quodlibet credere bonum est: nam unde est illud, *Fratres, nolite omni spiritui credere, sed probate spiritum qui ex Deo est?* Nec in laudibus charitatis quod dictum est, *Omnia credit*, sic accipiendum est, ut charitati cujusquam derogemus, si non quod audierit, statim crediderit. Quid quod eadem charitas admonet, non facile de fratre mali aliquid esse credendum, & cum tale aliquid dicitur, hoc ad se magis judicat pertinere ut credat. Postremo ipsa charitas quæ omnia credit, non omni spiritui credit: ac per hoc, omnia quidem credit, sed Deo; quia non dictum est, Omnibus credit. Nulli itaque dubium est, eam fidem ab Apostolo commendari, qua creditur Deo.

Sed adhuc aliquid discernendum est: quoniam & illi qui sub lege sunt, & timore pœnæ justitiam suam facere conantur, & ideo non faciunt Dei justitiam, quia charitas eam facit, quam non libet nisi quod licet, non timor, qui cogitur in opere habere quod licet, cum aliud habeat in voluntate, qua mallet, si fieri posset, licere quod non licet: & illi ergo credunt Deo: nam si omnino non crederent, nec pœnam legis utique formidarent. Sed hanc fidem commendat Apostolus qui dicit, *Non enim accepistis spiritum servitutis iterum in timorem, sed accepistis spiritum adoptionis filiorum, in quo clamamus, Abba, pater.* Timor ergo ille servilis est; & ideo quamvis in illo Domino credatur, non tamen justitia diligitur, sed damnatio timetur. Filii vero clamant, *Abba, pater*, quarum duarum vocum una est ex circumcisione, altera ex præputio, Judæi primum & Græci: *quoniam unus est Deus qui justificat circumcisionem ex fide & præputium per fidem.* Cum autem clamant, aliquid petunt: & quid petunt, nisi quod esuriunt & sitiunt? Et hoc quid est, nisi quod de illis dictum est, *Beati qui esuriunt & sitiunt justitiam, quoniam ipsi saturabuntur?* Huc ergo transeant qui sub lege sunt, ut ex servis filii fiant: nec sic tamen ut servi esse desistant; sed ut tamquam filii Domino & patri liberaliter serviant, quia & hoc acceperunt: *dedit enim potestatem ille Unicus, filios Dei fieri credentibus in nomine ejus:* eosque admonuit petere, quærere, pulsare, ut accipiant, & inveniant, & aperiatur eis; addens increpationem, & dicens, *Si vos cum sitis mali nostis bona data dare filiis vestris, quanto magis Pater vester qui in cælis est, dabit bona petentibus se?* Cum ergo virtus peccati lex inflammaverit aculeum mortis, ut occasione accepta peccatum per mandatum operetur omnem concupiscentiam, a quo petenda est continentia, nisi ab illo qui novit bona data dare filiis suis? An forte nescit insipiens, quod nemo possit esse continens, nisi Deus det? Hoc ergo ut sciat, ipsa indiget sapientia. Cur itaque non audit Patris sui Spiritum dicentem per Apostolum Christi, vel ipsum Christum qui dicit in Evangelio suo, *Petite, & accipietis*; loquentem etiam in Apostolo suo, & dicentem, *Si quis vestrum indiget sapientia, postulet a Deo, qui dat omnibus affluenter, & non improperat, & dabitur illi; postulet autem in fide, nihil hæsitans?* Hæc est fides ex qua justus vivit; hæc est fides, per quam excluditur gloriatio; sive ut * abscedat qua in nobis inflamur, sive ut emineat qua in Domino gloriamur: hæc est fides qua impetra-

Margin notes, left column: Fides duplex. — 1. Cor. 10. 13. — Gen. 15. 6. Rom. 4. 3. & 5. — Fides in potestate, quia nihil aliud est nisi voluntas. Rom. 13. 1. 1. Cor. 4. 7. Omnis potestas, sed non omnis voluntas a Deo. — Rom. 2. 11. — Rom. 1. 26. — Joan. 19. 11. — 1. Reg. 24. & 26. — 1. Joan. 4. 1. [illegible]

Margin notes, right column: Rom. 10. 3. Fides eorum qui sub lege sunt, alia a fide filiorum. — Rom. 8. 15. — Timor servilis. — Rom. 3. 9. — Rom. 3. 30. — Matt. 5. 6. — Joan. 1. 12. — Matt. 7. 11. 1. Cor. 15. 56. Rom. 7. 8. — Sap. 8. 21. — Matt. 7. 7. Jacob. 1. 5. — Rom. 1. 17. Ibid. 3. 27. — Ibid. 3. 27. [illegible] tur largitas spiritus, de quo dicitur, *Nos enim spiritu ex fide spem justitiae exspectamus*. Ubi quidem quaeri adhuc potest, utrum spem justitiae dixerit, qua sperat justitia, an qua speretur ipsa justitia: quoniam justus ex fide vivens sperat utique vitam aeternam; itemque fides esuriens & sitiens justitiam renovatione de die in diem interioris hominis proficit in ea, & sperat in ea satiari in vita aeterna, ubi fiet id quod in Psalmo de Deo dicitur: *Qui satiat in bonis desiderium tuum*. Haec est fides qua salvi fiunt de quibus dicitur: *Gratia salvi facti estis per fidem; & hoc non ex vobis, sed Dei donum est; non ex operibus, ne forte quis extollatur. Ipsius enim sumus figmentum creati in Christo Jesu in operibus bonis, quae praeparavit Deus ut in illis ambulemus*. Postremo haec est fides, quae per dilectionem operatur, non per timorem; non formidando poenam, sed amando justitiam. Unde ergo ista dilectio, id est, charitas per quam fides operatur, nisi unde illam fides ipsa impetravit? Neque enim esset in nobis, quantacumque sit in nobis, nisi diffunderetur in cordibus nostris per Spiritum sanctum qui datus est nobis. Charitas quippe Dei dicta est diffundi in cordibus nostris, non qua nos ipse diligit, sed qua nos facit dilectores suos: sicut justitia Dei, qua justi ejus munere efficimur, & Domini salus, qua nos salvos facit, & fides Jesu Christi, qua nos fideles facit. Haec est justitia Dei, quam non solum docet per legis praeceptum, verum etiam dat per Spiritus donum.

CAPUT XXXIII. Voluntas credendi unde.

SED consequens est paululum quaerere, utrum voluntas illa qua credimus, etiam ipsa Dei donum sit, an ex illo naturaliter insito libero adhibeatur arbitrio. Si enim dixerimus eam non esse donum Dei, metuendum est ne existimemus invenisse nos aliquid, quod Apostolo increpanti & dicenti; *Quid enim habes quod non accepisti? si autem & accepisti, quid gloriaris quasi non acceperis?* respondere possimus. Ecce habemus voluntatem credendi, quam non accepimus: ecce ubi gloriamur, quod non accepimus. Si autem dixerimus, etiam hujusmodi voluntatem non esse nisi donum Dei, rursus metuendum est; ne infideles atque impii non immerito se velut juste excusare videantur, ideo non credidisse, quod dare illis Deus istam noluit voluntatem. Nam illud quod dictum est, *Deus est enim qui operatur in vobis & velle & operari pro bona voluntate*: jam gratiae est, quam fides impetrat, ut possint esse hominis opera bona, quae operatur fides per dilectionem, quae diffunditur in corde per Spiritum sanctum qui datus est nobis. * Si natura, quare non omnibus, cum sit idem Deus omnium creator? Si dono Dei, etiam hoc quare non omnibus, cum omnes homines velit salvos fieri, & in agnitionem veritatis venire.

Prius igitur illud dicamus, & videamus utrum huic satisfaciat quaestioni, quod liberum arbitrium naturaliter attributum a Creatore animae rationali, illa media vis est, quae vel intendi ad fidem, vel inclinari ad infidelitatem potest: & ideo nec istam voluntatem qua credit Deo, dici potest homo habere quam non acceperit, quandoquidem vocante Deo surgit de libero arbitrio, quod naturaliter cum crearetur accepit. Vult autem Deus omnes homines salvos fieri, & in agnitionem veritatis venire; non sic tamen, ut eis adimat liberum arbitrium, quo vel bene vel male utentes justissime judicentur. Quod cum fit, infideles quidem contra voluntatem Dei faciunt, cum ejus Evangelio non credunt: nec ideo tamen eam vincunt, verum se ipsos fraudant magno & summo bono, malisque poenalibus implicant, experturi in suppliciis potestatem ejus, cujus in donis misericordiam contempserunt. Ita voluntas Dei semper invicta est: vinceretur autem, si non inveniret quid de contemptoribus faceret, aut ullo modo possent evadere quod de talibus ille constituit. Qui enim dicit, verbi gratia, Volo ut hi omnes servi mei operentur in vinea, & post laborem requiescentes epulentur, ita ut quisquis eorum hoc noluerit, in pistrino semper molat: videtur quidem quicumque contempserit, contra voluntatem Domini sui facere, sed tunc eam vincet, si & pistrinum contemnens effugerit: quod nullo modo fieri potest sub Dei potestate. Unde scriptum est, *Semel locutus est Deus*, hoc est, incommutabiliter: quanquam & de unico Verbo possit intelligi. Deinde subjungens quid incommutabiliter sit locutus; *Duo haec*, inquit, *audivi, quoniam potestas Dei est, & tibi Domine misericordia, quia tu reddes unicuique secundum opera sua*. Ille igitur reus erit ad damnationem sub potestate ejus, qui contempserit ad credendum misericordiam ejus. Quisquis autem crediderit; eique se a peccatis omnibus absolvendum, & ab omnibus vitiis sanandum, & calore ac lumine ejus accendendum illuminandumque commiserit, habebit ex ejus gratia opera bona, ex quibus etiam secundum corpus a mortis corruptione redimatur, coronetur, bonisque satietur, non temporalibus, sed aeternis, supra quam petimus & intelligimus.

Hunc ordinem tenuit Psalmus, ubi dicitur, *Benedic anima mea Dominum, & noli oblivisci omnes retributiones ejus: qui propitius fit omnibus iniquitatibus tuis: qui sanat omnes languores tuos, qui redimit de corruptione vitam tuam, qui coronat te in miseratione & misericordia, qui satiat in bonis desiderium tuum*. Et ne forte haec tanta bona hujus vetustatis, hoc est, mortalitatis deformitas desperaret; *Renovabitur*, inquit, *sicut aquilae juventus tua*. Tanquam diceret, Haec quae audisti ad novum hominem & ad novum pertinent testamentum. Recole mecum eadem ipsa paululum, obsecro te, & inspice delectabiliter laudem misericordiae, hoc est, gratiae Dei. *Benedic*, inquit, *anima mea Dominum, & noli oblivisci omnes retributiones ejus*: non ait, tributiones, sed retributiones ejus, quia retribuit bona pro malis. *Qui propitius fit omnibus iniquitatibus tuis*: hoc agitur in baptismatis sacramento. *Qui sanat omnes languores tuos*: hoc agitur in vita fidelis hominis, dum caro concupiscit adversus spiritum, & spiritus adversus carnem, ut non quae volumus faciamus; dum alia lex in membris repugnat legi mentis; dum velle adjacet, perficere autem bonum non: qui languores vetustatis, si perseverante intentione proficimus, de die in diem crescente novitate sanantur, ex fide quae per dilectionem operatur. *Qui redimit de corruptione vitam tuam*: hoc fit in ultima resurrectione mor-

mor-

Matth. 25. 31. — In judicio Dei misericordia.

mortuorum. *Qui coronat te in miseratione & misericordia:* hoc fit in judicio, ubi cum rex justus sederit in throno redditurus unicuique secundum opera ejus, quis gloriabitur mundum se esse a peccato? Ideo illic necessarium fuit commemorare miserationem & misericordiam Domini, ubi jam exigi debita & reddi merita sic possent videri, ut nullus esset misericordiæ locus. Coronat ergo in miseratione & misericordia, sed etiam sic secundum opera. Segregabitur enim ad dexteram, cui dicatur: *Esurivi, & dedisti mihi manducare:* quoniam *judicium sine misericordia; sed illi qui non fecit misericordiam. Beati autem misericordes, quoniam ipsorum miserebitur Deus.* Jam vero cum sinistri ierint in ambustionem æternam, justi autem in vitam æternam. Quia *hæc est*, inquit, *vita æterna, ut cognoscant te unum verum Deum, & quem misisti Jesum Christum*, illa cognitione, illa visione, illa contemplatione satiabitur in bonis ejus desiderium. Hoc enim solum ei sat est, ultra non habet quod appetat, quo inhiet, quod requirat. Nam desiderio hujus satietatis ardebat qui Domino Christo ait: *Ostende nobis Patrem, & sufficit nobis.* Cui responsum est: *Qui me videt, videt & Patrem.* Quia ipsa est vita æterna, ut cognoscant unum verum Deum te, & quem misisti Jesum Christum. Sed si ille qui videt Filium, videt & Patrem, profecto qui * videt Patrem, & Filium videt, & Spiritum sanctum Patris & Filii. Ita nec arbitrium liberum tollimus, & benedicit anima nostra Dominum, non obliviscens omnes retributiones ejus: nec ignorans Dei justitiam, suam vult constituere, sed credit in eum qui justificat impium, & vivit ex fide, donec ad speciem perducatur; fide scilicet quæ per dilectionem operatur. Quæ dilectio diffunditur in cordibus nostris, nec per sufficientiam propriæ voluntatis, nec per litteram legis, sed per Spiritum sanctum qui datus est nobis.

Caput XXXIV.

HÆC disputatio, si quæstioni illi solvendæ sufficit, sufficiat. Si autem respondetur, cavendum esse ne quisquam Deo tribuendum putet peccatum, quod admittitur per liberum arbitrium, si in eo quod dicitur, *Quid habes, quod non accepisti?* propterea etiam voluntas qua credimus, dono Dei tribuitur, quia de libero existit arbitrio, quod cum crearemur accepimus. Attendat & videat, non ideo tantum istam voluntatem divino muneri tribuendam, quia ex libero arbitrio est, quod nobis naturaliter concreatum est; verum etiam quod visorum suasionibus agit Deus, ut velimus, & ut credamus, sive extrinsecus per evangelicas exhortationes, ubi & mandata legis aliquid agunt, si ad hoc admonent hominem infirmitatis suæ, ut ad gratiam justificantem credendo confugiat, sive intrinsecus, ubi nemo habet in potestate quid ei veniat in mentem, sed consentire vel dissentire propriæ voluntatis est. His ergo modis quando Deus agit cum anima rationali, ut ei credat, neque enim credere potest quodlibet libero arbitrio, si nulla sit suasio vel vocatio cui credat; profecto & ipsum velle credere Deus operatur in homine, & in omnibus misericordia ejus prævenit nos: consentire autem vocationi Dei, vel ab ea dissentire, sicut dixi, propriæ voluntatis est. Quæ res non solum non infirmat quod dictum est, *Quid habes quod non accepisti?* verum etiam confirmat. 1. Cor. 4. 7. Accipere quippe & habere anima non potest dona, de quibus audit, nisi consentiendo: ac per hoc quid habeat, & quid accipiat, Dei est: accipere autem & habere accipientis & habentis est. Jam si ad illam profunditatem scrutandam quisquam nos coarctet, cur illi ita suadeatur, ut persuadeatur, illi autem non ita; duo sola occurrunt interim quæ respondere mihi placeat: *O altitudo divitiarum!* &, *Numquid iniquitas apud Deum?* Cui responsio illa displicet, quærat doctiores, sed caveat ne inveniat præsumptores.

EX EPISTOLA EJUSDEM AD PAULINUM,

Alias CVI. nunc CLXXXVI. cap. 1. & seq.

GRATIA Dei per Jesum Christum Dominum nostrum (quod fides vera & catholica tenet semper Ecclesia) parvulos cum magnis a morte primi hominis ad vitam secundi hominis transfert; non solum peccata delendo, verum etiam ad non peccandum recteque vivendum eos qui jam uti possunt voluntatis arbitrio sic adjuvando, ut nisi adjuvet, nihil pietatis atque justitiæ, sive in opere, sive etiam in ipsa voluntate habere possimus. *Deus quippe operatur in nobis, & velle & operari pro bona voluntate.* Philip. 2. 13.

Caput II.

NAM quis nos nisi qui venit *quærere & salvare quod perierat*, ab illa perditionis massa & conspersione discernit? Unde Apostolus interrogat, dicens, *Quis enim te discernit?* Ubi si dixerit homo, Fides mea, voluntas mea, bonum opus meum: respondetur ei, *Quid enim habes quod non accepisti? Si autem & accepisti, quid gloriaris quasi non acceperis?* Hoc utique totum ideo, non ut homo non glorietur, sed ut qui gloriatur, in Domino glorietur; non ex operibus, ne forte quis extollatur. Non quia bona opera destruuntur, cum Deus reddat unicuique secundum opera ejus, sitque gloria & honor, & pax omni operanti bonum: sed quia opera ex gratia, non ex operibus gratia: quoniam fides quæ per dilectionem operatur, nihil operaretur, nisi ipsa dilectio Dei diffunderetur in cordibus nostris per Spiritum sanctum qui datus est nobis. Nec ipsa fides esset in nobis, nisi Deus unicuique partiretur mensuram fidei.

Bonum est igitur homini, ut cum totis viribus liberi arbitrii sui veraciter dicat, *Fortitudinem meam ad te custodiam:* quia ille qui putavit sine ipsius adjutorio se posse custodire quod dedit, profectus in longinquam regionem, & vivens prodige, cuncta consumpsit, & miseria duræ servitutis attritus, reversusque in semetipsum, dixit, Surgam, & ibo ad Patrem meum. Quam cogitationem bonam quando haberet, nisi & ipsam illi in occulto pater misericordissimus inspirasset? Quod intelligens minister ille novi Testamenti, *Non quia idonei sumus*, inquit, *cogitare aliquid a nobis quasi ex nobismetipsis; sed sufficientia nostra ex Deo est.* Unde & ille item dixisset, *Fortitudinem meam ad te custodiam:* ne vel hoc ipsum quia custodit,

suis

Psalm. 102. 4. In miseratione & misericordia & secundum opera.

mortuorum. *Qui coronat te in miseratione & misericordia?* hoc fit in judicio, cum rex justus sederit in throno redditurus unicuique secundum opera ejus, quis gloriabitur mundum se esse a peccato? Ideo illic necessarium fuit commemorare miserationem & misericordiam Domini, ubi jam exigi debita & reddi merita sic possent videri, ut nullus esset misericordiæ locus. Coronat ergo in miseratione & misericordia, sed etiam sic secundum opera. Segregabitur enim ad dexteram, cui dicatur: *Esurivi, & dedisti mihi manducare*: quoniam *judicium sine misericordia*; sed illi *qui non fecit misericordiam*. *Beati autem misericordes, quoniam ipsorum miserebitur Deus*. Jam vero cum sinistri ierint in combustionem æternam, justi autem in vitam æternam, *Quia hæc est*, inquit, *vita æterna, ut cognoscant te unum verum Deum, & quem misisti Jesum Christum*, illa cognitione, illa visione, illa contemplatione satiabitur in bonis animæ desiderium. Hoc enim solum ei sat est, ultra non habet quod appetat, quo inhiet, quod requirat. Nam desiderio hujus satietatis ardebat qui Domino Christo ait: *Ostende nobis Patrem, & sufficit nobis*. Cui responsum est: *Qui me videt, videt & Patrem*. Quia ipsa est vita æterna, ut cognoscant unum verum Deum te, & quem misisti Jesum Christum. Sed si ille qui videt Filium, videt & Patrem, profecto qui * videt Patrem, & Filium videt, & Spiritum sanctum Patris & Filii. Ita nec arbitrium liberum tollimus, & benedicit anima nostra Dominum, non obliviscens omnes retributiones ejus; nec ignorans Dei justitiam, suam vult constituere, sed credit in eum qui justificat impium, & vivit ex fide, donec ad speciem perducatur; fide scilicet quæ per dilectionem operatur. Quæ dilectio diffunditur in cordibus nostris, nec per sufficientiam propriæ voluntatis, nec per litteram legis, sed per Spiritum sanctum qui datus est nobis.

Matth. 25. 34. — Jacob. 2. 13. Matth. 5. 7. — Matth. 25. 46. Joan. 17. 3. Ps. 102. 2. — Joan. 14. 8. — Joan. 14. 9. — * Alii veteres libri Filium videt. — Ps. 102. 2. & seq. — Rom. 4. 5. Galat. 3. 11. Rom. 5. 5.

CAPUT XXXIV. Voluntas credendi a Deo. 1. Cor. 4. 7.

HÆC disputatio, si quæstioni illi solvendæ sufficit, sufficiat. Si autem respondetur, cavendum esse ne quisquam Deo tribuendum putet peccatum, quod admittitur per liberum arbitrium, si in eo quod dicitur, *Quid habes, quod non accepisti?* propterea etiam voluntas qua credimus, dono Dei tribuitur, quia de libero existit arbitrio, quod cum crearemur accepimus. Attendat & videat, non ideo tantum istam voluntatem divino muneri tribuendam, quia ex libero arbitrio est, quod nobis naturaliter concreatum est; verum etiam quod visorum suasionibus agit Deus, ut velimus, & ut credamus, sive extrinsecus per evangelicas exhortationes, ubi & mandata legis aliquid agunt, si ad hoc admonent hominem infirmitatis suæ, ut ad gratiam justificantem credendo confugiat, sive intrinsecus, ubi nemo habet in potestate quid ei veniat in mentem, sed consentire vel dissentire propriæ voluntatis est. His ergo modis quando Deus agit cum anima rationali, ut ei credat, neque enim credere potest quodlibet libero arbitrio, si nulla sit suasio vel vocatio cui credat; profecto & ipsum velle credere Deus operatur in homine, & in omnibus misericordia ejus prævenit nos: consentire autem vocationi Dei, vel ab ea dissentire, sicut dixi, propriæ voluntatis est.

V. Not. ad Augustinum, cap. 16.

Quæ res non solum non infirmat quod dictum est, *Quid habes quod non accepisti?* verum etiam confirmat. Accipere quippe & habere anima non potest dona, de quibus audit, nisi consentiendo: ac per hoc quid habeat, & quid accipiat, Dei est: accipere autem & habere accipientis & habentis est. Jam si ad illam profunditatem scrutandam quisquam nos coarctet, cur illi ita suadeatur, ut persuadeatur, illi autem non ita; duo sola occurrunt interim quæ respondere mihi placeat: *O altitudo divitiarum!* &, *Numquid iniquitas apud Deum?* Cui responsio ista displicet; quærat doctiores, sed caveat ne inveniat præsumptores.

1. Cor. 4. 7. — Rom. 11. 33. Rom. 9. 14.

EX EPISTOLA EJUSDEM AD PAULINUM,

Alias CVI. *nunc* CLXXXVI. *cap.* 1. & *seq.*

GRATIA Dei per Jesum Christum Dominum nostrum (quam fides vera & catholica tenet semper Ecclesia) parvulos cum magnis a morte primi hominis ad vitam secundi hominis transfert; non solum peccata delendo, verum etiam ad non peccandum resistere vitiis adjuvando eos qui jam uti possunt voluntatis arbitrio sic adjuvando, ut nisi adjuvet, nihil pietatis atque justitiæ, sive in opere, sive etiam in ipsa voluntate habere possimus. *Deus quippe operatur in nobis, & velle & operari pro bona voluntate*.

Phil. 2. 13.

CAPUT II.

NAM quis nos nisi qui venit *quærere & salvare quod perierat*, ab illa perditionis massa & concretione discernit? Unde Apostolus interrogat, dicens, *Quis enim te discernit?* Ubi si dixerit homo, Fides mea, voluntas mea, bonum opus meum; respondetur ei, *Quid enim habes quod non accepisti? Si autem & accepisti, quid gloriaris quasi non acceperis?* Hoc utique totum ideo, non ut homo non glorietur; sed ut qui gloriatur, in Domino glorietur; non ex operibus, ne forte quis extollatur. Non quia bona opera frustrantur, cum Deus reddat unicuique secundum opera ejus, sitque gloria & honor, & pax omni operanti bonum: sed quia opera ex gratia, non ex operibus gratia: quoniam fides quæ per dilectionem operatur, nihil operaretur, nisi ipsa dilectio Dei diffunderetur in cordibus nostris per Spiritum sanctum qui datus est nobis. Nec ipsa fides esset in nobis, nisi Deus unicuique partiretur mensuram fidei.

1. Cor. 4. 7. — Ibidem. — 1. Cor. 1. 31. — Rom. 2. 6. Ibid. 10. Eph. 2. 9. Rom. 5. 5. — Rom. 12. 3.

Bonum est igitur homini, ut cum totis viribus liberi arbitrii sui veraciter dicat, *Fortitudinem meam ad te custodiam*: quia ille qui putavit sine ipsius adjutorio se posse custodire quod dedit, profectus in longinquam regionem, & vivens prodige, cuncta consumpsit, & miseria duræ servitutis attritus, reversusque in semetipsum, dixit, Surgam, & ibo ad Patrem meum. Quam cogitationem bonam quando haberet, nisi & ipsam illi in occulto pater misericordissimus inspirasset? Quod intelligens minister ille novi Testamenti, *Non quia idonei sumus*, inquit, *cogitare aliquid a nobis quasi ex nobismetipsis; sed sufficientia nostra ex Deo est*. Unde & ille cum dixisset, *Fortitudinem meam ad te custodiam*: ne vel hoc ipsum quia custodit,

Ps. 58. 10. — Luc. 15. 13. Ibid. 18. — 2. Cor. 3. 5. — Ps. 58. 10.

sui

suis viribus arrogaret, tamquam ei venisset in mentem, quia nisi Dominus custodierit civitatem, in vanum vigilant qui custodiunt eam, & non dormit, neque dormitat, qui custodit Israel; adjunxit caussam unde fiat idoneus custodire, vel quo potius custode servetur, *Quoniam Deus*, inquit, *susceptor meus es*.

Recolat igitur ille, si potest, merita sua, unde factum sit ut Deus dignaretur ejus esse susceptor, ac si Deus esset susceptus. Recolat utrum quaesierit an quaesitus sit, ab illo scilicet, qui venit quaerere & salvare quod perierat. Nam si quaerere voluerit, ante gratiam quid meruerit ut acciperet eam, mala sua poterit bona invenire, non bona, etiamsi cum unius diei vitam habentem super terram gratia Salvatoris invenerit. Quia si aliquid boni operatur homo ut gratiam mereatur, non ei merces imputatur secundum gratiam, sed secundum debitum. Si autem credit in eum qui justificat impium, ut deputetur fides ejus ad justitiam, (Justus enim ex fide vivit) profecto antequam gratia justificetur, id est, justus efficiatur, impius quid est nisi impius? quem si debitum sequeretur, quid ejus merito nisi supplicium redderetur? Si ergo gratia, jam non ex operibus est: alioquin gratia jam non est gratia. Operibus enim debitum redditur, gratia gratis datur; unde etiam nuncupatur.

Si quis autem dixerit quod *gratiam bene operandi fides meretur*; negare non possumus, immo vero gratissime confitemur. Hanc enim fidem volumus habeant qua impetrent charitatem quae sola vere bene operatur, isti fratres nostri, qui multum de suis operibus gloriantur. Charitas autem usque adeo donum Dei est, ut Deus dicatur. Qui ergo habent fidem, qua impetrent justificationem, per Dei gratiam pervenerunt ad legem justitiae. Unde dicitur, *Tempore acceptabili exaudivi te, & in die salutis adjuvi te*. Proinde in iis qui per electionem gratiae salvi fiunt, adjutor Deus operatur & velle & operari pro bona voluntate: quoniam diligentibus Deum omnia cooperantur in bonum. Si omnia, utique & ipsam dilectionem quam fide impetramus, ut eum qui nos prior dilexit ut in illum crederemus, per ejus gratiam diligamus, & diligamur qui operati non fuimus.

Qui vero suis meritis praemia tamquam debita exspectant, nec ipsa merita Dei gratiae tribuunt, sed viribus propriae voluntatis, sicut dictum est de carnali Israel, persequentes legem justitiae, in legem justitiae non perveniunt: quare? Quia non ex fide, sed tamquam ex operibus. Ipsa est enim justitia ex fide quam gentes apprehenderunt, de quibus dictum est, *Quid ergo dicemus? Quia gentes quae non sectabantur justitiam, apprehenderunt justitiam: justitiam autem quae ex fide est. Israel autem persequens legem justitiae in legem justitiae non pervenit: quare? Quia non ex fide, sed tamquam ex operibus. Offenderunt enim in lapidem offensionis, sicut scriptum est: Ecce pono in Sion lapidem offensionis, & petram scandali: & qui crediderit in eum, non confundetur*. Ipsa est justitia ex fide, qua credimus nos justificari, hoc est justos fieri gratia Dei per Jesum Christum Dominum nostrum, ut inveniamur in illo non habentes nostram justitiam, quae ex lege est, sed eam quae est per fidem Christi. Quae ex Deo justitia in fide, in fide utique est, qua credimus nobis justitiam divinitus dari non a nobis in nobis nostris viribus fieri.

Nam cur illam justitiam quae ex Lege est, suam dixit Apostolus, non ex Deo? quasi Lex non sit ex Deo? quis hoc nisi impius senserit? sed quia Lex per litteram jubet, non per spiritum juvat: quicumque sic audit litteram Legis, ut ei sufficere videatur cognovisse quid jubeat aut prohibeat, quod id se arbitrii sui virtute impleturum esse confidat, nec fide confugiat adjuvandus ad spiritum vivificantem, ne eum factum litera occidat; is profecto zelum Dei habet, sed non secundum scientiam. Ignorans enim Dei justitiam, id est, eam quae datur ex Deo, & suam volens constituere, ut tantummodo ex Lege sit, justitiae Dei non est subjectus. *Finis enim Legis Christus ad justitiam omni credenti*; sicut idem Apostolus dicit, *ut nos simus justitia Dei in ipso*. Justificati igitur ex fide pacem habemus ad Deum per Dominum nostrum Jesum Christum: justificati autem gratis per gratiam ipsius, ne fides ipsa superba sit.

Nec dicat sibi: *Si ex fide, quomodo gratis? Quod enim fides meretur, cur non potius redditur quam donatur?* Non dicat ista homo fidelis, quia cum dixerit, *Ut merear justificationem, habeo fidem*; respondetur ei: *Quid enim habes quod non accepisti?* Cum ergo fides impetrat justificationem, sicut unicuique Deus partitus est etiam ipsius mensuram fidei, non gratiam Dei aliquid meriti praecedit humani, sed ipsa gratia meretur augeri, ut aucta mereatur perfici, comitante non ducente, pedissequa non praevia voluntate. Unde ille qui dixit, *Fortitudinem meam ad te custodiam*, caussamque reddidit, dicens, *Quoniam Deus susceptor meus es*; tamquam requirens quibus id meritis fuerit consequutus, nihilque in se inveniens ante gratiam Dei: *Deus meus*, inquit, *misericordia ejus praeveniet me*. Quantumcumque, inquit, cogitavero antecedentia merita mea, misericordia ejus praeveniet me. Proinde ab illo attributam fortitudinem suam ad illum custodiens, eodem servatore non perdidit, quo largitore suscepit. Nec ob aliud meretur ampliora, nisi pie fideliterque sciendo a quo sibi bona sint omnia, & hoc sciendo non ex seipso, ne vel hoc sit in eo quod non sit ex Deo. Unde optime Apostolus: *Nos*, inquit, *non spiritum hujus mundi accepimus, sed Spiritum qui ex Deo est, ut sciamus quae a Deo donata sunt nobis*. Ac per hoc & IPSUM HOMINIS MERITUM donum est gratuitum. Nec a Patre luminum, a quo descendit omne datum optimum, boni aliquid accipere quisquam meretur, nisi accipiendo quod non meretur.

CAPUT IV.

Multum est autem indulgentius, & sine ulla debitatione magis gratuitum, quod Dei gratia per Jesum Christum Dominum nostrum praestatur infantibus, ut eis non obsit ex Adam generatio, & prosit in Christo regeneratio, in quibus & ipsum accipiendi sensum tanto ante misericordia Dei praevenit: qui certe si in hac parvula aetate de corpore exierunt, vitam aeternam tiam regnumque cælorum scientes accipiunt, ejus muneris merito quod hic, cum utique possit, nescierunt. Certe in iis post priorum doctrinam, illa nonnisi priora sunt dona, in quibus donandis Dei gratia sic operatur, ut nec voluntas accipientium vel præmittatur vel adjungatur vel subsequatur. Quandoquidem tantum beneficium non solum non libentibus, verum etiam reluctantibus datur, quod eis ad magnum imputaretur sacrilegium, si jam in iis aliquid valeret voluntatis arbitrium.

Hoc diximus propter eos qui non valentes in caussa gratiæ inscrutabilia Dei judicia perscrutari, cur ex Adam massa, quæ profecto ex uno in condemnationem tota collapsa est, illud vas faciat in honorem, illud in contumeliam, tamen audent parvulos reos propriorum constituere peccatorum, ut qui bona malave cogitare non possunt, putentur per liberum arbitrium vel pœnam mereri posse vel gratiam: cum potius
Rom. 5, 16. apostolica veritas dicendo, *Ex uno omnes in condemnationem*; satis ostendat, quod nascantur in pœna, ut non merito, sed misericordia renascantur in gratia. Alioquin gratia jam non est
Rom. 11, 6. gratia, si non divinis operibus gratis datur, sed humanis meritis redditur. Quæ sola sic discernit a pœna, ut cum pœna sit ex Adam omnibus debita, gratia vero per unum Jesum Christum nulli debita, sed gratuita, ut vere sit gratia; inscrutabilia judicia Dei, tamquam Deus, esse possint; cum parvulos ipse discernat, quos merita nulla discernunt; sed iniqua esse non
Ps. 24, 10. possint, quia universæ viæ Domini misericordia & veritas. Unde cum præbetur alteri misericordiæ gratia, non habet quod de humano merito glorietur, quoniam non ex operibus, ne forte quis extollatur. Cum vero alteri vindictæ redditur veritas, non habet cur juste queratur. Id enim redditur, quod peccato jure debetur; quoniam unus in quo omnes peccaverunt, utique etiam in singulis quibusque punitur. In quorum pœna clarius ostenditur, quid vasis misericordiæ per non debitam, sed veram gratiam hoc est gratuitam conferatur.

Caput V. Rom. 5, 12. Unde autem argumentantur adversus Apostolum, apertissime dicentem, *Per unum hominem peccatum intravit in mundum, & per peccatum mors, & ita in omnes homines pertransiit, in quo omnes peccaverunt*; dicentes, etiam parvulos propria per liberum arbitrium habere peccata, taedet attendere, pigetque proferre, sed magis compellimur dicere. Quod enim possunt magna & acuta ingenia cogitare, AUT INOPIÆ EST, tacendo vitare, aut arrogantiæ contemnendo præterire. *Ecce*, inquiunt, *Esau & Jacob intra viscera materna luctantur, & dum nascuntur, alter supplantatur ab altero, atque in pede præcedentis manus consequentis & tenentis inventa, perseverans quodammodo lucta consideratur. Quomodo ergo in infantibus hæc agentibus nullum est vel ad bonum, vel ad malum propriæ voluntatis arbitrium, unde præmia sive supplicia meritis præcedentibus subsequantur?*

Ad hoc nos dicimus, ideo motus illos & tamquam litigium parvulorum signum rerum fuisse magnarum, quia non fuit arbitrium sed prodigium. Neque enim daturi sumus & asinis liberum arbitrium voluntatis, quoniam hujus generis jumentum, sicut scriptum est, *subjugale si-*
2 Petr. 2, 16. *ne voce, hominis voce respondens vetuit Prophetæ dementiam*. Hi autem qui tales non prodigiosos motus, sed voluntarios actus, nec de parvulis, sed a parvulis factos esse contendunt; quid Apostolo responsuri sunt, qui cum & hos geminos ad documentum gratuitæ gratiæ commemorandos videret, *Nondum enim natis*, inquit,
Rom. 9, 11, 12, 13. *nec aliquid agentibus boni aut mali, ut secundum electionem propositum Dei maneret, non ex operibus, sed ex vocante dictum est, quia major serviet minori*. Deinde adjungens testimonium Prophetæ longe post quidem ista dicentis, sed tamen de hac re antiquum Dei consilium declarantis, *Sicut scriptum est*, inquit, *Jacob dile-*
Malac. 1, 2. *xi, Esau autem odio habui*.

Nempe doctor gentium in fide & veritate istos geminos nondum natos nihil boni aut mali egisse testatur, ut gratia commendetur, ut quod dictum est, *Major serviet minori*, non ex operibus, sed ex vocante dictum *intelligatur*, ut secundum electionem, propositum Dei maneret, non meritum hominis anteiret. Non enim dicit electionem voluntatis humanæ sive naturæ, cum par esset in utroque mortis damnationisque conditio; sed electionem procul dubio gratiæ, quæ non invenit eligendos, sed facit, de qua & in consequentibus ejusdem epistolæ loquens ait: *Sic*
Rom. 11, 5. *ergo & in hoc tempore reliquiæ per electionem gratiæ salvæ factæ sunt. Si autem gratia, jam non ex operibus, alioquin gratia jam non est gratia*. Cui loco satis locus ille concordat, ubi commemoratur, non ex operibus, sed ex vocante dictum esse, *Major serviet minori*. Ut
Rom. 9, 12. quid ergo præclarissimo gratiæ commendatori de infantum libero arbitrio, & nondum natorum actibus tam impudenter resistitur? Cur meritis præveniri gratia perhibetur, quæ gratia non esset, si secundum meritum imputaretur? Cur contra salutem, quæ missa est perditis, quæ venit indignis, quamlibet acuta, quamlibet copiosa & ornata, mirum tamen si Christiana disputatione contenditur?

Caput VI. Unde. SED quomodo, inquiunt, *non est iniquitas apud Deum, si diligendo discernit quos merita operum nulla discernunt?* Ita nobis hoc dicitur tamquam id Apostolus ipse non viderit, non propoluerit, non responderit. Vidit utique quid iis audatis humana posset infirmitas vel ignorantia cogitare, & eamdem quæstionem sibi ipse proponens, *Quid ergo dicemus*, inquit, *Num-*
Rom. 9, 14. *quid iniquitas apud Deum?* Continuo respondit, *Absit*. Rationemque reddens cur absit, id est, cur non sit iniquitas apud Deum, non ait, Merita enim vel opera judicat etiam parvulorum, etiamsi adhuc sint in materno utero constituti. Quomodo enim hoc diceret, qui jam dixerat de nondum natis, & de iis qui nihil adhuc egerant boni vel mali, quod non ex operibus, sed ex vocante dictum sit, Major serviet minori? Sed cum vellet ostendere cur in iis non sit iniquitas apud Deum, ait, *Moysi enim in-*
Exod. 33, 19. *quit, Miserebor cui misertus ero, & misericordiam præstabo cui misericors fuero*. Quid nos hic docuit, nisi ex illa massa primi hominis, cui merito mors debetur, non ad merita hominum, sed ad Dei misericordiam pertinere quod

quisque liberatur: atque ita non esse iniquitatem apud Deum, quia neque * remittendo neque exigendo quod debetur, injustus est. Ubi enim gratia est indebita, ubi nulla posset esse vindicta. Et hinc evidentius apparet a pœna debita liberato & gratis justificato, quantum beneficii conferatur, quod alter æqualiter reus sine punientis iniquitate punitur.

Rom. 9.16. Denique subjungit & dicit, *Igitur non volentis neque currentis, sed miserentis est Dei.* Hoc propter eos dictum est, qui per gratiam liberantur justificantur. Propter eos autem, super quos ira Dei manet, quia & ipsis Deus bene utitur ad docendos alios, quos liberare dignatur, subjunxit, atque ait, *Dicit enim Scriptura Pharaoni,*

Exod. 9.16. *quia ad hoc te excitavi, ut ostendam in te potentiam meam, & ut annuntietur nomen meum in universa terra.* Deinde ad utrumque concludens,

Rom. 9.18. *Ergo*, inquit, *cujus vult miseretur, & quem vult obdurat*: profecto neutrum aliqua iniquitate, sed utrumque misericordia & veritate. Et adhuc tamen eorum movetur infirmitas, eorum scilicet qui secundum conjecturas cordis humani inscrutabilem altitudinem judiciorum Dei cogitare conantur.

Hanc quæstionem sibi ex adverso opponens

Rom. 9.19. Apostolus, ait, *Dicis itaque mihi, Quid adhuc conqueritur? Nam voluntati ejus quis resistit?* Nobis hoc dictum putemus. Quid ergo aliud quam quod respondit Apostolus, respondere debemus? aut si & nos talia movent, quia & nos homines sumus, simul oportet omnes au-

Ibidem 20. diamus dicentem, *O homo, tu quis es qui respondeas Deo? Numquid dicit figmentum ei qui se finxit, Quare me fecisti sic? An non habet potestatem figulus luti, ex eadem massa facere aliud vas in honorem, aliud in contumeliam?* Hæc massa si esset ita media, ut quemadmodum nihil boni, ita nec mali aliquid mereretur, non frustra videretur iniquitas, ut ex ea fierent vasa in contumeliam. Cum vero per liberum arbitrium primi hominis in condemnationem universa defluxerit, procul dubio quod ex ea fiunt vasa in honorem, non ipsius justitiæ, quæ gratiam nulla præcessit, sed Dei misericordiæ; quod vero in contumeliam, non iniquitati Dei, quæ absit ut sit apud Deum, sed judicio deputandum est. Hoc quisquis cum Ecclesia catholica sapit, non contra gratiam pro meritis disputat, sed misericordiam & judicium Domino cantat, ut nec misericordiam recuset ingratus, nec judicium accuset * injustus.

Alia est namque illa conspersio, de qua idem dicit Apostolus, *Si autem delibatio sancta est,*

Rom. 11.16. *& conspersio: & si radix sancta est, & rami.* Ista est ex Abraham, non ex Adam: ista est ex communione sacramenti & similitudine fidei, non ex propagine mortali. Illa vero vel conspersio, vel sicut in plerisque codicibus legitur, * massa, quoniam tota mortis est, cum per unum hominem peccatum intravit in mun-

Rom. 5.12. dum & per peccatum mors, & ita in omnes homines pertransiit, in quo omnes peccaverunt; misericordia ex illa fit aliud vas in honorem, judicio autem aliud in contumeliam. Neque ibi præcedunt merita gratiam liberantis, neque hic effugiunt peccata justitiam punientis. Quod quidem in auribus majoribus adversus contentiosos non tam evidenter apparet, ubi pro meritis hominum qualicumque velut præscientiæ obscuritate confugiunt: sed ideo contra eorum contentionem illos invehit Apostolus, in quibus nondum natis, neque agentibus aliquid boni aut mali, non ex operibus, sed ex vocante dictum est, Major serviet minori.

Qua in re quoniam nimis alta & inscrutabilia sunt judicia Dei, & investigabiles viæ ejus, interim teneat homo non esse iniquitatem apud Deum; sed qua æquitate cujus vult miseretur, & quem vult obdurat, se tamquam hominem ignorare fateatur. Ita sane ut propter illud quod inconcussum tenet, non esse iniquitatem apud Deum, quamvis nemo ab illo justificetur meritis præcedentibus, neminem tamen obdurari nisi merito noverit. Pie namque & veraciter creditur Deus nocentes atque impios justificando a pœnis debitis liberare: quemquam vero immeritum, & nulli obnoxium peccato, si Deus damnare creditur, alienus ab iniquitate non creditur. Ubi ergo liberatur indignus, tanto debetur major actio gratiarum, quanto pœna justior debebatur: ubi autem damnatur indignus, nec misericordia nec veritas obtinetur.

Quomodo, inquiunt, *Esau non damnatur indignus, si non ex operibus, sed ex vocante dictum est, quia major serviet minori? Sicut enim illius nulla præcesserant opera bona, ut ad gratiam pertineret, sic nec hujus mala, ut ad pœnam pertinere deberet.* Nulla plane in utroque opera vel bona vel mala, sed propria: utrique autem illi uni obnoxius erat in quo omnes peccaverunt, ut omnes in illo morerentur. Quicumque enim ex illo uno multi in seipsis futuri erant, tunc in illo unus erat. Proinde illud peccatum solius esset, si ex illo nullus exisset. Porro autem in quo erat natura communis, ab ejus vitio est nullus immunis. Si ambo qui nondum propria vel bona vel mala operabantur, rei tamen ex origine nascebantur; laudet misericordiam qui liberatur, non culpet judicium qui punitur.

Objectio.

Peccatum originale.

Hic si dixerimus, *Quanto melius ambo liberarentur*: nihil nobis convenientius dicetur, quam, *O homo, tu quis es qui respondeas Deo?* Novit quippe ille quid agat, & quantus numerus esse debeat primitus omnium hominum, deinde sanctorum, sicut siderum, sicut angelorum, atque ut de terrenis loquamur, sicut pecorum, piscium, volatilium, sicut arborum & herbarum, sicut denique foliorum capillorumque nostrorum. Nam nos humana cogitatione adhuc possumus dicere, Quoniam bona sunt cuncta illa quæ fecit, quanto melius illa duplicasset & multiplicasset, ut multo essent plura quam sunt. Si enim non ea caperet mundus, numquid non posset etiam ipsum facere quantum vellet ampliorem? Et tamen quantumcumque faceret vel illa plura, vel illum capaciorem atque majorem, nihilominus eadem de multiplicandis eis dici possent, & nullus esset * immoderatus modus.

Caput VII. Cur non omnes liberentur. Rom. 9.20.

Etenim etiam illud dici potest, sive sit gratia qua justificantur injusti, de qua nobis dubitare fas non est, sive, ut quidam volunt, semper præcedat liberum arbitrium, cujus meritum sequatur vel pœna vel præmium; cur omnino crea-

creati sunt, quos Deus ita peccaturos, ut æterno essent igne damnandi, sine dubitatione præscivit? Quamvis enim peccata non fecerit, naturas tamen ipsas quæ per seipsas sine dubio bonæ sunt, quibus tamen ex arbitrio voluntatis futura essent vitia peccatorum, & in multis talia quibus esset æterna pœna reddenda, quis nisi Deus creavit? Quare, nisi quia voluit? Quare autem voluerit, o homo tu quis es qui respondeas Deo? Numquid dicit figmentum ei qui se finxit, Quare sic me fecisti? An non habet potestatem figulus luti ex eadem conspersione facere aliud quidem vas in honorem, aliud autem in contumeliam? (Rom. 9.20.)

(Ibid. 22.) Atque utinam discamus quod sequitur, *Si autem volens Deus ostendere iram, & demonstrare potentiam suam, pertulit in multa patientia vasa iræ quæ perfecta sunt in perditionem, ut notas faceret divitias gloriæ suæ in vasa misericordiæ*. Ecce jam ratio reddita est homini, quanta debuit homini; si tamen vel istam capit, qui pro sui arbitrii libertate in tantæ infirmitatis servitute contradicit. Ecce dictæ sunt caussæ. Tu ergo quis es, qui *respondeas* Deo, si volens Deus ostendere iram, & demonstrare potentiam suam, quod & malis bene uti optimus possit, malis duntaxat non conditione divina, sed vitiata voluntatis iniquitate natura, quæ a Deo conditore condita est bona; pertulit in multa patientia vasa iræ aptata in interitum, non quod illi essent necessaria, sive angelica, sive humana peccata, cui nec justitia creaturæ cujusquam est necessaria; sed ut notas faceret divitias gloriæ suæ in vasa misericordiæ, ne se in bonis operibus tamquam de propriis extollerent viribus, sed humiliter intelligerent, nisi illis Dei gratia non debita, sed gratuita subveniret, id fuisse reddendum meritis suis, quod aliis in eadem massa redditum cernerent.

(Rom. 8.28. & 29.) Certus est ergo Dei præscientiæ definitus numerus, & multitudo sanctorum, quibus *diligentibus Deum*, quod eis donavit per diffusum in cordibus eorum Spiritum-sanctum, *omnia cooperantur in bonum, iis qui secundum propositum vocati sunt. Quoniam quos ante præscivit & prædestinavit conformes fieri imaginis filii sui, ut sit ipse primogenitus in multis fratribus. Quos autem prædestinavit, illos & vocavit*: (Ibid. 30.) hic subaudire debemus, *secundum propositum*. Sunt enim & alii vocati, sed non electi: ac per hoc non secundum propositum vocati. *Quos autem vocavit*, hoc est (*secundum propositum*,) *illos & justificavit; quos autem justificavit, illos & glorificavit*. Hi sunt filii promissionis, hi sunt electi, qui per electionem gratiæ salvi fiunt, (Rom. 11.6.) ubi dictum est, *Si autem gratia, jam non ex operibus; alioquin gratia jam non est gratia*. (Rom. 9.23.) Hæc sunt vasa misericordiæ, in quibus Deus etiam per vasa iræ notas facit divitias gloriæ suæ. Horum fit per Spiritum-sanctum cor unum (Act. 4.32. Ps. 102. 2. & 3.) & anima una, quæ benedicit Deum, & non obliviscitur omnes retributiones ejus, qui propitius fit omnibus iniquitatibus ejus; qui sanat omnes languores ejus; qui *redimit* de corruptione vitam ejus; qui coronat eam in misericordia: (Rom. 9.16.) quia non volentis neque currentis, sed miserentis est Dei.

Ceteri autem homines ad istum societatem non pertinentes, quorum tamen & animam & corpus Dei bonitas operata est, & quidquid habet ipsa natura præter vitium, quod eidem inflixit superbientis voluntatis audacia, propter hoc a Deo præsciente creati sunt, ut in his ostenderet liberum desertoris arbitrium sine sua gratia quid valeret; & in eorum justis & debitis pœnis vasa misericordiæ, quæ non suorum operum meritis, sed gratuita Dei gratia sunt ab illa concretione discreta, quid sibi collatum esset addiscerent; ut omne os obstruatur, & qui gloriatur, in Domino glorietur.

(Caput VIII. Luc. 19.10.) Quisquis aliter docet, & non acquiescit sanis sermonibus Domini Jesu Christi, qui dixit, *Venit filius hominis quærere & salvare quod perierat*: non enim ait, quod periturum fuerat, sed *quod perierat*; quid ostendens, nisi peccato primi hominis universi generis humani periisse naturam? Qui ergo aliter docet & non acquiescens ei quæ secundum pietatem est doctrinæ, contra gratiam Salvatoris, & contra sanguinem Redemptoris tamquam salvam & (1. Tim. 6.3.) liberam naturam defendit humanam, & Christiano tamen censeri vocabulo affectat, quid de parvulorum discretione dicturus est, cur alius in vitam secundi hominis assumatur, alius in morte primi hominis relinquatur? Si dixerit, liberi arbitrii merita præcessisse, respondit Apostolus, quæ supra diximus, de nondum natis neque aliquid agentibus boni aut mali.

EX EPISTOLA EJUSDEM AD SIXTUM

Aliàs CV. nunc CXCIV. cap. 2. & seq.

(Caput II.) QUOD enim putant auferri sibi liberum arbitrium, si nec ipsam bonam voluntatem sine adjutorio Dei hominem habere consenserint; non intelligunt non se firmare humanum arbitrium, sed impellere ut per inania feratur, non in Domino tamquam in petra stabili collocetur. *Paratur enim voluntas a Domino*. (Prov. 8.35. sec. LXX.)

Quod autem personarum acceptorem Deum se credere existimant, si credant quod sine ullis præcedentibus meritis, cujus vult miseretur, & quos dignatur vocat, & quem vult religiosum facit: parum attendunt quod debita reddatur damnato, indebita gratia liberato, ut nec ille se indignum queratur, nec dignum se ille glorietur; atque ibi potius acceptionem nullam fieri personarum, ubi una eademque massa damnationis & offensionis involvit, ut liberatus de non liberato discat, quod etiam sibi supplicium conveniret, nisi gratia subveniret. Si autem gratia utique nullis meritis reddita, sed gratuita bonitate donata.

Sed injustum est, inquiunt, *in una eademque mala caussa hunc liberari, illum puniri*. Nempe ergo justum est utrumque puniri. Quis hoc negaverit? Agamus ergo gratias Salvatori, dum nobis redditum non cernimus, quod in damnatione similium etiam nobis debitum fuisse cognoscimus. Si enim omnis homo liberaretur, utique lateret quid peccato per justitiam debeatur: si nemo, quid gratia largiatur. Ut ergo

in hac

in hac difficillima quæstione verbis potius utamur Apostoli; *Volens Deus ostendere iram, & demonstrare potentiam suam, attulit in multa patientia vasa iræ quæ perfecta sunt in perditionem: & ut notas faceret divitias gloriæ suæ in vasa misericordiæ*: cui non potest figmentum dicere: Quare sic me fecisti? cum habeat potestatem ex eadem massa facere aliud vas in honorem, aliud in contumeliam. Ubi quia universa massa merito damnata est, contumeliam debitam reddit justitia, honorem donat indebitum gratia, non meriti prærogativa, non fati necessitate, non temeritate fortunæ; sed altitudine divitiarum sapientiæ & scientiæ Dei: quam non aperit, sed clausam miratur Apostolus, clamans, *O altitudo divitiarum sapientiæ & scientiæ Dei! Quam inscrutabilia sunt judicia ejus, & investigabiles viæ ejus! Quis enim cognovit sensum Domini, aut quis consiliarius ejus fuit? aut quis prior dedit illi, & retribuetur ei? Quoniam ex ipso, & per ipsum, & in ipso sunt omnia, ipsi gloria in sæcula sæculorum, Amen.*

Rom. 9. 22.

Massa vitiata.

Rom. 11. 33.

Caput III.

NOLUNT autem, ut sit ipsi gloria in justificandis impiis gratuita gratia, qui ejus ignorantes justitiam, suam volunt constituere: vel jam conclamantium religiosorum & piorum vocibus pressi, ita se fatentur ad habendam seu faciendam justitiam divinitus adjuvari, ut sui præcedat aliquid meriti, quasi priores volentes dare, ut retribuatur eis ab illo, de quo dictum est, *Quis prior dedit illi, & retribuetur ei?* & suo putantes præire merito illum, de quo audiunt, aut potius audire nolunt, *Quoniam ex ipso, & per ipsum, & in ipso sunt omnia*. Quarum autem divitiarum est altitudo sapientiæ & scientiæ ejus, ex his sunt divitiæ gloriæ ejus in vasa misericordiæ, quæ vocat in adoptionem; quas divitias notas vult facere etiam per vasa iræ, quæ perfecta sunt in perditionem. Et quæ sunt viæ investigabiles, nisi de quibus in Psalmo canitur, *Universæ viæ Domini misericordia & veritas?* Igitur investigabiles sunt misericordia & veritas ejus: quoniam cujus vult miseretur, non justitia, sed misericordiæ gratia; & quem vult obdurat, non iniquitate, sed veritate vindictæ. Quæ tamen misericordia & veritas ita sibi occurrunt, sicut scriptum est, *Misericordia & veritas obviaverunt sibi*; ut nec misericordia impediat veritatem, qua plectitur dignus, nec veritas misericordiam, qua liberatur indignus. Quæ igitur sua merita jactaturus est liberatur, cui si digna suis meritis redderentur, non esset nisi damnatus? Nullane igitur sunt merita justorum? Sunt plane, quia justi sunt. Sed ut justi fierent, merita non fuerunt. Justi enim facti sunt, cum justificati sunt: sed sicut dicit Apostolus, *Justificati gratis per gratiam ipsius*.

Rom. 11. 35.

Ps. 24. 10.

Ps. 84. 11.

Rom. 3. 24.

Cum igitur huic gratiæ inimici infelicique fint isti, Pelagius tamen in ecclesiastico judicio * Palæstino, (non enim aliter inde impunitus exisset,) anathematizavit eos, qui dicunt gratiam Dei secundum merita dari. Sed nihil aliud in eorum etiam posterioribus disputationibus invenitur, quam meritis dari eam gratiam, de cujus commendatione maxime ad Romanos apostolica epistola loquitur, ut inde se prædicatio ejus velut a capite orbis toto orbe diffunderet: ea est enim qua justificatur impius, id est, fit justus qui prius erat impius. Et ideo percipiendæ hujus gratiæ merita nulla præcedunt, quoniam meritis impii, non gratia, sed pœna debetur. Nec illa esset gratia, si non daretur gratuita, sed debita redderetur.

* Diospolitano.

Sed cum ab istis quæritur, quam gratiam Pelagius cogitaret sine ullis præcedentibus meritis dari, quando anathematizabat eos, qui dicunt gratiam Dei secundum merita nostra dari: respondent, sine ullis præcedentibus meritis gratiam ipsam humanam esse naturam, in qua conditi sumus. Neque enim antequam essemus, mereri aliquid poteramus ut essemus. Abjiciatur a Christianorum cordibus ista fallacia: nam omnino non illam gratiam commendat Apostolus, qua creati sumus ut homines essemus, sed qua justificati sumus ut homines justi essemus. Illa est enim gratia per Jesum Christum Dominum nostrum. Etenim Christus non pro nullis ut homines conderentur, sed pro impiis mortuus est ut justificarentur: jam quippe homo erat qui dicebat, *Miser ego homo, quis me liberabit de corpore mortis hujus? Gratia Dei per Jesum Christum Dominum nostrum.*

Quæ gratia ab Apostolo commendata.

Rom. 7. 24.

Possent quidem dicere remissionem peccatorum esse gratiam, quæ nullis præcedentibus meritis datur. Quid enim habere boni meriti possunt peccatores? Sed nec ipsa remissio peccatorum sine aliquo merito est, si fides hanc impetrat. Neque enim nullum est meritum fidei, qua fide ille dicebat, *Deus propitius esto mihi peccatori*; & descendit justificatus merito fidelis humilitatis, quoniam, qui se humiliat exaltabitur. Restat igitur, ut ipsam fidem unde omnis justitia sumit initium, propter quod dicitur ad Ecclesiam in Cantico Canticorum, *Venies & pertransies ab initio fidei*, restat, inquam, ut ipsam fidem non humano, * quod isti extollunt, tribuamus arbitrio, nec ullis præcedentibus meritis, quoniam inde incipiunt bona quæcumque sunt merita; sed gratuitum donum Dei esse fateamur, si gratiam veram, id est, sine meritis cogitamus. Quia sicut in eadem epistola legitur, *Deus unicuique partitur mensuram fidei*. Opera quippe bona fiunt ab homine, fides autem fit in homine, sine qua illa a nullo fiunt homine. Omne enim quod non est ex fide, peccatum est.

Luc. 18. 13.

Cant. 4. 8. juxta LXX.

* al. quod isti extollunt.

Rom. 12. 3.

Rom. 14. 23.

Quapropter ne se, vel ipsius orationis meritum extollat, etiamsi ad vincendas temporalium rerum cupiditates & diligenda bona æterna, atque ipsum fontem omnium bonorum Deum, adjutorium datur oranti, fides orat quæ data est non oranti, quæ utique nisi data esset, orare non posset. Quomodo enim invocabunt, in quem non crediderunt? quomodo credent, quem non audierunt? quomodo audient sine prædicante? Igitur fides ex auditu, auditus autem per verbum Christi. Proinde minister Christi, hujus fidei prædicator secundum gratiam, quæ data est illi, plantator est & rigator. Nec tamen qui plantat est aliquid, neque qui rigat; sed qui incrementum dat Deus, qui unicuique partitur mensuram fidei. Unde & alibi dicitur, *Pax fratribus, & charitas cum fide*: quam ne sibi tribuerent, continuo subjunxit, *a Deo Patre & Domino nostro Jesu Christo*: quia nec omnium est fides, qui audiunt ver-

Rom. 10. 14.

1. Cor. 3. 7.

Ephes. 6. 23.

verbum, sed quibus Deus partitur mensuram fidei, sicut nec omnia germinant quæ plantantur & rigantur, sed quibus Deus dat incrementum. Cur autem ille credat, ille non credat, cum ambo idem audiant, & si miraculum in eorum conspectu fiat, ambo idem videant; altitudo est divitiarum sapientiæ & scientiæ Dei, cujus inscrutabilia sunt judicia, & apud quem non est iniquitas, dum cujus vult miseretur, & quem vult obdurat; neque enim propterea sunt illa injusta, quia occulta.

Matt. 12. 45. Deinde post remissionem peccatorum, nisi mundatam domum habitet Spiritus-sanctus, nonne cum aliis septem redit spiritus immundus, & erunt novissima hominis illius pejora quam erant prima? Ut autem habitet Spiritus
Jo. 3. 8. Rom. 5. 5. sanctus, nonne ubi vult spirat, & charitas Dei, sine qua nemo bene vivit, diffunditur in cordibus nostris, non a nobis, sed per Spiritum-sanctum qui datus est nobis? Hanc enim
Gal. 5. 6. fidem Apostolus definivit, dicens, *Neque circumcisio est aliquid, neque præputium, sed fides*
Jac. 2. 19. *quæ per dilectionem operatur*. Ista quippe fides est Christianorum, non dæmoniorum: nam & dæmones credunt & contremiscunt, sed numquid & diligunt? Nam si non crederent, non
Luc. 4. 41. dicerent, *Tu es sanctus Dei*: vel, *Tu es Fi-*
Luc. 8. 28. *lius Dei*. Si autem diligerent, non dicerent:
Marc. 5. 7. *Quid nobis & tibi?*

Fides igitur ad Christum non trahit, quæ nisi desuper gratuito munere nobis daretur,
Jo. 6. 44. non ipse diceret: *Nemo potest venire ad me, nisi Pater qui misit me attraxerit eum*. Un-
Ibid. 64. de & paulo post ait: *Verba quæ ego locutus sum vobis, spiritus & vita sunt, sed sunt quidam ex vobis qui non credunt*. Deinde E-
Ibid. 65. vangelista subjungit: *Sciebat enim ab initio Jesus qui essent credentes, & quis esset traditurus eum*. Et ne quisquam existimaret credentes sic ad ejus præscientiam pertinere, quomodo non credentes, id est, ut non eis fides ipsa desuper daretur, sed tantummodo voluntas eorum præsciretur, mox adjecit atque
Jo. 6. 66. ait, *Et dicebat, Propterea dixi vobis, quia nemo potest venire ad me, nisi fuerit ei datum a Patre meo*. Hinc erat quod eorum, qui audierant loquentem de carne sua, & sanguine suo, quidam scandalizati abscesserunt, quidam credendo manserunt: quia nemo potest venire ad illum, nisi cui datum est a Patre, ac per hoc & ab ipso Filio, & a Spiritu-sancto. Neque enim separata sunt dona vel opera inseparabilis Trinitatis; sed Filius sic honorans Patrem, non affert ullius distantiæ documentum; sed magnum præbet humilitatis exemplum.

Hic jam isti liberi arbitrii defensores, immo deceptores quia inflatores, & inflatores quia præsumptores, non adversum nos, sed adversus Evangelium locuturi, quid aliud dicunt quam id quod Apostolus sibi, quasi a ta-
Rom. 9. 19. libus diceretur, objecit? *Dicis itaque mihi, Quid adhuc conqueritur, Nam voluntati ejus quis resistit?* Hanc contradictionem sibimetipsi tamquam ab altero opposuit, velut ex eorum voce qui nolunt accipere quod superius dixerat:
Ibid. 18. *Ergo cujus vult miseretur, & quem vult obdurat*. Talibus itaque dicamus cum Apostolo, non enim melius illo invenire possumus quid dica-
Ibid. 20. mus, *O homo, tu quis es qui respondeas Deo?*

Quærimus namque meritum obdurationis,
& invenimus. Merito namque peccati univer-
sa massa damnata est; NEC OBDURAT DEUS impertiendo malitiam, sed non impertiendo misericordiam. Quibus enim non impertitur, nec digni sunt, nec merentur: at potius ut non impertiatur, hoc digni sunt, hoc merentur. Quærimus autem meritum misericordiæ, nec invenimus, quia nullum est, ne gratia evacuetur si non gratis donatur, sed meritis redditur.

Si enim dixerimus fidem præcessisse, in qua esset meritum gratiæ, quid meriti habebat ho-
1. Cor. 4. 7. mo ante fidem, ut acciperet fidem? Quid enim habet quod non accepit? Si autem accepit,
Isa. 11. 2. quid gloriatur, quasi non acceperit? Sicut enim non haberet homo sapientiam, intellectum, consilium, fortitudinem, scientiam, pietatem, timorem Dei, nisi secundum propheticum eloquium accepisset Spiritum sapientiæ & intellectus, consilii & fortitudinis, scientiæ & pietatis, ac timoris Dei: sicut non haberet virtutem, charitatem, continentiam, nisi accepto Spiritu de quo dicit Apostolus: *Non enim ac-*
* Locus alter. Rom. 8. 15. Qui locus ... *cepistis Spiritum timoris**, *sed virtutis & charitatis & continentiæ*: ita non haberet fidem nisi accepisset Spiritum fidei, de quo idem ipse dicit, *Habentes autem eumdem Spiritum fi-*
2. Cor. 4. 13. Ps. 115. 10. *dei, secundum quod scriptum est, Credidi propter quod locutus sum, & nos credimus, propter quod & loquimur*. Non autem merito accepisse, sed misericordia ejus, qui cujus vult miseretur, manifestissime ostendit, ubi de se ipso ait,
1. Tim. 1. 13. *Misericordiam consequutus sum, ut fidelis essem*.

Si dixerimus meritum præcedere orationis,
Cap. 23. de gratia & lib. arbitr. ut donum gratiæ consequatur: impetrando quidem oratio quidquid impetrat, evidenter donum Dei esse ostendit, ne homo existimet a seipso sibi esse quod si in potestate haberetur, non utique posceretur: verumtamen ne saltem orationis putarentur præcedere merita, quibus non gratuita daretur gratia, sed jam nec gratia esset, quia debita redderetur, etiam ipsa o-
Rom. 8. 26. ratio inter gratiæ munera reperitur. *Quid enim oremus*, ait Doctor gentium, *sicut oportet, nescimus, sed ipse Spiritus interpellat pro nobis gemitibus inenarrabilibus*. Quid est autem *interpellat*, nisi interpellare nos facit? Indigentis enim certissimum indicium est, interpellare gemitibus. Nullius autem rei esse indigentem fas est credere Spiritum-Sanctum. Sed ita dictum est *interpellat*, quia interpellare nos facit, nobisque interpellandi & gemendi inspirat
Matt. 10. 20. affectum: sicut illud in Evangelio, *Non enim vos estis qui loquimini, sed Spiritus Patris vestri, qui loquitur in vobis*. Neque enim & hoc ita fit de nobis tamquam nihil facientibus nobis. Adjutorium igitur Spiritus-sancti sic expressum est, ut ipse facere diceretur, quod ut faciamus facit.

Nam non esse intelligendum spiritum nostrum
Rom. 8. 26. de quo dictum est, *Interpellat gemitibus inenarrabilibus*, sed Spiritum sanctum, quo nostra infirmitas adjuvatur, satis ipse demonstrat
Ibid. Apostolus: inde enim cœpit, *Spiritus*, inquit, *adjuvat infirmitatem nostram*; deinde ita subjunxit, *Quid enim oremus, sicut oportet ne-*

sci-

firmat: &c. De hoc quippe Spiritu apertius alibi dicit, [Ibid. 15.] *Non enim accepistis spiritum servitutis, iterum in timore, sed accepistis Spiritum adoptionis filiorum, in quo clamamus, Abba, Pater.* [Gal. 4. 6.] Ecce hic non dixit quod ipse Spiritus clamet orando, sed, *in quo clamamus, Abba, Pater.* Alio tamen loco ait, *Quoniam estis filii Dei, misit Deus Spiritum filii sui in corda vestra clamantem, Abba, Pater.* Non hic ait, *in quo clamamus;* sed ipsum Spiritum clamantem dicere maluit, quo efficitur ut clamemus: sicut sunt illa: [Rom. 8. 26. Matth. 10. 20.] *Ipse Spiritus interpellat gemitibus inenarrabilibus;* &, *Spiritus Patris vestri est, qui loquitur in vobis.*

Sicut ergo nemo recte sapit, recte intelligit, recte consilio ac fortitudine praevalet, nemo scienter pius est, vel pie sciens, nemo timore casto Deum timet, nisi acceperit Spiritum sapientiae & intellectus, consilii & fortitudinis, scientiae, & pietatis, & timoris Dei: nec habet quisquam virtutem veram, charitatem sinceram, continentiam religiosam, nisi per Spiritum virtutis & charitatis & continentiae: ita sine Spiritu fidei non est recte quisquam crediturus, nec sine Spiritu orationis salubriter oraturus. [1. Cor. 12. 11.] Non quia tot sunt spiritus, sed omnia haec operatur unus atque idem Spiritus dividens propria unicuique prout vult: quia [Jo. 3. 8.] Spiritus ubi vult spirat: sed quod fatendum est, aliter adjuvat nondum inhabitans, aliter inhabitans. Nam nondum inhabitans adjuvat ut sint fideles, inhabitans adjuvat jam fideles.

[Caput V.] QUOD est ergo meritum hominis ante gratiam, quo merito percipiat gratiam, cum omne bonum meritum nostrum, non in nobis faciat nisi gratia; & cum Deus coronat merita nostra, nil aliud coronet quam munera sua? [2 Tim. 4. 8. al. Ex consimilibus.] Sicut enim ab initio fidei misericordiam consecuti sumus, non quia fideles eramus, sed ut essemus: sic in fine, quo erit vita aeterna, coronabit nos, sicut scriptum est, [Psal. 102. 4.] *in miseratione & misericordia.* [Psal. 58. 11.] Non itaque frustra Deo cantatur, [Psal. 22. 6.] *Et misericordia ejus praeveniet me;* &, *misericordia ejus subsequetur me.* Unde & ipsa vita aeterna, quae utique in fine sine fine habebitur, & ideo meritis praecedentibus redditur, tamen quia eadem merita quibus redditur, non a nobis parata sunt per nostram sufficientiam, sed in nobis facta per gratiam, etiam ipsa gratia nuncupatur, non ob aliud nisi quia gratis datur; [V. Ibid. de grat. & lib. arbitr. cap. 20. & seq.] nec ideo quia meritis non datur, sed quia data sunt & ipsa merita quibus datur. Ubi autem invenimus etiam vitam aeternam gratiam nuncupari, habemus apud eumdem gratiae magnificum defensorem apostolum Paulum: [Rom. 6. 23.] *Stipendium,* inquit, *peccati mors est, gratia autem Dei vita aeterna in Christo Jesu Domino nostro.*

Vide, obsecro te, in quanta brevitate quam vigilanter verba posuerit, quibus diligenter consideratis, quaestionis hujus aliquantulum dilucescat obscuritas. Cum enim dixisset, *Stipendium peccati mors;* quis non eum congruentissime & consequenter additurum judicaret, si diceret, Stipendium autem justitiae vita aeterna? & verum est; quia sicut merito peccati tamquam stipendium redditur mors, ita merito justitiae tamquam stipendium vita aeterna. Aut si nollet dicere justitiae, diceret fidei: quoniam [Habac. 2. 4. Rom. 1. 17.] justus ex fide vivit. Unde etiam & merces appellatur plurimis sanctarum Scripturarum locis: nusquam porro dicta est merces, justitia vel fides, quia justitiae vel fidei redditur merces. Quod est autem merces operanti, hoc militanti stipendium.

Sed beatus Apostolus adversus elationem quae usque adeo magnis tentat irrepere, ut & sibi propter ipsam dicat datum angelum Satanae, a quo colaphizaretur, ne verticem praesumptionis erigeret: adversus hanc ergo elationis pestem vigilantissime militans, *Stipendium,* inquit, *peccati mors.* Recte stipendium, quia debetur, quia digne retribuitur, quia merito redditur. Deinde ne justitia de humano se extolleret bono merito, sicut humanum meritum malum non dubitatur esse peccatum, non a contrario retulit, dicens, Stipendium justitiae vita aeterna; sed *gratia,* inquit, *Dei vita aeterna.* Et haec, ne praeter mediatorem aliqua alia via quaereretur, adjecit: *in Christo Jesu Domino nostro:* tamquam diceret, Audito quod stipendium peccati sit mors, quid te disponis extollere, o humana, non justitia, sed nomine justitiae plane superbia? quid te disponis extollere, & contrariam morti vitam aeternam, tamquam debitum stipendium flagitare? Cui debetur vita aeterna, vera justitia est. Si autem vera justitia est, ex te non est, [Jac. 1. 17. 1 Cor. 4. 7.] de sursum est descendens a Patre luminum. Ut haberes eam, si tamen habes eam, profecto accepisti. Quid enim habes quod non accepisti? Quapropter, o homo, si accepturus es vitam aeternam, justitiae quidem stipendium est, sed tibi gratia est, cui gratia est & ipsa justitia. Tibi enim tamquam debita redderetur, si ex te tibi esset justitia cui debetur. Nunc vero de plenitudine ejus accepimus non solum gratiam, qua nunc juste in laboribus usque in finem vivimus, sed etiam gratiam pro hac gratia, ut in requie postea sine fine vivamus. Hoc nihil salubrius fides credit, quia nihil verius intellectus invenit. Et debemus audire Prophetam dicentem, [Isa. 7. 9. Juxta LXX.] *Nisi credideritis, non intelligetis.*

[Caput VI.] SED *excusabunt se,* inquit, *homines, qui nolunt recte & fideliter vivere, dicentes, Quid nos fecimus qui male vivimus, quando quidem gratiam unde bene viveremus, non accepimus?* Non possunt veraciter dicere, nihil mali se fecisse, qui male vivunt. Si enim nihil mali faciunt, bene vivunt: si autem male vivunt, de suo male vivunt, vel quod originaliter traxerunt, vel quod insuper addiderunt. Sed si vasa sunt irae quae perfecta sunt ad perditionem, quae illis debita redditur, sibi hoc imputent, quia ex ea massa facta sunt, quam propter unius peccatum, in quo omnes peccaverunt, merito Deus justeque damnavit. Si autem vasa sunt misericordiae, quibus ex eadem massa factis supplicium debitum reddere noluit, non se inflent, sed ipsum glorificent, qui eis misericordiam non debitam praestitit, & si quid aliter sapiunt, & hoc quoque illis ipse revelavit.

Postremo, quonam se isti excusabunt modo? Nempe illo quem breviter tamquam ex eorum voce sibi objecit Apostolo, ut dicant: [Rom. 9. 19.] *Quid adhuc conqueritur? nam voluntati ejus quis resistit?* Hoc est enim dicere, Quid de nobis fit querela, quod Deum offendimus male vivendo, cum illius voluntati nemo possit resistere, qui nos obduravit misericordiam non præstando? Si ergo illos non pudet hac excusatione, non nobis, sed Apostolo contradicere, cur nos pigeat eis quod dicit Apostolus, hoc [Ibid. 20.] idem atque identidem dicere, *O homo, tu quis es qui respondeas Deo? Numquid dicit figmentum ei qui se finxit, Quare sic me fecisti? An non habet potestatem figulus luti, ex eadem massa*, utique merito justeque damnata, *facere aliud vas in honorem* indebitum propter misericordiæ gratiam, *aliud in contumeliam* debitum propter iræ justitiam, & ut notas faciat divitias gloriæ suæ in vasa misericordiæ; sic ostendens quid eis largiatur, cum id supplicium recipiunt vasa iræ, quod pariter omnibus debebatur. SATIS SIT INTERIM Christiano ex fide adhuc viventi, & nondum cernenti quod perfectum est, sed ex parte scienti, nosse vel credere quod neminem Deus liberet, nisi gratuita misericordia per Dominum nostrum Jesum Christum, & neminem damnet nisi æquissima veritate per eumdem Dominum nostrum Jesum Christum. Cur autem illum potius quam illum liberet aut non liberet, scrutetur qui potest judiciorum ejus tam magnum profundum, verumtamen caveat præcipitium. [Ibid. 14.] Numquid enim est iniquitas apud Deum? Absit. Sed inscrutabilia sunt judicia ejus, & investigabiles viæ ejus.

Et in majoribus dumtaxat ætatibus merito dici potest, Hi noluerunt intelligere, ut bene agerent: Hi, quod gravius est, intellexerunt, & non obedierunt; quia scriptum est; [Prov. 29. 19.] *Verbis non emendabitur servus durus, si enim & intellexerit non obediet.* Unde non obedit, nisi sua pessima voluntate. Cui gravior damnatio divina æquitate debetur. Cui enim plus datur, plus exigitur ab eo. Istos quippe Scriptura dicit inexcusabiles, quos non la- [Rom. 1. 18.] tet veritas, & in eis perseverat iniquitas. *Revelatur enim ira Dei de cælo*, ait Apostolus, *super omnem impietatem & injustitiam hominum eorum, qui veritatem in injustitia detinent: quia quod notum est Dei, manifestum est in illis. Deus enim illis manifestavit. Invisibilia enim ejus a creatura mundi per ea quæ facta sunt intellecta conspiciuntur, sempiterna quoque virtus ejus et divinitas, ut sint inexcusabiles.*

Si ergo istos inexcusabiles dicit, qui invisibilia illius per ea quæ facta sunt intellecta conspicere potuerunt, nec obedierunt tamen veritati, sed iniqui & impii permanserunt; neque [Ibidem 21.] enim non cognoverunt, sed *cognoscentes* (inquit) *Deum, non ut Deum glorificaverunt, aut gratias egerunt*: quanto magis inexcusabiles sunt, qui ex lege ejus instructi confidunt seipsos duces esse cæcorum, & alios docentes, seipsos non docent: qui prædicant non furandum, & furantur; & cetera quæ de ipsis Apostolus [Rom. 2. 1.] loquitur. Eis quippe dicit, *Propterea inexcusabilis es, o homo omnis qui judicas: in quo enim alium judicas, teipsum condemnas; eadem enim agis quæ judicas.*

Dicit etiam ipse Dominus in Evangelio, *Si non venissem, & locutus eis fuissem, peccatum non haberent: nunc autem excusationem non habent de peccato suo.* Non utique peccatum nullum haberent, qui pleni erant aliis magnis multisque peccatis: sed hoc peccatum vult intelligi non eos habituros fuisse si non venisset, quo cum audissent eum, non crediderunt in eum. Hanc eos excusationem non habere asserit, qua possent dicere, Non audivimus, ideo non credidimus. Humana quippe superbia tamquam præsumens de viribus liberi arbitrii excusatam se putat, quando ignorantiæ, non voluntatis videtur esse quod peccat.

Secundum hanc excusationem, inexcusabiles dicit Scriptura divina quoscumque scientes peccare convincit. Dei tamen justum judicium nec illis parcit qui non audierunt. Quicumque enim sine lege peccaverunt, sine lege peribunt. [Rom. 2. 12.] Et quamvis se ipsi excusare videantur, non admittit hanc excusationem, qui scit se fecisse hominem rectum, eique obedientiæ dedisse præceptum, nec nisi ejus quo male usus est libero voluntatis arbitrio, etiam quod transiret in posteros, manasse peccatum. Neque enim damnantur qui non peccaverunt, quandoquidem illud ex uno in omnes pertransiit, in quo ante propria in singulis quibusque peccata omnes communiter peccaverunt. Ac per hoc inexcusabilis est omnis peccator, vel reatu originis, vel additamento etiam propriæ voluntatis, sive qui novit, sive qui ignorat, sive qui judicat, sive qui non judicat. Quia & ipsa ignorantia in eis qui intelligere noluerunt, sine dubitatione peccatum est; in eis autem qui non potuerunt, pœna peccati. Ergo in utrisque non est justa excusatio, sed justa damnatio.

Ideo autem divina eloquia eos inexcusabiles dicunt, qui non ignorantes, sed scientes peccant, ut secundum judicium superbiæ suæ, quo multum confidunt de viribus propriæ voluntatis, se inexcusabiles videant: quia de ignorantia jam non habent excusationem suam, & nondum est justitia cui præsumebant sufficere voluntatem. At vero ille cui Dominus & sciendi, & obediendi largitus est gratiam, *Per legem*, inquit, *cognitio peccati*: &, *Peccatum non cognovi, nisi per Legem. Nam concupiscentiam nesciebam, nisi Lex diceret, Non concupisces.* [Rom. 3. 20. Rom. 7. 7. Exod. 20. 17.] Nec vult intelligi hominem prævaricatricis Legis ignarum, sed liberatricis indigentem gratiæ, ubi dicit, *Condelector Legi Dei secundum interiorem hominem*: [Rom. 7. 22.] & cum hac non solum scientia, verum etiam & delectatione Legis, postea dicit, *Miser ego homo, quis me liberabit de corpore mortis hujus? Gratia Dei per Jesum Christum Dominum nostrum.* [Ibid. 24.] Nemo itaque liberat a vulneribus illius trucidatoris, nisi hujus gratia Salvatoris. Nemo liberat venumdatos sub peccato a vinculis captivantis, nisi gratia redemtoris.

Ac per hoc universi qui se in nequitiis, & iniquitatibus excusatos volunt, ideo justissime puniuntur, quoniam qui liberantur, non nisi gratia liberantur. Nam si excusatio illic justa esset, non inde jam gratia, sed justitia liberaret.

ret. Cum vero non liberat nisi gratia, nihil justum invenit in eo quem liberat, non voluntatem, non operationem, non saltem ipsam excusationem: nam si haec justa est, quisquis ea utitur, merito, non gratia liberatur. Novimus enim liberari per gratiam Christi quosdam etiam eorum qui dicunt: *Quid adhuc conqueritur? nam voluntati ejus quis resistit?* (Rom. 9. 19.) Quae si justa est excusatio, non jam gratuita gratia, sed propter hujus excusationis justitiam liberantur. Si autem gratia est qua liberantur, profecto haec excusatio justa non est. Tunc enim vera gratia est, qua homo liberatur, si non secundum debitum justitiae retribuitur. Nihil ergo fit in eis qui dicunt, *Quid adhuc conqueritur? nam voluntati ejus quis resistit?* nisi quod legitur in libro Salomonis, *Insipientia viri violat vias ejus: Deum autem causatur in corde suo.* (Prov. 19. 3.)

Quamvis itaque Deus faciat vasa irae in perditionem, ut ostendat iram, & demonstret potentiam suam, qua bene etiam utitur malis, & ut notas faciat divitias gloriae suae in vasa misericordiae, quae facit in honorem, non damnabili massae debitum, sed suae gratiae largitate donatum: tamen in eisdem irae vasis propter meritum massae in contumeliam debitam factis, id est, in hominibus propter naturae quidem bona creatis, *sed* propter vitia supplicio destinatis, iniquitatem, quam resistere veritas improbat, damnat utique ipse, non facit. Sicut enim voluntati ejus tribuitur humana natura nullo dubitante laudanda, sic hominum voluntati culpa tribuitur nullo recusante damnanda. Quae voluntas hominis aut hereditarium vitium transmisit in posteros, quos in se habuit cum peccaret, aut adquisivit etiam cetera vitia, cum in se ipso unusquisque perdite viveret. Sed neque ab illo quod originaliter trahitur, neque ab his quae unusquisque in vita propria vel non intelligendo, vel nolendo intelligere, mala congregat, vel etiam instructus ex Lege, additamento praevaricationis exaggerat, quisquam liberatur & justificatur, nisi gratia Dei per Jesum Christum Dominum nostrum, non solum remissione peccatorum, sed prius ipsius inspiratione fidei & timoris Dei, impertito salubriter orationis affectu & effectu, donec sanet omnes languores nostros, & redimat de corruptione vitam nostram, & coronet nos in miseratione & misericordia. (Ps. 102. 3, 4.)

CAP. VII. Verum illi, qui personarum acceptorem fieri existimant Deum, si in una eademque causa super alios veniat misericordia ejus, super alios vero maneat ira ejus, omnes totas vires argumentationis humanae in parvulis perdunt. Nam ut taceam eorum, quod non est praeter parvulos, quamlibet maximo vestro exercitatissimos ea parte, de qua loquens Apostolus, ait, *Per unius delictum in omnes homines ad condemnationem:* (Rom. 5. 18.) unde non liberat nisi unus ille de quo idem ait, *Per unius justificationem in omnes homines ad justificationem vitae:* (Ibidem.) ut ergo hoc interim omittam, & hoc solum de parvulis dicam, quod ipsi quoque auctoritate evangelica tenent, vel potius Christianorum populorum concordissima fidei conspiratione perstricti, sine ulla renutatione concedunt, quod nullus parvulus, nisi renatus ex aqua & Spiritu, intrat in regnum caelorum: quam, quaeso, allaturi sunt causam, quod alius sic gubernatur ut baptizatus hinc exeat, alius infidelium manibus traditus, vel etiam fidelium prius quam ab eis baptizandus offeratur, exspirat? An hoc fato, vel fortunae daturi sunt? Non opinor eos in tantam dementiam prorupturos, quamdiu saltemque nomen Christianum tenere cupientes.

Cur ergo in regnum caelorum, non accepto regenerationis lavacro, parvulos nullus intrabit? Numquidnam ipse sibi parentes infideles vel negligentes, de quibus nasceretur, elegit? Quid dicam de improvisis & repentinis innumerabilibus mortibus, quibus saepe etiam religiosorum Christianorum praeveniuntur, & baptismo praeripiuntur infantes, cum e contrario sacrilegorum & inimicorum Christi aliquo modo in Christianorum manus veniunt, et hac vita non sine Sacramento regenerationis emigrant? Quid hic dicturi sunt, qui ut gratia dari possit, nonnulla praecedere merita humana contendunt, ne sit personarum acceptor Deus? Quae tandem hic merita praecesserunt? Si eorundem cogitentur parvulorum, nulla sunt propria, utrisque est illa massa communis. Si parentum attenderis, bona sunt illa quorum filii repentinis mortibus sine Christi baptismate perierunt: mala vero illa, quorum filii per Christianorum aliquam potestatem ad Sacramenta Ecclesiae pervenerunt. Et tamen providentia Dei, cui nostri capilli numerati sunt, sine cujus voluntate non cadit passer in terram, (Matt. 10. 30.) quae nec fato premitur, nec fortuitis casibus impeditur, nec ulla iniquitate corrumpitur, ut renascantur ad hereditatem caelestem, non consulit omnibus parvulis filiorum suorum, & nonnullis consulit etiam parvulis impiorum? *Iste* infans de fidelibus conjugibus ortus, laetitia parentum susceptus, matris vel nutricis somnolentia suffocatus, fit exsortis & expers fidei suorum: ille infans de sacrilegio stupro exsistens, crudeli timore matris exponitur, alienorum misericordi pietate colligitur, eorum Christiana sollicitudine baptizatur, fit aeterni consors & particeps regni. Ista cogitent, ista considerent, hic audeant dicere Deum vel acceptorem in sua gratia personarum, vel remuneratorem praecedentium meritorum.

Nam etsi conabuntur majoris aetatis aliqua merita suspicari, seu bona seu mala, quid de istis infantibus dicent, quorum nec iste sibi aliis propriis meritis malis potuit adquirere violentam suffocationem, nec bonis ille diligentiam baptizantis? Nimiae vanitatis & caecitatis sunt, si etiam his consideratis nolunt dignanter exclamare nobiscum, *O altitudo divitiarum sapientiae & scientiae Dei! Quam inscrutabilia sunt judicia ejus, & investigabiles viae ejus!* (Rom. 11. 33.) Non itaque misericordiae gratuitae pertinacissima adversentur infitia. Sinant Filium hominis in qualibet aetate quaerere, & salvum facere quod perierat. (Luc. 19. 10.) Nec de inscrutabilibus judiciis ejus audeant judicare, cur in una eademque causa super alium veniat misericordia ejus, super alium maneat ira ejus.

CAPUT VIII. Rom. 9. 10. Qui enim sunt isti, qui respondeant Deo, quandoquidem ille Rebeccæ habenti geminos ex uno concubitu Isaac patris nostri, cum illi nondum nati nihil egissent boni vel mali, ut secundum electionem propositum ejus maneret, electionem scilicet gratiæ non debiti, electionem qua eligendos facit ipse, non invenit; non ex operibus, sed ex vocante dicit, minori serviturum esse majorem. In quam sententiam beatus Apostolus etiam testimonium Prophetæ
Malach. 1. 2. & 3. longe posterioris assumpsit; *Jacob dilexi, Esau autem odio habui*: ut intelligeretur hoc apertum postea per Prophetam, quod antequam illi nascerentur, erat in Dei prædestinatione per gratiam. Quid enim diligebat in Jacob antequam natus fecisset aliquid boni, nisi gratuitum misericordiæ suæ donum? Et quid oderat in Esau antequam fecisset aliquid mali, nisi originale peccatum? Nam neque in illo diligeret justitiam, quam nullam ille fecerat, neque in illo odisset naturam, quam bonam ipse fecerat.

Mirum autem cum his coartantur angustiis, in quanta se abrupta præcipitent metuentes retia veritatis. *Ideo*, inquiunt, *nondum natorum alium oderat, alium diligebat; quia eorum futura opera prævidebat*. Quis illum acutissimum sensum defuisse Apostolo non miretur? Hoc quippe ille non vidit, quando sibi velut adversantis objecta quæstione, non id potius tam breve, tam apertum, tam (sicut isti putant) verum absolutumque respondit. Cum enim rem stupendam proposuisset, quomodo de nondum natis, nec aliquid agentibus boni aut mali recte dici potuerit, quod unum Deus dilexerit, alium odio habuerit, ipse sibi objecta quæstione motum exprimens auditoris, *Quid ergo dicemus*,
Rom. 9. 14. inquit? *Numquid iniquitas apud Deum? Absit.* Hic ergo erat locus, ut diceret quod isti sentiunt; *Futura enim Deus opera prævidebat, quando minori majorem serviturum esse dicebat.* Non autem hoc Apostolus dicit, sed potius ne quisquam de suorum operum auderet meritis gloriari, ad Dei gratiam & gloriam commendandam voluit valere quod dixit. Cum enim dixisset, *Absit ut sit iniquitas apud Deum*; tamquam ei diceremus, Unde hoc ostendis, cum asseras non ex operibus, sed ex vocante dictum esse, Major serviet minori? *Moysi enim dicit*, inquit, *Miserebor cui misertus ero, & misericordiam præstabo, cui misericors fuero. Igitur non volentis neque currentis, sed miserentis est Dei.* Ubi nunc merita, ubi opera vel præterita vel futura, tamquam liberi arbitrii viribus adimpleta vel adimplenda? Nonne apertam protulit Apostolus de gratuitæ gratiæ, hoc est, veræ gratiæ commendatione sententiam? Nonne stultam fecit Deus hæreticorum sapientiam?

Quid autem agebatur, ut hoc Apostolus diceret, ut eorum geminorum commemoraret exemplum? Quid persuadere moliebatur? quid
Rom. 10. 3. inculcare cupiebat? Nempe hoc quod istorum oppugnat amentia, quod superbi non capiunt, quod sapere nolunt, qui ignorantes Dei justitiam, & suam volentes constituere, justitiæ Dei non sunt subjecti. De ipsa quippe gratia satis agebat Apostolus, & ideo promissionis filios commendabat. Quod enim promittit Deus, non facit nisi Deus. Habet namque aliquid rationis & veritatis, ut homo promittat, & Deus faciat: ut autem homo se facere dicat, quod promiserit Deus, superbæ impietatis est reprobus sensus.

Commendans ergo filios promissionis, hoc primum significatum ostendit, per Isaac filium Abrahæ. Evidentius namque opus Dei apparet in eo, quem non genuit usitatus ordo naturæ de sterilibus visceribus & senectute confectis, ut in filiis Dei, qui futuri prænuntiabantur, hoc esset signum divini operis, non humani. *In Isaac*, inquit, *vocabitur tibi semen, hoc est*, Rom. 9. 8.
non qui filii carnis, ii filii Dei; sed filii promissionis deputantur in semine. Promissionis enim verbum hoc est: Ad hoc tempus veniam, & erit Saræ filius. Non solum autem, inquit, *sed & Rebecca ex uno concubitu habens Isaac patris nostri*: quo pertinuit ut adderet, *ex uno concubitu*, nisi ut non solum de filiis, neque de parentum meritis aliorum, sed ne de ipsius quidem unius patris, mutata forte in melius voluntate, gloriaretur Jacob, dicens, ideo se a Creatore dilectum, quia pater ejus quando eum seminavit, melioribus laudabilior moribus fuit: *ex uno*, inquit, *concubitu*: unum tunc ad eos seminandos meritum patris, unum ad concipiendos meritum matris. Quia etsi mater eos donec pareret visceribus portavit inclusos, & forte voluntates affectionesque variavit, non uni, sed ambobus utique variavit, quos pariter ventre portavit.

Intentio igitur intuenda est Apostoli, quomodo propter gratiam commendandam nolit eum de quo dictum est, *Jacob dilexi*, nisi in Domino gloriari: ut cum ex eodem patre, eadem matre, uno concubitu, antequam aliquid egissent boni aut mali, alterum Deus diligit, odit alterum, intelligat Jacob ex illa massa originalis iniquitatis, ubi fratrem suum, cum quo habuit communem causam, videt per justitiam meruisse damnari, non nisi per gratiam se potuisse discerni. Nondum enim nascebantur, nec agentibus bonum aut malum, ut secundum electionem propositum Dei maneret, non ex operibus, sed ex vocante dictum est ei, Major serviet minori.

Electionem autem gratiæ nullis fieri operum præcedentibus meritis, alio loco apertissime idem Apostolus ostendens, *Sic ergo*, inquit, Rom. 11. 5.
& in hoc tempore reliquiæ secundum electionem gratiæ salvæ factæ sunt. Si autem gratia, jam non ex operibus, alioquin gratia, jam non est gratia. Secundum hanc ergo gratiam, etiam propheticum testimonium consequenter assumens, *Sicut scriptum est*, inquit, *Jacob dilexi, Esau autem odio habui*: & continuo, Rom. 9. 13. 14.
Quid ergo dicemus, inquit, *Numquid iniquitas est apud Deum? absit*. Sed quare, *absit*? An propter opera quæ futura præsciebat amborum? Immo & hoc absit. *Moysi enim dicit. Miserebor cui misertus ero, & misericordiam præstabo cui misericors fuero. Igitur non volentis neque currentis, sed miserentis est Dei.* Exod. 33. 19. Rom. 9. 15.
Atque ut in vasis, quæ perfecta sunt in perditionem, quæ damnatæ debita est massæ, agnoscant vasa ex eadem massa in honorem facta, quid eis misericordia divina largita sit; Rom. 9. 21.

Di-

Exod. 9. 16. *Dicit enim*, inquit, *Scriptura ad Pharaonem*, *Quia ad hoc te excitavi*, *ut ostendam in te potentiam meam*, *& ut glorificetur nomen meum in universa terra*. Denique ad utrumque concludit: *Ergo cujus vult miseretur*, *& quem vult obdurat*: hoc facit apud quem non est iniquitas. Miseretur itaque gratuito dono, obdurat autem justissimo merito.

Sed dicat adhuc vel superbi infidelis elatio, vel puniti damnabilis excusatio: *Quid adhuc* Rom. 9. 19. *conqueritur? nam voluntati ejus quis resistit?* Dicat & audiat quod convenit homini; *O homo*, *tu quis es*, *qui respondeas Deo*, & cætera de quibus jam quantum potui satis ac sæpe disserui. Audiat hæc, & non contemnat. Quod si contempserit, etiam ut contemneret se inveniat obduratum. Si non contempserit, etiam ut non contemneret, esse credat adjutum; sed obduratum debito, adjutum gratia.

Caput IX. Neque enim si duorum de Isaac patriarcha geminorum, quod quidem jam ostendimus quanta cæcitate dicatur, futura prævidit Deus opera, qui vixerunt atque senuerunt, & propterea Jacob dilexit, Esau autem odio habuit, ideo moriturorum etiam parvulorum potest quisquam dicere, ut huic ad percipiendum baptismum non consulat, illi autem consulat, Deum futura opera prævidere. Quomodo enim futura dicuntur, quæ nulla erunt?

Sed Deus, inquiunt, *in eis quos hinc aufert*, *prævidet quemadmodum victurus esset quisque si viveret*: *& ideo quem nequiter victurum fuisse vid达um*, *sine baptismo facit & mori*, *sic in eo puniens opera mala*, *non quæ fecit*, *sed quæ facturus fuit*. Si ergo divinitus, etiam quæ commissa non sunt, mala opera puniuntur: primo attendant quam falso pollicentur in damnationem parvulos non ituros, qui sine baptismate moriuntur, qui propterea non baptizantur, quia male victuri erant, si viverent: propter ipsam quippe malam vitam procul dubio damnabuntur, si etiam mala quæ futura erant futura damnantur. Deinde si eis ad percipiendum baptismatis consulitur Sacramentum, quos novit Deus si viverent bene fuisse victuros, cur non omnes tenentur in vita, quam bonis operibus ornaturi sunt? Cur etiam eorum qui baptizantur quidam diu viventes pessime vivunt, & usque ad apostasiam aliquando perveniunt? Cur ipsum primum contractum peccatorum, quos utique noverat Deus peccaturos, non de paradiso ante projecit, ne ibi committerent quod tam sancto loco esset indignum, si juste peccata etiam nondum commissa puniuntur? Quid Sap. 4. 11. denique præstatur ei qui rapitur ne malitia mutet intellectum ejus, & ne fictio decipiat animam ejus, si juste etiam illa puniuntur, quæ licet non fecerit, fuerat tamen vivendo facturus? Postremo cur non ad percipiendum regenerationis lavacrum, ei magis consulitur morituro, qui male fuerat victurus si viveret, ut ei peccata quæ fuerat commissurus, remittantur in baptismo? Quis enim est tam vecors qui ea neget per baptismum posse dimitti, quæ sine baptismo dicit posse puniri?

Sed disputando adversus eos, qui usquequaque convicti, etiam non commissorum peccatorum Deum persuadere moliuntur ultorem, verendum est ne nos in eos ista fingere existimemur: illi autem nullo modo tam hebetes esse creduntur, ut hæc vel sentiant, vel cuiquam persuadere conentur: verumtamen nisi eos hæc dicere audissem, refellenda esse non arbitrarer. Circumscribuntur enim & divinarum auctoritate litterarum, & antiquitus tradito & retento firmo Ecclesiæ ritu in baptismate parvulorum, ubi apertissime demonstratur infantes & cum exorcizantur, & cum ei se per eos quibus gestantur renuntiare respondent, a diaboli dominatione liberari, & non invenientes qua exeant, pergunt in præcipitem stultitiam, dum nolunt mutare sententiam. Caput X.

Ex libro primo ejusdem contra Pelagium & Celestium, qui est de Gratia Christi, cap. 3. & sequentibus.

PELAGIUS cum episcopalibus * gestis sine ulla recusatione damnaverit eos, qui dicunt gratiam Dei & adjutorium non ad singulos actus dari, sed in libero arbitrio esse, vel in lege atque doctrina; ubi putabamus ejus de hac re omnes tergiversationes esse consumtas; damnaverit etiam eos, qui docent gratiam Dei secundum merita nostra dari: tamen in libris quos edidit pro libero arbitrio, quorum mentionem facit in epistola quam Romam misit, nihil aliud sentire monstratur, quam id quod damnasse videbatur. Nam gratiam Dei & adjutorium, quo adjuvamur ad non peccandum, aut in natura & libero ponit arbitrio, aut in lege atque doctrina: ut videlicet cum adjuvat Deus hominem, ut declinet a malo & faciat bonum, revelando & ostendendo quid fieri debeat, adjuvare credatur; non etiam cooperando & dilectionem inspirando, ut id quod faciendum esse cognoverit faciat.

Caput III. * Lib. de gestis Pelag. c. 14.

Gratia Pelagiana.

Nam cum tria constituat, atque distinguat, quibus divina mandata dicit impleri, possibilitatem, voluntatem, & actionem; possibilitatem scilicet qua potest homo esse justus; voluntatem, qua vult esse justus; actionem, qua justus est: horum trium primum, id est, possibilitatem datam confitetur a creatore naturæ, nec esse in nostra potestate, sed eam nos habere etiam si nolimus: duo vero reliqua, id est, voluntatem & actionem, nostra esse asserit, atque ita nobis tribuit, ut non nisi a nobis esse contendat. Denique gratia Dei non ista duo, quæ nostra omnino vult esse, id est, voluntatem & actionem; sed illam quæ in potestate nostra non est, & nobis ex Deo est, id est, possibilitatem perhibet adjuvari: tamquam illa quæ nostra sunt, hoc est voluntas & actio, tam sint valentia ad declinandum a malo, & faciendum bonum, ut divino adjutorio non indigeant; illud vero quod nobis ex Deo est, hoc sit invalidum, id est possibilitas, ut semper gratiæ adjuvetur auxilio.

Sed ne quis forsitan dicat nos vel non recte Caput IV.

intelligere quæ loquitur, vel malevolo animo in alium sensum quæ non ita dicta sunt vertere, ipsa jam verba ejus accipite. *Nos*, inquit, *sic tria ista distinguimus, & certum velut in ordinem digesta partimur. Primo loco posse statuimus, secundo velle, tertio esse. Posse in natura, velle in arbitrio, esse in effectu locamus. Primum illud, id est, posse, ad Deum proprie pertinet, qui illud creaturæ suæ contulit: duo vero reliqua, hoc est velle & esse, ad hominem referenda sunt, quia de arbitrii fonte descendunt. Ergo in voluntate & opere bono laus hominis est, immo & hominis & Dei, qui ipsius voluntatis & operis possibilitatem dedit, quique ipsam possibilitatem gratiæ suæ adjuvat semper auxilio. Quod vero potest homo velle bonum atque perficere, solius Dei est. Potest itaque illud unum esse, etiam si duo ista non fuerint: ista vero sine illo esse non possunt. Itaque liberum mihi est, nec voluntatem bonam habere, nec actionem: nullo autem modo possum non habere possibilitatem boni: inest mihi etiam si noluero, nec otium sui aliquando in hoc natura recipit. Quem nobis sensum exempla aliqua facient clariorem. Quod possumus videre oculis, nostrum non est: quod vero bene aut male videmus, hoc nostrum est. Et ut generaliter universa complectar, quod possumus omne bonum facere, dicere, cogitare, illius est qui hoc posse donavit, qui hoc posse adjuvat: quod vero bene vel agimus, vel loquimur, vel cogitamus, nostrum est; quia hæc omnia vertere etiam in malum possumus. Unde, quod propter calumniam vestram sæpe repetendum est, cum dicimus hominem posse esse sine peccato, & confessione possibilitatis acceptæ laudamus Deum, qui nobis hoc posse largitus est, nec est ibi ulla laudandi hominis occasio, ubi solius Dei causa tractatur: non enim de velle, nec de esse, sed tantummodo de eo quod potest esse, disseritur.*

Pelagius lib. 3. pro libero arbitrio.

CAPUT V.

Ecce est totum dogma Pelagii in libro ejus tertio pro libero arbitrio, his omnino verbis diligenter expressum, quo tria ista, unum quod est posse, alterum quod est velle, tertium quod est esse, id est possibilitatem, voluntatem, actionem tanta curavit subtilitate distinguere, ut quandocumque legimus vel audimus divinæ gratiæ adjutorium confiteri, ut a malo declinemus bonumque faciamus, sive in lege atque doctrina, sive ubilibet constituat, sciamus quid loquatur; nec erremus, aliter eum intelligendo quam sentit. Scire quippe debemus, quod nec voluntatem nostram, nec actionem divino adjuvari credat auxilio, sed solam possibilitatem voluntatis atque operis, quam solam in his tribus nos habere affirmat ex Deo, tamquam hoc sit infirmum quod Deus ipse posuit in natura; cetera vero duo quæ nostra esse voluit, ita sint firma & fortia & sibi sufficientia, ut nullo indigeant ejus auxilio; & ideo non adjuvet ut velimus, non adjuvet ut agamus, sed tantummodo adjuvet ut velle & agere valeamus. Contra autem Apostolus, Cum timore, inquit, & tremore vestram ipsorum operamini salutem. (Phil. 2. 12.) Et ut scirent, quia non tantum in eo quod operari possunt, (hoc enim & in natura & in doctrina jam acceperant); sed etiam in eo quod operantur divinitus adjuvantur, non ait, Deus est enim qui operatur in vobis posse, tamquam ipsi jam velle & operari per seipsos habeant, nec in his duobus adjutorio ejus indigeant; sed ait, Deus enim est qui operatur in vobis & velle & perficere; (Ibid. 13.) vel sicut in aliis & maxime Græcis codicibus legitur, & velle & * operari. (* τὸ ἐνεργεῖν.) Videte si non Apostolus gratiæ Dei futuros adversarios sancto Spiritu tanto ante prævidit, & hæc duo, id est, & velle & operari, quæ ille ita nostra esse voluit, tamquam ipsa divinæ gratiæ non adjuventur auxilio, Deum in nobis dixit operari.

CAPUT VI.

Neque hinc Pelagius incautos fallat & simpliciores, vel etiam seipsum, quoniam cum dixisset, *Ergo in voluntate & opere bono laus hominis est*; velut correxit atque addidit, *immo & hominis, & Dei*. Non enim hoc propterea dixit, quia secundum sanam doctrinam intelligi voluit quod & velle operari Deus operetur in nobis; sed cur hoc dixerit, satis evidenter ostendit continuo subjungendo, *qui ipsius voluntatis & operis possibilitatem dedit*. Hanc autem possibilitatem in natura eum ponere, de verbis ejus superioribus clarum est. Sed ne nihil de gratia dixisse videretur, adjunxit, *quique ipsam possibilitatem gratiæ suæ adjuvat semper auxilio*: non ait, ipsam voluntatem, vel ipsam operationem; quod si diceret, non abhorrere a doctrina apostolica videretur: sed ait, *ipsam possibilitatem*, illud videlicet ex tribus quod in natura locavit, *gratiæ suæ adjuvat semper auxilio*, ut scilicet in voluntate & actione, non ideo laus sit & Dei & hominis, quia sic vult homo, ut tamen ejus voluntati & Deus ardorem dilectionis inspiret; & sic operatur homo, ut tamen Deus cooperetur, sine cujus adjutorio quid est homo? sed ideo ad hanc laudem adjunxit & Deum, quia nisi natura esset, in qua nos condidit, qua velle & agere possemus, nec vellemus nec ageremus.

Hanc autem naturalem possibilitatem quod adjuvari Dei gratia confitetur, non est hic apertum vel quam dicat gratiam, vel quatenus ea naturam sentiat adjuvari; sed sicut aliis locis, in quibus evidentius loquitur, intelligi potest, non vult aliud accipi quam legem atque doctrinam, qua naturalis possibilitas adjuvetur. * Nam quodam loco ait, *Hic nos imperitissimi hominum putant injuriam divinæ gratiæ facere, quia dicimus eam sine voluntate nostra nequaquam in nobis perficere sanctitatem: quasi Deus gratiæ suæ aliquid imperaverit, & non illis quibus imperavit, etiam gratiæ suæ auxilium subministret, ut quod per liberum homines facere jubentur arbitrium, facilius possent implere per gratiam*. Et tamquam explicaturus quam dicat gratiam, secutus adjunxit, dicens, *Quam nos non, ut tu putas, in lege tantummodo, sed & in Dei esse adjutorio confitemur*. Quis non hic desideret, ut ostendat quam velit intelligi gratiam? Propter hoc enim maxime de illo expectare debemus, ut dicat hoc quod dixit, non in lege tantummodo se gratiam confiteri. Sed nobis hac expectatione suspensis, quid addi-

(* CAPUT VII.)

addiderit interponi; *Adjuvat enim nos, inquit, Deus per doctrinam & revelationem suam, dum cordis nostri oculos aperit; dum nobis, ne præsentibus occupemur, futura demonstrat; dum diaboli pandit insidias; dum nos multiformi & ineffabili dono gratiæ cælestis illuminat.* Deinde sententiam suam quadam velut absolutione concludens, *Qui hæc dicit, inquit, gratiam tibi videtur negare? An & liberum hominis arbitrium, & Dei gratiam confitetur?* In his omnibus non recessit a commendatione legis atque doctrinæ, hanc esse adjuvantem gratiam diligenter inculcans, & hoc exsequens quod proposuerat, cum diceret, *sed in Dei esse adjutorio confitemur.* Denique Dei adjutorium multipliciter insinuandum putavit, commemorando doctrinam & revelationem, & oculorum cordis adapertionem, & demonstrationem futurorum, & apertionem diabolicarum insidiarum & multiformi atque ineffabili dono gratiæ cælestis illuminationem: ad hoc utique ut divina præcepta & promissa discamus. Hoc est ergo gratiam Dei ponere in lege atque doctrina.

Caput VIII. Hinc itaque apparet hanc eum gratiam confiteri, qua demonstrat & revelat Deus quid agere debeamus, non qua donat atque adjuvat ut agamus; cum ad hoc potius valeat legis agnitio, si gratiæ desit opitulatio, ut fiat mandati prævaricatio. Ubi enim non est lex, ait Apostolus, nec prævaricatio. Et, Concupiscentiam nesciebam, nisi lex diceret, Non concupisces. Ac per hoc, usque adeo aliud est lex, aliud est gratia, ut lex non solum nihil prosit, verum etiam plurimum obsit, nisi adjuvet gratia; & hæc ostendatur legis utilitas, quoniam quos facit prævaricationis reos, cogit confugere ad gratiam liberandos, & ut concupiscentias malas superent adjuvandos. Jubet enim magis quam juvat; docet morbum esse, non sanat; immo ab ea potius quod non sanatur augetur, ut attentius & sollicitius gratiæ medicina quæratur. Quia littera occidit, spiritus autem vivificat. Si enim data esset lex quæ posset vivificare, omnino ex lege esset justitia. „In quantum tamen etiam lex adjuvet, adjungit & dicit, Sed conclusit Scriptura omnia sub peccato, ut promissio ex fide Jesu Christi daretur credentibus. Itaque lex, inquit, pædagogus noster fuit in Christo Jesu." Hoc ipsum ergo superbis est utile, sub peccato arctius manifestiusque concludi, ne ad faciendam justitiam de liberi arbitrii quasi propriis viribus præsumatur; sed omne os obstruatur, & reus fiat omnis mundus Deo, quia non justificabitur ex lege omnis caro coram illo. „Per legem enim cognitio peccati: nunc autem sine lege justitia Dei manifestata est, testificata per legem & Prophetas." Quomodo ergo sine lege manifestata, si per legem testificata? Non itaque sine lege manifestata, sed sine lege justitia, quia justitia Dei est, id est, quæ nobis non ex lege fit, sed ex Deo: non quæ illo imperante cognoscendo timeatur, sed quæ illo donante diligendo teneatur, ut & qui gloriatur, in domino glorietur.

Caput IX. Quid ergo est, quod iste legem atque doctrinam deputat gratiam, qua juvemur ad operandam justitiam, quæ ut multum adjuvet, ad hoc adjuvat ut gratia requiratur? Nemo enim potest legem implere per legem. Plenitudo enim legis charitas. Charitas autem Dei non per legem diffusa est in cordibus nostris, sed per Spiritum-sanctum qui datus est nobis. Proinde per legem gratia demonstratur, ut lex per gratiam compleatur. Quid enim prodest Pelagium, quod diversis verbis eamdem rem dicit, ut non intelligatur in lege atque doctrina gratiam constituere, qua possibilitatem naturæ asserit adjuvari? Quantum autem existimo, ideo veretur intelligi, quia damnavit eos, qui dicunt gratiam Dei & adjutorium non ad singulos actus dari, sed in libero arbitrio esse, vel in lege atque doctrina: & tamen latere se putat, cum aliis atque aliis locutionibus versat significationem legis atque doctrinæ.

Caput X. In alio quippe loco, cum diu asseruisset non adjutorio Dei, sed ex nobis ipsis in nobis effici voluntatem bonam; opposuit sibi ex Apostoli epistola quæstionem, atque ait, *Et quomodo, inquit, stabit illud Apostoli, Deus est enim qui operatur in vobis & velle & perficere?* Deinde ut hanc oppositionem veluti solveret, quam videbat dogmati suo vehementer esse contrariam, secutus adjunxit: *Operatur in nobis velle quod bonum est, velle quod sanctum est, dum nos terrenis cupiditatibus deditos, mutorum more animalium tantummodo præsentia diligentes, futuræ gloriæ magnitudine & præmiorum pollicitatione succendit, dum revelatione sapientiæ in desiderium Dei stupentem suscitat voluntatem, dum nobis (quod tu alibi negare non metuis,) suadet omne quod bonum est.* Quid manifestius, nihil aliud eum dicere gratiam, qua Deus in nobis operatur velle quod bonum est, quam legem atque doctrinam? In lege namque & doctrina sanctarum Scripturarum futuræ gloriæ atque præmiorum promittitur magnitudo. Ad doctrinam pertinet etiam quod sapientia revelatur, ad doctrinam pertinet cum suadetur omne quod bonum est. Et si inter docere & suadere, vel potius exhortari, distare aliquid videtur; etiam hoc tamen doctrinæ generalitate concluditur, quæ quibuscumque sermonibus vel litteris continetur: nam & sanctæ Scripturæ & docent & exhortantur, & potest esse in docendo & exhortando etiam hominis operatio. Sed nos eam gratiam volumus iste aliquando fateatur, qua futuræ gloriæ magnitudo non solum promittitur, verum etiam creditur & speratur; nec solum revelatur sapientia, verum etiam & amatur; nec suadetur solum omne quod bonum est, verum & persuadetur. Non enim omnium est fides, qui audiunt per Scripturam Dominum regnum cælorum pollicentem; aut omnibus persuadetur quibuscumque suadetur, ut veniant ad eum, qui dicit, Venite ad me omnes qui laboratis. Quorum autem sit fides, & quibus persuadeatur, ut ad eum veniant, satis ipse demonstravit, ubi ait, Nemo venit ad me, nisi Pater qui misit me, traxerit eum.

Et

Et paulo post, cum de non credentibus loqueretur, Dixi, inquit, vobis, quia nemo potest venire ad me, nisi fuerit ei datum a patre meo. Hanc debet Pelagius gratiam confiteri, si vult non solum vocari, verum etiam esse Christianus.

Caput XI. Quid autem dicam de revelatione sapientiae? Neque enim facile quisquam speraverit in hac vita posse pervenire ad magnitudinem revelationum apostoli Pauli: & utique in eis quid aliud credendum est ei revelari solere, nisi quod ad sapientiam pertineret? „ Et tamen dicit, In „ magnitudine revelationum mearum ne extollar, datus est mihi stimulus carnis meae, angelus satanae qui me colaphizaret. Propter quod ter Dominum rogavi, ut auferret eum a me: & dixit mihi, Sufficit tibi gratia mea, nam virtus in infirmitate perficitur. " Procul dubio si jam summa & cui nihil esset addendum, caritas in Apostolo tunc fuisset, quae omnino non posset inflari, numquid necessarius esset angelus satanae, quo colaphizante reprimeretur elatio, quae in magnitudine revelationum posset existere? Quid est autem aliud elatio quam inflatio? Et utique de caritate verissime dictum est, Caritas non aemulatur, non inflatur. Haec itaque caritas adhuc etiam in tanto Apostolo de die in diem profecto augebatur, quamdiu homo ejus interior de die in diem renovabatur, perficienda sine dubio ubi jam non posset inflari. Tunc autem mens ejus adhuc erat ubi inflaretur magnitudine revelationum, donec impleretur solido aedificio caritatis: nondum enim perveniendo apprehenderat, quo proficiendo currebat.

2. Cor. 12. 7.

V. lib. 3. contra duas Epist. Pelag. c. 7.

1. Cor. 13. 4.

2. Cor. 4. 16.

Caput XII. Ideoque nolenti perpeti molestiam, qua sic cohiberetur elatio, antequam esset in eo caritatis ultima & summa perfectio, rectissime dicitur, Sufficit tibi gratia mea, nam virtus in infirmitate perficitur: *in infirmitate*, scilicet, non ut ille putat, *carnis tantum*, sed & carnis & animi: quia & animus erat in comparatione summae illius perfectionis infirmus, cui, ne extolleretur, proinde stimulus carnis angelus satanae intelligebatur datus: quamvis esset in carnalium, vel animalium, nondum percipientium quae sunt Spiritus Dei comparatione firmissimus. Quocirca si virtus in infirmitate perficitur, quisquis se non fatetur infirmum, non perficitur. Haec autem gratia qua virtus in infirmitate perficitur, praedestinatos & secundum propositum vocatos, ad summam perfectionem glorificationemque perducit. Qua gratia agitur non solum ut facienda noverimus, verum etiam ut cognita faciamus; nec solum ut diligenda credamus, verum etiam ut credita diligamus.

2. Cor. 12. 9.

1. Cor. 2. 14.

Rom. 8. 30.

Gratia docet ut faciamus.

Caput XIII. Quomodo doctrina possit dici gratia. Haec gratia si doctrina dicenda est, certe sic dicatur, ut altius & interius eam Deus cum ineffabili suavitate credatur infundere, non solum per eos qui plantant & rigant extrinsecus, sed etiam per seipsum qui incrementum suum ministrat occultus, ita ut non ostendat tantummodo veritatem, verum etiam impertiat caritatem. Sic enim docet Deus eos qui secundum propositum vocati sunt, simul donans & quid agant scire, & quod sciunt agere. Unde ad Thessalonicenses sic Apostolus loquitur: De charitate autem fraternitatis non opus habemus vobis scribi; nam ipsi vos a Deo didicistis ut diligatis invicem. Atque ut probaret eos a Deo didicisse, subjunxit, Etenim facitis illud in omnes fratres, in universa Macedonia. Tamquam hoc sit certissimum indicium, quod a Deo didiceris, si id quod didiceris feceris. Illo modo sunt omnes secundum propositum vocati, sicut scriptum est in Prophetis, docibiles Dei. Qui autem novit quidem quod fieri debeat, & non facit, nondum a Deo didicit secundum gratiam, sed secundum legem: non secundum spiritum, sed secundum literam. Quamvis multi, quod imperat lex, facere videantur timore poenae, non amore justitiae, quam dicit Apostolus justitiam suam quae ex lege est: tamquam sit imperata, non data. Si autem data est, non dicitur justitia nostra, sed Dei: quia sic fit nostra, ut sit nobis ex Deo. Dicit enim, Ut inveniar in illo non habens meam justitiam, quae ex lege est, sed eam quae ex fide est Jesu, justitiam ex Deo. Tantum igitur inter legem distat & gratiam, ut cum lex esse non dubitetur ex Deo, justitia tamen quae ex lege est non sit ex Deo, sed justitia quae per gratiam consummatur, ex Deo. Quia ex lege justitia dicitur, quae fit propter legis * maledictum, justitia ex Deo dicitur, quae datur per gratiae beneficium, ut non sit terribile, sed suave mandatum, sicut oratur in Psalmo; Suavis es domine, & in tua suavitate doce me justitiam tuam: id est, ut non formidine poenae serviliter cogar esse sub lege, sed libera charitate delecter esse cum lege. Praeceptum quippe liber facit, qui libens facit. Et hoc modo quisquis didicit, agit omnino quidquid agendum didicerit.

1. Cor. 3. 7.

Qui per gratiam didicit, omnino agit quidquid agendum didicit.

1. Thessal. 4.

Joan. 6. 45.

Justitia ex Deo, justitia ex lege.

Philipp. 3. 9.

* Alias mandatum.

Ps. 118. 66.

Timor poenae.

Caput XIV. Sed forte ut dentur nobis charitas, praecedentia merita nostra fecerunt: sicut iste de gratia Dei sensit in eo libro, * quem ad sacram virginem scripsit, cujus etiam commemorationem fecit in literis, quas Romam misit. Ibi enim interposito Jacobi apostoli testimonio, quo ait, *Subditi estote Deo, resistite autem diabolo & fugiet a vobis*: subjungit & dicit, * *Ostendit quomodo resistere debeamus diabolo, si utique subditi simus Deo, ejusque faciendo voluntatem, divinam mereamur gratiam* * *& facilius nequam spiritui auxilio sancti Spiritus resistamus*. Ecce quam veraci corde damnavit in ecclesiastico judicio Palaestino eos, qui dicunt gratiam Dei secundum merita nostra dari. An adhuc eum id sentire & apertissime praedicare dubitamus? Quomodo ergo verax fuit in episcopali examine illa confessio? An forte jam illum scripserat librum, ubi apertissime dicit gratiam secundum merita nostra dari, quod in orientali synodo sine ulla recusatione damnavit? Confiteatur ergo sic se aliquando sensisse, sed jam non tenere, ut de correctione ejus apertissime gaudeamus. Nunc vero cum illi inter cetera & hoc fuisset objectum, respondit, *Haec autem Caelestii sunt, ipsi viderint qui dicunt ea Caelestii esse; ego vero numquam sic tenui, sed anathematizo qui sic tenent*. Quomodo numquam sic tenuit, si hunc ante condiderat librum? Aut quomodo anathematizat eos qui sic tenent, si hunc librum postea condidit?

* Lib. ad Demetriadem, quae habetur in Appendice t. 2. Sancti Augustini.

* Cap. 25.

* Jacob. 4.

Lib. de gestis Pelag. c. 14.

Sed ne forte respondeat ita se hic dixisse,

Dei

Dei faciendo voluntatem, divinam mereantur gratiam, sicut fidelibus & pie viventibus adsit gratia, qua resistant fortius tentatori, cum tamen gratiam etiam primitus acceperint, ut Dei facerent voluntatem: ne forte ergo ita respondeat, alia de hac re verba ejus accipite. *Qui currit*, inquit, *ad Deum, & a Deo se regi cupit, id est, voluntatem suam ex ejus voluntate suspendit; qui et adhaerendo jugiter, unus, secundum Apostolum, cum eo fit spiritus, non hoc nisi de arbitrii efficit libertate.* Videte quantam rem dixerit non effici nisi arbitrii libertate; ut per hoc sine adjutorio Dei nos Deo existimet adhaerere: hoc est enim, *non nisi de arbitrii libertate*: ut cum adhaeserimus ei non adjuvemur, tunc jam quoniam adhaesimus etiam adjuvari mereamur. * Sequitur enim & dicit, *Qua qui bene utitur*, id est, arbitrii libertate qui bene utitur, *ita se*, inquit, *totum tradit Deo, omnemque suam mortificat voluntatem, ut cum Apostolo possit dicere, Vivo autem jam non ego, vivit autem in me Christus; ponitque cor suum in manu Dei, ut illud quo voluerit, ipse declinet.* Magnum profecto adjutorium divinae gratiae, ut cor nostrum quo voluerit Deus, ipse declinet. Sed hoc tam magnum adjutorium, sicut iste desipit, tunc meremur, cum sine ullo adjutorio non nisi de arbitrii libertate ad Dominum currimus, ab eo nos regi cupimus, voluntatem nostram ex ejus voluntate suspendimus, atque adhaerendo jugiter, unus cum illo efficimur spiritus. Haec scilicet tam ingentia bona, non nisi de arbitrii, secundum illum, efficimus libertate, ut his praecedentibus meritis sic ejus gratiam consequamur, ut cor nostrum quo voluerit ipse declinet. Quomodo est ergo gratia, si non gratis datur? Quomodo est gratia, si ex debito redditur? Quomodo verum dicit Apostolus, Non ex vobis, sed Dei donum est, non ex operibus, ne forte quis extollatur? Et iterum, Si autem gratia, inquit, jam non ex operibus, alioquin gratia, jam non est gratia. Quomodo, inquam, hoc verum est, si opera tanta praecedunt, quae nobis adipiscendae gratiae meritum faciant, quo nobis non donetur gratuito, sed reddatur ex debito? Ergone ut perveniatur ad adjutorium Dei, ad Deum curritur sine adjutorio Dei; & ut Deo adhaerentes adjuvemur a Deo, a Deo non adjuti adhaeremus Deo? Quid homini majus, quidve tale poterit gratia ipsa praestare, si jam sine illa unus cum Domino spiritus effici potuit, non nisi de arbitrii libertate?

1 Cor. 6. 17.

* Caput XXIII.

Gal. 2. 20.

Prov. 21. 1.

Ephes. 2. 8.

Rom. 11. 6.

Sed vellem ut iste diceret, utrum rex ille Assyrius cujus Esther sancta mulier exsecrabatur cubile, quando consedebat in throno regni sui, & omni stola illustrationis suae induebatur, totus auro variatus lapidibusque pretiosis, & erat terribilis sive valde, & elevata facie sua inflammata in claritate intuitus est eam, tanquam taurus in impetu indignationis suae, & timuit regina, & conversus est color ejus per dissolutionem, & inclinavit se super caput delicatae suae, quae praecedebat eam: vellem ergo diceret iste nobis, utrum rex ille ad Deum jam cucurrerat, & ab eo se regi cupierat, suamque voluntatem ex ejus voluntate suspenderat, & ei jugiter inhaerendo unus cum illo spiritus factus erat, non nisi de arbitrii libertate? utrum se totum Deo tradiderat, omnemque suam mortificaverat voluntatem, & cor suum in manu Dei posuerat? Puto non desipere, sed insanire hominem, quisquis de illo rege, qualis tunc erat, hoc senserit: & tamen convertit Deus & transtulit indignationem ejus in lenitatem. Quis autem non videat multo majus esse, indignationem a contrario in lenitatem convertere atque transferre, quam cor neutro affectui praeoccupatum, sed inter utrumque medium in aliquid declinare? Legant ergo & intelligant, intueantur atque fateantur, non lege atque doctrina insonante forinsecus, sed interna atque occulta, mirabili ac ineffabili potestate operari Deum in cordibus hominum, non solum veras revelationes, sed etiam bonas voluntates.

Caput XXIV. Esther 15. juxt. LXX.

Deus mirabili potestate operatur in cordibus bonas voluntates.

Desinat itaque jam Pelagius, & seipsum & alios fallere, contra Dei gratiam disputando. Non propter illorum trium unum, id est, propter possibilitatem bonae voluntatis atque operis, sed etiam propter voluntatem & operationem bonam erga nos gratia Dei praedicanda est. Nam illam possibilitatem ad utrumque valere definit: & tamen non ideo tribuenda sunt Deo etiam nostra peccata, sicut & propter eamdem possibilitatem vult tribuere bona opera nostra. Non ideo tantum adjutorium divinae gratiae commendatur, quia possibilitatem adjuvat naturalem. Desinat dicere, *Quod possumus omne bonum facere, dicere, cogitare, illius est qui hoc posse donavit, qui hoc posse adjuvat: quod vero bene vel agimus, vel loquimur, vel cogitamus, nostrum est.* Desinat, inquam, ista dicere. Non solum enim Deus posse nostrum donavit atque adjuvat, sed etiam velle & operari operatur in nobis. Non quia nos non volumus, aut nos non agimus; sed quia sine ipsius adjutorio nec volumus aliquid boni, nec agimus. Quomodo enim dicitur, *Quod possumus bene agere, Dei est, quod autem agimus, nostrum est?* cum dicat Apostolus, orare se ad Deum pro eis ad quos scribebat, ut quid mali faciant, & ut quod bonum est, faciant. Non enim ait, Oramus ut possitis nihil mali facere; sed, ut quid faciatis mali: nec, ut possitis bonum facere; sed, ut bonum faciatis. Quoniam de quibus scriptum est, Quotquot enim Spiritu Dei aguntur, hi filii sunt Dei: profecto et agant quod bonum est, ab illo aguntur qui bonus est. Quomodo dicit Pelagius, *Quod bene loqui possumus, Dei est, quod bene loquimur, nostrum est?* cum dicat Dominus, Spiritus Patris vestri est, qui loquitur in vobis? Neque enim ait, Non vos estis qui dedistis vobis bene posse loqui; sed ait, Non vos estis qui loquimini. Nec ait, Spiritus Patris vestri est qui vobis dat, vel dedit posse bene loqui; sed ait, loquitur in vobis: non significans possibilitatis provectum, sed exprimens cooperationis effectum. Quomodo dicit liberi arbitrii elatus assertor, *Quod possumus bene cogitare, Dei est, quod autem bene cogitamus, nostrum est?* Cui respondet humilis gratiae praedicator: Non quia idonei sumus cogitare aliquid a nobis, quasi ex nobismetipsis; sed sufficientia nostra ex Deo est. Non enim ait, posse cogitare: sed, cogitare.

Caput XXV. Pelagianam gratiam [illegible]

Phil. 2. 13.

2 Cor. 13. 7.

Rom. 8. 14.

Matth. 10. 20.

Liberi arbitrii elatus assertor Pelagius. 2 Cor. 3. 5.

Illam Dei gratiam in divinis eloquiis manifestam

Caput XXVI. Quae vera

lectum etiam Pelagium manifeste laetemur, seque correctum contra sensisse non operiat impudentissimo pudore, sed dolore saluberrimo aperiat, ut sancta Ecclesia non terreatur pertinaci ejus obstinatione, sed veraci correctione laetetur. * Cognitionem & dilectionem, sicut sunt discernenda, discernat. Quia scientia inflat, caritas aedificat. Et tunc scientia non inflat, quando caritas aedificat. Et cum sit utrumque donum Dei, sed unum minus, alterum majus; non sic justitiam nostram super laudem justificatoris nostri extollat, ut horum donorum quod minus est divino tribuat adjutorio, quod autem majus est, humano usurpet arbitrio. Et si consenserit per gratiam Dei accipere charitatem; non se sentiat tamquam ulla merita bona nostra praecesserint. Nam quae merita bona tunc habere poteramus, quando Deum non diligebamus? Ut enim acciperemus dilectionem qua diligeremus, dilecti sumus, cum eam nondum haberemus. Hoc Joannes apostolus apertissime dicit: Non quod nos dilexerimus Deum, sed quia ipse dilexit nos. Et alibi: Nos diligimus, inquit, quia ipse prior dilexit nos. Optime omnino atque verissime. Non enim haberemus unde illum diligeremus, nisi hoc ab illo, cum prior nos diligeret, sumeremus. Quid autem boni faceremus, nisi diligeremus? Aut quomodo bonum non facimus, si diligimus? Et si enim Dei mandatum videtur aliquando non a diligentibus, sed a timentibus fieri; tamen UBI NON EST DILECTIO, nullum bonum opus imputatur, nec recte bonum opus vocatur: quia omne quod non ex fide est, peccatum est; & fides per dilectionem operatur. Ac per hoc gratiam Dei, qua charitas Dei diffunditur in cordibus nostris per Spiritum sanctum, qui datus est nobis, sic confiteatur, qui vult veraciter confiteri, ut omnino nihil boni sine illa, quod ad pietatem pertinet veramque justitiam, fieri posse non dubitet. Non quomodo iste, qui eam dicit, *propterea dari gratiam, ut quod a Deo praecipitur, facilius impleatur*, quid de illa sentiat satis ostendit, scilicet, quod etiam sine illa, etsi minus facile, fieri tamen quod divinitus praecipitur, possit.

Nunc ergo de adjutorio gratiae, quod instituimus peragendum est. Unde ad id quod proposui, quid etiam hinc respondeat videamus. Ut enim omittamus ejus invidiosas de suis inimicis querelas, ubi ad rem ventum est, ita locutus est.

Ecce, inquit, *apud beatitudinem tuam epistola ista me purget, in qua pure atque simpliciter ad peccandum, & ad non peccandum integrum liberum arbitrium habere nos dicimus, quod in omnibus bonis operibus divino adjuvatur semper auxilio*. Cernitis itaque, pro intellectu quem vobis Dominus dedit, haec ejus verba solvendae non sufficere quaestioni. Quaerimus enim adhuc, quo auxilio liberum adjuvari dicat arbitrium, ne forte, sicut solet, velit intelligi legem atque doctrinam. Si enim quaeras cur dixerit, *semper*: poterit respondere, quia dictum est, Et in lege ejus meditabitur die ac nocte. Deinde cum de hominis conditione, & ad peccandum atque non peccandum naturali ejus possibilitate quaedam interposuisset, adjunxit dicens: *Quam liberi arbitrii potestatem dicimus in omnibus esse generaliter, in Christianis, Judaeis atque gentilibus. In omnibus est liberum arbitrium aequaliter per naturam, sed in solis Christianis juvatur a gratia*. Iterum quaerimus qua gratia? Et adhuc poterit respondere, lege atque doctrina Christiana.

Deinde quamlibet sentiat gratiam; ipsis Christianis secundum merita dari dicit; cum eos qui haec dicunt, jam in Palaestina, sicut supra * commemoravi, sua illa praeclara purgatione damnaverit. Nam verba ejus illa sunt: *In illis*, inquit, *nudum & inerme est conditionis bonum*: in eis dicit qui Christiani non sunt. Deinde cetera contexens: *In his vero*, inquit, *qui ad Christum pertinent, Christi munitur auxilio*. Videtis adhuc incertum esse quo auxilio, secundum ea quae supra diximus. Sed adhuc sequitur de illis qui Christiani non sunt, & dicit: *Illi ideo judicandi atque damnandi sunt, quia cum habeant liberum arbitrium, per quod ad fidem venire possent, & Dei gratiam promereri, male utuntur libertate concessa. Hi vero remunerandi sunt, qui bene libero utentes arbitrio, merentur Domini gratiam, & ejus mandata custodiunt*. Nempe manifestum est, eum dicere gratiam secundum merita dari, quamlibet eam, vel qualemlibet significet, quam tamen aperte non exprimit. Nam cum eos remunerandos dicit, qui bene utuntur libero arbitrio, & ideo mereri Domini gratiam, debitum eis reddi fatetur. Ubi est ergo illud Apostoli, Justificati gratis per gratiam ipsius? Ubi est & illud, Gratia salvi facti estis? Et ne putarent per opera, addidit, per fidem. Rursus ne ipsam fidem sine Dei gratia sibi putarent esse tribuendam: Et hoc, inquit, non ex vobis, sed Dei donum est. Nempe ergo illud unde incipit omne, quod merito accipere dicimur, sine merito accipimus, id est, ipsam fidem. Aut si negatur dari, quid est quod dictum est: Sicut unicuique Deus partitus est mensuram fidei? Si autem sic dicitur dari, ut reddatur meritis, non donetur; quid est quod iterum dicit, Vobis donatum est pro Christo, non solum ut credatis in eum, verum etiam ut patiamini pro eo? Utrumque enim donatum esse testatus est, & quod credit in Christum, & quod patitur quisque pro Christo. Isti autem libero arbitrio sic applicant fidem, ut fidei videlicet reddi videatur, non gratuita, sed debita gratia: ac per hoc jam nec gratia, quia nisi gratuita, non est gratia.

Audiat ergo (Pelagius) illum venerabilem antistitem (Ambrosium) dicentem & docentem in secundo libro expositionis Evangelii secundum Lucam *, cooperari Dominum etiam voluntatibus nostris, *Vides itaque*, inquit, *quia ubique Domini virtus studiis cooperatur humanis; ut nemo possit aedificare sine Domino, nemo custodire sine Domino, nemo quidquam incipere sine Domino. Et ideo juxta Apostolum, sive manducatis, sive bibitis, omnia in Dei gloriam facite*. Videtis quemadmodum sanctus Ambrosius etiam illud quod solent homines dicere, Nos incipimus, & Deus perficit, his verbis abstulit dicens, *Neminem quidquam vel*

inciinsigne sit Dei. Item in sexto libro ejusdem operis, cum de duobus illis fœneratoris sermo debitoribus ageret, *Secundum homines*, inquit, *plus fortassis offendit, qui plus deberet, sed per misericordiam Domini causa mutatur, ut amplius diligat, qui amplius debuit, si tamen gratiam consequatur.* Ecce apertissime prædicat catholicus doctor etiam ipsam dilectionem, qua quisque amplius diligit, ad beneficium gratiæ pertinere.

Caput XLV.

Ipsam denique pœnitentiam, quam procul dubio voluntas agit, Domini misericordia & adjutorio fieri ut agatur, in eodem ejusdem operis libro beatus dicit Ambrosius ita loquens, *Bonæ lacrymæ quæ culpam lavant. Denique quos Jesus respicit, plorant delictum. Negavit primo Petrus, & non flevit, quia non respexerat Dominus: negavit secundo, & non flevit, quia adhuc non respexerat Dominus: negavit & tertio, respexit Jesus, & ille amarissime flevit.* Legant isti Evangelium, & videant Dominum Jesum tunc intus fuisse, cum a sacerdotum principibus audiretur: apostolum vero Petrum foris & deorsum in atrio cum servis ad focum nunc sedentem, nunc stantem, sicut veracissima & concordissima Evangelistarum narratione monstratur. Unde non potest dici, quod corporalibus oculis eum Dominus visibiliter admonendo respexerit. Et ideo quod ibi scriptum est, Respexit eum Dominus: intus actum est, in mente actum est, in voluntate actum est. Misericorditer Dominus latenter subvenit, cor tetigit, memoriam revocavit, interiore gratia sua visitavit Petrum, interioris hominis usque ad exteriores lacrymas movit & produxit affectum. Ecce quemadmodum Deus adjuvando adest voluntatibus & actionibus nostris: ecce quemadmodum & velle & operari operatur in nobis.

Item in eodem libro idem sanctus Ambrosius, *Nam si Petrus*, inquit, *lapsus est, qui dixit, Et si alii scandalizati fuerint, ego non scandalizabor: quis alius jure de se præsumet? Denique David, quia dixerat, Ego dixi in mea abundantia non movebor in æternum: suam sibi jactantiam obfuisse profitetur dicens, Avertisti faciem tuam, & factus sum conturbatus.* Audiat iste tantum virum doctorem, audiat eruditum, cujus fidem doctrinamque laudavit. Audiat humiliter, moneatur fideliter, ne de se pertinaciter præsumat, ne pereat. Quid in eo pelago vult mergi Pelagius, unde per petram liberatus est Petrus?

Caput XLVI.

AUDIAT eumdem antistitem Dei in sexto libro ejusdem operis dicentem, *Cur autem non receperint eum, Evangelista ipse memoravit dicens, Quia facies ejus erat euntis in Jerusalem. Discipuli autem recipi intra Samariam gestiebant. Sed Deus quos dignatur vocat, & quem vult religiosum facit.* O sensum hominis Dei, ex ipso haustum fonte gratiæ Dei! *Deus*, inquit, *quos dignatur vocat, & quem vult religiosum facit.* Videte si non illud est propheticum, Miserebor cujus misertus ero, & misericordiam præstabo, cui misericors fuero: & illud apostolicum, Igitur non volentis neque currentis, sed miserentis est Dei. Quia et dicit etiam nostrorum temporum homo ejus, *Quem dignatur vocat, & quem vult religiosum facit.* Numquid aliquis dicere audebit, nondum esse religiosum, *qui currit ad Dominum, & ab eo se regi cupit, & voluntatem suam ex ejus voluntate suspendit, & qui ei adhærendo jugiter, unus, secundum Apostolum, cum eo fit spiritus?* At hoc totum tam magnum religiosi hominis opus, Pelagius non dicit effici, *nisi arbitrii libertate*. Contra autem beatus Ambrosius ipsius tam excellenter ore laudatus, *Dominus Deus*, inquit, *quem dignatur vocat, & quem vult religiosum facit.* Ergo ut currat ad Dominum, & ab eo se regi cupiat, suamque voluntatem ex ejus voluntate suspendat, eique adhærendo jugiter unus, secundum Apostolum, cum eo fiat spiritus, Deus quem vult religiosum facit: & hoc totum homo nisi religiosus non facit. Quapropter nisi a Deo fiat, ut hoc faciat, quis hoc facit?

Caput XLVII.

SED quia ista quæstio, ubi de arbitrio voluntatis & Dei gratia disputatur, ita est ad discernendum difficilis, ut quando defenditur liberum arbitrium, negari Dei gratia videatur; quando autem asseritur Dei gratia, liberum arbitrium putetur auferri: potest Pelagius ita se latebris obscuritatis hujus involvere, ut etiam iis quæ a sancto Ambrosio conscripta posuimus, consentire se dicat, & ea se quoque sentire proclamet, semperque sensisse, atque ita singula conetur exponere, ut etiam ejus sententiæ convenire credantur. Quapropter quantum attinet ad istam, de divina gratia & adjutorio quæstionem, tria illa quæ apertissime distinxit attendite, posse, velle, esse, id est possibilitatem, voluntatem, actionem. Si ergo consenserit nobis, non solam possibilitatem in homine, etiam si nec velit, nec agat bene, sed ipsam quoque voluntatem & actionem, id est, ut bene velimus, & bene agamus, quæ non sunt in homine, nisi quando bene vult & bene agit: si ut dixi, consenserit etiam ipsam voluntatem & actionem divinitus adjuvari; & sic adjuvari, ut sine illo adjutorio nihil bene velimus & agamus, eamque esse gratiam Dei per Jesum Christum Dominum nostrum, in qua nos sua, non nostra justitia justos facit, ut ea sit vera nostra justitia, quæ nobis ab illo est; nihil de adjutorio gratiæ Dei, quantum arbitror, inter nos controversiæ relinquetur.

Ex libro secundo ejusdem contra Pelagium & Cælestium, qui est de peccato originali, capite 24.

Caput XLIX.

SED in causa duorum hominum, quorum per unum venumdati sumus sub peccato, per alterum redimimur a peccatis; per unum præcipitati sumus in mortem, per alterum liberamur ad vitam; quorum ille nos in se perdidit, faciendo voluntatem suam, non ejus a quo factus est; iste nos in se salvos fecit, non faciendo voluntatem suam, sed ejus a quo missus est: in horum ergo duorum hominum causa proprie fides Christiana consistit. Unus est enim Deus, & unus mediator Dei & hominum homo Christus Jesus. Quoniam non est aliud nomen sub cælo datum hominibus, in quo oporteat nos salvos fieri: & in illo definivit Deus fidem omnibus, suscitans illum a mortuis. Itaque sine ista fide, hoc

hoc est sine fide unius mediatoris Dei & hominum hominis Christi Jesu, sine fide, inquam, resurrectionis ejus, quam Deus omnibus definivit, quæ utique sine incarnatione ejus ac morte non posset veraciter credi; sine fide ergo incarnationis & mortis & resurrectionis Christi, nec antiquos justos, ut justi essent, a peccatis potuisse mundari, & Dei gratia justificari, veritas Christiana non dubitat: sive in eis justis quos sancta Scriptura commemorat, sive in eis justis, quos quidem illa non commemorat, sed tamen fuisse credendi sunt, vel ante diluvium, vel inde usque ad legem datam, vel ipsius legis tempore, non solum in filiis Israel, sicut fuerunt Prophetæ, sed etiam extra eumdem populum, sicut fuit Job. Et ipsorum enim corda eadem mundabantur mediatoris fide, & diffundebatur in eis charitas per Spiritum sanctum, qui ubi vult spirat, non merita sequens, sed etiam ipsa merita faciens. Non enim Dei gratia erit ullo modo, nisi gratuita fuerit omni modo.

Ex libro secundo ejusdem de Nuptiis & concupiscentia, cap. 16. & 17.

CAPUT XVI.

JAM nunc illa tria videamus, quorum trium quodlibet dixerimus, nihil ait dici posse profanius: *quod hominem Deus aut non fecerit, aut diabolo fecerit, aut certe diabolus Dei sit imaginem, hoc est hominem fabricatus.* Horum trium primum & novissimum non dici a nobis, etiam ipse, si non sit excors, aut nimium pervicax, confitetur. De illo quæstio est, quod secundo medioque loco posuit, ubi sic fallitur, ut a nobis hoc existimet dici, quod diabolo Deus hominem fecerit, tamquam in hominibus quos Deus ex hominibus parentibus creat, hoc intendat, hoc curet, hoc sui operis ratione provideat, ut habeat diabolus servos, quos ipse sibi facere non potest. Absit ut hoc qualiscumque vel parvuli pietas suspicetur. Bonitate sua Deus facit homines, & primos sine peccato, & ceteros sub peccato, in usus profundarum cogitationum suarum. Sicut enim de ipsius diaboli malitia novit ille quid agat, & quod agit justum est, & bonum, quamvis sit de quo agit injustus & malus, nec eum propterea creare noluit, quia malum futurum esse præscivit: ita de universo genere humano, quamvis nullus hominum sine peccati sorde nascatur, bonum ille qui summe bonus est operatur; alios faciens tamquam vasa misericordiæ, quos gratia discernat ab eis qui vasa sunt iræ; alios tamquam vasa iræ, ut notas faciat divitias gloriæ suæ in vasa misericordiæ. Eat ille nunc, & adversus Apostolum, cujus ista sententia est, argumentetur, immo adversus ipsum figulum, cui respondere prohibet „ Apostolus, dicens, O homo, „ tu quis es qui respondeas Deo? Numquid dicit figmentum ei qui se finxit, quare sic me „ fecisti? An non habet potestatem figulus luti „ ex eadem massa facere aliud vas in honorem, „ aliud in contumeliam?" Numquid ergo vasa iræ negat iste esse sub diabolo? aut quia sub diabolo sunt, alius ea quam ipse facit, qui vasa misericordiæ facit? aut aliunde & non ex eadem massa facit? Hic itaque dicat, Ergo Deus vasa diabolo facit: quasi nesciat Deus sic eis uti ad opera sua justa & bona, sicut ipso utitur diabolo.

CAPUT XVII.

AN vero filios perditionis hædos sinistræ partis diabolo pascit, & diabolo nutrit, & vestit, quia facit solem suum oriri super bonos & malos, & pluit super justos & injustos? Sic itaque creat malos, quomodo pascit & nutrit malos: quia quod eis creando tribuit, ad naturæ pertinet bonitatem; & quod eis pascendo & nutriendo dat incrementum, non utique malitiæ eorum, sed eidem bonæ naturæ quam creavit bonus, bonum tribuit adjumentum. In quantum enim homines sunt, bonum est naturæ cujus auctor est Deus: in quantum autem cum peccato nascuntur, perituri si non renascuntur, ad semen pertinent maledictum ab initio, illius antiquæ inobedientiæ vitio. Quo tamen bene utitur factor etiam vasorum iræ, ut notas faciat divitias gloriæ suæ in vasa misericordiæ; ne meritis suis tribuat, si ad eamdem massam quisque pertinens gratia liberetur, sed qui gloriatur, in Domino glorietur.

Ex ejusdem libri secundi, De nuptiis & concupiscentia, cap. 27.

PER unius delictum, inquit Apostolus, in omnes homines ad condemnationem. Omnes autem dixit ad condemnationem per Adam, & omnes ad justificationem per Christum: cum utique non omnes eos qui moriuntur in Adam transferat Christus ad vitam; sed omnes dixit atque omnes, quia sicut sine Adam nullus ad mortem, ita sine Christo nullus ad vitam. Sicut dicimus de litterarum magistro, si in civitate solus est, Omnes iste hic litteras docet: non quia omnes discunt, sed quia nemo nisi ab ipso. Denique quos ante omnes dixerat, multos postea dixit, eosdem ipsos tamen omnes multosque significans. „ Sicut enim, inquit, per inobedientiam unius hominis peccatores constituti „ sunt multi, ita & per unius obedientiam justi constituentur multi."

Ex libro ejusdem, De natura & gratia ad Timasium & Jacobum, cap. 4. 5. & 6.

CAPUT IV.

HÆC autem Christi gratia, sine qua nec infantes, nec ætate grandes salvi fieri possunt, non meritis redditur, sed gratis datur, propter quod & gratia nominatur. Justificati, inquit, gratis per sanguinem ipsius. Unde hi qui non per illam liberantur, sive quia audire nondum potuerunt, sive quia obedire noluerunt, sive etiam cum per ætatem audire non possent, lavacrum regenerationis quod accipere possent, per quod salvi fierent, non acceperunt, juste utique damnantur: quia sine peccato non sunt, vel quod originaliter traxerunt, vel quod malis moribus addiderunt. Omnes enim peccaverunt, sive in Adam, sive in se ipsis, & egent gloria Dei.

CAPUT V.

UNIVERSA igitur massa pœnas debet: & si omnibus debitum damnationis supplicium redderetur, non injuste procul dubio redderetur. Qui ergo inde per gratiam liberantur, non vasa meritorum suorum, sed vasa misericordiæ nomi-

nominantur. Cujus misericordiæ, nisi illius qui Christum Jesum misit in hunc mundum peccatores salvos facere; quos præscivit & prædestinavit & vocavit & justificavit & glorificavit? Quis igitur usque adeo dementissime insaniat, ut non agat ineffabiles gratias misericordiæ, quos voluit liberantis, qui recte nullo modo posset culpare justitiam universos omnino damnantis.

Caput VI. HOC si secundum Scripturas sapiamus, non cogimur contra Christianam gratiam disputare, & ea dicere quibus demonstrare conemur, naturam humanam neque in parvulis medico indigere, quia sana est, & in majoribus sibi ipsam ad justitiam si velit posse sufficere. Acute quippe videntur hæc dici, sed in sapientia verbi, qua evacuatur crux Christi. Non est ista desursum sapientia descendens. Nolo quod sequitur dicere, ne amicis nostris, quorum fortissima & celerrima ingenia non in perversum, sed in directum currere volumus, facere existimemur injuriam.

Ex eodem libro de Natura & gratia, cap. 27. & 28.

Caput XXVII. ACUTE sane tractat & versat (*Pelagius*,) & quantum sibi videtur, redarguit atque convincit quod eis dicitur; *etiam necessarium fuisse homini ad auferendam superbiæ vel gloriæ occasionem, ut aliquo peccato esse non posset. Absurdissimum quippe & stultissimum putat, peccatum fuisse ne peccatum esset, quoniam & ipsa superbia utique peccatum est*: quasi non & ulcus in dolore est, & sectio dolorem operatur, ut dolor dolore tollatur. Hoc si experti non essemus, & in aliquibus terris ubi ista numquam contigerunt, audiremus, sine dubio utique rideremus, fortassis etiam verbis hujus uteremur & diceremus, Absurdissimum est dolorem necessarium fuisse, ne ulceris dolor esset.

Sed Deus, inquiunt, potest omnia sanare. Hoc utique agit, ut sanet omnia: sed agit judicio suo, nec ordinem sanandi accipit ab ægroto. Procul dubio quippe firmissimum Apostolum volebat efficere, cui tamen dixit, Virtus in infirmitate perficitur: & non ei totiens rogatus abstulit nescio quem stimulum carnis, quem sibi dicit datum, ne magnitudine revelationum extolleretur. Cetera enim vitia tantum in malefactis valent, SOLA AUTEM SUPERBIA ETIAM IN RECTE FACTIS cavenda est. Unde admonentur illi, ne dona Dei suæ potestati tribuendo, seseque extollendo gravius pereant, quam si nihil operarentur boni, quibus dicitur, „ Cum timore & tremore vestram ipsorum salutem operamini: Deus enim est „ qui operatur in vobis & velle & operari pro „ bona voluntate. " Quare ergo cum timore & tremore, & non potius cum securitate, si Deus operatur; nisi quia propter voluntatem nostram, sine qua bene non possumus operari, cito potest subrepere animo humano, ut quod bene operatur, suum tantummodo existimet, & dicat in abundantia sua, Non movebor in æternum? Ideo qui in voluntate sua præstiterat decori ejus virtutem, avertit paululum faciem suam, ut qui hoc dixerat fieret conturbatus: quoniam ipse est ille tumor sanandus doloribus.

Caput XXXIII. NON itaque dicitur homini, *Necesse est peccare, ut pecces*: sed dicitur homini, Deserit aliquantum Deus unde superbit, ut scias non tuum, sed ejus esse, & discas superbus non esse. Nam illud etiam Apostoli quale est, nonne ita mirabile, ut nisi quia ipse dicit, cui vera dicenti contradicere nefas est, non sit credibile. Quis enim nesciat fidelium, a satana venisse primam peccati suasionem, & quod ille primus auctor sit omnium peccatorum? Et tamen quidam traduntur satanæ, ut discant non blasphemare. Quomodo igitur opus satanæ excluditur opere satanæ? Hæc atque hujusmodi intueatur, ne videantur ei nimis acuta, quæ acutule sonant, & discussa inveniuntur obtusa. Quid quod etiam similitudinem adhibet, quibus magis admoneat quid ei debeat responderi? *Quid amplius dicam, inquit, nisi quia potest credi quod ignes ignibus extinguantur, si credi potest quod peccatis peccata curentur?* Quid si ignes extinguere quisquam non potest ignibus, sed tamen possunt, ut docui, dolores curari doloribus? Possunt etiam, si quærat & discat, venenis venena depelli. Nam si & advertit aliquando calores febrium quibusdam caloribus medicinalibus frangi, etiam ignes ignibus forsitan concedet extingui.

Ex eodem libro de Natura & gratia, cap. 41.

Caput XLI. QUOD autem sibi opposuit (Pelagius) ab eis dici, contra quos loquitur, *Omnes enim peccaverunt*: manifestum est quod *de his dicebat Apostolus qui tunc erant, hoc est, de Judæis & Gentibus*. „ Sed plane illud quod „ commemoravi. Per unum hominem peccatum „ intravit in mundum, & per peccatum mors, „ & ita in omnes homines pertransiit, in quo „ omnes peccaverunt: & antiquos & recentiores, & nos & posteros nostros sententia ista „ complectitur. " Ponit etiam illud testimonium, unde probet cum dicuntur *omnes*, non semper omnes omnino nullo prætermisso intelligi oportere. *Sicut per unius*, inquit, *delictum in omnes homines in condemnationem, sic & per unius justitiam in omnes homines in justificationem vitæ*. *Cum per Christi*, inquit, *justitiam, non omnes, sed eos tantum qui illi obedire voluerunt, & baptismi ejus ablutione purgati sunt, sanctificatos esse non dubium sit*. Non plane isto testimonio probat quod vult. Nam sicut dictum est: *Sicut per unius delictum in omnes homines in condemnationem*, ut nullus prætermitteretur: sic & in eo quod dictum est, *per unius justitiam in omnes homines in justificationem vitæ*, nullus prætermissus est: non quia omnes in eum credunt & baptismo ejus abluuntur; sed quia nemo justificatur nisi in eum credat & baptismo ejus abluatur. Itaque *omnes* dictum est, ne aliquo modo alio præter ipsum quisquam salvus fieri posse credatur. Sicut enim uno litterarum magistro in civitate constituto, rectissime dicimus, Omnes iste hic litteras docet, non quia omnes cives litteras discunt, sed quia nemo discit, nisi quem ille docuerit: sic nemo justificatur, nisi quem justificaverit Christus.

Ex

Ex libro ejusdem ad Eutropium & Paulum De perfectione justitiæ hominis, cap. 19. & 20.

CAPUT XIX.

ITEM *dicunt*, inquit (Cælestius) *Non volentis neque currentis, sed miserentis est Dei*. Quibus *respondendum esse* dicit *quod idem Apostolus alibi de quodam ait, Quod vult faciat. Item*, inquit, *ad Philemonem de Onesimo: Quem ego volueram apud me detinere, ut pro te mihi ministraret; sed sine consilio tuo nihil volui facere, ut non quasi ex necessitate bonum tuum esset, sed voluntarium. Item in Deuteronomio: Vitam & mortem dedit ante faciem tuam, bonum & malum, elige vitam ut vivas. Item apud Salomonem: Deus ab initio constituit hominem, & reliquit eum in manu consilii sui: adjecit ei mandata & præcepta: si volet præcepta, servabunt te, & in posterum fidem placitam facere. Apposuit tibi aquam & ignem, ad quod vis porrige manum tuam. Ante hominem bonum & malum, vita & mors, paupertas & honestas a Domino Deo sunt. Item apud Isaiam: Et si volueritis & audieritis me, quæ bona sunt terræ manducabitis; si autem nolueritis nec obaudieritis me, gladius vos comedet, Os enim Domini locutum est hæc*. Hic vero, quantumlibet isti se obtegant, aperiuntur. Declarant enim se contra Dei gratiam vel misericordiam disputare, quam volumus impetrare, cum dicimus, Fiat voluntas tua sicut in cælo & terra: vel, Ne nos inferas in tentationem, sed libera nos a malo. Ut quid enim ista orando tanto gemitu petimus, si volentis hominis & currentis, non miserentis est Dei. Non quia hoc sine voluntate nostra agitur, sed quia voluntas non implet quod agit, nisi divinitus adjuvetur. Hæc est fidei sanitas, quæ nos facit quærere ut inveniamus, petere ut accipiamus, pulsare ut aperiatur nobis. Contra istam qui disputat, contra se ipsum claudit ostium misericordiæ Dei. Nolo plura dicere de re tanta, quia melius eam committo fidelium gemitibus, quam sermonibus meis.

Videte tamen, obsecro, quale sit, ideo volenti & currenti misericordiam Dei non esse necessariam, quæ illum etiam prævenit, ut curreret, quia de quodam ait Apostolus, *Quod vult faciat*: ibi, ut arbitror, ubi sequitur & dicit, *Non peccat, si nubat*. Quasi pro magno habendum sit velle nubere, ubi de adjutorio divinæ misericordiæ operosius disputatur. Aut vero etiam ibi prodest aliquid velle, nisi Dei providentia, qua gubernat omnia, marem feminamque conjungat. Aut quoniam *ad Philemonem scripsit Apostolus, ut non quasi ex necessitate bonum ejus esset, sed voluntarium*: quasi aliter sit voluntarium bonum, nisi cum Deus operatur in nobis & velle & operari pro bona voluntate. Aut quia in Deuteronomio scriptum est, *Vitam & mortem dedit ante faciem hominis, bonum & malum*: & admonuit ut eligeret vitam: quasi & ipsa admonitio non de misericordia veniat; vel aliquid prodesset eligere vitam, nisi Deus eligendi caritatem inspiraret, & electam habere præstaret: de quo dictum est, Quoniam ira in indignatione ejus, & vita in voluntate ejus. Aut quia dictum est, *Si volet præcepta, servabunt te*: quasi non debeat Deo agere gratias, quia præcepta voluit, qui desertus omni lumine veritatis hæc velle non posset. *Posuit ante hominem igne & aqua*, quo vult quidem *porrigit manum*; sed altior est qui vocat altius quam omnis humana cogitatio: quando quidem initium corrigendi cor fides est, sicut scriptum est, Venies & pertransies ab initio fidei: & quisque ita eligit bonum, sicut unicuique Deus partitus est mensuram fidei: &, Nemo potest ad me venire, ait princeps fidei, nisi Pater qui misit me traxerit eum. Quod de fide dictum esse qua in eum creditur, satis evidenter postea explanat, ubi dicit: „Verba quæ „ego locutus sum vobis, spiritus & vita sunt, „sed quidam sunt ex vobis qui non credunt. „Sciebat enim ab initio Jesus, qui essent credentes, & quis eum traditurus esset, & dicebat, Propterea dixi vobis, quia nemo potest venire ad me, nisi fuerit ei datum a Patre meo.“

Magnum autem aliquid pro sua caussa se invenisse arbitratus est apud Isaiam prophetam, quia Deus dicit, *Si volueritis & audieritis me, quæ bona sunt terræ manducabitis; si autem nolueritis & non audieritis me, gladius vos comedet. Os enim Domini locutum est hæc*. Quasi non lex tota hujusmodi conditionibus plena sit: aut ob aliud superbis præcepta ista data sint, nisi quia lex prævaricationis gratia posita est, donec veniret semen cui promissum est. Unde subintravit ut abundaret delictum, & ubi abundavit delictum, superabundavit gratia: id est, ut acciperet homo præcepta, superbe de suis viribus fidens, in quibus deficiens & factus etiam prævaricator, liberatorem salvatoremque requireret; atque ita eum timor legis humilem factum, tamquam pædagogus ad fidem gratiamque perduceret. Ita multiplicatis infirmitatibus postea acceleraverunt, quibus sanandis opportune Christus advenit. In cujus gratiam etiam justi antiqui crediderunt, eadem ipsa gratia ejus adjuti, ut gaudentes eum prænoscerent, & quidam etiam prænuntiarent esse venturum; vel in illo populo Israel, sicut Moyses, & Jesus Nave, & Samuel, & David, & ceteri tales; vel extra ipsum populum, sicut Job; vel ante ipsum populum, sicut Abraham, sicut Noe, & quicumque alii sunt, quos vel commemorat, vel tacet scriptura divina. Unus enim Deus, & unus mediator Dei & hominum homo Christus Jesus, sine cujus gratia nemo a condemnatione liberatur, sive quam traxit ex illo in quo omnes peccaverunt, sive quam postea suis iniquitatibus addidit.

CAPUT XX.

Quale est autem, quod ille posuit in extremo: *Si quis dixerit, Potest fieri, ut homo vel verbo non peccet? Respondendum est*, inquit, *Si vult Deus, potest: vult enim Deus, ergo potest*. Item ait, *Si quis dixerit: Fieri potest ut homo non in cogitatione delinquat? Respondendum est, Si vult Deus, potest: vult enim Deus, ergo potest*. Videte quemadmodum noluerit dicere: Si Deus adjuvet, potest; cui dicitur, Adjutor meus esto, ne derelinquas me: non utique ad corporalia bona capessenda, & mala cavenda, sed ad gerendam possidendamque justitiam,

ctiam, propter quod dicimus, Ne nos inferas in tentationem, sed libera nos a malo. Nec adjuvatur, nisi qui & ipse aliquid agit: adjuvatur autem, si invocat, si credit, si secundum propositum vocatus est: quoniam quos ante praescivit & praedestinavit conformes imaginis Filii sui, ut sit ipse primogenitus in multis fratribus; quos autem praedestinavit, illos & vocavit; quos autem vocavit, illos & justificavit; quos autem justificavit, illos & glorificavit. Currimus ergo, cum proficimus, dum sanitas nostra in proficientibus currit (sicut etiam cicatrix currere dicitur, quando bene vulnus diligenterque curatur), ut ex omni parte perfecti sine ulla simus omnino infirmitate peccati; quod non solum vult Deus, verum etiam ut impleatur facit atque adjuvat. Et hoc nobiscum agit gratia Dei per Jesum Christum Dominum nostrum, non solum praeceptis, sacramentis, exemplis; sed etiam Spiritu sancto, per quem latenter diffunditur caritas in cordibus nostris, quae interpellat gemitibus inenarrabilibus, donec in nobis perficiatur sanitas, & Deus sicuti est, videndus aeterna veritate monstretur.

EX EPISTOLA EJUSDEM AD VITALEM

alias CVII. *nunc* CCXVII. *cap.* 6. *num.* 19. *& sequenti.*

Quomodo voluntatis humanae meritum sequitur gratia, cum detur & parvulis, qui hoc nondum possunt velle seu nolle? Quomodo gratiam vel in majoribus dicuntur praecedere merita voluntatis, si gratia, ut vera sit gratia, non secundum merita nostra datur? Quam sententiam catholicam Pelagius ipse sic timuit, ut eos qui dicunt gratiam Dei secundum merita nostra dari, sine dubitatione damnaret, ne a Catholicis judicibus damnaretur. Quomodo dicitur gratia Dei in natura esse liberi arbitrii, vel in lege atque doctrina, cum & istam sententiam Pelagius ipse damnaverit, procuidubio confitens gratiam Dei ad singulos actus dari, eis utique qui jam libero arbitrio utuntur?

Quomodo dicitur omnes homines eam fuisse accepturos, si non illi, quibus non donatur, eam sua voluntate respuerent, quoniam *Deus vult omnes homines salvos fieri*: cum multis non detur parvulis, & sine illa plerique moriantur, qui non habent contrariam voluntatem, & aliquando cupientibus festinantibusque parentibus, ministris quoque volentibus ac paratis, Deo nolente non detur, cum repente antequam detur exspirat, pro quo ut acciperet currebatur? Unde manifestum est eos qui huic resistunt tam perspicuae veritati, non intelligere omnino qua locutione sit dictum, quod *omnes homines vult Deus salvos fieri*: cum tam multi salvi non fiant, non quia ipsi, sed quia Deus non vult, quod sine ulla caligine manifestatur in parvulis. Sed sicut illud quod dictum est: *Omnes in Christo vivificabuntur*, cum tam multi aeterna morte puniantur, ideo dictum est, quia omnes quicumque vitam aeternam percipiunt, non percipiunt nisi in Christo: ita quod dictum est, *omnes homines vult Deus salvos fieri*, cum tam multos nolit salvos fieri, ideo dictum est, quia omnes qui salvi fiunt, nisi ipso volente non fiunt; & si quo alio modo illa verba apostolica intelligi possunt, ut tamen huic apertissimae veritati, in qua videmus, tam multos volentibus hominibus, sed Deo nolente salvos non fieri, contraria esse non possint.

In Libro ejusdem De gratia & libero arbitrio, Cap. 1. 10. 11. & 13.

1. PRopter eos qui liberum arbitrium sic praedicant & defendunt, ut Dei gratiam qua vocamur ad eum, & a nostris malis meritis liberamur, & per quam bona merita comparamus, quibus ad vitam perveniamus aeternam, negare audeant & conentur auferre; multa jam disseruimus, litterisque mandavimus, quantum nobis Dominus donare dignatus est. Sed quoniam sunt quidam qui sic gratiam Dei defendunt, ut negent hominis liberum arbitrium, aut quando gratia defenditur, negari existiment liberum arbitrium: hinc aliquid scribere ad vestram caritatem, Valentine frater, & caeteri qui simul Deo servitis, compellente mutua caritate curavi. Nuntiatum est enim mihi de vobis, fratres, ab aliquibus qui in vestra congregatione sunt, & ad nos inde venerunt, per quos & ista direximus, quod de hac re dissensiones in vobis sint. Itaque dilectissimi, ne vos perturbet hujus quaestionis obscuritas, moneo vos primum, ut de iis quae intelligitis, agatis Deo gratias: quidquid est autem quo pervenire nondum potest vestrae mentis intentio, pacem inter vos & caritatem servantes, a Domino ut intelligatis orate, & donec vos ipse perducat ad ea quae nondum intelligitis, ibi ambulate quo pervenire potuistis. Hoc admonet apostolus Paulus, qui cum dixisset nondum se esse perfectum paulo post ait, *Quotquot ergo perfecti, hoc sapiamus*, id est, ita nos esse perfectos, ut nondum ad perfectionem, quae nobis sufficit, venerimus; continuoque subjunxit, *Et si quid aliter sapitis, hoc quoque vobis Deus revelabit: verumtamen in quod pervenimus, in eo ambulemus*. Ambulando quippe in quod pervenimus, & quo nondum pervenimus pervenire poterimus, Deo nobis revelante si quid aliter sapimus, si ea quae jam revelavit, non relinquimus.

Satis me disputasse arbitror adversus eos qui gratiam Dei vehementer oppugnant, qua voluntas humana non tollitur, sed ex mala mutatur in bonam, & cum bona fuerit, adjuvatur: & sic disputasse, ut non magis ego, quam divina ipsa Scriptura vobiscum locuta sit, evidentissimis testimoniis veritatis: quae Scriptura divina si diligenter inspiciatur, ostendit non solum bonas hominum voluntates, quas ipse facit ex malis, & a se factas bonas in actus bonos, & in aeternum dirigit vitam; verum etiam illas quae conservant saeculi creaturam, ita esse in Dei potestate, ut eas quo voluerit, quando voluerit, faciat inclinari, vel ad beneficia quibusdam praestanda, vel ad poenas qui-

quibusdam ingerendas, sicut ipse judicat, occultissimo quidem judicio, sed sine ulla dubitatione justissimo. Nam invenimus aliqua peccata etiam pœnas esse aliorum peccatorum: sicut sunt vasa iræ, quæ perfecta dicit Apostolus in perditionem; sicut est induratio Pharaonis, cujus & caussa dicitur, ad ostendendam in illo virtutem Dei; sicut est fuga Israelitarum a facie hostium de civitate Gai; in animo enim factus est timor ut fugerent, & hoc factum est ut vindicaretur peccatum eo modo, quo fuerat vindicandum: unde dicit Dominus ad Jesum Nave, *Non poterunt filii Israel subsistere ante faciem inimicorum suorum*. Quid est, *Non poterunt subsistere?* Quare non subsistebant per liberum arbitrium, sed per timorem turbata voluntate fugiebant; nisi quia Deus dominatur & voluntatibus hominum, & quos vult, in formidinem convertit iratus? Numquid non hostes Israelitarum adversus populum Dei quem ducebat Jesus Nave, sua voluntate pugnaverunt? Et tamen dicit Scriptura, *quia per Dominum factum est confortari cor eorum, ut obviam irent ad bellum ad Israel, ut exterminarentur*. Numquid non sua voluntate homo improbus filius Gemini maledicebat regi David? Et tamen quid ait David, plenus vera & alta & pia sapientia? quid ait illi qui maledicentem percutere voluit? *Quid mihi*, inquit, *& vobis filii Sarviæ? Dimittite eum, & maledicat; quia Dominus dixit illi maledicere David. Et quis dicet ei, Quare fecisti sic?* Deinde scriptura divina plenam sententiam regis velut ab alio initio repetendo commendans; *Et dixit*, inquit, *David ad Abessa, & ad omnes pueros ejus: Ecce filius meus qui exiit de utero meo quærit animam meam, & adhuc modo filius Gemini? Sinite illum, maledicat, quoniam dixit illi Deus; ut videat Dominus humilitatem meam, & retribuat mihi bona pro maledicto ejus in die isto*. Quomodo dixerit Dominus huic homini maledicere David, quis sapiens & intelliget? Non enim jubendo dixit, ubi obedientia laudaretur, sed quod ejus voluntatem proprio vitio suo malam in hoc peccatum judicio suo justo & occulto inclinavit, ideo dictum est, *dixit ei Dominus*. Nam si jubenti obtemperasset Deo, laudandus potius quam puniendus esset, sicut ex hoc peccato postea novimus esse punitum. Nec caussa tacita est, cur ei Dominus isto modo dixerit maledicere David, hoc est, cur ejus malum in hoc peccatum miserit vel dimiserit: *Ut videat*, inquit, *Dominus humilitatem meam, & retribuat mihi bona pro maledicto ejus in die isto*. Ecce quomodo probatur Deus uti cordibus etiam malorum ad laudem atque adjumentum bonorum. Sic usus est Juda tradente Christum, sic usus est Judæis crucifigentibus Christum. Et quanta inde bona præstitit populis credituris? Qui & ipso diabolo utitur pessimo, sed optime, ad exercendam & probandam fidem & pietatem bonorum, non sibi, qui omnia scit antequam fiant, sed nobis quibus erat necessarium, ut eo modo ageretur nobiscum. Numquid non sua voluntate Abessalon elegit consilium quod sibi oberat? Et tamen ideo fecit, quia exaudierat Dominus ejus patrem orantem, ut hoc fieret.

Peccata quædam pœnas esse aliorum peccatorum. — *Rom. 9. 22. Exod. 7. 3. & 10. 1. Josue 7. 4. Ibid. 10.* — *Josue 11. 20.* — *2. Reg. 16. 10.* — *Ibid. 10.* — *Ibid. 11. & 12.* — *2. Reg. 17. 14.*

Propter quod Scriptura ait, *Et Dominus mandavit dissipare consilium Achitophel bonum, ut induceret Dominus super Abessalon omnia mala*. Bonum consilium dixit, quod ad tempus proderat caussæ, quia pro ipso erat contra patrem ejus, contra quem rebellaverat, ut posset eum opprimere, nisi Dominus consilium dissipasset quod dederat Achitophel, agendo in corde Abessalon, ut tale consilium repudiaret, & aliud quod ei non expediebat, eligeret.

Sed suspicentur homines qualibet merita bona, quæ putant præcedere, ut justificentur per Dei gratiam: non intelligentes, cum hoc dicunt, nihil aliud quam se negare gratiam: sed, ut dixi, quod volunt de majoribus suspicentur; de parvulis certe Pelagiani quid respondeant non inveniunt, quorum nec voluntas ulla est in accipienda gratia, cujus voluntatis meritum præcessisse dicant, & insuper eos etiam cum fletu reluctari videmus quando baptizantur, & divina sacramenta percipiunt; quod eis ad magnum impietatis peccatum imputaretur, si jam libero uterentur arbitrio: tamen hæret etiam in reluctantibus gratia, apertissime nullo bono merito præcedente, alioquin gratia jam non esset gratia. Et aliquando filiis infidelium præstatur hæc gratia, cum occulta Dei providentia in manus piorum quomodocumque perveniunt; aliquando autem filii fidelium non eam consequuntur, aliquo impedimento existente ne possit periclitantibus subveniri. Fiunt vero ista per occultam Dei providentiam, cujus inscrutabilia sunt judicia, & investigabiles viæ: quod ut Apostolus diceret, quid prædixerit intuemini. Agebat enim de Judæis & Gentibus, cum scriberet ad Romanos, id est, ad Gentes, & ait, *Sicut enim aliquando vos non credidistis Deo, nunc autem misericordiam consecuti estis in illorum incredulitate: ita & hi nunc non crediderunt in vestra misericordia, ut & ipsi misericordiam consequantur: conclusit enim Deus omnes in infidelitate, ut omnium misereatur*. Et cum attendisset quid diceret, admirans sententiæ suæ certam quidem veritatem, sed magnam profunditatem, quomodo concluserit Deus omnes in infidelitate, ut omnium misereatur, quasi faciens mala ut venirent bona, mox exclamavit atque ait, *O altitudo divitiarum sapientiæ & scientiæ Dei! Quam inscrutabilia sunt judicia ejus, & investigabiles viæ ejus!* Hæc enim inscrutabilia judicia, & investigabiles vias perversi homines non cogitantes, & proclives ad reprehendendum, non idonei ad intelligendum, putabant, & jactitabant Apostolum dicere, *Faciamus mala, ut veniant bona*. Quod absit ut Apostolus diceret: sed homines non intelligentes, hoc putabant dici quando audiebant quid dixit Apostolus, *Lex autem subintravit ut abundaret delictum: ubi autem abundavit delictum, superabundavit gratia*. Sed utique gratia id agit, ut jam fiant bona ab eis qui fecerant mala, non ut perseverent in malis, & reddi sibi existiment bona. Non itaque debent dicere, *Faciamus mala, ut veniant bona*; sed, fecimus mala, & venerunt bona; jam faciamus bona, ut in futuro sæculo recipiamus pro bonis bona, qui in hoc sæculo recipimus pro malis bona. Propter quod Scri-

ptum

Ibid. — *Caput XXII. Gratia præcedit merita etiam in parvulis.* — *Ibid. 33.* — *Rom. 3. 8.*

ptum est in Psalmo: *Misericordiam & judicium cantabo tibi Domine.* Prius itaque non ideo venit filius hominis in mundum, ut judicet mundum, sed ut salvetur mundus per ipsum; hoc propter misericordiam: postea vero propter judicium venturus est judicare vivos & mortuos; quamvis & in hoc tempore ipsa salvatio non fiat sine judicio, sed occulto, ideo ait, *In judicium veni in hunc mundum, ut qui non vident, videant, & qui vident, caeci fiant.*

Ad occulta ergo Dei judicia revocate, quando videritis in una causa, quam certe habent omnes parvuli, hereditarium malum trahentes ex Adam, huic subveniri ut baptizetur, illi non subveniri ut in ipsa obligatione moriatur; illum baptizatum in hac vita relinqui, quem praescivit Deus impium futurum, illum vero baptizatum rapi ex hac vita, ne malitia mutet intellectum ejus: & nolite in istis dare injustitiam vel insipientiam Deo, apud quem justitiae fons est & sapientiae: sed sicut vos exhortatus sum ab initio sermonis hujus, in quod pervenistis, in eo ambulate, & hoc quoque vobis Deus revelabit: & si non in hac vita, certe in altera: *nihil est enim occultum, quod non revelabitur.* Quando ergo auditis dicentem Dominum, *Ego Dominus seduxi prophetam illum*; & quod ait Apostolus, *Cujus vult miseretur, & quem vult obdurat*: in eo quem seduci permittit vel obdurari, mala ejus merita credite; in eo vero cujus miseretur, gratiam Dei, non reddentis mala pro malis, sed bona pro malis, fideliter & indubitanter agnoscite. Nec ideo auferatis a Pharaone liberum arbitrium, quia multis locis dicit Deus, *Ego induravi Pharaonem*, vel *induravi*, aut *indurabo cor Pharaonis*. Non enim propterea ipse Pharao non induravit cor suum. Nam & hoc de illo legitur, quando ablata est ab Aegyptiis cynomyia, dicente Scriptura: *Et ingravavit Pharao cor suum in isto tempore, & noluit dimittere populum.* Ac per hoc & Deus induravit per justum judicium, & ipse Pharao per liberum arbitrium. Certi ergo estote, quia non erit inanis labor vester, si in bono proposito proficientes perseveretis usque in finem. Deus enim qui modo illis quos liberat non reddit secundum opera eorum, tunc reddet unicuique secundum opera ejus. Reddet omnino Deus & mala pro malis, quoniam justus est; & bona pro malis, quoniam bonus est; & bona pro bonis, quoniam bonus & justus est: tantummodo mala pro bonis non reddet, quoniam injustus non est. Reddet ergo mala pro malis, poenam pro injustitia; & reddet bona pro malis, gratiam pro injustitia; & reddet bona pro bonis, gratiam pro gratia.

EX EPISTOLA EIUSDEM AD HILARIUM

alias LXXXIX. *nunc* CLVII. *c.* 3. 4. 13. *&* 14.

I*Taque sicut per unius delictum in omnes homines ad condemnationem*, de qua condemnatione parvuli per sacramentum baptismi liberandi sunt, *ita per unius justificationem in omnes homines ad justificationem vitae.* Et hic omnes dixit, & ibi, non quia omnes homines veniunt ad gratiam justificationis Christi, cum tam multi alienati ab illa, in aeternum moriantur; sed quia omnes qui renascuntur in justificationem, nonnisi per Christum renascuntur: sicut omnes qui nascuntur in condemnationem, nonnisi per Adam nascuntur. Nemo quippe est in illa generatione praeter Adam, nemo in ista regeneratione praeter Christum: ideo *omnes* & *omnes*; eosdem autem *omnes*, etiam *multos* postea dicit, adjungens: *Sicut enim per inobedientiam unius hominis peccatores constituti sunt multi: sic & per unius hominis obeditionem justi constituentur multi.* Qui *multi*, nisi quos paulo ante *omnes* dixerat.

Vide quemadmodum commendat *unum* & *unum*, id est, Adam & Christum: illum ad condemnationem, hunc ad justificationem, cum tanto post Adam venerit Christus in carne: ut sciamus etiam antiquos justos, quicumque esse potuerunt, nonnisi per eamdem fidem liberatos, per quam liberamur & nos, fidem scilicet incarnationis Christi, quae illis praenuntiabatur, sicut nobis facta annuntiatur. Ideo idem Christum hominem dicit, cum sit & Deus, ne quis existimet antiquos justos, per Deum tantummodo Christum, id est per Verbum quod erat in principio, non etiam per fidem incarnationis ejus, qua & homo Christus dicitur, potuisse liberari. Sententia quippe ista destrui non potest, de qua alibi ait: *Per unum hominem mors, & per unum hominem resurrectio mortuorum. Sicut enim in Adam omnes moriuntur, ita & in Christo omnes vivificabuntur.* Utique resurrectionem dicit justorum, ubi est vita aeterna; non resurrectionem iniquorum, ubi mors erit aeterna. Ideo ait, *vivificabuntur*; quia illi damnabuntur. Hinc & in veteribus sacramentis circumcisio parvulorum octava die fieri praecepta est, quoniam Christus, in quo fit delicti carnalis exspoliatio, quam significat circumcisio, die dominico resurrexit, qui post septimum sabbati octavus est. Haec ergo fides etiam antiquorum justorum fuit. Unde & Apostolus dicit, *Habentes autem eumdem spiritum fidei, propter quod scriptum est; Credidi, propter quod locutus sum: & nos credimus, propter quod & loquimur.* Non diceret, *eumdem spiritum fidei*, nisi admoneret etiam antiquos justos habuisse ipsum spiritum fidei, hoc est incarnationis Christi. Sed quia illis futura praenuntiabatur, quae jam facta nobis annuntiatur, & tempore veteris Testamenti velabatur, quae tempore novi Testamenti revelatur; ideo ejus sacramenta varia sunt, ut alia essent in vetere Testamento, alia in novo; cum fides ipsa varia non sit, sed una sit: quia *sicut in Adam omnes moriuntur, sic & in Christo omnes vivificabuntur.*

Ex libro primo ejusdem de diversis quaestionibus ad Simplicianum, quaest. 2.

SED jam, ut arbitror, tempus est ad aliam transire quaestionem, quam sic proposuisti, ut ab eo quod scriptum est, *Non solum autem, sed & Rebecca ex uno concubitu habens Isaac patris nostri. Cum enim nondum nati essent*, *neque aliquid egissent bonum aut malum*: usque ad id quod scriptum est, *Nisi Dominus Sabaoth reliquisset nobis semen, sicut Sodoma facti essemus, & sicut Gomorrha similes fuissemus*: tota ipsa contextio discutiatur; & profecto est latebrosior. Sed certe, qualem te erga me novi, jubere mihi ut aperirem illa non posses, nisi a Domino deprecatus ut possem. Quo adjutorio fidentior factus, aggredior.

Argumentum epistolæ ad Romanos.

Et primo, intentionem Apostoli, quæ per totam epistolam viget, tenebo, quam consulam. Hæc est autem, ut de operum meritis nemo glorietur, de quibus audebant Israelitæ gloriari, quod datæ sibi legi servissent, & ex hoc Evangelicam gratiam tamquam debitam meritis suis percepissent, quia legi serviebant. Unde nolebant eamdem gratiam dari Gentibus, tamquam indignis, nisi Judaica sacramenta susciperent.

Act. 15. 1. Rom. 11. 6.

Quæ orta quæstio in Apostolorum Actibus solvitur. Non enim intelligebant, quia eo ipso quo gratia est Evangelica, operibus non debetur. Alioquin gratia jam non est gratia. Et multis locis hoc sæpe testatur, fidei gratiam præponens operibus, non ut opera exstinguat, sed ut ostendat non esse opera præcedentia gratiam, sed consequentia: ut scilicet non se quisque arbitretur ideo percepisse gratiam, quia bene operatus est; sed bene operari non posse, nisi per fidem perceperit gratiam. Incipit autem homo percipere gratiam, ex quo incipit Deo credere, vel interna vel externa admonitione motus ad fidem. Sed interest quibus articulis temporum, vel celebratione Sacramentorum gratia plenior, & evidentior infundatur. Non enim catechumeni non credunt, aut vero Cornelius non credebat Deo, cum eleemosynis & orationibus dignum se præberet cui Angelus mitteretur: sed nullo modo illa operaretur, nisi ante credidisset: nullo modo autem credidisset, nisi vel secretis per visa mentis aut spiritus, vel manifestioribus per sensus corporis admonitionibus vocaretur. Sed in quibusdam tanta est gratia fidei, quanta non sufficit ad obtinendum regnum cælorum; sicut in catechumenis, sicut in ipso Cornelio, ante quam sacramentorum participatione incorporaretur Ecclesiæ. In quibusdam vero tanta est, ut jam corpori Christi, & sancto Dei templo deputentur. Templum enim Dei sanctum est, inquit Apostolus, quod estis vos. Et ipse Dominus, Nisi quis renatus fuerit ex aqua & Spiritu sancto, non intrabit in regnum cælorum. Fiunt ergo inchoationes quædam fidei, conceptionibus similes: non tamen solum concipi, sed etiam nasci opus est, ut ad vitam perveniatur æternam. Nihil tamen horum sine gratia misericordiæ Dei: quia & opera, si qua sunt bona, consequuntur, ut dictum est, illam gratiam, non præcedunt.

Gratia & fidei præmittenda bonis operibus.

Act. 10. 2.

Gratia fidei minor in catechumenis, major in renatis.

1. Cor. 3. 17. Joan. 3. 5.

Quam rem persuadere Apostolus volens, quia sicut alio loco dicit, Gratia enim Dei salvi facti sumus, & non ex vobis, sed Dei donum est; non ex operibus, ne forte quis extollatur: de his qui nondum nati erant, documentum dedit. Nemo enim posset dicere, quod operibus promeruerat Deum Jacob nondum natus, ut divinitus diceretur, *Et major serviet minori*. Ergo, *Non solum*, inquit, Isaac promissus est, cum dictum est, Ad hoc tempus veniam, & erit Saræ filius: qui utique nullis operibus promeruerat Deum, ut nasciturus promitteretur, ut in Isaac vocaretur semen Abrahæ; id est, illi pertinerent ad sortem sanctorum quæ in Christo est, qui se intelligerent filios promissionis, non superbientes de meritis suis, sed gratiæ vocationis deputantes, quod coheredes essent Christi; cum enim promissum est ut essent, nihil utique meruerant qui nondum erant: *sed & Rebecca ex uno concubitu habens Isaac patris nostri*. Vigilantissime ait, *ex uno concubitu*: gemini enim concepti erant, ne vel paternis meritis tribueretur, si quisquam forte diceret: Ideo talis natus est filius, quia pater ita erat affectus illo in tempore, quo eum sevit in utero matris: aut ita erat mater affecta, cum eum concepit. Simul enim ambos uno tempore ille sevit, eodem tempore illa concepit. Ad hoc commendandum ait, *ex uno concubitu*: ut nec astrologis daret locum, vel eis potius quos genethliacos appellaverunt, qui de natalibus nascentium mores & eventa conjectant. Quid enim dicant, cur una conceptione, sub uno utique temporis puncto, eadem dispositione cæli & siderum, ut diversa singula annotari omnino non possint, tanta in illis geminis diversitas fuerit, prorsus non inveniunt: & facile animadvertunt, si volunt, responsa illa quæ miseris venditant, nullius artis expositione, sed fortuita suspicione proferri. Sed ut de re quæ agitur potius loquamur, ad frangendam atque dejiciendam superbiam hominum ingratorum gratiæ Dei, & audentium gloriari de meritis suis, ista commemorantur, *Cum enim nondum nati fuissent, neque aliquid egissent bonum aut malum, non ex operibus, sed ex vocante dictum est ei, Quia major serviet minori.* Vocantis est ergo gratia, percipientis vero gratiam consequenter sunt opera bona, non quæ gratiam pariant, sed quæ gratia pariantur. Non enim ut ferveat calefacit ignis, sed quia fervet: nec ideo bene currit rota ut rotunda sit, sed quia rotunda est: sic nemo propterea bene operatur, ut accipiat gratiam, sed quia accepit. Quomodo enim potest juste vivere, qui non fuerit justificatus? quomodo sancte vivere, qui non fuerit sanctificatus? vel omnino vivere, qui non fuerit vivificatus? Justificat autem gratia, ut justificatus possit vivere juste. Prima est igitur gratia, secunda opera bona, sicut alio loco dicit, Ei autem qui operatur, merces non imputatur secundum gratiam, sed secundum debitum. Sicut illa immortalitas post bona opera, si tamen vel ipsa ex debito poscitur: sicut idem ait, „Bonum certamen certavi, cursum consummavi, fidem servavi; de cetero superest mihi corona justitiæ, quam reddet mihi Dominus in „illa die justus judex „. Forte enim quia dixit, reddet, jam fit ex debito. Cum vero ascendens in altum captivavit captivitatem, non reddidit, sed dedit dona hominibus. Unde enim ipse Apostolus tamquam debitam sibi reddi præsumeret, nisi prius indebitam gratiam percepisset, qua justificatus bonum agonem certaret? Fuit enim blasphemus, & persecutor, & injuriosus; sed misericordiam consecutus est, ut ipse testatur: credens utique in eum qui justificat, non pium, sed impium, ut justificando pium faciat.

Scopus Apostoli in exemplo Jacob & Esau. Ephes. 2. 8.

Rom. 9. 11. 12. Gen. 18. 10.

Gen. 21. 12.

Rom. 9. 11. & 12.

Bona opera ex gratia, non gratia ex operibus.

Rom. 4. 4.

2. Tim. 4. 7. & 8.

Ephes. 4. 8.

1. Tim. 1. 13.

Rom. 4. 5.

Non ex operibus, inquit, *sed ex vocante dictum est ei, Quia major serviet minori*. Ad hoc per-

Rom. 9. 12.

pertinet quod ait, *Cum enim nondum nati fuissent, neque aliquid egissent bonum aut malum*: ut posset dici, *Non ex operibus, sed ex vocante*. Unde occurrit animo quærere, cur dixerit, *Ut secundum electionem propositum Dei maneret*? Quomodo est enim justa, aut qualiscumque omnino electio, ubi nulla distantia est? Si enim nullo merito electus est Jacob nondum natus & nihil operatus, nec omnino eligi potuit nulla existente differentia, qua eligeretur. Item si nullo merito improbatus est Esau, quia & ipse nondum natus & nihil operatus erat, cum diceretur, *Et major serviet minori*; quomodo ejus improbatio justa dici potest? Qua ergo discretione, quo æquitatis examine quod sequitur intelligimus: *Jacob dilexi, Esau autem odio habui*? Quod quidem scriptum est in Propheta, qui longe posterius prophetavit, quam illi nati & mortui sunt: sed tamen illa sententia videtur commemorata, qua dictum est, *Et major serviet minori*; & ante quam nati & aliquid operati essent. Unde igitur illa electio, vel qualis electio, si nondum natis, nondumque aliquid operatis nulla sunt merita meritorum? An forte fuit aliqua naturarum? Quis hoc intelligat, ex uno patre, ex una matre, ex uno concubitu, ex uno creatore? An quemadmodum ex eadem terra idem creator produxit diversa animantium atque germinum genera, ita ex eodem hominum conjugio atque complexu produxit in geminis diversam prolem, unam quam diligeret, alteram quam odisset? Nulla ergo electio, ante quam esset quod eligeretur. Si enim bonus factus est Jacob, ut placeret; unde placuit ante quam fieret, ut bonus fieret? Non itaque electus est, ut fieret bonus, sed bonus factus eligi potuit.

An ideo *secundum electionem*, quia omnium Deus præscius etiam futuram fidem vidit in Jacob nondum nato? et quamvis non ex operibus suis justificari quisque mereatur, quandoquidem bene operari, nisi justificatus non potest, tamen quia ex fide justificat gentes Deus, nec credit aliquis nisi libera voluntate, hanc ipsam fidei voluntatem futuram prævidens Deus, etiam nondum natum præscientia, quem justificaret, elegerit. Si igitur electio per præscientiam, præscivit autem Deus fidem Jacob; unde probas quia non etiam ex operibus elegit eum? Si propterea quia nondum nati erant, & nondum aliquid egerant bonum seu malum; ita etiam nondum crediderat aliquis eorum. Sed præscientia vidit crediturum? Ita præscientia videre poterat operaturum: ut quomodo dicitur electus propter fidem futuram, quam præsciebat Deus, sic alius posset dicere, propter futura opera potius electum, quæ nihilominus præsciebat Deus. Quapropter unde ostendit Apostolus, non ex operibus dictum esse, *Major serviet minori*? Si quoniam nondum nati erant; non solum non ex operibus, sed nec ex fide dictum est, quia utrumque deerat nondum natis. Non igitur ex præscientia voluit intelligi factam electionem minoris, ut major ei serviret. Volens enim ostendere non ex operibus factum, propterea intulit, dicens, *Cum enim nondum nati fuissent, neque aliquid egissent bonum seu malum*. Alioquin poterat ei dici, Sed jam sciebat Deus, quis quid esset acturus. Quæritur ergo unde illa electio facta sit quæritur: quia si non ex operibus, quæ non erant in nondum natis; nec ex fide, quæ nec ipsa erat; unde igitur?

An dicendum est, quod nulla electio fuerit, non existente aliqua diversitate in utero matris vel fidei, vel operum, vel quorumlibet omnino meritorum? Sed dictum est, *Ut secundum electionem propositum Dei maneret*. Et ideo quærimus, quia dictum est. Nisi forte sic est distinguenda sententia, non ut intelligamus tamquam ideo *non ex operibus, sed ex vocante dictum esse, Major serviet minori, ut secundum electionem propositum Dei maneret*: sed ita potius, ut ad hoc de nondum natis & nondum aliquid operatis exemplum datum accipiatur, ne aliqua electio hic possit intelligi. *Cum enim nondum nati fuissent, neque aliquid egissent bonum seu malum, ut secundum electionem propositum Dei maneret*; id est, neque aliquid egissent bonum aut malum, ut propter ipsam actionem electio aliqua fieret ejus qui bene operatus; cum ergo nulla esset electio bene agentis, secundum quam maneret propositum Dei, *non ex operibus; sed ex vocante*, id est, ex eo qui vocando ad fidem gratia justificat impium, *dictum est ei, Quia major serviet minori*. Non ergo secundum electionem propositum Dei manet, sed ex proposito electio: id est, non quia invenit Deus opera bona in hominibus quæ eligat, ideo manet propositum justificationis ipsius; sed quia illud manet ut justificet credentes, ideo invenit opera quæ jam eligat ad regnum cælorum. Nam nisi esset electio, non essent electi; nec recte diceretur, Quis accusabit adversus electos Dei? Non tamen electio præcedit justificationem, sed electionem justificatio. Nemo enim eligitur, nisi jam distans ab illo qui rejicitur. Unde quod dictum est, Quia elegit nos Deus ante mundi constitutionem, non video quomodo dictum sit, nisi præscientia. Hic autem quod ait, *Non ex operibus, sed ex vocante dictum est ei, Quia major serviet minori*: non electionem meritorum, quæ post justificationem gratiæ proveniunt, sed liberalitatem donorum Dei voluit intelligi, ne quis de operibus extollatur. Gratia enim Dei salvi facti sumus; & hoc non ex nobis, sed Dei donum est: non ex operibus, ne forte quis extollatur.

Quæritur autem, utrum vel fides mereatur hominis justificationem; an vero nec fidei merita præcedant misericordiam Dei, sed & fides ipsa inter dona gratiæ numeretur. Quia & hoc loco cum dixisset, *Non ex operibus*, non ait, *sed ex fide dictum est ei, Quia major serviet minori*; ait autem, *sed ex vocante*. Nemo enim credit, qui non vocatur. Misericors autem Deus vocat, nullis hoc vel fidei meritis largiens; quia merita fidei sequuntur vocationem potius, quam præcedunt. Quomodo enim credent, quem non audierunt? Et quomodo audient sine prædicante? Nisi ergo vocando præcedat misericordia Dei, nec credere quisquam potest, ut ex hoc incipiat justificari, & accipere facultatem bene operandi. Ergo ante omne meritum est gratia. Etenim Christus

[Rom. 5. 6.] flus pro impiis mortuus est. Ex vocante igitur minor accepit, non ex ullis meritis operum suorum, ut major ei serviret: ut etiam quod scriptum est, *Jacob dilexi*, ex vocante sit Deo, non ex operante Jacob.

[Quomodo odio reprobatus Esau.] Quid deinde Esau, quod servit minori, & quod scriptum est, *Esau autem odio habui*, quibus malis suis hoc meruit, cum & ipse nondum natus fuisset, neque aliquid egisset boni aut mali, quando dictum est, *Et major serviet minori*? An forte quemadmodum illud de Jacob nullis meritis bonæ actionis dictum est, ita Esau nullis meritis malæ actionis odiosus? Si enim quia præsciebat Deus futura ejus opera mala, propterea eum prædestinavit ut serviret minori; propterea prædestinavit & Jacob ut ei major serviret, quia futura ejus bona opera præsciebat, & falsum est jam quod ait, *Non ex operibus*. Si autem verum est, quod non ex operibus, & inde hoc probat, quia de nondum natis nondumque aliquid operatis hoc dictum est; unde nec ex fide, quæ in nondum natis similiter nondum erat: quo merito Esau odio habetur ante quam nascatur? Quod enim fecit Deus ea quæ diligeret, nulla quæstio est. Si autem dicamus eum fecisse quæ odisset, absurdum est, occurrente alia Scriptura & dicente, [Sap. 11. 25.] *Neque enim odio habens aliquid constituisses, & nihil odisti horum quæ fecisti.* Quo enim merito sol factus est sol, aut quid offendit luna, ut tanto illo inferior, vel quid promeruit ut sideribus ceteris tanto clarior crearetur? Sed hæc omnia bona creata sunt quæque in genere suo. Non enim diceret Deus, Solem dilexi, lunam autem odio habui; aut, lunam dilexi, stellas autem odio habui: sicut dixit, [Gen. 1.] *Jacob dilexi, Esau autem odio habui*. Sed illa omnia dilexit, quamvis excellentiæ diversis gradibus ordinata; quoniam vidit Deus quia bona sunt, cum dicto ejus sunt instituta: ut autem odisset Esau, nisi injustitiæ merito, injustum est. Quod si concedimus, incipit & Jacob justitiæ merito diligi. Quod si verum est, falsum est quod non ex operibus. An forte ex justitia fidei? Quid ergo te adjuvat, *Cum enim nondum nati fuissent*? Quandoquidem in nondum nato nec justitia fidei poterat esse.

Vidit itaque Apostolus quid ex his verbis posset animo audientis vel legentis occurrere, statimque subjecit: [Rom. 9. 14. & 15.] *Quid ergo dicemus? Numquid iniquitas est apud Deum? Absit.* Et quasi [Exod. 33. 19.] docens quomodo absit: *Moysi enim dicit*, inquit, *Miserebor cui misertus ero, & misericordiam præstabo cui misericors fuero.* Quibus verbis solvit quæstionem, an potius arctius colligavit? Idipsum est enim quod maxime movet, si miseretur cui misertus erit, & misericordiam præstabit cui misericors fuerit, cur hæc misericordia defuit Esau, ut etiam ipse per illam esset bonus, quemadmodum per illam bonus factus est Jacob. An ideo dictum est, [Vide An... Dei ...] *Miserebor cui misertus ero, & misericordiam præstabo cui misericors fuero*; quia cum misertus erit Deus ut eum vocet, miserebitur ejus ut credat; & cui misericors fuerit, ut credat, misericordiam præstabit, hoc est, faciet eum misericordem, ut etiam bene operetur? Unde admonemur, nec ipsis operibus misericordiæ quemquam oportere gloriari & extolli, quod ea quasi suis Deum promeruerit: quando quidem ut haberet ipsam misericordiam, ille præstitit qui misericordiam præstabit cui misericors fuerit. Quod si eam credendo se meruisse quis jactat, noverit eum sibi præstitisse ut crederet, "qui miseretur inspirando fidem, cujus misertus est ut [1. Cor. 4. 7.] "adhuc infideli vocationem impertiret. Jam "enim discernitur fidelis ab impio". Quid enim habes, inquit, quod non accepisti? Si autem & accepisti, quid gloriaris quasi non acceperis?

[Cur hæc misericordia subtracta ab Esau.] Recte quidem hoc: sed cur hæc misericordia subtracta est ab Esau, ut non sic vocaretur, ut & vocato inspiraretur fides, & credens misericors fieret ut bene operaretur? An forte quia noluit? Si ergo Jacob ideo credidit quia voluit, non ei Deus donavit fidem, sed eam sibi ipse volendo præstitit, & habuit aliquid quod non accepit. An quia nemo potest credere nisi velit, nemo velle nisi vocetur, nemo autem sibi potest præstare ut vocetur, vocando Deus præstat "& fidem? quia sine vocatione non potest [Rom. 10. 14.] "quisquam credere, quamvis nullus credat in"vitus. Quomodo enim credent, quem non audierunt? Aut quomodo audient sine prædicante? Nemo itaque credit non vocatus: sed non [Matt. 20. 16.] omnis credit vocatus. Multi enim sunt vocati, pauci vero electi: utique ii qui vocantem non contempserunt, sed credendo secuti sunt; volentes autem sine dubio crediderunt. Quid est ergo quod sequitur, [Rom. 9. 16.] *Igitur non volentis, neque currentis, sed miserentis est Dei*? An quia nec velle possumus nisi vocati, & nihil valet velle nostrum, nisi et perficiamus adjuvet Deus? Opus est ergo velle & currere. Non enim frustra diceretur, Et in terra pax hominibus bonæ vo- [Luc. 2. 14. 1. Cor. 9. 24.] luntatis. Et, Sic currite, ut comprehendatis. Non tamen volentis, neque currentis, sed miserentis est Dei, ut quod volumus adipiscamur, & quo volumus perveniamus. Noluit ergo Esau, & non cucurrit: sed & si voluisset & cucurrisset, Dei adjutorio pervenisset, qui etiam ei velle & currere vocando præstaret, nisi vocatione contempta reprobus fieret. Aliter enim Deus præstat ut velimus, aliter præstat quod voluerimus. Ut velimus enim & suum esse voluit & nostrum; suum vocando, nostrum sequendo. Quod autem voluerimus solus præstat, id est, posse bene agere & semper beate vivere. Verumtamen Esau nondum natus, nihil horum posset velle seu nolle. Cur ergo in utero positus improbatus est? Reditur enim ad illas difficultates, non solum sua obscuritate, sed etiam nostra tam multa repetitione molestiores.

[An ex præscientia futuræ voluntatis reprobatus Esau, & approbatus Jacob.] Cur enim est improbatus Esau nondum natus, qui nec credere potuit vocanti, nec contemnere vocationem, nec boni vel mali aliquid operari? Si præscientia Dei futuræ malæ voluntatis ejus, cur non & Jacob præscientia Dei approbatus est futuræ bonæ voluntatis ejus? Quod si semel concesseris, potuisse quemquam vel approbari, vel improbari ex eo quod nondum in illo erat, sed quia Deus futurum esse præsciebat; consequitur eum potuisse etiam ex operibus approbari, quæ in illo Deus futura esse præsciebat, quamvis nondum esset aliquid operatus;

rata; & omnino te nihil adjuvabit quod nondum nati erant, cum dictum esset, *Et major serviet minori*, ut hinc ostenderet non ex operibus dictum, quia nondum quidquam erat operatus.

Illa etiam verba si diligenter attendas, *Igitur non volentis, neque currentis, sed miserentis est Dei*: non hoc Apostolus propterea tantum dixisse videbitur, quod adjutorio Dei ad id quod volumus pervenimus, sed etiam ex illa intentione, qua & alio loco dicit, „ Cum „ timore & tremore vestram ipsorum salutem „ operamini; Deus enim est qui operatur in „ nobis & velle & operari pro bona voluntate". Ubi satis ostendit etiam ipsam bonam voluntatem in nobis operante Deo fieri. Nam si propterea solum dictum est, *Non volentis, neque currentis, sed miserentis est Dei*; quia voluntas hominis sola non sufficit ut juste recteque vivamus, nisi adjuvemur misericordia Dei: potest & hoc modo dici: Igitur non miserentis est Dei, sed volentis est hominis; quia misericordia Dei sola non sufficit, nisi consensus nostrae voluntatis addatur. At illud manifestum est, frustra nos velle, nisi Deus misereatur: illud autem nescio quomodo dicatur, frustra Deum misereri, nisi nos velimus. Si enim Deus miseretur, etiam volumus: ad eamdem quippe misericordiam pertinet ut velimus. Deus enim est qui operatur in nobis & velle & operari pro bona voluntate. Nam si quaeramus, utrum Dei donum sit voluntas bona, mirum si negare quisquam audeat. At enim quia non praecedit voluntas bona vocationem, sed vocatio bonam voluntatem, propterea vocanti Deo recte tribuitur quod bene volumus, nobis vero tribui non potest quod vocamur. Non igitur ideo dictum putandum est, *Non volentis neque currentis, sed miserentis est Dei*, quia nisi ejus adjutorio non possumus adipisci quod volumus: sed ideo potius, quia nisi ejus vocatione non volumus.

Sed si vocatio ista ita est effectrix bonae voluntatis, ut omnis eam vocatus sequatur, quomodo verum erit, Multi vocati, pauci electi? Quod si verum est, & non consequenter vocationi vocatus obtemperat, atque ut non obtemperet in ejus est posita voluntate, recte etiam dici potest, Igitur non miserentis Dei, sed volentis atque currentis est hominis: quia misericordia vocantis non sufficit, nisi vocati obedientia consequatur. An forte illi qui hoc modo vocati non consentiunt, possent alio modo vocati accommodare fidei voluntatem, ut & illud verum sit, Multi vocati, pauci electi; ut quamvis multi uno modo vocati sint, tamen quia non omnes uno modo affecti sunt, illi soli sequantur vocationem, qui ei capiendae reperiuntur idonei; & illud non minus verum sit, *Igitur non volentis, neque currentis, sed miserentis est Dei*, qui hoc modo vocavit, quomodo aptum erat eis qui secuti sunt vocationem? Ad alios autem vocatio quidem pervenit; sed quia talis fuit, qua moveri non possent, nec eam capere apti essent, vocati quidem dici potuerunt, sed non electi, & non jam similiter verum est, Igitur non miserentis Dei, sed volentis atque currentis est hominis: quoniam non potest effectus misericordiae Dei esse in hominis potestate, ut frustra ille misereatur, si homo nolit; quia si vellet etiam ipsorum misereri, posset ita vocare, quomodo illis aptum esset, ut & moverentur & intelligerent & sequerentur. Verum est ergo, Multi vocati, pauci electi. Illi enim electi, qui congruenter vocati: illi autem qui non congruebant neque contemperabantur vocationi, non electi, quia non secuti, quamvis vocati. Item verum est, *Non volentis neque currentis, sed miserentis est Dei*: quia etiamsi multos vocat, eorum tamen miseretur, quos ita vocat, quomodo eis vocari aptum est, ut sequantur. Falsum est autem si quis dicit, Igitur non miserentis Dei, sed volentis atque currentis est hominis: quia nullius Deus frustra miseretur; cujus autem miseretur, sic eum vocat, quomodo scit ei congruere, ut vocantem non respuat.

Hic dicet aliquis, Cur ergo Esau non sic est vocatus, ut vellet obedire? Videmus enim alios aliter iisdem rebus demonstratis vel significatis ad credendum moveri. „ Sicut, exempli gratia, Simeon in Dominum nostrum Jesum Christum „ adhuc infantem parvulum credidit, Spiritu eum „ revelante cognoscens. Nathanael ad unam sententiam, quam ab illo audivit, prius quam „ te Philippus vocaret, cum esses sub arbore „ fici vidi te; respondit, Rabbi, tu es Filius „ Dei, tu es rex Israel". Quod tanto post quia confessus est Petrus, meruit audire, quod beatus sit, & quod ei darentur claves regni coelorum. Miraculo facto in Cana Galilaeae, quod initium signorum Jesu Joannes Evangelista commemorat, aqua in vinum conversa, crediderunt in eum discipuli ejus. Multos loquendo incitavit ad fidem: multi nec suscitatis mortuis crediderunt. De cruce atque morte ejus conterriti etiam discipuli titubaverunt; & tamen latro tunc credidit, cum eum non praestantiorem videret in operibus, sed consortem crucis aequalem. Unus etiam de numero discipulorum, post ejus resurrectionem, non tam vivis membris quam recentibus cicatricibus credidit: multi ex eorum numero a quibus crucifixus est, qui videntem eum miracula facientem contempserant, discipulis eum praedicantibus & in nomine ejus talia facientibus crediderunt. Cum ergo alius sic, alius autem sic moveatur ad fidem, eademque res saepe alio modo dicta moveat, alio modo dicta non moveat, aliumque moveat, alium non moveat; quis audeat dicere defuisse Deo modum vocandi, quo etiam Esau ad eam fidem mentem applicaret voluntatemque conjungeret, in qua Jacob justificatus est? Quod si tanta etiam potest esse obstinatio voluntatis, ut contra omnes modos vocationis obdurescat aversio mentis: quaeritur utrum de divina poena sit ipsa duritia, cum Deus deserit non sic vocando, quomodo ad fidem moveri potest. Quis enim dicat modum, quo ei persuaderetur ut crederet, etiam omnipotenti defuisse?

Sed quid hoc quaerimus? cum ipse subjungat Apostolus, *Dicit enim Scriptura Pharaoni, Quia ad hoc te excitavi, ut ostendam in te potentiam meam, & ut annuntietur nomen meum in universa terra*. Hoc autem subjecit Apostolus ad commendandum, quod probaret quod supra dixerat, *Igitur non volentis, neque currentis, sed mise-*

rentis est Dei. Tamquam enim ei diceretur, Unde hoc doces? *Dicit enim Scriptura*, inquit, *Pharaoni, Quia ad hoc te excitavi, ut ostendam in te potentiam meam, & ut annuntietur nomen meum in universa terra*. Utique hinc ostendens, quod non volentis nec currentis, sed miserentis est Dei. Concluditque ita; *Ergo cujus vult miseretur, & quem vult obdurat*: cum superius non utrumque dictum sit. Neque enim quomodo dictum est, *Non volentis, neque currentis, sed miserentis est Dei*; sic etiam dictum est, Non nolentis neque contemnentis, sed obdurantis est Dei. Unde datur intelligi quod infra utrumque posuit, *Ergo cujus vult miseretur, & quem vult obdurat*, ita sententiæ superiori posse congruere, ut obduratio Dei sit nolle misereri: ut non ab illo irrogetur aliquid quo sit homo deterior, sed tantum quo sit melior non erogetur. Quod si fit nulla distinctione meritorum, quis non erumpat in eam vocem, quam sibi ipse objecit Apostolus? *Dicis itaque mihi, Quid adhuc conqueritur? Nam voluntati ejus quis resistit?* Conqueritur enim Deus sæpe de hominibus, sicut per innumerabiles apparet Scripturarum locos, quod nolint credere & recte vivere. Unde fideles & facientes voluntatem Dei, conversari dicuntur sine querela, quod de illis non queratur Scriptura. Sed, *Quid conqueritur*, ait? *Nam voluntati ejus quis resistit?* quando *cujus vult miseretur, & quem vult obdurat*? Et tamen intueamur superiora, & inde nostram, quantum ipse Dominus adjuvat, sententiam dirigamus.

Ait enim paulo ante, *Quid ergo dicemus? Numquid iniquitas est apud Deum? Absit*. Sit igitur hoc fixum atque immobile in mente sobria pietate atque stabili in fide, quod nulla iniquitas est apud Deum; atque ita tenacissime firmissimeque credatur, idipsum quod Deus cujus vult miseretur, & quem vult obdurat, hoc est, cujus vult miseretur, cujus non vult non miseretur, esse alicujus occultæ, atque ab humano modulo investigabilis æquitatis, quæ in ipsis rebus humanis terrenisque contractibus animadvertenda est; in quibus nisi supernæ justitiæ quædam impressa vestigia teneremus, numquam in ipsum cubile ac penetrale sanctissimum atque castissimum spiritalium præceptorum nostræ infirmitatis suspiceret atque inhiaret intentio. Beati qui esuriunt & sitiunt justitiam, quoniam ipsi saturabuntur. In ista igitur siccitate vitæ conditionisque mortalis, nisi aspergeretur desuper velut tenuissima quædam aura justitiæ, citius aresceremus, quam sitiremus. Quapropter cum dando & accipiendo inter se hominum societas connectatur, dentur autem & accipiantur vel debita vel non debita; quis non videat iniquitatis argui neminem posse, qui quod sibi debetur exegerit? nec eum certe, qui quod ei debetur, donare voluerit? hoc autem non esse in eorum qui debitores sunt, sed in ejus cui debetur arbitrio? Hæc imago, vel, ut supra dixi, vestigium negotiis hominum de fastigio summo æquitatis impressum est. Sunt igitur omnes homines (quandoquidem, ut Apostolus ait, In Adam omnes moriuntur, a quo in universum genus humanum origo ducitur offensionis Dei), una quædam massa peccati, supplicium debens divinæ summæque justitiæ, quod sive exigatur, sive donetur, nulla est iniquitas. A quibus autem exigendum, & quibus donandum sit, superbe judicant debitores: quemadmodum conducti ad illam vineam injuste indignati sunt, cum tantumdem aliis donaretur, quantum illis redderetur. Itaque hujus impudentiam quæstionis ita retundit Apostolus: *O homo, tu quis es qui respondeas Deo?* Sic enim respondet Deo, cum ei displicet, quod de peccatoribus conqueritur Deus, quasi quemquam Deus peccare cogat, si tantummodo quibusdam peccantibus misericordiam justificationis suæ non largiatur, & ob hoc dicatur obdurare peccantes quosdam, quia non eorum miseretur, non quia impellit ut peccent. Eorum autem non miseretur, quibus misericordiam non esse præbendam, æquitate occultissima & ab humanis sensibus remotissima judicat. Inscrutabilia enim sunt judicia ejus & investigabiles viæ ipsius. Conqueritur autem juste de peccatoribus, tamquam de his quos peccare ipse non cogit. Simul etiam ut hi quorum miseretur, hanc quoque habeant vocationem, ut dum conqueritur Deus de peccatoribus, compungantur corde, atque ad ejus gratiam convertantur. Juste ergo conqueritur, & misericorditer.

Sed si hoc movet, quod voluntati ejus nullus resistit, quia cui vult subvenit, & quem vult deserit; cum & ille cui subvenit, & ille quem deserit, ex eadem massa sint peccatorum, & quamvis debeat uterque supplicium, ab uno tamen exigatur, alteri donetur: si hoc ergo movet; *O homo, tu quis es, qui respondeas Deo?* Arbitror enim sub hac significatione positum, quod dictum est, *homo*, sub qua & illud dicitur, Nonne homines estis, & secundum hominem ambulatis? Ibi enim carnales & animales notantur hoc nomine, quibus dicitur, Non potui vobis loqui quasi spiritalibus, sed quasi carnalibus. Et illud: Nondum enim poteratis, sed neque adhuc potestis, adhuc enim estis carnales. Et illud: Animalis autem homo non percipit quæ sunt Spiritus Dei. His ergo dicitur, *O homo, tu quis es, qui respondeas Deo? Numquid dicit figmentum ei qui se finxit, Quare me sic fecisti? An non habet potestatem figulus luti, ex eadem conspersione facere, aliud quidem vas in honorem, aliud in contumeliam?* Eo ipso fortasse satis ostendit se homini carnali loqui; quoniam hoc limus ipse significat, unde primus homo formatus est: & quia omnes, ut jam commemoravi, secundum eumdem Apostolum, in Adam moriuntur, unam dicit esse conspersionem omnium. Et quamvis aliud vas fiat in honorem, aliud in contumeliam; tamen & illud quod fit in honorem, necesse est ut carnale esse incipiat, atque inde in spiritalem consurgat ætatem. Quandoquidem jam in honorem facti erant, & in Christo jam nati erant, sed tamen quoniam parvulos adhuc alloquitur, etiam ipsos carnales appellat, dicens, Non potui loqui vobis quasi spiritalibus, sed quasi carnalibus: quasi parvulis in Christo lac vobis potum dedi, non escam: neque enim poteratis; sed nec adhuc quidem potestis; adhuc enim estis carnales. Quamvis ergo carnales eos esse dicat;

tatuere jam in Christo natos, & in illo parvulos, & lacte potandos. Et quod adjungit, Nec adhuc quidem potestis; ostendit profectum futurum esse ut possint: quia jam in eis spiritaliter renatis gratia fuerat inchoata. Ergo jam vasa erant in honorem facta, quibus tamen adhuc recte diceretur, *O homo, tu quis es, qui respondeas Deo?* Et si talibus recte dicitur, multo rectius eis qui vel nondum ita regenerati sunt, vel etiam in contumeliam facti. Illud tantummodo inconcussa fide teneatur, quod non sit iniquitas apud Deum: qui sive donet, sive exigat debitum, nec ille a quo exigit, recte potest de iniquitate ejus conqueri, nec ille cui donat, debet de suis meritis gloriari. Et ille enim, nisi quod debetur, non reddit: & ille non habet, nisi quod accepit.

Sed enodandum est hoc loco, si Dominus adjuvet, videre quemadmodum & illud verum sit, quod scriptum est, *Nihil odisti eorum quæ fecisti:* & illud, *Jacob dilexi, Esau autem odio habui.* Si enim propterea Esau odio habuit, quia vas factum erat in contumeliam, & aliud vas in honorem, aliud in contumeliam idem figulus fecit, quomodo *nihil odisti eorum quæ fecisti?* Ecce enim odit Esau, quod vas ipse fecit in contumeliam. Qui nodus ita solvitur, si intelligamus omnium creaturarum esse artificem Deum. Omnis autem creatura Dei bona est; & omnis homo, in quantum homo est, creatura est, non in quantum peccator est. Est ergo creator Deus & corporis & animi humani. Neutrum horum malum, & neutrum odit Deus: nihil enim odit eorum quæ fecit. Est autem animus præstantior corpore; Deus vero & animi & corporis, utriusque effector & conditor, nec odit in homine nisi peccatum. Est autem peccatum hominis inordinatio atque perversitas, id est, a præstantiore conditore aversio, & ad condita inferiora conversio. Non igitur odit Deus Esau hominem, sed odit Deus Esau peccatorem. Sicut dicitur de Domino, In sua propria venit, & sui eum non receperunt. Quibus item ipse dicit, Vos propterea non auditis, quia non estis ex Deo. Quomodo sui, quomodo non ex Deo? Nisi quia illud dictum est de hominibus, quos ipse Dominus fecerat; illud de peccatoribus, quos ipse Dominus arguebat: iidem tamen ipsi & homines & peccatores; sed homines Dei conditione, peccatores propria voluntate. Quod ergo Jacob dilexit, numquid peccator non erat? Sed dilexit in eo non culpam quam delebat, sed gratiam quam donabat. Nam & Christus pro impiis mortuus est; non tamen ut impii permanerent, sed ut justificati ab impietate converterentur, credentes in eum qui justificat impium. Odit enim Deus impietatem. Itaque in aliis eam punit per damnationem, in aliis adimit per justificationem, quemadmodum ipse judicat esse faciendum illis judiciis inscrutabilibus. Et quod ex numero impiorum, quos non justificat, facit vasa in contumeliam, non hoc in eis odit quod facit: quippe in quantum impii sunt, exsecrabiles sunt; in quantum autem vasa fiunt, ad aliquem usum fiunt, ut per eorum ordinatas pœnas, vasa quæ fiunt in honorem proficiant. Non itaque odit Deus, nec in quantum homines sunt, nec in quantum vasa sunt, id est, nec quod in eis facit creando, nec quod in eis facit ordinando: nihil enim odit eorum quæ fecit. Sed tamen, quod vasa eos facit perditionis, ad usum correctionis aliorum facit. Odit enim in eis impietatem, quam ipse non fecit. Sicut enim judex in homine odit furtum, sed non odit quod datur ad metallum; illud enim fur, hoc judex facit: ita Deus quod ex conspersione impiorum facit vasa perditionis, non odit quod facit, id est, opus ordinationis suæ in pœna debita pereuntium, in qua occasionem salutis illi quorum miseretur inveniant. Sic Pharaoni dictum est, *Ad hoc te excitavi, ut ostendam in te potentiam meam, & ut annuntietur nomen meum in universa terra.* Hæc demonstratio potentiæ Dei, & annuntiatio nominis ejus in universa terra prodest eis ut timeant, & vias suas corrigant, quibus vocatio talis congruit. Sic consequenter dicit, *Si autem Deus volens ostendere iram, & demonstrare potentiam suam, attulit in multa patientia vasa iræ, quæ perfecta sunt in perditionem:* subauditur: *Tu quis es, qui respondeas Deo?* ut reddatur sententia ad verba superiora, ut sic sit sensus: Si volens Deus ostendere iram, attulit vasa iræ; tu quis es, qui respondeas Deo? Non autem solum *volens ostendere iram, & demonstrare potentiam suam attulit in multa patientia vasa iræ, quæ perfecta sunt in perditionem;* sed etiam quod sequitur, *ut notas faceret divitias gloriæ suæ in vasa misericordiæ.* Quid prodest vasis perfectis in perditionem, quod ea Deus patienter sustinet, ut ordinate disperdat, utaturque illis ad instrumentum salutis aliorum, quorum miseretur? Sed illis utique prodest, ad quorum salutem illis sic utitur; ut sicut scriptum est, justus manus lavet in sanguine peccatoris, id est, mundetur ab operibus malis per timorem Dei, cum videt supplicia peccatorum. Quod ergo *volens ostendere iram attulit vasa iræ,* valet ad utilem aliis providendum timorem, *& ut notas faceret divitias gloriæ suæ in vasa misericordiæ, quæ præparavit in gloriam.* Etenim obduratio illa impiorum utrumque demonstrat, & quid timendum sit, ut quisque pietate convertatur ad Deum; & quantæ agendæ sint gratiæ misericordiæ Dei, qui in aliorum pœna quid aliis donet ostendit. Si autem illa, quam de aliis exigit, non est justa pœna, nihil donat aliis, a quibus eam non exigit. Quia vero illa justa est, & nulla est iniquitas apud vindicantem Deum, quis sufficiat agere gratias ei, qui hoc remittit, quod si vellet exigere, nemo se recte diceret non debere?

Quos & vocavit nos, inquit, *non solum ex Judæis, sed etiam ex Gentibus:* id est, vasa misericordiæ quæ præparavit in gloriam. Non enim omnes Judæos, sed ex Judæis; nec omnes omnino homines Gentium, sed ex Gentibus. Una est enim ex Adam massa peccatorum & impiorum, in qua & Judæi & Gentes remota gratia Dei ad unam pertinent conspersionem. Si enim figulus luti ex eadem conspersione facit aliud vas in honorem, aliud vas in contumeliam; manifestum est autem quod & ex Judæis sunt alia vasa in honorem, alia in contumeliam, sicut ex Gentibus: sequitur ut ad

unam

unam conspersionem omnes pertinere intelligantur. Deinde incipit reddere attestationes Prophetæ singulis generibus converso ordine. Prius enim dixit, *ex Judæis*, posterius, *ex Gentibus*: prius autem reddit testimonium pro Gentibus, deinde pro Judæis. *Etenim sicut Osee dicit, Vocabo non plebem meam, plebem meam, & non dilectam, dilectam: * & erit in loco ubi dictum est, Non populus meus vos, ibi vocabuntur filii Dei vivi*: de Gentibus intelligitur dictum, quia non habebant destinatum unum sacrificiorum locum, sicut Judæi in Jerusalem. Missi sunt autem ad Gentes Apostoli, ut in loco suo quique crederent, & ubicumque credidissent, ibi sacrificium laudis offerrent, quibus dedit potestatem filios Dei fieri. *Isaias autem*, inquit, *clamat pro Israel*. Ne rursus omnes Israelitæ in perditionem isse credantur, docet & inde facta alia vasa in honorem, alia in contumeliam. *Si fuerit*, inquit, *numerus filiorum Israel quasi arena maris, reliquiæ salvæ fient*. Cetera ergo turba, vasa perfecta ad perditionem. *Verbum enim consummans & breviens*, inquit, *faciet Dominus super terram*, id est, ut compendio fidei per gratiam salvos faciat credentes, non per innumerabiles observationes, quibus illa multitudo serviliter onerata premebatur. Per gratiam quippe nobis verbum consummans & brevians fecit super terram dicens, Jugum meum leve est, & sarcina mea levis est. Quod & paulo post hic dicitur: *Prope te est verbum in ore tuo & in corde tuo, hoc est verbum fidei quod prædicamus; quia si confitearis in ore tuo, quia Dominus est Jesus, & credideris in corde tuo quia Deus illum suscitavit a mortuis, salvus eris. Corde enim creditur ad justitiam, ore autem confessio fit ad salutem*. Hoc est verbum consummans & brevians quod fecit Deus super terram, qua consummatione atque breviatione latro justificatus est, qui defixis in cruce omnibus membris, & habens libera hæc duo, corde credidit ad justitiam, ore confessus est ad salutem, statimque audire meruit, Hodie mecum eris in paradiso. Consequerentur enim bona opera ejus, si percepta gratia diu inter homines viveret. Sed tamen non ea præcesserant, ut eamdem gratiam mereretur, ex latrocinio fixus in cruce, ex cruce in paradisum translatus. *Et sicut prædixit*, inquit, *Isaias, Nisi Dominus Sabaoth reliquisset nobis semen, sicut Sodoma facti essemus, & sicut Gomorrha similes fuissemus*. Quod hic ait, *reliquisset nobis semen*, hoc ibi, *reliquiæ salvæ fient*. Ceteri autem tamquam perditionis vasa, debito supplicio perierunt. Et ut non omnes perirent, sicut in Sodoma & Gomorrha, non meritum eorum fecit, sed gratia Dei relinquentis semen, unde alia messis toto orbe consurgeret. Hoc & paulo post: *Sic ergo*, inquit, *& in hoc tempore reliquiæ per electionem gratiæ salvæ factæ sunt. Si autem gratia, jam non ex operibus, alioquin gratia jam non est gratia. Quid ergo? quod quærebat Israel, hoc non est consecutus, electio autem consecuta est, ceteri vero excæcati sunt*. Consecuta sunt vasa misericordiæ, excæcata sunt vasa iræ: ex eadem tamen conspersione, sicut in plenitudine Gentium.

Est locus quidam Scripturæ ad rem, de qua nunc agimus, maxime necessarius, eadem quæ tractata sunt, mira contestatione confirmans, in eo libro qui ab aliis Jesus Sirach, ab aliis Ecclesiasticus dicitur, in quo ita scriptum est: *Et omnes homines de solo, & ex terra Adam creatus est. In multitudine disciplinæ Dominus separavit eos, & immutavit vias eorum. Et ex ipsis benedixit & exaltavit, & ex his sanctificavit & ad se applicavit, & ex ipsis maledixit & humiliavit: & convertit illos ad dissensionem illorum. Quasi lutum figuli in manu ipsius plasmare illud & disponere, omnes viæ ejus secundum dispositionem ejus: sic homo in manu illius qui se fecit, & reddet illi secundum judicium suum. Contrarium malo bonum est, & contra mortem vita est; sic & contra virum justum peccator. Et sic intuere in omnia opera Altissimi, duo, duo; unum contra unum*. Primo, hic commendata est disciplina Dei: *In multitudine*, inquit, *disciplinæ Dominus separavit eos*: unde nisi a beatitudine paradisi? *Et immutavit vias eorum*, ut jam tamquam mortales viverent. Tunc facta est una massa omnium, veniens de traduce peccati & de pœna mortalitatis, quamvis Deo formante & creante quæ bona sunt. In omnibus est enim species & compago corporis in tanta membrorum concordia, ut inde Apostolus ad caritatem obtinendam similitudinem duceret. In omnibus est etiam spiritus vitalis terrena membra vivificans, omnisque natura hominis dominatu animæ & famulatu corporis conditione mirabili temperata: sed concupiscentia carnalis de peccati pœna jam regnans, universum genus humanum tamquam totam & unam conspersionem originali reatu in omnia permanante confuderat. Et tamen sequitur, *Ex ipsis benedixit & exaltavit, & ex ipsis sanctificavit & ad se applicavit, & ex ipsis maledixit, & humiliavit, & convertit illos in dissensionem ipsorum*. Tamquam Apostolo dicente, *An non habet potestatem figulus luti ex eadem conspersione facere aliud vas in honorem, aliud in contumeliam?* Ideoque illud quod contexitur, nec ab ipsa similitudine vacat: *Quasi lutum*, inquit, *figuli in manu ipsius plasmare illud & disponere, omnes viæ ejus secundum dispositionem ejus, sic homo in manu illius qui se fecit*. Sed quia dicit Apostolus, *Numquid iniquitas apud Deum?* vide & hic quid adjungat: *Reddet illi*, inquit, *secundum judicium suum*. Sed cum damnatis justa tribuantur supplicia; tamen quia hoc ipsum in usum convertitur, quo illi proficiant quibus præbetur misericordia, attende reliqua: *Contrarium*, inquit, *malo bonum est, & contra mortem, vita; sic & contra virum justum peccator. Et sic intuere in omnia opera Altissimi: duo, duo; unum contra unum*; utique ut ex deteriorum comparatione emineant proficiantque meliora. Quæ tamen quoniam per gratiam meliora sunt, tamquam diceret, *Reliquiæ salvæ fient*: sequitur & dicit ex persona reliquiarum, *Et ego novissimus vigilavi, & quasi qui racematur post vindemiatores*. Et unde probat, quia non ex meritis suis, sed ex misericordia Dei? *In benedictione*, inquit, *Domini & ipse speravi, & quasi qui vindemiat, replevi torcular*. Quamvis enim

rulem novissimus vigilaverit, tamen quia erunt, ut dictum est, novissimi primi, in benedictione Domini sperans ex reliquiis Israel tanquam populus implevit torcular ex ubertate vindemiæ, quæ toto orbe terrarum provenit.

Nulla igitur intentio manet Apostoli, & omnium justificatorum per quos nobis intellectus gratiæ demonstratus est, nisi ut qui gloriatur, in Domino glorietur. Quis enim discernit opera Domini, ex eadem conspersione unum damnantis, alterum justificantis? Liberum voluntatis arbitrium plurimum valet; immo vero est quidem, sed in venumdatis sub peccato quid valet? Caro, inquit, concupiscit adversus spiritum, & spiritus adversus carnem, ut non ea quæ vultis faciatis. Præcipitur ut recte vivamus, hac utique mercede proposita, ut in æternum beate vivere mereamur: sed quis potest recte vivere & bene operari, nisi justificatus ex fide? Præcipitur ut credamus, ut dono accepto Spiritus sancti per dilectionem bene operari possimus: sed quis potest credere, nisi aliqua vocatione, hoc est, aliqua rerum testificatione tangatur? Quis habet in potestate tali viso attingi mentem suam, quo ejus voluntas moveatur ad fidem? Quis autem animo amplectitur aliquid, quod eum non delectat? aut quis habet in potestate ut vel occurrat quod eum delectare possit, vel delectet cum occurrerit? Cum ergo nos ea delectant, quibus proficiamus ad Deum, inspiratur hoc & præbetur gratia Dei, non nutu nostro & industria aut operum meritis comparatur: quia ut sit nutus voluntatis, ut sit industria studii, ut sint opera charitate ferventia, ille tribuit, ille largitur. Petere jubemur ut accipiamus, & quærere ut inveniamus, & pulsare ut aperiatur nobis. Nonne aliquando ipsa oratio nostra sic tepida est, vel potius frigida & pene nulla, immo omnino interdum ita nulla, ut neque hoc in nobis cum dolore advertamus? quia si vel hoc dolemus, jam oramus. Quid ergo aliud ostenditur nobis, nisi quia & petere & quærere & pulsare ille concedit, qui ut hæc faciamus, jubet? *Igitur non volentis, neque currentis, sed miserentis est Dei*: quando quidem nec velle nec currere, nisi eo movente atque excitante poterimus.

Quod si electio hic fit aliqua, ut sic intelligamus quod dictum est, *Reliquiæ per electionem gratiæ salvæ factæ sunt*; non ut justificatorum electio fiat ad vitam æternam, sed ut eligantur qui justificentur: certe ita occulta est hæc electio, ut in eadem conspersione nobis prorsus apparere non possit; aut si apparet quibusdam, ego in hac re infirmitatem meam fateor. Non enim habeo quod intuear in hominibus eligendis ad gratiam salutarem, si ad hanc electionem aliqua cogitatione pervenio, nisi vel majus ingenium, vel minora peccata, vel utrumque; addamus etiam, si placet, honestas utilesque doctrinas. Quisquis ergo fuerit quam minimis peccatis irretitus atque maculatus, (nam nullis quis potest?) & acer ingenio, & liberalibus artibus expolitus, eligendus videtur ad gratiam. Sed cum hoc statuero, ita me ridebit ille qui infirma mundi elegit ut confunderet fortia; & stulta mundi ut confunderet sapientes, ut eum intuens & pudore correctus, ego irrideam multos & præ quibusdam pudicioribus castiorem, & præ quibusdam poetis oratores. Nonne advertimus quosdam fideles nostros ambulantes viam Dei, ex nulla parte ingenio comparari, non dicam quorundam hæreticorum, sed etiam mimorum? Item non videmus quosdam homines utriusque sexus in conjugali castitate viventes sine querela, & tamen vel hæreticos vel paganos, vel etiam in vera fide & vera Ecclesia ita tepidos, ut eos miremur meretricum & histrionum subito conversorum, non solum patientia & temperantia, sed etiam fide, spe, charitate superari? Restat ergo ut voluntates eligantur. Sed voluntas ipsa, nisi aliquid occurrerit quod delectet atque invitet animum, moveri nullo modo potest: hoc autem ut occurrat, non est in hominis potestate. Quid volebat Saulus, nisi invadere, trahere, vincire, necare Christianos? Quam rabida voluntas, quam furiosa, quam cæca! qui tamen una desuper voce prostratus, occurrente utique tali viso, quo mens illa & voluntas refracta sævitia retorqueretur & corrigeretur ad fidem, repente ex Evangelii mirabili persecutore mirabilior prædicator effectus est. Et tamen quid dicemus? *Numquid iniquitas est apud Deum*, exigentem a quo placet, donantem cui placet? qui nequaquam exigit indebitum, nequaquam donat alienum. *Numquid iniquitas est apud Deum? Absit.* Quare tamen huic ita, & huic non ita? *O homo, tu quis es?* Debitum si non reddis, habes quod grateris: si reddis, non habes quod queraris. Credamus tantum (etsi capere non valemus) quoniam qui universam creaturam & spiritalem & corporalem fecit & condidit, omnia in numero & pondere, & mensura disponit. Sed inscrutabilia sunt judicia ejus & investigabiles viæ ejus. Dicamus Alleluja, & collaudemus canticum, & non dicamus, Quid hoc? vel quid hoc? Omnia enim in tempore suo creata sunt.

Ex Libro quinto de Civitate Dei. Cap. 19. & 20.

QUAMVIS, ut potui, satis exposuerim qua caussa Deus unus verus & justus Romanos secundum quandam formam terrenæ civitatis bonos adjuverit ad tanti imperii gloriam consequendam: potest tamen & alia caussa esse latentior, propter diversa merita generis humani, Deo magis nota quam nobis; dum illud constet inter omnes veraciter pios, neminem * sine vera pietate, id est, veri Dei vero cultu veram posse habere virtutem; nec eam veram esse, quando gloriæ servit humanæ. Eos tamen qui cives non sunt Civitatis æternæ, quæ in sacris litteris nostris dicitur Civitas Dei, utiliores esse terrenæ Civitati, quando habent virtutem vel ipsam, quam si nec ipsam. Illi autem qui vera pietate prædici bene vivunt, si habent scientiam regendi populos, nihil est felicius rebus humanis, quam si Deo miserante habeant potestatem. Tales autem homines virtutes suas, quantascumque in hac vita possunt habere, non tribuunt nisi gratiæ Dei, quod eas volentibus, credentibus, petentibus dederit; simul-

Intentio Apostoli in epistola ad Romanos. 1 Cor. 1. 31.

Rom. 7. 14.

Gal. 5. 17.

Matth. 7. 7.

Rom. 9. 16.

Electio ... Rom. 11. 5.

1 Cor. 1. 27.

Act. 9. 1. & 22. 4.

Rom. 9. 14.

Sap. 11. 21.

Rom. 11. 33.

Eccli. 39. 21. & 26.

Ex Cap. 21.

* V. infra ... [illegible]

similiterque intelligant quantum sibi desit ad perfectionem justitiæ, qualis est in illorum sanctorum Angelorum societate cui se nituntur aptare. Quantumlibet autem laudetur atque prædicetur virtus, quæ sine vera pietate servit hominum gloriæ, nequaquam sanctorum exiguis initiis comparanda est, quorum spes posita est in gratia & misericordia Dei.

Caput XX. [illegible]

SOLENT Philosophi, qui finem boni humani in ipsa virtute constituunt, ad ingerendum pudorem quibusdam philosophis, qui virtutes quidem probant, sed eas voluptatis corporalis fine metiuntur, & illam per se ipsam putant appetendam, istas propter ipsam, * tabulam quamdam verbis pingere, ubi voluptas in sella regali quasi delicata quædam regina considat; eique virtutes famulæ subjiciantur, observantes ejus nutum, ut faciant quod illa imperaverit: quæ prudentiæ jubeat, ut vigilanter inquirat, quomodo voluptas regnet & salva sit; justitiæ jubeat, ut præstet beneficia quæ potest ad comparandas amicitias corporalibus commodis necessarias; nulli faciat injuriam, ne offensis legibus voluptas vivere secura non possit: fortitudini jubeat, ut si dolor corpori acciderit, qui non compellat in mortem, teneat dominam suam, id est, voluptatem fortiter in animi cogitatione, ut per pristinarum deliciarum recordationem mitiget præsentis doloris aculeos: temperantiæ jubeat, ut tantum capiat alimentorum, & si qua delectant, ne per immoderationem noxium aliquid valetudinem turbet, & voluptas, quam etiam in corporis sanitate Epicurei maximam ponunt, graviter offendatur. Ita virtutes cum tota suæ gloriæ dignitate tamquam imperiosæ cuidam & inhonestæ mulierculæ servient voluptati. Nihil hac pictura dicunt esse ignominiosius & deformius, & quod minus ferre bonorum possit aspectus: & verum dicunt. Sed non existimo satis debiti decoris esse picturam, si etiam talis fingatur, ubi virtutes humanæ gloriæ serviant. Licet enim ista gloria delicata mulier non sit, inflata tamen est, & multum inanitatis habet. Unde non ei digne servit soliditas quædam firmitasque virtutum, ut nihil provideat prudentia, nihil distribuat justitia, nihil toleret fortitudo, nihil temperantia moderetur, nisi unde placeatur hominibus, & ventosæ gloriæ serviatur. Nec illi se ab ista fœditate defenderint, qui cum aliena spernant judicia velut gloriæ contemptores, sibi sapientes videntur & sibi placent. Nam eorum virtus, si tamen ulla est, alio modo quodam humanæ subditur laudi. Neque enim ipse qui sibi placet, homo non est. Qui autem vera pietate in Deum, quem diligit, credit & sperat, plus intendit in ea in quibus sibi displicet, quam in ea, si qua in illo sunt, quæ non tam ipsi quam veritati placent: neque id tribuit, unde jam potest placere, nisi ejus misericordiæ, cui metuit displicere; de his sanatis gratias agens, de illis sanandis preces fundens.

Ex libro ejusdem XIX. de Civitate Dei.

CAPUT XXV.

Quod non possint ibi veræ esse virtutes, ubi non est vera religio.

QUamlibet enim videatur animus corpori, & ratio vitiis laudabiliter imperare; si Deo animus & ratio ipsa non servit, sicut sibi serviendum esse ipse Deus præcepit, nullo modo corpori vitiisque recte imperat. Nam qualis corporis atque vitiorum potest esse mens domina, veri Dei nescia, nec ejus imperio subjugata, sed vitiosissimis dæmonibus corrumpentibus prostituta? Proinde virtutes quas sibi habere videtur, per quas imperat corpori & vitiis ad quodlibet adipiscendum vel tenendum, nisi ad Deum retulerit, etiam ipsæ vitia sunt potius quam virtutes. Nam licet a quibusdam tunc veræ & honestæ putentur esse virtutes, cum ad se ipsas referuntur, nec propter aliud expetuntur; etiam tunc inflatæ ac superbæ sunt; & ideo non virtutes, sed vitia judicanda sunt. Sicut enim non est a carne, sed super carnem, quod carnem facit vivere: sic non est ab homine, sed super hominem, quod hominem facit beate vivere; nec solum hominem, sed etiam quamlibet Potestatem Virtutemque cælestem.

Ex libro ejusdem XXII. de Civitate Dei.

EX CAPITE I.

De conditione angelorum & hominum.

DEUS (*in principio*) liberum arbitrium intellectuali naturæ tribuit tale, ut si vellet, desereret Deum, beatitudinem scilicet suam, continuo miseria secutura. Qui cum præsciret angelos quosdam per elationem, qua ipsi sibi ad beatam vitam sufficere vellent, tanti boni desertores futuros, non eis ademit hanc potestatem, potentius & melius esse judicans, etiam de malis bene facere, quam mala esse non sinere. Quæ omnino nulla essent, nisi natura mutabilis, quamvis bona, & a summo Deo atque incommutabili bono, qui bona omnia condidit, instituta, peccando ea sibi ipsa fecisset. Quo etiam peccato suo teste convincitur, bonam conditam se esse naturam. Nisi enim magnum & ipsa, licet non æquale Conditori, bonum esset, profecto desertio Dei tamquam luminis sui malum ejus esse non posset. Nam sicut cæcitas oculi vitium est, & idem ipsum indicat ad lumen videndum oculum esse creatum, ac per hoc etiam ipso vitio suo excellentius ostenditur ceteris membris membrum capax luminis, (non enim alia causa esset vitium ejus carere lumine:) ita natura quæ fruebatur Deo, optimam se institutam docet etiam ipso vitio, quo ideo misera est, quia non fruitur Deo; qui casum angelorum voluntarium justissima pœna sempiternæ infelicitatis obstrinxit, atque in eo summo bono permanentibus ceteris, ut de sua sine fine permansione certi essent, tamquam ipsius præpraemium perennitatis dedit. Qui fecit hominem ipsum etiam rectum cum eodem libero arbitrio, terrenum quidem animal, sed caelo dignum, si suo cohaereret auctori; miseria similiter, si eum desereret, secutura, qualis naturae hujusmodi conveniret. Quem similiter cum praevaricatione legis Dei per Dei desertionem peccaturum esse praesciret, nec illi ademit liberi arbitrii potestatem, simul praevidens, quid boni de malo esset ipse facturus, qui de mortali progenie merito justeque damnata tantum populum gratia sua colligit, ut inde suppleat, & instauret partem quae lapsa est Angelorum; ac sic illa dilecta & superna Civitas non fraudetur suorum numero civium, quo etiam fortassis & uberiore laetetur.

CAPUT II.

De aeterna Dei & immutabili voluntate.

MULTA enim fiunt a malis quidem contra voluntatem Dei; sed tantae est ille sapientiae, tantaeque virtutis, ut in eos exitus sive fines, quos bonos & justos ipse praescivit, tendant omnia, quae voluntati ejus videntur adversa. Ac per hoc cum Deus mutare dicitur voluntatem, ut quibus lenis erat, verbi gratia, reddatur iratus, illi potius quam ipse mutantur, & eum quodammodo mutatum in his quae patiuntur inveniunt: sicut mutatur sol oculis sauciatis, & asper quodammodo ex miti, & ex delectabili molestus efficitur, cum ipse apud se maneat idem qui fuit. [Voluntas Dei.] Dicitur etiam voluntas Dei, quam facit in cordibus obedientium mandatis ejus, de qua dicit Apostolus, [Philipp. 2. 13.] *Deus est enim qui operatur in vobis & velle*. Sicut justitia Dei, non solum qua ipse justus est, sed illa etiam quam in homine, qui ab illo justificatur, facit: sic & lex ejus vocatur, quae potius est hominum, sed ab ipso data. Nam utique homines erant quibus ait Jesus, [Joan. 8. 17. Ps. 36. 31.] *In lege vestra scriptum est*: cum alio loco legamus, *Lex Dei ejus in corde ipsius*. Secundum hanc voluntatem, quam Deus operatur in hominibus, etiam velle dicitur, quod ipse non vult, sed suos id volentes facit: sicut dicitur cognovisse, quod ut cognosceretur fecit, a quibus ignorabatur. Neque enim dicente Apostolo, [Gal. 4. 9.] *Nunc autem cognoscentes Deum, imo cogniti a Deo*, fas est ut credamus, quod eos tunc cognoverit Deus praecognitos ante constitutionem mundi: [1. Petr. 1. 20.] sed tunc cognovisse dictus est, quod tunc ut cognoscerentur effecit. De his locutionum modis jam & in superioribus libris memini disputatum. Secundum hanc ergo voluntatem, qua Deum velle dicimus quod alios efficit velle, a quibus futura nesciuntur, multa vult, nec facit.

[* Alias Caput III.] * Multa enim volunt fieri sancti ejus ab illo inspirata sancta voluntate, nec fiunt; sicut orant pro quibusdam pie sancteque, & quod orant non facit, cum ipse in eis hanc orandi voluntatem Sancto Spiritu suo fecerit. Ac per hoc quando secundum Deum volunt & orant sancti, ut quisque sit salvus, possumus illo modo locutionis dicere, Vult Deus & non facit; ut ipsum dicamus velle, qui ut velint istis facit. Secundum illam vero voluntatem suam, [Ps. 113. 11.] quae cum ejus praescientia sempiterna est, profecto in caelo & in terra omnia quaecumque voluit, non solum praeterita vel praesentia, sed etiam futura jam fecit. Verum ante quam veniat tempus, quod voluit ut fieret, quod ante tempora universa praescivit atque disposuit, dicimus, Fiet quando Deus voluerit. Si autem non solum tempus quo futurum est, verum etiam utrum futurum sit ignoramus, dicimus, Fiet, si Deus voluerit: non quia Deus novam voluntatem, quam non habuit, tunc habebit, sed quia id quod ex aeternitate in ejus immutabili praeparatum est voluntate, tunc erit.

Ex libro ejusdem XIII. de Trinitate cap. 20.

[Caput XX. 1. Thess. 2. 4. Aug. 14. 2.] BEATOS esse se velle, omnium hominum est; nec tamen omnium est fides, qua corde mundante ad beatitudinem pervenitur. Ita fit ut per istam quam non omnes volunt, ad illam tendendum sit quam nemo potest esse qui nolit. Beatos esse se velle, omnes in corde suo vident, tantaque est in hac re naturae humanae conspiratio, ut non fallatur homo, qui hoc ex animo suo de animo conjicit alieno: denique omnes id velle nos novimus. Multi vero immortales se esse posse desperant, cum id quod omnes volunt, id est, beatus nullus esse aliter possit; volunt tamen etiam immortales esse, si possent, sed non credendo quod possint, non ita vivunt ut possint. Necessaria ergo est fides, ut beatitudinem consequamur, omnibus humanae naturae bonis, id est, & animi & corporis. [Rom. 6. 9.] Hanc autem fidem in Christo esse definitam, qui in carne resurrexit a mortuis, non moriturus ulterius; nec nisi per illum quemquam liberari a diaboli dominatu, per remissionem peccatorum: in cujus diaboli partibus necesse est miseram esse vitam, eamdemque perpetuam; quae mors est potius dicenda quam vita, eadem fides habet.

Ex libro ejusdem XIV. de Trinitate, cap. 1.

[Caput I.] NUNC de sapientia nobis est disserendum, non de illa Dei, quae procul dubio Deus est; nam sapientia Dei Filius ejus unigenitus dicitur: sed loquemur de hominis sapientia, vera tamen quae secundum Deum est, & verus ac praecipuus cultus ejus est, quae uno nomine θεοσέβεια Graece appellatur. Quod nomen nostri, sicut jam commemoravimus, volentes & ipsi uno nomine interpretari, pietatem dixerunt, cum pietas apud Graecos εὐσέβεια usitatius nuncupetur: θεοσέβεια vero, quia uno verbo perfecte non potest, melius duobus interpretatur, ut dicatur potius Dei cultus. [Cap. 14.] Hanc esse hominis sapientiam, quod & in duodecimo hujus operis volumine jam posuimus, Scripturae sanctae auctoritate monstratur, in libro Dei servi Job, ubi legitur Dei sapientiam dixisse homini: [Job 28. 28.] *Ecce pietas est sapientia, abstinere autem a malis disciplina*; sive etiam, ut nonnulli de Graeco ἐπιστήμην interpretati sunt, *disciplina*: quae

utique

utique a discendo nomen accepit, unde & scientia dici potest. Ad hoc enim quæque res discitur, ut sciatur. Quamvis alia notione, in iis quæ pro peccatis suis mala quisque patitur ut corrigatur, dici solet disciplina. Unde illud est in epistola ad Hebræos, *Quis enim est filius, cui non det disciplinam pater ejus?* Et illud evidentius in eadem, *Omnis enim ad tempus disciplina non gaudii videtur esse, sed tristitiæ; postea vero fructum pacificum iis qui per eam certaverunt, reddet justitiæ.* Deus ergo ipse summa sapientia, cultus autem Dei sapientia est hominis, de qua nunc loquimur. Nam *sapientia hujus mundi stultitia est apud Deum.* Secundum hanc itaque sapientiam, quæ Dei cultus est, ait sancta Scriptura, *Multitudo sapientium sanitas est orbis terrarum.*

Disputantes autem de sapientia, definierunt eam dicentes, Sapientia est rerum humanarum divinarumque scientia. Unde ego quoque in libro superiore utrarumque rerum cognitionem, id est, divinarum atque humanarum, & sapientiam & scientiam dici posse non tacui. Verum secundum hanc distinctionem qua dixit Apostolus, *Alii datur sermo sapientiæ, alii sermo scientiæ;* ista definitio dividenda est, ut rerum divinarum scientia proprie sapientia nuncupetur, humanarum autem proprie scientiæ nomen obtineat: de qua volumine tertiodecimo disputavi, non utique quidquid sciri ab homine potest in rebus humanis, ubi plurimum supervacaneæ vanitatis & noxiæ curiositatis est, huic scientiæ tribuens, sed illud tantummodo quo fides saluberrima gignitur, nutritur, defenditur, roboratur: qua scientia non pollent fideles plurimi, quamvis polleant ipsa fide plurimum. Aliud est enim scire tantummodo quid homo credere debeat propter adipiscendam vitam beatam, quæ non nisi æterna est; aliud autem scire quemadmodum hoc ipsum & piis opituletur, & contra impios defendatur, quam proprio appellare vocabulo scientiam videtur Apostolus. De qua prius cum loquerer, ipsam præcipue fidem commendare curavi, a temporalibus æterna breviter ante distinguens, atque ibi de temporalibus disserens: æterna vero in hunc librum differens, etiam de rebus æternis fidem temporalem quidem, & temporaliter in credentium cordibus habitare, necessariam tamen propter adipiscenda ipsa æterna esse monstravi. Fidem quoque de temporalibus rebus, quas pro nobis æternus fecit, & passus est in homine, quem temporaliter gessit, atque ad æterna provexit, ad eamdem æternorum adeptionem prodesse disserui: virtutesque ipsas, quibus in hac temporali mortalitate prudenter, fortiter, temperanter, & juste vivitur, nisi ad eamdem, licet temporalem fidem, quæ tamen ad æterna perducit, referantur, veras non esse virtutes.

Ex Enchiridio ejusdem de Fide, spe, & charitate, cap. 103.

AC per hoc cum audimus & in sacris litteris legimus, quod velit (Deus) omnes salvos fieri, quamvis certum sit nobis non omnes homines salvos fieri, non tamen ideo debemus omnipotentissimæ Dei voluntati aliquid derogare; sed ita intelligere quod scriptum est: *Qui omnes homines vult salvos fieri:* tanquam diceretur, nullum hominem fieri salvum, nisi quem fieri ipse voluerit: non quod nullus sit hominum, nisi quem salvum fieri velit; sed quod nullus fiat, nisi quem velit; & ideo sit rogandus ut velit, quia necesse est fieri, si voluerit. De orando quippe Deo agebat Apostolus ut hoc diceret. Sic enim intelligimus & quod in Evangelio scriptum est, *Qui illuminat omnem hominem:* non quia nullus est hominum qui non illuminetur, sed quia nisi ab ipso nullus illuminatur. Aut certe sic dictum est: *Qui omnes homines vult salvos fieri;* non quod nullus hominum esset quem salvum fieri nollet, qui virtutes miraculorum facere noluit apud eos quos dicit acturos fuisse pœnitentiam, si fecisset; sed ut *omnes homines* omne genus humanum intelligamus per quascumque differentias distributum, reges, privatos, nobiles, ignobiles, sublimes, humiles, ingeniosos, tardicordes, fatuos, divites, pauperes, mediocres, mares, feminas, infantes, pueros, adolescentes, juvenes, seniores, senes; in linguis omnibus, in moribus omnibus, in artibus omnibus, in professionibus omnibus, in voluntatum & conscientiarum varietate innumerabili constitutos, & si quid aliud differentiarum est in hominibus. Quid est enim rerum unde non Deus per Unigenitum suum Dominum nostrum per omnes gentes salvos fieri homines velit, & ideo faciat, quia omnipotens velle inaniter non potest quodcumque voluerit? Præceperat enim Apostolus, ut oraretur *pro omnibus hominibus*, & specialiter addiderat, *pro regibus, & iis qui in sublimitate sunt*, qui putari poterant fastu & superbia sæculi a fidei Christianæ humilitate abhorrere. Proinde dicens, *Hoc enim bonum est coram Salvatore nostro Deo*, id est, ut etiam pro talibus oretur: statim ut desperationem tolleret, addidit, *Qui omnes homines vult salvos fieri, & in agnitionem veritatis venire.* Hoc quippe Deus bonum judicavit, ut orationibus humilium dignaretur salutem præstare sublimium, quod utique jam videmus impletum. Isto locutionis modo & Dominus est usus in Evangelio, ubi ait Pharisæis, *Decimatis mentham & omne olus.* Neque enim Pharisæi & quæcumque aliena & omnium per omnes terras aliorum omnia olera decimabant. Sicut ergo hic *omne olus*, omne olerum genus, ita & illic *omnes homines*, omne hominum genus intelligere possumus: & quocumque alio modo intelligi potest, dum tamen credere non cogamur aliquid omnipotentem Deum voluisse fieri, factumque non esse: qui sine ullis ambiguitatibus, *si in cælo & in terra*, sicut eum veritas cantat, *omnia quæcumque voluit fecit*, profecto facere noluit quodcumque non fecit.

BONI-

BONIFACII II. PAPÆ

Epistola

Ad Cæsarium Arelatensem, cujus rogatu confirmat ea quæ in Synodo Arausicana II. fuerunt definita.

EPISTOLA ista in codicibus manuscriptis Fossatensi & Laudunensi, quibus usus est Jacobus Sirmondus, præponitur Concilio Arausicano; epistolæ vero præfixa erat hæc adnotatio. *In hoc codice continetur Synodus Arausicana, quam per auctoritatem sanctus Papa Bonifacius confirmavit. Et ideo quicumque aliter de gratia & libero arbitrio crediderit, quam vel ista auctoritas continet, vel in illa Synodo constitutum est, contrarium se Sedi Apostolicæ, & universæ per totum mundum Ecclesiæ esse cognoscat.*

Dilectissimo fratri CÆSARIO BONIFACIUS.

PER filium nostrum Armenium presbyterum & abbatem literas tuæ fraternitatis accepimus, quas ad nos (a) sub ea qua in Deo tenemur caritate direxeras: quibus credideras postulandum, ut id quod a beatæ recordationis decessore nostro Papa Felice pro catholicæ fidei popósceras firmitate, meo explicaretur instantia. Sed quia id voluntas superna disposuit, ut quod per nos ab illo speraveras, a nobis potius impetrares; petitioni tuæ, quam laudabili fidei sollicitudine concepisti, catholicum non distulimus dare responsum. Indicas enim quod aliqui Episcopi Galliarum, cum cetera jam bona ex Dei adquieverint gratia provenire, fidem tantum, qua in Christo credimus, naturæ esse velint, non gratiæ; & hominibus ex Adam, quod dici nefas est, in libero arbitrio remansisse, non etiam nunc in singulis misericordiæ divinæ largitate conferri: postulans ut pro ambiguitate tollenda, confessionem vestram, qua vos e diverso fidem rectam in Christo, totiusque bonæ voluntatis initium, juxta catholicam veritatem per prævenientem Dei gratiam singulorum definitis sensibus inspirari, auctoritate Sedis apostolicæ firmaremus.

Atque ideo cum de hac re multi Patres, & præ ceteris beatæ recordationis AUGUSTINUS episcopus, sed & majores nostri apostolicæ Sedis Antistites, ita ratione probentur disseruisse latissima, ut nulli ulterius deberet esse ambiguum, fidem quoque nobis ipsam venire de gratia: supersedendum duximus responsione multiplici; maxime cum secundum eas, quas ex Apostolo direxisti sententias, quibus dicit,
1 Cor. 7. 25. *Misericordiam consecutus sum, ut fidelis essem;*
Phil. 1. 29. & alibi, *Vobis datum est pro Christo, non solum ut in eum credatis, verum etiam ut pro eo patiamini*; evidenter appareat, fidem qua in Christo credimus, sicut & omnia bona, singulis hominibus ex dono supernæ venire gratiæ, non ex humanæ potestate naturæ. Quod etiam fraternitatem tuam habita collatione cum quibusdam sacerdotibus Galliarum, juxta fidem gaudemus sensisse catholicam: in his scilicet, in quibus uno, sicut indicasti, consensu definierunt fidem, qua in Christo credimus, gratia divinitatis præveniente conferri: adjicientes etiam, nihil esse prorsus secundum Deum boni, quod sine Dei quis gratia aut velle, aut incipere, aut perficere possit, dicente ipso Salvatore nostro, *Sine me nihil potestis facere*. Joan. 15. 5.
Certum est enim atque catholicum, quia in omnibus bonis, quorum caput est fides, nolentes nos misericordia divina præveniat, ut in fide dicamus, sicut David propheta dicit, *Deus meus, misericordia ejus præveniet me*: & iterum, *Misericordia ejus subsequitur me*. Similiter & beatus Paulus dicit, *Aut quis prior dedit ei, & retribuetur illi? quoniam ex ipso, & per ipsum, & in ipso sunt omnia*. Psal. 58. 11. Psal. 22. 6. Rom. 11. 35. & 36.
Unde mirari nos qui contra sentiunt admiramur, usque eo vetusti erroris adhuc reliquiis prægravari, ut ad Christum non credant Dei beneficio, sed naturæ veniri; & ipsius naturæ bonum, quod Adæ peccato noscitur depravatum, auctorem nostræ fidei dicant magis esse quam Christum; nec intelligant se Dominicæ reclamare sententiæ dicentis, *Nemo venit ad me, nisi datum fuerit illi a Patre meo*. Joan. 6. 44.
Sed & beato Paulo simul obsistere clamanti ad Hebræos, *Curramus ad propositum nobis certamen, adspicientes in auctorem fidei & consummatorem Jesum Christum*. Hebr. 12. 1. & 2.
Quæ cum ita sint, invenire non possumus, quid ad credendum in Christo, sine Dei gratia, humanæ deputent voluntati; cum Christus auctor consummatorque sit fidei.

Quapropter affectu congruo salutantes suprascriptam confessionem vestram consonantem catholicis Patrum regulis adprobamus. Illos autem qui præcedente fide, cetera, sicut indicas, volunt gratiæ deputare, sua professione constringimus, ut multo magis dono gratiæ etiam fidem cogantur adscribere, præter quam nihil est boni, quod secundum Deum quilibet valeat operari, sicut beatus Apostolus dicit, *Omne quod ex fide non est, peccatum est*. Rom. 14. 23.
Quod cum ita sit, aut nullum bonum gratiæ deputabunt, si ei fidem subtrahere moliuntur, aut si quod bonum esse dicunt de gratia, ipsa necessario fides erit gratiæ deputanda. Si enim nihil boni est sine fide, fides autem ipsa venire negetur ex gratia; nullum, quod absit, bonum erit gratiæ deputandum. Ait enim Jacobus Apostolus, *Omne donum bonum, & omne donum perfectum desursum est, descendens a Patre luminum*. Jacob. 1. 17.
Et ipsi fatentur, ut dicis, dona cetera donari per gratiam; ipsa autem bona fide subsistere non ambigunt. Universa ergo necessario fides erit gratiæ deputanda, a qua bonum quod gratiæ tribuunt, separare non possunt.

His itaque breviter adsignatis, contra reliquas Pelagiani erroris ineptias, quas illa videtur epistola continere, quam a quodam tibi man-

(a) Vetus exemplar Vaticanum, quod a se visum Holstenius in notis ad Synodum Bonifacii II. testatur, hoc loco addit, *ut appareat inscium aliquem fuisse tibi commissum*.

mandati sacerdote manifestissem, respondentem eorum duritiam: qui, speramus de misericordia divina, quod ius per ministerium tuæ fraternitatis atque doctrinam, in omnium, quem dissentire mandasti, dignabitur cordibus operari, ut ex hoc cognoscant bonam voluntatem non ex se, sed ex divina evidenti gratia profectam, cum se senserint id iam velle defendere, quod nimis libenter pertinaciter impugnare. Scriptum est enim, *Præparatur voluntas a Domino*: & alibi, *Scio quia non possum esse continens, nisi Deus dederit; & hoc ipsum erat sapientiæ, scire cujus esset hoc donum*. Deus te incolumem custodiat, frater carissime. Data * VIII. Kalendas Februarii, Lampadio & Oreste VV. CC. consulibus.

Prov. 8. juxta LXX. Sap. 8. 21.

** Die 25. Januarii, anno Christi 530.*

EX ENARRATIONE SANCTI AUGUSTINI

In Psalmum C. v. 2. num. 4. & 5.

Vers. 2. PSALLAM *& intelligam in via immaculata, quando venies ad me*. Nisi in via immaculata, non potes psallere, nec intelligere. Si vis intelligere, in via immaculata psalle, id est, operare in hilaritate Deo tuo. Quæ est via immaculata? Audi sequentia: *Deambulabam in innocentia cordis mei in medio domus meæ*. Hæc via immaculata ab innocentia cœpit, in ipsa etiam pervenitur. Quid quæris multa verba? Innocens esto, & perfecisti justitiam. Sed quid est esse innocentem? Duobus enim modis nocet homo, quantum in ipso est, aut faciendo miserum, aut deserendo miserum: quia & tu non vis ab alio fieri miser, & non vis deseri ab alio, si miser fueris. Quis est qui facit miserum? Qui infert violentias vel insidias, rapit res alienas, opprimit pauperem, furatur, conjugia aliena sollicitat, calumniosus est, vult inferre hominibus quæ doleant, studio malevolentiæ. Quis est qui deserit miserum? Qui videt inopem aliquo auxilio egentem, & cum habeat quomodo præstet, contemnit, despicit, alienat cor suum. Quod si jam omnino talis esset, ut non opus haberet aliqua misericordia, superbus esset, si deserens miserum: adhuc in tribulatione carnis constitutus est, nescit quid sibi possit cras accidere, & despicit lacrymas miserorum; non est innocens. Sed quis est innocens? Qui cum alii non nocet, nec sibi nocet. Qui enim & sibi nocet, non est innocens. Ait aliquis, Ecce non tuli alienum, non pressi aliquem: de re mea, de justo labore meo bene mihi faciam, convivium apparatum habere volo, crapulare volo, quantum me delectat, bibere cum quibus volo quantum me delectat: cui aliquid tuli? quem pressi? quis de me questus est? Innocens videtur. Sed si seipsum corrumpit, si templum Dei in se evertit, quid exspectas, ut in alios faciat misericordiam, & parcat miseris? Qui in seipsum crudelis est, esse in alium misericors non potest. Tota ergo justitia ad unum verbum innocentiæ redigitur. *Ps. 10. 6.* Qui autem diligit iniquitatem, odit animam suam. Quando amabat iniquitatem, putabat quod aliis nocebat. Sed vide si alios nocebat: Qui diligit, inquit, iniquitatem, odit animam suam. Sibi ergo prius nocet, qui vult aliis nocere: non deambulat; quia non est ubi. Angustias enim patitur omnis malitia: sola innocentia est, ubi deambuletur. *Deambulabam in innocentia cordis mei, in medio domus meæ*. Medium domus suæ, aut ipsam Ecclesiam dicit; Christus enim in ea deambulat: aut cor suum; domus enim nostra interior, cor nostrum est: ut hoc exposuerit, quod superius dixit, *In innocentia cordis mei*. Quæ est innocentia cordis sui? Medium domus suæ. Hanc domum quisquis habet malam, pellitur ab illa foras. Quisquis enim in corde premitur mala conscientia, quomodo quisque ab stillicidio exit de domo sua, aut a fumo, non ibi se patitur habitare: sic qui non habet quietum cor, habitare in corde suo libenter non potest. Tales foras exeunt a seipsis animi intentione, & de his quæ foris sunt circa corpus delectantur; quietem in nugis, in spectaculis, in luxuriis, in omnibus malis quærunt. Quare foris sibi volunt esse bene? Quia non est illis intus bene, unde gaudeant in conscientia. Ideo Dominus cum sanasset paralyticum, ait, Tolle grabatum tuum, & vade in domum tuam. *Marc. 2. 11.* Faciat illud anima, quæ quasi paralysi dissoluta est: in membris bonæ operationis constringatur, ut bene operetur; tollat grabatum suum, regat corpus suum; jam eat in domum suam, intret in conscientiam suam: jam latam inveniet, ubi deambulet, & psallat, & intelligat.

Vers. 3. *Non proponebam ante oculos meos rem malam*. Quid est, *Non proponebam ante oculos meos rem malam?* Non diligebam. Solet enim dici, quod nostis, de homine, qui ab aliquo diligitur, Ante oculos illum habet. Et ille qui contemnitur, sic solet queri, Non me habet ante oculos. Quid ergo est, ante oculos habere? Diligere. Quid est non diligere? Non ibi corde habitare. Dixit ergo, *Non proponebam ante oculos meos rem malam*: non diligebam rem malam. Et exponit rem malam: *Facientes prævaricationem odio habui*. Intendite, Fratres mei, si deambulatis cum Christo in medio domus ejus, id est, si vel in corde vestro bene requiescitis, vel in ipsa Ecclesia bonum iter carpitis in via immaculata, non eos tantum qui foris sunt odisse debetis prævaricatores, sed & quoscumque intus inveneritis.

tiæ. Qui sunt prævaricatores? Qui oderunt legem Dei; qui audiunt illam, & non faciunt, prævaricatores dicuntur. Facientes prævaricationem odio habe, repelle illos a te. Sed odisse debes prævaricatorem, non hominem. Unus homo prævaricator, videte quia duo nomina habet, homo & prævaricator: hominem Deus fecit, prævaricatorem ipse se fecit: ama in illo quod Deus fecit, persequere in illo quod ipse sibi fecit. Cum enim persecutus fueris prævaricationem ejus, occidis quod homo fecit, & liberatur quod Deus fecit.

Ex ejusdem enarratione in Psalmum CII. v. 8. n. 16.

MIserator & misericors Dominus, longanimis & multum misericordiæ. Quid tam longanimem? quid tam multum in misericordia? Peccatur, & vivitur; accedunt peccata, augetur vita: blasphematur quotidie, & facit solem suum oriri super bonos & malos. Vocat undique ad correctionem, vocat undique ad pœnitentiam, vocat beneficiis creaturæ, vocat impertiendo tempus vivendi, vocat per Lectorem, vocat per Tractatorem, vocat per intimam cogitationem, vocat per flagellum correptionis, vocat per misericordiam consolationis: *Longanimis & multum misericordiæ*. Sed observa ne longitudine misericordiæ Dei male utendo tu tibi thesaurizes, quod ait Apostolus, iram in die iræ. „ Nam hoc ait Apostolus, „ An divitias benignitatis & longanimitatis ejus contemnis, ignorans quia patientia Dei „ ad pœnitentiam te adducit? " Quod tibi parcit, putas quia placet ei? Hæc fecisti, inquit, & tacui, suspicatus es iniquitatem quod ero tui similis. Non mihi placent peccata, sed longanimitate quæro resipiscentiam. Si punirem peccatorem, non invenirem confessorem. Ergo si Deus longanimitate sua parcendo ad pœnitentiam adducit: tu autem cum quotidie dicis, Faciam hodiernum diem, & sic cras & crastino die, non enim cras erit ultimum; & tertio die: & subito venit ira ejus. Fratres, non tardes converti ad Dominum. Sunt enim qui præparant conversionem, & differunt, & fit in illis vox corvina, Cras, cras. Corvus de arca missus, non est reversus. Non quærit Deus dilationem in voce corvina, sed confessionem in gemitu columbino. Missa columba reversa est. Quamdiu, Cras, cras? Observa ultimum cras: quia ignoras quod sit ultimum cras; sufficiat quod vixisti usque ad hodiernum peccator. Audisti, sæpe soles audire, audisti & hodie: quam quotidie audis, tam quotidie non corrigeris. „ Tu enim secundum duritiam cordis tui & „ cor impœnitens, thesaurizas tibi iram in die „ iræ & revelationis justi judicii Dei, qui reddet unicuique secundum opera sua". Non tibi sic videatur Deus misericors, ut non videatur justus. *Misericors & miserator Dominus*. Audio, & gaudeo. Ita dicis; audi, & gaude; adhuc addidit. *Longanimis & multum misericors*; & in extremo, *Et verax*. Gaudeo ad verba superiora, ad ultimum tremo. Sic misericors & longanimis est, ut sit &

verax. Cum tibi thesaurizaveris iram in die iræ, nunquid experieris verum, quem contempsisti benignum?

Ex ejusdem enarratione in Psalmum CIII. Serm. 1. v. 3. n. 9.

QUI protegit in aquis superiora ejus. Et hoc legimus, & ad litteram bene intelligitur. Quando enim jussit ut fieret firmamentum inter aquas & aquas, factum est, ut sint aquæ inferiores quæ perfundunt terras, & sint aquæ superiores remotæ ab aspectibus, nostro fidei commendatæ. Et aquæ, inquit, quæ super cœlos sunt laudent nomen Domini: quoniam ipse dixit, & facta sunt, ipse mandavit, & creata sunt. Ergo explicatus est sensus ad litteram: *protegit enim in aquis superiora ejus*. Quid ad figuram? Quoniam in figura accepimus pellem Scripturam sanctam, & auctoritatem divini verbi dispensatam nobis per mortales, quibus mortuis ejusdem dispensationis fama extenditur: secundum hoc quomodo *protegit in aquis superiora ejus*? Cujus superiora? Cœli. Et quid cœlum? Sancta Scriptura. Quæ sunt superiora sanctæ Scripturæ? Quid invenimus in Scripturis sanctis superius? Paulum interroga: Supereminentiorem, inquit, viam vobis demonstro. Quam dicit supereminentiorem viam? Si linguis hominum loquar & Angelorum, charitatem autem non habeam, factus sum velut æramentum sonans, aut cymbalum tinniens. Si ergo nihil supereminentius in Scriptura sancta inveniri potest quam charitas; superiora cœli quomodo in aquis protegantur, si superiora Scripturæ præcepta charitatis sunt? Audi quemadmodum: Charitas, inquit, diffusa est in cordibus nostris per Spiritum-sanctum, qui datus est nobis. Jam nomine diffusionis intellige aquas in charitate Spiritus-sancti. Hæ sunt aquæ, de quibus dicitur in quadam Scriptura, Et in plateis tuis discurrant aquæ tuæ, nemo alienus communicet tibi. Alieni enim omnes a via veritatis, sive pagani, sive Judæi, sive hæretici, & mali quique Christiani habere multa dona possunt, charitatem non possunt. Hoc ipsum quale donum est? ut non loquamur de donis aliis foris, quæ dona habent omnes homines, quia facit solem suum oriri super bonos & malos: dona Dei sunt, & non tantum bonis & malis communia, sed etiam bestiis & pecoribus. Ipsum esse, vivere, videre, sentire, audire, & ceteris fungi sensibus naturalibus, dona Dei sunt: sed vide cum quibus, & quam multis communia, & cum his quos nollis imitari. Ipsum ingenium acutum habent & pessimi homines, sollertem artium industriam habent & turpissimi servi, divitias habent & latrones, conjugia, filios multi mali habent. Palam dona Dei omnia, nemo negat: sed vide cum quibus communia. Respice ad munera ipsius Ecclesiæ. Munus sacramentorum in baptismo, in Eucharistia, in ceteris sanctis sacramentis, quale munus est? Hoc munus adeptus est & Simon magus. Prophetia quale munus est? Prophetavit & Saul malus rex, & tunc prophetavit cum David luctum persequeretur. Intravit; non dixi, cum persecutor fuisset. Forsitan enim cum persecutores prophetarum pergit, & dignus fuit Spiritu prophetandi. Non persecutor, utique persecutorum, sed persequens prophetavit .... Non ergo se jactent qui forte sine charitate habuerunt hoc munus Dei sanctum, sicut sanctum baptismum: sed videant qualem rationem habituri sint cum Deo, qui sanctis non sancte utuntur. Et his

Matt. 7. 22. enim qui dicturi sunt, In nomine tuo prophetavimus, Non illis dicetur, Mentimini; sed dicetur, „ Non novi vos, recedite a me qui ope-

1. Cor. 13. 2. „ ramini iniquitatem. Quia si habeam omnem „ prophetiam, charitatem autem non habeam, „ nihil sum. Prophetavit & Saul, sed operabatur iniquitatem. Quis autem operatur iniquitatem, nisi qui non habuerit charitatem? Plenitudo enim Legis, charitas. Ergo *protegit in aquis superiora ejus*: quid dixi? In omnibus Scripturis supereminentissimam viam, supereminentissimum locum charitas obtinet: nemo ad eum adspirat nisi boni, hanc nobiscum non communicant mali: possunt communicare baptismum, possunt communicare cetera sacramenta, possunt communicare orationem, possunt communicare istos parietes, & istam congregationem; charitatem nobiscum non communicant. Ipsa est enim fons proprius bonorum, proprius sancto-

Prov. 5. 17. rum, de quo dicitur, Nemo alienus communicet tibi. Qui sunt alieni? Omnes qui audiunt, Non novi vos. Si enim non cognoscuntur, utique alieni sunt, quibus dicitur, Non novi vos. Supereminens ergo via charitatis super eos, qui propria perveniunt ad regnum cælorum. Ergo præceptum charitatis super cælos, super omnes libros: ei enim subduntur libri, & militat omnis lingua sanctorum, & omnis motus dispensatorum Dei, & animi & corporis. Supereminens est ergo via, & merito protegit in aqua superiora cæli: quia nihil invenis eminentius charitate in divinis libris.

Ex ejusdem Sermone VII. in Psalmum CXVIII. v. 17. n. 1.

QUoniam ante fidem non homini debentur nisi mala pro malis, retribuit autem Deus per indebitam gratiam bona pro malis;

V. 17. hanc retributionem rogat qui dicit, *Retribue servo tuo, vivam, & custodiam verba tua*. Quatuor sunt enim retributiones: aut mala pro malis retribuuntur, sicut Deus ignem æternum re-

Rom. 4. 5. tributurus est impiis; aut bona pro bonis, sicut regnum æternum retributurus est justis; aut bona pro malis, sicut Christus per gratiam justificat impium; aut mala pro bonis, sicut Judas & Judæi per malitiam persecuti sunt Christum. Harum quatuor retributionum duæ priores pertinent ad justitiam, ut retribuantur mala pro malis, bona pro bonis: tertia pertinet ad misericordiam, ut retribuantur bona pro malis: quartam Deus nescit; nulli enim malum pro bono retribuit. Hæc autem quam tertio loco posui, primitus necessaria est. Nisi enim Deus retribueret bona pro malis, nullo modo essent quibus retribueret bona pro bonis.

Ex ejusdem Sermone XI. in eumdem Psalmum CXVIII. v. 36. n. 6.

DEnique quia & ipsum velle Deus operatur in nobis, præparatur enim voluntas a Domino; sequitur & dicit, *Inclina cor meum in testimonia tua, & non in avaritiam*. Quid est Phil. 2. 13. inclinatum cor ad aliquid habere, nisi hoc velle? Et voluit ergo, & orat ut velit. Voluit,

v. 35. cum dixit, Deduc me in semita mandatorum tuorum, quia ipsam volui: orat autem ut velit, cum dicit, *Inclina cor meum in testimonia tua & non in avaritiam*. Hoc itaque orat, ut in ipsa voluntate proficiat. Quæ sunt autem Dei testimonia nisi quibus sibi ipse attestatur? . . . Testimoniis quippe suis agit nobiscum Deus, ut eum gratis colamus: quod impedit avaritia radix omnium malorum. Tali verbo Græco hic appellat, a quo intelligi possit generalis avaritia, qua plus appetit quisque quam sat est. πλέον enim Latine plus est: ἕξις habere est, ab eo quod est habere. Ergo a plus habendo ap-

Avaritia generalis: 1. Tim. 6. 10. pellata est πλεονεξία . . . Dicit autem Apostolus, Radix enim omnium malorum avaritia est. Sed in Græco, unde in nostram linguam verba illa translata sunt, non legitur apud Apostolum πλεονεξία, quod in loco isto Psalmi legitur, sed φιλαργυρία, quo verbo significatur amor pecuniæ. Verum Apostolus intelligendus est illo nomine genus significasse per speciem, id est, per amorem pecuniæ universalem generalemque avaritiam, quæ vere radix est omnium malorum. Nam ipsi primi homines per serpentem decepti & dejecti non fuissent, nisi plus quam acceperant habere, & plus quam facti fuerant esse voluissent. Hoc quippe ille promiserat di-

Gen. 3. 5. cens, Eritis sicut dii. Ergo illa πλεονεξία subversi sunt. Plus enim volendo habere quam acceperant, & quod acceperant amiserunt. Cujus vestigium veritatis, quæ ubique dispersa est, & in forensi jure deprehensum est, quo institutum est, ut plus petendo causa cadat: id est, ut qui plus petierit quam ei debetur, & quod ei debebatur amittat. Omnis autem a nobis circumciditur avaritia, si gratis colamus Deum. Ad quod sanctum Job in agone tentationis ipse provocat inimicus, cum de illo dicit: Numquid

Job 1. 9. gratis colit Job Deum? Putabat enim diabolus, quod in Deo colendo vir justus cor inclinatum haberet in avaritiam, & causa emolumenti vel utilitatis rerum temporalium, quibus eum ditaverat Dominus, velut mercenarius ei pro tali mercede serviret: sed quam gratis Deum coleret, tentatus apparuit. Si ergo cor non habemus inclinatum in avaritiam, Deum non colamus, nisi propter Deum, ut sui cultus ipse sit merces. Ipsum diligamus in seipso, ipsum diligamus in nobis, ipsum in proximis nostris quos diligimus sicut nosmetipsos, sive habeant eum, sive ut habeant eum. Quod nobis quoniam ipso donante conferimus, ideo illi dicitur, *Inclina cor meum in testimonia tua, & non in avaritiam*.

Ex

Ex ejusdem Sermone XVI. in eumdem Psalmum CXVIII. v. 63. n. 6.

JAM vero quia ista (*scilicet quod Ecclesia ex ipsa tribulatione ad fructus conficiendum Deo profecit*) fiunt gratia Dei per Jesum Christum Dominum nostrum, vocem personæ suæ per hanc prophetiam sui corpori adjungit ipse Salvator. Ad ipsum enim caput proprie quod sequitur pertinere arbitror: *Particeps ego sum omnium timentium te, & custodientium mandata tua.* Sicut est in Epistola quæ ad Hebræos inscribitur: Qui enim sanctificat, & qui sanctificantur, ex uno omnes: propter quam caussam non confunditur fratres eos vocare. Et paulo post, Propterea ergo, inquit, quia pueri communicaverunt carni & sanguini, & ipse proxime eorum participavit. Quod quid est aliud, quam eorum particeps factus est? Neque enim participes efficeremur divinitatis ejus, nisi ipse mortalitatis nostræ particeps fieret. Nam & in Evangelio, quod nos divinitatis ejus participes filii hominum, ita dicitur, Dedit eis potestatem filios Dei fieri, his qui credunt in nomine ejus, qui non ex sanguinibus, neque ex voluntate carnis, neque ex voluntate viri, sed ex Deo nati sunt. Ut autem hoc fieret, quia & ipse factus est particeps mortalitatis nostræ, ita ibi sequitur, Et Verbum caro factum est, & habitavit in nobis. Per hanc ejus participationem nobis gratia subministratur, ut caste timeamus Deum, & custodiamus mandata ejus. Proinde ipse Jesus loquitur in ista prophetia: sed quædam in membris suis, & unitate corporis sui, tamquam in uno quodam homine diffuso toto orbe terrarum, & succrescente per volumina sæculorum; quædam vero in seipso capite. Unde & hoc est quod ait; *Particeps ego sum omnium timentium te, & custodientium mandata tua.*

Ex ejusdem Sermone XIX. in Psalmum CXVIII. v. 79. n. 6.

COnvertantur, inquit, *ad me qui timent te, & qui cognoscunt testimonia tua.* Sed quis est ille qui hoc dicit? Non enim quisquam hominum hoc dicere audebit, aut si dicat audiendus est. Nimirum ergo ille est qui etiam superius interposuit proprietatem vocis suæ, dicens, Particeps ego sum omnium timentium te, Quia factus est particeps mortalitatis nostræ, ut & nos participes divinitatis ipsius fieremus: nos unius participes ad vitam, ad mortem vero particeps ille multorum. Ipse est enim ad quem convertuntur timentes Deum, & qui cognoscunt Dei testimonia, de illo per Prophetas tanto ante prædicta, in ejus præsentia per miracula populo ante monstrata.

Ex libro XIV. ejusdem de Civitate Dei.

CAPUT VI.

De qualitate voluntatis humanæ, sub cujus judicio affectiones animi aut pravæ habentur aut rectæ.

INterest autem qualis sit voluntas hominis: quia si perversa est, perversos habebit hos motus; si autem recta est, non solum inculpabiles, verum etiam laudabiles erunt. Voluntas est quippe in omnibus: immo omnes nihil aliud quam voluntates sunt. Nam quid est cupiditas & lætitia, nisi voluntas in eorum consensionem quæ volumus? Et quid est metus atque tristitia, nisi voluntas in dissensionem ab his quæ nolumus? Sed cum consentimus appetendo ea quæ volumus, cupiditas; cum autem consentimus fruendo his quæ volumus, lætitia vocatur. Itemque cum dissentimus ab eo quod accidere nolumus, talis voluntas metus est; cum autem dissentimus ab eo quod nolentibus accidit, talis voluntas tristitia est. Et omnino pro varietate rerum quæ appetuntur atque fugiuntur, sicut allicitur vel offenditur voluntas hominis, ita in hos vel illos affectus mutatur & vertitur. Quapropter homo qui secundum Deum, non secundum hominem vivit, oportet ut sit amator boni: unde fit consequens ut malum oderit. Et quoniam nemo natura, sed quisquis malus est, vitio malus est: * perfectum odium debet malis, qui secundum Deum vivit; ut nec propter vitium oderit hominem, nec amet vitium propter hominem; sed oderit vitium, amet hominem. Sanato enim vitio, totum quod amare, nihil autem quod debeat odisse, remanebit.

Ex enarratione ejusdem in Psalmum CXXXIX. v. 10. n. 13.

CAput circuitus eorum, *labor labiorum ipsorum teget eos.* Me, inquit, umbra alarum tuarum teget. Obumbrasti enim mihi in die belli. Ipsos quid teget? *Caput circuitus eorum.* Ipsa est superbia. Quid est, *circuitus ipsorum?* Ut circumeant, & non stent, in gyrum eant erroris, ubi iter est sine fine. Qui enim in longum it, alicunde incipit, alicubi finit: qui in gyrum it nusquam finit. Ipse est labor impiorum, qui demonstratur in alio Psalmo evidentius: In circuitu impii ambulant. Sed circuitus eorum caput superbia est: quia initium omnis peccati superbia. Unde autem superbia *labor labiorum ipsorum?* Omnis enim superbus fictus est, omnis fictus, mendax. Laborant homines loqui mendacium: nam veritatem tota facilitate loquerentur. Ille enim laborat, qui fingit quod dicit. Nam qui verum vult dicere, non laborat: ipsa enim veritas sine labore loquitur. De homine ergo hoc dicit Deo, Me proteget umbraculum tuum, ipsos teget mendacium ipsorum: sed ipsum mendacium ipsorum, labor est labiorum ipsorum. Ecce parturivit injustitiam, concepit dolorem, & peperit iniquitatem. In omni enim opere malo labor est, & omne opus malum cogitatum, mendacium ducem habet. Non enim est veritas, nisi in opere bono. Et propterea quia omnes laborant in mendacio, Veritas quid clamavit? Venite ad me omnes qui laboratis & onerati estis, & ego reficiam vos. Ipsa est vox clamans ad laborantes in alio Psalmo, Filii hominum, usque quo gravi corde, ut quid diligitis vanitatem, & quaeritis mendacium? Aperte audi alio loco laborem in mendacio: Docuerunt linguam suam loqui mendacium; ut inique agerent laboraverunt.

Ex enarratione ejusdem in Psalmum CXL. vers. 1. num. 4.

v. 1. DOmine, *clamavi ad te, exaudi me.* Hoc omnes possumus dicere. Hoc non dico, totus Christus dicit. Sed magis ex persona corporis dictum est: quia & cum hic esset, carnem portans oravit, & ex persona corporis oravit Patrem, & cum oraret globi sanguinis de toto corpore ejus distillabant. Sic scriptum est in Evangelio: Oravit Jesus intenta oratione, & sudavit sanguinem. Quid est, de toto corpore sanguinis effluxio, nisi de tota Ecclesia martyrum passio? *Domine, clamavi ad te, exaudi me: intende voci meae, dum clamavero ad te.* Jam finitum negotium clamandi putabas, cum diceres, *Clamavi ad te.* Clamasti, jam noli esse securus. Si finita est tribulatio, finitus est clamor: si autem manet tribulatio Ecclesiae & corporis Christi usque in finem saeculi, non tantum dicat, *Clamavi ad te, exaudi me:* sed, *Intende voci meae dum clamavero ad te.*

Ex ejusdem enarratione in Psalmum LXXXV. vers. 1. num. 1.

NUllum majus donum praestare posset Deus hominibus, quam ut Verbum suum, per quod condidit omnia, faceret illis caput, & illos ei tamquam membra coaptaret; ut esset Filius Dei & filius hominis, unus Deus cum Patre, unus homo cum hominibus: ut & quando loquimur ad Deum deprecantes, non inde Filium separemus; & quando precatur corpus Filii, non a se separet caput suum; sitque ipse unus salvator corporis sui Dominus noster Jesus Christus Filius Dei, qui & oret pro nobis, & oret in nobis, & oretur a nobis. Orat pro nobis, ut sacerdos noster; orat in nobis, ut caput nostrum; oratur a nobis, ut Deus noster. Agnoscamus ergo & in illo voces nostras, & voces ejus in nobis. Neque cum aliquid dicitur de Domino Jesu Christo, maxime in prophetia, quod pertineat velut ad quamdam humilitatem indignam Deo, dubitemus eam illi tribuere, qui non dubitavit se nobis adjungere.... Oratur ergo in forma Dei, orat in forma servi: ibi Creator, hic creatus, creaturam mutandam non mutatus assumens, & secum nos faciens unum hominem, caput & corpus. Oramus ergo ad illum, per illum, in illo: & dicimus cum illo, & dicit nobiscum; dicimus in illo, dicit in nobis Psalmi hujus orationem, qui intitulatur, *Oratio David.* Quia Dominus noster secundum carnem filius David: secundum vero divinitatem Dominus David, & creator David, & non solum ante David, sed & ante Abraham, ex quo David; sed & ante Adam, ex quo omnes homines; sed & ante caelum & terram, in quo omnis creatura est. Nemo ergo cum audit haec verba, dicat, Non Christus dicit; aut rursus dicat, Non ego dico: immo si se in Christi corpore agnoscit, utrumque dicat, & Christus dicit, & ego dico. Noli aliquid dicere sine illo, & non dicit aliquid sine te. Nonne habemus in Evangelio? Ubi certe scriptum est, In principio erat Verbum, & Verbum erat apud Deum, & Deus erat Verbum, omnia per ipsum facta sunt: ibi certe habemus, Et contristatus est Jesus, & fatigatus est Jesus, & dormivit Jesus, & esuriit & sitivit Jesus, & oravit, & pernoctavit in orando Jesus. Pernoctabat, inquit, Jesus, & prolixius orando: & globi sanguinis decurrebant per corpus ejus. Quid ostendebat, quando per corpus orantis globi sanguinis distillabant, nisi quia corpus ejus, quod est Ecclesia, Martyrum sanguine jam fluebat?

Ex ejusdem enarratione in Psalmum CXLIV. vers. 8. num. 11.

ADTENDE ad teipsum: quid merebaris, peccator? contemptor Dei, quid merebaris? Vide si occurrit tibi nisi poena, si occurrit tibi nisi supplicium. Vides ergo quid tibi debebatur, & quid dederit qui gratis dedit. Data est venia peccatori, datus est spiritus justificationis, data est charitas & dilectio, in qua omnia bona facias; & super haec dabit & vitam aeternam, & societatem Angelorum: totum de misericordia. Merita tua nusquam jactes, quia & ipsa tua merita illius dona sunt. *Et justitia tua exsultabunt. Misericors & miserator Dominus:* qui fecisti omnia gratis. *Longanimis:* quantos enim sustinet peccantes? *Misericors & miserator Dominus,* in his quibus veniam dedit: in his quibus adhuc non dedit, *longanimis,* non damnans, sed exspectans, ipsa exspectatione clamans, Convertimini ad me, & convertar ad vos. Et nimia longanimitate: Nolo, inquit, mortem impii, quantum ut revertatur & vivat. „ Ille quidem longanimis: tu autem secundum duritiam cordis tui & cor impoenitens thesaurizas tibi iram in die irae & revelationis justi judicii Dei, qui reddet unicuique secundum opera sua". Non enim modo sic longanimis in sustinendo, ut numquam justus in vindicando. Distribuit tempora; vocat te nunc, exhortatur te nunc; exspectat donec resipiscas, & tu tardas? Magna ejus misericordia, & in hoc quod diem vitae tibi incertum fecit, ut nescias quando hic emigrabis; & cum quotidie speras te migrare, aliquando converteris: & in hoc magna ejus misericordia. Ceterum si statuisset diem omnibus, faceret abundare peccata de securitate. Dedit ergo spem veniae, ne desperando amplius peccares. Et spes, & desperatio timenda est in peccatis. Videte vocem desperantis ad augenda peccata, & videte vocem sperantis ad augenda peccata & quomodo

modo utrique voci occurrit providentia & misericordia Dei. Audi vocem desperantis: Jam, inquit, damnandus sum, quare non facio quidquid volo? Audi & vocem sperantis: Misericordia Domini magna est, quando me convertero, dimittet mihi omnia; quare non facio quidquid volo? Desperat, ut peccet; sperat, ut peccet. Utrumque metuendum est; utrumque periculosum est: vae a desperatione, a perversa spe. Utrique huic malo & utrique malo quomodo occurrit misericordia Dei? Quid dicit te, qui desperando vis plus peccare? Jam damnandus sum, quare non facio quidquid volo? Audi Scripturam: Nolo mortem impii, quantum ut revertatur & vivat. Hac voce Dei reducitur in spem: sed timendus est alius laqueus, ne ipsa spe amplius peccet. Quid ergo & tu dicebas, qui spe magis peccas? Quando me convertero, omnia mihi Deus dimittet, faciam quidquid volo. Audi & tu Scripturam. „Ne tardes converti ad Dominum, neque differas de die in diem: subito enim veniet ira illius, & in tempore vindictae disperdet te". Noli ergo dicere, Cras me convertam, cras Deo placebo, & omnia hodierna & hesterna dimittentur mihi. Verum quidem dicis, quia Deus conversioni tuae indulgentiam promisit: sed dilationi tuae diem crastinum non promisit.

Ezech. 18. 23.

Eccli. 5. 8.

Ex eadem expositione in Psalmum CXLIV. vers. 18. num. 22.

PRope est Dominus omnibus invocantibus eum. Et ubi est illud, Erit enim cum invocabunt me, & non exaudiam eos? Ergo vide quid sequitur: Omnibus qui invocant eum in veritate. Aliud ab illo quaerunt, & ipsum non quaerunt. Quare amas Deum? Quia dedit mihi salutem. Illud manifestum est, ipse dedit. Non enim ab ullo est ulla salus, nisi ab illo. Quia dedit mihi, inquit, uxorem divitem, qui nihil habebam, & servientem mihi. Et hoc ipse dedit, verum dicit. Dedit, inquit, filios, & multos & bonos, dedit familiam, dedit omnia bona. Ideo amas? Ideo nihil amplius quaeris? Esto esuriens, adhuc pulsa ad januam patris-familias, habet adhuc quod det. In mendicitate es cum omnibus his quae accepisti, & nescis. Pannosam carnem mortalitatis adhuc portas, stolam illam gloriae immortalitatis numquid accepisti, & quasi jam satiatus non rogas? Beati qui esuriunt & sitiunt justitiam, quia ipsi saturabuntur. Ergo si bonus est Deus, quia ista dedit; quanto beatior eris, cum seipsum tibi dederit? Desiderasti tanta ab illo, rogo te desidera & ipsum. Neque enim vere dulciora sunt ista, quam ille, aut ex aliqua parte comparanda sunt illi. Ergo qui Deum ipsum, a quo accepit de quibus gaudet, praeponit his omnibus rebus quas accepit, ipse invocat Deum in veritate. Nam ut inveneris, si talibus hominibus proponatur, & dicatur: Quid si ista omnia, de quibus gaudes, velit tibi auferre Deus? Jam non invocatur; non erit qui dicat; Dominus dedit, Dominus abstulit; sicut Domino placuit, ita factum est: sit nomen Domini benedictum. Sed forte cui abstulit, quid dicit? Deus quid tibi feci? Quare mihi abstulisti, & illis dedisti? Iniquus das, & non tollis. Accusas Deum quasi injustum, & te laudas quasi justum. Convertere, accusa te, lauda illum. Tunc eris rectus, cum in omnibus bonis * quae facit, Deus tibi placet; in omnibus malis quae pateris, Deus tibi non displicet. Hoc est invocare Deum in veritate. Qui sic invocant Dominum, exaudit eos: prope est, id est, quamdam dedit quod vis, ibi est tamen. Quomodo medicus si forte aliquid impatur vel oculo, vel visceribus, quod urendo fanet, si rogat aeger ut tollatur illi, medicus exspectat tempus, non facit quod rogat aeger: non tamen recedit. Et prope est, & non facit: & ideo magis non facit, quia prope est. Curando enim impediit quod impetrat, & curando non facit quod rogatus. Non te exaudit ad praesentem voluntatem, exaudiendo ad futuram sanitatem; & hoc utique ad voluntatem. Nam utique sanus esse vult, etiam qui uri non vult. Prope est ergo Dominus omnibus invocantibus eum. Sed quibus omnibus? Omnibus qui invocant eum in veritate.

Psalm. 144. 18.

Matth. 5. 6.

Job 1. 21.

* MS. placet quae tibi facit.

Ex sermone ejusdem in Psalmum CXLV. vers. 1. num. 5.

v. 1.

QUis est qui dicit, Lauda anima mea Dominum? Caro non dicit. Sit licet corpus angelicum, inferius est quam anima, consilium superiori dare non potest. Infelix est ipsa anima, si a corpore exspectat consilium. Caro bene obediens, famula est animae; illa regit, haec regitur; illa imperat, ista famulatur: quando potest caro dare hoc consilium animae? Quis est ergo qui dicit, Lauda anima mea Dominum? Nihil invenimus amplius in homine quam carnem & animam: totus homo hoc est, spiritus & caro. An forte ipsa anima sibi dicit, & sibi quodam modo imperat, & se exhortatur atque excitat? Quibusdam enim perturbationibus ex quadam sui parte fluctuabat, ex quadam vero parte, quam vocant mentem rationalem, illam qua cogitat sapientiam, inhaerens Domino jam & suspirans in illum, animadvertit quasdam suas inferiores partes perturbari motibus saecularibus, & cupiditate quadam terrenorum desideriorum ire in exteriora, relinquere interiorem Deum: revocat se ab exterioribus ad interiora, ab inferioribus ad superiora, & dicit, Lauda anima mea Dominum. Quid tibi placet in saeculo? quid est quod vis laudare? Quid est quod vis amare? Quaecumque corporeis sensibus te converteris, occurrit tibi coelum, occurrit tibi terra: quod amas in terra, terrenum est; quidquid amas & in coelo, corporeum est. Ubique amas, & ubique laudas quomodo laudandus est ille, qui fecit ista quae laudas? Jam enim diu occupata visibili, & desideriorum diversitate verberata, pertulit plagas saucia, divisa per amores multos, ubique inquieta, nusquam secura, collige te ad te ipsam: quidquid tibi foris placebat, quaere quem habeat auctorem. Nihil melius in terra, verbi gra-

pratis, quam hoc & illud: aurum, argentum, animalia, arbores, amœnitates, totam terram Gen. 1. 31. cogita. Quid melius in cælo sole, luna, sideribus? Totum cælum cogita. Omnia ista simul bona valde, quia fecit Deus omnia bona valde. Undique pulcritudo operis, quæ tibi commendat artificem. Miraris fabricam, ama fabricatorem. Non occuperis in eo quod factum est, & recedas ab illo qui fecit. Hæc enim quibus occuparis, sub te fecit, quia sub seipso te fecit. Si hæseris superiori, calcabis inferiora: si autem recedas a superiori, illa tibi in supplicium convertentur. Sic enim factum est, Fratres mei: accepit homo corpus tamquam in famulatum, Deum autem Dominum habens, servum corpus, habens supra se Conditorem, infra se quod sub illo conditum est; in medio quodam loco rationalis anima constituta, legem accepit hærere superiori, regere inferiorem. Regere non potest inferiorem, nisi regatur a meliore. Trahitur ab inferiore, deseruit ergo meliorem. Non potest regere quod regebat, quia regi noluit a quo regebatur. Modo ergo redeat, laudet. Consilium sibi ex lege Dei dat ipsa anima per rationalem mentem, unde concipit consilium suum in æternitate auctoris sui. Legit ibi quiddam tremendum, laudandum, amandum, desiderandum & appetendum: nondum tenet, nondum capit; coruscatione quadam perstringitur, non est tam valida ut maneat ibi. Itaque colligit se ad sanitatem quamdam, & dicit, *Lauda anima mea Dominum*.

Ex enarratione ejusdem in Psalmum CXLVI. vers. 1. num. 1. & 2.

vers. 1. HIC ergo quid nobis propositum est? *Laudate*, inquit, *Dominum*. Quare laudemus Dominum? *Quoniam bonus est Psalmus*. Ipse psalmus laus Domini est. Hoc ergo ait, Laudate Dominum, quoniam bonum est laudare Dominum. Non sic prætereamus laudare Dominum. Dictum est, & transiit; factum est, & siluimus; laudavimus, & tacuimus; cantavimus, & conquievimus. Imus in aliud forte agendum quod restat, & aliæ actiones cum occurrerint nobis, laudatio divina cessabit in nobis? Non sic: nam lingua tua ad horam laudat, vita tua semper laudet. Inde ergo bonus Psalmus.

Psalmus quippe cantus est, non quilibet, sed ad psalterium. Psalterium autem quoddam organum est cantilenæ, sicut lyra, sicut cythara, & hujusmodi organa, quæ inventa sunt ad cantandum. Qui ergo psallit, non sola voce psallit, sed assumpto etiam quodam organo, quod vocatur psalterium, accedentibus manibus voci concordat. Vis ergo psallere? Non solum vox tua sonet laudes Dei, sed opera tua concordent cum voce tua. Cum ergo voce cantaveris, silebis aliquando: vita sic canta, ut numquam sileas. Negotium agis, & fraudem cogitas; siluisti a laude Dei: & quod gravius est, non solum a laude siluisti, sed in blasphemiam perrexisti. Cum enim Deus laudatur de bono opere tuo, opere tuo laudas Deum; & cum blasphematur Deus de malo opere tuo, opere tuo blasphemas Deum. Itaque ad aurium exhortationem canta voce: corde ne sileas, vita ne taceas. Non cogitas in negotio fraudem, psallis Deo. Cum manducas & bibis, psalle; non intermiscendo sonorum suavitates ad aures aptas, sed modeste & frugaliter & temperanter manducando & bibendo. Quia hoc dicit Apostolus. Sive manducatis, sive bibitis, sive quod 1. Cor. 10. 31. facitis, omnia in gloriam Dei facite. Si ergo bene agis, quod & manducas & bibis, & ad refectionem corporis sumis reparationemque membrorum, gratias agens ei qui tibi praebuit mortali & fragili ista supplementorum solatia; & cibus tuus & potus tuus laudat Deum: si vero modum naturæ debitum immoderatione voracitatis excedis, & vinolentia te ingurgitas; quantaslibet laudes Dei lingua tua sonet, vita blasphemat. Post cibum & potum requiescis, et dormies; noli in lecto aliquid turpiter agas, nec excedas ultra concessum licentiam in lege Dei: sit castus cum conjuge thorus; & si est 1. Thess. 4. 4. cura propagandi liberos, non sit effrenata luxuries libidinum: defer in lecto tuo conjugi tuæ, quia membra Christi estis ambo, ambo ab illo conditi, ambo sanguine ipsius reparati. Hæc agens laudas Deum, nec omnino silebit laudatio tua. Quid cum somnus advenerit? Et cum dormis, non te excitet a quiete mala conscientia tua, & innocentia somni tui laudat Deum. Si ergo laudas, non tantum lingua canta, sed etiam assumpto bonorum operum psalterio: *quoniam bonus psalmus*. Laudas cum agis negotium, laudas cum cibum & potum capis, laudas cum in lecto requiescis, laudas cum dormis: quando non laudas? Perficietur in nobis laudatio Dei, cum ad illam civitatem venerimus, quando effecti fuerimus æquales angelis Dei, quando nos nulla corporalis necessitas ulla ex parte sollicitat, non fames, non sitis interpellat, non æstus fatigat, non frigus constringit, non febris dejicit, non mors finit. Ad illam perfectissimam laudem exerceamus nos laudatione ista in bonis operibus.

Ex eadem enarratione in Psalmum CXLVI. vers. 11. num. 20.

SED quid adjungit? *Bene sentiet Dominus in* vers. 11. *timentibus eum, & in his qui sperant in misericordia ejus*. Bene sentit Dominus in timentibus eum. Sed numquid sic timetur Deus, quomodo & latro? Nam & latro timetur, & bestia timetur, & homo injustus & potens multum timetur. *Bene sentiet Dominus in timentibus eum*. Sed quomodo timentibus eum? *Et in his qui sperant in misericordia ejus*. Ecce timuit eum Judas traditor Christi, sed non speravit in misericordia ipsius. Postea enim pœni- Matth. 27. 4. tuit eum, quod tradiderit Dominum; & dixit, Peccavi, quia tradidi sanguinem justum. Bene quidem timuisti, sed si sperares in misericordia ejus, quem timuisti. Ille desperando abiit, & laqueo se suspendit. Ergo sic time Dominum, ut speres in misericordia ejus. Si times latronem, ab alio speras auxilium, non ab eo quem times; poscis auxilium ab eo quem non times, adversus eum quem times. Si sic times Deum, & ideo times Deum, quia peccator es, a quo

acceptum est consilium adversus Deum? Quo
iturus es? quid facturus? Vis ab illo fugere?
Ad ipsum fuge. Vis fugere ab irato? Fuge ad
placatum. Placabis autem eum, si speres in misericordia ipsius, atque ita de cetero praesentem vitam, ut de praeteritis depreceris, ut tibi dimit-
tantur a Domino, cui est honor & imperium
cum Patre & Spiritu-sancto in saecula saeculorum, Amen.

Ex enarratione ejusdem in Psalmum CXLIX. vers. 1. num. 1.

LAUDEMUS Dominum & in voce, & in
intellectu, & in opere bono: & sicut nos
hortatur iste Psalmus, cantemus ei canticum
v. 1. novum. Sic enim coepit: *Cantate Domino canticum novum.* Vetus homo, vetus canticum:
novus homo, novum canticum. Vetus Testamentum, vetus canticum; novum Testamentum, novum canticum. In vetere Testamento
promissiones sunt temporales & terrenae. Quisquis terrena diligit, vetus canticum cantat:
qui vult cantare canticum novum, diligat aeterna. Ipsa dilectio nova est & aeterna; ideo semper nova, quia numquam veterascit. Nam si
bene consideres antiquum est hoc. Quomodo
ergo est novum? Numquid, Fratres mei, vita
aeterna modo nata est? Vita aeterna ipse Christus est, & secundum divinitatem non modo
Jo. 1. 1. natus est; qua, „ In principio erat Verbum,
„ & Verbum erat apud Deum & Deus erat
„ Verbum: hoc erat in principio apud Deum.
„ Omnia per ipsum facta sunt, & sine ipso fa-
„ ctum est nihil “. Si quae per ipsum facta
sunt, antiqua sunt; quid est ipse, per quem
facta sunt? quid, nisi aeternum, & Patri coaeternus? Sed nos delapsi in peccatum pervenimus
Ps. 6. 8. ad vetustatem. Nostra enim vox est in illo Psalmo, ubi dicitur cum gemitu, Inveteravi in o-
mnibus inimicis meis. Inveteravit homo per
peccatum, innovatur per gratiam. Omnes ergo qui innovantur in Christo, ut ad vitam aeternam incipiant pertinere, canticum novum
cantant.

Ex ejusdem enarratione secunda in Psalmum XXXIII. vers. 9. n. 13.

v. 9. BEatus vir qui sperat in eum. Hoc quid o-
pus est dici expressi? Quisquis non sperat
in Domino, miser est. Quis est qui non sperat in Domino? Qui in se sperat. Aliquando
quod pejus est, Fratres mei advertite, aliquando homines nolunt sperare in se, sed in aliis
hominibus. Salva salute Gaii, nihil mihi potes facere. Et forte loquitur de homine jam
mortuo. In alia civitate dicit, Salva salute illius, & ille in aliis locis forte mortuus est.
Et quam cito dicunt homines hoc: & non dicunt, Credo Deo, quia non te permittit nocere mihi. Non dicunt, Credo Deo meo, quia
& si te permiserit ad aliquid meum, ad animam meam non te permittet. Sed cum dicunt,
Salva salute illius; non volunt habere salutem,
& illos gravant, per quos putant habere salutem.

Ex eadem enarratione in Psalmum XXXIII. vers. 10. & 11. n. 14. & 15.

MUlti propterea nolunt timere Dominum,
ne famem patiantur. Dicitur illis, Nolite fraudem facere. Et dicunt, Unde me pa-
sco? Non potest ars sine impostura esse, non
potest negotium esse sine fraude. Sed fraudem
punit Deus. Time Deum. Sed si timuero
Deum, non habeo unde vivam. *Timete Domi-* vers. 10.
*num omnes sancti ejus, quoniam nihil deest ti-
mentibus eum.* Copiam promittit trepido, &
dubitanti ne si forte timuerit Dominum deserat illum superflua. Pascebat te Dominus
contemnentem se, & deseret te timentem se?
Adtende, & noli dicere, Ille dives est, & ego
pauper sum: ego timeo Dominum, ille non
timendo quantum adquisivit, & ego timendo
nudus sum. Videte quid sequitur: *Divites* vers. 11.
*eguerunt & esurierunt, inquirentes autem Do-
minum non minuentur omni bono.* Si ad litteram accipias, videtur te fallere. Respicis
enim multos divites iniquos mori in divitiis
suis, non factos fuisse pauperes, cum vivunt;
vides illos senescere, perduci ad ultimam vitae
inter magnas copias divitiarum, celebrari eis
pompam funeris in magnis effusionibus, perduci usque ad sepulcrum divitem, qui & exspi-
ravit in lectis eburneis, circumstante familia
sua; & dicis in animo tuo, si forte novi
aliqua & peccata & scelera ipsius, Ego novi
quanta fecerit ille homo; ecce senuit, mortuus
est in lecto suo, deducunt illum sui, pompa
multa funeris celebratur: ergo novi quae fecerit; decepit me Scriptura, & fefellit, ubi au-
dio, & canto, *Divites eguerunt & esurierunt.* Ps. 33. vers. 11.
Quando ille inops fuit? Quando esurivit? *Inquirentes autem Dominum non minuentur omni
bono.* Quotidie ad basilicam curro, quotidie
genuflecto, quotidie inquiro Dominum, & nihil boni habeo: ille non inquisivit Dominum,
& inter tanta bona defunctus est. Sic cogitantem suffocat laqueus scandali. Escam enim mortalem quaerit in terra, & veram mercedem
non quaerit in caelo, & mittit caput in laqueum diaboli, constringuntur ei fauces, & sedent diabolus ad malefaciendum, ut sic imitetur
illum divitem, quem videt in tanta copia defunctum.

Noli ergo sic intelligere. Et quomodo intelligam? In bonis spiritualibus. Sed ubi sunt?
Non videntur oculis, sed corde. Non video
ipsa bona. Videt ille qui amat. Justitiam
non video. Non enim aurum est, non enim
argentum est. Si aurum esset, videres: quia
fides est, non vides. Et si non vides fidem,
quare amas servum fidelem? Interroga teipsum, qualem servum diligis. Forte habes
servum formosum, staturosum, bene compositum; sed furem, nequam, fraudulentum: habes autem alium forte parvum statura, deformem facie, colore tetro; sed fidelem, parcum,
sobrium; adtende ergo te, quem illorum duorum diligis? Si oculos carnis interrogas, vincit apud te pulcher injustus; si oculos cordis,
vincit deformis fidelis. Vides ergo, quod vis
ut exhibeat tibi alter, id est, fidem: exhibe

illi & tu. Quare gaudes ad eum qui fidem tibi exhibet, & laudas eum, de his bonis quæ non videntur nisi oculo cordis? Cum repletus fueris spiritalibus divitiis, pauper eris? Et ille dives ideo fuit, quia habebat lectum eburneum, & tu pauper es, cujus cubiculum cordis plenum est tantis gemmis virtutum, justitiæ, veritatis, caritatis, fidei, patientiæ, & tolerantiæ? Explica divitias tuas, si habes illas, & compara divitiis divitum. At ille in mercato invenit mulos pretiosos, & emit eos? Si fidem inveniret venalem, quantum pro illa daret, quam te voluit Deus gratis habere, & ingratus es? Egent ergo illi divites, egent: & quod est gravius, panem egent. Ne forte putetis, quia auro egent & argento, quamquam & hoc egeant. Quantum habuit quidam, & quid eum satiavit? Sic mortuus est egens, quia plura volebat adquirere, quam tenebat. Egent & pane. Quare egent & pane? Si non intelligis
Jo. 6. 41. panem, ille dixit, Ego sum panis vivus, qui
Matt. 5. 6. de cælo descendi: &, Beati qui esuriunt & sitiunt justitiam, quoniam ipsi saturabuntur. *Inquirentes autem Dominum non minuentur omni bono.* Sed quo bono jam diximus.

Ex eadem enarratione in Psalmum XXXIII. vers. 15. n. 19.

V. 15. SED quid est, *Declina a malo?* Parum est nulli noceas, nullum occidas, non fureris, non adulteres, non fraudem facias, non falsum testimonium dicas. *Declina a malo:* cum declinaveris, dicis, Securus sum, perfeci omnia, habebo vitam, videbo dies bonos. Non solum *declina a malo;* sed, *& fac bonum.* Parum est ut non expolies: vesti nudum. Si non expoliaveris, declinasti a malo: sed non facies bonum, nisi cum peregrinum susceperis in domum tuam. Ergo sic declina a malo, ut facias bonum.

Ex eadem enarratione in Psalmum XXXIII. vers. 17. num. 21.

O*Culi Domini super justos, & aures ejus ad preces eorum.* Forte dicunt mali, Ergo securus facio mala, quia non super me sunt oculi Domini: jam Deus ad justos attendit, me non videt, & quidquid fecero, securus facio. Statim subjecit videns cogitationes hominum Spiritus-sanctus, & ait, *Oculi Domini super justos,*
vers. 17. *& aures ejus ad preces eorum:* * *vultus autem Domini super facientes mala, ut perdat de terra memoriam eorum.*

Ex eadem enarratione in Psalmum XXXIII. vers. 19. num. 23.

vers. 19. J*Uxta est Dominus his qui obtriverunt cor, & humiles spiritu salvos faciet.* Altus est Deus, humilis sit Christianus. Si vult ut altus Deus vicinetur illi, ille humilis sit. Magna mysteria, Fratres, Deus super omnia est: erigis te, & non illum tangis: humilias te, & ipse ad te descendit.

Ex eadem enarratione in Psalmum XXXIII. vers. 22. num. 25.

M*ORS peccatorum pessima.* Attendite. Ve- vers. 22.
re magnus Dominus, & misericordia ejus, vere qui nobis dedit manducare corpus suum in quo tanta perpessus est, & sanguinem bibere. Quomodo respicit mala cogitantes, & dicentes; Ille male mortuus est, a bestiis consumptus est: non erat ille justus, ideo male periit; nam non periret *? Ergo ille justus est, * Subaud. [illegible]
qui in domo sua, & in lecto suo mortuus? Hoc est ergo, inquis, quod miror, quia novi peccata & scelera ipsius, & bene mortuus est, in domo sua, intra limina sua, nullis peregrinationis injuria, nulla vel in matura ætate. Audi. *Mors peccatorum pessima.* Quæ tibi videtur bona mors, pessima est, si intus videas. Vides foris jacentem in lecto, numquid vides intus raptum ad gehennam? Audite, Fratres, & ex Evangelio inspicite, quid sit mors peccatorum pessima. Numquid non duo erant in illo Luc. 16. 19.
sæculo, dives qui induebatur purpura & bysso, & epulabatur quotidie splendide; alter pauper qui jacebat ad januam ejus ulcerosus, & canes veniebant & lingebant ulcera ejus, & desiderabat saturari de micis quæ cadebant de mensa divitis? Contigit autem mori inopem illum, (justus erat ille inops), & auferri ab Angelis in sinum Abrahæ. Qui viderat corpus illius jacere ad limen divitis, & non esse qui sepeliret, quanta forte diceret? Sic moriatur ille inimicus meus, & ille qui me persequitur, sic illum videam. Exsecratum corpus sputo, putent vulnera; & ille in sinu Abrahæ requiescit. Si Christiani sumus, credamus: si non credimus, Fratres, nemo se fingat Christianum. Fides nos perducit. Quomodo illa dicit Dominus, sic sunt. An verum dicit tibi mathematicus, & verum est; dicit Christus, & falsum est? Quali autem morte mortuus est ille dives? Qualis mors esse potuit in purpura & bysso, quam sumptuosa, quam pomposa! quæ exsequiæ funeris ibi erant? quantis aromatibus sepultum est illud cadaver! Et tamen cum apud inferos in tormentis esset, desiderabat ex illius contempti pauperis digito stillari aquæ guttam ardenti linguæ suæ, neque impetravit. Discite ergo quid sit, *Mors peccatorum pessima:* & nolite interrogare lectos pretiosis vestibus tectos, & carnem multis divitiis obvolutam, lamentationis pompam exhibentem, plangentem familiam, turbam obsequentium præcedentium ac sequentium, cum corpus effertur, marmoratas auratasque memorias. Nam si hæc interrogatis, respondent vobis falsum, quod multorum non leviter peccatorum, sed omnino scelerum mors optima est, qui sic plangi, sic condiri, sic contegi, sic efferri, sic sepeliri meruerunt. Sed interrogate Evangelium, & ostendit fidei vestræ in pœnis ardentem animam divitis, quam nihil adjuverunt omnes honores & obsequia, quæ mortuo corpori ejus viventium vanitas præbuit.

Ex

Ex enarratione ejusdem in Psalmum XXXIV. Serm. II. vers. 14. num. 6.

QUANDO gaudemus in oratione, quando mens nostra serenatur, non prosperitate saeculi, sed luce veritatis: qui sentit hanc lucem, novit quod dico, & videt hic, agnoscitque quod dictum est, *Sicut proximum, sicut fratrem nostrum, ita complacebam.* (vers. 14.) Sic enim tunc animus placet Deo, non longe positus, in illo, inquit, movemur, & sumus: (Act. 17, 28.) quasi fratri, quasi propinquo, quasi amico. Si autem non est talis, ut possit sic gaudere, sic fulgere, sic propinquare, sic adhaerere, & videt longe se inde; faciat quod sequitur: *Tanquam lugens & contristatus, ita humiliabar.* *Ut fratrem nostrum ita complacebam,* propinquans dixit. *Ut lugens & contristatus, sic humiliabar,* remotus & longe positus dixit. Quid enim luget, nisi quod desiderat & non habet? Et nonnunquam in uno homine utrumque contingit, ut aliquando propinquet, & aliquando longe fiat: propinquat luce veritatis, longe fit nubilo carnis. Neque enim, Fratres, Deo qui ubique est, & nullo continetur loco, aut per loca propinquamus, aut ab illo per loca removemur. Propinquare illi, est similem illi fieri; recedere ab illo, dissimilem illi fieri. Nonne cum vides duas res prope similes, dicis, Propinquat haec illi? Et quando tibi dissimilia demonstrantur, quamvis uno loco & plerumque una manu teneantur, dicis, Longe est haec species ab illa? Ambas tenes, ambas adjungis, & dicis, Longe est haec res ab illa: non utique loco, sed dissimilitudine. Si ergo vis appropinquare, similis esto: si non vis esse similis, longinquabis. Sed cum similis es, gaude; cum dissimilis, geme: ut gemitus excitet desiderium, immo desiderium excitet gemitum, & per gemitum propinques, qui coeperas longinquare. Nonne Petrus propinquans, quando dixit, Tu es Christus Filius Dei vivi? (Matth. 16, 16.) Et rursum idem ipse longe factus est, dicendo, Domine, absit a te, non fiet illud. (Ibid. 22.) „ Denique tamquam proximus, quid dixit propinquanti? „ Beatus es, Simon Barjona. “ Tamquam longinquanti & dissimili quid dixit? Redi retro Satanas. Illi propinquanti, Non tibi revelavit caro & sanguis, inquit, sed Pater meus qui in caelis est: illius lux te perfudit, illius luce fulges. Quando autem longe factus contradixit passioni Domini futurae pro salute nostra: „ Non sapis, inquit, „ quae Dei sunt, sed quae sunt hominum. Merito ambas res ponens quidam in Psalmo (Ps. 30, 23.) ait, Ego dixi in extasi mea, projectus sum a facie oculorum tuorum. In extasi me dicit, nisi propinquaret. Extasis enim mentis excessus est. Effudit super se animam suam, & propinquavit Deo: & per quamdam nubem ponderisque carnis rursus in terram projectus, recolens ubi fuisset, & videns ubi esset, dixit, Projectus sum a facie oculorum tuorum. Ergo *Sicut proximum, sicut fratrem nostrum, ita complacebam,* prope fiet ut fiat in nobis. Quando autem non fit vel hoc fiat, *Tamquam lugens & contristatus, ita humiliabar.*

Ex enarratione ejusdem in Psalmum XXXV. vers. 5. num. 6.

SI non potest (homo) non habere malitiam, vel oderit illam. (Ibid. 4, 5.) Cum enim oderit illam, vix tibi subrepit ut aliquid mali facias. Est enim peccatum in mortali corpore: sed quid dicit Apostolus? Non regnet peccatum in vestro mortali corpore, ad obediendum desideriis ejus. Quando incipit non esse? Quando complebitur in nobis quod ait, Cum corruptibile hoc induerit incorruptionem, & mortale (1. Cor. 15, 54.) hoc induerit immortalitatem. Antequam hoc fiat, est delectatio iniquitatis in corpore; sed major est delectatio voluptatis verbi sapientiae, praecepti Dei. Vince peccatum, & voluptatem ejus. Peccatum & iniquitatem oderis, ut jungas te Deo qui tecum illud oderit. Jam conjunctus mente legi Dei, mente servis legi Dei. Et si carne propterea servis legi peccati, quia sunt in te delectationes quaedam carnales, tunc nullae erunt quando jam non pugnabis. Aliud est non pugnare, & esse in pace vera atque perpetua; aliud pugnare & vincere; aliud pugnare & vinci; aliud non pugnare, sed trahi. Sunt enim homines prorsus qui non pugnant, qualis est ille de quo loquitur. Cum enim dicit; *Malitiam non odio habuit*: (vers. 5.) quomodo pugnat contra eam quam non odit? Ille a malitia trahitur, non pugnat. Sunt autem qui pugnare incipiunt; sed quia de viribus suis praesumunt, ut ostendat illis Deus quia ipse vincit, si se homo subjungat Deo, & pugnantes vincuntur, & cum quasi coeperint tenere justitiam, fiunt superbi, & eliduntur. Illi pugnant, sed vincuntur. Quis est autem qui pugnat, & non vincitur? Qui dicit, Video aliam legem in membris meis repugnantem legi mentis meae. (Rom. 7, 23.) Vide pugnantem: sed non de viribus suis praesumit iste, ideo victor erit. „ Quid enim sequitur? Infelix ego „ homo, quis me liberabit de corpore mortis „ hujus? Gratia Dei per Jesum Christum Dominum nostrum. “ Praesumit de eo qui jussit ut pugnet, & vincit hostem adjutus a jubente: Ille autem *malitiam non odio habuit.*

Ex enarratione ejusdem in Psalmum XXXVI. Serm. III. vers. 39. & 40. num. 17.

SALUS *autem justorum a Domino, & protector eorum est in tempore tribulationis:* (vers. 39.) *& adjuvabit eos Dominus, & eruet eos, & eximet eos a peccatoribus.* (vers. 40.) Tolerent ergo modo peccatores justi, tolerent frumenta zizania, tolerent triticum paleam: quia veniet tempus separationis, & eximetur semen bonum ab eo quod igni consumetur: illud in horreum mittetur, illud autem in aeternam conflagrationem: quia ideo simul fuerunt primo justus & injustus, ut ille supplantaret, ille probaretur; postea autem ille damnaretur, ille coronaretur.

Ex

Ex enarratione ejusdem in Psalmum XXXVII. vers. 10. num. 14.

Oratio continua. 1. Thess. 5. 17. IPsum desiderium tuum, oratio tua est: & si continuum desiderium, continua oratio. Non enim frustra dixit Apostolus, *Sine intermissione orate*. Numquid sine intermissione genuflectimus, corpus prosternimus, aut manus levamus, ut dicat, *Sine intermissione orate*? Aut si sic dicimus nos orare, hoc puto sine intermissione non possumus facere. Est alia interior sine intermissione oratio, quæ est desiderium. Quidquid aliud agas, si desideras illud sabbatum, non intermittis orare. Si non vis intermittere orare, noli intermittere desiderare. Continuum desiderium tuum, continua vox tua est. Tacebis, si amare destiteris. Qui tacuerunt? De quibus dictum est, Matth. 24. 12. *Quoniam abundabit iniquitas, refrigescet caritas multorum*. Frigus charitatis, silentium cordis est: flagrantia charitatis, clamor cordis est. Si semper manet charitas, semper clamas; si semper clamas, semper desideras; si Psal. 37. 9. desideras, requiem recordaris. Et rugitus cordis tui ante quem sit, oportet ut intelligas. Jam quale desiderium debeat esse ante oculos Dei, considera. Numquid ut moriatur inimicus noster, quod quasi juste optant homines? Nam aliquando oramus quod non debemus. Illud quod quasi juste orant homines videamus. Nam orant ut moriatur aliquis, & ad illos hereditas Matth. 5. 44. Luc. 6. 28. veniat. Sed & illi qui orant ut moriantur inimici, audiant Dominum dicentem; *Orate pro inimicis vestris*. Non ergo hoc orent, ut moriantur inimici; sed hoc orent, ut corrigantur, & mortui erunt inimici: jam enim correcti, Vers. 10. non erunt inimici. *Et ante te omne desiderium meum*. Quid si desiderium ante illum est, & ipse gemitus non est ante illum? Unde fieri potest, quando ipsum desiderium vocem suam habet gemitum? Ideo sequitur, *Et gemitus meus non est absconditus a te*. A te non est absconditus, a multis autem hominibus absconditus est. Videtur aliquando humilis servus Dei dicere, *Et gemitus meus non est absconditus a te*. Videtur aliquando & ridere servus Dei: numquid desiderium illud mortuum est in corde? Si autem inest desiderium, inest & gemitus. Non semper pervenit ad aures hominum, sed numquam recedit ab auribus Dei.

Ex eadem enarratione in Psalmum XXXVII. vers. 19. num. 24.

Vers. 19. QUoniam iniquitatem meam ego pronuntio, & curam geram pro peccato meo. Ne securus sis cum confessus fueris peccatum tuum; tamquam semper paratus ad confitendum & committendum peccatum. Sic pronuntia iniquitatem tuam, ut curam geras pro peccato tuo. Quid est curam gerere pro peccato tuo? Curam gerere pro vulnere tuo. Si diceres, Curam geram pro vulnere meo, quid intelligeretur, nisi dabo operam ut sanetur? Hoc est enim curam gerere pro delicto, semper niti, semper intendere, semper studiose & sedulo agere ut sanes peccatum. Ecce de die in diem plangis peccatum tuum, sed forte lacrymæ currunt, & manus cessant. Fiant eleemosynæ, redimantur peccata, gaudeat indigens de dato tuo, ut tu gaudeas de dato Dei. Eget ille, eges & tu: eget ille ad te, eges & tu ad Deum. Tu contemnis egentem tui, Deus non te contemnet egentem sui? Ergo imple tu egentis inopiam, ut impleat Deus interiora tua. Hoc est, *Curam geram pro peccato meo*, faciam omnia quæcumque facienda sunt, ad abolendum & sanandum peccatum meum.

Ex enarratione ejusdem in Psalmum XXXVIII. vers. 5. num. 9.

INnovati fide & spe, quanta adhuc vetera agimus? Non enim sic Christo induti sumus, ut ex Adam jam nihil portemus. Videte veterascentem Adam, & innovari Christum 2. Cor. 4. 16.
in nobis. Et si exterior, inquit, homo noster corrumpitur, sed interior renovatur de die in diem. Ergo ad peccatum, ad mortalitatem, ad prætervolantia tempora, ad gemitum & laborem, & sudorem, ad ætates succedentes, non manentes, ab infantia usque ad senectutem sine sensu transeuntes, ad hæc attendentes, videamus hic veterem hominem, veterem diem, vetus Canticum, vetus Testamentum: conversi autem ad interiorem, ad ea quæ innovanda sunt, pro his quæ immutabuntur, inveniamus hominem novum, diem novum, Canticum novum, Testamentum novum; & sic amemus illam novitatem, ut non ibi timeamus vetustatem. Nunc ergo in hoc cursu transimus a veteribus ad nova: ipse transitus agitur cum corrumpuntur exteriora, & innovantur interiora; donec etiam hoc ipsum quod exterius corrumpitur, reddat debitum naturæ, veniat in mortem, renovetur & hoc in resurrectione. Tunc fient revera omnia nova, reliqua quæ nunc sunt in spe. Agis ergo aliquid nunc a veteribus te exuendo, & in nova currendo. In nova ergo currens ille, & in ea quæ ante sunt extentus: *Notum*, inquit, *Domine, fac* Vers. 5.
mihi finem meum, & numerum dierum meorum qui est, ut sciam quid desit mihi. Ecce trahit adhuc Adam, & sic festinat ad Christum. *Ecce*, inquit, *veteres posuisti dies meos*. Veteres dies Adam, veteres illos posuisti: veterascunt quotidie, & sic veterascunt, ut aliquando etiam consumantur.

Ex ejusdem enarratione in Psalmum LXXXVII. vers. 11. num. 10.

QUIA soli prædestinatis ad æternam salutem, non autem omnibus hominibus, nec ipsis inter quos facta sunt, ejus bona opera profuerunt: ideo consequenter adjecit, *Numquid mortuis facies mirabilia?* Hoc enim Vers. 11.
si de his dictum putaverimus, quorum caro exanimis facta est; magna mirabilia facta sunt mortuis, cum quidam eorum etiam revixerunt: & quod Dominus penetravit inferna, atque inde victor exiit, magnum mortuis Matth. 27. 52.
miraculum factum est. Significat ergo isto verbo quo ait, *Numquid mortuis facies mirabilia*, homines corde ita mortuos, ut eos ad vitam

fidei

Fieri coram Christi mirabilia non moverent. Neque enim propterea dicit non eis fieri mirabilia, quia non ea vident; sed quia non eis prosunt. Nam sicut hic ait, Tota die expandi manus meas ad te: quia omnia opera sua noscitur ad voluntatem referre Patris, saepissime commemorans missum se venisse, ut voluntatem Patris impleret: ita quia eadem opera sua etiam infidelis populus vidit, alius propheta dicit, Tota die expandi manus meas ad populum non credentem, & contradicentem. Ipsi sunt mortui, quibus non sunt facta mirabilia; non quod ea non viderunt, sed quod per ea non revixerunt.

Ex enarratione ejusdem in Psalmum XC. num. 1.

PSalmus iste est de quo Dominum nostrum Jesum Christum diabolus tentare ausus est. Audiamus ergo, ut possimus instructi resistere tentatori, non praesumentes in nobis, sed in ipso qui prior tentatus est, ne nos in tentatione vinceremur. Illi enim tentatio non erat necessaria: tentatio Christi nostra doctrina est. Si autem attendamus quid responderit diabolo, ut hoc & nos respondeamus, quando similiter tentat; intramus per januam, sicut audistis lectionem Evangelii. Quid est intrare per januam? Intrare per Christum. *Ipse* enim dixit, Ego sum janua. Quid est autem intrare per Christum? Imitari vias Christi. In quo imitaturi sumus vias Christi? numquid in ea omnipotentia, qua Deus erat in carne? aut ad hoc nos exhortatur, aut hoc a nobis exigit, ut talia miracula qualia fecit ipse, faciamus? Aut vero Dominus noster Jesus Christus non & modo & semper cum Patre rerum mundum gubernat? Et numquid vel ad hoc vocat hominem facere eum imitatorem suum, ut cum illo gubernet caelum & terram, & omnia quae in eis sunt; aut ut sit & ipse creator, per quem facta omnia, sicut per Christum facta sunt omnia? Neque ad illa opera te invitat Deus salvator Dominus noster Jesus Christus, quae fecit ab initio, & de quibus scriptum est, Omnia per ipsum facta sunt: neque ad illa quae fecit in terra. Non hoc tibi dicit, Non eris discipulus meus, nisi ambulaveris super mare, aut nisi suscitaveris mortuum quatriduanum, aut nisi oculos caeci nati aperueris. Nec hoc. Quid est ergo intrare per januam? Discite a me, quia mitis sum & humilis corde. Quod factus est propter te, hoc in eo debes attendere, ut imiteris. Miracula enim & nondum natus de Maria fecit. Quis enim umquam fecit, nisi ipse de quo dictum est, Qui facit mirabilia magna solus? In ipsius enim virtute, & antea qui fecerunt, potuerunt aliquid facere: in virtute Christi Elias mortuum suscitavit. Nisi forte major est Petrus quam Christus, quia Christus voce suscitavit aegrotantes, Petrus autem cum transiret, umbra ipsius transeuntis sanabantur aegroti. Potentior ergo Petrus quam Christus? Quis hoc dementissimus dixerit? Quare ergo tanta potentia in Petro? Quia Christus in Petro. Ideo dixit; Omnes qui venerunt, fures sunt & latrones: id est, qui venerunt sua sponte, a me non sunt missi, qui venerunt sine me, in quibus ego non fui, quia ego non habitavi: Quaecumque ergo miracula facta sunt, sive a praecedentibus, sive consequentibus, idem ipse Dominus fecit, qui fecit & praesentia sua. Nec ad ipsa ergo miracula hortatur, quae ipse facit & antequam esset homo: sed quo te hortatur? Ut imiteris quod non posset, nisi factus homo. Tolerare enim passiones numquid posset, nisi homo? Mori & crucifigi & humiliari non posset, nisi homo. Si ergo & tu molestias hujus saeculi cum pateris, quas facit diabolus, sive aperte per homines, sive occulte, sicut Job, sis fortis, sis mitis: Inhabitabis in adjutorio Altissimi, sicut dicit iste psalmus.

Ex enarratione ejusdem in Psalmum XCI. num. 2.

ECCE hodiernus dies sabbati est: hunc in praesenti tempore otio quodam corporaliter languido & fluxo & luxurioso celebrant Judaei. Vacant enim ad nugas: & cum Deus praeceperit sabbatum, illi in his quae Deus prohibet exercent sabbatum. Vacatio nostra a malis operibus, vacatio illorum a bonis operibus est. Melius est enim arare, quam saltare. Illi ab opere bono vacant: ab opere nugatorio non vacant. Nobis sabbatum indicit Deus. Quale? Primo ubi sit videte. Intus est, in corde est sabbatum nostrum. Multi enim vacant membris, & tumultuantur conscientia. Omnis homo malus, sabbatum habere non potest: nusquam enim illi conquiescit conscientia; necesse est in perturbationibus vivat. Cui autem bona est conscientia, tranquillus est: & ipsa tranquillitas sabbatum est cordis. Attendit enim promissorem Dominum; & si laborat in praesenti, extenditur spe futuri, & serenat omne nubilum tristitiae; sicut dicit Apostolus, spe gaudentes. Ipsum autem gaudium in tranquillitate spei nostrae, sabbatum nostrum est. Hoc commendatur, hoc cantatur in isto psalmo, quomodo sit homo Christianus in sabbato cordis sui, id est, in vacatione & tranquillitate & serenitate conscientiae suae non perturbatus. Inde dicit hic, unde solent perturbari homines, & docet te agere sabbatum in corde tuo.

Ex libro XII. ejusdem de Civitate Dei Cap. XVII. vers. 1. 2.

ILLUD quoque non dubito, ante quam primus homo creatus esset, numquam quemquam hominem fuisse, nec eumdem ipsum, nescio quibus circuitibus, nescio quoties revolutum, nec alium aliquem natura similem. Neque ab hac fide me philosophorum argumenta deterrent, quorum acutissimum illud putatur, quod dicunt, nulla infinita ulla scientia posse comprehendi: ac per hoc Deus, inquiunt, rerum quas facit, omnium finitarum omnes finitas apud se rationes habet. Bonitas autem ejus numquam vacua fuisse credenda est, ne sit temporalis ejus operatio, cujus retro fuerit aeterna cessatio, quasi poenituerit eum prioris sine

initio

initio vacationis, ac propterea sic operis aggressus initium. Et ideo necesse est, inquiunt, eadem semper repeti, eademque semper repetenda transcurrere, &c.

Has argumentationes quibus impii nostram simplicem pietatem, ut cum illis in circuitu ambulemus, de via recta conantur avertere, si ratio refutare non posset, fides irridere deberet. Huc accedit, quod in adjutorio Domini nostri hos volubiles circulos, quos opinio confingit, ratio manifesta confringit. Hinc enim maxime isti errant, ut in circuitu falso ambulare, quam vero & recto itinere malint, quod mentem divinam omnino immutabilem cujuslibet infinitatis capacem, & innumera omnia sine cogitationis alternatione numerantem, de sua humana, mutabili, angustaque metiuntur. Et fit illis quod ait Apostolus: *Comparantes enim semetipsos sibimetipsis, non intelligunt*. Nam quia illis quidquid novi faciendum venit in mentem, novo consilio faciunt, (mutabiles quippe mentes gerunt;) profecto non Deum, quem cogitare non possunt; sed semetipsos pro illo cogitantes, non illum, sed se ipsos, nec illi, sed sibi comparant. Nobis autem fas non est credere, aliter Deum affici cum vacat, aliter cum operatur: quia nec affici dicendus est, tamquam in ejus natura fiat aliquid, quod ante non fuerit. Patitur quippe qui afficitur, & mutabile est omne quod aliquid patitur. Non itaque in ejus vacatione cogitetur ignavia, desidia, inertia; sicut nec in ejus opere labor, conatus, industria. Novit quiescens agere, & agens quiescere. Potest ad opus novum, non novum, sed sempiternum adhibere consilium; nec pœnitendo quia prius cessaverat, cœpit facere quod non fecerat. Sed & si prius cessavit, & posterius operatus est, (quod nescio quemadmodum ab homine possit intelligi) hoc procul dubio quod dicitur, prius & posterius, in rebus prius non existentibus & posterius existentibus fuit. In illo autem non alteram præcedentem altera subsequens mutavit aut abstulit voluntatem, sed una eademque sempiterna & immutabili voluntate res quas condidit, & ut prius non essent egit, quamdiu non fuerunt, & ut posterius essent, quando esse cœperunt: hinc eis qui talia videre possunt, mirabiliter fortassis ostendens, quam non eis indiguerit, sed eas gratuita bonitate condiderit, cum sine illis ex æternitate initio carente in non minore beatitate permanserit.

2. Cor. 10. 12.

Dei vacatio... [illegible]

Ex libro XIV. ejusdem de Civitate Dei, capite 4.

Quid sit secundum hominem, quidve secundum Deum vivere?

CUM ergo vivit homo secundum hominem, non secundum Deum, similis est diabolo. Quia nec angelo secundum angelum, sed secundum Deum vivendum fuit, ut staret in veritate, & veritatem de illius, non de suo mendacium loqueretur. Nam & de homine alio loco idem Apostolus ait, *Si autem veritas Dei in meo mendacio abundavit*. Meum dixit mendacium, veritatem Dei. Cum itaque vivit homo secundum veritatem, non vivit secundum seipsum, sed secundum Deum. Deus est enim qui dixit, *Ego sum veritas*. Cum vero vivit secundum seipsum, hoc est, secundum hominem, non secundum Deum, profecto secundum mendacium vivit: non quia homo ipse mendacium est, cum sit ejus auctor & creator Deus, qui non est utique auctor creatorque mendacii; sed quia homo ita factus est rectus, ut non secundum seipsum, sed secundum eum a quo factus est, viveret; id est, illius potius, quam suam faceret voluntatem: non autem ita vivere, quemadmodum factus est ut viveret, hoc est, mendacium. Beatus quippe vult esse, etiam non sic vivendo ut possit esse. Quid est illa voluntate mendacius? Unde non frustra dici potest, omne peccatum esse mendacium. Non enim fit peccatum, nisi ea voluntate, qua volumus ut bene sit nobis, vel nolumus ut male sit nobis. Ergo mendacium est, quod cum fiat ut bene sit nobis, hinc potius male est nobis; vel cum fiat ut melius sit nobis, hinc potius pejus est nobis. Unde hoc, nisi quia de Deo potest bene esse homini, quem delinquendo deserit, non de ipso, secundum quem vivendo delinquit.

Rom. 3. 7.

Joan. 14. 6.

Quod itaque diximus, hinc extitisse Civitates duas diversas inter se atque contrarias, quod alii secundum carnem, alii secundum spiritum viverent; potest etiam isto modo dici quod alii secundum hominem, alii secundum Deum vivant, &c.

Ex Enchiridio ejusdem de fide, spe & charitate, cap. CIX. & CX.

TEMPUS autem quod inter hominis mortem, & ultimam resurrectionem interpositum est, animas abditis receptaculis continet, sicut unaquæque digna est vel requie vel ærumna, pro eo quod sortita est in carne cum viveret. * Neque enim negandum est, defunctorum animas pietate suorum viventium relevari, cum pro illis sacrificium Mediatoris offertur, vel eleemosynæ in Ecclesia fiunt. Sed eis hæc prosunt, qui cum viverent, ut hæc sibi postea possent prodesse, meruerunt. Est enim quidam vivendi modus, nec tam bonus ut non requirat ista post mortem; nec tam malus, ut non ei prosint ista post mortem, est vero talis in bono, ut ista non requirat; & est rursus talis in malo, ut nec his valeat, cum ex hac vita transierit, adjuvari. Quocirca hic omne meritum comparatur, quo possit post hanc vitam relevari quispiam vel gravari. Nemo se autem speret, quod hic neglexerit, cum obierit, apud Deum promereri. Non igitur ista, quæ pro defunctis commendandis frequentat Ecclesia, illi Apostolicæ sunt adversa sententiæ, qua dictum est: *Omnes enim adstabimus ante tribunal Christi, ut referat unusquisque secundum ea quæ per corpus gessit, sive bonum, sive malum*. Quia etiam hoc meritum sibi quisque dum in corpore viveret, comparavit, ut ei possint ista prodesse; Non enim omnibus prosunt: & quare non omnibus prosunt, nisi propter differentiam vitæ quam quisque gessit in corpore? Cum ergo sacrificia sive altaris, sive quarum-

* Caput CIX. Receptacula animarum post mortem... [illegible]

* Caput CX. Sacrificium altaris & eleemosynæ pro defunctis... [illegible]

Rom. 14. 10. 2. Cor. 5. 10.

cum-

cumque eleemosynarum pro baptizatis defunctis omnibus offeruntur, pro valde bonis gratiarum actiones sunt, pro non valde malis propitiationes sunt; pro valde malis, etiamsi nulla sunt adjumenta mortuorum, qualescumque vivorum consolationes sunt. Quibus autem prosunt, aut ad hoc prosunt, ut sit plena remissio, aut certe, ut tolerabilior fiat ipsa damnatio. *

* [illegible]

Ex enarratione ejusdem in Psalmum XLI. vers. 9. num. 16.

Psal. 41. 9.
Rom. 12. 12.
Prov. 6. 8.

IN *die mandavit Dominus misericordiam suam, & nocte declarabit.* Nulli vacat audire in tribulatione. Attendite cum vobis bene est: audite cum vobis bene est: discite cum tranquilli estis, sapientiae disciplinam, & verbum Dei ut cibum colligite. Quando enim quisque in tribulatione est, prodesse illi debet quod securus audivit. Etenim in rebus prosperis mandat tibi Deus misericordiam suam, si ei fideliter servieris; quia liberat te de tribulatione: sed non tibi declarat ipsam misericordiam, quam tibi per diem mandavit, nisi per noctem. Cum venerit ipsa tribulatio, tunc adjutorio te non deserit: ostendit tibi verum fuisse, quod tibi per diem mandavit. Etenim scriptum est quodam loco, Speciosa misericordia Domini in tempore tribulationis, sicut nubes pluviae in tempore siccitatis. *In die mandavit Dominus misericordiam suam, & nocte declarabit.* Non tibi ostendit quia subvenit tibi, nisi venerit tibi tribulatio, unde eruaris ab illo qui tibi per diem promisit. Ideo admonemur imitari formicam. Sicut enim prosperitas saeculi significatur die, adversitas saeculi significatur nocte: ita alio modo prosperitas saeculi significatur aestate, adversitas saeculi significatur hyeme. Et quid facit formica? Per aestatem colligit, quod ei per hyemem prosit. Ergo cum est aestas, cum bene est vobis, cum tranquilli estis, audite verbum Domini. Unde enim fieri potest ut in hac tempestate saeculi hujus sine tribulatione totum hoc mare transeatis? unde fieri potest? cui hoc hominum contigit? Si contigit alicui, plus metuenda est ipsa tranquillitas.

Ex Enarratione ejusdem in Psalmum XLV. n. 1.

Rom. 10. 4. FInis legis Christus ad justitiam omni credenti. Finis autem dicitur, non quia consumit, sed quia perficit. Nam & finitum cibum dicimus qui manducabatur, & finitam tunicam quae texebatur: illud ad consumptionem, hoc ad perfectionem. Quia ergo ultra quo tendamus non habemus, cum ad Christum pervenerimus, ipse cursus nostri finis dicitur. Nec putare debemus, quia cum ad illum pervenerimus, aliquid amplius debemus niti ut & ad Patrem perveniamus. Joan. 14. 8. Hoc enim putavit & Philippus, cum ei diceret, Domine, ostende nobis Patrem, & sufficit nobis. Cum dicit, sufficit nobis, finem quaerit satietatis & perfectionis. „ Et ille: Tanto „ inquit, tempore vobiscum sum, & non cognovisti me? Philippe, qui vidit me, vidit Joan. 14. 9. „ & Patrem. " In illo ergo habemus Patrem, quia ipse in Patre & Pater in ipso, & ipse & Pater unum sunt.

Ex eadem enarratione in Psalmum XLV. vers. 2. num. 3.

MULTAE sunt tribulationes, & in omni tribulatione ad Deum confugiendum est: sive sit tribulatio in re familiari, sive sit in salute corporis, sive de periculo charissimorum, sive de aliqua re ad hujus vitae sustentaculum necessaria, nomino aliud refugium non debet esse homini Christiano quam Salvator ejus, quam Deus ejus, quo cum confugerit, fortis fit. Non enim ipse in se fortis erit, aut sibi ipse fortitudo erit, sed ille illi fortitudo erit, qui refugium ejus factus est. Verumtamen, Carissimi, Vers. 2. inter omnes tribulationes humanae animae, nulla est major tribulatio quam conscientia delictorum. Namque si ibi vulnus non sit, sanumque sit intus hominis, quod conscientia vocatur, ubicumque alibi passus fuerit tribulationes, illuc confugiet, & ibi inveniet Deum. Si autem ibi requies non est, propter abundantiam iniquitatis, quoniam & ibi Deus non est; quid facturus est homo? quo confugiet, cum coeperit pati tribulationes? Fugiet ab agro ad civitatem, a publico ad domum, a domo in cubiculum, & sequitur tribulatio. A cubiculo jam quo fugiat non habet, nisi in interius cubile suum. Porro si ibi tumultus est, si fumus iniquitatis, si flamma sceleris, non illuc potest confugere, pellitur inde; & cum inde pellitur, a seipso pellitur. Et ecce hostem suum invenit quo confugerat; & ipsum quo fugiturus est? Quocumque fugerit, se trahit post se; & quocumque talem traxerit se, cruciat se de se. Ipsae sunt tribulationes quae invenerunt hominem nimis: acerbiores enim non sunt: tanto non sunt acerbiores, quanto non sunt interiores. Videte, Carissimi, cum ligna deligantur & probantur a fabris, aliquando in superficie videntur quasi laesa & putria: faber autem inspicit tamquam medullam interiorem ligni; & si sana intus ligna cognoverit, promittit ea in aedificio duratura; nec valde erit de superficie laesa sollicitus, quando id quod intrinsecus est sanum renuntiat. Porro homini interius conscientia non invenitur: quid igitur prodest, si quod est exterius sanum est, & putrefacta est medulla conscientiae? Atrae illae, & vehementer omnino, & sicut Psalmus ipse ait, nimiae tribulationes sunt: tamen & in his adjutor est Dominus dimittendo peccata. Iniquorum enim conscientias non sanat, nisi indulgentia. Si enim magnas tribulationes habere se dicit debitor fisci conscius, & interdum angustias rei familiaris sux cum se videt non posse esse solvendo, propter imminentes omni anno compulsores, tribulationes magnas se pati dicit, nec usquam respirat nisi in spe indulgentiae rerum terrenarum: quanto magis debitor poenarum de abundantia delictorum, quando reddet quod debet de mala conscientia, quando si reddiderit, ipse perit? Hoc enim debitum reddere, poenas luere est. Restat ergo ut de ipsius indulgentia securi esse possimus: si tamen accepta indulgentia non rursus ad debita contrahenda redeamus.

Ex

Ex enarratione ejusdem in Psalmum XLVI. vers. 9. num. 10.

Psal. 46. DEUS *sedet super sedem sanctam suam.*
Act. 1. 9. Quæ sedes ejus sancta? Forsitan cæli, & bene intelligitur. Ascendit enim Christus, sicut novimus, cum corpore in quo crucifixus est, & sedet ad dexteram Patris: inde eum venturum exspectamus ad judicandos vivos & mortuos. *Sedet super sedem sanctam suam.* Cæli sunt sedes sancta ejus. Vis & tu esse sedes ejus? Noli putare te esse non posse: para illi locum in
1 Cor. 1. 24. corde tuo; venit, & libenter sedet: *ipse certe est Dei Virtus & Dei Sapientia.* Anima justi,
Sap. 7. sedes sapientiæ. Si ergo anima justi sedes est sapientiæ: sit anima tua justa, & eris regalis sedes sapientiæ. Et revera, Fratres, omnes homines qui bene vivunt, qui bene agunt, secundum caritatem piam conversantur; nonne Deus in illis sedet, & ipse jubet? Obtemperat anima sedenti in se Deo, & ipsa jubet membris. Anima enim tua jubet membro tuo, quo moveatur pes, quo manus, quo oculus, quo auris, & jubet ipsa membris tamquam servulis suis: sed & ipsa servit interius sedenti sibi domino suo. Non potest inferiori se bene imperare, nisi superiori se non fuerit dedignata servire.

Ex enarratione ejusdem in Psalmum L. n. 5.

DIxerim eis qui non ceciderunt (*tale peccatum quale David*) ut vigilent custodire integritatem suam, & cum attendunt magnum cecidisse, parvi timeant. Si vero aliquis jam lapsus hæc audit, & aliquid in conscientia mali tenens, verba Psalmi hujus advertat: attendat quidem vulneris magnitudinem, sed non desperet medici majestatem. Peccatum cum desperatione, certa mors. Nemo ergo dicat, Si jam aliquid mali feci, jam damnandus sum: Deus malis talibus non ignoscit, cur non addo peccata peccatis? Fruar hoc sæculo in voluptate, in lascivia, in cupiditate nefaria: jam perdita spe reparationis, vel hoc habeam quod video, si non possum habere quod credo. Iste ergo Psalmus, sicut cautos facit eos qui non ceciderunt, sic desperatos esse non vult qui ceciderunt. Quisquis peccasti, & dubitas agere pœnitentiam pro peccato tuo desperando salutem tuam, audi David gementem. Ad te Nathan propheta non est missus, ipse David ad te missus est. Audi eum clamantem, & simul clama; audi gementem, & congemisce; audi flentem, & lacrymas junge; audi correctum, & condelectare. Si tibi non potuit intercludi peccatum, spes veniæ non intercludatur. Missus est ad illum virum Nathan propheta, attende regis humilitatem. Non respuit verba præcipientis, non dixit, Audes mihi loqui regi? Rex sublimis Prophetam audivit, plebs ejus humilis Christum audiat.

Ex enarratione ejusdem in Psalmum LXXII. num. 3.

OMNES boni latent hic, quia bonum eorum intus est, absconditum est, in corde est, ubi fides, ubi caritas, ubi spes, ubi thesaurus illorum. Numquid hæc bona apparent in sæculo? Et hæc bona latent, & horum bonorum merces latet. At vero dignitas sæculi quomodo alba est! Nives ad tempus: numquid semper nitebat? Herba est hyemalis, usque ad æstatem viret. Non ergo fiat in animo quod in alio Psalmo terminatur. Confitetur enim quidam prope se cecidisse notantem, & labasse gressus suos ambulantes in via Dei, dum aspiceret florem quemdam felicitatemque iniquorum: & postea quam cognovit quid iniquis in finem servaret Deus, & quid justis laborantibus promitteret, qui fallere non potest, agens gratias de hac cognitione, ait, Quam bonus Deus Psal. 72. 1.
Israel rectis corde! Quare hoc dicit? Mei autem, inquit, pene commoti sunt pedes. Unde? Quia zelavi in peccatoribus, pacem peccatorum intuens. Confirmati sunt autem gressus ejus, postea quam intellexit in novissima. Quod enim in eodem psalmo paulo post dicit, Hoc labor est ante me: idest, magna mihi quæstio surrexit in corde, quare homines male faciant, & in sæculo floreant, multi autem bene agant, & in hac terra laborent. Quæstio ergo illa cum magna esset ante oculos ejus, & laboriosa ad investigandum; labor est, inquit, ante me, donec intrem in sanctuarium Dei, & intelligam in novissima. Quæ sunt illa novissima? Quæ, nisi quæ leguntur jam in Evangelio prænuntiata? Cum enim venerit filius homi- Matth. 25. 32.
nis, congregabuntur ante eum omnes gentes, & separabit eos, sicut pastor segregat oves ab hœdis, oves ponet ad dexteram, hœdos ad sinistram.

Ex enarratione ejusdem in Psalmum LV. vers. 12. num. 19.

DE cordis arca profer laudis incensum, de cellario bonæ conscientiæ profer sacrificium fidei. Quidquid profers, accende caritate. In te sint vota, quæ reddas laudis Deo. Cujus laudis? Quid enim tibi præstitit? *Quoniam* Psal. 55.
eripuisti animam meam de morte. Ipsa est illa Ibid.
vita quam enuntiat illi: Deus vitam meam enuntiavi tibi. Quid enim eram? Mortuus. Per Psal. 55.
meipsum eram mortuus: per te quid sum? Vivus. *Ideo in me sunt Deus vota tua, quæ reddam laudis tibi.* En ecce Deum meum: nemo hunc mihi eripit, quod illi dem, nemo mihi eripit, quia in corde inclusum est. Merito dicitur in illa superiore fiducia, Quid mihi faciat homo? Sæviat homo, permittatur sævire, permittatur efficere quod conatur: quid est ablaturus? Aurum, argentum, pecora, servos, ancillas, fundos, domos, auferat omnia: numquid aufert vota, quæ in me sunt, quæ reddam laudis Deo? Permissus est tentare tentator sanctum virum Job, uno puncto temporis abstulit o- Job 1. 12.
mnia, quidquid facultatum habebat ademit, abstulit hæreditatem, interfecit hæredes, atque hoc

hoc paulatim, sed catervatim, uno ictu, uno impetu, ut omnia subito nuntiarentur; ablatis omnibus solus remansit Job; sed in illo erant vota laudis quae redderet Deo, in illo plane erant: arcam sancti pectoris sui fur diabolus non invaserat, plenus erat unde sacrificaret. Audi
Ibid. 21. quae habebat, audi quae protulit: *Dominus dedit, Dominus abstulit, sicut Domino placuit, ita factum est: sit nomen Domini benedictum.* O divitiae interiores, quo fur non accedit! Ipse dederat Deus unde accipiebat, ipse ditaverat, unde illi offerebat quod amabat. Laudem a te quaerit Deus, confessionem tuam quaerit Deus. Sed de agro tuo aliquid daturus es? Ipse pluit ut haberes. De arca daturus es aliquid? Ipse implevit quod daturus es. Quid daturus es quod ab illo non accepisti? Quid enim habes quod non accepisti? De corde da-
1. Cor. 4.7. bis? Ipse dedit fidem, spem & caritatem: hoc proferendum, hoc sacrificandum est. Sed plane omnia illa cetera potest auferre tibi inimicus invito, hoc auferre non potest nisi volenti. Illa perdit & invitus; & volens habere aurum, perdit aurum; & volens habere domum, perdit domum: fidem nemo perdit nisi qui spreverit.

Ex enarratione ejusdem in Psalmum LVI. vers. 1. num. 2.

Vers. 1. QUIA ergo passionem Domini cantat iste Psalmus, vide quem titulum habeat: *In*
Rom. 10.4. *finem.* Finis Christus est. Quare dictus est finis? Non qui consumat, sed qui consummet. Consumere enim, perdere est: consummare, perficere. Finitum enim quidquid dicimus, a fine dicimus. Sed aliter dicimus, Finitus est panis; aliter dicimus, Finita est tunica: finitus est panis qui manducabatur, finita est tunica quae texebatur: panis ergo finitus est ut consumeretur, tunica finita est ut perficeretur. Finis ergo propositi nostri Christus est: quia quantumlibet conemur, in illo perficimur, & ab illo perficimur; & haec est perfectio nostra, ad illum pervenire: si cum ad illum perveneris, ultra non quaeris, finis tuus est. Quomodo enim finis viae tuae locus est quo tendis, quo cum perveneris, jam manebis, sic finis studii tui, propositi tui, conatus tui, intentionis tuae, ille est ad quem tendis, ad quem cum perveneris, ultra non desiderabis, quia melius nihil habebis. Ipse ergo & exemplum nobis vivendi proposuit in hac vita, & praemium vivendi dabit in futura vita.

Ex enarratione ejusdem in Psalmum LVIII. Serm. 1. n. 6. num. 13.

INiquitas omnis parva magnave sit, puniatur necesse est, aut ab ipso homine poenitente, aut a Deo vindicante. Nam & quem poenitet, punit seipsum. Ergo, Fratres, puniamus nostra peccata, si quaerimus misericordiam Dei. Non potest Deus misereri omnium operantium iniquitatem quasi blandiens peccatis, aut non eradicans peccata. Proinde aut punis, aut punit. Vis non puniat? Puni tu. Nam & illud scisti quod impunitum esse non possit: sed a te puniatur potius, ut facias quod in illo Psalmo scriptum est, Praeveniamus faciem ejus in confessione. Quid est, Praeveniamus faciem e-
jus? Antequam ipse attendat ut puniat, tu praeveni confitendo, & puni. Non ille inveniat quod puniat. Quia cum tu punis iniquitatem, facis aequitatem. Et ideo tui miserebitur Deus, quia jam te operantem aequitatem invenit Deus. Quid est operantem aequitatem? Quia in te hoc odisti, quod & ille odit: ut incipias placere Deo, dum hoc in te punis quod displicet Deo. Nam non potest impunitum relinquere peccatum: quoniam verum est, *Non misereris omnibus qui operantur iniquitatem.* Vers. 6.

Ex enarratione eadem in Psalmum LVIII. Serm. II. n. 10. & 11.

ADjutor meus, tibi psallam, quia tu Deus susceptor meus es. Quid eram, nisi subvenires? Quam desperatus eram, nisi curares? Ubi jacebam, nisi advenires? Certe ingenti vulnere periclitabar, sed illud vulnus meum medicum omnipotentem requirebat. Omnipotenti medico nihil est insanabile, non renuntiet ad aliquem: opus est ut tu curari velis, opus est ut manus ejus non refugias. Sed & si nolis curari, vulnus tuum admonet ut curreris: & aversum revocat, & refugientem quodammodo ad se redire compellit, & attrahit. In omnibus implet quod dictum est, Misericordia ejus praeveniet me. Cogitate quod dictum est, praeveniet me. Si aliquid tuum primum attulisti, & ex tuo aliquo bono primo Dei misericordiam meruisti, non te praevenit. Quando autem vel intelligis quia praeventus es, nisi intelligas quod
ait Apostolus, „Quid enim habes quod non „accepisti? Si autem accepisti, quid gloriaris quasi non acceperis? Hoc est, Misericordia ejus praeveniet me. Denique attendens omnia bona quaecumque habere possumus, sive in natura, sive in instituto, sive in ipsa conversatione, in fide, in spe, in caritate, in bonis moribus, in justitia, in timore Dei, totum non esse, nisi ex illius donis, ita conclusit: *Deus meus misericordia mea.* Quid est, *misericordia mea*? Si dicis, Salus mea, intelligo quia dat salutem; si dicas, Refugium meum, intelligo quia confugis ad eum; si dicas, Fortitudo mea, intelligo quia dat tibi fortitudinem: *Misericordia mea* quid est? Totum quidquid sum, de misericordia tua est. Sed promerui te, invocando te? Ut essem, quid feci? ut essem qui te invocarem, quid egi? Si enim egi aliquid ut essem, jam eram antequam essem. Porro si omnino nihil eram antequam essem, nihil te promerui ut essem. Fecisti ut essem, & non tu fecisti ut bonus essem? Dedisti mihi ut sim, & alius mihi dedit ut bonus sim? Si tu mihi dedisti ut sim, & alius mihi dedit ut bonus sim, melior est ille qui mihi dedit ut bonus sim, quam ille qui mihi dedit ut sim. Porro quia te nemo melior, nemo te potentior, nemo te in misericordia largior, a quo accepi ut essem, ab illo accepi ut bonus essem. *Deus meus misericordia mea.*

Ps. 94. 2. — Vers. 10. — Vers. 11. — 1. Cor. 4.7.

Ex

Ex enarratione ejusdem in Psalmum LIX. vers. 7. num. 7.

Vers. 7. *SAlvum me fac dextera tua, & exaudi me.* Dextera tua, Domine, salvum me fac: sic salvum me fac, ut ad dexteram stem. *Salvum me fac dextera tua:* non salutem temporalem peto, de hac fiat voluntas tua. Ad tempus quid nobis prosit, penitus ignoramus. Quid enim oremus sicut oportet, nescimus: sed salvum me fac dextera tua, ut & si in tempore isto tribulationem aliquam patiar, transacta nocte omnium tribulationum ad dexteram inveniar inter oves, non ad sinistram inter hœdos. *Salvum me fac dextera tua, & exaudi me.* Quia jam illud peto quod dare vis: non verbis delictorum meorum clamo per diem, ut non exaudias, & nocte, ut non exaudias, & non ad insipientiam mihi, sed utique ad commonitionem, addendo saporem de valle salinarum, ut in tribulatione noverim quid petam: peto autem vitam æternam; ergo exaudi me, quia dexteram tuam peto. Intelligat ergo Charitas Vestra, omnem fidelem habentem in corde verbum Dei cum timore, tenentem judicium futurum, viventem probabiliter, ne de illo blasphemetur nomen sanctum Domini ejus, multa deprecari secundum sæculum, & non exaudiri, ad vitam æternam semper exaudiri. Quis enim sanitatem non petit, cum ægrotat. Et tamen forte adhuc ægrotare ei utile est. Potest fieri ut hinc non exaudiaris ad voluntatem, ut exaudiaris ad utilitatem. At vero cum illud petis, ut det tibi vitam æternam Deus, ut det tibi regnum cælorum Deus, ut det tibi ad dexteram Filii sui stare, cum venerit judicare terram: securus esto, accipies, si modo non accipis: non enim jam venit tempus ut accipias. Exauditus, & nescis: quod petis agitur, etsi nescis in quo agitur. In radice res est, nondum in fructu.

Ex enarratione ejusdem in Psalmum LXII. vers. 2. num. 6.

QUomodo animæ nostræ promittitur beatitudo, sic & carni nostræ promittitur resurrectio. Resurrectio carnis talis nobis promittitur: Audite, & discite, & tenete quæ sit spes Christianorum, quare sumus Christiani. Non enim ad hoc sumus Christiani, ut terrenam nobis felicitatem petamus, quam plerumque habent & latrones & scelerati. Ad aliam felicitatem nos sumus Christiani, quam tunc accipiemus, cum vita ista hujus sæculi tota transierit. Ergo promittitur nobis & carnis resurrectio; & talis resurrectio carnis nobis promittitur, ut caro quidem ista quam modo portamus resurgat in fine. Nec incredibile vobis videatur. Si enim Deus fecit nos qui non eramus, magnum illi est reparare qui eramus? Ergo hoc vobis incredibile non videatur, quia quasi putrescere mortuos videtis, & ire in cineres, & in pulverem. Aut si incendatur aliquis mortuus, aut si canes dilaniant eum, putatis quia inde non erit resurrecturus? Omnia quæ discerpuntur, & in favillas quasdam putrescunt, integra Deo sunt. In illa enim elementa mundi eunt, unde primo venerunt, quando facti sumus: non illa videmus; sed tamen Deus unde sit producet illa, quia & antequam essemus, unde fecerat nos produxit. Talis ergo resurrectio carnis nobis promittitur, ut quamvis ipsa sit caro quam modo portamus, quæ resurrectura est, tamen non habeat corruptionem quam modo habet. Modo enim ex corruptione fragilitatis, si non manducemus, deficimus & esurimus; si non bibamus, deficimus & sitimus; si diu vigilemus, deficimus & dormimus; si diu dormiamus, deficimus, ideo vigilamus; si diu manducemus & bibamus, quamvis propter refectionem manducemus & bibamus, ipsa diuturna refectio, defectio est; si diu stemus, fatigamur, ideo sedemus; & si diu sedeamus, & ibi fatigamur, & ideo surgimus. Deinde videte quia nullus est carnis nostræ status, quoniam infantia avolat in pueritiam, & quæris infantiam, & non est infantia, quia jam pro infantia pueritia est: iterum & ipsa migrat in adolescentiam, quæris pueritiam & non invenis: adolescens fit juvenis, quæris adolescentem, & non est: juvenis fit senex, quæris juvenem, & non invenis: & senex moritur, quæris senem, & non invenis. Non stat ergo ætas nostra: ubique fatigatio est, ubique lassitudo, ubique corruptio. Attendimus qualem nobis spem resurrectionis promittit Deus, in istis omnibus multiplicibus defectionibus nostris sitimus illam incorruptionem: & sic caro nostra multipliciter sitit Deo. Vers. 2.

Ex eadem enarratione in Psalmum LXII. vers. 7. & 8. num. 15.

SI memor fui tui super stratum meum, in diluculis meditabar in te: quia factus es adjutor meus. Stratum suum quietem suam dicit. Quando aliquis quietus est, memor sit Dei; quando aliquis quietus est, non per quietem dissolvatur & obliviscatur Deum: si memor est Dei quando quietus est, in actionibus suis in Deum meditatur. Diluculum enim dixit actiones, quia omnis homo diluculo incipit aliquid agere. Quid ergo dixit, *Si memor fui tui in strato meo, & in diluculis meditabar in te.* Si ergo non fui memor in strato, & in diluculo non meditabar in te. Qui quando otiosus est non cogitat Deum, in actionibus suis cogitare potest Deum? Qui autem memor ejus est quando quietus est, in ipso meditatur cum agit, ne in actione deficiat. Ideo quid adjecit? *Et in diluculis meditabar in te: quia factus es adjutor meus.* Etenim nisi Deus adjuvet bona opera nostra, impleri a nobis non possunt. Et digna debemus operari: idest, tanquam in luce, quando Christo demonstrante operamur. Quicumque operatur mala, in nocte operatur, non in diluculo, Apostolo dicente, „Qui inebriantur, nocte inebriantur, & qui „dormiunt, nocte dormiunt: nos qui diei sumus, sobrii simus. Hortatur nos ut sicut „in die ambulemus honeste: Sicut in die, „inquit, honeste ambulemus." Et iterum, Vos, inquit, filii lucis estis, & filii diei: non sumus noctis neque tenebrarum. Qui sunt filii noctis,

Vers. 7. Vers. 8.

1. Thess. 5. 7. 8. Rom. 13. 13. 1. Thess. 5. 5.

noctis, & filii tenebrarum? Qui omnia mala operantur. Usque adeo filii noctis sunt, ut timeant videri quæ operantur: & quæ publice operantur mala, ideo publice operantur, quia multi illa operantur: quæ pauci operantur, in abscondito operantur: qui autem talia publice operantur, sunt quidem in luce solis, sed in tenebris cordis. Nemo ergo in diluculo operatur, nisi qui in Christo operatur. Sed qui quidem manens est Christi, in ipso meditatur in omnibus adinventionibus suis, & est illi adjutor in omni bono opere, ne per infirmitatem suam deficiat.

Ex enarratione ejusdem in Psalmum LXVII. vers. 32. & 33. num. 41.

PLures codices Latini, & maxime Græci ita distinctos versus habent, ut non sit in eis unus versiculus, *Deo regna terræ*; sed, *Deo*, in fine sit versus superioris, atque ita dicatur, [Psal. 67. Vers. 32.] *Æthiopia præveniet manus ejus Deo*, ac deinde sequatur in alio versu, *Regna terræ cantate Deo, psallite Domino*. Qua distinctione, multorum codicum & auctoritate digniorum consonantia, sine dubio præferenda, fides mihi commendari videtur, quæ opera præcedit: quia sine bonorum operum meritis per fidem justificatur impius, sicut dicit Apostolus, [Rom. 4. 5.] Credenti in eum, qui justificat impium, deputatur fides ejus ad justitiam: ut deinde ipsa fides per dilectionem incipiat operari. [Opera bona.] Ea quippe sola bona opera dicenda sunt, quæ fiunt per dilectionem Dei. Hanc autem necesse est antecedat fides, ut inde illa, non ab illa incipiat ista: quoniam nullus operatur per dilectionem Dei, nisi prius credat in Deum. „ Hæc est fides, de qua di„ citur, [Gal. 5. 6.] In Christo enim Jesu neque circum„ cisio aliquid valet, neque præputium, sed „ fides quæ per dilectionem operatur. Hæc est [Cant. 4. 8. Jer. XXX.] „ fides, de qua ipsi Ecclesiæ dicitur in Canti„ co canticorum ", Venies & pertransies ab initio fidei. Venit enim tamquam currus Dei in millibus lætantium, prosperum iter habens, [Jo. 13. 1.] & pertransiit de hoc mundo ad Patrem: ut fiat in ea quod sponsus ipse dicit, qui transiit [Jo. 17. 24.] de hoc mundo ad Patrem, Volo ut ubi ego sum, & illi sint mecum; sed ab initio fidei. Quia ergo ut bona opera sequantur, præcedit fides, nec ulla sunt bona opera, nisi quæ sequuntur præcedentem fidem: nihil aliud videtur dictum, *Æthiopia præveniet manus ejus Deo*, nisi Æthiopia credet Deo. Sic enim *præveniet manus ejus*, id est, opera ejus. Cujus nisi ipsius Æthiopiæ? Quia hoc in Græco non est ambiguum; eius quippe ibi feminino genere apertissime positum est. Ac per hoc nihil aliud dictum est, quam *Æthiopia præveniet manus suas Deo*, id est, credendo in Deum, præveniet opera sua. [Rom. 3. 28. & 29.] Existimo enim, inquit Apostolus, justificari hominem per fidem sine operibus Legis. „ An Judæorum Deus tantum? nonne „ & Gentium "? Sic ergo Æthiopia, quæ videtur extrema Gentium, justificatur per fidem sine operibus Legis. Non enim ut justificetur, de Legis operibus gloriatur; nec proponit fidei merita sua, sed fide prævenit opera sua.

Ex Libro ejusdem de Gratia Christi, cap. 26.

ISTam Dei gratiam in divinis eloquiis manifestam etiam Pelagius manifeste fateatur, [Caput XXVI. Quæ vera gratia Pelagio fatenda ... 1. Cor. 8. 1.] seque tamdiu contra sensisse non operiat impudentissimo pudore, sed dolore saluberrimo aperiat; ut sancta Ecclesia non turbetur pervicaci ejus obstinatione, sed veraci correctione lætetur. Cognitionem & dilectionem, sicut sunt discernenda, discernat. Quia scientia inflat, caritas ædificat. [Gratia per quam diffunditur caritas.] Et tunc scientia non inflat, quando caritas ædificat. Et cum sit utrumque donum Dei, sed unum minus, alterum majus; non sic justitiam nostram super laudem justificatoris nostri extollat, ut horum duorum quod minus est, divino tribuat adjutorio, quod autem majus est, humano usurpet arbitrio. [Merita non præcedunt gratiam.] Et si consenserit, nos gratia Dei accipere caritatem; non sic sentiat, tamquam ulla merita bona nostra præcesserint. Nam quæ merita bona tunc habere poteramus, quando Deum non diligebamus? Ut autem acciperemus dilectionem qua diligeremus, dilecti sumus, cum eam nondum haberemus. Hoc Joannes apostolus apertissime [1. Jo. 4. 10.] dicit: Non quod nos dilexerimus Deum, sed quia ipse dilexit nos. Et alibi: Nos diligamus, [Ibid. 19.] inquit, quia ipse prior dilexit nos. Optime omnino atque verissime. Non enim haberemus unde illum diligeremus, nisi hoc ab illo, cum prior nos diligeret, sumeremus. Quid autem boni faceremus, nisi diligeremus? Aut quomodo bonum non facimus, si diligimus? Et si enim Dei mandatum videtur aliquando non a diligentibus, sed a timentibus fieri: tamen UBI NON EST DILECTIO, nullum bonum opus imputatur, nec recte bonum opus vocatur: [Rom. 14. 23. Gal. 5. 6. Rom. 5. 5.] quia omne quod non est ex fide peccatum est; & fides per dilectionem operatur. Ac per hoc gratiam Dei, qua caritas Dei diffunditur in cordibus nostris per Spiritum-sanctum, qui datus est nobis, sic confiteatur, qui vult veraciter confiteri, ut omnino nihil boni sine illa, quod ad pietatem pertinet veramque justitiam, fieri posse dubitet.

Ex enarratione ejusdem in Psalmum LXVIII. Serm. II. vers. 37. num. 16.

PSalmus finitus est, sed paululum istos duos versus non relinquamus: admonent enim nos aliquid, ne desperando in illam structuram non intremus. *Semen*, inquit, *servorum ejus* [Vers. 37.] *obtinebit eam*. Jam ergo semen servorum ejus qui sunt? Forte dicis, Judæi nati de Abraham, nos autem qui non sumus nati de Abraham, quomodo habebimus illam civitatem? Sed non sunt semen Abrahæ illi Judæi, quibus dictum est, Si filii Abrahæ estis, facta Abrahæ facite. *Semen ergo servorum ejus*, imitatores [Jo. 8. 39.] fidei servorum ejus *obtinebunt eam*. Denique ultimus versus superiorem exponit. Quasi enim turbatus, ne putares forte hoc de Judæis dici, *Et semen servorum ejus obtinebit eam*, dicunt, Nos semen gentium sumus, quæ idola coluerunt, & dæmonibus servierunt; quid ergo no-

nobis in hac civitate sperandum est? statim subjecit ut præsumas & speres: *Et qui diligunt nomen ejus, inhabitabunt in ea.* Hoc est enim *semen servorum ejus, qui diligunt nomen ejus.* Quia enim servi ejus dilexerunt nomen ejus, quicumque non diligunt nomen ejus, non se dicant semen servorum ejus; & qui diligunt nomen ejus, non se negent semen servorum ejus.

Ex enarratione ejusdem in Psalmum LXXV. vers. 12. num. 17.

Vers. 12. QUID est hoc, *Omnes qui in circuitu ejus sunt offerent munera?* Hoc interim quod Deus admonet dicam vobis, quid ex his verbis mihi ipse inspirare dignatus sit: si melius aliquid postea visum fuerit, & hoc vestrum est; quia communis est omnibus veritas. Non est hæc mea, nec tua; non est illius, aut illius: omnibus communis est. Et fortasse ideo media est, ut in circuitu ejus sint omnes qui diligunt veritatem. Quidquid enim omnibus commune est, in medio est. Quare in medio dicitur? Ut tantum distet ab omnibus, & tantum propinquet omnibus. Quod non est in medio, quasi privatum fit. Quod publicum est, in medio ponitur, ut omnes qui veniant, percipiant, illuminentur. Nemo dicat, Meum est: ne in parte sua velit facere, quod in medio est omnibus. Quid est ergo, *Omnes qui in circuitu ejus sunt offerent munera?* Omnes qui intelligunt, communem esse omnibus veritatem, & non illam faciunt quasi suam superbiendo de illa, ipsi offerent munera; quia humilitatem habent: qui autem quasi suum faciunt quod omnibus commune est; tamquam in medio positum, ad privatum seducere conantur, non offerent hi munera, quia *Omnes qui*
Vers. 13. *in circuitu ejus sunt, offerent munera.* * *Terribili.* Offerentur munera terribili. Timebunt ergo omnes, qui in circuitu ejus sunt. Ideo enim timebunt, & cum tremore laudabunt: quia ideo in circuitu ejus sunt, ut omnes adsequantur eum, & publice omnibus consultat, & publice illuminet. Hoc est, contremiscere. Tu cum feceris tibi eum quasi proprium, & jam non communem, extolleris in superbiam, cum scriptum sit; Servite Domino in timore, &
Ps. 2. 11. exsultate ei cum tremore. Ergo offerent munera, qui in circuitu ejus sunt, ipsi enim humiles sunt, qui communem norunt esse omnibus veritatem.

Ex eadem enarratione in Psalmum LXXV. vers. 13. num. 18.

Vers. 13. TErribilis super reges terræ, sed ille super omnes, qui terrent reges terræ. Esto rex terræ, & erit tibi terribilis Deus. Quomodo, inquies, ero rex terræ? Rege terram, & eris rex terræ. Noli ergo aviditate imperandi ponere tibi ante oculos provincias latissimas, quas tua regna diffundas, terram quam portas re-
1. Cor. 9. 26. ge. Audi Apostolum regentem terram: „Non „sic pugillor, quasi aerem verberans, sed castigo corpus meum, & in servitutem redigo, „ne forte aliis prædicans, ipse reprobus efficiar". Ergo, Fratres mei, estote in circuitu ejus, ut per quemcumque vobis veritas sonuerit; non illam imputetis illi, per quem sonat; sed de medio sit omnibus, quia æqualiter adest omnibus. Et estote humiles, ne vobis & vos ipsi usurpetis, si quid forte boni illius intellexeritis. Quia & nos quod melius intelligimus, vestrum est, & quod vos melius intellexeritis, nostrum est: ut in circuitu ejus simus, & humiles simus. Atque ita perdentes spiritum nostrum offeramus munera terribili super omnes reges terræ, idest, super omnes regentes carnem suam, sed subjectos Creatori suo.

Ex enarratione ejusdem in Psalmum LXXXV. vers. 5. num. 8. & 9.

ET *multum misericors.* Non enim solum *Vers. 5.*
misericors, sed *multum misericors.* Abundat enim iniquitas nostra, abundat & misericordia tua. *Et multum misericors omnibus invocantibus te.* Et quid est quod dicit multis locis Scriptura, Quia invocabunt, & non exaudiam eos: (Certe *misericors omnibus invo- Prov. 1. 28.*
cantibus te): nisi quia quidam invocantes, non ipsum invocant? de quibus dicitur, Deum non invocaverunt. Invocant, sed non Deum. Invo- *Ps. 13. 5.*
cas quidquid amas. Invocas quidquid in te vocas, invocas quidquid vis ut veniat ad te. Porro si Deum propterea invocas, ut veniat ad *Invocas quod diligis.*
te pecunia, ut veniat ad te hereditas, ut veniat ad te sæcularis dignitas, illa invocas quæ vis ut veniant ad te: sed Deum adjutorem tibi ponis cupiditatum, non exauditorem desideriorum. Deus bonus, si det quod vis. Quid, si male vis, nonne erit magis non dando misericors? Porro si non dederit, jam nihil tibi Deus est: & dicis, Quantum rogavi, quam sæpe rogavi, & non sum exauditus! Quid enim petebas? Forte mortem inimici tui. Quid si & ille petebat tuam? Qui te creavit, ipse & illum; homo es, homo est & ille: Deus autem judex est, audit ambos, & non exaudit ambos. Tristis es, quia non es exauditus contra illum: gaude quia non est exauditus contra te. Ego, inquis, non hoc petebam, non inimici mei petebam mortem, sed vitam petebam filii mei. Quid mali petebam? Ni- *Sap. 4. 11.*
hil mali petebas, sicut tu sentiebas. Nam quid, si ille raptus est, ne malitia mutaret intellectum illius? Sed peccator, inquis, erat; & ideo volebam eum vivere, ut corrigeretur. Tu volebas eum vivere, ut melior esset: quid si Deus noverat, si viveret, pejorem futurum? Unde ergo nosti quid illi prodesset, mori, an vivere? Si ergo non nosti, redi ad cor tuum, dimitte Deo consilium tuum. Quid ergo, inquis, faciam? quid orem? Quid ores? Quod te docuit Dominus, quod te docuit cælestis magister. Invoca Deum tamquam Deum, ama Deum tamquam Deum. Illo melius nihil est: ipsum desidera, ipsum concupisce. Vide invocantem Deum in alio Psalmo: Unam petii a Domino, hanc requiram. „Quid „est quod petiit? Ut inhabitem in domo Do- *Ps. 26. 4.*

„mi-

mini per omnes dies vitae meae. Ut quid hoc? Ut contempler delectationem Domini. Si ergo amator Dei esse vis, sincerissimis medullis castisque suspiriis ipsum dilige; ipsum ama, illi flagra, illi inhia quo perfrui nihil invenies, quo melius, quo latius, quo diuturnius. Quid enim tam diuturnum, quam id quod est sempiternum? Non times ne aliquando a te pereat, qui facit ne tu pereas. Si ergo tu invocas Deum, tamquam Deum, securus esto exaudiris: pertines ad illum versum, *Et multum misericors omnibus invocantibus te.*

Noli ergo dicere, Illud mihi non dedit. Redi ad conscientiam tuam, discute, interroga, parcere illi noli. Si vere Deum invocasti, certus esto, quia id forte quod volebas temporaliter, ideo non dedit, quia non tibi proderat. Adjiciamus & hoc ad vestram, Fratres, mentem Christianam, cor fidele: ne incipiatis tristes facti, veluti fraudati desideriis vestris, ire in indignationem contra Deum. Etenim non expedit adversus stimulum calcitrare. (Act. 9. 5.) Recurrite ad Scripturas. Exauditur diabolus, & non exauditur Apostolus. Quid vobis videtur? (Matth. 8. 31. Job 1. 12.) quomodo exauditi sunt daemones? Petierunt se ire in porcos, & concessum est eis. Quomodo exauditus est diabolus? Petiit Job tentandum, & accepit. (2 Cor. 12. 7. &c.) Quomodo non exauditus est Apostolus? In magnitudine, inquit, revelationum ne extollar, datus est mihi stimulus carnis meae angelus satanae qui me colaphizet: propter quod ter Dominum rogavi ut auferret eum a me, & dixit mihi, Sufficit tibi gratia mea, nam virtus in infirmitate perficitur. Exaudivit eum quem disponebat damnare, & non exaudivit eum, quem volebat sanare. Nam & aeger petit multa a medico, non dat medicus: non exaudit ad voluntatem, ut exaudiat ad sanitatem. Ergo medicum tuum pone Deum, pete ab illo salutem, & salus tua ipse erit: non quasi salutem extrinsecus, sed ut salus ipse sit; ne quaeras aliam salutem praeter ipsum; sed quemadmodum habes in Psalmo, (Ps. 34. 3.) Dic animae meae, Salus tua ego sum. Quid ad te, quod tibi dicat, ut se tibi det? Vis ut det se tibi? Quid si quod vis habere, non vult ipse te habere, ne se tibi det? Impedimenta remove, ut intret ad te. Bene cogitate & considerate, Fratres, quae dat Deus peccatoribus; & hinc intelligite quid servet servis suis. Peccatoribus blasphemantibus eum quotidie dat caelum & terram, dat fontes, fructus, salutem, filios, copias, ubertatem: haec omnia bona non dat nisi Deus. Qui talia peccatoribus dat, quid eum putas servare fidelibus suis? Hoccine de illo credendum est, quia qui talia malis dat, nihil servat bonis? Immo vero servat, non terram, sed caelum. Vilius forte aliquid dico, cum dico caelum: sed seipsum qui fecit caelum. Pulchrum est caelum, sed pulchrior est fabricator caeli. Sed video caelum, & illum non video. Oculos enim habes ad videndum caelum, cor nondum habes ad videndum fabricatorem caeli. Ideo venit de caelo in terram, ut mundet cor, quo videatur qui fecit caelum & terram. Sed place cum patientia sanitatem expecta. Quibus te medicamentis curet, ille novit; quibus sectionibus, quibus ustionibus, ille novit. Tu tibi aegritudinem comparasti peccando: ille venit non solum fovere, sed & secare & urere. Non vides quanta homines patiantur sub medicorum manibus, spem incertam homine promittente? Sanaberis, dicit medicus, sanaberis, si secuero. Et homo dicit, & homini dicit: nec qui dicit certus est, nec qui audit; quia ille dicit homini, qui non fecit hominem, & non perfecte scit quid agatur in homine: & tamen ad verba hominis plus nescientis quid agatur in homine credit homo, subdit membra, ligari se patitur, secari plerumque etiam non ligatus se patitur; & accipit forte salutem paucorum dierum, jam sanatus quando moriatur ignorans; & fortasse dum curatur moritur, & fortasse curari non potuit. Cui autem promisit Deus aliquid, & fefellit?

Ex libro ejusdem de spiritu & litera, cap. 27.

NEC moveat, quod naturaliter eos (gentiles scilicet) dixit (Apostolus) *quae legis sunt facere*, non spiritu Dei, non fide, non gratia. (Gentes lege naturali [illegible]) Hoc enim agit spiritus gratiae, ut imaginem Dei, in qua naturaliter facti sumus, instauret in nobis. Vitium quippe contra naturam est, quod utique sanat gratia: propter quam Deo dicitur, *Miserere mei, sana animam meam, quoniam peccavi tibi.* (Rom. 2. 14. Ps. 40. 5.) Proinde naturaliter homines quae legis sunt faciunt: qui enim hoc non faciunt, vitio suo non faciunt. Quo vitio lex Dei est deleta de cordibus: ac per hoc, vitio sanato, cum illic scribitur, fiunt quae legis sunt naturaliter: non quod per naturam negata sit gratia, sed potius per gratiam reparata natura. *Per unum quippe hominem peccatum intravit in mundum, & per peccatum mors, & ita in omnes homines pertransiit, in quo omnes peccaverunt*: (Rom. 5. 12.) & ideo quia *non est distinctio, egent gloria Dei, justificati gratis per gratiam ipsius.* (Rom. 3. 23.) Qua gratia in interiore homine renovato justitia scribitur, quam culpa deleverat: & haec misericordia super genus humanum per Christum Jesum Dominum nostrum. *Unus enim Deus, unus & mediator Dei & hominum homo Christus Jesus.* (1 Tim. 2. 5.)

Ex enarratione 1. in Psalmum XXXIII. num. 6.

SUblatum est sacrificium Aaron, & coepit esse sacrificium secundum ordinem Melchisedech . . . . Dominus noster Jesus Christus in corpore & sanguine suo voluit esse salutem nostram. (Sacrificium Christi. Hebr. [illegible]) Unde autem commendavit corpus & sanguinem suum? De humilitate sua. Nisi enim esset humilis, nec manducaretur, nec biberetur. Respice altitudinem ipsius, In principio erat Verbum, & Verbum erat apud Deum, & Deus erat Verbum. (Jo. 1. 1.) Ecce cibus sempiternus: sed manducant Angeli, manducant supernae Virtutes, manducant caelestes Spiritus, & man-

& manducantes saginantur, & integrum manet quod nos satiat & lætificat. Quis autem homo posset ad illum cibum? Unde cor tam idoneum illi cibo? Oportebat ergo ut mensa illa lactesceret, & ad parvulos perveniret. Unde autem fit cibus lac? unde cibus in lac convertitur? nisi per carnem trajiciatur? Nam mater hoc facit. Quod manducat mater, hoc manducat infans: sed quia minus idoneus est infans, qui pane vescatur, ipsum panem mater incarnat, & per humilitatem mamillæ & lactis succum, de ipso pane pascit infantem. Quomodo ergo de ipso pane pavit nos Sapientia Dei? Jo. 1. 14. Quia Verbum caro factum est, & habitavit in nobis. Videte ergo humilitatem: Quia panem Angelorum manducavit homo, ut scriptum est, panem cæli dedit eis, panem Ps. 77. 24. Angelorum manducavit homo: id est, Verbum illud quo pascuntur Angeli sempiternum, quod Phil. 2. 6. 7. est æquale Patri, manducavit homo: quia cum in forma Dei esset, non rapinam arbitratus est esse æqualis Deo. Saginantur illo Angeli: „ sed semetipsum exinanivit, ut manducaret panem Angelorum homo, formam servi accipiens, in similitudinem hominum factus, & habitu inventus ut homo, humiliavit se factus obediens usque ad mortem, mortem autem crucis": ut jam de cruce commendaretur nobis caro & sanguis Domini novum sacrificium.

*alias [illegible]. *Ex Epistola ejusdem XXXVIII. * ad Profuturum num. 2.*

NON desunt scandala, sed neque refugia: non desunt mœrores, sed neque consolationes. Atque inter hæc quam vigilandum sit, ne cujusquam odium cordis intima teneat, neque sinat ut oremus Deum in cubiculo nostro clauso ostio, sed adversus ipsum Deum claudat ostium, nosti optime frater, subrepit autem dum nulli irascenti ira sua videtur injusta. Ita enim inveterascens ira fit odium, dum quasi justi doloris admixta dulcedo, diutius eam in vase detinet, donec totum acescat, vasque corrumpat. Quapropter multo melius, nec juste cuiquam irascimur, quam velut juste irascendo in alicujus odium iræ occulta facilitate delabimur. In recipiendis enim hospitibus ignotis, solemus dicere, multo esse melius malum hominem perpeti, quam forsitan per ignorantiam excludi bonum, dum cavemus ne recipiatur malus. Sed in affectibus animi contra est. Nam incomparabiliter salubrius est etiam iræ juste pulsanti non aperire penetrale cordis, quam admittere non facile recessuram, & perventuram de surculo ad trabem. Audet quippe impudenter etiam crescere citius quam putatur. Non enim erubescit in tenebris, cum super eam sol occiderit.

Ex Tractatu ejusdem V. in Joannis Evangelium num. 15. & Tract. VI. n. 14. 15. & 17.

Tract. 5. num. 15. Jo. 1. 33. DIcunt fortasse (*Donatistæ*), Credimus ei. (*Joanni*) Quomodo ergo dicitis quia vos baptizatis, & Joannes dicit, *Hic est qui baptizat*? Sed ministros, inquiunt, tanti judicis justos oportet esse, per quos baptizatur. Et ego dico, & omnes dicimus, quia justos oportet esse tanti judicis ministros: sint ministri justi, si volunt; si autem noluerint esse justi qui cathedram Moysi sedent: securum me fecit magister meus, de quo Spiritus ejus dicit, *Hic est qui baptizat*. Quomodo securum me fecit? „ Scribæ, inquit, & Pharisæi cathedram Moysi sedent; quæ dicunt facite, quæ autem faciunt, facere nolite: dicunt enim, & non faciunt". Si fuerit minister justus, computo illum cum Paulo, computo illum cum Petro; cum illis computo justos ministros: quia vere justi ministri gloriam suam non quærunt; ministri enim sunt, pro judicibus haberi nolunt, spem in se poni exhorrescunt: ergo computo cum Paulo justum ministrum. Quid enim dicit Paulus? „ Ego plantavi, Apollo rigavit, sed Deus incrementum dedit: neque qui plantat est aliquid, neque qui rigat, sed qui incrementum dat Deus". Qui vero fuerit superbus minister, cum Zabulo computatur: sed non contaminatur donum Christi, quod per illum fluit purum, quod per illum transit liquidum venit ad fertilem terram: puta quia ipse lapideus est, quia ex aqua fructum ferre non potest: & per lapideum canalem transit aqua, transit aqua ad areolas; in canali lapideo nihil generat, sed tamen hortis plurimum fructum affert. Spiritalis enim virtus sacramenti ita est ut lux: & ab illuminandis pura excipitur, & si per immundos transeat, non inquinatur. Matt. 23. 1. Cor. 3. 6.

Docet nos columba. Respondet enim de capite Domini, & dicit, Baptismum habes, charitatem autem qua gemo non habes. Quid est hoc, inquit, Baptismum habeo, charitatem non habeo? Sacramenta habeo, & charitatem non? Noli clamare: ostende mihi quomodo habeat charitatem qui dividit unitatem. Ego, inquit, habeo baptismum. Habes, sed BAPTISMUS ille SINE CHARITATE NIHIL tibi PRODEST: quia sine charitate tu nihil es. Nam baptismus ille, etiam in illo qui nihil est, non est nihil. Baptisma quippe illud aliquid est, & magnum aliquid est: propter illum de quo dictum est, *Hic est qui baptizat*. Sed ne putares illud quod magnum est, tibi aliquid prodesse posse si non fueris in unitate, super baptizatum columba descendit, tamquam dicens, Si baptismum habes, esto in columba, ne non tibi prosit quod habes. Veni ergo ad columbam, dicimus, non ut incipias habere quod non habebas, sed ut prodesse tibi incipiat quod habebas. Foris enim habebas baptismum ad perniciem: intus si habueris, incipit prodesse ad salutem. Tract. VI. num. 14. 15. & 17.

Non enim tantum tibi non proderat baptisma & non etiam oberat: ET SANCTA POSSUNT OBESSE: in bonis enim sancta ad salutem insunt, in malis ad judicium. Certe enim, Fratres, novimus quid accipiamus, & utique sanctum est quod accipimus, & nemo dicit, non esse sanctum: & quid ait Apostolus? Qui autem manducat & bibit indigne, judicium sibi manducat & bibit. Non ait quia illa res mala est, sed quia ille malus male accipiendo, ad judicium accipit bonum quod accipit. Num enim De consecr. dist. 2. cap. Et sancta. 1. Cor. 11. 29.

mala

mala erat buccella, quæ tradita est Judæ a Domino? absit. Medicus non daret venenum: salutem medicus dedit, sed indigne accipiendo ad perniciem accepit, qui non pacatus accepit. Sic ergo & qui baptizatur &c.

Noli de baptismate gloriari, quia dico ipsum est: ecce dico ipsum est, tota Catholica dicit ipsum est: advertit columba, & agnoscit, & gemit quia ipsum foris habes: videt ibi quod agnoscat, videt & quod corrigat. Ipsum est, veni: gloriaris quia ipsum est, & non vis venire. Quid ergo mali, qui non pertinent ad columbam? Ait tibi columba, Et mali inter quos gemo, qui non pertinent ad membra mea, & necesse est ut inter illos gemam, nonne habent quod te habere gloriaris? nonne multi ebriosi habent baptismum? nonne multi avari? nonne multi idololatræ? & quod est pejus, furtim? nonne Pagani ad idola eunt, vel ibant publice? nunc autem Christiani sortilegos quærunt, mathematicos consulunt. Et illi habent baptismum, sed columba gemit inter corvos. Quid ergo gaudes quia habes? hoc habes quod habet & malus. Habeto humilitatem, charitatem, pacem: habeto bonum quod nondum habes, ut prosit tibi quod habes.

Ex Tractatu ejusdem XV. in Joannis Evangelium, cap. 4. v. 16. n. 19.

Tract. 15. Videns Jesus quia mulier non intelligebat, & volens eam intelligere, *Voca*, inquit, *virum tuum*. Ideo enim nescis quod dico, quia intellectus tuus non adest: loquor ego secundum spiritum, tu audis secundum carnem. Quæ loquor, nec ad voluptatem aurium pertinent, nec ad oculos, nec ad olfactum, nec ad gustum, nec ad tactum: mente sola capiuntur, intellectu solo hauriuntur: ille intellectus non tibi adest, quomodo capis quod dico? *Voca virum tuum*, præsenta intellectum tuum. Quid tibi est enim animam habere? Non est magnum, nam & pecus habet. Unde tu melior? Quia intellectum habes, quod pecus non habet. Quid est ergo, *Voca virum tuum*? Non me capis, non me intelligis: de dono Dei tibi loquor, tu autem carnem cogitas: secundum carnem sitire non vis, ego spiritum alloquor: abiens est intellectus tuus, *Voca virum tuum*. Noli esse sicut equus & mulus, quibus non est intellectus. (Psal. 31. 9.) Ergo, Fratres mei, animam habere, & intellectum non habere, hoc est non adhibere, nec secundum eum vivere, bestialis est vita. Est enim in nobis quiddam bestiale quo in carne vivimus, sed intellectu regendum est. Motus enim animæ secundum carnem se moventis, & in delicias carnales immoderate diffluere cupientis, regit desuper intellectus. Qui debet dici vir? qui regit, an qui regitur? Procul dubio cum ordinata vita est, intellectus animam regit, ad ipsam animam pertinens. Non enim aliquid aliud est quam anima, sed aliquid animæ est intellectus: quomodo non aliquid aliud quam caro est oculus, sed aliquid carnis est oculus. Cum autem carnis aliquid sit oculus, solus tamen luce perfruitur: cetera autem membra carnalia luce perfundi possunt, lucem sentire non possunt; solus et oculus & perfunditur & perfruitur. Sic in anima nostra quiddam est quod intellectus vocatur. Hoc ipsum animæ quod intellectus & mens dicitur, illuminatur luce superiore. Jam superior illa lux, qua mens humana illuminatur, Deus est: Erat enim verum lumen quod illuminat omnem hominem venientem in hunc mundum. (Jo. 1. 9.) Talis lux Christus erat, talis lux cum muliere loquebatur: illa intellectu non aderat, qui illa luce illuminaretur, nec tantum perfunderetur, verum etiam frueretur. Ergo Dominus tamquam diceret, Illustrare volo, & non adest quem, *Voca*, inquit, *virum tuum*: adhibe intellectum per quem docearis, quo regaris. Ergo constitue animam excepto intellectu tamquam feminam; intellectum autem habere tamquam virum. *Sed ille vir non bene regit feminam suam*, nisi cum a superiore regitur. Caput enim mulieris vir, caput autem viri Christus. (1 Cor. 11. 3.) Loquebatur caput viri cum femina, & non aderat vir. Et tamquam diceret Dominus, Adhibe caput tuum, ut ille suscipiat caput suum. Ergo *Voca virum tuum, & veni huc*: id est, adesto, præsens esto: velut enim absens es, dum non intelligis præsentis vocem veritatis: præsens esto, sed noli sola; cum viro tuo adesto.

Ex Tractatu ejusdem XVIII. in Joannis Evangelium, cap. 5. v. 20. n. 9. & 10.

Tract. 18. *Pater diligit Filium, & omnia demonstrat ei quæ ipse facit*. Ecce est illud, *demonstrat*. *Demonstrat* quasi cui? Utique quasi videnti. Redimus ad id quod explicare non possumus, quomodo Verbum videat. Ecce homo factus est per Verbum: sed homo habet oculos, habet aures, habet manus, diversa membra in corpore: per oculos potest videre, per aures potest audire, per manus operari: diversa membra, diversa membrorum officia. Non potest illud membrum quod potest alterum: tamen propter corporis unitatem, oculus & sibi & auri videt, & auris sibi & oculo audit. Numquid tale aliquid in Verbo arbitrandum est esse, quoniam omnia per ipsum? Et dixit Scriptura in Psalmo, Intelligite qui insipientes estis in populo, & stulti aliquando sapite: Qui plantavit aurem non audiet, aut qui finxit oculum, non considerat? (Psal. 93. 8.) Si ergo finxit oculum Verbum, quia omnia per Verbum; si plantavit aurem Verbum, quia omnia per Verbum, non possumus dicere, Non audit Verbum, non videt Verbum: ne objurget nos Psalmus, & dicat, Stulti aliquando sapite. Itaque si audit Verbum, & videt Verbum, audit Filius & videt Filius: numquid tamen & in ipso diversis locis quæsituri sumus oculos & aures? Aliunde audit, aliunde videt; & auris ejus non potest quod oculus, & oculus non potest quod potest auris? An totus ille visus est, & totus auditus? Forte ita: immo non forte, sed vere ita: dum tamen & ipsum ejus videre, & ipsum ejus audire, longe alio modo quam nostrum sit. Et videre & audire simul in Verbo est, nec aliud est ibi audire, & aliud videre; sed auditus visus, & visus auditus.

Et nos qui aliter videmus, aliter audimus, hoc

hoc unde novimus? Redeamus forte ad nos, si non sumus prævaricatores, quibus dictum est, Isa. 46. 8. Redite prævaricatores ad cor. Redite ad cor: quid itis a vobis, & peritis ex vobis? quid itis solitudinis vias? Erratis vagando: redite. Quo? ad Dominum. Cito est: primo redi ad cor tuum, exul a te vagaris foris: teipsum non nosti, & quæris a quo factus es: Redi, redi ad cor, tolle te a corpore: corpus tuum habitatio tua est: cor tuum sentit etiam per corpus tuum: sed corpus tuum non quod cor tuum: dimitte & corpus tuum, redi ad cor tuum. In corpore tuo inveniebas alibi oculos, alibi aures: in corde tuo numquid hoc invenis? An in corde tuo non habes aures? De quibus ergo Dominus dicebat, Luc. 8. 8. Qui habet aures audiendi, audiat? An in corde non habes oculos? Unde dicit Apostolus, Ephes. 1. 18. illuminatos oculos cordis vestri? Redi ad cor: vide ibi quid sentias forte de Deo, quia ibi est imago Dei. In interiore homine habitat Christus, in interiore homine renovaris ad imaginem Dei, in imagine sua cognosce auctorem ejus. Vide quemadmodum omnes corporis sensus cordi intro renuntient quid senserint foris: vide quam multos ministros habeat unus interior imperator, & quid apud se etiam sine his ministris agat. Renuntiant oculi cordi alba & nigra; renuntiant aures eidem cordi canora & dissona; renuntiant nares eidem cordi odora & putida; renuntiat gustus eidem cordi amara & dulcia; renuntiat tactus eidem cordi lenia & aspera: renuntiat & sibi ipsum cor justa & injusta. Cor tuum & videt & audit, & cetera sensibilia dijudicat; & quo non aspirant corporis sensus, justa & injusta, mala & bona discernit. Ostende mihi oculos, aures, nares cordis tui. Diversa sunt quæ ad cor tuum referuntur, & diversa ibi membra non inveniuntur. In carne tua alibi audis, alibi vides: in corde tuo ibi audis, ubi vides. Si hæc imago, quanto potentius ille cujus imago? Ergo & audit Filius, & videt Filius, & ipsa visio & auditio Filius est: & hoc est illi audire quod esse, & hoc est illi videre quod esse. Tibi non hoc est videre quod esse: quia etsi perdas visum, potes esse, etsi perdas auditum, potes esse.

Ex eodem Augustini Tractatu XIX. in Joannis Evangelium, cap. 5. v. 26. n. 12. & 13.

ECCE, inquit, habeat ipse quod vitam Filio Pater dedit, ut habeat eam quidem in semetipso, sicut habet Pater vitam in semetipso, non indigens, non indigeat & ille; ut sit ille vita, sit & ille; & utrumque conjunctum una vita, non duæ; quia unus Deus, non duo dii: & hoc ipsum est esse vitam. Quomodo ergo dedit Filio vitam Pater? Non sic quasi ante fuerit sine vita, atque ut viveret a Patre acceperit vitam: nam si hoc esset, non haberet vitam in semetipso. Ecce de anima loquebar. Est anima: etsi non sit sapiens, etsi non sit justa, anima est; etsi non sit pia, anima est. Aliud illi ergo est esse animam, aliud vero esse sapientem, esse justam, esse piam. Est ergo aliquid quo nondum est sapiens, nondum justa, nondum pia, non tamen nihil est, non tamen nulla vita est: nam ex operibus quibusdam suis ostendit se vitam, etsi non se ostendit sapientem, piam, justam. Nisi enim viveret, corpus non moveret, pedibus gressum, manibus opus, oculis intuitum, auribus auditum non imperaret, non aperiret os ad vocem, linguam ad distinctionem vocum non moveret. His itaque operibus vivere se ostendit, & esse aliquid quod sit corpore melius: sed numquid his operibus, sapientem, piam, justam se ostendit? Nonne ambulant, operantur, vident, audiunt, loquuntur & stulti, & impii, & injusti? Cum vero se erigit ad aliquid quod ipsa non est, & quod supra ipsam est, & a quo ipsa est, percipit sapientiam, justitiam, pietatem: sine quibus cum esset, mortua erat, nec vitam habebat qua ipsa viveret, sed qua corpus vivificaret. Aliud est enim in anima unde corpus vivificatur, aliud unde ipsa vivificatur. Melius quippe est quam corpus: sed melius quam ipsa est Deus. Ergo ipsa, etiamsi sit insipiens, injusta, impia, vita corporis. Quia vero vita ejus est Deus, quemadmodum cum ipsa est in corpore, præstat illi vigorem, decorem, mobilitatem, officia membrorum: sic cum vita ejus Deus in ipsa est, præstat illi sapientiam, pietatem, justitiam, charitatem. Aliud est ergo quod præstatur corpori de anima; aliud quod præstatur animæ de Deo: Vivificat & vivificatur: mortua vivificat, si ipsa non vivificatur. Veniente itaque verbo & infuso audientibus, factoque illis non solum audientibus, sed etiam obedientibus, resurgit anima a morte sua ad vitam suam, hoc est, ab iniquitate, ab insipientia, ab impietate ad Deum suum, qui est illi sapientia, justitia, claritas. Surgat ad illum, illuminetur ab illo. Accedite, inquit, ad illum, & quid nobis erit? & Ps. 33. 6. illuminamini. Si ergo accedendo illuminamini, & recedendo tenebramini; non erat in vobis lumen vestrum, sed in Deo vestro. Accedite, ut resurgatis: si recesseritis, moriemini. Si ergo accedendo vivitis, recedendo moriemini; non erat in vobis vita vestra. Ipsa enim est vita vestra, quæ est lux vestra. Quoniam apud te est fons vitæ, & in lumine tuo videbimus lumen. Ps. 35. 10.

Non ergo sicut anima aliquid aliud est ante quam illuminetur, & fit melior cum illuminatur participatione melioris, ita & Verbum Dei, Filius Dei, aliquid aliud erat ante quam acciperet vitam, ut participando haberet vitam: sed vitam habet in semetipso, ac per hoc ipse est ipsa vita. Quid ergo est? *Dedit Filio vitam habere in semetipso?* Breviter dicerem, Genuit Filium. Neque enim erat sine vita, & accepit vitam: sed nascendo vita est. Pater vita est non nascendo: Filius vita est nascendo. Pater de nullo patre. Filius de Deo Patre. Pater quod est, a nullo est: quod autem Pater est, propter Filium est. Filius vero & quod Filius est, propter Patrem est; & quod est a Patre est. Hoc ergo dixit, *Vitam dedit Filio, ut haberet eam in semetipso?* tamquam diceret, Pater qui est vita in semetipso, genuit Filium qui esset vita in semetipso. Pro eo enim quod est genuit, voluit intelligi *dedit*. Tamquam si cuiquam diceremus, Dedit tibi Deus esse. Cui dedit? Si alicui jam existenti dedit esse, non ei

dedit

dedit esse: qui erat, antequam ei daretur, qui posset accipere. Cum ergo audis, Dedit tibi esse, non erat qui acciperet, & existendo accepit ut esset. Dedit structor domui huic ut esset. Sed quid ei dedit? ut domus esset. Cui dedit? huic domui. Quid ei dedit? ut domus esset. Quomodo potuit dare domui ut domus esset? Etenim si domus erat: cui daret, ut domus esset, quando jam domus erat? Quid est ergo, Dedit ei ut domus esset? fecit ut domus esset. Quid ergo Filio dedit? dedit ei ut Filius esset, genuit ut vita esset: hoc est, *Dedit ei habere vitam in semetipso*, ut esset vita non egens vita, ne participando intelligatur habere vitam. Si enim participando haberet vitam, posset & amittendo esse sine vita: hoc in Filio ne accipias, ne cogites, ne credas. Manet ergo Pater vita, manet & Filius vita: Pater vita in semetipso, non a Filio: Filius vita in semetipso, sed a Patre. A Patre genitus ut esset vita in semetipso: Pater vero non genitus vita in semetipso. Nec minorem Filium genuit, qui crescendo fieret aequalis. Non enim ad suam perfectionem adjutus est tempore, per quem perfectum creata sunt tempora. Ante omnia tempora Patri coaeternus est. Non enim umquam Pater sine Filio: aeternus autem Pater est: ergo coaeternus & Filius. Quid tu anima? Mortua eras, amiseras vitam, audi Patrem per Filium. Surge, accipe vitam: ut in eo recipias vitam quam non habes in te, qui habet vitam in semetipso. Vivificat ergo te Pater, & Filius: & agitur prima resurrectio, quando resurgis ad participandam vitam quod tu non es, & participando efficeris vivens. Resurge a morte tua in vitam tuam, qui est Deus tuus; & transi a morte in vitam aeternam. Habet enim vitam aeternam Pater in semetipso: & nisi Filium talem genuisset, qui haberet vitam in semetipso, non sicut Pater suscitat mortuos & vivificat, sic & Filius quos vellet vivificaret.

Jo. 5. 21.

Ex ejusdem, Tractatu XXVI. in Joannis Evangelium, cap. 6. V. 57.
num. 18.

Vers. 57.

De manducatione corporis Christi qui debeat.

JAM exponit quomodo id fiat quod loquitur, & quid sit manducare corpus ejus & sanguinem bibere. *Qui manducat carnem meam, & bibit meum sanguinem, in me manet, & ego in illo.* Hoc est ergo manducare illam escam, & illum bibere potum, in Christo manere, & illum manentem in se habere. Ac per hoc qui non manet in Christo, & in quo non manet Christus, procul dubio nec manducat spiritaliter carnem ejus, nec bibit ejus sanguinem, licet carnaliter & visibiliter premat dentibus sacramentum corporis & sanguinis Christi: sed magis tantae rei sacramentum ad judicium sibi manducat & bibit, quia immundus praesumsit ad Christi accedere sacramenta, quae aliquis non digne sumit, nisi qui mundus est: de quibus dicitur, Beati mundo corde, quoniam ipsi Deum videbunt.

Matth. 5. 8.

Ex ejusdem Tractatu XXVIII. in Joannis Evangelium, cap. 7. V. 6. & 7.

Ps. 93. 15.

MOdo quid necessarium est eis, qui habent justitiam? Quod in illo ipso Psalmo legitur, Quoadusque justitia convertatur in judicium; & qui habent eam, omnes recti corde. Quaeritis forsitan qui sunt recti corde? Illos invenimus in Scriptura rectos corde, qui mala saeculi tolerant, & non accusant Deum. Videte, Fratres, rara avis est ista quam loquor. Nescio quo enim modo evenit homini aliquid mali, Deum currit accusare, qui deberet se. Quando boni aliquid agis, te laudas; quando mali aliquid pateris, Deum accusas. Hoc est ergo cor tortum, non rectum. Ab ista distortione & pravitate si corrigaris, convertetur in contrarium quod faciebas. Antea enim quid faciebas? Laudabas te in bonis Dei, accusabas Deum in malis tuis: converso corde & directo, laudabis Deum in bonis tuis, accusabis te in malis tuis. Isti sunt recti corde. Denique ille nondum recto corde, cui displicebat felicitas malorum & labor bonorum, sic correctus, „Quam bonus „Deus Israel rectis corde? Mei autem, quando non eram recto corde, prope commoti „sunt pedes, paulo minus effusi sunt gressus „mei. Quare? Quia zelavi in peccatoribus, „pacem peccatorum intuens". Vidi, inquit, malos felices, & displicuit mihi Deus: hoc enim volebam, ut non permitteret Deus malos esse felices. Intelligat homo: numquam hoc permittit Deus: sed ideo malus felix putatur, quia quid sit felicitas ignoratur. Simus ergo recti corde: tempus gloriae nostrae nondum venit. Dicatur amatoribus hujus saeculi, quales erant fratres Domini, *Tempus vestrum semper est paratum: tempus nostrum nondum venit.* Audeamus enim hoc dicere & nos. Et quoniam corpus Domini nostri Jesu Christi sumus, quoniam membra ejus sumus, quoniam caput nostrum gratanter agnoscimus, dicamus prorsus: quoniam propter nos & ipse hoc dignatus est dicere. Quando nobis insultant amatores hujus saeculi, dicamus eis, *Tempus vestrum semper est paratum: tempus nostrum nondum venit.* Nobis enim dixit Apostolus, Mortui enim estis, & vita vestra abscondita est cum Christo in Deo. Quando veniet tempus nostrum? Cum Christus, inquit, apparuerit vita vestra, tunc & vos apparebitis cum ipso in gloria.

Recti corde qui. — Ps. 72. 1. &c. — Jo. 7. 6. — Coloss. 3. 3.

Ex ejusdem Tractatu XXXIII. in Joannis Evangelium, cap. 8. V. 1. & 3.

Jo. 8. 1.

INde *Jesus perrexit in montem*: in montem autem *Oliveti*, in montem fructuosum, in montem unguenti, in montem chrismatis. Ubi enim decebat docere Christum nisi in monte Oliveti? Christi enim nomen a Chrismate dictum est: χρῖσμα autem Graece, Latine unctio nuncupatur. Ideo autem nos unxit, quia luctatores contra diabolum fecit.

Ex ejusdem Tractatu L. in Joannis Evangelium, cap. 12. ℣. 3. &c. 6. 7. & 8.

[Vers. 3.] DOmus impleta est odore, mundus impletus est fama bona: nam odor bonus fama bona est. Qui male vivunt & Christiani vocantur, [Isa. 52. 5.] injuriam Christo faciunt: de qualibus dictum est, quod per eos nomen Domini blasphe- [Rom. 2. 24.] matur. Si per tales nomen Dei blasphematur; per bonos nomen Domini laudatur. Audi Apo- [2 Cor. 2. 15.] stolum: Christi bonus odor sumus, inquit, in [Cant. 1. 2.] omni loco. Dicitur & in Canticis canticorum: Unguentum effusum nomen tuum. Ad Apostolum revoca intentionem: „ Christi, inquit, „ bonus odor sumus in omni loco, & in his „ qui salvi fiunt, & in his qui pereunt: aliis „ sumus odor vitæ in vitam, aliis odor mor- „ tis in mortem: & ad hæc quis idoneus " ? Occasionem nobis præbet præsens lectio sancti Evangelii de odore illo ita loqui, ut & a nobis sufficienter dicatur, & a vobis diligenter [2 Cor. 2. 16.] audiatur, Apostolo ipso ita dicente, Et ad hæc quis idoneus? Ergo ut inde nos conemur loqui, numquid idonei sumus, aut vos audire hæc idonei estis? Nos quidem idonei non sumus: sed idoneus est ille, qui per nos dignatur dicere quod vobis prosit audire. Ecce Apostolus bonus odor est, sicut dicit ipse: sed ipse bonus odor aliis est odor vitæ in vitam, aliis autem odor mortis in mortem; tamen bonus odor. Numquid enim ait, Aliis sumus bonus odor ad vitam, aliis malus odor ad mortem? Bonum odorem se dixit, non malum; & eumdem bonum odorem aliis ad vitam dixit, aliis ad mortem. Felices qui bono odore vivunt: quid autem infelicius illis qui bono odore moriuntur?

Et quis, ait aliquis, quem bonus odor occidit? Hoc est quod ait Apostolus, Et ad hæc quis idoneus? Quomodo ea facit Deus miris modis, ut bono odore & boni vivant, & mali moriantur, quomodo fit, quantum Dominus inspirare dignatur, (nam fortasse ibi lateat altior intellectus, qui a me non potest penetrari): tamen quo usque penetrare potui, vobis non debet denegari. Paulum apostolum bene agentem, bene viventem, justitiam verbo prædicantem, opere demonstrantem, doctorem mirabilem, fidelem dispensatorem, fama ejusquaque disseminabat: quidam diligebant, quidam invidebant. Nam ipse quodam loco ait de quibusdam, quod non caste, sed per invidiam Chri- [Philip. 1. 17. 18.] stum annuntiarent: existimantes, inquit, tribulationem suscitare vinculis meis. Sed quid ait? Sive occasione, sive veritate Christus annuntietur. Annuntiant qui me amant, annuntiant qui mihi invident: illi bono odore vivunt, & illi bono odore moriuntur: tamen utrisque prædicantibus nomen Christi annuntiatur, odore optimo mundus impletur. Amasti bene agentem, vixisti bono odore: invidisti bene agenti, mortuus es bono odore. Numquid quia mori voluisti, ideo odorem illum malum esse fecisti? Noli invidere, & non te occidet bonus odor.

Ex ejusdem Tractatu LXXXVII. in Joannis Evangelium, cap. 15. vers. 17. & 1. & 2.

HÆC mando vobis ut diligatis invicem. [V. 17.] Intelligere debemus hunc esse fructum nostrum de quo ait, Ego vos elegi ut eatis, & fructum afferatis, & fructus vester maneat. „ Et quod adjunxit, Ut quodcumque petieri- „ tis Patrem in nomine meo, det vobis ": tunc utique dabit nobis, si diligamus invicem, cum & hoc ipsum ipse dederit nobis, qui nos elegit non habentes fructum, quia non eum nos elegeramus; & posuit nos ut fructum afferamus, hoc est invicem diligamus: quem fructum sine illo habere non possumus, sicut palmites facere sine vite nihil possunt. Charitas ergo est [1 Tim. 1. 5.] fructus noster, quam definit Apostolus, de corde puro & conscientia bona, & fide non ficta. Hac diligimus invicem, hac diligimus Deum. Neque enim vera dilectione diligeremus invicem, nisi diligentes Deum. Diligit enim unusquisque proximum tamquam seipsum, si diligit Deum: nam si non diligit Deum, non diligit seipsum. In his enim duobus præ- [Matth. 22. 40.] ceptis charitatis, tota Lex pendet & Prophetæ. Hic est fructus noster. De fructu itaque [Gal. 5. 22.] nobis mandans, *Hæc mando*, inquit, *vobis, ut diligatis invicem*. Unde & apostolus Paulus, cum contra opera carnis commendare fructum spiritus vellet, a capite hoc posuit. Fructus, inquit, spiritus charitas est: ac deinde cetera tamquam ex illo capite exorta & religata contexuit, quæ sunt gaudium, pax, longanimitas, benignitas, bonitas, fides, mansuetudo, continentia. Quis autem bene gaudet, qui bonum non diligit unde gaudet? Quis pacem veram nisi cum illo potest habere quem veraciter diligit? Quis est longanimis in bono perseveranter manendo, nisi ferveat diligendo? Quis est benignus, nisi diligat cui opitulatur? Quis bonus, nisi diligendo efficiatur? Quis salubriter fidelis, nisi ea fide quæ per dilectionem operatur? Quis utiliter mansuetus, cui non dilectio moderetur? Quis ab eo continet unde turpatur, nisi diligat unde honestatur? Merito itaque magister bonus dilectionem sic sæpe commendat, tamquam sola præcipienda sit, sine qua non possunt prodesse cetera bona, & quæ non potest haberi sine ceteris bonis, quibus homo efficitur bonus.

Pro hac autem dilectione patienter debemus etiam mundi odia sustinere. Necesse est enim ut nos oderit, quem cernit nolle quod diligit. Sed plurimum nos de seipso Dominus consolatur, qui cum dixisset, *Hæc mando* [Jo. 15. 18.] *vobis, ut diligatis invicem*; adjecit, atque ait, *Si mundus vos odit, scitote quoniam me priorem vobis odio habuit*. Cur ergo se membrum supra verticem extollit? Recusas esse in corpore, si non vis odium mundi sustinere cum capite. *Si de mundo*, inquit, *essetis, mundus* [Ibid. 19.] *quod suum erat diligeret*. Universæ utique [2 Cor. 5. 19.] hoc dicit Ecclesiæ, quam plerumque etiam ipsam mundi nomine appellat; sicut est illud: Deus erat in Christo, mundum reconcilians sibi.

Item-

[Joan. 3. 17.] Intelligitur illud. Non venit Filius hominis ut judicet mundum, sed ut salvetur mundus per ipsum. [1. Joan. 2. 1. & 2.] Et in Epistola sua Joannes ait, Advocatum habemus ad Patrem Jesum Christum justum, & ipse propitiator est peccatorum nostrorum; non tantum nostrorum, sed etiam totius mundi. Totus ergo mundus Ecclesia est, & totus mundus odit Ecclesiam. Mundus igitur odit mundum, inimicus reconciliatum, damnatus salvatum, inquinatus mundatum.

Ex eodem Tractatu LXXXVII. in Joannis Evangelium, cap. 15. vers. 17. num. 4.

SI quaeratur: quomodo se diligat mundus perditionis, qui odit mundum redemtionis: diligit se utique falsa dilectione, non vera. Proinde falso se diligit, & vere odit. Qui enim diligit iniquitatem, odit animam suam. [Psal. 10. 6.] Sed diligere se dicitur, quoniam iniquitatem qua iniquus est diligit: & rursus odisse se dicitur, quoniam quod ei nocet, hoc diligit. Odit ergo in se naturam, diligit vitium: odit quod factus est per Dei bonitatem, diligit quod in eo factum est per liberam voluntatem. Unde nos quoque illum diligere & prohibemur, si recte diligimus, & jubemur: prohibemur scilicet, ubi nobis dicitur; [1. Joan. 2. 15.] Nolite diligere mundum: jubemur autem, ubi nobis dicitur, Diligite [Luc. 6. 27.] inimicos vestros. Ipsi sunt mundus qui nos odit. Ergo & prohibemur diligere in illo quod ipse diligit in seipso, & jubemur diligere in illo quod ipse odit in seipso, Dei scilicet opificium, & diversas bonitatis suae consolationes. Vitium quippe in illo diligere prohibemur, jubemurque diligere naturam, cum ipse in se diligat vitium, oderitque naturam: ut nos eum & diligamus & oderimus recte, cum se ipse diligat oderitque perverse.

Ex ejusdem Tractatu LXV. in Evangelium Joannis, cap. 13. vers. 34. n. 1.

[1. Cor. 15. 28.] TUNC aliquid desiderio non deerit, quando omnia in omnibus Deus erit. Talis finis non habet finem. Nemo ibi moritur, quo nemo pervenit, nisi huic saeculo moriatur, non morte communi, qua corpus ab anima deseritur; sed morte electorum, qua etiam cum in carne mortali adhuc manetur, cor sursum ponitur. De quali morte dicebat Apostolus, [Col. 3. 3.] Mortui enim estis, & vita vestra abscondita est cum Christo in Deo. Hinc fortasse [Cant. 8. 6.] dictum est, Valida est sicut mors dilectio. Hac enim dilectione fit, ut in illo adhuc corruptibili corpore constituti moriamur huic saeculo, & vita nostra abscondatur cum Christo in Deo, immo ipsa dilectio est mors nostra saeculo, & vita cum Deo. Si enim mors est quando de corpore anima exit, quomodo non est mors quando de mundo amor noster exit? Valida est ergo sicut mors dilectio. Quid ea validius, qua vincitur mundus?

Ex Libro I. ejusdem Augustini de Trinitate cap. 6. & 7. num. 12. & seqq.

CUM dicit Apostolus, *Nobis unus Deus Pater, ex quo omnia, & nos in ipso; & unus Dominus Jesus Christus, per quem omnia; & nos per ipsum*: quis dubitet eum omnia quae creata sunt dicere? sicut Joannes, *Omnia per ipsum facta sunt*? Quaero itaque de quo dicat alio loco, *Quoniam ex ipso, & per ipsum, & in ipso sunt omnia: ipsi gloria in saecula saeculorum, amen*. Si enim de Patre & Filio & Spiritu-sancto, ut singulis personis singula tribuantur; *Ex ipso*, ex patre; *per ipsum*, per Filium; *in ipso*, in Spiritu sancto: manifestum est quod Pater & Filius & Spiritus-sanctus unus est Deus, quando singulariter intulit, *Ipsi gloria in saecula saeculorum*. Unde enim coepit hunc sensum, non ait, *O altitudo divitiarum sapientiae & scientiae* Patris, aut Filii, aut Spiritus-sancti, sed *sapientiae & scientiae Dei! Quam inscrutabilia sunt judicia ejus & investigabiles viae ejus! Quis enim cognovit sensum Domini? Aut quis consiliarius ejus fuit? Aut quis prior dedit illi, & retribuetur ei? Quoniam ex ipso, & per ipsum & in ipso sunt omnia: ipsi gloria in saecula saeculorum, amen*. Si autem hoc de Patre tantummodo intelligi volunt, quomodo ergo omnia per Patrem sunt, sicut hic dicitur; & omnia per Filium, sicut ad Corinthios ubi ait, *Et unus Dominus Jesus Christus, per quem omnia*; & sicut in Evangelio Joannis, *Omnia per ipsum facta sunt*? Si enim alia per Patrem, alia per Filium, jam non omnia per Patrem, nec omnia per Filium. Si autem omnia per Patrem, & omnia per Filium; eadem per Patrem, quae per Filium. Aequalis est ergo Patri Filius, & inseparabilis operatio est Patris & Filii. Quia si vel Filium fecit Pater quem non fecit ipse Filius, non omnia per Filium facta sunt: at omnia per Filium facta sunt: ipse igitur factus non est ut cum Patre faceret omnia quae facta sunt. Quamquam nec ab ipso verbo tacuerit Apostolus, & apertissime omnino dixerit, *Qui cum in forma Dei esset, non rapinam arbitratus est esse aequalis Deo*; hic Deum proprie Patrem appellans, sicut alibi, *Caput autem Christi Deus*, &c.

[Ex Caput VI. 1. Cor. 8. 6. Non ex solo Patre omnia, sed etiam ex Filio. Joan. 1. 3. Rom. 11. 36.] [1. Cor. 8. 6.] [Joan. 1. 3.] [Phil. 2. 6. 1. Cor. 11. 3.]

* His & talibus divinarum Scripturarum testimoniis, quibus priores nostri copiosius usi, expugnaverunt haereticorum tales calumnias vel errores, insinuatur fidei nostrae unitas & aequalitas Trinitatis. Sed quia multa in sanctis libris propter incarnationem Verbi Dei, quae pro salute nostra reparanda facta est, ut mediator Dei & hominum esset homo Christus Jesus, ita dicuntur, ut majorem Filio Patrem significent, vel etiam apertissime ostendant; erraverunt homines minus diligenter scrutantes vel intuentes universam seriem Scripturarum, & ea quae de Christo Jesu secundum hominem dicta sunt, ad ejus substantiam quae ante incarnationem sempiterna erat, & sempiterna est, transferre conati sunt. Et illi quidem dicunt minorem esse Filium quam Pater est, quia scriptum est ipso Domino

[Cap. VII. Filium quomodo minorem Patre & seipso. 1. Tim. 2. 5.]

mino

Joan. 14. 28. ipso dicente, *Pater major me est*. Veritas autem ostendit secundum istum modum etiam se ipso minorem Filium. Quomodo enim non etiam se ipso minor factus est, qui semetipsum exinanivit formam servi accipiens? Neque enim sic accepit formam servi, ut amitteret formam Dei, in qua erat æqualis Patri. Si ergo ita accepta est forma servi, ut non amitteretur forma Dei, cum & in forma servi & in forma Dei idem ipse sit Filius unigenitus Dei Patris, & in forma Dei æqualis Patri, in forma Dei mediator Dei & hominum homo Christus Jesus; quis non intelligat quod in forma autem servi etiam se ipso minor est? Non itaque immerito Scriptura utrumque dicit, & æqualem Patri Filium, & Patrem majorem Filio. Illud enim propter formam Dei, hoc autem propter formam servi, sine ulla confusione intelligitur. Et hæc nobis regula per omnes sacras Scripturas dissolvendæ hujus quæstionis, ex uno capitulo epistolæ Pauli Apostoli promitur, ubi manifestius ista distinctio commendatur. Ait enim, *Qui cum in forma Dei esset, non rapinam arbitratus est esse æqualis Deo; sed semetipsum exinanivit formam servi accipiens, in similitudinem hominum factus, & habitu inventus ut homo*. Est ergo Dei Filius Deo Patri natura æqualis, habitu minor. In forma enim servi quam accepit minor est Patre; in forma autem Dei in qua erat etiam antequam hanc accepisset, æqualis est Patri. In forma Dei, Verbum per quod facta sunt omnia, in forma autem servi factus ex muliere, factus sub Lege, ut eos qui sub Lege erant redimeret. Proinde in forma Dei fecit hominem, in forma Dei factus est homo. Nam si Pater tantum sine Filio fecisset hominem, non scriptum esset, *Faciamus hominem ad imaginem & similitudinem nostram*. Ergo quia forma Dei accepit formam servi, utrumque Deus, & utrumque homo: sed utrumque Deus propter accipientem Deum, utrumque autem homo propter acceptum hominem. Neque enim illa susceptione alterum eorum in alterum conversum atque mutatum est, nec divinitas quippe in creaturam mutata est, ut desisteret esse divinitas; nec creatura in divinitatem, ut desisteret esse creatura.

Philipp. 2. 7.

1 Tim. 2. 5.

Philipp. 2. 6.

Gal. 4. 4. Gal. 4. 5.

Gen. 1. 26.

Ex eodem Libro I. de Trinitate, cap. 8. num. 15.

[illegible]

ILLUD autem quod dicit Apostolus, *Cum autem ei omnia subjecta fuerint, tunc & ipse Filius subjectus erit ei qui illi subjecit omnia*, aut ideo dictum est, ne quisquam putaret habitum Christi, qui ex humana creatura susceptus est, conversum iri postea in ipsam divinitatem, vel ut certius expresserim, deitatem, quæ non est creatura, sed est unitas Trinitatis incorporea & incommutabilis, & sibimet consubstantialis & coæterna natura. Aut si quisquam contendit, ut aliqui senserunt, ita dictum, *Et ipse Filius subjectus erit ei qui illi subjecit omnia*, ut ipsam subjectionem, commutationem & conversionem credat futuram creaturæ in ipsam substantiam vel essentiam

1 Cor. 15. 28.

Creatoris, id est ut quæ fuerat substantia creaturæ fiat substantia Creatoris; certe vel hoc concedit, quod non habet ullam dubitationem, nondum hoc fuisse factum cum Dominus diceret, *Pater major me est*. Dixit enim hoc non solum ante quam ascendisset in cælum, verum etiam ante quam passus resurrexisset a mortuis. Illi autem qui putant humanam in eo naturam in deitatis substantiam mutari atque converti, & ita dictum, *Tunc & ipse Filius subjectus erit ei qui illi subjecit omnia*, ac si diceretur, Tunc & ipse Filius hominis & a Verbo Dei suscepta humana natura commutabitur in ejus naturam, qui ei subjecit omnia, tunc futurum putant, cum post diem judicii tradiderit regnum Deo & Patri. Ac per hoc etiam secundum illam opinionem adhuc Pater major est, quam quæ de Virgine servi forma accepta est. Quod si aliqui & hoc affirmant, quod jam fuerit in Dei substantiam mutatus homo Christus Jesus; illud certe negare non possunt, quod adhuc natura hominis manebat, quando ante passionem dicebat, *Quoniam Pater major me est*: unde nulla cunctatio est secundum hoc dictum esse, quod forma servi major est Pater, cui in forma Dei æqualis est Filius. Nec quisquam cum audierit quod ait Apostolus, *Cum autem dixerit, quia omnia subjecta sunt ei, manifestum quia præter eum qui illi subjecit omnia*, ita existimet de Patre intelligendum, quod subjecerit omnia Filio, ut ipsum Filium sibi omnia subjecisse non putet. Quod Apostolus ad Philippenses ostendit dicens, *Nostra autem conversatio in cælis est; unde & Salvatorem exspectamus Dominum Jesum Christum, qui transfigurabit corpus humilitatis nostræ conforme ut fiat corpori gloriæ suæ, secundum operationem suam, qua possit etiam sibi subjicere omnia*. Inseparabilis enim operatio est Patris & Filii. Alioquin nec ipse Pater sibi subjecit omnia, sed Filius ei subjecit, qui ei regnum tradit, & evacuat omnem principatum & omnem potestatem & virtutem. De Filio quippe ista dicta sunt, *Cum tradiderit, inquit, regnum Deo & Patri, cum evacuaverit omnem principatum & omnem potestatem, & virtutem*. Ipse enim subjicit, qui evacuat.

Joan. 14. 28.

1 Cor. 15. 28.

Joan. 14. 28.

1 Cor. 15. 27.

Phil. 3. 20.

1 Cor. 15. 24.

Ex Libro ejusdem contra sermonem Arianorum, cap. 37.

QUOD dicit Apostolus, etiam in futuro sæculo Patri Filium subjectum futurum, ubi ait, *Tunc & ipse Filius subjectus erit ei qui illi subjecit omnia*: quid mirum, quandoquidem illa in Filio forma humana mansura est, qua semper minor est Patre? Quamvis non desuerint, qui illam tunc Filii subjectionem, ipsius humanæ formæ in divinam substantiam commutationem intelligendam putaverint, tanquam hoc eoque ei subjicitur, quod in eam vertitur & mutatur. Sed nos quod hinc sentiamus ostendimus, magis ideo dixisse Apostolum etiam tunc Patri Filium subjectum futurum, ne quis in eo putaret spiritum & carnem hominem aliqua conversione

1 Cor. 15. 28.

potperfruentur: ut *sit Deus omnia* non tantum in illius omnes forma hominis, sed et *in omnibus*, id est, et ad habendam vitam, & faciendum in bonis desiderium nostrum natura divina sufficiat. Tunc enim Deus omnia erit in omnibus, cum præter ipsum nihil omnino habere velle cœperimus. Omnia quippe ipse nobis erit; quando ipso fruentibus nihil deerit.

Ex libro ejusdem contra Maximinum Arian. II. cap. 18. num. 4. & seq.

PArentibus ut esset subditus Christus, non divinæ majestatis fuit, sed ætatis humanæ. Frustra itaque dixisti, *Si parentibus fuit subditus quos creavit, quanto magis sit genitori qui eum tantum ac talem genuit?* Luc. 2. 51. Respondetur enim tibi, Si parentibus fuit subditus propter pueritiam, quanto magis Deo propter ipsam hominis formam? Quam formam cum immortalem fecerit, non tamen perdiderit, quid mirum si etiam post hujus sæculi finem subjectus erit in ea illi qui ei subjecit omnia? Tu autem non propter formam servi dicis Filium Patri esse subjectum, sed quia eum tantum ac talem genuit, id est magnum Deum, quamvis Patre ipso minorem: ubi & Patri derogas, qui Filium sibi unicum, aut non potuit, aut noluit gignere æqualem; & ipsi Filio qui utique Patri non est generatus æqualis, & ideo profectus est natus, ne unquam crescendo fieret, quod non potuit esse nascendo.

Non autem, ut putas, corpus tantum Filii, id est, corpus humanum, verum etiam humanum spiritum Patri dicimus esse subjectum: & secundum id quod homo factus est intelligimus dictum,
1. Cor. 15. 28. *Cum autem omnia illi subjecta fuerint, tunc & ipse Filius subjectus erit illi qui ei subjecit omnia.* Secundum id quod Christus est caput & corpus: caput scilicet ipse Salvator qui surrexit a mortuis, & sedet ad dexteram Patris; & Ecclesia quæ est corpus
Eph. 1. 23. ejus, plenitudo ejus, sicut apertissime dicit Apostolus. Ac per hoc cum omnia Christo subjecta fuerint, & capiti & corpori erunt sine dubitatione subjecta. Nam secundum id quod sine tempore Deus natus est, nihil unquam potuit ei non esse subjectum.

Hebr. 2. 8. „ Quod itaque scriptum est ad Hebræos, „ Nunc autem necdum videmus omnia subje„ cta ei: eum autem modico minus ab an„ gelis minoratum videmus Jesum propter pas„ sionem mortis; " docere nos debet quomo„ do intelligendum sit quod scriptum est ad Co-
1. Cor. 15. 28. rinthios, *Cum autem omnia illi subjecta fuerint*: quia secundum id dictum est quod factus est homo, non secundum id quod est Deus. Sic ergo in homine apparens, in quo per passionem mortis minoratus est modico minus ab angelis, vivos & mortuos judicabit.

Ex ejusdem libro contra Sermonem Arianorum, cap. 11. num. 9.

Zach. 12. 10. FORMAM in Christo filii hominis tunc ab eo judicandi videbunt impii, de quibus dictum est, Videbunt in quem confixerunt. Dei vero formam in eodem ipso Christo, qua Joan. 5. 18.
æqualis est Patri, utique non videbunt. Unde Prophetia prædixit, Tollatur impius, ut Isai. 26. 10.
non videat claritatem Domini. Quo & ad hoc pertinet, Beati mundo corde, quoniam ipsi Matt. 5. 8.
Deum videbunt. Denique hoc apertissime relatum, ubi dicit, Potestatem dedit ei judicium Joan. 5. 27.
facere, quoniam filius hominis est. Non ergo quoniam Filius Dei est: nam secundum hoc coæterna illi cum Patre & una eademque potestas est: sed quoniam filius hominis est, quod esse cœpit ex tempore, ut ei potestas daretur in tempore. Quod non ita dicitur, tanquam eam sibi & ipse non dederit, id est, naturæ in se humanæ non dederit potestatem illa quæ in eo natura divina est: absit hoc credere. Quomodo enim aliquid facit Pater, nisi per unigenitum Filium? Nec sine Spiritu-sancto, quia inseparabilia sunt opera Trinitatis. At per hoc quod potestatem Filio dedit quoniam Filius hominis est, per naturam ipsam ipsi dedit, quoniam Filius Dei est. Omnia enim Joan. 1. 3.
per ipsum facta sunt, & sine ipso factum est nihil. Sed honorifice & competenter tribuit Patri quod etiam ipse facit ut Deus, quia de Patre est Deus. Ipse utique Deus est de Deo: Pater autem Deus, sed non de Deo.

Ex ejusdem enarratione in Psalmum CIV. vers. 8. & sequent. n. 6. & 7.

M*Emor fuit in sæculum testamenti sui*. A- Vers. 8.
lii codices habent, *in æternum*: quod ex ambiguo Græco factum est. Sed si in hoc sæculum intelligendum est, non in æternum; quomodo exponenti eum testamenti memor fuerit, adjungit & dicit, *Verbi quod mandavit in mille generationes?* Quod adhuc cum aliquo fine potest intelligi: sed deinde dicit, *Quod* Vers. 9.
*disposuit ad Abraham, & juramenti sui ad Isaac: * & statuit illud Jacob in præceptum,* Vers. 10.
& Israel in testamentum æternum. Ubi solutus est ambiguitatis locus: αἰώνιον quippe habet Græcus, quod nusquam nostri nisi æternum interpretati sunt .... Si autem hoc loco Testamentum vetus intelligendum est, propter terram Chanaan; sic enim sermo contexitur, *Et statuit illud ipsi Jacob in præceptum, & ipsi* Vers. 11.
*Israel in testamentum æternum, * dicens, Tibi dabo terram Chanaan funiculum hereditatis vestræ*: quomodo intelligendum est *æternum*, cum terrena illa hereditas æterna esse non possit? Et ideo vetus Testamentum vocatur, quia per Novum abolitur. *Mille* ergo *generationes* hoc æternum videntur aliquid significare; quia utique finem habent, & ad ipsa temporalia nimis multæ sunt. Quamlibet enim paucis annis generatio determinetur, quam Græci γενεὰν dicunt, quam minimam quidam quindecim annis terminaverunt, ex quo homo incipit posse generare; quot sunt illæ mille generationes, non solum a tempore Abraham, quando ei facta est promissio, usque ad tempus novi Testamenti, sed ab ipso Adam, usque ad terminum sæculi? Quis enim audeat dicere,

cere, quindecim annorum millibus hoc seculum excendi.

Proinde mihi videtur non hic vetus Testamentum intelligendum, quod Novo esse tollendum dicitur per Prophetam, „ Ecce dies veniunt, dicit Dominus, & consummabo domui Jacob Testamentum novum, non secundum Testamentum quod constitui patribus eorum, cum eduxissem eos de terra Ægypti: sed testamentum fidei, quod laudat Apostolus, cum Abraham nobis proponit imitandum, & de Legis operibus gloriantes inde convincit, quod Abraham etiam ante circumcisionem credidit Deo, & reputatum est illi ad justitiam. Denique cum dixisset, *Memor fuit in seculum testamenti sui*, quod in æternum intelligere debemus, testamentum scilicet justificationis & hereditatis æternæ, quam fidei promisit Deus: *Verbi*, inquit, *quod mandavit in mille generationes*. Quid est *mandavit*? Quod enim ait, *Tibi dabo terram Chanaan*, non mandatum est, sed promissum. Mandatum est autem quod facere debemus, promissum quod accipere. Mandatum ergo fidei est; ut justus ex fide vivat; & huic fidei hereditas æterna promittitur. *Mille ergo generationes*, propter numeri perfectionem, pro omnibus intelligendæ sunt, id est, quamdiu generatio generationi succedendo succedit, tamdiu mandatum est vivendum ex fide. Quod observat populus Dei, filii promissionis nascendo venientes, & moriendo abeuntes, donec omnis generatio finiatur; quod millenario numero significatum est, quia denarii numeri solidum quadratum decem decies, & hoc decies ad mille pervenit. *Quod disposuit*, inquit, *ad Abraham, & juramenti sui ad Isaac. Et statuit illud Jacob*, id est ipsi Jacob, *in præceptum*. Ipsi sunt tres Patriarchæ, quorum specialiter se dicit Deum, quos & Dominus nominat in Testamento novo, ubi dicit, „ Multi ab „ Oriente & Occidente venient, & recumbent „ cum Abraham & Isaac & Jacob in regno „ cælorum. " Illa est hereditas æterna. Nam & hic ubi ait, *Statuit illud Jacob in præceptum*; manifestat præceptum esse fidei; non enim promissum appellat præceptum. Si enim opus est in præcepto, merces in promisso: Hoc est opus Dei, Dominus ait, ut credatis in eum quem ille misit. Hoc ergo verbum quod mandavit, *memor in æternum testamenti sui*, hoc est, verbum fidei quod prædicamus, *Statuit illud ipsi Jacob in præceptum, & ipsi Israel in testamentum æternum*, id est, quod ex ipso verbo & præcepto impleto daturus esset aliquid æternum. *Dicens, Tibi dabo terram Chanaan funiculum hereditatis vestræ*. Quomodo ergo est hoc æternum, nisi aliquid æternum significet? Ipsa enim dicta est terra promissionis, terra fluens lac & mel. Quod totum significat gratiam, in qua gustatur quam suavis est Dominus, ad quam non omnes homines pertinent. Non enim omnium est fides. Ideo addidit, *Funiculum hereditatis vestræ*. Unde in alio Psalmo, semen Abrahæ quod est Christus, intelligitur loqui ubi dicit, *Funes ceciderunt mihi in præclaris, etenim hereditas mea præclara est mihi*, &c.

Ex ejusdem enarratione in Psalmum CV. vers. 7. num. 7.

QUID est ergo, *Patres nostri non intellexerunt mirabilia tua*, nisi non cognoverunt quid per illa mirabilia eis præstare volueris? Quid utique nisi vitam æternam, & non temporale, sed incommutabile bonum, quod per patientiam exspectatur? Ideo impatienter murmuraverunt, & amaricaverunt, & bonis præsentibus fallacibus atque fugacibus beatos se fieri quæsierunt. *Non fuerunt memores multitudinis misericordiæ tuæ*. Et intellectum redarguit, & memoriam. Intellectu quippe opus erat, ut cogitarent ad quorum bonorum æternitatem per illa temporalia vocaret Deus: memoria vero, ut saltem quæ temporaliter mirabilia facta sunt, non obliviscerentur, fideliterque præsumerent quod eadem potestate, quam fuerant jam experti, Deus illos ab inimicorum persecutione liberaret: obliti sunt autem quid eis in Ægypto ad inimicos eorum conterendos per tanta prodigia præstitisset . . . . . NOTANDUM est sane quemadmodum Scriptura culpare voluerit, non intelligere quod intelligendum est, & non meminisse quod memoria retinendum est: quod homines suæ culpæ deputari nolunt, ad nihil aliud nisi ut minus supplicent, minusque sint humiles Deo, in cujus conspectu confiteantur quod sunt, atque impetrato adjutorio possint esse quod non sunt. Nam etiam peccata ignorantiæ vel negligentiæ melius accusantur ut pereant, quam excusantur ut maneant; meliusque purgantur invocato Deo, quam firmantur irritato.

Ex eadem enarratione in Psalmum CV. vers. 46. num. 36.

ET *dedit eos in misericordias*. Ut essent non vasa iræ, sed vasa misericordiæ. Ideo autem puto pluraliter misericordias dictas, in quas eos dedit, quia unusquisque proprium donum habet a Deo, alius sic, alius autem sic. *Dedit ergo eos in misericordias in conspectu omnium qui ceperant eos*. Age nunc, quisquis hæc legis, & gratiam Dei, qua in æternam vitam per Dominum nostrum Jesum Christum redimimur, legendo in Apostolicis literis, in Propheticis autem scrutando cognoscis, & vetus Testamentum in novo revelatum, in vetere novum velatum vides; recole quem dixerit apostolus Paulus principem potestatis aeris, qui operatur in filios infidelitatis, & illud ubi ait de quibusdam, „ Ut resipiscant „ de diaboli laqueis, captivati ab ipso secun„ dum ipsius voluntatem: & verba Domini „ Jesu Christi, " ubi eum expellens de fidelium cordibus ait, Nunc princeps hujus mundi missus est foras: & ipsius itidem Apostoli decretis, Qui eruit nos de potestate tenebrarum, & transtulit in regnum Filii caritatis suæ. Hæc atque hujusmodi recolens, intuere ea omnia & in literis veteris Testamenti, & vide quid cantetur in eo Psalmo cujus est titulus, Quando domus ædificabatur post captivitatem: ibi enim dicitur, Cantate Domino canno canticum novum. Et ne existimes ad Judæorum populum tantummodo pertinere: „Cantate, inquit, Domino omnis terra; cantate Domino, benedicite nomen ejus annuntiate, vel potius bene nuntiate, immo, ut ipsum verbum quod in Græco positum est, transferam, evangelizate diem ex die salutare ejus.“ Hinc enim Evangelium nuncupatum est, in quo annuntiatur diem ex die, Dominus Christus, lumen ex lumine, Filius ex Patre. Hoc enim est & salutare ejus; quia salutare Dei Christus est, sicut & superius jam demonstravimus. „Annuntiate in Gentibus gloriam ejus, in omnibus populis mirabilia ejus. Quoniam magnus Dominus, & laudabilis valde, terribilis est super omnes Deos: quoniam omnes dii gentium dæmonia.“ Illi ergo inimici cum rege suo diabolo captivum tenebant populum Dei. De qua captivitate cum redimimur, & princeps hujus mundi mittitur foras, ædificatur domus post captivitatem: cujus lapis angularis est Christus, qui duos condidit in se, in unum novum hominem, faciens pacem, quam diem ex die utique evangelizavit eis qui erant prope, & eis qui erant longe, faciens utraque unum; & adducens alias oves, quæ non sunt de hoc ovili, ut sit unus grex & unus pastor. Et ita Deus dedit in *misericordiæ* prædestinatione sua: quia non volentis, neque currentis, sed miserentis est Dei: *in conspectu omnium qui ceperant eos*. Hi ergo inimici, diabolus & angeli ejus captivaverant prædestinatos in Dei regnum & gloriam: a Redemptore autem nostro foras missi qui dominari infidelibus solebant interius, fideles oppugnant exterius. Sed oppugnant, non expugnant eos qui apprehendunt turrem fortitudinis a facie inimici. Ut autem oppugnent, faciunt in nobis esse infirmitatis reliquias, propter quas dicimus, Dimitte nobis debita nostra: propter quas dicimus, Ne nos inferas in tentationem, sed libera nos a malo. His itaque inimicis ejectis, perficit Dominus Christus sanitatem in corpore, cui caput est ipse Salvator corporis, ut in eo ipso corpore suo tertia consummetur. Sic enim dixit, Ecce ejicio dæmonia, & sanitates perficio hodie & cras, & tertia consummor, id est, perficior, occurrentibus omnibus nobis in virum perfectum, in mensuram ætatis plenitudinis Christi.

Ex ejusdem enarratione in Psalmum CVIII. vers. 15. num. 17.

DICIT aliquis, Etiamne hoc ad pœnam Judæ pertinere credendum est, quod post ejus mortem ad mendicitatem uxor ejus & filii pervenerunt, & translati sunt, ejecti de habitationibus suis, scrutante fœneratore omnem substantiam ejus, & diripientibus alienis omnes labores ejus, nemine adjuvante, nec miserante pupillos ejus, & quod cito sint sine posteris mortui? Numquid etiam de his quæ in suis post mortem cuique contingunt, ullus mortuos tangit dolor? aut hæc saltem scire putandi sunt, quorum sensus alibi est pro meritis, sive bene, sive male? Cui respondeo magnam quidem esse quæstionem, nec in præsentia disserendam, quid sit opera prolixiore, utrum, vel quatenus, vel quomodo ea quæ circa nos aguntur, noverint spiritus mortuorum. Veruntamen, quod breviter dici potest, si nulla illis esset cura de nobis, non diceret Dominum dixisse illum divitem, qui torquebatur apud inferos, Habeo ibi quinque fratres, ne & ipsi veniant in locum hunc tormentorum. Sed quomodolibet intelligant, qui hoc aliter intelligere conantur; & quia fatendum est non esse consequens, ut si sciunt mortui suos vivere, quia nec in loco pœnarum eos videmus, ubi dives ille erat, nec in requie beatorum, ubi Lazarum & Abraham, quamvis longe agnoscebat, ideo nos etiam quæ circa eorum carnem aguntur vel læta vel tristia scire necesse sit: hoc dico, parum esse sani animi hominem, qui post mortem suam quid suis bene maleve contingat, saltem dum vivunt, negligant, atque omnino contemnant; multos autem, quod indicat etiam tanta cura commendandæ ultimæ voluntatis, & qualiumcumque testamentorum, satis agere, ut cum defuncti fuerint, suis bene sit. Perpetuationem vero posteritatis suæ per successiones generationum soli laudabiliter spernunt, qui seipsos abscidunt propter regnum cælorum, & filios suos hoc facere cupiunt, exoptantes martyrio coronari, ita ut nullus eorum in terra remaneat: cæteri autem omnes, aut pene omnes, se etiam volunt sua esse in hac vita post mortem suam, & suam gentem interire nolunt. Quapropter quod Juda cum infeliciter mortuo, ita uxor vidua & filii ejus orphani remanserunt, ut fœneratore scrutante omnem substantiam ejus, & diripientibus alienis labores ejus de suis habitationibus ejicerentur, nec aliquem pupilli ejus miseratorem invenirent, & in una generatione sine posteris exstinguerentur; si hæc sentiunt mortui, cumulus malorum est; si hoc non sentiunt, formido viventium. Si autem movet, quomodo potuerit habere substantiam, quam fœnerator scrutaretur, aliique diriperent, quando jam cum aliis undecim Dominum sequebatur; credat eum omnia quæ habebat ita dedisse filiis & uxori, ut non inde singulariter vel perseverantem vinculum cupiditatis abruperit: quæ etiamsi ea velut vendere videretur distribuenda pauperibus, profecto fecerat quod Ananias post Domini Ascensionem. Neque enim exciperet ut hoc Dominus divinitus cognosceret, quem falli putabat, quando ea quæ mittebantur, de loculis auferebat.

Ex eadem enarratione in Psalmum CVIII. vers. 21. num. 23.

ET *tu, Domine, Domine, fac mecum.* Quidam subaudiendam putaverunt *misericordiam*, quidam vero & addiderunt: sed emendatiores codices sic habent, *Et tu Domine, Domine, fac mecum propter nomen tuum.* Unde sensus aliter non est pronuntiandus, ita dixisse Filium Patri, *Fac mecum*, quia eadem sunt opera Patris & Filii. Ubi etiamsi misericordiam intelligamus: (sequitur enim, *Quia*

Quia suavis est misericordia tua :) & ipsum quia non dixit, Fac in me, vel, Fac super me; vel aliquid hujusmodi; sed ait, *Fac mecum*; hunc intelligimus & Patrem & Filium simul facere misericordiam in vasa misericordiæ. Potest hoc etiam sic intelligi: *Fac mecum*, id est, adjuva me. Quod in quotidiana loquendi consuetudine habemus, cum de aliqua re, quæ pro partibus nostris est, dicamus, Nobiscum fecit. Pater quippe adjuvat Filium, in quantum Deus hominem, propter formam servi: cui homini Deus, & cui formæ servi etiam Dominus est Pater. Nam in forma Dei, Filius adjutorio non indiget: æqualiter enim cum Patre omnipotens est, ex quo & „ ipse „ adjutor est hominis, Sicut enim Pater suscitat „ mortuos & vivificat, sic & Filius quos vult „ vivificat. Nec alius Pater, alius Filius, aut „ aliter Pater, aliter Filius: “ quia & eadem facit, & similiter. Unde in quantum homo est Filius Dei, Deus suscitavit illum a mortuis, hoc est Pater, cui dicit in Psalmis, Suscita me, & reddam illis. In quantum autem Deus est, etiam ipse se suscitavit: propter quod dicit, Solvite templum hoc, & in triduo suscitabo illud. Quod etiam hic significavit, si quis diligenter intendat. Scrutari enim jussit Scripturas, quæ testimonium perhibent de illo, non in superficie prætereundo. Non enim tantummodo ait, *Tu Domine, Domine, fac mecum*: sed ait, *Et tu*. Quid est, *Et tu*, nisi quia & ego. Quod autem non semel *Domine*, sed repetens ait, *Domine, Domine*; habet in hoc orantis affectum: sicuti est, Deus, Deus meus. Quod vero cum dixisset, *Fac mecum*; addidit, *propter nomen tuum*: gratiam commendavit. Nullis quippe meritis præcedentibus in tantam celsitudinem suscepta est humana natura, ut tantæ simul Verbum & caro, hoc est, Deus & homo, unigenitus Filius Dei diceretur. Hoc autem factum est, ut ab illo qui creaverat, per id quod non perierat, id quod perierat quæreretur. Unde & hic sequitur, *Quia suavis est misericordia tua*.

Ex ejusdem Sermone XV. in Psalmum CXVIII. vers. 55. num. 7.

MEMOR, inquit, *fui in nocte nominis tui, Domine, & custodivi legem tuam*. Nox est illa humilitas, ubi est mortalitatis ærumna; nox est in superbis inique agentibus usque valde, nox in tædio a peccatoribus derelinquentibus legem Dei; nox est postremo in loco peregrinationis hujus, donec veniat Dominus, & illuminet abscondita tenebrarum & manifestabit consilia cordis, & tunc laus erit unicuique a Deo. In hac ergo nocte memor homo esse debet nominis Dei, ut qui gloriatur, in Domino glorietur: propter quod & illud scriptum est, Non nobis, Domine, non nobis, sed nomini tuo da gloriam. Sic enim quisque non in sua, sed in Dei gloria, (quia nec in sua, sed in Dei justitia, id est, a Deo sibi donata,) custodit legem Dei: sicut ille ait, *Memor fui in nocte nominis tui, Domine, & custodivi legem tuam*. Quam non custodisset, si in sua virtute confidens, nominis Dei memor non fuisset: Adjutorium enim nostrum in nomine Domini.

Ex ejusdem Sermone XVII. in eumdem Psalmum CXVIII. vers. 67. n. 5.

PRiusquam humiliarer, inquit, *ego deliqui*; *propterea verbum tuum*, vel sicut alii expressius habent, *propterea eloquium tuum custodivi*: utique rursus humiliatus. Quod ad illam humiliationem melius refertur, quæ facta est in Adam, in quo omnis creatura humana tanquam in radice vitiata, quoniam veritati subjecta esse non voluit, subjecta est vanitati. Quod vasis misericordiæ profuit experiri, ut dejecta superbia diligatur obedientia, & pereat non redditura miseria.

Ex ejusdem Sermone XXIX. in eumdem Psalmum CXVIII. vers. 150. n. 7.

APpropinquaverunt, inquit, *persequentes me iniquitate*: vel, sicut nonnulli codices habent, *inique*. Tunc appropinquant qui persequuntur, quando usque ad carnem cruciandam perimendamque perveniunt. Unde Psalmus vigesimus primus, ubi passio Domini prophetata est, Ne discedas, inquit, a me; quoniam tribulatio proxima est: cum ea dicantur quæ non imminerent, sed jam præsens ipsa passione præpositum est. Sed proximam dixit tribulationem, quæ fiebat in carne: nihil est quippe animæ proprius carne quam gerit. Propinquaverunt ergo persequentes, affligendo eorum carnem, quos persequebantur. Sed attende quid sequitur: *A lege autem tua longe facti sunt*. Quanto magis propinquaverunt persequendo justis, tanto magis longe facti sunt a justitia. Sed quid nocuerunt eis, quibus persequendo propinquaverunt, quando interior est propinquatio Domini eorum, a quo nullatenus deseruntur?

Ex ejusdem enarratione in Psalmum CXXII. vers. 1. num. 7.

AUdiamus vocem hominis qui vapulat, & fiat illa uniuscujusque nostrum vox, & quando nobis bene est. Nam quis non intelligat vapulare se quando ægrotat, quando in carcere est, quando forte in catena, quando forte latrones patitur? Quando ab aliquibus improbis ei aliquæ molestiæ irrogantur, sentit vapulare se. Magnus sensus est videre quia vapulat & quando illi bene est. Non enim ait Scriptura in Job, Tentationibus abundat vita humana: „ sed ait, Numquid non ten- „ tatio est vita humana super terram? “ Totam ipsam vitam tentationem dixit. Omnis ergo vita tua super terram, plagæ tuæ sunt. Plange quamdiu vivis in terra: sive feliciter vivas, sive in aliqua tribulatione constitutus sis, clama, Ad te levavi oculos meos qui habitas in cælo. „ Ad manus Domini, qui „ te jussit cæli, [illegible] dicis in alio Psalmo,

Pro-

Propter iniquitatem crudeli hominem, & tabescere fecisti sicut araneam animam meam: clama ad eum tardantem, & dic, *Miserere nostri, Domine, miserere nostri*. [*Vers. 2.*] Non tenet ille vocem vapulantis? *Miserere nostri, Domine, miserere nostri*.

Ex ejusdem enarratione in Psalmum CXXIII. vers. 3. num. 3.

QUomodo ergo illi vivos *absorbuissent nos, nisi quia Dominus erat in nobis*. Surrexerunt enim multi persecutores aliquando, & adhuc non desunt. Similitudinem insinuavit, & aliquando vivos absorbere, sed in quibus non est Dominus. Ideo ante omnia illi dixerunt, *Nisi quia Dominus erat in nobis*: quia multi absorbentur, in quibus non est Dominus. Hi sunt qui vivi absorbentur, qui sciunt malum esse, & lingua consentiunt. Surrexerunt enim quidam persecutores, & dixerunt hominibus, Thurificate, si non feceritis, occidemus vos. Illi amaverunt hanc vitam, & dulcedo vitae hujus tenuit eos. Non plus dilexerunt ea quae promisit Deus, quam ea quae videbant in terra. Illa enim credere jubebantur, quae nondum videbant, illa quae amabant videbant. Plus timuerunt ea quae videbant, exclauserunt de cordibus Dominum: & quia non erat in eis Dominus, vivi absorpti sunt. Quid est, vivi absorpti sunt. Thurificando idolis, scientes quia nihil est idolum. Nam si aliquid putarent esse idolum, mortui absorberentur: cum autem putant nihil esse idolum, & noverunt omnia illa Gentium vana esse, vivunt, & tamen cum faciunt quod volunt persecutores, vivi absorbentur. Sed ideo vivi absorbentur, quia non in eis est Dominus. In quibus autem fuerit Dominus, occiduntur, & non moriuntur. Qui autem consentiunt & vivunt, vivi absorbentur, absorpti moriuntur. Illi autem qui passi sunt, & non cesserunt tribulationibus, exsultant, & dicunt, *Dicat nunc Israel*: dicat exsultans, dicat securus, *Nisi quia Dominus erat in nobis, cum exsurgerent homines in nos, forsitan vivos absorbuissent nos*.

Ex ejusdem enarratione in Psalmum CXXVI. vers. 2. n. 4. 5. & sequent.

NEMO sibi arroget aliquid. NEMO HABET aliquid boni, nisi ab illo acceperit qui solus bonus est. Qui autem sibi voluerit arrogare sapientiam, stultus est. Sit humilis ut veniat sapientia & illuminet illum. Si autem ante quam veniat in illum sapientia, putat se esse sapientem, ante lucem surgit, & ambulat in tenebris. Et quid audit in illo Psalmo? *In vanum est vobis ante lucem surgere*. [*Vers. 2.*] Quid est, *In vanum est vobis ante lucem surgere?* Si surgatis ante quam surgat lux, necesse est ut in vanitate remaneatis, quia in tenebris eritis. Surrexit lux nostra Christus: bonum est tibi ut surgas post Christum, non surgas ante Christum. Qui surgunt ante Christum? Qui se volunt praeponere Christo. Et qui sunt qui se volunt praeponere Christo? Qui volunt hic excelsi esse, ubi humilis ille fuit. Sint ergo hic humiles, si volunt ibi esse excelsi, ubi Christus excelsus est. Ait enim de iis qui illi adhaeserunt fide, in quibus & nos sumus, si & nos in illum puro corde credimus: Pater, inquit, quos mihi dedisti, volo ut ubi ego sum, & ipsi sint mecum. [*Joan. 17. 24.*] Magnum donum, magna gratia, magna promissio, Fratres mei. Et quis non vult esse cum Christo, ubi est Christus? Sed jam excelsus Christus; vis ibi esse ubi est excelsus? Esto humilis, ubi & ille humilis fuit. Propterea illis dicit ipsa lux, Non est discipulus super magistrum, nec servus super dominum suum. [*Matt. 10. 24.*] Qui volebant discipuli esse super magistrum, & servi volebant esse super dominum suum, ante lucem volebant surgere; in vanum ibant, quia non post lucem ibant. Illis ergo dicit ille Psalmus, *In vanum est vobis ante lucem surgere*. Tales erant filii Zebedaei, qui ante quam humiliarentur secundum passionem Domini, jam sibi loca eligebant, ubi sederent, unus ad dexteram, alter ad sinistram. Ante lucem volebant surgere; ideo in vanum ibant. Revocavit illos Dominus ad humilitatem, cum hoc audiret, & ait illis, Potestis bibere calicem, quem ego bibiturus sum? [*Matth. 20. 22.*] Ego veni humilis esse, & vos ante me vultis esse excelsi? Qua ego eo, illac sequimini, ait. Nam si hac vultis ire, qua ego non eo, *In vanum est vobis ante lucem surgere*. Et Petrus ante lucem surrexerat, quando consilium Domino dare volebat, ut non pateretur pro nobis. Dixerat enim ille de passione sua, in qua salvi futuri eramus, de ipsa humilitate; humilis enim passus est: cum ergo de passione sua futura diceret, expavit Petrus, qui illum paulo ante dixerat Filium Dei: timuit ne moreretur, & ait illi, Absit a te Domine, propitius esto tibi, non fiet illud. [*Matt. 16. 22.*] Ante lucem volebat surgere, & luci consilium dare. Sed quid fecit Dominus? Fecit illum, ut post lucem surgeret: Redi post me Satanas. [*Ibid. 23.*] Ideo enim Satanas, quia ante lucem vis surgere. Redi post me, ut ego praecedam, tu sequaris: qua ego eo, illac eas; non qua tu vis ire, illac me velis ducere.

Ergo illis qui volebant ante lucem surgere dicit Psalmus, *In vanum est vobis ante lucem surgere*. Et quando surgemus? Cum fuerimus humiliati. *Surgite postea quam sederitis*. [*Ibidem vers. 2.*] Surrectio exaltationem significat, sessio humilitatem significat. Aliis locis intelligitur sessio in honore judicandi, aliis locis humilitatem ostendit. Quomodo in honore judicandi sessio? Sedebitis super duodecim sedes, judicantes duodecim tribus Israel. [*Matt. 19. 28.*] Quomodo in signo humilitatis sessio? Hora sexta Dominus fatigatus sedit ad puteum. Fatigatio Domini, infirmitas Domini fuit, infirmitas virtutis, infirmitas sapientiae: sed ipsa infirmitas, humilitas. [*Joan. 4. 6.*] Ergo si sedit ex infirmitate, sessio illa humilitatem significat. Et ipsa sessio ipsius, idest, humilitas ipsius, ipsa nos fecit salvos: quia, Quod infirmum est Dei, fortius est quam homines. [*1. Cor. 1. 25.*] Ideo dicit in quodam Psalmo, Domi- [*Ps. 118. 71.*]

ne in

ne tu cognovisti sessionem meam & resurrectionem meam: id est, humilitatem meam & exaltationem meam, &c.

Sed ne quis putet se ad hoc sedere ut honoremur, ut altiores quia sessione illa humilitatem voluit commendare; ne quis se putaret jussum esse sedere, aut ad judicandum, aut ad epulandum & gaudendum, & inanem superbiam ibi quaereret, in significationem humilitatis addidit, *Qui manducatis panem doloris.* [Ibid. vers. 2.] Illi ergo manducant panem doloris, qui gemunt in ista peregrinatione. Ipsi sunt in convalle plorationis. Ascensiones enim facit Deus in corde. [Ps. 83. 6.] Sed ubi illas disposuit? Ascensiones, inquit, in corde ejus disposuit. Quis? Deus. Si ascensiones in corde, ideo cantant Canticum graduum. Humiliamur in saeculo, ascendamus. Quomodo? Corde. Quia ipsa ascensio cordis, a convalle plorationis surgit. In convalle, inquit, plorationis. Quomodo erecti sunt montes, sic sederunt convalles.... Si ergo in convalle plorationis manducas panem doloris, & dicis, Factae sunt mihi lacrymae meae panis die ac nocte, dum dicitur mihi quotidie, Ubi est Deus tuus: bene surgis, quia sedisti. [Ps. 41. 4.]

Et quasi diceres, Quando surgemus? Modo jubemur sedere, quando erit nostra surrectio? Quando fuit Domini. Ad eum attende, qui te praecessit. Nam si non ipsum attendis, in vanum est tibi ante lucem surgere. Ipse quando exaltatus est? Cum mortuus est. Ergo & tuam exaltationem post mortem spera, in resurrectione mortuorum spera, quia ille resurrexit & ascendit. Sed ubi dormivit? In cruce. Quando dormivit in cruce, signum gerebat, immo implebat quod significatum est in Adam: quia cum dormiret Adam, costa illi detracta est, & Eva facta est: [Gen. 2. 21.] sic & Domino cum dormiret in cruce, latus ejus lancea percussum est, & sacramenta profluxerunt, unde facta est Ecclesia.... [Joan. 19. 34.] Si ergo ille non resurrexit, nisi mortuus, tu exaltationem speras nisi post hanc vitam? Sed ut doceat te iste Psalmus, quasi interrogasti, Quando surgam? fortassis prius quam sedero? *Cum dederit*, inquit, *dilectis suis somnum.* [Ibid. v. 2.] Dat hoc Deus, cum dormierint dilecti ejus; tunc surgent dilecti ejus, id est, Christi. Omnes enim surgent, sed non quomodo dilecti ejus. Omnium est resurrectio mortuorum, sed quid ait Apostolus? Omnes quidem resurgemus, sed non omnes immutabimur. [1. Cor. 15. 51.] Resurgunt illi ad poenas: resurgimus nos quomodo resurrexit Dominus noster, ut sequamur caput nostrum, si membra ipsius sumus. Si autem membra ejus sumus, tunc sumus dilecti ejus, tunc ad nos pertinet illa resurrectio quae praecessit in Domino, ut lux surrexerit ante nos, non post lucem: quia in vanum est nobis ante lucem surgere, id est, altitudinem quaerere ante quam moriamur; cum Christus lux nostra non sit exaltatus in carne, nisi postea quam mortuus est. Constituti ergo membra ejus, & in membris ejus dilecti ejus, cum somnum acceperimus, tunc surgemus in resurrectione mortuorum. Unus resurrexit, jam non moriturus. Resurrexit Lazarus, sed moriturus; resurrexit filia Archisynagogi, sed moritura; [Joan. 11. 44. Marc. 5. 42.] resurrexit filius viduae, sed moriturus; resurrexit Christus non moriturus. [Luc. 7. 15.] Audi Apostolum; Christus resurgens ex mortuis, jam non moritur, & mors ei ultra non dominabitur. [Rom. 6. 9.] Talem spera resurrectionem: & propter hoc esto Christianus, non propter felicitatem vitae hujus. Nam si propter felicitatem vitae hujus vis esse Christianus, quando ille lux tua non hic quaesivit mundanam felicitatem, ante lucem vis surgere, necesse est ut in tenebris perseveres. Mutare, sequere lucem tuam; quomodo surrexit, surge: sede prius, & sic surge. *Cum dederit somnum dilectis ejus.*

Ex ejusdem enarratione in Psalmum CXXIX. vers. 1. & 2. num. 1.

DE *profundis clamavi ad te Domine*, * *Domine exaudi vocem meam.* [Vers. 1. Vers. 2.] Vox haec ascendentis est, pertinens ad Canticum graduum. Debet itaque unusquisque nostrum videre in quo profundo sit, de quo clamet ad Dominum. Clamavit de profundo Jonas, de ventre ceti. Erat non solum sub fluctibus, verum etiam in visceribus belluae: [Jonæ 2. 2.] nec tamen illud corpus & illi fluctus interclaserunt orationem ne perveniret ad Deum, & venter belluae non potuit tenere vocem deprecantis. Penetravit omnia, disrupit omnia, pervenit ad aures Dei: si tamen dicendum est, quia disrupit omnibus pervenit ad aures Dei, quando aures Dei in corde precantis erant. Ubi enim Deum praesentem non habet, cujus fidelis est vox? Verumtamen & nos debemus intelligere de quo profundo clamemus ad Dominum. Profundum enim nobis est vita ista mortalis. Quisquis se in profundo intellexerit, clamat, gemit, suspirat, donec de profundo eruatur, & veniat ad eum qui super omnes abyssos sedet & super Cherubim, super omnia quae creavit, non solum corporalia, sed etiam spiritalia; donec ad eum veniat anima, donec ab illo liberetur imago ipsius, quod est homo, quae in hoc profundo tamquam assiduis fluctibus exagitata detrita est; & nisi renovetur & reparetur a Deo, qui illam impressit quando formavit hominem; (idoneus potuit esse homo ad casum suum, non est idoneus ad resurrectionem suam:) semper in profundo est: nisi liberetur, ut dixi, semper in profundo est. Sed cum de profundo clamat, surgit de profundo, & ipse clamor non eum permittit multum ibi imo esse. Valde enim in profundo sunt, qui nec clamant de profundo. Dicit Scriptura, Peccator cum venerit in profundum malorum, contemnit. [Prov. 18. 3.] Jam videte, Fratres, quale profundum sit ubi contemnitur Deus. Cum quisque viderit se quotidianis peccatis obrutum, acervis quibusdam & molibus quibusdam iniquitatum premi, si dictum illi fuerit ut Deum roget, irridet. Quibus modo? Primo dicit, Si Deo displicerent facinora, ego viverem? Si curaret Deus res humanas, ad tanta scelera quae feci, non solum viverem, sed & bene mihi esset? Solet enim hoc illis evenire, qui multum in profundo sunt, & prosperantur in iniquitatibus suis. Et tanto magis in profundo merguntur, quanto magis videntur

tur esse felicem: fallax enim felicitas, ipsa major est infelicitas. Deinde & hoc solent homines dicere, Jam quoniam multis feci & damnatio imminet, hoc perdo, quod non facio quidquid possum; &, Ex hoc pereo, cur non facio quidquid possum? Quomodo solent desperati latrones dicere, Sic me occisurus est judex pro decem homicidiis, quomodo pro quinque, quomodo pro uno; quare non eam quidquid mihi occurrerit facio? Hoc est, Peccator cum venerit in profundum malorum, contemnit. Sed Dominus Jesus Christus, qui nec profunda nostra contempsit, qui usque ad istam vitam venire dignatus est, promittens remissionem omnium peccatorum, etiam de profundo excitavit hominem, ut clamaret de profundo sub molibus peccatorum, & perveniret vox peccatoris ad Deum. Unde clamaretis, nisi de profundo malorum?

Ex ejusdem enarratione in Psalmum CXXX. vers. 1. num. 1. & seqq.

IN isto Psalmo commendatur nobis humilitas servi Dei & fidelis, cujus voce cantatur, quod est universum corpus Christi. Saepe enim admonuimus Charitatem vestram, non quasi unius hominis cantantis vocem accipi debere, sed omnium qui sunt in Christi corpore. Et quia in illius corpore sunt omnes, tamquam unus homo loquitur; & ipse est unus qui & multi sunt. Multi enim sunt in seipsis, unus

1 Cor. 3. 17. sunt in illo qui unus est. Ipsum est autem etiam templum Dei, de quo dicit Apostolus, Templum enim Dei sanctum est, quod estis vos; omnes qui credunt in Christum, & sic cre-

Joan. 6. 29. dunt ut diligant. Hoc est enim credere in Christum, diligere Christum; non quomodo daemones credebant, sed non diligebant; & ideo quam-

Marc. 1. 24. vis crederent dicebant, Quid nobis & tibi est, Fili Dei? Nos autem sic credamus, ut in ipsum credamus, diligentes eum, & non dicamus, Quid nobis & tibi est? Sed dicamus potius,

1 Petr. 2. 5. Ad te pertinemus, tu nos redemisti. Omnes ergo qui sic credunt, tamquam lapides sunt vivi, de quibus templum Dei aedificatur, & tam-

Gen. 6. 14. quam ligna imputribilia, ex quibus arca illa compacta est, quae in diluvio mergi non potuit. Hoc autem templum est, id est, ipsi homines, ubi rogatur Deus, & exaudit. Quisquis enim praeter templum Dei orabit Deum, non exauditur ad illam pacem supernae Jerusalem, etsi exauditur ad quaedam temporalia, quae Deus

Matt. 8. 31. & paganis donavit. Nam & ipsi daemones exauditi sunt ut irent in porcos. Exaudiri ad vitam aeternam aliud est, nec conceditur, nisi ei qui in templo Dei orat. Ille autem in templo Dei orat, qui orat in pace Ecclesiae, in unitate corporis Christi, quod corpus Christi constat ex multis credentibus in toto orbe terrarum;

Jo. 4. 24. & ideo exauditur, qui orat in templo. Ipse enim orat in spiritu & veritate, qui orat in pace Ecclesiae; non in illo templo, ubi figura erat ....

Hujus ergo templi vox est in Psalmo. In hoc templo, ut dixi, rogatur Deus, & exaudit in spiritu & veritate; non in illo corporali. Nam illic umbra erat, in qua demonstraretur quod venturum erat. Ideo illud jam cecidit. Cecidit ergo domus orationis nostrae? Absit. Non enim illud templum quod cecidit, hoc poterit dici domus orationis, de qua dictum est,

Domus mea domus orationis vocabitur omnibus gentibus ..... Hoc autem templum Dei, hoc corpus Christi, haec congregatio fidelium unam vocem habet, & tamquam unus homo cantat in Psalmo. Ejus vocem jam in multis Psalmis audivimus, audiamus & in isto. Si volumus, nostra vox est; si volumus, aure audimus cantantem, & nos corde cantemus. Si autem nolumus, erimus in illo templo tamquam ementes & vendentes, id est, nostra quaerentes. Intramus Ecclesiam, non ad ea quae placent oculis Dei. Viderit ergo in numero vestro quis quomodo audiat, utrum audiat & irrideat, utrum audiat & post se ponat, utrum audiat & consonet, id est, sentiat hic vocem suam, & adjungat vocem cordis sui voci Psalmi hujus. Tamen vox Psalmi hujus non tacet, instruantur qui possunt, immo qui volunt; qui nolunt non impediant. Commendetur nobis humilitas, inde coepit:

Matt. 21. 13.

Vers. 1. *Domine non est exaltatum cor meum neque in altum elati sunt oculi mei, neque ingressus sum in magnis, neque in mirabilibus super me.* Hoc planius dicatur, & audiatur. Non fui superbus, nolui quasi in mirabilibus innotescere hominibus; nec quaesivi aliquid supra vires meas,

Act. 8. 18. unde me apud imperitos jactarem. Intendat Charitas vestra: magna res commendatur. Quomodo Simon ille magus in mirabilibus ingredi volebat super se, propterea plus illum delectavit potentia Apostolorum, quam justitia Christianorum. At ubi vidit per manus impositionem Apostolorum & per orationes eorum Deum dare fidelibus Spiritum sanctum, & quia tunc per miraculum demonstrabatur adventus Spiritus sancti, ut linguis loquerentur, quas non didicerant, omnes super quos veniebat Spiri-

Ibidem. ritus sanctus .... Cum ergo hoc videret Simon, voluit talia facere, non talis esse. Et nostis quia etiam pecunia putavit comparandum Spiritum sanctum. Erat ergo de talibus, qui in templum intrant ad emendum & vendendum: emere volebat, quod vendere disponebat ....

Ergo sunt homines, quos delectat miraculum facere, & ab eis qui profecerunt in Ecclesia miraculum exigunt; & ipsi qui quasi profecisse sibi videntur, talia volunt facere, & putant se ad Deum non pertinere si non fecerint. Dominus autem Deus noster, qui novit quid cui tribuat, & ut servetur compago corporis in

1. Cor. 12. 21. pace, alloquitur Ecclesiam per Apostolum: Non potest dicere oculus manui, Opus te non habeo; aut iterum caput pedibus, Opus vobis non

Ibid. 17. habeo. Si totum corpus oculus, ubi auditus? Si totum corpus auditus, ubi odoratus? Ergo in membris nostris videtis, Fratres, quomodo singula officium suum habeant membra. Oculus videt, & non audit; auris audit, & non videt; manus operatur, nec audit, nec videt; pes ambulat, nec audit, nec videt, nec facit quod manus. Sed in uno corpore si sit sanitas, & non adversum se litigent membra, auris videt in oculo, oculus audit in aure; nec objici potest auri quod non videt, ut dicatur ei, Nihil es, minor es; numquid videre & discernere colo-

colores potes, quod facit oculus? Respondet enim auris de pace corporis, & dicit, ibi sum ubi est oculus, in eo corpore sum; in me non video, in illo eum quo sum video .... Sic ergo, Fratres, quisquis in corpore Christi non potest resuscitare mortuum, non illud quærat, sed quærat ne discordet in corpore: quomodo si auris quærat videre, discordare potest: Nam quod non accepit, non potest facere. Sed si ei objectum fuerit & dictum, Si justus esses, resuscitares mortuum, quomodo resuscitavit Petrus. [Jo. 14. 12.] In Christo enim majora videntur fecisse Apostoli, quam ipse Dominus. Sed unde fieri potest, ut plus valeant sarmenta, quam radix? Quomodo autem quasi majora videntur fecisse illi quam ille? Ad vocem Domini surrexerunt mortui, ad umbram transeuntis Petri surrexit mortuus. [Act. 5. 15.] Majus hoc videtur, quam illud. Sed Christus facere sine Petro poterat, Petrus nisi in Christo non poterat. [Jo. 15. 5.] Quia sine me, inquit, nihil potestis facere. Cum ergo hoc audierit homo qui proficit, quasi objectam calumniam ab ignaris paganis, ab hominibus nescientibus quid loquantur; in compage corporis Christi respondeat, & dicat, Qui dicis, Non es justus, quia non facis miracula; posses & auri dicere, Non es in corpore, quia non vides. [1. Cor. 12. 21. 16. &c.] Faceres, inquit, & tu, sicut & Petrus fecit. Sed Petrus & mihi fecit; quia in eo corpore sum, in quo Petrus fecit: in illo quod potest possum, a quo divisus non sum: quod minus possum, compatitur mihi; & quod plus potest, congaudeo illi. Ipse Dominus desuper clamavit pro corpore suo, Saule, Saule, quid me persequeris? [Act. 9. 4.] Et ipsum nemo tangebat, sed pro corpore in terra laborante caput de cælo clamabat.

Si ergo, Fratres, unusquisque quod potest juste egerit, & in eo quod alius plus potest, non inviderit, sed congratulatus fuerit tamquam in uno corpore cum eo constitutus, pertinet ad eum vox illa Psalmi, *Domine non est exaltatum cor meum, neque in altum elati sunt oculi mei; neque ingressus sum in magnis, neque in mirabilibus super me*. Quod enim excessit vires meas, ait, non quæsivi; non ibi me extendi, nolui ibi magnificari. Nam ista exaltatio de abundantia gratiarum quam sit timenda, ne quis de dono Dei superbiat, sed magis servet humilitatem, & faciat quod scriptum est, [Eccli. 3. 20.] Quanto magnus es, tanto humilia te in omnibus, & coram Deo invenies gratiam. Quam ergo timenda sit superbia de dono Dei, etiam atque etiam commendandum est Charitati vestræ. Paulus apostolus quamvis ex persecutore factus sit prædicator, abundantiorem gratiam consecutus est in omni labore Apostolico, quam [1. Cor. 15. 10.] ceteri Apostoli; ut magis Deus ostenderet suum esse quod dat, non hominis .... Cum ergo esset magnæ gratiæ, & magna dona meruisset a Deo, quid dicit quodam loco? Propter magnitudinem revelationum ne extollar. " Intendite, " rem tremendam vobis dico: Propter magni- " tudinem, inquit, revelationum ne extollar, " datus est mihi stimulus carnis meæ, angelus " satanæ, qui me colaphizet ". Quid est hoc, Fratres? Ne extolleretur tamquam juvenis, colaphizabatur tamquam puer. Et a quo? Ab angelo satanæ .... Sic ergo ille angelus satanæ quasi libenter permissus est colaphizare Apostolum, sed tamen Apostolus curabatur. Et quia illud quod medicus apposuerat, molestum erat infirmo; rogavit medicum ut auferret. Quomodo cum medicus apponit visceribus aliquod forte epithema molestum & ardens, unde tamen curandus est ille cujus viscera tumebant; cum ille ardere cœperit & cruciari medicamento, rogat medicum ut auferat: medicus autem consolatur, monet eum patientiam, quia novit quam utile sit quod apposuit. " Ita & Apostolus se- [2. Cor. 12. 7. &c.] " quitur & dicit, cum dixisset, Datus est mi- " hi stimulus carnis meæ, angelus satanæ, qui " me colaphizet .... Propter quod ter Domi- " num rogavi, ait, ut auferret eum a me ". Hoc est dicere, Rogavi medicum ut auferret a me molestum epithema, quod mihi apposuerat. " Sed audi vocem medici: Et dixit mihi, Sufficit " tibi gratia mea: nam virtus in infirmitate " perficitur ". Ego novi quid apposuerim, ego novi unde ægrotes, ego novi unde saneris.

Si ergo, Carissimi, poterat Paulus apostolus extolli magnitudine revelationum, nisi acciperet angelum satanæ qui se colaphizaret, quis de se possit esse securus? Tutius videtur ambulare qui minus accepit, sed si non perverse quærat quod recte non accepit: quærat sine quo non potest esse in corpore Christi, aut sine quo male est illic. Tutior est enim in corpore digitus sanus, quam lippiens oculus.... Non ergo quærat quisque in corpore Christi nisi sanitatem. Secundum sanitatem habeat fidem; ex fide mundatur cor ejus, ex mundatione cordis videbit illam faciem de qua dictum est, Beati mundo corde, [Matt. 5. 8.] quoniam ipsi Deum videbunt. Et qui fecit miracula, & qui non fecit miracula in corpore Christi, non debet gaudere, nisi de facie Dei. Redierunt Apostoli, & dixerunt Domino, cum missi essent a Domino, " Ecce, Domine in [Luc. 10. 17.] " nomine tuo etiam dæmonia nobis subjecta " sunt ". Vidit Dominus quod tentaret eos superbia ex potentia miraculorum; & ille qui medicus venerat sanare tumores nostros, & ferre infirmitates nostras, continuo ait, " Nolite in [Ibid. 20.] " hoc gaudere, quia dæmonia vobis subjecta " sunt; sed gaudete quia nomina vestra scripta " sunt in cælo ". Non eos voluit gaudere ex eo quod proprium habebant, sed ex eo quod cum ceteris salutem tenebant. Inde voluit gaudere Apostolos, unde gaudes & tu. Intendat Charitas Vestra. Nullus fidelis habet spem, si nomen ejus non est scriptum in cælo. Omnium fidelium qui diligunt Christum, qui ambulant viam ejus humiliter, quam ipse docuit humilis, nomina scripta sunt in cælo. Cujusvis contemptibilis in Ecclesia, qui credit in Christum, & diligit Christum, & amat pacem Christi, nomen scriptum est in cælo; cujuslibet quem contemnis. Et quid simile ipsi & Apostolis, qui tanta miracula fecerunt? Et tamen Apostoli reprimuntur ex eo quod de bono proprio gaudebant, & jubentur hinc gaudere, unde gaudet & ille contemptibilis

Et

Ex enarratione ejusdem in Psalmum CXXXVIII. vers. 12. num. 16. & 17.

Vers. 12. Et nox tamquam dies illuminabitur. Nox tamquam dies: nox nobis prosperitas saeculi, nox nobis adversitas saeculi: sed si cognoscentes contritio peccatorum nostrorum non adversitates pati, & dulcia nobis sint flagella Patris, ne sit amara sententia judicis; sic habebimus tenebras noctis hujus, quomodo lumen noctis hujus. Si nox est, quomodo ibi lux est? Nox est, quia erratur hic a genere humano. Nox est, quia nondum venimus ad illum diem, quem non contrat hesternus & crastinus; sed est dies perpetuus, sine ortu, quia sine occasu. Nox est ergo hic: sed quamdam lucem suam nox ista habet, & tenebras suas. Quae sit generaliter non dissimulem: quae est lux noctis hujus? Prosperitas & felicitas saeculi hujus, gaudium temporale, honor temporalis, quasi lux est noctis hujus. Adversitas autem & amaritudo tribulationum vel ignobilitas, tamquam tenebrae sunt noctis hujus. In hac nocte, in hac mortalitate vitae humanae habent homines lucem, habent homines tenebras, lucem prosperitatis, tenebras adversitatis. Sed ubi venerit Christus Dominus, & habitaverit animam per fidem, & promiserit aliam lucem, & inspiraverit & donaverit patientiam, & monuerit hominem non delectari prosperis, ne frangatur adversis; incipit homo fidelis indifferenter uti mundo isto, nec extolli quando res prosperae accidunt, nec frangi quando res adversae sunt, sed ubique Dominum benedicere, non solum quando abundat, sed etiam quando amittit; non solum quando sanus est, sed etiam quando aegrotat; ut sit in illo vera illa cantatio,
Ps. 33. 2. Benedicam Dominum in omni tempore, semper laus ejus in ore meo. Si ergo semper, & quando lucet nox ista, & quando obscura est nox ista; quando arridet prosperitas, quando tristis est adversitas, semper sit laus ejus in ore
Supra v. 12. tuo: & fiet tibi quod modo dictum est, *Sicut tenebrae ejus, sic & lumen ejus*. Non me conculcant tenebrae ejus, quia non extollit lumen ejus.

Ecce habes lumen ipsius in Job: abundabat omnibus rebus. Lux noctis in illius divitiis prima describitur. Quantis rebus & quanta copia redundabat, lux erat noctis ejus. Putavit inimicus propterea illum talem virum colere Deum, quia illa omnia donaverat ei; & petivit ut auferrentur ab eo. Factae sunt tenebrae noctis illius, quae primo habebat lucem. Noverat tamen ille, sive lux ibi esset, sive tenebrae, illam noctem esse, in qua peregrinaretur a Deo suo; & habebat interiorem lucem ipsum Deum suum, per quam lucem interiorem indifferenter haberet sive tenebras noctis illius, sive lucem. Propterea quia in luce noctis illius, idest, in rerum abundantia colebat Deum, ablatis illi omnibus rebus postea quam factae sunt tenebrae illius,
Job 1. 21. quid dixit ille? Dominus dedit, Dominus abstulit; sicut Domino placuit ita factum est: *sit nomen Domini benedictum*. In nocte sunt quidam vitae hujus: Dominus meus, inquit habitat cor meum, illuminavit mihi solatiis quibusdam noctem istam, quando dedit copias rerum temporalium: subtraxit ipsam lucem temporalem, & quasi tenebrata est nox. Sed quia, *Sicut tenebrae ejus, sic & lumen ejus*: Dominus dedit, Dominus abstulit; sicut Domino placuit, ita factum est; sit nomen Domini benedictum. Non sum tristis in nocte hac: quia, *Sicut tenebrae ejus, sic & lumen ejus*. Utrumque transit, ut qui gaudent, tamquam non gaudentes sint, & qui flent, tamquam non flentes sint: quia, *Sicut tenebrae ejus, sic & lumen ejus*. 1 Cor. 7. 30.

Ex enarratione ejusdem in Psalmum CXXXIX. V. 7. 8. 10. & 11.

Percipe auribus, Domine, vocem deprecationis meae. Simplex quidem sententia est, & facilis ad intelligendum: sed tamen delectat forte cogitare, quare non dixerit, Percipe auribus deprecationem meam, sed velut evidentius exprimens affectum animi sui, ait, *vocem deprecationis meae*, vitam deprecationis meae, animam deprecationis meae, non quod sonat in verbis meis, sed unde vivunt verba mea. Ceteri enim strepitus sine anima, soni dici possunt, voces non possunt. Vox proprie animantium est, vivorum est. Quam multi autem deprecantur Deum, & non sentiunt Deum, nec bene cogitant de Deo? Sonum deprecationis habere possunt, vocem non possunt; quia vita ibi non est. Hujus qui vivebat, quia Deum suum intelligebat, & a quo liberaretur videbat, & a quibus liberaretur sentiebat, ipsa erat vox deprecationis ejus. Vers. 7.

Ipsam commendans auribus Dei dicat, *Domine, Domine*. Tu Domine, Domine, idest, tu verissime Domine, non qualis domini hominum, non qualis domini, qui emunt sacculo: sed qualis Dominus qui emit sanguine. *Domine, Domine, virtus salutis meae*, idest, qui das vires saluti meae. Quid sibi vult, *virtus salutis meae*? Conquerebatur de scandalis & insidiis peccatorum, de circumlatrantibus, & circuminsidiantibus malignis hominibus, vasis diaboli, de superbis invidentibus justis, inter quales necesse est vitam ducere, cum hic vivimus in peregrinatione nostra hac. Talia vero scandala abundantia futura Dominus praedixit, & ait, „Abundabit „iniquitas, & quoniam abundabit iniquitas, „refrigescet charitas multorum. Sed adjunxit „statim solatium“: Qui perseveraverit usque in finem, hic salvus erit. Attendit ille, & timuit, & abundantia iniquitatum turbatus respexit spem: quia qui perseveraverit usque in finem, hic salvus erit. Extendit se perseverare, & vidit longam viam; & quia perseverare magnum est & difficile, ipsum oravit ad perfectionem perseverantiae suae, a quo illi jussum est ut perseveraret. Certe salvus ero, si perseveravero usque in finem: sed perseverantia ad virtutem pertinet, ut merear salutem: tu es virtus salutis meae, tu me facis perseverare, ut perveniam ad salutem. *Domine, Domine, virtus salutis meae*. Et unde spero, quia tu es virtus salutis meae? *Obumbrasti super caput meum in die belli*. Ecce modo adhuc pugno, pugno foris contra fictos bonos, pugno intus contra concupiscentias meas: „quoniam video aliam legem in membris meis repugnantem legi mentis meae, & „captivum me ducentem in lege peccati, quae

Vers. 8. Matth. 24. 12. Rom. 7. 23.

„ est in membris meis. Miser ego homo, quis „ me liberabit de corpore mortis hujus? Gratia Dei per Jesum Christum Dominum nostrum. Igitur laborans in hoc bello, respexit ad gratiam Dei: & quia jam coeperat aestuare & arefieri, tanquam umbram invenit sub qua viveret. *Obumbrasti super caput meum in die belli*: idest, in aestu, ne languerem, ne arescerem.

Ex eadem enarratione in Psalmum CXXXIX. vers. 11. num. 14.

Vers. 11. DEcident *super eos carbones ignis in terra, & dejicies eos*. Quid est, *in terra?* Hic adhuc in hac vita, hic *super illos decident carbones ignis, & dejicies eos*. Qui sunt carbones ignis? Novimus istos carbones. An alii sunt isti, & alii illi de quibus dicturi sumus? Illos enim video ad poenam valere: istos autem, quos commemoraturus sum, ad salutem. Dictum est enim de quibusdam carbonibus, cum homo peteret adversum linguam subdolam auxilium:
Psal. 119. 4. Quid detur tibi, aut quid adjicietur tibi ad linguam subdolam? Sagittae potentis acutae, cum carbonibus vastatoriis: idest, verba Dei cor transfigentia, & vetustatem perimentia amoremque gignentia, & exempla hominum qui mortui erant & revixerunt, & nigri erant & fulgentes effecti sunt. Carbones enim mortui sunt, color indicat. Sed cum ad eos accesserit flamma charitatis, & ex mortuis revixerint, audiant ab
Ephes. 5. 8. Apostolo: Fuistis enim aliquando tenebrae, nunc autem lux in Domino. Ipsi sunt carbones, Fratres, quos intuemur, quando volumus mutare vitam [illegible] Dei, & impediunt nos malae linguae hominum, de quibus hic modo querebatur, & volunt seducere a via veritatis, perniciosque inducere ad errores suos, & dicere nobis, quia si professi fuerimus, non implebimus. Attendimus carbones illos. Qui erat heri ebriosus, hodie sobrius est: qui erat heri adulter hodie castus est: qui erat heri raptor, hodie largitor. Omnes illi carbones ignis sunt. Accedunt exempla carbonum ad vulnus sagitta-
Cant. 2. 5. juxta LXX. rum: (Non enim timeam dicere vulnus, cum dicat ipsa Sponsa, Vulnerata charitate ego sum): & fit ibi vastatio loci, propter quod & dicuntur carbones vastatorii. Vastatur foenum, sed purgatur aurum: & mutat homo ex morte vitam, & incipit esse etiam ipse carbo
1. Tim. 1. 13. flagrans: qualis carbo erat Apostolus, qui prius fuit persecutor & blasphemus & injuriosus, niger & extinctus: misericordiam vero consecutus, accensus est de caelo; vox Christi accendit illum: periit in eo tota nigritudo, coepit fervens spiritu, quos extinguebatur, accendere. Tales ergo & hic intellecturi sumus carbones ignis, qui cadunt super istos malos, & dejiciunt illos? Plane non prohibemur hunc habere intellectum. Video hic nobis elucescere non improbabilem & irreprehensibilem sententiam. Intelligo illos carbones cadere super illos, ut dejiciantur. In aliis enim veniunt, ut emendantur, in aliis ut
2. Cor. 2. 16. dejiciantur. Ipse enim carbo dicebat, Quibusdam sumus odor mortis in mortem, quibusdam sumus odor vitae in vitam. Vident enim illos flammantes spiritu, candentes luce, & invidendo cadunt: hoc est quod supervenient illis carbones ignis in terra & dejiciuntur. Quid est, *in terra?* Adhuc hic sunt in hac vita, excepta illa poena, quae servatur impiis, carbones istos illos dejiciunt, ante quam veniat ignis aeternus.

Ex enarratione ejusdem in Psalmum CXLI. vers. 5. num. 11.

PEriit *fuga a me*. Tanquam circumclusum se dicit. *Periit fuga a me*. Insultent persecutores, oppressus est, captus est, circumclusus est, victus est, periit fuga ab illo. Ab illo periit fuga, qui non fugit. Qui autem non fugit, patitur quidquid potest pro Christo, idest, non fugit animo. Nam corpore fugere licet, concessum est, permissum est, Domino dicente, Si vos persecuti fuerint in una civitate, fugite in aliam. Qui ergo non fugit animo, periit ab illo fuga. Sed interim quare non fugiat, quia circumclusus est, quia captus est, an quia fortis est. Et a capto enim perit fuga, & a forti perit fuga. Quae ergo fuga inventa est? quae fuga a nobis periit? De qua Dominus dicit in Evangelio, „ Qui pastor bonus animam suam ponit „ pro ovibus suis: mercenarius autem & qui non „ est pastor, cum viderit lupum venientem, fu„ git. Cum viderit praedonem, quare fugit? „ Quia non est ei cura de ovibus. Talis fuga ab illo periit, sive ab ipsius capitis persona accipiamus hanc vocem illius Christi Domini, qui pro omnibus mortuus est; sive a membris ejus Martyribus nostris, quia & ipsi pro fratribus passi sunt. Audi Joannem dicentem, Sicut enim ille animam suam pro nobis posuit, sic & nos debemus animas pro fratribus ponere. Sed cum illi ponunt, Christus ponit: quia cum illi patiuntur persecutiones, ipse clamat, Quid me persequeris? *Periit fuga a me, & non est qui requirat animam meam*. Ergo non est qui exquirat animam ipsius? Videt homines velle saevire in nomen suum, velle effundere sanguinem ipsius, quomodo non est qui requirat animam ejus? Et hoc duobus modis accipitur. Quomodo periit fugam accipitur duobus modis, quia & a capto & a forti perit fuga: sic duobus modis quaeritur anima hominis, aut a persecutoribus, aut a dilectoribus. Ita ergo, *Non est qui requirat animam meam*, de illis dicit, Certe persequuntur animam meam, & non quaerunt animam meam. Si autem requirerent animam meam, invenirent [illegible] & si eam quaererent, notam & imitarentur. Nam ut noveritis quaeri animam hominis, & a persecutoribus, inde alibi dicitur; Confundantur, & revereantur, qui quaerunt animam meam.

Ex enarratione ejusdem in Psalmum CXLII. V. 9. n. 16.

EXime *me de inimicis meis, Domine, quia ad te confugi*. Qui aliquando a te fugi, *ad te confugi*. Fugit enim Adam a facie Dei, & abscondit se inter ligna paradisi, ut de illo diceretur in libro Job, Tanquam servus fugiens dominum suum, & consecutus umbram. Fugit a facie Domini sui, & consecutus est umbram: ad umbram enim fugit inter ligna paradisi. Vae si permanserit in umbra, ut postea

dicat

dicitur, Transierunt omnia tanquam umbra. *Eripe me de inimicis meis*. Non ego hic inimicos hominum cogito. Non est nobis colluctatio adversus carnem & sanguinem, sed adversus quos? „Adversus principes & potestates, „rectores mundi". Cujus mundi? Non enim cœli & terræ: non enim regunt quod non fecerunt. Rectores mundi: sed cujus mundi? Tenebrarum harum. Quarum tenebrarum? Utique iniquorum. „Fuistis enim aliquando tenebræ, „nunc autem lux in Domino". Rectores mundi, tenebrarum harum, rectores iniquorum: contra hos habetis luctamen. Magnum prælium vobis est, hostem non videre, sed vincere. Adversus rectores mundi, tenebrarum harum, diabolum scilicet & angelos ejus: non illius mundi rectores, de quo dictum, Et mundus per eum factus est; sed illius mundi, de quo dicitur, Et mundus eum non cognovit. *Eripe me de inimicis meis, Domine, quia ad te confugi*. De inimicis meis, non Juda, sed qui implevit Judam. Illum patior visum, illum expugno non visum. Accepit enim buccellam Judas, & intravit in eum satanas: et ille David persecutorem patiebatur a filio suo. Quem malum Judas impleret satanas, indigne acciperet buccellam ad judicium suum? „Qui enim „manducat & bibit indigne judicium sibi manducat & bibit". Non malum est quod datur, sed bonum malo in judicium datur. Bene esse non potest male accipienti quod bonum est. Ergo, *Eripe me de inimicis meis, Domine, quia ad te confugi*. Quo enim fugerem? Quo ibo a Spiritu tuo? „Si ascendero in cœlum, tu „ibi es: si descendero in infernum, ades. Quid „ergo restat? Si assumsero pennas meas in directum, & volabo in extrema maris; id est, „ut spe habitem in fine sæculi, Etenim illuc manus tua deducet me, & perducet me „dextera tua". *Eripe me de inimicis meis, quoniam ad te confugi, Domine*.

Ex enarratione ejusdem in Psalmum CXLIII. vers. 1. n. 3. & 4.

BEnedictus *Dominus Deus meus qui docet manus meas in prælium, digitos meos ad bellum*. Vox nostra est, si corpus Christi sumus. Benedicamus Dominum Deum nostrum, *qui docet manus nostras in prælium, digitos nostros ad bellum*. Repetita sententia videtur: quod est, *manus nostras in prælium*, hoc est *digitos nostros ad bellum*. An aliquid interest inter manus & digitos? Digitis utique operantur & manus. Non itaque absurde accipimus digitos pro manibus positos. Verumtamen in digitis agnoscimus divisionem operationum, & tamen radicem unitatis. Vide illam gratiam: dicit Apostolus, „Alii quidem per Spiritum „datur sermo sapientiæ, alii sermo scientiæ se„cundum eumdem Spiritum, alii fides in eo„dem Spiritu, alii donationes curationum in „uno Spiritu, alii genera linguarum, alii pro„phetia, alii dijudicatio spirituum. Omnia „autem hæc operatur unus atque idem Spiri„tus, dividens propria unicuique prout vult. „Alii illud, alii hoc: divisiones sunt opera„tionis". Omnia hæc operatur unus atque idem Spiritus: radix est unitatis. His ergo digitis pugnat corpus Christi, procedens in bellum, procedens in prælium.

Jam præliorum & bellorum genera commemorare fortasse longum est, & prorsus facilius quam explicare. Habemus unum bellum quod commemorat Apostolus: Non est vobis colluctatio adversus carnem & sanguinem, id est, adversus homines a quibus videmini pati molestias, non adversus ipsos pugnatis, sed adversus principes & potestates, & rectores mundi. Et ne intelligeres mundi, cœli & terræ, ostendit quid diceret; Tenebrarum, inquit, harum. Mundi scilicet, non qui per ipsum factus est, quia, „Et mundus per eum factus est; sed „mundi qui eum non cognovit; quia, Et mun„dus eum non cognovit". Hæ tenebræ non sunt natura, sed voluntate. Anima enim per semetipsam non lucet: quia humiliter & veraciter cantat, „Tu illuminabis lucernam meam, „Domine, Deus meus illuminas tenebras meas". Et, Apud te, inquit, fons vitæ, in lumine tuo videbimus lumen: non in lumine nostro, sed in lumine tuo. Nam & oculi nostri lumina vocantur; & tamen lux extrinsecus si desit, etiam sani & patentes, in tenebris remanebunt. Ergo bellum gerimus adversus rectores tenebrarum harum, rectores scilicet infidelium, diabolum & angelos ejus, rectorem gladii ejus, de quo pugnat diabolus adversus fideles. Sed quomodo Goliæ prostrato tollitur gladius, ut ipsi Goliæ caput de gladio suo amputetur; ita convertuntur ipsi infideles, dicturi, „Fuistis aliquando tenebræ, nunc autem lux „in Domino". Pugnastis de manu Goliæ, jam in manu Christi tollite caput Goliæ.

Ex enarratione ejusdem in Psalmum CXLIV. vers. 2. num. 4.

BReve magisterium est, ut semper laudes Deum, utroque corde, non falso dicas, „Benedicam Dominum in omni tempore, sem„per laus ejus erit in ore meo". Breve magisterium est, scilicet ut noveris eum misericorditer dare cum dat, misericorditer auferre cum tollit, nec te credas a misericordia ejus derelinqui, qui tibi aut blanditur dando, ne deficias; aut corripit exsultantem, ne pereas. Sive ergo in ejus donis, sive in ejus flagellis, lauda eum. Laus flagellantis, medicina est vulneris. *Per singulos, inquit, dies benedicam te*. Prorsus per singulos dies, Fratres, benedicite: omnino quidquid acciderit, benedicite Deum. Etenim ne accidat aliquid, quod ferre non possis, ipse facit. Ideo cum timore debes esse, quando tibi bene est, atque te ad hoc parare, quasi ut nunquam tenteris. Si enim nunquam tentaris, nunquam probaris. Nonne melius est tentari & probari, quam non tentatum reprobari? *Et laudabo nomen tuum in sæculum & in sæculum sæculi*.

Ex eadem enarratione in Psalmum CXLIV. vers. 13. num. 17.

Vers. 13. FIdelis Dominus in verbis suis, & sanctus in omnibus operibus suis. Fidelis Dominus in verbis suis: Quid enim promisit, & non dedit? Fidelis Dominus in verbis suis. Postea illi credere tantummodo deberes: noluit sibi credi debere, sed voluit teneri Scripturam suam: quemadmodum si diceres alicui homini, cum aliquid promitteres, Non mihi credis, ecce scribo tibi. Etenim quia generatio vadit, & generatio venit, & sic transeunt ista sæcula cedentibus succedentibus mortalibus, Scriptura Dei manere debuit, & quoddam chirographum Dei, quod omnes transeuntes legerent, & viam promissionis ejus tenerent. Et quanta sunt quæ reddidit ex illo chirographo? Dubitent homines credere illi de resurrectione mortuorum, & de futuro sæculo, quod solum jam reddendum restat, quando si facias rationem cum infidelibus, erubescunt infideles? Si dicat tibi Deus, Chirographum meum tenes, judicium promisi, discretionem bonorum & malorum, regnum sempiternum fidelium, & non vis credere? Ibi in chirographo meo lege omnia quæ promisi, deduc mecum rationem: certe vel computando quæ reddidi, potes me credere

Rom. 8. 32. redditurum esse quod debeo. In ipso chirographo habes promissum unicum Filium, cui non peperci, sed pro vobis omnibus tradidi eum: jam computa & redditum. Lege chirographum: promisi pignus Spiritum-sanctum me daturum per

Act. 2. 2. &c. Filium meum; computa redditum. Promisi ibi sanguinem & coronas Martyrum gloriosissimorum; computa redditum: admoneat te * Missa redditi debiti mei. Sed & hæc gloria Martyrum ut redderetur, tibi promissa in chirographo, ubi scriptum est, Propter te mortificamur tota die; ut hoc redderetur, „ Fremuerunt gentes, & populi meditati sunt inania, adstiterunt reges terræ, & principes convenerunt in unum, adversus Dominum & adversus Christum ejus. Principes convenerunt in unum, conspirantes adversus Christianos". Quid ipsorum regum fidem, nonne & promisi in chirographo, & reddidi in effectu? Attende ubi promisi: „ Adorabunt eum omnes reges terræ, omnes gentes servient illi". Ingrate, legis debitum etiam redditum, non credis promissum? Lege aliud in chirographo meo: Quoniam fremuerunt gentes: Quoniam inimici mei dixerunt mala mihi, hoc est Christo: Quando morietur & peribit nomen ejus? Quicumque hæc contra loquentes atque dicentes, lege quod promisi, cui me solvendo obstrinxi. „ Prævalebit Dominus adversus eos, & exterminabit omnes deos gentium terræ, & adorabunt eum unusquisque de loco suo". Numquid jam prævaluit, exterminavit omnes deos gentium terræ. Nonne & hoc fecit, & hoc reddidit? Ante oculos ... partem solutionem debitorum suorum: quædam reddidit sub majoribus nostris, quæ nos non vidimus; quædam reddidit temporibus nostris, quæ illi non viderunt: per omnem generationem reddidit quæ scripta sunt. Et quid restat? Non ei creditur, his omnibus redditis? Quid restat? Ecce fecisti rationem, tanta reddidit: numquid propter pauca restantia infidelis es factus? Absit. Quare? Quia, Fidelis Dominus in verbis suis, & sanctus in omnibus operibus suis.

* [illegible]

Ps. 43. 22. Ps. 2. 1. Ps. 71. 11. Ps. 40. 6. Soph. 2. 11.

APPENDICIS FINIS.

SANCTI
ASTERII
EPISCOPI AMASEÆ
HOMILIÆ.

SANCTI ASTERII
EPISCOPI AMASEÆ
HOMILIÆ.

HOMILIA.

In locum Evangelii secundum Lucam.

De Divite & Lazaro.

SALVATOR Noster Deus odium vitiorum, studiumque virtutum non solum vetando præcipiendoque mortalibus ingerit, sed claris etiam exemplis certam instituendæ vitæ disciplinam tradit, factisque simul & verbis ad eam recte pieque degendam impellit. Ita hoc loco, quamvis alibi jam sæpe Prophetarum, & Evangelistarum ore, sed & suo declarasset, odio se habere superbas & elatas opes; gratam autem humanitatem, paupertatemque cum justitia conjunctam, ut rationi robur ac firmamentum addat, efficacibus utitur exemplis, divitemque & egenum graphice describit: & illius quidem ambitiosas voluptates, hujus autem afflictam ærumnosamque vitam cum utriusque exitu nobis ob oculos posit, ut aliorum ex instituto vitæque genere, de nostro ipsorum recte vereque judicare possimus.

Luc. 16. v. 19. *Vir quidam erat dives, & induebatur purpura et bysso.* Hæc oratio duobus, & quidem brevibus verbis eos notat ac traducit, qui nec recte divitias habent, & ad inanes immodicosque sumptus abutuntur: nam & purpuræ color valde pretiosus est planeque supervacuus, & byssi item usus minime necessarius. His autem, qui vitam sectantur moderatam ac frugi, proprium ac familiare est, cum rerum usum necessitate metiri, tum inane vanæ gloriæ studium fallacemque voluptatem tanquam vitiorum parentem vitare. Sed enim, quo melius eorum, quæ dicuntur, vim ac robur intelligamus, primus vestimentorum usus inspiciendus est, quam late pateat, & quos ei fines atque terminos temperantia præscripserit. Quid igitur justitiæ lex ait? Pecudem Deus creavit pelle bene comata ac densis velleribus: his detonsis tunicam & pallium pertexi tibi cura, quo cum hiberni frigoris molestiam, tum ferventis radii noxam effugias. Quod si leviore per æstatem anni veste egeas, uberiorem ad commoditatem usum lini Deus dedit, unde tibi decorum in proclivi indumentum, quod simul & tegat, & levitate refrigeret. Et his cum perfruaris, Creatori gratiam habe, quod non modo nos creavit, verum etiam tutelæ & præsidiis vitæ prospexit. Quod si pecoribus & lana relictis, necessarioque Creatoris apparatu instrumentoque contempto, vanis cogitationibus vesanisque cupiditatibus in luxum effusus & byssum requiris, & Persicorum stamina vermium colligis, unde evanida, ut ita dicam, araneæ tela contexatur: si præterea tinctorem ingenti mercede conducis, ut purpuram venatus maritimam ejus animalculi sanguine vestem inficiat, id vero hominis est immodice lascivientis, quique rebus erratis abutatur, nec habeat ubi pecuniam superfluentem effundat. Eoque non immerito talis ab Evangelio vapulat ac reprehenditur, tanquam mollis & effeminatus, cultumque & ornamenta miserarum puellarum mutuatus. Alii item reperiuntur similis amantes vanitatis, magisque etiam & plenius vitia exercentes, qui ne hic quidem stultæ solertiæ fines constituerunt; sed inani quodam & supervacuo commento, quod artem pictoriam per stamen atque subtegmen imitatur, omnisque formas animalium in vestibus exprimit, & florida ac sexcentis variegata figuris vestimenta tum sibi, tum uxoribus ac liberis comparant. Qui sibi ludunt etiam alibi, nil usquam sedulo vel serio facientes, sed per immodicas opes abutentes vita, non timent, ipsique Paulo & divinis vocibus, non dictis, sed factis adversantes: nam quæ ille verbis præscripsit, hæc illi mordicus retinent, & ipsa ea faciunt rata. Quandocumque igitur in publicum prodeunt, quasi depicti parietes ab obviis aspiciuntur. Quin etiam pueri circumstant, ridentes inter sese, digitisque picturam in vestibus commonstrantes, & ad multum spatii prosequuntur, nec nisi ægre recedere & avelli possunt. Videre est illic leones, pantheras, ursos, tauros, canes, silvas, saxa, ac venatores, & omnia denique, circa quæ pictorum industria naturæ æmula versatur. Necesse videlicet erat, ut videtur, parietes non solum atque domos exornari ac depingi; verum etiam tunicas & pallia iis superjecta. Qui autem quævis de divitibus illis religiosiores, argumenta textoribus ex historia Evangelica collecta subministrant: Ipsum, inquam, Christum nostrum cum Discipulis omnibus, ac miracula quæque quemadmodum ibi narrantur. Videbis nuptias Galilææ & hydrias, paralyticum lectum bajulantem, cæcum qui luto curatur; mulierem quæ sanguinis profluvio laborabat, fimbriam prehendentem; peccatricem ad pedes Jesu accidentem, ac Lazarum e sepulchro redivivum; & hæc dum faciunt, pie sese facere, & vestimenta Deo grata induere arbitrantur. At me quidem si audiant, illis divendidis, vivas Dei imagines colant. Christum ne pinge (satis enim illi quod semel ad corpoream naturam assumendam causa se nostra sponte demisit) sed mente & intellectu Verbum incorporeum circumfer: in vestibus paralyticum ne habe; sed hominem infirmum ac projectum require: ne assidue mulierem sanguinis profluvio laborantem spectandam propone; sed viduæ affli-

affli-

afflictæ misereri: ne peccatricem ad genua Domini prolapsam tam diligenter contuere, sed tuorum aspectu peccatorum contritus lacrymas uberes emitte. Pro effigie Lazari resurgentis, idoneam in tuæ tempus resurrectionis apologiam para. Cæcum in vestibus depictum circumferre noli, sed cæcum viventem beneficiis solare, posthabitisque reliquiarum capsulis, & hydriis illis Canæ Galilææ, esurientibus cibum, sitientibus potum præbe. Et in his quidem nobis illa splendida ac superba divitis vestis profuerit. Neque vero cætera negligenda. Præter luxum enim in vestibus, purpuraque ac bysso, opipare quotidie epulabatur. Paria autem ac gemina prorsus ista duo sunt inutili tumidoque circa vestes ambitione efferri, ventrique & gulæ per voluptatem ancillari. Luxus etiamque & deliciæ cum studio virtutis repugnant, tum socordiæ, profusioni, intemperantiæ, servilique prorsus consuetudini homines mancipant & addicunt. Et quamquam res una atque simplex videatur, si propius inspicias, & sigillatim examines, e varia multiplicique vitiorum colluvie conflata reperietur. Delicari enim absque magnis facultatibus haud possis. Atqui divitias accumulare citra peccatum impossibile; nisi alicui, sicut Job (quod valde rarum) simul & ditescere & justitiam colere contigerit. Ante omnia autem ei, cui laute delicateque vivere propositum, domo opus est cultius extructa ac pretiosis calculis, lapillis atque auro, sponsarum instar, exornata; tum etiam ad mutationes temporum, annique tempestatum bene accommodata. Commendatur enim hiberna quidem calida & ad Meridianum conversa solem, æstiva vero Septemtrioni opposita, quo tenues illæ & frigidulæ ab Arcto spirantes auræ perflare eam, & permeare commode possint. Ad hæc singula multi pretii veste est opus ad stramina, lectos, culcitras, januas: nam omnia apud hos talia, quamvis inanima, accurate vestiuntur, cum pauperibus interim hominibus integumenta corporis desint. Adde vasa argentea & aurea, sumptuosam emptionem avium Phasianarum, vinique Phœnicii, quod Tyriæ vires, etsi maxime pretiosum, divitibus affatim sufficiunt, omnemque alium voluptatis atque deliciarum apparatum, ab ipsis illis qui usurpant, accurate recensendum. Nam adamantem & exquisitior in dies luxus etiam Indica aromata cibis affundit; magisque jam coquit quam Medicis unguentaria serviunt. Quin in mensæ satellitium perpende structores, pincernas, dispensatores, & qui his præsunt, musicos, musicas, saltatriculas, tibicines, ridiculos, gnathones, parasitos, turbam vanitatis comitem atque pedisequam. Hæc ut habeantur, quot pauperes injuria afficiuntur? quot orphani pupilli cæduntur? quot viduis lacrymæ excutiuntur? quot denique cædere diminuti ad restim & laqueum decurrunt? Ejusmodi profecto mortalium anima quasi lethæa quadam aqua depotata, sui prorsus obliviscitur, quæ & ipsa sit & cui conjuncta, quodque hæc copula aliquando solvetur, ac deinde, redivivo corpore, rursus integrabitur. At cum debitum tempus advenerit, & indeprecabile decretum corporis & animæ nexum dissolverit, recordatio subibit eorum, quæ in vita patrata sunt, & pœnitentia sera ac nihil profutura. Tunc enim demum pœnitentia prodest, cum pœnitens emendandi facultatem habet, sublata vero copia recte faciendi, inutilis est dolor, & irrita pœnitentia. *Erat autem quidam mendicus, nomine Lazarus.* Non tantum pauper hic describitur, absque necessariorum curam, sed etiam gravi invalitudine oppressus, atque corpore tabido diffluentique, sine lare & certa sede, incultus, horridus, & ad januam divitis projectus. Ad summam, cum certa ac Tragico fere cothurno pauperis miseriæ enarrantur, ut non misericordis sævities magis magisque pateretur & innotesceret. Nam is quem alterius inopia atque ægritudo commiseratione non tangit, fera sane est rationis expers, perperam humanam induens formam, ipsamque naturam prava voluntate fallens, ac denique feris ipsis atque belluis immanior. Siquidem feræ jugulata sua, sensu quodam doloris afficiuntur, & circa sanguinem effusum languidum triste murmur edunt. Circumsistunt tauri eodem boves, miserabili dolorem mugitu designantes. Quin gruum quoque greges, cum una forte gregalium in casses incidit, captam circumvolitant, & lamentabili quodam aerem clangore complent, comitem suam & gregalem requirentes. Et hominem, ratione præditum animal, mansuetum & ad Dei similitudinem virtutis ac bonitatis capax, proximorum acerbi casus gravesque calamitates tam parum afficient ac movebunt? Jacebat itaque ærumnosus ille gratuitque mendicus in magnis doloribus, pedum usu privatus (alioquin enim elatiorem illum atque superbum declinasset, aliamque pro janua illa hospitum interfectrice & pauperibus semper occlusa locum delegisset) ac manibus etiam prope carens, neque palmam protendere valens ad rogandum: sed & præclusa habens ipsa vocis organa, stridulumque & asperum pectore sonum emittens: omnibus denique membris vel mutilus, vel captus, neque aliud quam quædam infelicis morbi reliquiæ, & miserandum infirmitatis humanæ exemplum. Neque tamen miseriarum ille catalogus superbi mentem ad considerationem flexit. Præteribat hominem tanquam saxum, eo scelere [illegible], cui nullum omnino velum, aut prætextus. Neque enim ad expugnandum adducere potuit illa vulgaria ac speciosa, *Non noram, ignoravam, latuit me pauper cum jaceret*: quippe qui pro foribus jacens egredienti simul & intranti spectaculo fuerat: & quo propius indeprecabilis sibi damnatio redderetur, micas de mensa decidentes supplici voce petierat; neque tamen omnino quidquam impetrarat; sed, cum ille satietate dirumperetur, fame & inopia contabuerat. Quare par & æquum fuerat, Chananæam illam Phœnissam huic diviti humanitatis magistram adhiberi, quæque scripta sunt, ei referre: *Etiam* Matth. 15. v. 27. Marc. 7. v. 28.
catelli, o dives ac fastuose! *comedunt micas, quæ cadunt de mensa dominorum*, tu autem fratrem tuum atque proximum hoc munere non es dignatus. Immo canes ipsi cum cura alebantur: seorsum quidem ædium custodes, seorsum venatores, [illegible], & quasi [illegible] honoribus digni habebantur, cum interim homo neglectus jaceret atque calcaretur Dei imago, quam, si cui Moysis idoneus ac fide dignus de generatione hominum auctor, pro-

propria manu fecit praeclarissimus ille architectus atque conditor universi. Quod si igitur hunc loci narratio de Lazaro finem haberet, atque ita rerum natura ferret, ut hac vita tam diversa, tam inaequali, vitae nostrae curriculum definiretur, alta sane & excelsa voce conquererer, quod, cum pari dignatione creati simus, tam inaequaliter erga proximos & eadem stirpe prognatos nos geramus. Etiam vero cum ea quae restant, audiro praeclara sint, qui superioribus angeris, bonum deinceps animum habe, jamque dulce compauperis beatitatem. Comperies enim posti Judicis exactum tribunal, ubi voluptarius ille ingemiscat ac ploret; mendico contra bene pulchreque sit, & conditum utrique praemium foret. *Accidit autem ut moreretur mendicus, & deportaretur ab Angelis in sinum Abrahae.* Vides pauperis ac justi famulos: vides migrationis tam felicis administros; Angelos, inquam, ipsos comites atque satellites, hilariter & blande eum intuentes, ipsaque specie & ore malorum remissionem ac medelam jam instantem declarantes. Impositus est autem sinui Patriarchae; quod quidem quaestionis ansam & occasionem iis praebet, qui magna cum animi voluptate profunda Scripturarum scrutantur. Nam si justorum quilibet in eundem hunc ab excelso locum deferretur, peramplum sane & in infinitum patentem hunc sinum ad omnem beatorum multitudinem capiendam esse oporteret. At si id omnino impossibile (sinus enim quamvis cavus & capax vel unum aegre virum, infantes vix duos complectatur) cogitatio quaedam subit, & per imaginem sensilis hujus sinus ad rem intelligibilem, quasi manu nos ducit. Quid enim est, quod Abrahamus eo tempore dicatur, qui bene rectèque vitam instituerint? Fare, age, divine Luca (nam velut praesentem te compellabo) quid causae, quod cum multi justorum Abrahamo antiquiores fuerint, honorem hunc illis in aevo renovati constitutis debitum, illi praecipue adsignaris? Praeteriisti silentio Enoch Noe, & alios horum postmos & sectatores. Verum intelligere jam mentem tuam videor; nec abit, ut opinor, extra scopum mea ratiocinatio. Cum enim Abrahamus Christum Dominum summe coluerit, eique se Christus praecipue supra alios mortales aperuerit ac revelarit, cum admirabile Trinitatis mysterium, tribus Angelis specie & habitu viatorum hospitio per senem exceptis, in ejus tabernaculo praeclare nobis fuerit adumbratum: cum denique pateat e multis mysticis aenigmatis hunc virum familiarem fuisse Deo, qui multis post saeculis palam cum hominibus sub velo carnis versatus est; his de causis sinum ejus tranquillum quendam portum, & quietam ab omni fluctuum agitatione locum dicit. In Christo enim nostrum omnium salus ac spes & expectatio futuri saeculi, qui secundum seriem humanam e carne prodiit Abrahami. Atque adeo laus hujus sinus atque decus ad Salvatorem relationem habere mihi videtur, qui de virtute cujusque cognoscit, debitamque mercedem retribuit, ac salutari illa voce justos compellat: *Venite benedicti Patris mei: possidete regnum vobis paratum. Accidit autem ut moreretur mendicus.* Duo circa pauperem hunc notantur, inopia nimirum, & humilitas atque modestia. Non est itaque quod pauper quilibet ac pannosus virtutis laudem sibi vindicet, aut egestatem ad salutem ipsi sufficere existimet. Nec enim universim laudatur quemcumque necessitas egere cogit; sed hic demum in admiratione est, qui sponte & decreto quodam animum in paupertate componit ac moderatur: illi autem qui moribus & ingenio pravo sunt, omninoque corrigi non possunt, viaticum est ac mala multa facinora conflat paupertas. Et omnes equidem paretum professores, plagiarios, grassatores, fures, & homicidas ipsos, cum ad tribunal judicio sisterentur, inopes, egenos, laboriles, sine domo certisque sedibus vidi. Unde liquido constat, beatum hic pauperem illum praedicari, qui mente philosophica laborem & aerumnam perfert, fortiterque & constanter adversos tolerat casus, ac nihil vel sceleris vel flagitii molitur, ut carni per voluptatem atque delicias gratificetur. Quem ipsum apertius describit Dominus in enumeratione beatorum, ubi primo loco dicit: *Beati pauperes spiritu.* Non omnis igitur pauper justus; sed ille qui Lazari similis: neque dives omnis damnatus; sed ille qui vitam instituit quomodo Lazari aequalis, aliique reipsa vitae hujus tristes & imitatores. Quis enim caelesti illo Jobo opulentior? Neque tamen eum tanta illa rerum omnium copia & affluentia aut a justitia abalienavit; aut, ut breviter dicam, a virtutis orbita dimovit. Contra, quis Iscariote Juda pauperior? Neque tamen vel minimum ad salutem ei profuit egestas; verum cum & undecim pauperibus ac Philosophis, & ipsi Christo Domino, qui voluntariam causa nostra paupertatem susceperat, contubernio junctus esset, nimia cupiditate & avaritia abreptus, proditionis scelus molitus est. Operae pretium autem erit, utriusque elationem defuncti prudenter examinare. Pauper enim cum obdormisset, Angelos ipsos habuit comites ac ministros, a quibus ad locum requietis optatae spei plenus deferretur; alter post mortem sepultus est. Nihil enim satius quam ipsam afferre Scripturam, quae vel uno verbo infamem divitis exitum satis declarat. Mortuus quippe peccator vere sepelitur, quoniam corpore & animo juxta terrestris est, ac naturalem hujus dignitatem conjunctione & sympathia carnis ad sordes faecesque terrenas deorsum trahit, nullamque posteritati praeclararum vitae suae monumentum relinquens, ignobilique tectus oblivione, similem pecoribus exitum sortitur: nam & corpus sepulchrum, & animam infernus habet; ac quasi tenebrosi duo carceres poenam sceleris, & ultionem patiuntur. Et quis, obsecro, miserum & infelicem stultitiae non ingemiscit? quae quidem, dum inter homines ageret, magna spirabat, seseque efferens, omnes qui cum ipso versarentur, despicatui habebat, & obvios quosque tantum non formicas atque vermes ducebat, inani fastu, fluxaque & fugacis opinione gloriae plane disruptus; at vero cum ab hac vita avelleretur, & tanquam mastigia spoliaretur alienis, quorum se Dominum per humanam amentiam esse crediderat, ad oppositam arrogantiae delabitur humilitatem animique demissionem, & aviculae lugentis instar lamentans, & multa frustra deblaterans, Patriarcham implorat, misericordiamque precatur, quam

Luc. 16. 22. (left margin, beside "mium foret. Accidit autem ut moreretur mendi-")

Matth. 5. v. 3. (right margin, beside "primo loco dicit: Beati pauperes spiritu. Non")

Gen. 18. v. 2. (left margin, beside "Angelis specie & habitu viatorum hospitio per")

Matth. 25. v. 34. (left margin, beside "ce justos compellat: Venite benedicti Patris mei:")

quam ipse non usurpaverat, cum ei benefaciendi facultas in manibus esset. Petit denique & flagitat, ut ipse Lazarus auxiliator adversus flammas & incendium adveniat, utque leprosi digitum in aquam intinctum allambere aliquantum sibi detur. Talis nimirum ac tanta eorum stultitia, qui corporis hujus nimium amantes: hic exitus eorum, qui divitiarum deliciarumque supra modum studiosi. Eoque sapientem ac multum in posterum prospicientem hominem docet, medicamenti vicem ad morbos avertendos hanc parabolam habere: tum humanitate & misericordia, tanquam futuræ vitæ conciliatricibus, malorum hujuscemodi discrimina declinare. Dramatica enim hæc oratio ac certis attributa personis, quo per demonstrationem ac vivas imagines bene vivendi legem edocti, sacra monita ac præcepta nunquam aspernemur, perinde quasi verbis tantum terrorem incutiant, & inanes intra minas consistant. Nec enim me fallit, multos mortales hujuscemodi cogitationibus delinitos peccandi sibi ipsis licentiam condonare. Verum alia nos omnia locus hic Scripturæ docet, ipsiusque Patriarchæ testimonio nulla judicii illius pœnam venia levat, nulla decretam mitigat ultionem clementia. Nam etsi multis & miserabilibus Patriarcham verbis dives obsecrasset, nullis ille flecti potuit lamentis, ut gravissimorum cruciatuum doloribus eum eximeret: sed maturo consilio justam ad hunc modum sententiam confirmavit: Deus unumquemque pro meritis condigne muneratur: ac tu quidem, qui dum viveres, aliena cum injuria luxu deliciisque diffluebas, peccati pœnam in præsentia luis: iste autem qui miseram & acerbam in terris vitam exegit, in lætum hunc atque jucundum, re conversa, traductus est statum. Addidit, vastum immanemque hiatum inferiores illos a beatis dirimere, & omni prorsus intercidere commercio, quo seorsum utique degant, ac distinctas suam habeant qua honorum, qua miseriarum sortem. Verum aliud, meo quidem animo, non tam sensu quam intellectu percipiendum occulte hæc parabola designat. Non enim profecto cogitandum, fossam illic aut scrobem, qualis in castris arcendis hostibus fieri solet, ab Angelis re ipsa ductam; sed potius a Luca, dum dissidium sejunctionemque eorum adumbrare studet, qui per virtutem, quique secus vitam coluerunt, similitudinem hanc & imaginem hiatus proposuisse. Et hanc cogitationem nostram velut sigillo concludit. Esaias, ita quodammodo loquens: *An non valida satis manus Domini ad servandum, aut aggravata est auris ejus, ut non exaudiat? imo vero peccata vestra diviserunt inter vos & Deum vestrum.* Esaie 59.

EJUSDEM HOMILIA.

In locum Evangelii secundum Lucam.

De Œconomo iniquitatis.

INter disserendum sæpenumero vobis dixi, quod commentitia ac falsa quadam notione mentibus hominum insita cum peccata multiplicantur, tum opera bona, quæ præstare quisque nostrum hac in vita debemus, retardantur. Hæc autem illa est, quæ cuncta, quibus utimur, fruimur, nostra mancipioque nostra esse nobis persuadet. Ab hac opinione est, quod magna contentione de illis litigamus, pugnamus, digladiamur, ac seu præcipua quædam & eximia bona, maxime ea amamus & æstimamus. Verum longe secus, imo plane contra sese res habet. Nihil enim quidquam eorum quæ possidemus, vere nostrum est: ac ne nos quidem ipsi tanquam domini hæc in terris, ac velut propria sede & domo commoramur; sed quasi inquilini & advenæ, vel potius exules nolentes, ac nec opinantes abripimur, fortunisque semel omnibus, cum rerum Domino visum fuerit, exuimur. Ad summam, facillime res fluxæ hujus vitæ mutantur: & qui hodie clarus & illustris, cras miseratione & ope dignus; qui in præsentia locuples ac divitiis affluens, paulo post egere, vixque domi panem ad victum habere deprehenditur. Et hoc maxime Deus nobis hominibus præstat, quod semper idem & in eodem sit statu, vitamque & gloriam ac potentiam possideat sempiternam. Unde autem exordium hoc sermonis desumptum, prudentes ac litterati facile profecto jam animadvertunt. A Lucæ nimirum parabola, quam hujus intuitu rei de illo bonorum alienorum dispensatore commentus est; quem gementem ac plorantem describit, postquam tanquam prodigus ac dissipator ex Domino bonorum audierat; *Redde rationem villicationis*, & quam primum hinc abi: non enim ultra rebus te meis illudere, perque voluptatem abuti quasi propriis sinam. Est autem hæc non vera rei narratio; Luc. 16. v. 2.
sed ficta parabola, quæ sermone quodam obumbrato moralem virtutem nos docet. Itaque noveris quisquis es, rerum tibi alienarum dispensationem esse delegatam, ejectaque prorsus ex animo potestatis herilis arrogantia, dispensatori, & œconomi rationibus reddendis obnoxii circumspectionem & humilitatem sume, Dominumque semper expectans, codicem ac tabulas rationum sollicite compara. Inquilinus enim es, & ad breve tempus, velut in transitu concessa tibi usura. Quod si in notis ac familiaribus etiam hæsitas, ab ipsa re & experientia disce, quæ magistra est minime fallax. Prædium posside, vel ex hæreditate majorum, vel ex aliquo contractu: memoria igitur tecum repete & enumera, si potes, quotquot idipsum ante te possederunt. Post deinde futurum in ævum cogitationem mitte, teumque reputa, quam multis numero post te eo potientur: ac dic mihi sodes? cujusnam ejus dominium, & quodnam eximii discriminis inter illos qui aliquando id habuerunt, qui nunc habent, aut deinceps sunt habituri? Nam si quis omnes velut e machina congregavit, domini profecto plures, quam glebæ reperientur. Amplius, si videre libet expressam hujus vitæ imaginem, recordare, si forte accidit, aut fuge aliquando tempore æstatis arborem in via conspicatum undique viridem & patulam, lateque aptam umbra, vel domus vicem implere, propter amœnitatem ei successisse, & quantum libebat, sub ea commoratum; dein alium, te jam abeunte, viatorem adstitisse; depositaque sarcina, tua abeuntis excepisse omnia, statum, ignem, ramorum umbram ac lympham præterfluentem. Sed & hæc, ubi

pau-

pauxillum in herba, te ambulante, requiescere, viam rursus inire cœpisse; eamdemque arborem uno die decem forte hospitum ad breve tempus diversorium extitisse, & cunctis usu patuisse, cum tamen unius propria Domini censeretur. Haud aliter sese habent stationis hujus atque vitæ copiæ & facultates. Multos illæ quidem alunt & oblectant; dominium autem earum penes unum Deum, cui incorruptibilis & interitus expers vita. In pandocheum etiam aliquando, cum iter faceres, divertisti, ibique lectum, mensam, pocula, discos, aliaque omne genus vasa reperisti, cum nihil quidquam tecum attulisses, & ubi nondum ad satietatem iis usus esses, supervenit alius anhelabundus ac pulverulentus, & aliena ceu propria affectans, ad abitum te excitavit & impulit. Talis omnino vita nostra, fratres, aut si quid his quæ dicimus magis transitorium & caducum. Quare cum aliquos audio dicentes, prædium meum ac domus mea, non possum satis admirari, quomodo quæ ipsorum non sunt inani syllaba sibi vindicent, tribusque fallacibus literulis aliena amplectantur. Sicut enim histrionum personas proprie & peculiariter eorum possidet nemo, sed pro re & argumento promiscue quisque sumit: ita terram fœneque terrenas quasi vestes et alii alii induunt. Dic quæso, num aliquid regno majus? Atqui scrutare quæ regum sunt: chlamydes conquire regias, quamplurimas sane reperies, quæ regum multorum corpora texerunt: quod & de coronis, fibulis, zonis censendum: omnia nempe hæreditatem instabilem, usumque eorum communem, & ab iis qui abeunt, ad alios qui remanent, transeuntem. Quid autem & quanti tota illa quam Præsides ostentant scena, argenteum vehiculum & virga aurea? Non semper illa a Præside habentur, numquam certe ab eodem, nisi forte ad exigui temporis usuram. Sicut enim feretrum aut sandapila alia subinde cadavera suscipit: ita principum virorum insignia utentes identidem commutant. Unde & frequenter Apostoli nobis erudiendis in hanc fere sententiam vocem. Repræsentat enim hujus mundi faciem illud: *Tamquam nihil habentes, & tamen omnia possidentes, & utentes, tamquam non utentes.* Hæc enim omnia ad unum scopum tendunt, quod velut in diem hic vivere debeamus, semperque exitus signum ac tesseram expectare. Et quo plenius discas, legibus te & regulis subjici Dominicis, ad quas omnia dirigenda sint, teipsum imprimis intuere, & considera tam corporis aspectu quam animi, præcepta virtutis teneri, neque tuæ sponte, tuive dominum ipsius esse; sed cum sermonem, tum actiones, atque adeo quoscumque vitæ motus lege certa habendos. Accepisti corpus a Creatore ex partibus pluribus compositum, & quinque sensibus ad usum commoditatemque vitæ instructum, qui nec ipsi liberi sunt, verum pro se quisque legibus certis adstringuntur. Et quod ad visum quidem attinet, qui princeps censetur, contuere naturam, & contemplare quæ visu pulchra ac præclara: Solem terrarum orbem collustrantem, lunam tristem & obscuram faciem noctis illuminantem: stellas cæteras exiguum illas quidem neque nobis sufficiens ex sese lumen præbentes; verum tamen decus nescio quod speciemque scintillantem, quam sortita sunt, ejaculantes. Aspice terram plantis omnigenis herbisque comantem, ac mare æquabilem in planiciem expansum, ubi pura tranquillitas stravit ac sedit. Ad hæc & talia licet oculis utere: cætera vero spectacula, quæ per oculos notam animæ inferunt, fuge & prætercurre, volumque ne videant obducito. Satius enim similes tenebras inducere, quam operibus tenebrarum occasionem præbere. Et ideo per Matthæum hæreina nobis die Dominus dixit: *Quicumque aspexerit uxorem alterius ad eam concupiscendam, jam adulterium cum ea commisit in corde suo.* Ac vel præstet oculum projicere cum ad fœda ac noxia respicit. Sed & auribus suæ leges, suæ cautiones. Ad sanos enim sanctosque sermones inclinare & patefacere eas oportet, ac per illos quasi tubos ad animum bona dicta transmittere. At si quis vitiorum albcla pestilensque & perniciosus homo propius accedit, ut peccati œstrum per aures infundat, vitandus ille & fugiendus, non aliter quam genus illud ferarum, quæ toxicum ejaculantur. Os etiam & lingua contineantur, ut bona tantum & honesta promant, a fœdis & vetitis abstineant: a maledictis, inquam, sycophantiis, calumnia, contentione cum fratribus ac blasphemia contra Deum; contraque vice proferant, atque enuntient quæcumque pia, quæcumque religiosa, quæcumque bonorum operum causa & incentivum. Sacri denique Psaltæ quisque hæc usurpet: *Dixi, custodiam vias meas, ut non peccem lingua mea*, &, *Linguis suis dolose agebant:* ac præterea: *Quid gloriatur in malitia qui potens est in iniquitate? Tota die injustitiam cogitavit lingua ipsius. Sicut novacula acuta fecisti dolum.* Ad summam, sit & os inter ea quæ prosunt. Ac naribus quoque & odoratui modus adhibeatur, ne voluptati deditæ nimium sint, unguentorumque pretiosorum fragrantes halitum consectentur. In tales enim Esaias acriter invehitur. Quin manus quoque meminisse mandatorum debet, ac cavere ne promiscue qualiacumque contrectet. Protendatur ad faciendam eleemosynam; non ad furtum: tueatur propria, neque colligat aut comportet aliena: corpora ægra ac male affecta ad opem ferendam attingat; non vegeta ac libidinibus semper prurientia. Constare jam satis existimo, quod nec ipsius nostri domini sumus; sed œconomi tantum ac dispensatores. Quidquid enim legibus ac præceptis adstringitur, ipsi subditum & obnoxium est legislatori. Quod si igitur ne ipse quidem corporis nostri partes ac membra libera suique juris sunt, sed voluntate Domini ad functiones suas diriguntur & gubernantur; quid his dicemus, qui sibi persuadent, auri, argenti, agri, cæterarumque rerum plenam se possessionem meramque dominium habere? Nihil omnino tuum, o bone! servus es, & omnia tua Domini, quia servus liberum peculium non habet. Nudus in hunc locum prodiisti, & quæcumque possides, ex lege Domini accepisti. Sive enim hæc ex patrimonio, Deus voluit ac jussit, ut liberis exuvias ac spolia sua parentes partiantur: sive ex matrimonio hoc ipsum, & quæ eo pertinent, a Deo sunt instituta: sive denique ex mercatura, agricultura, aut aliis acquirendi modis, Deo favevor

Marginal notes: 2. Cor. 6. v. 10. 1. Cor. 7. v. 31. — Matth. 5. v. 28. Matth. 18. v. 8. — Psal. 38. v. 2. — Psal. 5. v. 11. Psal. 51. v. 3. — Esaiæ c. 3. v. 16. & seq.

vente & adjuvante nactus es. Ecce pater itaque, tua non esse quæ habes: videamus jam quid præscriptum tibi sit, & qualis esse eorum administratio debeat. Da esurienti, tege nudum cura male affectum, nec pauperem aut jacentem in triviis neglige; de te ipso noli sollicitus esse, aut cogitare quemadmodum ad diem crastinum pervenies. Et illa quidem si feceris, a legislatore cohonestabere; si vero mandatorum rationem nullam habueris, male multabere, graviterque punieris. Hæc profecto mihi non videntur ejus esse, qui suus sibi dominus, cuique libera quidvis agendi potestas; sed omnino contra, multitudo præceptorum arguit hominem imperio regio legibusque Dominicis subditum, a quo præscriptæ vitæ ratio quasi debitum aliquod exigetur. Et nos tamen nescio quomodo tanquam liberam degamus vitam, & a rationibus reddendis immunem, miseros inopesque despicimus, ac miseriis suis immori patimur; cum interim non dubitemus per ambitionem ac vanitatem sumptus immodicos facere. Nam & adulatorum intemperantium multitudinem alimus, & parasitorum infelicium turbam in comitatu habemus; & cum in bestiariorum ac ferarum & generosorum equorum alimenta, tum in præstigiatores & mimos aliosque perditissimos homines opes exaurimus: atque adeo rem facimus stultitiæ & insaniæ prorsus ad finem. Nam ubi impensa lucrum inæstimabile salutemque æternam affert, compressa manu pecuniam cohibemus, ut ne pauci quidem oboli excidant: ubi vero de sumptibus ejusmodi agitur, quos & peccata comitantur, & pœnæ infinitæ, ac vel ipsum ignis supplicium consequitur, ultro opes effundimus, totoque ostio, ambitione jubente, exire permittimus. Qui sane non est sensus animusque servorum Dominum expectantium; sed juvenum intemperantium, comessatorum ac voluptatibus deditorum. Quod si dicere libet, audito, quam sollicite timideque concredita sibi dispensator providus administret, Davidis mihi librum explica, ac locum eum quære, quo pius ille vir præstitutam exitus sui diem studiose inquirens ad Deum
Psal. 38. v. 5. ita fatur: *Notum fac mihi finem meum, & numerum dierum meorum, quis est, ut sciam quid desit mihi.* Vides in his verbis tanquam in imagine clamantis animum & affectionem, quam sit timidus, quam in futurum longe prospiciens, quam curiose judicii supremæque lucis in inquisitione versetur, ne signum obitus imparatum eum offendat & opprimat; utque præcognito quod superest incolatus spatio, diligentia ac studio officium suum implere possit, priusquam veniat qui abducat. Est enim vere cujusque nostrum exitus, œconomi quædam ac dispensatoris effigies, si sigillatim examinemus, & inter se contendamus, quid patiatur & qui vita defungitur, & qui dispensatione abdicatur. Nam qui moritur, ad eundem plane modum alIis administrationem tradit, atque œconomus claves: hic ejicitur ex agro, ille ex toto terrarum orbe tanquam ex uno aliquo fundo cedit: œconomus labores suos, vineas, hortos, domos, mœstus invitusque relinquit; ille autem cui vita deserenda quemadmodum adesse tibi videtur? Nonne bona sua suspirat ac deplorat? Nonne supellectilem thesaurosque deamatos miserabiliter circumspicit? cum nec opinato longe ab iis abstrahitur, & ad locum ei destinatum traducitur, talibusque aures ejus vocibus personant: *Redde rationem villicationis tuæ:* ostende quomodo præceptis obtemperaveris, quo animo erga conservos, leni ac benigno fueris, an contra sævo & inhumano tyranni in morem pugnis ac verberibus in eos sæviens, eleemosynæque demendo miseros defraudans. Et bene se res habebit, siquidem propitium reddere Dominum bonumque se servum approbare poterit; sin minus, non illic ei paratæ virgæ & flagra, non obscurum pistrinum, non compedes ferreæ, sed ignis inextinguibilis; sed tenebræ perpetuæ, Matt. 25. v. 26. Marc. 9. v. 43. Luc. 13. v. 28.
nullaque lucis intercapedine distinctæ; sed stridor dentium, ipsius Evangelii testimonio designatus. Quod si nunquam, o bone! terrenis istis bonis tanquam alienis exutus, age sane, fruere mundo omnibusque voluptatibus sensibus admitte; sin, ut quam diutissime fruamur, eis aliquando finis præsto, carendumque erit; metuamus, fratres! migrationis illum diem, & ex præscripto Domini, tempore incolatus vivamus, ne vincti & ære alieno oppressi abripiamur, sed liberi, sed secura conscientia solidisque commentariis actionum nostrarum irreprehensibilibus, & extra censuræ aleam oculis viam ingredi possimus. Malus fuit hujus vitæ dispensator vir ille dives, cujus quidem ager quanquam uberes fructus reddiderat, nihil tamen in tanta fortuna copiaque rerum boni vel cogitavit vel fecit, sed hiante ventris desiderio, latisque & profundis cupiditatis & avaritiæ sinibus apertis, suum ipsius in usum atque voluptates omnia convertit, talia subinde dicens: *Destruam horrea mea, &*
Luc. 12. v. 18. *majora extruam, & dicam animæ meæ: habes multa bona reposita, requiesce, ede, bibe, lætare.* Et dum loqueretur, ecce adsunt qui abducerent: accessit specie terribili conservus, deturbatum dispensatorio munere raptumque ad pœnam. Et quid tum, quæso, profuit voluptuariæ vitæ propositum? Atque hæc quidem vivide graphiceque nostram ad cautionem descripta sunt. Jam vero quid experientia vitæ quotidiana? Nonne hæc assidue talia quoque vociferatur? dum hunc quidem qui meridie firmus & valens, ante ortum vesperi mortuum nobis ostendit: illum qui vesperi bene sanus & incolumis, ante radium matutinum conclamatum atque depositum: alium item in accubitu superque mensam animam efflantem. Et quis tandem, obsecro, tam stupidus atque stolidus, ut non animadvertat quotidie nostrum aliquem, alium alias, ex hujus vitæ dispensatione quasi loco moveri? Sed enim bonus ac fidus minister rectaque fiducias conscientia afficitur animo, quemadmodum olim Paulus: ille enim vel Domino non urgente ad eum anhelabat ac solvi cupiebat, sed & altero dispensationis munus deprecabatur, alicubi loquens: *Infelix ego homo,*
Rom. 7. v. 24. *quis me liberabit de corpore mortis hujus?* Ac rursus: *Bonum mihi dissolvi, & esse cum Chri-*
Phil. 1. v. 23. *sto.* Contra, qui plenus cogitationibus terrenis, glebæque & luteo vere cognatus, de migratione anxius, ita lamentatur ut ille in parabola:
Luc. 16. v. 3. *Quid faciam, quia Dominus aufert a me dispensationem? Fodere non valeo, mendicare erubesco.* Desinit sane atque voluptati hic dolor,

hæc

hic querela. Nam fletu in abitu & ejulatu hominem arguit luto suo prorsus agglutinatorum & affixum, carnisque voluptates, quibus fuit deditus, gementem ac deplorantem. Imbecillitas autem ac fuga laborum, vitæ per inertiam ac desidiam actæ crimen est, ac nota. Nam si operi ac labori assuevisset, a fodiendo nequaquam abhorreret. Quod si allegorice de his quæ sub intellectum cadunt, parabolam hanc interpretemur, ubi semel hinc migraverimus, neque operandi neque mendicandi tempus: eoque nemo dicat, *Fodere non valeo*. Ut enim maxime valeat, opera præteriit. Cultus & observatio mandatorum hujus propria vitæ est, fruitio vero futuræ. Quare si hic cessaveris, ac nihil operatus fueris, frustra de viribus, frustra de fossione cogitaveris. Sed nec rogando
Matth. 25, 1. vel mendicando quidquam profeceris. Declarat insigne virginum insipientium exemplum: quæ, cum oleum ipsis deesset, ut impenderent, se inextinctum a prudentibus id petierunt. Quo docemur, adveniente Sponso, neminem oleo alieno, id est aliorum recte factis suum ad commodum atque fructum uti. Suis quisque factis quasi veste quadam amictus est, sive splendida illa ac pretiosa, sive vili ac paupercula: nec enim tunc licet & alia permutare, nec amico vel ex dono vel commodato judicii tempore ornari. Manet quisque qualis revera est, sive bonorum egenus, sive dives & copiosus. Et hæc quidem hactenus. Quid jam dicamus de condonatione & remissione debitorum, quam iniquitatis ille œconomus commentus est, ut solatium aliquod & auxilium in malis apud conservos sibi compararet? Non enim sane proclive, convenire id in allegoriam scripto congruentem. Dicam tamen quod in mentem multa volventi mihi venit. Omnes quicumque peccatorum remissionem obtinere studemus, alienarum donatione rerum lucrum atque quæstum proprium facimus. Alienas appello quæ Domini sunt. Nihil enim omnino nostrum, sed quod bonorum cuique est, illius mancipio proprium est. Quum igitur aliquis suum & alienum consideravit, peccatorum onus beneficentia levare studet, ac vel debitorum sibi noxiorum gratiam facit, vel egentibus de fortunis suis largitur; ea quæ Domini sunt donando, plurimos sibi conciliat amicos, qui bonitatis ac liberalitatis ejus testes apud Judicem erunt, sicque testimonio recreationis & refrigerii locum ei parabunt. Testimonium autem qui beneficiis affecti sunt apud Judicem ferre dicuntur, non voce & oratione tanquam apud ipsum; sed ipsa illis quodammodo beneficia quæ acceperunt, auctores suos pœna criminum
Genes. 4, 10. eximentibus. Nam qua ratione sanguis Abelis clamare ad Dominum dictus est: eodem modo opera bona testimonium ei tribuere dicuntur qui fecit in Christo Jesu Domino nostro, cui gloria in sæcula sæculorum. Amen.

EJUSDEM HOMILIA

Adversus Avaritiam.

VIRI Christiani, cœlestisque participes vocationis, quotquot & ex agris & ex oppidis (universum enim omnes appello) hoc ad solum convenistis! unusquisque vestrum utique perspicit & intelligit, qua de causa convenerimus; & quare Martyrei ædium ornatu cultuque magnifico, tum annuis hujusmodi cœtibus honoremur, & quo potissimum proposito sibi scopo majores nostri ista quæ videmus instituerint, eumque ritum ad posteros transmiserint. Planum certe, perspicuumque ei qui vel parum cogitationem intendit, quod zelo pietatis hæc talia constituta, quodque publici isti solemnesque conventus tanquam ludi quidam atque pædagogia sint animarum: ut & Martyres colentes insignem eorum pietatem imitemur, & Doctoribus ex occasione congregatis aurem præbentes profundum aliquid ignoratumque nobis antea discamus, quod ad dogma confirmandum, aut ad ambiguum obscurumve Scripturæ locum explicandum, aut ad morum & vitæ emendationem pertineat. Sed enim vos mihi videmini, virtutis omisso studio, curaque animæ posthabita, toti circa Mammonæ sordes, forumque rerum venalium versari; alii quidem ipsi contrahentes; alii alienis intenti lucrisque, & æmulos invicem scrutantes, quomodo res alienæ deprimantur ac vilescant. Verum agite, transferte mihi studium hoc ad Ecclesiam: relinquite avaritiam, illam circumforaneam, illam Mænada: adversamini tanquam turpem meretriculam, multitudini arridentem, & alienis ornatam indoviis ac fucatam. Contra, amate divinam hanc, probam, pudicam, amictam decore, vultuque gravi ac modesto. Sic enim ait
Salomon in libro Proverbiali: *Ne dimittas eam,* Prov. 4, 6.
& custodiet te: dilige eam, & conservabit te.
Noli per contemptum præterire, & quæ in mensa hac proposita, quia gratis consequi potes, ne aspernare. Sed eo gratiora sint ac magis expetantur, quod nos hic non sedemus ad modum institorum cum statera ac trutina; sed unicum censemus lucrum auditoris ad discipuli
salutem. Lecta a nobis in actis Apostolorum Act. 25, 26.
Pauli ad Festum & Agrippam oratio; Pauli, inquam, & fidelis Apostoli & prudentis oratoris. Ac tibi perspectum, auditor, siquidem animum advertisti, quomodo nec veritatem ille ex metu prodat, & obsequium erga Agrippam sermonis libertate temperans duros commitigat animos atque deliniat, non aliter quam si belluas aliquas orationis, ut ita dicam, contrecta-
tione incantaret. Vaticinatus est & hodie Za- Zachar. 3.
charias, ingentium de Unigenito mysteriorum januam nobis reserans per lapidem septem oculorum ictus habentem, perque candelabrum aureum, super quod lucernæ septem, duoque trun-
ci olivarum. Multa deinceps Scripturæ loca the- Zachar. 4.
saurum boni conditum habent, quæ percurrere quidem omnia velim, & spiritualis ostendere eventus abundantiam; verum urget me & impellit ad debitum solvendum hesterna promissio. Cum enim instituta nunc a nobis & incepta avaritiæ esset accusatio, neque exponi demonstrarique vanitas ejus & stultitia potuisset, in hanc diem rejecimus. Quare attendite, & æqui veritatis æstimatores atque judices estote. Non enim alienis de rebus, sed de nostra ipsorum salute disceptatur, & damnatorios quosque calculos adversus propriam animam quasi reum & domo

vel

vel orbe ejiciendum quisque meruit. Avaritia
itaque est non solum pecuniæ cæterorumque bonorum cupiditate fervere & teneri, præsentiaque
etiam insuper cumulare velle; sed, universe loquendo, quælibet in re plus quam par est, aut
addi, cupere & affectare. Et a diabolo quidem peccatum hoc manavit, qui initio cum e-
minentissimam Archangeli dignitatem & ordinem obtineret, & tyrannidem ac rebellionem
adversus divinitatem molitus est demens, ac eos
in terram terræ proximum devolvens, malus
nobis & vitæ nostræ socius est victus: atque
adeo neque divinitatem, quam captabat, adeptus est; & Archangeli, quo fulgebat, honorem amisit: servi instar ideo, qui temerarie
ausus in herum insurgit; ac canis illius ex Gentium fabulis, qui & carnem perdidit, & umbram (nam quomodo rem inanem & incompre-
Genes. 3. v. 6. hensibilem?) prehendere non potuit. Post hunc
primus hominum voluptate pellectus vetitas sumpsit dapes, summoque excidit immortalitatis bono, sicut Esau postea propter pulmentum jure
primogenituræ. Sed & multitudinem hanc lin-
Hebr. 12. v. 16. guarum & idiomatum varietatis quorundam
Gen. 11. cupiditas in vitam nostram introduxit. Qui felicitate nimia lascivientes cum pervium sibi cælum fore credidissent, ridendamque eam ad a-
scensum turrim extruere molirentur, tum ipsi
exhibiti sunt & exerciti, tum pro concordi con-
sensuque sermonis dissidium atque dissensionem
invenerunt, humanoque generi molestam ex ob-
scurorum sono vocum, interpretandique laborem
Exod. 8. & 10. reliquerunt. Jam vero Pharao quare in tantas
tamque varias calamitates incidit? Nonne plus
Exod. 14. & 15. habendi cupiditate, dominandique peregrino populo, qui nihil erat ad imperium pertineret?
Hinc factum, ut, cum alienos non detineret,
suos deperderet, quæ strage primogenitorum,
quæ in transitu maris. Nam omitto fluenta sanguinea, ranarum infestam sobolem, bruchorum
terram lacerantem, pediculorum populationemque fœdam
eruptionem, & quadrupedum pecorum cum cætera clade & peste, qua populus Ægyptius ob a-
varitiam atque cupiditatem Principis damnatus
est. Alibi vero peccatum hoc malis scabie &
spissa lepra vindicatum didici. Et justa ratione
hic recordetur, quisquis historiam amat, & E-
4. Reg. 5. v. 14. lisæi præclara facta libenter audit, quemadmodum Naaman ille Syrus, postquam in Jordane
4. Reg. 5. v. 27. lavisset, a lepra fuerit liberatus; contraque ea
correptus puer Giezi, puer avarus & importunus,
qui spiritualem gratiam, gratuitamque Doctoris
sui medelam pretio vendiderat. Quid Absalonem
amicissimi patris servorum seditionemque filium ad
parricidium adegit? Nonne intempestiva successionis regiæ & aliena invadendi diripiendique
Joan. 12. v. 6. cupiditas? Judam quid e catalogo Discipulorum
expunxit, & ex Apostolo proditorem fecit?
Nonne cum gazophylacii solida administratio,
tum pretium infame, & denariorum aliquot
proditionis auctoramentum? Ananiæ denique
& Sapphiræ tristis unde & tragicus in Actis
Act. 5. Apostolorum exitus? Nonne quia suarum sumptu rerum propriorumque denariorum sacrilegio sese
contaminarant? Deficiet me dies, si omnes
& mancipia avaritiæ enumerare pergam. Quare missam faciam veterem historiam, & quoti-
dianam vitæ experientiam interrogabo, cujusmo-
di fera sit avaritia, quam ægre quos semel pre-
henderit, dimittat, ut vegeta semper ac valida, nunquam debilitetur atque deficiat; sed
cum iis quos sibi subjecerit, consenescat & pereat. Libidinosus amatorque corporum, ubi
jam longam insaniam insanivit, remissionem finemque morbi tandem invenit, vel postquam
senilem ipse ætatem attigit, vel cum eam quam
amat exoletam videt ac floris extincti. Gulosus ventris voluptatibus aliquando renuntiat, sive quando jam satietas eum cepit, sive cum
stomachus, eæque partes, quibus cibum conco-
quendi vis ac munus, imbecilliores factæ, desiderium & appetentiam illam hiantem sedarunt.
Ambitiosus, postquam in multis se jactavit theatris, spectari tandem velle & inanes sitire gloriæ desinit. Verum avaritiæ morbus ejusmodi
malum est, ut vix unquam eo liberari possis:
& quemadmodum hæc semper virens atque scan-
dens hedera salitas irrepens arborem valide cir-
cumvolvitur & adhæret; ac ne ramis quidem
languescentibus aut arefactis recedit, nisi quis fle-
xus illos & anguineos quasi gyros ferro secet:
ita nec avari mentem, sive juvenis hic sive senex, in libertatem facile vindicaris, nisi sobrio
prudentique consilio velut machæra morbum di-
sciderit. Avarus propinquis est odiosus, famulis
gravis, amicis insuavis, externis difficilis & vix af-
fabilis, vicinis molestus, uxori malus contubernalis, liberorum parcus atque sordidus educator,
sui ipsius malignus curator, noctu interdiuque
sollicitus & cogitabundus, secum ipse loquens
ac disserens, eorum more qui mente exciderunt
& in insaniam lapsi sunt. Denique cum omnibus abundat, tanquam omnium egenus ingemiscit: præsentibus non fruitur: quæ absunt an-
xie quæritat: propriis non utitur & ad aliena
oculos adjicit. Multi illius (inquit) greges, a-
gri, stabula vix capiunt, planities ac pascua
tota teguntur. At si pinguem & bene habitam
ovem vicini viderit, nullo proprio grege, in
unam & alienam illam cupiditate fertur. Atque ita quoque de bobus, equis, agris. O-
mnium copia rerum ædes coangustat, sine usu,
sine fructu. Nullum enim percipere fructum voluptatis potest, quisquis insatiabilis, eique domus ejus similis conditoriis sive sepulchris, quæ
sæpe plena sunt auro atque argento, cum qui
utatur, existimat nemo. Corpus avari non ali-
tur: anima nihil lucratur, quia non exuberat e
dextera ejus eleemosyna. Quis autem laboris &
ærumnæ finis? Docet eorum aliquis quos hic
morbus corripuit. Multos equidem ipse novi,
qui etiam cum in morbo cubant, pecuniam saluti suæ magis ament & æstiment. Nam si forte medicus remedium eis parabile præscribit ac
parvi pretii ex apio posca, thymo, vel anetho,
quæ passim obvia sunt & parvo comparantur,
sine mora consilio obtemperant: si vero medicamentorum ejusmodi mentio, quæ ex pluribus
componuntur, & vel ex pharmacopolio, vel
ex unguentaria petenda sunt, animam potius
exhalent quam crumenam solvant. (Quid mirum?) cum mente & cogitationibus terreni sint,
terrestrium possessionem rerum vitam & spiritum ducunt. Hos tales publica communisque
felicitas molestia afficit ac dolore; damna contra ac clades, delectatione & gaudio. Exoptant
graves

gravem & intolerabilem indici profirationem & tributa quae grandiora per eam occasionem ... pecuniam suam occuperet; avarusque videre miseros aliquos a foeneratoribus oppressos & constrictos, ut eorum agros, instrumenta, aut pecora vel jumenta parvo per necessitatem aere prompta acquirat. Frequenter autem Philosophorum instar circa Meteora versatur, in caelum suspiciens, non ut siderum aliquem ortum aut planetae decursum scrutetur; sed ut aeris constitutionem consideret, & an aperientis signa largiorem imbrem aut siccitatem denunciet. Ac si prospectione sua multis malum imminere animadverterit, alienis laetatur infelicitate. Omnia undique summo studio in horrea sua congerit & conservat, obsignatque singula, ac duplici commentario scribit, dimensiones sive suas & supputationes. Inter haec & dum illa spe vigilantes, & quasi per somnium manibus & imaginariis opibus avarus ditatur, si nubes aut nebula crassa supervenit, ea terretur, ac si periculum ingens ipsi immineat. Quod si minutula pluvia terram aspergit, sublaetari incipit: si magna aquae vi [illegible] tollendae per singulis, extremus eum luctus occupat, jamque non minus sollicite quam si filius periclitetur, remedium pessimum quaerit, modumque & rationem frumenta a tabe & vermibus diutissime servandi. Ac si jam [illegible] animadvertit & calore corripi, [illegible] refrigerare studet, atque eum [illegible] & expendit, cum separat ac pristini [illegible]. Sed & miser assidet, [illegible] a meridie excogitat, quod circa [illegible] ut aura [illegible] liberius queant. In his laboribus ac molestiis, si pauper eum adit, ac pretio aliquid mutari rogat, nimia ejus caritate aut nihil dabit, aut parce & [illegible] dabit. Ergo vero te exhortor qui tali prudentia es ingenio, ut perpetuo te laborare & discruciari velis. Miseratione enim dignus quilibet avarus: etiam ille qui delicias non abhorret, qui beatam vitam voluptate ventris aliisque ducit, eamque finem hominis praecipuum putat. Multo magis & omnium quidem miserrimus, qui illiberalis atque sordidus, qui cum suum defraudat genium, tum sese occupat per quae pluribus bene pulchreque fieri sine ullo tam exacto continuoque diligentiae fructu vel fine. Quis enim ignorat, propter seipsum, exceptis virtutibus, nihil fieri; sed ut aliud ex alio procedat ac sequatur? Nemo certe quisquam solius causa navigationis mari se committit: immo propter ipsam agricolationem in labore aratrum agit: sed liquido constat, quod certo utrumque scopo molestias illas subeat: alter nimirum ut largam uberemque messem colligat; alter ut transmarina negotiatione divitias referat. Tu vero dic, sodes, quodnam spectas, & cur undequaque corradas, opesque [illegible] studeas? Delectat me, dices, aspectus. Atqui ratione alia morbo tuo indulge; nam aliquis etiam bonis solere defraudeam hoc potest. Si te capit & exhilarat argenti fulgor, in officinis fabrorum argentariorum assidens coruscantem argenti lucem contemplari licet; aut circa forum & loca rerum venalium, ubi disci, lances, scutulae, & cetera generis exposita vasa, animum oblectare. Liberum hoc & gratuitum spectaculum. Quin etiam spectare eos potes, qui argentum examinant, ac pecuniam in mensis perpetuo contrectant atque dinumerant. Immo vero rectius potius obtemperans monitis pravum hunc appetitum exues, animumque mutabis. Facilis enim correctio, cum avaritia non sit naturalis aliqua necessitas; sed impetus & voluntaria quaedam affectio; difficile non difficile deponere iis qui consultum sibi volunt. Mitte cogitationem in futurum aevum, quando non eris, quando pusilla terra corpus tuum exporrectum omnisque sensus expers habebit, & paucorum tabula palmorum reliquias tuas teget. Ubi tum opes, ubi tanto collecta studio cimelia? Quis bonorum abs te relictorum haeres? Nec enim is omnino, quem tu tibi destinas, certus erit successor. Si liberi tibi superstites, forte ab avaro tuique simili circumscribentur, injuria afficientur, ac flentes patriis ex aedibus expellentur. Quod si liberorum expers, amicorum aliquem haeredem instituis, non est cur testamenti tabulis magnopere confidas, tanquam certae & definitae legi, tanquam rei minime controversae, cuique contradici nullo modo possit. Parva res scripturam irritam facit. Nonne vides ut apud tribunalia super testamentis assidue litigetur? quot ea modis, & quibus artibus per jurisperitos, advocatos, oratores, ac falsos, qui ad hoc aluntur, testes, perque judiciorum nundinationes oppugnentur? Ex his certe quae vivo te & vidente fiunt, conjecturam facere debes de his quae post te futura. Si tibi divitiae bene & innocenter partae, exemplo beati Jobi, bene eis utere; si male & per nefas quaesitae, solve quasi captivas, suisque dominis, quibus per injuriam ablatae, vel quales ad te pervenere, vel etiam cum auctario, velut Zachaeus, repone. Si nullas habes, noli per malas artes acquirere. Alioquin enim abeuntem, ac necessarium ingredientem iter, triste peccati viaticum persequetur: bonisque abs te relictis alieni ignotique fruentur. Tum Davidem mirabere dicentem, *Thesaurizat, & ignorat cui congregabit ea.* Tum & divitem illum Lazaro oppositum agnoscis: illum quidem in Evangelio nobis lectum, neque fabulam ad terrorem compositam; sed certum absolutumque hujus typum aevi. Byssus computruit, regnum ad alium traductum est, deliciae & voluptates evanuerunt; peccatum autem ab illis productum manet: abeuntemque porro comitatur, non aliter quam umbra corpus: eoque post epularum magnificentiam, post lautas opiparasque mensas, guttam leprosi digito distillantem requirit, ac mendicum ad opem ferendam implorat, cui ne manus quidem fuisse videntur ad canes abigendos, qui vulnera circa atrium jacentis allambebant. Sed & desiderat conjungi Lazaro, quem ex adverso videt, fossa media vel hiatu divulsus. Quo quidem designatur non vallum, non agger manu factus, ut in castris ad hostem arcendum, sed peccatorum obex & sepimentum: quod condemnato, velut muri objectu, aditum transitumque ad justum intercludit. Et huic explicationi subscribit

Isaias, cum insipientem populum graviter increpans sit affatus. *An non valida satis manus Domini ad servandum, aut aggravata est auris ejus, ut non exaudiat? Sed vero peccata vestra diviserunt inter vos & Deum vestrum.* Quod si peccata mortales a Deo separant, de avaritia non est dubitandum, peccato longe gravissimo, quam vera voce veritatis ille præco Paulus idololatriam appellat, omniumque stirpem & genitricem malorum. Quid enim eos qui Christo nomen dederant, ac mysteriorum participes erant, ad cultum dæmonum pertraxit. Nonne plura possidendi cupiditas, & alienas fortunas occupandi? Nonne promissorum spe magistratuum ac præfecturarum, reliquæque munificentiæ & largitionis ab impiis factæ, Dei cultum religionemque qualiscumque repentino mutarunt? Et hæc quidem anteriorum exempla temporum memoria servavit: sunt etiamnum recentia ac nostræ ætatis. Cum enim Imperator ille, qui Christiani personam per simulationem diu gesserat; repente eam deponens, totamque detracto siparia scenam denudans, & ipse dæmonis impudenter sacrificavit, & alios variis eo præmiis invitavit; quantus ab Ecclesia ad altaria factus est concursus? quam multi per honorum escam & illecebras una cum ipso transgressionis hamum devorarunt? Qui nunc quidem Stigmatiæ civitates oberrant, omnibus odio ludibrioque tanquam Christi Domini propter pusillum argenti proditores, expuncti Christianorum albo, sicut Judas Apostolorum, a transgressoris appellatione noti, sicut a signis equi, qui in peccatum omnium gravissimum pertrahi facile passi sunt, sequentique statim impuræ & execrabilis impietatis mystagogorum. Ita nimirum avaritia juxta Apostolum idololatria est, omniumque radix malorum, innumera ex sese vitia progignens. Sicut enim ii qui aurum in sinu visceribusque terræ scrutantur, auream glebam circa principem & proprium generationis locum cumulatim repositam inveniri narrant, & aliquas inde velut venas in longum hinc inde produci sicut arborum a stipite late sese explicant ac diffundunt radices: ad eundem modum, imagine non minus impropria auri & avaritiæ, multa video germina malosque surculos uni eidemque stirpe avaritiæ connexos. Hinc video filium capiti genitoris imminentem, & absque ulla vel venerandæ canitiei vel auctoritatis patriæ reverentia longiorem senis vitam indignantem. Cum enim copiam omnem domi largiter suppetere videt, cujus dominium penes ipsum non sit, neque potiri ipse cupit, & sui quoque juris fieri, gravis illi patria auctoritas ac potestas. Et initio quidem intra silentium sese continet, altoque reconditum morbum habet; aucta dein paulatim cupiditate, & animo jam turgente, repente malum prorumpit, non aliter quam e fossilis & canalibus aquæ vis. Tum ille fero seni prorsus intolerabilis, vitamque tantum non affert ac valetorem. Si equum agiliter conscendit, miratur & obstupet: si largius & ut bene sanus, cibum sumit, fert ægre, secumque murmurat: si famulos ad opera ac ministeria mane excitat, vigilantiam bonamque valetudinem senis gemit ac dolet. Quod si aliquod cimelium alicui donaverit, aut servum manumiserit, tum nullius homo pretii ac delirus audit; tum, quasi vivendi regulam ac præscriptum transgressus, alienique prodigus ac profusus, conviciis atque probris omnibus proscinditur; longioris, heu, vitæ & spiritus non statim emissi reus? Tui illi, scelerata avaritia, fructus: tuo impulsu & incentivo filius parenti inimicitias denuntiat: tu comples terram latronibus & homicidis, mare piratis, urbes turbis atque tumultibus, forum ac tribunalia falsis testibus, sycophantis, proditoribus, advocatibus ac judicibus eo propendentibus, quo tu pertraxeris. Avaritia mater inæqualitatis, immisericors, inhumana, crudelis. Per hanc vita mortalium dispar ac dissona: aliique satietate nauseant, & opes superfluentes velut cibum nimium evomunt; alii fame & penuria pressi, in extremo pene discrimine versantur: hi sub tectis recumbunt auro distinctis ac variegatis, domosque incolunt parvarum instar urbium, in quibus balnea, porticus in longum porrectæ, & plures quasi domus omnique magnificentia ac splendore; illi contra ne duo quidem tigna quibus tegantur, habent; cumque perdurare sub dio non possunt, vel ad caminos balnearum confugiunt, vel si balneatores hospitibus inimicos inciderint, pariter ac sues fimum fodientes, necessarium sibi calorem procurant. O disparem vitæ conditionem inter homines a natura dignatione pares! quæ quidem perturbatio rerum atque diversitas non aliunde quam ab avaritia profluit. Ab hac est quod alius contra decorum pene nudus, alius præter innumeras ad usum corporis vestes parietes ipsos purpura velat. Pauper nec in lignea quidem mensa confringere panem potest, cum mollis ille & delicatus fulgore lætissimæ ex argento mensæ, quam opere ductili fieri curavit, mentem & oculos pascat. At quanto fuerat æquius, illo laute quidem & opipare epulante, cæteraque delicias ad satietatem usurpante, mensæ pretium in alimenta pauperum converti? Alius ætate fessus & ingredi invalidus, aut vitio aliquo claudus, asinum necessarium vectorem non habet; alius ipsos equorum greges ob multitudinem ignorat: huic oleum ad lichnum deest; ille solis luminibus, & candelabris cerseri dives potest: hic quidem in solo nudus procumbit; ille vero divitiis laborans in lecto se resupinat circumquaque fulgente, & argenteis sphæris atque catenis vice lectorum exornato. Tales nimirum insaplebilis avaritiæ affectus absque ea foret, neque esset hæc in vita mortalium inæqualitas, hoc dissidium, neque tam variis cladibus atque calamitatibus infuavis ea nobis ac lachrymabilis redderetur. Hinc homines naturalem erga homines charitatem exuunt, hinc ferrum acuunt, aciesque instructas inter se armant, summaque cum immanitate tanquam belluæ depugnant. Cætera deinceps quis narraverit? Muri validi & excelsi machinis conquassantur, urbes expugnantur, conjuges abducuntur, liberi in servitutem redigantur, agri vastantur & uruntur: arboribus ipsis, tanquam injuriam intulerint, haud temperatur: cædes fit magna juvenum ac virorum, rivique sanguinis a strage cadaverum profluunt ac volvuntur:

tur facultates denique & fortunæ eorum qui vincuntur, præmii loco victoribus cedunt universæ. Quid deinde? viduarum lamenta, pupillorum fletus, & parentes suos libertatem amisisse clamantium. Qui nudiustertius multarum magnarumque divitiarum possessor, tum frustum panis protensa dextera mendicat: qui servos complures habuerat tritores, ædesque vestibus refertas, lacero deterioque male tectus panniculo, servitutem ipse servit, & apportare aquam, equilis fimum abradere, & hujusmodi fœda subire ministeria cogitur. Alia scelerata mala sunt quæ summatim oratione complecti impossibile. Omnium autem eorum causa ac radix plus habendi cupiditas, & iniquus alienorum bonorum amor. Hanc affectionem si quis hominum pectoribus exemerit, nihil erit quod vetet, quin & in alta pace tranquille degamus, & omnis prorsus exulet e vita nostra contentio, terror atque perturbatio: quin protinus naturalem ad charitatem & amicitiam redeant omnes. Et ea re Dominus noster boMatt. 6. v. 24. nis monitis diligenter hunc morbum curat, dum alias quidem affirmat, non posse nos Deo siLuc. 16. v. 13. mul & Mammonæ servire; alias vero divitem Luc. 12. v. 16. illum miserum proponit, qui magnis cogitationibus plenus, ac diuturnam sibi spondens voluptatum fruitionem, non ultra crastinam vitam erat producturus. Sed & alibi, dum eximium & numeris omnibus absolutum illum prædicat, qui facultates suas pauperibus dilargitus ad inopem Philosophiam sponte properabit, illam virtutis matrem atque contubernalem. Verum hic audire mihi videor, etiam in silentio, pusilli saporis quorumdam voces quibus doctoribus obstrepi solet. Et quomodo vitam, inquiunt, sustentabimus, si rei familiaris nulla cura? quomodo necessaria comparare valebimus? quomodo vel æs alienum dissolvetur, vel mutuum peteuti dabitur, si tuo consilio paupertatem omnes amplecti fuerimus? Incredulis ille sermo & diffidentis insipientis hæ voces, & ignorantis quod Dominum habemus Deum hujus vitæ gubernatorem, dispensatoremque, qui natis animantibus necessaria tum alimenta, tum vestimenta sponte sua suppeditat. Divina providentia fovet ac tuetur opera sua, nec unquam in fide divitem egestas ærumnosa oppressit. Testabitur id, ut opinor, abunde vel unum quod e sacris litteris a me proferetur exemplum. In historia Regum mulier describitur, quam supra viduitatis ac sollicitudinis malum fænerator, avarus & inhumanus urgebat obsidebatque, liberos etiam ipsos, quos præter miseræ nihil reliquum, loco pignoris abducturus. Itaque cum in extremas esset redacta angustias, ac nemo quisquam divitiarum miseratione tangeretur, adiit ad hominem humanum ac fidelem. Eliseus hic erat Propheta, terrenis quidem expers bonis, incorporeis autem atque cælestibus ornatus & copiosus: Philosophus ab avaro, sine damno, certisque finibus, velle una ac simplici utens hæ4. Reg. 4. reditate nuper quidem auctus, sed hæreditate ovinæ parvi pretii pellis, & benedictionis invisibilis igneo curru delapsæ. Hic igitur supplicem lacessita re non dimisit, nec de auxilio continuo desperavit, etiamsi non adesset quod quærebatur, neque verba aliqua degeneris aut diffidentis animi prodidit, sicut aliquis e vulgo, & unde argentum mihi debitum dissolvendo? verum ut peritissimus medicus, cui medicamenta ad manum non erant, inopinatum morbi remedium excogitavit. Et quid habes, inquit, mulier in domo tua? Dic, sodes, si quid istic tibi reliquum. Nec enim quisquam adeo pauper, nihil ut omnino possideat. Ubi vero respondit, vas esse fictile cum oleo pusillo. Fac, ait, multa mihi vasa paret. Et ipsa quidem paravit; ille autem impleri jussit, unde persolvere fœneratori debebat, mulier angustiam & inopiam evasit. Nam pusillum illud olei, quod apud se esse Prophetæ dixerat, in modum fontis inexhausti scaturivit, crevitque quotquot conquisita fuerant, amphoras replevit: ac demum fluere desiit, cum vasa ad recipiendum deessent; æquatumque est indigentiæ beneficium divinum. Nam a divina profecto misericordia, non ab olea plantatæ caruerit hoc oleum. Hanc, si posses, semitam vobis comparate, quicumque quam late patet Orient & Occidens, usquam estis, Reges, dynastæ, divites, vosque mundanæ sapientiæ consilii, donorum hoc egressis, & ab avaro profecti Vatis sequimini, quod auferri non poterat, & jugiter apud eum permanebat: cum illa vestra, quibus quærendis studetis, bona servantis expolita sint periculis, latronibus, parietum perfossoribus, tyrannis, raptoribus, sycophantis, insidiatoribus, mari fluctibus haurienda, tributi ipsis hiantibus deferenda. Spes igitur nostra, ac vitæ provisoriæ vice sit Dei dextera: quæ populum Judaicum e terra Ægypti eduxit, bonorumque affatim vel in solitudine Charan ei supExod. 16. peditavit: quæ Danieli auxiliatorem Habacuc miro modo illuc, & Ismaelem abjectum & maternis abdicatum ubin servavit: quæ JuJer. 38. & 39. dæis per singulos annos opitulata fuit, ac denique panes quinque hordeaceos ita in infinitum multiplicavit, ut singulis millenorum hominum famem satiarint, singulisque præterea cophinos reliquiis adimpleverint, Deo nostro sit laus & gloria in sæcula sæculorum. Amen.

EJUSDEM ASTERII

Homilia in Festum Kalendarum.

DUO dies hesterna hodiernaque festa conjungit inter sese maxime cognata aut congruentia, sed diversa plane & contraria. Alterum enim proprium est multitudinis in externam laxare, perque conditionem vilem & sordidam multam Mammonæ argentum condidit; alterum autem verum Dei cultum puramque & criminis expertem vitam docet atque commendat. Quia vero complures, voluptatibus & occupationibus variis irretiti, conventui in Ecclesia concionique sacræ non interfuerunt, age nunc brevem illam ac vanam oblectationem, quasi philosophiæ inter risum atque jocum orationem, exponere ex animis conemur. In quo Salomonis quidem dicendi modum & institutum opportune mihi videor imitari posProv. 1. 8. & 7. 10. se: qui dum juvenem monet, ab intempe-

ranostræ loquelæ ut diligenter sibi caveat, quo plus roboris & nervorum orationi insit, personam intemperantiæ tribuit mulieri prodigæ damnatæque vitæ, & omnem ejus improbitatem velut marmori insculptam his, qui illecebris ejus inescantur, ob oculos ponit. Quare & ego festi hujus ab hominibus instituti vanitatem patefacere eique studiosos & amatores ab errore hoc studio deterrere atque avocare constitui. Hæc itaque publici festi lex est, primum ut certus sit ac manifestus ejus scopus, tum ut communis omnium lætitia; non ut aliqui in gaudio sint, cæteri in mœrore & luctu. Id enim bello magis quam festo congruit, in quo necesse est victores exultare, lætitiaque propter victoriam sese efferre; victos cladem suam atque calamitatem deplorare. Verum enim vero, primam quam habeat hæc (originem) horum dierum celebritas, obscuram & incertam. Nam fabulæ quæ multæ narrantur, sese invicem facile subvertunt, ac veri plane nihil habent. Deinde cum paucos admodum gaudii compotes, tum plures longe tristes animique ægros video, quamquam læta serenaque fronte dolorem tegant & obumbrant: omnia denique strepitu plena ac tumultu, turbamque invicem sese impellentem. At est anni ineuntis læta quædam mercatura. Quam læta quæso, bone vir! Ante omnia quidem congressus imaginem intuebor qualis sit, ut plena suspicionis ac minime amica. Salutatio tenui inclinataque voce profertur, succeditque osculum muneris initium, & suavium quidem pangitur, oculorum autem captatur, obtentuque charitatis avaritiæ litatur. Nam pura ac sincera amicitia humanitatis officia non vendit; gratis præstat & citra mercedem. Circumfertur itaque passim ac donatur auri magna copia, sine justo aliquo vel specioso donationis titulo ac prætextu. Nuptiæ non sunt, nec superbientis ambitionem sponsi vocare possis. Nec est item quod eleemosynam sumptum eum appellemus, unde nullum pauperibus commodum aut levamentum: non etiam contractum, ubi mutuum non fit aut ulla permutatio: donationem multo minus cui necessitas adhæret. Quemadmodum igitur & festum hoc & sumptus hos indigitabimus? equidem non reperio. Vos agendum indicate qui colitis & celebratis: reddite rationem, festi non divinarum festorum, quæ vere festa & sunt & dici debent. Natalem enim celebramus, quod eo tempore sese Deus in carne mortalibus ostendere cœpit. Luminum festum agitamus, quia per peccatorum remissionem tanquam ex obscuro gravi vitæ carcere lucidam ad vitam atque liberam exiimus. Jam vero die Resurrectionis omnis honorum cultum afferimus, magnamque lætitiam percipimus, quod ea dies immortalitatem nobis ad meliorem feliciorem que statum manifestum reddit. Atque ita deinceps de cæteris. Ad summum, nulla res est humana, cujus non aliqua ratio reddi possit? & si quid est forte ejusmodi, quod rationem aut scopum non habet, meræ nugæ sunt. O rem ineptam & absurdam! Omnes aliorum sperantes inhiantesque discurrunt & vagantur: qui munera dederunt, dolent; qui acceperunt, illa non retinent aut servant. Transmittitur enim ab alio ad alium, & quod quis a cliente donum accepit, eo suum ipse patronum aliquem muneratur. Fluxum & inconstans hujus festi aurum est, & quasi sphæra lusoria ab alio statim ad alium transit. Novus hic munerandi modus, novum cultus obsequiique genus cum indeprecabili præstationis sive tributi necessitate conjunctum. Nam major & dignitate præstans ipsis valetur sui reverentia movet; minor petit, atque omnes tanquam gradibus in sinus potentiorum exhauriuntur. Quod in aquarum denique confluentibus accidit, hoc tempore videre est. Illic enim tenuis minutusque rivulus in alium majorem influit, & hic alio rursus grandiore & magis exundante absorbetur: atque adeo minores multi rivi conjuncti, vicini fluminis accessio fiunt: quod & ipsum dein alterius magis majoris, atque ita deinceps, dum extremum lato profundoque mari misceantur. Festum hoc non festum, & mendaci prorsus nomine plenum acerbitatis ac molestiæ: grave prodeuntibus in publicum, grave domi remanenti. Viles enim de plebe homines, agyrtæ & scenici præstigiatores in turmas distincti, nulli non domui clamoribus ac plausibus, velut fausta precantes, molestiam exhibent. Et circa januas quidem eorum qui tributa conjunt & exigunt pertinacius hærent, donec tandem qui intus obsidetur, tædio molestiaque expugnatus, pecuniam projiciat quam habet & quam non habet. Qui alterius ad fores accedunt, nec ante vesperam ulla mali remissio. Cœtus cœtum excipit, clamor clamorem, jactura jacturam. Egregium hoc festum, æris alieni causa ac fœnoris, paupertatis occasio, miseriarum initium. Si quis ob fortunarum tenuitatem fidem non habeat, quique mutuum det, inveniat neminem, trahitur ac vexatur, ut ille qui foro cedens fiscum ac vectigalia regia deseruit, plorat perinde quasi bonorum proscriptione mulctetur: lamentatur, ut qui latronum in manus inciderit, custoditur, verberatur. Si pusillum aliquid domi conditum in alimenta conjugis atque miserorum liberorum, promitur, id & projicitur; ac sedet ille cum suis per festum hoc præclarum ejurans & omnium indigus. Nova pravæ consuetudinis lex, molestias & ærumnas celebrare, paupertatem & indigentiam festum appellare. Hæc præterea dies simplicibus tenerisque pueris argenti cupiditatem & amorem instillat: hæc ab una ad aliam transire domum docet cum numismatis ac fructibus autumnalibus argento compactis. Pro quibus duplum ipsum redditur, teneræque mentes ad nundinationem, & quæstum illiberalem informari hinc incipiunt. Quid porro sacrosanctis optimisque agricolis hac fieri die solet? abstinent publico, vicosque & plateas urbis fugere coguntur magis quam tecta lepores. Nam si qui deprehenduntur, verberantur, injuria a temulentis afficiuntur, auferuntur quæ in manibus, in pace pro hostibus habentur, subsannantur ac ludificantur, tam verbis quam factis, implenturque contumelia optimi nostri Prophetæ malitiæ omnis expertes, simplices & candidæ Dei imagines, idque in libertate vitæ nostræ servi ac ministri. Sic issue homines dignitate præstantes, sic inopes, sic pueri, sic agrestes: alii versantur, alii murmurant & fremunt, alii discunt quæ nescire pulchrum bonumque foret. Videamus jam quid armatis militibus hoc festum prosit. Bonorum jacturam faciunt, lusationesque & vulnerum mercedem annonam ac cibaria premunt, & prodigunt cum gravi morum disciplinæque damno. Conficiunt enim illiberales & inhonestas scenicorum artes ac studia, unde mollities ac dissolutio morum, ludosque ejusmodi & jocos, qui legibus & principatui, quorum custodes constituti sunt, minus adversantur. Summam potestatem risum jocumque faciunt, currum, ut in scena, conscendunt, satellitia ficta creant, publiceque & palam agitant quæ propria sunt mimorum & histrionum. Sed illa tamen pompæ augustiora, cetera quis enarret? Nonne versato ore in feminam degenerat ille fortis, ille animo præstans, ille in armis suis admirabilis, hostibus formidabilis, Tunicam ad talos demittit, zonam pectori circumvolvit, calceamenta muliebria sumit, & more feminarum, capiti crobylum imponit: quin etiam cum fusa colum circumfert, dextraque filum ducit, qua trophæum ante tulit, spiritumque & vocem in acutiorem & muliebrem sonum extenuat. Hæc celebritatis hujus utilitas: hæc hodierni festi publici commoda ac fructus. Consules etiam ipsi fama inclyti, & ad fastigium humanarum dignitatum evecti per vanitatem opes exhauriunt, non modo sine fructu, sed & cum peccato; dicique vere potest, quam sublimis eorum thronus, tam insignem esse dementiam. Cum enim permultos capessere soleant honores, & amplissimas Regiæ præfecturas obtinere, quam plurimum e qualibet extruere opum student. Et hi quidem stipendium militare suum incommodum vertunt, illi justitiam & veritatem pretio sæpius addicunt, alii thesauros gazamque regiam depeculantur, & omnia undique nullo vel infami vel iniquo prætermisso lucro, cum offensa Numinis, conservant; nunc autem præsident, aurumque congestum, intra breve tempus, in aurigas, tibicines, mimos, saltatores, spadones distribuunt. Adde propudia mulierculatum, quæ corpus suum vel carnifici venale præbeant, bestiarios impuros, & ab omni spe derelictos, ipsasque belluas, quibus alendis auro opus semperque in carnem aut mazam. Illa autem omnia non alia causa, quam ut ipsorum nomina contestibus ac diplomatis perscribantur. O stultitiam! o cæcitatem! Deus pollicetur, eorum qui pauperes alunt nomina libris æternitatis, immortalibus, incorruptibilibus inscriptum iri quos neque tineæ neque tempus absumunt. Et hos tu libros non affectas, non rationem tantorum præmiorum habes, non memoriæ divinæ (qui liber ille vivus) inscribi, insignirique studes: sed contra mavis a tabulariis exarari, a mangonibus prædicari, a vilibus adulatoribus excipi plausu, malus utilitatis arbiter, ineptus & imperitus rerum æstimator. Quin potius pauperem injuria affectum manumitte: non Musicum dolentem: affice beneficio viduam pro scorto, mulierem decenter vestitam pro ea quæ se vulgat! inquire de Virgine sancta Deo psallente, & sperne psaltriam inverecundam ac palam cantu velut insidiis homines intemperantes captantem: fer opem pupillo, libera pauperem ære alieno ac fœnore, & gloriam perpetuam videbis. At tu loculos evacuas in turpem animi relaxationem, in risum indecorum & inconditum: neque considerat quam multas pauperum lacrymas domi, per quas opes illæ sint conflatæ, quam multi in vinculis conjecti verberatique fuerint, aut ad laqueum accesserint, ut tibi suppetat quod Scenicis hodierno die largiaris. Et quis, quæso, finis? Vanitas. Post omnia tumulus exiguus, paucorum obolorum vestis corpusculum ambiens: ac paulo post accessarium temporis malum, oblivio, quæ cuncta, circa quæ sudaverit, tenebris involvat: sed & judicium divinum, & indeprecabilis mali propositi vindicta ac pœna. Ubinam Consules & fasces? Propone tibi ob oculos, & enumera, qui heri, qui nudiustertius fuerunt: nonne hic quidem, ut facinorosus aliquis, per repentinam armatæ multitudinis seditionem capite truncatus est, ostentatamque majore post necem pompa, quam cum in curru sublimis, & exsultabundus transveheretur? ille præter exercitus præfectura eundem adeptus honorem, in extremis Ægypti Libyæque finibus, in locis arenosis & humoris omnis humanique cultus expertibus, damnationis supplicium fugiens, miserrime extinctus est? Quid de eo dicamus, qui & ipse de numero Consulum atque ducum exercitus in terra Colchide nunc degens, barbarorum humanitati vitam & spiritum debet? Præsidem autem illum rectoremque provinciæ fortissimum & invictum, ut existimabat, qualis vitæ catastrophe excipit? Primum quidem filium suum vidit capite truncatum, & ipse postea capitali sententia damnatus est, laqueoque gulæ jam admoto, clementia Principis manibus carnificis exemptus est; ut quantulum ætati superarat, senex in dolore & calamitate sensuque malorum exigeret, ac plenus dedecoris & ignominiæ, tali magni consulatus exitu vita decederet. Quid? quod anno superiore gigantea prorsus facinora atque etiam majora molitus est, cujus levis in dolorem vocabatur, virgasque consulares affectavit, qui virgas heriles effugerat, ac tantum telluris possedit, quantum nec facile nominare, qui nunc exiguo conditur humo, & quantulum ei non nemo miseratione motus impertiit. Non igitur vere juxta sapientem illum Ecclesiasten hæc talia cuncta vanitas vanitatum, ac vel amplissimæ dignitates inania quædam visa & oblecta somniorum! quæ cum ad breve tempus oblectarunt, post deinde diffugiunt & evanescunt, & cum aliquantum floruerint, subito marcescunt. Sed nos hic finem dicendi facientes, laudem & gloriam Servatori tribuamus.

EIUSDEM ASTERII HOMILIA

In locum Evangelii secundum Matthæum,

An liceat homini dimittere uxorem quacunque ex causa. Cap. 19.

PRæclara Christianis & laboris amantibus doctrina est horum copula ac concursus dogrum, Sabbathi, inquam, & Dominicæ, quas tempus in orbem recurrens hebdomadis singulis reducit. Nam quasi matres aut nutrices Ecclesiæ & populum congregant, & sacerdotes ad docendum considere faciunt: atque adeo eum discipulos tum Doctores ad animarum curam ducunt & impellunt. Mihi quidem auribus adhuc insonat hesterni diei concio, insidentque memoriæ circa quæ tum laboratum fuit. Video

Esa. 63. v. 3. crucem Spiritu Prophetiæ ab Esaia fixam, ac vestimenta Domini quasi calcantis in torculari cruore tincta, atque Servatorem ipsum dextra

3. Reg. 3. v. 26. præmium præbentem. Video Salomonem æquam judicii trutinam librantem: miseret me debitoris Evangelici, qui lenitatem & clementiam qua Dominus erga ipsum fuerat usus, in conservum non adhibuit; sed per imprudentiam & inhumanitatem suam ipsius calamitatem instauravit. In his enim capitibus die superiore proximo versabamur, omnes scitis qui non indiligenter animum advertistis. Hodie etiam multa nobis præclara in mensa, quam videtis, Spiritus proposuit, adjeci autem animum ad garrulos istos ac tentatores Pharisæos; & improbitatis eorum vehementer misereor, quod ipsum sapientiæ fontem suis interrogatiunculis circumvenire aggressi sunt, in contrariumque quæstiones eorum. Unigeniti divinitate vertente, cunctibus & artibus suis exciderunt. De quibus & Esaias hisce verbis vaticinari mihi vi-

Esa. 29. v. 14. detur: *Convertent sapientes retrorsum, & scientiam eorum stultitiam facient, & appendens*

Psal. 5. v. 11. *verba pueri sui*. Ac rursus David: *Linguis suis dolose agebant; judica illos Deus: decidant a cogitationibus suis*. Veruntamen gratia eis esto, licet adversariis, quod divinam sapientiam ad eandem responsionem excitarunt, nostrum et in usum hæc litteris ac memoriæ proderentur. Ecce enim matrimonium, id est res humanæ vitæ maxima, velut ad normam hic dirigitur, sanciunturque certi desiniuntur ejus & contrahendi & dissolvendi. Quibus diligenter uterque coetus & sexus attendat, quo tum feminæ tum viri quæ

Matt. 19. propria cujusque sint, condiscant. *An liceat viro qualibet causa conjugem repudiare*, Hoc quidem Judæorum problema: scopum autem interrogationis hunc invenio. Quoniam feminæ faciliores ad credendum, & ad miracula Christi celebranda, fidemque de divinitate ejus amplectendam propensiores esse viderentur (ut & fuisse postremo patuit ex earum multitudine quæ Servatorem, cum ad supplicii locum duceretur, prosequuta est, & passionem ejus miserabiliter deflevit) ut offensam & odium apud hunc sexum ei conciliarent, dolosam illam interrogationem & hæc verborum quasi retia fabricati sunt. Verum ille dolum sibi instructum vi divinitatis animadvertens, & leviora lenioraque docere & præcipere solitus, insidias eorum elusit, ac secundum mulieribus responsum dedit; atque ita Pharisæos quæstioni intentos inhiantesque tanquam lupos, inanes prædæque expertes ablegavit. Ipsa, ait, creatio conjunctionis, non divortii scopum ostendit; primæque nuptiarum auspex & conciliator extitit ipse Conditor universi, qui & primos, quos finxerat, homines conjugali inter sese vinculo copulavit, & posteris velut perpetuas quasdam leges convivendi cohabitandique necessitatem imposuit, legis instar divinæ colendam & observandam. Qui autem

Genes. 2. v. 24. Matt. 19. Marc. 10. v. 8. nexu tam arcto junguntur, non amplius duo sunt; verum una caro. Quare quod Deus conjunxit, homo ne separet. Hæc Pharisæis dicta tum fuere: audite jam vos mulierum institores, qui ceu vestes subinde eas mutatis, qui thalamos tam sæpe & facile struitis quam nundinarum tabernaculas; qui dotem ac bona ducitis, conjuges ad quæstum ac negotiationem habetis; qui vel leviter offensi libellum repudii conscribitis, multasque velut viduas in vita relinquitis. Existimate, & omnino vobis persuadete matrimonia morte tantum & adulterio dirimi. Non enim, ut contubernia meretricia, quæ solam venantur voluptatem, paucorum numerus dierum terminat, itidem in iis sese res habet, quæ rite & ex lege fiunt; sed plane contra, o bone! Una contrahitur corporis & animæ societas, ut & affectus affectibus commisceantur, & caro carni quodammodo colligetur. Quæ cum ita sint, quomodo citra animi perturbationem abscindis? quomodo sine molestia, sine ægrimonia ab ea recedis, quam vitæ sociam, non usurariam in breve tempus accepisti, quæ soror tua, quæ conjux. Et soror quidem, creationis aspectu materiæque termino, ex qua compositi estis; conjux autem propter matrimonii legitimam copulam atque conjunctionem. Duplex hoc vinculum legis & naturæ quemadmodum abrumpes? Pacta nuptialia ac sponsiones quomodo rescindes? Et quibus de pactis loqui me censes? An de his quibus scripta jam dote & ipsum manu propria subscripsisti, & sigillum apposuisti tuum? Valida quidem illa sunt ac firmata satis: verum ad vocem Adami me con-

Genes. 2. v. 23. verto: *Hæc caro ex carnibus meis, hoc os ex ossibus meis: ipsa vocabitur mulier mea*. Non de nihilo profecto vox illa memoriæ prodita; sed ut communis esset omnium confessio virorum feminis, quæ viris per nuptias legitimas junguntur, hujus unius ore prolata. Ac nemo rerit unius ex verbis cæteros obligari; quæcumque circa protoplastos illos initio acciderunt, in naturam posteris abierunt. Quare si mulier aliqua temere repudiata, sumpto Geneseos libro, ad judicem (judicem eundem ac tribum) te pertraxerit, dic age quid respondebis? qui defugies eorum auctoritatem verborum, quæ per temetipsum coram Deo pronunciata, quæque non vilis aliquis scriba, sed ipse Moyses litteris consignavit Dei famulus ac minister? Patris ac matris expertem mulierem Adamo Deus in manum tradidit; &, uti bonus curator, pupillæ tutelæ prospexit. Illa parentis suæ delusione, his causis suæ firmamentis adversus ingratos infidosque maritos filiæ recte etiam utuntur: nec ullo modo poteris uxorem habere despicatui, legibus & antiquitus divinis & posterius humanis astrictus. Incutiant tibi pudorem vitæ commoditates quas uxor affert. Membrum est, adjutrix est, vitæque socia & communium genitrix liberorum; in morbis opitulatrix, in calamitate solatium; domus custos, ac bonorum thesaurus. Eadem dolet, eadem gaudet; communes, si quæ sunt, possidet opes, rem tenuem & angustam sedulo sustentat, malaque paupertatis, quantum potest, occurrit ac resi-

resistit, laborem denique & molestiam educandis liberis propter consortium suum ingentem subit. Si calamitas incidat, ille malis obrutus latet; amici qui censebantur, amicitiam felicitate metientes rebus adversis sese subducunt; servi simul & dominum & miserias fugiunt. Sola adhæret uxor ægræ parti membrum, & in malis socia ac comes: hæc virum curat, hæc lacrymas abstergit, hæc plagis ac verberibus medetur, hæc in carcerem usque comitatur, &, si quis ingredi permiserit, libenter una cum eo concluditur; sin id prohibeatur, sicut familiaris heri catellus circa januam carceris manet. Novimus ipsi * mulierem, quæ attonsa coma vestem virilem, eamque sordidam, induit, ut ne virum fugitivum latentemque deserere cogeretur. Ita cum servientem servire videntur, afflictui vere serviunt, in eoque vitæ genere compluribus perseveravit annis, locum ex loco, solitudinem ex solitudine mutans. Talem etiam patientissimi Jobi conjugem fuisse reperimus. Defecerunt eum omnes, unaque cum opibus adulatores defluxerunt: amici ipsi rebus secundis amicitiam æstimantes cum fortuna mutarunt. Si qui remanserunt ac præsto fuere, eorum præsentia contumeliæ quam officio propior, augendæ magis ærumnæ quam solatio fuit; quique consolari debuissent, coram eo lamentati sunt. Sola autem hæc priorum paulo ante & amatissima fœmina nusquam a viro discessit, assiditque vel in sterquilinio, saniem & tabem abstergens, vermesque plagis educens; vere quidem illa vitæ socia, non felicitatis contubernalis, individuæ cultrix amicitiæ, non affectatrix, affectatrixque voluptatum, unum denique de tota fortuna ac tota cognatorum ac benevolentium cohorte reliquum marito bonum. Ac proinde ex nimio conjugis amore in peccatum blasphemiæ prolapsa fuit: ac ne diutius illi consisteremur, & ipsa continuis in doloribus eum videret, Deo maledicere, & accelerare mortem suasit. Seu nempe locum viduitatis ac solitudinis, unum id cogitabat, quemadmodum e vita non maritus exiret. Hæc talia cum recenti experientia memoriæ veteris adversus eos adsint, qui erga conjuges injusti sunt & iniqui. Quid porro respondent hujus criminis rei, quam saltem speciosam levitate sua defensionem proferunt? malum, aiunt, odiosumque mulieris ingenium, linguæ temeraria ac præceps, mores a domo rebusque domesticis alieni, nec ipsa bona aut frugi rei familiaris administratrix. Sint hæc insane: persuaderi adhuc mihi patior, & accipio vestra dicta, sicut unus eorum judicum qui parum exploratam aurem habent, ac facile accusatorum insinuationibus credentes rapiuntur. Tu vero dic, obsecro; cum eam in tuo duceres, eo defectibus homines te conjungis? Hominem autem cum quis audit, non statim prorsum adhærere & consequi cogitat, Deumque ipsum culpæ & reprehensioni non obnoxium? Tu ipse nusquam peccas? non moribus & ingenio tuo molestiam uxori præbes? An omnis omnino purus & expers culpæ, matrimonii leges inviolabiliter servas? Quoties ipsa tecum a temulento contumelia affecta est? Quam multas & magnas injurias, quam indigna verba sustinuit? Quot & quanta tua vitia in obscuro sunt; quoniam uxor non revelavit? Toleravit illa temere & sine causa irascentem atque debacchantem; & quamvis libera ac dignitate par, conticuit sicut ancilla de foro empta. Necessaria ad vitam, & victum vel inopia vel avaritia non suppeditanti, quanquam ægra animo non maledixit: nec redeuntem a symposio, vino onustum & insanientem, molestatis odio non admisit aut rejecit: sed cum venia ac lenitate, qualis humanitatem nostram decet, te suscepit, & reprimentem ac verberantem ad lectum manuduxit, caputque ægrum ac meri vaporibus agitatum sedulo curavit: sola nimirum tui miserta, cum famuli mentis ob errorem, & agitationem herum deriderent ac subsannarent. An tu passim in compitis & plateis oberrans, frigidis de causis uxorem tragice turpiterque traducis, ut ad faciliorem cogitati repudii veniam & excusationem viam & aditum tibi munias. Duri, immites ac bellui id genus homines, vereque genii, quemadmodum fertur, e robore vel saxo: qui rebus omnibus oblivioni traditis, æquo animo & absque sensu doloris segregantur. Quis autem ægrum sibi membrum curationis vice abscindat, cum & nullum fere periculum, & medelæ magna spes & pene explorata? Exorta est in manu pustula; diligenter eam curamus: inflammatio pedi infesta, pharmacis tumorem cohibemus. Quod si prætermissa medicorum inspectione & cura, quoties aliquid doluerit, ad ferrum & sectionem imus, exiguo sane tempore membris nos ipsos omnibus mutilaverimus. Verum non eo modo, o viri! estote memores membrorum vestrorum, flectant, & pudore quodammodo afficiant obsequia ac ministeria mulierum: ac dum ira accensi fueritis, parum unius doloris cum his quæ dolorem vobis leniunt contendite, multisque hæc partibus vinci comperietis. Considerentur, inque medium proferantur benevolentiæ bona, morborum curationes, casuum omnium atque calamitatum societas, lacrymæ mariti causa fusæ. Veniat in mentem quod parentes sint, quod domum ubi primum faciem aspexit, propter te reliquerit, sibique venientem & euntem sequuta sit: quod forte suarum aliquid peculiarum alienare non dubitaverit, ut eo molestiam atque morositatem viri sedaret. Hæc omnia affectum concilient, amorisque vinculum nectant, ac lubricum animum, velut marcidam domum, corroborent atque confirment. Vincat misericordia, & consuetudo convictusque longi temporis ne celetur, quæ faciunt ut etiam bruta animantia ægre dispescantur. Vidi ergo bovem, quod aberrasset ab armento, solusque sibi relictus esset, miserabiliter mugientem: pecudem item balantem, montesque percurrentem & silvas, dum ad gregem rediisset, a quo inter pascendum excesserat. Sed & capra idem passa, quanquam in varios inciderit greges, prætercurrit, nec ante cursum sistit, quam ubi suum, cui assuevit, & gregem & caprarium reperit. Ne brutis igitur ipsis nos, qui rationis participes, duriores existamus, neque minoris uxorem faciamus, quam aliquem viæ comitem, abjicere ex causa levi & subita leviter nobis notum. Vides quemadmodum quos via publica junxit, idemque tectum ac diverso-

* [illegible]

rium, aut umbrosa per aestum meridianum arbor exceperit: fortuitum occursum in occasionem amicitiae rapiant, & cum ad diverticula viarum pervenerint, non sine aegrimonia divelluntur, ac sublacrymantes & fixis alter in alterum oculis considunt, symbolaque mutua largiuntur: ut progressi deinde paululum, rursus sese convertant, revocatisque fausta ac felicia apprecentur: ut denique brevis usura temporis tam arctam jungat amicitiam, ut aegre digredi cognatique tantum non esse videantur. Et tu comparem ac vitae socium despicatui sic habes, ut vasculum amissum aut vile vestimentum per neglectum in via oblivioni traditum, exactissimo Melitensi qui domo clanculum se subduxit. Ubi simulatus initio affectus? Ubi con societates atque communio? Ubi legitimum vinculum & diuturnae vis consuetudinis, quam & in naturam abire tum ratio dictat, tum experientia demonstrat? Facilius contexta abrupisti quam Samson hostium funes. Atqui vir probus & in statu constans vel demortuae memoriam conjugis aegre deponit, liberosque fovet ac diligit tanquam commune depositum matris ac naturae, spirantemque in eis defunctam videre sibi videtur. Hinc enim ex liberis maternae similitudinem vocis praefert: ille de forma ac lineamentis plurimum hausit, alius mores & ingenium parentis repraesentat. Atque ita pater multas habens & vivas & spirantes conjugis effigies, perpetui consortii, connubiique speciem animo suo informat, eoque nullam novae cogitationem voluptati admittit: nec hodie qui tumulum conjugi fecit, postpaulo thalamum adornat: aut a lacrymis ac suspiriis nuptialem ad choream iterum salliat: non vestem atram ac lugubrem stola sponsalique stola permutat: non in cubiculum etiamnum a priore matrimonio lectum alteram inducit, aut novercam, odiosum liberis nomen, adducit: sed turtur non illam quidem a ratione profectam, sed insitam a natura sanctimoniam imitatur. Nam autem hanc ferunt, ubi semel a contubernali disjungitur, perpetuam colere viduitatem, & facere plane contra ac columbae, quae in polygamiam proclives sunt. Hactenus quidem vapulet maritus, crebrisque densae nivis instar ingratitudinis criminibus pulsetur. Quod si forte adulterii culpam objicit, eamque divortii rationem reddit, omnem statim accusationem a marito injuria hac affecto in adulteram transferam, & pro hoste probos posthac illi defensor ac propugnator assistam. Laudabo eum qui fugit adulatricem, qui vinculum abrumpit, quo eum aspidi, quod echidnae copulavit. Huic enim primum dat veniam ipse Conditor universi, tanquam justo dolore percito, meritoque domus pestem & exitium domo exigenti. Nam cum duplici fine matrimonia contrahantur, benevolentiae, & liberorum quaerendorum, neutrum in adulterio obtinetur. Nec enim affectui locus, ubi in alterum animus inclinat: ac sobolis omne decus & gratia perit, quando liberi confunduntur. Sed quae pertinent ad hoc peccatum, in alia quaestione tractata fuerunt opportune. Continentiam igitur & castitatem, quod est indissolubile matrimonii vinculum, pars utraque mihi colat. Haec enim ubi colitur, ibi concordiam & mutuam benevolentiam locum habere necesse est, quando vaga ac spuria cupiditate liber animus justo, legitimoque totus amore occupatur. Haec porro continentiae lex non feminis tantum, sed etiam viris a Deo lata est; qui tamen, legislatoribus adhaerentes humanis, per quos libidinari ipsis licet, severi quidem judices sunt, & arbitri castitatis mulierum, ipsi vero cum summa impudentia in plures insaniunt, & juxta Proverbium, aliorum medici ipsimet ulceribus scatent. Et si quis eos horum flagitiorum arguit, lepidam & jocularem defensionem adhibent. Viri, inquiunt, etiamsi plures ad feminas accesserint, nullum domui familiaeque damnum inferunt; at mulieres ubi peccant, externos haeredes in domos ac familias inducunt. Verum audiant tam stolidae sententiae auctores, ac discant, per ipsos quoque domos alienas everti. Feminae enim eae, quibuscum consuetudinem habent, aliquorum vel filiae vel uxores omnino sunt, & inimicitias aut matrimonium infidis petitum, aut pater injuria affectus, qui postquam susceperat, educarat, virginemque perductarum ad thalamum speraverat, omni spe & expectatione per illos pudicitiae perdonei deturbatur. Quod si jam pater est qui flagitia haec patrat, cogitet atque consideret, quid animi sit patri se dolenti: si maritus, sibi illatam eam injuriam reputet. Nam ita demum bene praeclareque se res habent, si de aliis quisque statuit, quod evenire sibi velit. Si qui autem Romanis inculcantes leges, permissam esse scortationem & crimine vacare existimant, gravem sane errorem errant, ignorantque leges divinas ab humanis dogmatibus nimium quantum dissidere. Audi Moysem Dei voluntatem annunciantem, gravisque & amarae adversus scortatores sententias pronunciantem. Audi Paulum dicentem: *Scortatores, & adulteros judicabit Deus.* Ubi illi nil quidquam ad salutem tibi proderunt temporae retributionis, sed ipsi trepidantes adstantesque mane vix consistunt: insipiens & indoctus deprehendetur legum ille architectus Plato, cum gravi illa oratione sua facultate ac robore contra omnes legum latores vim suam efferentes: cum ad poenam distrahi videbunt eos, quibus ipsi scortandi licentiam indulserunt. Nam omnino qui non vetuerunt, alieni sibi peccata adsciverunt, & gemino obnoxii crimini inveniuntur, quod & ipsi sibi non temperarint, & aliis passim peccare permiserint. Qui igitur cum uxoribus vivere volunt modestis & bene moratis, ipsi suos mores ita component, ut exemplo institutioni disciplinaeque sint, hacque domesticis ad virtutem exemplis excitentur.

Judicum 16. v. 12.

Hebr. 13. v. 4.

ASTERII AMASEAE EPISCOPI,

Sermo in Danielem Prophetam & Susannam.

NUnquam doni superaffluentia dives, Spiritus gratia, sua quando, ac quibus velit, exhibere cessat. Tanquam enim fluvius *aquis* plenus *salientibus in vitam*, sicut omnino ac visibilia haec terram irrigantia flumina, copiosam virtutis subministratas habent. Neque enim, ubi

Jo. 4. v. 14.

uti quandoque illa, cum profluens aqua deficit; neque illorum more incrementa vel decrementa admittit; neque pro eorum ratione hanc ac illam partem allambit; quæ etiam abundat semper, ac omnibus sufficit, inque ora affluens qui plenitudinis sunt participes, nihil minus plena consistit: sed & ita uberem habens gratiam, pro etiam ætatum modo distribui ac dividi nescit. Neque enim quæ sunt immensa, pro corporum molis ratione mensurari possunt, sed animi ingenuitatis ac puritatis socia, pariter elucent ac produntur. Quocirca nunc quidem cum Samuele nuper latente versatur, nunc vero Davidem ab ipsis assumit gregibus ovium, ac fratribus præfert, quibus ille cen immaturiori ætate, contemptus videbatur alium ab aratro assumens, unctione initiat: postque illos, nobis nunc in argumenti partem propositum, beatum ac plane sapientem Danielem, tenerum adhuc, ac valde juvenem, seniorum judicem, ac Prophetam, creat. Quanquam enim illi res erat gravis, illius captivitatis, ac patriæ loco Babylonem habebat, videbaturque ab immatura ætate despectior, atque a tot malis fiducia carens: quod tamen virtute præditus esset, fuissetque prima statim adolescente ætate Philosophia eruditus, ac omnino forti ac constanti polleret, in ipso ætatis flore, senum illorum ac perfectiorum redargutor ac judex effectus est. Cæterum modicum quid si lubet, sermonem ad principium redeuntes, videamus ut Deo amicum esse, sublimem ac beatum præstet.

Capta penitus ac bello expugnata ab Assyriis civitate Jerusalem, Hebræorum per id tempus populi Babylonem translati sunt. Porro inter juvenum captivorum turmas beatus quoque Daniel unus fuit, agebatque in terra hostium contemptibilis puer: afflicti populi exigua quædam ac miserrima appendix, qui neque haberet quo apud sui generis homines clarus esset, nec apud hostes justum belli spolium videretur, obscurus, inglorius, ætatis ac calamitatis præjudicio, quem solus probe videns oculus ille perspiceret: Solus quippe Deus purum adolescentis cernebat animum, margariti instar marinis ostreis implicitum, aut sicut aurum in terræ sinu repositum: ut quæ ornatam sponsam arcanioris thalami abditam velis. Ubi autem opportunum apparuit tempus, oportuitque ut qui delitescebat, in palam proferretur: ut obscurus ille, notus evaderet: ut contemptus, conspicuus fieret: ut denique, qui in calamitatis tenebris absconditus fuerat, claritatem acciperet: modico divini Spiritus afflatu atque illapsu, humilis ille, universis sublimior evadit: sapiens, qui nec os aperire posset: oculatorum redargutio, judicum judex, homo rudis: sublimi solio sedens, qui neque tribunalium unquam minister fuisset: juvenis castitatem calumnia appetitam ulciscens: convertens errantem populum: male latam civitatis universæ calculo sententiam revocans. Audistis enim recitatam modo lectionem, omnemque rei miraculum suspensos animo tenet. Ego quoque iis omissis quæ libri alii habent, si qua nobis psalmi conjuncta voluptate utiliter modulari sunt; si qua Apostolus consilio suggessit; si qua Dominus pro potestate in Evangeliis sanxit, huic potissimum narrationi animum adjeci. Video namque duplicem commendari juventutem, alteram quidem ferendo, alteram sustinendo sententiam: ac Danielem quidem, pro lata rite sententia plausum habere ac gratulationem: Susannam vero pro victoria castitatis obtinere coronam. Venite itaque qui pulchrorum ac victoris amantes estis, antiquum illud memoria instauremus judicium. Veteri castitate novam in præsenti effundamus incontinentiam, traducentes juvenilem senectutem, ac canam admirantes juventutem. O scelesti senes ac populi principes, innumeros ad emendationem necessarios habentes pædagogos: legitimo fœdere junctarum cupiarum insidiatores: maligni castitatis aucupes: subtiles dolorum instructores: calumniæ prompti inventores! Secretationem labiorum tenus damnatis, & adorantis adulterium: aliorum medici, plenique ipsi morbo, *Sepulcra dealbata*, intus immunditia plena, externa vero superficie ornata: sublimes, ac in judicum sedibus præsidentes, tumque, cum scortari voluistis, inter arbusculorum densis, ac dumeta adrepentes. Risit cum videret prævaricationum doctor, ac malorum consiliarius, ut principes populi: ut viri proceres ac directi, ceu sepulcrorum effossores quidem ac latrones, impudico recandi spectaculo, ventrem traherent, vulpiumque more latitarent inter nemora; quæ nimirum e nemorosis ac umbrosis locis, domesticis insidiantes avibus, in eas dum incaute pascuntur, insiliunt. O similem illi malitiam, quam humanorum illa animorum lues a principio in finem usque molitur! In horto primum corruit sublimis homo; nunc quoque in horto, viri senes a serpente icti, a prima illa ac principali gloria exciderunt: quique judices erant, præjudicio damnati sunt; alieni a vita, ac operarii peccati. Cæterum hoc certamine vicit quidem viros, victoriæ autem palmam concessit feminæ, nec primæ hominis levitatem illam, in Babylonis adolescentula invenit. Ac merito dicat aliquis, haudquaquam Babylonem confusionem propter Susannam esse, sed mandatorum Dei observationem ac castitatis custodiam: virili pectore mulieris civitatem, lætæ pro victoria festivitatis locum.

Hanc ego, ut intermedia tacitum excipias tempora, cum casto Joseph virtutis similitudine compono. Scio autem honestam feminam secus castum virum: Deo amicam fecus filium Israel: unam amborum ac eamdem pro castitate impono coronam; victorumque pedibus devictos substerno; Joseph quidem impudicam Ægyptiam servi liberi heram: Susannæ vero infames senes. Castitatis eos institutores constituo; hanc quidem muliebris, illum autem virorum juventutis: orbis terrarum luminaria: resurrectionis flores: adulterorum judices: legitimarum nuptiarum custodes. Jamjam vero, in sacra duntaxat femina, nostra versetur oratio. Nunc enim castus ille Joseph extra argumentum ac castitatis parenthesis est.

Ubi enim senes, quod quidem arbitrabantur, intra retia venationem tenerent, eaque insidiis, ceu mox capturi, invenerent, nihil nisi pulcherrimam cervam pavidam invenerunt, sed il-

lis

is pariter ac fabulæ auctori draconi resistentem. (Porro ferunt cervam animal esse serpentibus noxium: pulchre vero invenit sermo animalis imaginem) Ubi, inquam, obsecrarunt, nec fuerunt auditi; comminati sunt, nec perterruerunt: deinceps jam malo œstro perciti homines, consilii inopes sunt, ac utrinque duobus maximis malis anguntur, quod sint fraudati desiderio, quodque sceleris argui possint. Sunt autem calumniati, scelesta capita, ac mali solutionem, aliud excogitant malum, velamenque mœchiæ, arcam instruunt. Peccator enim, postquam in prima delicta inciderit, ceu fune, primo peccato, reliquas consequenter iniquitates attrahit: ac vero bona bonis oriuntur; malis autem procreantur similia. Quocirca nunc quoque, adulterii fructus, cædem subgerminat, citoque, ceu pro magno fœminæ scelere, Concilium sedet, ac multitudo judicium spectatura, in concionem vocatur. Porro, iidem ipsi accusatores, ac judices erant; iidemque calumniam frontis canities habebat: juvencus autem calumniam patiens, ab obtinente opinione præjudicium ferebat. Ad hæc excitatus populus, idque patiens, quod ab stolido impetu populus pati solet, errore indignabatur, simamque impetum una sequebatur. Rex actæ fœminæ parentes lamentabantur: lugebat maritus tristem casum, filii hinc inde matri in periculo versanti hærentes, lugubre quid vociferabantur: genus universum præ pudore abscondebatur. Præclari autem illi judices, ac castitatis vindices, honesto pallio obtectam (neque enim vel in malorum confusione sui ipsa obliviscebatur, honestatis habitum habens) honesto ejusmodi tegumento nudari jussere, quo pro mœchiæ tribunali, mœchiam operantes, judicandæ mulieris aspectu turpem cupiditatem sedarent: sed & manus capiti imponentes, prolato symbolo damnationis, mundum illud corpus, impudici homines contactu polluebant: ac contra eam, belli veritatis præsides, falsum pro concione orabant.

Ubi porro persuaso populo, jam sententia lata esset, ac pœna instaret, tunc calumniam passa mulier ad judicum illum judicem adspexit: causæ remissionem ab hominibus in Deum transtulit. Invocavit tribunal illud quod falli nequit: nec veritas quicquam tardavit. Tu mihi jam quoque, o beate Daniel! qua tunc ratione a Spiritu excitatus es, in sermone exurge. Dic tu etiam: *Innocens ego a sanguine hujus*, quomodo postea Pilatus adversus furentes Hebræos. Voca iterum ad judicium populum: incipite litem male absolutam: eorum loco statue falsi nominis judices: commutetur præstitum ordo, videatque mulier victos senes, quæ ipsa paulo ante ratione urbi spectaculo fuit. Tu captivus cives judica: hospes viros indigenas: juvenis veteres. Commoda facram os Spiritui: non enim *habes labia immunda*, uti se Isaias despiciens ait; neque uno de Seraphim, aut purgatorio carbone indiges. Prudenter separa falsos judices, ut ne tuis quoque interrogationibus, uti mulieri in horto, confessione insiliant. Nam & illud prudenter intelligamus, quo ter beatus puer verborum tenore sit orsus sermonem: *Inveterate dierum malorum! Nunc venerunt peccata tua quæ faciebas prius, condemnans quidem insontes, absolvens vero reos.* O miraculum, magnamque Spiritus libertatem! *Ubi enim Spiritus erat, ibi libertas.* Videtis enim, ut neque in ipso exordio timeat: sed ut in ima ipsa conscientiæ intendens, ac animos senum peccatorum apothecas videns, testes quidem ac probationes non quærat: durius autem per contumeliam appellet, ut qui Propheta, sententiam scriptam in pectore haberet. Ac quidem quod spectat ad ipsam, nec quicquam dixisset: sed nulla mora abduci jussisset: quia tamen suadendus erat insipiens populus, levesque judices, qui ex actorum potius canis, quam ex veritate senuissent, etiam seorsim positis, interrogationis adhibet probationem, ex qua dissona responsione mendacium arguit: ac lata sententia, non carnificibus tradit reos, sed ultoribus Angelos adversus eos accersit: sic nimirum, eoque cumulo Sanctorum provexit dignitas, ut & virtutes invisibiles illis obsequio ac ministræ adsint.

Quænam vero deinceps facta sunt festivitatis senibus? Mutato judicio, cum veterum iniquitatum, tum recentis peccati pœnas morte darent: tota vero Babylon gestarum rerum miraculum, ac rem sic novam in ore habens, Deum canticis celebrabant, quod latentium fabularum notitiam in publicum fecisset. Porro Helcias recepta filia, totus animo renovatus est: Joachim, festam victoriæ diem cecinit pro uxore: filii, veræ illius ac castæ pignora, vultibus blande ad risum compositis, circa matrem gestiebant, flebilisque ille luctus totus in lætitiam cessit. Vos autem, Christi populus, pulsima ac salubri audita narratione, ne negligenter auditam præteriretis: quinimo doctrinæ ac exercitationis vitæ argumentum, sermonem assumatis. Vos fœminæ, æmulamini Susannam: sic viris castitatem servate, uti suo illa servavit: maluitque pati, ac audire pericula, quam mœchia Deum provocare; viro probrum facere; domos ac familias perdere; dubiam prolem facere. Vos senes, ut qui tales senes sint, odio habete: Magistratus, iniquorum judicum finem timete: Juvenes, æqualem vobis Juvenem imitamini, quo sic omni ætate in bonorum formata typum, Ecclesiæ cœtus omnis sanctus ac probatus efficiatur, in Christo Salvatore nostro; quem decet gloria, potestas, honor, cum Patre coæterno, sanctissimoque, ac vivifico Spiritu, nunc & semper, & in sæcula sæculorum. Amen.

ASTERII AMASEÆ EPISCOPI.

In Cæcum a nativitate.

AUdivimus modo divina plane ac sublimia argumenta, tonitrui filii Joannis, ore potius Spiritus Sancti, qui eundem ex piscatore ac manuali artifice, scriptorem ac oratorem effecit. Quippe multam nobis ac profusam enarrant Domini dispensationem, qua is, ab Hebræorum cogitatu monarchia animum abducens, contumacem ac incredulum populum divina Patris ac Filii scientia, erudiret: privans eis prava a legali traditione opinione, simulque a veteris ad novum reclamantes, velox etiam a de-

fenso

ferro ad divinam illam ac frugibus uberem terram, docens. Caeterum dum is varie praeternam suam existentiam, ac Patri semper conjunctam probat, ac diserte coram insinuat; esse se ante Abraham, nihil illi seriosius perspecta virtute, nullaque festa contradictione, quod dictum improbare, corriperent, verborum loco ad lapides confugiebant, ac die ante crucem, manus homicidas ad caedem extendebant. Cui vero ubique constitutum esset, ut ad contentiosum ac blasphemum populum longanimitatem haberet, eorum declinavit iram atque tumultum, non humili, sed divina quadam fugiens ratione: qui medius stans, ac cum palparetur, non cerneretur; versansque cum insequentibus, non caperetur. Stetérunt vero illi attoniti, animi quidem propositum in eadem tenentes, haud tamen invenientes qua ratione iram expleerent: nihil venatoribus imperitis absimiles, qui praemanerent subitanea ac submota praeda, fugiente cervo in locum aliquem, ac cassiculum egresso, temere per silvam errant, molestiam casus retia ferentes, frustraque secum casses trahentes.

Equidem vero, quamquam alioqui sim malus servus, id tamen necdum oblitus sum, esse me servum, quique pro Domino adversus injuriosos habitum infurgere. Quamobrem etiam clamabo in Hebraeos, tanquam hodie praesentes, ac furore actos: neque lapidibus beneficum appetitis? Quis enim vos e petra patravit? Appetitis eum lapidibus, qui lapideis tabulis insculpta lege, vitam vestram formavit? Appetitis, inquam, lapidem electum, pretiosum, quem Isaias praedixit? Appetitis spiritalem lapidem, nulla hominis manu, e praerupta petra, juxta quod docuit admirabilis Daniel, abscissum? Appetitis lapidibus summum angularem lapidem, qui parietes duos novi ac veteris testamenti commisit? Tametsi enim non credit, potens est Deus de lapidibus illis suscitare filios Abrahae, hoc est, acceptabilem Christo populum ex Gentibus ac proprio congregare: in quo etiam promissionem suscepit Abraham, dicente ei Deo, fore in eo benedicendas omnes Gentes. Antea enim Deus futura futurum praevidens, omnes in posterum credituros, fidei duci ac principi in filiorum sortem attribuit. Ex tunc enim contemplabatur Hebraeorum populi seditionem, ac videbat lapides falsique nominis filios abdicatis accensebat. Cum autem sermone veritatem annuntiaret, haudquaquam persuaderet pietatem: tamenne adestat, abscondebatur; ac apparens non videbatur, qui tali miraculo admirantes cogeret esse ipsum Christum, ac Deum patrum Abraham fuisse. Audite, ergo, inquit, o vere caeci ac stulti: quisnam ille, qui & versatur vobiscum, nec tamen videtur? num forte ille est qui ad Moysen loquens, minime conspiciebatur, ac tamen apparebat? Nam tunc quoque videbatur ignis ac rubus, ambo mutua; nihilominusque audiebatur vox, ac sermo eruditur, atque, quod futurum erat, pronunciabatur: sicque virorum prudentiam, ut petitionum ex rerum cognitione intelligeris.

Cum sic autem aliene a ratione ac stulte Iudaei haberent, Dominus noster ac Salvator, velut sedulus quidam ac sapiens medicus, non cedente morbo ad primum experimentum, modum alium curationis aggreditur. Statuit vero ut mente caecos, caeco curet qui obvius inventus esset, non accidenti aliqua laesione caecitatem passus, sed naturae vitio; sic nimirum ex utero in lucem productus.

Hominem porro conspicatus, stetit, prosloque ad curationem fuit: curationem utique humana majorem ratione & arte. Quippe ars medica ac ejus ratio, eorum morborum contemplationem tradit, qui jam a natura perfecto animali ac in lucem edito, casu postmodum aliquo accidunt; congeniti autem corpori vitii, minime curationem promittit: at neque universim morborum, si qui deinceps acciderunt: cujus rei abunde testes sunt mutilati homines, quibus nemo medicorum, membrorum privationem sarcivit. Quamobrem etiam discipuli, morborum miserantes, videntesque hominem qui lucis jucundissimam voluptatem nequidem unquam gustasset, curiosius inquirentes aerumnae causam, Dominum interrogabant; haud scire admodum, num ob propriam culpam, an propter parentum delicta, sic affecto corpore in lucem productus esset. Utraque autem percontatio reprehensionem habet: neque enim filius, nullius ipse reus, pro parentibus reprobatus esset: cum Deus non puniat alium pro alio: neque vero factum ille criminum poenas daret, qui necdum in vitam processisset, siquidem ita caecus natus erat: nemo siquidem necdum natus peccator est. Ipsa quidem interrogatio haud valde probata est. Videamus vero ut veritas, Dominus noster ita percontantibus responderit. Morbus ille, o discipuli! minime gentium, peccatorum retributio est, sed futurae dispensationis praeparatio, quo is, qui communis habetur homo, majora homine operetur: atque universorum Auctor, post primam creationem, nunc quoque opificii argumenta inveniat atque ex particularibus, universis fidem struat: ac denique durus populus intractabilisque, adorare persuadeatur abiectis lapidibus. Illuminentur ergo oculi non videntes, ut justitiae Sol animos insipientium illustret. Fiet res nova, ac creentur oculi, quos noverint seditiosi, ut quem dicunt Josephi Filium, vere fabri filium esset, potuisset quidem contractam curram reficere, aut ligna a junctura divincta conferere, seu etiam fractam trabem fulcire; vel item asperos asseres complanare; aut omnino illa praestare, quae pater artifex pro artis ratione ac instituti filium doceat; ut tamen partem hominis, eamque pulcherrimam, nempe oculum, sic maxime a natura elaboratum, nemo alius, quam qui a principio in naturam potestatem habet, condere potuerit.

Sane, ut quis attente humanis membris animum adjicere velit, in hac maxime parte corporis omnipotentem ac variam Dei sapientiam, tantam artis magnificentiam in tantillo membri ambitu exhibentis, perspexerit. Nam primo quidem afflatum habet quidam gratiam, estque tenerrimus, ac carne vacans, ut ita dicam, in delicata substantia densitatem habens, inque molli contentionem quamdam; ac variis coloribus illustrius inertescit. Ejus itaque meditullium, nigri declinationem habet, eamque non ejusdem per totam rationis: sed variis quibusdam circulis commissam, centro quidem ac meditullio nigrio-

[illegible]: exteriori autem circumferen paulatim in flavorem deferatur tinctorum. Eam foris muniit album, splendidum illud ac pellucidum; haud tamen fumente ac nulla temperatione candidum, sed vitrea quadam ac pellucida specie formatum. Subnigra color circa pupillam affusus est, ut albo ac nigro contemperet gratiam. Ad hæc autem sic in denso pellucidus est atque levis, ut & propius accedentium formas exprimat, ac velut egregium speculum, coram quibuscum sermonem misceamus, figuras repræsentet: quamobrem etiam ejus circuli summe medium centrum pupilla appellatum fuit, humanam semper exhibens speciem, ut quis e regione aspexerit. Ut enim nequit fieri, ut quis aspectans in speculum, non statim suam in materia figuram adumbret: sic neque, ut quis adverso vultu alteri consistens, non suam formam oculo appingat. Sese ergo homines invicem aspicientes, sibi mutuo specula efficiuntur.

Dignus itaque in creatis admiratione oculus. Is enim Deum quoque mihi exponit, qui totam actuosae creaturam perfecit, ejusque operatione artificem ostendit. Hic, ex iis quæ visibilia sunt, invisibilia animæ explicat. Per eum Solis habeo notitiam, ac cœli ornatum novi, lunæque stellarumque pulchritudinem, & terræ basim, ac maris mansuetum: diversa semina arborumque varietatem, ac colorum variam tincturam: tenebrarum tristem faciem, ac lucis splendorem: omnia denique si quæ laudavit Deus conditor. Atque adeo, nisi esset oculus, creatorum universitas sine teste fuisset, cum nullus Dei sapientiam ac virtutem, quæ in ea elucet, aspecturus esset.

Ob eam ergo mirabilem visus structuram, nunc quoque oculi ero ex temporanea molitione conditi sunt, quo absolutiorem de Unigenito cogitationem ex carnis nobis humilitate acciperemus, tolerarentemus; ex gestorum magnificentia angustiam omnem abjectamque opinionem ab animo ejiceremus; sciamusque, tantam Deitatis lumen ac pulchritudinem, vas ipsum assumpsisse: quod nobis lucente instar splendorem subministret. Omnino autem, ipse per se Dominus curat: nec solo sermone ad opus utitur, qui totum enatum universum præcepto produxisset: qui duobus verbulis, membris solutum hominem curasset, qui & ore, & manibus, omnique alia providentia cæcitatem curat, quo utram ex rebus fidem incredulis faciat. Spuit in terram, eaque sputo lutum facit. Nimirum idcirco ad curandum terram adhibens, quo ostendat, ex eodem se luto, ex quo primitus totum animal formatum fuisset, nunc quoque reliquum membrum condere. Saliva autem illud farcit, ac dissipatum exparsque glutinis continet pulverem, quo nobis perspicue ostendat, omnia Verbum virtute ejus sibi peregisse: nam: *Verbo Domini cœli firmati sunt, & spiritu oris ejus omnis virtus eorum.*

Forte autem idcirco etiam sputo curat, quo non ad mortem comparetur, qui brevi post exputando injuriam subiturus erat. Nec sic tamen curationem absolvit medicinam; quin sua multa oblinat sputis, qui sputo non ejusmodi gessisset. Primi ordinis creaturam virtutem in eum modum ostendit. Ac quidem jubendo lavari in piscina Siloe, futuram nobis salutem per aquam innuit, quam Missus Siloe universis concessit. Tunc enim bene videmus, cum aqua mystica mundati fuerimus. Tunc nos gratiæ lumen circumdulget, cum Baptismi virtus peccatorum sordes maculasque eluerit. Quotquot vero jubente Siloe lavamur, spiritale videmus lumen, quod illuminat omnem hominem venientem in mundum. O miraculum, ac rem magnam! Discessit e piscina qui paulo ante cæcus erat, ornata facie oculorum aspectu, Solis probe radium videns. Vicinos ac notos res tanta in stuporem vertebat; turbabat sine nova curationis ratio. Circuibat orbem homo videns, quo novum ac mirabile factum opus omnes viderent, a Jesu nato in Bethleem; a pusillo illo infante, pannis involuto in præsepio. Hæc enim Judæi morabantur, ut ne Deitatei crederent.

Eja stulti ac tardi corde! considerate animo quotquot a sæculo fuerunt homines; incipientes ab Adam; omnes deinceps investigate, num quod modo factum est, sub aliis quoque factum reperiatis: num sæculum, curationis ejusmodi exemplo illustre occurrerit? curiosumque ad irrisionem Domini mei, proferte fabri Filium, cujus sciatis fratres, cujus domum ac familiam noveritis. Studentes humilia omnia perconfere, multam vestram profundite incredulitatem. Quod si rem ejusmodi nec quisquam patravit homo, neque ætas ulla tale quid narratum audivit, vestram ipsi damnantes inscitiam, ad veritatem deinceps respicite. Vos quoque lavamini in Siloe, ut ne in vestra moriamini cæcitate.

Enimvero nihil illi quod operæ pretium esset. Non sermo erudiebat: non docebat actio: non miraculorum virtus flectebat: contra autem per improbam arrogantiam frementis modis obscurare omnia ac irridere tentabant. Porro eis in contrarium versutia cedebat. Quo enim magis erant increduli, aliisque ac aliis interrogationibus rem demoliri studebant, eo amplius veritas confirmabatur: idemque eis atque bestiis illis accidebat, quæ ab aliquo vulneratæ, nec, denique tota cuspide ventri infixa, qua in hominem irruunt impetu, sibi ipsæ totum adigunt ferrum.

Quod primum curiose quærunt hoc est: Sitne hic ipse Cæcus, nec ejus loco alius proditus sit: cum se palam homo ipsum constitueretur, ac totam curationis seriem enarraret, ut & lutum oblitum sit cæcitatis remedium; atque piscina lutum ablutum, visum præbuerit. Hæc vicini curiosius indagabant, disturbantque: requirebant Pharisæi, atque credebant.

Strues altera affluebatur ad convellendum quod factum esset, ut ostendere conarentur non esse Christum, qui curasset. Quia vero homo sospitatorem clamabat, suaque confessione ac prædicatione, gratias rependebat, ac beneficium prodebat, obturatis auribus, ac animo perplexi, nec habentes quid agerent, ad morbi rursus inquisitionem recurrunt: diligenter scrutantur, sitne is Cæcus a nativitate, homini[illegible] parentes consulunt, ac singula accuratius exigunt, non ut rem gestam confirment, sed ut quovis modo labefactandi miraculi ansam arripiant, falsique aliquid commenti moliantur, quo fidelem plebem a studio avertant. O excellentem malitiam! Depugnare contra veritatem,

nec

nec admirari coniciam conditorem: sed beneficio devinctum non admirari potentiam, sed conari gesta cavere. Credite vel parentibus, o Pharisaei! sic autem esse caecum hominem; curiosique ad Caecum recurrit, secundoque, ac tertio certo ab eo decorabili malos conatus ac insidias. Ubi vero primus conatus non successit, ad secundum procedit: ubi nec secundus, ad tertium: ubi nec tertius, deinceps ad quartum. Adeo vulpis cursus versute: ac quidem omni vos parte eos indagine circumit veritatis retia; nec hinc possit ex a miraculo exitum invenire. Enimvero nullum committe sophisma arcere tenebris illam, recte quidem, [illegible] tamen cautos ac inquili, insidias struentes.

Judaei ab a parentibus increduli. Morbus hic a patribus in vos est derivatus. Incredulorum parentum increduli filii. Eodem illi modo habuerunt, quod spectat ad Aegypti miracula. Novis modis praeterque exspectationem ab hostibus liberabantur, ac fluctus auxilio utendi erant. Alebantur escis nobilioribus quam habeat naturae usus, etiamque famelicis aegrationem. Suscipiebant manna de caelo missum, aliorumque Aegypti ac caepium et tritum desiderabant odorem. Columna nubis interdiu obumbrabantur, ut ne Solis radiorum aestus molestiam facere; ipsique columna per noctem illustrabantur, novum aliud praeter lumen existimantque continuo lumine; ac quasi nihil divinae virtutis efficacitatem perspicientes, ita novos ac fabrilium dari quaerebant deos, ubi primum quod Moyses accipienda lege in monte detentus, reditum protraxisset. Vero vos eorum haeredes improbitatis, qui neque legem dilexeritis, ac gratiam odio habuistis. Qui non amygdalina virga, sed ferrea regi habentis.

Exod. 16, v. 13. Exod. 13, v. 21. Exod. 32, v. 1. Num. 17, v. 8.

Videtis hominem transeuntem ad laevam; ubi tota longe anteriore aetate, lapidibus lucentibus in tenebris egit, alienos oculos ducentibus; quotidie sedens pro templi foribus; quotquot publicanos quo pietas ad misericordiam pertrahebant; cujus tota civitas aegritudinis testis eset: nunc autem videmus ac celeri curatione remedio, non vinorum medicamentorum compositione, aut ferri sectionibus; sed luto solo, atque salivae inunctione confectio: quae vero ratione non admiratione desideratis, non obstupescitis; non vultum in terram abjicimus, cum adorantis, qui oculos de terra creavit, divinamque virtutem colitis: non autem livore distorquemini, ac Deum tanquam artis socium aemulamini; tanquam opificem, rerum opificem; tanquam gentilis, atque vobis honoratum ac ecomparem.

Porro legentes veteris testamenti libros, si qui de Hebraeorum populi regimine scripti sunt; quique Regum principatus, ac eorum decenti historiam, lectis quae de singulis narrantur, suspicietis; ut puram aliis quam Moysen Deum existimetis, supraque modum admiramini Elisaeum, ac ejus laudatis Thesbitem praeceptorem: ac quotquot per singulas aetates divinitus afflati Sancti extiterunt, atque a Deo beneficia confirmati sunt, magnaque ac praeclara patrarunt aequales Angelis auctoria honoribus: nihilque vero spectat ad antiquam testamentum aut rejiciunt quae a patribus eorum acceptis, tametsi res ratione comparari sibi homines, ut non facile fidem adhiberent, audistis: quod autem novissime oculis exhibitum vidistis, quaeque digitis contrectare possitis, ac diligenti auditu percipere, haec incredule simul ac improbe depravantis, prophetiam proculcantes, ac eorum quae surrogat praedicta, exitum evertentes. Quae enim modo, periculo facto, conspecta sunt, prius olim Isaias verbis docuit: *Ecce Deus vester judicium retribuit ac retribuet: ipse veniet, & salvabit nos. Tunc aperientur oculi caecorum, & aures surdorum audient. Tunc saliet sicut cervus, claudus; & aperta erit lingua mutorum.* Sunt haec non Petri ac Joannis verba, nec alicujus recentiorum, aut suspectionis personae sermones, ut suspicatur ad gratiam laudatis, respectu veritatem: sed sermones sunt vestrae prophetiae, si modo B. Theodoretum an his filium Amos Prophetam Prophetae natum; virum et genere illustrium, legalis institutionis caput. Sit Deo gloria, potestas, honor, nunc & semper, & in saecula saeculorum, Amen. Isai. 35, v. 4.

ASTERII AMASEAE EPISCOPI

In sanctos Principes Apostolos Petrum & Paulum. Oratio 8.

HI sane omnes, confecta ac legitima ratione exhibiti, sacri Martyrum honores, festi dies sunt, ac praeclare a pietate gestorum tituli perpetui. In iis, ubi Ecclesiarum Praesules, dicturi accesserint, ad rerum in orationis argumentum propositarum magnitudinem suas et ingenites vires, ipso statim exordio ad veniam, omneque a se amoliendam, confugiunt, sermonisque vilitate, minui rerum magnificentiam afferunt. Ut vero illi, singulos quosque Martyres laudibus celebraturi, velut animum despondent, majusque aliquid quam pro sua facultate laudationem agnoscunt, ac liquido suam ipsi fatentur imbecillitatem, quidn me fiet, cui hodierna die Martyrum praeceptores celebri laude prosequendos propositum sit? Viros, inquam, illos, primosque discipulos Christi, Ecclesiarum Patres, solos probatos fidelesque Evangelii praecones; qui cum Deo misceri colloquia, suisque ipsi auribus divinam suscipere vocem digni habiti sunt. Haud enimvero, quod sit sublimis sermo, ac arduus conatus, idcirco operae pretium videatur, ut inertis utrumque silentium eligamus, ignavorum more ac mari rudium, qui ad maris ipsum aspectum abjiciunt animum: ac neque principio salientem navim conscendere, nec vel experiendi causa, extrema ipsa litora modicum obnavigantes lustrare: quia ter beatis viris, quorum hodie celebrandorum gratia convenimus, conatum concredentes, quod noster erit facultatis aliorum laetitiae praebere studeamus. Novi siquidem a nobis exigendum, non quantum magnis illis ac admirandis merito debeatur, sed quantum facultatibus nobis in promptu sit. Utinam vero sufficiens quid ejus mihi gratiae suppeditatum suppeteret, cujus ambo hi Sancti participes, alter quidem Hierosolymis incredulos docuit: alter vero cum Athenis in Areopagum venisset, superstitiosos ab impietatis errore convertit; ostendens eis Christum, ac verae pietatis ac reli-

Ex veneratione, excogitatis laudationibus, Ecclesia nuper olim ex omnibus maturum aptae laudis Gratia.

ac religionis annuncians sacramentum. Sic enim liqueret, aliquid nos eorum præstare quæ sunt proposita: nec procul admodum ab argumenti tanta præstantia abesse.

4. Reg. 4. v. 2. 6. Quia vero præclara illa Spiritus dona magnorum sunt, ipseque, ejusmodi gratiarum divitiis indigens existo, meam vobis alacri animo paupertatem, velut Elisæus, cum pulmento oleri, appono: haudquaquam ea privandus laude, ut ne omnino prætendam quod bonum ac præclarum est. Ne quis autem me vestrum, Auditores, qui viros illustres laudandos susceperim, extremæ putet ac profanæ sapientiæ sectatorum leges. Non enim composita arte assentamur atque blandimur; sed Dei amantium ac religiosorum animorum virtutem, vera narratione repræsentare studemus. Quamobrem tacebitur patria, nec parentum illustris gloria, negotii aliquid dicturo præbebit. Quippe, *caro & sanguis regnum Dei non possidebunt*, nec cæli cives a terrenis ac sæculi prærogativis honorari soliti: sed plane secus; obscuram parentum vitam; artes mechanicas; paupertatis denique appellatum probrum; hæc utique inter laudandum commemorabimus. Nam juxta Evangelium nostrum, Christiani, in humilitate gloriam habent. Sane quidem externorum encomia conturbo, maxime vitupero: quod eos laudatoris quos sibi proposuerint in laudis argumentum tanquam nihil peculiare dicendum supperat, ad Majorum frustra sepulcra confugiant, ac defunctis in cassum negotium facessant; mortuisque viventium ornamento adsciscant: quibus vita functos invocant nihil boni ac præclari apud eos extare profitentes quos laudibus celebrant. Præterea, ut quidem certum esset, sic omnino comparatum esse, ut qui claris majoribus procreati sunt, ipsi quoque probe excellerent, ac virtutem, seu quidam naturam velut hæreditaria successione transmissam susciperent, esset fortasse haud incongruum parentum meminisse: cum vero studiorum diversitas plerumque generis successionem immutatur: Philosophi namque filius, luxuriosus ac ganeo evadit; ac Philosophus, voluptarii ac libidinosi filius: frustra laborant prætexendis encomio proavis ac majoribus; cum sit ostendendum, quæ cuique facinora ac res præclare gestæ sint. Quod hæc vero sic habeant, haud aliunde diligenti pervestigatione novefimus, quam ex sacris ipsis Christianorum Scripturis, quorum multiplex variaque utilitas existit.

1. Reg. 2. v. 12. Scimus plane Sacerdotem, senem illum magni Samuelis cum educatorem tum magistrum. Nihil tamen ipse quanquam optimus erat, juvit filios; idque, cum apud parentem ipsum educati essent, ac quotidie sacerdotii jura ac leges audirent. Rursum vero Timotheus impiis

Act. 16. v. 1. parentibus editus erat: ille, inquam, Apostolus, Paulique generosus catulus: haud ille tamen, seu quandam naturam, secutus est parentum memoriam: qua libera voluntate eorum odio impietatem habens, ad sacram pietatis legem transfugit; dulcisque fructus ex amara radice prodiit: mulierum copula, ac ovium partus. Sic Absalon modesti ac sobrii patris, la-

2. Reg. 15. scivi juvenis; eoque temeritate ac audacia notus, quo pater probis ac ingenuis moribus: seu potius, ut quod sit magis e veritate, dicamus; exuberanti malitia paternam longe superans virtutem. Atque adeo ut quis contrariis ejusmodi filiorum ad parentes moribus, animum adhibere velit, studiosos ac recti amantes innumeros malis prognatos offendet: malosque vicissim parentibus optimis satos. Idque admodum merito. Siquidem enim natura, non mores, vitium aut virtutem efficeret, non jam duo essent, sed alterum uniformiter prævaleret.

Joan. 1. v. 42. Dicatur ergo Petrus *filius Jonæ*: Cujusnam vero filius, nihil mea refert. Ego namque a filii actis, honesto parentem; atque ab ima incipiens, ad superiora transmitto laudem; lucernarum instar, quæ noctu a solo ac ima domo, tecta illuminant. Sane vero Isaias vaticinio ait,

Isai. 28. v. 16. posuisse Patrem, Filium *lapidem angularem*: nimirum significans, mundi totam conceptionem illo fundamento ac basi nixam esse. Quin & rursum Unigenitus, uti sacris Evangelii libris conscriptum est, Petrum, Ecclesiæ fundamentum dicit: *Tu es Petrus, & super hanc petram*

Matth. 16. v. 18. *ædificabo Ecclesiam meam*. Primus enim revera hic ceu grandis quidem ac durus lapis, in mundi hujus cava demissus est, sive *coæqualem plaPs. 3. v. 8. rationis*, quemadmodum David; ut Christianos omnes superædificatos portans in sublime; nempe, ad spei nostræ domicilium subvehat. *Fun-*

1. Cor. 3. v. 11. *damentum aliud nemo potest ponere, præter id quod positum est, quod est Christus Jesus.* Sed & simili quoque Salvator noster appellatione primum suum Discipulum honestandum duxit, nominans fidei Petram. Per Petrum ergo, verum ac fidelem pietatis doctorem effectum, Ecclesiarum stabilis inflexaque firmitas consistit. Justi porro ædificatione radicati stamus, qui ab ortu solis ad usque occasum sumus Christiani. Plane, cum a tempore annunciationis Evangelicæ, multæ increverint tentationes, tyrannique nos innumerabiles, ac illis prior diabolus, funditus destruere, atque a fundamentis evertere conati sint: decurrentes flumina velut torrentes,

Matth. 7. v. 25. inquit salubris ac sacra Scriptura; vehementius diabolicorum spirituum venti irruerunt; copiosi ac immensi persequentium Christianos imbres impetu defluxerunt, nec quicquam tamen divino potentiæ visum est munimine; quod nimirum fidei ædificatio sacris primis Apostolorum manibus extructa esset. Hæc porro dicenda habui, ob illud unum verbum benedictionis ejus, qui Evangelistam ac sacrum præconem, petram nuncupavit. Videamus autem, si lubet, qua Petrus ratione ædificaverit, non lapidibus lateribusque, vel alia terrena materia, sed sermonibus ac actionibus, quas spiritus excitabat instincta.

Cum Deus itaque ac Salvator noster in cælos ascendisset, quando Apostolis spectantibus nubes ei vehiculum facta est, vir ille, docendi partes Evangelii suscepit; atque sociis omnibus prior pro Episcopi ac præpositi munere os aperiens audacem animi fortitudinem contra populos adversus pietatem furentes, ostendit; ac sapiens orator in medio Gentium ac Israelis extitit: Gentium, inquam, acuentium linguas, quæque ira, ut qui Jesum nominasset, implerentur. Ita sane ut quod a Propheta in Domini persona dictum est, Petro quoque admodum congrueret: *Circumdederunt me canes multi; taurique pin-*

Ps. 21. v. 13. *gues obsederunt me*: is tamen spiritu fervens, al-

atque

itaque memoria illud ad ipsum Domini mandatum revocans, quo fuit dictum: *Pasce agnos meos*: statim in promiscua ex innumerabilibus Gentibus multitudine, clamabat: *Viri Judaei & qui habitatis Hierusalem universi*. Ac ne locum rerum subsecutarum longiorem faciam, in memoriam revocat Joelis oracula, praedicentis futurum prophetici Spiritus adventum: tum transit ad Davidem, ac exponens Psalmum qui de resurrectione est, confirmat resurrectionem: itaque sermonem universum in verborum sapientia ac legis testimonio concludens, statim post se traxit auditores; non decem, aut centum; sed etiam ter attonitos quotquot erant: quidni? *tria millia virorum*: Ecclesiae certum, integrum populum abunde habentem hosti persuasit, a quibus repentina adeo mutatione abducti essent. O Sanctae ferrula sermonisque medicamina, quorum intime ac penetrabiliter perstringentia! O divina sapientia, humanam omnem sapientiam obscurans! Quid ad haec, qui Demosthenem supra Rhetores defertis laurum: quique Socratem laudatis totius Philosophos? Tantum enim abest ut magnus ille ac celeberrimus pro oratoria facultate, ex auditoribus persuaserit quae animo constituta essent, ut etiam ab ipsa urbe ac patrio solo deportatus sit: Socrates vero, plurium illorum ad Athenienses Sermonum, ac sapientiae refertarum disputationum auctor, circum servit, in ... discipulorum choro, tunc minimum pollebat vi suadae. At Petrus, piscator ille, ille magnorum artis nullum quaerens: ille imperitus, ac quicquid per contemptum velis appellare, uno sermonis actu, tria virorum millia venatus, simul transtulit; idque cum illi molestissime ferrent ac turbularentur, ac ne in quadra dubitarent a principio saevirent.

Postquam autem Christianorum ordo ac coetus abunde satis auctus erat, cum ad sermonis doctrinam ac admonitionem, virtutis ac potentiae efficacis mirabile documentum praebuisset, claudum scilicet, ac languentibus pedibus in templi vestibulo cubantem: illum, inquam, claudum ex utero matris, quique diuturno vitio laborabat, constituens ad templum universo populo, quem miraculi fama ad spectaculum provocaverat; universique intente in virum adspicientibus, cum miraculo stupefacti starent; obstructa sunt ora Christi hostium: itaque denuo crux, non probrum, sed victoriae trophaeum: rursus ergo imperitus ille, ille piscatorius artifex, secundum aggreditur sermonem in haec verba ad eos loquens: *O viri, siquidem admiratione dignum, ac divinae potentiae arbitramini quod est factum, ipsum admiramini qui claudum curavit. Ipsum, quem tradidistis, quemque demum iniquissimi occidistis, in ligno suspendistis. Ille ipse est, vivitque, ac sicut vobis saepius dictum est, e mortuis excitatus universorum dominatur. Quamobrem nunc etiam qui peccastis poenitentiam agentes, accedite ad eum, & illuminamini, quemadmodum vester ille parens David ait. Siquidem enim filii Prophetarum estis ac discipuli Moysi, nolite majorum vestrorum gratiam spernere, iis animum adhibentes qui falso loquuntur: sed prudenti judicio quae ab illis fuerunt praenuntiata confirmantes, nostrum Salvatorem gentis, animis suscipite. Quippe ille est, quem Moyses Prophetam vobis suscitandum promisit.* Haec Petrus ac his similia ad populum disserens, abiit tribus millibus aequales alios auctario referens. Ac quidem talis Petrus publica concione fidenter Evangelii doctrinam exponebat loquens, alacer, imperculsus, prudens: suorum fiducia, ac adversariorum pavor.

Quia vero non id tantum pietatis Doctor optimus studiose agebat, ut Dei populum numerosa multitudine augeret; sed longe amplius, ut discipuli accurate pro traditarum legum ratione vitam instituerent: ut vidit vero Ananiam illum, suorum ipsum fructuum furem, novumque sacrilegum, malum peccati invectorem in Christianam consuetudinem severe eum ab Ecclesia excidit: non velut crudelis animo ac homicida, sed spectato quod conduceret, ejusmodi peccatum curans medicina. Cum enim populus recens conversus atque conflatus, a Gentilico ac Judaico victu, morumque consuetudine, Evangelicas nuper leges accepisset, merito plane existimavit nedum verborum correptionem discipulis necessariam esse, verum etiam secundo metu aliquo indigere. Sic enim moribus comparatum est, ut qua ratione prima studia regulata fuerint, eadem ad finem usque inolescente consuetudine perseverent: ideo ubi peccatum arguit, mortem mox supplicio induxit, non usus gladio, autve carnificibus reum tradens; sed momento illo temporis, qua ratione sustulit, praeclarum Christi potentiae specimen edens. Tantum enim objecit crimen, itaque illud vocatus homo expiravit. Hoc vero quantum sit, quantamque Ecclesiae reverentiam ac metum injecerit, haud opus doceri habemus. Duo quippe simul confecit: ut nimirum, eum Salvator Deus esse crederetur; tum & ejus doctori legum adesse comites Angelos, qui prompte ut Apostolus voluisset, exequerentur. Voluit claudo beneficium praestare, nihilque gratia tardavit: voluit punire sacrilegum, moxque poena praesto fuit.

Erant haec abunde, ut vel lapideas mentes stupore afficerent, certamque omnino facerent fidem, nullam Petri verba habere deceptionem; sed vere Deum cum ipso esse, sanctumque ac veritate fultum, quod annunciabat sacramentum, existere. Sed & hoc attendamus necessum sit: illud quidem puniendo ac necem inferendo, semel duntaxat ab Apostolo usu fuisse id signum usurpatum esse, quo iis qui mala essent voluntate, castigandi potestatis specimen exhiberet, beneficia autem ac sanitates, quotidie ac jugiter praestitisse: tantaque erat curandi ac gratiae facilitas, ut nemo aegrotus accedens spe sua frustratus abiret; sed integer ac sanus domum reverteretur. Quisquis vero Hierosolymis Petrum locus habebat, is Christum loquebatur: habebatque frequentem infirmorum multitudinem, ac mirabile diebus singulis promiscuae plebis spectaculum, congregatis aliis quaerendae causa liberationis a malorum molestia, aliis vero, ut impertiendae sanitatis spectatores essent. Sic namque etiam illud mirabile de Apostolo conscriptum est, de quovis alio inauditum: ut nimirum, infirmorum cognati ac domestici, publice eos in lectis exponerent, *ut veniente Petro, umbra illius obumbraret quempiam illo-*

num: adeoque servus celebriori pro Domino fama habetur. Ac forte in signo illo completur, quam Salvator prophetiam ad discipulos est locutus: *Amen, amen dico vobis, qui credit in me, opera quæ ego facio, & ipse faciet, & majora horum faciet*. Cum autem hoc dico, minime gentium servum cum Domino comparo. Apagesis furentis sensum: sed Deum, qui per famulos suos potentiæ suæ specimen edit, nullum e discipulis suis, perinde ac Petrum muneribus locupletasse, pronuncio: quia superatis sublimem effectum donis, universis eum prætulisse. Ubi vero discipulorum primatum tenet: major quoque inter fratres rerum experimento per Spiritus sancti virtutem ostensus est. Primus vocatus, cito obsecutus est, cum in littore, in mundi loco aspero inventus esset. Is namque homines cum tempestatis impetu circumstrepentibus fluctibus, continuum circa littora procum clamorem ac vota habet. Primus inter Christianos sæculi res sprevit despectisque omnibus, quæ in pedibus ac mundana sunt, studium animumque ad spiritalia ac cœlestia traduxit.

Dicat vero, forte eorum aliquis, qui paupertem atque obscurum ter beatum illum appellare solent: Quid enim vero ille reliquit? Qua se possessione abdicavit? Universa, o homo, dimisit, quæ habuit. Cuique vero, quod possidet, magnum est: illudque, divitiæ sunt, quod tenuis ac egenus habet. Similis apud Deum habet, tum qui currus dimittit, tum qui communem asinum. Quod enim diviti equis quatuor vectus currus, hoc clitellæ viles pauperi. Perinde autem Philosophus est, tum qui argenteam ac historiis varie distinctam ornatamque, tum qui ligneam vilisque pretii mensam relinquit: ac similiter, tum qui frequens hominibus oppidum, tum qui exiguum homulum: qui vestem auro textam, quique veterem ac detritam tunicam. Non enim Deus multitudine aut qualitate eorum, quæ dantur, collationem inducit ac humanitatem: sed gratam habet ac probat dantis voluntatem. Quamobrem etiam Evangelium viduam illam uti probam deprædicat, quæ obolum impertita esset: quod nihil retinuisset totum quæ habebat. Quin etiam, qui aquæ frigidæ calicem præbuerit, expediti revera facilisque convivii mercedem, regnum accepturus est. Eo enim quod suppetebat, sitientis necessitatem curavit: tametsi vini odorati ac generosi ob paupertatem copia non erat. Hæc porro per indulgentiam dico. Haud enim profecto, ut quid piscator, idem & pauper existat. An nescis piscatorem margaritas capere? Margaritæ autem flos sunt superbarum excellentiumque divitiarum, quibus reges ornantur, quibus fœminæ, opum pariter ac ornatus amantes, gloriantur. Piscator purpuram inficit, decantatam illam, ac imperii insignibus additam. Piscatores subfluram ac velut auro rutilas lanas tingere quibus pinnæ flavas capiunt. Haud ergo eorum artis instrumenta spectanda sunt, tanquam vilia ac contempta, rete, inquam, ac hami: ex eo autem quod exercent, eorum facultates noveris. Aliqui enim, nihil agricultura pauperius occurrit, ut ex ligone ac rutro eius quis probet divitias. Sed & ii qui regum illam divitiarum, aurum fodiunt, inopes erunt. Sola quippe ascia eis œ-

fui est, ac lignea scutella qua aurum discernant a terra. Taceant itaque Gentiles Hebræique, qui Petro paupertatem exprobrant, atque a piscatoria arte magnum illum deprimere tentant. Talia vero gloriari cessantes, dicant rogo percontanti mihi? Quisnam piscator, aut universim homo, supra mare pedes incessit? Quis supra locum fluctuum gressum fixit, ubi ille supra fluctus agitatos ventis? Cum enim Deus ille noster, quæ ejus bonitas! multa per suos servos patrarit miracula, cum olim in Republ. Israelis, tum quibus postremis temporibus, benigna Salvatoris nostri Incarnatio mundo exhibita est, nullus tamen eorum, qui a principio in finem usque claruerunt Sancti, inde sua ac superna gratia, tum ejusmodi nascitur pollisse.

Mirabilis quidem Moyses nullo navigio trajiciens mare: is tamen terra gradiebatur, uti hominibus comparatum est, cum aquæ hinc inde ad se recessissent. Magnus item Jesus ille ejus successor, quod Jordanem supra etiam ripas exundantem transmiserit: verum is quoque, perinde ac mare rubrum, scipsum dividens, inhibensque fluentem, terram nudam transmittenti populo, qua incederent, præbuit. Nullus vero unquam virorum gressum in aqua fixit. Nec enim hoc lex naturæ habet, ut humida fluidaque substantia, corpori solido ac prementi resistat. Petrum vero, universorum herum ac Dominum, supra modum tunc perstrevent, accensumque viri desiderium admiratum, ex cujus impetu exclamavit dicens: *Jube me venire ad te super aquam*, testæ illius dilectionis ac fidei merito, novam illam ac mirabilem gratiam concessisse, cujus Petrus solus visus est capax, omni retro hominum successione ab Adamo ad usque novissimum. Vera siquidem ac peculiaris Dei miraculi ejusmodi exhibitio, creatæ abjectionem naturæ immensum superans, quemadmodum etiam Prophetarum optimo Davidi visum est. Nam & ille in quodam psalmo Deum laudans, cuisque sermone omni ac cogitatu majorem potentiam enarrans, ita dixit, quæ pro more modulantes scitis: *In mari viæ tuæ, & semitæ tuæ in aquis multis, & vestigia tua non cognoscentur*. Quod itaque Dominus in divinis rationibus proprium habuit, hoc cum servo, tali dignans honore, commune fecit.

Beatus quidem magnus Joannes, qui supra pectus Domini requievit. Magnus quoque Jacobus quippe qui tonitrui filius appellatus fit. Præclarus item hospitantibus ipsum honoribus Philippus, ut qui raptus fuerit a Spiritu, cum Æthiopem Salvatoris notitiam docuit: omnes nihilominus Petro cedant, seque fateantur secundos, si modo gratiarum comparatio honoris prælationem probaverit. Universa sane singillatim contemplans atque considerans, virum hunc deprehendo cum in sermonum disputationibus, tum in operum patratione ubique similiter reliquo discipulorum choro, præsidentem ac præsultantem idemque vitæ stadium currentes post relinquentem.

Percontante enim quandoque Domino ex Thaddæum, ac periculo probante, ut illi de ipso opinionis, seque ea certitudinis atque animi haberent, jubenteque ut clare ederent, quam eum dicerent: cum omnes reliqui vellent tacere ac

con-

constaremur, palamque praeferrent parturire aeternis aliqua meditatione quid responsuri essent: statim aperiens os, qui vivum acutumque fidei carbonem animo ferebat, quo & prius Isaiae labia mundata fuissent, beatam illam ac plane perspicuam praeclare edidit confessionem: *Tu es Christus Filius Dei vivi*. Quenam quis pro horum dignitate verborum, idoneus maximi Apostolorum Interpres effectus, demirari possit? Videre enim promtum, ut sit sermo nihil superfluus ac brevis paucarum dictionum exclamatione, rerum innumerabilium magnarumque virtutem exponens. Omnis quippe hic talis optimus sermo, cujus est decus locutio, nec redundans sensu exili ac modico: contra vero, qui verborum brevi concentu multa significet, ad instar grani sinapis; quod quidem, ut manibus teneas, spectesque, minimum est, ut autem ori ac linguae admoveas, gustesque, animal totum a pedibus ad caput ad suum trahit calorem. *Tu es Christus Filius Dei vivi*. Unus hic sermo ad Dei ac Salvatoris nostri agnitionem conferens, duo haec intelligentia recipit ac sensu habet: unum quidem quod ad primam spectat deitatis generationem; nempe Verbum quod in principio semper est, & est apud Patrem, ac Deus est, uti nos magnus Joannes ille Theologus docuit, ceu spongia quaedam Unigeniti ac Dominico pectori adjacens, ac inde occultae sapientiae cognitionem trahens: alterum vero quod ad carnis oeconomiam, quam bonus Deus assumpsit, nostrae se imbecillitati inclinans. Operae pretium ergo sit responsionem contemplari, ut brevi sermone ac paucis verbis, omnium accurate intellectum paucis declaraverit, atque ab inferioribus ducto exordio, ad sublimia quoque singularios animum subvexerit.

[illegible]

Tu es Petrus. Ille oeconomiam declarat, ac Dei in carne apparitionem edisserit. Nec enim Christus nomen est praeternai, sed ungendorum gratiae indicatio. Quamlibeem etiam Dominus noster cum id omnino susceperit, ut homo fieret, aliaque omnia spectantia ad carnem, una quoque suscipit ut appelletur Christus, tanquam inunctus in Regem, non olei cornu, uti Samuel, Davidque, ac deinceps alii homines; sed Spiritus operatione, per quam etiam 1. Dominicus ille homo (sic enim multi libenter Jesum appellant) mirabili quadam, novaque ac insolita ratione in Virginis utero conceptus fuit. Jesum porro confessus nostri causa factum hominem, haudquaquam illic sermonem terminavit: quinimo spiritali scala Jacob in caelum conscendens, Deique Verbum, quod erat in principio, contemplatus, propriam illi veramque dignitatem adjungit, *Dei vivi Filium* appellans. Accurate vero hic, ac non alius? atque ipse rectam nihilque perversi habentem fidei confessus regulam, constituque nobis inviolabili lege tradens pietatis sermonem, haud indonatus abiit, ac sine praemio: quin potius ab eo beatus nuncupatus qui eximie beatus est, fidei petra appellatur, fundamentumque ac basis Dei Ecclesiae. Accipit vero per promissionem claves regni, ejusque portarum efficitur dominus; ut aperiat, quibus voluerit; claudat vero, quibus jure claudendae sint: plane vero pollutis ac profanis, ac eam negantibus confessionem, cujus ergo ipse, tanquam sedulus gravisque honorum Ecclesiae cultor, regni ostiis praefectus fuit. O nebulam ac caliginem illam plurimam hominis offulsam oculis, qui prohibentur haeretici Petrum videre vestigia; ac quam Apostolorum prius viam invenient, incedere. Ecce namque cuiusis quaedam ratione factus ille Christi discipulus Petrus: ille, inquam, primum ubique cum quod ad honorem spectat, tum quod ad merita laterum substrationi: ille admodum rusticus, cujus decus universum implevit terrarum orbem; justus est, ecce ut de Deo ac Salvatore loquitur, non a longi cujusdam commenti tribune carpit, nec syllogismorum errantique circulo vallatus perorans respondit: uti nunc solemne habent graves illi rhetores, neque verbis posita fidei artificum; sed eorde simplici speciosam veritatum exposuit, haud quaquam logicatium contra genitum dissensum: de iis quae ad difficile spectant, nequaquam trepida mente frivola disputans; nec vero substantiarum, quae omnia superant, distinctionem curiosius indagans: nec demum inventum deitatem syllogismos meriens; qualia habent Aristotelicis, Eunomiique prava commenta. Attendatur itaque, o Christiani, (quorum fides, nota est ac insigne, non verborum eloquentia) piscatorem illum, illum simplicem, illum Bethsaida ortum, primum illum Christi venatorem, Studiosum dicere: *Tu es Christus Filius Dei vivi*: his autem plura, pagine verborum studentibus dimittere: quorum opus, contentio, finis autem, interitus.

Ergone hactenus usque dictis finem habent Apostoli miracula? quin plane satis, respondens videmur inceptisse, ut qui cum dictis, quae reliqua sunt comparem. Ego nihil ignoro plerisque vestrae sorentia permitteret, (Scitis enim Petrum, ac res Petri, tametsi nemo virum laudare in animum induxerit) pauca quaedam volo dicere de ruptis, utque e terra in caelum migraverit, ut illuc faciam dicendi finem, ubi ille vitae finem accepit. Cum ergo Salvator sponte assumpta mortem humanum genus sanctificaturus esset, tanquam peculiare quoddam depositum ac pretium universalem ac orbe toto diffusam, viro huic commendat Ecclesiam: ubi cum tertio interrogasset illud, *Amas me?* Cumque is, multa alacritate singulis interrogationibus eandem professionem adjecisset, mundi curam accepit; velut totum gregem, oves Pastor; quibus audivit: *Pasce agnos meos*, seseque sui loco dedit Dominus fidelissimum discipulum, ut patrem, pastoremque, ac magistrum iis, qui essent accessuri ad fidem. Cum itaque eam vocem audisset, haudquaquam segnitie vitam traducendam duxit; nec deinceps vivere extra periculorum aleam: quin adversum circumquaque lustrans mortem orbem, omnibus Christum revelabat; iis dua effectos qui transeant: eos provocans qui plurima mala sibi hostes impugnant: custodiam domesticos; persecutiones sustinens: carcerum custodiam fremitum: mediis undis Evangelii causa pericula adiens. Jo. 21, 15.

Procedente deinde tempore, urbem regiam petens inde ad regnum excurrit. Nero enim iratum provocans, qui olim Herodis in Palestina, cum Christum Regem Magi annunciarent: aliis quidem speciis suppliciorum generibus lata sententia est beatum Apostolum affigi cruci decer-

decernit, ut nedum Petrus mare gradiens Dominum imitaretur, verum etiam in ligno suspensus. Tanquam nihilominus humilis sapiensque, vel in ipso certaminis tempore ac lucta cum mortis pavore, perspectum habens quid Dominum inter ac servum interesset, unum quid beneficii loco ab hostibus rogavit: ne scilicet eadem cum Domino figura affigerent ligno, sed verso ad terram capite crucifigerent. Haud quippe par esse, ut vel in morte, æquales servi Dominique partes essent. Dixit, ac voti compos effectus est, crucisque de medio ad eum abiit, qui crucifixus resurrexit: ipse quidem martyrii corona donatus: nobis autem, harumce festivitatum gaudia relinquens.

Hæc nos quoque tibi, o charum ac sacrum caput! pro nostra virili facultate multarum gratulatoria virtutum gestorumque reddenda habuimus. Tempus vero est, ut ad pugilem alterum sermonem convertamus: ad tuæ, inquam, virtutis socium illum Tarsensem: eum, inquam, qui diverso quidem supplicii genere: verum uno eodemque pietatis fine, una tecum ad Christum profectus est.

Pauli laudatio.

Paulus ille admirabilis, canora illa Evangelii tuba, prius quidem acerbus Christianorum hostis: postremum vero fortissimus Ecclesiæ patronus: Apostolis quidem tremiori gratiæ partu editus, ac posteriore tempore Christi discipulis accensus: idem nihilominus probata virtute, ut ne quid amplius dicam, ac duodecim illorum cætus pudore afficiam, Moysis æqualis: æmulator fervens, ut quis alius: legis propugnaculum: veteris testamenti turris firma ac inconcussa: donec mutavit animum; grande eorum periculum, qui Christum loquerentur: nobisque ubique terrebat, ac in fugam agebat, vere juxta prædictionem Jacobi, *Benjamin lupus rapax*, optimos quosque novi testamenti discerpens ac dispergens greges. Quia vero etiam sancti Stephani sanguinem hauserat, adhucque cruore fœdatis manibus Damascum pergebat, persecutionemque persecutioni, ac cædes cædibus nectere, totamque funditus Christianismum, primum hactenus florentem ortum evellere satagebat: rem Deus probe vidit; nimirum fore, ut acris hostis ac validus, generosi pectoris ac fortis animi efficeretur amicus: subitoque circumfulgens lumine, percellit, ac ad humilitatem convertit: inconcusso quidem timore a cursu cohibens, flammantes vero ac iram spirantes oculos, offusis tenebris caligans. Ponit autem non silentio: verum etiam facto sermonem adjunxit, dicens illi quod scriptum est: *Saule Saule, quid me persequeris? Durum est tibi contra stimulum calcitrare*: non tanquam opus haberet conserere sermonem. Quid enim verbis opus cum res sufficerent? Verum ut quærendi occasionem præberet atque dicendi, ipsum, qui mortuus ac humo conditus putabatur, Christum vivere, atque e cælis apparere. Verum præstat ipsa, quibus lupi Hebræi præda, enarrantur verba proponere.

Genes. 49. 27.

Pauli conversionis historia.

Act. 9. 5.

Saulus autem adhuc spirans minarum & cædis. Delineat sermo, virum, ira se a præcedenti cæde rumpentem: ægre adhuc post jactus lapidum ducentem spiritum: sævo ac truci adspectu hominem, qualem eum oportebat, qui prima prophetiæ Patriarchæ symbola retineret. Ille enim morti propinquus, cum filios, lecto undique circumstare jussisset, spiritu prophetavit. Sic itaque benedicens Judam, illum quidem alloquebatur: verum ut allegoriam spectes, Christum laudabat, qui ex eo foret. Tum vero sane, ad Benjamin, tanquam ætate juniorem venit: ac sane, filium quidem alloquebatur: revera autem designarat Paulum, quem novimus ex ejus tribu descendentem *Benjamin lupus rapax, mane comedit & ad vesperam distribuet escas*. Exquiramus quid illud utique velit, *mane comedens*, hoc est, persecutor, qui in cædes intentus erat, fundebat sanguinem, velut gregem, Ecclesiam Christi dispergebat: bonus demum factus est pastor, abjectoque quod erat persecutoris, Apostolum induit: universis vero tanquam escas, legem distribuit, atque hanc nobis sacram mensam posuit. Talis quippe ac tanta exsistit Dei virtus, ut ira impiisque cogitationibus ceu armis sodalitios nodet, facileque adducat atque circuret, ac mansuetas oves, pro belluis morsu lædentibus, reddat. Quid ad hæc Scriptura? *Accedens*, inquit, *ad principem sacerdotum, petiit ab eo epistolas in Damascum ad synagogas, ut Christianos duceret in Hierusalem*.

Prophetia Jacob in Paulo impleta.

Ib. 1.

O pugna atque discrimen earum, quas tunc Paulus epistolas requirebat, earumque, quas postea Christum annuntians scripsit. Illæ quidem vinciebant Christianos: hæ autem multas, gravesque, atque molestas catenas Christi causa ferendas, persecutori injecerunt: atque ut illis scriptum erat, Paulus Hebræus legis defensor, inimicus crucis? Evangelii hostis, in posterioribus autem Epistolis? *Paulus servus Jesu Christi*. Cujusnam rogo? Utique, Crucifixi? O miraculum! Quod paulo ante probrum fuit, nunc facta est gloriatio: quodque spernebatur, gloriæ hodie titulo memoratur. Nullus enim gloriæ avidus ac superbus rex, Imperii adeo se splendoribus jactavit ac extulit, atque Paulus cruce & clavis; qui se omnibus vinctum scriberet, magisque sibi ipse ferro placeret, quam nullæ mundo auro.

Pauli gloria servum esse Jesu Christi, ac vinctum.

Phil. 1.

Et subito circumfulsit eum lux de cælo. Quidni ei apparet in forma hominis, uti Stephano de cælo apparuit, sed in ignis specie atque luminis? Nimirum, Stephano quidem, tanquam qui perfectus esset, probeque Incarnationis mysterium nosset; nec damni aliquid ex humana utilitate accepturus esset, recte se ea forma ostendit, qui in cælum ascendisset: Paulo autem, ut qui ideo Jesum nollet Deum appellare, quod in corpore ad nos advenisset, haud quaquam apparet homo, ut ne infidelis offensionem augeat: sed potius in fulguris specie ac ignis, quo a lege & Moyse eum pertrahat. Nam & illic idem ipse Deus Moysi apparens, in igne loquebatur: ac cum legem daret in monte Sina, igne collustrans Hebræum, tabulas ei in manus dabat. Itaque perfundit lumine, ut rerum tunc ac modo gestarum similitudini adjiciens animum, sese velut ex quadam oblivione excitans, ejusdem potententiæ divinæ apparitionem agnoscit. Misit autem fulgorem de cælo, ut ne jam Paulus animo versaret Bethlemitam ac Galilæum, filium Davidis ac hominem appellari Christum, ac si qua alia nomina sunt ad ejusmodi speciem; palam vero doceretur, cum Deus in cælis esset, inde ad nos venisse, unde etiam nunc appareret.

v. 5. Tum clare addit, *Ego sum Jesus*. Nomen utique ejus, quo se notus indicavit, demonstrationis, ut fidem afferat incarnationis, ad quam scandalizabantur Judæi. Ego ille sum, quem cædebatis colaphis, quem flagellabatis, quem ducebatis ac trahebatis, modo quidem ad Caipham, postea vero ad Pilatum; quem assidue fabri filium vocabatis, quem mortuis accumbebatis, magno risu eos excipientes ac explodentes, qui prædicarent resurrectionem. Ille modo tecum loquor, non appareo: cum adsim, non videor: animum illuminans, oculis offundo tenebras. Crede ergo etiam Stephano me apparuisse, quando is id vobis dicens minime credebatur.

Act. 9. 5. *Durum, ergo, tibi est contra stimulum calcitrare*. Stimulum dicit, clavos crucis. Quemadmodum enim qui acuto ferro impingit, nihil quidem lædit ferrum. Qui enim, cum sit durum ac resistat? se autem ipse vulnerat, sic etiam qui contendit cum Deo, ultro sibi interitum provocat. Jam ergo, itidem sapias ac continere, visuque, a mirabili illo fulgore, amisso, nunc cum primis intellige, idcirco induisse me corpus, ac hominem factum esse, ut te contemnere vel Deitati consuescerem, cæci fierent.

His ita gestis dictisque, en tibi Paulus manu ducitur, miserabile spectaculum, quinimmo jucundum, ejusmodique lætitia afficiens animum. Victus est lupus, colligatus raptor; ferox mansuetus leo incedebat, velox ille cursor: discipulus adducebatur, discipulorum tyrannus; ducebatur alienum bibens sanguinem, qui Stephani sanguine manus polluisset. Mansit autem ad tres dies cæcus; plane merito: qui enim in Trinitatem peccasset, trinis jure diebus debuit pœna plecti.

Hunc sane modum admirabilis ille ad pietatem eruditus est. Ubi autem veritatem gustasset, didicissetque experientia, Christum vivere esseque, ac universorum dominari: nec a morte fuisse correptum, neque discipulos eum furatos esse, illico a lege ad Evangelium transmigravit, quem Christum, quem antea blasphemaverat, contritis imprudens, Deum annunciabat: eratque qualis fuisset hostis, talis socius ac auxiliator. Utrumque nimirum potens atque robustior. Cominus autem ac inopinato ingressus in Synagogis Damasci, legis libros ac Prophetarum, pro concione exponebat: non quidem ut legem confirmaret, seu ex lege Christum prædicaret, comparans cum iis, quæ gerebantur, discipulorum sermonem; ac denique per legem, legem excluderet, ut ipse de se ipso ait ad Romanos scribens: *Ego enim per legem, legi mortuus sum*: hoc est, scriptorum per Moysen dictis, Evangelicam agnovi pietatem. Stupor ergo Damascum tenebat, universique portento simile ac divinum quid apud se celebrabant. Veniunt, videre Hebræum illum Tarsensem: sectatorem illum paulo ante legis discipulum: autem Jesu prædicantem, eumque Deum prædicantem, atque e Scripturis nostris, Salvatorem ipsum, qui promissus est, probantem. Itaque periculum est, ne in contrarium sententiam totam abducat civitatem, ne & populum universum alliciat, atque a lege avertat. Quippe in Scripturis versatus est, eisque facili ingenio, acri sermone, moribus facilis, plurimumque ad fidem momentum habens: quod utrumque ex nostris apparere potest non ignorantia decipi videatur, sed probatione ac judicio invenisse, quod rei esset, ac veritatem: in tantam utique anxietatem ac angustiam, magnam conjecit civitatem; populum conterruit, prima simul Proselyte prædicatio: majorque tunc Damascum habebat turbatio, quam nuper Hierosolymis quæstiorum Christianos, cum Paulus Stephanum lapidaret. Quemadmodum enim viri fortitudine præcipui ac mirabiles, cui se addiderit ordini, una illi victoriam adducunt; sic & vir divinus, magnos omnino eos præstabat, quibus suum momentum contulisset, ac auxilium præstaret.

Sic itaque prædicato in Phœnicia Evangelio, primisque illic apostolatus jactis seminibus, ubi & ipse scientiæ lumen accepisset, Hierosolymam petiit, novum pulchrumque, in ea constitutis urbe, spectaculum. Qui enim promiserant, ac vincula, quibus Christianos alligaret, portanda dederant, cum viderunt, quæ eorum acquisissent, primo aspectu, jucunde viderunt, prædamque exigerent, vinctam Christianorum multitudinem se visuros sperabant, remque multorum illarum pollicitationum requirebant. Veram tibi processio fuisse, Saulum, Paulum invenerunt, qui una cum appellatione animum mutasset, Christique effectum servum, ac Apostolis aliis fervantiorem discipulum, primum quidem jocum ac irrisionem arbitrati sunt quæ dicerentur; at ubi probarent rem eum loquentem sermoni congruentem, eum sibi hoc consilii reliquum putaverunt, ut adolescentem perderent; tamquam fieri non posset, ut vivente Paulo atque loquente, Hebræorum religio salvet foret: idque palam rerum vero tempus probavit.

Cum enim multi fuissent, tamen Christiani etiam, haud possent pure ex Evangelii norma vivere, sed haberent in utramque partem, ac quandoque etiam uterentur circumcisione, ut aliqua parte quæ Judæis grata essent præstarent, eisque indulgerent eorum debilitati. Solus hic imperterrita mente, nihil remissum ac non accuratum docuit, sed clara voce atque diserte a principio sermonem prædicavit. Ecque proventu libertatis fructus, ut cum aliquando Galatæ, cum propria ipsi levitate, tum magistrorum negligentia, ad legis observantiam revocati essent, missa ad eos scripta epistola, qua in novitate Christianæ vitæ perfectam fecisset, ac religionem colere doceret, cum ipso Apostolorum Principe honorem exæquasse congressus sit, ac ubique Petrum reprehenderet, eumque ea redarguerit, cum eo, qui veterum usu, ac eorum quæ ab illis essent, novam Christianorum rationem instituebant: nihil reveritus senis canos, neque Apostolatus prærogativam, ubi errari periculosa veritati vidisset: quin Galatis quidem scribens adhibet Petrum vero crebro arguit quam licebat, maxime libertatem decoro ac modestia temperans. Ac ubique quidem prædicando ac suadendo operam ponebat: quod si vero quando etiam in perditis moribus pravisque hominibus incideret, grave aliquid passus esset vel conjectus in carcerem, vel verberibus affectus, vel appetitus lapidibus, haudquaquam suam illam alacritatem ob malam causam amisit: quin modicum cedens, rursus hostes adibat, variansque sermones suos, seseque modis tentamendi quibus adoritur, ac se facile admodum incidentibus necessitatibus aptum comparans, prorsus abibat, vel omnibus, vel pluribus in suam sententiam pertractis. Sæpe enim cum acerbissimis plagis acceptis inventus est, inque urbis illius suburbiis ejectus, quam erudiebat ad pietatem; quin & pro mortuo præ malorum gravitate habitus, postridie forum petens, ac dexteram protendens, eos iterum docebat, qui ad mortis ipsius fauces adduxissent: sic nihil curabat corpus, fortique animo in supernæ vocationis scopum intendens, decertabat: subinde provincias, urbes subinde mutans, terra ærumnas labores atque certamina, accinctus ad maris pericula: clare ac diserte orans ad frementes populos, judicibus iratis satisfaciens; Hebræos ad Christi agnitionem a Scripturis inducens, quas illi in pretio haberent; Græcos, externis ac profanis doctrinis infectos, ac naturæ legibus non scriptis, confirmans Christianos, proselytos, &, qui fidei accessissent, ædificans, ac congruis doctrinis alens, uti satores novellas plantas moderato ac castigato aquarum influxu fovent ac recreant. Quod vero eum maxime vim dicendi ostendit, id vero perdiscamus.

Athenæ, urbs est Achajæ primaria, doctrinarum sedes, uti olim laudatorum ore meruit celebrari, virorum sapientum, ac literarum colentium studia, antiqua officina. Quo ergo Paulus totum Illyricum percurrens, ac ubique spargens scintillas fidei, quas insper Spiritus excitabat, vivasque semper servabat; necessario circuitu ad sapientes quoque Athenienses venerat. Res erat multa digna sollicitudine, qua vero ratione coriarius homo, pro concione de Deo apud eos oraturus esset, qui universo simul humano generi, ut eruditionem spectes, dominari vellent. Ille nihilominus animi ac generi magnitudine, superneque doni fretus divitiis, non unum aliquam petit subterganeum domum, aut ve in quadam officina sedens disputare cœpit, quomodo etiam primi ac præcipui apud eos Philosophi, cum iis, qui propiores adibant, consuescere solebant: sed ad ipsum Areopagum excurrens, ubi severus quidem ac formidabilis Senatus capitales causas judicans sedebat: inventaque illic collecta copiosa multitudine stans, publica concione consuetos oratores vincebat, quorum apud eos eloquentiæ certamina quotidie erant. Ducto autem exordio ab inscriptione, quæ altari insculpta erat, ejusque occasione ignotum eis Deum opportune annuncians, ac demum tota absoluta oratione, tantum abest ut idiota ille ac rudis, quod ad externam sapientiam spectat, aliquid dicendo peccaverit, ut etiam Senatus ejusmodi principem Dionysium, una cum uxore dictis acquiescentem converterit, ac Christi servum effecerit: ab uno altari ac parva quadam inscriptione, a multorum religione altarium avertens.

Inde vero victor rediens, ubi maxime fortis erat bellicus Gentilium dæmon, ac inde ad vicinam urbem Corinthum transiens, Achajæ Metropolim, loquensque in synagoga doctrinam salutarem, abiit adjuncto fidei, non uno aliquo e multis, seu vulgi homine, verum principe ipso Synagogæ cum tota domo atque a vertice legis victor: eoque sublimi instar trophæi magnifice elata, sic quoque illam reliquam civitatem Christo se inclinantem. Temporis autem processu, ac pietatis sermone promovente, velut dux quidam effectus est, Regi in dies, urbes, oppida, agros acquirens, nervos ac robur prius dominantis tyranni succidens. Corinth.

Tum vero Corintho transit Pisidiam, deinque Lycaoniam ac Phrygiæ urbes petens, ac inde invisens Asiam, postmodumque Macedoniam, communis erat orbis terrarum doctor, coram quidem positos sermone juvans, absentes vero convertens per epistolas. Solus ille est, cujus nunquam genua, cum semper iter ageret, sunt lassata: ac nec lingua torpuit, nulla requie ad hostes ac amicos Evangelii mysteria enarrans. Ac quidem talis Paulus quod spectat ad doctrinam: quod autem ad reliquam vitæ philosophiam, qualis rogo? qui semper jugiterque doctrinæ allidum, ac Evangelio serviens ne panem quidem ab aliquo gratis referebat: quin interdiu quidem adversus frementes hostes certamen habebat, noctu vero, scapellum, pellesque, ac artis versabat opus, ut annonam inde, ac vitæ commeatum pararet: ut nihil se graviorem præberet Apostolum, ut prædicatorem absque sumptu, qui ad usque panem hospitibus parceret.

Hunc nos sermonem Sacerdotes audiamus, qui ordum cum participes sumus altaribus, verum etiam ab illis divites sumus, ac in deliciis agimus, sacrasque facultates, nostram ipsorum possessionem facimus; quique, Christi causa subjectis, tanquam servis graviter imperamus: haud plane sacerdotium dominatio est; quin potius, ut quis intelligat, servitus. Non magistratum auctoritate decernitur dignitas, sed modestiæ ac caligatæ dispensationis ministratio. Nonne potestatem habebat divinus Paulus, ut ex sacris manducaret biberetque, ac modicum quid stipendii laborum ad corporis, quod quotidie exedebatur, fomentum ac curam, acciperet? Nequaquam tamen usus est potestate, ut nihil in terra accipiens, omnia in cœlis reponeret. Quapropter etiam, cum adhuc carni corruptibili alligatus esset, majoribus quam pro humana ratione donis auctus est: atque ut bonorum futurorum, honorumque ævo illo repositorum arrham pignusque converteretur, assumitur usque ad tertium cœlum; visionesque nostram mortalium sortem exuperantes videt; ac verba arcana audit, ut ait ipse: quanquam id modeste agens, ac necessitate compulsus, caveniique ubique gloriari, atque prætendentibus donis suis sese efferre. Ut tamen eorum sensus comprimat, componatque ad modestiam, qui pro exiguis donis inflantur, pauca ex suis velut coactus aperit: nec id aliter quam assumpta alia persona, atque omne de se ipse suspicionem amoliens.

Sine

Sane quidem Elias ille Thesbites, eo quod in specie ignei currus in altum subvectus sit, ubique decantatur, ac multam seculo admirationem reliquit. Quousque autem pervenerit, nemo nullus exposuit. Non enim etiam modicum a terra elatus a virtute agente ipsum, illi loco redditus est, in quo erat domicilium habiturus. At Pauli translatio longe illustrior fuit atque celebrior; adrandio etiam medio ad quod usque sublatus fuit: nam cum septem celebrantur caeli, parum abest ut in medium assecutus sit. Jam mihi Hebraei fratrem deprimant magnum quid de Moyse gloriantes, quod solus usque ad verticem Sina pervenerit, lumque caliginem ac nubem penetrarit. Minus fane Paulus, montis quidem loco, ad caelum ascendit: loco autem nebulae, supra aerem nubibus altiorem evasit. Ac plane merito: decebat enim Christi hominem tantum Moysen superare, quanto Evangelium praecellit legem.

In divinis autem apparitionibus, Deique ad ipsum sermonibus utique vinctus solvemur, ac visis delectaque animo corroborentur, respondente Deo cum in vigiliis, tum in somnis. Quid enimvero etiam opus dicere, cum nec ille ipse gratiam illam suam silentio praeterierit, sed semel omnibus liquido revelaverit, dicens: *An experimentum quaeritis ejus qui loquitur in me Christus?* Alii quidem tum Prophetae, tum Apostoli, certis quibusdam temporibus ac momentis definitis habebant supernam operationem, ac modo illis divinum aderat Numen, modo etiam aberat. Hic autem ut tanquam semel Dei peculiare templum ipsi ad inhabitandum delectum dedicatumque, sic semper habebat Christum, cum exercitii inventorem, tum sermonum magistrum; tum denique operum adjutorem. Ac quidem Joannes Zebedaei filius magnus visus est, quod majori prae discipulis aliis ad Dominum fiducia supra ejus pectus recubuerit: quamobrem maxime apud omnes clarus habetur atque celebris. Hic autem, qui non pare homines major conditione habetur, qui nimirum non Jesum in corpore, sed mutum carne Verbum quotidie referret, vas se utile ac mundum praestans conditori. Caeterum cum plura ac omnis generis viri mihi dicenda forent, quaecumque nimirum, ut hic divinum mundum universum docens, dixit, fecitque, terra pariter ac mari; in judiciis ac tribunalibus, in foris, in populis, in concionibus, in regum aulis, sponte praeterea prae illorum tanta multitudine. Nec enim confusionem habeo ut rerum ab eo praeclare gestarum commemorationem elucubrem, ita ut nihil desit: sed ut contraham laudationem, eamque pro virili tamen mea facultate. Quocirca ubi omnium duntaxat postremum suggessero, faciam dicendi finem.

Postquam enim universum circumquaque lustrasset Orbem, ac sermonem super candelabrum posuit, ignemque evangelicae cognitionis ac scientiae accendisset ignem, Romam regiam urbem petit, ut universorum dominam doceret, ac in fraternam concordiam, inter discipulos obtineret, et abundanti hominibus religionis congrederentur. Cum autem illic quoque reperisset Petrum, in idem studiose laborationem e-pus, sacramque quandam ac divinam bigam copulaverunt, cum qui etiam sub lege, in synagogis docebat: Gentiles in foris lucrabatur: ac variis quidem bonorum doctor erat verum Dei sinceramque sententiam declarans, moralis virtutum acerbitates regulas sanciens: choreas et ebrietates, omnemque luxuriam ac turpem voluptatem coi crassitie, cum plebe universa, tum iis qui rerum potiebantur, deditis erant, ab hominibus procul contentione depellens. Graviter quippe Neronem perstrinxit, optimae castaeque illa conversationis insinuatio, majori a lasciviae voluptate affectum dolore, quam si Imperio pulsus esset. Etenim erat ut alius quis subtilis voluptatum inventor atque artifex, deliciis captus ac tibiarum se cantu recreans, ignavus mollisque ac effeminatus, scortorum praeses, non res virorum. Qua enim ratione aliorum dominaretur, qui ne sibi quidem imperare sciret? Id autem curabat ac sollicitus agebat, ut pietatis ac castitatis doctorem ex urbe rescinderet. Ac vero Herodis aemulatus animum, Apostolos in carcerem misit, ut ille Joannem: habensque alteram instar Herodiadis, impudicam ac rixeri mancipatam voluntatem, Petri ac Pauli quaerebat caput, martyrio ambos coronavit: alterum quidem affigens ligno: Pauli vero cervicem abscindens: nobisque ac universo Mundo, festum lucem atque conventum, ac recte argumentum solemnitatis, Sanctorum passionem reliquerunt.

Haec nobis, ter vos beati! annua lux recurrens attulit: vos quidem ubique toto Orbe communes Athletas praedicans, vestroque honore, hominum mentes ad meliora componens. Virtutis quippe honos, plurimum provocat aemulationem in Christo Jesu Domino nostro, cui gloria ac imperium in secula: Amen.

ASTERII EPISCOPI AMASEÆ

In Sanctum Martyrem Phocam.

PUlchra est ac utilis honestis colentibus Sanctorum memoria. Nedum enim eos qui virtutis ac pietatis desiderio tenentur, sermone erudit; verum etiam eorum qui recte vixerunt, actionem, locupletes magistros producit. Idcirco etiam Dominus noster egregiorum operum documenta tradens: *Qui autem fecerit,* inquit, *& docuerit, hic magnus vocabitur.* Et alibi: *Luceat lux vestra coram hominibus, ut videant opera vestra bona, & glorificent Patrem vestrum qui in caelis est.* Doctrina enim quae sermone consistit, inferior imbecilliorque multo operis exhibitione, magistra existit: ac quanto visum audita certiorem dicimus, tanto liquet actionem sermone potiorem esse. In hunc modum scientias addiscimus: in hunc modum edocemur artes, ut nimirum prius sermone ad disciplinam provehamur: tumque manu ac experientia, obscuram eam firmemus. Ac Geometra quidem multa in libro posita opera, ac aures sermone magistri plenas habens, haud aliter variarum figurarum vim percepturus sit, quam ubi puncta ac lineas, circulosque in tabella didicerit. At neque Astronomiae desiderium habentem, nudus sermo disciplinam docuerit: ac nisi erudiens, scienti arte globum coram vertens, ipsis oculis Poli motum exhibuerit: Medicus denique, tametsi laboris plurimum in Hippocrate, ac reliquis medicæ artis doctoribus posuit, rudis est artis curandi, donec plures infirmos inviserit, ab ægrotis ipsis sanandi modum didicerit. Sic nos quoque discipuli Martyrum, fortium virorum actiones, magistrorum loco nobis ante confessionis agonem stantes ad extrema usque pericula, pietatem servare docentur, qui nimirum sacros eorum loculos ac sepulcra, velut columnas litteris insculptas, ac martyrii certamen accurate prodentes, adspectemus.

Gen. 18. & 23. Ubi sanct. loca adspectu juvant.

Quemadmodum autem qui accedunt ad quercum Mambre, vel ad eminentem speluncam, quam Ephron Chetteus vendidit in Saræ sepulturam: quo loco ipse cum filiis Patriarcha jacet, statim cum locorum aspectu, animis imaginem renovant ac mente contuentur fidelem Patriarcham: primitias illas religionis: primum in eo circumcisionem: sed & eos, qui ab illa radice germinarunt, surculos cogitant: nempe Isaac, Jacob: ac cum virorum recordatione, totius eorum historiæ spectatores fiunt: sic & ego hodie, cum beati Phocæ venerabile delubrum adiens, ex loci specie, omnium simul quæ de illo gesta narrantur, memoria repleor. Video professione hortulanum; animo simplicem; hospitalem, maritimæ regionis eximium decus; in mediterraneam beneficum; Sanctum illum Sanctorum; ac iis, qui Christi causa consecuti sunt gloriam, gloria potiori auctum.

Sacer quidem est ac divinus universus generosorum ac fortium Martyrum catalogus, passione, debitam pro passione referens gratiam; ac sanguine, pro sanguine debitam omnium Salvatori solvens remunerationem. Verum in his ipsis, non una est omnium gloria, nec una mensura: cunctis æqualia attributa sunt præmia: quin primum & secundum, ac Sanctorum quidem effugit catalogus. Hujus autem rei, ut arbitror, causa est, quod sit judex accuratus, nec quicquam in partem alteram inflecti queat.

Præmia pro Christo Martyribus pro meritis.

Intuetur enim & suppliciorum magnitudinem, & tolerantiæ constantiam: examinansque certamina, pro meritorum ratione athletis distribuit præmia. Neque vero mirandum est, ita a Deo honorari justitiam, cum ne in humanis quidem Imperatores ac agonothetæ, viros fortes, aut pugiles, æqualiter universos habeant: sed cuique pro rei præclare gestæ modo, dona congrua decernant.

Hæc autem disserui, quo virum, qui hodierni conventus nobis præbuit causam, socium, ac pugilibus, qui eosdem desudarunt agones, illustriorem ostendam. Nam alii quidem, neque omnes apud omnes sunt noti, neque hominum sermone virtutem celebratam habent: Phocam autem, nemo est qui ignoret: sed quomodo Solis radius universorum oculis explicatus est, ita etiam hujus Martyris fama, omnium aures circumsonuit? atque ut paucis dicam, quotquot Dominum Christum noverunt, iidem quoque ejus noverunt fidelem servum. Verum enim vero relictis, si videtur, quæ ille cum aliis encomia habet communia, eximias Martyris laudes, Martyrum amantibus vobis recensebo.

Nomen Phocæ apud omnes Christianos clarum.

Tulit itaque sanctum hunc virum, magnum, inquam, illud Christianorum commodum, vicina Sinope, antiqua civitas ac nota, fortium virorum ac Philosophorum ferax. Ne quis enim mihi impræsentiarum diversam religionem reputet: sed id tantum, eam omnino studiosorum virorum nutrix fuerit ac parens. Vitæ autem studium ei erat horti cultura, quem ibi ante portam civitatis in Isthmi ostio possidens, diligenter colebat, ut sibi ac indigentibus esset vitæ solatium. Sed & hospitibus, prompto ac alacri animo, parvam ac pauperem domum apertam volebat. Cum autem habitaret in via publica, quæ suppetebant, adventantibus communis promebat, ac Lot quidem medius, non Sodomitarum sed Sinopensium erat. Porro temporis processu, haud vacuum mercede mandatum invenit. Vivisicæ enim mortis occasio, ex hospitalitate lucro accessit. Unde vero, ac quonam modo, paulo altius repetentem audite.

S. Phocæ patria.

Vitæ studium.

Hospitalitas.

Cum Christianæ pietatis sermone annunciato, divina prædicatio ad omnium aurem exiret, Christumque ac ejus mysteria nota redderet, *fremuerunt gentes*, ut ait Psalmista, *Regesque ac Principes in unum convenerunt*: ac Christo regnante, errantes populi irascebantur. Quærebatur autem quilibet Christianus, tanquam maleficus: ac qui prope erat, puniebatur: qui vero procul erat, investigabatur. Quamobrem Phocam quoque, nequidem vile studium, hortulanique conditio celavit: sed is quoque, ut verus Christi discipulus, denunciatus est: Ac sane ad eum venerunt, qui nulla judicii forma, nulla defensione, a misera hac fluxaque vita, jussi erant abducere. Nam erat tale crimen, quid vir strenuus clara voce confiteretur: nulloque interrogante, operibus proderet: interrogante autem aliquo, impensius gaudens clamore efferret.

Ps. 2. v. 1.

Venientes ergo illius lictores supplicii, nostrique belli auctores, apud eum ipsum, qui quærebatur, diversati sunt, ut neque ii cognoscerent, neque ab illo cognoscerentur. Interim vero adventus causam celabant, ut cum prius accepissent ex iis qui habitant extra civitatem, quisnam esset Phocas, & ubi degeret, repente invadentes, ut quondam Judæi, Juda duce, Dominum in horto comprehenderent. Ignorabant autem se prædam habere inter retia: canes, ovem: lupos, agnum: raptores aves ac uncungues, columbam. Ut autem Isaias Propheta ait. Hœdus cum pardo accubabat, agnusque cum lupis pascebatur, ac leones simul cum vitulo commune convivium inibant. Cum autem, uti moris est, mensæ societas ac consuetudo, fiduciam invicem generassent, rogavit eos Martyr, quinam essent, ac qua de causa ad ejus venissent civitatem. Illi vero alacrem viri susceptionem ac hospitalitatem reveriti, cum præcepissent, ne quod auditurus erat, cuiquam enunciaret, ei arcanum aperiunt, ac insidiarum exponunt fabulam: ut nimirum quærant capere puniendum Phocam. Quocirca hospitalitatis cumulo, hoc quoque beneficio ab eo affici rogabant ut captando quem quærebant, una ipse operam conferret suam.

Isa. 11. v. 6. & 65. v. 25. Phocas hospites suos excipit hospitio, benigneque eis suam aperit necem.

An-

Audivit Dei servus, lenitoque animo auditum sermonem suscepit, nihil abjectum, ac quod pusillum animum indicaret, passus est loqui: neque periculo exterritus speculavit fugam: idque, cum ineundae magnam ac liberam haberet facultatem, cum ii ne quidem scirent eum esse quem quaererent: contra vero omnino fecit, se fortiter gerere, non fugere statuens. Fortiter itaque precibus annuit: &, Ego, inquit, in praesenti negotio vobis adjutor ero: novi enim virum & facile quaesitum inveniam. Nec enim longiorem moram, sed die crastina vobis eum ostendam. Vos tantum in hoc meo paupere diversorio requiescite. Ubi sic eis operam promisisset, duabus se rebus dispertit; nempe excipiendis tota humanitate occisoribus, ac parando sepulcro. Cum autem parasset sepulcrum, & quae ad sepulturam erant necessaria, ad eos postridie accedens, Diligenter, inquit, vobis quaesivi Phocam, eisque jam parata praeda, ac si lubet, comprehendatur. Illis autem prae gaudio quaerentibus, ubinam vir ille esset, Non procul, inquit, sed vobiscum est: nam & ego ille ipse sum. Rem itaque complevit, longique itineris ac laboris scopum implevit. Obstupuerunt animis homines, neque audito, diriguerunt, talem ac tantum reveriti, munificumque paupertate convivam. Ad haec vero animos, ut se excitarent, exhortationem adhibet; jubebatque ne quicquam dubitarent, dicens se hoc quidem illorum manu cadere, sed eorum facinus, qui praecepissent. Dum, persuasit, passus est, ac capite truncatus, grata Deo hostia oblatus est.

Ab eo tempore hactenusque; columnam eum ac sustentaculum divinarum per orbem Ecclesiarum, o viri! habemus: eisque ille Martyrio clarissimus, habens ipse primum partem inter optimos. Is enim confertissime adhuc frequentatur domicilium, itemque planae viae publicae iis, qui ex unaquaque Regione ad locum orationis conveniunt. Atque est quidem magnificum illud templum, ex quo dirigit, ut sacrosanctum habeat Martyris corpus, eorum qui affliguntur, relaxatio; eorum, qui morbis laborant, efficax medica; eorum qui esuriunt, mensa: abundantius enim nunc alit Phocas defunctus, quam prius Joseph in Aegypto vivus. Nam ille quidem frumentum permutabat pecunia: hic autem gratis largitur egentibus. Sic mendicorum ac egenorum turba ad Sinopen festinant, ceu ad commune aliquod penarium occurrunt. Sed illic quidem sic. Si autem etiam alibi, paucarum reliquiarum impertitione, veluti coloniam aliquam ex metropoli deductam, sibi Martyr constituit, est is quoque locus admirabilis, ac universis Christianis desiderabilissimus: quemadmodum utique, noster hic locus effectus est epulantium domus. *Pretiosa enim in conspectu Domini, mors Sanctorum ejus:* multisque locis divisae reliquiae, servatam ubique ut integro viro, eamdem servant claritatem.

Sic etiam in regia civitate, Italiae principe, ac Mundi totius regina, universi populi consensu honoratur Martyr ac celebratur, habetque insigni pulchritudine extructam aedem. 4. Nec minus autem Romani Phocam colunt quam Petrum & Paulum. Quamobrem uti fertur, caput Martyris summo studio comparaverunt, contrariam sane ratione Herodiadi afferentes sententiam. Nam illa quidem sanguinem sitiens, justi caput truncandum postulavit ad contumeliam: illi autem honoris causa, suaeque ipsorum utilitatis, dignum sibi Martyris caput vendicarunt.

Nautae autem, ac qui sunt vectores, non solum qui transmittunt Pontum Euxinum, verum etiam qui secant mare Adriaticum, ac qui feruntur super Aegaeum: qui item Occidentalem navigant Oceanum, quique maris Orientalis sulcant sinus, conversa celeusmata, quibus navigationis labores recreant, in novam Martyris laudationem verterunt, totusque eis in ore est Phocas decantatus: quippe in praesentis auxilii perspicua argumenta proferunt. Nam saepe visus est, tunc quidem noctu, mari procella laborante, excitans gubernatorem ad clavum dormitantem: aliquando autem funes tendens rudentum, ac veli curam gerens, eque prora, brevia prospiciens. Quocirca eadem lege constitutum est, ut Phocam convivam habeant. Quia vero nequit fieri, ut qui nunc incorporeus existit, convivii ac mensae particeps fiat, videre quomodo pia cogitatio, quod factu impossibile videbatur, facile reddiderit. Quotidie enim aequam unam, pro convivalium ratione, partem Martyri attribuunt. Eam autem unus aliquis e convivis emens, deponit pecuniam; idem alter sequenti die, ac tertia, alius: sicque illa emptores universos obtinet, pretium quotidie sortita; postquam autem eos portus exceperit, distribuitur famelicis collecta pecunia: idque pars Phocae est pauperum beneficentia.

Eum quoque Regem admirantur, qui fortissimus religiosusque extiterit, suscipiendique Pauperis aedem sacram, praeclaris ac magnificis exornavit donariis. Contendunt, qui judicare eridant superare veteres. Nec jam mirum, ut Romani Imperii homines pii, quorum vita regitur moribus atque legibus, usque adeo Christi famulum venerentur, cum ad usque Barbaros pervenerit admiratio: sintibusque omnes Scythae, quotquot, inquam, habitant Continentem ex adverso Ponti Euxini: accolae lacus Maeotidis, ac fluvii Tanais, ac quicumque incolunt Bosphorum, & ad Phasidem usque fluvium extenduntur, omnes, inquam, hi obsequium [illegible] praebent: quamque moribus omnibus ac studiis a nobis differant, hac una re sola nobis consentiunt, ut eorum ferinum animum a veritate emolliverit. Unus enim illius Princeps Rexque, coronam capitis deponens, auro, ac gemmarum floribus magnifice splendentem, eruendaque pretiosae materiae bellicam loricam; quippe superba est ac luxuriosa Barbarorum armatura; utraque misit donaria Deo per Martyrem, potentiae ac dignitatis conspicua argumenta. Clarum enim est misisse coronam, ut pro regno gratias ageret: loricam vero, ut pro victoria bellica.

Quae autem propter haec continuo eveniunt beneficia per visiones in somnis, ac curationes quas aegroti consequuntur, quis quo modo narraverit, cum sermo ad singula accedere non possit? Nos ergo hic desinentes, Salvatori gloriam offeramus, cujus servi fideles tantam gratiam sunt consecuti, ut in omni necessitate ac casu, pro concesso eis dono, conservis suis beneficiant: atque postquam ab humanis excesserunt, fortiorque separati a corpore. Quorum memoria efficax, quotidie pervadens civitates ac vicos, ubique beneficentem Dominum prædicat: quem decet omnis gloria, honor, & potestas, ac magnificentia, nunc & in sæcula sæculorum. Amen.

EJUSDEM ENCOMIUM

In Sanctos Martyres.

Licet, ut videtur, etiam a vehementer infensis & implacabilibus inimicis, lucrum aliquod vel maximum capere: ac cum religiosæ vitæ experientia probat, tum quæ modo sunt celebrata. Nisi enim diabolus Christianos persecutus esset, ac adversus Ecclesiam bellum suscepisset, nullos haberemus Martyres: iis autem non extantibus, mœsta ac nihil hilaris festaque vita nobis ageretur. Quid enim solemnibus hisce conventibus comparari queat? Quidve adeo venerabile ac præclarum, quam ut urbem totam moenibus effundi videas, atque ad sacrum locum procedere, pura illic sincerissimæ pietatis mysteria celebraturam? Porro vera pietas est, ut eos, veneratione ac honoribus prosequamur, qui forti pro Domino animo, tormenta passi sunt, ac adversum mortis supremum discrimen decertaverunt: quorum principes sunt, ac duces, qui nos hodie in concionem vocarunt: viri nimirum, præclaræ mortis titulo immortales; vitæ contemptu, perpetuo viventes; quique regnum sanguine commercarint, ac carnis insidias in beneficium verterint. Sic plane, cum bona voluntas aurigæ instar præsederit homini: sibique ejus appetitus omnes ac agitationes subjugaverit, ac velut habenas, animi cogitatus arcte sobrieque pertenderit, exstimulando ignaviam, ac nimiam incitationem cohibendo, nequit fieri, ut vitæ cursus incompositus, ac periculo conjunctus existat.

Itaque habemus Martyres, qui nedum vitæ probe instituendæ magistri sint, sed qui etiam peccati accusatores. Qua autem, Martyr, ratione, accuset ac vocet in crimen, ita accipe. Cum ille per constantiam flammæ ignis victor extiterit, quidni tu luxuriam cælibate domas? Cum Martyr nullam divitiarum ac pecuniarum, quas dimittebat, rationem habuerit, quidni tu justitiæ causa paucos nummos contemnis? Cum Martyr noluerit genus ac familiam prælatum Deo, sed ab uxore, liberis, charissimis abjunctus sit, quidni tu impensiorem carnis affectum? quinimo, propter aliqua tibi forte necessitudine conjunctas personas, justitiam conculcas, nec Dei timorem reputas? Cum Martyr Numinis causa ipsum exuerit corpus, quidni tu vel modicam tunicam, qua nudum tegas, contemnis? Hæc sibi ex adverso comparata nostram arguunt morum pravitatem. Vel ergo Sanctos, ut magistros revereamur, vel ut accusatores timeamus, illique ipsi consentaneam exhibeamus vivendi rationem, quos honore prosequimur: atque in eum etiam modum Deo obediamus, in quem illi obtemperaverunt mandatis, ac promissis firmiter speraverunt.

Spes namque spiritalium bonorum, probe admodum fortitudinis ac tolerantiæ extitit doctrix: quæ nimirum, velut idoneum pignus certaque arrhabo animis insidens, periculum omne imperculsos jubet aspicere, ac reipsa ferre firmiter. Atque id, consentanea maxime ratione. Sic enim fere hominibus natura comparatum est, ut iis laboribus, quibus nihil præmii propositum sit, molles ac resoluti efficiamur, eisque vicissim vegeti ac alacres adeamus, qui præmia ac honores finem habent. Quamobrem universi Martyres, Evangelicæ illi Scripturæ animum adhibentes, qua Dominus sacros pugiles ac Dei amantes hortatur, dicens: *Si quis confitebitur me coram hominibus, confitebor eum coram Patre meo*: pro ea confessione, immotis animis acutum ferrum tolerarunt, ac rogos conscenderunt, corpusque ferarum faucibus vorandum præbuerunt, ac quique dorsa virgis subjecerunt, lateraque ungularum aculeis laniati fuerunt: ferrea vincula pertulerunt, tenebricosisque carceres domicilium habuerunt: famis necessitate oppressi sunt, ac sic extabuerunt: instar lapidum, saxis cadentibus expofuerunt: injurias, ut surdi audierunt: velut muti, ad eos qui probris ac sannis exciperent, siluerunt: mediis populis ac theatris ignominia producti sunt: toto nudato corpore per forum ac plateas fuerunt circumducti; nec viri tantum; sed etiam fœminæ, quod mirum omnem vincere videatur. Alii igne fuerunt combusti: alii hyemis gelu obriguerunt: variis modis præclara nobis facinora patrati sunt, quo cadentes, ac morte, victores efficerentur.

Idcirco pia corpora, decenti ornatu componentes; benedictionis vasa illa, beatorum animorum organa, philosophorum hospitum domos, ceu pretiosissima pignora in omne sæculum conservamus: atque, tanquam præcipuis donis nostris munimur: ac Ecclesia, Martyrum satellitio, haud secus atque civitas armatorum manu, protegitur, cogunturque celebres populi totius conventus, ac solemnitatum jucunditatem percipimus, ac iis recreamur. Qui humanæ vitæ adversis casibus ac calamitatibus vexantur, velut ad asylum quoddam ac perfugium, ad eorum beatorum requiem, ac solatia feliciter accedunt. Precum illos ac orationum intercessores adhibemus, propter excellentem, qua pollent, fiduciam. Iis præsidiis levantur paupertatis incommoda; curantur morbi, ac principum minæ sedantur; omniumque sæculi turbinum ac tempestatum tranquillis portus, sacra Martyrum delubra existunt.

In hunc modum pater, ceu parens altera, infirmam prolem tollens, atque in ulnas suscipiens complectensque, medicas quidem officinas ac medicos transierit: ad auxilium vero artis expers confugit; atque ad unum aliquem Martyrum adiens, per eum Domino orationem offert, verbis ejusmodi compellans eum, quem mediatorem adhibet. *Qui propter Christum et passus, intercede pro patiente morbo. Qui solatia pollens, conferens commoda servienti, tanquam sis dignus in humanis esse; at noscit quæ*

sunt

sint passiones ac morbi humani generis. Tu quoque quondam Martyres obsecrasti priusquam ipse Martyr existeres. Accepisti tunc quarens: modo cum habeas, largire. Tui premii cumulo postulo, quod nostro cedat commodo. Tuo favemur [illegible]*, uti mundus* [illegible] *Christi.* Alius ad nuptias pergens, thalami exordium facit, quas in Martyris preces fundit. Quis item in procinctu navigationis, non prius ratis rudentes solvit, quam maris Dominum per Martyres invocaverit? Mendicorum porro populi, pauperum turmae Martyrum requiem ac refectionem lares communes habent. Ubique autem terrarum ac maris decantantur Martyres. Id plane congrue atque merito. Non enim communi ratione pertulerunt militiam, sed ipso corpore bajularunt crucem. Non dispersérunt pecunias, sed sanguinem effuderunt. Non miserati sunt pauperum, sed nec sui ipsorum sunt miserti. Non inviserunt afflictum in carcere, sed ipsi catenas portaverunt. Quamobrem eam gloriam ac honorem consecuti sunt, quae aequis modis patientiae ejusmodi ac malis responderet.

Martyrum excellens virtus.

In hunc itaque modum Martyres: at ubi eorum tyranni occisores, qui alta sapiebant, ac superbia comminabantur, qui super excelsos thronos sederunt, nec suum principem agnoverunt? Rugierunt leonum instar, pardis velocius cucurrerunt, ursis ferocius discerpserunt, velut lupi sanguinem effuderunt, tanquam vulpes dolum fecerunt. Ii vero tales jacent ipsis mortuis abominabiliores. Vitam suam oblivione obtexerunt: infernum habent sepulcrum; titulumque, impietatem; ac memoriam, infamiam. Incassum eos poenitet, frustra gemunt: eos autem, quos illi dehonestarunt, sempiterna excepit memoria, ac laus senii expers. Quandiu enim rerum gestarum narrationem atque honorem aetate juniores a senioribus suscipient, avusque nepoti, sive etiam pater filio eorum tradunt cultum, immortalem laudem efficiunt: ac eos inviolabilem quandam haereditatem, hasce seculo celebritates per successiones conservatas transmittunt, quin rem quoque multis haereditate cariorem. Nam haereditatis bona, vel fur abstulerit, vel hostis acceperit spolii loco, vel rerum adversus casus evacuaverit, virorum autem Sanctorum memoriae stellam lucem nullus exciderit annus; quandiu anni erunt, ac curret tempus, cujusque habebit Solem, ac terra pascet suos animantes, mereque item proprias: quinimo, ut verius dicam, his quoque cessantibus elementis, tametsi putant aliqui, nunquam tamen Martyrum ac Justorum gloria extinguetur, nec cum creato mundo visibili morientur, quae eorum celebris memoriae sunt; quin & majori tunc decore florebunt, transmutata in vitam incorruptam humana natura.

Licet autem incredulis, ac iis, qui de futura spe nostra ambigunt: ex iis quae aevo hoc aguntur, certa bonae nostrae expectationis accipere pignora. Ecce enim per universum orbem impletus est Christi athletarum circulus, nec est locus ullus, quo non eorum memoria habeatur: atque tempora omnia, terrae dona ac frugibus potiora pugilum gesta, celebraturis ac [illegible] agentibus conferunt. Quocirca ut aliquis fidelis esset Martyrum amans, atque eorumdem passionibus, festi vellet celebritate litare, ne diem quidem in anno non festum praeteriret. Universum etenim solari ipso globo illustriorem mundum, praeclara strenuorum virorum facinora habent. Quia enim is qui bonis adversatur, ut maxima Christianorum moliebatur pessundare mysteria, universosque furoribus aspergens, sensis suis ac affectibus obruere nitebatur, ac casso labore, suis operibus occupare: strenuorum Deus virorum copiam monitis instruens, atque ad tolerandum, ac virtutis ostendam specimen, erudiens informansque impudenti illi, ac insidiis humanum appetenti genus objecit. Hi vero, novum desudarunt, ac nihil consuetum, certamen. Nec enim caedendo ac acies perfringendo victores extiterunt, sed patiendo atque occisi strenue habuerunt.

Matth. 25.

Martyres omnium ordinum.

Qualis vero, inquit, audente? belli victoria? Quodnam autem genus illud facinoris, ut tormentis quis, ac verberibus subjiciatur: ad haec autem, ut igni, vel gladio, aut carceris maceratione finiat vitam? Verum noveris, quae bella suscipimus pietatis ergo, secus geri atque alia: nam alia quidem bella, in caedibus ac strage hostium, fortitudinis specimen habent: haec autem certantium passione ac morte victoriam pariunt. Porro Sancti, pro ea qua pollent fiducia, mundi intercessores existunt: nesciensque hostis, in eorum quae habebat proposita, contraria incidit. Quos enim Martyrio perfunctos occidit, tot hominum adjutores fecit. Videsque, in omnibus quae designavit, hoc ipsum passum esse. Unde putat pietati se impedimentum allaturum, inde augmentum pietati accifert. Dei namque sapientia, studio illi ac insano consilia in contrarium vertit: idque ita, cujusque temporis res gestas recolentes, habere invenimus, puta, Mosis expositionem, venditionem Joseph. Statim in principio secundum hominem Abelem occidit, quo piorum excinderet semen: secus autem evadit. Ab eo enim tempore, quo Deus maledixit Cain, gravi homicidae odio habentur. Sic in Christo, quem Satanas cruci affigendum in Judaeorum animos immisit. Hoc utique ipsum illi in Martyribus accidit, quorum plures subterraneas memorias spernunt, eorum elevantes ac vilipendentes dignitatem. Nonne, inquiunt, ille homo est? Nonne corpus absumptum est? Nonne eorum memoria in pauculis reliquiis, iisque sepulcris posita est? Haec plane Gentiles objiciunt, ac Eunomiani: nos vero ad utrosque dicemus.

Martyrum pretiosa victoria.

Martyrum mors in utilitatem.

Nos minime gentium adoramus Martyres, sed tanquam veris Dei adoratoribus habemus honorem. Non colimus homines; sed eos admiramur, qui tempore persecutionum in Deo praeclare cultum absumpti sunt. In loculis ac sepulcris pulcre elaboratis deponimus, structisque magnificas eorum requietionis custamus domos, ut eorum qui praeclare vita functi sunt, honorem aemulemur. Nec vero mercede vacuam in eos exhibemus studium, sed eorum apud Deum patrocinio fruimur. Quin enim non valent nostrae preces Deum inflectere, ac impetrare necessitatis tempore, ac molestia calamitate. Quippe cum nostra oratio, non obsecratio sit, sed delictorum commemoratio: idcirco ad conservos confugimus Domino charissimos, ut pro

Martyres a Gentilibus & Eunomianis contempti. [illegible]

quibus

quibus egregie ac ex virtute egerunt, nostris illis delictis medeantur. Quodnam ergo illud crimen, ut Martyribus honorem habemus, ipsi quoque placere Deo studeamus? Quod, inquam, crimen, ut ad patronos confugiamus? Sed & tua deinceps exquiramus, num qui accusas, ipse sis ab omni mundus crimine. Qua id vero ratione? cum sexcentos mortuos homines, non honore prosequaris, sed ut Deos adores?

Nonne tu Cererem ac Proserpinam, pro tua amentia, deorum honore auxisti? duoque muliebria templa extruxisti, ac honoras victimis feminas, varioque omni cultus genere adoras? Nonne tuæ religionis velut caput ac summa, mysteria sunt illa Eleusina? ac populus Atticæ, Hellasque universa, celebrandæ causa vanitatis pariter concurrit? Nonne illic obscurus ille descensus, ac inhonesta illa sacerdotis ac vatis, cum fœmina sacerdote colloquia? solius cum sola? Nonne extinguuntur faces, plurimusque ac innumerabilis populus, suam ipsorum salutem arbitrantur, quæ sic in tenebris ab ambobus fiunt? Nonne tu Dionysium Thebanum ut Deum adoras? Etenim patriam dico, quo hominem noveris: nempe vinitorem virum, ac vino deditum: ebriosum comessatorem: qui populum turpiter lascivientem agmine traheret: ea facientem, quæ luxuriosos ganeones notent: pocula vero miscentem cum Sileno sene, ac cum Satyris in tripodia effusis, epulis ac mero indulgentem: virum denique, vini ac crapulæ mundo fabulam. Nonne tu Herculi exitiosi viro, tanquam Deus esset, victimas offers, robusto homini potentique ac forte adepto corpus: adorasque, quod sæpius stremue egerit, ac ferarum domitor fuerit? Quid vero rursus Æsculapium illum, magnum orbis parentem in ferula ac ferrea pixide vagatum, nonne colis ac admiraris? Nec sane hoc te iverre inficias iveris. Quippe orbe toto curantia templa, Æsculapio, inquam, Herculi ac Dionysio sacra, tuæ illius vanitatis argumenta existunt: sicque ego quidem ac crimine liber ac absolutus abibo. Non enim adoro Martyres, nec Deos reputo: te vero liquet teneri criminibus, idque cum eorum alios reos agas: in eorum morem, qui mala agunt conscientia, priores ipsi innoxios in crimen vocant. Quippe probatum est, homines te adorare, non deos. Pauca hæc e multis adversus Gentilem.

Novæ autem factionis Judæi? quid mirum ut Martyres inhonoretis, qui Christum spreveritis, vestrisque ipsorum sermonibus ab æqualitate Patris separatis; quique loca, quibus requieverint sacra corpora, velut profana ac immunda caveatis? Enimvero, qui non cogitatis quod operæ pretium est, timere Christiani appellationem, qui cum Gentilibus Martyres odio habeatis. An nescitis Christum principem esse Martyrum, qui primus passus sit, ac servis æmulationem dimiserit? Post eum Stephanus pro nominis illis ratione Deo consentaneæ ac religiosæ claruerit pugil. Tum Discipuli omnes ac Apostoli. Vide autem una injuria, quam multos probos afficias: Joannem Baptistam; Jacobum illum Domini fratrem appellatum, Petrum, Paulum, Thomam. Hos nomino tanquam Martyrum duces. Ad hæc immensam eorum multitudinem, qui vitæ causa morte defuncti sunt. Parumne tibi ut hos offendas? Levene periculum ut eorum hostis habearis? Horum quilibet diabolum vicit, una cum dæmonum malo sodalitio; fuitque adscriptus Angelorum collegio, ac tanquam probatus pugil publico præconio celebrandus in resurrectione servatur. Astabit enim & ipse, Deo ac Salvatore nostro apparente, eique aperiet in fiducia, Angelorum lætus spectaculo, Dei se gloria beatum prædicans & verberibus, vinculis, tormentis, morte usus; quod immortalis ei vita accesserit.

Verum scio, quid hæc audiens sentias, ac dicas, Sum & ipse rationis expers. Modo vivam e virtutis ratione, nihil deterior, aut minori honore futurus sum, ab iis quos nunc admiramur. Plane vero: sunt hæc animi arrogantis verba; ejus qui seipsum justificat more jactabundi illius Pharisæi, atque ab omni humilitatis sensu aliena. Palam vero liquet, nisi quis prius se ipse humiliaverit, non provehendum ad id, quod est altum ac sublime: Dominica namque sententia est. Quin ut aliquis talem te futurum certo spondeat, ergo ne nolis, obsecro te, iis habere reverentiam, qui tibi pietatis viam initiaverunt, qui bonorum fuerunt duces, qui virtutis doctores, qui ad tolerantiam, ac mortis contemptum erudierunt? Disce a sæculi hujus ac Mundi discipulis probos ac gratos mores, ut cum magistri similes evadant, nec eis quicquam de artis peritia desit, magistrorum tamen osculentur pectora, reverentur, laudibus celebrent: eis concedant primas, colant ut patres. Multa Sancti valent, tametsi vita functi; cumque migrarint e sæculo, beneficia tamen impertiunt homines: ac quidem Elisæus fidem abunde dictis astruit, qui nimirum, cum diu ante a sæculo migrasset, ac mortis somnum accepisset, immortalem tamen ac indivulsam Dei gratiam acceperit, tumulo assidentem, ac mortui ossibus hærentem. Nosti, quisquis es, studiosus Scripturarum discipulus, ut cum mortuus aliquis necessariorum cura funere efferretur, supervenientibus repente latrunculis sive hostibus; uti facile in angustiis ejusmodi ac turbatione accidit, inter beati Prophetæ sepulcrum projectus, coelestem receperit animum, atque ad vitam redierit? Quid ergo dicturi sumus pro eo, quod fuit gestum? Ergone sensum habuit vir justus eorum quæ gerebantur? Precesne emisit, velut pro filio Sunamitidis? Verum nihil ejusmodi rerum nobis veritas cogitandum ingerit. Nam vir justus a multis jam annis tumulo patebat, corpusque in cognatum pulverem, ac sui generis cinerem, fuerat resolutum. Liquet autem, Deum, qui addictum ipsi hominem post etiam mortem semper clarificat, mirabilia hæc ad sepulcra eorum, ac loca quibus quiescunt, operari miracula: quo possent perpetua serie pignus habentes præclaræ conversationis, vitæ cursum consummare. Eodem modo Elias hujusce præceptor Prophetæ, post equos flammeos ac igneum currum, in alia agens vita, ac ab hominis ad locum migrans, quem est consecutus, amplissimum suæ virtutis meliorem reliquit symbolum. Tametsi, quanti illa pretii videbitur?

Luc. 18. v. 11.

4. Reg. 13. v. 21.

4. Reg. 4. v. 34.

Ni-

Nihil quippe aliud erat quam pellis mortua, usu jam ac vetustate inutilis. Hanc nihilominus ipse reformidabat Jordanis, mediaque scindebatur aqua, ac diremta stabat, qua olim ratione sub Jesu, qui Israeli ferens fuit. Aderat autem, cum etiam abesset Thesbites ille, ac Philosophi indumentum, discipulum demulcebat, præstante Dei clementia, ut is tuto flumen transiret, Sanctorumque indumentis honorem habentes, tanquam animata essent. Atque ut perspicue palam esset, miraculum illud in flumine, non pertinentis merito patratum esse, sed ejus honoris causa, qui excessisset, ac fuisset assumptus: Elisæo aquam percutiente, fluebat illa nihilominus more solito, cum nihil ei novi accidisset. At ubi ille insuper contra clamasset: Ubi est Deus Eliæ? Clamorque iterum aquas attigisset, mox flumen diviso flumine, viam aridam ostendit, Propheta que pede ad ripam alteram pervenit.

Joseph autem, non tam peculiari affectu parentem defunctum amans, quam gentis Patriarcham, ac generis caput honorans, cum ex Ægypto reliquias celebri adeo cultu reduxit, ut Moyses cum Mundi creati historia reliqua, hanc quoque narrationem Mundo tradendam, ac literarum monumentis consignandam putaverit. Rursum vero Pharao ipsa vigilia, ut ita quis dicat, sublatum ab oculis, Israele proficiscente, Josephum amisit. Porro ubique corpus comes populo aderat, multaque cum eo quid bonum ac pretium ducebatur, atque ut tota fecerattorum trium millium ac quingentorum multitudinis virorum, a malis defenso ac tuito, eaque reverentia eorum prosequebantur, qua Ṡanctam arcam portantem Dei legem. Quocirca etiam David quodam loco Deum obsecrans propitium fore populo ac placabilem, innumerabilibusque supplicationibus obnixum, ut jugem maximoque succedentem calamitatem plagas faceret; facile rursum providentia Hierusalem gubernaret, ac qua olim gubernata esset, ita ait: Qui regis Israel, intende: qui deducis velut ovem Joseph, Deum enim flectere nititur charissimorum ac amicorum nomine in medium adducens, solemnemque admodum supplicationem ediit, amplæ sortis multitudinis, sanctorum Patrum appellationibus veluti etiam ac obtegens.

Eundem quoque nobis sensum suggerit, qui de Sodomitis extat sermo Abrahami: namque pro Sodomitis deprecans, quo Deus tempore illis iniussus, quam prædixisset, intulit pœnam, justorum ille contemplatione populum universum salvum fieri rogabat. Incipiens enim a quinquaginta in decem desiit, Deo statim annuente supplicanti, veluti statera quadam ac bilanci libra, innumerabili peccatorum turbæ, Justorum decem contra ponderet. Atque ut amplius declararetur, vel unum justum rem esse pretiosam, ac Deo charam, cum dena quidem multitudo desiderata esset, tantusque ille peccatorum populus, ne paucos quidem ejusmodi Justos habere deprehensus fuisset: essent vero scelesti audacia detenti primus, Lot tamen violenter trahitur a locis maledicto addictis, ac cum tota familia salvus efficitur, accepta a Deo in justitiæ præmium universa domestica.

Magna ergo res vir justus, qui se ipse primum juvet, tum universæ deinceps genti existat amplissimus thesaurus: adspectu quidem ignotus, quisque nihilominus semper adsit, ac alios ipsis erudiat rebus: olim mortuus, rerumque præclare gestarum celebritate vivus. Filiorum bona hæreditas, ac inviolabilis: quam non absumat tempus, nec fur auferre possit: quippe quæ incorporea, ac nulli concreta materiæ sit, in incorporeis vigens animabus. Vides, ut & gloriosi inclytique Israelitæ, quanquam omnibus spoliati, ipsoque amisso solo patrio, haud tamen clarum illum a Dei amante nomine Patriarchæ appellationem amiserint; quin etiam Barbaris mancipati, justitiæ patrum merito libertatem adepti sunt: atque in deserto agentes, ob parentum clara facinora, cibi donati: cumque continue peccarent, ac sæpius in blasphemias ora solverent, eoque digni judicati qui exterminio perirentur, Abrahæ tamen causa indulgentiam meruerunt, ac propter Israelem constructi sunt veniam: duro corde filii parentum merito salute donati.

Scit vero quisquis studiosus est ac discendi cupidus, ut in primis cum Deus Moysem a gregibus ovium ad populorum vocaret præfecturam, hæc dicat statim ad servum suum: Ego sum Deus Patris tui, Deus Abraham, & Deus Isaac, & Deus Jacob: ac paulo ulterius producto sermone illa addit: Congrega seniores filiorum Israel, & dices ad eos: Dominus Deus Patrum vestrorum mihi apparuit: Deus Abraham, & Deus Isaac, & Deus Jacob: sicque Deus ipso statim initio, patrum justorum nomine velut nota quadam orporem insignit: qui bonum sciat ac utile, ut ab illis, ac rerum specimine cognoscantur. Verum processu temporis, cum populus in iniuriam prorupisset ejus, qui beneficio affecisset, ac Salvatoris contemptum, vitulique fabrica ac adoratione offendisset, ac adorasset inanimæ creaturam, anima omnis ac rationis sensum amittentem: cum nihil hic Moysi suppeteret, quo Dominum discipulis placaret, tandem pædagogus ad Patrum memoriam confugit, illisque sibi adjunctis, supplicationem promit. Sic enim ait: Esto placabilis super nequitia populi: memento Abraham, Isaac, & Jacob servorum tuorum, quibus, jurasti per temetipsum, multiplicaturum te semen eorum sicut stellas cœli. Erat grandis ira, furor inexpiabilis: ubi tamen sapiens ac industrius supplex Patrum personas adhibuisset, ac senum multas intercessiones ex memoria Deo objecisset, summæ illas pœnam extinxit, Patrum cœtu, infatientium filiorum vulnera curans.

Relicto Moysis libro, ad libros Regum transi. Etenim illic quoque filium videbis indulgentiam consecutum, eo quod proles est Patris Dei amantis ac pii. Is porro celeberrimus ille Salomon est. Cum enim ille processu temporis, ardore passionibus dominaretur; sed & illis servus effectus, ac vitæ neglecto honestissimæ studio evadens, paternam quoque pietatem ac religionem mutasset, legis offensione, idola fabricans, ait ad eum Deus: Scindens scindam regnum tuum, & dabo illud servo tuo: Verumtamen in diebus tuis non faciam

hoc

Gen. 50. v. 24.

Exod. 13. v. 19.

Psal. 79. v. 2.

Exod. 3. v. 6.

Exod. 32. v. 13.

3. Reg. 11. v. 11.

Fac propter David patrem tuum: de manu filii tui accipiam illud. Hæc nos historia docet. Sed & Psalmorum canticum eodem sensu Ps. 36. v. 25. hæc habet: *Junior fui, etenim senui, & non vidi justum derelictum, nec semen ejus quærens panem.*

At, ut videtur, ubi semel anima contra veritatem audere præsumpserit, atque eo statu habet, ut vitæ locum novum aliquid moliri vesanæ existimet, nihil est, quod ad rectam ac ex ordine compositam viam convertat: quin frænum mordens, seu pullus quidam tractatu difficilis, in barathrum pronuit: fessore animo ac mente vehementiori in nequitiam agitatione superato: quod utique hos quoque Eunomianos factitare videas: sic enim lubentius appellantur, quam Christi homines, qui Deum blasphemant: Dei homines probro afficiunt: magisque loca aversentur, quibus Sancti requiescunt, quam sobrii homines altaria, profanaque ac polluta dæmonum sacris loca. Porro par erat, ut qui ejusmodi dementiæ student, quique temeritatem in omnem virtutis loco habent, vel saltem dæmonum reverentur voces, clara palam voce confitentium virtutem Martyrum ac quemque illorum velut præsentem, atque eos ab obsessis hominibus abigentem atque fugantem et nomine compellantium. Sive autem quis ea velit adversus immundos spiritus præclare pietatis athletarum exercitus, sive Angelos qui ad eorum, qui requie donati sunt, honorem, sacris eorum delubris assideant, nihil interest. Nam quicquid dicatur, ad eorum gloriam est, qui Christi causa morte sunt defuncti. Porro palam quotidie eluceret, alia aliaque ad diversa Martyrum beneficia, quibus male a Satana vexati liberentur. Qui enim nuper more canum latrabant, ac quondam inexplicabilibus tenebantur furoris nexis, nunc sobrii ac sani videntur, ipsisque rebus Martyrum intercessionis fiduciam atque vim testatam universis adspectantibus faciunt. Sicut autem Salvatoris nostri potentiæ indubitata argumenta in medio Hebræorum populo obambulabant, tum quos lepra mundasset, tum cæci quibus sanasset oculos, tum si quis paralyticus confirmata membrorum compage, nullo impedimento ambulabat: sic & modo, qui crucem crucifixi Salvatoris causa portaverunt, eius quam a Domino acceperunt, gratiæ perspicua documenta præbent, variis ac diversis modis conservorum morbos curantes. Ac quidem Paulus Petrusque; ille quidem cum ejecisset spiritum Pythonem, hic autem claudum illum in templi vestibulo jacentem erexisset; ejusmodi miraculorum potentia Hebræos Gentilesque ad obediendum Evangelio converterunt: at multum hæreticorum agmen, qui nostram hoc sæculum male turbant, ne a rerum quidem ac miraculorum præstantia Martyres reveretur: vocant vero eorum cœmeteria, nuda ac prophana voce [illegible] ad sepulcra communi; ipsaque vestibula tanquam polluta infectaque execrantur: nec meminerunt divini illius oraculi ore Ps. 115. v. 15. omnium celebrati: *Pretiosa in conspectu Domini mors Sanctorum ejus.* Itaque precemur Dominum, sed & Martyres obsecremus, ut a communi Domino impetrent, dari spiritum compunctionis iis qui hæretico errore agantur: & ut soluta omni dubitatione, tanquam medio pariete ac maceria, fraterna omnes unitate conveniamus, in Christo Jesu Domino nostro, quem decet gloria in sæcula. Amen.

BEATI ASTERII AMASEÆ

Episcopi enarratio in martyrium præclarissimæ Martyris Euphemiæ.

NUper, o viri! Demosthenem egregium illum Oratorem præ manibus habebam, eamque Demosthenis orationem, qua ille Æschinem acerbis exprobrationibus impetit. Diu autem producta lectione præque oculorum tenore, aliqua remissione ac ambulatione, quo fessum animum aliquantulum labore levarem, egebam. Egressus autem domo, postquam in foro aliquantulum cum amicis ambulassem, illinc me in Dei templum otio orationis recepi. Cum vero hoc quoque confecissem, unam quandam ex porticibus transiens, vidi in ea picturam quandam, cujus me species omnino cepit. Dixisses Euphranoris artificium esse, aut eorum alicuius, qui olim plurimum dignitatis picturæ conciliarunt, non aliter pingentes, quam si vivas in tabulis formas exhiberent. Adspectu vero, si volet: quippe etiam nunc per tempus enarrare licet, eamque picturam exponam. Neque enim nos multarum aliarum expertes pictoribus colores habemus.

Sacra quædam fœmina innocentiam Virgo, suam Deo castitatem dicavit: Euphemiam appellant. Cum autem quondam Tyranni pios homines ac Christianos persequerentur, illa admodum alacrin vitæ alteram sponte adiit. Cives autem ejusque sacri religiosi, pro qua ea mortem obiit, eo fortitudinis ac sanctitatis plenam religiosam admirationi habentes haud procul templo sepulcrum ædificantes ac posito loculo, honores et publicos adhibent, eorumque ejus anniversarium diem, communem ac totius Populi conventu latam facientes celebrantem. Sacri quidem sacramentorum Dei interpretes jugi sermone memoriam honorant, populosque convenientes, ut illa patientiæ certamina consummavit, omni studio informant: sed & pictor pietati & ipse studens, artis opera, historiam totam in linteo, quam licuit vera expressione designans, ibidem juxta sepulchrum sacrum ad spectaculum appendit tabellam. Sic autem habet ars hoc præclarum opus.

Sedet Judex throno sublimis, acerbo ac truci vultu contuens Virginem. Ars quippe in inanimi quoque materia irascitur, cum libet. Porro adsunt magistratus satellites, ac milites non pauci, ac quidem commentarienses, tabulas ferunt ac stylos; quorum alter manum e cera educens, intente adspicit in adstantem judicio Virginem, totam deflectens faciem, tanquam jubens loqui clarius, ne se difficile audiens, mendosa scribat, ac digna reprehensione. Adstat autem Virgo pulla veste, ac pallio philosophiam professa, ut quidem putavit pictor, ipso quoque vultu lepida: ut autem ipse existimo, exornata omnino virtutibus animo. Ducunt autem ad præsidem duo milites: alter quidem ante trahens, alter vero a tergo urgens. Porro

Vir-

Virginis habitus pudore ac constantia mixtus enituit. Inclinat quidem, ac terram oculos dimittit tanquam virorum erubescens obtutus: stat vero impertenita, nihil ex certamine timidum patiens. Quamobrem cum alios hactenus pictores, Colchicae illius mulieris fabulam continuas laudarem: ut gladium filiis adductura, misericordia ac ira diversos trahitur, ac alter quidem oculus iram ostenderet, alter matrem parcentem ac luctum horrentem, designaret: nunc plane ab ea cogitatione ad hanc picturam admirationem converti, mirumque in modum opificem admiror, et sanctius rectius quam colores miscuit, pudorem simul ac fortitudinem, affectiones utique per naturam contrarias, praeclare temperavit.

Ulterius autem procedente historia, carnifices quidam in levibus nudi tunicis, operi jam insistunt: ac alter quidem apprehendens caput, ac retro inflectens, alteri os Virginis praebebat expeditum ad poenam: alter autem adstans, dentes excutiebat. Porro supplicii organa, malleus videtur, & terebra. Caeterum resolvor deinceps in lachrymas, mihique affectio intercipit sermonem. Sic enim perspicue guttas sanguinis adpinxit penicillum, ut vere dicas a labiis fluere, ac lacrymosus discedas. Iterum carcer, iterum casta Virgo in pullis vestibus sedens sola, manus ambas extendit in caelum, Deumque in malis adjutorem invocat. Porro oranti illi apparet super ejus caput, signum illud quod Christiani adorare ac appingere solemne habent; puto quae apparentis passionis symbolum. Mox ergo, ac post modicum, ignem validum loco alio accendit pictor, hinc inde rutilanti rubrica condensans flammam. Statuit vero Virginem mediam, expansis quidem manibus in caelum, nullam tamen vultu praeferentem tristitiam; sed magis gaudentem, qui ad incorpoream ac beatam commigrantem vitam. Hactenus cum pictor manum tenuit, tum ego, sermonem ac linguam. Caeterum tempus tibi est, ut & ipsam si velis, picturam absolvas: quo plane perspicias, num longe impares enarrando fuerimus.

EXCERPTA PHOTIANA.

Asterii Amaseae Episcopi Sermo hortatorius ad Poenitentiam.

Lectum est ex B. Asterii Episcopi Amaseae sermone hortatorio ad poenitentiam.

LUcas itaque, animorum magis quam corporum medicus, ipsum Deum nostrum ac Salvatorem, cum perditis ac projectae mentis hominibus scribit lenem versatum ac facilem: non ut eorum vitii ac malitiae alimentum aliquod, sed ut suam eis salutem impertiret. Etenim Sol, quo a creato Creatoris providentiae specimen habemus, non patentes modo campos illustrat, verum etiam concavas partes ac cavernosas. Qui spem semel curationis abjecit, totum se morbo mancipat. Sic qui vitiorum ac affectionum victores evaserunt, ac vere super serpentes, ac scorpiones ambulant; nec illos decet ad suam fortitudinem, aliorum aestimare vitam: sed Deo quidem, cujus beneficio victoriam gesserunt, gratias agere; imbecillioribus autem non insultare, sed lapsis manum dextram porrigere. Aemulamini clementiam Christi: jam enim se per hominem hominibus ostensurus, Joannem praemisit poenitentiae sacrum praeconem. Interroga Petrum, ut pristinae mendacii sui, cumque in Satanam redierit, sed Apostoli honorem retinuerit. Equidem arbitror, Judam quoque proditorem illum, nisi statim sibi carnifex factus sibi injecisset manus, sed ad genua accidens misericordiam deprecatus esset, orbi illam universo supellectilem consecuturum fuisse. Hujus autem argumento sunt, qui e crucifigentibus ad poenitentiam recepti, primitiarum Gloriam adepti sunt. Ligabat quondam Christianos Paulus; posteamodum autem catenas ipse pro Christo portans, crimina diluebat. Lapidavit Stephanum, sed lapidatus peccatum expiavit. Haec noverat Moyses, homo enim fuit, noverat atque naturam, vitulum fieri pro sacerdote praecepit: plane tanquam eo qui peccati reus esset, ac opus expiatione haberet. Quod autem id temporis erat carnalis vitulus, hoc modo poenitentia incorporea, ac incruenta oratio est. In tantum autem decet Sacerdotem studere clementiae, ut etsi Dominus quondam excidi jusserit, eam infrugiferam arborem, ipse tamen favorem misericordiae deposcens, veniam ac temporis remissionem deposcat. Hanc enim similis ficus intellectum exhibet, qui in Evangelio sermo scriptus est. Attende mulierem peccatricem; non ei convivarum numerus pudorem injecit; haudquaquam epularum tempus tanquam inopportunum confessioni excepit: sed grandi luctu affecta, ac momento quidem medicum peccatorum demonstrandum putavit. Quin ne in conspectum quidem veniens, supplicavit: sed retro se habitu indigentem prodidit, retro accedens, ac pedes perfundens, solutisque crinibus, ac universis quae agebat, lugentem prodens animum, atque lacrymis irrigans Salvatoris pedes; condolentia multa misericordiam petebat.

Ejusdem Asterii Episcopi Amaseae, ex sermone in Stephanum Protomartyrum.

STetit vero solus, populo in eodem bilioso ac homicida, circumquaque vallatus. Nemo autem per id tempus aderat: non amicus, non familiaris ac domesticus, non cognatus. Quaedam enim haec in periculo constitutis consolatio est, ut quem e notis adesse videant. Orationi, pro iis quoque qui lapidarent, adjunxit preces. Quippe ii, vel nolentes, viro beneficium praestabant. Preces vero sic sese, quo tendunt? Non prius, ut inimici immunes sint a peccato, nulloque ii contrario teneantur: hoc enim palam divinae adversatur dispositioni ac legi, quae homicidis poenam praescripsit. Sed quid, obsecro, dicit: *Ne statuas illis hoc peccatum*; hoc est da, ut timore compungantur: inclina illorum mentem ad rerum poenitentiam, quae nunc perpetrant. Porro Paulus sacrificantium vestimenta servans carnifici populi ministrum agebat. Cum autem propter alia, tum propter Sabellium illum Afrum, qui ab Ecclesia damnatus praemoritur Deus, se quidem in pro-

propria ac perfecta gloria ostendit. Sed & Filium in perfecta ostendit persona. Constituit autem a dextris, ut personarum distinctione subsistentias declaret. Sed & Spiritus Sanctus simul junctus est: nam ante dixerat: *Et non poterant resistere sapientiæ & Spiritui qui loquebatur*. Vide igitur, ut Scriptura Sancti quoque Spiritus nobis distincte personam suggesserit. Quod si Spiritus priori loco scriptus est, ac tum Pater, Filiusque, nihil ea ordinis mutatio nocet fidei. Sic enim moris est Scripturæ: aliquando enim solum Filium nominat: aliquando vero Spiritum cum Filio: alias incipit a Patre ac in Spiritum desinit: ac e contra, incipit quidem a Spiritu, procedit vero per Filium ad Patrem: quam præcipue dicendi rationem admirabilis Paulus habens custodit.

Luc. 10. v. 30.

Ejusdem in illud, Homo quidam descendebat ab Hierusalem in Jerico.

QUID ergo Christus ad legis peritum se tentantem dixit? *In lege quid scriptum est?* in memoriam redigens charitatem ad Deum & proximum, tantum non dicens. Quocirca ut tibi Deus videar, charitatem mihi debes: si non credas, neque purum hominem putes tui similem, sic quoque ex legis præcepto amare debes. Illos vocamus fratres, qui eodem editi sunt semine, ac eodem utero geniti. Qui vero eundem habemus Creatorem, ac eandem matrem terram, ex qua conditi sumus; eandem quoque dignitatem animæ, easdem pietatis ac civilitatis leges, eandemque spem futuræ vitæ, quomodo non fraterna omni ac cognatorum necessitudine, invicem propinquiores sumus devinctioresque? Cum vides hominem, teipsum in ipso vides. Cum ergo etiam ejus contuemur mala, famem, sitim, nuditatem, necessitates alias, morbos aliasque afflictiones, ceu mala propria ac calamitates miserari oportet, ac iis affici. Multos novimus qui verbis se pericula adituros profitentur; quique nihilominus in rerum periculo, benevolentiam mentiti sint. Sane quidem Salvator sic suam dilexit opem, non ut seipsum, sed plusquam seipsum: nobis vero, non tanta dilectio imponitur: sed ut quisque proximum diligat sicut seipsum: sublato quod exsuperantius est, ut ne gravius præceptum, impletuque difficilius tradere videretur.

Ut autem rerum ipsa exhibitione Dominus dilectionis legem clarius ostenderet, totum plenam misericordiæ, quæ utique per illud tempus accidisset, ob oculos posuit: legislatorem docens, nostrum esse proximum esse, qui mortalem hanc ac miseriis obnoxiam gestans carnem, ope ac misericordia indiget. Res sic habet. Viator quidam descendebat ab Hierusalem in Jericho: cumque latrones invasissent, ablata sunt ei quæ ferebat, eique nudatus ipsis etiam indumentis: ac demum acceptis a latronibus plagis pene moribundus, in via publica nudus jacens animam agebat. Miserabile plane spectaculum oculis misericordia præditis, ac vel scientibus misericordiam.

Dominus cum Judæis loquens, docensque tanquam dementes, ac frustra in hac lacrymarum valle versantes, ita ait: *Vos deorsum estis:* *ego de supernis sum*: ex iis tantum nominibus *sursum ac deorsum*, discernens atque distinguens bonum ac malum. Sic nunc quoque cum ait, *descendebat*, eodem sensu dixit. Fuit is porro Adam, qui a beata illa ac superna vitæ consuetudine, in barathrum, ac humi depressam atque afflictam vitam devolutus est.

Joan. 8.

Quis est Sacerdos? quis Levita? Plane mystico intellectu Moyses ac Joannes, ambo in parabola obscure denotati, ac quos plerique ignorant. Hi enim offendentes hominem: hoc est, universum genus, pietate ac virtute nudum, atque ab hostibus vulneratum, inspexerunt quidem, sed sanare non potuerunt. Samaritanus vero veniens, probrosi nominis dehonestamento honorum thesaurum occultum ferens, medicinam adhibuit; nempe Salvator noster, infami appellatione Samaritani latitans, incomitque homini salutis fontem scaturiens. Appellat vero Scriptura Samaritanum, hic quoque Judæorum amentiam confundens, quod eum, qui affluentioribus supra Levitas ac Sacerdotes misericordiæ visceribus, saucium hominem sanat, per contumeliam ac irrisionem Samaritanum vocarint.

Quid autem sibi velit *jumentum*, cui Salvator agentem illum animam imponens, in diversorium duxit? Liquet plane, divini Verbi vehiculum, ac velut subjugale corpus esse nostro simile, quod gestavit: in quo, ac per quod omne subiens ac portans, ad sanitatis remedia ac Ecclesiam ducit. Quippe etiam ea perfecta est sanatio vulnerum, ac ab eis liberatio.

Luc. 18. v. 10.

Ejusdem in illud, Duo homines adscenderunt in templum, ut orarent.

SErmonem de oratione duabus parabolis complexus est: partim quidem docens constanter orare per Judicem ac Viduam: partim vero cum reverentia ac humilitate, per Pharisæum ac Publicanum.

Optimum est ut assidue cogitemus esse nos creaturas, ac animalia infirma: Creatorem vero Deum & optimum vitæ nostræ curatorem. Hoc vero ante omnia præstat oratio. Nemo enim quæ sunt conducibilia, petat, nisi prius certo persuasus Deum esse, qui preces exaudiat, quique ea, quæ petuntur, possit præbere.

Est autem oratio, vitæ nostræ auxilium, colloquium cum Deo, oblivio terrenorum, ascensus in cælum. Ac quidem recto corpore expansisque manibus orans, crucis passionem figura exprimit: sin autem quis revera orat, sitque qui orat Deo acceptus, nedum figura crucem repræsentat, verum etiam affectu. Tanquam enim cruci affixus, sic carnis omnem cupiditatem extinguit, opum omnium, gloriæque, ac cognatorum affectiones a memoria procul excutiens. Nihil autem perinde concupiscit ac amat, atque ut tempus ac otium nanciscatur, quo sententiæ aliquid occurrat. Ad hæc vero duo tanquam in scopum collineat, ut effugiat pœnam, vitaque cum excedat: nihilque præterea animo fixum habet, ac agitat, qui oratione crucifixus est. Quin & Ezechiam a portis inferi ipsa liberavit, ac prius Solem (quo ejus alia opera taceam) ferrum ostendit: servumque conservorum usibus mancipatum.

4 Reg. 20. v. 5.

Ant-

Accidit et quis bonum per naturam faciat: atque non lucretur bene, laborem ac operam perdat: velut Pharisæus fuit in oratione jactans: ac si quis alius eleemosynæ ostentator est, ac his similis. Levius peccasset Pharisæus, ut Publicanum a convicio liberum reliquisset. Nunc uno verbo, contra partem absentem insurgit, eosque qui aderant, volebat vellicat. Quare Pharisæus a gloria in ignominiæ barathrum corruit: Publicanus vero e vitæ probro, ad felicem beatamque statum mutatur: atque ille quidem magno intervallo a Dei amicitia recessit: hic autem in fiduciæ locum subductus est.

Ejusdem, in Zacchæum.

Hiericho urbs erat Chananæorum metropolis, quam olim Jesus Nave expugnatam internecione delevit, quamque modo verus ille Jesus curatum venire dignatus est. Cæcum quidem, lumen recepit: populus vero ad fidem adductus est: lingua cæci Jesum celebrabat: cæcique oculos, ad oculum lumen donantem, mirabili ac salutis claro ac ipsam miraculorum, habebat: qua plane non verbis, sed rebus veritatem discipulos docuerat.

Unum quidem vitium, quod malum est ac disparem odio: at Publicanus cupertumis occultas. Nullum enim speciæ aliquæ bonorum peccandi prætextum habet. In aliis quidem invenitur mali quædam necessitas ac radix, unde indicatur iniquitas; at Publicanus fera est; pestis vero regias obsidens, nihil ad prætextum habens. Morbo hoc Zacchæus ægrotabat, priusquam ad Jesum accederet; qui tantum oculorum cæci Hiericho ægrotior erat: siquidem hic corpore, ille animo læsus erat.

Ne aliis tribuas alium: sed injuriam passo propria restitue. *Et si quidem aliquem defraudavi, reddo quadruplum*, inquit, non alio. Nec enim hæc rationem habet, quæ Deo acceptum est: sed iis ipsis quos fraudavi.

Hodie salus huic domui facta est, eo quod & ipse filius sit Abrahæ. Quomodo ergo ex Abraham ille qui ex Hiericho est Chananæorum urbe? Quid commune Abrahæ, quod spectat ad genus, cum Chananæis? Plane ligam tamen non erat carne filius Abrahæ; moribus tamen ac operibus, fenol atque ad Christum accessit, ingenuum magis ac legitimum filium esse atque agnitum, quam qui ex Patriarchæ visceribus nati erant. Sic S. Apostolus Elymam vocavit *filium diaboli*: Dominus quoque in hæc verba ad Judæos: *Vos ex patre diabolo estis*. Ita ergo & Zacchæus cum fidem Abrahæ imitatus esset: (Quemadmodum enim vocatus ille, patriam reliquit, sic ille telonium dimisit, ac patris divitias ex telonii lucris). Idcirco etiam Christus veritas ipsa merito eum filium Abrahæ prædicavit.

Ejusdem, in duos filios quos Lucas commemoravit.

Parabola quidem, Deum ac rerum hujus diversarum factorem, Patrem vocat: filios vero majorem natu, minorem, homines duos: alterum quidem, constantem in concordia gratia ac hæreditate ipsum contingentem, quique nunquam ab Ecclesia rebellis recesserit, aut incontaminatorum mysteriorum communionem, per vitæ luxuriam respuerit: alterum qui adversus prælata omnia petulantius egerit, atque ideo a vero patre recesserit, concessaque ab eo naturæ, pro more puerorum ac luxuriosorum, dissiparit ac obliguriarit. Pars ergo illa substantiæ, quæ contingit, quam junior filius a patre petiit, bipertita est, ac perceptio æterna corporis. Ecenim multi etiam naturam hæc percepit, & accipiunt: cæterum qui simul eandem sunt præditi, si quoque donum hoc omni diligentia collædunt. Sane vero quod contingit, æquis partibus multis distributum: sed accipientium pro cujusque studio diversitas, major illud, aut minus lucis; aut etiam omnino hebetatur ac male consumitur, uti in prodigo accidit. Hæc itaque contingens portio est, quam parabola innuit. *In longinquam vero regionem profectus*, est a Dei donis & præceptis longe discedere.

Adam quoque substantiam dissipavit, patrimonioque omni copioso illo patrimonio amisso, expulsus est e regione bonorum affatim copia affluente. Grave plane juniori filio a patre dissidere. Quippe paternis oculis, prodigam dilapidationem, ac luxuriam, colloquiaque morum corrumpentia, longius prolixius fugitque. Cum autem juvenis sui sit juris, ac neque timor alius adest, nec pudor, qui duo fortes lasciviente juventutis calcaria existunt; tunc plane, cuncta fugiunt omnia, ac sua denique vertuntur. Hujus porro regionis longius a Deo semotæ civis diabolus est. Peccati siquidem civitas, primum civem ac principem auctoremque, Diabolum habet; qui omnem undequaque luxuriosos ac prodigos urget, faciatque concives, atque in vergem, & quos penitus decepit, affatim mittat. Eminus ille, gregem agit porcorum more vivendum: nec ovium rationalium creaturæ miseri pastor quemadmodum Dominus, qui *animam suam ponit pro ovibus suis*. Principis ergo porcarius, miserum juvenem mittit ad pascendum porcos; quique olim lubia agebat, porcorum contumeliosis affectum, siliquis concedebat. Tale quid enim est peccatum: ad modicum dulce, nihil tamen quod alendo, aut utile sit futurum. *In se autem reversus*. Nec enim sui compos fuerat, vitiosis affectionibus traductus ac vexandatus, menteque alienata. Porro se prodigus a conversione ac pœnitentia, mercenarium appellat, ac sibi sublimiter omnia afflictis nominat; ut nos Evangelium doceat, qua ratione pœnitentes humiliari oporteat, atque verbis, corde compungi. Docet autem parabola, pœnitenti ut et qui a peccato Deum placare studet, ne in cælum quidem intendendos oculos: quin potius vultu ad pudorem composito, debere suam mœstitiam, ac miniculatam conscientiam indicare.

Vide autem ut Dei bonitatem describat. Veniorem enim prodigum nedum repellit, aut despicit, quin etiam obviam procedit: idque currens, ut celerius errantem recipiat, collaque circumfusis amplectitur ac stringit, affundique lacrymas, ac exosculatur, reconciliationis sym-

bo-

bolum praebens, ac pigrum vitiis, ex falcis oblivionis quae ei olim commiserat. Sit vero prima sola, non ipsum Baptisma (nec enim fieri potest ut secundum quis Baptisma suscipiat) sed gratia, quam quisque fidelis per baptismum a principio reddat. Lavacri enim Lavacri renovationis, nobis a Deo concessa est, quam poenitentia regenerationem facit: quae nimirum sordes nostras lacrymis eluens, rursum mundos ac puros reddit. Datur Prodigo post stolam etiam annulus symbolum spiritalis signaculi Spiritus. Ut enim in Baptismi renovatione, cum data est, tum signaculum doni Spiritus Gratiae: ita etiam in regeneratione quae Poenitentia fit. Denique assumptae & calcei, quo serpentis caput cum fiducia ac tuto calcare possis. Te enim inquit, observabis caput ejus: & ille observabis calcaneum tuum. Ad utrumque igitur calceamenta conducunt, cum ad conculcandum serpentis caput, tum ut per laesionem injuriam effugiat. Ne pater benignitatem moleste habeat, quod in filium a miseria, amore propensior sit. Qui misericors est, non rigide judicat, sed clementer indulget: idque maxime si pater existit, cujus viscera, tanquam vi quadam, ad misericordiam affectus trahunt.

Ejusdem in servum Centurionis, quem Dominus sanavit.

HACCE concione argumentum a servo capiens, in hortandis servis ac dominis praecipue desudat: priores quidem admonens, ut prompta obedientia sinceraque dominis serviant: posteriores vero, ut clementer ac benigne servos tanquam contribules, fratresque suos tractent. Idem enim utrisque lutum, eadem fictoris manus, naturae eadem opera ac passiones, eadem cernitur structurae corporis figura & forma: quocirca, tametsi nulla alia lex, vel divina, vel naturalis, cognatam misericordiam ac dilectionem exhibere compelleret, fraterno nihilominus paternoque ad eos amore habere se oporteret. Quin & medicos adhortatione ad clementiam ac humanitatem provocat.

Vidi, inquit, Scytham, ingressum nuper adolescentiam, qui Graecam citius linguam didicisset. Is cum eum postmodum dominus, qui emerat, studiis informandum liberalibus tradidisset, tantum in illis profecit, ut in plerisque praeclare eruditus evaserit, tumque apud Graecos, tum apud Romanos, illustris ac celebri fama eminuerit: quippe qui jurisprudentiam professus sit. Porro qui emerat dominus, Syrus erat, civis Antiochenus, ac pueros Grammaticam docebat. Quin etiam, hujus se servi Scythae discipulum fuisse, profitetur studiosus noster Asterius: ubi tamen aut quibus in disciplinis, non exprimit.

Tu etiam Moysem profugum, populorum ac Gentis constitutum principem: nec jam morte Noe, mundum aquis obrutum arcae vehiculo transmittentem: sed imperio secantem mare, eumque una pedibus ambulantem. Tum servus, Eliaeque ille discipulus Elisaeus, qui & Sunamitidi viventem reddidit filium; atque a morte, admotum reliquiis cadaver restituit vitae. Adhuc enim fidei gratia, tanquam odoratis pigmentariisque spiritibus perseverans, ipsum vel fidelis sepulchrum gloriosum praestabat.

Ejusdem, in ingressum Jejuniorum.

NEMO qui convivia sectatur, virtutis est discipulus. Una ebrietas, cum parentem honesto habitu, tum filium libertate privavit. A ventris cupiditate etiam Isaaci senior filius damnum accepit. Inhians enim, qua fame tenebatur, pulti, fratri quidem primogenita vendidit, paternamque postmodum benedictionem, illo fraudante, amisit.

Ne jejunium adulteraveris, ut ne tibi perinde atque cauponibus accidat. Cum enim illi, vino admiscentes aquam, puniantur: quomodo qui jejunii austeritati, ac subtiles quasdam voluptates adjungunt, poenam effugient? Fugiamus voluptariam vitam. Haud enim fieri potest eundem voluptati deditum, ac esse virum religiosum. Rex ille quondam Assyriorum, qui totus ventri vivebat, ac voluptariae vitae, sicut bos praesepi alligatus est. Tres autem pueri, cum vinum execrabantur propter libamina, tum carnes omnes, propter sacrificia; Deus tamen majorem eis supra hominum voluptati deditorum, pulchritudinem addidit: jejuniumque compertis loco erat.

Praebe aures arcanorum doctrinae, & oblivisce deliciarum, quemadmodum populus Christum sequens verbo docentem atque opere. Relinquens malignantium synagogam, ad Ecclesiam accede. Quod si adhuc Judaicis devinctus es, quid tibi aliud vult jejunium, quam ut Nili crocodilos imiteris, quos ajunt hominum, quos voraverunt, capitibus adjacere, ac coesorum reliquiis illabi lacrymas? non quia bellua sibi poeniteat: sed puto, quod illa carne careant, nec in cibos sint idonea.

Sacer quidem jejunium prudentiae est, ac sanae mentis, decentique ac modesti habitus magister exstitit: chorea vero dissolutam deliciis animum ostendit. Sed & cuique rei peculiares quaedam figurae sunt, quibus ex ipsis sensibus subjecta superficie invisibilis affectio animi ac status declaretur. Quia enim, qui legem accipit ad normam vitae, metumque componendam rationem, poenam quoque, ut praevaricationis reatum incurrat, timere debet: idcirco etiam Deus humanae vitae scripta praecepta hominibus promulgans, mox quoque tubae vocem adjecit, in signum futurae resurrectionis: quo nimirum, mandatorum, discipuli, per resurrectionem judicium praevidentes, divinae legis placita inviolata, nullaque transgressione servarent.

Ejusdem in Caecum a nativitate.

HACCE oculi descriptio, ac illa imagines, quae sanctae Euphemiae formam refert, multam affinitatem veluti characteris cultusque orationis habent: ut non alius atque alius, sed idem se ambarum descriptionum auctor. Liquido autem plane si hoc loco prodit, aequalem filium Patri honore, ac secundum naturam docens. Quamobrem Arianus non sit, qui

qui culto ac elegant sermone imaginem depinxit.

Cum Salvator sanandum Judæis veritatem, ad patris sinum non intellexerunt; qui præsens erat occultabatur; ac qui apparebat, non videbatur, ut eo miraculo, Judæis fateri compellerentur, ipsum quoque Deum esse, qui non videretur: nec aliam plane, quam qui Moysi loquebatur, nec videbatur, tamenti apparebat. Nam tunc quoque oculis parebant ignis ac rubus, ambo muta: nihilominusque audiebatur vox, sermoque docebat, ac certo, quod erat futurum, prænuntiabat.

Ejusdem, in Jairum, & Mulierem sanguinis profluvio laborantem.

HAUD facile, ut videtur, humanum genus ad veritatem inducitur, ac parum curat doctrinam sermonum. Idcirco etiam Salvator ad mortalem atque ac corruptibilem carnem se hominibus inclinans, cum Judæos surdis aures ad verba habentes videret, se ad res convertens, curationem curationi, ac miraculum addit miraculo, beneficiorumque periculo non credentes Deitati fidem certam adjungere contendit. Res porro male homini cesserat. Filia, eaque unica, domus firmamentum, familiæ heres, non nuptias efferenda erat, non thalamum tumulo inferenda. Mulier quædam interno vitio graviter infirma: quæque vitalem totam substantiam effunderet, ac cujus, tum corpus tabe consumptum esset, tum facultates in medicos exhaustæ: unam demum in angustiis spem reliquam videt, ut ad Domini pedes procideret. Dominus autem mutas audivit sermonis cogitationes; filiamque, sanitatem suavis, ubi illa fimbriam tetigisset. Ac illa quidem latam se donum putabat; ille autem haud quaquam gratiæ furtum passus est, & ut a nescio obtineretur. Ac quidem hæc non loquitur quam longe dit sanitatem; post tamen evidens, non quærens gloriam; abit. Ubi enim gloriæ appetitus miraculo perit? sed ut fidei feminæ fructus alteri universa ostendat: atque ut præmium alios ad Dei cognitionem converteret; aliorum vero sanationem, cum rebus, tum verbis publice notaret. Vidi, inquit, quæ me retro tetigit. Nec enim eum ducebat oculum habere, qui superioribus subjectus, obtegitur palpebris: quinimo etiam alium, qui totum simul ac mare intuetur, universamque creaturam. Porro autem mulier silentio accedit, ob reverentiam ac timorem, minime tamen latet: legit enim Deus, etiam nobis tacentibus, mentem cujusque nostrum; haud secus atque nos, cum percurrimus librum. Quemadmodum etiam tacente Mose lingua, cum cordis voluntas audiebatur. Siquidem beneficii collator beneficium tacuisset, nec ipsa forte quæ acceperat, quicquam inde commodi consecuta esset, id tanti muneris casui tribuens. Miraculum hoc aspexit hominum infinita multitudo: Spiritus vero Sanctus ante multas ætates per Malachiam vaticinatus est. Orietur, inquit, vobis, qui timetis nomen meum, Sol justitiæ; & sanitas in pennis ejus. Justitiæ quidem Solem appellans Dominum; pennas vero, vestimenti fimbriam.

Discamus saltem mulieris gratitudinem. Cum enim esset e civitate Paneade. E. (Est autem hoc oppidulum Palestinæ) æneam statuam Salvatori honoravit: haud indignum accepti beneficii munus hoc reponi arbitrata. Duravit autem statua ad annos plures, non plane mendaci argumento, qui Evangelistas in crearet fidi auferrocare. Nihilque obstiterant videbatur, ut ne ad usque nostra tempora statua sospes esset, ac miraculum utrumque ostenderet tum, inquam, divinum miraculum, tum gratam mentem mulieris beneficium consecutæ: nisi Maximus ille, qui ante Constantinum Romani Imperii sceptrum tenuit, homo idololatriæ deditus, impiusque Christo in statua invidens, æneam illam statuam ab oppido sustulisset: tamenti auferre non potuit rerum gestarum memoriam: nam nunc, statua quidem non apparet; Evangelium tamen ubique miraculum clamat atque prædicat, ac Hæmorrhoissa ab Oriente usque ad Occidentem celebratur. Quocirca ærarium liberavit, qui æramentum sanitatis sustulit. Statua enim tamenti erecta & conspecta, tacebat, hominibus miraculi monumentum: at fama cum sermone rem affirmans, urbes ac vicos quotidie percurrens, beneficii auctorem deprædicat.

S. P. NOSTRI NICEPHORI PATRIARCHÆ CONSTANTINOPOLITANI,

VINDICATIO TESTIMONII ASTERII,

Tractatu in Divitem & Lazarum, ex 2. ejus Antirrhetico.

SECUNDUM producunt Asterium Amaseæ Episcopum, in sermone qui ejus nomine prænotatur, in Divitem & Lazarum, in hæc verba dicentem: *Noli Christum pingere. Satis enim illi est una illa corporationis humilitas, quam sponte nostri causa suscepit. Quinimo Verbum, quod vetat corpus, spiritali ratione animo tuo gestans, circumfer.* Atque hæc quidem sola, quæ suo commodo fieri arbitrati sunt, ex tota subsequentem tractatione, proposuere; spretis reliquis, tanquam hæc quæ ipsi libitu essent, conferrent. Nos vero operæ pretium duximus, ut a principio sermonem referentes, ea suppleremus, quæ argumento desiderabantur: quo diligentius lectores Scriptoris mentem, ac quamobrem scripserit, facilius ac liquidius percipere possint. Ea porro se habent: *Sequitur Asterii integer locus, suo jam loco editus.*

[illegible]

Hic vero Asterius, quantum ex orationis ductu datur intelligi, non hoc principaliter videtur agere, ut prohibeat Christum pingi; at neque ut picturam adorandam neget. Id autem suis moralis hac doctrina, propositum habet, cum ut pauperum dispensationi ac curæ provideat, tum ut divitum circa munera luxuriantem, perstringat. Nam primum quidem, quam præferbis, religiosorum appellat: utrumque, religionis opus agnoscit: haud vero novi, ex religionis ergo, ac pietatis, quis ea prædictos jure vituperet? Tum vero appellat historiam Evangelicam, quam insilere ac carpere, quis non a Christianorum longe religione abhorreat? Ubi itaque prius hæc velut laudationis specie est [illegible], ad propositum revertitur. Quia ergo ad eos sermonem habebat, qui divitiis sæculi erant locupletes: qualium forte infinito quodam amore rebus sensui subjectis addictos videns, ipsisque adeo textoribus [illegible] [illegible], inque Phrygiorum illa arte laboratis pannis sericis ac Sybariticis vestibus male res consumentes suas: monet deinceps atque hortatur, ut superfluos ac ambitiosos sumptus ejusmodi pretiosarum jactantiæ vestium tolerent; nec indumentorum [illegible] possessionem, ac splendorem magni faciant, quorum gloria ac magnificentia, haud secus atque verni flores diffluit, ac cito marcescat: potius vero solliciti sint de animi pretiosiore substantia, eamque larga in fratres egenos erogatione comparare studeant: illisque sumptibus, plurimas, quibus abundant, divitias ac opes impendant. Ac vero ea sunt quæ [illegible] hujus ratio pollicetur. Sin autem qui diligentius attendat, Asterium illum lectum quodammodo, ac quam picturæ ipsum spectaculum delectet, inveniat: quam maxime *Evangelicam narrationem* appellat, ac percurrendo, res velut oculis subjicit: atque quam refert, religiosorum cognoscit: sed neque picta ac coloribus expressa illa, imagines nominat, sed absolute Dominum, maxime in mulieris prædicanti historia: discipulos quoque, ac quæ spectant ad Galilææ nuptias, personasque, ac gesta alia, quæ illic peracta sint propriis ipsis nominibus, nullaque paraphrasi. Siquidem ergo solum hic Christum pingi prohiberet, haberet fluxionem sermo aliquid ad veritatis speciem. Cum autem etiam Discipulos, Cæcumque, ac Paralyticum, ac quæcunque alia proposita, pingere prohibeat, dissuadeatque; quis non percipiat, vel si rudior sit ac imperitior, non hoc inde inferri, ut non omnino non sit pingendus Christus: utramque ejus admonitionis vim, in pauperum collineare curam: aliaque neque Cæcum pingendus sit, neque Paralyticum, neque mulierem, neve cophinos: sic autem, dicere liceat ejus ætatis homines, veneratione habuisse cophinos, ac res alias, atque picturas deos existimasse. Enimvero, id nemo sani capitis cogitaverit: nec nisi stultorum ac excors mentis hominum delirium sit.

[illegible]

Undique ergo liquido constat, non eo primario ac ex instituto tendere Asterii orationem, ut imagines sublatas velit: sed ut immodicam vestium superbiam ac mundum spernere doceat, pauperumque cura affici. Velut enim adversus eos, qui superfluo vestium luxu abutuntur, indignum ostenditur; quamobrem divites admonet, ut vestium quidem mollitiem ambitionem, ac divitiarum cupiditatem fallant: nec sinunt omne studium rebus materiæ coercitis, ac corporis addicant: quin potius, consolentur atque foveant, ejusdem imaginis unique, ac consortii secum participes, miserationis affectu ac beneficentia larga in eos bona conferentes. Hujusmodi porro doctrinæ genus, ordum ab Asterio; quin & jam ab omnibus divinæ sapientiæ præditis Ecclesiæ præsidibus, usurpatum perspicitur. Plane enim doctorum id curæ proprium, ac maxime ad solatium aliquod pauperum.

Illud autem absurdum, qua parte jubet Asterius, ut ne Christus pingatur, eum se palam prodere, qui sinat velimus pingi. Num enim unquam non sit comparatum pingi, nemo, hoc fecit? Nemo plane sani capitis, tanquam qui sit comparatum, eat inficias. Quis enim mentis compos prohibeat fieri, quod non sit comparatum? Puto, nemo alicui prohibeat ne volet. Quamobrem vero? Plane, quia non sit comparatum velle: bene autem jubeat quis non ambulare, non navigare, ac si quid tale naturæ insit: quod nisi qui jubetur, jam sit com-

comparatum. Usque igitur Christum convenit, qui pingi possit: atque adeo monebat, ut ne pingeretur, tanquam qui jam pictus, pingi conveniens esset. Propter vero praelatas rationes, non quia pingi non posset, prohibere volunt.

Quod si quis illa verba, *Satis illi est una illa corporationis humilitas*, tanquam rationem ac argumentum, ut Christus pingi nequeat, opponere in animum induxerit: convenit illis, ab eo prius humilitatis modo, talem nobis ostendi, qui pingi possit. Si enim, quod sublime ac divinum est, pingi nequit, atque delineari; tale profecto comprehendum sit, quod est humile atque humanum. Quod autem ab eo dicitur: *In animo tuo spirituali ratione gestans quod est incorporeum*: tanquam moraliter dictum est intelligendum; non velut habeat locum negationis. Ejusmodi enim ad hanc differentiam eleves, intelligere possumus. *Siquidem*, inquit, *ratione assumpti a Christo corporis, tantus labor ac cura pro vestium splendide culta consistit, cogita tu quandoque vivam incorpoream, sic tamen ut a corpore non evadat. Quippe etiam in te consistit incorporei ratio, quae pro ratione imaginis, Deum exprimit. Neque enim unum tua ac animus, corpus sunt, tametsi in corpore conjuncta sunt ac unita; quo jugi in memoria in anima feras, quae incorporea est, curamque ac animum colas, mandatisque rationum ac cogitationum mandatorum observatione, ac verum cura, qui paupertate attenuatur, nobisque similium hominum passibilibus morbis affectorum, tibique anim ac vita dirigatur, ac tuo confirmationi gressus illuminantur: aut vis, quae corporali visu careantur, itaque usum mundi corporalis videant, omnia largiaris: quorum gratia haec fieri credibles sunt; ac durorum verbis sermonem adhibere.*

Neque ergo incorporeum hoc loco accipi debet, ut illi explicantur: aliquid purum revera Manichaeus, Manichaeorum haeresis laborans, Asterius probaverit: quem adversarii ut magistrum impensius promptiusque sequuntur. Sane vero ex his omnibus perspicue ostendit, quid de Christi illa senserit incorporatione: ut nimirum, qua ratione Christus vacat corpore, ubique eum adesse sciens, corporaliter non ubique adesse sciat. Unde liquido magis apparet, existimare eum circumscriptum, ac qui pingi possit ac delineari, secundum id quod in eo corporaliter intelligitur: in quibus, cum vim sermonis, tum scriptoris propositum perspicere possumus, ut nimirum supra quam decori ratio exigebat, dissentendo processerit, ac consilium plenarum ungenerit, id prudenti agens consilio ac temperatione, ut eos, qui in vanum divitiarum impensiis converti essent, avocaret, ac plures lucri facerent. Inde vero, qui adulterant omnia, non posse Christum pingi, ac corporis expertem esse callide rapientes, iniquitatis suae malignum consilium assertum se putaverunt: quibus in hunc modum elucidatis, incassum insani homines de Asterio gloriantur. Sic vero haec probata habeant.

Caeterum his consequenter, Asterius iterum inducatur: Siquidem vero alius quis, ab eo qui in manibus versatur, solo fortasse Veritas noverit: non equidem ejus rei gratia nihil contradicturum. Quod si idem ipse est, jam inde sois ipsi oculis semianimis, ac vocis [illegible] telis, caeterisque machinationum, quas excogitarunt, profectus recipiunt. Nunc enim divites pauperesque atque pauperes amandant; eademque divitias ac paupertatem rationem, certum denique seculi felicitatem atque miseriam: tollunturque quasi el inde colores, ac ambiguitate undaque ac perspicua magis recta Ecclesiae revelata gloria prodeat. Laudet vero sacram illam Christi statuam; usque illa Evangelicae praedicationis patrona constiterit, ac telis, Deum verum nobis similem factum hominem, sincera veritate silentio prodens, ac ultro procurrens miraculorum praeco. Judaeorumque atque Graecorum infidelitatis atque impietatis, convincio: hactenusque maneret, figuram ac speciem retinens, divina illa imago, nisi impii quidam atque profani, Romani Imperii subinde moderatores atque praesides, cum odio in Christum, tum aemulatione in venerabilem ac sacram Christianorum religionem, sustulissent; est autem nobis incompertum, quid sit factum, sublata ita e medio. Idem vero ipse feminam celebret, quae posuisset statuam, idque rem valde admirans, ac suspiciens bonae indolis gratitudinem, ac quae illi beneficio reposuisset; gravissimi morbi, quo vexabatur, curatione exhibitum miraculum, monumento ac titulo publicans. Inseruntur autem oratio, sic ad verbum habens.

Deinceps vero dicitamus sanctae mulieris gratitudinem, animique ingenuitatem, quae tam munus suscepit. Cum enim esset Paneadis civis; quod est Palestinae oppidum: cum statua beneficium honoravit, congruens hoc beneficii accepti arbitrata praemium. Longoque temporis spatio firmata est statua, quae perspicue arguerentur, qui falso crimine Evangelistis inferre praesumerent. Hoc namque mereri est. Clamante sanitatis beneficium impressum: qui poterat curatio non cognosci! Nec quisquam vereatur, ut ne laudantes statuae suspect esset, ambaque illa ostenderat, tum Dei miraculum, tum mulieris beneficium affectu gratum animum; nisi Maximinus ille, qui paulo ante Constantinum Romani Imperii sceptra moderatus est, vir idololatra atque impius, ac Christo in imagine invidens, statuam amovit. Ipsum solum, ab [illegible] [illegible] sustulisset: non rerum gestarum memoriam. Et enim statua nusquam comparet: Evangelium vero ubique miraculum clamat atque praedicat: Memorabilesque historia, a Solis ortu ad occasum per orbem universum celebratur. Frustraque vir impius operam posuit solutabundo amoveo statuam. Nam statua quidem, cum etiam staret, ac esset conspicua, tacebat, quae nimirum mutum esset miraculorum monumentum. At fama una cum sermone assumens opus, urbes quotidie, oppidaque, beneficii auctorem praedicans, percurrit.

Hic se ergo Asterius perspicue ostendit, ut non prohibeat excitari Christi monumenta, nec la formam rem reprehendat; ac divitias ac [illegible] florarium opum, vestesque pretiosas accusat: quin potius efferat laudibus, quod ille gestum. Nam ferunt fuisse eum ex illustri familia, ejus civitatis divitibus, unde etiam, fecit una sta-

 tuam

tuam erexit ante sacram Imaginem, quo & curantis magnificam gloriam fidemque, ac probam gratamque curatæ affectionem publico monumento ostenderet. Quod si quando etiam sancte dementerque, de sacris sanctisque nobis Imaginibus Asterius disserit, velut ea sunt quæ in celeberrimam Euphemiam Martyrem exposuit, interim quid sic dicta dissonantur; brevi autem post, opportune, ac loco proprio afferuntur, quando etiam adversus imagines, Imaginibus infestissimi homines, bacchantium more contumeliam inferunt.

Ex Photii Amphilochianis dubiis; quot Asterii fuerint, ac quam illi opinionem habuerint.

PAriter quidem fuerunt Asterii duo: is nimirum qui Arianorum furoris fautor ac defensor fuit, ac qui piorum dogmatum extitit alumnus: qui & magni & Juliani discipulus, a puerili ætate in monasticæ vitæ palæstra sese exercuit: postea vero etiam religiosorum monasterio præfuit: cujus & discipulos, præter plures alios conspicuos viros, celeberrimus ille Acacius Berrheæ fuit. Porro Arianæ ille hæresis admirator, a puero ac adolescentia, Gentilium errore educatus, sophisticam coluit: deinceque simulato Christianismo, in Arianorum partem defecit: atque is quidem Antiochiæ primus dedit prolationis linguæ admirabilis Juliani precibus extinctus, alter vero virum sanctum ad justam vindictam provocavit. Alius ergo est orthodoxæ fidei alumnus, aliusque erroris præco. At neque is, qui Euphemiæ Martyris enarrationem composuit, commune aliquid habet cum impietatis vindice. Primum quidem, quod impius ille citius provectus evolverit. Nam qui præfatæ Imaginis enarrationem sermone prosecutus est, ut ipse in quibusdam orationum suarum locis dixerit, ad decrepitam senectutem pervenit. Item, alter quidem Arianorum furore plenus erat: hic vero in suis tractationibus, quæ sunt fidei Orthodoxæ, docet ac tradit: non autem quod Dei Filius ac Verbum ex nihilo sit, ut infamis ille blasphemusque Asterius: quin potius semper esse, ac semper Patri consedere, Deum eundem asserit. Tertio, Asterius ille hæreticus non solum Amasem, sed alterius cujusdam haud longe Antiochia Episcopatum impietatis mercede a sociis hæreticis accepit; unde etiam accursus Antiochiam impietatis solatio a suæ sectæ hominibus, admirabilis Juliani precibus, uti sermo præfati, mirabili cursu vitam finivit. Præterea alter quidem gregem docet, inque virtutibus studiose laborat, ac religiosæ cuivis conversationis ac vitæ domicilium præditur: quorum nihil deprehendas in altero.

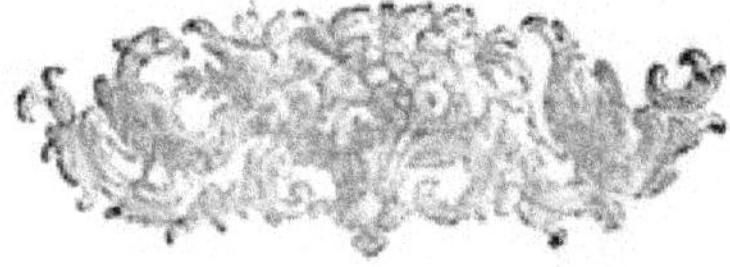

SAN-

SANCTI ASTERII
AMASEÆ EPISCOPI
LAUDATIO
S. PROTOMARTYRIS STEPHANI.

QUAM vere facer, præclarusque rerum nos exhilerantium circulus! Festus namque dies festum diem excipit: solemnem celebritatem solemnem occupat celebritatem. Porro vocamur ab aliis ad alia vota; Dominicique natalitii diem servi honor continuum premit. Porro autem sive quis in illius celebritatem conjecerit oculos, qui heri carne editus est, cum Deitatis ratione extiterit semper; sive etiam in martyrium illud, quod generosi præclaris famulus hodie pertulit; aequalia quidem, diversaque inveniet, omnia tamen eo tantum spectantia, ut & nos plenam dicamus. Heri sane recurrentem per anni circulum continenta ac quotannis nobis solita, festivitate, Salvatorem mundi natum esse didicimus; ac carnis expertem, carne amictum esse; incorporeumque induisse corpus: tum etiam nostri causa sustinuisse passiones, atque in ligno exaltatum esse; nulla alia de causa, quam ut nostræ saluti consuleret. Hodie vero servorum pugilem cernimus pro illo lapidibus obrutum: ut sanguine debitas pro sanguine gratias rependeret.

Stephanus itaque, sanctis hujus conventus conditor, ipse nos ad præsentis hujus lætitiæ convocavit commercia, allicitque: ipse civitatem, in unum velut conciliatam, universam congregavit, ac compulit: Vir, primitiæ Martyrum, laborum pro Christo initiator ac doctor, bonæ cruciatus confessionis, ac prima initia. Ante Stephanum quippe, nemo pro Evangelio sanguinem fuderat. Quemadmodum autem fratricida ille Cain, ut Moyses docet historia, fraternam perpetravit cædem: fraterna enim a natura amicitiæ loco, contentionem, dirumque simulationem assumens, primus homicidio terram fœdavit: ita etiam perbeatus Stephanus, pius pro religione certaminibus solo primus sanguine, terram sanctificavit. Vir quidem Apostolis tempore posterior; at præclaris facinoribus, prior. Nec mecum velim indignere Petre, molestiamve habeas Jacobe, vel ægre feras Joannes, si ordine parum vestro virtutis studio vitam sanctam, verum etiam majus aliquid ei tribuere videar: imo gaudete, lætoque ac hilari vultu excipite. Quippe patres estis, quos nullus invidiæ livor exulcerat, quique magis præclaris filiorum facinoribus adgaudentis, ac quibus voluptas sit a filiis virtute præiri. Etenim si quid boni, præclarique gestum est a Stephano, illud ipsum omnino vestrum est, qui illum instituistis, ac sacris imbuistis disciplinis. Commendata namque athletarum probitas, in celebrem palæstritarum gloriam cedit. Quocirca a vobis paululum veniam precatus, libere, quæ mihi argumentum præbet pia vel stremui Christi causa certaminibus, patrocinio efferam.

Discipulis aliis antecellens es, sancte Petre! omniumque primus Jesum Christum annunciasti. Verum cum alios Evangelicam ipsis sermonem prædicantes, cumque alius in alium orbem proficiscentes, provinciamque ac regionem ea explore ac provincia notarem, lætamque verbo, ingressus hic stadium, certaminumque rapiens coronam, te latentem in terra versante, cælum capessens, gloriam adeptus est: quodque majus videtur, cum ipsum Patrem ac Filium visione illa admirabili vocavit. Sic ipse Petrus: denique eo dicta sufficiunt. Summis namque laudandus est, contentionem de primatu cum patribus certare, honorisque prærogativam eis invidere. Videamus autem & tam Jacobus Joannis frater! Christi exstitit præco, alterque a Petro susceptum. Quis vero non tuam admiretur fidem? Solum enim vocatum, nulla sit ibi mora obtemperasti. Una cum naviculam etiam Zebedeum patrem reliquisti, Christum sequens vel veras fratresque discipulos. Alacri animo fateor, pro religione passus occubuisti: quippe quem Herodes tyrannus occiderit gladio: verum multum id æquo a Stephani erat. At quid singillatim quosque refero, quando universa etiam Sanctis simul præripuit palmam: primus aciem adversus diabolum instruens, atque de illo victoriam referens, Davidem imitatus, quamvis rei ordine inverso! Vicit David Goliath lapidibus, vicit & Stephanus iis quoque diabolum. Ille athletam quibus percussit; hic autem, quibus percussus est. Nos autem Christi populus, ut olim Israelis sustollamus vocem, sustulique ei acclamationibus pro victoria canamus, velut præfatum intuentes, ac coronam dicamus admirantes.

Præclara sane laude digna omnino quivis religionis propugnator, quamvis secundus, certantium, certamina alium sequens, non tamen ea admiratione, eaque laude, qua primus. Secundus enim, prioris emulatione ad imitandum adductus; tum inde ira percitus, ad certamen appulit animum: alter vero nullo prævio usus duce, ipseque existens boni inventor, jure merito principem locum tenet. Magna itaque viri hujus alacritas, magnusque etiam idcirco & honor, immortalisque memoria, quam neque oblivio ulla obscuravit, neque tempus obliteravit, quinimo alia aliaque per successionem generatio, præclara merita narranda suscepit. Idcirco diem hunc festum jure perpetuo sacerdotes, populi, pueri, viri, ac mulieres, celebramus. Verum ipsum prius accurate diligentiaque habentem, et ad usque rei natura dudi, majori virum admiratione prosequamur.

Erat Stephanus Christi Diaconorum primus; sanctificatum genus, vas Spiritu Sancto plenum, quotidie domesticos confirmans, externosque ad rectam viam reducens. Cum autem acrius doctrinæ insisteret, majori hostes, quam Apostolis alios, molestia afficit, præque illis omnibus, diabolum, qui primus hostis exstitit. Is namque improbos et iniquos, iis cum primis adhibitis nominibus, qui pietati sese adversaret. Sic cum ergo, impiorum quoddam excitit agmen: nempe Alexandrinorum genus, ad omnem longe expeditum seditionem. Plane enim audistis, ut ejus urbis cives, acri audaciæ fervore, proclives essent, effervescentque, quo eorum temere ferat animus. Ut autem adversum se turbam conflatam vidit, in arcto positus, quid nunc ageret ambigebat; solitam tamen artem excogitavit, dulcem nimirum, ac blandum sermonem: nihil enim præstantius magis ad iræ sedandos motus, quam blanda, concinnaque admonitio. Mihi quæso, inquit, odii causam dicite, ac cur ergo iniquitatis manus, palamque velut dissidentes videmini. Illis autem respondentibus, eo nimirum quod patriis everteret leges, ac novorum dogmatum doctor existeret, illum in medio vir beatus, simplex ac extemporaneus Orator: nec enim ea promebat quæ artis methodo didicisset, sed quæ Spiritus Sanctus suggerebat.

Viri, inquit, *fratres & Patres*. Prudens exordium; optimum concionis ad populum irritatum principium. Lenia namque, blandaque verba, non secus ac molle quoddam refrigerium, aut molli conspersa oleo, ardentes illos & furentes impetus comprimebant. Subinde Abraham alte in memoriam revocat, ut a priscis temporibus ordiens, ac in longum protrahens sermonem, magno illis interjecto digressionis intervallo, citatum illum effusumque furorem cunctando, serenumque efficeret. Absoluto autem longo illo orationis ambitu, ostendit Moysem etiam Christum prænuntiasse; quo solemnes, summa ipsa legislatoris auctoritate, quasi obrependo, fidei verbum occulte insinuaret. Sicque autem ea omnia prolocutus est, quæ ad auditorum proclivium conferebant. At ubi vidit obfirmatam malitiam, ac præstructam, pugnacemque animum pervicacem, ac durum: tunc tandem summa animi libertate prudens, ac spernens præsentis vitæ delinimenta, artificiumque omne quod blande animos demulcere, conciliareque posset, omittens, nullis verborum ambagibus, aperte vocavit eos *dura cervice, incircumcisis cordibus*, legis oppugnatores, qui Sancto Spiritui resisterent: aliisque ejusmodi compellavit nominibus. Illico autem, haud secus ac Dominum, *Circumdederunt eum canes multi, & tauri pingues*, ut in Psalmis canitur, obsidebant justum. Porro ille solus stabat, populo in eum hiante, ac hostibus undequaque vallatus: ac ne unus quidem per id tempus propior aderat, non amicus, non familiaris, non cognatus. Quædam enim hæc in periculo constitutis consolatio, ac levamen est, ut quos ex more e propinquo videant assistentes.

Ubi autem magni illius certaminis assistentes ille Positor ac Vindex, necessarium Stephano adjutorem animadvertit (quanquam enim superessentem erat, homines tamen agebatur affectibus) ei statim apparet; atque in cælum extendenti, Filium a dextris stantem in humana forma ostendit. O ingentem benignitatem! O mirum honorem! Pugili se conspiciendum præbuit is, pro quo ille certabat, talemque propemodum universorum Deus ad eum vocem demisit. *Vir Stephane, ne quid pavens degeneris animi. Quanquam enim nullum hominum habes, qui assistat, nullusque videtur tibi præsto sit ærumnarum tempore; ego nihilominus una cum Dilecto, ne qua fiant, observo. Præsto requies est; patent reserata paradisi porta. Parumper sustineas temporaneam istam vitam deserere, ac ad æternam, immortalemque contende. Adhuc degens in carne Deum vides; quod plane mundane omnis natura superat vires. Sacrum illud mysterii accepisti a senioribus Apostolis; Patrem verum habere Filium dilectum, nunc autem tibi eum ostendo, quantum per mortalis cum humana ferre potes. Adstat autem etiam mihi Filius a dextris, ut et ipse sim, in quo sit humano negotio. Mulris olim spectaculo fuit, ut Deus carne indutus versaretur in terris; nunc autem, sublimem necum conspicare, cælestem ac celis altiorem gestantem hominis formam, ut perfectam, completamque carnis dispensationem probes. Eam ob rem lapidibus appetitus, ne succumbas, neve fatigeris, aut languescas: quin eorum crescentes projectiones, ne certamen pertimescas. Dimitte corpus, ipsum despiciens ut terrestre vinculum, ut cæmentum, ac calle, dentem domum, ut vas fictile quod facile confringitur. Accurre liber ad supernam hanc hæreditatis sortem. Præsto namque tibi est paratis hujus stemmaque, facientis coronæ. A terra in cælum commigra. Sine corpus homicidis, haud fecus ac escam canibus. Parentem tuam denique multitudinem desere, atque Angelorum chorus accede.*

Hoc sane proposito, forti Deus constantique viro apparuit, ne in timorem perculsus, succumberet; neve magnanimum impendentis mali magnitudine instans, animo consternaretur. Quocirca neque auxiliatorem ei Angelum misit, ut postea Apostolis in carcere; neque aliquem ex administris ac cælestem virtutibus: sed ipse semetipsum palam exhibuit. Tunc quidem primitiæ agebantur Martyrii, eratque operæ pretium, ut primum opus quam maxime absolutum foret; quo futuris deinceps temporibus superstituendi Martyres, firmam æmulandi cupiditatem, basemque acciperent, nec ignavie ac incuditatis imitatores evaderent: uti sane in communibus bellis, ac quæ humano geruntur usu, accidit. Ubi enim quis antesignanus, militari dato signo opus aggreditur; atque ibi viriliter agens victor evaserit, suorum omnium erigit animos firmatque, adversariorum vero consternat, ac dejicit: sin autem imbellis, ignavusque parum quid succubuerit, illico contribulium suorum frangit animos, eosque fugam provocat, ac ignavos reddit, fugæque efficit tristes. Hac plane de causa Deus e cælo apparuit.

At Stephanus, magna ea visione dignatus, quia nec alius quisquam eum suppressit silentio ea quæ videbat, sed statim exclamans, ait: Ec-

se videre caelos apertos, & Filium hominis stantem a dextris Dei. Rebatur enim statim ac visionem enunciasset, se incredulos ad assensum pellecturum. At illi, dicta tamquam irae, magnaeque furoris irritamenta excipientes, ac quasi ad verba blasphemiae aures obturantes, se protinus ad caedem accingunt. Extrahentes vero extra civitatem Christiferum hominem, qui patientiam gestaret sui Domini crucem, eumdem malo cursu, urbisque extra depellens, cruorem, ac crudeli lapides addunt. Cum autem eo beatum virum in quamdam extrae planitiem statuissent; praecenum, inquam, illud corpus, excellensque martyrum trophaeum, eumque undique in orbem conclusissent, sanguinarius ille, ac truculentus populus, ac suam imitati, quam in bellis pugnae impressionem vocant, lapidibus appetunt summangularem illius Lapidis Diaconum: ac quoque quidem Hebraeorum manus saevum operabatur: ipse vero Martyr incessantium scopus erat: in medio stans, velut Sagittarii signum.

Ubi porro corpus omni parte contusum collisumque ac sanguine cruentatum, jam deficiebat ut ne rectum in pedes staret, concutiebaturque decidebum, ac casum minabatur, haud secus ac procera planta, quam fabri plures succidunt: nihil tamen, plurium more, turpi ipse casu prostratus est. Neque enim toto humi corpore pronus dilapsus est, neque cecidit in latus, neque se resupinus infecit: sed decoro precantis habitu positis genibus, e vita excessit: unicam orationem, instantique quam citissime animam a carne separari, atque ad eum, quem contuebatur, clamans: *Domine Jesu Christe! suscipe spiritum meum.* Festinans namque ad unum verius coelorum iter properabat, ut e peregrino, ad patriam solum: ad illustrem praeclaramque civitatem, e terra deserta, arentique arida, ac horribili squalore obsita commearet. Observatione autem etiam orationem pro persecutoribus addit. Quamquam enim levia, gravium primitias, lapidibusque obrutorum salutis auctores erant, ac primitias, vitam conciliabant; atque a lato separatum, ad regnum transmittebant.

Haec quoque ergo orationis dilectionem contemplemur, in quem nimirum collimet scopum: *Domine ne statuas illis hoc peccatum.* Non enim, ut quidam perperam ratiocinantes autumant, peccatum inimicorum insolutum ac impunitum iri, nulliusque rationi ac poenae obnoxium. Plane enim id esset repugnare divinae constitutioni, justique judicium ac legem emendare, quae homicidis meritas poenas praescribit. Sed quid ait? *Domine, ne statuas illis hoc peccatum:* hoc est, Timorem compunctionis eis incute: ut eorum, quae nunc temerario ausu perpetrarunt, poenitentiam compellis: ne quasi in circumcisione permittas morem obire: ad tui agnitionem, poenitentiaeque reducentes trahe, sancti Spiritus flammam in eorum pectoribus accende. Si enim ita se emendaverint, atque ad meliorem se frugem receperint, utique sane tunc non furorem illis praestaturo; sed gratiae lavacro tuo, omnique sanguine abluti, a criminibus immunes, liberique erunt. Hactenus perfectum est drama, ac ista fabula: ac Angelorum quidem exercitum agonem demirantes, Stephanumque ingenti stipatum satellitio in hemisphaeria suae partem evehentes, impensum gaudebant: diabolus vero inanis graviterque defectus, ac consilii inops abscessit. Atque ut quippiam compertum mecum, eriliusque de acre spiritu illo proferam, propheticum loquendi modum imitatus, attractio valde, *quasi adepta illa,* defecit iste; tum quia praeter spem suam res prospere cessisset in contrarium; tum quod iisdem artibus, quibus se Christianos minaturum putabat, Martyrum numerum auxisset.

Verum quid de Paulo item facto dicam? Nam & ille unus erat occisorum, verus *Beniamin lupus rapax.* Quamquam enim ipse non impetebat lapidibus, at servabat tamen lapidantium vestes, ac carnificis populi ministerium agebat. Enimvero post haec brevi, nobis tecontentem te, efferamque iram, ac furorem spirantem visurus sum, qui velut lampadem arreptam, ac imbecillis, ad manus trahens: cum veritatis gustu lacto ad Ananiam ducetur. Porro dulci admodum risu diffunditur, cum temporis ipso decurrente, suas Evangelii causa afflictiones audiam: atque inter caetera haec dicerimina referat: *Semel lapidatus sum.* Par namque est, ut lapidibus medio lapidum ipse depellas crimen, usque ac eadem passione, peccatum eluas.

Operae pretium autem, aequumque videtur, ut neque Stephani visionem inexploratam relinquamus. Semper sane universorum Deus, futura, quae vitam deinde insequuntur humanam prospiciens errata, quo prudenter ea occurrat, medelam longe ante apparat; idque nunc efficit. Nam si ad pugilis dominatur utilitatem divina apparitio facta esset; satis utique etiam vox e caelo lapsa habuisset, ut in baptismo primum; vel ut deinde in Transfiguratione; vel ut etiam in jam memorato Paulo, cum Damascum iter faceret.

Atqui nunc, tum vel maxime quia futurum profecto erat, ut ex Africa profectum malum, Sabellius inquam, Dei Ecclesiam invaderet, perversamque opinionem de Personarum confusione in medium induceret: hac de causa Deus futura praevidens, ac pulcherrimam praemuniens animas, se quidem ipse Stephano ostendit in sua plane, eaque perfectissima gloria: Filium vero etiam demonstrat, in persona numeris omnibus absoluta, ipsumque ad dexteram suam stantem, ut clara personarum distinctione subsistentis explicaret.

Verum dicet fortasse quispiam; recte quidem haec de Patre & Filio a te philosophata sunt: at ubi est Spiritus sanctus? Si enim ad plenam fidei confirmationem Pater e caelo cum Filio apparuit, opus etiam videbatur, cum eis etiam sanctum Spiritum adesse, ut exercitia quaedam ipsa mysteriorum cognitio, visione ipsa hominibus manifestaret. Necesse itaque est ad illam objectionem, nostram sententiam in medium proferre. Oportere nimirum, o carissima sapientia! cum qui recitata aliqua, acri, & exacto judicio expendit, & rimatur, tum mentis esse, cum memoriae iternam: ut ita cuncta pariter, quae scri-

pta sunt, comprehendere valeat. Si enim Spiritus sancti præsentiam quæris, recole quæ paulo superius dicta sunt, antequam de lapidibus ageretur & nece, & invenies ante ipsam visionem Spiritum sanctum loquentem, & Stephano adstantem, athletamque præparantem, ac componentem. Clare namque in principio narrationis
Act. 6. v. 8. hanc primum nobis protulit vocem: *Stephanus plenus gratia, & veritate, ac fortitudine, faciebat prodigia, & signa magna in populo. Surrexerunt autem quidam de Synagoga, quæ appellabatur Libertinorum, & Cyrenensium, & Alexandrinorum, & eorum, qui erant a Cilicia, & Asia, disputantes cum Stephano: & non poterant resistere sapientiæ, & Spiritui, qui loquebatur.* Vides itaque sacram Scripturam distincte, ac dilucide Spiritus sancti nobis proposuisse personam? Quamvis autem Spiritum sanctum prius descripserit, deinde vero Patrem ac Filium, nihil fidei officit ordinis inversio. Is enim sacræ Scripturæ mos est. Aliquando enim solum Filium nominare assolet: aliquando vero Spiritum sanctum cum Filio; alias vero a Patre initium sumere, ac in Spiritum sanctum desinere: & versa vice initio facto a Spiritu sancto, per Filium transeuntem, ad Patrem ducere. Hancque dicendi proprietatem, omnium maxime apud Paulum absque ullo discrimine licet observatam videre. Officium porro nostrum, quod Stephano debebamus, explevimus; non ex merito quidem, si rei magnitudo spectetur; at si dicendi facultas, abunde. Deo nostro gloria, nunc & semper, & in sæcula sæculorum. Amen.

F I N I S.

IN-

INDEX
IN APPENDICEM OPERUM
SANCTI PROSPERI AQUITANI.

A

[illegible]

Alexandria [illegible], 127.

[illegible]

[illegible] Pelagii [illegible] Pelagianos de gratia Dei [illegible] Apostolica [illegible] Pelagio [illegible] & seq.

[illegible] Christi [illegible]

Amicitia. Qui [illegible] amicum [illegible] propter Deum [illegible], ibid.

Amor [illegible] Amor qui [illegible]

[illegible]

Angeli [illegible] ibid. [illegible] ibid. [illegible] & seq. [illegible] ibid. [illegible] Angeli [illegible]

Angelus [illegible] Ecclesiae [illegible]

Angelicus [illegible]

Anima per [illegible] ibid. [illegible]

Animalia in Lege [illegible] Animalia [illegible]

Animal [illegible]

Anne [illegible]

Antichristi [illegible] Danielem, & Joannes in Apocalypsi, [illegible] Antichristi [illegible] Christus in Evangelio, & Joannes in Apocalypsi, [illegible] Antichristi, ibid. [illegible] ibid. [illegible] ibid. [illegible] Antichristi [illegible] Christi, [illegible] ibid. [illegible] ibid. [illegible] Antichristi [illegible] ibid. [illegible] Antichristus [illegible] in Job libro, Paulo, & Evangelio, [illegible] Antichristum [illegible] Christus [illegible]

Antiqui patres, [illegible] Antiqui [illegible] gratiam Christi [illegible]

Apollinaris [illegible]

Apostolus [illegible] Apostoli & Doctores [illegible] Ecclesiae. [illegible] Apostoli [illegible] Quomodo Apostoli majora [illegible] quam Christus, [illegible]

Aqua [illegible] aquae [illegible]

Arbor [illegible]

Arcadius [illegible] Christianum principem, [illegible] ibid. [illegible] ibid. [illegible]

Arca Noe [illegible] & seq.

Ariani [illegible] Antichristi, ibid.

Armenius [illegible]

Afyria [illegible] Carthaginensis [illegible]

Avaritia [illegible] Avaritia [illegible] ibid. [illegible] ibid. Avaritia [illegible]

Augustinus [illegible] Episcopus a Bonifacio II. [illegible] Augustinus, ibid. [illegible] & seq. [illegible] in libro [illegible] de Civit. Dei, cap. [illegible] ibid. [illegible] Augustinum, [illegible] Pelagii, [illegible]

Aurelius Carthaginensis Episcopus [illegible] AURELIUS PONTIFEX DEDICAVIT, [illegible]

Aures [illegible]

Auxilium Dei [illegible] Auxilium gratiae [illegible] V. Gratia.

B

Babylon [illegible] Babylon [illegible] ibid. [illegible] Babylone [illegible] ibid. [illegible] Babylone, [illegible] Christus [illegible] in Evangelio, Matth. [illegible] ibid.

Babylonica [illegible]

Balaam [illegible] Dei [illegible] ibid. [illegible] ibid. [illegible] ibid. [illegible] Evangelio, ibid. [illegible] Balaam, [illegible]

C

[illegible]

Christus [illegible]

Christi [illegible]

[illegible] Clerici [illegible] Ecclesia [illegible], ibid. [illegible] Ecclesiae [illegible], ibid.

[illegible] Christum [illegible]

[illegible]

Concilium Africae [illegible] Pelagii & Caelestii, [illegible]. Concilii Africae [illegible], ibid.

Concupiscentia. [illegible] Concupiscentia [illegible], ibid. [illegible] Concupiscen-

[illegible]

D

[illegible]

E

[illegible]

F

[illegible]

G

[illegible]

H

I

L

M

N

O

P

Q

R

S

T

V

perseverandi vel non perseverandi [illegible], 314. Deus [illegible] potentia operatur in cordibus bonas voluntates, [illegible]. Bonam voluntatem in nobis [illegible] operatur Deus, [illegible]. [illegible] ad bonum opus voluntatem nihil [illegible] operari, sed [illegible] in opere bono adjuvari, [illegible]. Pelagiani & Catholici [illegible] intelligunt dictum illud, *Et voluntatem & perficere, pro bona* [illegible], 174. [illegible] quod [illegible] bonam voluntatem habet homo, Deo [illegible] esse, 229. Voluntas [illegible], 229. Voluntas [illegible] a Deo, ibid. [illegible] & voluntatibus hominum [illegible], 227. & *seq.*

Voluntas Dei, [illegible]. Voluntas Dei semper [illegible], [illegible]. Quomodo velit Deus omnes salvos fieri, 183. De voluntate Dei erga [illegible], ibid.

Voluntatem bonam cum Deus operatur [illegible] & operari, [illegible] praedestinationis [illegible], ut [illegible] in bonam voluntatem [illegible], 177. & *seq.* Gratias agere [illegible] qui praecepta Dei [illegible], 223. Voluntatem hominum [illegible] esse in Dei [illegible], ut [illegible] voluerit [illegible], ibid. Cur Deus non [illegible] in hominem, [illegible], ibid. Voluntas [illegible] bona, quae [illegible] diligit; [illegible] mala, quae non diligit, 176. Omnes [illegible] voluntatem [illegible], 223. Qualis voluntas, [illegible], ibid. Qui [illegible] aliquid facit, non [illegible] plena & libera voluntate, sed [illegible] nisi voluntate, [illegible].

Vox [illegible] quibusdam [illegible], [illegible], 236.

Vox Patris [illegible], 321. Vox [illegible] quid [illegible], [illegible].

Unus Locus in [illegible], 75. Unus [illegible] habere, [illegible] Christi [illegible], [illegible] haereticae [illegible], [illegible] cum [illegible], [illegible] haereticus cum [illegible], [illegible]. [illegible] Patriarchas [illegible], 79. & *seq.* Unus [illegible] Patriarchas [illegible], [illegible], sed ex Dei [illegible], ab [illegible] multiplicatione, 75. Unum etiam habere Deus [illegible], ibid.

Z

Zacharias & Joannes [illegible] Christi, 95.

Zebedaei filii [illegible], [illegible] ad [illegible], 171.

Zelus Christi ad Templum ex David, Evangelistis, & [illegible], 223. In [illegible], & [illegible] mala, quae ipsi [illegible], ibid. Zelus & [illegible] qualis [illegible], 31.

LOCA

LOCA SCRIPTURÆ

QUÆ EXPLICANTUR

IN APPENDICE OPERUM

SANCTI PROSPERI.

GENES. III. 16. *[illegible] multiplicabo [illegible] tuas.* 64

Ibid. IV. 7. *Peccasti, quiesce, ad te conversio ejus, & tu dominaberis ejus.* 65

Ibid. IV. 13. *Major est iniquitas mea, quam ut veniam merear.* 40

II. Reg. XVI. 10. *Dominus dixit illi maledicere David.* 148

Psal. I. 5. *Impii non resurgunt in judicio.* 141

CII. 2. & seq. *Benedic anima mea Dominum, & noli oblivisci omnes retributiones ejus, &c.* 203

LVII. 11. *Lavabit manus suas in sanguine peccatoris.* 313

LXVII. 31. *Ut excludant eos qui probati sunt argento.* 180

CXVII. 14. *Fortitudo mea, & laus mea Dominus, & factus est mihi in salutem.* 48

CXVIII. 40. *In justitia tua vivifica me.* 112

PROV. XIX. 5. *Testis falsus non erit impunitus, & qui loquitur mendacia non effugiet.* 19

CANT. II. 4. *Ordinavit in me caritatem.* 46

SAP. XI. 25. *Nihil odisti eorum quæ fecisti.* 213

ECCLI. X. 15. *Initium omnis peccati superbia.* 14

Ibid. XIX. 28. *Est correptio mendax in ira contumeliosi; & est judicium quod non est bonum.* 100

ISA. X. 23. *Verbum enim consummans & brevians.* 234

LXVI. 24. *Vermis eorum non morietur, & ignis eorum non extinguetur.* 43

EZECH. XXXIII. 3. *Speculator si viderit gladium venientem super terram, & cecinerit buccina, & annuntiaverit populo, &c.* 11

XXXIII. 7. *Et tu fili hominis, speculatorem dedi te domui Israel. Audiens ergo ex ore meo sermonem, annuntiabis eis ex me.* 10

Ibidem, V. 8. *Si dicente me ad impium, Impie, morte morieris, non fueris locutus, ut custodiat se impius a via sua; ipse impius in iniquitate sua morietur; sanguinem autem ejus de manu tua requiram.* 10

XXXIV. V. 2. & seq. *Hæc dicit Dominus; Væ pastoribus Israel, qui pascebant semetipsos, &c.* Ibid.

Ibidem, V. 7. & sequent. *Propterea, pastores, audite verbum Domini: vivo ego, dicit Dominus Deus, quia pro eo, quod facti sunt greges mei in rapinam, &c.* Ibid.

XXXVI. 22. & seq. *Hæc dicit Dominus Deus, Ego faciam, non propter vos; sed propter nomen sanctum meum, &c.* 174

XXXIII. 9. *Si autem annuntiante te ad impium ut a viis suis convertatur, non fuerit conversus a via sua; ipse impius in iniquitate sua morietur, & tu animam tuam liberasti.* 11

OSEE IV. 8. *Peccata populi mei comedent.* 82

MATTH. V. 10. *Beati qui persecutionem patiuntur propter justitiam.* 43

Ibid. VI. 9. *Sanctificetur nomen tuum.* 199

X. 16. *Estote prudentes sicut serpentes, & simplices sicut columbæ.* 51

XXIII. 4. *Ligant onera magna & gravia, & imponunt in humeros hominum.* 43

LUC. I. 6. *Conversati sine querela.* 230

JOAN. I. 9. *Erat lumen verum, quod illuminat omnem hominem venientem in hunc mundum.* 174

Ibid. 11. *In sua propria venit, & sui eum non receperunt.* 235

Ibid. 12. *Quotquot autem receperunt eum, dedit eis potestatem filios Dei fieri.* 163

Ibid. 18. *Deum nemo vidit unquam.* 4

VI. 44. *Nemo potest venire ad me, nisi Pater qui misit me traxerit eum.* 168

ACT. XX. 25. & seq. *Ecce ego scio, quod amplius non videbitis faciem meam vos omnes, inter quos transivi prædicans regnum Jesu Christi. Idcirco contestor vos hodierna die, quia mundus sum a sanguine omnium. Non enim subterfugi, quominus annuntiarem vobis omne consilium Dei. Attendite vobis & universo gregi, in quo vos Spiritus sanctus posuit Episcopos, regere Ecclesiam Dei, quam acquisivit sanguine suo.* 17

ROM. II. 14. *Cum enim gentes quæ legem non habent, naturaliter ea quæ legis sunt faciunt, &c.* 236

V. 14. *Qui est forma futuri.* 236

Ibid. 15. *Multo magis gratia Dei & donum in gratia unius hominis Jesu Christi, in multos abundavit.* Ibid.

VI. 23. *Stipendium peccati mors: gratia autem Dei vita æterna, &c.* 215

IX. 10. *Non solum autem, sed & Rebecca ex uno concubitu, &c.* [illegible]

Ibid. 11. *Cum enim nondum nati essent.* 228

Ibid. 12. *Non ex operibus, sed ex vocante.* Ibid.

Ibid. 14. *Quid ergo dicemus? Numquid iniquitas est apud Deum?* 230

Ibid. 15. *Miserebor cui misertus ero, &c.* 190

Ibid. 16. *Igitur non volentis, neque currentis, sed miserentis est Dei.* Ibid.

Ibid. 17. *Dicit enim Scriptura Pharaoni, &c.* 231

Ibid. 18. *Ergo cujus vult miseretur, & quem vult indurat.* 150

Ibid. 19. *Quid adhuc conqueritur? voluntati enim ejus quis resistit?* Ibid.

Ibid. 20. *O homo, tu quis es qui respondeas Deo? &c.* Ibid.

Ibid. 21. *An non habet potestatem figulus luti, &c.* Ibid.

Ibid. 22. *Si autem volens Deus ostendere iram.* 233

Ibid. 29. *Et sicut prædixit Isaias, Nisi Dominus Sabaoth reliquisset nobis semen, &c.* 214

XIV. 23. *Omne quod non est ex fide, peccatum est.* 31. 181

1 COR. III. 3. *Nonne homines estis, & secundum hominem ambulatis?* 132

IX. 13. *Qui in sacrario operantur, quæ de sacrario sunt edunt; & qui altari deserviunt, cum altari participant. Ita & Dominus ordinavit iis, qui Evangelium annuntiant, de Evangelio vivere.* 13

Ibid. 15. *Ego autem nullo horum usus sum. Expedit enim mihi magis mori, quam ut gloriam meam quis evacuet.* Ibid.

XIII. 1. *Si linguis hominum loquar & angelorum, charitatem autem non habeam; factus sum velut æs sonans, aut cymbalum tinniens.* 43

Ibid. 2. *Si habuero prophetiam, & noverim mysteria omnia, & omnem scientiam: & si habuero omnem fidem, ita ut montes transferam; charitatem autem non habuero, nihil sum.* 44

Ibid. 3. *Si distribuero in cibos pauperum omnes facultates meas, & si tradidero corpus meum, ita ut ardeam, charitatem autem non habuero, nihil mihi prodest.* Ibid.

Ibid. 4. & seq. *Charitas patiens est, benigna est, non æmulatur, non agit perperam, non inflatur, non est ambitiosa, non quærit quæ sua sunt, non irritatur, non cogitat malum, non gaudet super iniquitate, congaudet autem veritati, omnia suffert, omnia credit, omnia sperat, omnia sustinet.* Ibid.

XV. 28. *Cum autem ei omnia subjecta fuerint, tunc & ipse Filius subjectus erit ei qui sibi subjecit omnia.* Ibid. & seq.

EPHES. V. 18. *Nolite inebriari vino, in quo est luxuria.* 29

THESS. V. 17. *Sine intermissione orate.* 136

1. TIM. II. 4. *Qui vult omnes homines salvos fieri.* 118

IV. 2. *Argue, obsecra, increpa, in omni patientia & doctrina.* 19

VI. 10. *Radix omnium malorum cupiditas.* 36

HEBRÆORUM XIII. 17. *Obedite præpositis vestris, & subjacete eis. Ipsi enim pervigilant, quasi rationem pro animabus vestris reddituri: ut cum gaudio hoc faciant, & non gementes.* 18

F I N I S.

www.ingramcontent.com/pod-product-compliance
Lightning Source LLC
Chambersburg PA
CBHW021107270326
41929CB00009B/761

* 9 7 8 3 7 4 2 8 3 2 4 0 5 *